Kommentar zum Transplantationsgesetz (TPG)

Herausgegeben von
Prof. Dr. Wolfram Höfling, M.A.
Universität zu Köln

Bearbeiter
Dr. jur. Dirk Esser
PD Dr. phil. Günther Feuerstein
Prof. Dr. med. Walter F. Haupt
Prof. Dr. med. Doris Henne-Bruns
Prof. Dr. jur. Wolfram Höfling, M.A.
Prof. Dr. med. Dr. jur. Hans-Jürgen Kaatsch
Dr. jur. Heinrich Lang, Dipl.-Sozialpäd.
Dr. jur. Stephan Rixen
Dr. med. Jürgen in der Schmitten

ERICH SCHMIDT VERLAG

Bibliografische Information der Deutschen Bibliothek

Die Deutsche Bibliothek verzeichnet diese Publikation in der Deutschen Nationalbibliografie; detaillierte bibliografische Daten sind im Internet über http://dnb.ddb.de abrufbar.

ISBN 3 503 07009 5

Alle Rechte vorbehalten
© Erich Schmidt Verlag GmbH & Co., Berlin 2003
www.erich-schmidt-verlag.de

Dieses Papier erfüllt die Frankfurter Forderungen
der Deutschen Bibliothek und der Gesellschaft für das Buch
bezüglich der Alterungsbeständigkeit und entspricht sowohl den
strengen Bestimmungen der US Norm Ansi/Niso Z 39.48-1992
als auch der ISO Norm 9706.

Gesetzt aus 9/11 Punkt Stempel-Garamond

Satz: multitext, Berlin
Druck: Druckhaus Berlin-Mitte

Vorwort

Nach langen und teilweise heftigen Auseinandersetzungen hat das Transplantationsgesetz vom 5. November 1997 das Transplantationswesen in Deutschland auf eine gesetzliche Grundlage gestellt. Damit sind dem bis dahin weitgehend selbstregulierten Teilgebiet der Medizin normative Strukturen unterlegt worden. Gleichzeitig aber hat sich der Gesetzgeber dafür entschieden, weitgehend auf die überkommenen Akteure und ihre spezifischen Funktionen zurückzugreifen. Auf diese Weise ist ein überaus komplexes Beziehungsgeflecht zahlreicher und unterschiedlich verfasster Institutionen entstanden, indem die rechtlich notwendige Zuordnung von Verantwortung zum Teil in problematischer Weise erschwert worden ist.

Hieraus ergeben sich zahlreiche schwierige Rechtsfragen, die der Kommentar ebenso aufgreift wie die „klassischen" zentralen Probleme der Transplantationsmedizin, etwa die Hirntodkonzeption und die Problematik der Organallokation. Das Werk wählt dabei einen transdisziplinären Problemzugriff. Neben Juristen sind auch Vertreter anderer Professionen – der Medizin und der Sozialwissenschaften – unter den Kommentatoren. Dass bei einem solchen Autorenkreis nicht in allen Fragen Übereinstimmung erzielt werden kann, vermag nicht zu überraschen. Doch Differenziertheit der Analyse und unterschiedliche Perspektiven sind kein Nachteil, können vielmehr Anstöße darstellen zur Reflexion über lieb gewonnene Positionen, spiegeln im Übrigen nur die Komplexität der Materie.

Herzlicher Dank gilt allen Mitautoren, die trotz vielfältiger Belastungen mit großem Engagement ihre Beiträge geleistet haben. Besonders danken möchte ich darüber hinaus dem Wissenschaftlichen Mitarbeiter im Institut für Staatsrecht, Herrn Andreas Berger, in dessen Händen die Koordination und redaktionelle Betreuung des Gesamtprojekts in erheblichem Umfange lag.

Köln, im Oktober 2002   Wolfram Höfling

Gesamtinhaltsverzeichnis

	Seite
Vorwort	5
Inhaltsverzeichnis	9
Bearbeiterverzeichnis	13
Abkürzungsverzeichnis	15
Literaturverzeichnis	23

Teil A
Gesetz über die Spende, Entnahme und Übertragung von Organen (Transplantationsgesetz – TPG) 39

Teil B
Einführung 59

Teil C
Kommentar zum Gesetz über die Spende, Entnahme und Übertragung von Organen (Transplantationsgesetz – TPG) 73

Teil D
Anhang 487

Stichwortverzeichnis 693

Inhaltsverzeichnis

	Seite
Vorwort	5
Gesamtinhaltsverzeichnis	7
Bearbeiterverzeichnis	13
Abkürzungsverzeichnis	15
Literaturverzeichnis	23

TEIL A
Gesetz über die Spende, Entnahme und Übertragung von Organen (Transplantationsgesetz – TPG)   39

TEIL B
Einführung *(Rixen)*   59

TEIL C
Kommentar zum Gesetz über die Spende, Entnahme und Übertragung von Organen (Transplantationsgesetz – TPG)   73

Erster Abschnitt Allgemeine Vorschriften   73
§ 1 Anwendungsbereich *(Rixen)*   73
§ 2 Aufklärung über die Bevölkerung, Erklärung zur Organspende, Organspenderegister, Organspendeausweise *(Rixen)*   112

Zweiter Abschnitt Organentnahme bei toten Organspendern
§ 3 Organentnahme mit Einwilligung des Organspenders *(Höfling/Rixen)*   133
Anhang zu § 3: Zur Entwicklung der „Hirntod"-Konzeption – eine kritische Analyse aus medizinischer Perspektive – *(in der Schmitten)*   144
§ 4 Organentnahme mit Zustimmung anderer Personen *(Rixen)*   168
§ 5 Nachweisverfahren *(Rixen)*   178
§ 6 Achtung der Würde des Organspenders *(Rixen)*   182
§ 7 Auskunftspflicht *(Rixen)*   194

Dritter Abschnitt Organentnahme bei lebenden Organspendern   197
§ 8 Zulässigkeit der Organentnahme *(Esser)*   197
Anhang 1 zu § 8: Probleme der Lebendspende *(Henne-Bruns/Kaatsch)*   242

Anhang 2 zu § 8: Erläuterungen zur Lebendspende aus sozialwissenschaftlicher Perspektive *(Feuerstein)* 248

Vierter Abschnitt Entnahme, Vermittlung und Übertragung bestimmter Organe 251
Vorbemerkung *(Rixen)* 251
§ 9 Zulässigkeit der Organübertragung *(Rixen)* 253
§ 10 Transplantationszentren *(Lang)*............................. 256
§ 11 Zusammenarbeit bei der Organentnahme, Koordinierungsstelle *(Lang)* 307
§ 12 Organvermittlung, Vermittlungsstelle *(Höfling)* 324

Fünfter Abschnitt Meldungen, Datenschutz, Fristen, Richtlinien zum Stand der Erkenntnisse der medizinischen Wissenschaft 349
§ 13 Meldungen, Begleitpapiere *(Rixen)* 349
§ 14 Datenschutz *(Rixen)* 353
§ 15 Aufbewahrungs- und Löschungsfristen *(Rixen)* 357
§ 16 Richtlinien zum Stand der Erkenntnisse der medizinischen Wissenschaft *(Höfling)* 360
Anhang 1 zu § 16: Hirntodkonzeption und Hirntoddiagnostik aus neurologischer Perspektive – zugleich zu den Richtlinien gem. § 16 Abs. 1 S. 1 TPG – *(Haupt)* 378
Anhang 2 zu § 16: Anmerkungen zur Wartelistenproblematik und zu den Allokationsregelungen aus sozialwissenschaftlicher Perspektive *(Feuerstein)* 390

Sechster Abschnitt Verbotsvorschriften........................ 399
§ 17 Verbot des Organhandels *(Rixen)* 399

Siebter Abschnitt Straf- und Bußgeldverfahren 417
Vorbemerkung *(Rixen)* 417
§ 18 Organhandel *(Rixen)* 422
§ 19 Weitere Strafvorschriften *(Rixen)* 431
§ 20 Bußgeldvorschriften *(Rixen)* 454

Achter Abschnitt Schlussvorschriften........................... 463
§ 21 Änderung des Arzneimittelgesetzes *(Lang)*.................. 463
§ 22 Änderung des Fünften Buches Sozialgesetzbuch *(Lang)*........ 467
§ 23 Änderung des Siebten Buches Sozialgesetzbuch *(Lang)* 469
§ 24 Änderung des Strafgesetzbuches *(Rixen)* 472
§ 25 Übergangsregelungen *(Rixen)* 475
§ 26 Inkrafttreten, Außerkrafttreten *(Rixen)* 479

Teil D
Anhang

Vertrag über die Koordinierungsstelle nach § 11 Transplantationsgesetz .. 487
Vertrag über die Vermittlungsstelle nach § 12 Transplantationsgesetz..... 507

Wissenschaftlicher Beirat der Bundesärztekammer, Richtlinien zur Feststellung des Hirntodes, Dritte Fortschreibung 1997 mit Ergänzungen gemäß Transplantationsgesetz (TPG) 519

Bundesärztekammer, Richtlinien zur Organtransplantation gemäß § 16 Transplantationsgesetz. „Richtlinien für „Warteliste" und „Vermittlung" von Organen 539

Bundesärztekammer, Richtlinien für die Warteliste zur Nieren- und zur (Nieren-)Pankreas-Transplantation, Erste Fortschreibung............... 575

Bundesärztekammer, Richtlinien für die Warteliste zur Nieren- und zur (Nieren-)Pankreas-Transplantation, Zweite Fortschreibung 579

Bundesärztekammer, Richtlinien für die Warteliste zur Lebertransplantation, Erste Fortschreibung................................ 581

Bundesärztekammer, Richtlinien für die Warteliste zur Herz-, Herz-Lungen- und Lungentransplantation (thorakale Organtransplantationen), Erste Fortschreibung.............................. 587

Bundesärztekammer, Richtlinien für die Organvermittlung zur Nierentransplantation, Erste Fortschreibung................................ 597

Bundesärztekammer, Richtlinien für die Organvermittlung zur Nierentransplantation: Sonderregelung für Spender und Empfänger, die älter als 65 Jahre sind (Eurotransplant Senior Programm (ESP)) 601

Bundeaärztekammer, Richtlinien für die Organvermittlung zur Nierentransplantation, Zweite Fortschreibung 603

Bundesärztekammer, Richtlinien für die Organvermittlung zur Lebertransplantation, Erste Fortschreibung................................ 605

Bundesärztekammer, Richtlinien für die Organvermittlung zur Lebertransplantation, Zweite Fortschreibung 611

Bundesärztekammer, Richtlinien für die Organvermittlung thorakaler Spenderorgane (Herz), Erste Fortschreibung 613

Bundesärztekammer, Richtlinien für die Organvermittlung thorakaler Spenderorgane (Herz), Zweite Fortschreibung........................ 619

Bundesärztekammer, Richtlinien für die Organvermittlung thorakaler Spenderorgane (Herz), Dritte Fortschreibung........................ 621

Bundesärztekammer, Richtlinie für die Organvermittlung thorakaler Spenderorgane (Herz), Vierte Fortschreibung........................ 623

Bundesärztekammer, Richtlinien für die Organvermittlung thorakaler Spenderorgane (Herz-Lungen und Lungen), Erste Fortschreibung....... 625

Bundesärztekammer, Richtlinien für die Organvermittlung thorakaler Spenderorgane (Herz-Lungen und Lungen), Zweite Fortschreibung 629

Bundesärztekammer, Richtlinie für die Organvermittlung thorakaler Spenderorgane (Herz-Lungen und Lungen), Dritte Fortschreibung 631

Bundesärztekammer, Richtlinien für die Organvermittlung zur
Pankreastransplantation, Erste Fortschreibung 633

Bundesärztekammer, Richtlinien für die Organvermittlung zur
Pankreastransplantation, Zweite Fortschreibung. 637

Bundesärztekammer, Richtlinien für die Organvermittlung: „Sanktionen". 639

Bundesärztekammer, Richtlinien zur Organtransplantation gemäß
§ 16 TPG. Mitglieder der Arbeitskreise „Organvermittlung"
und „Warteliste" und der „Ständigen Kommission Organ-
transplantation" 641

Bundesärztekammer, Richtlinie zur Organtransplantation gemäß
§ 16 Transplantationsgesetz. „Anforderungen an die im
Zusammenhang mit einer Organentnahme und -übertragung '
erforderlichen Maßnahmen zur Qualitätssicherung" 643

Bundesärztekammer, Richtlinien für die Transplantation außerhalb des
ET-Bereichs postmortal entnommener Organe in Deutschland 691

Bundeszentrale für gesundheitliche Aufklärung, Organspendeausweis
nach § 2 des Transplantationsgesetzes 693

Stichwortverzeichnis 693

Bearbeiterverzeichnis

Dr. jur. Dirk Esser, Notarassessor, Düsseldorf
PD Dr. phil. Günter Feuerstein, Hamburg
Prof. Dr. med. Walter F. Haupt, Köln
Prof. Dr. med. Doris Henne-Bruns, Ulm
Prof. Dr. jur. Wolfram Höfling, M.A., Köln
Prof. Dr. med. Dr. jur. Hans-Jürgen Kaatsch, Kiel
Dr. jur. Heinrich Lang, Dipl.-Sozialpäd., Köln
Dr. jur Stephan Rixen, Köln
Dr. med. Jürgen in der Schmitten, Meerbusch

Abkürzungsverzeichnis

a.A. (A.A.)	andere(r) Ansicht
a.a.O. (aaO)	am angegebenen Ort
Abg.	Abgeordnete/r
abgedr.	abgedruckt
ABl	Amtsblatt
Abs.	Absatz
a.E.	am Ende
a.F.	alte Fassung
AEV	Arbeiter-Ersatzkassen-Verband
AE-WGM	Alternativ-Entwurf Wiedergutmachung
AGTPG, AGGTTG, AG-TPG, AGTTG	Landesgesetz zur Ausführung des Transplantationsgesetzes
ähnl.	ähnlich
AIDS	Acquired Immuno Deviciency Syndrome
Aip	Arzt im Praktikum
akos	Arbeitskreis Organspende
allg.	allgemein
AMG	Arzneimittelgesetz
amtl.	amtlich
Amtsbl.	Amtsblatt
Anh.	Anhang
Anm.	Anmerkung
AnwBl	Anwaltsblatt
AOK	Allgemeine Ortskrankenkasse
arg.	argumentum
Art.	Artikel
AS	amtliche Sammlung
ASOG Bln	Allgemeines Sicherheits- und Ordnungsgesetz Berlin
AT	Allgemeiner Teil
Aufl.	Auflage
Ausf.	Ausführung
Az.	Aktenzeichen
BadWürtt	Baden Württemberg
BAG	Bundesarbeitsgericht
BAGE	Bundesarbeitsgerichts-Entscheidungen
BÄK	Bundesärztekammer
BAnZ	Bundesanzeiger
BÄO	Bundesärzteordnung
BayVBl.	Bayerische Verwaltungsblätter

BB	Der Betriebs-Berater
BbgRBG	Brandenburgisches Rechtsbereinigungsgesetz
BBl	Bundesblatt
Bd.	Band
BDSG	Bundesdatenschutzgesetz
Bearb.	Bearbeiter/in
Begr.	Begründung
BerlGVBl.	Berliner Gesetz- und Verordnungsblatt
Beschl.	Beschluss
BGB	Bürgerliches Gesetzbuch
BGBl	Bundesgesetzblatt
BGH	Bundesgerichtshof
BGHSt	Entscheidungen des Bundesgerichtshofs in Strafsachen
BMV-Ä	Bundesmantelvertrag-Ärzte
BPflV	Bundespflegesatzverordnung
BR	Bundesrat
BRD	Bundesrepublik Deutschland
Brem. Abl.	Bremisches Amtsblatt
BremGBl	Bremer Gesetzblatt
BSeuchG	Bundesseuchengesetz
BSG	Bundessozialgericht
BSGE	Entscheidungen des Bundessozialgerichts
Bsp.	Beispiel
bspw.	beispielsweise
BT-Drs.	Bundestagsdrucksache
BtMG	Betäubungsmittelgesetz
Buchst.	Buchstabe
Bundestags-Drucks.	Bundestagsdrucksache
BV	Verfassung des Freistaates Bayern
BVerfG	Bundesverfassungsgericht
BVerfGE	Entscheidungen des Bundesverfassungsgerichts
BVerfGG	Bundesverfassungsgerichtsgesetz
BVerwG	Bundesverwaltungsgericht
bzgl.	bezüglich
bzw.	beziehungsweise
CDU/CSU	Christlich-Demokratische Union/Christlich-Soziale Union
DÄBl.	Deutsches Ärzteblatt
DDR	Deutsche Demokratische Republik
dens.	denselben
ders.	derselbe
Dez.	Dezember
d.h.	das heißt
dies.	dieselben

Diss. med.	medizinische Dissertation
DÖV	Die öffentliche Verwaltung
Drs.	Drucksache
DSG NRW	Nordrhein-Westfälisches Datenschutzgesetz
DSO	Deutsche Stiftung Organtransplantation
DtZ	Deutsch-deutsche Rechts-Zeitschrift
DuD	Datenschutz und Datensicherheit
DVBl.	Deutsches Verwaltungsblatt
ebda (ebda.)	ebenda
EEG	Elektroencephalographie/-gramm
EG	Europäische Gemeinschaft
EGBGB	Einführungsgesetz zum Bürgerlichen Gesetzbuch
EGStGB	Einführungsgesetz zum Strafgesetzbuch
EheschlRG	Eheschließungsrechtsgesetz
einschl.	einschließlich
EKD	Evangelische Kirche in Deutschland
EMRK	Europäische Menschenrechtskonvention
engl.	englisch
EntgeltfortzG	Entgeltfortzahlungsgesetz
Erg.Lfg.	Ergänzungslieferung
Erl.	Erläuterung
ESchG	Embryonenschutzgesetz
ET	Eurotransplant Int. Foundation
et.al.	et altera
etc.	et cetera
EthikMed	Ethik in der Medizin
EuGH	Europäischer Gerichtshof
EuGRZ	Europäische Grundrechte-Zeitschrift
EuZW	Europäische Zeitschrift für Wirtschaftsrecht
e.V.	eingetragener Verein
ex-Art.	ehemaliger Artikel
FAEP	frühe akustisch evozierte Hirnstammpotentiale
FamRZ	Zeitschrift für das gesamte Familienrecht
FAZ	Frankfurter Allgemeine Zeitung
F.D.P	Freie Demokratische Partei
f.	folgende
ff.	fortfolgende
Fn.	Fußnote
fortgef. v.	fortgeführt von
Fortschr. Neurol. Psychiat.	Fortschritte der Neurologie, Psychiatrie
frz.	französisch
FS	Festschrift

G	Gesetz
GA	Goltdammer's Archiv für Strafrecht
GBl.	Gesetzblatt
GBl.BW	Baden-Württembergisches Gesetzblatt
geänd.	geändert
Geb.	Geburtstag
gem.	gemäß
Gesundheits-datenschutzG	Gesundheitsdatenschutzgesetz
GewO	Gewerbeordnung
GG	Grundgesetz
ggfs.	gegebenenfalls
GKG	Gerichtskostengesetz
GKV	Gesetzliche Krankenversicherung
GmbH	Gesellschaft mit beschränkter Haftung
Grds./grds.	Grundsatz, grundsätzlich
GVBl.	Gesetz- und Verordnungsblatt
GVBl. LSA	Gesetz- und Verordnungsblatt Land Sachsen-Anhalt
GVG	Gerichtsverfassungsgesetz
HAGTPG	Hessisches Gesetz zur Ausführung des Transplantationsgesetzes
Hess VGH	Hessischer Verwaltungsgerichtshof
HIV	Human Immunodeficiency Virus (=Menschliches Immunmangel Virus)
HLA	Humanes Lymphozyten Antigen
HmbGVBl.	Gesetzes- und Verordnungsblatt Hamburg
Hrsg.	Herausgeber
Hrsgb.	Herausgeber
hrsgg.	herausgegeben
HS-KV	Handbuch des Sozialversicherungsrechts, Bd. 1: Krankenversicherungsrecht
HStR	Handbuch des Staatsrechts
HU	high urgency
i.d.F.	in der Fassung
i.d.R.	in der Regel
i.e.	id est
i.Erg.	im Ergebnis
i.e.S.	im engeren Sinne
i.F.	im Folgenden
IfSG	Infektionsschutzgesetz
IKK	Innungskrankenkasse
insb.	insbesondere
insbes.	insbesondere

IPR	Internationales Privatrecht
i.S.	im Sinne
i.S.v.	im Sinne von
i.V.m.	in Verbindung mit
i.w.S.	im weiteren Sinne
Jan.	Januar
JAMA, J. Amer. Med. Ass.	Journal of the American Medical Association
jew.	jeweils
Jg.	Jahrgang
JGG	Jugendgerichtsgesetz
J. Neurol.	Jahrbuch der Neurologie/Journal of Neurology
JuS	Juristische Schulung
JZ	Juristen Zeitung
KassenarztR	Kassenarztrecht
Kasskomm	Kasseler Kommentar
KfH	Kuratorium für Dialyse und Nierentransplantation
KHG	Krankenhausfinanzierungsgesetz
KHG NW	Krankenhausgesetz NRW
Komm.	Kommentar
KrankenhausG	Krankenhausgesetz
krit.	kritisch
LDSG BDWürtt	Landesdatenschutzgesetz Baden Württemberg
LfG	Lohnfortzahlungsgesetz
LKG	Landeskrankenhausgesetz
LKV	Landwirtschaftliche Krankenversicherung oder Landeskommunalverfassung
LPartG	Lebenspartnerschaftsgesetz
LPK-SGB	Lehr- und Praxiskommentar zum Sozialgesetzbuch
LSG	Landessozialgericht
MBO	Musterberufsordnung
MedR	Medizinrecht
MedizinR	Medizinrecht
mind.	mindestens
m.w.N., m.N.	mit weiteren Nachweisen
Nachw.	Nachweis
NdsGVBl.	Niedersächsisches Gesetzblatt
NJW	Neue Juristische Wochenschrift
NL	Niederlande
No.	Nummer

Nr.	Nummer
Nrn.	Nummern
NRW, NW	Nordrhein Westfalen
NStZ	Neue Zeitschrift für Strafrecht
NWVBl	Nordrhein-Westfälische Verwaltungsblätter
NZA	Neue Zeitschrift für Arbeitsrecht
o.a.	oder andere
o.ä.	oder ähnlich
o.g.	obengenannt/e
o.J.	ohne Jahr
OLG	Oberlandesgericht
OVG	Oberverwaltungsgericht
OVG NW	Oberverwaltungsgericht Nordrhein-Westfalen
OWiG	Ordnungswidrigkeitengesetz
Prot.	Protokoll
QALY	quality-adjusted life years
Rdnr., RdNr., Rn.	Randnummer
RegE-GRG	Regierungsentwurf zum Gesundheits-Reformgesetz v. 20.12.1988 (BGBl S. 2477)
Rev. Neurol.	Revue Neurologique
RGBl.	Reichsgesetzblatt
RGZ	Entscheidungen des Reichsgerichts in Zivilsachen
RiStBV	Richtlinien f.d. Strafverfahren u. d. Bußgeldverfahren. Neuf. ab 1.1.1977 (bundeseinheitlich vereinbart)
s.	siehe
S.	Seite, Satz
s.a. (S.a.)	siehe auch
SchKG	Schwangerschaftskonfliktgesetz
Schleswig-Holst.	Schleswig-Holstein
SEP	somatosensibel evozierte Potentiale
SeuchRNeuG	Seuchenrechtsneuordnungsgesetz
SG	Sozialgericht
SGb	Die Sozialgerichtsbarkeit
SGB	Sozialgesetzbuch
SGG	Sozialgerichtsgesetz
sog.	sogenannt/e
Sp.	Spalte
SPA	Schnellbrief für Personalwirtschaft und Arbeitsrecht
Sp. u.	Spalte unten
SPD	Sozialdemokratische Partei Deutschlands

Std.	Stunden
StGB	Strafgesetzbuch
StPO	Strafprozessordnung
StraFo	Strafverteidiger Forum
StrRG	Strafrechtsreformgesetz
StV	Strafverteidiger
StVollzG	Strafvollzugsgesetz
s.u.	siehe unten
SZ	Süddeutsche Zeitung
Taschenbuch.-Ausg.	Taschenbuchausgabe
TFG	Transfusionsgesetz
TPG	Transplantationsgesetz
TPGAV	Ausführungsverordnung zum Transplantationsgesetz
TPG AG M-V	Ausführungsgesetz zum Transplantationsgesetz Mecklenburg Vorpommern
TPG-E	Entwurf eines Gesetzes über die Spende, Entnahme und Übertragung von Organen (Transplantationsgesetz – TPG), BT-Drs. 13/4355
U	Urteil
u.a. (U.a.)	unter anderem, und andere
UA	urkundliche Abschrift
u.ä.	und ähnliche
U-Haft	Untersuchungshaft
Urt.	Urteil
USA	United States of America
u.U.	unter Umständen
v.	vom, von
Var.	Variante
VdAK	Verband der Angestelltenkrankenkassen
VersR	Versicherungsrecht
VerwR	Verwaltungsrecht
VG	Verwaltungsgericht
vgl. (Vgl.)	vergleiche
VO	Verordnung
Vorb.	Vorbemerkung
vs.	versus
VSSR	Vierteljahresschrift für Sozialrecht
VVDStRL	Veröffentlichungen der Vereinigung der Deutschen Staatsrechtslehrer
VwGO	Verwaltungsgerichtsordnung
VwVfG	Verwaltungsverfahrensgesetz

weit.	weitere/n
WHO	World Health Organisation
wistra	Zeitschrift für Wirtschaft, Steuer, Strafrecht
z.B. (Z.B.)	zum Beispiel
Z. EEG-EMG	Zeitschrift für Elektroenzephalographie, Elektromyographie und verwandte Gebiete
ZfStrVo	Zeitschrift für Strafvollzug (ab 24. 1973) und Straffälligenhilfe (1. 1950 ff.)
Z. f. Gesundheitswiss.	Zeitschrift für Gesundheitswissenschaften
Ziff.	Ziffer
zit.	zitiert
ZPO	Zivilprozeßordnung
ZRP	Zeitschrift für Rechtspolitik
ZStW	Zeitschrift für die gesamte Strafrechtswissenschaft
z.T.	zum Teil
Zusf.	Zusammenfassung
ZustVO	Zuständigkeitsverordnung
ZustLVOTPG M-V	Zuständigkeits-Landesverordnung Transplantationsgesetz Mecklenburg Vorpommern
z.Zt.	zur Zeit

Literaturverzeichnis

Angell, Marcia, After Quinlan: The Dilemma of the Persistent Vegetative State, New England Journal of Medicine 1994, S. 1524 f.

Angstwurm, Heinz, Der Hirntod – ein sicheres Todeszeichen. Wiener Medizinische Wochenschrift Diskussionforum Med. Ethik 1990, S. 4 f.

Appel, Ivo, Verfassung und Strafe, Dissertation 1998.

Arnold, Robert M.; Youngner, Stuart J., The Dead Donor Rule: Should We Stretch It, Bend It, or Abandon It? Kennedy Institute of Ethics Journal 1993, S. 263 ff.

Arzt, Gunter; Weber, Ulrich, Strafrecht – Besonderer Teil, 2000.

Axer, Peter, Normsetzung der Exekutive in der Sozialversicherung. Ein Beitrag zu den Voraussetzungen und Grenzen untergesetzlicher Normsetzung im Staat des Grundgesetzes, 2000.

Baltzer, Johannes, Transplantationsgesetz und Rechtsschutz, SGb 1998, S. 437.

Barta, Heinz; Weber, Karl (Hrsg.), Rechtsfragen der Transplantationsmedizin in Europa. Organtransplantation zwischen rechtlicher Bindung und gesellschaftlichem Konsens, 2001.

Baumann, Jürgen u.a., Alternativ-Entwurf Wiedergutmachung (AE-WGM), 1992.

Baumann, Hans Georg, Erläuterungen zum Gesetz über die Spende, Entnahme und Übertragung von Organen, in: Das Deutsche Bundesrecht IK 76, S. 17 ff.

Bayertz, Kurt, Das Ethos der Wissenschaften und die Moral, in: Siep (Hrsg.), Ethik als Anspruch an die Wissenschaft oder: Ethik in der Wissenschaft, 1988, S. 9.

Beecher, Henry K. u.a., A Definition of Irreversible Coma. Report of the Ad Hoc Committee of the Harvard Medical School to Examine the Definition of Brain Death. Journal of the American Medical Association 1968, S. 85 ff.

Beleites, Eggert, Grundsätze der Bundesärztekammer zur ärztlichen Sterbebegleitung. DÄBl. 1998, S. A-2366 ff.

Bender, Albrecht W., Organtransplantation und AMG, VersR 1999, S. 419.

Bernat, James L., How much of the Brain Must Die in Brain Death? Journal of Clinical Ethics 1992, S. 21 ff.

Bickeböller, Ralf, Grundzüge einer Ethik der Nierentransplantation, 2000.

Bickeböller, Ralf; Gossmannm J.; Kramer, W.; Scheuermann, E.H., „Sich in besonderer Verbundenheit offensichtlich nahestehen". Eine Interpretation des Gesetzestextes zur Lebendnierenspende im Sinne der personalen Freundschaft, Zeitschrift für Medizinische Ethik 44 (1998), S. 325.

Birnbacher, Leonore; Angstwurm, Hans; Eigler, Friedrich-Wilhelm; Wuermeling, Hans-Bernhard, Der vollständige und endgültige Ausfall der Hirntätigkeiten als Todeszeichen des Menschen – Anthropologischer Hintergrund, DÄBl. 1993, S. C-1968.

Bockemühl, Jan (Hrsg.), Handbuch des Fachanwalts Strafrecht, 2000.

Bockenheimer-Lucius Gisela; Seidler Eduard (Hrsg.), Hirntod und Schwangerschaft. Dokumentation einer Diskussionsveranstaltung der Akademie für Ethik in der Medizin zum „Erlanger Fall", 1993

Borowy, Oliver, Die postmortale Organentnahme und ihre zivilrechtlichen Folgen, 2000.

Boujong, Karl Heinz (Hrsg.), Karlsruher Kommentar zum OWiG, 2. Auflage, 2000

Brock, Dan W., The Role of the Public in Public Policy on the Definition of Death, in: Youngner, S.J., Arnold, R.M., Schapiro, R. (Hrsg.), The Definition of Death. Contemporary Controversies, 1999, S. 293 ff.

Brock, Dan W., The Ideal of Shared Decision Making Between Physicians and Patients, in: Pellegrino, E.D. u.a., Ethics, Trust and the Professions: Philosophical and Cultural Aspects, 1992.

Buddee, Antje, Der Arztvertrag nach dem SGB V, 1997.

Bulla, Monika, Grundsätzliches zur Lebendspende, in: Albert, F.W. (Hrsgb.), Praxis der Nierentransplantation (III), 1989, S. 57.

Burgi, Martin, Funktionale Privatisierung und Verwaltungshilfe, 1999

Capron, A.M., The Bifurcated Legal Standard for Determining Death: Does it Work?, in: Youngner, S.J., Arnold, R.M., Schapiro, R. (Hrsg.), The Definition of Death. Contemporary Controversies, 1999, S. 117 ff.

Capron, Alexander M., Brain Death - Well Settled yet Still Unresolved. New England Journal of Medicine 2001, S. 1244 ff.

Carstens, Thomas, Das Recht der Organtransplantation. Stand und Tendenzen des deutschen Rechts im Vergleich zu ausländischen Gesetzen, 1978.

Charo, R. Alta, Dusk, Dawn, and Defining Death: Legal Classifications and Biological Categories, in: Youngner, S.J., Arnold, R.M., Shapiro, R. (Hrsg.), The Definition of Death. Contemporary Controversies, 1999, S. 277 ff.

Conrads, Christoph, Rechtliche Grundsätze der Organallokation, 2000.

Council on Ethical and Judical Affairs, American Medical Association, The Use of Anencephalic Neonates as Organ Donors, JAMA 1955, S. 1614 ff.

Cranford, Ronald E., The Persistent Vegetative State: The Medical Reality (Getting the Facts Straight). Hastings Center Report 1988, S. 27 ff.

Deutsch, Erwin, Medizinrecht, 3. Aufl. 1998.

Deutsch, Erwin, Zum geplanten strafrechtlichen Verbot des Organhandels, ZRP 1994, S. 179.

Deutsch, Erwin, Das Transplantationsgesetz vom 5.11.1997, NJW 1998, S. 777.

Deutsch, Erwin, Sicherheit bei Blut und Blutprodukten: Das Transfusionsgesetz von 1998, NJW 1998, 3377.

Deutsch, Erwin, Medizinrecht. Arztrecht, Arzneimittelrecht und Medizinprodukterecht, 4. Auflage, 1999.

Deutsch, Erwin; Lippert, Hans-Dieter (Hrsg.), Kommentar zum Arzneimittelgesetz (AMG), 2001.

Diercks, Christian; Neuhaus, Peter; Wienke, Albrecht (Hrsg.), Die Allokation von Spenderorganen, 1999.

Dietrich, Thomas u.a. (Hrsg.), Erfurter Kommentar zum Arbeitsrecht, 1998.

Dreier, Horst (Hrsg.), Grundgesetz Kommentar, Band I (Art. 1-19 GG), 1996.
Dreier, Ralf, Recht und Gerechtigkeit (1982), in: ders., Recht – Staat – Vernunft. Studien zur Rechtstheorie Bd. 2, 1991, S. 8.
Dufkova, Jarmila, Zur Frage der Zulässigkeit von sog. Cross-Spenden bei Nierentransplantationen lebender Organspender unter Berücksichtigung der Entscheidung des Bundesverfassungsgerichts vom 11. 8. zur altruistischen fremdnützigen Lebendspende, MedR 2000, S. 408.
Ebert, Christoph, Das Handeltreiben mit Betäubungsmitteln im Sinne von § 29 I 1 Nr. 1 BtMG, 1997.
Edelmann, Herve, Ausgewählte Probleme bei der Organspende unter Lebenden, VersR 1999, S. 1065.
Eibach, Ulrich, Organspende von Lebenden: Auch unter Freunden ein Akt der „Nächstenliebe"?, Zeitschrift für Medizinische Ethik 45 (1999), S. 217.
Eichenhofer, Eberhard, Sozialrecht, 3. Aufl., 2000.
Elias, Norbert, Über die Einsamkeit der Sterbenden in unseren Tagen, 1982.
Elsässer, Antonellus, Ethische Probleme bei Lebendspende von Organen, Zeitschrift für Transplantationsmedizin 1993, S. 65.
Engels, Eve-Marie; Dadura-Lotter, Gisela; Schicktanz, Silke (Hrsg.), Neue Perspektiven der Transplantationsmedizin im interdisziplinären Dialog, 1. Auflage, 2000.
Erbguth, Wilfried; Stollmann, Frank, Erfüllung öffentlicher Aufgaben durch private Rechtssubjekte? – Zu den Kriterien bei der Wahl der Rechtsform, DÖV 1993, S. 798.
Erbs, Georg; Kohlhaas, Max, Strafrechtliche Nebengesetze, 135. Lieferung, Stand: November 1999.
Erlenkämper, Arnold; Fichte, Wolfgang, Sozialrecht, 4. Aufl. 1999.
Eser, Albin; von Lutterotti, Markus; Sporken, Paul (Hrsg.), Lexikon Medizin-Ethik-Recht (1989), Taschenbuch-Ausg. 1992.
Esser, Dirk, Verfassungsrechtliche Aspekte der Lebendspende von Organen zu Transplantationszwecken, Dissertation 2000.
Eyermann, Erich, Kommentar zur Verwaltungsgerichtsordnung, 10. Auflage, 2000.
Feuerstein, Günter, Das Transplantationssystem, 1995.
Finkorn, Hans-Jürgen (Hrsg.), Hirntod als Todeskriterium, 2000.
Forrow, Lachlan, The Green Eggs and Ham Phenomena, Hastings Center Report Suppl, 1994, S. 29 ff.
Friauf, Karl Heinrich; Höfling, Wolfram (Hrsg.), Berliner Kommentar zum Grundgesetz, 2000.
Gallwas, Hans-Ullrich, Der andere Standpunkt: Anmerkungen zu den verfassungsrechtlichen Vorgaben für ein Transplantationsgesetz, JZ 1996, S. 851.
Geisler, Linus S., Das Verschwinden des Leibes, Universitas 1996, S. 386.
Göhler, Erich, OWiG, 12. Auflage, 1998.
Gragert, Jörg, Strafrechtliche Aspekte des Organhandels, 1997.
Greinert, Renate; Wuttke, Giesela (Hrsg.), Organspende, 1993.

Gubernatis, Gundolf; Kliemt, Hartmut, Solidarität und Rationierung in der Organtransplantation, Transplantationsmedizin 1999.

Gutmann; Gerok; Thomes, B., International Legislation in living organ donation, S. 318–320 m.N., in: Collins, G.M.; Dubernard, J.M.; Land, W.; Persijn, G.G. (Hrsg.) Procurement, Preservation and Allocation of Vascularized Organs, 1997.

Gutmann, Thomas, Gesetzgeberischer Paternalismus ohne Grenzen? Zum Beschluß des BVerfG zur Lebendspende von Organen, NJW 1999, S. 3387.

Gutmann, Thomas, Probleme einer gesetzlichen Regelung der Lebendspende von Organen, MedR 1997, S. 147.

Gutmann, Thomas, Rechtsphilosophische Aspekte der Lebendspende von Nieren, Zeitschrift für Transplantationsmedizin 1993, S. 75.

Gutmann, Thomas, Lebendspende von Organen – nur unter Verwandten?, ZRP 1994, S. 111.

Gutmann, Thomas; Land Walter, Ethische und rechtliche Fragen der Organverteilung: Der Stand der Debatte, in: Schmidt, U.; Albert, F.W. (Hrsg.), Praxis der Nierentransplantation (IV), 1997.

Gutmann, Thomas; Schroth, Ulrich, Organlebendspende in Europa. Rechtliche Regelungsmodelle, ethische Diskussion und praktische Dynamik, 2002.

Haage, Heinz, Erläuterungen zur Bundesärzteordnung, in: Das Deutsche Bundesrecht I K 9: Bundesärzteordnung, (Stand der Kommentierung: 824. Lieferung, Mai 1999).

Häberle, Peter, Altern und Alter des Menschen als Verfassungsproblem, in: Badura, P.; Scholz, R. (Hrsg.), Wege und Verfahren des Verfassungslebens, FS für Peter Lerche zum 65. Geburtstag, 1993, S. 190.

Haffke, Bernhard, Drogenstrafrecht, ZStW 107 (1995), S. 761.

Hamann, Andreas; Lenz, Helmut, Grundgesetzkommentar, 3. Auflage, 1970.

Hamm, Rainer; Lohberger, Ingram (Hrsg.), Beck'sches Formulbuch für den Strafverteidiger, 3. Auflage, 1998.

Hardern, R.D., Critical appraisal of papers describing triage systems. Acad Emerg Med 1999, S. 1166 ff.

Hauck, Karl (Hrsg.), Kommentar zum SGB VII, Bd. 1, Stand: 1.4.2000.

Hauck, Karl (Hrsg.), Kommentar zum SGB I, Stand: 1. Mai 2000.

Haupt, Walter F.; Höfling, Wolfram, Fortschritte der Neurologie, im Erscheinen.

Haverkate, Görg, Verantwortung für Gesundheit als Verfassungsproblem, in: Häfner (Hrsg.), Gesundheit – unser höchstes Gut?, 1999, S. 119.

Hegel, Georg Wilhelm-Friedrich, Grundlinien der Philosophie des Rechts (1820/21), Suhrkamp-TB-Werkausgabe Bd. 7, 2. Aufl. 1989.

Hillebrand, G.F.; Schmeller, N.; Theodorakis, J.; Illner, W.D.; Schultz-Gambard, E.; Schneewind, K.A.; Land, W., Nierentransplantation – Lebendspende zwischen verwandten und nicht verwandten Personen: Das Münchener Modell, Transplantationsmedizin 1996, S. 101.

Hillgruber, Christian, Der Schutz des Menschen vor sich selbst, 1992.

Hirsch, Günter; Schmidt-Didczuhn, Andrea, Transplantation und Sektion, 1992.

Hirsch, Joachim, Hauptprobleme einer Reform der Delikte gegen die körperliche Unversehrtheit, ZStW 83 (1971), S. 140.

Höfling, Wolfram, Protokoll der 67. Sitzung des Ausschusses für Gesundheit (13. Deutscher Bundestag) am 9. Oktober 1996, S. 44.

Höfling, Wolfram, Forum: „Sterbehilfe" zwischen Selbstbestimmung und Integritätsschutz, JuS 2000, S. 111.

Höfling, Wolfram, Um Leben und Tod: Transplantationsgesetzgebung und Grundrecht auf Leben, JZ 1995, S. 26.

Höfling, Wolfram, Offene Grundrechtsinterpretation, Dissertation 1987.

Höfling, Wolfram, Menschenwürde und gute Sitten, NJW 1983, S. 1582.

Höfling, Wolfram, Primär- und Sekundärrechtsschutz im Öffentlichen Recht, VVDStRL 62 (2002), S. 260.

Höfling, Wolfram, Rationierung von Gesundheitsleistungen im grundrechtsgeprägten Sozialstaat. Eine Problemskizze, in: Feuerstein, G.; Kuhlmann, E. (Hrsg.), Rationierung im Gesundheitswesen, 1998, S. 143.

Höfling, Wolfram; Lang, Heinrich, Das Selbstbestimmungsrecht. Normativer Bezugspunkt im Arzt-Patienten-Verhältnis, in: Feuerstein, G.; Kuhlmann, E. (Hrsg.) Neopaternalistische Medizin, 1999, S. 17.

Höfling, Wolfram; Rixen, Stephan, Verfassungsfragen der Transplantationsmedizin. Hirntodkriterium und Transplantationsgesetz in der Diskussion, 1996.

Hoff, Johannes; in der Schmitten, Jürgen, Hirntote Patienten sind sterbende Menschen. Universitas April 1995, S. 328 ff.

Hoff, Johannes; in der Schmitten, Jürgen, Kritik der „Hirntod"-Konzeption, in: dies. (Hrsg.), Wann ist der Mensch tot?, 1995, S. 202 ff.

Holzgreve, Wolfgang u.a., Kidney Transplantation from Anencephalic Donors. New England Journal of Medicine 1987, S. 1069 f.

Holznagel, Bernd, Die Vermittlung von Spenderorganen nach dem geplanten Transplantationsgesetz, DVBL. 1997, S. 393.

Holznagel, Bernd; Holznagel, Ina, Rechtslage in der Transplantationsmedizin: Sicherheit, Transparenz und Kontrolierbarkeit, DÄBl. 1998, S. 1718.

Hoyer, J.; Fricke, L.; Müller, G.; Sack, K., Erfahrungen in der Lebendspende bei Nierentransplantationen, Transplantationsmedizin 1994, S. 211.

Ignor, Alexander, Vorenthalten von Sozialversicherungsbeiträgen durch den Arbeitgeber – Hinweise zur Verteidigung, in: Schnellbrief für Personalwirtschaft und Arbeitsrecht Nr. 16/2000, S. 1.

Ignor, Alexander; Rixen, Stephan, Abberufung eines Vorstandsmitglieds wegen Unzuverlässigkeit nach Einstellung eines Banken-Strafverfahrens gem. § 153 a StPO?, Strafverteidiger-Forum (StraFo) 2000, S. 157.

Ignor, Alexander; Rixen, Stephan (Hrsg.), Handbuch Arbeitsstrafrecht, 2002.

in der Schmitten, Jürgen, Die Patienten-Vorausverfügung. Handlungsverbindlicher Ausdruck des Patientenwillens oder Autonomie-Plazebo?, in: Feuerstein G., Kuhlmann E. (Hrsg.), Neo-paternalistische Medizin. Der Mythos der Patienten-Selbstbestimmung im Arzt-Patient-Verhältnis, 1999 *in der Schmitten, Jürgen,* Organtransplantation ohne „Hirntod"-Konzept? Anmerkungen zu R.D. Truogs Aufsatz „Is It Time To Abandon Brain Death?", Ethik in der Medizin 2002 (im Druck)

Ipsen, Jörn, Der „verfassungsrechtliche Status" des Embryos in vitro, JZ 2001, S. 989.

Isensee, Josef; Kirchhof, Paul, Das Grundrecht als Abwehrrecht und staatliche Schutzpflicht, HStR V, 1992.

Jähnke, Burkhard; Laufhütte, Heinrich Wilhelm; Odersky Walter (Hrsg.), Strafgesetzbuch (Leipziger Kommentar), 11. Auflage, 1999.

Jarass, Hans D.; Pieroth, Bodo, Grundgesetz. Kommentar, 6. Auflage, 2002.

Jescheck, Hans-Heinrich; Weigend, Thomas, Lehrbuch des Strafrechts – Allgemeiner Teil, 5. Auflage, 1996.

Jörg, Michael, Das neue Kassenarztrecht, 1993.

Jonas, Hans, Gehirntod und menschliche Organbank: Zur pragmatischen Umdefinition des Todes, Technik, Medizin und Ethik (Orig.-Ausgabe 1985), TB-Ausg. 1987, S. 219 ff.

Jürgens, Andreas u.a., Das neue Betreuungsrecht, 2. Auflage, 1992.

Kasseler Kommentar, Sozialversicherungsrecht, Band 1, 2. Auflage, 1998.

Katz, Jay, The Silent World of Doctor and Patient, 1984

Kern, Bernd-Rüdiger, Die rechtliche Grundlage für die Organtransplantation – Zur Gesetzeslage in den neuen Bundesländern, DtZ 1992, S. 348.

Kern, Bernd-Rüdiger, Fremdbestimmung bei der Einwilligung in ärztliche Eingriffe, NJW 1994, S. 753.

Kirste, Günter, Ergebnisse der Nieren-Lebend-Spende zwischen nichtverwandten Erwachsenen, in: Deutsche Gesellschaft für Chirurgie (Hrsg.), Kongressband 2000, S. 284.

Kissel, Rudolf, Neues zur Gerichtsverfassung, NJW 1991, S. 945.

Klinkhammer, Gisela, Organspende: Informationsbedarf, DÄBl. 97, Heft 23/2000, S. A-1553.

Kloesel, Arno; Cyran, Walter, Kommentar zum Arzneimittelrecht, 3. Auflage, 1999.

Kluth, Winfried, Funktionale Selbstverwaltung. Verfassungsrechtlicher Status – verfassungsrechtlicher Schutz, 1997.

Kluth, Winfried; Sander, Birgit, Verfassungsrechtliche Aspekte einer Organspendepflicht, DVBl. 1996, S.1285.

Kouwenhoven, William Bennett; Jude, James R., Knickerbocker, G. Gay, Closed-chest cardiac massage, Journal of the American Medical Association 1960, S. 1064 ff.

Koch, Hans-Georg, Stichwort: „Behandlungsabbruch/Behandlungsverzicht", in: Eser, A., Lutterotti M., Sporken, P. (Hrsg.), Lexikon Medizin, Ethik, Recht, 1989, S. 181 ff.

Köchler, Hans (Hrsg.), Transplantationsmedizin und personale Identität. Medizinische, ethische, rechtliche und theologische Aspekte der Organverpflanzung, 2001.

Kohlhaas, Max, Rechtsfragen zwischen Leben und Tod, in: Hamm (Hrsg.), Festschrift für Werner Sarstedt zum 70. Geburtstag, 1981, S. 133.

König, Peter, Strafbarer Organhandel, 1999.

König, Peter, Das strafbewehrte Verbot des Organhandels, in: Roxin, C.; Schroth, U. (Hrsg.), Medizinstrafrecht, 2000, S. 265.

Kopp, Ferdinand O.; Ramsauer, Ulrich, Kommentar zum Verwaltungsverfahrensgesetz, 7. Auflage, 2000.

Korff, Wilhelm (Hrsg.), Lexikon der Bioethik, Bd. 3, 1998.

Körner, Harald, BtMG, 4. Auflage, 1994.

Kreßel, Eckhard; Wollenschläger, Michael, Leitfaden zum Sozialversicherungsrecht, 2. Aufl. 1996.

Kreuzer, Arthur (Hrsg.), Handbuch des Betäubungsmittelstrafrechts, 1998.

Kübler, Heidrun, Verfassungsrechtliche Aspekte der Organentnahme zu Transplantationszwecken, 1977.

Kühn, Christoph, Zur medizinischen und rechtlichen Problematik im Umgang mit Todesbescheinigungen in Schleswig-Holstein, Diss. Med., 1987.

Kühn, Christoph, Das neue deutsche Transplantationsgesetz, MedR 1998, S. 455.

Kurthen, M., Linke, D.B., Moskopp, D., Teilhirntod und Ethik, Ethik in der Medizin 1989, S. 134 ff.

Lackner, Karl; Kühl, Kristian, Kommentar zum Strafgesetzbuch, 23. Auflage, 1999.

Land, Walter, Das Dilemma der Allokation von Spenderorganen, Dialyse-Journal 1994, S. 31.

Land, Walter, Medizinische Aspekte der Lebendspende: Nutzen/Risiko-Abwägung, Zeitschrift für Transplantationsmedizin 1993, S. 52.

Land, Walter, Lebendspende von Organen – derzeitiger Stand der internationalen Debatte, Zeitschrift für Transplantationsmedizin 1993, S. 59.

Lang, Heinrich, Die Vergütung der Vertragsärzte und Psychotherapeuten im Recht der gesetzlichen Krankenversicherung, 2001, S. 17.

Lang, Heinrich, Knappheitsentscheidungen im Sozialrecht – Zum Rechtsschutzdefizit gegenüber transplantationsrechtlichen Verteilungsentscheidungen, VSSR 1/2002, S. 21.

Largiadèr, Felix (Hrsg.), Organtransplantation, 1966.

Largiadèr, Felix, Checkliste Organtransplantation, 1999.

Laufs, Adolf, Nicht der Arzt allein muss bereit sein, das Notwendige zu tun, NJW 2000, S. 1757.

Laufs, Adolf, Ein deutsches Transplantationsgesetz – jetzt?, NJW 1995, S. 2398.

Laufs, Adolf, Arztrecht, 5. Auflage, 1993.

Laufs, Adolf; Uhlenbruck, Wilhelm, Handbuch des Arztrechts, 2. Auflage, 1999.

Lilie, Hans, Transplantationsgesetz – was nun?, in: Medizin – Recht – Ethik, Rechtsphilosophische Hefte Bd. VIII, hrsgg. v. Orsi u.a., 1998, S. 89.

Lilie, Hans, Wartelistenbetreuung nach dem Transplantationsgesetz, in: Festschrift für Deutsch zum 70. Geburtstag, 1999, S. 643.

Linke, Detlef B., Hirnverpflanzung. Die erste Unsterblichkeit auf Erden, 1993.

Littwin, Frank, Grundrechtsschutz gegen sich selbst. Das Spannungsverhältnis von grundrechtlichem Selbstbestimmungsrecht und Gemeinschaftsbezogenheit des Individuums, 1993.
Loosen, Hans-Werner, Organentnahme: Überzeugungsarbeit an der Nahtstelle zwischen Leben und Tod, DÄBl. 96, Heft 31-32/1999, S. A-2014.
Luhmann, Niclas, Soziologie des Risikos, 1991.
Luhmann, Niclas, Medizin und Gesellschaftstheorie, in: Medizin, Mensch, Gesellschaft 8 (1983), S.168.
Lutterotti, Markus, Stichwort: „Behandlungsabbruch/Behandlungsverzicht", in: Eser, A., Lutterotti, M., Sporken, P. (Hrsg.), Lexikon Medizin, Ethik, Recht, 1989, S. 170 ff.
Marburger, Peter, Die Regeln der Technik im Recht, 1979.
Maunz, Theodor; Dürig, Günter, Kommentar zum Grundgesetz, Band II, Stand Juli 2001.
Maurer, Hartmut, Allgemeines Verwaltungsrecht, 13. Auflage, 2000.
Mayer, Otto, Deutsches Verwaltungsrecht, 2. Bd., 3. Aufl. 1924.
Meister, Jörg, Anmerkung zum Beschl. des BVerfG v. 11.8.1999 – 1 BvR 2181/99 u.a. –, in: Das Krankenhaus, hrsgg. von der Deutschen Krankenhausgesellschaft, 91. Jg., Heft 11/November 1999, S. 800.
Merkel, Reinhard, An den Grenzen von Medizin, Ethik und Strafrecht: Die chirurgische Trennung sogenannter siamesischer Zwillinge, in: Roxin, C.; Schroth, U. (Hrsg.), Medizinstrafrecht, 2000, S. 137.
Merkel, Reinhard, Hirntod und kein Ende. Zur notwendigen Fortsetzung einer unerledigten Debatte, Jura 1999, S. 113 ff.
Meyer-Ladewig, Jens, SGG, 6. Auflage 1998.
Miserok, Karl; Sasse, Ralf; Hall, Antje; Seidenath, Bernhard, Kommentar zum Transplantationsrecht des Bundes und der Länder mit Transfusionsgesetz, 2001.
Mollaret, P.; Goulon, M., Le Coma Dépassée, Revue Neurologique, 1959, S. 3 ff.
Möx, J., Zur Zulässigkeit von Organentnahmen, ArztR 1994, S. 39.
Müller, Friedrich, Juristische Methodik, 6. Auflage, 1995.
Münchener Kommentar, Münchener Kommentar zum Bürgerlichen Gesetzbuch, Band 8: Familienrecht II (§§ 1589-1921), KJHG, 3. Auflage, 1992.
Münder, Johannes, Problem des Sorgerechts bei psychisch kranken und geistig behinderten Eltern, hrsgg.v. Bundesministerium der Justiz, 1994, S. 19.
Nagel, Eckhard, Schmerz und Leid auf Wartelisten, Ethik in der Medizin, 2000, S. 227 ff.
Nagel, Eckhard; Fuchs, Christoph (Hrsg.), Soziale Gerechtigkeit im Gesundheitswesen, 1993.
Narr, Helmut, Ärztliches Berufsrecht, fortgeführt von Hess/Schirmer, Bd. II, 2. Auflage, Ergänzungs-Lieferung – Stand: Januar 2000.
Natter, Eberhard, Der Arztvertrag mit dem sozialversicherten Patienten, 1986.
Naucke, Wolfgang, Stellungnahme zur Frage: Täter-Opfer-Ausgleich im Strafverfahren – Alternative zum herkömmlichen repressiven Strafrecht oder unlösbares Dilemma?, in: Neue Kriminalpolitik, Heft 2/Mai 1990, S. 14.

Neumann, Ulfried; Schild, Ulrike (Gesamtredaktion), Nomos-Kommentar zum Strafgesetzbuch; Stand Mai 2001.
Nickel, Lars Christoph; Schmidt-Preisigke, Angelika; Sengler, Helmut, Kommentar zum Transplantationsgesetz, 2001.
Palandt, Otto (Hrsg.), Kommentar zum BGB, 61. Auflage, 2002.
Pater, Siegfried; Raman, Aschwin, Organhandel – Ersatzteile aus der Dritten Welt, 1991.
Paul, Carsten, Zur Auslegung des Begriffes „Handeltreiben" nach dem Transplantationsgesetz, MedR 1999, S. 214.
Plows, Ch. W., Reconsideration of AMA Opinion on Anencephalic Neonates as Organ Donors, Journal of the American Medical Association 1996, S. 443 ff.
Pschyrembel, Willibald; Dornblüth, Otte, Klinisches Wörterbuch, 259. Auflage, 2002.
Quante, Michael; Vieth, Andreas (Hrsg.), Xenotransplantation. Ethische und rechtliche Probleme, 2001.
Rieger, Hans-Jürgen, Lexikon des Arztrechts, 2. Auflage, 2001.
Rixen, Stephan, Lebensschutz am Lebensende, 1999.
Rixen, Stephan, Schutz vor rechtswidrigen Sektionen nach geltendem und künftigem Recht. Am Beispiel der Obduktion von an plötzlichem Kindstod verstorbenen Säuglingen, ZRP 2001, S. 374.
Rixen, Stephan, Transplantationsgesetz und Organhandel: Regelungsfragen im Umfeld der sog. „Hirntod"-Kontroverse (Gesetzentwürfe BT-Drs. 13/4355, 13/2926, 13/587) – Stellungnahme zur Öffentlichen Anhörung des Gesundheitsausschusses im Deutschen Bundestag am 9.10.1996, Deutscher Bundestag, Ausschuss für Gesundheit, Ausschuss-Drs. 603/13 v. 8.10.1996, S. 2.
Rixen, Stephan, Transplantation und Hirntod: Aktuelle Rechtsfragen aus Sicht der Krankenpflege, in Hirntod – Transplantation. Aspekte, Fragen und Probleme aus pflegerischer Sicht, hrsg. von der DRK-Schwesternschaft Lübeck e.V. 1996, S. 45.
Rixen, Stephan, Datenschutz im Transplantationsgesetz, Datenschutz und Datensicherheit (DuD) 1998, S. 75.
Rixen, Stephan, Protokoll der 67. Sitzung des Ausschusses für Gesundheit (13. Deutscher Bundestag) am 9.10.1996 – Öffentliche Anhörung zum TPG-Entwurf, S. 10.
Rixen, Stephan, Die Bestattung fehlgeborener Kinder als Rechtsproblem, FamRZ 1994, S. 417.
Rixen, Stephan, Wiedergutmachung im Strafvollzug? Eine kritische Analyse der Vorschläge des „Alternativ-Entwurfs Wiedergutmachung (AE-WGM)", ZfStrVo 1994, 215.
Rixen, Stephan, Die Regelung des Transplantationsgesetzes zur postmortalen Organspende vor dem Bundesverfassungsgericht, NJW 1999, S. 3389.
Robertson, John A., The Dead Donor Rule, Hastings Center Report 1999, S. 6 ff.
Roth, Gerhard; Dicke, Ursula, Das Hirntodproblem aus Sicht der Hirnforschung, in: Hoff, J., in der Schmitten, J. (Hrsg.), Wann ist der Mensch tot? Organverpflanzung und „Hirntod"-Kriterium, 1995, S. 51 ff.

Roxin, Claus, Strafrecht Allgemeiner Teil, Bd. I, 3. Auflage, 1997.

Roxin, Claus, Anmerkung zu: BGH, Urt. v. 15.1.1992 – 2 StR 267/91, StV 1992, 517, in: StV 1992, 517.

Rudolphi, Hans-Joachim u.a., Systematischer Kommentar zum StGB, Bd. II: Besonderer Teil, 6. Auflage (Stand: Februar 1999).

Rüping, Hinrich, Individual- und Gemeinschaftsinteressen im Recht der Organtransplantation, GA 1978, S. 129.

Schachtschneider, Karl Albrecht; Siebold, Dagmar I., Die „erweiterte Zustimmungslösung" des Transplantationsgesetzes im Konflikt mit dem Grundgesetz, DÖV 2000, S. 129.

Schlich, Thomas; Wiesemann, Claudia (Hrsg.), Hirntod. Zur Kulturgeschichte der Todesfeststellung, 1. Aufl., 2001.

Schmidt, Volker H., Verteilungsgerechtigkeit in der Transplantationsmedizin: Was kann die Soziologie beitragen?, EthikMed 1998, S. 5.

Schmidt, Volker H., Politik der Organverteilung, 1996.

Schmidt, Volker H., Neues zur Organverteilung: Das Transplantationsgesetz und die Folgen, Z. f. Gesundheitswiss. 10 (2002), S. 252.

Schmidt-Aßmann, Eberhard, Grundrechtspositionen und Legitimationsfragen im öffentlichen Gesundheitswesen, 2001.

Schmidt-Aßmann, Eberhard, Rechtsschutzfragen des Transplantationsgesetzes, in: NJW-Sonderheft zur Vollendung des 65. Lebensjahres von H. Weber am 10. November 2001, NJW-Sonderheft 2002, S. 59.

Schnapp, Friedrich E., Öffentliche Verwaltung und privatrechtliche Handlungsformen, DÖV 1990, S. 826.

Schneewind, Klaus A., Psychologische Aspekte der Lebendnierenspende, Zeitschrift für Transplantationsmedizin 1993, S. 89.

Schneider, Hans, Gesetzgebung, 2. Auflage, 1982.

Schoch, Friedrich; Schmidt-Aßmann, Eberhard; Pietzner, Rainer, Kommentar zur Verwaltungsgerichtsordnung, Stand: 2001.

Schoeller, Birgit, Vorschlag für eine gesetzliche Regelung der Organspende vom lebenden Spender, 1994.

Schönke, Adolf; Schröder, Horst, StGB, 26 Auflage, 2000.

Schreiber, Hans Ludwig, Rechtliche Fragen der Organtransplantation – auch der Lebendspende, in: Gesellschaft Gesundheit und Forschung e.V. (Hrsg.), Ethik und Organtransplantation, 1989, S. 39.

Schreiber, Hans Ludwig, Wann ist der Mensch tot? Im Transplantationsgesetz muß die Frage nach dem Ende des Lebensschutzes beantwortet werden, in: Firnkorn, H.-J. (Hrsg.), Hirntod als Todeskriterium, 2000, S. 44 ff.

Schreiber, Hans-Ludwig; Haverich, Axel, Richtlinien für die Warteliste und für die Organvermittlung, Deutsches Ärzteblatt 2000, S. A-385.

Schroth, Ulrich, Die strafrechtlichen Tatbestände des Transplantationsgesetzes, JZ 1997, S. 1149.

Schroth, Ulrich, Stellungnahme zu dem Artikel von Bernhard Seidenath: „Lebendspende von Organen – Zur Auslegung des § 8 I 2 TPG", MedR 1999, S. 67.

Schulin, Bertram (Hrsg.), Handbuch des Sozialversicherungsrechts, Band 1: Krankenversicherungsrecht, 1994.
Schulin, Bertram; Igl, Gerhard, Sozialrecht, 6. Aufl., 1999.
Schwabe, Jürgen, Der Schutz des Menschen vor sich selbst, JZ 1998, S. 66.
Seewald, Otfried, BG 1996, 149 ff.;
Seidel, Achim, Privater Sachverstand und staatliche Garantenstellung im Verwaltungsrecht, 2000.
Seidenath, Bernhard, Lebendspende von Organen zur Auslegung des § 8 Abs. 1 S. 2 TPG, MedR 1998, S. 253.
Shewman, D. Alan, „Brainstem Death", „Brain Death" and Death: A Critical Re-Evaluation of the Purported Evidence. Issues in Law & Medicine 14 (1998), S. 137.
Smit, Heiner u. a., Organspende und Transplantation in Deutschland 1999, hrsgg. v. der Deutschen Stiftung Organtransplantation, 2000, S. 14.
Sodan, Helge; Ziekow, Jan, Nomos-Kommentar zur Verwaltungsgerichtsordnung, Stand: Juli 2000.
Spaemann, Robert, Personen – Versuche über den Unterschied zwischen ‚etwas' und ‚jemand', 1996
Sparing, Frank, Zwangskastrationen im Nationalsozialismus – Das Beispiel der Kriminalbiologischen Sammelstelle Köln, in: Justizministerium des Landes NRW (Hrsg.), Kriminalbiologie (Juristische Zeitgeschichte Nordrhein-Westfalen Band 6), 1997, S. 169.
Spranger, Tade Matthias, Die ungenehmigte Verfügung der Krankenhäuser über Fehlgeborene, MedR 1999, S. 210.
Spranger, Tade Matthias, Über die Zulässigkeit der Sammelkremation nach dem „Berliner Modell", LKV 1999, 352.
Statistisches Bundesamt (Hrsg.), Strafverfolgung 1997 – Vollständiger Nachweis der einzelnen Straftaten –, 1999.
Steiner, Udo., Öffentliche Verwaltung durch Private, 1973.
Stellpflug, Martin H., Der strafrechtliche Schutz des menschlichen Leichnams, 1996.
Stengel-Steike, A.; Steike, J., Xenotransplantation – medizinische Probleme und Rechtsfragen, AnwBl 2000, S. 574.
Stern, Klaus, Staatsrecht, Bd. III/1, 1988.
Stober, Rolf (Hrsg.), Lexikon des Gewerberechts, 1999.
Tag, Brigitte, Der Körperverletzungstatbestand im Spannungsfeld zwischen Patientenautonomie und Lex artis. Eine arztstrafrechtliche Untersuchung, 2000.
Taupitz, Jochen, Das Recht im Tod: Freie Verfügbarkeit der Leiche?, 1996.
Taupitz, Jochen, Empfehlen sich zivilrechtliche Regelungen zur Absicherung der Patientenautonomie am Ende des Lebens?, in: Ständige Deputation des Deutschen Juristentages (Hrsg.), Verhandlungen des 63. Deutschen Juristentages (Leipzig 2000), Band I, Gutachten A, 2000, S. A 126.
Tettinger, Peter; Wank, Rolf, Kommentar zur Gewerbeordnung, 6. Auflage, 1999.
Tiemann, Burkhard; Tiemann, Susanne, Kassenarztrecht im Wandel, 1983.
Tröndle, Herbert; Fischer, Thomas, StGB, 49. Auflage, 1999.

Truog, Robert D., Is It Time to Abandon Brain Death?, Hastings Center Report 1997, S. 29 ff.

Tschangizian, Atussa, Die ärztliche Haftung hinsichtlich entnommener Körpersubstanzen, 2001.

Ugowski, Patrick J., Rechtsfragen der Lebendspende von Organen, Dissertation, 1998.

Ulsenheimer, Klaus, Arztstrafrecht, 2. Auflage, 1998.

v. Staudinger, Juluis, Kommentar zum BGB, 13. Bearbeitung, 1999.

v. Mangoldt, Hermann; Klein, Friedrich; Starck, Christian, Kommentar zum Grundgesetz, Band 1, 4. Auflage, 1999.

v. Maydell, Bernd, Gemeinschaftskommentar zum Sozialgesetzbuch-Gesetzliche Krankenversicherung, Stand: Oktober 1998.

Veatch, Robert M., The Impending Collapse of the Whole-Brain Definition of Death, Hastings Center Report 1993, S. 18 ff.

Veatch, Robert M., Death, Dying, and the Biological Revolution, 1976.

Vilmar, Karsten; Bachmann, Klaus-Dietmar, Vorwort: Kriterien des Hirntodes (Zweite Fortschreibung 1991), DÄBl. 1991, S. B-2855.

Voll, Doris, Die Einwilligung im Arztrecht, S. 88.

von Bubnoff, Eckhard, Rechtsfragen zur homologen Organtransplantation aus der Sicht des Strafrechts, GA 1968, S. 65.

Vormbaum, Thomas, Texte zur Strafrechtstheorie der Neuzeit, Bd. I, 1993.

Wagner, Edgar; Brocker, Lars, Hirntodkriterium und Lebensgrundrecht, ZRP 1996, S. 226.

Walter, Ute, Organentnahme nach dem Transplantationsgesetz: Befugnisse der Angehörigen, FamRZ 1998, S. 201.

Waltermann, Raimund, Sozialrecht, 2000.

Weber, Robert, Die Entwicklung des Nebenstrafrechts 1871–1914, 1999.

Weber, Ulrich, Die Überspannung der staatlichen Bußgeldgewalt, ZStW 92 (1981), S. 313.

Weibl, Elmar, „Dein ist mein ganzes Herz!"? – Gerechtigkeitsfragen in der Transplantationsmedizin, in: Köchler (Hrsg.), Transplantationsmedizin und personale Identität, 2001, S. 39.

Weichert, Thilo, Datenschutzstrafrecht – ein zahnloser Tiger?, NStZ 1999, S. 490.

Weichert, Thilo, Deutscher Bundestag/Ausschuss für Gesundheit, Ausschuss-Drucksache 588/13 v. 11.9.1996, S. 37.

Weigand, Ewa; Zielinska, Eleonora, Das neue polnische Transplantationsgesetz, MedR 1996, S. 445.

Weißauer, Wwalther; Opderbecke, Hans Wolfgang, Tod, Todeszeitbestimmung und Grenzen der Behandlungspflicht, Anaesth.Information 1973, S. 2 ff.

Werther, Gernot, Bestattung von Fehlgeburten, Ärzteblatt Rheinland-Pfalz 1998, S. 273.

Wessels, Johannes; Beulke, Werner, Strafrecht AT, 28. Auflage, 1998.

Wieder, H.-J., Vom Dealen mit Drogen und Gerechtigkeit. Strafverfahrenswissenschaftliche Analyse und Kritik der Verteidigung in Betäubungsmittelsachen, 2000.

Wilhelm, S.; Werner, W.; Manske, S.; Sperschneider, H.; Schubert, J., Aufklärung medizinischer Fragen im Umfeld der Lebendspende – Nierentransplantation, Transplantationsmedizin 1997, S. 208.

Wolfslast, Gabriele; Rosenau, Henning, Zur Anwendung des Arzneimittelgesetzes auf die Entnahme von Organ – und Gewebetransplantaten, NJW 1993, S. 2348.

Youngner, Stuart J., Arnold, Robert M., und DeVita, Michael, When Is „Dead"? Hastings Center Report 1999, S. 14 ff.

Youngner Stuart J., Arnold Robert M.; Shapiro René (Hrsg.), The Definition of Death. Contemporary Controversies. The Johns Hopkins University Press, 1999.

Youngner, Stuart J. u.a., ‚Brain death' and organ retrieval. A cross-sectional survey of knowledge and concepts among health professionals. Journal of the American Medical Association 1989, S. 2205 ff.

Zaner Richard M. (Hrsg.), Death: Beyond whole-brain criteria. Kluwer Academic Publishers, 1988.

TEIL A

Gesetz über die Spende, Entnahme und Übertragung von Organen (Transplantationsgesetz – TPG)

Gesetz über die Spende, Entnahme und Übertragung von Organen (Transplantationsgesetz – TPG)

Vom 5. November 1997 (BGBl. I, S. 2631)

Der Bundestag hat mit Zustimmung des Bundesrates das folgende Gesetz beschlossen:

ERSTER ABSCHNITT
Allgemeine Vorschriften

§ 1 Anwendungsbereich

(1) ¹Dieses Gesetz gilt für die Spende und die Entnahme von menschlichen Organen, Organteilen oder Geweben (Organe) zum Zwecke der Übertragung auf andere Menschen sowie für die Übertragung der Organe einschließlich der Vorbereitung dieser Maßnahmen. ²Es gilt ferner für das Verbot des Handels mit menschlichen Organen.

(2) Dieses Gesetz gilt nicht für Blut und Knochenmark sowie embryonale und fetale Organe und Gewebe.

§ 2 Aufklärung der Bevölkerung, Erklärung zur Organspende, Organspenderegister, Organspendeausweise

(1) ¹Die nach Landesrecht zuständigen Stellen, die Bundesbehörden im Rahmen ihrer Zuständigkeit, insbesondere die Bundeszentrale für gesundheitliche Aufklärung, sowie die Krankenkassen sollen auf der Grundlage dieses Gesetzes die Bevölkerung über die Möglichkeiten der Organspende, die Voraussetzungen der Organentnahme und die Bedeutung der Organübertragung aufklären. ²Sie sollen auch Ausweise für die Erklärung zur Organspende (Organspendeausweise) zusammen mit geeigneten Aufklärungsunterlagen bereithalten. ³Die Krankenkassen und die privaten Krankenversicherungsunternehmen stellen diese Unterlagen in regelmäßigen Abständen ihren Versicherten, die das sechzehnte Lebensjahr vollendet haben, zur Verfügung mit der Bitte, eine Erklärung zur Organspende abzugeben.

(2) ¹Wer eine Erklärung zur Organspende abgibt, kann in eine Organentnahme nach § 3 einwilligen, ihr widersprechen oder die Entscheidung einer namentlich benannten Person seines Vertrauens übertragen (Erklärung zur Organspende). ²Die Erklärung kann auf bestimmte Organe beschränkt werden. ³Die Einwilligung und die Übertragung der Entscheidung können vom vollendeten sechzehnten, der Widerspruch kann vom vollendeten vierzehnten Lebensjahr an erklärt werden.

(3) ¹Das Bundesministerium für Gesundheit kann durch Rechtsverordnung mit Zustimmung des Bundesrates einer Stelle die Aufgabe übertragen, die Erklärungen zur Organspende auf Wunsch der Erklärenden zu speichern und darüber berechtigten Personen Auskunft zu erteilen (Organspenderegister). ²Die gespeicherten personenbezogenen Daten dürfen nur zum Zwecke der Feststellung verwendet werden, ob bei demjenigen, der die Erklärung abgegeben hatte, eine Organentnahme nach § 3 oder § 4 zulässig ist. ³Die Rechtsverordnung regelt insbesondere

1. die für die Entgegennahme einer Erklärung zur Organspende oder für deren Änderung zuständigen öffentlichen Stellen (Anlaufstellen), die Verwendung eines Vordrucks, die Art der darauf anzugebenden Daten und die Prüfung der Identität des Erklärenden,
2. die Übermittlung der Erklärung durch die Anlaufstellen an das Organspenderegister sowie die Speicherung der Erklärung und der darin enthaltenen Daten bei den Anlaufstellen und dem Register,
3. die Aufzeichnung aller Abrufe im automatisierten Verfahren nach § 10 des Bundesdatenschutzgesetzes sowie der sonstigen Auskünfte aus dem Organspenderegister zum Zwecke der Prüfung der Zulässigkeit der Anfragen und Auskünfte,
4. die Speicherung der Personendaten der nach Absatz 4 Satz 1 auskunftsberechtigten Ärzte bei dem Register sowie die Vergabe, Speicherung und Zusammensetzung der Codenummern für ihre Auskunftsberechtigung,
5. die Löschung der gespeicherten Daten und
6. die Finanzierung des Organspenderegisters.

(4) ¹Die Auskunft aus dem Organspenderegister darf ausschließlich an den Erklärenden sowie an einen von einem Krankenhaus dem Register als auskunftsberechtigt benannten Arzt erteilt werden, der weder an der Entnahme noch an der Übertragung der Organe des möglichen Organspenders beteiligt ist und auch nicht Weisungen eines Arztes untersteht, der an diesen Maßnahmen beteiligt ist. ²Die Anfrage darf erst nach der Feststellung des Todes gemäß § 3 Abs. 1 Nr. 2 erfolgen. ³Die Auskunft darf nur an den Arzt weitergegeben werden, der die Organentnahme vornehmen soll, und an die Person, die nach § 3 Abs. 3 Satz 1 über die beabsichtigte oder nach § 4 über eine infrage kommende Organentnahme zu unterrichten ist.

(5) Das Bundesministerium für Gesundheit kann durch allgemeine Verwaltungsvorschrift mit Zustimmung des Bundesrates ein Muster für einen Organspendeausweis festlegen und im Bundesanzeiger bekannt machen.

ZWEITER ABSCHNITT
Organentnahme bei toten Organspendern

§ 3 Organentnahme mit Einwilligung des Organspenders

(1) Die Entnahme von Organen ist, soweit in § 4 nichts Abweichendes bestimmt ist, nur zulässig, wenn

1. der Organspender in die Entnahme eingewilligt hatte,
2. der Tod des Organspenders nach Regeln, die dem Stand der Erkenntnisse der medizinischen Wissenschaft entsprechen, festgestellt ist und
3. der Eingriff durch einen Arzt vorgenommen wird.

(2) Die Entnahme von Organen ist unzulässig, wenn
1. die Person, deren Tod festgestellt ist, der Organentnahme widersprochen hatte,
2. nicht vor der Entnahme bei dem Organspender der endgültige, nicht behebbare Ausfall der Gesamtfunktion des Großhirns, des Kleinhirns und des Hirnstamms nach Verfahrensregeln, die dem Stand der Erkenntnisse der medizinischen Wissenschaft entsprechen, festgestellt ist.

(3) ¹Der Arzt hat den nächsten Angehörigen des Organspenders über die beabsichtigte Organentnahme zu unterrichten. ²Er hat Ablauf und Umfang der Organentnahme aufzuzeichnen. ³Der nächste Angehörige hat das Recht auf Einsichtnahme. ⁴Er kann eine Person seines Vertrauens hinzuziehen.

§ 4[1] Organentnahme mit Zustimmung anderer Personen

(1) ¹Liegt dem Arzt, der die Organentnahme vornehmen soll, weder eine schriftliche Einwilligung noch ein schriftlicher Widerspruch des möglichen Organspenders vor, ist dessen nächster Angehöriger zu befragen, ob ihm von diesem eine Erklärung zur Organspende bekannt ist. ²Ist auch dem Angehörigen eine solche Erklärung nicht bekannt, so ist die Entnahme unter den Voraussetzungen des § 3 Abs. 1 Nr. 2 und 3 und Abs. 2 nur zulässig, wenn ein Arzt den Angehörigen über eine infrage kommende Organentnahme unterrichtet und dieser ihr zugestimmt hat. ³Der Angehörige hat bei seiner Entscheidung einen mutmaßlichen Willen des möglichen Organspenders zu beachten. ⁴Der Arzt hat den Angehörigen hierauf hinzuweisen. ⁵Der Angehörige kann mit dem Arzt vereinbaren, dass er seine Erklärung innerhalb einer bestimmten, vereinbarten Frist widerrufen kann.

(2) ¹Nächste Angehörige im Sinne dieses Gesetzes sind in der Rangfolge ihrer Aufzählung
1. Ehegatte oder eingetragener Lebenspartner (Lebenspartner),
2. volljährige Kinder,
3. Eltern oder, sofern der mögliche Organspender zur Todeszeit minderjährig war und die Sorge für seine Person zu dieser Zeit nur einem Elternteil, einem Vormund oder einem Pfleger zustand, dieser Sorgeinhaber,
4. volljährige Geschwister,
5. Großeltern.

²Der nächste Angehörige ist nur dann zu einer Entscheidung nach Absatz 1 befugt, wenn er in den letzten zwei Jahren vor dem Tod des möglichen Organspenders zu diesem persönlichen Kontakt hatte. ³Der Arzt hat dies durch Befragung

---

[1] § 4 Abs. 2 S. 1 Nr. 1 geänd. durch Art. 3 § 7 Nr. 1 LebenspartnerschaftsG v. 16.2.2001 (BGBl. I S. 266).

des Angehörigen festzustellen. ⁴Bei mehreren gleichrangigen Angehörigen genügt es, wenn einer von ihnen nach Absatz 1 beteiligt wird und eine Entscheidung trifft; es ist jedoch der Widerspruch eines jeden von ihnen beachtlich. ⁵Ist ein vorrangiger Angehöriger innerhalb angemessener Zeit nicht erreichbar, genügt die Beteiligung und Entscheidung des nächsterreichbaren nachrangigen Angehörigen. ⁶Dem nächsten Angehörigen steht eine volljährige Person gleich, die dem möglichen Organspender bis zu seinem Tode in besonderer persönlicher Verbundenheit offenkundig nahe gestanden hat; sie tritt neben den nächsten Angehörigen.

(3) Hatte der mögliche Organspender die Entscheidung über eine Organentnahme einer bestimmten Person übertragen, tritt diese an die Stelle des nächsten Angehörigen.

(4) ¹Der Arzt hat Ablauf, Inhalt und Ergebnis der Beteiligung der Angehörigen sowie der Personen nach Absatz 2 Satz 6 und Absatz 3 aufzuzeichnen. ²Die Personen nach den Absätzen 2 und 3 haben das Recht auf Einsichtnahme. ³Eine Vereinbarung nach Absatz 1 Satz 5 bedarf der Schriftform.

§ 5 Nachweisverfahren

(1) ¹Die Feststellungen nach § 3 Abs. 1 Nr. 2 und Abs. 2 Nr. 2 sind jeweils durch zwei dafür qualifizierte Ärzte zu treffen, die den Organspender unabhängig voneinander untersucht haben. ²Abweichend von Satz 1 genügt zur Feststellung nach § 3 Abs. 1 Nr. 2 die Untersuchung und Feststellung durch einen Arzt, wenn der endgültige, nicht behebbare Stillstand von Herz und Kreislauf eingetreten ist und seitdem mehr als drei Stunden vergangen sind.

(2) ¹Die an den Untersuchungen nach Absatz 1 beteiligten Ärzte dürfen weder an der Entnahme noch an der Übertragung der Organe des Organspenders beteiligt sein. ²Sie dürfen auch nicht Weisungen eines Arztes unterstehen, der an diesen Maßnahmen beteiligt ist. ³Die Feststellung der Untersuchungsergebnisse und ihr Zeitpunkt sind von den Ärzten unter Angabe der zugrunde liegenden Untersuchungsbefunde jeweils in einer Niederschrift aufzuzeichnen und zu unterschreiben. ⁴Dem nächsten Angehörigen sowie den Personen nach § 4 Abs. 2 Satz 6 und Abs. 3 ist Gelegenheit zur Einsichtnahme zu geben. ⁵Sie können eine Person ihres Vertrauens hinzuziehen.

§ 6 Achtung der Würde des Organspenders

(1) Die Organentnahme und alle mit ihr zusammenhängenden Maßnahmen müssen unter Achtung der Würde des Organspenders in einer der ärztlichen Sorgfaltspflicht entsprechenden Weise durchgeführt werden.

(2) ¹Der Leichnam des Organspenders muss in würdigem Zustand zur Bestattung übergeben werden. ²Zuvor ist dem nächsten Angehörigen Gelegenheit zu geben, den Leichnam zu sehen.

§ 7 Auskunftspflicht

(1) ¹Dem Arzt, der eine Organentnahme bei einem möglichen Spender nach § 3 oder § 4 beabsichtigt, oder der von der Koordinierungsstelle (§ 11) beauftragten Person ist auf Verlangen Auskunft zu erteilen, soweit dies zur Feststellung, ob die Organentnahme nach diesen Vorschriften zulässig ist und ob ihr medizinische Gründe entgegenstehen, sowie zur Unterrichtung nach § 3 Abs. 3 Satz 1 erforderlich ist. ²Der Arzt muss in einem Krankenhaus tätig sein, das nach § 108 des Fünften Buches Sozialgesetzbuch oder nach anderen gesetzlichen Bestimmungen für die Übertragung der Organe, deren Entnahme er beabsichtigt, zugelassen ist oder mit einem solchen Krankenhaus zum Zwecke der Entnahme dieser Organe zusammenarbeitet. ³Die Auskunft soll für alle Organe, deren Entnahme beabsichtigt ist, zusammen eingeholt werden. ⁴Die Auskunft darf erst erteilt werden, nachdem der Tod des möglichen Organspenders gemäß § 3 Abs. 1 Nr. 2 festgestellt ist.

(2) Zur Auskunft verpflichtet sind

1. Ärzte, die den möglichen Organspender wegen einer dem Tode vorausgegangenen Erkrankung behandelt hatten,

2. Ärzte, die über den möglichen Organspender eine Auskunft aus dem Organspenderegister nach § 2 Abs. 4 erhalten haben,

3. der Arzt, der bei dem möglichen Organspender die Leichenschau vorgenommen hat,

4. die Behörde, in deren Gewahrsam sich der Leichnam des möglichen Organspenders befindet, und

5. die von der Koordinierungsstelle beauftragte Person, soweit sie nach Absatz 1 Auskunft erhalten hat.

DRITTER ABSCHNITT
Organentnahme bei lebenden Organspendern

§ 8[2] Zulässigkeit der Organentnahme

(1) ¹Die Entnahme von Organen einer lebenden Person ist nur zulässig, wenn

1. die Person
   a) volljährig und einwilligungsfähig ist,
   b) nach Absatz 2 Satz 1 aufgeklärt worden ist und in die Entnahme eingewilligt hat,
   c) nach ärztlicher Beurteilung als Spender geeignet ist und voraussichtlich nicht über das Operationsrisiko hinaus gefährdet oder über die unmittelbaren Folgen der Entnahme hinaus gesundheitlich schwer beeinträchtigt wird,

---

[2] § 8 Abs. 1 S. 2 geänd. durch Art. 3 § 7 Nr. 2 LebenspartnerschaftsG v. 16.2.2001 (BGBl. I S. 266).

2. die Übertragung des Organs auf den vorgesehenen Empfänger nach ärztlicher Beurteilung geeignet ist, das Leben dieses Menschen zu erhalten oder bei ihm eine schwer wiegende Krankheit zu heilen, ihre Verschlimmerung zu verhüten oder ihre Beschwerden zu lindern,

3. ein geeignetes Organ eines Spenders nach § 3 oder § 4 im Zeitpunkt der Organentnahme nicht zur Verfügung steht und

4. der Eingriff durch einen Arzt vorgenommen wird.

²Die Entnahme von Organen, die sich nicht wieder bilden können, ist darüber hinaus nur zulässig zum Zwecke der Übertragung auf Verwandte ersten oder zweiten Grades, Ehegatten, Lebenspartner, Verlobte oder andere Personen, die dem Spender in besonderer persönlicher Verbundenheit offenkundig nahe stehen.

(2) ¹Der Organspender ist über die Art des Eingriffs, den Umfang und mögliche, auch mittelbare Folgen und Spätfolgen der beabsichtigten Organentnahme für seine Gesundheit sowie über die zu erwartende Erfolgsaussicht der Organübertragung und sonstige Umstände, denen er erkennbar eine Bedeutung für die Organspende beimisst, durch einen Arzt aufzuklären. ²Die Aufklärung hat in Anwesenheit eines weiteren Arztes, für den § 5 Abs. 2 Satz 1 und 2 entsprechend gilt, und, soweit erforderlich, anderer sachverständiger Personen zu erfolgen. ³Der Inhalt der Aufklärung und die Einwilligungserklärung des Organspenders sind in einer Niederschrift aufzuzeichnen, die von den aufklärenden Personen, dem weiteren Arzt und dem Spender zu unterschreiben ist. ⁴Die Niederschrift muss auch eine Angabe über die versicherungsrechtliche Absicherung der gesundheitlichen Risiken nach Satz 1 enthalten. ⁵Die Einwilligung kann schriftlich oder mündlich widerrufen werden.

(3) ¹Die Entnahme von Organen bei einem Lebenden darf erst durchgeführt werden, nachdem sich der Organspender und der Organempfänger zur Teilnahme an einer ärztlich empfohlenen Nachbetreuung bereit erklärt haben. ²Weitere Voraussetzung ist, dass die nach Landesrecht zuständige Kommission gutachtlich dazu Stellung genommen hat, ob begründete tatsächliche Anhaltspunkte dafür vorliegen, dass die Einwilligung in die Organspende nicht freiwillig erfolgt oder das Organ Gegenstand verbotenen Handeltreibens nach § 17 ist. ³Der Kommission muss ein Arzt, der weder an der Entnahme noch an der Übertragung von Organen beteiligt ist noch Weisungen eines Arztes untersteht, der an solchen Maßnahmen beteiligt ist, eine Person mit der Befähigung zum Richteramt und eine in psychologischen Fragen erfahrene Person angehören. ⁴Das Nähere, insbesondere zur Zusammensetzung der Kommission, zum Verfahren und zur Finanzierung, wird durch Landesrecht bestimmt.

VIERTER ABSCHNITT
Entnahme, Vermittlung und Übertragung bestimmter Organe

§ 9 Zulässigkeit der Organübertragung

¹Die Übertragung von Herz, Niere, Leber, Lunge, Bauchspeicheldrüse und Darm darf nur in dafür zugelassenen Transplantationszentren (§ 10) vorgenommen werden. ²Sind diese Organe Spendern nach § 3 oder § 4 entnommen worden (vermittlungspflichtige Organe), ist ihre Übertragung nur zulässig, wenn sie durch die Vermittlungsstelle unter Beachtung der Regelungen nach § 12 vermittelt worden sind. ³Sind vermittlungspflichtige Organe im Geltungsbereich dieses Gesetzes entnommen worden, ist ihre Übertragung darüber hinaus nur zulässig, wenn die Entnahme unter Beachtung der Regelungen nach § 11 durchgeführt wurde.

§ 10 Transplantationszentren

(1) ¹Transplantationszentren sind Krankenhäuser oder Einrichtungen an Krankenhäusern, die nach § 108 des Fünften Buches Sozialgesetzbuch oder nach anderen gesetzlichen Bestimmungen für die Übertragung von in § 9 Satz 1 genannten Organen zugelassen sind. ²Bei der Zulassung nach § 108 des Fünften Buches Sozialgesetzbuch sind Schwerpunkte für die Übertragung dieser Organe zu bilden, um eine bedarfsgerechte, leistungsfähige und wirtschaftliche Versorgung zu gewährleisten und die erforderliche Qualität der Organübertragung zu sichern.

(2) Die Transplantationszentren sind verpflichtet,

1. Wartelisten der zur Transplantation angenommenen Patienten mit den für die Organvermittlung nach § 12 erforderlichen Angaben zu führen sowie unverzüglich über die Annahme eines Patienten zur Organübertragung und seine Aufnahme in die Warteliste zu entscheiden und den behandelnden Arzt darüber zu unterrichten, ebenso über die Herausnahme eines Patienten aus der Warteliste,

2. über die Aufnahme in die Warteliste nach Regeln zu entscheiden, die dem Stand der Erkenntnisse der medizinischen Wissenschaft entsprechen, insbesondere nach Notwendigkeit und Erfolgsaussicht einer Organübertragung,

3. die aufgrund der §§ 11 und 12 getroffenen Regelungen zur Organentnahme und Organvermittlung einzuhalten,

4. jede Organübertragung so zu dokumentieren, dass eine lückenlose Rückverfolgung der Organe vom Empfänger zum Spender ermöglicht wird; bei der Übertragung von vermittlungspflichtigen Organen ist die Kenn-Nummer (§ 13 Abs. 1 Satz 1) anzugeben, um eine Rückverfolgung durch die Koordinierungsstelle zu ermöglichen,

5. vor und nach einer Organübertragung Maßnahmen für eine erforderliche psychische Betreuung der Patienten im Krankenhaus sicherzustellen und

6. nach Maßgabe der Vorschriften des Fünften Buches Sozialgesetzbuch Maßnahmen zur Qualitätssicherung, die auch einen Vergleich mit anderen Transplanta-

tionszentren ermöglichen, im Rahmen ihrer Tätigkeit nach diesem Gesetz durchzuführen; dies gilt für die Nachbetreuung von Organspendern nach § 8 Abs. 3 Satz 1 entsprechend.

(3) Absatz 2 Nr. 4 und 6 gilt für die Übertragung von Augenhornhäuten entsprechend.

§ 11 Zusammenarbeit bei der Organentnahme, Koordinierungsstelle

(1) ¹Die Entnahme von vermittlungspflichtigen Organen einschließlich der Vorbereitung von Entnahme, Vermittlung und Übertragung ist gemeinschaftliche Aufgabe der Transplantationszentren und der anderen Krankenhäuser in regionaler Zusammenarbeit. ²Zur Organisation dieser Aufgabe errichten oder beauftragen die Spitzenverbände der Krankenkassen gemeinsam, die Bundesärztekammer und die Deutsche Krankenhausgesellschaft oder die Bundesverbände der Krankenhausträger gemeinsam eine geeignete Einrichtung (Koordinierungsstelle). ³Sie muss aufgrund einer finanziell und organisatorisch eigenständigen Trägerschaft, der Zahl und Qualifikation ihrer Mitarbeiter, ihrer betrieblichen Organisation sowie ihrer sachlichen Ausstattung die Gewähr dafür bieten, dass die Maßnahmen nach Satz 1 in Zusammenarbeit mit den Transplantationszentren und den anderen Krankenhäusern nach den Vorschriften dieses Gesetzes durchgeführt werden. ⁴Die Transplantationszentren müssen in der Koordinierungsstelle angemessen vertreten sein.

(2) ¹Die Spitzenverbände der Krankenkassen gemeinsam, die Bundesärztekammer, die Deutsche Krankenhausgesellschaft oder die Bundesverbände der Krankenhausträger gemeinsam und die Koordinierungsstelle regeln durch Vertrag die Aufgaben der Koordinierungsstelle mit Wirkung für die Transplantationszentren und die anderen Krankenhäuser. ²Der Vertrag regelt insbesondere

1. die Anforderungen an die im Zusammenhang mit einer Organentnahme zum Schutz der Organempfänger erforderlichen Maßnahmen sowie die Rahmenregelungen für die Zusammenarbeit der Beteiligten,

2. die Zusammenarbeit und den Erfahrungsaustausch mit der Vermittlungsstelle,

3. die Unterstützung der Transplantationszentren bei Maßnahmen zur Qualitätssicherung,

4. den Ersatz angemessener Aufwendungen der Koordinierungsstelle für die Erfüllung ihrer Aufgaben nach diesem Gesetz einschließlich der Abgeltung von Leistungen, die Transplantationszentren und andere Krankenhäuser im Rahmen der Organentnahme erbringen.

(3) ¹Der Vertrag nach den Absätzen 1 und 2 sowie seine Änderung bedarf der Genehmigung durch das Bundesministerium für Gesundheit und ist im Bundesanzeiger bekannt zu machen. ²Die Genehmigung ist zu erteilen, wenn der Vertrag oder seine Änderung den Vorschriften dieses Gesetzes und sonstigem Recht entspricht. ³Die Spitzenverbände der Krankenkassen gemeinsam, die Bundesärztekammer und die Deutsche Krankenhausgesellschaft oder die Bundesverbände der Krankenhausträger gemeinsam überwachen die Einhaltung der Vertragsbestimmungen.

(4) ¹Die Transplantationszentren und die anderen Krankenhäuser sind verpflichtet, untereinander und mit der Koordinierungsstelle zusammenzuarbeiten. ²Die Krankenhäuser sind verpflichtet, den endgültigen, nicht behebbaren Ausfall der Gesamtfunktion des Großhirns, des Kleinhirns und des Hirnstamms von Patienten, die nach ärztlicher Beurteilung als Spender vermittlungspflichtiger Organe in Betracht kommen, dem zuständigen Transplantationszentrum mitzuteilen, das die Koordinierungsstelle unterrichtet. ³Das zuständige Transplantationszentrum klärt in Zusammenarbeit mit der Koordinierungsstelle, ob die Voraussetzungen für eine Organentnahme vorliegen. ⁴Hierzu erhebt das zuständige Transplantationszentrum die Personalien dieser Patienten und weitere für die Durchführung der Organentnahme und -vermittlung erforderliche personenbezogene Daten. ⁵Die Krankenhäuser sind verpflichtet, dem zuständigen Transplantationszentrum diese Daten zu übermitteln; dieses übermittelt die Daten an die Koordinierungsstelle.

(5) ¹Die Koordinierungsstelle veröffentlicht jährlich einen Bericht, der die Tätigkeit jedes Transplantationszentrums im vergangenen Kalenderjahr nach einheitlichen Vorgaben darstellt und insbesondere folgende, nicht personenbezogene Angaben enthält:

1. Zahl und Art der durchgeführten Organübertragungen nach § 9 und ihre Ergebnisse, getrennt nach Organen von Spendern nach den §§ 3 und 4 sowie nach § 8,
2. die Entwicklung der Warteliste, insbesondere aufgenommene, transplantierte, aus anderen Gründen ausgeschiedene sowie verstorbene Patienten,
3. die Gründe für die Aufnahme oder Nichtaufnahme in die Warteliste,
4. Altersgruppe, Geschlecht, Familienstand und Versichertenstatus der zu Nummer 1 bis 3 betroffenen Patienten,
5. die Nachbetreuung der Spender nach § 8 Abs. 3 Satz 1 und die Dokumentation ihrer durch die Organspende bedingten gesundheitlichen Risiken,
6. die durchgeführten Maßnahmen zur Qualitätssicherung nach § 10 Abs. 2 Nr. 6.

²In dem Vertrag nach Absatz 2 können einheitliche Vorgaben für den Tätigkeitsbericht und die ihm zugrunde liegenden Angaben der Transplantationszentren vereinbart werden.

(6) Kommt ein Vertrag nach den Absätzen 1 und 2 nicht innerhalb von zwei Jahren nach In-Kraft-Treten dieses Gesetzes zu Stande, bestimmt das Bundesministerium für Gesundheit durch Rechtsverordnung mit Zustimmung des Bundesrates die Koordinierungsstelle und ihre Aufgaben.

§ 12 Organvermittlung, Vermittlungsstelle

(1) ¹Zur Vermittlung der vermittlungspflichtigen Organe errichten oder beauftragen die Spitzenverbände der Krankenkassen gemeinsam, die Bundesärztekammer und die Deutsche Krankenhausgesellschaft oder die Bundesverbände der Krankenhausträger gemeinsam eine geeignete Einrichtung (Vermittlungsstelle). ²Sie muss aufgrund einer finanziell und organisatorisch eigenständigen Trägerschaft,

der Zahl und Qualifikation ihrer Mitarbeiter, ihrer betrieblichen Organisation sowie ihrer sachlichen Ausstattung die Gewähr dafür bieten, dass die Organvermittlung nach den Vorschriften dieses Gesetzes erfolgt. ³Soweit sie Organe vermittelt, die außerhalb des Geltungsbereichs dieses Gesetzes entnommen werden, muss sie auch gewährleisten, dass die zum Schutz der Organempfänger erforderlichen Maßnahmen nach dem Stand der Erkenntnisse der medizinischen Wissenschaft durchgeführt werden. ⁴Es dürfen nur Organe vermittelt werden, die im Einklang mit den am Ort der Entnahme geltenden Rechtsvorschriften entnommen worden sind, soweit deren Anwendung nicht zu einem Ergebnis führt, das mit wesentlichen Grundsätzen des deutschen Rechts, insbesondere mit den Grundrechten, offensichtlich unvereinbar ist.

(2) ¹Als Vermittlungsstelle kann auch eine geeignete Einrichtung beauftragt werden, die ihren Sitz außerhalb des Geltungsbereichs dieses Gesetzes hat und die Organe im Rahmen eines internationalen Organaustausches unter Anwendung der Vorschriften dieses Gesetzes für die Organvermittlung vermittelt. ²Dabei ist sicherzustellen, dass die Vorschriften der §§ 14 und 15 sinngemäß Anwendung finden; eine angemessene Datenschutzaufsicht muss gewährleistet sein.

(3) ¹Die vermittlungspflichtigen Organe sind von der Vermittlungsstelle nach Regeln, die dem Stand der Erkenntnisse der medizinischen Wissenschaft entsprechen, insbesondere nach Erfolgsaussicht und Dringlichkeit für geeignete Patienten zu vermitteln. ²Die Wartelisten der Transplantationszentren sind dabei als eine einheitliche Warteliste zu behandeln. ³Die Vermittlungsentscheidung ist für jedes Organ unter Angabe der Gründe zu dokumentieren und unter Verwendung der Kenn-Nummer dem Transplantationszentrum und der Koordinierungsstelle zu übermitteln.

(4) ¹Die Spitzenverbände der Krankenkassen gemeinsam, die Bundesärztekammer, die Deutsche Krankenhausgesellschaft oder die Bundesverbände der Krankenhausträger gemeinsam und die Vermittlungsstelle regeln durch Vertrag die Aufgaben der Vermittlungsstelle mit Wirkung für die Transplantationszentren. ²Der Vertrag regelt insbesondere

1. die Art der von den Transplantationszentren nach § 13 Abs. 3 Satz 3 zu meldenden Angaben über die Patienten sowie die Verarbeitung und Nutzung dieser Angaben durch die Vermittlungsstelle in einheitlichen Wartelisten für die jeweiligen Arten der durchzuführenden Organübertragungen,

2. die Erfassung der von der Koordinierungsstelle nach § 13 Abs. 1 Satz 4 gemeldeten Organe,

3. die Vermittlung der Organe nach den Vorschriften des Absatzes 3 sowie Verfahren zur Einhaltung der Vorschriften des Absatzes 1 Satz 3 und 4,

4. die Überprüfung von Vermittlungsentscheidungen in regelmäßigen Abständen durch eine von den Vertragspartnern bestimmte Prüfungskommission,

5. die Zusammenarbeit und den Erfahrungsaustausch mit der Koordinierungsstelle und den Transplantationszentren,

6. eine regelmäßige Berichterstattung der Vermittlungsstelle an die anderen Vertragspartner,

7. den Ersatz angemessener Aufwendungen der Vermittlungsstelle für die Erfüllung ihrer Aufgaben nach diesem Gesetz,

8. eine vertragliche Kündigungsmöglichkeit bei Vertragsverletzungen der Vermittlungsstelle.

(5) ¹Der Vertrag nach den Absätzen 1 und 4 sowie seine Änderung bedarf der Genehmigung durch das Bundesministerium für Gesundheit und ist im Bundesanzeiger bekannt zu machen. ²Die Genehmigung ist zu erteilen, wenn der Vertrag oder seine Änderung den Vorschriften dieses Gesetzes und sonstigem Recht entspricht. ³Die Spitzenverbände der Krankenkassen gemeinsam, die Bundesärztekammer und die Deutsche Krankenhausgesellschaft oder die Bundesverbände der Krankenhausträger gemeinsam überwachen die Einhaltung der Vertragsbestimmungen.

(6) Kommt ein Vertrag nach den Absätzen 1 und 4 nicht innerhalb von zwei Jahren nach In-Kraft-Treten dieses Gesetzes zu Stande, bestimmt das Bundesministerium für Gesundheit durch Rechtsverordnung mit Zustimmung des Bundesrates die Vermittlungsstelle und ihre Aufgaben.

FÜNFTER ABSCHNITT
Meldungen, Datenschutz, Fristen, Richtlinien zum Stand der Erkenntnisse der medizinischen Wissenschaft

§ 13 Meldungen, Begleitpapiere

(1) ¹Die Koordinierungsstelle verschlüsselt in einem mit den Transplantationszentren abgestimmten Verfahren die personenbezogenen Daten des Organspenders und bildet eine Kenn-Nummer, die ausschließlich der Koordinierungsstelle einen Rückschluss auf die Person des Organspenders ermöglicht. ²Die Kenn-Nummer ist in die Begleitpapiere für das entnommene Organ aufzunehmen. ³Die Begleitpapiere enthalten daneben alle für die Organübertragung erforderlichen medizinischen Angaben. ⁴Die Koordinierungsstelle meldet das Organ, die Kenn-Nummer und die für die Organvermittlung erforderlichen medizinischen Angaben an die Vermittlungsstelle und übermittelt nach Entscheidung der Vermittlungsstelle die Begleitpapiere an das Transplantationszentrum, in dem das Organ auf den Empfänger übertragen werden soll. ⁵Das Nähere wird im Vertrag nach § 11 Abs. 2 geregelt.

(2) Die Koordinierungsstelle darf Angaben aus den Begleitpapieren mit den personenbezogenen Daten des Organspenders zur weiteren Information über diesen nur gemeinsam verarbeiten und nutzen, insbesondere zusammenführen und an die Transplantationszentren weitergeben, in denen Organe des Spenders übertragen worden sind, soweit dies zur Abwehr einer zu befürchtenden gesundheitlichen Gefährdung der Organempfänger erforderlich ist.

(3) ¹Der behandelnde Arzt hat Patienten, bei denen die Übertragung vermittlungspflichtiger Organe medizinisch angezeigt ist, mit deren schriftlicher Einwilligung unverzüglich an das Transplantationszentrum zu melden, in dem die Organübertragung vorgenommen werden soll. ²Die Meldung hat auch dann zu erfolgen, wenn eine Ersatztherapie durchgeführt wird. ³Die Transplantationszentren melden die für die Organvermittlung erforderlichen Angaben über die in die Wartelisten aufgenommenen Patienten nach deren schriftlicher Einwilligung an die Vermittlungsstelle. ⁴Der Patient ist vor der Einwilligung darüber zu unterrichten, an welche Stellen seine personenbezogenen Daten übermittelt werden. ⁵Duldet die Meldung nach Satz 1 oder 3 wegen der Gefahr des Todes oder einer schweren Gesundheitsschädigung des Patienten keinen Aufschub, kann sie auch ohne seine vorherige Einwilligung erfolgen; die Einwilligung ist unverzüglich nachträglich einzuholen.

§ 14 Datenschutz

(1) ¹Ist die Koordinierungsstelle oder die Vermittlungsstelle eine nicht-öffentliche Stelle im Geltungsbereich dieses Gesetzes, gilt § 38 des Bundesdatenschutzgesetzes mit der Maßgabe, dass die Aufsichtsbehörde die Einhaltung der Vorschriften über den Datenschutz überwacht, auch wenn ihr hinreichende Anhaltspunkte für eine Verletzung dieser Vorschriften nicht vorliegen oder die Daten nicht in Dateien verarbeitet werden. ²Dies gilt auch für die Verarbeitung und Nutzung personenbezogener Daten durch Personen mit Ausnahme des Erklärenden, an die nach § 2 Abs. 4 Auskunft aus dem Organspenderegister erteilt oder an die die Auskunft weitergegeben worden ist.

(2) ¹Die an der Erteilung oder Weitergabe der Auskunft nach § 2 Abs. 4 beteiligten Personen mit Ausnahme des Erklärenden, die an der Stellungnahme nach § 8 Abs. 3 Satz 2, die an der Mitteilung, Unterrichtung oder Übermittlung nach § 11 Abs. 4 sowie die an der Organentnahme, -vermittlung oder -übertragung beteiligten Personen dürfen personenbezogene Daten der Organspender und der Organempfänger nicht offenbaren. ²Dies gilt auch für personenbezogene Daten von Personen, die nach § 3 Abs. 3 Satz 1 über die beabsichtigte oder nach § 4 über eine infrage kommende Organentnahme unterrichtet worden sind. ³Die im Rahmen dieses Gesetzes erhobenen personenbezogenen Daten dürfen für andere als in diesem Gesetz genannte Zwecke nicht verarbeitet oder genutzt werden. ⁴Sie dürfen für gerichtliche Verfahren verarbeitet und genutzt werden, deren Gegenstand die Verletzung des Offenbarungsverbots nach Satz 1 oder 2 ist.

§ 15 Aufbewahrungs- und Löschungsfristen

¹Die Aufzeichnungen über die Beteiligung nach § 4 Abs. 4, zur Feststellung der Untersuchungsergebnisse nach § 5 Abs. 2 Satz 3, zur Aufklärung nach § 8 Abs. 2 Satz 3 und zur gutachtlichen Stellungnahme nach § 8 Abs. 3 Satz 2 sowie die Dokumentationen der Organentnahme, -vermittlung und -übertragung sind mindestens zehn Jahre aufzubewahren. ²Die in Aufzeichnungen und Dokumentationen nach den Sätzen 1 und 2 enthaltenen personenbezogenen Daten sind spätestens bis

zum Ablauf eines weiteren Jahres zu vernichten; soweit darin enthaltene personenbezogene Daten in Dateien gespeichert sind, sind diese innerhalb dieser Frist zu löschen.

§ 16 Richtlinien zum Stand der Erkenntnisse der medizinischen Wissenschaft
(1) ¹Die Bundesärztekammer stellt den Stand der Erkenntnisse der medizinischen Wissenschaft in Richtlinien fest für

1. die Regeln zur Feststellung des Todes nach § 3 Abs. 1 Nr. 2 und die Verfahrensregeln zur Feststellung des endgültigen, nicht behebbaren Ausfalls der Gesamtfunktion des Großhirns, des Kleinhirns und des Hirnstamms nach § 3 Abs. 2 Nr. 2 einschließlich der dazu jeweils erforderlichen ärztlichen Qualifikation,

2. die Regeln zur Aufnahme in die Warteliste nach § 10 Abs. 2 Nr. 2 einschließlich der Dokumentation der Gründe für die Aufnahme oder die Ablehnung der Aufnahme,

3. die ärztliche Beurteilung nach § 11 Abs. 4 Satz 2,

4. die Anforderungen an die im Zusammenhang mit einer Organentnahme zum Schutz der Organempfänger erforderlichen Maßnahmen einschließlich ihrer Dokumentation, insbesondere an

   a) die Untersuchung des Organspenders, der entnommenen Organe und der Organempfänger, um die gesundheitlichen Risiken für die Organempfänger, insbesondere das Risiko der Übertragung von Krankheiten, so gering wie möglich zu halten,

   b) die Konservierung, Aufbereitung, Aufbewahrung und Beförderung der Organe, um diese in einer zur Übertragung oder zur weiteren Aufbereitung und Aufbewahrung vor einer Übertragung geeigneten Beschaffenheit zu erhalten,

5. die Regeln zur Organvermittlung nach § 12 Abs. 3 Satz 1 und

6. die Anforderungen an die im Zusammenhang mit einer Organentnahme und -übertragung erforderlichen Maßnahmen zur Qualitätssicherung.

²Die Einhaltung des Standes der Erkenntnisse der medizinischen Wissenschaft wird vermutet, wenn die Richtlinien der Bundesärztekammer beachtet worden sind.

(2) Bei der Erarbeitung der Richtlinien nach Absatz 1 Satz 1 Nr. 1 und 5 sollen Ärzte, die weder an der Entnahme noch an der Übertragung von Organen beteiligt sind noch Weisungen eines Arztes unterstehen, der an solchen Maßnahmen beteiligt ist, bei der Erarbeitung der Richtlinien nach Absatz 1 Satz 1 Nr. 2 und 5 Personen mit der Befähigung zum Richteramt und Personen aus dem Kreis der Patienten, bei der Erarbeitung von Richtlinien nach Absatz 1 Satz 1 Nr. 5 ferner

Personen aus dem Kreis der Angehörigen von Organspendern nach § 3 oder § 4 angemessen vertreten sein.

SECHSTER ABSCHNITT
Verbotsvorschriften

§ 17 Verbot des Organhandels

(1) ¹Es ist verboten, mit Organen, die einer Heilbehandlung zu dienen bestimmt sind, Handel zu treiben. ²Satz 1 gilt nicht für

1. die Gewährung oder Annahme eines angemessenen Entgelts für die zur Erreichung des Ziels der Heilbehandlung gebotenen Maßnahmen, insbesondere für die Entnahme, die Konservierung, die weitere Aufbereitung einschließlich der Maßnahmen zum Infektionsschutz, die Aufbewahrung und die Beförderung der Organe, sowie

2. Arzneimittel, die aus oder unter Verwendung von Organen hergestellt sind und den Vorschriften des Arzneimittelgesetzes über die Zulassung oder Registrierung unterliegen oder durch Rechtsverordnung von der Zulassung oder Registrierung freigestellt sind.

(2) Ebenso ist verboten, Organe, die nach Absatz 1 Satz 1 Gegenstand verbotenen Handeltreibens sind, zu entnehmen, auf einen anderen Menschen zu übertragen oder sich übertragen zu lassen.

SIEBTER ABSCHNITT
Straf- und Bußgeldvorschriften

§ 18 Organhandel

(1) Wer entgegen § 17 Abs. 1 Satz 1 mit einem Organ Handel treibt oder entgegen § 17 Abs. 2 ein Organ entnimmt, überträgt oder sich übertragen lässt, wird mit Freiheitsstrafe bis zu fünf Jahren oder mit Geldstrafe bestraft.

(2) Handelt der Täter in den Fällen des Absatzes 1 gewerbsmäßig, ist die Strafe Freiheitsstrafe von einem Jahr bis zu fünf Jahren.

(3) Der Versuch ist strafbar.

(4) Das Gericht kann bei Organspendern, deren Organe Gegenstand verbotenen Handeltreibens waren, und bei Organempfängern von einer Bestrafung nach Absatz 1 absehen oder die Strafe nach seinem Ermessen mildern (§ 49 Abs. 2 des Strafgesetzbuchs).

§ 19 Weitere Strafvorschriften

(1) Wer entgegen § 3 Abs. 1 oder 2 oder § 4 Abs. 1 Satz 2 ein Organ entnimmt, wird mit Freiheitsstrafe bis zu drei Jahren oder mit Geldstrafe bestraft.

(2) Wer entgegen § 8 Abs. 1 Satz 1 Nr. 1 Buchstabe a, b, Nr. 4 oder Satz 2 ein Organ entnimmt, wird mit Freiheitsstrafe bis zu fünf Jahren oder mit Geldstrafe bestraft.

(3) Wer entgegen § 2 Abs. 4 Satz 1 oder 3 eine Auskunft erteilt oder weitergibt oder entgegen § 13 Abs. 2 Angaben verarbeitet oder nutzt oder entgegen § 14 Abs. 2 Satz 1 bis 3 personenbezogene Daten offenbart, verarbeitet oder nutzt, wird, wenn die Tat nicht in § 203 des Strafgesetzbuchs mit Strafe bedroht ist, mit Freiheitsstrafe bis zu einem Jahr oder mit Geldstrafe bestraft.

(4) In den Fällen der Absätze 1 und 2 ist der Versuch strafbar.

(5) Handelt der Täter in den Fällen des Absatzes 1 fahrlässig, ist die Strafe Freiheitsstrafe bis zu einem Jahr oder Geldstrafe.

§ 20[3] Bußgeldvorschriften

(1) Ordnungswidrig handelt, wer vorsätzlich oder fahrlässig

1. entgegen § 5 Abs. 2 Satz 3 die Feststellung der Untersuchungsergebnisse oder ihren Zeitpunkt nicht, nicht richtig, nicht vollständig oder nicht in der vorgeschriebenen Weise aufzeichnet oder nicht unterschreibt,

2. entgegen § 9 ein Organ überträgt,

3. entgegen § 10 Abs. 2 Nr. 4, auch in Verbindung mit Abs. 3, die Organübertragung nicht oder nicht in der vorgeschriebenen Weise dokumentiert oder

4. entgegen § 15 Satz 1 eine dort genannte Unterlage nicht oder nicht mindestens zehn Jahre aufbewahrt.

(2) Die Ordnungswidrigkeit kann in den Fällen des Absatzes 1 Nr. 1 bis 3 mit einer Geldbuße bis zu fünfundzwanzigtausend Euro, in den Fällen des Absatzes 1 Nr. 4 mit einer Geldbuße bis zu zweitausendfünfhundert Euro geahndet werden.

ACHTER ABSCHNITT
Schlußvorschriften

§ 21 Änderung des Arzneimittelgesetzes

Das Arzneimittelgesetz in der Fassung der Bekanntmachung vom 19. Oktober 1994 (BGBl. I S. 3018), zuletzt geändert gemäß Artikel 3 der Verordnung vom 21. September 1997 (BGBl. I S. 2390), wird wie folgt geändert:

1. In § 2 Abs. 3 wird nach Nummer 7 der Punkt am Ende des Satzes durch ein Komma ersetzt und folgende Nummer 8 angefügt:

„8. die in § 9 Satz 1 des Transplantationsgesetzes genannten Organe und Augenhornhäute, wenn sie zur Übertragung auf andere Menschen bestimmt sind."

---

[3] § 20 Abs. 2 geänd. durch Art. 23 Euro-EinführungsG v. 23.10.2001 (BGBl. I S. 2702).

2. § 80 wird wie folgt geändert:

   a) In Satz 1 wird nach Nummer 3 der Punkt am Ende des Satzes durch ein Komma ersetzt und folgende Nummer 4 angefügt:

   „4. menschliche Organe, Organteile und Gewebe, die unter der fachlichen Verantwortung eines Arztes zum Zwecke der Übertragung auf andere Menschen entnommen werden, wenn diese Menschen unter der fachlichen Verantwortung dieses Arztes behandelt werden."

   b) Nach Satz 2 wird folgender Satz angefügt:

   „Satz 1 Nr. 4 gilt nicht für Blutzubereitungen."

§ 22 Änderung des Fünften Buches Sozialgesetzbuch

§ 115 a Abs. 2 des Fünften Buches Sozialgesetzbuch – Gesetzliche Krankenversicherung – (Artikel 1 des Gesetzes vom 20. Dezember 1988, BGBl. I S. 2477), das zuletzt gemäß Artikel 39 der Verordnung vom 21. September 1997 (BGBl. I S. 2390) geändert worden ist, wird wie folgt gefasst:

„(2) ¹Die vorstationäre Behandlung ist auf längstens drei Behandlungstage innerhalb von fünf Tagen vor Beginn der stationären Behandlung begrenzt. ²Die nachstationäre Behandlung darf sieben Behandlungstage innerhalb von 14 Tagen, bei Organübertragungen nach § 9 des Transplantationsgesetzes drei Monate nach Beendigung der stationären Krankenhausbehandlung nicht überschreiten. ³Die Frist von 14 Tagen oder drei Monaten kann in medizinisch begründeten Einzelfällen im Einvernehmen mit dem einweisenden Arzt verlängert werden. ⁴Kontrolluntersuchungen bei Organübertragungen nach § 9 des Transplantationsgesetzes dürfen vom Krankenhaus auch nach Beendigung der nachstationären Behandlung fortgeführt werden, um die weitere Krankenbehandlung oder Maßnahmen der Qualitätssicherung wissenschaftlich zu begleiten oder zu unterstützen. ⁵Eine notwendige ärztliche Behandlung außerhalb des Krankenhauses während der vor- und nachstationären Behandlung wird im Rahmen des Sicherstellungsauftrags durch die an der vertragsärztlichen Versorgung teilnehmenden Ärzte gewährleistet. ⁶Das Krankenhaus hat den einweisenden Arzt über die vor- oder nachstationäre Behandlung sowie diesen und die an der weiteren Krankenbehandlung jeweils beteiligten Ärzte über die Kontrolluntersuchungen und deren Ergebnis unverzüglich zu unterrichten. ⁷Die Sätze 2 bis 6 gelten für die Nachbetreuung von Organspendern nach § 8 Abs. 3 Satz 1 des Transplantationsgesetzes entsprechend."

§ 23 Änderung des Siebten Buches Sozialgesetzbuch

§ 2 Abs. 1 Nr. 13 Buchstabe b des Siebten Buches Sozialgesetzbuch – Gesetzliche Unfallversicherung – (Artikel 1 des Gesetzes vom 7. August 1996, BGBl. I S. 1254), das zuletzt durch Artikel 3 des Gesetzes vom 29. April 1997 (BGBl. I S. 968) geändert worden ist, wird wie folgt gefasst:

„b) Blut oder körpereigene Organe, Organteile oder Gewebe spenden,".

§ 24 Änderung des Strafgesetzbuchs
§ 5 des Strafgesetzbuchs in der Fassung der Bekanntmachung vom 10. März 1987 (BGBl. I S. 945, 1160), das zuletzt durch Artikel 1 des Gesetzes vom 13. August 1997 (BGBl. I S. 2038) geändert worden ist, wird wie folgt geändert:

1. In Nummer 14 wird der Punkt durch ein Semikolon ersetzt.
2. Nach Nummer 14 wird folgende Nummer 15 angefügt:

   „15. Organhandel (§ 18 des Transplantationsgesetzes), wenn der Täter zurzeit der Tat Deutscher ist."

§ 25 Übergangsregelungen
(1) Bei In-Kraft-Treten dieses Gesetzes bestehende Verträge über Regelungsgegenstände nach § 11 gelten weiter, bis sie durch Vertrag nach § 11 Abs. 1 und 2 abgelöst oder durch Rechtsverordnung nach § 11 Abs. 6 ersetzt werden.

(2) Bei In-Kraft-Treten dieses Gesetzes bestehende Verträge über Regelungsgegenstände nach § 12 gelten weiter, bis sie durch Vertrag nach § 12 Abs. 1 und 4 abgelöst oder durch Rechtsverordnung nach § 12 Abs. 6 ersetzt werden.

§ 26 Inkrafttreten, Außerkrafttreten
(1) ¹Dieses Gesetz tritt am 1. Dezember 1997 in Kraft, soweit in Satz 2 nichts Abweichendes bestimmt ist. ²§ 8 Abs. 3 Satz 2 und 3 tritt am 1. Dezember 1999 in Kraft.

(2) Am 1. Dezember 1997 treten außer Kraft:

1. die Verordnung über die Durchführung von Organtransplantationen vom 4. Juli 1975 (GBl. I Nr. 32 S. 597), geändert durch Verordnung vom 5. August 1987 (GBl. I Nr. 19 S. 199),
2. die Erste Durchführungsbestimmung zur Verordnung über die Durchführung von Organtransplantationen vom 29. März 1977 (GBl. I Nr. 13 S. 141).

TEIL B

Einführung

Einführung

Gliederung

		Rdnr.
I.	Zur Entstehungsgeschichte des TPG.	1– 4
II.	Verfassungsrechtliche Fragen	5– 7
III.	Zur Auslegung des Transplantationsgesetzes	8
	1. Das Transplantationsgesetz als Querschnittsgesetz – Bezüge zu anderen Rechtsgebieten und Gesetzen	9–10
	2. Zur Ermittlung der normativen Sinns der Regelungen des TPG.	11
	a) Objektiver Sinn des Gesetzes und Gesetzesmaterialien	12
	b) Zur Bedeutung des Normbereichs „(Transplantations-)Medizin"	13
	3. Bedeutung und Problematik ergänzender Regelwerke, namentlich der Richtlinien der Bundesärztekammer	14
	a) Affinitäten zur Normierungspraxis des Sozialversicherungs- und Technikrechts	14
	b) Probleme (medizin-)technischer Regeln	15
	c) Folgen für die Rechtskontrolle der transplantationsmedizinischen Praxis	16
	4. Das Verhältnis von Normativität des Rechts und Faktizität der Medizin als methodisches Grundproblem bei der Auslegung des TPG	17–20
	5. Zusammenfassende Charakterisierung des TPG	21
IV.	Aufgabe der Kommentierung des TPG	22

I. Zur Entstehungsgeschichte des TPG

Nach einer Diskussion, die gut ein Vierteljahrhundert angedauert hat, verfügt Deutschland seit Ende des Jahres 1997 über ein Transplantationsgesetz. Nachdem ein erster, in den Siebzigerjahren des vergangenen Jahrhunderts eingeleiteter Gesetzgebungsversuch zu Beginn der achtziger Jahre zu den Akten gelegt worden war, begann die Diskussion zu Beginn der Neunzigerjahre aufs Neue. Dafür gab es eine Reihe von Gründen: aufkommende Unsicherheiten über Kriterien und Zeitpunkt der Todesfeststellung, neue Möglichkeiten der Lebendspende unter Nichtverwandten, Gefahren einer Kommerzialisierung der Organspende, die zunehmende Zahl von Mehrorganentnahmen und die als belastend empfundenen Aufklärungsgespräche hierüber, der Gesichtspunkt, dass die (alte) Bundesrepublik zu den wenigen europäischen Ländern ohne Transplantationsgesetz zählte (was unter dem Gesichtspunkt der Rechtssicherheit als problematisch betrachtet wurde), und die verfassungsrechtliche Streitfrage, ob das frühere DDR-Transplanta-

1

tionsrecht als Landesrecht fortgalt. Bei der neuerlichen Aktualisierung der Diskussion wirkten verschiedene Einrichtungen und Impulse zusammen. Fachorganisationen des Transplantationswesens und Vereinigungen von Betroffenen legten verschiedene Gesetzesentwürfe vor, die SPD-Bundestagsfraktion brachte einen Entschließungsantrag in den Bundestag ein, in dem die damalige Bundesregierung aufgefordert wurde, einen Entwurf für ein Transplantationsgesetz vorzulegen.[1] Basierend u. a. auf Vorarbeiten der Arbeitsgemeinschaft der leitenden Medizinalbeamten der Länder (AGLMB), die vornehmlich aus Gründen der Rechtssicherheit eine gesetzliche Regelung der Transplantationspraxis empfohlen hatten, entstand auf Anregung der Gesundheitsminister der Länder der Entwurf eines Mustergesetzes der Länder über die Entnahme und Übertragung von Organen (Transplantationsgesetz), der im November 1993 von den Gesundheitsministern und -senatoren der Länder auf ihrer gemeinsamen Sitzung im November 1993 gebilligt wurde.[2] Die Bundesländer Bremen und Hessen legten einen eigenen Entwurf für ein Transplantationsgesetz vor, der eine überarbeitete Fassung des AGLMB-Entwurfs war.[3] Im Juni 1994 verabschiedete der Landtag von Rheinland-Pfalz ein Landestransplantationsgesetz, das freilich „in einem öffentlichen Proteststurm versank"[4], weil die Entnahmeregelung als problematisch wahrgenommen wurde; im August 1994 hob der Landtag von Rheinland-Pfalz den Gesetzesbeschluss daraufhin wieder auf, sodass zu keiner Zeit ein Landestransplantationsgesetz in Geltung oder gar in Kraft war.[5] Nachdem der Bund durch eine Verfassungsänderung im Herbst 1994 die Gesetzgebungskompetenz für „Regelungen zur Transplantation von Organen und Geweben" (Art. 74 Abs. 1 Nr. 26 GG)[6], nahm die Diskussion nach und nach konkretere Formen an. Immer mehr konzentrierte sich die Debatte auf zwei Aspekte: Zum einen die Frage, mithilfe welchen Regelungsmodells die Entnahme von Organen legitimiert werden sollte; dabei war insbesondere streitig, inwieweit man den Angehörigen Entscheidungsbefugnisse zuweisen sollte; zum anderen – mit dem ersten Aspekt eng verbunden – die Frage, ab wann ein Mensch als tot zu gelten habe; davon hing und hängt die Unterscheidung zwischen der Organentnahme von toten Organspendern und der Organentnahme bei lebenden Organspendern (sog. Lebendspende) ab. Schließlich spielte, wenn auch schon mit deutlichem Abstand, die Diskussion über die Modalitäten der Lebendspende bzw. der Organverteilungsgerechtigkeit eine herausgehobenere Rolle, obgleich diese Aspekte nie mit der Intensität diskutiert wurden, mit der man sich dem Problem des angemessenen Entnahmemodells und vor allem der Todesproblematik („Hirntodproblem") annahm. Um diese Fragen drehten sich auch im Wesentlichen die vier Anhörungen, die von Ausschüssen des Bundestages

---

[1] BT-Drs. 12/8063.
[2] BT-Drs. 13/4355, S. 11.
[3] BT-Drs. 13/4355, S. 11; der Entwurf wurde eingebracht als BR-Drs. 682/94.
[4] *Laufs*, Ein deutsches Transplantationsgesetz – jetzt?, NJW 1995, 2398.
[5] Nachweise zur Gesetzgebungsgeschichte und zur Kritik bei *Höfling/Rixen*, Verfassungsfragen der Transplantationsmedizin, 1996, S. 1 Anm. 1.
[6] Gesetz zur Änderung des Grundgesetzes v. 27. 10. 1994, BGBl. I S. 3146; in Kraft getreten am 15. 11. 1994 (vgl. Art. 2 des GG-Änderungsgesetzes).

in Vorbereitung oder aber begleitend zur parlamentarischen Beratung des Transplantationsgesetzes veranstaltet wurden.[7] An der schlussendlichen Regelungsgestalt des Transplantationsgesetzes vermochten diese Anhörungen kaum etwas zu ändern.

Das Gesetz geht wesentlich auf den Gesetzentwurf der Fraktionen der CDU/CSU, SPD und FDP (Entwurf eines Gesetzes über die Spende, Entnahme und Übertragung von Organen [Transplantationsgesetz-TPG]) vom 16. 4. 1996 (BT-Drs. 13/4355) zurück, außerdem auf die Vorschläge des Gesundheitsausschusses (BT-Drs. 13/8017 v. 23. 6. 1997).[8] Die Regelungen zur Organentnahme vom toten Spender bzw. zur Todesfeststellung, die in dem ursprünglichen Gesetzentwurf der damaligen Regierungsfraktionen noch offen gehalten worden waren, entstammen einem interfraktionellen Änderungsantrag (BT-Drs. 13/8027 v. 24. 6. 1997) und einem vom damaligen Bundesgesundheitsminister in seiner Funktion als Abgeordneter in der abschließenden Parlamentsdebatte eingebrachten mündlichen Änderungsantrag.[9] Die erste ebenso wie die zweite und die dritte Beratung der Gesetzentwürfe (bzw. Anträge) bezog sich hauptsächlich auf die Frage eines angemessenen Organentnahme-Modells sowie das Problem der Todesdefinition bzw. Todesfeststellung.[10] Der Bundestag beschloss am 25. Juni 1997 mit überwältigender Mehrheit die Annahme des Gesetzes.[11] Ein Entwurf der Fraktion von Bündnis 90/Die Grünen (BT-Drs. 13/2926 v. 7. 11. 1995), der maßgeblich von der Angeordneten Monika Knoche auf den Weg gebracht worden war, fand ebenso wenig eine Mehrheit wie zwei Anträge, in denen die Gleichsetzung von Tod und Hirntod abgelehnt und im Ansatz eine strenge (enge) Einwilligungslösung befürwortet

2

---

[7] Es geht um Protokolle, die in der 13. Wahlperiode erstellt wurden: Prot. d. 17. Sitzg. d. Ausschusses für Gesundheit v. 28. 6. 1995, Prot. d. 64. Sitzg. d. Ausschusses für Gesundheit v. 25. 9. 1996, Prot. d. 67. Sitzg. d. Ausschusses für Gesundheit v. 9. 10. 1996, Prot. d. 72. Sitzg. d. Rechtsausschusses v. 15. 1. 1997.

[8] Misslicherweise ist diese Bundestags-Drucks. in zwei Fassungen publik gemacht worden: am Tag des Gesetzesbeschlusses lag den Parlamentariern (und der interessierten Öffentlichkeit) eine hektographierte Fassung vor, deren Paginierung von der später gedruckten Fassung abweicht. In der gedruckten Fassung von BT-Drs. 13/8017, die i.F. zugrundegelegt wird, befinden sich die Ausführungen zu den einzelnen Gesetzesregelungen auf den S. 41 ff., in der hektographierten Fassung von BT-Drs. 13/8017 befinden sich diese Ausführungen auf den S. 57 ff.

[9] Stenografischer Bericht der 183. Sitzung des Deutschen Bundestages am 25. 6. 1997 (13. Wahlperiode), S. 16454 (D).

[10] Stenografischer Bericht der 99. Sitzung des Deutschen Bundestages vom 19. 4. 1996 (13. Wahlperiode), S. 8817 ff., Stenografischer Bericht der 183. Sitzung des Deutschen Bundestages vom 25. 6. 1997 (13. Wahlperiode), S. 16401 ff.

[11] Stenografischer Bericht der 183. Sitzung des Deutschen Bundestages vom 25. 6. 1997 (13. Wahlperiode), S. 16503 – Ergebnis der Abstimmung zur dritten Beratung –: 629 abgegebene Stimmen, 449 Ja-Stimmen, 151 Nein-Stimmen, 29 Enthaltungen. Dem 13. Deutschen Bundestag gehörten 672 Abgeordnete an (s. den Hinweis zur Mitgliederzahl des 13. Deutschen Bundestages bei *Rita Süßmuth*, Zum Geleit, in: Kürschners Volkshandbuch Deutscher Bundestag, 75. Aufl., Stand: 2. Mai 1995, S. V). das Gesetz wurde demnach mit Zwei-Drittel-Mehrheit, die auch für eine Verfassungsänderung gereicht hätte (vgl. Art. 79 Abs. 2 i.V.m. Art. 121 GG), angenommen. – Der Gesetzesbeschluss ist enthalten in BR-Drs. 635/97.

wurde: nur der potenzielle Spender sollte die Entnahme vorausverfügen dürfen. Es handelte sich um den sog. Wodarg-Antrag (BT-Drs. 13/4114) – benannt nach dem Hauptinitiator, dem Abgeordneten Wolfgang Wodarg –, der überwiegend von Abgeordneten der damaligen SPD-Opposition eingebracht worden war, und einen Antrag aus den Reihen der damaligen Regierungsfraktionen CDU/CSU und F.D.P. (BT-Drs. 13/6591), die der von der damaligen Regierung mehrheitlich verfolgte Linie ablehnend gegenüber stand.[12]

3   Der Bundesrat stimmte dem Gesetz zu.[13] Auf Grund der Auswirkungen auf die Landesverwaltung, zu der die meist an die Universitätskliniken angegliederten Transplantationszentren gehören (vgl. insbesondere § 10 TPG), war das Gesetz zustimmungspflichtig (vgl. Art. 84 Abs. 1 GG). Der Bundespräsident fertigte das Gesetz am 5. November 1997 aus.[14] Das Gesetz wurde sodann am 11. November 1997 in Nr. 74 von Teil I des Bundesgesetzblattes veröffentlicht. Das „Gesetz über die Spende, Entnahme und Übertragung von Organen (Transplantationsgesetz-TPG)" trat – nahezu ausnahmslos – am 1. Dezember 1997 in Kraft; zwei Bestimmungen, die das Verfahren der sog. Lebendspende betreffen, traten erst am 1. Dezember 1999 in Kraft.[15]

4   Damit gibt es nunmehr für den weitaus größten Bereich der Transplantationsmedizin in Deutschland (zu den Grenzen des Anwendungsbereichs siehe die Kommentierung zu § 1 TPG) eine gesetzliche Regelung.

II. Verfassungsrechtliche Fragen

5   Im Mittelpunkt der verfassungsrechtlichen Kritik, die insbesondere vor Erlass des Transplantationsgesetzes geäußert wurde, stand die Frage der Todesdefinition (Gleichsetzung von Tod und Hirntod) und die damit verbundene Frage, inwieweit andere Personen als der Spender selbst befugt sein sollen, darüber zu entscheiden, ob insbesondere lebenswichtige Organe entnommen werden dürfen.[16] Auch verfassungsrechtliche Probleme der sog. Lebendspende bzw. der Organverteilungsgerechtigkeit wurden im Zuge der Entstehung des Gesetzes diskutiert, wenn auch nicht mit der gebotenen Ausführlichkeit.

6   Verfassungsbeschwerden, die sich gegen die Regelung der postmortalen Organspende und die Regelung der Lebendspende, die im Transplantationsgesetz getroffen wurden, wandten, war vor dem Bundesverfassungsgericht kein Erfolg beschie-

---

[12] Der Antrag wurde u.a. unterstützt von Eckart von Klaeden, Edzard Schmidt-Jortzig (dem damaligen Bundesjustizminister), Burkhard Hirsch, Norbert Geis, Hubert Hüppe sowie Cornelia Schmalz-Jacobsen.
[13] Stenografischer Bericht der 716. Sitzung des Bundesrates am 26. 9. 1997, S. 372 i.V.m. Anlage 7 III. (S. 413 [C]).
[14] Vgl. BGBl. 1997 I S. 2631, S. 2639.
[15] BGBl. 1997 I S. 2631–2639, zum Inkrafttreten vgl. § 26 Abs. TPG. Vgl. zur Entstehungsgeschichte auch die Angaben in *Deutscher Bundestag/Bundesrat* (Hrsg.), Stand der Gesetzgebung des Bundes: 13. Wahlperiode, 1995 ff., M 032 und M 033, s. auch C 027.
[16] Dazu ausführlich *Rixen*, Lebensschutz am Lebensende, 1999; *Höfling/Rixen*, Verfassungsfragen der Transplantationsmedizin, 1996. S. auch § 3 Rdnr. 13 ff.

den. Sowohl bei den Entscheidungen, welche die postmortale Organspende betreffen, als auch bei der Entscheidung, die sich auf die Lebendspende bezieht, handelt es sich um sog. Nichtannahmebeschlüsse des Bundesverfassungsgerichts, d.h.: eine gemäß § 31 Abs. 1 Bundesverfassungsgerichtsgesetz (BVerfGG) verbindliche Sachentscheidung darüber, dass die angegriffenen Regelungen verfassungsrechtlich unbedenklich sind, hat das Verfassungsgericht nicht getroffen. Das ist namentlich mit Blick auf die Entscheidung des Bundesverfassungsgerichts zur Lebendspende zu betonen, die überaus ausführlich ausgefallen ist. Zwar nicht rechtlich, aber doch faktisch hat das Bundesverfassungsgericht hier die gesetzliche Regelung zu legitimieren gesucht, ohne das dazu von der verfassungsprozessualen Situation her eine Notwendigkeit bestanden hätte. Sowohl die Beschlüsse zur postmortalen Organspende[17] als auch die Entscheidung zur Lebendspende[18] sind in der Literatur stark kritisiert worden. Immerhin: Das Bundesverfassungsgericht hat – in der Entscheidung zur Lebendspende – festgestellt, nur „derzeit"[19] bestehe an der Klärung der verfassungsrechtlichen Fragen kein über den Einzelfall hinausgehendes Interesse. Diese Zeit mag also noch kommen.

Alles kritische Räsonnement ändert freilich nichts daran, dass die Normen des Transplantationsgesetzes – mit der vorläufigen Endgültigkeit, die positiv-rechtlichen Normen eigen ist – geltendes Recht sind, das beachtet und angewandt werden muss. Bei der Auslegung des TPG sind verfassungsrechtliche Bedenken, wenn überhaupt, grundsätzlich in der Weise zur Geltung zu bringen, dass sie in die Konkretisierung vager bzw. unbestimmter Normtexte einfließen. Im Übrigen kann der Hinweis auf verfassungsrechtliche Bedenken als Merkposten für Novellierungen dienen, etwa unter dem Aspekt des straf- und bußgeldrechtlichen Bestimmtheitsgebotes (Art. 103 Abs. 2 GG), was durch Verweisungen auf Richtlinien der Bundesärztekammer bedenklich aufgeweicht wird (s. § 19 Rdnr. 17 und § 20 Rdnr. 11). 7

III. Zur Auslegung des Transplantationsgesetzes

Die Auslegung des Transplantationsgesetzes hat sich, wie auch das Bundesverfassungsgericht im Ansatz zutreffend betont hat, an den „üblichen Auslegungsme- 8

---

[17] *Rixen*, Die Regelung des Transplantationsgesetzes zur postmortalen Organspende vor dem Bundesverfassungsgericht, NJW 1999, S. 3389 ff. S. auch *Schachtschneider/Siebold*, Die „erweiterte Zustimmungslösung" des Transplantationsgesetzes im Konflikt mit dem Grundgesetz, DÖV 2000, S. 129 ff. Es geht um folgende Entscheidungen zur postmortalen Organspende: BVerfG (1. Kammer des Ersten Senats), NJW 1999, 3403 = EuGRZ 1999, 241 f. = FamRZ 1999, 777 (Nr. 497); NJW 1999, 858; EuGRZ 1999, 242 = FamRZ 1999, 777 (Nr. 496).
[18] *Gutmann*, Gesetzgeberischer Paternalismus ohne Grenzen? Zum Beschluß des BVerfG zur Lebendspende von Organen, NJW 1999, S. 3387 ff.; s. auch *Meister*, Anmerkung zum Beschl. des BVerfG v. 11.8.1999 – 1 BvR 2181/99 u.a. –, in: Das Krankenhaus, hrsgg. von der Deutschen Krankenhausgesellschaft, 91. Jg., Heft 11/November 1999, S. 800 f. Es geht um folgende Entscheidung: BVerfG (1. Kammer des Ersten Senats), NJW 1999, 3399 – Lebendspende.
[19] BVerfG (1. Kammer des Ersten Senats), NJW 1999, 3399 (3399 – unter B. vor I.).

thoden"[20] zu orientieren. Auszugehen ist mithin vom Wortlaut des Gesetzes, anhand dessen der mögliche Wortsinn der Vorschriften zu ermitteln ist. Der normativ maßgebliche Sinn des Gesetzes ist des weiteren über den Rückgriff auf die Gesetzessystematik, aber auch unter Beachtung der rechtssystematischen Bezüge des Gesetzes zu ermitteln.

1. Das Transplantationsgesetz als Querschnittsgesetz – Bezüge zu anderen Rechtsgebieten und Gesetzen

9   Der Sache nach ist das Transplantationsgesetz ein Querschnittsgesetz; es bezieht sich querschnittsartig – vielfach ausdrücklich, allerdings auch stillschweigend – auf Rechtsgebiete, die im Wesentlichen außerhalb des Transplantationsgesetzes, zum Teil in besonderen Kodifikationen, geregelt sind. Die Regelungsstrukturen dieser Rechtsgebiete sind bei der Auslegung der Vorschriften des Transplantationsgesetzes, die sich auf diese Rechtsgebiete beziehen bzw. auf ihnen aufbauen, zu berücksichtigen. Das gilt etwa für die Bestimmungen des Straf- und Bußgeldrechts (§§ 18–20 TPG), die in Übereinstimmung mit den allgemeinen Lehren des Straf- und Ordnungswidrigkeitenrechts, so wie sie auf der Grundlage des Strafgesetzbuches (StGB) und des Ordnungswidrigkeitengesetzes (OWiG) entwickelt wurden, zu interpretieren sind.

10 Die Eigenheiten, die aus dem Arzneimittel-, dem Datenschutz- oder dem Sozialversicherungsrecht folgen, sind ebenfalls zu berücksichtigen, soweit Vorschriften des TPG diese Rechtsgebiete berühren. Auch die Grundbegriffe des Arzt- bzw. des Arztstrafrechts sind zu beachten. In diesem Rechtsgebiet sind die Schlüsselbegriffe, die das Arzt-Patienten-Verhältnis strukturieren, von der Rechtsprechung und vor allem von der Rechtslehre entwickelt worden. Sie tauchen in den Regelungen des TPG, welche die Organentnahme betreffen, wiederholt auf (siehe den Begriff der Einwilligung etwa in § 2 Abs. 2 Satz 1, § 3 Abs. 1 Nr. 1, § 4 Abs. 1 Satz 1 oder § 8 Abs. 1 Satz 1 Nr. 1 Buchst. b TPG). Namentlich bei dem arzt(straf)rechtlich zentralen Begriff der „Aufklärung" (vgl. z.B. § 8 Abs. 2 Satz 1 TPG und Abs. 2 Satz 1 TPG) zeigt sich, wie wichtig die Beachtung der rechtssystematischen Sinnbezüge ist, denn der Begriff der Aufklärung wird im TPG nicht nur im arztrechtlichen Sinne verwandt. In § 2 Abs. 1 Satz 1 TPG hat er einen anderen Sinn: dort lehnt er sich an die abweichende Begriffsverwendung im Sozialversicherungsrecht (vgl. § 13 SGB I) an (s. § 2 Rdnr. 11 ff.). An das Sozialversicherungsrecht, namentlich das Recht der Gesetzlichen Krankenversicherung (SGB V), erinnert auch das gestufte System staatlicher und nichtstaatlicher Rechtsquellen[21], das durch das TPG geschaffen wird. Z.T. entsteht so ein nicht gerade übersichtliches System aufeinander aufbauender und einander ergänzender Normen.[22]

---

[20] BVerfG (1. Kammer des Ersten Senats), NJW 1999, 3399 (3400).
[21] *Ebsen*, Rechtsquellen, in: Schulin (Hrsg.), Handbuch des Sozialversicherungsrechts, Band 1: Krankenversicherungsrecht, 1994, § 7 Rn. 1.
[22] *Ebsen*, § 7 Rn. 9, spricht hinsichtlich des Krankenversicherungsrechts von einem „Dickicht". Das kann man vom TPG nur, aber immerhin in Teilbereichen sagen, etwa beim Organisationsrecht (§§ 10 ff. TPG) und bei den Gegenständen, die in § 16 Abs. 1 S. 1 TPG aufgeführt sind.

2. Zur Ermittlung der normativen Sinns der Regelungen des TPG

Des weiteren ist bei der Auslegung der Bestimmungen des TPG nach dem Sinn und Zweck der Vorschriften zu fragen. Soweit er nicht bereits unter Berücksichtigung der grammatikalischen und systematischen Aspekte bestimmbar wird, geben hier die Gesetzesmaterialien, insbesondere die in dem Entwurf BT-Drs. 13/4355, die in dem Bericht des Gesundheitsausschusses BT-Drs. 13/8017 und die in dem Änderungsantrag BT-Drs. 13/8027 enthaltenen Begründungen, gute Anhaltspunkte – wie überhaupt die Begründungen, die der Gesetzgeber sich durch seinen Gesetzesbeschluss stillschweigend zu Eigen gemacht hat, bei der Auslegung zu berücksichtigen sind.

11

a) Objektiver Sinn des Gesetzes und Gesetzesmaterialien

Ziel der Auslegung ist die Feststellung des heute maßgeblichen sog. objektiven Sinns des Gesetzes. Das Gesetz bringt einen bestimmten Regelungswillen des Gesetzgebers zum Ausdruck, der in den sog. amtlichen Begründungen eine mehr oder minder klare Erläuterung gefunden hat. Diese – wenn man so will – „subjektiven" Zielsetzungen des Gesetzgebers darf man nicht gegen den objektiven bzw. objektivierten Sinn des Gesetzes ausspielen. Denn die Auslegung darf sich umso weniger von den erkennbaren (und nicht erkennbar auf rechtlich fehlerhaften Prämissen beruhenden) Absichten des Gesetzgebers entfernen, je näher der Zeitpunkt der Auslegung bzw. Kommentierung des Gesetzes dem Zeitpunkt der Gesetzesverabschiedung ist. Eine Differenz zwischen den Normvorstellungen des Gesetzgebers und den Regelungsanforderungen der Gegenwart, denen die Begründungen des „historischen" Normgebers möglicherweise nicht gewachsen sind, lässt sich nur dann herstellen, wenn zwischen dem Zeitpunkt der Auslegung bzw. Kommentierung des Gesetzes und dem Zeitpunkt seiner Verabschiedung längere Zeiträume, etwa Dekaden oder gar Jahrhunderte, liegen. Dann verliert die auf den Erkenntnismöglichkeiten einer – mit Blick auf die sozialen, medizinischen bzw. medizintechnischen Realitäten – ganz anderen Zeit aufbauende sog. amtliche Begründung des Gesetzgebers an Überzeugungskraft. Die Normgewinnung ist dann stärker bzw. ausschließlich an den anderen Kriterien der Auslegung, also der grammatikalischen, der systematischen und der objektiv-teleologischen (d.h.: der dezidert „unhistorisch" nach dem heutigen Sinn und Zweck fragenden) Auslegungsmethode zu orientieren. Bis auf weiteres ist dies allerdings nicht die Lage, in der sich die Anwender des Transplantationsgesetzes befinden. Der Gesetzesbegründung ist daher besondere Aufmerksamkeit zu widmen, ohne dass sie freilich unkritisch zur allein maßgeblichen oder auch nur zur prioritären Leitgröße der Auslegung erhoben werden dürfte.

12

b) Zur Bedeutung des Normbereichs „(Transplantations-)Medizin"

Schließlich ist bei der Auslegung des Transplantationsgesetzes zu berücksichtigen, dass sich das Gesetz auf einen Lebensbereich (in der neueren juristischen Methodenlehre ist vom „Normbereich" die Rede)[23] bezieht, den Vorgegebenheiten bzw.

13

---

[23] *F. Müller*, Juristische Methodik, 6. Aufl. 1995.

Eigengesetzlichkeiten kennzeichnen. So verweist der Begriff des „Organs" auf die im (transplantations-)medizinischen Bereich übliche Bedeutung. Was ein Herz, eine Niere, eine Leber, eine Lunge, eine Bauchspeicheldrüse, ein Darm ist oder was Augenhornhäute sind (vgl. § 9 Satz 1 und § 10 Abs. 3 TPG), ist nicht eigens juristisch zu definieren, sondern ergibt sich aus dem medizinischen Kontext, auf den sich das Transplantationsgesetz bezieht. Auch die organisationsrechtlichen Vorschriften (§§ 10 ff. TPG), namentlich die Unterscheidung in Transplantationszentren, Koordinierungsstelle und Vermittlungsstelle, ist nur verständlich, wenn man zur Kenntnis nimmt, dass sich das Gesetz auf eine schon vor seinem Erlass praktizierte institutionelle Struktur bezieht, die es zum Teil nur abbildet bzw. partiell präzisiert.

3. Bedeutung und Problematik ergänzender Regelwerke, namentlich der Richtlinien der Bundesärztekammer

a) Affinitäten zur Normierungspraxis des Sozialversicherungs- und Technikrechts

14 Der Gesetzgeber hat die Kompetenz zur Konkretisierung vieler Vorgaben, die einen starken medizinischen bzw. (medizin-)organisatorischen Bezug aufweisen, weithin auf spezielle Gremien delegiert, die in Ausfüllung des TPG umfängliche Normenwerke vereinbart haben. Gemeint sind insbesondere die Verträge, welche die Tätigkeit von Koordinierungs- und Vermittlungsstelle regeln, außerdem die zahlreichen Richtlinien der Bundesärztekammer, die insbesondere die Organverteilung betreffen (vgl. § 16 Abs. 1 S. 1 TPG). Mit dieser Regelungstechnik knüpft der Gesetzgeber – zum einen – an die aus dem Sozialversicherungsrecht, namentlich dem Recht der Gesetzlichen Krankenversicherung, bekannten Normkonkretisierungskompetenzen an, die dort vielfach in den Händen von Krankenkassen (bzw. ihren Spitzenverbänden) und einschlägig arbeitenden privaten Gesellschaften, etwa Krankenhausgesellschaften, liegen. Sie alle verfügen über besonderes (Erfahrungs-)Wissen zu dem Lebensbereich, um den es geht.[24] Dass freilich die Bundesärztekammer durch § 16 TPG eine so deutliche Aufwertung erfährt, ist neu und unter dem Aspekt demokratischer Legitimation und parlamentarischer Kontrolle bedenklich (dazu die Kommentierung zu § 16 TPG).

b) Probleme (medizin-)technischer Regeln

15 Zum anderen ähnelt das Vorgehen des TPG den Normierungen, die aus dem Umwelt- oder Technikrecht als technische Normen bzw. technische Regeln bekannt sind. Das verwundert nicht, lässt sich doch die Medizin, namentlich die Transplantationsmedizin, als Technik begreifen. Aus dem Technik- bzw. Umweltrecht weiß man, wie schwierig es sein kann, den normativen Anspruch eines Gesetzes bei der Formulierung der normkonkretisierenden technischen Regeln zu wahren und genau zu bestimmen, was die Eigengesetzlichkeit des Lebensbereichs verlangt und was nicht bereits – verdecktes, unbewusstes – Werturteil ist, das möglicherweise

---

[24] Ausf. *Axer*, Normsetzung der Exekutive in der Sozialversicherung, 2000.

mit den Wertungen des Gesetzes nicht in Einklang steht.[25] Diese Problematik muss man sich insbesondere bei den medizintechnischen Regeln – den „Richtlinien", wie das TPG sie nennt – bewusst sein, die auf der Grundlage des § 16 Abs. 1 S. 1 TPG von der Bundesärztekammer erlassen werden und die den „Stand der Erkenntnisse der medizinischen Wissenschaft"[26] feststellen sollen. Abgesehen von der Schwierigkeit, bei der Normierung medizintechnischer Regeln die Normativität des Rechts von der Faktizität der Medizin abzuschichten, stellt sich die Frage, ob die Fakten, die von der Bundesärztekammer als Stand der Erkenntnisse der Medizin festgestellt werden, tatsächlich den Stand der Wissenschaft abbilden; hier stellt sich einmal mehr die Frage nach der sachlichen Kompetenz und der rechtlichen Legitimation der Bundesärztekammer zur Regelung dieser Fragen (s. die Kommentierung zu § 16 TPG).

c) Folgen für die Rechtskontrolle der transplantationsmedizinischen Praxis
Für Juristinnen und Juristen, welche die Anwendung des TPG kontrollieren (bzw. die Kontrolle durch die Kommentierung des Gesetzes ermöglichen) wollen, stellt sich das Problem, dass sie die (medizin-)technischen Normtexte, soweit es nicht nur um Organisationsfragen geht, kaum ohne sachverständige Hilfe nachvollziehen, geschweige denn auf ihre Plausibilität hin überprüfen können. Gleichwohl müssen sie sich bemühen, den Bereich, der dem – auch von den Gerichten hinzunehmenden – Beurteilungsspielraum der im transplantationsmedizinischen Betrieb Tätigen zugewiesen ist, möglichst genau zu konturieren, damit dem TPG nicht auf der Anwendungsebene sein Anspruch, die Wirklichkeit des Transplantationswesens zu gestalten, abhanden kommt – weil ansonsten diejenigen, denen die Konkretisierung des TPG anvertraut ist, das TPG als norma normans aller weiteren Normierung wenn nicht bewusst ignorieren, so doch zumindest sehr flexibel handhaben und so im Effekt nachträglich korrigieren könnten. Dass hier einige Sorge angebracht erscheint, zeigt nicht zuletzt die Entstehung der Verträge über die Vermittlungs- und die Koordinierungsstelle, die unter Verstoß gegen zwingende Regeln zu Stande gekommen sind, ohne dass vonseiten des Bundesgesundheitsministeriums auf die Gesetzmäßigkeit des zeitlichen Ablaufs der Entstehung geachtet worden wäre (§ 25 Rdnr. 9).

16

---

[25] Die Mahnung *Marburgers* in seinem – immer noch grundlegenden – Werk „Die Regeln der Technik im Recht" (1979, S. V) gilt mutatis mutandis auch für die das TPG ergänzenden medizintechnischen Regeln: „(A)lle Anforderungen, welche die Rechtsordnung an technische Vollzugsweisen stellt, realisieren sich auf der Ebene technischer Regeln – oder scheitern ebendort."
[26] Vgl. § 10 Abs. 2 Nr. 1, § 12 Abs. 3 S. 1, § 16 Abs. 1 S. 1 TPG; s. auch § 8 Abs. 1 S. 1 Nr. 1 Buchst. c) TPG, wonach der Spender „nach ärztlicher Beurteilung" für eine Entnahme geeignet sein muss.

4. Das Verhältnis von Normativität des Rechts und Faktizität der Medizin als methodisches Grundproblem bei der Auslegung des TPG

17 Wie schwierig es bei einem medizinbezogenen Gesetz wie dem TPG mitunter sein kann, medizinische Fakten von normativer Bewertung zu unterscheiden, macht nicht nur der Blick auf die (medizin-)technischen Regeln bewusst, deren Erlass das TPG vorsieht. Das Problem der Vermengung von medizinisch beobachtbaren Tatsachen und nicht-medizinisch, nur normativ bewerkstelligbarer Bewertung beobachtbarer Fakten ragt immer wieder in die Auslegung bzw. Handhabung des Gesetzes hinein.

18 Dass gerade im gegenwärtigen medizinischen Betrieb die Grenzen zwischen normativer Bewertung und beobachtbarer Tatsache häufig überschritten werden, hat die während der Entstehung des Transplantationsgesetzes bedeutsame, aber auch danach fortgesetzte Diskussion über die Frage des (Hirn-)Todes gezeigt. Der Begriff des Todes hat einen normativen Sinn, der anhand bestimmter Tatsachen, die auf diesen Sinn hindeuten, feststellbar ist (s. im Einzelnen die Kommentierungen zu den §§ 3, 5 und 16 TPG).

19 Der Gesetzgeber hat es aber nicht nur in der Frage der Todesdefinition, sondern z.B. auch in der Frage der Organverteilungsgerechtigkeit an hinreichend klaren Unterscheidungen fehlen lassen. Es hängt nämlich von Wertungen ab, die dem Gesetz nicht zu entnehmen sind, wie sich die für die – im TPG mehrstufig strukturierte (insbes. Aufnahme auf die Warteliste und Vermittlung des Organs) – Organverteilung genannten „medizinischen" Kriterien Erfolgsaussicht und Notwendigkeit (§ 10 Abs. 2 Nr. 1, § 12 Abs. 3 S. 1) zueinander verhalten. Nach rein medizinischen Kriterien – im Sinne von werturteilsfreien Kriterien – lässt sich dies nicht entscheiden. Es geht um ein nachgerade klassisches Gerechtigkeitsproblem – die Zuteilung knapper Güter[27] –, und dies ist ohne Wertentscheidung nicht zu lösen, wie auch angesehene Transplantationsmediziner betont haben[28], ohne damit aber beim Gesetzgeber Gehör zu finden. Die Behauptung des Gesetzes, dies könne und müsse allein nach Regeln entschieden werden, „die dem Stand der Erkenntnisse der medizinischen Wissenschaft" entsprechen (§ 10 Abs. 2 Nr. 1, § 12 Abs. 3 S. 1 TPG), verkennt und verschleiert diesen Zusammenhang (s. dazu die Kommentierungen zu den genannten Vorschriften und zu § 16 Abs. 1 S. 1 TPG).

20 Vor diesem Hintergrund sind deshalb von den Auslegern des Gesetzes an das Gesetz zum Zwecke seiner besseren Verständlichkeit klare Unterscheidungen er-

---

[27] Vgl. *R. Dreier*, Recht und Gerechtigkeit (1982), in: *ders.*, Recht – Staat – Vernunft. Studien zur Rechtstheorie Bd. 2, 1991, S. 8 (11): „Handlungen, Handlungssubjekte, Normen und Normenordnungen (sind) nur insofern Gegenstände des Gerechtigkeitsurteils (...), als sie sich auf ein Geben oder Nehmen, ein Fordern oder Verweigern, mit anderen Worten: auf die Verteilung und den Ausgleich von Gütern und Lasten beziehen."

[28] S. den Transplantationsmediziner *Gubernatis*, Der stille Horror der Organverteilung – Die vom Gesetzgeber angestrebte Transplantationsregelung nur nach medizinischen Kriterien ist problematisch, in: Frankfurter Rundschau, Nr. 298 v. 21.12.1996, S. 8 (Wissenschaft und Technik).

gänzend heranzutragen, soweit dies der positiv-rechtliche Rahmen zulässt. Im Übrigen ist Kritik angebracht, die freilich erst de lege ferenda wirksam werden kann.

5. Zusammenfassende Charakterisierung des TPG

Das Gesetz ist – dies ist zur Vermeidung von Missverständnissen hervorzuheben – kein „Hirntod-Gesetz", denn es gibt genügend andere – in den Gesetzesberatungen leider un(ter)belichtet gebliebene – Fragestellungen, die mit dem Thema „Hirntod" nichts zu tun haben und genügend Probleme mit sich bringen. Das Gesetz ist auch kein juristischer „Überbau", der sich über einen ansonsten völlig nach eigenen Regeln operierenden Lebensbereich, das Transplantationswesen, wölben würde. Das Transplantationsgesetz will vielmehr – zum Teil nur behutsam ordnend, zum Teil korrigierend und präzisierend, zum Teil auch bewusst Grenzen ziehend – das Transplantationswesen in Deutschland gestalten. Kurz: Man darf das Transplantationsgesetz nicht als eine Blankettverweisung auf die Medizin bzw. den üblichen (transplantations-)medizinischen Betrieb verstehen. Es ist immer im Einzelnen festzustellen, inwieweit sich das Gesetz auf medizinische Vorgegebenheiten bzw. auf vorfindliche Institutionen, Praktiken und Wissensbestände im Medizinbereich bezieht und wo bzw. inwieweit es diese umgestalten will.[29]

21

IV. Aufgabe der Kommentierung des TPG

Ob bzw. inwieweit das TPG seinen Gestaltungsanspruch in die Wirklichkeit umsetzen kann, ist eine rechtstatsächliche bzw. empirische Frage, die erst nach einiger Zeit der Gesetzesanwendung vornehmlich mit den sozialwissenschaftlichen Methoden der Rechtswirkungs- bzw. Implementationsforschung zu beantworten sein wird.[30] Das setzt allerdings voraus, dass die Normadressaten (insbesondere die potentiellen Organspender, die Ärzte und die Mitarbeiter im organisatorischen Bereich des Transplantationswesens) und die Gesetzesanwender (insbesondere die Krankenhaus- und Berufsverbandsjuristen, beratende Rechtsanwälte, Staatsanwälte, Sachbearbeiter in den Bußgeldstellen, Richter) über den Inhalt des Gestaltungsanspruches, den das Gesetz verfolgt (und über dessen Realisierungsgrad rechtstatsächliche Erhebungen Auskunft geben müssten) Bescheid wissen. Dem Zweck, den Inhalt des Gestaltungsanspruchs zu bestimmen und bekannt zu machen, dienen die folgenden Hinweise des vorliegenden Kommentars.

22

---

[29] Grds. zu diesem Problem *Rixen*, Lebensschutz am Lebensende, 1999, S. 391 ff. m.w.N.
[30] S. dazu auch die Kleine Anfrage „Umsetzung des Transplantationsgesetzes" aus den Reihen der CDU/CSU-Fraktion, BT-Drs. 14/4445 und die Antwort der Bundesregierung, BT-Drs. 14/4655. Beachte außerdem den Titel eines Beitrags zur weiterhin geringen Organspendebereitschaft im DÄBl. 2002, C-1793: „Das Gesetz muss reanimiert werden". Umfassende Bestandsaufnahme bei *Volker H. Schmidt*, Neues zur Organverteilung: Das Transplantationsgesetz und die Folgen, Z. f. Gesundheitswiss. 10 (2002), S. 252 ff.

TEIL C

Kommentar zum Gesetz über die Spende, Entnahme und Übertragung von Organen (Transplantationsgesetz – TPG)

Kommentar zum Gesetz über die Spende, Entnahme und Übertragung von Organen (Transplantationsgesetz – TPG)

ERSTER ABSCHNITT
Allgemeine Vorschriften

§ 1
Anwendungsbereich

(1) ¹Dieses Gesetz gilt für die Spende und die Entnahme von menschlichen Organen, Organteilen oder Geweben (Organe) zum Zwecke der Übertragung auf andere Menschen sowie für die Übertragung der Organe einschließlich der Vorbereitung dieser Maßnahmen. ²Es gilt ferner für das Verbot des Handels mit menschlichen Organen.

(2) Dieses Gesetz gilt nicht für Blut und Knochenmark sowie embryonale und fetale Organe und Gewebe.

Gliederung

		Rdnr.
I.	Grundsätzliche Bedeutung und Regelungsgegenstand	1
II.	Die Erläuterungen im Einzelnen	3
	1. Grundunterscheidungen und Grundbegriffe des TPG	3
	a) Regelungen zur Zulässigkeit der Organentnahme und zur Organzuteilung	3
	b) Status des Spenders	6
	c) Regelung der Zulässigkeitsvoraussetzungen für die Organentnahme	8
	d) Besondere Regeln für „bestimmte Organe"	11
	e) Anknüpfung an die Strukturen der medizinischen Praxis allogener Transplantation	12
	f) Organe – Spende – Entnahme – Übertragung	13
	aa) Organe, Organteile, Gewebe	13
	bb) „Menschliche" Organe	18
	cc) Entnahme – entnehmender Arzt – Spende	23
	dd) Zum Zweck der „Übertragung" auf andere Menschen	26
	ee) Übertragung auf „Menschen"	28
	ff) Übertragung auf einen „anderen" Menschen	29
	(1) Autotransplantation	30

(2) Isotransplantation	31
(3) Intrauterine Gewebetransplantationen auf Embryo oder Fötus	32
(4) Trennung sog. siamesischer Zwillinge	34
2. Grenzen des Anwendungsbereichs (§ 1 Abs. 2 TPG)	37
a) Blut und Knochenmark	37
aa) Knochenmark	38
bb) Blut	39
b) Blut- und Knochenmarkspende von Nichteinwilligungsfähigen	40
aa) Feststellung der Einwilligungsfähigkeit	40
bb) Stellvertretende Entscheidungen bei Betreuten	45
cc) Stellvertretende Entscheidungen bei Minderjährigen	49
c) Embryonale und fetale Gewebe	53
3. Verbot des Organhandels (§ 1 Abs. 1 S. 2)	56
4. Verhältnis des TPG zu landesrechtlichen Transplantationsvorschriften	58
a) Bremen	58
b) Berlin	64
c) Wirkung der Nichtigkeit gemäß Art. 31 GG	70
5. Durch das TPG nicht geregelte Fragen des Umgangs mit der menschlichen Leiche	71
a) Sektionsrecht	71
aa) Überblick über die Rechtslage	71
bb) Zur Lage in Thüringen	79
b) Umgang mit (nicht-transplantierten) Leichenteilen	83
6. Zur Bedeutung der sog. Bioethik-Konvention des Europarates	85
7. Weitere Fragen	94
a) Organspende von Personen im behördlichen Gewahrsam, insbesondere von Strafgefangenen	94
b) Andere Vorschriften, die die Realisierung einer Organspende betreffen können	101

I. Grundsätzliche Bedeutung und Regelungsgegenstand

1 § 1 TPG legt den Anwendungsbereich bzw. – wie die Gesetzesbegründung es ausdrückt – den „Regelungsbereich"[1] fest, normiert also in abstrakter Umschreibung die Fälle, auf die die Regelungen des TPG Anwendung finden. Dazu gehört – wie an dieser herausgehobenen Stelle des Gesetzes betont wird – auch das Verbot des Organhandels (§ 1 Abs. 1 TPG). Zugleich nimmt § 1 in seinem Abs. 2 bestimmte Fälle des Organ- bzw. Gewebetransfers vom Anwendungsbereich des TPG aus.

2 Für die Bereiche, in denen das TPG keine Anwendung findet, gelten eigene Regelungen; sie liegen also außerhalb des Bereichs, den das TPG regelt. Abzugrenzen

---

[1] BT-Drs. 13/4355, S. 16.

vom Regelungsbereich des TPG sind überdies Normen, die sich ebenfalls auf den Umgang mit dem toten Körper eines Menschen beziehen (Rdnr. 71 ff.).

II. Die Erläuterungen im einzelnen

1. Grundunterscheidungen und Grundbegriffe des TPG

a) Regelungen zur Zulässigkeit der Organentnahme und zur Organzuteilung

Die etwas umständlich wirkende Umschreibung „Spende und (...) Entnahme von menschlichen Organen, Organteilen oder Geweben (Organe) zum Zwecke der Übertragung auf andere Menschen sowie für die Übertragung der Organe einschließlich der Vorbereitung dieser Maßnahmen" ist als Synonym für die im Bereich der Humanmedizin praktizierte – meist (aber nicht nur) der Heilbehandlung dienende[2] – Form der Organentnahme zu Zwecken der Organverpflanzung zu verstehen. Insoweit knüpft das Gesetz an das im transplantationsmedizinischen Bereich herrschende Verständnis an, wonach es sich im „hochentwickelte(n) Gesundheitswesen"[3] Deutschlands bei der Organtransplantation um einen „Standard der medizinischen Versorgung"[4] handelt. Dessen normative „Absicherung"[5] vollzieht das TPG durch eine umfängliche Regelung des *Entnahme-* und des *Organzuteilungs*vorgangs. Das TPG stellt mithin keine erschöpfende Regelung der mit der Organtransplantation zusammenhängenden Rechtsfragen dar. Es enthält *spenderbezogene* Regelungen, also auf den Geber des Organs bezogene Normen, die die Zulässigkeit des Entnahmevorgangs betreffen. *Empfängerbezogen* sind die Regeln über die Organzuteilung (§§ 9 ff. TPG). Regeln, die die Zulässigkeit der Implantation entnommener Organe beim Empfänger betreffen, fehlen im Wesentlichen.[6] Insoweit gelten die allgemeinen (ungeschriebenen) arztrechtlichen Grundsätze: Die Implantation ist ein ärztlicher Eingriff, der der Einwilligung nach Aufklärung bedarf (§ 26 Rdnr. 16).[7]

§ 1 Abs. 1 S. 1 TPG stellt klar, dass zum Anwendungsbereichs des Gesetzes auch die „Vorbereitung" der Eingriffe zur Organentnahme und -übertragung, einschließlich aller nach den §§ 10–12 zur Organentnahme, -vermittlung und -übertragung erforderlichen Maßnahmen, gehört. Darunter fallen laut Gesetzesbegrün-

3

4

---

[2] Zu Recht weist die amtl. Begr. darauf hin, dass das TPG auch für Organentnahmen gilt, die der Übertragung zu kosmetischen Zwecken dienen, vgl. BT-Drs. 13/4355, S. 16.
[3] BT-Drs. 13/4355, S. 10; Hinweis auf die „Hochleistungsmedizin", zu der die Transplantationsmedizin zählt, ebenda, S. 22.
[4] BT-Drs. 13/4355, S. 10.
[5] BT-Drs. 13/4355, S. 11.
[6] § 8 Abs. 1 S. 1 Nr. 2 TPG macht die Eignung der Organübertragung, das Leid des potentiellen Empfängers zu lindern, zur Zulässigkeitsvoraussetzung für die Entnahme bei Spender. Das Verbot des Organhandels bezieht sich auch auf Organempfänger (arg. § 18 Abs. 4 TPG); ob und wie der potentielle Empfänger aufzuklären ist und wie seine Einwilligung auszufallen hat, darüber sagt das Verbot – wie das gesamte TPG – nichts.
[7] Vgl. BT-Drs. 13/4355, S. 20 zu § 8 TPG (= § 7 des Entwurfs): „Die allgemeinen Regeln und Rechtsgrundsätze, die für die Zulässigkeit des ärztlichen Heileingriffs gelten, werden durch diese Vorschrift nicht berührt." Soll heißen: sie finden Anwendung.

dung namentlich die Feststellung des Todes, die Klärung der Zulässigkeit einer Organentnahme, die intensivmedizinischen Maßnahmen zur „künstlichen", also kontrollierten Aufrechterhaltung der Atmungs- und Kreislauffunktion, die Organisation der Organentnahme, die erforderlichen klinischen und labortechnischen Untersuchungen zur Eignung des Organspenders und der entnommenen Organe sowie die Konservierung und Beförderung der Organe zu denjenigen Transplantationszentren, in denen sie auf die durch die Entscheidung der Vermittlungsstelle bestimmten Empfänger übertragen werden.[8] Dazu ist freilich anzumerken, dass die Regelungsdichte des TPG hinsichtlich der einzelnen Maßnahmen der Vorbereitung unterschiedlich ausfällt: die Zulässigkeitsvoraussetzungen der Organentnahme sind im Gesetz relativ ausführlich geregelt, Maßnahmen der Konservierung und Beförderung indes werden im Gesetz nicht einmal im Ansatz geregelt, sondern der näheren Normierung durch „Richtlinien" (vgl. § 16 Abs. 1 S. 1 Nr. 4 Buchst. b TPG) der Bundesärztekammer überlassen.

5   Der aus vagen Großbegriffen komponierte Wortlaut des § 1 Abs. 1 S. 1 TPG hat etwas Tautologisches, denn er verweist auf Lebensbereiche, deren Bedeutung sich erst erhellt, wenn man den Blick in die Vorschriften der §§ 2 ff. TPG richtet. So gesehen, sagt § 1 Abs. 1 S. 1 TPG nur, dass das TPG gilt, soweit es regelt, was die §§ 2–26 TPG regeln. Regelungstechnisch sinnvoller und hinreichend wäre es gewesen, ausschließlich die Vorschrift des § 1 Abs. 2 TPG, die bestimmte Organe und Gewebe aus dem Anwendungsbereich des TPG ausnimmt, in § 1 zu nennen. Offenbar sollte aber – vermutlich aus vornehmlich systematisch-ästhetischen Gründen – eine positive Umschreibung des Gesetzesinhalts an den Anfang des Normwerks gestellt werden, was mit dem Preis der Fast-Inhaltslosigkeit von § 1 Abs. 1 S. 1 TPG erkauft wurde.

b) Status des Spenders

6   Das TPG unterscheidet hinsichtlich der Zulässigkeit der Entnahme nach dem Status des Spenders (Organgebers): Entnommen werden darf beim toten Spender (siehe die Überschrift zum Zweiten Abschnitt des TPG – vor § 3: „Organentnahme bei toten Organspendern") oder beim lebenden Spender (vgl. die Überschrift zum Dritten Abschnitt des TPG – vor § 8: „Organentnahme bei lebenden Organspendern").

7   Was lebende Organspender sind, definiert weder das Gesetz noch die Gesetzesbegründung; sie spricht nur unspezifisch von der „Organentnahme zu Lebzeiten".[9] Lebende Organspender im Sinne des § 8 TPG sind solche Spender, denen Organe entnommen werden, deren unkompensierter Verlust nach medizinischem Wissensstand typischerweise nicht zum Tode führt. Die nicht-kompensierte Entnahme vitaler Organe bei dem vor der Organentnahme lebenden Spender ist danach ausgeschlossen; die Organentnahme darf nicht von vornherein absehbar dazu führen, dass der lebende Spender gerade auf Grund des Organverlustes stirbt. Das bedeutet praktisch, dass alle vitalen Organe, deren Funktion nach gegenwärtigem

---

[8] BT-Drs. 13/4355, S. 16.
[9] BT-Drs. 13/4355, S. 20.

medizinischem Wissensstand nicht auf Dauer künstlich kompensierbar ist, nur toten Spendern entnommen werden dürfen; das gilt namentlich für Herz, Leber, Lunge, Bauchspeicheldrüse, nicht aber für die Niere, die typischerweise zweimal vorhanden ist und die einmal entnommen werden kann, ohne grundsätzlich das Leben des Spenders zu gefährden.

c) Regelung der Zulässigkeitsvoraussetzungen für die Organentnahme

Soweit es um die Entnahme vom toten oder lebenden Spender geht, stellt das TPG für alle Organe unterschieden nach Spende vom Toten und Lebendspende jeweils einheitliche Zulässigkeitsvoraussetzungen auf: Ob dem Toten ein Herz oder ein Gehörknöchelchen entnommen werden darf, richtet sich nach den §§ 3 und 4 TPG. Ob dem Lebenden nicht-regenerationsfähige Organe (z.B. Nieren, Lungenlappen oder Teile der Bauchspeicheldrüse)[10] – siehe § 8 Abs. 1 S. 2 TPG – oder regenerationsfähige Organe (z.B. Haut; Blut zählt nicht dazu, vgl. § 1 Abs. 2 TPG – dazu noch unten Rdnr. 37 ff.) entnommen werden dürfen, richtet sich nach § 8 TPG.

8

Ein Abweichen von den Zulässigkeitsvoraussetzungen für die Organentnahme, die im TPG geregelt sind, ist unter keinem rechtlichen Gesichtspunkt zulässig. Die Nichtbeachtung führt ausnahmslos zur Rechtswidrigkeit. Namentlich dürfen die Zulässigkeitsvoraussetzungen grundsätzlich nicht unter Rückgriff auf den § 34 StGB, der den rechtfertigenden Notstand regelt, suspendiert werden.[11] Abgesehen davon, dass auch § 34 StGB aus einzelnen Voraussetzungen besteht, unter die genau zu subsumieren ist, also durchaus nicht zu undifferenzierten Grobabwägungen einlädt[12], ist es so, dass die Anwendung des § 34 StGB der Regelungsentscheidung des Gesetzgebers, so wie sie sich auch in der Gesetzesbegründung ausdrückt, zuwiderläuft. In der amtlichen Begründung heißt es, eine Organentnahme sei bei fehlender persönlicher Einwilligung des möglichen Organspenders „unzulässig", wenn es keine nächsten Angehörigen bzw. keine Person des Vertrauens im Sinne von § 4 Abs. 3 i.V.m. § 2 Abs. 2 S. 1 TPG gebe bzw. diese nicht erreichbar seien.[13] Damit wird das in der systematischen Anlage des Gesetzes (§§ 3 und 4) zum Ausdruck gelangende Axiom untermauert, dass die Zulässigkeitsvoraussetzungen für die vom TPG geregelte Organentnahmen im TPG abschließend erfasst sind.[14] Das heißt, dass an die Anwendung von § 34 StGB bei Verstößen gem. § 19 TPG be-

9

---

10 BT-Drs. 13/4355, S. 20.
11 So auch *Borowy*, Die postmortale Organentnahme und ihre zivilrechtlichen Folgen, 2000, S. 209 ff. Die Anwendung von § 34 StGB strikt ablehnend Tschangizian, Die ärztliche Haftung hinsichtlich entnommener Körpersubstanzen, 2001, S. 131 ff.
12 Zu diesem Mißverständnis vgl. *Höfling/Rixen*, Verfassungsfragen der Transplantationsmedizin, 1996, S. 18 Anm. 54.
13 BT-Drs. 13/8027, S. 10 a.E.; bestätigend *Borowy*, S. 201.
14 Dies entspricht im Ergebnis § 7 des bündnisgrünen TPG-Entwurfs (BT-Drs. 13/2926, S. 4), der – freilich in nicht ganz korrekter juristischer Terminologie – lautete: „Das Erfordernis der Einwilligung in die Entnahme entfällt nicht durch eine Berufung auf den Tatbestand des Rechtfertigenden Notstandes nach § 34 des Strafgesetzbuches." A.A. – allerdings ohne Begründung – *Deutsch*, Das Transplantationsgesetz vom 5.11.1997, NJW 1998, 777 (780).

sonders strenge Maßstäbe anzulegen sind. Diese Überlegung ist im Rahmen der sog. Angemessenheitsklausel des § 34 S. 2 StGB zur Geltung zu bringen.

10 Das TPG findet auch auf Ausländer Anwendung, die im Inland, d.h. im Geltungsbereich des TPG, versterben bzw. – im Fall der Lebendspende – in Deutschland wohnen oder sich, sei es auch nur kurzzeitig, hier aufhalten.[15]

d) Besondere Regeln für „bestimmte Organe"

11 Für „bestimmte Organe" – vgl. die amtliche Überschrift zum Vierten Abschnitts des TPG vor § 9 – sieht das TPG besondere Regeln vor (§§ 9 ff.), die den organisatorischen Rahmen der Entnahme[16], die Vermittlung und die Übertragung dieser Organe betreffen. Es handelt sich um das Herz, die Niere, die Leber, die Lunge, die Bauchspeicheldrüse und den Darm (§ 9 S. 1 TPG), die das TPG als vermittlungspflichtige Organe bezeichnet (§ 9 S. 2 TPG), weil sie der Vermittlung gemäß § 12 TPG unterliegen. Das für diese Organe strenger ausgestaltete Entnahme- und Zuteilungsverfahren erklärt sich aus der großen Bedeutung, die diese – bis auf die Niere – vitalen (nach gegenwärtigem medizinischen Wissensstand dauerhaft nicht künstlich ersetzbaren) Organe haben: wegen der Knappheit dieser Organe und weil sie für das Überleben der Empfänger so wichtig sind, will das TPG mit den besonderen Regeln der §§ 9 ff. TPG die „Verteilungsgerechtigkeit in bezug auf die genannten Spenderorgane", namentlich die „Chancengleichheit der in die jeweiligen Wartelisten der Transplantationszentren für die gleiche Organübertragung aufgenommenen Patienten" sichern und die „Minimierung der gesundheitlichen Risiken für die Organempfänger" realisieren.[17]

e) Anknüpfung an die Strukturen der medizinischen Praxis allogener Transplantation

12 Aus dem Gesamtzusammenhang des Gesetzes, aber auch aus der Gesetzesbegründung[18] geht hervor, dass sich der Gesetzgeber bei der Regelung der Zulässigkeitsvoraussetzungen der Entnahme, des organisatorischen Rahmens der Entnahme und der Übertragung sowie der Organzuteilung an die in der Humanmedizin praktizierte Form der allogenen (= allogenetischen = homogenen = homologen) Transplantation (auch: Homotransplantation) anlehnt. Gemeint ist die Übertragung von Organen oder Geweben auf ein anderes Individuum, das derselben Spezies angehört[19], konkret: der Spezies homo homo sapiens. Diese medizinische Praxis der allogenen Humantransplantation entscheidet maßgeblich über die Zugehörigkeit einer medizinischen Maßnahme zum Anwendungsbereich des § 1 Abs. 1

---

[15] *Borowy*, S. 202.
[16] Das Gesetz spricht von „Entnahme" (vgl. § 9 S. 3 TPG) und meint damit nicht die Zulässigkeitsvoraussetzungen der Entnahme, die in den §§ 3, 4 und 8 geregelt sind.
[17] BT-Drs. 13/4355, S. 21.
[18] Vgl. insb. BT-Drs. 13/4355, S. 10 ff., s. auch ebda. S. 16: es geht um „Eingriffe in den menschlichen Körper".
[19] *Pschyrembel*, Klinisches Wörterbuch, 258. Aufl. 1998, S. 1591 (Stichwort „Transplantation").

S. 1 TPG; sie erleichtert auch die Abgrenzung zu anderen medizinischen Maßnahmen, die prima facie eine Organverpflanzung zu sein scheinen, es bei näherem Hinsehen aber nicht sind. In dem durch die vom Gesetzgeber rezipierte medizinische Praxis der allogenen Humantransplantation kann es zu Fortentwicklungen kommen, die das TPG noch erfasst. Allerdings geht dies nicht unbegrenzt. Namentlich das Kriterium der voneinander verschiedenen Individuen, zwischen denen die Verpflanzung erfolgt, ist hier genauer zu beachten. Nach der medizinischen Praxis, die der Gesetzgeber vor Augen hatte und deren normative Absicherung er bezweckte, müssen Spender und Empfänger als Organismen existieren, die vor und nach der Organentnahme bzw. -implantation physiologisch-körperlich nicht miteinander verbunden waren bzw. sind. Das ist folgenreich etwa bei der Frage, ob die Trennung siamesischer Zwillinge oder in utero vollzogene Gewebsverpflanzungen auf den Embryo bzw. den Fötus dem TPG unterfallen (dazu Rdnr. 32 f.).

f) Organe – Spende – Entnahme – Übertragung
aa) Organe, Organteile, Gewebe

Was unter Organ, Organteil oder Gewebe – das TPG schafft für alle drei Begriffe die zusammenfassende Legaldefinition „Organe" (vgl. § 1 Abs. 1 S. 1) – zu verstehen ist, folgt dem medizinischen Verständnis, auf dem das TPG hier ersichtlich aufbaut. Das TPG nennt Beispiele für Organe bzw. Gewebe: Herz, Niere, Leber, Lunge, Bauchspeicheldrüse, Darm (in § 9 S. 1) – einschließlich der Teile dieser Organe[20] – und die Augenhornhaut (in § 10 Abs. 3).[21] Die Gesetzesbegründung nennt Gehörknöchelchen[22], Knochen[23] bzw. Knochengelenke[24], harte Hirnhaut (dura mater)[25], (Oberflächen-)Haut[26] sowie Faszien[27]. Zu Herzklappen sogleich und § 9 Rdnr. 4.

13

Es handelt sich, wie die amtliche Begründung etwas unspezifisch sagt, um „natürliche Bestandteile des menschlichen Körpers".[28] Das wesentliche Erkennungs-

14

---

[20] Worauf die amtl. Begr. – ergänzend zu § 1 Abs. 1 S. 1 TPG – nochmals ausdrücklich hinweist, BT-Drs. 13/4355, S. 21 a. E.; es werden genannt: Lebersegmente, Lungenlappen, Inseln der Bauchspeicheldrüse bzw. Beta-Zellen (Immunzellen) dieser Inseln. Zu den Herzklappen sogleich und § 9 Rdnr. 4.
[21] Eingehend zur Hornhaut *Herrig*, Die Gewebetransplantation nach dem Transplantationsgesetz. Entnahme – Lagerung – Verwendung unter besonderer Berücksichtigung der Hornhauttransplantation, 2002. Außerdem die Informationen unter http://www.korneabank.org (Universitäts-Augenklinik Erlangen).
[22] BT-Drs. 13/4355, S. 10.
[23] BT-Drs. 13/4355, S. 19.
[24] BT-Drs. 13/4355, S. 30; dort auch der Hinweis auf Zellisolate aus Gewebe der Beischilddrüsen (Epithelkörperchen).
[25] BT-Drs. 13/4355, S. 30.
[26] BT-Drs. 13/4355, S. 30.
[27] BT-Drs. 13/4355, S. 30 – ohne Erläuterung. Faszien sind die wenig dehnbare, aus gekreuzt verlaufenden kollagenen Fasern und elastischen Netzen aufgebaute Hülle einzelner Organe, Muskeln oder Muskelgruppen, vgl. *Pschyrembel*, Klinisches Wörterbuch, 258. Aufl. 1998, S. 487 (Stichwort „Faszie").
[28] BT-Drs. 13/4355, S. 16.

zeichen wird hier nicht genannt – die *Funktion*, die einem Organ bzw. Gewebe im Körper bzw. Organismus zukommt: Organe sind aus Zellen und Geweben zusammengesetzte Teil des Körpers, die eine Einheit mit bestimmter Funktion bilden.[29] Ein Organteil ist der Teil eines Organs, dem gewissermaßen als Untereinheit ebenfalls bestimmte Funktionen im Körper zugewiesen sind. Anders als die amtliche Begründung behauptet[30], sind auch Herzklappen Organteile im vorstehenden Sinne. Gewebe ist ein Verband von Zellen gleichartiger Differenzierung mit spezifischen Aufgaben (Funktionen) im Körper.[31] Die Zelle wiederum ist die kleinste Bau- und isoliert noch lebensfähige Funktionseinheit von Organismen mit Fähigkeit zu Stoffwechselleistungen, Reizbeantwortung, Motilität und Reduplikation.[32]

15 An dieser „Baustein-Funktion" im menschlichen Körper fehlt es beispielsweise den Keimzellen, sodass Ei- und Samenspende nicht unter § 1 Abs. 1 S. 1 TPG fallen, weil Ei bzw. Samen nicht Gewebe bzw. Organ sind. Im Ergebnis zu Recht – allerdings ohne Erläuterung – betont das auch die amtliche Begründung.[33] Weiter hebt sie zutreffend hervor, dass sich der Geltungsbereich de Gesetzes nicht „auf Gene oder andere DNA-Teile"[34] bezieht; auch sie sind keine Organ bzw. Gewebe. Haare sind Gewebe.[35]

16 Für die Verpflanzung kommen – nicht mehr nur theoretisch – z.B. auch die Keimdrüsen (Hoden, Eierstöcke[36]), aber auch das Gehirn bzw. der Kopf in Frage oder ganze Extremitäten, etwa Hände. Ob Eierstöcke verpflanzt werden dürfen, ist allerdings fraglich. Es wird die Ansicht vertreten, dass § 1 Abs. 1 Nr. 1 Embryonenschutzgesetz (EschG)[37] eine Verpflanzung verbiete.[38] Dahinter steht die Überlegung, dass in funktionsfähigen, also für eine Transplantation interessanten Eierstöcken unbefruchtete Eizellen angelegt, also in diesem Sinne in den Eierstöcken enthalten sind.[39] Selbst wenn diese Auslegung richtig sein sollte – was zweifelhaft ist: nach dem Wortlaut des § 1 Abs. 1 Nr. 1 EschG geht es um die Übertragung einer unbefruchteten Eizelle, *nicht* um die Übertragung von Eierstöcken –, dann ist sie seit In-Kraft-Treten des TPG ohne Bedeutung: Das TPG verdrängt als späteres und unter dem Aspekt der Transplantationsmedizin spezielleres Ge-

---

[29] *Pschyrembel*, Klinisches Wörterbuch, 258. Aufl. 1998, S. 1161 (Stichwort „Organ").
[30] BT-Drs. 13/4355, S. 21 a.E.
[31] *Pschyrembel*, Klinisches Wörterbuch, 258. Aufl. 1998, S. 571 (Stichwort „Gewebe").
[32] *Pschyrembel*, Klinisches Wörterbuch, 258. Aufl. 1998, S. 1710 (Stichwort „Zelle").
[33] BT-Drs. 13/4355, S. 16.
[34] BT-Drs. 13/4355, S. 16.
[35] *König*, Strafbarer Organhandel, 1999, S. 148; vgl. auch *Deutsch*, Das Transplantationsgesetz vom 5.11.1997, NJW 1998, 777 (782).
[36] Zur ersten Gebärmutter-Transplantation *Fageeh et al.*, International Journal of Gynecology & Obstetrics 2002, vol. 76, 245–251; dazu auch FAZ, Nr. 56 v. 7.3.2002, S. 44.
[37] § 1 Abs. 1 Nr. 1 EschG v. 13.12.1990 (BGBl. I S. 2746) lautet: „Mit Freiheitsstrafe bis zu drei Jahren oder mit Geldstrafe wird bestraft, wer (…) auf eine Frau eine fremde unbefruchtete Eizelle überträgt."
[38] *Hirsch/Schmidt-Didczuhn*, Transplantation und Sektion, 1992, S. 23 m.w.N.; *König*, Strafbarer Organhandel, 1999, S. 141 Anm. 659, schließt sich dem an.
[39] *Brockhaus-Enzyklopädie*, Bd. 6, 1988, S. 149 – Stichwort „Eierstock".

setz das ESchG, so weit es die Verpflanzung der Eierstöcke, die Organe im Sinne des § 1 Abs. 1 TPG sind, verbieten (und unter Strafe stellen) sollte.

Der Verpflanzung des Gehirns wäre nur möglich, nachdem gemäß § 3 Abs. 1 Nr. 2 sowie Abs. 2 Nr. 2 das Ganz-Hirnversagen (sog. „Hirntod") festgestellt worden ist. Therapeutisch dürfte die Übertragung eines funktionslosen Gehirns nicht von Interesse sein. 17

bb) „Menschliche" Organe

Es muss sich laut Gesetzestext um menschliche Organe handeln, die entnommen werden. D.h.: die Organe müssen aufgrund von „Eingriffe(n) in den menschlichen Körper"[40] vom Menschen gewonnen werden; die Gewinnung menschlicher Organe, die außerhalb eines menschlichen Organismus zu Zwecken der Transplantation gezüchtet oder auf andere Weise gewonnen werden, unterfallen also nicht § 1 Abs. 1 S. 1 TPG. 18

Nicht erfasst vom Anwendungsbereich des TPG ist die Übertragung tierischer Organe (Xenotransplantation).[41] Zur Xenotransplantation hat der Wissenschaftliche Beirat der Bundesärztekammer eine Stellungnahme vorgelegt, auf deren Basis eine Richtlinie für die Xenotransplantation erarbeitet wird, in der die rechtlichen und ethischen Fragen geklärt werden sollen.[42] Ob dass AMG anwendbar ist, ist umstritten.[43] 19

Ebenfalls nicht von § 1 Abs. 1 S. 1 TPG erfasst ist die und Einpflanzung künstlicher Transplantate (etwa von Hautersatzstoffen). 20

Die Entnahme und Übertragung von „in den Körper eingefügten Produkten, wie z.B. Herzschrittmacher oder Endoprothesen"[44] richtet sich ebenfalls nicht nach dem TPG. 21

Unerheblich ist, ob die Organe bzw. Gewebe nach der Entnahme besonders aufbereitet werden, solange sie dadurch nicht ihre Transplantierbarkeit verlieren.[45] D.h.: Die „Menschlichkeit" der Organe geht nicht durch eine Bearbeitung verloren, der ihre Transplantierbarkeit ermöglicht, fördert bzw. ungefährdet läßt. So- 22

---

[40] BT-Drs. 13/4355, S. 16.
[41] So auch *Stengel-Steike/Steike*, Xenotransplantation – medizinische Probleme und Rechtsfragen, AnwBl 2000, 574 (577); zum Begriff „Xenotransplantation" vgl. *Pschyrembel*, Klinisches Wörterbuch, 258. Aufl. 1998, S. 1591 (Stichwort „Transplantation"); außerdem: *Quante/Vieth* (Hrsg.), Xenotransplantation. Ethische und rechtliche Probleme, 2001.
[42] DÄBl. 96 (1999) B-1541 (B-1546).
[43] *Stengel-Steike/Steike*, a.a.O., 578 f. mit Nachw. auch zur ablehnenden Ansicht.
[44] So auch BT-Drs. 13/4355, S. 16. Eine Endoprothese ist – was die Amtl. Begr. nicht erläutert – ein Ersatzstück aus Fremdmaterial, das einem erkrankten oder zerstörten Gewebe- oder Organteil (z.B. Hüft-, Knie- oder Ellbogengelenk) nachgebildet ist und in das Innere des Körpers eingebracht wird, *Pschyrembel*, Klinisches Wörterbuch, 258. Aufl. 1998, S. 426 (Stichwort „Endoprothese").
[45] BT-Drs. 13/4355, S. 16.

bald das Organ bzw. das Gewebe so bearbeitet wurde, dass es in einem Zustand ist, der die Verpflanzung von Mensch zu Mensch in biologisch-medizinischer Hinsicht nicht mehr zulässt, ist es kein „menschliches" Organ bzw. Gewebe mehr.

cc) Entnahme – entnehmender Arzt – Spende

23 Entnahme meint die nach den Regeln der Transplantationschirurgie erfolgende Herauslösung eines Organs, von Organteilen oder Geweben aus dem Körper des Spenders.

24 Die Entnahme wird von dem Arzt, der sie eigenhändig vollzieht, also das Organ aus dem Körper herauslöst, vorgenommen. An der Entnahme können verschiedene Ärzte arbeitsteilig, und zwar in der Weise mitwirken, dass sie einander funktionell ergänzende Beiträge leisten. Auch der Arzt „entnimmt" im Sinne des TPG, der die Entnahme durch Anweisungen steuert.

25 Das Wort „Spende" insinuiert nach seinem üblichen Wortsinn eine freiwillige Gabe dessen, der gibt. Beim Spenden in diesem Sinn kann es keine Stellvertretung geben. Der Wortgebrauch des Gesetzes sieht anders aus. (Organ-)Spende steht synonym für die nach Maßgabe des Gesetzes legitimierte Entnahme und für Organtransplantation.[46] Der Ausdruck Organspender bezeichnet das „Bezugsobjekt" (bei der Entnahme vom Toten) bzw. das Subjekt der Explantation (bei der Entnahme gemäß § 8), also den Träger des Körpers, dem Organe entnommen werden.[47]

dd) Zum Zweck der „Übertragung" auf andere Menschen

26 Übertragung bedeutet nicht notwendig eine auf Dauer angelegte, in diesem Sinne: endgültige Einpflanzung. Auch die von vornherein nur für eine Übergangszeit gedachte Übertragung, etwa die Abdeckung durch menschliches Körpermaterial, z.B. bei Brandverletzungen oder offenen multiplen Knochenbrüchen[48], ist Übertragung im Sinne des TPG (sofern es um die Übertragung auf einen „anderen" Menschen geht, dazu sogleich Rn. 29 f.).

27 Die Übertragung muss nicht notwendig der Heilbehandlung dienen, wenngleich das „in der Regel"[49] auch so sein wird. Auch andere Zwecke können verfolgt werden, etwa die Übertragung zu kosmetischen Zwecken.[50] Denkbar – und vom Anwendungsbereich des § 1 Abs. 1 S. 1 TPG erfasst – sind auch Organentnahmen zum Zwecke experimenteller Transplantationen, also zur Verbesserung von Transplantationstechniken durch Forschung.

---

[46] Vgl. z.B. § 2 Abs. 2, Abs. 3, § 4 Abs. 1 S. 1 TPG.
[47] Vgl. z.B. § 3 Abs. 1 Nr. 1, Nr. 2, Abs. 2 Nr. 1, Abs. 3, § 4 Abs. 1 S. 1, § 6 Abs. 1 und Abs. 2, § 7 Abs. 2 Nr. 1, Nr. 2 TPG.
[48] Beispiele bei *Deutsch*, NJW 1998, 777 (782).
[49] BT-Drs. 13/4355, S. 16.
[50] BT-Drs. 13/4355, S. 16.

ee) Übertragung auf „Menschen"

Eine Transplantation im Sinne des § 1 Abs. 1 S. 1 TPG liegt nur vor, wenn es um die Übertragung auf einen „anderen Menschen" geht. Die Übertragung menschlicher Organe auf Tiere ist demnach ausgeschlossen. Organempfänger muss ein Angehöriger der Spezies homo homo sapiens sein. Übertragungen auf immerhin denkbare „Chimären"-Wesen sind unzulässig. 28

ff) Übertragung auf einen „anderen" Menschen

Voraussetzung für eine Transplantation ist – im Einklang mit der medizinischen Praxis, auf deren Verständnis der Gesetzesbegriff hier einmal mehr aufbaut – das Vorhandensein zweier körperlich-physiologisch voneinander unabhängiger (geborener) menschlicher Organismen, die vor der Organentnahme und nach der Organimplantation nicht miteinander verbunden waren bzw. sind (Rdnr. 12). Daraus folgt: 29

(1) Autotransplantation

Die sog. Autotransplantation (auch autogene oder autologe Transplantation)[51], etwa die Eigenhauttransplantation, die z.B. bei Brandopfern praktiziert wird, ist kein Fall des § 1 Abs. 1 S. 1 TPG, weil hier Spender und Empfänger identisch sind, es also an zwei physiologisch-körperlich klar unterschiedenen Wesen fehlt. Die Zulässigkeit der Autotransplantation richtet sich folglich nicht nach den Regeln des TPG, sondern nach den allgemeinen ungeschriebenen Regeln des Arztrechts. 30

(2) Isotransplantation

Kein Fall der Autotransplantation ist die syngene (= syngenetische = isologe = isogene) Transplantation (auch: Isotransplantation).[52] Spender und Empfänger sind zwar genetisch identische Individuen (Fall der eineiigen Zwillinge), aber sie sind zwei physiologisch-körperlich voneinander unabhängige Individuen, was eine Transplantation im Sinne des § 1 Abs. 1 S. 1 TPG ermöglicht (vgl. Rdnr. 12). 31

(3) Intrauterine Gewebetransplantationen auf Embryo oder Fötus

Immerhin denkbare pränatal in utero am Ungeborenen vollzogene therapeutische Maßnahmen[53], die in der Verbringung *mütterlichen* Gewebes unmittelbar in den Körper des Ungeborenen bestehen, unterliegen nicht dem Anwendungsbereich des TPG, weil es an dem Erfordernis zweier körperlich-physiologisch selbständiger Wesen fehlt, das Voraussetzung des Verständnisses von allogener Humantrans- 32

---

[51] *Pschyrembel*, Klinisches Wörterbuch, 258. Aufl. 1998, S. 1591 (Stichwort „Transplantation").
[52] *Pschyrembel*, Klinisches Wörterbuch, 258. Aufl. 1998, S. 1591 (Stichwort „Transplantation").
[53] Zusf. zu intrauteriner Pränataltherapie *Hepp*, Art. „Pränatalmedizin/Therapie", in: Korff u.a. (Hrsg.), Lexikon der Bioethik, Bd. 3, 1998, S. 51 (52 f.).

plantation ist, das dem § 1 Abs. 1 TPG zu Grunde liegt (Rdnr. 12). Mutter und Kind bilden bekanntlich – auch biologisch – eine „Zweiheit in Einheit", wie das Bundesverfassungsgericht es bildhaft ausgedrückt hat.[54] Es würde sich bei einer derartigen intrauterinen Gewebsverpflanzung von der Mutter auf das Kind um eine Art vorgezogene kinderheilkundliche Therapiemaßnahme handeln, die der Transplantation, so wie sie § 1 Abs. 1 TPG versteht, ähnelt, aber gleichwohl keine ist.

33   Eine Transplantation im Sinne des TPG liegt aber vor, wenn bei dem intrauterin vollzogenen Organ- bzw. Gewebetransfer Gewebe eines Dritten – also *nicht* der Mutter – verwandt würde. Dann sind Spender und Empfänger zwei körperlich-physiologisch voneinander klar unterscheidbare Individuen, was Voraussetzung einer Transplantation im Sinne des TPG ist (es muss sich freilich um die Organe und Gewebe handeln, deren Entnahme den Regeln des TPG folgt).

(4) Trennung sog. siamesischer Zwillinge

34   Ebenfalls kein Fall der Transplantation im Sinne des § 1 Abs. 1 S. 1 TPG ist auch die – meist im Säuglingsalter erfolgende – operative Trennung sog. siamesischer Zwillinge („conjoined twins"), *soweit* sie mit der Organexplantation bei einem der Zwillinge und der Implantation von Organen bei dem anderen Zwilling verbunden ist.[55] Kennzeichen von „conjoined twins" mit sog. symmetrischer Doppelbildung – der quantitativ überwiegenden Gruppe – sind miteinander fusionierte Körperbereiche, wobei vielfältige Varianten zu unterscheiden sind.[56] Die mit einer Organverpflanzung von dem einen auf den anderen Zwilling verbundene Trennung der Zwillinge ist keine Transplantation im Sinne von § 1 Abs. 1 S. 1 TPG, denn es gibt vor der Organentnahme bzw. Organimplantation keine körperlich-physiologisch unabhängig voneinander existierenden menschlichen Wesen. Das aber ist nach dem Begriff der Transplantation, den das TPG zugrundelegt, notwendig. Allerdings ist zu unterscheiden:

35   Organe, die sog. siamesischen Zwillingen *zum Zwecke der Verpflanzung auf Dritte* entnommen werden, sind ein Fall der Organtransplantation im Sinne des § 1 Abs. 1 S. 1 TPG, denn es stehen sich als Spender und Empfänger körperlich-physiologisch voneinander unabhängige menschliche Wesen gegenüber. Jedoch ist in diesem Fall die Entnahme unzulässig, wenn die Entnahme von Organen zum Tod der siamesischen Zwillinge führt; denn grundsätzlich macht das TPG den vor der Explantation erfolgten Tod – nicht den erst durch sie bewirkten – zur Zulässigkeitsvoraussetzung der Entnahme (oben Rdnr. 7). Praktisch bedeutet das, dass

---

[54] BVerfGE 88, 203 (253, 276).
[55] *Merkel*, An den Grenzen von Medizin, Ethik und Strafrecht: Die chirurgische Trennung sogenannter siamesischer Zwillinge, in: Roxin/Schroth (Hrsg.), Medizinstrafrecht, 2000, S. 137 (142, 151 m.w.N.).
[56] *Merkel*, S. 138 ff., mit umfangreichen Nachw.; siamesische Zwillinge kommen nur selten vor: im weltweiten Durchschnitt wird die Inzidenz auf ein Zwillingspaar unter 50.000 Geburten geschätzt, vgl. *dens.*, S. 137 m.w.N.

nur von bereits verstorbenen siamesischen Zwillingen Organe entnommen werden dürfen, wenn die nächsten Angehörigen dem gemäß § 4 TPG zustimmen. In Betracht kommen – neben der Niere – vor allem Gewebe, die auch noch nach irreversiblem Herz-Kreislauf-Stillstand (vgl. § 5 Abs. 1 S. 2 TPG) medizinisch sinnvoll verwendet werden können.

Die sog. Lebendspende gem. § 8 TPG wird bei „siamesischen Zwillingen" schon deshalb regelmäßig ausscheiden, weil sie nicht – wie das Gesetz für Spender verlangt – volljährig sein werden (vgl. § 8 Abs. 1 S. 1 Nr. 1 Buchst. a TPG). Sind sie volljährig, muss der jeweils von der Organentnahme betroffene „siamesische Zwilling" auch die übrigen Voraussetzungen des § 8 Abs. 1 TPG erfüllen; je nach Lage der Organe müssen beide „siamesischen Zwillinge" die Entnahmevoraussetzungen erfüllen. 36

2. Grenzen des Anwendungsbereichs (§ 1 Abs. 2 TPG)
a) *Blut und Knochenmark*
Nicht vom Anwendungsbereich des TPG erfasst wird die Spende und Übertragung von Blut und Knochenmark. § 1 Abs. 2 TPG bestimmt dies ausdrücklich. 37

aa) Knochenmark
Für den Bereich der Knochenmarkspende fehlt es an spezialgesetzlichen Regelungen. Die amtliche Begründung zum TPG verweist stattdessen auf Richtlinien der Bundesärztekammer, die die allgemeinen arztrechtlichen Regeln konkretisieren.[57] Die Grundsätze entsprechen den Erfordernissen der Aufklärung und Einwilligung, wie sie für die Lebendspende in § 8 TPG und die Blutspende (dazu sogleich) ausdrücklich normiert sind. 38

bb) Blut
Für den Bereich der Blutspende gilt das „Gesetz zur Regelung des Transfusionswesens (Transfusionsgesetz – TFG)" vom 1. Juli 1998, das im Wesentlichen am 7.7.1998 in Kraft getreten ist (vgl. § 39 Abs. 1 TFG).[58] Das TFG schafft umfassende Regeln für die Gewinnung von Blut und Blutbestandteilen sowie die Anwendung von Blutprodukten. Für die Entnahme von Blut(-bestandteilen) ist die Vorschrift des § 6 Abs. 1 TFG zentral, wonach die Entnahme nur erfolgen darf, wenn die spendende Person vorher in einer verständlichen Form über Wesen, Bedeutung und Durchführung der Spendeentnahme und der Untersuchungen sachkundig aufgeklärt worden ist und in die Spendeentnahme und die Untersuchungen eingewilligt hat. Aufklärung und Einwilligung sind von der spendenden Person schriftlich zu bestätigen. 39

---

[57] Richtlinien für die allogene Knochenmarktransplantation mit nichtverwandten Spendern, DÄBl. 91 (1994), B-578 ff., zit. nach BT-Drs. 13/4355, S. 16.
[58] BGBl. 1998 I 1752.

b) Blut- und Knochenmarkspende von Nichteinwilligungsfähigen
aa) Feststellung der Einwilligungsfähigkeit

40 Laut amtlicher Begründung zum Transfusionsgesetz bleiben die §§ 1626 ff. und die §§ 1901 ff. BGB unberührt, sofern die Spendeentnahme bei Minderjährigen oder betreuten Personen erfolgt.[59] Entscheidend ist also, ob die Entnahme dem Wohl des Minderjährigen bzw. des Betreuten entspricht, wobei strenge Anforderungen zu stellen sind. Das gilt entsprechend für die Entnahme von Knochenmark. Bevor sich freilich die Frage einer am Wohl des Minderjährigen bzw. Betreuten orientierten stellvertretenden Entscheidung stellt (dazu sogleich Rdnr. 45 ff.), ist zu klären, ob der Betreute bzw. der Minderjährige nicht für die Frage der Blut- bzw. Knochenmarkspende einwilligungsfähig ist.

41 Die (gesetzlich nicht näher definierte) Einwilligungsfähigkeit wird von Gerichten und Rechtslehre als die natürliche Einsichts- und Urteilsfähigkeit aufgefasst, kraft derer jemand in der Lage ist, Ausmaß und Tragweite der Spendeentscheidung einzuschätzen.[60] Die Volljährigkeit spricht nicht notwendig für das Vorhandensein der Einwilligungsfähigkeit. Ein volljähriger Spendewilliger, von dem der verantwortliche Arzt den Eindruck gewinnt, ihm fehle diese Fähigkeit, darf keine Spendeentscheidung treffen; eine gleichwohl als solche abgegebene Erklärung wäre nicht wirksam. Umgekehrt kann ein Minderjähriger einwilligungsfähig sein, wenn er z.B. im Alter von 16 Jahren die Bedeutung einer Blutspende begreift. Fehlende Einwilligungsfähigkeit kann insbesondere bei Menschen mit geistiger oder psychischer Behinderung gegeben sein.[61]

42 Auch bei einem unter Betreuung stehenden Menschen ist konkret zu ermitteln, ob er oder sie für die Frage der Blut- bzw. Knochenmarkspende einwilligungsfähig ist. Sollte der potenzielle Spender unter Betreuung stehen, dann führt dies nicht automatisch zur Einwilligungsunfähigkeit. Besteht die Betreuung etwa nur für Vermögensangelegenheiten, ist dies offensichtlich. Selbst wenn die Betreuung in Gesundheitsangelegenheiten angeordnet wurde, kann dies nur ein Indiz für die fehlende Einwilligungsfähigkeit gerade für die infrage stehenden Blut- oder Knochenmarkspende sein. Denn der „Betreuer muss (...) bei jeder einzelnen Maßnahme in eigener Verantwortung prüfen, ob er den Betreuten für einwilligungsfähig hält. (...) Ist der Betreute in einem Einzelfall einwilligungsfähig, kommt es allein auf seine Entscheidung an, er kann in eigener Verantwortung die Einwilligung erteilen oder versagen."[62] Aber nicht nur der Betreuer muss das prüfen, rechtlich entscheidend für die Zulässigkeit der Blut- oder Knochenmarkentnahme ist die Beurteilung des Arztes, der freilich die Einschätzung des Betreuers berücksichtigen sollte. Der Arzt trägt das Risiko, sich auf Grund einer unwirksamen Einwil-

---

[59] BT-Drs. 13/9594, S. 18.
[60] Dazu – statt vieler – *Ulsenheimer*, Die fahrlässige Körperverletzung, in: Laufs u.a., Handbuch des Arztrechts, 2. Aufl. 1999, § 139 Rn. 27 f. m.w.N.
[61] Darauf weist auch die amtliche Begründung zum Transplantationsgesetz hin, BT-Drs. 13/4355, S. 20. – Die Frage ist für § 8 TPG relevant; s. auch die dortige Kommentierung.
[62] *Winterstein*, in: Jürgens u.a., Das neue Betreuungsrecht, 2. Aufl. 1992, S. 54.

ligung wegen einer Körperverletzung strafbar zu machen. Das ist die Kehrseite der – kritischen – Beobachtung, wonach „die Bestimmung der Einwilligungsfähigkeit (…) weithin der individuellen Beliebigkeit des im Einzelfall entscheidenden Arztes" anheim fällt.[63] Es muss im ärztlichen Kalkül liegen, sich über das Vorliegen der Einwilligungsfähigkeit sorgfältig zu vergewissern.

Bei der Ermittlung der Einwilligungsfähigkeit ist gegebenenfalls fachärztlicher Rat, etwa der Rat eines Psychiaters, einzuholen.[64] Je nach Lage des Falls sind zudem weitere sachverständige Personen[65], z.B. heilpädagogische Experten, die für die Kommunikation mit geistig bzw. psychisch Behinderten besonders qualifiziert sind, oder auch Personen, denen der potenziellen Blut- bzw. Knochenmarkspender (typischerweise aufgrund regelmäßigen Kontakts) vertraut und vertraut ist (etwa eine Pflegekraft der Wohngruppe, mit der sich der behinderte Mensch gut versteht). Das Transfusionsgesetz hebt dies ausdrücklich hervor, wenn es davon spricht, die Aufklärung habe in einer „für sie [die spendende Person] verständlichen Form" zu erfolgen (§ 6 Abs. 1 S. 1 TFG), müsse also – wie die amtliche Begründung zum Transfusionsgesetz hinzufügt – „auf die Person abgestellt sein".[66] 43

Können Zweifel an der Einwilligungsfähigkeit nicht behoben werden, ist von der Einwilligungs*un*fähigkeit des möglichen Spenders auszugehen. Eine rein *körperliche* Beeinträchtigung wird regelmäßig nicht zur Einwilligungsunfähigkeit führen, es sei denn, es handelt sich um eine körperliche Beeinträchtigung, die eine eindeutige – nicht notwendig verbale – Willensbekundung unmöglich macht. 44

bb) Stellvertretende Entscheidungen bei Betreuten

Steht fest, dass der betreute Spender im Hinblick auf die Blut- bzw. Knochenmarkspende einwilligungsunfähig ist, dann stellt sich die Frage nach einer stellvertretenden Entscheidung durch den Betreuer. 45

So weit die Blut- und die Knochenmarkspende betroffen sind, ist hier weiterhin das beachtlich, was die amtliche Begründung zum Betreuungsgesetz ausführt (für die Lebendspende im Sinne des § 8 TPG gilt dies nicht mehr, weil die Ausführungen in der amtlichen Begründung zum Betreuungsgesetz insoweit durch das TPG überholt sind; die amtliche Begründung zum TPG stellt klar, dass Nichteinwilligungsfähige ausnahmslos für eine Lebendspende im Sinne des § 8 TPG ausscheiden[67]: die Entscheidung für die Lebendspende gem. § 8 TPG ist vertretungsfeind- 46

---

[63] *Taupitz*, Empfehlen sich zivilrechtliche Regelungen zur Absicherung der Patientenautonomie am Ende des Lebens?, in: Ständige Deputation des Deutschen Juristentages (Hrsg.), Verhandlungen des 63. Deutschen Juristentages (Leipzig 2000), Band I, Gutachten A, 2000, S. A 126.
[64] Amtl. Begr. zum TPG, BT-Drs. 13/4355, S. 20.
[65] Vgl. insoweit die Konkretisierung dieses Erfordernisses für den Anwendungsbereich des TPG in § 8 Abs. 2 S. 2 TPG.
[66] BT-Drs. 13/9594, S. 18.
[67] BT-Drs. 13/4355, S. 14.

lich oder anders ausgedrückt: „absolut höchstpersönlich"[68]; s. auch die Kommentierung zu § 8 TPG). In der amtlichen Begründung zum Betreuungsgesetz heißt es:

47 Die „Einwilligung des Betreuers in eine Organspende zu Lebzeiten des einwilligungsunfähigen Betreuten wird grundsätzlich schon deshalb unzulässig sein, weil diese Organspende auf das Wohl eines Dritten, nicht des Betreuten gerichtet ist (…). Ausnahmefälle, in denen die Organspende auch dem seelischen Wohl des Betreuten dient, dürften sich allerdings nicht völlig ausschließen lassen, so etwa, wenn das Leben eines Kindes des Betreuten nur durch dessen Organspende gerettet werden kann. Extreme Fallgestaltungen dieser Art erfordern aber keine besondere gesetzliche Regelung; die allgemeinen Vorschriften über das Wohl des Betreuten und die Beachtlichkeit seiner Wünsche (…) reichen aus, um sachgemäße Ergebnisse zu erzielen."[69]

48 Die fremdnützige Blutspende ist demnach grundsätzlich unzulässig.[70] Grundsätzlich zulässig ist hingegen die Eigenblutspende.[71] Es ist folglich vom Betreuer – der im übrigen aufzuklären ist (weil er ja einwilligen muss)[72] – und vom verantwortlichen Arzt genau zu ermitteln bzw. zu belegen, ob bzw. dass die Blut- bzw. die Knochenmarkspende dem „seelischen Wohl" desjenigen dient, dem das Blut bzw. das Knochenmark entnommen werden soll (der für alle Gesundheitsangelegenheiten bestellte Betreuer muss die Angelegenheiten des Betreuten so besorgen, „wie es dessen Wohl entspricht", § 1901 Abs. 1 S. 1 BGB). Die Genehmigung des Vormundschaftsgerichts ist im Regelfall nicht erforderlich, denn für die Blut- oder die Knochenmarkspende besteht grundsätzlich nicht „die begründete Gefahr, dass der Betreute auf Grund der Maßnahme stirbt oder einen schweren oder länger dauernden gesundheitlichen Schaden erleidet" (§ 1904 Abs. 1 S. 1 BGB). Diese Genehmigung sollte nur eingeholt (bzw. vom Arzt angeregt) werden, wenn Besonderheiten oder Auffälligkeiten in der psychophysischen Konstitution des potentiellen Spenders eine ernsthafte Schädigungsgefahr nahe legen.

cc) Stellvertretende Entscheidungen bei Minderjährigen

49 Bei einem (u. U. geistig oder psychisch behinderten) Kind bzw. Minderjährigen wird man den Entscheidungsspielraum der Sorgeberechtigten (im Regelfall: beider

---

[68] *Lipp*, Freiheit und Fürsorge: Der Mensch als Rechtsperson. Zu Funktion und Stellung der rechtlichen Betreuung im Privatrecht, 2000, S. 170.
[69] BT-Drs. 11/4528, S. 142.
[70] Darin drückt sich das unter Geltung von Art. 3 Abs. 3 S. 2 GG (Verbot der Benachteiligung behinderter Menschen) selbstverständliche Axiom aus, dass „Menschen, die nicht die Möglichkeit haben, ihren Willen zu artikulieren, (…) für eine Fremdbestimmung (…) (tabu) sein (müssen)", so die Abg. *Bill*, Landtag Rheinland-Pfalz, Plenarprotokoll 12/82, v. 23. 6. 1994, S. 6620.
[71] *Deutsch*, Sicherheit bei Blut und Blutprodukten: Das Transfusionsgesetz von 1998, NJW 1998, 3377 (3380).
[72] Der Betreuer vertritt den Betreuten gerichtlich und außergerichtlich (§ 1902 BGB), also auch gegenüber dem für die Blut- bzw. Knochenmarkspende verantwortlichen Arzt.

Eltern)[73] weiter fassen müssen (es handelt sich bei der Entscheidung über die Blut- oder Knochenmarkspende um eine Angelegenheit von erheblicher Bedeutung, über die zwischen den Eltern Einigkeit bestehen muss, vgl. § 1628 BGB). Den Eltern steht – wohlgemerkt: bei Blut und Knochenmark (Lebendspenden im Sinne des § 8 TPG durch Minderjährige scheiden aus, wie die amtliche Begründung zum TPG, die gesetzliche Aussage des § 8 Abs. 1 S. 1 Nr. 1 Buchst. a TPG flankierend, klarstellt) – das grundrechtlich geschützte (Art. 6 Abs. 2 GG) Interpretationsprimat für das zu, was im konkreten Fall mit „Kindeswohl" gemeint ist.[74] D.h.: Wenn die Eltern gegenüber dem Arzt glaubhaft Gründe darlegen können, derentwegen anzunehmen ist, dass die Spende zu Gunsten eines Dritten (etwa eines Geschwisterkindes) dem seelischen Wohl des nichteinwilligungsfähigen Kindes entspricht, wird man eine elterliche Entscheidung unbeanstandet lassen können. Die Unterstellung, dass (zusammenlebende) Geschwister einander typischerweise helfen wollen und dass die Blut- oder Knochenmarkspende deshalb dem seelischen Wohl des spendenden Geschwisterkindes entspricht, dürfte im Regelfall genügen.[75]

Soweit möglich wird der verantwortliche Arzt mit dem als Spender gedachten Kind das – kindgerechte – Gespräch suchen (und den Eindruck aus einem solchen Gespräch dokumentieren). Bei Eltern als den Primärinterpreten des Kindeswohls wird man grundsätzlich vorsichtig sein müssen, bevor man eine missbräuchliche Ausübung des Sorgerechts annimmt. Nur im Zweifelsfall – also dann, wenn für den behandelnden Arzt evidente Anhaltspunkte dafür vorhanden sind, dass die Spende dem seelischen Wohl des (behinderten) Kindes nicht entspricht (etwa weil es erkennbar keine für das seelische Wohl konstitutive Nähebeziehung zwischen ihm und dem potentiellen Empfänger gibt), wird man eine (Blut- oder Knochenmark-)Spende unterlassen müssen, denn ansonsten drohen – rechtlich unzulässige – Eingriffe beim Nichteinwilligungsfähigen zum *ausschließlichen* Wohle Dritter. 50

So weit es um eine Blut- bzw. Knochenmarkspende geht, die dem Minderjährigen zu Gunsten eines sorgeberechtigten Elternteils entnommen wird, stellt sich die Frage, wie vorzugehen ist. Hier ist zu unterscheiden: Rechtlich verhindert im Sinne des § 1909 Abs. 1 S. 1 BGB – was zur Bestellung eines (sog. Ergänzungs-)Pflegers führen würde – ist der betreffende Elternteil, ebenso der andere Elternteil, *nicht*, denn es fehlt an einem in einer Rechtsnorm, etwa des TPG, geregelten ausdrücklichen Ausschluss des Elternteils (prototypisches Beispiel: § 52 Abs. 2 S. 2 StPO). Der Ausschluss des Elternteils kann aber gemäß § 1626 Abs. 2 51

---

[73] Vgl. §§ 1626 Abs. 1, 1627 BGB, insb. § 1629 Abs. 1 S. 2 Halbsatz 2 BGB: „Die Eltern vertreten das Kind gemeinschaftlich; (...)." Im übrigen hat die – mit dem Vater nicht verheiratete – Mutter die elterliche Sorge (§ 1626a Abs. 2 BGB), es sei denn, die nicht miteinander verheirateten Eltern haben eine Sorgeerklärung abgegeben (§ 1626a Abs. 1 Nr. 1 BGB). Für den Vormund ergibt sich die Vertretungsbefugnis aus § 1793 Abs. 1 S. 1 BGB, für den sog. Ergänzungspfleger aus § 1909 Abs. 1 BGB.
[74] BVerfGE 98, 218 (244): „Die Eltern haben (...) das Recht und die Pflicht, die Pflege und Erziehung ihrer Kinder nach ihren eigenen Vorstellungen frei (...) zu gestalten (...)."
[75] So im Ergebnis für die Knochenmarkspende auch *Deutsch*, Medizinrecht, 3. Aufl. 1997, S. 359.

S. 3 i.V.m. § 1796 BGB erfolgen; auch dies ist ein Fall der rechtlichen Verhinderung, und zwar durch punktuellen Verlust des Sorgerechts. Danach ist das Familiengericht befugt und verpflichtet, dem betreffenden Elternteil (oder gegebenenfalls beiden Elternteilen) die Vertretung für einzelnen Angelegenheiten oder für einen bestimmten Kreis von Angelegenheiten" zu entziehen, wenn das Interesse des Kindes zu dem Interesse des Elternteils (der Eltern) „in erheblichem Gegensatze steht" (§ 1796 Abs. 2 BGB). Ein erheblicher Interessengegensatz wird angenommen, wenn die Wahrnehmung des einen Interesses nur auf Kosten des anderen geschehen kann. Ist aber zu erwarten, dass der Elternteil trotz des vorhandenen Interessenwiderstreits eine dem Wohl des Kindes entsprechende Entscheidung treffen wird, dann erübrigt sich ein Einschreiten gegen ihn, weil dann kein erheblicher Gegensatz der beiderseitigen Interessen vorliegt.[76] Auch hier ist – wie bei der fremdnützigen Spende zugunsten des Geschwisterkindes – der Interpretationsprimat der Eltern zu beachten. Bedeutet die Spende keine ernstzunehmende Gesundheitsgefahr für das Kind und wehrt es nicht ersichtlich aus Gründen ab, die Zweifel an einer Nähebeziehung zwischen dem betreffenden Elternteil und ihm nahe legen[77], dann wird der Arzt die Einwilligung der Eltern genügen lassen. Je mehr aber der Eingriff beim Kind zu Gefahren führt (z.B. wegen einer besonderen gesundheitlichen Konstitution des Kindes) und je mehr der Elternteil auf das Blut bzw. das Knochenmark angewiesen ist (etwa bei einer dringlichen Operation oder Therapie), desto eher ist es aus Sicht des Arztes vertretbar, das Familiengericht anzurufen und dort den punktuellen Entzug der Vertretungsmacht sowie die Bestellung eines Pflegers (§ 1909 BGB) anzuregen.[78] Der betroffene Elternteil bzw. die betroffenen Eltern können auch selbst eine Entscheidung des Gerichts gemäß § 1626 Abs. 2 S. 3 i.V.m. § 1796 BGB sowie eine Pflegerbestellung anregen (vgl. § 1909 Abs. 2 BGB); dies kann auch der verantwortliche Arzt tun. Die Pflegschaftsbestellung kann auch in kurzer Zeit durch eine vorläufige Anordnung erfolgen.

52 Für den eher seltenen Fall[79], dass sorgeberechtigte Eltern, die (namentlich hinsichtlich der Gesundheitssorge) unter Betreuung stehen, für ihre Kinder in Gesundheitsfragen (etwa hinsichtlich einer Blut- oder Knochenmarkspende) Entscheidungen treffen wollen, gilt, dass die für die Eltern bestellten Betreuer konkrete Gefährdungen des Kindeswohls dem Familiengericht anzuzeigen haben, damit erforderlichenfalls das Sorgerecht eingeschränkt und, wenn nötig, ein Pfleger (§ 1909 BGB: rechtliche Verhinderung wegen fehlenden Sorgerechts) oder

---

[76] *Engler*, in: Staudinger, Komm. z. BGB, 13. Bearb. 1999, § 1796 Rn. 7.
[77] Ein Kind sagt z.B., es wolle nicht für seinen Vater spenden, denn er schlage es bzw. tue ihm sonstwie Gewalt an.
[78] § 1630 Abs. 1 BGB: „Die elterliche Sorge streckt sich nicht auf Angelegenheiten des Kindes, für die ein Pfleger bestellt ist."
[79] Vgl. die Zahlenangaben in der amtl. Begr. zum Kindschaftsreformgesetz (KindRG), BT-Drs. 13/4899, S. 67 sowie bei *Münder*, Problem des Sorgerechts bei psychisch kranken und geistig behinderten Eltern, hrsgg. v. Bundesministerium der Justiz, 1994, S. 19 ff.

Vormund bestellt werden kann.[80] In solchen Fällen sollte der verantwortliche Arzt besondere Zurückhaltung üben, bis eine gerichtliche Klärung, die auch der Arzt anregen kann, erfolgt ist.

c) Embryonale und fetale Gewebe

Die Organe und Gewebe von Ungeborenen (Embryo: Bezeichnung während der ersten zwei Schwangerschaftsmonate, Fötus/Fetus: Bezeichnung danach bis zum Abschluss der Schwangerschaft)[81] gelten kraft des ausdrücklichen Normbefehls des § 1 Abs. 2 TPG nicht als Organe im Sinne des TPG; die Regeln des TPG gelten also nicht für die Gewinnung und Implantation embryonaler oder fetaler Gewebe, die etwa für die – offenbar noch nicht bis zur Therapiereife gelangte – Parkinson-Bekämpfung von Bedeutung sind. Über die Motive für die Herausnahme aus dem Anwendungsbereich äußert sich die amtliche Begründung nicht.[82] Maßgeblich dafür dürfte gewesen sein, dass die Implantation embryonal-fetalen Gewebes gleichsam ein „Nebenschauplatz" war, der mit der eigentlich zu normierenden allogenen Humantransplantation recht wenig zu tun hat. Die Problematik führt zu anderen Interessenkollisionen als die herkömmliche Organtransplantation; diese konnten im Gesetzgebungsverfahren nicht hinreichend diskutiert werden.[83] Die Entscheidung des TPG-Gesetzgebers, die embryonal-fetalen Organe und Gewebe aus dem Anwendungsbereich herauszunehmen, war (und ist) daher zu begrüßen.

53

Am Tag der Verabschiedung des TPG hat der Bundestag jedoch auch Folgendes beschlossen: „Der Deutsche Bundestag fordert die Bundesregierung auf, so bald wie möglich einen Gesetzentwurf vorzulegen, in dem die Transplantation fetalen Gewebes geregelt wird."[84] Ob die Frage in einem künftigen Fortpflanzungsgesetz, das das Embryonenschutzgesetz ablösen würde, geregelt sein wird, bleibt abzuwarten.

54

Bis auf weiteres gelten die allgemeinen arztrechtlichen Regeln über Heilversuche bzw. Humanexperimente, die ergänzt werden durch Richtlinien der Bundesärztekammer über die Forschung an menschlichen Embryonen und das Embryonenschutzgesetz.[85]

55

---

80 Dazu *Schwab*, in: Münchener Kommentar zum BGB, Bd. 8, 3. Aufl. 1992, § 1896 Rn. 48 m.w.N.
81 *Pschyrembel*, Klinisches Wörterbuch, 258. Aufl. 1998, S. 418 (Stichwort „Embryo"); S. 495 (Stichwort „Fetus").
82 Vgl. BT-Drs. 13/4355, S. 16.
83 Vgl. *Rixen*, Protokoll der 67. Sitzung des Ausschusses für Gesundheit (13. Deutscher Bundestag) am 9.10.1996 – Öffentliche Anhörung zum TPG-Entwurf, S. 10.
84 BT-Drs. 13/8017, S. 6 (Nr. 1 Buchst. d), angenommen durch Beschluss vom 25.6.1997, s. BT-Plenarprotokoll 13/183 vom 25.6.1997, S. 16456 (D) a.E.
85 So der Hinweis in BT-Drs. 13/4355, S. 16; die Richtlinien der BÄK sind veröffentlicht in DÄBl. 88 (1991), B-2788–2791 – Embryonenschutzgesetz v. 13.12.1990 (BGBl. I S. 2746).

3. Verbot des Organhandels (§ 1 Abs. 1 S. 2)

56 Zum Anwendungsbereich des TPG zählt auch das Verbot des Handels mit menschlichen Organen. Diese Norm bezieht sich auf § 17 TPG, der den verbotenen Organhandel definiert. Auf die Kommentierung zu § 17 wird für alles Nähere verwiesen. § 1 Abs. 1 S. 2 TPG kommt gleichsam die Funktion eines Merkpostens zu, die gleich zu Beginn des TPG deutlich macht, dass das Gesetz nicht nur – wenngleich auch überwiegend – der Regelung der Organentnahme und -zuteilung gilt.

57 Das Verbot des Organhandels hätte nicht notwendigerweise im TPG statuiert werden müssen. Die Normierung im TPG war zunächst auch nicht geplant, wie ein später erledigter Entwurf eines Strafrechtsänderungsgesetzes belegt, der in das StGB eine den Organhandel bei Androhung von Strafe verbietende Vorschrift hätte einfügen sollen.[86] Aus Gründen des Sachzusammenhangs empfahl sich eine solche Aufspaltung nicht. Dieser – schon bald nach Beginn der Gesetzesberatungen sich einstellenden Einsicht – trägt das TPG mit den §§ 17, 18 Rechnung.

4. Verhältnis des TPG zu landesrechtlichen Transplantationsvorschriften

a) Bremen

58 In § 18 Abs. 3 des Bremer Gesetzes über das Leichenwesen vom 27. Oktober 1992[87], zuletzt geändert durch Gesetz vom 27. 2. 2001[88], heißt es, dass

> „Gewebe und Gewebeteile, wie Hornhäute, Gehörknöchelchen und Knorpel, zu Transplantationszwecken entnommen werden (dürfen), wenn der Tod im Krankenhaus eingetreten ist und eine ausdrückliche Einverständniserklärung der verstorbenen Person vorliegt. Liegt eine derartige Erklärung der verstorbenen Person nicht vor und hat diese der Entnahme von Gewebe und Gewebeteilen im Sinne des Satzes 1 nicht widersprochen, darf eine Entnahme erfolgen, wenn ein Angehöriger oder eine Angehörige über die beabsichtigte Entnahme und die Möglichkeit, dieser innerhalb einer angemessenen Frist ohne Angabe von Gründen zu widersprechen, informiert worden ist und ein Widerspruch innerhalb der Frist erfolgt ist. Die in § 4 Abs. 1 Satz 1 Nr. 1[89] genannte Rangfolge ist zu berücksichtigen. Der Name des oder der Angehörigen, die Dauer der gesetzten Frist und die Tatsache, dass bis zu deren Ablauf ein Widerspruch nicht erfolgt ist, sind zu dokumentieren."

---

[86] BT-Drs. 13/587. Der Entwurf wurde nicht für erledigt erklärt (vgl. BT-Drs. 13/8017, S. 6); er erledigte sich folglich erst durch Ablauf der 13. Wahlperiode (Grundsatz der Diskontinuität, § 125 GO-BTag); vgl. dazu *Deutscher Bundestag/Bundesrat* (Hrsg.), Stand der Gesetzgebung des Bundes: 13. Wahlperiode, 1995 ff., Nr. C 027.

[87] BremGBl. S. 627, geänd. durch Gesetz vom 25. März 1997 (BremGBl. S. 129). Die Vorschrift des § 18 Abs. 3 ist am 1. 1. 1993 in Kraft getreten, vgl. § 25 des Gesetzes.

[88] BremGBl. S. 35; gem. Art. 4 des Gesetzes am 6. 3. 2001 (Tag der Verkündung) in Kraft getreten.

[89] § 4 Abs. 1 S. 1 Nr. 1 Bestattungsgesetz Bremen: „der Ehegatte oder die Ehegattin, die volljährigen Kinder, die Eltern oder volljährigen Geschwister".

§ 18 Abs. 4 lautet:

„Die in Absatz 1 genannten Körperteile, Organe und Organteile, die in § 17 Abs. 4[90] genannten Totgeborenen, Fehlgeborenen und Foeten sowie Embryonen dürfen nicht Gegenstand von Rechtsgeschäften sein, die auf Gewinnerzielung gerichtet sind."

59

Soweit es um Gewebe – also nicht um Organe – geht, führt die landesrechtliche Regelung zu Überschneidungen bzw. Kongruenzen mit den bundesrechtlichen Regelungen des TPG. Nach Art. 31 GG („Bundesrecht bricht Landesrecht") liegt ein Kollisionsfall nur, wenn und so weit derselbe Regelungsbereich abweichend normiert ist; kein Kollisionsfall des Art. 31 GG liegt vor, wenn und so weit derselbe Lebensbereich identisch geregelt ist.[91] Dabei sind nicht die Einzelregelungen für sich zu betrachten, sondern es ist auf den Sinnzusammenhang zu achten. Vergleicht man die Entnahmeregelung des Bestattungsgesetzes von Bremen mit der Entnahmeregelung des TPG, dann gilt:

60

– Beide Regelungen beziehen sich auf Gewebe.

61

– Beide Regelungen sehen vor, dass es sich um einen toten Spender handeln muss; nur das TPG sieht besondere Vorschriften vor, die die Todesfeststellung regeln.

– Grundsätzlich gilt in beiden Regelungen die zu Lebzeiten getroffenen Entscheidung des Toten.

– Fehlt sie, entscheiden die Angehörigen: die Angehörigen-Rangfolge ist zum Teil identisch, die des TPG ist aber umfangreicher, außerdem sieht sie (in § 4 Abs. 2 S. 1) nähere Regelungen dazu vor, wie die Rangfolge der Angehörigen im Einzelfall zu bestimmen ist, schließlich kennt das TPG – anders als das bremische Bestattungsgesetz – Personen, die dem möglichen Organspender bis zu seinem Tode in besonderer persönlicher Verbundenheit offenkundig nahe gestanden haben, die neben den nächsten Angehörigen treten (vgl. § 4 Abs. 2 S. 6 Halbsatz 2). Außerdem gibt es Personen des Vertrauens (§ 4 Abs. 2), die an die Stelle der nächsten Angehörigen treten.

– Die sog. Widerspruchslösung des Bremer Bestattungsgesetzes ist auch dem TPG bekannt (vgl. § 4 Abs. 1 S. 5 TPG).

– Nur das TPG kennt die Schriftform der Vereinbarung zwischen Arzt und Angehörigen, das Bremer Bestattungsgesetz sieht nur eine Dokumentationspflicht vor.

Danach weicht vor allem die TPG-Entnahmeregelung bei Angehörigen erheblich von der Regelung des Bremer Bestattungsgesetzes ab. Das gilt auch für die

62

---

[90] § 17 Abs. 4 lautet: „Totgeborene und Fehlgeborene, die nicht (...) bestattet werden, sowie aus Schwangerschaftsabbrüchen stammende Foeten ab der 12. Schwangerschaftswoche sind in vom Senator für Arbeit, Frauen, Gesundheit, Jugend und Soziales zu benennenden Einrichtungen unter geeigneten Bedingungen zu sammeln und in bestimmten zeitlichen Abständen auf einem Friedhof beizusetzen."
[91] Vgl. *Pieroth*, in: Jarass/Pieroth (Hrsg.), GG, 5. Aufl. 2000, Art. 31 Rn. 2 ff. m.w.N.

Normen zur Todesfeststellung. Insoweit können die Bestimmungen des Bremer Landesrechts keinen Bestand haben; auch im übrigen können die Vorschriften keinen Bestand haben, weil sie sich auf die vom Bundesrecht verdrängten Vorschriften beziehen und ohne sie sinnlos sind. D.h., dass § 18 Abs. 3 *insoweit* nichtig ist, als er – wie beschrieben – von den Regelungen des TPG abweicht. Die (Teil-)Nichtigkeit des § 18 Abs. 3 Bremer Bestattungsgesetz hat u.a. zur Folge, dass ein Verstoß gegen diese Bestimmung nicht mehr zu einer Ordnungswidrigkeit führen kann (vgl. § 21 Abs. 1 Nr. 15 Bremer Bestattungsgesetz). Anwendung findet nur das Straf- und Bußgeldrecht des TPG (s. §§ 18–20 TPG).

63   Nichtig ist auch § 18 Abs. 4 Bremer Bestattungsgesetz, so weit er sich auf Organe, Organteile und Gewebe(teile) bezieht, denn insoweit widerspricht die Vorschrift der präziser normierenden bundesgesetzlichen Regelung des § 17 TPG. Die Nichtigkeit entsprechender Rechtsgeschäfte folgt aus § 134 BGB i.V.m. § 17 TPG (dazu näher die Kommentierung zu § 17 TPG).

b) Berlin

64   Auch das Berliner Gesetz zur Regelung des Sektionswesens therapeutischer Gewebeentnahmen (Sektionsgesetz) vom 18.6.1996[92] enthält in § 10 eine Regelung, die sich auf die Gewebeentnahme bezieht. Sie lautet:

> *„(1) Die Entnahme von Gewebe oder Gewebeteilen, insbesondere Haut, Hirnhaut, Hornhaut, Gehörknöchelchen und Knorpel, ist zulässig, wenn eine ausdrückliche Einwilligung des Verstorbenen oder seiner Angehörigen nach § 3 Abs. 1 Nr. 1[93] zur Entnahme von Gewebe oder Gewebeteilen vorliegt. Sie erfolgt unter ärztlicher Kontrolle.*
>
> *(2) Eine vorherige Einschränkung der Sektion zu therapeutischen Zwecken auf bestimmte Gewebe oder Gewebeteile ist durch eine partielle Einwilligung des Verstorbenen oder seiner Angehörigen möglich.*
>
> *(3) Gesundheitliche Schäden des Empfängers durch für eine Übertragung ungeeignete Gewebe oder Gewebeteile sind durch Einhaltung von Ausschlußkriterien nach dem aktuellen medizinischen Wissensstand auszuschließen.*
>
> *(4) Die Entnahme ist nach Zeitpunkt, Organ- und Gewebespezifität sowie Menge zu dokumentieren."*

65   Gemäß § 10 Abs. 6 gilt für den Angehörigenbegriff § 3 Abs. 4[94], für die Entnahme darf keine Gegenleistung verlangt oder gewährt werden (§ 5), eine Leichen-

---

[92] GVBl. S. 237, geänd. durch Gesetz vom 7.3.1997, GVBl. S. 54.
[93] Im Behandlungsvertrag erfolgende Einwilligung.
[94] § 3 Abs. 4 Berliner Sektionsgesetz: „Nächste Angehörige sind der Reihe nach die Ehegatte, volljährige Kinder, die Eltern, volljährige Geschwister oder die Person, mit der der Verstorbene in einer auf Dauer angelegten Lebensgemeinschaft gelebt hat. Als vorrangig gilt jedoch der Angehörige, der im Falle des Ablebens – entsprechend den Angaben im Behandlungsvertrag – benachrichtigt werden soll."

schau hat voraus zu gehen (§ 3 Abs. 2), bei Anzeichen für eine nichtnatürliche Todesursache ist die Polizei zu benachrichtigen (§ 6 Abs. 3). Durch Rechtsverordnung können organisatorische Einzelheiten der Weitergabe von Gewebe und angemessene Aufwandentschädigungen geregelt werden (§ 10 Abs. 5).

Soweit die Zulässigkeitsvoraussetzungen der Entnahme betroffen sind, kollidiert § 10 Abs. 1 und 2 Berliner Sektionsgesetz mit den differenzierteren Vorgaben der §§ 3 und 4 TPG. Auch die Todesfeststellung ist im TPG spezieller geregelt (vgl. § 5 TPG), insbesondere gibt es Inkompatibilitätsregeln, wonach der todesfeststellende Arzt nicht an der Entnahme beteiligt sein darf (§ 5 Abs. 2 S. 1 TPG). Die Verweisung des § 10 Abs. 6 i.V.m. § 3 Abs. 2 Berliner Sektionsgesetz auf § 3 Berliner Bestattungsgesetz vom 2. 11. 1973[95] hat daher keinen Bestand, so weit sie weniger strenge Anforderungen an die Todesfeststellung stellt. 66

§ 10 Abs. 3 hat kein Pendant im TPG; diese Bestimmung betrifft den Empfänger von Gewebespenden, zu dem das TPG nichts sagt. § 10 Abs. 3 konkretisiert nur die allgemeinen arztrechtlichen Grundsätze zur Sorgfaltspflicht bei der Implantation von Gewebespenden; sie wird durch das TPG nicht verdrängt. 67

Eine Dokumentationspflicht nach dem Vorbild des § 10 Abs. 4 Berliner Sektionsgesetz sieht das TPG auch für die Gewebeentnahme vor, denn in § 3 Abs. 3 S. 2 TPG heißt es: „Er [der Arzt] hat Ablauf und Umfang der Organentnahme aufzuzeichnen." Da sich diese Regelungen von Berliner Sektionsgesetz und TPG nicht widersprechen, hat die Regelung des Berliner Sektionsgesetzes Bestand. Die Pflicht zur Dokumentation gemäß § 3 Abs. 3 S. 2 TPG „dient der Transparenz und Verfahrenssicherung".[96] Dies ist auch das Ziel des § 10 Abs. 4 Berliner Sektionsgesetz. Die Dokumentationspflichten in TPG und Sektionsgesetz konkretisieren jeweils die allgemeine arztrechtliche Dokumentationspflicht. Dagegen, dass § 10 Abs. 4 Berliner Sektionsgesetz sub specie Art. 31 GG Bestand hat, spricht auch nicht die Regelung des § 10 Abs. 3 i.V.m. Abs. 2 Nr. 4 TPG: Danach müssen Transplantationszentren die Übertragung von Augenhornhäuten so dokumentieren, dass eine lückenlose Rückverfolgung vom Empfänger zum Spender ermöglicht wird. Die Transplantationszentren sind aber nach dieser Vorschrift nicht verpflichtet, die Entnahme zu dokumentieren. In § 10 Abs. 4 Berliner Sektionsgesetz wird somit ein anderer Sachverhalt geregelt. 68

§ 10 Abs. 5 widerspricht den Vorgaben des TPG nicht, weil das TPG organisatorische Fragen der Gewebeweitergabe oder der Zahlung von angemessenen Aufwandsentschädigungen „durch den institutionellen Abnehmer" nicht vorsieht. 69

---

[95] GVBl. S. 1830, zuletzt geänd. durch Gesetz v. 21. 9. 1995 (GVBl. S. 608). § 3 Berliner Bestattungsgesetz lautet: „Leichenschaupflicht. (1) Jede Leiche ist zur Feststellung des Todes, des Todeszeitpunkts, der Todesart und der Todesursache von einem Arzt zu untersuchen (Leichenschau). (2) Jeder niedergelassene Arzt ist verpflichtet, die Leichenschau auf Verlangen vorzunehmen, sofern er nicht aus wichtigem Grund daran gehindert ist. Bei Sterbefällen in Krankenanstalten trifft diese Verpflichtung die dort tätigen Ärzte."
[96] BT-Drs. 13/8027, S. 8.

c) Wirkung der Nichtigkeit gemäß Art. 31 GG

70 Die landesrechtlichen Normen werden im Umfange ihrer Nichtigkeit derogiert; sie können nach einer – immerhin denkbaren, wenn auch praktisch unwahrscheinlichen – Aufhebung des TPG nicht mehr aufleben.[97] Sollten andere landesrechtliche Regelungen in einer der Bremer oder der Berliner Gesetzeslage vergleichbaren oder in anderer Weise dem höherrangigen TPG widersprechen, so sind sie ebenfalls nichtig (Art. 31 GG).

5. Durch das TPG nicht geregelte Fragen des Umgangs mit der menschlichen Leiche

a) Sektionsrecht

aa) Überblick über die Rechtslage

71 Wiewohl das TPG Eingriffe in den Leichnam regelt, so enthält es doch keine Regeln zum Recht der Sektionen (= Obduktion, Autopsie, Leichenöffnung, innere Leichenschau), denn Sektionen dienen nicht der Organentnahme zu Transplantationszwecken. Das Sektionsrecht unterliegt keinen einheitlichen Regeln. Bundesrechtliche Spezialregelungen (etwa zur strafprozessualen Leichenöffnung, vgl. §§ 87, 89 StPO[98], oder zur Obduktion bei Seuchenverdacht, vgl. § 26 Abs. 3 S. 2 Infektionsschutzgesetz – IfSG –)[99] werden durch Vorschriften der Länder, deren Gesetzgebungskompetenz sich auf Fragen des Leichenwesens bzw. des öffentlichen Gesundheitswesens erstreckt, ergänzt.[100] Es gibt z.T. eigene (Landes-)Sektionsgesetze[101]; auch manche (Landes-)Bestattungsgesetze äußern sich zur Durchführung von Sektionen.[102] In diesen Bestimmungen haben sich im Bereich der Medizin praktizierte Standards kunstgerechter Obduktion niedergeschlagen, die auch in jenen Bundesländern Anwendung finden, die keine ausdrücklichen Geset-

---

[97] *Pieroth*, Art. 31 Rn. 5 m.w.N.
[98] Beachte ergänzend Nr. 35 Abs. 1 RiStBV.
[99] Vor Inkrafttreten des IfSG am 1.1.2001 war die Obduktionsmöglichkeit in § 32 Abs. 3 S. 2 BSeuchG geregelt. Das BSeuchG ist mit Inkrafttreten des IfSG außer Kraft getreten, vgl. Art. 5 Abs. 1 S. 2 Nr. 1 Seuchenrechtsneuordnungsgesetz – SeuchRNeuG – v. 20.7.2000 (BGBl. I S. 1045).
[100] Den landesrechtlichen Vorschriften läßt sich diese Ergänzungsfunktion z.T. ausdrücklich entnehmen, vgl. § 5 Abs. 1 S. 1 Bestattungsgesetz Mecklenburg-Vorpommern v. 3.7.1998 (GVBl. S. 617) oder § 15 Abs. 1 Nr. 1 Bestattungsgesetz Sachsen v. 8.7.1994 (GVBl. S. 1321),
[101] In Hamburg und Berlin – dazu sogleich.
[102] S. etwa § 15 Bestattungsgesetz Sachsen v. 8.7.1994 (GVBl. S. 1321), insb. § 15 Abs. 2 S. 3 und 4: „Die Obduktion ist unter Wahrung der Ehrfurcht vor dem toten Menschen durchzuführen und auf das zur Erreichung ihres Zwecks notwendige Maß, in der Regel auf die Öffnung der drei Körperhöhlen, zu beschränken. Gewebeproben dürfen entnommen werden, soweit der Zweck der Obduktion dies erfordert." § 5 Bestattungsgesetz Mecklenburg-Vorpommern v. 3.7.1998 (GVBl. S. 617); § 17 Abs. 4 Bremer über das Leichenwesen v. 27.10.1992, BremGBl. S. 627, regelt die Zulässigkeit anatomischer Sektionen, § 11 und § 12 beziehen sich auf Obduktionen; s. auch § 9 Bestattungsgesetz Sachsen-Anhalt v. 5.2.2002 (GVBl. S. 46); § 8–16 Bestattungsgesetz Brandenburg v. 7.11.2001 (GVBl. I S. 226).

ze oder Verwaltungsvorschriften kennen. Auch für diese Bundesländer können die Regelungen jener Bundesländer, in denen es spezialgesetzliche Regelungen gibt, als Orientierung bei der interpretatorischen (und legislatorischen) Rechtsfortbildung dienen.

Das Sektionsrecht[103] unterscheidet zwischen klinischen, rechtsmedizinischen und anatomischen Sektionen. Die Unterscheidungen werden in den einschlägigen Gesetzen nicht immer explizit verwendet, auch die Terminologie variiert. Zum Teil ist nur von klinischen und anatomischen Sektionen die Rede[104] oder bloß allgemein von der „Leichenöffnung"[105]. In der Sache liegt die Differenzierung aber allen einschlägigen Gesetzesbestimmungen zu Grunde; die jeweiligen Bestimmungen des Landesrechts sind im Einzelfall genau auszuwerten. – Die klinische Sektion dient der Qualitätssicherung und Überprüfung ärztlichen Handelns im Hinblick auf Diagnose, Therapie und Todesursache, der Lehre und Ausbildung, der Epidemiologie, der medizinischen Forschung sowie der Begutachtung.[106] Die rechtsmedizinische Sektion dient der Beweissicherung und Rekonstruktion, der Qualitätssicherung und Überprüfung ärztlichen Handelns im Hinblick auf Diagnose, Therapie, klinisch zuvor nicht bekannte Vorerkrankungen und äußere Schadensursachen sowie dadurch begründete Todesursachen, der Lehre sowie Aus- und Weiterbildung, der Epidemiologie, der medizinischen Forschung sowie der Begutachtung, insbesondere auch im Rahmen traumatologischer Fragestellungen, versicherungsmedizinischer Aspekte und toxikologischer Abläufe.[107]

72

Klinische und rechtsmedizinische Sektion gelten als „ärztliche, fachgerechte Öffnung einer Leiche, die Entnahme und Untersuchung von Teilen sowie die äußere Wiederherstellung des Leichnams".[108] Die anatomische Sektion ist die Zergliederung von Leichen oder Leichenteilen in wissenschaftlich-medizinischen Einrichtungen[109], in der Regel in anatomischen Instituten, zum Zwecke der Lehre und Forschung über den Aufbau des menschlichen Körpers.[110] Die für die Untersuchung im Zuge einer klinischen oder einer rechtsmedizinischen Sektion erforderlichen Organe dürfen entnommen werden.[111] So weit es im Hinblick auf den

73

---

[103] Zusf. *Uhlenbruck*, Die Leichenschau/Die Zulässigkeit klinischer Sektionen, in: Laufs u.a., Handbuch des Arztrechts, 2. Aufl. 1999, § 133 Rn. 16ff.
[104] S. etwa §§ 8ff. Bestattungsgesetz Brandenburg.
[105] So z.B. § 9 Bestattungsgesetz Sachsen-Anhalt.
[106] So – exemplarisch – § 1 Abs. 2 des (Hamburger) Gesetzes zur Regelung von klinischen, rechtsmedizinischen und anatomischen Sektionen (Sektionen) vom 9.2.2000 (HmbGVBl. S. 38) und § 1 S. 1 (Berliner) Gesetz zur Regelung des Sektionswesens therapeutischer Gewebeentnahmen (Sektionsgesetz) v. 18.6.1996 (GVBl. S. 237), geänd. durch Gesetz v. 7.3.1997, GVBl. S. 54.
[107] Beispielhaft § 7 Abs. 2 Hamburger Sektionsgesetz.
[108] Exemplarisch § 1 Abs. 1 S. 2 und § 7 Abs. 1 S. 2 Hamburger Sektionsgesetz.
[109] § 9 Abs. 1 S. 2 Nr. 3 Bestattungsgesetz Sachsen-Anhalt.
[110] S. etwa § 12 Hamburger Sektionsgesetz, § 7 Berliner Sektionsgesetz; § 9 Abs. 1 S. 2 Nr. 3 Bestattungsgesetz Sachsen-Anhalt: „Forschungs- oder Demonstrationszwecke".
[111] Dazu z.B. § 6 Abs. 2 und § 11 Abs. 2 Hamburger Sektionsgesetz; § 4 Abs. 3 Berliner Sektionsgesetz.

Zweck der anatomischen Sektion erforderlich ist, dürfen auch hier Leichenteile zurückbehalten werden.[112]

74 Die klinische Sektion ist grundsätzlich nur zulässig, wenn der Verstorbene zu Lebzeiten in sie eingewilligt hatte, etwa in einem Behandlungsvertrag.[113] Nach dem Tod dürfen die totensorgeberechtigten Angehörigen (soweit nicht spezialgesetzlich geregelt[114], in der Rangfolge: Ehegatte, volljährige Kinder, Eltern, Großeltern, volljährige Enkelkinder, volljährige Geschwister) nach entsprechender Aufklärung über Zweck und Verlauf der Sektion die Einwilligung erklären.[115] Die landesgesetzlichen Vorschriften weisen deklaratorisch auf dieses kraft Gewohnheitsrechts auf bundesrechtlicher Ebene bestehende Recht der Angehörigen hin.[116] Auch eine bevollmächtigte Person darf je nach Landesrechtslage einwilligen.[117] Der Verstorbene ist berechtigt, über das postmortale Schicksal seines Körpers zu verfügen; dazu gehört auch, einen Vertrauten mit der Entscheidung zu beauftragen; mit der Ermächtigung des Dritten zur Alternativenauswahl nimmt er die ernstliche Möglichkeit in Kauf, dass der Dritte der Sektion zustimmt, so dass er sich – zumindest auch – mit der Sektion einverstanden erklärt.[118]

75 Bestimmte Länder haben weitere Zulässigkeitstatbestände für die klinische Sektion geschaffen, die vom Willen des Verstorbenen und seiner Angehörigen unabhängig sind. So kann in Berlin eine klinische Sektion u.a. auch dann vollzogen werden, wenn sie der Klärung der Todesursache oder der Qualitätskontrolle dient[119] oder wenn ein besonderes, dem Fortschritt der Medizin dienendes wissenschaftliches Interesse in Lehre, Forschung und Epidemiologie besteht oder die

---

112 Exemplarisch § 14 Abs. 3 Hamburger Sektionsgesetz; § 9 Abs. 3 S.1 Berliner Sektionsgesetz.
113 S. etwa § 3 Abs. 1 Nr. 1 Berliner Sektionsgesetz; § 9 S. 2 Nr. 3 Bestattungsgesetz Sachsen-Anhalt.
114 Bspw. § 3 Abs. 4 Berliner Sektionsgesetz: „Nächste Angehörige sind der Reihe nach der Ehegatte, volljährige Kinder, die Eltern, volljährige Geschwister oder die Person, mit der der Verstorbene in einer auf Dauer angelegten Lebensgemeinschaft gelebt hat. Als vorrangig gilt jedoch der Angehörige, der im Falle des Ablebens – entsprechend den Angaben im Behandlungsvertrag – benachrichtigt werden soll." S. auch § 10 Abs. 5 Bestattungsgesetz Brandenburg (zur klinischen Sektion): „Nächste Angehörige sind in der Rangfolge ihrer Aufzählung der Ehegatte, volljährige Kinder, die Eltern, volljährige Geschwister, volljährige Enkelkinder, Großeltern sowie der Partner, mit dem der Verstorbene in einer auf Dauer angelegten nichtehelichen Lebensgemeinschaft gelebt hat."
115 OLG Karlsruhe, NJW 2001, S. 2808 f.; *Forster/Koch*, Sektion, in: Eser u.a. (Hrsg.) Lexikon Medizin-Ethik-Recht (1989), Taschenbuch.-Ausg. 1992, Sp. 1011 (1012). S. als Anhaltspunkt auch die Reihenfolge des § 2 Abs. 2 S. 2 Feuerbestattungsgesetzes v. 15.5.1934 (RGBl. I S. 380), das z.T. noch als Landesrecht fortgilt, etwa in NRW (SGV NW Nr. 2127): Ehegatte, Verwandte und Verschwägerte ab- und aufsteigender Linie, Geschwister und deren Kinder sowie Verlobte.
116 § 4 Abs. 1 S. 1 Hamburger Sektionsgesetz; § 3 Abs. 1 Nr. 1 Berliner Sektionsgesetz.
117 § 4 Abs. 1 S. 2 Hamburger Sektionsgesetz; § 9 Abs. 2 S. 1 Bestattungsgesetz Brandenburg; § 9 Abs. 1 S. 3 Bestattungsgesetz Sachsen-Anhalt i.V.m. § 4 Abs. 3 TPG.
118 Vgl. zu dieser Argumentation *Höfling/Rixen*, Verfassungsfragen der Transplantationsmedizin, 1996, S. 100 f.
119 § 3 Abs. 1 Nr. 1 Berliner Sektionsgesetz.

Fürsorge für die Hinterbliebenen, z.B. im Gutachterwesen, im Versicherungsrecht, bei Erb- oder Infektionskrankheiten, die klinische Sektion erfordert.[120] Ähnliches ist in Hamburg vorgesehen, wo eine klinische Sektion auch ohne Vorliegen einer Einwilligung erfolgen darf, wenn die Sektion aus ärztlicher Sicht als so dringend zur Fürsorge für die Hinterbliebenen oder zur Qualitätssicherung anzusehen ist, dass bei Abwägung das Interessen an ihrer Durchführung die fehlende Einwilligung der Betroffenen überwiegt.[121] In Hamburg ist eine klinische Sektion auch dann zulässig, wenn der Patient eine schriftliche Erklärung zur Sektion krankheitsbedingt nicht geben konnte.[122] Allerdings dürfen dann keine Anhaltspunkte dafür ersichtlich sein, dass die Sektion dem Willen des Verstorbenen widerspricht[123] bzw. mit seinem Glauben bzw. seiner Weltanschauung in Gegensatz steht.[124] Der Verstorbene darf die einmal dokumentierte Einwilligung auch nicht gegenüber dem behandelnden Arzt zurückgenommen haben.[125] Außerdem ist die Sektion (in Hamburg und Berlin) unzulässig, wenn bei Fehlen einer Einwilligung von Verstorbenem oder Angehörigen die Angehörigen nach dokumentierter Information über die beabsichtigte Sektion innerhalb von acht Tagesstunden (7.00 bis 22.00 Uhr) widersprochen haben (sog. Widerspruchslösung).[126] Schließlich ist die klinische Sektion nicht erlaubt, wenn Meinungsverschiedenheiten zwischen den widerspruchsberechtigten Angehörigen gleichen Grades bestehen.[127] Eine sog. Widerspruchslösung existiert auch in Bremen (innerhalb von 24 Stunden nach der Information ohne Angabe von Gründen).[128] Gibt es keine Angehörigen, dann darf in Bremen die Obduktion gleichwohl durchgeführt werden, wenn die Obduktion im öffentlichen Interesse dringend geboten ist und der Gesundheitssenator der Obduktion zustimmt.[129]

Die rechtsmedizinische Sektion ist zulässig nach Einwilligung des Verstorbenen bzw. der nächsten Angehörigen oder einer bevollmächtigten Person.[130] Bei Fehlen einer Einwilligung kann eine rechtsmedizinische Sektion in Hamburg auch dann durchgeführt werden, wenn Angehörige oder eine bevollmächtigte Person binnen 24 Stunden nach dem Tode des Patienten nicht erreicht und befragt werden konnten.

In den Bundesländern, in denen Ausnahmeregelungen zur Zulässigkeit klinischer bzw. rechtsmedizinischer Sektionen fehlen, ist das Vorliegen einer Einwilli-

---

[120] § 3 Abs. 1 Nr. 3 und 4 Berliner Sektionsgesetz.
[121] § 4 Abs. 2 Nr. 3 Hamburger Sektionsgesetz.
[122] § 4 Abs. 2 Nr. 1 Hamburger Sektionsgesetz.
[123] § 3 Abs. 3 Nr. 1 Berliner Sektionsgesetz; § 10 Abs. 3 Nr. 1 Bestattungsgesetz Brandenburg.
[124] § 4 Abs. 3 Nr. 1 Hamburger Sektionsgesetz; § 3 Abs. 3 Nr. 4 Berliner Sektionsgesetz.
[125] § 3 Abs. 3 Nr. 2 Berliner Sektionsgesetz.
[126] § 4 Abs. 3 Nr. 2 Hamburger Sektionsgesetz; § 3 Abs. 3 Nr. 3 Berliner Sektionsgesetz.
[127] § 3 Abs. 3 Nr. 5 Berliner Sektionsgesetz; § 4 Abs. 4 S. 2 Hamburger Sektionsgesetz.
[128] § 11 Abs. 1 S. 4 Bremisches Leichenwesengesetz.
[129] § 11 Abs. 1 S. 6 Bremisches Leichenwesengesetz i.d.F. des Gesetzes vom 27.2.2001 (GBl. S. 35), in Kraft getreten am 6.3.2001.
[130] § 9 Abs. 1 Hamburger Sektionsgesetz.

gung des Verstorbenen oder eines Angehörigen obligatorisch. An einem rechtfertigenden Notstand (§ 34 StGB) wird es regelmäßig fehlen, denn eine „gegenwärtige Gefahr für Leben, Leib, Freiheit, Ehre oder Eigentum oder ein anderes Rechtsgut" (§ 34 S. 1 StGB), die gerade und nur durch die Sektion abgewendet werden kann, dürfte praktisch nicht vorkommen.

78 Für anatomische Sektionen ist die Einwilligung des Verstorbenen erforderlich. Die Annahme, es könne auch die Zustimmung der (nächsten) Angehörigen genügen[131], findet in den neueren bestattungsrechtlichen Bestimmungen keine Grundlage; sie widerspricht auch der persönlichkeitsrechtlich informierten Bewertung anatomischer Sektionen. Aufgrund der Intensität des Eingriffs in den Leichnam – und damit in das postmortal fortwirkende Persönlichkeitsrecht des Verstorbenen – wird nämlich zunehmend mit Recht vertreten, dass nur der Verstorbene selbst die anatomische Sektion vorausverfügen dürfe.[132] Dementsprechend kann nach Hamburger Sektionsgesetz nur der Verstorbene einwilligen[133], auch in Bremen ist dies so, hier ist zusätzlich noch die Schriftform zu beachten.[134] Die Schriftform gilt auch in Sachsen-Anhalt und Brandenburg.[135] Schon aus Beweisgründen ist die Schriftform auch in den übrigen Bundesländern anzuraten; dem trägt die Praxis, soweit ersichtlich, auch Rechnung.

bb) Zur Lage in Thüringen

79 Im Unterschied zu Brandenburg, Mecklenburg-Vorpommern, Sachsen und Sachsen-Anhalt hat Thüringen bislang noch keine neuen Gesetze zum Bestattungs- bzw. Sektionsrecht erlassen. Auf absehbare Zeit ist mit neuen landesgesetzlichen Regelungen offenbar auch nicht zu rechnen.[136] Das Bestattungsrecht besteht aus den fortgeltenden – freilich bereinigten – Bestimmungen des DDR-Rechts. Im Unterschied zu den anderen „neuen" Bundesländern, in denen bis zum Erlass neuer Landesgesetze die „Anordnung über die ärztliche Leichenschau vom 4.12. 1978" des DDR-Gesundheitsminister ebenfalls (allerdings z.T. modifiziert) gemäß Art. 9 Abs. 1 Einigungsvertrag fortgalt, hat Thüringen § 8 der Anordnung über das Leichenwesen, die sich auf Sektionen bezog, *nicht* übernommen.[137]

80 § 8 in der von der DDR erlassenen Fassung lautete:

„(1) Zur Vervollständigung der Ergebnisse der Leichenschau muss in folgenden Fällen eine Leichenöffnung vorgenommen werden:

---

[131] *Forster/Koch*, Sp. 1016.
[132] *Uhlenbruck*, § 133 Rn. 25 spricht nur von der Einwilligung des Verstorbenen.
[133] § 13 Nr. 2 Hamburger Sektionsgesetz.
[134] § 17 Abs. 4 S. 1 Bremer Bestattungsgesetz.
[135] § 9 Abs. 1 S. 2 Nr. 3 Bestattungsgesetz Sachsen-Anhalt; § 15 Abs. 1 S. 1 Nr. 2 Bestattungsgesetz Brandenburg.
[136] Tel. Auskunft des Thüringer Innenministeriums v. 10.5.2002.
[137] Erstes Thüringer Rechtsbereinigungsgesetz v. 25.9.1996 (GVBl. S. 150 [153]), in Kraft getreten am 5.10.1996 (vgl. § 6 des Gesetzes).

a) bei Verstorbenen, bei denen nach Besichtigung und Untersuchung der Leiche und im Ergebnis der Ermittlungen die Todesursache nicht festgestellt werden konnte,
b) bei verstorbenen Schwangeren und Kreißenden sowie Wöchnerinnen, bei denen der Tod innerhalb von 6 Wochen nach der Entbindung eingetreten ist,
c) bei Totgeborenen,
d) bei Verstorbenen, die bei Eintritt des Todes das 16. Lebensjahr noch nicht vollendet hatten,
(2) Eine Leichenöffnung soll vorgenommen werden:
a) bei Verstorbenen, die eines nichtnatürlichen Todes gestorben sind oder bei denen die Todesart nicht aufgeklärt ist,
b) bei Verstorbenen mit
 – einer meldepflichtigen übertragbaren Krankheit oder
 – einer Berufskrankheit oder
 – einer meldepflichtigen Geschwulstkrankheit
oder bei denen der Verdacht auf eine der genannten Krankheiten besteht,
c) bei Verstorbenen, bei denen innerhalb der letzten 4 Wochen vor Eintritt des Todes eine Schutzimpfung vorgenommen wurde,
d) bei Verstorbenen mit transplantiertem oder implantiertem inneren Organ oder Organteil,
e) bei begründetem wissenschaftlichem Interesse,
f) bei Verstorbenen mit implantiertem Herzschrittmacher."

In Brandenburg teilte der Landesgesetzgeber vor Erlass des Bestattungsgesetzes vom 7.11.2001 die Bedenken des Thüringer Landesgesetzgebers nicht; vielmehr galt in Brandenburg § 8 der DDR-Anordnung vollumfänglich fort.[138] So war die Lage – von unwesentlichen Ausnahmen abgesehen – auch in Sachsen-Anhalt; dort galt § 8 Abs. 1 und Abs. 2 Buchst. a, b (erster und zweiter Spiegelstrich) sowie Buchst. c–f der DDR-Anordnung bis zum In-Kraft-Treten des Bestattungsgesetzes v. 5.2.2002 ebenfalls fort.[139]

81

Für Thüringen bedeutet dies, dass im Land durchgeführte klinische bzw. rechtsmedizinische Sektionen, soweit es nicht abweichende bundesrechtliche Spezialregelungen gibt, grundsätzlich nur auf der Grundlage einer höchstpersönlichen Vorausverfügung des Verstorbenen zulässig sind. Ausnahmsweise sind sie auch mit Zustimmung der nächsten Angehörigen zulässig (s. oben Rdnr. 74), wobei zu

82

---

[138] Nr. 3 der Anlage zu § 1 Abs. 1 Erstes Brandenburgisches Rechtsbereinigungsgesetz – 1. BbgRBG v. 3.9.1997 (GBl. 1997 I 104), in Kraft getreten am 6.9.1997 (vgl. § 7 des Gesetzes). Die danach fortgeltende Anordnung wurde durch § 42 S. 2 Nr. 4 Bestattungsgesetz Brandenburg außer Kraft gesetzt.
[139] Nr. 20 der Anlage zu § 1 Abs. 1 des Rechtsbereinigungsgesetzes v. 26.6.1996 (GVBl. LSA S. 210), in Kraft getreten am 3.7.1996 (vgl. § 8 des Gesetzes). Die danach in modifizierter Form fortgeltende Anordnung wurde durch § 32 Abs. 2 Nr. 2 Bestattungsgesetz Sachsen-Anhalt außer Kraft gesetzt.

beachten ist, dass diese ihr Totensorgerecht als Treuhänder des Verstorbenen ausüben. Das bedeutet mangels abweichender gesetzlicher Ausgestaltung: Die Sektion muss nach allgemeinen Regeln dem mutmaßlichen Willen des Verstorbenen entsprechen. Das ist plausibel darzulegen und von den Ärzten entsprechend zu dokumentieren. Vom (mutmaßlichen) Willen des Verstorbenen losgelöste Sektionen, wie sie in manchen Bundesländern kraft ausdrücklicher gesetzlicher Regelung möglich sind (vgl. oben Rdnr. 75), sind in Thüringen unzulässig. Die anatomische Sektion ist ausnahmslos nur auf der Grundlage einer höchstpersönlichen Vorausverfügung des Verstorbenen erlaubt (vgl. oben Rdnr. 78). Der Landesgesetzgeber von Thüringen ist – schon aus Gründen der Rechtssicherheit – aufgerufen, die Fragen der Sektion alsbald gesetzlich zu regeln.

b) Umgang mit (nicht-transplantierten) Leichenteilen

83 Wie bereits erwähnt (Rdnr. 73), dürfen die für die Untersuchung im Zuge einer klinischen oder einer rechtsmedizinischen Sektion erforderlichen Organe und Gewebe entnommen und zurückbehalten werden.[140] Soweit es im Hinblick auf den Zweck der anatomischen Sektion erforderlich ist, dürfen auch bei der anatomischen Sektion Leichenteile zurückbehalten werden.[141] Im übrigen dürfen Leichenteile nicht aus dem Gewahrsam der jeweiligen Sektionsinstitutionen genommen werden; dazu ermächtigt die Einwilligung des Verstorbenen oder von Angehörigen im Regelfall nicht.[142] Vielmehr ist der Leichnam bzw. sind die sterblichen Überreste – auch im Falle der anatomischen Sektion – zu bestatten.[143]

84 Was mit Leichenteilen, wozu auch die bei der Leiche entnommenen Organe und Gewebe zu geschehen hat, die zwar zu Transplantationszwecken entnommen, aber nicht transplantiert werden (etwa weil aufgrund von organisatorischen Störungen das Organ nicht mehr transplantationstauglich ist), regelt das TPG nicht. Es handelt sich um eine Frage des (Landes-)Bestattungsrechts. In Brandenburg gelten leblose Teile eines menschlichen Körpers „dann einer Leiche zugehörig, wenn ohne sie ein Weiterleben des Individuums unmöglich wäre"[144]. Das zur Transplantation entnommene, aber nicht transplantierte Organ mit Vitalfunktion (etwa das Herz) ist daher in Brandenburg mit der Leiche des Explantierten zu bestatten; die auf die Leiche bezogene Bestattungspflicht[145] erstreckt sich auf die ehemals vital bedeutsamen Organe des Toten. Manche Bundesländer sehen davon abweichend ausdrücklich eine Pflicht zu hygienisch einwandfreier und dem sittli-

---

[140] § 6 Abs. 2 und § 11 Abs. 2 Hamburger Sektionsgesetz; § 4 Abs. 3 Berliner Sektionsgesetz; § 11 Abs. 3 Bestattungsgesetz Brandenburg.
[141] § 14 Abs. 3 Hamburger Sektionsgesetz; § 9 Abs. 3 S. 1 Berliner Sektionsgesetz; § 16 Abs. 3 Bestattungsgesetz Brandenburg.
[142] Das kommt zum Ausdruck in § 9 Abs. 3 S. 2 Berliner Sektionsgesetz: „Eine Weitergabe von Leichenteilen ist nicht zulässig."
[143] Dazu die Nachweise in Anm. 1 der Kommentierung zu § 6 TPG.
[144] § 3 Abs. 1 S. 2 Bestattungsgesetz Brandenburg.
[145] § 19 Abs. 1 S. 1 Bestattungsgesetz Brandenburg.

chen Empfinden entsprechender Beseitigung vor.[146] (Diese Beseitigungspflicht gibt es auch in Brandenburg, sie bezieht sich aber nur auf ehemals nicht-vital bedeutsame Körperteile.)[147] In den übrigen Bundesländern gilt die auf alle Körperteile bezogene Beseitigungspflicht kraft allgemeinen Ordnungsrechts. Eigentlich dürfte insoweit Abfallrecht keine Anwendung finden, weil menschliche Körper- bzw. Leichenteile kein Abfall sind.[148] Die Beseitigung vollzieht sich jedoch nach den Regeln der Abfallbeseitigung (insbesondere Verbrennung)[149]; die Abfallpraxis spricht in wenig angemessener Weise vom „ethischen Abfall", auch „E-Abfall" genannt.[150]

6. Zur Bedeutung der Biomedizin-Konvention des Europarates

Das „Übereinkommen zum Schutz der Menschenrechte und der Menschenwürde im Hinblick auf die Anwendung von Biologie und Medizin" des Europarats vom 4. April 1997[151], – nach einer Überschrift in der frühen Entwurfsphase auch (inoffiziell) „Bioethik-Konvention" genannt –, dem Deutschland bislang noch nicht beigetreten ist, will für die Mitglieder des Europarates[152], dem fast alle Länder Europas angehören, einen Mindeststandard an medizinrechtlicher Regulierung schaffen. Ob Deutschland der Konvention beitreten soll, ist vor allem mit Blick auf die Fragen der Forschung an Nichteinwilligungsfähigen und der Fortpflanzungsmedizin umstritten. Es ist indes nicht unwahrscheinlich, dass Deutschland *à la longue* dem Übereinkommen beitreten wird. Dann würde das Übereinkommen Deutschland insoweit binden, als in seiner Gesetzgebung die Mindestvorgaben der Konvention umsetzen muss, wobei weiter reichender Schutz erlaubt bliebe (Art. 27). U.a. enthält das Übereinkommen auch Bestimmungen zur Lebendspende und zur verbotenen Kommerzialisierung des Körpers. Sie lauten:

85

---

[146] § 18 Abs. 2 Bremer Bestattungsgesetz; § 10 Abs. 2 S. 1 Hamburger Bestattungsgesetz; § 9 Abs. 1 S. 4 Bestattungsgesetz Mecklenburg-Vorpommern; § 18 Abs. 6 Bestattungsgesetz Sachsen, Art. 6 Abs. 3 i.V.m. Abs. 1 S. 2 Halbsatz 2 Bestattungsgesetz Bayern.

[147] Arg. e contrario § 3 Abs. 1 S. 2, § 19 Abs. 2 S. 2 Bestattungsgesetz Brandenburg.

[148] Vgl. *Spranger*, Die ungenehmigte Verfügung der Krankenhäuser über Fehlgeborene, MedR 1999. 210 (212); *Rixen*, Die Bestattung fehlgeborener Kinder als Rechtsproblem, FamRZ 1994, 417 (421 Anm. 71).

[149] Vgl. z.B. den Erlaß des Ministers für Natur, Umwelt und Landesentwicklung von Schleswig-Holstein v. 15. 2. 1993 „Vermeidung und Entsorgung von Abfällen aus öffentlichen und privaten Einrichtungen des Gesundheitswesens", Amtsbl. für Schlewig-Holstein 1993, 225 ff. Die Verbrennung als sog. medizinischer Abfall ist Praxis; eine Weiterverwendung der Asche ist ausgeschlossen, vgl. *Werther*, Bestattung von Fehlgeburten, Ärzteblatt Rheinland-Pfalz 1998, 273; krit. *Spranger*, Über die Zulässigkeit der Sammelkremation nach dem „Berliner Modell", LKV 1999, 352 ff.

[150] Krit. zu der „obszöne(n) Formulierung" und der „peinlichen Praxis" *Habermas*, Die Zukunft der menschlichen Natur. Auf dem Weg zu einer liberalen Eugenik?, 2001, S. 67.

[151] Abdruck der vorläufigen Arbeitsübersetzung des Bundesjustizministeriums (verbindlich ist nur der Wortlaut in englischer oder französischer Sprache) in DuD 1999, S. 347 ff.; engl. und frz. Version auf der Homepage des Europarates (Council of Europe) http://conventions.coe.int. – Überblick zum Transplantationsrecht bei *Kopetzki*, in: Barta/Weber (Hrsg.), Rechtsfragen der Transplantationsmedizin in Europa, 2001, S. 121 ff.

[152] Informationen zum Europarat unter http://www.coe.int.

86 „**Kapitel VI: Entnahme von Organen und Gewebe von lebenden Spendern zu Transplantationszwecken**
Art. 19 Allgemeine Regel
(1) *Einer lebenden Person darf ein Organ oder Gewebe zu Transplantationszwecken nur zum therapeutischen Nutzen des Empfängers und nur dann entnommen werden, wenn weder ein geeignetes Organ oder Gewebe einer verstorbenen Person verfügbar ist noch eine alternative therapeutische Methode von vergleichbarer Wirksamkeit besteht.*
(2) *Die nach Art. 5 notwendige Einwilligung muss ausdrücklich und eigens für diesen Fall entweder in schriftlicher Form oder vor einer amtlichen Stelle erteilt werden."*

87 Vergleicht man die Vorgaben mit der Regelung des TPG, dann stellt man weitgehende Übereinstimmung fest (vgl. § 8 Abs. 1 S. 1 Nr. 2 und Nr. 3 TPG). Die Einwilligung ist in einer Niederschrift aufzuzeichnen und vom Spender zu unterschreiben (§ 8 Abs. 1 S. 3 TPG). S. im übrigen die Kommentierung zu § 8 TPG.

88 „**Art. 20 Schutz einwilligungsunfähiger Personen**
(1) *Einer Person, die nicht fähig ist, die Einwilligung nach Art. 5[153] zu erteilen, dürfen weder Organe noch Gewebe entnommen werden.*
(2) *In Ausnahmefällen und nach Maßgabe der durch die Rechtsordnung vorgesehenen Schutzbestimmungen darf die Entnahme regenerierbaren Gewebes bei einer einwilligungsunfähigen Person zugelassen werden, wenn die folgenden Voraussetzungen erfüllt sind:*
   i) *Ein geeigneter einwilligungsfähiger Spender steht nicht zur Verfügung;*
   ii) *der Empfänger ist ein Bruder oder eine Schwester des Spenders;*
   iii) *die Spende muss geeignet sein, das Leben des Empfängers zu retten;*
   iv) *die Einwilligung nach Art. 6 Abs. 2 und 3[154] ist eigens für diesen Fall und schriftlich in Übereinstimmung mit der Rechtsordnung und mit Billigung der zuständigen Stelle erteilt worden, und*
   v) *der infrage kommende Spender lehnt nicht ab."*

---

[153] Art. 5: (1) Eine Intervention im Gesundheitsbereich darf erst erfolgen, nachdem die betroffene Person über die aufgeklärt worden ist und eingewilligt hat. (2) Die betroffene Person ist zuvor angemessen über Zweck und Art der Intervention sowie über deren Folgen und Risiken aufzuklären. (3) Die betroffene Person kann ihre Einwilligung jederzeit frei widerrufen.

[154] Art. 6 Abs. 2 und 3: (2) Ist eine minderjährige Person von Rechts wegen nicht fähig, in einer Intervention einzuwilligen, so darf diese nur mit Einwilligung ihres gesetzlichen Vertreters oder einer von der Rechtsordnung dafür vorgesehenen Behörde, Person oder Stelle erfolgen. Der Meinung der minderjährigen Person kommt mit zunehmendem Alter und zunehmender Reife immer mehr entscheidendes Gewicht zu. (3) Ist eine volljährige Person aufgrund einer geistigen Behinderung, einer Krankheit oder aus ähnlichen Gründen von Rechts wegen nicht fähig, in eine Intervention einzuwilligen, so darf diese nur mit Einwilligung ihres gesetzlichen Vertreters oder einer von der Rechtsordnung dafür vorgesehenen Behörde, Person oder Stelle erfolgen. Die betroffene Person ist soweit wie möglich in das Einwilligungsverfahren einzubeziehen.

Der Grundsatz (Art. 20 Abs. 1) entspricht der gegenwärtigen deutschen Rechtslage, denn der Lebendspender muss einwilligungsfähig sein (§ 8 Abs. 1 S. 1 Nr. 1 Buchst. a TPG). Ausnahmefälle im Sinne des Art. 20 Abs. 2 des Übereinkommens sieht das TPG nicht vor. Aber sie entsprechen im Wesentlichen den oben zur Blut- und Knochenmarkspende dargelegten Grundsätzen; dass die Betroffenen miteinbezogen werden, entspricht deutscher Rechtslage (vgl. § 1626 Abs. 2 und § 1901 Abs. 3 BGB). Einige Erfordernisse fallen z.T. strenger aus: ein geeigneter einwilligungsfähiger Spender darf nicht zur Verfügung stehen, ausdrücklich kommen nur Bruder und Schwester infrage (nicht die Eltern!), die Spende darf nur der *Lebens*rettung dienen, immer (vgl. den Verweis auf Art. 6 Abs. 2 und 3 des Übereinkommens) ist die Zustimmung einer anderen Stelle erforderlich. Auch das Erfordernis, dass der Spender nicht ablehnen darf, dürfte eine Verschärfung der Anforderungen bedeuten, denn es macht ein – nicht näher bestimmtes – ablehnendes Verhalten des potenziellen Spenders zu Bedingung der Unzulässigkeit der Spende, was es bislang ausdrücklich nicht gibt.   89

„Kapitel VII: Verbot finanziellen Gewinns; Verwendung eines Teils des menschlichen Körpers   90
Artikel 21 Verbot finanziellen Gewinns
Der menschliche Körper und Teile davon dürfen als solche nicht zur Erzielung eines finanziellen Gewinns verwendet werden.

Artikel 22: Verwendung eines dem menschlichen Körper entnommenen Teils
Wird bei einer Intervention ein Teil des menschlichen Körpers entnommen, so darf er nur zu dem Zweck aufbewahrt und verwendet werden, zu dem er entnommen worden ist; jede andere Verwendung setzt angemessene Informations- und Einwilligungsverfahren voraus.

Das Verbot der Erzielung finanziellen Gewinns hat sich im TPG im Verbot des Organhandel niedergeschlagen, denn Handeltreiben im Sinne des § 17 bezieht sich zumindest auch auf die Erzielung finanziellen Gewinns (dazu näher die Kommentierung zu § 17 TPG).   91

Was Art. 22 des Übereinkommens angeht, so stellt er klar, was auch die Entnahmeregelung der §§ 3 und 4 sowie § 8 zum Ausdruck bringen: dass der Spender nur zu dem Spendezweck – nämlich zum Zwecke der Transplantation des gegebenen Organs – spenden will. „Umwidmungen" dieses Gebrauchs (siehe Art. 22 S. 2 des Übereinkommens) sieht das TPG nicht vor.   92

Das seit 24.1.2002 beim Europarat in Straßburg zur Unterzeichnung aufliegende, noch nicht in Kraft getretene Zusatzprotokoll über die Transplantation von Organen und Geweben menschlichen Ursprungs ergänzt die transplantationsbezogenen Regelungen der Biomedizin-Konvention.[155] Art. 21 Nr. 1 des Zusatzprotokolls benennt bestimmte Vorgänge, die nicht als „financial gain" (Art. 21 der   93

---

[155] Art. 21 und Art. 22 Additional Protocol to the Convention on Human Rights and Biomedicine, on Transplantation of Organs and Tissues of Human Origin, abrufbar (mit amtlichem "Explanatory Report") unter http://conventions.coe.int.

Biomedizin-Konvention) bzw. „financial gain or comparable advantage" (Art. 21 Nr. 1 des Zusatzprotokolls) gelten.[156] In Anlehnung an die Qualifizierung der im Range eines einfachen Bundesgesetzes geltenden Europäischen Menschenrechtskonvention (EMRK) als „Auslegungshilfe"[157] wird man auch die Biomedizin-Konvention und das Zusatzprotokoll, die die bereichsspezifische Konkretisierung der Menschenrechtskonvention bezwecken[158], als Auslegungshilfe namentlich bei der Auslegung von § 17 Abs. 1 S. 2 Nr. 1 TPG („angemessenes Entgelt") heranziehen können, sollte das Zusatzprotokoll irgendwann auch einmal in Deutschland gelten (vgl. § 17 Rdnr. 26 ff.).

7. Weitere Fragen

a) Organspende von Personen im behördlichen Gewahrsam, insbesondere von Strafgefangenen

94 Die juristische Literatur aus der Zeit vor Erlass des TPG hat immer wieder betont, die Organspende (Lebendspende) von behördlich Untergebrachten, namentlich von Strafgefangenen, sei unzulässig, weil diesen Personen auf Grund der sie umgebenden Zwangssituation die Einwilligungsfähigkeit fehle[159] oder weil sie „sachfremd durch Aussicht auf Vorteile im Vollzug motiviert sein können".[160] Es ist zweifelhaft, ob man dies für die frühere Rechtslage tatsächlich so ausnahmslos annehmen durfte. Die Reserve ist allerdings nachzuvollziehen, denn die Heranziehung von Strafgefangenen zu (gefährlichen) körperlichen Eingriffen unter Hinweis auf zu erwartenden Straferlass bzw. Vorteile im Vollzug hat eine lange und berüchtigte Tradition[161], und zwar nicht nur in totalitären Regimen.[162]

---

[156] Art. 21 Nr. 1 des Zusatzprotokolls: „The aforementioned provision shall not prevent payments which do not constitute a financial gain or a comparable advantage, in particular: compensation of living donors for loss of earnings and any other justifiable expenses caused by the removal or the related medical examinations; payment of justifiable fee for legitimate medical or related technical services rendered in connection with transplantation; compensation in case of undue damage resulting from the removal of organs or tissues from living persons."

[157] BVerfGE 74, 358 (370) – bezogen auf das Verhältnis von EMRK und den im Grundgesetz garantierten Grundrechten.

[158] Dazu Nr. 9 des Explanatory Report – Convention for the protection of Human Rights and dignity of human being with regard to the application of biology and medicine: Convention on Human Rights and Biomedicine (ETS No. 164), abrufbar unter http://conventions.coe.int.

[159] *Kohlhaas*, Rechtsfragen zwischen Leben und Tod, in: Hamm (Hrsg.), Festschrift für Werner Sarstedt zum 70. Geb., 1981, S. 133 (136): „Darüber, dass Strafgefangene nicht herangezogen werden dürfen, weil die sogenannte Freiwilligkeit immer unter der Sicht der Erzwingung liegt, braucht nicht weiter ausgeführt werden."

[160] *Rüping*, Individual- und Gemeinschaftsinteressen im Recht der Organtransplantation, GA 1978, 129 (132); ähnl. *Rieger*, Lexikon des Arztrechts, 1984, Rn. 1767; *Uhlenbruck*, Die zivilrechtliche Problematik der Organtransplantation, in: Laufs u.a., Handbuch des Arztrechts, 1. Aufl. 1992, § 131 Rn. 21; *Möx*, Zur Zulässigkeit von Organentnahmen, ArztR 1994, 39 (44 Anm. 45).

[161] *Bayertz*, Das Ethos der Wissenschaften und die Moral, in: Siep (Hrsg.), Ethik als Anspruch an die Wissenschaft oder: Ethik in der Wissenschaft, 1988, S. 9, S. 20, weist auf *Maupertuis* (Vénus physique, suivi de la Lettre sur le progrès des sciences, 1752, Paris

Grundlage der aktuellen rechtlichen Beurteilung ist jedoch nicht ein historisch begründetes Unbehagen, sondern das TPG. Das TPG enthält keine ausdrücklichen Restriktionen für Strafgefangene oder vergleichbare Personen. Es ist auch schwer verständlich, wieso beispielsweise der inhaftierte Vater seinem kranken Kind oder seiner kranken Ehefrau nicht eine Niere soll spenden dürfen. Zumindest im Ansatz ist er hier derselben Situation ausgesetzt wie jemand, der kein Strafgefangener ist. Das bedeutet, dass die Regeln der Lebendspende, wie sie in § 8 und den ergänzenden landesrechtlichen Bestimmungen vorgesehen sind, auch für einen Strafgefangenen (oder eine vergleichbar – etwa einen im Maßregelvollzug – Untergebrachten) gelten. Im übrigen – für Blut und Knochenmark – gelten die allgemeinen außerhalb des TPG geregelten bzw. entwickelten Regeln (dazu oben Rn. 37 ff.). Im einzelnen ist somit zu prüfen, ob die gesetzlichen Voraussetzungen, etwa jene des § 8 TPG, vorliegen. Grundsätzlich wird an der Einwilligungsfähigkeit (vgl. § 8 Abs. 1 S. 1 Nr. 1 Buchst. a TPG) nicht zu zweifeln sein, es sei denn, dem Arzt, der die Entnahme vornehmen soll, wird – etwa durch die beratende Kommission gemäß § 8 Abs. 3 S. 2 TPG – bekannt, dass der Gefangene vonseiten der Anstalt oder vonseiten Dritter, die sich innerhalb oder außerhalb der Anstalt befinden, mit Drohungen, Gewaltanwendungen oder der Vorenthaltung von eigentlich nahe liegenden Lockerungen oder anderen vollzugs- oder vollstreckungsrechtlichen Vorteilen bei Unterbleiben einer Spende unter Druck gesetzt wird. Ob die Einwilligungsfähigkeit gegeben ist, wird um so genauer zu prüfen sein, je mehr die behördliche Unterbringung einen psychiatrischen Hintergrund hat (z.B. Unterbringung in einem psychiatrischen Krankenhaus gemäß § 63 StGB – Maßregelvollzug; Unterbringung nach den PsychKG oder den Unterbringungsgesetzen der Länder). Der Zwang, der von der hoheitlichen Unterbringung als solcher ausgeht, beseitigt die Einwilligungsfähigkeit jedenfalls nicht, denn er dient nicht dazu, den Willen des Gefangenen oder anderweitig Untergebrachten zum Zwecke der Durchführung einer Organspende zu beugen.[163]

1980) hin, in dessen „Brief über den Fortschritt der Wissenschaften" vorgeschlagen wird, neuartige und gefährliche Operationen an zum Tode Verurteilten durchzuführen, die durch die Aussicht auf Straferlass dazu bewogen werden sollen, Eingriffe über sich ergehen zu lassen, die die Medizin an anderen Patienten nicht wagen würde. Maupertuis wurde 1746 von Friedrich dem Großen zum Präsidenten der Preußischen Akademie der Wissenschaften berufen, vgl. *Bayertz*, S. 10.

[162] Schon aus der Weimarer Zeit sind Beispiele dafür bekannt, dass Gefangenen auf unterschiedliche Weise im Ergebnis Straffreiheit gegen die Bereitschaft gewährt wurde, körperliche Eingriffe (hier: Kastrationen) über sich ergehen zu lassen, vgl. *Sparing*, Zwangskastrationen im Nationalsozialismus – Das Beispiel der Kriminalbiologischen Sammelstelle Köln, in: Justizministerium des Landes NRW (Hrsg.), Kriminalbiologie (Juristische Zeitgeschichte Nordrhein-Westfalen Band 6), 1997, S. 169 (171 f.). m.w.N.

[163] In diesem Sinne auch *Tschangizian*, Die ärztliche Haftung hinsichtlich entnommener Körpersubstanzen, 2001, S. 76. Dieser allgemeine Rechtsgedanke kommt exemplarisch in § 3 Abs. 2 des Gesetzes über die freiwillige Kastration und andere Behandlungsmethoden v. 15. 8. 1969 (BGBl. I S. 1143) zum Ausdruck: „Die Einwilligung des Betroffenen ist nicht deshalb unwirksam, weil er zur Zeit der Einwilligung auf richterliche Anordnung in einer Anstalt verwahrt wird." § 3 Abs. 2 KastrG bringt „die Klarstellung einer Rechtslage", so *Narr*, Ärztliches Berufsrecht, forftgef. v. *Hess/Schirmer*, Bd. II, 2. Aufl., 14. Erg.Lfg. – Stand: Jan. 2000, B 375 (Nr. 2).

96 Von diesem Aspekt zu unterscheiden ist die Frage, ob die Bereitschaft des Gefangenen, eine Niere (oder Blut oder Knochenmark) womöglich – wie beim Blut regelmäßig – für Unbekannte (anonyme Spende) zu spenden, strafvollstreckungsrechtlich und strafvollzugsrechtlich von Vorteil für den Gefangenen sein kann. Dass dies der Fall sein soll, wurde de lege ferenda im Alternativ-Entwurf Wiedergutmachung (AE-WGM), der von renommierten Strafrechtslehrern aus Deutschland, Österreich und der Schweiz verfasst wurde, vorgeschlagen.[164] Schon de lege lata wird man indes die Spendebereitschaft des Gefangenen – auch seine etwa durch die Ausfüllung eines Organspendeausweises dokumentierte Bereitschaft zur postmortal wirksam werdenden (Leichen-)Spende – positiv als Aspekt gelungener bzw. gelingender Resozialisierung würdigen dürfen. Freilich kommt es immer darauf an, wie sich die Organspende(bereitschaft) in das jeweils einschlägige Normprogramm des Strafrechts einfügt. So setzt eine Strafrestaussetzung nach § 57 StGB u.a. eine Gesamtwürdigung der Persönlichkeit des Verurteilten voraus. Die Organspendebereitschaft oder die vollzogene Organspende *allein* darf und wird regelmäßig nicht zu einem Rechtsvorteil für den Verurteilten führen.

97 Dem Gefangenen, der seine Spendebereitschaft bekundet oder der spendet, Heuchelei zu unterstellen, muss nicht nur unangemessen moralisierend, sondern auch unangemessen pauschal wirken. Es verkennt zudem die Struktur des geltenden Vollzugs- und Vollstreckungsrechts, das Manifestationen des guten Willens und der Umkehr als Indizien gelungener Resozialisierung verlangt. Vollzugs- und vollstreckungsrechtlich wird man allerdings genau differenzieren müssen: nach Motiv, Lage und Perspektive des Gefangenen und nach der psychophysischen Belastung, die mit der in Aussicht genommenen Spende verbunden ist. Die *fehlende Bereitschaft zu spenden* darf vollzugs- und vollstreckungsrechtlich *nicht* von *Nachteil* sein. Das TPG stellt klar, dass aus Sicht des geltenden Rechts auch die Erklärung, *nicht* spenden zu wollen, gleichwertig neben der Bereitschaft zu spenden steht (Rechtsgedanke des § 2 Abs. 2 S. 1 TPG). Diesem Rechtsgedanken darf eine vollzugs- oder vollstreckungsrechtliche Entscheidung nicht widersprechen.

98 Ob es allerdings (ungeachtet der schon gegenwärtig gegebenen juristischen Realisierbarkeit) wünschenswert ist, dass Gefangene Teile ihres Körpers weggeben, um – sozusagen in Ausübung einer Art Austauschbefugnis – vorzeitig wieder in Freiheit zu gelangen, ist kriminal- und vollzugspolitisch sehr zweifelhaft.[165] Die Vollzugsbehörden und die Strafvollstreckungsgerichte werden deshalb das Spendebegehren sehr genau prüfen müssen. Schon der Anschein, es werde eine human sublimierte Körperstrafe im Gewand des freiwilligen Opfers geschaffen, muss vermieden werden. Für andere behördlich untergebrachte Personen, etwa Häftlinge in Untersuchungshaft (U-Haft), gilt dies entsprechend.

---

[164] *Baumann* u.a., Alternativ-Entwurf Wiedergutmachung (AE-WGM), 1992, S. 48; dazu *Rixen*, Wiedergutmachung im Strafvollzug? Eine kritische Analyse der Vorschläge des „Alternativ-Entwurfs Wiedergutmachung (AE-WGM)", ZfStrVo 1994, 215 (217).
[165] Krit. *Rixen*, ZfStrVo 1994, 215 (217).

Ob die „Transplantatentnahme von Hingerichteten (…) eine biologische Ideallösung" ist, wie in der Frühzeit der sich entwickelnden Transplantationsmedizin festgestellt wurde[166], ist unter Geltung des Grundgesetzes nicht zu vertiefen: die Todesstrafe ist bekanntlich abgeschafft (Art. 102 GG). Dass die Vermittlung von vermittlungspflichtigen Organe im Sinne des § 9 TPG (Herz, Niere, Leber, Lunge, Bauchspeicheldrüse, Darm), die im Ausland bei hingerichteten Strafgefangenen entnommen wurden, unter Berücksichtigung des Art. 102 GG unzulässig ist[167], folgt aus § 12 Abs. 1 S. 4 TPG (vgl. § 9 Rdnr. 7). 99

Schließlich ist die Frage zu beachten, ob der Gefangene nach den Regeln des Strafvollzugsgesetzes (oder eines anderen einschlägigen Gesetzes) berechtigt ist, zur Vorbereitung und Durchführung eines Lebendspende gegebenenfalls unter Aufsicht das Gefängnis zu verlassen. Dies entscheidet sich nach den jeweiligen Regeln, im StVollzG nach den Bestimmungen über die sog. Lockerungen, namentlich den unbewachten Ausgang oder die bewachte Ausführung (vgl. § 11 Abs. 1 Nr. 2 StVollzG). Dass die Bereitschaft zu spenden, auch dazu dienen *kann*, andere Motive zu überdecken, etwa einen Fluchtversuch zu ermöglichen (z.B. wird eine Niere regelmäßig nicht auf der Sanitätsstation eines Justizvollzugsanstalt zu entnehmen sein), sollte bedacht werden. Dafür sind aber konkrete tatsächliche Anhaltspunkte erforderlich. Indes wird die Vollzugsverwaltung etwa bei einer lebensrettenden Nierenspende des inhaftierten, schwer fluchtgefährdeten Vaters in Anbetracht der Lebensgefahr des auf die Niere wartenden Kindes oder der wartenden Ehefrau bei der Ermöglichung der Explantation bis an die Grenze des organisatorisch Machbaren gehen müssen; der Fluchtgefahr ist entsprechend zuverlässig entgegenzuwirken. Gegen die Versagung der Genehmigung zur Ausführung zum Zwecke der Transplantat-Entnahme kann der Gefangene gerichtlich vorgehen (§ 109 Abs. 1 StVollzG). Auch der wartende Organempfänger kann den Rechtsweg nach § 109 StVollzG beschreiten, denn es handelt sich auch aus seiner Sicht um eine „Angelegenheit auf dem Gebiet des Strafvollzugs", weil hier eine vollzugliche Maßnahme auch seinen Rechtskreis berührt. Gegebenenfalls ist Eilrechtsschutz zu begehren (§ 114 Abs. 2 S. 2 StVollzG i.V.m. § 123 VwGO). Der Antrag ist in der Regel unter dem Aspekt der Antragsbefugnis zulässig (vgl. § 109 Abs. 2 StVollzG), weil sich der wartende Organempfänger auf sein Grundrecht auf körperliche Unversehrtheit (Art. 2 Abs. 2 S. 1 GG) berufen kann. Die hoheitliche Anordnung, die dem Spender das Verlassen der Anstalt verunmöglicht, entzieht dem wartenden Organempfänger ein gesundheitssicherndes Mittel; der wartende Organempfänger hat einen grundsätzlichen Abwehranspruch darauf, dass der Staat – ihm zurechenbare – Maßnahmen unterlässt (eine solche Maßnahme ist die Verweigerung eines Ausgangs oder einer Ausführung), die zu einer Verschlechterung der Gesundheit des wartenden Organempfängers (mit-)beitragen.[168] Ob der Antrag 100

---

[166] *Largiadèr*, Organtransplantat, in: *ders.* (Hrsg.), Organtransplantation, 1966, S. 44 (46).
[167] Der Bericht des Gesundheitsausschusses verweist in der Begründung zu § 11 Abs. 1 S. 4 des Entwurfs (= § 12 Abs. 1 S. 4 TPG) u.a. auf Art. 102 GG, BT-Drs. 13/8017, S. 43.
[168] In diesem Sinne – unabh. von den Besonderheiten des Strafvollzugs – auch BVerfG (1. Kammer des Ersten Senats), NJW 1999, 3399 (3400 f.).

nach § 109 StVollzG begründet ist, hängt davon ab, ob die Vollzugsbehörde die Vorschriften über die Lockerungen (§ 11 StVollzG) zu Genüge (auch) im Lichte des grundrechtlichen Anspruchs des wartenden Organempfängers angewandt hat.

b) Andere Vorschriften, die die Realisierung einer Organspende betreffen können

101 Andere Normen können – ähnlich wie das StVollzG – den Zugang zum Organspende-Geschehen beeinflussen, ohne doch zum Transplantationsrecht zu zählen. So haben lebende Spender und auch die (potentiellen) Organempfänger je nach biographischer Situation andere, sie treffende arbeits-, zivil- oder öffentlich-rechtliche Pflichten zu beachten. Je nachdem, wie dringend die Spende und die Implantation war, kann der Verstoß gegen diese Pflichten gerechtfertigt, also nicht rechtswidrig sein. Angesichts der längeren Vorlaufzeit, die mit solchen Eingriffen meistens verbunden ist, dürfte das aber nur in Ausnahmefällen in Betracht kommen.

102 Der mit der Bereitschaft zur Lebendspende verbundene Aufenthalt im Krankenhaus gilt als *verschuldete* krankheitsbedingte Abwesenheit im Sinne des Entgeltfortzahlungsgesetzes; ein Entgeltfortzahlungsanspruch besteht also *nicht*.[169] Allerdings kann der Spendern sich an die Kranken- bzw. Unfallversicherung des (pflicht-)versicherten Organempfängers wenden und dort seinen Verdienstausfall als Kosten der Heilbehandlung reklamieren.[170] Hinsichtlich gesundheitlicher Risiken, die sich auf Grund der Organspender realisieren, ist der Spender versicherungsrechtlich abgesichert (vgl. § 23 TPG i.V.m. § 2 Abs. 1 Nr. 13 Buchst. b SGB VII – s. die Kommentierung zu § 23 TPG –; s. auch § 8 Abs. 2 S. 4 TPG). – Der EuGH hat mit Urteil vom 10. Mai 2001 zu Fragen der Produkthaftung bei fehlerhaftem Umgang mit einem entnommenen Organ Stellung genommen (konkret: Durchspülen einer zur Transplantation vorgesehenen Niere mit einer fehlerhaften Perfusionsflüssigkeit).[171] – Das OVG Münster hat zu der Frage Stellung genommen, ob Kraftfahrzeuge, die Ärzte im Zusammenhang mit einer Organtransplantation transportieren (sog. Ärzteteamtransporte), mit blauem Blinklicht und Einsatzhorn fahren dürfen.[172]

103 Grundsätzlich sind rechtliche Bestimmungen und Vereinbarungen möglichst so auszulegen, dass sie das vom TPG verfolgte Ziel, „die (...) Zurückhaltung bei der Organspende zu überwinden"[173], nicht konterkarieren. Es ist also nach Auslegungen zu suchen, die den Spender vor Rechtsnachteilen bewahren. Als Leitlinie hat dabei zu gelten, dass Rechtsnachteile um so weniger vermieden werden können,

---

[169] So BAG, NZA 1987, 487; ebenso *Dörner*, in: Dieterich u.a. (Hrsg.), Erfurter Kommentar zum Arbeitsrecht, 2. Aufl. 2001, § 3 EntgeltfortzG Rn. 21 m.w.N.
[170] BSG, BSGE 35, 102 (103 f.); BAG, NZA 1987, 487 (488); *Dörner*, § 3 EntgeltfortzG Rn. 1 a.E.
[171] EuGH, Urt. v. 10.5.2001 – Rechtssache C-203/99 –, NJW 2001, 2781 = EuZW 2001, 378; auch abrufbar unter http://curia.eu.int.
[172] OVG Münster, NZV 2000, 514 – nicht rechtskräftig.
[173] So BVerfG (1. Kammer des Ersten Senats), NJW 1999, 3900 (3400 – l. Sp. u.) unter Berufung auf BT-Drs. 13/4355, S. 11.

je mehr sie einem Privaten, zu dem der Spender in einer Rechtsbeziehung steht, aufgebürdet werden; kein Privater darf für die finanziellen Folgen der „ethisch hochstehenden und rechtlich zulässigen"[174] Spendeentscheidung eines anderen in die Pflicht genommen werden. Der – in vielfältige Rechts- bzw. Hoheitsträger ausdifferenzierte – Staat wird sich im Lichte des von ihm mit dem Erlass des TPG im Lichte von Art. 2 Abs. 2 1 GG verfolgten „letztlich lebens- und gesundheitsschützenden"[175] Ziels hingegen bemühen, Normen und Rechtslagen im Sinne der Spender zu handhaben (Gebot transplantationsfreundlicher Normanwendung).

---

[174] BAG, NZA 1987, 487 (487).
[175] BVerfG (1. Kammer des Ersten Senats), NJW 1999, 3999 (3400 – l. Sp. u.).

§ 2
Aufklärung der Bevölkerung, Erklärung zur Organspende, Organspenderegister, Organspendeausweise

(1) ¹Die nach Landesrecht zuständigen Stellen, die Bundesbehörden im Rahmen ihrer Zuständigkeit, insbesondere die Bundeszentrale für gesundheitliche Aufklärung, sowie die Krankenkassen sollen auf der Grundlage dieses Gesetzes die Bevölkerung über die Möglichkeiten der Organspende, die Voraussetzungen der Organentnahme und die Bedeutung der Organübertragung aufklären. ²Sie sollen auch Ausweise für die Erklärung zur Organspende (Organspendeausweise) zusammen mit geeigneten Aufklärungsunterlagen bereithalten. ³Die Krankenkassen und die privaten Krankenversicherungsunternehmen stellen diese Unterlagen in regelmäßigen Abständen ihren Versicherten, die das sechzehnte Lebensjahr vollendet haben, zur Verfügung mit der Bitte, eine Erklärung zur Organspende abzugeben.

(2) ¹Wer eine Erklärung zur Organspende abgibt, kann in eine Organentnahme nach § 3 einwilligen, ihr widersprechen oder die Entscheidung einer namentlich benannten Person seines Vertrauens übertragen (Erklärung zur Organspende). ²Die Erklärung kann auf bestimmte Organe beschränkt werden. ³Die Einwilligung und die Übertragung der Entscheidung können vom vollendeten sechzehnten, der Widerspruch kann vom vollendeten vierzehnten Lebensjahr an erklärt werden.

(3) ¹Das Bundesministerium für Gesundheit kann durch Rechtsverordnung mit Zustimmung des Bundesrates einer Stelle die Aufgabe übertragen, die Erklärungen zur Organspende auf Wunsch der Erklärenden zu speichern und darüber berechtigten Personen Auskunft zu erteilen (Organspenderegister). ²Die gespeicherten personenbezogenen Daten dürfen nur zum Zwecke der Feststellung verwendet werden, ob bei demjenigen, der die Erklärung abgegeben hatte, eine Organentnahme nach § 3 oder § 4 zulässig ist. ³Die Rechtsverordnung regelt insbesondere

1. die für die Entgegennahme einer Erklärung zur Organspende oder für deren Änderung zuständigen öffentlichen Stellen (Anlaufstellen), die Verwendung eines Vordrucks, die Art der darauf anzugebenden Daten und die Prüfung der Identität des Erklärenden,

2. die Übermittlung der Erklärung durch die Anlaufstellen an das Organspenderegister sowie die Speicherung der Erklärung und der darin enthaltenen Daten bei den Anlaufstellen und dem Register,

3. die Aufzeichnung aller Abrufe im automatisierten Verfahren nach § 10 des Bundesdatenschutzgesetzes sowie der sonstigen Auskünfte aus dem Organspenderegister zum Zwecke der Prüfung der Zulässigkeit der Anfragen und Auskünfte,

4. die Speicherung der Personendaten der nach Absatz 4 Satz 1 auskunftsberechtigten Ärzte bei dem Register sowie die Vergabe, Speicherung und Zusammensetzung der Codenummern für ihre Auskunftsberechtigung,

5. die Löschung der gespeicherten Daten und

6. die Finanzierung des Organspenderegisters.

(4) ¹Die Auskunft aus dem Organspenderegister darf ausschließlich an den Erklärenden sowie an einen von einem Krankenhaus dem Register als auskunftsberechtigt benannten Arzt erteilt werden, der weder an der Entnahme noch an der Übertragung der Organe des möglichen Organspenders beteiligt ist und auch nicht Weisungen eines Arztes untersteht, der an diesen Maßnahmen beteiligt ist. ²Die Anfrage darf erst nach der Feststellung des Todes gemäß § 3 Abs. 1 Nr. 2 erfolgen. ³Die Auskunft darf nur an den Arzt weitergegeben werden, der die Organentnahme vornehmen soll, und an die Person, die nach § 3 Abs. 3 Satz 1 über die beabsichtigte oder nach § 4 über eine infrage kommende Organentnahme zu unterrichten ist.

(5) Das Bundesministerium für Gesundheit kann durch allgemeine Verwaltungsvorschrift mit Zustimmung des Bundesrates ein Muster für einen Organspendeausweis festlegen und im Bundesanzeiger bekannt machen.

Gliederung

	Rdnr.
I. Grundsätzliche Bedeutung und Regelungsgegenstand	1
II. Die Erläuterungen im Einzelnen	2
1. § 2 Abs. 1: Aufklärung der Bevölkerung	2
a) Zuständige Stellen	3
aa) Nach Landesrecht	3
bb) Bundesbehörden	6
cc) Krankenkassen	7
dd) Zusammenarbeit	8
b) „Sollen"	10
c) Aufklärung	11
aa) Begriff	11
bb) Adressaten der Aufklärung	13
cc) Gegenstand der Aufklärung	15
dd) Form der Aufklärung	17
ee) Zeitlicher Intervall der Aufklärungsbemühungen	21
2. § 2 Abs. 2: Erklärung zur Organspende	25
a) Eine gesetzessystematisch vorgezogene Regelung zur Organentnahme vom toten Spender	25
b) Beschränkbarkeit der Erklärung auf bestimmte Organe	26
c) Altersgrenzen	29
d) Einwilligungsfähigkeit	31

  e) Kein Formzwang für die Erklärung zur Organspende 32
   aa) Mögliche Formen der Erklärung – Organspendeausweis –
    Testament. 32
   bb) Bindungswirkung schriftlicher Erklärungen – Widerruflichkeit. . . . 36
  3. Zu § 2 Abs. 3 u. Abs. 4 – Organspenderegister. 43
  4. § 2 Abs. 5 – Muster eines Organspendeausweises 48

I. Grundsätzliche Bedeutung und Regelungsgegenstand

1 Wie bereits die amtliche Überschrift zeigt, regelt die Vorschrift des § 2 TPG ganz unterschiedliche Materien. Absatz 1 bezieht sich auf die Aufklärung der Bevölkerung, d.h. ihre Information über das Transplantationswesen. Absatz 2 gehört systematisch zu den Regelungen des Gesetzes, die die Voraussetzungen der Organentnahme beim toten Organspender regeln (§ 3 und § 4 TPG). Die Absätze 3 und 4 betreffen die fakultative, also nicht zwingende Einrichtung eines Organspenderegisters. Absatz 5 bezieht sich auf den Organspendeausweis.

II. Die Erläuterungen im einzelnen

1. § 2 Abs. 1: Aufklärung der Bevölkerung

2 Die Vorschrift verpflichtet verschiedene öffentliche Stellen, auf der Grundlage des TPG die Bevölkerung über die Möglichkeiten der Organspende, die Voraussetzungen der Organentnahme und die Bedeutung der Organübertragung aufzuklären.

a) Zuständige Stellen

aa) Nach Landesrecht

3 Zu diesen Stellen zählen unter anderem die nach Landesrecht zuständigen Stellen. Das sind

– in *Baden-Württemberg*: die nach dem Gesetz über den öffentlichen Gesundheitsdienst zuständigen Stellen, insb. die bei den unteren Verwaltungsbehörden angesiedelten Gesundheitsämter[1];

– in *Bayern*: die allgemeinen staatlichen und die kommunalen Behörden des öffentlichen Gesundheitsdienstes, die Krankenkassen und die privaten Krankenversicherungsunternehmen, die Bayerische Landesärztekammer, die Krankenhäuser, die Transplantationskoordinatoren sowie die Transplantationsbeauftragten[2];

---

[1] Vgl. Schreiben des Sozialministeriums Baden-Württemberg vom 31. März 2000, Az. 55-5491.5.
[2] Vgl. Art. 1 Abs. 1 Gesetz zur Ausführung des Transplantationsgesetzes u. des Transfusionsgesetzes (AGTTG) v. 24. November 1999 (GVBl. 1999, S. 464). Der Aufgabenbe-

- in *Berlin*: die Ärztekammer[3],

- in *Brandenburg*: soweit ersichtlich, ist bislang eine Regelung der nach Landesrecht zuständigen Stellen nicht erfolgt[4];

- in *Bremen*: der Senator für Arbeit, Frauen, Gesundheit, Jugend und Soziales sowie die Gesundheitsämter[5];

- in *Hamburg*: soweit ersichtlich, fehlt eine besondere Regelung;

- in *Hessen*: zuständige Stelle ist das Gesundheitsamt[6];

- in *Mecklenburg-Vorpommern*: das Sozialministerium[7];

- in Niedersachsen: soweit ersichtlich, fehlt eine landesrechtliche Regelung im Sinne des § 2 Abs. 1 TPG noch[8];

- in *Nordrhein-Westfalen*: soweit ersichtlich, gibt es keine besondere Regelung;

- in *Rheinland-Pfalz*: die allgemeinen Behörden des öffentlichen Gesundheitsdienstes nach § 2 des Landesgesetzes über den öffentlichen Gesundheitsdienst v. 17. November 1995[9], die Krankenhausgesellschaft Rheinland-Pfalz e.V., die zu-

---

reich der Transplantationskoordinatoren und der Transplantationsbeauftragten ist in Art. 7 bis Art. 9 des Gesetzes geregelt. Die Koordinatoren sollen die in ihrem Zuständigkeitsbereich zu leistende Aufklärungs- und Öffentlichkeitsarbeit erbringen, außerdem sollen sie die Transplantationsbeauftragten in ihrem Zuständigkeitsbereich beratend betreuen und schulen. Für jedes Transplantationszentrum wird mind. eine Person als hauptamtlicher Transplantationskoordinator tätig. Alle Krankenhäuser mit Intensivbetten bestellen mind. einen Transplantationsbeauftragten. Dieser hat das ärztliche und pflegerische Personal des jeweiligen Krankenhauses mit der Bedeutung und den Belangen der Organspende vertraut zu machen, er hat die für die Organspende zu leistende Aufklärungs- und Öffentlichkeitsarbeit in seinem Bereich zu koordinieren, er hat die Tätigkeit der Transplantationskoordinatoren vor Ort zu unterstützen, insb. an der Organisation der Organentnahme mitzuwirken, er hat die Durchsetzung der gemäß § 11 Abs. 4 Satz 2 bestehenden Meldepflicht der Krankenhäuser sicherzustellen und er hat die nächsten Angehörigen des Organspenders zu betreuen. Vgl. auch Bayerischer Landtag, Drs. 14/1936, S. 7.

[3] § 4 Abs. 5 des Kammergesetzes in der Fassung des Achten Gesetzes zur Änderung des Berliner Kammergesetzes v. 5. Oktober 1999 (GVBl. 1999, S. 537). Vgl. auch Abgeordnetenhaus von Berlin, Drs. 13/4029, S. 4.

[4] Schreiben des Ministeriums für Arbeit, Soziales, Gesundheit und Frauen des Landes Brandenburg v. 10. April 2000, Az. 44-5762.1.1.

[5] § 1 der Bekanntmachung über die zuständigen Behörden nach dem Transplantationsgesetz v. 27.10.1998 (Brem. ABl. S. 637).

[6] § 1 Abs. 1 Hessisches Gesetz zur Ausführung des Transplantationsgesetzes (HAGTPG) v. 29.11.2000 (GVBl. S. 514).

[7] Landesverordnung zur Regelung von Zuständigkeiten und zur Übertragung von Verordnungsermächtigungen nach dem Transplantationsgesetz (Zuständigkeits-Landesverordnung Transplantationsgesetz – ZustLVOTPG M-V) v. 7. Juni 1999 (GVBl. 1999), S. 402, § 1 Abs. 1 Satz 1.

[8] Schreiben des Niedersächsischen Ministerium für Frauen, Arbeit und Soziales v. 17. April 2000, Az. 405.2-41 552/05/01.

[9] GVBl. S. 485, geändert durch Art. 57 des Gesetzes v. 12. Oktober 1999 (GVBl. S. 325).

gelassenen Krankenhäuser i.S. des § 108 des SGB V, die Landesärztekammer Rheinland-Pfalz, die Bezirksärztekammern, die Kassenärztlichen Vereinigungen und die Landeszentrale für Gesundheitsförderung im Rheinland-Pfalz e.V.[10];

– in *Saarland*: das Ministerium für Frauen, Arbeit, Gesundheit und Soziales, die Gesundheitsämter, die Saarländische Krankenhausgesellschaft, die zugelassenen Krankenhäuser i.S. des § 108 SGB V, die Ärztekammer des Saarlandes und die Landesarbeitsgemeinschaft für Gesundheitsförderung Saarland e.V.[11];

– in *Sachsen*: soweit ersichtlich, fehlt es noch an einer besonderen Regelung der Zuständigkeit[12];

– in *Sachsen-Anhalt*: soweit ersichtlich, gibt es noch keine ausdrückliche Regelung[13];

– in *Schleswig-Holstein*: das Ministerium für Arbeit, Gesundheit und Soziales, die Landrätinnen und Landräte sowie die Bürgermeisterinnen und Bürgermeister der kreisfreien Städte, der Vorstand der Ärztekammer Schleswig-Holstein[14];

– in *Thüringen*: soweit ersichtlich noch keine besondere landesrechtliche Regelung.

4 Soweit es in den Ländern an speziellen Regelungen fehlt, ist zu prüfen, ob nach eventuell bestehenden Gesetzen über den öffentlichen Gesundheitsdienst die danach zuständigen Behörden auch die Informationsaufgabe nach dem TPG zu erfüllen haben. Das kann auch für die Ländern gelten, die – wie etwa Berlin – ersichtlich keine abschließende Regelung treffen wollten.[15] Fehlt es an entsprechenden Regelungen in den Gesetzen über den öffentlichen Gesundheitsdienst, dann ist von einer Auffangzuständigkeit der obersten Landesbehörde auszugehen, die für Fragen des öffentlichen Gesundheitsdienstes, zu der auch die Aspekte der Aufklärung der Bevölkerung über Gesundheitsfragen zählen, zuständig ist.

5 Wenn die amtliche Begründung zum TPG ausführt, zu den zuständigen Stellen nach Landesrecht gehörten auch die (Landes-)Ärztekammern[16], dann handelt es

---

[10] § 1 Landesgesetz zur Ausführung des Transplantationsgesetzes (AGTPG) v. 30. November 1999, GVBl. 1999, S. 424.
[11] Saarländisches Ausführungsgesetz zum Transplantationsgesetz (AG-TPG) v. 26.1.2000, ABl. S. 886; s. dazu Landtag des Saarlandes, Drs. 12/30, S. 4.
[12] Schreiben des Sächsischen Staatsministeriums für Soziales, Gesundheit, Jugend und Familie v. 10.4.2000, Az. 52-5463.52/12. Mit dem Inkrafttreten eines Ausführungsgesetzes sei noch im Laufe der Legislaturperiode zu rechnen, ein Gesetzentwurf liege allerdings noch nicht vor.
[13] Eine diesbezügliche Verordnungsermächtigung des Ministeriums für Arbeit, Frauen, Gesundheit und Soziales von Sachsen-Anhalt enthält § 27b Abs. 2 Gesundheitsdienstgesetz v. 14.6.2000 (GVBl. S. 424).
[14] Landesverordnung zur Bestimmung der Zuständigkeiten nach dem Transplantationsgesetz v. 2. Dezember 1999 (GVBl. 2000, S. 4), § 1.
[15] Vgl. den Wortlaut von § 4 Abs. 5 Berliner Kammergesetz: „Die Ärztekammer wirkt (...) dabei mit (...)", erfüllt die Aufgabe aber nicht allein.
[16] BT-Drs. 13/4355, S. 17.

sich dabei um einen unverbindlichen Hinweis auf eine landesrechtlich mögliche Zuständigkeitsregelung, nicht aber um eine bindende oder gar zwingende Zuständigkeitsregelung. Maßgeblich ist der Wortlaut des § 2 Abs. 1 S. 1, der von den nach Landesrecht zuständigen Stellen spricht. Festzulegen, welche das sind, liegt allein im Gestaltungsermessen des Landesgesetzgebers oder eines anderen nach Landesrecht ermächtigten Normgebers. Da es um Fragen des Organisationsrechts geht, ist nicht zwingend eine (formell-)gesetzliche oder sonstige gesetzliche Zuständigkeitsregelung erforderlich. Es genügt eine Regelung durch Verwaltungsvorschrift. Auch Verwaltungsvorschriften sind Landesrecht, mag ihnen auch als sog. Innenrecht die Außenwirkung fehlen.

bb) Bundesbehörden

Zuständig für die Aufklärung der Bevölkerung sind darüber hinaus die Bundesbehörden im Rahmen ihrer Zuständigkeit, „in erster Linie"[17] – so die amtliche Begründung – die Bundeszentrale für gesundheitliche Aufklärung (BZgA) und das Bundesministerium für Gesundheit. Als andere Bundesbehörden im Rahmen ihrer Zuständigkeit kommen etwa die Sanitätseinrichtungen der Bundeswehr (etwa die Bundeswehrkrankenhäuser) oder des Bundesgrenzschutzes in Betracht.

6

cc) Krankenkassen

Zuständig sind auch die Krankenkassen, womit die öffentlich-rechtlichen Körperschaften gemeint sind, die in §§ 143 ff. i.V.m. § 4 Abs. 2 SGB V genannt werden (Orts-, Betriebs-, Innungs-, Ersatz- und Landwirtschaftliche Krankenkassen sowie die See-Krankenkasse und die Bundesknappschaft). Die Landes- und Bundesverbände der Krankenkassen, die (mit Ausnahme der Verbände der Ersatzkassen, VdAK und AEV) Körperschaften des öffentlichen Rechts sind[18], erwähnt das Transplantationsgesetz zwar nicht; das hat zur Folge, dass sie tatsächlich nicht unmittelbar für die Aufklärung der Bevölkerung zuständig sind. Aber das Sozialversicherungsrecht sieht vor, dass die Landes- und Bundesverbände die Mitgliedskassen bzw. die Mitgliedsverbände (bezogen auf die Bundesverbände, denen die Landesverbände angehören) bei der Erfüllung ihrer Aufgaben unterstützen, namentlich durch Beratung und Unterrichtung oder durch die Bereithaltung von Informationen.[19] Die Krankenkassen und ihre Verbände können außerdem zur gegenseitigen Unterrichtung, Abstimmung, Koordinierung und Förderung der engen Zusammenarbeit im Rahmen der ihnen gesetzlich übertragenen Aufgaben Arbeitsgemeinschaften bilden.[20]

7

---

17 BT-Drs. 13/4355, S. 17.
18 Vgl. §§ 207 Abs. 1 S. 2, 212 Abs. 4 SGB V.
19 §§ 207 ff., insb. § 211 Abs. 2 und § 217 Abs. 2 SGB V.
20 § 219 Abs. 1 SGB V.

dd) Zusammenarbeit

8 Neben den Möglichkeiten der Zusammenarbeit zwischen den Krankenkassen und den Krankenkassenverbänden (s. dazu die Ausführungen Rdnr. 7) sind andere Formen der Zusammenarbeit denkbar. Die Gesetzesbegründung meint sogar, die zur Aufklärung Verpflichteten „sollen" zur Erfüllung dieser Aufgabe gemeinsame Eckpunkte für eine sachgerechte Aufklärung erarbeiten und diese umsetzen und dabei mit anderen Organisationen, z.B. mit der Bundesärztekammer und anderen Verbänden der Heilberufe, Verbänden der betroffenen Patienten, Verbänden der Krankenhausträger und der privaten Krankenversicherung, mit den deutschen Transplantationszentren, der Deutschen Stiftung Organtransplantation zusammenarbeiten; außerdem könnten zur Durchführung auf Landes- und Bundesebene Rahmenvereinbarungen über die Art der Zusammenarbeit und die Finanzierung von Aufklärungsmaßnahmen abgeschlossen werden.[21] Bei dieser Erwägungen handelt es sich um *unverbindliche Vorschläge*. Das „Sollen" in der Gesetzesbegründung ist kein rechtliches Sollen, sondern ein aus Zweckmäßigkeitsgründen nahe liegender Appell zur informellen Zusammenarbeit. Praktisch werden die Deutsche Stiftung Organtransplantation und der „Arbeitskreis Organspende" (ein Zusammenschluss unterschiedlichster im weitesten Sinne von der Organtransplantation betroffener Institutionen)[22] – wie bislang schon – für eine koordinierte Aufklärungsarbeit sorgen.

9 Selbstverständlich sind auch andere als die in § 2 Abs. 1 TPG und den landesrechtlichen Vorschriften genannten Institutionen berechtigt, Aufklärungsarbeit zu leisten. Die amtliche Begründung zum bayerischen TPG-Ausführungsgesetz bezeichnet z.B. die Selbsthilfegruppen und die Betroffeneninitiativen der Dialysepatienten oder der Organtransplantierten als „wichtige Säule der Aufklärung der Bevölkerung".[23] „Besondere Bedeutung" – so die Begründung zum bayerischen AGTPG weiter – „kommt (...) ebenfalls den Apotheken und niedergelassenen Ärzten sowie den Vorsorge- und Rehabilitationseinrichtungen zu."[24] Wohlgemerkt: Bei dieser Aufklärungstätigkeit handelt es sich um freiwilliges Engagement, das die zuständigen Stellen, die rechtlich zur Aufklärung verpflichtet sind, unterstützen dürfen.

---

[21] BT-Drs. 13/4355, S. 17.
[22] U.a. das Kuratorium für Dialyse und Nierentransplantation (KfH) e.V., der Bundesverband der Motorradfahrer e.V., der ADAC, die Bundesärztekammer, die Deutsche Stiftung Organtransplantation, das Deutsche Rote Kreuz, die Bundesverbände der Krankenkassen, verschiedene Betroffenenverbände (etwa der Bundesverband der Organtransplantierten e.V.), der Maltester-Hilfsdienst e.V., die Johanniter-Unfallhilfe e.V., vgl. die Angaben bei *Arbeitskreis Organspende* (Hrsg.), Organspende rettet Leben! Antworten auf Fragen, 18. Aufl. 5/1997, S. 9 und auf der Homepage http://www.akos.de.
[23] Bayerischer Landtag, Drs. 14/1450, S. 7.
[24] Bayerischer Landtag, Drs. 14/1450, S. 7.

b) „Sollen"

Die genannten öffentlichen Stellen „sollen" die Aufklärungsarbeit erbringen. Das könnte zu dem Fehlschluss verleiten, dass sie es nicht „müssen". Für diese Auslegung gibt der Sinn und Zweck der Regelung, wie er insbesondere in der amtlichen Begründung des TPG zum Ausdruck kommt, keinen Anhaltspunkt. In der Begründung heißt es nämlich: „eine umfassende, wiederholte und eingehende Aufklärung der Bevölkerung (...) ist Voraussetzung und Grundlage einer bewussten Entscheidung der Bürger über eine mögliche Organspende. (...) Die Vorschrift überträgt deshalb diese wichtige Aufklärungsaufgabe" den genannten Behörden.[25] D.h.: Die Gesetzesbegründung geht von einer zwingenden Zuständigkeitszuweisung aus. Die Wahl des Wortes „sollen" ist vor diesem Hintergrund nur als ein Synonym für die Worte „müssen", „sind verpflichtet" oder „sind zuständig" zu verstehen. Der Verzicht auf die Formulierung „sind zuständig" dürfte redaktionell-stilistische Gründe haben, denn ihre Wahl hätte zu einer wiederholten Nennung des Wortes „zuständig" geführt, die mit der nunmehr geltenden Fassung vermieden wird. Der Verzicht auf die Formulierungen „sind verpflichtet" oder „müssen" dürfte sich daher erklären, dass sie zu stark auf das Bedeutungsfeld von (subjektiver) Berechtigung oder (subjektiver) Verpflichtung verweisen, um die es freilich bei Zuständigkeitsregelungen bzw. Aufgabenzuweisungen nicht geht. „Sollen" umschreibt mithin eine unbedingte Sollensanforderung, der die genannten öffentlichen Stellen ausnahmslos und ohne Einschränkungen nachkommen müssen.

10

c) Aufklärung

aa) Begriff

Aufklärung i.S. des § 2 Abs. 1 Satz 1 TPG meint nicht die arztrechtliche Aufklärung, die Voraussetzung einer wirksamen Einwilligung ist: Im arztrechtlichen Kontext, also mit Blick auf die Normen, die das Arzt-Patienten-Verhältnis betreffen, bezeichnet Aufklärung einen Informationsakt, der den Patienten in die Lage versetzen soll, sich selbstbestimmt für die Durchführung einer mit einem Eingriff verbundenen ärztlichen Maßnahme, namentlich eine Therapie, zu entscheiden (Stichwort „Selbstbestimmungs-Aufklärung").[26]

11

Der Begriff der Aufklärung in § 2 Abs. 1 S. 1 TPG bezieht sich vielmehr stillschweigend auf die Wortgebrauchsverwendung, die § 13 SGB I zu Grunde liegt. Nach dieser Vorschrift sind die Leistungsträger, ihre Verbände und die sonstigen im SGB I genannten öffentlich-rechtlichen Vereinigungen verpflichtet, im Rahmen ihrer Zuständigkeit die Bevölkerung über die Rechte und Pflichten nach dem SGB I aufzuklären. Gemeint ist eine auf eine unbestimmte Vielzahl von Menschen, also auf die Allgemeinheit, gerichtete Informationsarbeit, die sich von einer auf den Einzelnen bezogenen Beratung über seine Rechte und Pflichten nach dem

12

---

[25] BT-Drs. 13/4355, S. 17.
[26] Zusf. dazu *Laufs*, Die ärztliche Aufklärung, in: ders. u.a., Handbuch des Arztrechts, 2. Aufl. 1999, §§ 61–68.

SGB I unterscheidet (vgl. dazu § 14 SGB I). Es geht demnach bei dem Begriff der Aufklärung in § 2 Abs. 1 S. 1 TPG nicht um eine individuumsbezogene Einzelfallberatung, sondern um eine auf die Allgemeinheit (vgl. den Wortlaut von Satz 1: „die Bevölkerung") bezogene Informationsarbeit, eine „generell-abstrakte, unverlangte Erläuterung (...) gegenüber einem in der Regel unbestimmten Personenkreis."[27]

bb) Adressaten der Aufklärung

13 Adressaten der Information sind auch Personen, die erst in Zukunft auf Grund des TPG berechtigt oder verpflichtet sein können.[28] Zur Bevölkerung gehören – unabhängig von der Staatsangehörigkeit – die Personen, die im Inland ihren Aufenthalt genommen haben, aber auch jene Personen, die sich im Ausland befinden, aber über einen hinreichenden Bezug zum deutschen Gesundheitssystem, dessen Teil das Transplantationssystem ist, haben.[29] Informiert werden dürfen daher auch im Ausland lebende Deutsche, die von deutschen Krankenversicherungen betreut werden.

14 Die Aufklärung erfolgt im öffentlichen Interesse; ein subjektiv-öffentliches Recht auf Aufklärung gibt es nicht.[30] Persönliche Unterweisungen kommen nur in Ausnahmefällen in Betracht, etwa bei lese- und schreibunkundigen oder in einem erheblichen Maße körperlich pflegebedürftigen und daher sozial isolierten Personen.[31] Andere sozial isolierte Gruppen, etwa Strafgefangene, gehören auch zur Bevölkerung und sind ebenfalls zu informieren.

cc) Gegenstand der Aufklärung

15 Das Gesetz spricht von den Möglichkeiten der Organspende, den Voraussetzungen der Organentnahme und der Bedeutung der Organübertragung, über die informiert werden sollen. In dieser Hinsicht soll der Wissensstand der Bevölkerung verbessert und ihr Problembewusstseins hinsichtlich der Fragen der Transplantationsmedizin, so wie sie im Transplantationsgesetz ausgestaltet sind, vertieft werden. Die amtliche Begründung meint, es müsse im Hinblick auf die große Chance der Lebensrettung, der Heilung, darauf hingewiesen werden,[32]

- dass Patienten in Deutschland zwar grundsätzlich eine Organtransplantation erhalten könnten, aber keinen Anspruch auf ein Spenderorgan hätten,
- dass das Gesetz niemanden zu einer Organspende verpflichte, sondern die „freie und bewusste Entscheidung auf der Grundlage innerer Überzeugung für eine Bereitschaft zur Organspende oder aber deren Ablehnung maßgeblich" bleibe[33],
- dass die selbst abgegebene Erklärung zur Organspende strikt zu beachten sei und einer Entscheidung durch Angehörige immer vorgehe,

---

[27] *Klattenhoff*, in: Hauck (Hrsg.), SGB I, Kommentar, Stand: 1. Mai 2000, § 13 Rn. 2.
[28] Vgl. *Klattenhoff*, § 13 Rn. 7.
[29] Vgl. *Klattenhoff*, § 13 Rn. 7.
[30] Vgl. *Klattenhoff*, § 13 Rn. 7, Rn. 8, Rn. 14.
[31] Vgl. *Klattenhoff*, § 13 Rn. 7.
[32] BT-Drs. 13/4355, S. 17.
[33] BT-Drs. 13/4355, S. 17.

- dass eine Organentnahme nur unter den gesetzlich festgelegten Entnahmevoraussetzungen zulässig sei,
- dass „grundsätzlich jeder Mensch möglicher Organempfänger oder Organspender" werden könne.

Bei diesen Aspekten handelt es sich nur um *Vorschläge*. Auf der Grundlage des unspezifisch verfassten Gesetzestextes sind auch andere Akzente möglich. Der Fantasie der Verfasser(innen) von Aufklärungsmaterialien sind hier kaum Grenzen gesetzt, sofern nur irgendein erkennbarer Informationsbezug zum Transplantationswesen, so wie es im TPG ausgestaltet wurde, besteht.

16

dd) Form der Aufklärung

Die Art und Weise (Form) der Informationsarbeit wird im Transplantationsgesetz nicht näher normiert. Im Wesentlichen steht sie im Ermessen der zuständigen Stellen. In § 2 Abs. 1 S. 2 TPG heißt es nur, dass die in Satz 1 genannten öffentlichen Stellen „auch" Ausweise für die Erklärung zur Organspende (Organspendeausweise) zusammen mit „geeigneten Aufklärungsunterlagen" bereithalten „sollen" (wobei „sollen" denselben Sinn hat wie in Satz 1, vgl. Rdnr. 10). Die zuständigen Stellen werden sich vor allem am Rechtsgedanken des § 17 Abs. 1 Nr. 1 SGB I orientieren, wonach (auch) Informationsleistungen „in zeitgemäßer Weise" zu erbringen sind.[34]

17

Die zuständigen Stellen können jeden Informationsweg wählen. So verweist die amtliche Begründung z.B. auf „Rundfunk und Fernsehen"[35] – gemeint sind Hörfunk und Fernsehen, die beide Rundfunk sind.[36] In Betracht kommen z.B. Fernseh- oder Rundfunkspots. In Betracht kommen weiter Anzeigen in Publikationen (in Zeitungen, aber z.B. auch auf Kinokarten oder Theaterprogrammen), Merkblätter und Broschüren (die in Behörden – auch Justizvollzugsanstalten – oder anderen Stellen, etwa in kirchlichen Einrichtungen, ausgelegt bzw. an sie verschickt werden), Informations- und Diskussionsveranstaltungen etwa in Kirchengemeinden, Schulen, Einrichtungen der Erwachsenbildung, die (Mit-)Organisation von Vorlesungsreihen an einer Hochschule, die Erstellung von Kurzfilmen für das Vorprogramm in Kinos, Informationsstände in den Fußgängerzonen oder bei Großveranstaltungen (etwa Messen, „Tage der offenen Tür") und Homepages im Internet.[37] Auch die Einrichtung einer Telefon-Hotline, wie sie z.B. schon von der Deutschen Stiftung Organtransplantation (DSO) und dem Arbeitskreis Organtransplantation vorgehalten wird[38], kommt infrage.

18

---

[34] Vgl. *Klattenhoff*, § 13 Rn. 9.
[35] BT-Drs. 13/4355, S. 17, mit einem Verweis auf die „Breitenwirkung", die sich durch Hörfunk und Fernsehen erzielen lasse.
[36] Vgl. nur BVerfGE 12, 205 (226) – zu Art. 5 Abs. 1 S. 2 2. Alt. GG.
[37] Vgl. für einen Teil der Beispiele *Klattenhoff*, § 13 Rn. 9.
[38] Vgl. den Hinweis auf den von beiden genannten Organisationen eingerichteten (früheren) telefonischen „Infoservice Organspende" in: *Bundesministerium für Gesundheit* (Hrsg.), Das Transplantationsgesetz, Dez. 1997, S. 40; s. nunmehr das von BZgA und DSO betriebene „Infotelefon", dazu http://www.organspende-kampagne.de.

19 Unter geeigneten Aufklärungsunterlagen sind Unterlagen zu verstehen, die der Verschiedenheit der Bevölkerung und ihrer Interessen gerecht wird, also alle potenziell betroffenen Bevölkerungskreise verständlich ansprechen.[39] D. h., man wird sich zweckmäßigerweise um Kurzinformationen in Form übersichtlicher Falt- oder Flugblätter bemühen, aber auch ausführlichere Informationen bereithalten, die Bevölkerungsteilen mit vertieftem Interesse bzw. erhöhter Befassungsbereitschaft entgegenkommen. Denkbar ist auch die Erstellung von Unterrichtsmaterialien, die den unterschiedlichen Altersstufen der Schüler Rechnung trägt; insoweit wird man sich um eine Abstimmung mit den für das Schulwesen bzw. für die Lehrplangestaltung zuständigen Stellen der Länder bemühen.

20 Grundsätzlich ist das Informationsmaterial in deutscher Sprache zu verfassen.[40] Dabei kann auch, um die bessere Erreichbarkeit bestimmter Bevölkerungsgruppen zu ermöglichen, Informationsmaterial in den deutschen Mundarten angeboten werden. Es muss aber auch Informationsmaterial in nicht-deutscher Sprache vorliegen. Dies verlangt § 2 Abs. 1 TPG, der die „Aufklärung der Bevölkerung", nicht bloß der Deutschen verlangt. Das Informationsmaterial sollte in den Sprachen vorliegen, die unter der Gruppe der Nicht-Deutschen, die in Deutschland leben, am häufigsten auftreten; um andere Nicht-Deutschsprachige zu erreichen, empfehlen sich auch Informationsmaterialien (zumindest) in Englisch und Französisch.

ee) Zeitlicher Intervall der Aufklärungsbemühungen

21 § 2 Abs. 1 S. 3 verpflichtet die Krankenkassen und die, d. h. *alle* privaten Krankenversicherungsunternehmen dazu, diese Unterlagen – also die für die Erklärung zur Organspende erforderliche Unterlangen – zusammen mit geeigneten Aufklärungsunterlagen – in regelmäßigen Abständen ihren Versicherten, die das 16. Lebensjahr vollendet haben, zur Verfügung zu stellen, und zwar mit der Bitte, eine Erklärung zur Organspende abzugeben.

22 Was regelmäßige Abstände sind, legt das Gesetz nicht fest. Aber mit Blick auf die vom Gesetzgeber in der Begründung ausdrücklich benannte Absicht, die „Zurückhaltung bei der Organspende"[41] zu überwinden, sollten die Intervalle nicht zu groß sein. Andererseits wird man das Ziel der „Förderung der Bereitschaft zur Organspende"[42] kaum erreichen, wenn man die Versicherten allzu häufig mit der Bitte, eine Erklärung zur Organspende abzugeben, konfrontiert. Das kann zu einem „Abstumpfen" bzw. zu Neutralisierungseffekten führen, mit denen sich der Versicherte gegenüber der Befassung mit einem nicht einfachen Thema immunisiert. Der Bericht des Gesundheitsausschusses verweist beispielhaft auf die Ausgabe und Verlängerung der Krankenversicherungskarte (§ 291 SGB V) oder von ent-

---

[39] Vgl. *Klattenhoff*, § 13 Rn. 12.
[40] Rechtsgedanke des § 19 Abs. 1 SGB X und des § 23 Abs. 1 VwVfG-Bund: „Die Amtssprache ist deutsch."
[41] BT-Drs. 13/4355, S. 11.
[42] BT-Drs. 13/4355, S. 12.

sprechenden Versicherungsnachweisen der privaten Krankenversicherungsunternehmen.[43] Sie nennt auch entsprechende regelmäßige Veröffentlichungen oder Beilagen in den Mitgliederzeitschriften.[44] Als Untergrenze der Regelmäßigkeit dürfte die einmal pro Jahr erfolgende Information angemessen sein.

Die Annahme des Transplantationsgesetzgebers, man könne durch Anschreiben der Krankenkassen bzw. privaten Krankenversicherungsunternehmen die Versicherten, also die Bevölkerung, wirkungsvoll erreichen, ist eine aus empirischer Sicht auf tönernen Füßen stehende Annahme. Um auf diese Weise Aufmerksamkeit zu erregen, sollten die Anschreiben jedenfalls so gestaltet sein, dass sie nach Aufbau, Lay-out und Design Aufmerksamkeit erregen können. *23*

Die Hinzuziehung von PR-Experten dürfte dazu in der Regel erforderlich sein. Deren Finanzierung wie auch die Finanzierung anderer externer Experten ist von der Aufgabenzuständigkeit der öffentlichen Stellen im Rahmen der jeweiligen haushaltsrechtlichen Vorgaben gedeckt. *24*

2. § 2 Abs. 2: Erklärung zur Organspende

a) Eine gesetzessystematisch vorgezogene Regelung zur Organentnahme vom toten Spender

§ 2 Abs. 2 enthält eine Regelung, die systematisch richtigerweise in dem zweiten Abschnitt des Gesetzes über die Organentnahme bei toten Organspendern, insbesondere unter § 3 des Gesetzes, plaziert worden wäre.[45] Denn die Bestimmung legt drei grundlegende Entscheidungsmöglichkeiten fest, zwischen denen der (potenzielle) Organspender wählen kann. Er kann in eine Organentnahme nach § 3, also die Entnahme von Organen nach seinem Tod, entweder einwilligen[46] oder ihr widersprechen oder die Entscheidung einer namentlich benannten Person seines Vertrauens übertragen. Jede dieser drei Varianten ist für das Gesetz, wie es ausdrücklich heißt, eine „Erklärung zur Organspende". Gemeint ist freilich nur die Organspende, die nach dem Tod vollzogen wird, nicht die so genannte Lebendspende, die in § 8 geregelt ist. *25*

b) Beschränkbarkeit der Erklärung auf bestimmte Organe

Die Erklärung zur Organspende kann auf bestimmte Organe beschränkt werden (so § 2 Abs. 2 S. 2 TPG). Das heißt, der Erklärende, der in die Organentnahme einwilligt oder der eine Person seines Vertrauens benennt, kann die Organe (zum Begriff § 1 Rdnr. 13 ff.) benennen, deren Explantation zu Transplantationszwecken erwünscht wird. Damit eine Beschränkung eintritt, müssen die gemeinten Organe unzweideutig bestimmt sein. Allgemeine Angaben, z.B. die Formulierung es dürften nur „lebenswichtige Organe" entnommen werden, genügen nicht. *26*

---

[43] BT-Drs. 13/8017, S. 41.
[44] BT-Drs. 13/8017, S. 41.
[45] So noch der Gesetzentwurf BT-Drs. 13/4355, S. 4 (§ 3 Abs. 1 S. 2 und 3 des Entwurfs).
[46] Die Einwilligung hat rechtfertigende Wirkung, *Borowy*, S. 141 ff.

27 Andere Erklärungsinhalte, beispielsweise die Erklärung, ein Organ dürfe nur einer bestimmten Person übertragen werden, sind ebenfalls unzulässig. Das Gesetz hat den Inhalt der Erklärung zur Organspende abschließend festgelegt; eine beschränkende Erklärung, die sich auf andere Themen als die zu explantierenden Organe bezieht, sieht das Gesetz nicht vor. Sie wäre unbeachtlich.[47]

28 Enthält die Einwilligung unzulässige Beschränkungen (was durch Auslegung der Erklärung, §§ 133, 157 BGB analog, zu bestimmen ist)[48], dann ist die Erklärung zur Organspende als ganze unwirksam: Denn jemandem, der eine – wenn auch im Ergebnis unwirksam beschränkte – Erklärung zur Organspende abgegeben hat, kann man nicht den Willen zuschreiben, er habe eine unbeschränkte Organspende gewollt. Jemandem, der beispielsweise erklärt hat, eine bestimmte Person solle seine Leber bekommen, kann man nicht eine Erklärung des Inhalts zurechnen, er habe gewollt, dass irgendjemand seine Leber bekomme (Rechtsgedanke des § 139 BGB).[49] Eine Explantation unter Rückgriff auf § 4 TPG scheidet in diesen Fällen nicht per se aus.[50] Denn eine Einwilligung im Sinne des § 4 Abs. 1 S. 1 TPG liegt nur vor, wenn sie Rechtsfolgen zeitigt, also wirksam ist; nur sie kann die Entscheidungszuständigkeit der Angehörigen sperren. Allerdings müssen die Angehörigen bei der Ermittlung des mutmaßlichen Willens den Umstand berücksichtigen, dass der Spender nicht unbeschränkt spenden wollte; mit der Erfüllung der von ihm benannten Bedingung sollte sein Spendewille stehen und fallen. Im Regelfall wird daher die Entnahme dem mutmaßlichen Willen des (potenziellen) Spenders nicht entsprechen. Der Arzt muss die Angehörigen darüber im Rahmen seiner Hinweispflicht gem. § 4 Abs. 1 S. 4 TPG informieren.

c) Altersgrenzen

29 Die Einwilligung und die Übertragung der Entscheidung können vom vollendeten 16., der Widerspruch kann vom vollendeten 14. Lebensjahr an erklärt werden (§ 2 Abs. 2 S. 3 TPG). Es ist also nicht so – wie die Gesetzesbegründung meint –, „jeder"[51] könne eine Erklärung zur Organspende abgeben.

30 Das Gesetz staffelt mit dieser Regelung die Befugnis, eine Erklärung zur Organspende abzugeben. Die Befugnis, aktiv gestaltend tätig zu werden, also in die Organentnahme einzuwilligen oder die Entscheidung auf eine Person des Vertrauens zu übertragen (das Gesetz spricht ausdrücklich von der „Übertragung der Entscheidung"), bindet das TPG an das vollendete 16. Lebensjahr des Erklärenden. Damit setzt es typisierend voraus, dass ein Minderjähriger in diesem Alter über die Einsichts- und Urteilsfähigkeit verfügt, die zur Abgabe einer solchen, seine Persönlichkeit betreffenden Entscheidung erforderlich ist. Das TPG lehnt sich insofern zwar nicht ausdrücklich, aber doch der Sache nach an die Regelung des

---

[47] *Borowy*, S. 153 ff.
[48] *Borowy*, S. 151.
[49] *Borowy*, S. 156.
[50] A.A. *Borowy*, S. 156.
[51] BT-Drs. 13/4355, S. 17.

§ 2229 Abs. 1 BGB an, wonach ein Minderjähriger ein Testament errichten kann, wenn er das 16. Lebensjahr vollendet hat.[52] Die Befugnis, passiv abwehrend tätig zu werden, also der Entnahme zu widersprechen, bindet das Transplantationsgesetz an das vollendete 14. Lebensjahr. Es setzt insofern typisierend voraus, dass ein Minderjähriger in diesem Alter über die erforderliche Einsichts- und Urteilsfähigkeit verfügt. Dahinter steht ersichtlich die Vorstellung, dass es für einen Minderjährigen in diesem Alter leichter ist festzulegen, etwas – die Entnahme von Organen nach seinem Tod – nicht zu wollen, als umgekehrt festzulegen, dass er die Entnahme bzw. die Übertragung der Entscheidung will. Dass die Altersgrenze von 14 Jahren Auskunft gibt über die Entscheidungsfähigkeit eines Minderjährigen, sieht die Rechtsordnung auch an anderer Stelle, freilich in anderen Regelungskontexten ebenso.[53]

d) Einwilligungsfähigkeit
Unter welchen Voraussetzungen im Übrigen anzunehmen ist, dass der Erklärende 31
fähig ist, eine Erklärung abzugeben, also über die dazu erforderliche Einsichts- und Urteilsfähigkeit verfügt, dazu äußert sich das Transplantationsgesetz nicht. Es macht eine über das Erreichen der erforderlichen Altersgrenze hinausgehende spezifische Kompetenz nicht zur Zulässigkeitsvoraussetzung für die Entnahme bei toten Organspendern.

e) Kein Formzwang für die Erklärung zur Organspende
aa) Mögliche Formen der Erklärung – Organspendeausweis – Testament
Das Transplantationsgesetz bindet die Erklärung zur Organspende nicht an eine 32
bestimmte Form. D.h.: der Arzt, der das Vorliegen der Zulässigkeitsvoraussetzungen für die Entnahme von Organen beim toten Spender überprüft, muss sich bei Fehlen einer schriftlichen Einwilligung oder eines schriftlichen Widerspruchs bei den nächsten Angehörigen erkundigen, ob ihnen eine Erklärung zur Organspende bekannt ist, also eine nicht-schriftliche, mithin mündlich abgegebene Erklärung bekannt ist (dazu § 4 Rdnr. 5 ff.).

---

[52] S. auch § 5 Feuerbestattungsgesetz v. 15.5.1934 (RGBl. I S. 380), das beispielsweise in NRW als Landesrecht fortgilt (SGV NW Nr. 2127), wonach der Verstorbene zur Zeit seines Todes 16 Jahre alt gewesen sein muß, um die Bestattungsart (Feuerbestattung oder Erdbestattung) festlegen zu können.
[53] Vgl. § 5 Satz 1 des Gesetzes über die religiöse Kindererziehung vom 15. Juli 1921 (RGBl. S. 393, S. 1263): „Nach der Vollendung des 14. Lebensjahrs steht dem Kinde die Entscheidung darüber zu, zu welchem religiösen Bekenntnis es sich halten will." Auch der Kirchenaustritt ist ab dem 14. Lebensjahr möglich, vgl. § 2 Abs. 1 Kirchenaustrittsgesetz NRW v. 26.5.1981 (GVBl. S. 260). Im Strafrecht beginnt die Schuldfähigkeit (Strafmündigkeit) mit Vollendung des 14. Lebensjahres (§ 19 StGB, siehe auch § 1 JGG). § 8 Abs. 2 SGB VIII gewährt nicht-volljährigen Jugendlichen ab vollendetem 14. Lebensjahr ein Recht, sich in allen Angelegenheiten der Erziehung und Entwicklung an das Jugendamt zu wenden.

33   Die damit einhergehenden Beweisschwierigkeiten sieht das Gesetz sehr wohl, sodass es der schriftlichen Erklärung eine erhöhte Bindungskraft beimisst (dazu sogleich Rdnr. 36 ff.; § 4 Rdnr. 5 ff.) und – darüber hinaus – für eine gewisse praktische Formalisierung schriftlicher Erklärungen zur Organspende Vorsorge trifft. Es ermöglicht die Erstellung von Mustern für Organspendeausweise (unten Rdnr. 48 f.), also von – so die Legaldefinition – Ausweisen für die Erklärung zur Organspende (vgl. den Wortlaut von § 2 Abs. 1 S. 2 TPG).

34   Es ist festzuhalten, dass Voraussetzung für die Abgabe einer schriftlichen Erklärung nicht die Ausfüllung eines Organspendeausweises ist, auch nicht die Ausfüllung eines Organspendeausweises, der dem amtlichen Muster gem. § 2 Abs. 5 TPG entspricht. Als schriftliche Erklärung kommt jede mittels Schriftzeichen – auf welchem Informationsträger auch immer gespeicherte – Erklärung infrage, die Auskunft über den Urheber der Erklärung und über die Art der Erklärung zur Organspende nach § 2 Abs. 2 TPG gibt.[54]

35   Es ist dem Spender nicht verwehrt, in einer letztwilligen Verfügung, etwa einem Testament, auch TPG-relevante Verfügungen zutreffen. Im Hinblick auf den engen zeitlichen Rahmen, denen Organtransplantationen aus medizinischen, aber auch bestattungsrechtlichen Gründen (Bestattungsfristen) unterliegen (§ 6 Rdnr. 30), ist es aber nicht zweckmäßig, transplantationsrelevante Verfügungen in ein Testament aufzunehmen. Bis zur Testamentseröffnung kann im Regelfall nicht gewartet werden.[55]

bb) Bindungswirkung schriftlicher Erklärungen – Widerruflichkeit

36   Grundsätzlich ist zu bedenken, dass § 2 Abs. 2 S. 1 i.V.m. § 4 Abs. 1 S. 1 TPG auf einfachgesetzlicher Ebene die grundrechtlich geschützte Freiheit zur „Selbstbestimmung durch zukunftswirksame Festlegung(en)"[56] anerkennt.[57] Nach der Bindungskraft schriftlicher Erklärungen lässt sich folgendermaßen unterscheiden:

37   Eine schriftliche Erklärung, die ein ausgefüllter Organspendeausweis sein kann, aber nicht sein muss, aus der sich ergibt, dass der Erklärende in eine Organentnahme einwilligt, bindet den Arzt, der die Zulässigkeitsvoraussetzungen einer Organspende überprüft. Den Arzt trifft weder eine grundsätzliche Nachforschungspflicht[58] hinsichtlich eines möglichen Sinneswandels noch muss er mündliche

---

[54] BT-Drucks. 13/4355, S. 18: die Möglichkeit bleibt unberührt, „weiterhin auch auf andere Weise eine Erklärung zur Organspende (...) abzugeben und zu dokumentieren." S. auch BT-Drs. 13/8027, S. 9, wo darauf hingewiesen wird, die Erklärung zur Organspende könne „z.B. (...) auf einem Organspendeausweis" dokumentiert werden.
[55] So ausdrückl. die amtl. Begr. BT-Drucks. 13/4355, S. 17: die Erklärung im Rahmen eines Testamentes komme daher „grundsätzlich nicht in Betracht". – Die Möglichkeit, dass ein Spender bei Einlieferung ins Krankenhaus ein Testament bei sich trägt, in dem eine TPG-relevante Verfügung enthalten ist, darf hier als praktisch wenig wahrscheinlich außer Betracht bleiben.
[56] *Sachs*, in: Stern, Staatsrecht, Bd. III/1, 1988, S. 642.
[57] S. dazu auch *Höfling*, Forum: „Sterbehilfe" zwischen Selbstbestimmung und Integritätsschutz, JuS 2000, 111 (115).
[58] *Borowy*, S. 157.

Bekundungen Dritter, nach denen der Erklärende seine Erklärung widerrufen habe, beachten (zu dieser rechtsscheinsähnlichen Wirkung sogleich Rdnr. 42).[59]

Das Gleiche gilt für einen schriftlichen, ggf. in einem Organspendeausweis erklärten Widerspruch. Auch er bindet den Arzt. 38

Das heißt: Weder eine schriftliche Einwilligung noch ein schriftlicher Widerspruch können durch Erklärungen der nächsten Angehörigen oder auf anderem Wege überspielt werden. Die schriftliche Einwilligung öffnet gleichsam die Schranke zum Operationssaal. Der schriftliche Widerspruch entfaltet unbedingte Sperrwirkung (vgl. dazu § 4 Abs. 1 S. 1). Der Arzt hat hinsichtlich dieser schriftlichen Erklärung nur die Befugnis zur Evidenzkontrolle, d.h.: sollte diesen Erklärungen gleichsam „auf die Stirn" geschrieben sein, dass mit ihnen etwas nicht in Ordnung ist[60], darf der Arzt sie nicht beachten (etwa bei völliger Unleserlichkeit oder Unerkennbarkeit bzw. Fehlen der Unterschrift). Eine andere Handschrift als die des Spenders – was durch Befragen der gem. § 3 Abs. 3 TPG zu informierenden Angehörigen geklärt werden kann – kann ein Indiz für ausnahmsweise angezeigte Nachforschungen des Arztes sein, denn sie kann darauf hindeuten, dass es sich nicht um eine schriftliche Erklärung gerade des möglichen Organspenders handelt, wie sie das Gesetz aber fordert (vgl. § 4 Abs. 1 S. 1 TPG). 39

Eine schriftliche Erklärung, durch die der Erklärende eine Person seines Vertrauens ermächtigt hat, an seiner statt eine Entscheidung zu treffen, entfaltet unter diesen Bedingungen ebenfalls Bindungswirkung. 40

Um Zweifeln in der Entscheidungssituation aus dem Weg zu gehen, kann es zweckmäßig sein, eine schriftliche Erklärung zur Organspende im Vorfeld rechtzeitig notariell beurkunden zu lassen. In diesem Fall ist für eine Evidenzkontrolle des Arztes kein Raum mehr. Die gesteigerte Formalisierung, die in der notariellen Beurkundung liegt, schafft unbedingte Bindungskraft. 41

Anders als bei der Lebendspende (vgl. § 8 Abs. 2 S. 5) enthält das TPG keine Regelung über die Widerruflichkeit der erklärten Einwilligung in die postmortale Einwilligung.[61] Dass die Einwilligung dennoch (ebenso wie ein erklärter Widerspruch) jederzeit widerruflich ist, folgt daraus, dass die Einwilligungsbefugnis des möglichen Organspenders in Eingriffe in die Integrität seines toten Körpers in seinem fortwirkenden Selbstbestimmungsrecht begründet ist. Gleichwohl enthält das TPG, wenn der mögliche Organspender einmal eine Erklärung zur Organspende *schriftlich* abgegeben hat, keine Möglichkeit, einen etwa nur mündlich erklärten Sinneswandel zu berücksichtigen, solange das Schriftstück nicht beseitigt wurde. Nach § 4 Abs. 1 S. 1 TPG hat der Arzt den nächsten Angehörigen erst dann zu befragen, ob ihm eine Erklärung des möglichen Spenders bekannt ist, wenn weder 42

---

[59] A.A. *Borowy*, S. 157, der allerdings den rechtsscheinsähnlichen Charakter der schriftlichen Erklärung, so wie er in § 4 Abs.1 S. 1 Halbs. 1 TPG ausgeformt ist, nicht konsequent zu Ende denkt.
[60] Vgl. heuristisch zu diesem Kriterium, der einen „offensichtlich" nichtigen Verwaltungsakt erkennbar machen soll (§ 44 Abs. 1 VwVfG-Bund), die Kommentierung von *Kopp/Ramsauer*, VwVfG, 7. Aufl. 2000, § 44 Rn. 12.
[61] Z.F. *Walter*, FamRZ 1998, 201 (206).

eine schriftliche Einwilligung noch ein schriftlicher Widerspruch vorliegen. Die schriftlich verfasste Erklärung zur Organspende entfaltet somit den Rechtsschein eines nicht vorhandenen Widerrufs.[62]

3. Zu § 2 Abs. 3 u. Abs. 4 – Organspenderegister

43 Die Vorschriften des § 2 Abs. 3 und 4 betreffen die Einrichtung eines Organspenderegisters (Abs. 3) und den Umgang mit Auskünften aus dem Organspenderegister (Abs. 4). Der Gesetzgeber schafft in Abs. 3 eine Rechtsgrundlage, die das Bundesministerium für Gesundheit ermächtigt, durch Rechtsverordnungen mit Zustimmung des Bundesrates (sog. zustimmungspflichtige Rechtsverordnung) einer Stelle die Aufgabe zu übertragen, die Erklärungen zur Organspende auf Wunsch der Erklärenden zu speichern und darüber berechtigten Personen Auskunft zu erteilen (Organspenderegister).

44 Gemessen an der Vorgabe des Art. 80 Abs. 1 S. 2 GG, wonach in einem förmlichen Parlamentsgesetz Inhalt, Zweck und Ausmaß der Ermächtigung bestimmt sein müssen, legt das Transplantationsgesetz fest, in welcher Weise sich die Rechtsverordnung zum Organspenderegister verhalten muss. § 2 Abs. 3 Satz 2 TPG sieht danach vor, dass die gespeicherten personenbezogenen Daten nur zum Zwecke der Feststellung verwendet werden dürfen, ob bei demjenigen, der die Erklärung abgegeben hatte, eine Organentnahme nach den §§ 3 oder 4 zulässig ist, also eine Organentnahme nach dem Tod. Das Organspenderegister ist mithin nur ein Register das Erklärungen zur Organspende im Sinne des § 2 Abs. 2 registriert, die sich auf die postmortale Organspende beziehen. Die Rechtsverordnung muss „insbesondere" Folgendes regeln:

- organisatorische Aspekte, insbesondere die Einrichtung von Anlaufstellen, bei denen die Erklärungen zur Organspende zum Zwecke der Registrierung entgegen genommen werden können, die Verwendung eines Vordrucks, die Art der darauf anzugebenden Daten, die Prüfung der Identität des Erklärenden (Nr. 1),

- die Übermittlung der Erklärungen durch die Anlaufstellen an das Organspenderegister sowie die Speicherung der Erklärungen und der darin enthaltenen Daten bei den Anlaufstellen und dem Register (Nr. 2),

- die Aufzeichnung aller Abrufe im automatisierten Verfahren nach § 10 des Bundesdatenschutzgesetzes sowie der sonstigen Auskünfte aus dem Organspenderegister zum Zwecke der Prüfung der Zulässigkeit der Anfragen und Auskünfte (Nr. 3)[63],

- die Speicherung der Personendaten der nach Abs. 4 Satz 1 auskunftsberechtigten Ärzte bei dem Register sowie die Vergabe, Speicherung und Zusammensetzung der Codenummern für ihre Auskunftsberechtigung (Nr. 4),

---

[62] S. auch *Walter*, FamRZ 1998, 201 (210 Anm. 62): „rechtsscheinähnliche Wirkung des Organspendeausweises".
[63] S. auch den Hinweis auf § 10 BDSG in BT-Drucks. 13/8017, S. 41.

- die Löschung der gespeicherten Daten (Nr. 5)[64] und
- die Finanzierung des Organspenderegisters (Nr. 6).

Im Einzelnen ist Folgendes zu bedenken: 45

- mit „Finanzierung" ist nach den Vorstellungen der Gesetzesbegründung Verschiedenes gemeint. Infrage kommt z.B. die Verwendung öffentlicher Mittel, der Einsatz von Pflegesatzerlösen der Transplantationszentren für die Organübertragung, die Erhebung von Gebühren für die Abgabe der Erklärungen zur Organspende oder eine Kombination verschiedener Finanzierungsmöglichkeiten.[65]
- Soweit die Bestimmungen des Abs. 3 (ebenso wie die Bestimmungen des Abs. 4) sich auf das Datenschutzrecht beziehen, sind die Legaldefinitionen und Begriffe des Bundesdatenschutzgesetzes zu berücksichtigen. Insbesondere ist hier § 3 BDSG von Bedeutung. Das Bundesdatenschutzgesetz findet, soweit es speziellere Vorschriften im TPG nicht gibt, im Geltungsbereich des Transplantationsgesetzes subsidiär Anwendung (vgl. § 1 Abs. 4 Satz 1 BDSG).
- Die Anlaufstelle kann z.B. bei einer Behörde (etwa bei den Einwohnermeldeämtern), bei den Krankenkassen, bei anderen Körperschaften des öffentlichen Rechts oder bei einer anderen geeigneten Organisation eingerichtet werden; sie kann aber auch unabhängig als selbstständige Stelle errichtet werden.[66]
- Die Entgegennahme und Verwaltung der Erklärungen sowie die Organisation des Zugriffs muss einfach, übersichtlich und zuverlässig ausgestaltet bzw. praktiziert werden. Anders ließe sich der Zweck des Organspenderegisters, „größtmögliche Sicherheit"[67] bei der Ermittlung des Willens zur Organspende oder des Willens gegen eine Organspende zu schaffen, nicht erreichen. Die in einem optimal funktionierenden Register abgespeicherte Erklärung zur Organspende ist nicht, wie die Gesetzesbegründung zutreffend ausführt, wie ein Schriftstück der Gefahr ausgesetzt, verloren zu gehen oder Unbefugten bekannt zu werden oder bei Bedarf nicht oder nicht rechtzeitig auffindbar zu sein.[68] Die sorgfältig praktizierte Registrierung ermöglicht vielmehr eine sichere Dokumentation der Erklärungen, die nur der Erklärende ändern kann, die er vor anderen zuverlässig geheim halten kann, wenn er dies wünscht, und die erst im Fall des endgültigen nicht behebbaren Ausfalls seiner gesamten Hirnfunktion oder des endgültigen nicht behebbaren Stillstands seines Herzens und Kreislaufs (siehe zur Todesfeststellung die Kommentierung zu § 3 und zu § 5 Abs. 1 TPG) abrufbar ist.
- Die Registrierung, die nach § 2 Abs. 3 TPG möglich ist, ist eine freiwillige Angelegenheit, zu der nach dem Gesetz niemand gezwungen werden darf.

---

[64] Etwa auf Verlangen desjenigen, dessen Erklärung gespeichert ist, oder zur Bereinigung des Datenbestandes aufgrund von Sterbefällen ohne Auskunftsersuchen, vgl. BT-Drucks. 13/4355, S. 18.
[65] BT-Drs. 13/4355, S. 18.
[66] BT-Drs. 13/4355, S. 17.
[67] BT-Drs. 13/4355, S. 17.
[68] BT-Drs. 13/4355, S. 17.

46 Das Organspenderegister ist bislang nicht errichtet worden. Es ist wenig wahrscheinlich, das es in Zukunft errichtet wird. Angesichts der bekannten fiskalischen (Dauer-)Krise der öffentlichen Haushalte und im Hinblick auf den Umstand, dass auf der Agenda der gesundheitspolitischen Themen andere Probleme als vordringlicher gelten, dürfte die Ermächtigungsnorm des § 2 Abs. 3 TPG praktisch totes Recht sein[69]; dies gilt auch für alle anderen Vorschriften des TPG, die sich auf das Organspenderegister beziehen.

47 Abs. 4 des § 2 formalisiert die Erteilung von Auskünften aus dem Organspenderegister, um Missbräuche zu vermeiden. So darf der zur Auskunftseinholung berechtigte Arzt an der Organentnahme oder der Übertragung der Organe nicht beteiligt sein und auch nicht Weisungen eines Arztes unterstehen, der an der Entnahme oder Übertragung der Organe beteiligt ist. Außerdem darf die Anfrage bei dem Organspenderegister und mithin auch die Auskunft erst erfolgen, nachdem der Tod des Explantationskandidaten festgestellt ist. Der Arzt, dem die Auskunft erteilt wurde, darf die Information nur an den (verantwortlichen) Arzt weitergeben, der die Organentnahme vornehmen soll; das sollte im Wege des Direktkontaktes zwischen dem zur Auskunftseinholung berechtigten Arzt und dem Arzt geschehen, der die Organentnahme leitet, kann aber in Ausnahmefällen auch so geschehen, dass eine unter der Führung des leitenden Arztes stehende ärztliche Person, die an der Organentnahmeoperation assistierend beteiligt ist, von dem auskunftsberechtigten Arzt informiert wird, sodass dieser Arzt im Hinblick auf den leitenden Arzt gleichsam als Bote tätig wird. Die Auskunft des Organspenderegisters darf überdies an die nächsten Angehörigen weitergegeben werden, die nach Maßgabe des § 3 Abs. 3 Satz 1 bzw. nach § 4 über die beabsichtigte bzw. über eine infrage kommende Organentnahme zu unterrichten sind (dazu im Einzelnen die Kommentierungen zu den genannten Vorschriften).

4. § 2 Abs. 5 – Muster eines Organspendeausweises

48 Die Vorschrift ermächtigt das Bundesministerium für Gesundheit, durch allgemeine Verwaltungsvorschrift mit Zustimmung des Bundesrates ein Muster für einen Organspendeausweis festzulegen und es im Bundesanzeiger bekannt zu machen. Von dieser Ermächtigung hat das Bundesgesundheitsministerium Gebrauch gemacht. Das Muster für einen Organspendeausweis wurde im Bundesanzeiger veröffentlicht (BAnz. Nr. 103 a v. 6. Juni 1998). Der Ausweis enthält Rubriken, in denen Vor- und Nachname, Geburtsdatum, Straße und Wohnort einzutragen und in denen anzugeben ist, ob und ggfs. inwieweit man eine Transplantationszwecken dienende Organ- bzw. Gewebeentnahme wolle bzw. nicht wolle bzw., ob man die Entscheidung einer Person übertragen hat (wenn ja, Angaben zu Vor- und Nachname, Straße und Wohnort sowie Telefon). Enthalten ist eine Rubrik für Anmerkungen/besondere Hinweise sowie eine Datums- und Unterschriftenleiste.

---

[69] So schon die Einschätzung bei *Rixen*, Datenschutz im Transplantationsgesetz, DuD 1998, 75 (76 mit dortiger Anm. 18).

Die Ausweisformulare, die etwa von der Bundeszentrale für gesundheitliche Aufklärung[70] oder von der Niedersächsischen Gemeinschaftsinitiative für Organspende[71] herausgegeben wurden, entsprechen diesem Muster. Ein neues Muster mit verbesserter Gestaltung ist in Vorbereitung (s. nunmehr BAnz. Nr. 209 a v. 9. November 2002).[72]

---

[70] Bundeszentrale für gesundheitliche Aufklärung (Hrsg.), „Ihr persönlicher Organspendeausweis" – Zum Heraustrennen, o. J.
[71] Hrsgg. vom *Niedersächsischen Ministerium für Frauen, Arbeit und Soziales,* Juni 1998.
[72] Vgl. die Pressemitteilung des Bundesgesundheitsministeriums v. 14. 8. 2002, abrufbar unter http://www.bmgesundheit.de (Rubrik „Presse").

ZWEITER ABSCHNITT
Organentnahme bei toten Organspendern
§ 3
Organentnahme mit Einwilligung des Organspenders

(1) Die Entnahme von Organen ist, soweit in § 4 nichts Abweichendes bestimmt ist, nur zulässig, wenn

1. der Organspender in die Entnahme eingewilligt hatte,
2. der Tod des Organspenders nach Regeln, die dem Stand der Erkenntnisse der medizinischen Wissenschaft entsprechen, festgestellt ist und
3. der Eingriff durch einen Arzt vorgenommen wird.

(2) Die Entnahme von Organen ist unzulässig, wenn

1. die Person, deren Tod festgestellt ist, der Organentnahme widersprochen hatte,
2. nicht vor der Entnahme bei dem Organspender der endgültige, nicht behebbare Ausfall der Gesamtfunktion des Großhirns, des Kleinhirns und des Hirnstamms nach Verfahrensregeln, die dem Stand der Erkenntnisse der medizinischen Wissenschaft entsprechen, festgestellt ist.

(3) ¹Der Arzt hat den nächsten Angehörigen des Organspenders über die beabsichtigte Organentnahme zu unterrichten. ²Er hat Ablauf und Umfang der Organentnahme aufzuzeichnen. ³Der nächste Angehörige hat das Recht auf Einsichtnahme. ⁴Er kann eine Person seines Vertrauens hinzuziehen.

Gliederung

		Rdnr.
I.	Grundsätzliche Bedeutung und Regelungsgegenstand	1
II.	Die Erläuterungen im Einzelnen	4
	1. Organentnahme mit Einwilligung des toten Spenders (§ 3 Abs. 1 und 2) . .	4
	a) Erklärungen zur Organspende	5
	b) Todesfeststellung und Todesbegriff	7
	c) Exkurs: Die Hirntodkonzeption auf dem Prüfstand der Verfassung	13
	2. Informationelle Einbindung der Angehörigen	20

I. Grundsätzliche Bedeutung und Regelungsgegenstand

Der zweite Abschnitt des Transplantationsgesetzes, dessen erster Paragraf die Bestimmung des § 3 ist, gilt, wie die Überschrift zeigt, der Organentnahme bei toten Organspendern. Neben der sog. Lebendspende, die mit Ausnahme der in § 1 Abs. 2 TPG genannten Materien in § 8 TPG geregelt wird, ist die Entnahme vom

1

toten Organspender (auch Leichen- oder Kadaverspende genannt) der zweite, praktisch freilich bislang noch wichtigere Bereich der Organtransplantation, der durch das Transplantationsgesetz geregelt wird. Die §§ 3 ff. TPG beziehen sich – dies zu betonen ist wichtig – nicht nur auf die sog. vermittlungspflichtigen Organe im Sinne des § 9 (Herz, Niere, Leber, Lunge, Bauchspeicheldrüse und Darm), sondern auf alle Organe, Organteile und Gewebe im Sinne des § 1 Abs. 1 Satz 1 TPG, also etwa auch auf die Entnahme von Augenhornhäuten oder Hirnhäuten. Das bedeutet z.B., dass die Entnahme von Augenhornhäuten, zu der es unter Verstoß gegen die §§ 3 und 4 TPG kommt, ein kriminelles Verhalten ist, denn § 19 Abs. 1 TPG knüpft an Verstöße gegen die §§ 3 und 4 TPG eine Strafandrohung.

2   § 3 regelt in den Absätzen 1 und 2 die Zulässigkeitsvoraussetzungen für die Organentnahme beim toten Spender, und zwar in der Weise, dass zur grundsätzlichen Voraussetzung eine Erklärung des Verstorbenen gemacht wird und außerdem das Vorliegen des Todes festgestellt sein muss. Abs. 3 regelt die informationelle Einbindung der Angehörigen in das Geschehen: Sie sollen über die beabsichtigte Entnahme Bescheid wissen. Außerdem enthält § 3 Abs. 3 Dokumentationspflichten und ihnen entsprechende Einsichtnahmerechte der Angehörigen.

3   Die Organentnahme beim toten Organspender setzt voraus, dass der Organspender tot ist. Diese tautologisch anmutende, weil selbstverständlich erscheinende Aussage, war in der Entstehungszeit des Gesetzes Anlass für grundgreifende Kontroversen. Die Frage nämlich, wann ein Mensch tot sei bzw., ob ein Mensch, bei dem ein irreversibler Funktionsausfall des gesamten Gehirns diagnostiziert worden ist, als tot zu gelten hat, war hoch umstritten und ist durch das Gesetz – wenn auch durch eine etwas verklausulierte Form – dahingehend entschieden worden, dass der sog. Hirntod-Zustand als Tod des Menschen jedenfalls bei allen Organexplantationen gilt, die einen durchbluteten Kreislauf, wie er bei intensivmedizinisch behandelten hirntoten Patienten, die für eine Transplantation infrage kommen vorhanden ist, voraussetzen. Nach einer „im Vordringen befindlichen Auffassung"[1] insbesondere in der Verfassungsrechtslehre ist ein Mensch im Zustande des sog. Hirntodes indes nicht tot, also nicht der Leiche gleichzusetzen, sondern lebendig.[2] Dieser Ansicht ist der Gesetzgeber nicht gefolgt; vielmehr hat er sich – obwohl dies in den Gesetzesberatungen vonseiten der Befürworter des Hirntodkonzeptes verschiedentlich in Abrede gestellt wurde – auf die Seite derer geschlagen, die die Gleichung „Tod = Hirntod" für richtig halten.[3] Dabei bedient sich der Gesetzgeber einer Regelungstechnik, die diese Wertentscheidung für das Hirntodkonzept und die ihm zugrunde liegenden Wertungen verschleiert und sie als reine Faktenfrage, die durch medizinische Tatsachenexperten zu beantworten

---

[1] *Wagner/Brocker*, Hirntodkriterium und Lebensgrundrecht, ZRP 1996, 226 (226).
[2] Beginn der verfassungsrechtlichen Kritik bei *Höfling*, Um Leben und Tod: Transplantationsgesetzgebung und Grundrecht auf Leben, JZ 1995, 26 ff.; erste Zwischenbilanz bei *Höfling/Rixen*, Verfassungsfragen der Transplantationsmedizin, 1996; umfassende Systematisierung bei *Rixen*, Lebensschutz am Lebensende, 1999.
[3] Dazu die Analyse der Entstehungsgeschichte, insb. der parlamentarischen Beratungen bei *Rixen*, 1999, S. 382 ff.; ferner die Ausführungen von *in der Schmitten* im Anhang zu § 3.

ist, ausweist. Das führt zu einer aus verfassungsrechtlicher Sicht höchst bedenklichen Indienstnahme der Bundesärztekammer, die gem. § 16 ermächtigt ist, die Regeln zur Feststellung des Todes, auch zur Feststellung des Hirntodes, zu normieren, und die dadurch ermächtigt wird, nicht etwa nur reine Tatsachenfragen zu beantworten, sondern zugleich auch die vom Gesetzgeber favorisierte Wertentscheidung für ein bestimmtes Menschenbild zu konkretisieren, nach dem Menschen, die hirnorganisch schwerst versehrt sind als tot zu gelten haben.[4]

II. Die Erläuterungen im einzelnen

1. Organentnahme mit Einwilligung des toten Spenders (§ 3 Abs. 1 und 2)

Die Organentnahme ist, soweit in § 4 nichts abweichendes bestimmt ist, zulässig, wenn der Organspender in die Entnahme eingewilligt hatte (§ 3 Abs. 1 Nr. 1) *und* wenn der Tod des Organspenders nach Regeln, die dem Stand der Erkenntnisse der medizinischen Wissenschaft entsprechen, festgestellt ist (§ 3 Abs. 1 Nr. 2). Für den praktisch bedeutsamsten Fall der Entnahme von Organen, deren Lebensfähigkeit nur gewährleistet ist, wenn sie einem durchbluteten Körper entnommen werden, bedeutet dies, dass bei dem Organspender vor der Entnahme der endgültige, nicht behebbare Ausfall der Gesamtfunktionen des Großhirns, des Kleinhirns und des Hirnstamms nach Verfahrensregeln, die dem Stand der Erkenntnisse der medizinischen Wissenschaft entsprechen, festgestellt worden sein muss (§ 3 Abs. 2 Nr. 2). Unzulässig ist die Organentnahme, wenn der potenzielle „Organspender" der Entnahme widersprochen hatte (§ 3 Abs. 2 Nr. 1).

a) Erklärungen zur Organspende

Einwilligung und Widerspruch sind Erklärungen zur Organspende im Sinne des § 2 Abs. 2 TPG (s. § 2 Rdnr. 25 ff.). Die Zustimmung des Betroffenen sichert dessen Recht auf Selbstbestimmung über das postmortale Schicksal seines toten Körpers „am besten".[5] Da allerdings in Fragen der Organspende eine „Einwilligungslethargie"[6] zu beobachten ist, greift das Gesetz zu „substituierende(n) Rechtskonstruktionen".[7] Das ist vor dem Hintergrund des gesetzgeberischen Ziels, die Zurückhaltung in der Organspende zu überwinden[8], folgerichtig.

Bei 1.039 Explantierten im Jahre 1999 lag nur in 4 % der Fälle ein Spenderausweis vor, in 9 % der Fälle gab es einen bekannten mündlich geäußerten Willen, und in 81 % der Fälle wurde durch die nächsten Angehörigen ein mutmaßlicher Wille des Verstorbenen ermittelt, in 6 % der Fälle mussten die Angehörigen ex-

---

[4] Dazu die nachfolgenden Erläuterungen einschl. des Anhanges zu § 3 sowie die Erläuterungen zu § 16 einschl. des Anhanges.
[5] So der *Bundesbeauftragte für den Datenschutz*, 16. Tätigkeitsbericht 199
[6] *Gallwas*, Der andere Standpunkt: Anmerkungen zu den verfassungsrechtlichen Vorgaben für ein Transplantationsgesetz, JZ 1996, 851 (852).
[7] *Gallwas*, JZ 1996, 851 (852).
[8] BT-Drs. 13/4355, S. 11.

plizit nach eigenen Wertvorstellungen entscheiden, weil es hierbei um Kinder handelte.⁹ Ohne eine Regelung wie die des § 4 TPG käme es nur in deutlich weniger Fällen (4 % + 9 % = 13 % -> ca. 135 Explantierte) zu einer Explantation. Sie ist deshalb die „zentrale Vorschrift des deutschen Transplantationsgesetzes."¹⁰ Näher § 4 Rdnr. 1, 5 ff.

b) Todesfeststellung und Todesbegriff

7   Betrachtet man die Regelungstechnik und den Regelungsinhalt, mit dem das Transplantationsgesetz den Tod als zentrales normatives Kriterium für die Transplantationsmedizin thematisiert, so ergibt sich ein irritierend unklares Bild. Einerseits wird in § 3 Abs. 1 Nr. 2 als Zulässigkeitsvoraussetzung für die Organentnahme der Tod des Organspenders genannt, dem aber in § 3 Abs. 2 Nr. 2 als Unzulässigkeitsgrenze der Zeitpunkt der Hirntoddiagnose hinzugefügt wird. Angesichts dieser Regelungen ist davon gesprochen worden, das Transplantationsgesetz arbeite „mit zwei Todesbegriffen".¹¹

8   Auch die Gesetzesbegründung trägt zur Aufhellung wenig bei. Im Gegenteil: Sie simplifiziert den Problemzusammenhang, wenn sie ausführt, die Feststellung des Todes richte sich – wie im gesamten deutschen Recht – nach dem Stande der Erkenntnisse der medizinischen Wissenschaft; diese umfassten die Definition der Todeskriterien nach naturwissenschaftlich-medizinischer Erkenntnis, die diagnostischen Verfahren, mit denen die Erfüllung dieser Kriterien festgestellt werden kann, und die dazu erforderliche ärztliche Qualifikation.¹² Ebenso ist es verwirrend, wenn die Gesetzesbegründung ausführt, es sei zwischen einer „direkten Feststellung des Gesamthirntodes unter intensivmedizinischen Bedingungen bei künstlicher Aufrechterhaltung der Atmungs- und Kreislauffunktion" und der „indirekten Feststellung des Gesamthirntodes anhand äußerlich erkennbarer Todeszeichen nach Eintritt des Herzstillstandes" zu unterscheiden.¹³ Denn dies lässt außer Acht, dass nach den vom Gesetzgeber in der Sache herangezogenen Standards der Bundesärztekammer per definitionem der Gesamthirntod immer nur unter intensivmedizinischen Bedingungen bei künstlicher Aufrechterhaltung der Atmungs- und Kreislauffunktion eintreten und erkennbar sein kann.¹⁴ Der irrever-

---

9   Zahlen bei *Smit u.a.*, Organspende und Transplantation in Deutschland 1999, hrsgg. v. der Deutschen Stiftung Organtransplantation, 2000, S. 14; zur Zahl der Explantierten S. 12.
10 *Kühn*, Das neue deutsche Transplantationsgesetz, MedR 1998, 455 (456).
11 So *Deutsch*, NJW 1998, 778; s. ferner *Lilie*, Transplantationsgesetz – Was nun?, in: Medizin-Recht-Ethik. Rechtsphilosophische Hefte Bd. 8, 1998, S. 89 (94), merkt an, dass es dem Gesetzgeber nicht gelungen sei, „eine klare Position dazu zu beziehen, wann der Mensch von Rechts wegen als tot zu gelten habe".
12 BT-Drs. 13/8027, S. 8.
13 BT-Drs. 13/8027, S. 8.
14 S. etwa *Wissenschaftlicher Beirat der Bundesärztekammer*, Kriterien des Hirntodes – Dritte Fortschreibung 1997, DÄBl. 1997, C-957 (958): „Der Hirntod wird definiert als Zustand der irreversibel erloschenen Gesamtfunktion des Großhirns, des Kleinhirns und des Hirnstamms. Dabei wird durch kontrollierte Beatmung die Herz- und Kreislauf-

sible Hirnfunktionsausfall an sich ist nicht der Hirntod, so wie er von der Bundesärztekammer verstanden wird.[15] Die Behauptung, es gebe eine vermeintlich „direkte" Feststellung des Gesamthirntodes unter intensivmedizinischen Bedingungen und eine vermeintlich „indirekte" Feststellung des Gesamthirntodes ohne intensivmedizinischen Bedingungen entspricht zwar nicht den Standards der Bundesärztekammer, soll aber den Eindruck erwecken, als sei der irreversible Gesamtfunktionsausfall des Gehirns immer schon das entscheidende Todeszeichen gewesen, das sich über verschiedene Erkenntniswege feststellen lässt. Vor diesem Hintergrund gelingt es dem Gesetzgeber zu insinuieren, dass der unumkehrbare Herzstillstand nur deshalb als Anzeichen des Todes gelte, weil er auf den immer schon maßgeblichen irreversiblen Hirntod verweise; genau dies aber entspricht weder den medizinhistorischen Fakten noch der Praxis der Todesfeststellung im übrigen.[16] Die Hirntodfeststellung spielt allenfalls bei den ca. 2000 gemeldeten potenziellen (hirntoten) Spendern pro Jahr eine Rolle.[17] Bei den übrigen, der pro Jahr in Deutschland versterbenden ca. 900.000 Menschen spielt die Feststellung des Hirntodes bzw. die Hirntoddiagnostik keine Rolle. Zu behaupten, auch in diesen übrigen Fällen werde immer, wenn auch vermittelt, der Hirntod festgestellt, ist daher nur eine Art Schutzbehauptung, die zur Legitimation des Gesetzes und zur Beruhigung der Kontroversen, die um die Todesfeststellung bei der Gesetzesentstehung entstanden waren, gedient hat.

Auch der Verweis auf die im gesamten deutschen Recht übliche Todesfeststellung nach den Erkenntnissen der medizinischen Wissenschaft, liegt neben der Sache. Es geht nicht darum, wie ein bestimmter Zustand, der *von Rechts wegen* als Tod zu gelten hat, naturwissenschaftlich-medizinisch erkennbar wird. In dieser Hinsicht, nämlich die biologischen Tatsachen nachzuweisen, die *definitionsgemäß* auf den Tod eines Menschen hindeuten, sind Mediziner kompetent. Sie sind aber nicht kompetent, den Zustand festzulegen, der der Tod des Menschen von Rechts wegen sein *soll*; denn dieser Zustand lässt sich nur rechtsnormativ bestimmen, weil dieser Zustand ein Zustand ist, in dem der Schutz der Rechtsordnung entzogen, also nicht mehr gewährt werden *soll*. Das es sich hierbei um eine rechtliche Sollensfrage von zentraler Bedeutung handelt, erhellt schon der Umstand, dass es ein Grundrecht auf Leben gibt (Art. 2 Abs. 1 S. 1 GG), das zu normativen Antworten auf die Frage, wo die Grenze zwischen Leben und Tod liegt, zwingt. Den Sollensanforderungen, also den Wertungen des Rechts, die darüber entscheiden, wann einem Menschen durch den der Status, ein Lebender zu sein, entzogen werden darf und wann nicht, darf der biologische Zustand, der gewissermaßen die sicht-

9

---

funktion noch künstlich aufrechterhalten." Ebenso der *Wissenschaftlicher Beirat der Bundesärztekammer*, Richtlinien zur Fesstellung des Hirntodes – Dritte Fortschreibung 1997 mit Ergänzungen gemäß Transplantationsgesetz (TPG), DÄBl. 1998, A-1861.
[15] *Rixen*, Lebensschutz am Lebensende, 1999, S. 346.
[16] *Rixen*, 1999, S. 225 f., S. 236 ff.
[17] Im Jahre 1999 kam es zu 2.352 sog. Spendermeldungen; es kommt allerdings nicht in jedem Fall zu einer Explantation: die Entnahme erfolgte nur in 44, 2 % der Meldungen, also in 1.039 Fällen, s. die Zahlen bei *Smit u. a.*, Organspende und Transplantation in Deutschland 1999, hrsgg. v. der Deutschen Stiftung Organtransplantation, 2000, S. 7, S. 10.

bare Repräsentation dieser Wertungen ist, der sie – mit anderen Worten – beweismäßig indiziert, nicht widersprechen.[18] Es darf also bei der Todesfeststellung nicht ein bestimmter Zustand als Tod festgestellt werden, der den Wertungen des Rechtes widerspricht, also danach noch nicht Tod, sondern (noch) Leben ist. Nach Auffassung der verfassungsrechtlichen Kritiker der Gleichsetzung von Tod und Hirntod ist der Rekurs auf das irreversible funktionslos gewordene Gehirn genau ein Verstoß gegen diese Zusammenhänge. Die Ermächtigung der Bundesärztekammer ist also – abgesehen davon, dass die Bundesärztekammer einen prekären Status hat (siehe dazu die Kommentierung zu § 16) – nicht deshalb problematisch, weil die Bundesärztekammer aufgefordert würde, Todesfeststellungstests, also Verfahren zu formulieren, die den von Rechts wegen als Tod geltenden biologischen Zustand feststellbar machen; problematisch ist die Ermächtigung der Bundesärztekammer deshalb, weil die Bundesärztekammer sich nicht auf die Todesfeststellung beschränkt, sondern zugleich einen Zustand definiert, von dem rechtlich streitig ist, ob er als Tod zu gelten hat. Dass die Bundesärztekammer sich nicht auf pure Todesfeststellungstests beschränkt, sondern sich zugleich auch zuständig fühlt, normative Auskünfte zu erteilen, ergibt ein Blick in Stellungnahmen der Bundesärztekammer, wo es etwa heißt, mit dem Organtod des Gehirns seien „die für jedes personale menschliche Leben unabdingbaren Voraussetzungen (…) erloschen"[19], oder wo vom Gehirn als „Zentrum personalen Lebens"[20] die Rede ist. Dass es sich hierbei um normative – man könnte auch sagen: metaphysische – Aussagen handelt, die über die Beschreibung bloß „physisch"-empirischer Todesfeststellungstests hinausgehen, ist offensichtlich.

10   Mehr Klarheit kann hier zunächst eine analytische Kategorisierung liefern, die in der medizinischen und medizinethischen Literatur eigentlich seit langem geläufig ist und auch für die deutsche Diskussion längst aufgegriffen worden ist.[21] Danach lässt sich mithilfe eines Drei-Ebenen-Modells problemabschichtend folgende Differenzierung treffen:

(1) Auf der ersten Ebene stellt sich die Frage: Was ist der Tod des Menschen? Hier ist die attributive Ebene („Wer stirbt?") untrennbar verknüpft mit der definitorischen Ebene („Was ist der Tod?").

(2) Sodann stellt sich auf der zweiten Ebene die Frage: Woran lässt sich der Tod erkennen? Auf dieser kriteriologischen Ebene werden die Zeichen umschrieben, die den Eintritt des Todes abbilden.

(3) Schließlich ist auf der diagnostischen Ebene zu fragen: Wie lassen sich die Todeskriterien nachweisen?

---

[18] Dazu i.e. *Rixen*, 1999, S. 254 ff., S. 343 ff.
[19] *Birnbacher/Angstwurm/Eigler/Wuermeling*, Der vollständige und endgültige Ausfall der Hirntätigkeiten als Todeszeichen des Menschen – Anthropologischer Hintergrund, DÄBl. 1993, C-1968 (1968). Die Autoren haben die Dritte Fortschreibung 1997 der Entscheidungshilfen der Bundesärztekammer mitverfaßt, vgl. den Hinweis in DÄBl. 1997, C-964.
[20] *Vilmar/Bachmann*, Vorwort: Kriterien des Hirntodes (Zweite Fortschreibung 1991), DÄBl. 1991, B-2855.
[21] Siehe etwa *Kurthen/Link/Reuter*, MedR 1989, 483 (484); *Hoff/in der Schmitten; Höfling*, JZ 1995, 26 (30).

Vor dem Hintergrund dieser Unterscheidungen lässt sich dann im Blick auf den *11* Normtext des TPG festhalten: Die erste Ebene des Drei-Stufen-Modells bleibt unbesetzt. Das Gesetz enthält keine explizite Legaldefinition in dem Sinne, dass beispielsweise formuliert sei, der Hirntod oder der irreversible Herz-Kreislauf-Tod oder anderes bedeuten den Tod des Menschen. § 3 Abs. 1 Nr. 2 spricht nur von der „Feststellung" des Todes nach Regeln, die dem Stand der Erkenntnis in der medizinischen Wissenschaft entsprechen. Allerdings gibt der Gesetzgeber diese inhaltliche Distanz jedenfalls insoweit auf, als er in § 3 Abs. 2 Nr. 2 TPG eine Organexplantation vor Eintritt des Hirntodes als unzulässig kennzeichnet. Formal betrachtet bedeutet dies, dass nicht unbedingt schon mit dem Eintritt des Hirntodes explantiert werden darf – nämlich dann, wenn der Hirntod nicht der Tod im Sinne von § 3 Abs. 1 Nr. 2 TPG sein sollte –, sondern nur, dass man davor auf keinen Fall ein Organ entnehmen darf. Mit anderen Worten: Nicht ab wann die Organentnahme erlaubt ist, sondern bis wann sie verboten ist – das bestimmt § 3 Abs. 2 Nr. 2 TPG. Im Übrigen aber verbleibt es bei dem – wie auch immer bestimmten – Tod, der gemäß § 3 Abs. 1 Nr. 2 TPG festzustellen ist.[22] Faktisch aber hat der Gesetzgeber damit – und dies lag auch in der Absicht der beteiligten Mehrheit im Parlament – akzeptiert, dass nach dem zum Zeitpunkt des Gesetzes erreichten „Stand der Erkenntnis der medizinischen Wissenschaft" die Hirntoddiagnose auch den Tod gemäß § 3 Abs. 1 Nr. 2 TPG umschreibt, sodass im Ergebnis jener normative Zustand erreicht ist, den die ursprüngliche Fassung des Gesetzentwurfs auch mit der Legaldefinition des Todes als Hirntodes auch vorgesehen war. Allein auf Grund politisch-taktischer Erwägungen zur Sicherung der parlamentarischen Mehrheit, namentlich Stimmen aus den Reihen der Unionsfraktion, ist die nunmehr gefundene Formulierung in letzter Minute in den Gesetzgebungsprozess eingebracht worden.[23] Im Ergebnis wird man sagen können, dass die Konzeption des § 3 TPG „implizit"[24] bzw. „indirekt"[25] auf den Hirntod verweist, ihn also der Sache nach, soweit es um die Entnahme von sog. lebenswichtigen Organen geht, mit dem Tod gleichsetzt. Insoweit könnte man in der Tat von einer materiellen Legaldefinition sprechen, die sich im Wege der – auch entstehungsgeschichtlich orientierten – Auslegung erschließt.[26]

---

[22] Dazu auch *Merkel*, Jura 1999, S. 115.
[23] Man kann sie, wie dem Autor *Höfling* aus den damaligen Gesprächen mit den Beteiligten bekannt ist, deshalb auch als „lex Süßmuth" charakterisieren.
[24] Abg. *Häffner*, BT-Plenarprotokoll 13/183 v. 25.6.1997, S. 16443 (D).
[25] Abg. *Hirsch*, BT-Plenarprotokoll 13/183 v. 25.6.1997, S. 16439 (D) a.E.
[26] In diesem Sinne *Rixen*, 1999, S. 386.

12   Da sich das Bundesverfassungsgericht indes mit der verfassungsrechtlichen Kritik an der den hirntoten Organspender betreffenden Entnahmeregelung, die auf der impliziten Gleichsetzung von Tod und Hirntod fußt, mit zweifelhafter Argumentation nicht befasst hat[27], ist indes von der diesbezüglichen Regelung des TPG als geltendem Recht auszugehen.[28]

c) Exkurs: Die Hirntodkonzeption auf dem Prüfstand der Verfassung

13   Gleichwohl seien im Folgenden kurz die zentralen verfassungsrechtlichen Einwände skizziert, die gegen jene Gleichsetzung von Hirntod und Tod des Menschen sprechen: Betrachtet man die von den Befürwortern einer Identifizierung von Hirntod und Tod des Menschen vorgetragenen Begründungsansätze, so werden zwei unterschiedliche Argumentationsmuster – reduziert man die in unterschiedlichen Varianten vorgetragene Konzeption auf ihre Grundstrukturen – sichtbar: (1) eine eher partikularistische Geistigkeitstheorie; (2) eine biologische Integrationstheorie.

14   Einerseits heißt es, mit dem irreversiblen Ausfall des gesamten Gehirns entfalle die biologische Grundlage für die Geistigkeit des Menschen, die ihrerseits Charakteristikum, Wesenskriterium des Menschseins sei. Das Gehirn sei beim Menschen die unersetzliche physische Voraussetzung seines Gefühls- und Geisteslebens, es sei Bedingung für menschliches Denken und Leben: Ein Mensch, dessen Gehirn abgestorben ist, kann nichts mehr aus seinem Inneren und aus seiner Umgebung empfinden, wahrnehmen, beobachten und beantworten, nichts mehr denken, nichts mehr entscheiden, mit dem völligen und endgültigen Ausfall der Tätigkeit seines Gehirns hat der betroffene Mensch aufgehört, ein Lebewesen in körperlich-geistiger oder in leiblich-seelischer Einheit zu sein. Deshalb ist der Mensch tot, dessen Gehirn völlig oder endgültig ausgefallen ist".[29]

15   Andererseits wird dezidiert biologisch argumentiert: „Der Tod eines Menschen ist – wie der Tod eines jeden Lebewesens – sein Ende als Organismus in seiner funktionellen Ganzheit, nicht erst der Tod aller Teile des Körpers … Dieser Zustand ist mit dem Tod des gesamten Gehirns eingetreten." Der vollständige und endgültige Ausfall des gesamten Gehirns bedeutet biologisch den Verlust u.a. der Selbstständigkeit, der Selbsttätigkeit, der Spontaneität, der Integration des Organismus.[30]

---

[27] BVerfG (1. Kammer des Ersten Senats), NJW 1999, 3403 = EuGRZ 1999, 241 f. = FamRZ 1999, 777 (Nr. 497); NJW 1999, 858; EuGRZ 1999, 242 = FamRZ 1999, 777 (Nr. 496). Dazu *Rixen*, Die Regelung des Transplantationsgesetzes zur postmortalen Organspende vor dem Bundesverfassungsgericht, NJW 1999, S. 3389 ff. S. auch *Schachtschneider/Siebold*, Die „erweiterte Zustimmungslösung" des Transplantationsgesetzes im Konflikt mit dem Grundgesetz, DÖV 2000, S. 129 ff. S. auch Einführung Rdnr. 5 ff.

[28] Zur Problematik siehe auch noch die Erläuterungen einerseits von *in der Schmitten* im Anhang zu § 3, andererseits von *Haupt* im Anhang zu § 16.

[29] So gemeinsame Stellungnahme medizinischer Fachgesellschaften, MedR 12/1994, S. VIII f.

[30] Siehe *Wissenschaftlicher Beirat der Bundesärztekammer*, Deutsches Ärzteblatt 1993, B-2177 ff. (2177).

Art. 2 Abs. 2 Satz 1 GG garantiert neben der körperlichen Unversehrtheit vor allem das Recht auf Leben. Der Begriff des Lebens ist dabei normativ zu bestimmen. Bei dieser Konkretisierung gehen das Bundesverfassungsgericht und die ganz herrschende Verfassungsrechtslehre von einem weiten Begriff des Lebens aus. Er meint das lebendige körperliche Dasein, und zwar unabhängig von bestimmten Qualitätsmerkmalen.[31] In Ergänzung zur Würdegarantie des Art. 1 Abs. 1 GG anerkennt das Grundgesetz so das offene Menschenbild, mit dem das menschliche Individuum als unfestgestelltes Wesen in seiner lebendigen Körperlichkeit geschützt wird. Notwendige Bedingung der Möglichkeit eines Organismus, Körper eines Menschen zu sein, ist deshalb das Lebendigsein dieses Organismus. Der Mensch büßt seine an der biologischen Lebendigkeit anknüpfende rechtliche Schutzwürdigkeit nicht ein, wenn er spezifischen kognitiven oder psychischen Leistungskriterien nicht (mehr) entspricht. Von einem derartigen „Personsein" hängt verfassungsrechtlich schutzwürdiges Menschsein nicht ab.[32] Eine Definition menschlichen Lebens, die mit der oben skizzierten partikularistischen Geistigkeitstheorie an solche bestimmten Leistungskriterien anknüpft, ist deshalb von Verfassung wegen nicht akzeptabel. 16

In durchaus zutreffender Einschätzung der defizitären Begründungsstruktur der so genannten Geistigkeitstheorie setzen andere Vertreter der Hirntodkonzeption auf eine biologisch argumentierende Variante. Namentlich der Wissenschaftliche Beirat der Bundesärztekammer stellt hierauf entscheidend ab.[33] Im Ausgangspunkt verdient dieser Ansatz durchaus Zustimmung, wenn er Leben allein im Sinne biologisch-körperlichen Daseins, als Existenz eines integrationsfähigen Gesamtorganismus deutet. Auf der definitorischen (attributiven) Ebene der Auseinandersetzung können also „Hirntodbefürworter" und „Hirntodkritiker" durchaus Einverständnis erzielen. Die entscheidende Frage bleibt aber, ob die zur Operationalisierung dieser Todesdefinition angebotenen Kriterien „stimmig" sind. Mit anderen Worten: Bezeichnen die in Deutschland praktizierten Hirntodkriterien – nämlich: völliger und endgültiger Ausfall aller (messbaren) Hirnfunktionen – das Ende menschlichen Lebens im Sinne eines irreversiblen Zusammenbruchs des Organismus als Einheit? 17

Dabei muss klar sein, dass die Festlegung von Todeskriterien keineswegs in die Monopolkompetenz der Medizin fällt. Kriterien sollen das vorab definierte Todeskonzept angemessen operationalisieren, d.h. ihre Funktion besteht darin, den Sinngehalt des Todesverständnisses in einer Form zum Ausdruck zu bringen, die ihrerseits den empirischen Nachweis ermöglicht. Damit aber wird klar, dass die Kriterienfestlegung zumindest auch verfassungsrechtlichen Bewertungen unterliegt. Insoweit aber begegnet auch der biologische Ansatz der Hirntodkonzeption 18

---

[31] Hierzu näher *Höfling*, JZ 1995, 26 ff.; *Rixen*, 1999, S. 288 ff., 297 ff.
[32] Näher hierzu und zur Inkompatibilität eines interessenethischen Menschenbildes mit den verfassungsrechtlichen Vorgaben: *Höfling*, Von Menschen und Personen, in: Festschrift für Schiedermair, 2001, S. 363 ff.
[33] Siehe etwa den Wissenschaftlichen Beirat der Bundesärztekammer, Deutsches Ärzteblatt 1993, C-1975.

durchgreifenden Bedenken. Ausgangspunkt der Überlegungen hat dabei die schlichte Zurkenntnisnahme des körperlichen Zustandes eines Menschen zu sein, bei dem die Hirntoddiagnose gestellt wird: Das Herz eines solchen „Hirntoten" schlägt selbstständig, und seine Vitalfunktionen, also die klassischen Anzeichen biologischen Lebens sind erhalten; das sind: der Blutkreislauf, im physiologischen Sinne auch die Atmung (nur das Atemholen, die Zwerchfelltätigkeit, wird maschinell unterstützt), der Stoffwechsel. Entsprechendes gilt für die reproduktiven Vitalfunktionen. Das Blutgerinnungs- und das Immunsystem, die wichtige regulative und integrative Funktionen für den Gesamtorganismus wahrnehmen, sind ebenfalls noch intakt. Ist ein solcher Mensch wirklich tot?[34] Befindet sich eine „hirntote" Schwangere, die – wie im Erlanger Fall – von den behandelnden Ärzten frohen Mutes und guter Hoffnung einer mehrmonatigen Intensivbehandlung zugeführt wird, um sie von einem Kind entbinden zu können, tatsächlich im Zu Stande völliger Desorganisation? Hat ihre körperliche Existenz als organische Einheit aufgehört?

19   Eine Verneinung dieser Fragen erscheint einsichtiger als ihre Bejahung. Bei einem Hirntoten werden von allen Organsystemen – außer dem Gehirn – substanzielle Integrationsleistungen erbracht, die ihn wesentlich von einer Leiche unterscheiden. Eine rationale Deutung des empirischen Befundes „hirntot" legt die Annahme nahe, dass der Hirntod ein Übergangszustand im Sterbeprozess ist, der technisch festgehalten wird. Der Sterbeprozess selbst aber ist dem Leben zuzurechnen. Tertium non datur. Inzwischen hat die verfassungsrechtliche Kritik an der Hirntodkonzeption jedenfalls in Deutschland relativ breite Zustimmung erhalten.[35]

2. Informationelle Einbindung der Angehörigen

20   § 3 Abs. 3 Satz 1 sorgt dafür, dass der nächste Angehörige (vgl. § 4 Abs. 2) im Hinblick auf sein Totensorgerecht über die beabsichtigte Organentnahme unterrichtet wird. Dies ermöglicht dem nächsten Angehörigen zugleich eine Kontrolle im Hinblick auf eine ihm bekannte Erklärung des Organspenders zur Organspende. Zu einer ordnungsgemäßen Unterrichtung des nächsten Angehörigen gehört auch der Hinweis auf die Gelegenheit, die Unterlagen zur Feststellung des endgültigen, nicht behebbaren Ausfalls der gesamten Hirnfunktion oder des endgültigen, nicht behebbaren Stillstands von Herz und Kreislauf (§ 5 Abs. 2 Satz 4 und

---

[34] Vgl. hierzu mit weiteren Nachweisen *Wolfram Höfling*, Über die Definitionsmacht medizinischer Praxis und die Aufgabe der Verfassungsrechtslehre, in: JZ 1996, S. 615 (617); ausführlich *Johannes Hoff/Jürgen in der Schmitten*, Kritik der „Hirntod"-Konzeption, in: dies. (Hrsg.), Wann ist der Mensch tot?, 1994, S. 153 ff.

[35] Neben den Publikationen von *Höfling* und *Rixen* seien als ablehnende oder zumindest kritische Stimmen zur Hirntodkonzeption aus der Verfassungsrechtslehre genannt: *Sachs, Steiger, Gallwas, Gröschner, Schulze-Fielitz*. Aus der Strafrechtsliteratur als prominente Stimme: *Tröndle*. Vgl. auch jüngst wiederum die Kritik des Präses der Evangelischen Kirche in Deutschland *Kock*: „Wir sagen als Kirche: Der Hirntod ist nicht der Tod des Menschen (...)", in: Geiß (Hrsg.), Sterbehilfe – Sterbebegleitung, 2001, S. 15.

Satz 5) und den Leichnam nach der Organentnahme (§ 6 Abs. 2 Satz 2) zu sehen.[36] Die Pflicht zur Dokumentation nach § 3 Abs. 3 Satz 2 dient, wie die Gesetzesbegründung lakonisch bemerkt, der Transparenz und Verfahrenssicherung[37]; § 3 Abs. 3 Satz 3 diene ebenfalls der Transparenz und der Vertrauensbildung.[38] Dahinter steht die Vorstellung, dass möglichst für alle (emotional) Beteiligten nicht der Eindruck entstehen darf, es gehe bei der Organentnahme etwas nicht mit rechten Dingen zu. Der gegenteilige Eindruck – er war beispielsweise bei dem seinerzeit publizitätsträchtigen sog. Fall *Gütgemann*, der ersten deutschen Lebertransplantation, entstanden[39] – kann nicht nur die Angehörigen traumatisieren, sondern auch dem Ansehen der Transplantationsmedizin insgesamt schaden und damit dem Ziel des TPG, die Zurückhaltung bei der Organspende zu minimieren[40], zuwiderlaufen. Die allgemeine ärztliche Dokumentationspflicht[41] ist also in Fällen mit Transplantationsbezug besonders ernst zu nehmen. Vor diesem individual- wie sozialpsychologisch bedeutsamen Hintergrund ist es auch verständlich, dass das allgemeine Akteneinsichtsrecht des Patienten in die Krankenunterlagen, das nach dessen Tod auf seine Erben bzw. die nächsten Angehörigen übergeht[42], im TPG ausdrücklich anerkannt wird. Das Recht, eine Person seines Vertrauens bei der Einsichtnahme hinzuziehen, dient der Stärkung der Position der Angehörigen, denn mithilfe eines sachverständigen Dritten werden sie die Qualität der ärztlichen Aufzeichnungen häufig besser kontrollieren können.

Die Angehörigen haben, wie auch nach dem allgemeinen arztrechtlichen Einsichtsrecht, einen Anspruch auf Überlassung von Fotokopien gegen Unkostenerstattung.[43] Das Recht, eine Person des Vertrauens hinzuziehen, verdrängt das Recht auf die Überlassung von Fotokopien nicht.

---

[36] BT-Drs. 13/4355, S. 18 f.
[37] BT-Drs. 13/8027, S. 8.
[38] BT-Drs. 13/8027, S. 8.
[39] Dazu *Rixen*, 1999, S. 153 mit Anm. 573 f. In dem Sachverhalt, der dem zivilrechtlichen Urteil des LG Bonn, JZ 1971, 56 – sog. Gütgemann-Urteil (benannt nach dem damaligen Direktor der Chirurgischen Universitätsklinik Bonn, der an der Empfängeroperation, nicht aber an der Organentnahme-Operation beteiligt war) – zugrundeliegt, wies die Sterbeurkunde für den Todeseintritt einen Zeitpunkt aus, der mit dem Zeitpunkt der Organentnahme identisch war. vgl. LG Bonn, JZ 1971, 56 (57): „Der Eingriff der Organentnahme (…) begann um 18.40 Uhr am 18.6.1969. Dieser Zeitpunkt ist als Todeszeitpunkt in der Sterbeurkunde angegeben. Die Entnahme der Spenderleber war um 22.00 Uhr beendet." Tatsächlich war der Hirntod jedoch schon etwa vier Stunden vor Beginn der Entnahmeoperation festgestellt worden, s. *Carstens*, Das Recht der Organtransplantation, 1978, S. 92 Anm. 40.
[40] BT-Drs. 13/4355, S. 11.
[41] *Uhlenbruck*, Die Pflicht des Arztes zur Dokumentation, in: Laufs u.a., Handbuch des Arztrechts, 2. Aufl. 1999, § 59 Rn. 1 ff. m.w.N.
[42] *Uhlenbruck*, Das Einsichtsrecht des Patienten in die Krankenunterlagen, in: Laufs u.a., Handbuch des Arztrechts, 2. Aufl. 1999, § 60 Rn. 12 f. m.w.N.
[43] Vgl. *Uhlenbruck*, a.a.O., § 60 Rn. 6, Rn. 11 m.w.N.

Anhang zu § 3:
Zur Entwicklung der „Hirntod"-Konzeption
– eine kritische Analyse aus medizinischer Perspektive –

Gliederung

		Rdnr.
I.	Zur Rolle der Medizin in der „Hirntod"-Debatte......................	1
II.	„Hirntod" und Behandlungsabbruch	9
III.	Das „Hirntod"-Konzept im TPG	30
IV.	Kritik des „Hirntod"-Konzepts.....................................	36
	1. Das Etikett „Hirntod" als semantische Problemlösung..................	37
	2. „Hirntote Leiche": Entfremdung vom mitmenschlich erfahrbaren Tod ...	38
	3. Der „permanente Verlust des Intellekts" als Begründung der Für-tot-Erklärung	41
	4. Bedeutung des Gehirns als „kritisches Organ" für den Organismus als Ganzes	48
	5. Intellekt oder Organismus..	55
V.	Aktuelle Entwicklung der „Hirntod"-Kontroverse in den USA............	60

I. Zur Rolle der Medizin in der „Hirntod"-Debatte

1 Die Gleichsetzung des irreversiblen totalen Hirnversagens („Hirntod") mit dem Tod des Menschen wurde 1967 von der Deutschen Gesellschaft für Chirurgie, 1968 in den USA durch ein von Medizinern dominiertes Gremium beschlossen[1] und fand innerhalb von Monaten Akzeptanz in zahlreichen Staaten. Die kritische interdisziplinäre Diskussion, die das „Hirntod"-Konzept von Anfang an begleitet hat, begonnen durch Hans Jonas' Aufsatz „Gegen den Strom" (1972)[2], hat in den 90er-Jahren in der „westlichen" Welt eine intensive Phase durchlaufen, die in Deutschland 1997 mit der Verabschiedung des Transplantationsgesetzes (TPG) einen vorläufigen Höhepunkt fand. In der parlamentarischen Debatte hat damals die Mehrheit der Bundestagsmitglieder die Zuständigkeit für den Begriff des Todes zu Unrecht der medizinischen Wissenschaft *qua professionem* zugesprochen: „Ich bin mit der Wahl in den Deutschen Bundestag nicht beauftragt worden festzulegen, wann ein Mensch stirbt und wann ein Mensch lebt [...]. Es ist Aufgabe der Ärzte zu sagen, dieser Mensch ist tot, dieser Mensch lebt."[3]

---

[1] *H. K. Beecher*, Journal of the American Medical Association 205 (1968), S. 85 ff.
[2] Abgedruckt im Kapitel „Gehirntod und menschliche Organbank: Zur pragmatischen Umdefinition des Todes", in: ders., Technik, Medizin und Ethik (Orig.-Ausg. 1985), TB-Ausgabe 1987, S. 219 ff.
[3] So Minister *Rüttgers* in der Bundestagsdebatte vor der Abstimmung am 25. 6. 1997 im Deutschen Bundestag, Plenarprotokolle 13/183 vom 25. 6. 1997, B 16401.

Diese parlamentarische Selbstbescheidung war ein kategorialer Fehler. Es ging nämlich beim Transplantationsgesetz nicht darum festzustellen, ob ein bestimmter Mensch lebendig oder tot ist, vielmehr stand eine Veränderung des *Todesbegriffs* zur Diskussion. Die ärztliche Aufgabe zu sagen, „dieser Mensch ist tot, dieser Mensch lebt", findet auf der Ebene des Rechtswesens eine gewisse Entsprechung in der Aufgabe von Richtern zu entscheiden, dass dieser Mensch schuldig, jener unschuldig ist. So wenig wie Richtern daraus Kompetenz und Legitimation zufallen, den Gesetzesrahmen zu gestalten, so wenig erwachsen Ärzten aus ihrer professionellen Aufgabe der Todesfeststellung im Einzelfall Urteilskraft und Berechtigung zu sagen, *was der Tod ist* oder genauer: den Tod zu definieren und ein der Definition gemäßes Todeskriterium festzulegen. Die Todesfeststellung im Einzelfall dagegen ist nichts anderes als die aktuelle Überprüfung eines gesellschaftlich breit legitimierten Todeskriteriums am menschlichen Individuum mittels von Ärzten entwickelter klinischer und apparativer Untersuchungen.

2

Die Expertise der Medizin qualifiziert hier idealtypisch zu einer exakten Beschreibung und reproduzierbaren Messung von Zuständen, die infolge von Erkrankungen oder Verletzungen sowie deren mehr oder minder erfolgreicher Behandlung auftreten und dem Tod (unmittelbar) vorausgehen können. Diese Beschreibung umfasst die verbliebenen biologischen Leistungen auf Zell-, Organ- und Organismusebene sowie das residuale kognitive Leistungsvermögen zu einem gegebenen Zeitpunkt, ferner die Prognose dieser Funktionen, also ihre wahrscheinliche Entwicklung im zeitlichen Verlauf auf dem Boden empirisch gewonnener Erkenntnisse.

3

Mit der Festlegung, den nach seiner Erstbeschreibung im Jahr 1959[4] zunächst weiterhin als „menschliches Leben" behandelten Zustand des Hirnausfall-Komas („Hirntod") umzubewerten, sodass er künftig dem Tod zuzurechnen war, haben die betreffenden Ärzte die Grenzen dieser medizinischen Kompetenz überschritten. Die Bewertung des verbliebenen biologischen und kognitiven Seins eines durch Trauma oder Krankheit stark eingeschränkten Menschen als Noch-Leben oder Schon-Totsein kann unter den Bedingungen des Pluralismus zwar aus verschiedenen Perspektiven diskutiert, muss jedoch letztlich durch die Legislative vorgenommen werden. Voraussetzung hierfür ist freilich ein ausreichendes Verständnis wesentlicher medizinischer und biologischer Fakten, nicht jedoch fachmedizinische oder -biologische Expertise.

4

Ungeachtet dessen findet sich zuweilen eine Tendenz, die Kritik am „Hirntod"-Konzept als bedauerliches Missverständnis darzustellen und sich unter Berufung auf vermeintliche ärztliche Autorität einer inhaltlichen Auseinandersetzung zu entziehen: „Übereinstimmend auch mit der neueren wissenschaftlichen Literatur wird gegenüber anders lautenden und missverständlichen Äußerungen – leider auch mancher Ärzte – klargestellt: An der biologisch begründeten Definition des

5

---

[4] *P. Mollaret* und *M. Goulon:* Le Coma Dépassée, Revue Neurologique 1959, S. 3 ff.

Hirntods, an der Sicherheit der Hirntodfeststellung und an der Bedeutung des Hirntods als sicheres inneres Todeszeichen hat sich nichts geändert."⁵

6   Die überaus kontroverse Diskussion im Rechts- und Gesundheitsausschuss des Deutschen Bundestags der Jahre 1995 und 1996 bleibt in dieser Stellungnahme, die auf Literaturangaben ganz verzichtet, ebenso unerwähnt wie die auch nach 1996 in den USA geführte Kontroverse um den Fortbestand des „Hirntod"-Konzepts und der *dead donor rule* (dazu Rdnr. 60 ff.). Kritik auf diese Weise zu ignorieren, ist nicht nur wissenschaftlich problematisch, sondern kann auch in Fachwelt und Öffentlichkeit das Gegenteil der intendierten Wirkung hervorrufen.⁶

7   Das „Hirntod"-Kriterium hat sich trotz erheblicher Mängel behaupten können, sodass es Credo tonangebender Institutionen wie (in Deutschland) der Bundesärztekammer und schließlich zur Grundlage des TPG geworden ist. Wenn nicht konzeptionelle Brillanz und Stichhaltigkeit solchen Erfolg begründen, so muss es andere Ursachen geben, warum die Praxis, „hirntote" Patienten als Leichen zu behandeln, nicht früher oder später wieder verlassen worden ist. Betrachtet man die Entstehungsgeschichte der „Hirntod"-Konzeption, so wird deutlich, dass das *Dilemma der Entscheidung zum Behandlungsabbruch* bei diesen Patienten für die Akzeptanz des „Hirntod"-Kriteriums von wesentlicher Bedeutung war. Dieses Dilemma, anrüchig durch seine Nähe zur Euthanasiefrage, ist ein wichtiger, wenn nicht *der* Schlüssel zum Verständnis des Erfolgs der „Hirntod"-Konzeption; daher ist es sinnvoll, diese Thematik hier aus ärztlicher Perspektive zu vertiefen (dazu unten Rdnr. 9 ff.).

8   Anschließend ist festzuhalten, dass die Entscheidung der „Hirntod"-Kontroverse zu Gunsten der Gleichsetzung „hirntoter" Patienten mit Leichen untrennbarer Bestandteil, ja Grundlage des erfolgreichen Gesetzesantrags gewesen ist (dazu unten Rdnr. 30 ff.). In der Folge wird die „Hirntod"-Konzeption im Einzelnen kritisiert (dazu unten Rdnr. 36 ff.) und auf die aktuelle US-amerikanische Debatte eingegangen (dazu unten Rdnr. 60 ff.), in der zunehmend um eine tragfähige Legitimation der Organtransplantation nach Verlassen der wankenden „dead donor rule" gerungen wird.

---

5   Bundesärztekammer, DÄBl. 2001, S. 1203 f.
6   Der Anlass für diese bisher letzte Veröffentlichung der Bundesärztekammer zum Thema ist dem Autor nicht bekannt; sie hatte jedoch zwei kritische Leserbriefe zur Folge (welche wiederum von bisher acht kontroversen Briefen gefolgt waren). Eine Anaesthesistin warb dafür, bei „hirntoten" Patienten für die Organentnahme-Operation eine Narkose einzusetzen (*F. Schlemmer*, DÄBl. 2001, S. A-1876); der Psychiater Klaus Dörner kritisierte die „wissenschaftsfeindliche Scholastik" des Textes und machte auf die fragwürdige langfristige Wirkung des „Hirntod"-Kriteriums aufmerksam: „Da die Bevölkerung [...] von den Vertretern der Wissenschaft geradezu in das Misstrauen hineingetrieben wird, hier werde um eines – guten – Zweckes willen die volle Wahrheit gebeugt, trägt ausgerechnet die Hirntoddefinition entscheidend zu der Verweigerung der meisten Menschen bei, sich einen Organspenderausweis zuzulegen" (DÄBl. 2001, S. A-1877).

II. „Hirntod" und Behandlungsabbruch

Die Frage, wann medizinische Behandlungsversuche abgebrochen werden sollten, um dem Sterben seinen Lauf zu lassen, ist vermutlich so alt wie die Medizin selbst. Das 20. Jahrhundert hat das Problem des Behandlungsabbruchs in der westlichen Welt durch technische Revolution zu einer neuen Dimension geführt. Bis dato elementare Todesursachen wie der Stillstand von Herzschlag oder Atmung, aber auch (weniger sensationell) die Unfähigkeit zu trinken und zu essen, wurden durch die flächendeckende Etablierung der Wiederbelebung, der künstlichen Beatmung, der intravenösen Infusion und der Magensonde ihrer Schicksalhaftigkeit beraubt – nicht in spektakulären Einzelfällen, sondern im Grundsatz.

9

Ob dem Sterben eines solcherart, wie man jetzt sagen muss, „vital bedrohten" Menschen ein medizinischer Behandlungsversuch entgegengesetzt oder aber sein Lauf gelassen wird, das ist seither eine menschliche Entscheidung, die in der Regel von Ärzten getroffen wird. Handelt es sich aber auch tatsächlich um eine *ärztliche* Entscheidung? Ärzte beurteilen den Zustand (Diagnose) sowie die Chancen und Risiken eines Behandlungsversuchs (Prognose), stellen Behandlungsoptionen vor und führen, falls gewünscht, eine Behandlung durch (Therapie). Die Entscheidung für oder gegen eine lebensverlängernde Behandlung ist jedoch Folge einer stets subjektiven Abwägung von wahrscheinlichem Nutzen gegen wahrscheinlichen Schaden, wofür Ärzte nach heutigem, post-paternalistischem Verständnis *qua professionem* keine spezifische Qualifikation besitzen. Ihre Aufgabe ist es, dem Patienten im Rahmen einer partnerschaftlichen Beziehung wesentliche Informationen als Grundlage einer solchen Abwägung zur Verfügung zu stellen und ihn so zu beraten, dass er sein Recht auf Selbstbestimmung ausüben kann.[7] Ärzten fehlt somit der Maßstab, Wunsch und Willen des entscheidungsunfähigen Patienten aus eigener Erkenntnis zu rekonstruieren: Stattdessen müssen sie ein generelles Lebensinteresse vermuten („in dubio pro vita").

10

Auf einer Intensivstation im Kontext lebensverlängernder Behandlungen entsteht somit ein Dilemma: Der Patient kann Chancen und Risiken seiner Therapieoptionen nicht abwägen, da er nicht geschäftsfähig ist[8], der Arzt aber ebenso wenig, da eine so folgenreiche Abwägung und Entscheidung nur der Betroffene selbst am Maßstab seiner Werte vornehmen kann. In der Folge findet eine *Entscheidung* im Sinne des Abwägens von Risiken und Chancen, von Nutzen und Schaden mit Blick auf das individuelle Wohl dieses Patienten de facto meist nicht statt. Vielmehr kommen potenziell lebensverlängernde Behandlungen solange zur

11

---

[7] Vgl. *J. Katz*, The silent world of doctor and patient, 1984; *L. Forrow*, The *Green Eggas and Ham* Phenomena, Hastings Center Report Suppl. 1994, S. 29 ff. *D.W. Brock:* The Ideal of Shared Decision Making Between Physicians and Patients, in: E.D. Pellegrino u.a. (Hrsg.), Ethics, Trust, and the Professions: Philosophical and Cultural Aspects. Georgetown University Press, Washington D.C. 1992.

[8] Außer durch die kaum verbreiteten Vorausverfügungen, vgl. *J. in der Schmitten*, Die Patienten-Vorausverfügung. Handlungsverbindlicher Ausdruck des Patientenwillens oder Autonomie-Placebo?, in: G. Feuerstein; E. Kuhlmann (Hrsg.), Neo-paternalistische Medizin, Bern 1999.

Anwendung, wie eine Chance besteht, dass sie wirksam sind und die neurologische Prognose nicht sicher infaust (irreversibles Koma) ist. Was Ärzte auf Intensivstation eine „Entscheidung" nennen, ist im Wesentlichen die fachliche Beurteilung, ob eine bestimmte Maßnahme in einer gegebenen Situation überhaupt noch als Erfolg versprechend bzw. ob eine Prognose als ausreichend *sicher* aussichtslos angesehen werden darf. Da die Medizin eine empirische Wissenschaft ist, gibt es nur selten ausreichende Sicherheit – die Diagnose des totalen irreversiblen Hirnversagens („Hirntod") durch die gängigen Tests ist ein solcher Ausnahmefall.

12   Auch im Kontext lebensverlängernder Maßnahmen gilt somit mit nur geringer Vereinfachung: Ärzte *entscheiden* nicht stellvertretend für einen Patienten. Sie orientieren sich nicht am (für sie und andere nicht beurteilbaren) *Wohl* des entscheidungsunfähigen, lebensbedrohlich kranken Patienten, sondern an seinem (Über-) Leben: *Vita, non salus aegroti suprema lex.* Diese Gedanken können heute unter Berufung auf einen breiten Konsens der Literatur geäußert werden[9], sie stehen auch im Einklang mit den aktuellen Richtlinien der Bundesärztekammer zur Sterbehilfe[10]; in den 50er, 60er und noch frühen 70er-Jahren war die Situation eine ganz andere. Ärzteschaft und Pflegeberufe verbreiteten nicht nur die Segnungen des medizinischen Fortschritts, sondern verwalteten – völlig unvorbereitet – auch seine „Kosten".

13   So hatte die mit großem Enthusiasmus[11] eingeführte Wiederbelebung Patienten mit Hirnschäden zur Folge, welche auf Grund nur teilweise erfolgreicher Reanimationen auftraten: „teilweise" insofern, als das Gehirn von allen Organen die kürzeste Hypoxietoleranz (Überlebensfähigkeit ohne kontinuierliche Sauerstoffzufuhr) besitzt und schon irreversibel zerstört sein kann, wenn die Wiederbelebung des übrigen Organismus noch gelingt. Die im Rahmen der Wiederbelebung initiierte Beatmung und übrige intensivmedizinische Behandlung hält dann einen Menschen am Leben, der auf Grund eines unumkehrbaren Hirnversagens im Dauerkoma ist – coma depassée, wie es die Erstbeschreiber dieses Zustands 1959 nannten, *irreversible coma* mit den Worten des Harvard Ad Hoc Committee 1968.

14   Man versetze sich jetzt in die Intensivstationen der 60er-Jahre, in denen der medizinische Fortschritt pulsiert, das Unmögliche machbar scheint, und gleichzeitig eine nennenswerte Zahl von Patienten chancenlos an der Beatmungsmaschine hängt, weil die Reanimation für das empfindliche Gehirn zu spät kam. Durch die Automatisierung der künstlichen Beatmung wäre der intuitiv legitime Behandlungsabbruch bei diesen Patienten nicht durch bloßen Verzicht auf weitere Interventionen, sondern durch eine aktive Handlung, durch das Abschalten einer Maschine gekennzeichnet und unmittelbar vom Tode des Patienten gefolgt. Wenn

---

[9]   „Der Arzt urteilt, wenn er die Indikation zur Wiederbelebung unter diesen Umständen verneint, nicht über Wert oder Unwert des menschlichen Lebens, sondern über Wert oder Unwert einer medizinischen Behandlungsmethode in ihrer Anwendung auf den konkreten Fall." Vgl. *W. Weissauer; H. W. Opderbecke*, Anaesth.Information 1973, S. 2 ff.
[10] Vgl. *E. Beleites*, DÄBl. 1998, S. A-2366 ff.
[11] „Anyone, anywhere, can now initiate cardiac resuscitative procedures. All that is needed are two hands." Vgl. *W. B. Knouwenhoven; J. R. Jude; G. G. Knickerbocker*, Journal of the American Medical Association 1960, S. 1064 ff.

man berücksichtigt, wie schwer es heute noch vielen Ärzten fällt, einen solchen vordergründig „aktiven" Behandlungsabbruch als Akt der *passiven* Euthanasie, als ethisch legitim und sogar geboten[12] zu begreifen, – um wie viel schwieriger war die Situation für die Ärzteschaft und Pflegenden der 60er-Jahre, als es noch keine nennenswerte medizin-ethische Diskussion, geschweige denn einen Konsens in diesem Sinne gab!

Da war zunächst das schuldnahe Bewusstsein, keinesfalls zum Wohle der betroffenen hirngeschädigten Patienten zu handeln, ja deren Zustand sogar (wenn auch in bester Absicht) herbeigeführt zu haben und ihnen nunmehr bei sicher infauster Prognose ein würdiges Sterben vorzuenthalten, solange man nicht „aktiv" eine Maschine abstellte, was wiederum zu bedeuten schien, sich auf das verminte Terrain der „aktiven Euthanasie" zu begeben. 15

Als wäre diese Situation nicht ausweglos genug, trat hierzu die Erkenntnis der durch die Behandlung dieser Patienten gebundenen intensivmedizinischen Ressourcen, konkret: Beatmungsplätze und Pflegezeit, die anderen Kranken mit besserer Prognose unter Umständen das Leben kosten konnten. Wie sollte man aber angesichts dieses nicht zu leugnenden ökonomischen Interessenkonflikts den Angehörigen erklären, dass das Abschalten des Beatmungsgeräts nach der Diagnose eines *Coma dépassée* nicht nur keine Tötung, sondern auch noch zum Besten des betroffenen Patienten ist?! 16

Das damals kaum einzuschätzende Potenzial der Organtransplantation trat dann als ein Drittes neben das Berufsethos, welches den Verzicht auf „machbare" Lebensverlängerung oder gar eine vermeintlich „aktive" Lebensbeendigung zu verbieten schien, und die Ressourcenfrage. Nierentransplantationen gab es schon seit den 50er-Jahren, die erste Herztransplantation beim Menschen war eine Frage der Zeit, und in der Deutschen Gesellschaft für Chirurgie war man sich bewusst, dass die tief komatösen Menschen mit irreversiblem Hirnversagen, deren Leben unsinnigerweise bis zum unausweichlichen Tod um Tage verlängert wurde, über gesunde, von anderen dringend benötigte Organe verfügten. 17

Das heute aktuelle Beispiel des Embryonenschutzes verdeutlicht die Schärfe des Konflikts zwischen tradierten Schutzräumen und medizinischem Fortschritt sowie wirtschaftlichen Interessen. Wie viel geringer muss in der ungebrochenen Fortschrittseuphorie der 60er-Jahre die Chance für eine Lösung des „Hirntod"-Konflikts gewesen sein, die wir heute vielleicht idealtypisch nennen würden: eine kri- 18

---

[12] „Aber auch wenn die infauste Prognose schon vor Eintritt des Hirntodes endgültig feststeht, d.h., wenn mit Sicherheit anzunehmen ist, daß mit einer Wiedererlangung der Kommunikationsfähigkeit nicht mehr zu rechnen ist, ist man berechtigt, alle nun nutzlos gewordenen Behandlungsmaßnahmen abzubauen und schließlich abzubrechen" (*M. Lutterotti*, Stichwort „Behandlungsabbruch/Behandlungsverzicht", in: Eser u.a. (Hrsg.), Lexikon Medizin, Ethik, Recht, 1989, S. 170 ff.). Und: „Aus der Zielsetzung des ärztlichen Behandlungsauftrags ergibt sich eine Grenze der Lebenserhaltungspflicht daher spätestens dann, wenn der Patient nachweislich *irreversibel das Bewußtsein verloren* hat" (*H. G. Koch*, in: Eser u.a. (Hrsg.), Lexikon Medizin, Ethik, Recht, 1989, S. 181 ff. – Hervorhebung im Original).

tische, ergebnisoffene, transparente und interdisziplinäre Diskussion mit dem Ziel, die drei unterschiedlichen, aber in einem Patiententypus kulminierenden Probleme – (1) Behandlungsabbruch bei irreversiblem Hirnversagen, (2) begrenzte Ressourcen in der Intensivmedizin und (3) Bedarf an „lebensfrischen" Organen für die neue Technik der Transplantation – getrennt voneinander zu erörtern und jeweils adaequate Lösungen zu suchen!

19 Für einen solchen Weg fehlten offenbar Jahrzehnte der Bewusstseinsbildung. Vor dem Hintergrund eines medizin-technischen Fortschritts, der das medizinethische Begreifen aller Beteiligten rasant überholt hatte, muss die Für-tot-Erklärung der Patienten mit totalem irreversiblen Hirnversagen wie ein Schlag durch den Gordischen Knoten erschienen sein, das „Hirntod"-Konzept wie ein *deus ex machina*. Und so nennt das Harvard Ad Hoc Committee 1968 denn auch die kategorial unterschiedlichsten Probleme im selben Atemzug und sucht sie durch einen Federstrich zu beheben: „Unser primäres Anliegen ist, das irreversible Koma als neues Todeskriterium zu definieren. Es gibt zwei Gründe für den Bedarf an einer neuen Definition: Der medizinische Fortschritt auf den Gebieten der Wiederbelebung und der Unterstützung lebenserhaltender Funktionen hat zu verstärkten Bemühungen geführt, das Leben auch schwerstverletzter Menschen zu retten. Manchmal haben diese Bemühungen nur teilweisen Erfolg: Das Ergebnis sind dann Individuen, deren Herz fortfährt zu schlagen, während ihr Gehirn irreversibel zerstört ist. Eine schwere Last *[burden]* ruht auf den Patienten, die den permanenten Verlust ihres Intellekts erleiden *[suffer]*, auf ihren Familien, auf den Krankenhäusern, und auf solchen Patienten, die auf von diesen komatösen Patienten belegte Krankenhausbetten angewiesen sind. Obsolete Kriterien für die Definition des Todes können zu Kontroversen bei der Beschaffung von Spenderorganen führen."

20 Es lohnt sich, den Kernsatz dieses Textes zu analysieren. „*Eine schwere Last ruht ... auf den Patienten, die den permanenten Verlust ihres Intellekts erleiden*". Diese Beschreibung hat für die „Hirntod"-Kritik Bedeutung: der gesicherte permanente Verlust des Intellekts ist die Besonderheit „hirntoter" Patienten, nicht etwa die Beatmungspflichtigkeit oder gar Auswirkungen des Hirntods auf den Organismus, die hier gar keine Erwähnung finden und die sie von anderen intensivpflichtigen Patienten nicht im Kern unterscheiden. Sodann artikuliert der Satzbeginn das Bewusstsein einer Beeinträchtigung dieser Patienten, weil ihr auf ein Minimum reduziertes Leben ziellos aufrechterhalten wird, und einer Ratlosigkeit, wie diesem Behandlungsautomatismus anders als durch die Für-tot-Erklärung Einhalt geboten werden könnte. Von den Verfassern unbemerkt blieb offenbar die traurige Ironie, wie sehr sie durch die Verwendung der Begriffe *burden* und *suffer* für die von ihnen beschriebenen Patienten deren Teilhabe am menschlichen Leben eingestanden und wie gewaltsam sich ihre nicht weiter begründete Für-tot-Erklärung von dieser Wortwahl abhob.

21 „*... auf ihren Familien*". Nur eine Andeutung der Hilflosigkeit im Umgang mit Angehörigen: wie ihnen mitteilen, dass der Behandlungsversuch fehlgeschlagen, eine Besserung ausgeschlossen ist; dass sie in den nächsten Stunden oder Tagen

Zeugen eines intensivmedizinischen Spektakels werden, dem jeder Sinn abgeht? Doch wie, andererseits, ihr Einverständnis für ein Abschalten der Geräte gewinnen, das den sofortigen Eintritt des unvermeidlichen Todes ermöglichen, dadurch aber vordergründig den Charakter einer Tötung haben würde? Zu schweigen von der Unmöglichkeit, in dieser Situation um ein Einverständnis der Angehörigen zur Entnahme vitaler Organe zu werben.

„... *auf den Krankenhäusern*". Etwas klausuliert wird hier auf die Schwierigkeit für Ärzte und Pflegekräfte hingewiesen, mit der Sinnlosigkeit der Weiterbehandlung von Patienten in diesem Zustand fertig zu werden, ohne dass ein Ausweg erkennbar ist. 22

„... *auf solchen Patienten, die auf von diesen komatösen Patienten belegte Betten angewiesen sind*". Nochmals die klare Charakterisierung der künftig als Leichen deklarierten als „komatöse Patienten", und eine ebenso klare Benennung des Ressourcenkonflikts, für den in der späteren Diskussion der Begriff „Triage" geprägt wurde. Dieser späteren Diskussion blieb es auch vorbehalten, statt einer Fürtot-Erklärung, die das Problem aus der Welt definiert, rationale und vertretbare Kriterien für Triagesituationen zu erarbeiten[13]. 23

Diese Betrachtung der Harvard-Erklärung[14] leitet schon zur Kritik des „Hirntod"-Konzepts über (ausführlich unten Rdnr. 36 ff.). Selbstverständlich muss ein so schwerer Geburtsfehler wie die „Lösung" dieser Probleme durch einen definitorischen Akt stutzig machen, auch wenn Befürworter des „Hirntod"-Konzepts zu Recht verlangen, dass ihre in Antwort auf wachsende Kritik entwickelte Verteidigung dieses Konzepts sachlich geprüft wird. Doch dieser Abschnitt gilt dem in der Harvard-Erklärung deutlich werdenden Zusammenhang von „Hirntod"-Konzept und Behandlungsabbruch, und hier ist noch eine Überlegung hinzuzufügen. 24

In Bezug auf den Behandlungsabbruch hat das „Hirntod"-Konzept zunächst eine Entlastung bewirkt und die nachfolgende Debatte, an deren Ende die oben zitierten Kriterien für einen Behandlungsabbruch standen, nicht verhindert. Ärzte können sich heute darüber Klarheit verschaffen, dass primär nicht das Leben, sondern das Wohl eines Patienten Leitgedanke ärztlichen Handelns sein sollte *(salus aegroti; bonum facere)*, und dass als Grenze ärztlicher Bemühung nicht erst der Tod, sondern das Verbot zu schaden *(nil nocere)* zu gelten hat, wo diese Bemühung zwar nacktes Überleben, aber im Urteil des Betroffenen (falls nicht eruierbar: nach menschlichem Ermessen) keinerlei erkennbar Gutes *(bonum)* mehr bewirkt. 25

Ungeachtet dessen wurde jedoch durch die faktische Verknüpfung von Behandlungsabbruch und Todesfeststellung auf dem Boden des „Hirntod"-Konzepts eine 26

---

[13] Überblick bei *R.D. Hardern*, Acad Emerg Med 1999, S. 1166 ff.
[14] Eine tiefergehende Analyse des Zustandekommens der Harvard-Erklärung, der Intentionen ihrer Autoren und ihrer Folgewirkung bietet *A.M. Capron*, The Bifurcated Legal Standard für Determining Death: Does it work?, in: S.J. Youngner u.a. (Hrsg.), The Definition of Death, 1999, S. 117 ff.

in der Schmitten

Praxis initiiert, welche der primär am „Wohl" des Patienten orientierten Ethik entgegensteht und möglicherweise dazu beiträgt, dass der Imperativ des Machbaren in der Medizin bis heute eine große Bedeutung behalten, das Problem des Behandlungsabbruchs in vielen Feldern kaum an Schärfe verloren hat. Umgekehrt könnte die durch den Konnex von Todesfeststellung qua „Hirntod"-Diagnose und Abschalten der Beatmung anhaltende Entwicklungshemmung auf dem Gebiet des Behandlungsabbruchs eine Ursache für die Zähigkeit sein, mit der viele an der Gleichsetzung des „Hirntods" mit dem Tod des Menschen festhalten.

27   Denn die „Hirntod"-Diagnostik ist auch diesseits der Transplantationsmedizin etabliert. Patienten mit schwersten Hirnschäden, die auf Grund mangelnder Eignung oder fehlenden Einverständnisses nicht als Organspender in Betracht kommen, werden vielfach solange behandelt, bis durch die „Hirntod"-Diagnostik die Totalität und Irreversibilität des Hirnschadens bewiesen (und gleichzeitig formal der Tod festgestellt) ist, obwohl in manchen Fällen, gerade bei alten Menschen, die Kriterien für einen Behandlungsabbruch schon vorher erfüllt gewesen wären. Obwohl Ärzte inzwischen – anders als in den 60er-Jahren – über ein ethisches Vokabular verfügen, mit dem sie bei bestimmten schwerst hirngeschädigten Patienten die Legitimität des Beatmungsabbruchs *vor* Eintritt des Todes sich selbst und Angehörigen gegenüber artikulieren könnten, wird es vielfach nach wie vor als einfacher empfunden, den Eintritt des „Hirntods" abzuwarten, um sich dann darauf zurückziehen zu können, dass der betreffende Patient bereits – freilich unmerklich – „verstorben" ist.

28   Folgerichtig wurde der Autor Anfang der 90er-Jahre in Diskussionsveranstaltungen über das „Hirntod"-Kriterium regelmäßig von Ärzten mit dem Einwand konfrontiert, wenn „hirntote" Patienten gar nicht tot seien, müsste man sie ja *ad infinitum* weiterbeatmen ... ein gedanklicher Kurzschluss, als ob die Diskussion über den Behandlungsabbruch 1968 stehen geblieben wäre. Natürlich ist die Feststellung eines totalen irreversiblen Hirnversagens auch dann eine unvermindert gültige, den Behandlungsabbruch legitimierende Aussage über Diagnose und infauste Prognose eines Patienten, wenn man die semantische Gleichsetzung dieses Zustands mit dem Tod des Menschen verlässt. Doch die entlastende Vorstellung, das Dilemma des Behandlungsabbruchs könne und müsse durch eine Für-tot-Erklärung beendet werden, mag sich, obwohl wissenschaftlich längst obsolet, durch die Anwendung der „Hirntod"-Konzeption tief in das Bewusstsein von Ärzten, Pflegenden und Laien eingegraben haben.

29   Hilflosigkeit im Umgang mit dem Abbruch lebensverlängernder Behandlung bei Patienten im Hirnausfallskoma war eine wesentliche, vermutlich die entscheidende Triebfeder für die Für-tot-Erklärung dieser Patienten. Die Etablierung der Für-tot-Erklärung qua „Hirntod"-Diagnose als Begründung nicht nur für Organentnahmen, sondern auch für den Behandlungsabbruch steht einer ethischen Bewältigung des Problems Behandlungsabbruch seither im Wege. Eine mögliche Ursache für die Persistenz des „Hirntod"-Kriteriums, seiner konzeptionellen Lücken zum Trotz, könnte auf ärztlicher Seite eine anhaltende Skepsis gegenüber der Le-

gitimation des Behandlungsabbruchs bei Patienten im totalen irreversiblen Hirnversagen diesseits ihrer Für-tot-Erklärung sein.

III. Das „Hirntod"-Konzept im Transplantationsgesetz (TPG)

Die dem Zweiten Abschnitt des TPG zugrunde liegende Annahme, eine Organentnahme lebensfrischer Organe bei schlagendem Herzen könne vermöge des „Hirntod"-Kriteriums als Leichenspende aufgefasst werden, ist Kern des TPG und war Gegenstand der heftigen Kontroverse, die seiner Verabschiedung durch eine Mehrheit des Bundestags vorausging. Diese Klarstellung ist nötig, weil die explizite Gleichsetzung des „Hirntods" mit dem Tod des Menschen in letzter Minute aus dem am Ende erfolgreichen Antrag gestrichen wurde, womit ein Anschein von Neutralität in dieser Frage angestrebt wurde: „[I]ch finde, dass es dieser Debatte nicht gut tut [...], wenn Sie unwidersprochen die Behauptung aufstellen, dass der Entwurf, den ich unterstütze, den Hirntod mit dem Tod gleichsetzt. Dies ist gerade nicht der Fall. [...] Wir haben Wochen darum gerungen, Formulierungen zu finden, die sicherstellen, dass es keine Definition von Tod und schon gar keine Gleichstellung von Tod und Hirntod gibt. [...] Dies heißt aber für jeden Juristen [...], dass die Behauptung, hier sei der Hirntod als Tod definiert, falsch ist. Ich persönlich würde dem Gesetzentwurf nicht zustimmen, wenn es irgendeinen Zweifel daran gäbe [...]."[15]. 30

Dem ist entgegenzuhalten, dass es ganz offenkundig nicht darum ging, ob in dem Gesetz der Satz steht: „Der ‚Hirntod' ist der Tod des Menschen", sondern darum, ob das Gesetz faktisch und für alle erkennbar die Für-tot-Erklärung von Menschen auf dem Boden des „Hirntod"-Kriteriums legalisierte. Daran aber konnten auch Minister Rüttgers und die ihm folgenden Abgeordneten keinen Zweifel haben. Denn wenn das Gesetz die „Hirntod"-Kriterien als (ausreichenden) Mindeststandard für eine Explantation formuliert (§ 3 Abs. 2 Nr. 2 TPG) und den betreffenden (Zweiten) Abschnitt gleichzeitig mit „Organentnahme bei *toten* Organspendern" überschreibt, so ist damit die Gleichsetzung des „Hirntods" mit dem Tod des Menschen durch den Gesetzgeber faktisch legitimiert. 31

Der *Status quoad vitam* des zur Entnahme innerer Organe ausersehenen Menschen ist denn auch entscheidend für dessen rechtliche Stellung und somit für die Legitimierung der Explantation, insbesondere hinsichtlich ihrer Zustimmungspflichtigkeit. 32

Erfolgt die Organentnahme in einer dem Leben zuzurechnenden Sterbensphase, so gilt für den betreffenden Spender der Schutz des Art. 2 Abs. 2 GG, und der Akt der Organentnahme fällt zumindest zeitlich mit dem Tode des Patienten zusammen. Die persönliche, nach vollwertiger Aufklärung erteilte Zustimmung ist dann notwendige Bedingung für eine Explantation, für deren Legitimation zusätz- 33

---

[15] Minister *J. Rüttgers* im Deutschen Bundestag, Plenarprotokoll 13/187 vom 25.6.1997, B 16401.

lich geklärt sein muss, dass sie nicht als Tötung auf Verlangen (§ 216 StGB) anzusehen ist.

34 Erfolgt die Organentnahme dagegen nach dem Tode, so gebührt dem Organspender zwar die übliche Pietät oder auch „Würde" (§ 6 TPG), doch reicht diese in keiner Weise an die durch Art. 1 Abs. 1 GG geschützte Würde des (lebenden) Menschen heran: Der Grundsatz der Pietät verbietet wohl unsinnige oder mutwillige Handlungen, nicht jedoch die Verstümmelung als solche, sobald sie den Lebenden zu einem guten Zweck dient, etwa im Bereich der forensischen oder medizinischen Wahrheitsfindung (Sektion) oder auch der medizinischen Lehre (Anatomie); auch die völlige Zerstörung des Leichnams in Form der Verbrennung ist vereinbar mit der gebotenen „Pietät" oder ihm eigenen „Würde" im Sinne des § 6 TPG.

35 Daher scheint die Organspende leichter zu legitimieren und die Anforderungen an eine Zustimmung des Betreffenden werden verhandelbar (Stichwort „Widerspruchslösung"), sobald die Organentnahme als postmortal bezeichnet werden darf. Schließlich suggeriert die dann in Werbebroschüren für Organspende statthafte Formulierung „nach dem Tode" (fälschlich) eine Vergleichbarkeit des Geschehens bei der Explantation mit dem Prozedere etwa bei Sektionen. Es stellt sich nur die Frage, ob der Gebrauch von Begriffen („nach dem Tode", „Kadaver", „Leiche"), die das erfahrbare Geschehen beim Eintritt des irreversiblen totalen Hirnversagens und der Organentnahme bei diesen Patienten so eklatant verfehlen, sich nicht als psychologischer Bumerang erweist, nämlich Misstrauen erweckt und somit wesentlichen Anteil daran hat, dass die Zahl der Menschen, die Organspendeausweise mit sich führen bzw. einer Organentnahme bei ihren Angehörigen zustimmen, aller Bemühungen und Investitionen zum Trotz nicht zunehmen will.

IV. Kritik des „Hirntod"-Konzepts

36 Die Gleichsetzung des irreversiblen Ausfalls der gesamten Hirnfunktion („Ganzhirntod") mit dem Tod des Menschen erweist sich aus mehreren Gründen als nicht tragfähig:

1. Das Etikett „Hirntod" als semantische Problemlösung

37 Die Für-tot-Erklärung „hirntoter" Patienten war historisch gesehen die pragmatische Lösung dreier verschiedener Probleme, die in den 60er-Jahren im Zusammenhang mit diesen Patienten aufgetreten waren und denen man hilflos gegenüberstand: Behandlungsabbruch, Ressourcenknappheit und Bedarf an Spenderorganen. Aus heutiger Sicht ist die Für-tot-Erklärung auf keines dieser Probleme eine adäquate Antwort, und in keinem Fall berechtigt die Konfrontation mit Problemen dazu, bisher als „lebend" geltende Menschen durch eine schlichte Vereinbarung als „tot" umzuetikettieren und die Probleme damit wegzudefinieren (s. bereits oben Rdnr. 9 ff.).

2. „Hirntote Leiche": Entfremdung vom mitmenschlich erfahrbaren Tod

Die Deklaration „hirntoter", d.h. beatmungspflichtiger und intensivmedizinisch betreuter Patienten mit spontan schlagendem Herzen und intaktem Blutkreislauf als „Leichen" oder „Kadaver" (die Transplantationschirurgie gebraucht das Wort „Kadaverspende"), während sie bis zur Organentnahme oder auch einem Behandlungsabbruch wie Lebende behandelt werden, steht in offenkundigem und unüberwindbaren Kontrast zu dem gesellschaftlichen und kulturellen Verständnis von *Leichen* als kalten, leblosen Körpern: „Wie soll man einem Vater klarmachen, dass sein Sohn tot ist, wenn er dessen Puls noch fühlt? Dieser Punkt ist nicht zu lösen."[16]

Die Transplantationsmedizin versucht nun, diesen „Punkt zu lösen", indem sie den „Hirntod" als „inneres" Todeskriterium (was ist das?) apostrophiert und sich auf den Standpunkt stellt, dass die Todesfeststellung qua „Hirntod"-Diagnostik durch Experten auch dann Gültigkeit beanspruchen kann, wenn sie der sinnlichen Todeserfahrung „von Laien" (tatsächlich natürlich genauso der von Ärzten) widerspricht. Ein solcher Anspruch verlangt eine besonders strenge Plausibilitätsprüfung der hierfür angegebenen Gründe.

Doch selbst unabhängig davon, ob Argumente für die Gleichsetzung des „Hirntods" mit dem Tod des Menschen überzeugen: Die unbestreitbare Entfremdung eines so essenziellen soziokulturellen Ereignisses wie des Todes von der bis dato gegebenen sinnlichen mitmenschlichen Erfahrbarkeit ist eine Erblast der Transplantationsmedizin, welche das so dringend benötigte öffentliche Vertrauen in diesen neuen Zweig der Heilkunst unmöglich befördern konnte und deren anhaltende Problematik gegenüber dem Nutzen des „Hirntod"-Konzeptes auch künftig sorgfältig abgewogen werden sollten (vgl. oben Fn. 6).

3. Der „permanente Verlust des Intellekts" als Begründung der Für-tot-Erklärung

„Der unter allen Lebewesen einzigartige menschliche Geist ist körperlich ausschließlich an das Gehirn gebunden. Ein hirntoter Mensch kann nie mehr eine Beobachtung oder Wahrnehmung machen, verarbeiten und beantworten, nie mehr einen Gedanken fassen, verfolgen und äußern, nie mehr eine Gefühlsregung empfinden und zeigen, nie mehr irgendetwas entscheiden."[17]

„Beim Menschen ist das Gehirn [...] die notwendige und unersetzliche körperliche Grundlage für das stofflich nicht fassbare Geistige. Wie auch immer der menschliche Geist, die menschliche Seele und die menschliche Person verstanden werden: Ein Mensch, dessen Gehirn abgestorben ist, kann nichts mehr aus seinem Inneren und aus seiner Umgebung empfinden, wahrnehmen, beobachten und beantworten, nichts mehr denken, nichts mehr entscheiden. Mit dem völligen und endgültigen Ausfall der Tätigkeit seines Gehirns hat der betroffene Mensch aufge-

---

[16] *J. Rüttgers*, a.a.O.
[17] Sekretariat der DBK und Kirchenamt der EKD (Hrsg.), Organtransplantation, 1990.

hört, ein Lebewesen in körperlich-geistiger oder in leiblich-seelischer Einheit zu sein. Deshalb ist ein Mensch tot, dessen Gehirn völlig und endgültig ausgefallen ist."[18]

43 Diese Ausführungen bieten zahlreiche Angriffspunkte[19]; hier muss es genügen, auf die Konsequenzen hinzuweisen, wenn menschliches Leben nicht ausschließlich biologisch (spezies-unabhängig), sondern durch spezifisch-menschliche kognitive Leistungen definiert wird.[20]

44 Der permanente (und vollständige) Verlust des Intellekts ist nicht nur beim „Hirntod", sondern auch bei anderen schwersten chronischen Hirnschädigungen gegeben wie zum Beispiel der Anenzephalie (angeborene Fehlbildung, bei der das Gehirn nicht angelegt ist; diese Kinder leben nur wenige Tage) und der schwersten Form des sog. apallischen Syndroms, bei der die Tätigkeit des Großhirns (Pallium = Hirnrinde) dauerhaft ausgefallen ist. Sowohl anenzephale als auch apallische Patienten verfügen anders als „Hirntote" über eine Spontanatmung, da der Hirnstamm nicht betroffen ist.

45 Folgerichtig formierte sich in den USA bald eine Kritikerfront, welche die Inkonsistenz und Inkonsequenz des „Hirntod"-Kriteriums aufdeckte und eine nochmalige *Vorverlegung* des Todeszeitpunkts forderte, sodass auch die oben genannten Zustände künftig dem Tode zuzurechnen wären („Teilhirntod"-Kriterium).[21] Die Implementierung des „Teilhirntod"-Kriteriums hätte zur Folge, dass die für tot Erklärten nicht nur (wie „Hirntote") über einen intakten Kreislauf verfügen, sondern auch spontan atmen würden.

46 Wem diese Vorstellung abstrus vorkommt, der vergegenwärtige sich, dass die in Rdnr. 41 ff. zitierten Passagen aus deutschen Texten stammen, die für die Meinungsbildung für das Transplantationsgesetz entscheidend waren. Neurophysiologen der Universität Bonn bemerkten daher zu Recht: „Der ‚Teilhirntod' ist nichts weiter als der zu Ende gedachte ‚Hirntod', und es wird deutlich, dass die entscheidende Wandlung unserer Todesvorstellungen nicht etwa durch den Übergang vom Hirntod zum Teilhirntod markiert würde, sondern bereits vor zwanzig Jahren durch die Annahme des Hirntod-Konzepts vollzogen worden ist."[22]

---

[18] Deutsche Gesellschaft für Anaesthesiologie und Intensivmedizin u.a., Untrügliche Zeichen für das Ende des Lebens, F.A.Z. vom 28.9.1994
[19] Insbesondere aus wissenschaftstheoretischer Sicht: Zum einen ist es weder theologisch noch neurophysiologisch beweisbar, was „Hirntote" tatsächlich empfinden (hierzu *J. Hoff* und *J. in der Schmitten*: „Kritik der ‚Hirntod'-Konzeption", in: dies. [Hrsg.], Wann ist der Mensch tot?, 1995, S. 202 ff.), zum anderen müssen die Autoren medizinischer Fachgesellschaften (Rdnr. 42) sich fragen lassen, welches naturwissenschaftliche Konzept von ihnen verwendeten Begriffen wie „leiblich-seelische Einheit" zugrunde liegt. Hinzu kommt, daß die zitierten Thesen hier wie auch an anderer Stelle qua vermeintlicher Autorität behauptet, nicht aber wissenschaftlich begründet werden.
[20] Zur verfassungsrechtlichen Problematik vgl. Rixen, 1999, S. 269 ff.
[21] Vgl. *R. M. Zaner* (Hrsg.), Death: Beyond whole-brain criteria, 1988; *R. M. Veatch*, Hastings Center Report 1993, S. 18 ff.
[22] *M. Kurthen; D. B. Linke; D. Moskopp*, Ethik in der Medizin 1989, S. 134 ff.

Ein weiteres Problem des Verweises auf den Verlust des Intellekts zur Begründung des „Hirntods" wird durch die Frage deutlich, *zu welchem Grad* die physische Grundlage kognitiver Fähigkeiten zerstört sein muss, bis die „ausschließliche Bindung" des „einzigartigen menschlichen Geistes" an sein Gehirn aufgehoben ist. Betrachtet man die in den oben stehenden Zitaten aufgezählten Fähigkeiten („empfinden, wahrnehmen, beobachten und beantworten, [...] denken, [...] entscheiden"), die als obligate Kriterien für „Menschsein" verstanden werden müssen, so ist zu bezweifeln, ob zum Beispiel Menschen in Endstadien schwerster dementieller Erkrankungen – also mit zerebralen Restfunktionen – noch über die hier angelegte Latte springen können. Wenn man jetzt noch berücksichtigt, dass das „Hirntod"-Kriterium ausdrücklich als Lösung drängender Probleme eingeführt wurde, darunter auch der Ressourcenfrage (s. bereits oben Rdnr. 9 ff.), so wird deutlich, dass die Rede vom „einzigartigen menschlichen Geist" Spielräume für künftige Manipulationen des Todeskriteriums eröffnet.

4. Bedeutung des Gehirns als „kritisches Organ" für den Organismus als Ganzes

Diese Brandgefährlichkeit der Begründung des „Hirntod"-Kriteriums durch den Verlust des Intellekts ist rasch erkannt worden. In den 70er-Jahren wurde daher eine neue These ins Zentrum der Argumentation gerückt (ohne dass der Hinweis auf den Intellekt je ganz unterlassen worden wäre, dazu sogleich Rdnr. 55.). Diese biologische, spezies-unspezifische Argumentation kommt der „Hirntod"-Kritik hinsichtlich der Todesdefinition darin entgegen, dass ein Mensch (ebenso wie andere Säugetiere) solange als lebendig akzeptiert wird, wie seine Organe als ein interaktives Ganzes („Organismus") zusammenwirken. Als Bedingung für diese integrative Einheit wird jedoch die vermeintliche Funktion des Gehirns als *des* zentralen, unverzichtbaren und apparativ nicht ersetzbaren Steuerungsorgans schlechthin eingeführt: „Der Organismus ist tot, wenn die Einzelfunktionen seiner Organe und Systeme sowie ihre Wechselbeziehung unwiderruflich nicht mehr zur übergeordneten Einheit des Lebewesens in seiner funktionellen Ganzheit zusammengefasst und unwiderruflich nicht mehr von ihr gesteuert werden. Dieser Zustand ist mit dem Tod des gesamten Gehirns eingetreten."²³ „Übrig bleibt eine Teilsumme von Organen, die zwar noch anatomisch einen Restkörper bilden, aber nicht mehr spontan, sondern nur mit ständiger intensivmedizinischer Hilfe tätig sein können"²⁴.

Das letzte Zitat lässt eine rhetorische Figur erkennen, die seitens der „Hirntod"-Befürworter häufig verwendet wird. Das Begriffspaar „spontan" versus „nur mit ständiger intensivmedizinischer Hilfe" gehört jedoch nicht in die Debatte, weil die aktuelle oder dauerhafte Ersetzung gleich welcher Organfunktionen keine Bedeutung für die Einordnung eines Menschen als „tot" oder „lebendig" hat. Nach

---

23 Bundesärztekammer, DÄBl. 1993, S. B-2177 ff.
24 *H. Angstwurm*, Wiener Medizinische Wochenschrift Diskussionsforum Med. Ethik 1990, S. 4 f.

der zitierten Logik wären auch Patienten mit Diabetes mellitus nicht „spontan" lebensfähig, die auf eine lebenslange Substitution der körpereigenen Insulinsekretion angewiesen sind, zu schweigen von den nicht-„hirntoten" beatmungspflichtigen Patienten einer Intensivstation. Diese Klarstellung scheint nur auf den ersten Blick trivial; tatsächlich hatte der medizinisch völlig unsinnige Verweis auf die „Künstlichkeit" der intensivmedizinischen Unterstützung bei „hirntoten" Patienten einen erheblichen rhetorischen Erfolg.[25]

50   Doch zurück zur Bedeutung des Gehirns für den Organismus. Die oben zitierte These krankt daran, dass ihre Autoren einen Beweis oder auch nur eine Begründung für die angebliche biologisch-hierarchische Überlegenheit des Gehirns gegenüber allen anderen Organen schuldig geblieben sind. Hirnforscher haben diese Hierarchie denn auch ausdrücklich negiert: „Das Gehirn ist ein Organ wie Leber, Herz, Niere usw. und *nur* im Verbund mit allen anderen Organen an der Aufrechterhaltung des Lebens beteiligt."[26]

51   Das „Organismus-als-Ganzes-Konzept" taugt daher nur solange als Argument zu Gunsten des „Hirntod"-Kriteriums, wie die Unersetzlichkeit des Gehirns zuvor als unhintergehbare Prämisse anerkannt wird – übrig bleibt ein Zirkelschluss, in dem vorausgesetzt wird, was bewiesen werden soll, beispielhaft nachzulesen bei *Schreiber*[27]: „Mit dem Gehirn fällt nicht nur ein spezielles Organ des Menschen aus, sondern der Organismus als Einheit und als Grundlage des Vorhandenseins eines menschlichen Individuums ist definitiv beendet. [...] Es ist nicht richtig, wenn dagegen eingewandt wird, außer dem Gehirn erbrächten alle übrigen Organsysteme eines so genannten Hirntoten weiter wichtige Integrationsleistungen für den Gesamtorganismus. Einen solchen Gesamtorganismus gibt es nach Ausfall des Gehirns nicht mehr." [!]

52   „In Organen und Zellen ablaufende, auf einzelne Organe übergreifende Prozesse machen nicht das Leben des Menschen als Lebewesen aus" lautet der diesem Zitat folgende Satz, und weiter kann man sich von der medizinisch-biologischen Wirklichkeit eines intensivmedizinisch behandelten Patienten mit irreversiblem totalen Hirnversagen kaum entfernen. Ungeachtet dessen wird der „Hirntod"-Kritik gerne unterstellt, sie speise sich aus einem biologistischen Lebensverständnis, das auch noch zelluläre Prozesse wie das „Wachsen der Nägel" Tage nach dem „Tod" eines Menschen als Zeichen seines Lebens interpretiere: „Oder man nimmt, wie es beim Parlamentarischen Abend der Robert-Bosch Stiftung geschehen ist,

---

[25] Man kann sich fragen, wie dieser Erfolg zu erklären ist. Vermutlich wirkt der Subtext der Rede von der „Künstlichkeit" intensivmedizinischer Unterstützung bei „hirntoten" Patienten als subtiler Rückverweis auf den Verlust aller kognitiven Funktionen, also des „Intellekts". Denn nichts anderes als die sicher infauste neurologische Prognose (die absehbare Irreversibilität jeglicher Kognitionsfähigkeit) ist der wesentliche Unterschied zwischen „hirntoten" und anderen beatmungspflichtigen Patienten einer Intensivstation.
[26] G. *Roth;* U. *Dicke,* Das Hirntodproblem aus Sicht der Hirnforschung, in: J. Hoff; J. in der Schmitten (Hrsg.), Wann ist der Mensch tot?, 1995, S. 51 ff.
[27] Vgl. *H.L. Schreiber,* Wann ist der Mensch tot?, in: H.-J. Finkorn (Hrsg.), Hirntod als Todeskriterium, 2000, S. 44 ff.

das Ende aller Stoffwechselprozesse oder jedenfalls der wesentlichen Stoffwechselprozesse als Zeitpunkt des Todes."

Diese irreführende Darstellung[28] ist unter rhetorischem Aspekt verständlich – sie soll davon ablenken, dass bei „hirntoten" Patienten nicht etwa nur die „Nägel wachsen", sondern ein intakter Kreislauf die inneren Organe zu einem Ganzen verbindet, dem offenkundig die Vitalfunktionen eines lebenden Organismus erhalten bleiben.[29] Während dieses Phänomen in den zitierten „Hirntod"-befürwortenden Schriften unerwähnt bleibt, wird dort eine Phantomdebatte über Stoffwechselprozesse auf zellulärer Ebene angestrengt.

Anspruch auf Wissenschaftlichkeit und Plausibilität kann erheben, wer zunächst definiert, wodurch sich ein Organismus von Organen, die keinen Organismus mehr bilden, unterscheidet. Eine prozessorientierte Definition findet sich bei den Neurobiologen Roth und Dicke, eine ergebnisorientierte Definition bei dem Neurologen Shewmon: „Leben ist somit eine ‚emergente Eigenschaft' der Interaktion im autopoietischen Netzwerk. Leben hört auf, wenn das Netzwerk der gegenseitigen Herstellung und Erhaltung zusammenbricht, und dies ist der Fall, wenn ein konstitutives Organ ersatzlos ausfällt. Aus dieser einfachen und zugleich sehr brauchbaren Definition von Leben folgt, dass die Organe ‚arbeitsteilig' zum Leben beitragen und dass Leben dann nicht bedroht ist, wenn einzelne Organe ersetzt oder ihre Funktion kompensiert werden können. [...] Das Gehirn ist innerhalb des autopoietischen Netzwerks ein Organ wie jedes andere und deshalb im Prinzip ersetzbar oder entbehrlich."[30] „Ein Organismus verfügt dann über ‚integrative Ganzheit', wenn er mindestens eine emergente Eigenschaft auf ganzheitlicher Ebene aufweist. Als ‚emergent' ist die Eigenschaft eines aus Teilen zusammengesetzten Ganzen definiert, wenn sie aus der gegenseitigen Interaktion ihrer Teile resultiert, und als ‚ganzheitlich', wenn sie nicht durch irgendein Teil oder Subsystem, sondern nur durch das Ganze vorhersagbar ist."[31] Gemessen an diesen Definitionen lässt sich dem Gehirn kein Sonderstatus innerhalb der inneren Organe zuerkennen, dem warmen Leib eines „hirntoten" Patienten nicht der Status eines biologisch intakten oder „lebendigen" Organismus absprechen. Eine Definition „ubi Gehirn, ibi Organismus", wie im obigen Zitat von Schreiber zugrundegelegt, ist zwar historisch nachvollziehbar („Zerebrozentrismus"[32]) und rhetorisch

---

[28] A.a.O. Richtig ist, dass sowohl in den „Hirntod"-kritischen Vorträgen jenes Abends wie auch in ihrer Veröffentlichung (Firnkorn, a.a.O., 2000) nicht das Ende von Stoffwechselprozessen, sondern der Zusammenbruch des menschlichen Organismus als Todeskriterium vertreten worden ist.
[29] Von der Atmung (nur das Atemholen, also die Funktion des Zwerchfellmuskels und deren Steuerung, übernimmt eine Maschine) über die Aufnahme, Verwertung und Ausscheidung von Nahrung bis zu hormonellen Regelkreisen und komplexen Leistungen wie Blutbildung oder Fortpflanzungsfähigkeit: vgl. *G. Bockenheimer-Lucius; E. Seidler* (Hrsg.), Hirntod und Schwangerschaft, 1993; *D.B. Linke*, Hirnverpflanzung, 1993.
[30] *G. Roth; U. Dicke*, s. Fußnote 26, S. 53.
[31] *D.A. Shewmon*: „Brainstem Death", „Brain Death" and Death: A Critical Re-Evaluation of the Purported Evidence. Issues in Law & Medicine 14 (1998), S. 137.
[32] Vgl. *J. Hoff; J. in der Schmitten*, Universitas April 1995, S. 328 ff.

wirkungsvoll, hat jedoch unter den Bedingungen einer modernen, systemtheoretisch fundierten Biologie ihren Platz verloren.

5. Intellekt oder Organismus?

55 Das aus den 60er-Jahren stammende Konzept des Gehirns als vermeintliches Substrat des „spezifisch menschlichen Geistes" (Rdnr. 41 ff.) ist nicht etwa fallen gelassen worden, sondern wurde perpetuiert und gerade im Vorfeld der parlamentarischen Entscheidung über das Transplantationsgesetz auch dann propagiert, als man sich zur gleichen Zeit auf die Rolle des Gehirns als unersetzliches Integrationsorgan des menschlichen Organismus berief.

56 Diese Gleichzeitigkeit weckt Mißtrauen. Denn wenn die Befürworter des „Hirntod"-Kriteriums wirklich überzeugt davon sind, dass mit dem irreversiblen und totalen Gehirnversagen das biologische Phänomen „Organismus" zu existieren aufhört, die verbleibenden Lebenszeichen nur noch „Einzelfunktionen von Organen", nicht aber einem integrativen Ganzen zugeschrieben werden können, dann sollte sich die Berufung auf die Bedeutung des Intellekts für das menschliche Leben doch eigentlich erübrigen. Wenn mit der Hirnfunktion tatsächlich eine obligate *biologische* Bedingung für menschliches Leben erloschen ist, warum wird dann betont, dass „ein Mensch [!], dessen Gehirn abgestorben ist," nichts mehr „aus seinem Inneren und aus seiner Umgebung empfinden, wahrnehmen, beobachten und beantworten, nichts mehr denken, nichts mehr entscheiden" könne – als wäre derlei für den biologischen Folgezustand eines desintegrierten Organismus nicht selbstverständlich?!

57 So wenig Sinn diese Zweigleisigkeit in der Sache macht, so wirkungsvoll war und ist sie rhetorisch. Dem „Hirntod"-Konzept lag und liegt die Vorstellung zu Grunde, dass durch den Verlust jeglicher Kognitionsfähigkeit eine *obligate* Bedingung für das Menschsein verloren geht, der Betreffende keinen Anspruch auf Leben und dessen Schutz mehr geltend machen kann – umso mehr, wenn dieser Anspruch einem medizinischen Fortschritt entgegenstehen könnte, der für andere, kognitiv intakte Menschen das Überleben verlängert. Diese Vorstellung hat Anschaulichkeit und eine gewisse suggestive Kraft, hiermit wurde eine Mehrheit des Bundestages gewonnen, und hiermit wird bis heute in der Öffentlichkeit, sofern der „Hirntod" überhaupt thematisiert wird, für seine Akzeptanz geworben.

58 Dem „Hirntod"-Konzept durch die behauptete Sonderstellung des Gehirns im Organismus auch eine biologische Dimension zu geben, hat zwar in der übrigen, speziell der einschlägigen (neuro-) biologischen Fachwelt keine nennenswerte Resonanz gefunden. Doch unter rhetorischen Gesichtspunkten hat es offenbar genügt, sich die von Kritikern wie Hans Jonas („Organismus als Ganzes") geprägte Terminologie anzueignen und dadurch die offene ethische Flanke des griffigen „Kognitions"-Ansatzes zu schließen.[33]

---

[33] Dabei war die US-amerikanische Diskussion der deutschen mit dem Bericht einer vom Präsidenten berufenen Arbeitsgruppe voraus (Vgl. President's Commission for the Study of Ethical Problems in Medicine and Biomedical and Behavioral Research, Defining Death, 1981).

Die These vom „Zusammenbruch des Organismus" durch den Ausfall des Gehirns wahrte gegenüber Öffentlichkeit und politisch Verantwortlichen den Schein ethischer Solidität, während die beibehaltene Argumentation vom Verlust dessen, „was den Menschen zum Menschen macht", viele spontan überzeugte. Diese griffige Verknüpfung von kognitiver Leistungsfähigkeit mit schutzwürdigem menschlichen Leben bedeutet einen Dammbruch, der über das Transplantationsgesetz hinaus in einem größeren Kontext der bioethischen Debatte gesehen werden kann.[34]

VI. Aktuelle Entwicklung der „Hirntod"-Kontroverse in den USA

Die Prämisse, dass (lebenswichtige) Organe ausschließlich *toten* Spendern entnommen werden dürfen, wird in den USA als *dead donor rule* bezeichnet und galt dort bis vor wenigen Jahren – wie hier – als sakrosankt. In Deutschland unterstützte jedoch 1997 knapp ein Drittel der Abgeordneten des Bundestags den alternativen Gesetzentwurf zum Transplantationsgesetz[35], durch den die Organentnahme beim sterbenden, also noch lebenden (nämlich „hirntoten") Menschen ermöglicht werden sollte, was insbesondere von Transplantationschirurgen zurückgewiesen wurde („Ärzte töten nicht"[36]). Auch in den USA wird an der *dead donor rule* offiziell noch festgehalten, doch ist sie in den 90er-Jahren ins Wanken gekommen, sowohl in der wissenschaftlichen Diskussion wie auch in der alltäglichen Praxis der Organtransplantation.[37] Die Frage kann heute nicht mehr lauten, ob die *dead donor rule* politisch Bestand haben wird, sondern allenfalls wann sie fällt und vor allem: was langfristig an ihre Stelle treten wird. Eine so eingreifende Änderung des ethischen Fundaments der Organtransplantation in den USA bliebe erfahrungsgemäß nicht ohne Folgen für Europa und speziell für Deutschland.

Bis in die 90er-Jahre wurde die US-amerikanische Kontroverse zur „Hirntod"-Problematik von Befürwortern des sog. „Teilhirntod"-Kriteriums dominiert, die schon früh, namentlich R.M. Veatch, auf die mangelnde Konsequenz des „Ganzhirntod"-Konzepts hingewiesen und die Ausweitung auf andere Patienten in irreversibel komatösen Zuständen gefordert hatten. Das würde bedeuten, dass spontan atmende, irreversibel komatöse Menschen zur Leiche erklärt und entsprechend

---

[34] „Schon seit Jahren wird dieser Preis [„die Aufgabe des Grundsatzes von der Unverfügbarkeit menschlichen Lebens"] in Raten entrichtet. Anzahlungen wurden bei der Neufassung des Paragraphen 218 und des Transplantationsgesetzes geleistet." (Vgl. *S. Dietrich*, F.A.Z. v. 24.3.2001, S. 1).
[35] Antrag der Abg. *E. v. Klaeden* u.a. vom 17.12.1996, BT-Drs. 13/6591.
[36] So R. Pichlmayer im Protokoll der 17. Sitzung des Gesundheitsausschusses am 28.6.1995 (Protokoll 13. WP/Nr. 17).
[37] *R.M Arnold; S.J. Youngner*, Kennedy Institute of Ethics Journal 1993, S. 263 ff. 6 Jahre später befürworten die Autoren die Preisgabe der *dead donor rule* und kritisieren die Immunität der Transplantationsmedizin gegenüber der „Hirntod"-Kontroverse, freilich in vorsichtigen Worten: „Finally, we should admit that death is both a biologically based and socially constructed notion about which there is little prospect of consensus in the near future. Perhaps our society could accept a frank discussion about relaxing the dead donor rule in borderline cases better than it could tolerate efforts by the transplant community to minimize or ignore uncertainty and disagreement within the scholarly community." (*S.J. Youngner; R.M. Arnold; M. DeVita*, Hastings Center Report 1999, S. 14 ff.).

verfügbar geworden wären, für die Beerdigung oder Feuerbestattung ebenso wie für die Organtransplantation oder etwa Forschungen in der Medizin.

62 Dieser akademisch begründete Vorschlag schien für Medizin und Politik – von ethischen Überlegungen einmal abgesehen – unannehmbar, weil mit einem öffentlichen Protest und in der Folge unter anderem mit einem fatalen Rückschlag für die Organtransplantation hätte gerechnet werden müssen. Deshalb war die Entwicklung eines biologistischen Konzepts, nach dem das Gehirn ein für die biologische Funktion des Organismus unverzichtbares Organ darstellt, eine notwendige Gegenoffensive, um das Konstrukt des „Ganzhirntod"-Kriteriums aufrechtzuerhalten (vgl. Fußnote 33).

63 Die oben (Rdnr. 9 ff., 36 ff.) im Kern skizzierten Schwächen dieses Konstrukts wurden jedoch in den 80er und frühen 90er-Jahren zum Gegenstand scharfer Kritik.[38] Hinzu kamen empirische Arbeiten, die zeigten, dass die Implikationen des „Hirntod"-Konzepts weder von Laien noch von Ärzten und Schwestern wirklich verstanden bzw. gewürdigt werden, dass also selbst unter Professionellen eine Dissoziation der Akzeptanz des offiziellen Todeskonzepts vom eigenen alltäglichen Denken und Umgang entstanden war[39]. Ethiker, die wie Veatch den Lebensschutz konsequent an kognitiven Fähigkeiten orientieren wollen, erhielten zwischenzeitlich Aufwind durch die zunehmende Präzision bei der Diagnose eines irreversiblen apallischen Syndroms.[40]

64 Die Transplantationsmedizin in den USA hält offiziell an der *dead donor rule* und am „Ganzhirntod"-Konzept fest, trägt aber durch anhaltende Grenzüber-

---

[38] Ein bisher nicht referierter, in der US-Diskussion aber bedeutender Kritikpunkt ist der logisch und experimentell geführte Nachweis, daß der postulierte Ausfall des „ganzen" Gehirns naturwissenschaftlich eine Fiktion ist, also de facto stets noch einzelne Hirnleistungen jenseits des „Hirntods" fortexistieren. Daraufhin mußten die „Ganzhirntod"-Befürworter ihre Position dahingehend korrigieren, daß alle „wesentlichen" Funktionen nach dem „Hirntod" ausgefallen sind (Vgl. *J.L. Bernat*, Journal of Clinical Ethics 1992, S. 21 ff.). Die „Teilhirntod"-Befürworter sahen sich dadurch freilich nur bestätigt, denn ebendies – die Differenzierung zwischen „wesentlichen" und „unwesentlichen" Hirnfunktionen – ist Grundlage der „teilhirntod"-kritischen Position (Truog 1997 – dort in Fußnote 1 auch Verweise auf ausgewählte „hirntod"-kritische Arbeiten, ebenso in *R.M. Zaner*, a.a.O. und *R.M. Veatch*, a.a.O.).

[39] Vgl. *S.J. Youngner* u.a., Journal of the American Medical Association 1989, S. 2205 ff.

[40] Im Gegensatz zu vorübergehenden, teilweise nach Jahren Besserung zeigenden apallischen Zuständen; im Englischen *permanent* vs. *persistent vegetative state*. Ein wichtiger Grund, warum die Forderungen der „Teilhirntod"-Befürworter bisher bedeutungslos geblieben sind, ist die Tatsache, daß die Diagnose eines *irreversiblen* (vs. vorübergehenden) apallischen Syndroms (= „Teilhirntods") nicht mit ausreichender Sicherheit möglich ist. Diese diagnostische Unsicherheit ist jedoch nicht grundsätzlich gegeben, sondern eine Frage des wissenschaftlichen (empirischen und apparativen) Fortschritts. Mit zunehmender Prognosegenauigkeit gewinnt das „Teilhirntod"-Konzept wenn nicht an Überzeugungskraft, so doch an Realisierbarkeit. Vgl. *R.E. Cranford*, Hastings Center Report 1988, S. 27 ff.; Council on Ethical and Judicial Affairs of the American Medical Association und Council on Scientific Affairs of the American Medical Association, Journal of the American Medical Association 1990, S. 426 ff.; The Multi-Society Task Force on PVS, The New England Journal of Medicine 1994, S. 1499 ff., 1572 ff.; *M. Angell*, New England Journal of Medecine 1994, S. 1524 f.

schreitungen zu deren Erosion entscheidend bei: So häufen sich Organentnahmen bei anenzephalen (also nur „teilhirntoten") Neugeborenen[41], und auch die reguläre Verwendung von „Non-Heart-Beating-Cadaver-Donors" durch das so genannte Pittsburgh-Protokoll stellt einen faktischen Bruch der *dead-donor-rule* dar.[42]

Die Frage drängt sich auf, warum „Ganzhirntod"-Kriterium und *dead donor rule* zumindest offiziell noch in Kraft sind, wenn ihr Mangel an Konsistenz mittlerweile mehrheitlich erkannt wird und sie in der Praxis bereits durch Sonderregelungen ausgeweitet bzw. gebrochen worden sind. Die Antwort lautet, dass sich zumindest bisher keine Alternative als konsensfähig herauskristallisiert hat und das „Hirntod"-Konzept vorläufig noch von einer Mehrheit als die unter pragmatischer Berücksichtigung des Für und Wider – insbesondere der Auswirkungen auf die Transplantationsmedizin – beste aller Lösungen angesehen wird. So deutet ein aktueller, im Mittelteil durchaus kritischer Übersichtsartikel zwar an, dass die „Hirntod"-Konzeption langfristig kaum zu halten sein wird[43], endet ungeachtet dessen aber mit der Ermahnung an die Ärzte, das „Hirntod"-Kriterium „vertrauensvoll" anzuwenden, sich über die „konzeptionellen Grundlagen" dieses Kriteriums nach Möglichkeit klar zu werden und so die Verwirrung von Öffentlichkeit und den Angehörigen der Gesundheitsberufe zu „vermindern". Der letzte Satz des Artikels dürfte als warnender Hinweis auf den Mangel einer überlegenen, den Fortbestand der Organtransplantation sicherstellenden Alternative zum „Hirn-

---

[41] Vgl. m.w.N.: *Shewmon*, a.a.O., Fußnote 49. Das zuständige Gremium des US-amerikanischen Pendants zur Bundesärztekammer empfahl 1995 offiziell die Verwendung anenzephaler Neugeborener als Organspender (Council on Ethical and Judicial Affairs of the American Medical Association, Journal of the American Medical Association 1995, S. 1614 ff.), musste diese Empfehlung jedoch kurz darauf wegen Kritik aus den eigenen Reihen wieder zurückziehen (*Ch. W. Plows*, Journal of the American Medical Association 1996, S. 443 f.). Notabene: Die nach Kenntnis des Verfassers erste Publikation einer Organentnahme bei anenzephalen Neugeborenen erfolgte durch die Gynäkologische Klinik der Universität Münster (*W. Holzgreve* u.a., New England Journal of Medicine 1987, S. 1067 f.).

[42] Hier handelt es sich um Organentnahmen bei zuvor unheilbar erkrankten, künstlich beatmeten, jedoch nicht hirngeschädigten Patienten, bei denen auf eigenen Wunsch (oder den der Angehörigen) die Beatmung als lebensverlängernde Maßnahme abgebrochen wird und die Organentnahme wenige Minuten nach Eintritt des Herzstillstands erfolgt, d.h. zu einem Zeitpunkt, zu dem der Herzstillstand potentiell noch reversibel und somit eine Herz-Lungen-Wiederbelebung erfolgversprechend wäre. Diese Menschen sind anerkanntermaßen nicht „hirntot"; die offizielle Lesart ist, daß ihr Kreislaufstillstand als „ethisch irreversibel" gelten darf, weil eine Wiederbelebung zwar möglich wäre, von den Betreffenden aber ausdrücklich abgelehnt wurde. Von anderer Seite werden eine erneute Manipulation des Todesbegriffs, die öffentliche Irreführung durch den Begriff des „Kadaver-Spenders" und die Aushöhlung der *dead donor rule* kritisiert. Vgl. m.w.N. für eine umfangreiche und kontroverse Diskussion *R.D. Truog*, Hastings Center Report 1997, S. 29 ff. mit Fußnoten 39 f. sowie *S.J. Youngner; R.M. Arnold; R. Schapiro* (Hrsg.), The Definition of Death, 1999, verteidigend *J.A. Robertson*, Hastings Center Report 1999, S. 6 ff.

[43] „Of course, in the long term, [...] the whole notion of irreversible loss of brain function will need to be revisited" (*A.M. Capron*, New England Journal of Medicine 2001, S. 1244 ff.)

tod"-Konzept zu verstehen sein: „There are good and sufficient reasons why the existing consensus about the determination of death has endured for more than 30 years even in the face of persistent criticism."[44]

66   Hierzu passt die Erwägung, der Öffentlichkeit die komplizierte Kontroverse um den Todeszeitpunkt und die Bedingungen für die Organspende vorzuenthalten[45], doch die Zweifel am „Hirntod"-Konzept haben mittlerweile auch Eingang in die qualifizierte Laienpresse gefunden.[46]

67   Man kann die Situation in den USA dahingehend zusammenfassen, dass Diskussion und Praxis der *dead donor rule* in eine Sackgasse geraten sind. Anerkannte Ethiker plädierten jahrzehntelang dafür, das inkonsequente „Hirntod"-Konzept im Sinne des „Teilhirntod"-Kriteriums auszuweiten, um den Spender-Pool durch Hinzunahme anenzephaler und irreversibel apallischer Menschen zu vergrößern. In den 90er-Jahren hat die Transplantationsmedizin Fakten geschaffen und entnimmt nun lebenswichtige Organe routinemäßig auch bei anderen als „ganzhirntoten" Menschen, bemäntelt diese Praxis jedoch noch mit umstrittenen ethischen Konstruktionen. *Dead donor rule* und „Ganzhirntod"-Konzept sind damit faktisch unterhöhlt. Doch eine alternative Rechtfertigung für Organentnahmen ist nicht in Sicht, da die begründete Befürchtung besteht, dass sowohl eine neuerliche Ausweitung des Todeskriteriums wie auch die Etablierung additiver Explantationskriterien neben dem „Ganzhirntod" einen empfindlichen Rückschlag im öffentlichen Vertrauen gegenüber der Transplantationsmedizin zur Folge haben dürften.

68   Eine interessante Entwicklung aus jüngster Zeit, die aus dieser Sackgasse herausführen könnte, hat den Vorschlag hervorgebracht, das „Hirntod"-Konzept als Irrweg anzuerkennen, zum traditionellen Todeskriterium des irreversiblen Herz-Kreislauf-Stillstands zurückzukehren und zur Legitimation von Organentnahmen eigens spezifische Kriterien zu erarbeiten – also dort konzeptionell wieder anzusetzen, wo 1968 eine Fehlentwicklung begann. Diese Position wird bisher nament-

---

[44] A.a.O.
[45] *R.A. Charo*, Dusk, Dawn and Defining Death, in: S.J. Youngner; R.M. Arnold; R. Shapiro (Hrsg.); The Definition of Death, 1999, S. 277ff.; *D.W. Brock*, The Role of the Public in the Public Policy on the Definition of Death, in: S.J. Youngner; R.M. Arnold; R. Shapiro (Hrsg.); The Definition of Death, 1999, S. 293 ff. Die Herausgeber schreiben in der Einleitung zu diesen Kapiteln unter der Überschrift „Public Policy Considerations": „Although both democracy and moral theory lead to a strong presumption in favor of the truth, one may sometimes be justified in hiding nuances and disagreements regarding the definition of death to avoid adverse effects on public policy. For example, Brock raises the question of whether an open debate regarding the whole-brain versus higher-brain definitions of death would have a negative effect on organ donation by destroying the useful ‚fiction' that death is an ‚objektive, scientific determination in which there is no role of values". Immerhin bleiben sowohl die genannten Autoren wie auch die Herausgeber gegenüber solchen Erwägungen skeptisch: „[D]eciding when the consequences are severe enough to preclude open discussion is likely to be extremely difficult, if not impossible." (*Youngner et al.* 1999, 274).
[46] *G. Greenberg*: As Good As Deed, The New Yorker v. 13.8.2001, S. 36ff.

lich von R. D. Truog (1997) und D. A. Shewmon (1998) vertreten; beide waren zuvor namhafte „Teilhirntod"-Befürworter.

Für die Akzeptabilität und Wirkung ihrer Position ist die Frage von zentraler Bedeutung, wie sie künftig Organentnahmen zu legitimieren denken. Die *dead donor rule*, also die Fiktion einer „Kadaverspende", entfällt hier als Option, da innere Organe nach Eintritt des irreversiblen Herz-Kreislauf-Stillstandes nicht mehr transplantationsfähig sind. Truog und Shewmon betonen jeweils, dass ihr Plädoyer für die Rückkehr zum traditionellen Todeskriterium nicht mit einer Ablehnung der Organtransplantation gleichgesetzt werden dürfe, und machen unterschiedliche Vorschläge: Truog will Organentnahme bei „hirntoten" (aber auch anenzephalen und apallischen) Patienten im Sinne einer „Tötung auf Verlangen" ermöglichen und durch den „Grundsatz, nicht zu schaden" legitimieren. Shewmon schlägt vor, immer dann, wenn lebensverlängernde Maßnahmen auf Grund infauster Prognose im Sinne einer passiven, den Eintritt des Todes ermöglichenden Sterbehilfe abgebrochen werden (zum Beispiel Ausstellen des Beatmungsgerätes), wenige Minuten nach dem Eintritt des Herz-Kreislauf-Stillstands die Möglichkeit zur Organentnahme vorzusehen. Beide machen das Vorliegen einer persönlichen Einwilligung des Betreffenden (Truog auch die stellvertretende Einwilligung der Angehörigen) zur Bedingung für eine Explantation. 69

Der Vorschlag von Truog erweist sich bei näherer Betrachtung jedenfalls im Kontext der deutschen Diskussion und vermutlich auch für die USA als unhaltbar: Mit der Annahme, dass der „unmittelbar bevorstehende Tod" und das „irreversible Koma" den Schluss erlauben, dem Betreffenden könne „nicht geschadet" werden, kehrt Truog zu den rhetorischen Figuren zurück, die er in der gleichen Arbeit im Kontext der Analyse des „Hirntod"-Konzepts zu Recht kritisiert hat. Dieser Vorschlag entbehrt einer schlüssigen Begründung und ist in sich nicht konsistent; er lässt nicht erkennen, warum eine Zustimmung des Betreffenden oder der Angehörigen überhaupt obligat sein muss; und er würde Tür und Tor dafür öffnen, mit komatösen oder auch dementen Menschen unter Nützlichkeitsaspekten zu verfahren.[47] 70

Der Vorschlag von Shewmon ist nach Kenntnis des Verfassers bisher nicht in der Literatur erörtert worden. Er stellt eine Variante des bereits praktizierten Pittsburgh Protokoll dar, mit dem Unterschied, dass die Notwendigkeit entfällt, den Zustand, in dem die Organentnahme erfolgt, als „Tod" zu klassifizieren. Neben der persönlichen Einwilligung des Betreffenden müssen zwei weitere Bedingungen erfüllt sein: dass die Entscheidung für den Behandlungsabbruch (1) unbeeinflusst von der Möglichkeit einer Organentnahme erfolgt und (2) für sich ethisch begründet ist (wie dies insbesondere bei der Diagnose des irreversiblen totalen Hirnversagens – früher „Hirntod" – der Fall wäre). Die Frage der stellvertretenden Einwilligung, insbesondere von Eltern für ihre Kinder, klammert Shewmon ausdrücklich aus. 71

---

[47] Ausführlich hierzu *J. in der Schmitten*, Ethik in der Medizin 14 (2002), S. 60 ff.

72 Es ist von Interesse, diesen Vorschlag mit demjenigen zu vergleichen, der 1997 im Deutschen Bundestag dem Interfraktionellen Gesetzesantrag (s.o. Fn. 35) zu Grunde lag. Shewmon ist insoweit restriktiver, als er fordert, erst dann mit der Explantation zu beginnen, wenn nach Abbruch der künstlichen Beatmung der Herzschlag ausgesetzt hat, was einige Minuten dauert; um eine längere Ischämiezeit zu vermeiden, sollen die zur Explantation vorgesehenen Organe zwischenzeitlich durch arterielle Katheter mit kühlenden Spüllösungen perfundiert werden dürfen. Zweifellos wird durch die Organentnahme der Tod des Betreffenden nicht verursacht bzw. herbeigeführt; ob der Eintritt des Todes durch sie (gegenüber dem Spontanverlauf bis zur Irreversibilität eines Herz-Kreislauf-Stillstands) auch nicht beschleunigt wird, wie Shewmon postuliert, wäre kritisch zu prüfen, erscheint aber ethisch nicht relevant.

73 Shewmons Vorschlag geht insoweit über den deutschen Entwurf hinaus, als er die Explantation nicht nur bei „hirntoten", sondern im Grunde bei allen Patienten ermöglicht, die nach kontrolliertem Abbruch lebensverlängernder Maßnahmen aus Sicht der Transplantationsmedizin für eine Explantation infrage kommen – das Vorliegen einer persönlichen Zustimmung stets vorausgesetzt. Aus US-amerikanischer Sicht liegt darin ein großer Vorteil, weil die durch das Pittsburgh Protokoll initiierte Praxis auf diese Weise – mit anderer Legitimation – fortgesetzt werden könnte.

74 Einer der Vorzüge des Shewmonschen Vorschlags liegt darin, dass die Frage des Behandlungsabbruchs mit Todesfolge (etwa das Abschalten einer künstlichen Beatmung) ganz unverkennbar von der Für-tot-Erklärung entkoppelt, also wieder auf die Notwendigkeit einer eigenen ethischen Legitimation zurückgeführt wird. Deutlicher als im Vorschlag der deutschen „Hirntod"-Kritik setzt das Sterben des Betreffenden durch den (potenziell noch reversiblen) Herzstillstand offenkundig und unbeeinflusst von jeglichem chirurgischen Vorgehen ein, bevor die Explantation beginnen kann; für die Sorge, die Einwilligung zur Organentnahme könnte zum Präzedenzfall für die Tötung auf Verlangen werden, entfällt damit jegliche materielle Grundlage. Der Eingriff bliebe dennoch insofern *formal* ein Eingriff am Lebenden, weil eine Reanimation theoretisch möglich bzw. Erfolg versprechend wäre, auch wenn sie auf Grund der infausten Prognose und des ausdrücklichen Wunsches des Patienten nicht in Betracht kommt.

75 Von den fünf Gründen, mit denen Shewmon seinem Appell, das „Hirntod"-Konzept zu verlassen, Nachdruck verleiht, sei hier abschließend der Hinweis auf die Wahrung der Patientenautonomie referiert, da er auch für Deutschland von besonderer Bedeutung ist.

76 Shewmon weist zu Recht darauf hin, dass die meisten Unterzeichner von Organspendeausweisen keine konkrete Vorstellung vom klinischen Korrelat des Zustands „hirntot" haben, dass die (auch auf deutschen Organspendeausweisen verwendete) Formulierung „nach meinem Tode" die meisten Menschen an eine pulslose Leiche denken lässt und dass die entsprechenden Broschüren jegliche Hinweise auf die wissenschaftliche „Hirntod"-Kontroverse vermissen lassen. Es ist offenkundig, dass diese Art der „Aufklärung" die auch in Deutschland gelten-

den rechtlichen und ethischen Standards verfehlt – hier liegt ein wesentliches Versäumnis der deutschen Transplantationsgesetzgebung von 1997. Shewmon ist somit darin zuzustimmen, dass „Information, die für den Entscheidungsprozess des potenziellen Organspenders hochrelevant ist, diesem systematisch vorenthalten wird". Hier wird eine weitere Blöße der auf dem „Hirntod"-Kriterium ruhenden Praxis erkennbar; die Folgen für die Transplantationsmedizin wären unabsehbar, wenn in Deutschland etwa durch ein Gerichtsurteil Informationen in Organspendeausweisen erzwungen würden, die Laien ein adäquates Verständnis dessen ermöglichten, was sie unterschreiben.

Der Ersatz des „Hirntod"-Kriteriums durch ein wissenschaftlich tragfähiges und mit dem allgemeinen Todesverständnis zu vereinbarendes Konzept wäre somit nicht zuletzt, auch hierin ist Shewmon zuzustimmen, ein Dienst an der Transplantationsmedizin.

77

§ 4
Organentnahme mit Zustimmung anderer Personen

(1) ¹Liegt dem Arzt, der die Organentnahme vornehmen soll, weder eine schriftliche Einwilligung noch ein schriftlicher Widerspruch des möglichen Organspenders vor, ist dessen nächster Angehöriger zu befragen, ob ihm von diesem eine Erklärung zur Organspende bekannt ist. ²Ist auch dem Angehörigen eine solche Erklärung nicht bekannt, so ist die Entnahme unter den Voraussetzungen des § 3 Abs. 1 Nr. 2 und 3 und Abs. 2 nur zulässig, wenn ein Arzt den Angehörigen über eine infrage kommende Organentnahme unterrichtet und dieser ihr zugestimmt hat. ³Der Angehörige hat bei seiner Entscheidung einen mutmaßlichen Willen des möglichen Organspenders zu beachten. ⁴Der Arzt hat den Angehörigen hierauf hinzuweisen. ⁵Der Angehörige kann mit dem Arzt vereinbaren, dass er seine Erklärung innerhalb einer bestimmten, vereinbarten Frist widerrufen kann.

(2) ¹Nächste Angehörige im Sinne dieses Gesetzes sind in der Rangfolge ihrer Aufzählung

1. Ehegatte oder eingetragener Lebenspartner (Lebenspartner),
2. volljährige Kinder,
3. Eltern oder, sofern der mögliche Organspender zur Todeszeit minderjährig war und die Sorge für seine Person zu dieser Zeit nur einem Elternteil, einem Vormund oder einem Pfleger zustand, dieser Sorgeinhaber,
4. volljährige Geschwister,
5. Großeltern.

²Der nächste Angehörige ist nur dann zu einer Entscheidung nach Absatz 1 befugt, wenn er in den letzten zwei Jahren vor dem Tod des möglichen Organspenders zu diesem persönlichen Kontakt hatte. ³Der Arzt hat dies durch Befragung des Angehörigen festzustellen. ⁴Bei mehreren gleichrangigen Angehörigen genügt es, wenn einer von ihnen nach Absatz 1 beteiligt wird und eine Entscheidung trifft; es ist jedoch der Widerspruch eines jeden von ihnen beachtlich. ⁵Ist ein vorrangiger Angehöriger innerhalb angemessener Zeit nicht erreichbar, genügt die Beteiligung und Entscheidung des nächsterreichbaren nachrangigen Angehörigen. ⁶Dem nächsten Angehörigen steht eine volljährige Person gleich, die dem möglichen Organspender bis zu seinem Tode in besonderer persönlicher Verbundenheit offenkundig nahe gestanden hat; sie tritt neben den nächsten Angehörigen.

(3) Hatte der mögliche Organspender die Entscheidung über eine Organentnahme einer bestimmten Person übertragen, tritt diese an die Stelle des nächsten Angehörigen.

(4) ¹Der Arzt hat Ablauf, Inhalt und Ergebnis der Beteiligung der Angehörigen sowie der Personen nach Absatz 2 Satz 6 und Absatz 3 aufzuzeichnen. ²Die Personen nach den Absätzen 2 und 3 haben das Recht auf Einsichtnahme. ³Eine Vereinbarung nach Absatz 1 Satz 5 bedarf der Schriftform.

Gliederung

	Rdnr.
I. Grundsätzliche Bedeutung und Regelungsgegenstand	1
II. Die Erläuterungen im Einzelnen	2
1. Zum Begriff des „Arztes"	2
2. Entscheidungszuständigkeit der Angehörigen	5
a) Vorrang der persönlichen Entscheidung des (potenziellen) Spenders – Orientierung am mutmaßlichen Willen	5
b) Zustimmung durch Zeitablauf	13
c) „Nächste Angehörige"	15
d) Nähebeziehung des „nächsten Angehörigen"	20
e) Rangfolge der „nächsten Angehörigen"	22
f) Andere Personen	24
3. Dokumentation und Einsichtnahme.	29

I. Grundsätzliche Bedeutung und Regelungsgegenstand

Neben § 3 ist § 4 die Zentralvorschrift der Organentnahme vom toten Spender. Er regelt die Einbindung der Angehörigen in den Prozess der Entscheidungsfindung. § 4 befasst sich im Wesentlichen mit der subsidiären Entscheidungskompetenz der Angehörigen und der Entscheidungs- bzw. Mitwirkungsbefugnis anderer Personen, die neben die Angehörigen oder an ihre Stelle treten (vgl. dazu die Regelungen in § 4 Abs. 1, Abs. 4 S. 2 und S. 3, Abs. 2 und Abs. 3). § 4 Abs. 4 S. 1 regelt zudem noch Aufzeichnungspflichten im Interesse der Angehörigen sowie korrespondierende Einsichtnahmerechte.   1

II. Die Erläuterungen im einzelnen

1. Zum Begriff des „Arztes"

Ob die Angehörigen entscheidungszuständig sind, muss der Arzt prüfen, der die Organentnahme vornehmen soll (zur Frage, welcher Arzt die „Entnahme" vornimmt, vgl. § 1 Rdnr. 24).   2

Wie überall im deutschen Recht, bezieht sich der Begriff des Arztes auf die Vorgaben der Bundesärzteordnung. Gemäß § 2 Abs. 5 Bundesärzteordnung (BÄO) gilt: Ausübung des ärztlichen Berufs ist die Ausübung der Heilkunde unter der Berufsbezeichnung „Arzt" oder „Ärztin". Diese Berufsbezeichnung darf freilich nur führen, wer als Arzt approbiert oder nach den § 2 Abs. 2, 3 oder 4 zur Ausübung des ärztlichen Berufes befugt ist (§ 2 a BÄO). Das bedeutet: Grundsätzlich ist nur derjenige Arzt im Sinne des TPG, wer nach deutschem Approbationsrecht approbierter Arzt ist.[1] Noch nicht approbiert ist der sog. Arzt im Praktikum (vgl.   3

---

[1] *Narr*, Ärztliches Berufsrecht, fortgef. v. Hess/Schirmer, 2. Aufl., 14. Erg.Lfg. – Stand Jan. 2000, Rn. 41 ff., Rn. 53 ff.

§ 34 ff. Approbationsordnung für Ärzte), der Arzt im praktischen Jahr oder ein Famulus (Praktikant während der ärztlichen Ausbildung; vgl. § 1 Abs. 2 Nr. 5 und § 7 der Approbationsordnung für Ärzte). Nicht erforderlich für das Arzt-Sein im Sinne des TPG ist eine bestimmte Facharztausbildung. Auch müssen grundsätzlich für das Arzt-Sein im Sinne des TPG keine besonderen, etwa transplantationschirurgischen Qualifikationen nachgewiesen werden. Ausnahmsweise ist eine besondere Qualifikation ausdrücklich angeordnet für die Frage der Todesfeststellung (vgl. § 5 Abs. 1 S. 1; dazu § 5 Rdnr. 2). Typischerweise werden aber an Transplantationen nur Ärzte mit entsprechender Qualifikation bzw. fachärztlicher Ausrichtung teilnehmen.

4   Keine Approbation ist erforderlich, wenn es um die Ausübung des ärztlichen Berufs in Grenzgebieten durch im Inland nicht niedergelassene Ärzte geht, für die eigens abgeschlossene zwischenstaatliche Verträge gelten (§ 2 Abs. 4 BÄO); solche Verträge gibt es mit Belgien, Luxemburg, den Niederlanden, Österreich und der Schweiz.[2] Keine Approbation ist auch für Ärzte erforderlich, die Staatsangehörige eines Mitgliedstaates der Europäischen Gemeinschaft oder eines Vertragsstaates über den Europäischen Wirtschaftsraum sind, sofern sie vorübergehend als Empfänger von Dienstleistungen im Sinne des Art. 50 (ex-Art. 60) EG-Vertrag im Geltungsbereich dieses Gesetzes tätig sind (vgl. § 2 Abs. 3 i.V.m. § 10 b BÄO); das Erbringen der Dienstleistung ist anzeigepflichtig (§ 10 b Abs. 2 S. 1 BÄO).[3] Jenseits des EG-/EWR-Bereichs ist die vorübergehende Tätigkeit erlaubnispflichtig (§ 2 Abs. 2 sowie § 10 BÄO).[4] Eine mehr als nur vorübergehende Tätigkeit (höchstens vier Jahre, § 10 Abs. 2 S. 2 BÄO) macht die Approbation erforderlich (vgl. § 3 Abs. 1 Nr. 1 BÄO).

2. Entscheidungszuständigkeit der Angehörigen

a) Vorrang der persönlichen Entscheidung des (potentiellen) Spenders – Orientierung am mutmaßlichen Willen

5   Hatte eine Person zu Lebzeiten eine Erklärung zur Organspende (§ 2 Abs. 2) abgegeben, ist dieser erklärte Wille, sofern er bekannt ist, strikt zu beachten und allein dafür maßgeblich, ob und gegebenenfalls in welchem Umfang eine Organentnahme zulässig ist, sofern die sonstigen gesetzlichen Voraussetzungen erfüllt sind. Deshalb schreibt § 4 Abs. 1 Satz 1 vor, dass, falls dem Arzt weder eine schriftliche Einwilligung noch ein schriftlicher Widerspruch des möglichen Organspenders (z.B. dokumentiert auf einem Organspendeausweis) vorliegen, durch Befragung des nächsten Angehörigen des möglichen Organspenders festzustellen ist, ob ihm von diesem eine Erklärung zur Organspende bekannt ist.[5] Zu befragen sind nach dem unmissverständlichen Wortlaut des § 4 Abs. 1 S. 2 TPG nur die Angehörigen;

---

[2] Vgl. die Nachweise bei *Haage*, Erläuterungen zur Bundesärzteordnung, in: Das Deutsche Bundesrecht Nr. I K 9: Bundesärzteordnung, Erl. zu § 2 Abs. 4 (Stand der Kommentierung: 824. Lieferung, Mai 1999).
[3] *Narr*, Rn. 114 a ff.
[4] *Narr*, Rn. 101 ff.
[5] BT-Drs. 13/8027, S. 9.

allein ihre Auskünfte können nach dem Plan des Gesetzes zuverlässig Auskunft über den mutmaßlichen Willen geben.[6] Zwar heißt es in § 4 Abs. 1 S. 2 TPG, ob „*auch* dem Angehörigen" eine Erklärung unbekannt ist, dies ist aber so zu verstehen, dass den Angehörigen ebenso wie dem Arzt eine Erklärung unbekannt ist. Befragungen von Nicht-Angehörigen (z.B. Rettungssanitäter) oder das Zur-Kenntnis-Nehmen ungefragt gegebener Auskünfte von Nicht-Angehörigen sind zwar nicht verboten, die können aber dem Arzt nur dazu dienen, die Glaubhaftigkeit der Aussagen der nächsten Angehörigen einzuschätzen.

Die Befragung kann auch durch eine andere Person als den in Satz 1 bezeichneten Arzt erfolgen; darauf weist die amtliche Begründung hin.[7] Dies entspricht dem Wortlaut des § 4 Abs. 1 Satz 1, wo es nicht etwa heißt, der Arzt müsse den nächsten Angehörigen befragen, sondern wo es nur in passiver Redeweise heißt, der nächste Angehörige „ist (...) zu befragen". – Der Angehörige ist als Sachwalter des über den Tod hinaus fortwirkenden Persönlichkeitsrechts verpflichtet, auf Befragen eine ihm bekannte Erklärung des möglichen Organspenders zur Organspende mitzuteilen, d.h. als Zeuge zu bekunden oder als Bote zu übermitteln, damit dem Willen des möglichen Organspenders entsprochen wird.[8]

6

Ist eine erklärte Einwilligung oder ein erklärter Widerspruch feststellbar, richtet sich die Zulässigkeit des Eingriffs nach § 3 TPG.

7

In welcher Weise die Befragung zu erfolgen hat, wie intensiv oder wie lange sie erfolgt, wie eindringlich, worauf inhaltlich hingewiesen wird, all dies steht im Ermessen der Befrageperson, also in der Praxis häufig des Transplantationskoordinators oder eines Arztes, der mit dieser Aufgabe betraut wurde. Hier ist an das ärztliche Gewissen zu appellieren, es zum Zwecke der Organgewinnung mit der Eindringlichkeit, die gelegentlich nötigend erscheinen kann, nicht zu übertreiben.

8

Erst nachdem sich der Arzt vergewissert hat, dass auch dem nächsten Angehörigen eine wirksame Erklärung des möglichen Organspenders zur Organspende nicht bekannt ist – er wird sich, wenn er die Befragung nicht selbst durchgeführt hat, durch (dokumentierte) Konsultation der Befrageperson informieren –, und wenn er den Angehörigen in einem Gespräch über die Art des beabsichtigten Eingriffs und den Umfang der beabsichtigten Organentnahme unterrichtet hat, darf er nach Satz 2 die Organentnahme unter der Voraussetzung vornehmen, das ihr der Angehörige zugestimmt hat. Satz 3 stellt klar, dass der nächste Angehörige, falls ihm ein erklärter Wille zur Organspende nicht bekannt ist, als Sachwalter des über den Tod hinaus fortwirkenden Persönlichkeitsrechtes bei seiner Entscheidung einen mutmaßlichen Willen des möglichen Organspenders beachten muss. Es handelt sich hierbei um eine nicht sanktionsbewehrte Pflicht – bzw. ein sog. „Pflichtrecht"[9] – des Angehörigen, also eine sog. lex imperfecta. Laut Gesetzesbe-

9

---

6   So zutr. *Borowy*, S. 162 ff., a.A. *Walter*, Organentnahme nach dem Transplantationsgesetz: Befugnisse der Angehörigen, FamRZ 1998, 201 (206).
7   BT-Drs. 13/8027, S. 9.
8   BT-Drs. 13/8027, S. 9.
9   *Walter*, FamRZ 1998, 201 (207).

gründung heißt dies, dass der nächste Angehörige die zu Lebzeiten geäußerte Überzeugung und andere „wesentliche Anhaltspunkte"[10], die die Einstellung des möglichen Organspenders zur Frage einer postmortalen Organspende vermuten lassen, beachten muss. Es geht um Anhaltspunkte, die für die Beantwortung der Frage, ob eine Organtransplantation gewollt sei oder nicht, relevant sind, also zu ihr Wesentliches beitragen können. Dabei müssen sich die ermittelten Aspekte im Wege einer Gesamtschau ergänzen und gegenseitig verstärken. Der Aspekt, dass sich der Verstorbene „immer für andere eingesetzt" habe, reicht allein nicht aus, denn die allgemeine soziale Gesinnung bzw. das soziale Engagement des Verstorbenen indizieren nicht notwendig auch, dass das der Betroffene seinen Körper gemeinnützig verwendet wissen will. Dass er sich gelegentlich positiv oder respektvoll vor den Leistungen der modernen Medizin geäußert hat, genügt ebenfalls für sich betrachtet nicht. – Maßgeblich ist die Kenntnis des nächsten Angehörigen zum Zeitpunkt der Entscheidung.[11]

10   Wenn auch Anhaltspunkte für einen mutmaßlichen Willen fehlen, ist der nächste Angehörige nach eigenem, „ethisch verantwortbarem Ermessen"[12] zu einer Entscheidung im Rahmen seines Totensorgerechts berufen. Es handelt sich dann nicht mehr bloß um den Nachvollzug des Verstorbenen-Willens, sondern um eine eingeständige Entscheidung an Stelle des Verstorbenen, die als sein mutmaßlicher Wille unterstellt wird. Der Appell an das ethisch verantwortbare Ermessen und der Hinweis auf die Sachwalterschaft des Angehörigen (vgl. die Ausführungen in der Gesetzesbegründung) vermögen daran nichts zu ändern. In dem der Arzt auf diese Aspekte hinweist, schärft er den Sinn der Angehörigen für den Ernst der Entscheidungslage.

11   Konnte der mögliche Organspender auf Grund seines Alters oder aus anderen Gründen keine wirksame Erklärung zur postmortalen Organspende abgeben, hat der Angehörige einen sog. natürlichen Willen, der auf Grund nonverbaler Kommunikation und/oder der besonderen Beziehung zum Spender möglicher Einschätzungen erkennbar wird, bei seiner Entscheidung zu berücksichtigen. Dies gilt z.B., wenn der mögliche Organspender bei seinem Tode noch nicht 14 Jahre alt war und sich zu Lebzeiten gegen eine postmortale Organspende ausgesprochen hatte. Mit suggestiven Vorgaben derart, mit der Organspende könne der Tod des Kindes noch einen Sinn haben, sollte sich der Arzt (bzw. die jeweilige Befrageperson) zurückhalten. In der Trauersituation, in der Eltern sich befinden, könnten diese nach diesem Zipfel eines Sinnrestes greifen, ohne abzusehen, was dies für ihren Trauerprozess bedeutet. Auch darauf hat der Arzt, weil es die Konstruktion des mutmaßlichen Willens beeinflusst, hinzuweisen (vgl. § 4 Abs. 1 S. 4 TPG).

12   Die Aspekte, die für Entscheidung für oder gegen die Organspende leitend waren, sind zu dokumentieren (§ 4 Abs. 4 S. 1 TPG).

---

[10] BT-Drs. 13/8027, S. 9.
[11] Zum Vorstehenden und zum Folgenden vgl. BT-Drs. 13/8027, S. 9.
[12] BT-Drs. 13/8027, S. 9; so auch *Walter*, FamRZ 1998, 201 (208).

b) Zustimmung durch Zeitablauf

§ 4 Abs. 1 S. 5 gibt dem nächsten Angehörigen die Möglichkeit, eine Bedenkzeit mit der Maßgabe zu vereinbaren, das seine endgültige Zustimmung erteilt ist, richtiger: als erteilt gilt, wenn er innerhalb der vereinbarten Frist keine erneute Erklärung zur infrage kommenden Organentnahme abgegeben hat. Diese Regelung trägt der in Befragungssituationen häufig anzutreffenden Reserve der Angehörigen, einer Organentnahme zuzustimmen, Rechnung. Sie geht davon aus, dass es dem Angehörigen recht sein wird, die Entscheidung gleichsam „auf die lange Bank zu schieben", also vordergründig von einer verbindlichen Entscheidung entlastet zu sein, die sich aber bei näherem Hinsehen durchaus als verbindliche Entscheidung entpuppt, und zwar durch den Zeitablauf, der allerdings psychologisch für den Angehörigen hilfreich ist, weil er die in der Sache doch getroffene Entscheidung verdrängen kann. Das Angebot der zeitweiligen Vorläufigkeit der Entscheidung für die Entnahme gem. § 4 Abs. 1 Satz 5 soll letztlich Entscheidungszweifeln des Angehörigen die Wirkung nehmen.

13

§ 4 Abs. 1 Satz 3, der die Schriftform einer Vereinbarung nach § 4 Abs. 1 Satz 5 vorsieht, gehört systematisch in § 4 Abs. 1 Satz 5. Er ist gewissermaßen als eigener Halbsatz gedanklich § 4 Abs. 1 Satz 5 hinzuzufügen.

14

c) „Nächste Angehörige"

§ 4 Abs. 2 Satz 1 legt den Kreis der nächsten Angehörigen und die Rangfolgen fest, in der sie zur Entscheidung berufen sind. Hat ein möglicher Organspender zur Todeszeit noch nicht das 18. Lebensjahr vollendet und keine wirksame Erklärung zur Organspende abgegeben, sind in der Regel die Eltern, die zur Todeszeit Sorgerechtsinhaber waren, zur Entscheidung über eine mögliche Organentnahme berufen. War zur Todeszeit eines Minderjährigen nur ein Elternteil Sorgerechtsinhaber, ist dieser entscheidungsbefugt. Ist den Eltern die Personensorge entzogen worden, hat der Arzt den Vormund zu unterrichten; in diesem Falle steht den Eltern auch kein nachrangiges Entscheidungsrecht über die Organentnahme bei ihrem toten Kind zu.[13]

15

Ehegatte im Sinne des § 4 Abs. 2 Nr. 1 TPG ist jeder, der mit dem potenziellen Organspender zuletzt verheiratet war; geschiedene Ex-Ehegatten gehören nicht dazu. Bei ausländischen Paaren richtet sich der Status des Verheiratetseins nach den Regeln des Staates, dessen Staatsangehörige zurzeit der Eheschließung waren (vgl. Art. 13 EGBGB).

16

Lebenspartner ist der eingetragene Lebenspartner nach dem deutschen Lebenspartnerschaftsgesetz.[14]

17

---

[13] Vgl. zum Vorstehenden u. Nachfolgenden BT-Drs. 13/8027, S. 10f.

[14] Gesetz über die eingetragene Lebenspartnerschaft (Lebenspartnerschaftsgesetz – LPartG) = Art. 1 Gesetz zur Beendigung der Diskriminierung gleichgeschlechtlicher Gemeinschaften: Lebenspartnerschaften v. 16.2.2001, BGBl. 2001 I S. 266; § 4 Abs. 2 S. 1 Nr. 1 TPG n.F. geht auf Art. 3 § 7 des Gesetzes zurück. Die Vorschriften sind am 1.8.2001 in Kraft getreten (vgl. Art. 5 des Gesetzes). Das Gesetz ist verfassungsgemäß, BVerfG, NJW 2002, 2543.

18 Volljährige Geschwister sind all jene Geschwister, die im Rechtssinne Bruder oder Schwester des potenziellen Organspenders sind (vgl. § 4 Abs. 2 Satz 1 Nr. 4). Großeltern sind die rechtlichen Eltern der rechtlichen Eltern des potenziellen Organspenders (vgl. § 4 Abs. 1 Satz 1 Nr. 5). Kinder sind alle Kinder, die zu den Eltern in einer rechtlich anerkannten Elternbeziehung stehen (zum deutschen internationalen Privatrecht vgl. Art. 19 EGBGB). Nicht gemeint sind aber ehemalige, nunmehr volljährige Pflegekinder oder Stiefkinder.

19 Zum Nachweis in Zweifelsfällen (Bsp.: das lange Zeit verschwundene volljährige Einzelkind erfährt durch Zufall über Bekannte des verwitweten Vaters von dessen Hirntod-Zustand) sind aussagekräftige Unterlagen und anderen „Beweismittel" zur Identifikation mitzuführen. Der Arzt sollte dokumentieren, worauf er seinen Schluss stützt, bei der befragten Person oder den befragten Personen handele es sich um einen bestimmten nächsten Angehörigen.

d) Nähebeziehung des „nächsten Angehörigen"

20 § 4 Abs. 2 Satz 2 begrenzt den Kreis der entscheidungsberechtigten Angehörigen auf solche Angehörige, die einen erklärten oder einen nach den Umständen zu vermutenden Willen des möglichen Organspenders auf Grund ihres persönlichen Kontakts mit diesem in jüngerer Zeit kennen oder erschließen können und damit in der Lage sind, eine Entscheidung im Sinne des möglichen Organspenders zu treffen. Die Nähequalität der Beziehung muss also in qualifizierter Weise bestehen.

21 Nach Satz 3 hat der Arzt das Vorliegen dieser Voraussetzung durch Befragen des Angehörigen festzustellen. Eine darüber hinausgehende Nachforschungspflicht trifft den Arzt nicht.[15] Auch für den Nachweis dieses persönlichen Kontaktes müssen Anhaltspunkte vorliegen. Allerdings dürfte im Regelfall bei Angehörigen, etwa dem Ehegatten, eine Nachfrage und die glaubhafte Antwort des Angehörigen dann ausreichen, wenn die Angehörigen vor Hirntod-Feststellung bereits im Krankenhaus anwesend bzw. bekannt waren.

e) Rangfolge der „nächsten Angehörigen"

22 § 4 Abs. 2 Satz 4 stellt klar, dass bei mehreren in der Rangfolge gleichgestellten Angehörigen die Unterrichtung eines von ihnen genügt. Die Unterrichtung etwaiger weiterer Angehöriger obliegt dann nicht dem Arzt, sondern dem unterrichteten Angehörigen (so die amtliche Begründung; aus dem Gesetzestext wird das so nicht deutlich). Dieser hat die Entscheidungsbefugnis nach Abs. 1. Eine Organentnahme ist danach zulässig, wenn ihr der unterrichtete Angehörige nach dem Verfahren des Abs. 1 zugestimmt und keiner der gleichrangigen Angehörigen widersprochen hat. Entsprechendes gilt im Falle des Satzes 5, solange ein vorrangiger Angehöriger nicht erreichbar ist. Die zeitliche Grenze, von der an die Unterrichtung des nächst erreichbaren, in der Rangfolge nachgehenden Angehörigen erfol-

---

[15] BT-Drs. 13/8027, S. 10.

gen darf, ist insbesondere danach zu beurteilen, wie lange nach Eintritt des Todes die betreffenden Organe noch transplantierfähig entnommen werden können. Danach richtet sich also, wie lange die „angemessene Zeit" im Sinne des § 4 Abs. 1 S. 5 andauert.

Bei Nichterreichbarkeit eines Entscheidungsbefugten ist die Organentnahme unzulässig. Die zuweilen unter der alten Rechtslage zumal unter Medizinern verbreitete Auffassung, ggfs. reiche die Freigabe des Leichnams durch die Staatsanwaltschaft aus (etwa beim komatös ins Krankenhaus eingelieferten Obdachlosen, der in den Hirntod-Zustand verfällt und dessen Angehörige nicht ermittelt werden können), war schon nach altem Recht irrig; sie ist es erst recht unter Geltung des TPG. 23

f) Andere Personen

Die in § 4 Abs. 2 Satz 6 bezeichnete Person ist neben dem nächsten Angehörigen zur Entscheidung über eine mögliche Organentnahme berufen. Sie wird hinsichtlich der Beteiligung und Entscheidung nach Abs. 1 i.V.m. Abs. 2 S. 4 und 5 dem nächsten Angehörigen gleichgestellt, da sie einen erklärten oder nach den Umständen zu vermutenden Willen des möglichen Organspenders auf Grund ihrer besonderen persönlichen Verbundenheit mit diesem ebenfalls kennen oder erschließen kann und je nach den Lebensumständen des möglichen Organspenders bei dessen Tod möglicherweise sogar eher als der nächste Angehörige erreichbar sein wird. Insoweit kommt neben einem Verlobten z.B. eine Person in Betracht, die dem möglichen Organspender im Rahmen einer auf Dauer angelegten, d.h., nicht nur befristeten oder zufälligen häuslichen Lebensgemeinschaft verbunden war (vgl. § 19 Rdnr. 41). Grundlage einer solchen Verbindung wird in der Regel eine gemeinsame Lebensplanung mit innerer Bindung sein. Davon zu unterscheiden sind bloß ökonomisch motivierte Zweckwohngemeinschaften z.B. auf Grund der gemeinsamen Anmietung einer Wohnung durch Studierende, bei der aus der Tatsache der häuslichen Gemeinschaft allein keine besondere persönliche Bindung abgeleitet werden kann. Andererseits kann ein vergleichbares enges persönliches Verhältnis mit gemeinsamer Lebensplanung und innerer Bindung auch zwischen in räumlicher Trennung lebenden Personen bestehen, wenn die Bindung über einen längeren Zeitraum gewachsen ist (z.B. eine eheähnliche „Wochenend-Beziehung" oder eine eheähnliche Lebensgemeinschaft, bei der sich ein Partner über mehrere Monate beruflich bedingt im Ausland aufhält). Indiz für eine besondere Verbundenheit kann für den Arzt insbesondere die Begleitung des Verstorbenen im Verlauf der vorangegangenen ärztlichen Behandlung und beim Sterben sein. Die persönliche Verbundenheit kann sich darüber hinaus auch anhand anderer offenkundiger Tatsachen erweisen, wie z.B. durch ein enges Freundschaftsverhältnis mit häufigen und engen persönlichen Kontakten über einen längeren Zeitraum.[16] 24

---

[16] BT-Drs. 13/8027, S. 10 f.

25 Solche offenkundigen Tatsachen, wie sie die Gesetzesbegründung nennt, muss der (entnehmende) Arzt ermitteln. Er muss die fraglichen Personen jedenfalls über die Art ihrer Beziehung zum potenziellen Organspender befragen; von ihm (aus Sicht eines unbeteiligten objektiven Dritten) in vertretbarer Weise als glaubhaft eingeschätzte Bekundungen darf er akzeptieren. Weitere Nachforschungen muss er dann nicht anstellen. Er kann allerdings darum bitten, dass ihm Unterlagen oder Ähnliches vorgelegt werden, aus denen sich die vom Gesetz geforderte Qualität der Beziehung hinreichend ergibt. Es ist ihm nicht verwehrt, die Weigerung eines Befragten, bestimmte Unterlagen oder Ähnliches vorzuzeigen, als Indiz gegen eine vom Gesetz geforderte Beziehung zu werten. Kann sich der Arzt (ggfs. nach Heranziehung unterstützender Ermittlungen durch Mitarbeiter des Transplantationszentrums) keine Gewissheit davon verschaffen, dass die fragliche Person dem potenziellen Organspender in besonderer persönlicher Verbundenheit offenkundig nahe steht (gleiches gilt für die Frage, ob jemand nächster Angehöriger ist), dann fehlt es an entscheidungsbefugten Angehörigen oder gleichgestellten Personen, und eine Organentnahme ist nicht zulässig.

26 Hat der mögliche Organspender keine nächsten Angehörigen oder keine diesen nach § 4 Abs. 2 Satz 6 gleichgestellten Personen oder ist keine dieser Personen erreichbar, so ist eine Organentnahme unzulässig.[17] Abs. 3 bleibt hiervon unberührt. D.h.: hat der (potenzielle) Organspender eine Person zur Entscheidung ermächtigt, was formfrei möglich ist[18], dann ist die Entscheidung dieser Peron einzuholen und zu respektieren.

27 Die Regelungen des § 4 Abs. 3 sind Ausdruck des Selbstbestimmungsrechts. Ist die nach § 2 Abs. 2 benannte Person innerhalb eine angemessenen Frist nicht erreichbar, lehnt sie die Übertragung der Entscheidungsbefugnis ab bzw. gibt sie sie die Entscheidungsbefugnis auf oder ist sie inzwischen verstorben (Ausfall der Vertrauensperson), dann tritt an ihre Stelle der nächste Angehörige nach § 4 Abs. 2 und gegebenenfalls die Person nach § 4 Abs. 2 S. 6.[19] Der nächste Angehörige wird bei der Ermittlung des mutmaßlichen Willens zu berücksichtigen haben, dass der mögliche Spender bewusst einer bestimmten Person die Entscheidungsbefugnis übertragen hatte und was dies über den Organspendewillen des potenziellen Spenders aussagt.[20] Ist danach klar, dass aus Sicht des potenziellen Spenders die Spendebereitschaft damit steht und fällt, dass die benannte Person entscheidungsbefugt ist, dann ist eine Organentnahme unzulässig.[21]

28 Nicht entscheidungsbefugt ist der Betreuer als solcher (ist die als Betreuer bestellte Person zugleich nächster Angehöriger, dann handelt er als solcher, nicht als Betreuer): in § 4 ist der Betreuer nicht als entscheidungsbefugt aufgeführt; außer-

---

[17] BT-Drs. 13/8027, S. 11.
[18] *Walter*, FamRZ 1998, 201 (210); *Borowy*, S. 183.
[19] BT-Drs. 13/8027, S. 11.
[20] A.A. *Walter*, FamRZ 1998, 201 (210), und *Borowy*, S. 184 f., die beim Ausfall der Vertrauensperson und der Nicht-Bestimmung einer Ersatz-Vertrauensperson zur Unzulässigkeit einer Organentnahme kommen.
[21] Vgl. BT-Drs. 13/8027, S. 11.

dem erlischt mit dem Tod des Betreuten das Betreuungsverhältnis[22], abgesehen davon, dass sich beispielsweise eine für den Bereich der Gesundheitssorge angeordnete Betreuung von vornherein nicht auf die Totensorge, die die Sorge um den Leichnam betrifft, bezieht.

3. Dokumentation und Einsichtnahme

Die Pflicht zur Dokumentation nach Satz 1 diene, so die Gesetzesbegründung, der Transparenz und Verfahrenssicherung; Satz 2 diene ebenfalls der Transparenz sowie der Kontrolle ärztlicher Tätigkeit; Satz 3 diene der Rechtsklarheit und Verfahrenssicherung.[23] 29

Zu den Gründen dafür, dass die allgemeine Dokumentationspflicht und das allgemeine Einsichtsrecht im TPG ausdrücklich genannt werden, aber auch zu andern Aspekten, etwa der Frage, ob die Angehörigen einen Anspruch auf Fotokopien haben, § 3 Rdnr. 20 f. 30

Ein Recht zur Einsichtnahme haben auch Personen nach Abs. 2 und 3, die an der Entscheidung in dem Verfahren nach Abs. 1 i.V.m. Abs. 2 Satz 4 und 5 nicht beteiligt waren. 31

---

[22] Vgl. *Borowy*, S. 199 m.w.N.
[23] BT-Drs. 13/8027, S. 11.

§ 5
Nachweisverfahren

(1) ¹Die Feststellungen nach § 3 Abs. 1 Nr. 2 und Abs. 2 Nr. 2 sind jeweils durch zwei dafür qualifizierte Ärzte zu treffen, die den Organspender unabhängig voneinander untersucht haben. ²Abweichend von Satz 1 genügt zur Feststellung nach § 3 Abs. 1 Nr. 2 die Untersuchung und Feststellung durch einen Arzt, wenn der endgültige, nicht behebbare Stillstand von Herz und Kreislauf eingetreten ist und seitdem mehr als drei Stunden vergangen sind.

(2) ¹Die an den Untersuchungen nach Absatz 1 beteiligten Ärzte dürfen weder an der Entnahme noch an der Übertragung der Organe des Organspenders beteiligt sein. ²Sie dürfen auch nicht Weisungen eines Arztes unterstehen, der an diesen Maßnahmen beteiligt ist. ³Die Feststellung der Untersuchungsergebnisse und ihr Zeitpunkt sind von den Ärzten unter Angabe der zugrunde liegenden Untersuchungsbefunde jeweils in einer Niederschrift aufzuzeichnen und zu unterschreiben. ⁴Dem nächsten Angehörigen sowie den Personen nach § 4 Abs. 2 Satz 6 und Abs. 3 ist Gelegenheit zur Einsichtnahme zu geben. ⁵Sie können eine Person ihres Vertrauens hinzuziehen.

Gliederung

	Rdnr.
I. Grundsätzliche Bedeutung und Regelungsgegenstand	1
II. Die Erläuterungen im Einzelnen	2
1. Zu § 5 Abs. 1 S. 1 TPG: Zweifache Untersuchung	2
2. Zu § 5 Abs. 1 S. 2: Zur Todesfeststellung	3
3. Zu § 5 Abs. 2: Unabhängigkeit der Ärzte	7

I. Grundsätzliche Bedeutung und Regelungsgegenstand

1 § 5 ist vor allem mit Zusammenhang mit § 3 TPG zu sehen. Die Feststellung des dort zugrundegelegte Begriffs vom Tode wird in § 5 konkretisiert. Vor diesem Hintergrund hat § 5 teil an der zentralen Bedeutung des § 3. Die Vorschrift enthält verfahrensrechtliche Anforderungen für den Nachweis des Todes. § 5 Abs. 1 Satz 1 bezieht sich auf den Nachweis des endgültigen, nicht behebbaren Ausfalls der gesamten Hirnfunktion, § 5 Abs. 1 Satz 2 bezieht sich auf den Nachweis des nicht behebbaren Zustands von Herz und Kreislauf. § 5 Abs. 2 bezieht sich auf beide Varianten des § 5 Abs. 1.

II. Die Erläuterungen im einzelnen

1. Zu § 5 Abs. 1 S. 1 TPG: Zweifache Untersuchung

Satz 1 stellt durch den Verweis auf § 3 Abs. 1 Nr. 2 klar, dass der Nachweis immer nach den Regeln der medizinischen Wissenschaft erfolgen muss. Um mögliche Fehlbeurteilungen, insbesondere bei dem Nachweis des endgültigen nicht behebbaren Ausfalls der gesamten Hirnfunktion, für eine Organentnahme in der Praxis auszuschließen, schreibt Satz 1 vor, dass der Nachweis durch zwei Ärzte erfolgen muss, die den Verstorbenen unabhängig von einander untersucht haben. Die beiden Ärzte müssen ferner hierfür besonders qualifiziert sein.[1] Das setzt für die so genannte Hirntod-Diagnostik entsprechende neurologische, im Übrigen thanatologische Kenntnisse voraus. Zu den Regeln, die dem Stand der Erkenntnisse der medizinischen Wissenschaft entsprechen, vgl. § 16 Abs. 1 Satz 1 Nr. 1 und die Kommentierung dazu.

2. Zu § 5 Abs. 1 S. 2: Zur Todesfeststellung

§ 5 Abs. 1 Satz 2 bezieht sich auf all jene Organe, die nicht notwendigerweise bei einem durchbluteten, also intensivmedizinisch versorgten „Leichnam" entnommen werden müssen. Der Nachweis des Todes muss in diesen Fällen nicht nach Maßgabe der sog. Hirntod-Diagnostik erfolgen, sondern kann auf andere Weise geschehen. Das Erfordernis, dass der Herz- und Kreislaufstillstand unbehebbar und zudem der Stillstand mehr als drei Stunden vergangen sein muss, entspricht dem traditionellen Todeskriterium, wonach der irreversible Stillstand des Herzkreislaufs den irreversiblen Zusammenbruch des Organismus anzeigt. Die Grenze von drei Stunden soll die Irreversibilität des Zustands zuverlässig feststellbar machen. Zu dem Versuch des Gesetzgebers, das traditionelle Todeskriterium gleichsam als heimliches Hirntodkriterium auszuweisen, § 3 Rdnr. 8.

Die in § 5 Abs. 1 Satz 2 betonte Bedeutung des traditionellen Todeskriteriums reagiert auf Bestrebungen im Ausland, bereits bei nicht sicher irreversiblem Herzstillstand, also bereits wenige Minuten nach dem (möglicherweise noch reversiblen) Herzstillstand einen Mensch für tot zu erklären und ihm lebenswichtige Organe zu entnehmen (Praxis der Organentnahme beim sog. non-heart-beating-donor).[2] Diesen Bestrebungen erteilt das Gesetz, wie es sich aus den Gesetzgebungsmaterialien ergibt, eine Absage.

Es bleibt der Bundesärztekammer überlassen, den Stand der medizinischen Wissenschaft (auch für die Todesfeststellung, die nicht Hirntod-Diagnostik ist,) festzustellen, vgl. § 16 Abs. 1 S. 1 Nr. 1 TPG. Bislang wurden „Richtlinien zur Feststellung des Hirntodes" erlassen, die die Dritte Fortschreibung (1997) der Kriterien der Hirntodfeststellung – von marginalen Änderungen abgesehen, die das TPG redaktionell berücksichtigen – übernehmen.[3]

---

[1] BT-Drs. 13/4355, S. 19.
[2] BT-Drs. 13/4355, S. 19; Vilmar/Brandt/Hanrath/Haverich, Organentnahme nach Herzstillstand („Non heart-beating donor"), DÄBl. 1998, A-3235.
[3] DÄBl. 1998, A-1861: „Dritte Fortschreibung 1997 mit Ergänzungen gemäß Transplantationsgesetz".

6   Bestimmte Organe, Organteile und Gewebe können noch Stunden nach eingetretenem Herz-Kreislauf-Stillstand transplantierfähig entnommen werden (z.B. Augenhornhaut, Gehörknöchelchen, Knochen, harte Hirnhaut, äußere Haut, Faszien). Sind seit dem endgültigen, nicht behebbaren Stillstand von Herz und Kreislauf mehr als drei Stunden vergangen, kann der Nachweis nach Satz 1 anhand der herkömmlichen Todeszeichen (z.B. Leichenflecken, beginnende oder eingetretene Leichenstarre) erbracht werden. Er kann allerdings nicht in der Weise „sicher erbracht werden"[4], wie die amtliche Begründung zu meinen scheint, dass der Todeszeitpunkt sich genau fixieren ließe. Die Todeszeit lässt sich nämlich immer nur „möglichst genau feststellen", wie es prototypisch und zutreffend in § 9 Abs. 3 S. 1 der Bestattungsverordnung von Baden-Württemberg heißt. Eine allzu exakte Todeszeitangabe auf der Todesbescheinigung sollte unterbleiben, da hierdurch eine Sicherheit vorgetäuscht wird, die nicht verantwortet werden kann.[5]

3. Zu § 5 Abs. 2: Unabhängigkeit der Ärzte

7   § 5 Abs. 2 will die Unabhängigkeit der hierfür verantwortlichen Ärzte von den transplantierenden Ärzten gewährleisten und so mögliche Interessenkonflikte zwischen beiden Seiten vermeiden. Satz 3 verdeutlicht, dass das Ergebnis der von beiden Ärzten unabhängig voneinander persönlich durchgeführten Untersuchung des Organspenders durch jeden der beiden Ärzte eigenverantwortlich festzustellen ist. Die Sätze 4 und 5 dienen der Transparenz und der Vertrauensbildung.[6]

8   Gemäß § 5 Abs. 2 S. 1 dürfen die todesfeststellenden Ärzte weder an der Entnahme noch an der Übertragung der Organe des Organspenders beteiligt sein. Das bedeutet, dass sie mit keiner irgendwie gearteten Mitwirkungshandlung direkt an der Entnahme oder der Übertragung der Organe teilhaben dürfen; keiner ihrer Verhaltensweisen darf die Entnahme oder Übertragung in irgendeiner Weise unmittelbar fördern.

9   Die todesfeststellenden Ärzte dürfen auch nicht Weisungen eines Arztes unterstehen, der an diesen Maßnahmen beteiligt ist. Das bedeutet, dass die todesfeststellenden Ärzte zu den Ärzten, die an der Organentnahme oder Organübertragung mitwirken, nicht in einem Verhältnis stehen dürfen, kraft dessen die ex- oder implantierenden Ärzte berechtigt sind, den todesfeststellenden Ärzte dienst- bzw. arbeitsrechtlich bindende Weisungen zu erteilen. Es genügt die rechtliche Möglichkeit, dass es zu solchen Weisungen kommen kann. Faktische Beeinflussungsmöglichkeiten, die auch dann denkbar sind, wenn die todesfeststellenden Ärzte nicht einer rechtlichen Weisungsbefugnis unterworfen sind, werden durch § 5 Abs. 2 S. 2 nicht verboten; es entspricht allerdings dem Geist dieser Regelung, dass von den Ärzten, die derartigen Pressionen ausgesetzt wären, eine entsprechende

---

[4] BT-Drs. 13/4355, S. 19.
[5] *Kühn*, Zur medizinischen und rechtlichen Problematik im Umgang mit Todesbescheinigungen in Schleswig-Holstein, Diss. med., Kiel 1987, S. 18 m.w.N.; siehe zu diesem Problem auch *Rixen*, Lebensschutz am Lebensende, 1999, S. 348 ff.
[6] BT-Drs. 13/4355, S. 19.

Standhaftigkeit erwartet werden kann. Die Wahrscheinlichkeit entsprechender Pressionen wird allerdings durch das explizite Verbot eines rechtlichen Weisungsverhältnisses erheblich gemindert.

Den nächsten Angehörigen sowie den Personen nach § 4 Abs. 6 und Abs. 3 ist Gelegenheit zur Einsichtnahme in die Protokollierung der Todesfeststellung zu geben. Sie ist also – in Abweichung von § 4 Abs. 4 S. 2 – nur jenen Personen zu gewähren, die im Einzelfall konkret entschieden haben bzw. an der Entscheidung mitgewirkt haben. Diese Personen können eine Person ihres Vertrauens hinzuziehen, damit sie die Aufzeichnungen besser kontrollieren können (s. im Übrigen, etwa zur Frage, ob die Angehörigen einen Anspruch auf Fotokopien haben, § 3 Rdnr. 20 f.). *10*

Die in den Beratungen des Transplantationsgesetzes erwogene Einführung eines ausdrücklichen dienst- bzw. arbeitsrechtlichen Weigerungsrechtes dahingehend, nicht an Transplantationen mitwirken zu müssen[7], hat nicht zu entsprechenden gesetzlichen Regelungen geführt. Das bedeutet, das die allgemeinen dienst- bzw. arbeitsrechtlichen Regelungen über Arbeitsverweigerung aus Gewissensgründen Anwendung finden. Diese mit beachtlichen Anwendungsunsicherheiten verbundene Lösung hätte durch eine ausgewogene gesetzliche Regelung vermieden werden können.[8] *11*

---

[7] Vgl. § 12 des TPG-Entwurfs der Bündnis-Grünen (BT-Drs. 13/2926, S. 4: „Niemand ist verpflichtet, an einer Organtransplantation mitzuwirken." Aus der Begründung folgt (vgl. BT-Drs. 13/2926, 16), dass dabei insbesondere an Krankenschwestern und Krankenpfleger gedacht wurde. Die Vorschrift ähnelt § 12 Abs. 1 des Schwangerschaftskonfliktgesetzes (SchKG), früher Art. 2 Abs. 1 des 5. Strafrechtsreformgesetzes (5. StrRG): „Niemand ist verpflichtet, an einem Schwangerschaftsabbruch mitzuwirken." sowie an § 10 des Embryonenschutzgesetzes („Niemand ist verpflichtet, Maßnahmen der in § 9 bezeichneten Art vorzunehmen oder an ihnen mitzuwirken." § 9 Embryonenschutzgesetz nennt die künstliche Befruchtung, die Übertragung eines menschlichen Embryos auf eine Frau, die Konservierung eines menschlichen Embryos sowie einer menschlichen Eizelle, in die bereits eine menschliche Samenzelle eingedrungen oder künstlich eingebracht worden ist.).

[8] Für sie war in den Anhörungen des Bundestages *Höfling* eingetreten, vgl. Protokoll der 67. Sitzung des Ausschusses für Gesundheit (13. Deutscher Bundestag) am 9. Oktober 1996, S. 44; siehe auch *Rixen*, Transplantationsgesetz und Organhandel: Regelungsfragen im Umfeld der sog. „Hirntod"-Kontroverse (Gesetzentwürfe BT-Drs. 13/4355, 13/2926, 13/587) – Stellungnahme zur Öffentlichen Anhörung des Gesundheitsausschusses des Deutschen Bundestages am 9.10.1996, Ausschuß für Gesundheit, Ausschuss-Drs. 603/ 13, S. 2 ff. Zusammenfassung der maßgeblichen Grundsätze zur Lösung eines entsprechenden Konfliktes nach geltendem Recht mit Blick auf die Situation von Krankenschwestern und Krankenpflegern im Transplantationsbereich bei *Rixen*, Transplantation und Hirntod: Aktuelle Rechtsfragen aus Sicht der Krankenpflege, in Hirntod – Transplantation. Aspekte, Fragen und Probleme aus pflegerischer Sicht, hrsg. von der DRK-Schwesternschaft Lübeck e.V. 1996, S. 45 (S. 56 ff.).

§ 6
Achtung der Würde des Organspenders

(1) Die Organentnahme und alle mit ihr zusammenhängenden Maßnahmen müssen unter Achtung der Würde des Organspenders in einer der ärztlichen Sorgfaltspflicht entsprechenden Weise durchgeführt werden.

(2) ¹Der Leichnam des Organspenders muss in würdigem Zustand zur Bestattung übergeben werden. ²Zuvor ist dem nächsten Angehörigen Gelegenheit zu geben, den Leichnam zu sehen.

Gliederung

		Rdnr.
I.	Grundsätzliche Bedeutung und Regelungsgegenstand	1
II.	Die Erläuterungen im Einzelnen	2
	1. Erläuterungen zu § 6 Abs. 1	2
	a) „Unter Achtung der Würde (…) in einer der ärztlichen Sorgfaltspflicht entsprechenden Weise"	3
	b) Sanktionen	8
	aa) Keine Sanktion im TPG	8
	bb) Beamten-, arbeits- oder standesrechtliche Sanktionen	10
	cc) Straf- oder zivilrechtliche Sanktionsmöglichkeiten – Mediale Skandalisierung	12
	dd) Bußgeldrechtliche Sanktionen?	16
	(1) Bestattungsrecht	16
	(2) Sektionsrecht	19
	(3) § 118 OWiG	20
	2. Erläuterungen zu § 6 Abs. 2	21
	a) Angehörigenbezogene Definition des „würdigen Zustands"	22
	b) Verstorbenenbezogene Definition des „würdigen Zustands"	25
	c) Nächste Angehörige	26

I. Grundsätzliche Bedeutung und Regelungsgegenstand

1 § 6 TPG bezieht sich auf die Achtung der Würde des toten Organspenders (vgl. die Überschrift des Zweiten Abschnitts des TPG, zu dem § 6 gehört: „Organentnahme bei toten Organspendern"). Die Vorschrift statuiert zwei Pflichten: Abs. 1 sieht eine Generalpflicht zur Achtung der Würde des toten Organspenders vor, Abs. 2 spezifiziert diese Pflicht im Hinblick auf die Bestattung, deren Vorbereitung und unmittelbares zeitliches Vorfeld. Die Pflichten des § 6 Abs. 2 TPG richten sich an die Ärzte und die Assistenzkräfte, die an der Organentnahme und den mit ihr zusammenhängenden Maßnahmen mitwirken, so weit sie dabei unmittel-

baren taktilen oder visuellen Kontakt zur Leiche (= Leichnam = toter Körper) haben bzw. sich in Gegenwart der Leiche aufhalten.

II. Die Erläuterungen im einzelnen
1. Erläuterungen zu § 6 Abs. 1

Organentnahme ist die nach den Regeln der Transplantationschirurgie vollzogene Explantation von Organen, Organteilen oder Geweben (vgl. § 1 Rdnr. 23). Die mit der Organentnahme zusammenhängenden Maßnahmen, von denen § 6 Abs. 1 weiter spricht, sind alle Maßnahmen, die den Eingriff beim Spender vorbereiten (vgl. den Wortlaut des § 1 Abs. 1 S. 1 TPG: „Vorbereitung") oder nachbereiten. Nachbereitung meint die Betreuung des Leichnams bis zu seiner Herausgabe aus dem Gewahrsam des Krankenhauses, in dem die Entnahme vollzogen wurde, in der Regel an ein Bestattungsunternehmen (vgl. § 6 Abs. 2 S. 1 TPG: Übergabe zur Bestattung).[1] Zur Phase der „Nachbereitung" gehören auch die Aktivitäten, die den Angehörigen, die von den sterblichen Überresten des Verstorbenen Abschied nehmen wollen, die Leiche zugänglich machen, bevor das Bestattungsunternehmen diese entgegennimmt.

a) „Unter Achtung der Würde (...) in einer der ärztlichen Sorgfaltspflicht entsprechenden Weise"

Alle auf den Leichnam des Spenders bezogenen Verhaltensweisen müssen nach dem insoweit unmissverständlichen Wortlaut des Gesetzes in einer der ärztlichen Sorgfaltspflicht entsprechenden Weise durchgeführt werden. Damit ist der modale Rahmen vorgegeben, in dem der weitere Normbefehl, diese Vorgehensweise müsse „unter Achtung der Würde des Organspenders" vollzogen werden, zu verwirk-

---

[1] Sollte der Organspender die Übergabe seiner Leiche an die Anatomie verfügt haben, hat diese zu erfolgen. Sie ist bei wertender Betrachtung (auch) eine Übergabe zur Bestattung im Sinne des § 6 Abs. 2 S. 1 TPG, weil die Überreste von Anatomieleichen bestattet werden müssen, *Forster/Koch*, Sektion, in: Eser/von Lutterotti/Sporken (Hrsg.), Lexikon Medizin-Ethik-Recht (1989), Taschenbuch-Ausg. 1992, Sp. 1011 (1017). D.h.: Die anatomische Sektion der Leiche zu medizinischen Ausbildungszwecken stellt sich – rechtlich betrachtet – nur als eine Vorstufe zur (meist anonym erfolgenden) Beisetzung der sterblichen Überreste dar. S. beispielhaft § 9 Abs. 2 S. 1 Berliner Sektionsgesetz v. 18. 6. 1996, GVBl. S. 237, geänd. durch Gesetz v. 7. 3. 1997, GVBl. 54: „Nach Beendigung der anatomischen Sektion hat der verantwortliche Arzt oder Hochschullehrer für die Bestattung zu sorgen." Außerdem § 17 Abs. 4 Bremer Gesetz über das Leichenwesen v. 27. 10. 1992, BremGBl. S. 627: Die „wissenschaftliche Einrichtung, in der die anatomische Sektion durchgeführt worden ist, (veranlaßt) die Bestattung der Leiche, sobald sie nicht mehr wissenschaftlichen Zwecken dient." § 14 Abs. 2 Hamburger Sektionsgesetz v. 9. 2. 2000 (GVBl. S. 38): „Nach Beendigung der anatomischen Sektion hat die verantwortliche Ärztin oder der verantwortliche Arzt bzw. die Hochschullehrerin oder der Hochschullehrer der Anatomie für die Bestattung zu sorgen (...)." § 16 Abs. 2 S. 1 Bestattungsgesetz Brandenburg v. 7. 11. 2001 (GVBl. I S. 226): „Nach Beendigung der anatomischen Sektion hat der verantwortliche Arzt oder Hochschullehrer für die Bestattung zu sorgen." In diesem Sinne auch § 14 Abs. 3, Abs. 1 Bestattungsgesetz Sachsen-Anhalt v. 5. 2. 2002 (GVBl. S. 46).

lichen ist: Die nach den Regeln der Transplantationschirurgie für die kunstgerechte Organexplantation notwendigen Eingriffe in den Körper sowie andere am Körper vorzunehmende Vollzüge sind von vornherein keine Missachtung der Würde des Organspenders. So sehr ein Nicht-Chirurg auch Unbehagen empfinden mag, wenn er sich beispielsweise die Bettung des (ganz-)hirntoten Spenders (Leiche im Sinne des Gesetzes), seine Öffnung und Präparierung und den damit einhergehenden Blutverlust vergegenwärtigt, so wenig liegt darin nach der Konzeption des TPG eine Missachtung der Würde des toten Organspenders. Im Ergebnis bedeutet dies, dass man transplantationsbezogene Handlungen im OP oder Handlungen, die im Vorlauf der sog. Spenderkonditionierung dienen, kaum jemals als würdelos im Sinne des Gesetzes wird bezeichnen können.

4   Die „Würde" – darunter versteht die Gesetzesbegründung einen aus dem fortwirkenden Persönlichkeitsrecht folgenden Anspruch auf pietätvollen Umgang –[2] ist erst verletzt, wenn der weite Rahmen der transplantationschirurgisch vertretbaren Eingriffe überschritten wird. Allerdings genügt das Überschreiten des transplantationschirurgisch Notwendigen oder doch Vertretbaren für sich betrachtet nicht; das Verhalten muss als Missachtung der Würde des Organspenders, also als pietätlos zu deuten sein. Missachtung kann vorsätzlich oder fahrlässig geschehen; gezielte Missachtung ist *eine* Form, aber nicht die einzige Form der Missachtung. Auch in (unvorsätzlicher) Nachlässigkeit bzw. Unachtsamkeit kann sich mangelnde Achtung (= Missachtung) ausdrücken.

5   Eine Missachtung in diesem Sinne liegt folglich *nicht* erst vor, wenn es sich um „beschimpfenden Umfug" im Sinne des § 168 Abs. 1 StGB (Störung der Totenruhe) handelt. Beschimpfender Umfug im Sinne des § 168 Abs. 1 StGB ist eine *grob* ungehörige Missachtenskundgabe, mit der dem Toten bewusst Verachtung gezeigt wird, der Täter also in dem Bewusstsein handelt, „dem Toten Schimpf anzutun".[3] Die bloß ungehörige, nicht grob pietätlose Behandlung der Leiche genügt für beschimpfenden Unfug im Sinne des § 168 Abs. 1 StGB nicht. Sie genügt aber, um gegen § 6 Abs. 1 TPG zu verstoßen.

6   Pietätlos ist mithin jede Verhaltensweise, die transplantationschirurgisch nicht angezeigt ist und die die „gebotene Ehrfurcht vor dem toten Menschen"[4] nicht wahrt, also bei unbefangener – nicht an überspannten, aber auch nicht an laxen Pietätsvorstellungen orientierten – Betrachtung den Schluss nahe legt, der Handelnde sei sich nicht des Umstands bewusst gewesen, dass es sich um die sterbli-

---

2   BT-Drs. 13/4355, S. 19: „Die (...) Achtung der Würde des Organspenders folgt aus seinem fortwirkenden Persönlichkeitsrecht. Sie ist als Pietät ‚Urbestandteil der Sittlichkeit', worauf der Wissenschaftliche Beirat der Bundesärztekammer (...) zu Recht hingewiesen hat."
3   BGH, NStZ 1981, 300.
4   So eine Formulierung, die im Bestattungsrecht gebräuchlich ist, vgl. etwa § 2 des Berliner Gesetzes über das Leichen- und Bestattungswesens v. 2.11.1973 (BerlGVBl. S. 1830): „Wer mit Leichen umgeht, hat dabei die gebotene Ehrfurcht vor dem toten Menschen zu wahren." Ebenso auch § 2 S. 1 Bremer Gesetz über das Leichenwesen v. 27.10.1992 (BremGBl. S. 627).

chen Überreste eines Menschen und nicht bloß eine Sache handelt, mit der man umgeht, aber der man nicht begegnet. Im toten Körper eines Menschen setzt sich nach den in der gegebenen Gesellschaft vorherrschenden kulturellen Vorstellungen der Achtungsanspruch fort, der sich zu Lebzeiten auf den Körper des lebenden Menschen bezog, den er nicht hat, sondern der er ist.[5] Die zu Lebzeiten geltende Einsicht, dass meinem Körper angetane Gewalt mir zugefügte Gewalt ist[6], gilt posthum nachwirkend auch für den toten Körper. Was das im Einzelnen für ein pietätvolles Verhalten bedeutet, lässt sich nur im Wege fallbezogener Konkretisierung bestimmen, die sich von eindeutigen Extremfällen zur „Grauzone" des vielleicht noch Zulässigen oder doch schon Unzulässigen vorarbeitet.

So ist es beispielsweise pietätlos und ein Verstoß gegen § 6 Abs. 1 TPG, sich bei Anwesenheit des Leichnams im OP oder anderen Räumlichkeiten abfällig über die Biografie des Verstorbenen, den Anlass des Versterbens, über das Aussehen des Körpers oder über mögliche Missgestaltungen zu äußern. Auch Witzeleien oder auf den Toten oder den toten Körper bezogener (vermeintlich) „schwarzer Humor" in Gegenwart des Leichnams sind pietätlos und verstoßen gegen § 6 Abs. 1 TPG. Ebenso pietätlos sind jegliche Berührungen des toten Körpers bzw. Eingriffe am oder in den (intensivmedizinisch versorgten oder den explantierten) Körper, die weder der Explantation noch der Übergabe zur Bestattung dienlich sind.[7]

7

b) Sanktionen
aa) Keine Sanktion im TPG

Das TPG sieht bei Verstößen gegen § 6 Abs. 1 weder eine Strafe noch ein Bußgeld vor. Die Bestimmung hat vor diesem Hintergrund „bloßen Appellcharakter"[8]. In der Begründung zu einem Gesetzesantrag der Bundesländer Bremen und Hessen, der nicht Gesetz geworden ist, aber eine dem § 6 TPG ähnliche Vorschrift enthielt, hieß es, dass die Vorschrift trotz ihres bloßen Appellcharakters gleichwohl „angesichts der berechtigten Sensibilität und früher bekannt gewordener Missstände als sinnvoll und erforderlich" erscheine.[9] Es leuchtet nicht recht ein, wieso angesichts dieser bekannten Missstände, die die nahe liegende Vermutung begründen, dass es

8

---

[5] Vgl. den Philosophen *Spaemann*, Personen – Versuche über den Unterschied zwischen ‚etwas' und ‚jemand', 1996, S. 204 f.: „Ein letztes Kriterium für das personale Verhältnis der Achtung ist der Umgang mit den Toten (...). Die Ehre, die dem Toten (...) erwiesen wird, gilt ihm (...) als Person." S. auch *Geisler*, Das Verschwinden des Leibes, Universitas 1996, 386 (387): „Schon immer war der Umgang einer Kultur mit dem toten Leib ein verläßlicher Indikator für das vorherrschende Menschenbild. Seine wirklich humanen Züge entfaltete der Homo sapiens in dem Augenblick, als er sich nicht nur altruistisch um seine Artgenossen bemühte, sondern begann, seine Toten zu beerdigen."
[6] *Hegel*, Grundlinien der Philosophie des Rechts (1820/21), Suhrkamp-TB-Werkausgabe Bd. 7, 2. Aufl. 1989, § 48, S. 111 f.: „Meinem Körper von anderen angetane Gewalt ist Mir angetane Gewalt."
[7] S. noch unten Fn. 27 zu Berührungen durch abschiednehmende Angehörige.
[8] So zurecht die Begründung des Gesetzesantrags der Länder Bremen und Hessen, die eine dem § 6 TPG vergleichbare Regelung enthielt, vgl. BR-Drs. 682/94, S. 32.
[9] BR-Drs. 682/94, S. 32.

sie auch weiterhin geben werde, keine Sanktion an den Pflichtverstoß geknüpft wurde.

9 Der Gesetzgeber mag freilich gesehen haben, dass eine genaue Bestimmung des im Einzelfall Gebotenen kaum zu lösende Abgrenzungsschwierigkeiten mit sich bringen würde – mit der Folge, dass der Gebotsgehalt zu unbestimmt bzw. kaum verlässlich bestimmbar wäre, was die Androhung einer Straf- oder Bußgeldsanktion unter dem Aspekt des Bestimmtheitsgebots (Art. 103 Abs. 2 GG) als unangemessen erscheinen lässt.

bb) Beamten-, arbeits- oder berufsrechtliche Sanktionen

10 Immerhin ist – dies sollten die Verantwortlichen in den Krankenhäusern bedenken – eine andere – nichtstrafrechtliche – Sanktionierung denkbar.[10] Sollten Verstöße bekannt werden[11], dann sind zunächst beamten(disziplinar)- oder arbeitsrechtliche Konsequenzen möglich. Die betroffenen Einrichtungen dürften allerdings selten Grund haben (vermutlich nur in krassen Evidenzfällen), hier tätig zu werden, denn es droht Öffentlichkeit, falls sich der betroffene Bedienstete gegen eine förmliche Maßnahme, etwa eine Abmahnung, wehren sollte.

11 Es ist auch nicht auszuschließen, dass sich Angehörige an die zuständige Ärztekammer wenden und dort anregen, vermuteten Pietätlosigkeiten nachzugehen. Die Wahrung der Pietät ist (auch) ein Gebot ärztlicher Ethik[12], zu dessen Einhaltung die Ärzte berufsrechtlich verpflichtet sind und auf dessen Beachtung die Ärztekammern hinwirken müssen. Falls Angehörige oder andere Personen den Eindruck haben, die Sache werde bei der Ärztekammer nicht mit der gebührenden Aufmerksamkeit behandelt, dann kann gegebenenfalls auch die zuständige oberste Aufsichtsbehörde, das Gesundheitsministerium, tätig werden und bei der Ärztekammer auf ein ernsthaftes Tätigwerden dringen.

---

[10] Darauf weist die Gesetzesbegründung in den knappen Ausführungen zu § 6 nicht hin – aber, immerhin beiläufig, an anderer Stelle: In der Begründung zu den Bußgeldtatbeständen heißt es, eine Bußgeldbewehrung reiche aus, „zumal diese Verstöße in der Regel zusätzlich eine Verletzung ärztlicher Berufspflichten darstellen, für die berufsgerichtliche Maßnahmen nach den Heilberufsgesetzen der Länder in Betracht kommen", BT-Drs. 13/4355, S. 32. Aufgrund des Vorrangs der beamtenrechtlichen Disziplinarhoheit (vgl. etwa § 57 Abs. 2 Heilberufsgesetz NRW) erstreckt sich die Berufsgerichtsbarkeit nicht auf beamtete Ärzte.

[11] Im Regelfall sind – neben geständigen Einlassungen – Zeugenaussagen erforderlich, wobei hauptsächlich Bedienstete der Krankenhäuser, Mitarbeiter von Bestattungsunternehmen oder Angehörige in Betracht kommen.

[12] Vgl. exemplarisch § 2 Abs. 1 S. 1 der Berufsordnung für die nordrheinischen Ärztinnen und Ärzte v. 14.11.1998, Rheinisches Ärzteblatt, 53. Jg., H. 3 v. 26.2.1999, S. 62 (63): „Ärztinnen und Ärzte üben ihren Beruf nach ihrem Gewissen, den Geboten der ärztlichen Ethik und der Menschlichkeit aus." Vorbild ist § 2 Abs. 1 S. 1 der (Muster-)Berufsordnung für die deutschen Ärztinnen und Ärzte (Fassung 1997), DÄBl. 1997, A-2354, zit. nach dem Abdruck in *Laufs u.a.*, Handbuch des Arztrechts, 2. Aufl. 1999, Anhang zu Kap. 1, S. 36 (38).

cc) Straf- oder zivilrechtliche Sanktionsmöglichkeiten – Mediale Skandalisierung
Aus Sicht der Angehörigen nicht Erfolg versprechend ist eine Strafanzeige wegen   12
Störung der Totenruhe, § 168 Abs. 1 StGB (s. dazu die Anmerkungen in der Kommentierung zu § 19 TPG). Hier wird es meist schon am Beschimpfungsvorsatz fehlen.[13]

Auch die – nur vorsätzlich begehbare – Verunglimpfung des Andenkens Verstorbener (§ 189 StGB) wird im Ergebnis regelmäßig ausscheiden: Manipulationen am Leichnam, wenn sie von anderen erkennbar sind, können zwar unter diese Vorschrift fallen, aber nur dann, wenn durch die Manipulationen gerade der personale Geltungswert des Verstorbenen im Zeitpunkt des Hinscheidens in Abrede gestellt wird, wenn also „verunglimpft" wird; wer indes am Leichnam hantiert, ohne dadurch einen Makel an der vom Verstorbenen hinterlassenen Ehre zu äußern, verunglimpft nicht.[14] An dem entsprechenden Ausdruck von Missachtung gegenüber dem Toten fehlt es meist.[15] Im Lichte des absichtsvollen Regelungsverzichts des Gesetzgebers, § 6 TPG nicht mit einer Straf- und Bußgeldbewehrung zu versehen, sind an das Vorliegen einer Tat nach § 189 StGB hohe Anforderungen zu stellen; andernfalls würde die Wertentscheidung des Gesetzgebers konterkariert. Praktisch spielt § 189 StGB keine Rolle.[16]   13

Auch zivilrechtlichen Klagen auf Schmerzensgeld wird kein Erfolg beschieden   14
sein.[17] Zwar lässt sich das kraft Gewohnheitsrechts bestehende Totensorgerecht als unbenanntes absolutes Recht im Sinne des § 823 Abs. 1 BGB auffassen; gleichwohl kommt man dadurch nicht zu einem Schmerzensgeld, weil das Totensorgerecht in § 253 Abs. 2 BGB n.F. ebenso wie in § 847 Abs. 1 BGB a.F. nicht genannt wird. Selbst wenn man das Totensorgerecht als Teilaspekt des allgemeinen Persönlichkeitsrechts begreifen würde, wäre es zweifelhaft, ob die Verletzung des § 6 Abs. 1 TPG als schwere Missachtung des Persönlichkeitsrechts zu qualifizieren ist, für die der Rechtsverletzer eine angemessene, der Höhe nach abschreckende Entschädigung zahlen muss. Das wird im Ergebnis zu verneinen sein.

Eine Zivilklage oder eine Strafanzeige werden aber mitunter für produktive   15
Unruhe im Transplantationszentrum und damit für die nötige Sorgfalt pro futuro sorgen. Auch die – mit anderen Maßnahmen einhergehende oder ihnen vorgeschaltete – gezielte Mobilisierung einschlägiger (Massen-)Medien kommt faktisch als Sanktion – gewissermaßen als eine Art *poena naturalis* der Informationsgesellschaft – in Betracht. Mediale Skandalisierung mit ihren negativen Folgen für den Ruf einer Einrichtung sowie andere potenziell publizitätsträchtige bzw. unruhe-

---

[13] Vgl. *Gunter Arzt*, in: Gunter Arzt/Ulrich Weber, Strafrecht – Besonderer Teil, 2000, § 44 Rn. 56 a.E.
[14] *Herdegen*, in: Leipziger Kommentar z. StGB, 10. Aufl. 1988, § 189 Rn. 3 m.w.N.
[15] *Stellpflug*, Der strafrechtliche Schutz des menschlichen Leichnams, 1996, S. 31.
[16] 1997 kam es zu zwei Verurteilungen, vgl. *Statistisches Bundesamt* (Hrsg.), Strafverfolgung 1997 – Vollständiger Nachweis der einzelnen Straftaten –, 1999, S. 23.
[17] Vgl. dazu *Taupitz*, Das Recht im Tod: Freie Verfügbarkeit der Leiche?, 1996, S. 9 ff., S. 25; *Laufs*, Arztrecht, 5. Aufl. 1993, Rn. 268, Rn. 284; *Rixen*, ZRP 2001, 374 (375) – jew. m.w.N.

stiftende Maßnahmen lassen sich leicht vermeiden, wenn die Wahrung der Pietät nicht als Zeit raubende Zutat, sondern als genuine ärztliche bzw. pflegerische Aufgabe aufgefasst wird.

dd) Bußgeldrechtliche Sanktionen?
(1) Bestattungsrecht

16 Zu denken ist allerdings an bußgeldrechtliche Sanktionen, die das jeweilige Bestattungsrecht mancher Bundesländer vorsieht. So heißt es beispielsweise in § 24 Abs. 1 Nr. 4 des Berliner Bestattungsgesetzes: „Ordnungswidrig handelt, wer vorsätzlich oder fahrlässig in grober Weise gegen das Gebot des § 2 verstößt."[18] § 2 des Berliner Bestattungsgesetzes lautet: „Wer mit Leichen umgeht, hat dabei die gebotene Ehrfurcht vor dem toten Menschen zu wahren."

17 Ungeachtet der Vagheit der Norm, die im Hinblick auf den Bestimmtheitsgrundsatz zu erheblichen Bedenken führt[19], stellt sich vorgängig die Frage, ob die Bußgeldvorschrift nicht kraft Art. 31 GG nichtig ist, so weit der Anwendungsbereich des § 6 TPG berührt ist. Art. 31 GG („Bundesrecht bricht Landesrecht") setzt eine Kollision zwischen Bundes- und Landesrecht voraus, d.h., die Bundes- und die Landesrechtsnorm müssen auf denselben Sachverhalt anwendbar sein und zu unterschiedlichen Rechtsfolgen führen, also zwei miteinander unvereinbare Normbefehle enthalten.[20] Das ist hier der Fall:

18 Die landesrechtliche Bußgeldnorm führt zu einem anderen Ergebnis (Bußgeldandrohung) als die bundesrechtliche Regelung (keine Bußgeldandrohung): In beiden Fällen geht es um eine Leiche, die pietätvoll zu behandeln ist. Während ihre grob pietätlose Behandlung – gleich, in welchem Kontext dies geschieht – nach Landesrecht bußgeldbedroht ist, ist die – auch: grob – pietätlose Behandlung der Leiche im Kontext einer medizinischen Transplantation nach Bundesrecht nicht bußgeldbedroht. Der Verzicht auf eine Bußgeldandrohung im TPG stellt sich als absichtsvoller Verzicht dar, da andere Pflichtverletzungen vom Gesetzgeber bewusst – wie § 20 TPG zeigt – als Ordnungswidrigkeiten ausgestaltet wurden. Darin liegt eine konkludente Regelungsentscheidung des TPG, der das Landesrecht widerspricht. Das hat zur Folge, dass die landesrechtlichen Bußgeldnormen, die der gerade erläuterten Vorschrift des Berliner Bestattungsgesetz entsprechen, nichtig und damit unanwendbar sind, so weit es um Verhaltensweisen geht, die durch § 6 TPG – ohne Bußgeldandrohung – verboten werden. Ein Bußgeldbescheid, der gleichwohl erginge, wäre wegen eines Verstoßes gegen sachliches Recht rechtswidrig und aufzuheben.

---

[18] Gesetz über das Leichen- und Bestattungswesen (Bestattungsgesetz) v. 2.11.1973 (GVBl. S. 1830) mit späteren – hier irrelevanten – Änderungen. Die Ordnungswidrigkeit kann mit einer Geldbuße bis zu 3.000 DM geahndet werden, Bußgeldbehörde sind die Bezirksämter, vgl. § 24 III, IV des Berliner Bestattungsgesetzes.
[19] So – mit Blick auf die genannte Bußgeldvorschrift des Berliner Bestattungsgesetzes – *Weber*, Die Überspannung der staatlichen Bußgeldgewalt, ZStW 92 (1981), S. 313 (343 f.).
[20] *Pieroth*, in: Jarass/Pieroth, GG, Komm., 5. Aufl. 2000, Art. 31 Rn. 4 m.w.N.

(2) Sektionsrecht

Im Ergebnis sind auch die Bußgeldnormen des Sektionsrechts, das in manchen Bundesländern spezialgesetzlich geregelt ist, beispielsweise in Berlin[21], irrelevant. Es fehlt allerdings bereits an einer Kollision zwischen Bundes- und Landesrecht im Sinne des Art. 31 GG, d.h., der Bundesrechtsnorm des § 6 Abs. 1 TPG entspricht keine auf denselben Sachverhalt anwendbare Landesrechtsnorm. Denn im Landessektionsrecht fehlt es an einer Vorschrift, die in einer § 6 Abs. 1 TPG vergleichbaren Weise den pietätvollen Umgang mit dem Leichnam regeln würde (zur hier nicht weiter relevanten – Frage, inwieweit Regelungen zur Organ- und Gewebeentnahme nach Landesrecht gem. Art. 31 GG nichtig sind, vgl. § 1 Rdnr. 58 ff.).

19

(3) § 118 OWiG

Ob die gelegentlich vertretene Auffassung, § 118 Abs. 1 OWiG („Ordnungswidrig handelt, wer eine grob ungehörige Handlung vornimmt, die geeignet ist, die Allgemeinheit zu belästigen oder zu gefährden und die öffentliche Ordnung zu beeinträchtigen.") ermögliche die Sanktionierung rechtswidriger Eingriffe in den Leichnam[22], zutrifft, ist sehr zweifelhaft; sie dürfte im Ergebnis abzulehnen sein.[23] Soweit ersichtlich, kennt die Kommentarliteratur zu § 118 OWiG keine Entscheidungen, die diese Ansicht stützen würden.[24] Die Frage kann aber dahinstehen, denn der absichtsvolle Regelungsverzicht des TPG auf eine Bußgeldbewehrung des § 6 TPG darf nicht durch einen Rückgriff auf § 118 OWiG unterlaufen werden; die nicht-bußgeldbewehrte Regelung des § 6 TPG ist gegenüber § 118 OWiG spezieller und verdrängt diesen.

20

2. Erläuterungen zu § 6 Abs. 2

Der explantierte Leichnam ist in würdigem Zustand zur Bestattung zu übergeben.[25] Kriterium der Würdigkeit des Zustands der Leiche ist – zunächst, aber nicht nur (dazu Rdnr. 25) – die Perspektive des oder der nächsten Angehörigen, der bzw. die Gelegenheit haben muss, „den Leichnam zu sehen" (§ 6 Abs. 2 S. 2 TPG).

21

a) Angehörigenbezogene Definition des „würdigen Zustands"

Das Bedürfnis der (nächsten) Angehörigen, den Verstorbenen – genauer: den ihn symbolisierenden toten Körper – noch einmal „zu sehen", d.h.: sich von seinem

22

---

[21] Sektionsgesetz v. 18.6.1996, BerlGVBl. S. 237, geänd. durch Gesetz v. 7.3.1997, BerlGVBl. 54.
[22] S. die Hinweise bei *Stellpflug*, a.a.O., S. 28 ff., S. 30 mit dortiger Anm. 206; vgl. auch *Uhlenbruck*, Die Leichenschau, in: Laufs u.a., Handbuch des Arztrechts, 2. Aufl. 1999, § 133 Rn. 1.
[23] *Stellpflug*, a.a.O., S. 31.
[24] Vgl. *Göhler*, OWiG, 12. Aufl. 1998, § 118 Rn. 4 ff., Rn. 12 ff.; *Senge*, in: Boujong (Hrsg.), Karlsruher Kommentar zum OWiG, 2. Aufl. 2000, § 118 Rn. 6 ff., Rn. 12 ff., Rn. 20 b.
[25] Für *Jörn Ipsen*, Der „verfassungsrechtliche Status" des Embryos in vitro, JZ 2001, 989 (993), ist § 6 Abs. 2 TPG eine „Nachwirkung des Art. 1 Abs. 1 GG".

würdigen Zustand zu „überzeugen"[26], ist trauerpsychologisch begründet. Für die Annahme der radikal veränderten biografischen Situation, die durch den Tod des Angehörigen eingetreten ist, kann es eine große Hilfe sein, den toten Körper, sofern ihm noch die erinnerliche Gestalt des Lebenden anhaftet, zu betrachten.[27] Dies kann ein erster Schritt sein, das Faktum des Todes anzuerkennen und die eigene veränderte Lebenssituation anzunehmen. Umgekehrt kann dieser Prozess negativ gestört werden, wenn der Trauernde einem Körper gegenübertritt, dessen Gestalt von der erinnerlichen Gestalt so auffallend abweicht, dass die (oft nur untergründig, aber langfristig nachweislichen) entlastenden psychologischen Übertragungseffekte der Begegnung mit dem im Wesentlichen unversehrten toten Körper ausbleiben und vielmehr in eine trauerverstärkenden bzw. trauererschwerenden Effekt umschlagen. In die eine wie die andere Richtung ist der Leichnam ein be- oder entlastender „Focus der Gefühle".[28]

23 Dies ist der *angehörigenbezogene* Grund dafür, dass *alle* Einschnitte in den explantierten Körper zu vernähen sind, am *ganzen* Körper Utensilien oder Merkmale des Eingriffs zu beseitigen oder zumindest abzuschwächen sind. Der oder die nächsten Angehörige(n) darf laut § 6 Abs. 2 S. 2 TPG „den" Leichnam, also den *ganzen* Leichnam sehen – er muss es freilich nicht, es darf ihm grundsätzlich[29] auch nicht gegen seinen Willen zugemutet werden. Er – der Angehörige – bestimmt, inwieweit er den toten Körper in Augenschein nehmen will; zweckmäßigerweise wird zunächst nur die Kopf- bzw. Gesichtspartie zur Sicht freigegeben, ansonsten hat die vonseiten des Krankenhauses mit der Aufgabe betraute Person auf Signale des Angehörigen, die auf seinen Willen schließen lassen, zu achten. Teile des Körpers dürfen jedenfalls nicht gegen den Willen des oder der nächsten Angehörigen abgedeckt oder verdeckt werden; im Zweifel ist mit dem Aufdecken des ganzen Körpers Zurückhaltung geboten.

---

[26] So BT-Drs. 13/4355, S. 19 a.E.
[27] Berührungen läßt das Gesetz nicht ausdrücklich zu, es verbietet sich allerdings auch nicht. Das ist folgerichtig, denn schon nach allgemeinem Sprachgebrauch ist es zumindest vertretbar zu sagen, zum „Letzen-Mal-Sehen" gehörten auch das Sehen unterstützende behutsame Berührungen. Überdies ist das Berühren des Leichnams bei nächsten Angehörigen, die totensorgeberechtigt sind, von ihrem Totensorgerecht umfasst. Nicht totensorgeberechtigte Angehörige werden das Recht, sich – visuell wie taktil – gebührend vom Verstorbenen, der durch den toten Körper symbolisiert wird, zu verabschieden, im Zweifel von einer stillschweigenden Ermächtigung durch die totensorgeberechtigten Angehörigen ableiten können. Totensorgeberechtigt sind in Anlehnung an § 2 Abs. 2 S. 2 Feuerbestattungsgesetz v. 15.5.1934 (RGBl. I S. 380), das z.B. in NRW fortgilt (SGV NW Nr. 2127), (mindestens) der Ehegatte, Verwandte und verschwägerte ab- und aufsteigender Linie, Geschwister und deren Kinder und der Verlobte. Der Verstorbene kann zu Lebzeiten einen Totensorgeberechtigten benennen.
[28] *Elias*, Über die Einsamkeit der Sterbenden in unseren Tagen, 1982, S. 48.
[29] Etwas anderes kann z.B. ausnahmsweise dann gelten, wenn die Inaugenscheinnahme des gesamten Körpers zu Zwecken der Identifikation des Toten unabdingbar ist. Allerdings ist es praktisch kaum vorstellbar, dass die Identifikation anhand bestimmter körperlicher Merkmale, die nur der jeweilige Angehörige kennt, erst im Moment des Abschiednehmens möglich sein wird; im Regelfall wird die Identifikation des Toten vorher erfolgt sein.

Sollte es Eingriffe im Kopfbereich gegeben haben (z.B. Augen, Hirnhaut), dann sind z.B. die Augen zu schließen, der Schädel ist zu verbinden, und zwar so, dass der Blick auf das Gesicht möglich bleibt. Sind Extremitäten, etwa Hände oder Kniegelenke, zu Transplantationszwecken amputiert bzw. entnommen worden, ist die betroffene Stelle so abzudecken, dass ein reinlicher Verband – und sonst nichts (etwa Blutflecken) – zu sehen sind. Auch andere Wunden sind durch Pflaster oder Verbände abzudecken. Von Blut und anderen Flüssigkeiten ist der Leichnam zu reinigen.[30] Anzustreben ist, wie dies auch das Sektionsrecht mancher Bundesländer betont, die äußere Wiederherstellung des Leichnams (vgl. § 1 Rdnr. 73).[31]

24

b) Verstorbenenbezogene Definition des „würdigen Zustands"
Neben die angehörigenbezogene Dimension tritt eine gewissermaßen „zweckfreie", dem Verstorbenen aus sich heraus zukommende, aus der Perspektive postmortaler Achtung folgende Definition des „würdigen Zustands". Das heißt: Sollte es keine nächsten Angehörigen geben, die durch Inaugenscheinnahme des Leichnams Abschied nehmen können oder wollen, ist der Leichnam gleichwohl „in würdigem Zustand", also in der oben Rdnr. 24 skizzierten Weise – zur Bestattung zu übergeben.

25

c) Nächste Angehörige
Das Gesetz spricht in § 6 Abs. 2 S. 2 TPG von „dem nächsten Angehörigen". Wer „nächster Angehöriger" sein kann, richtet sich nach den Definitionen des § 4 Abs. 1 S. 1 TPG (§ 4 Rdnr. 15 ff.). Man könnte meinen, dass ein Abschied nur dem „nächsten Angehörigen" gebührt, der über die beabsichtigte Organentnahme informiert wurde (§ 3 Abs. 3 TPG) oder der eine Zustimmung zur Organentnahme nach § 4 TPG erteilt hat. Es leuchtet jedoch nicht ein, wieso das Gesetz (dem) nächsten Angehörigen die Möglichkeit des Abschieds durch Ansehen des Leichnams nicht einräumen will, wenn der Spender die Entnahme gemäß § 3 Abs. 1 Nr. 1 i.V.m. § 2 Abs. 2 S. 1 Var. 1 TPG selbst verfügt hat oder wenn der Angehörige auf Grund der Rangfolge des § 4 Abs. 2 S. 1 TPG nicht über die beabsichtigte Organentnahme informiert wurde. Das Bedürfnis zum Abschied durch Ansehen des Leichnams kann und wird typischerweise hier wie dort bestehen, also für alle „nächsten Angehörigen". Im Hinblick auf die (auch) angehörigenbezogene Dimension der Regelung des § 6 Abs. 2 TPG ist deshalb die Formulierung „dem nächsten Angehörigen" als singularisch formulierte Kollektivbezeichnung zu begreifen, die dem nächsten Angehörigen i.S. des § 4 Abs. 2 S. 1 TPG, der dies wünscht, ein Abschiednehmen durch Ansehen des (gemäß § 6 Abs. 1 S. 1 TPG würdig hergerichteten) Leichnams ermöglicht. Auf die Rangfolge oder andere Aspekte kommt es nicht an.

26

---

[30] Das französische Recht spricht sehr einprägsam von der gebotenen „restauration décente du corps" (Art. 671-11 Code de la Santé Publique).
[31] Vgl. nur § 8 Abs. 2 Bestattungsgesetz Brandenburg v. 7.11.2001 (GVBl. I S. 226): „Klinische Sektion (innere Leichenschau) ist die ärztliche fachgerechte Öffnung einer Leiche, die Entnahme und Untersuchung von Organen und Geweben sowie *die äußere Wiederherstellung des Leichnams.*" – Hervorhebung nur hier.

27 Auch wenn dies vermutlich selten praktisch werden wird[32], ist daran zu denken, dass es sich bei dem Recht des bzw. der nächsten Angehörigen im Sinne des § 6 Abs. 2 S. 2 TPG um ein klagbares Recht, handelt. Allerdings ist zu unterscheiden: Nächste Angehörige können sich nicht gegenseitig das Recht aus § 6 Abs. 2 S. 2 TPG gerichtlich streitig machen, denn – wie dargelegt – steht jedem von ihnen gleichermaßen das Recht zu.

28 Ebenso wenig können nächste Angehörige treuhänderisch eine vom Verstorbenen getroffene Verfügung von Todes wegen des Inhalts geltend machen, der Verstorbene habe nicht gewollt, dass sich der nächste Angehörige X oder die nächste Angehörige Y von ihm (d.h.: von seinem ihn symbolisierenden toten Körper) verabschiedet. Die Entscheidung des TPG ist eindeutig: es ist Gelegenheit zu geben, den Leichnam zu sehen; ob der Verstorbene dies wünscht, ist nicht erheblich, weil es ausweislich des Wortlauts von § 6 Abs. 2 S. 2 TPG, der sich auf die Angehörigen bezieht, bei der Regelung um ein eigenes Recht der Angehörigen geht, das ihnen niemand, auch nicht kraft prämortal getroffener Verfügung für postmortale Zeiten nehmen kann.

29 Eingeklagt werden kann das Recht des § 6 Abs. 2 S. 2 TPG nur gegenüber dem Krankenhaus, in dem sich der Leichnam befindet. In der Praxis wird das Recht nur im Wege des Eilrechtsschutzes effektiv zur Geltung gebracht werden können. Der Rechtsweg richtet sich nach der Natur des Anspruchs, der sich wiederum nach dem Charakter des Rechtsverhältnisses richtet, aus dem der Anspruch hergeleitet wird. Das TPG gestaltet das Recht, Abschied zu nehmen, vom „Angehörigen"-Status her, blickt also auf die familialen Bezüge, die zivilrechtlich umhegt sind. Damit handelt es sich um ein Rechtsverhältnis, das zivilrechtlich erfasste Beziehungen in Bezug nimmt. Eröffnet ist damit der Weg zu den ordentlichen Gerichten (§ 13 GVG). Je nach Streitwert – als Anhaltspunkt könnte ein Streitwert von ca. 3–4.000 Euro dienen –[33] kann die zuständige Abteilung des AG (bzw. bei einem 5.000 Euro überschreitenden Streitwert die zuständige Zivilkammer des Landgerichts, vgl. § 71 Abs. 1, § 23 GVG) dem Krankenhaus-Träger entsprechende Entscheidungen per Fax und Telefon zügig bekannt geben, worauf die Berechtigten bzw. deren Rechtsanwälte gegebenenfalls drängen sollten.[34] Die damit ver-

---

[32] Es kommt gelegentlich vor, dass zerstrittene Angehörige bei starker Emotionalisierung des Verhältnisses keine Gelegenheit auslassen, einander einen Tort anzutun. Das Krankenhaus kann in einer solchen Lage gleichsam zwischen die Fronten geraten und – häufig ungewollt (etwa infolge von gezielter Desinformation oder Stimmungsmache) – zum Unterstützer bestimmter Angehöriger werden. Andere Angehörige werden sich dies nicht gefallen lassen wollen und gegen das Krankenhaus vor Gericht ziehen, um die (meist nicht zu Unrecht hinter dem vordergründigen Konflikt mit dem Krankenhaus vermuteten) verfeindeten Angehörigen zu treffen.

[33] Es handelt sich um eine nicht-vermögensrechtliche Streitigkeit. Die Berechnung des Zuständigkeitsstreitwerts richtet sich nach § 3 ZPO, die des Gebührenstreitwertes nach § 12 Abs. 2 S. 1 GKG. Beide Streitwerte dürften in der Regel nicht auseinanderfallen. Der Antragsteller/Kläger sollte eine (unverbindliche) Wertangabe machen (vgl. § 253 Abs. 3 ZPO).

[34] In dringenden Fällen kann der Vorsitzende der Kammer des LG allein entscheiden, § 944 ZPO.

bundene sog. Vorwegnahme der Hauptsache – also der Umstand, dass bereits im Eilrechtsschutz das Ziel erreicht wird, was nach dem Plan der ZPO eigentlich erst im regulären (Hauptsache-)Verfahren erreichbar sein soll – ist angesichts der Dringlichkeit des Begehrens (bis zur Bestattung bleibt aufgrund der Bestattungsfristen nur begrenzt Zeit) im Lichte des Grundrechts auf effektiven (Zivil-)Rechtsschutz (Art. 2 Abs. 1 i.V.m. dem Rechtsstaatsprinzip, Art. 20 Abs. 3 GG) hinzunehmen.[35]

Der Abschied ist den nächsten Angehörigen während der Aufbewahrung des Leichnams im Krankenhaus im Rahmen des organisatorisch Zumutbaren zu eröffnen. Durch einfühlsame Gespräche, die beispielsweise Bedienstete des sozialen Dienstes oder die Seelsorger des Krankenhauses mit den Angehörigen führen können, lassen sich bei größerem Andrang – etwa bei einer trauernden Großfamilie – Wege der Abschiedsgestaltung finden, die dem Trauerbedürfnis aller Angehörigen und den organisatorischen Belastbarkeit des Krankenhauses gerecht werden. Bis zur Übergabe des Leichnams an das Bestattungsunternehmen, was so rechtzeitig geschehen muss, dass die Bestattungsfristen noch eingehalten werden können[36], ist das Abschiednehmen allen interessierten Angehörigen zu ermöglichen, gegebenenfalls auch außerhalb der üblichen Öffnungszeiten des Krankenhauses. Angesichts der engen zeitlichen Vorgaben wird das Krankenhaus nur selten erfolgreich einwenden können, das Begehren, von dem Recht aus § 6 Abs. 2 S. 2 TPG Gebrauch zu machen, erfolge zur Unzeit. 30

---

[35] Fall der sog. Leistungsverfügung (§ 940 ZPO analog).
[36] Beispiele aus dem Landesrecht: In NRW muss eine Leiche grundsätzlich innerhalb von 120 Stunden bestattet werden (§ 4 Abs. 1 der Ordnungsbehördlichen Verordnung über das Leichenwesen v. 7.8.1980, GVBl. S. 756). In Schleswig-Holstein ist die Bestattung grundsätzlich innerhalb von 216 Stunden durchzuführen (§ 8 Abs. 1 der Landesverordnung über das Leichenwesen v. 30.11.1995, GVBl. S. 395). In Sachsen muss eine Erdbestattung grundsätzlich innerhalb von fünf Tagen, eine Feuerbestattung grundsätzlich innerhalb von sieben Tagen durchgeführt sein (§ 19 Abs. 1 Sächsisches Bestattungsgesetz v. 8.7.1994, GVBl. S. 1321). Andere Bundesländer legen nur fest, wann die Bestattung frühestens erfolgen darf (die zuständige Behörde kann i.d.R. eine frühere Bestattung erlauben): nach 48 Stunden etwa in Mecklenburg-Vorpommern (§ 11 Abs. 1 Bestattungsgesetz M-V v. 3.7.1998, GVBl. S. 617) bzw. – in Bremen – „zum frühestmöglichen Zeitpunkt, jedoch grundsätzlich erst 48 Stunden nach Eintritt des Todes" (§ 17 Abs. 1 S. 1 Gesetz über das Leichenwesen v. 27.10.1992, BremGBl. S. 627). Allgemein gilt in diesen Fällen, dass die Bestattung „unverzüglich" zu bewirken ist (vgl. § 12 Abs. 1 S. 1 i.V.m. § 2 Abs. 1 Bestattungsgesetz Hamburg v. 14.9.1988, GVBl. S. 167, § 12 geänd. durch G v. 7.6.1994, GVBl. S. 175). In Sachsen-Anhalt darf die Leiche frühestens 48 Stunden nach Eintritt des Todes bestattet werden; die Bestattung „soll" innerhalb von 14 Tagen nach Todeseintritt erfolgen (§ 17 Abs. 1 S. 1, Abs. 2 Bestattungsgesetz Sachsen-Anhalt v. 5.2.2002, GVBl. S. 46). In Brandenburg darf die Leiche ebenfalls erst 48 Stunden nach Eintritt des Todes bestattet werden; die Bestattung „ist" innerhalb von zehn Tagen nach Feststellung des Todes durchzuführen (§ 19 Abs. 3 S. 1, § 22 Abs. 1 S. 1 Bestattungsgesetz Brandenburg v. 7.11.2001, GVBl. I S. 226).

§ 7
Auskunftspflicht

(1) ¹Dem Arzt, der eine Organentnahme bei einem möglichen Spender nach § 3 oder § 4 beabsichtigt, oder der von der Koordinierungsstelle (§ 11) beauftragten Person ist auf Verlangen Auskunft zu erteilen, so weit dies zur Feststellung, ob die Organentnahme nach diesen Vorschriften zulässig ist und ob ihr medizinische Gründe entgegenstehen, sowie zur Unterrichtung nach § 3 Abs. 3 Satz 1 erforderlich ist. ²Der Arzt muss in einem Krankenhaus tätig sein, das nach § 108 des Fünften Buches Sozialgesetzbuch oder nach anderen gesetzlichen Bestimmungen für die Übertragung der Organe, deren Entnahme er beabsichtigt, zugelassen ist oder mit einem solchen Krankenhaus zum Zwecke der Entnahme dieser Organe zusammenarbeitet. ³Die Auskunft soll für alle Organe, deren Entnahme beabsichtigt ist, zusammen eingeholt werden. ⁴Die Auskunft darf erst erteilt werden, nachdem der Tod des möglichen Organspenders gemäß § 3 Abs. 1 Nr. 2 festgestellt ist.

(2) Zur Auskunft verpflichtet sind

1. Ärzte, die den möglichen Organspender wegen einer dem Tode vorausgegangenen Erkrankung behandelt hatten,

2. Ärzte, die über den möglichen Organspender eine Auskunft aus dem Organspenderegister nach § 2 Abs. 4 erhalten haben,

3. der Arzt, der bei dem möglichen Organspender die Leichenschau vorgenommen hat,

4. die Behörde, in deren Gewahrsam sich der Leichnam des möglichen Organspenders befindet, und

die von der Koordinierungsstelle beauftragte Person, so weit sie nach Absatz 1 Auskunft erhalten hat.

Gliederung

		Rdnr.
I.	Grundsätzliche Bedeutung und Regelungsgegenstand	1
II.	Die Erläuterungen im Einzelnen	3

I. Grundsätzliche Bedeutung und Regelungsgegenstand

1 § 7 soll dem Arzt, der eine Organentnahme nach den §§ 3 und 4 beabsichtigt, helfen, die für die Organentnahme notwendigen Daten zu beschaffen. § 7 trägt daher – ebenso wie § 13 – dazu bei, dass der Informationsfluss zwischen den beteiligten Stellen, von deren Zusammenarbeit das Gelingen einer Organentnahme vom toten Spender abhängt, sichergestellt ist.

Es handelt sich bei § 7 TPG um eine bereichsspezifische Bestimmung des Datenschutzrechts[1], die umfassende Auskunftspflichten statuiert. Anders als die mit dem Begriff „Datenschutz" übertitelte Vorschrift des § 14 insinuiert, geht es bei § 7 freilich nicht primär um den Schutz vor übermäßigen Eingriffen in die Geheimnissphäre, sondern § 7 erlaubt den Eingriff in die Geheimsphäre, um die Erfüllung der Gemeinwohlaufgabe „Transplantationswesen" zu ermöglichen. Datenschutzrecht ist hier, wie häufig, genau genommen ein Kommunikationsermöglichungsrecht, das den Zugriff auf die erforderlichen Daten in einer dem verfassungsrechtlichen Verhältnismäßigkeitsgrundsatz genügender Weise gesetzlich ummantelt (dazu vor § 9 Rdnr. 5).[2] Der Bundesbeauftragte für den Datenschutz hat so auch von „sachgerechte(n) Vorschriften"[3] gesprochen.

2

II. Die Erläuterungen im einzelnen

Auskunftsberechtigt ist der Arzt, der eine Organentnahme bei einem möglichen Spender nach den §§ 3 oder 4 beabsichtigt (§ 7 Abs. 1 S. 1). Der Arzt muss in einem Krankenhaus tätig sein, das nach § 108 des SGB V oder nach anderen gesetzlichen Bestimmungen (vgl. insb. § 30 GewO) für die Übertragung der Organe, deren Entnahme er beabsichtigt, zugelassen ist oder mit einem solchen Krankenhaus zum Zwecke der Entnahme dieser Organe zusammenarbeitet (vgl. dazu die Kommentierung zu § 10 Abs. 1 TPG). D.h.: Der Arzt muss den möglichen Organspender nicht behandelt haben bzw. der der endgültige, nicht behebbare Ausfall der gesamten Hirnfunktion der endgültige, nicht behebbare Stillstand von Herz und Kreislauf nicht im Rahmen einer ärztlichen Behandlung aufgetreten sein.[4]

3

Auskunftsberechtigt ist auch die von der Koordinierungsstelle (§ 11) beauftragte Person. Den genannten Personen steht ein Auskunftsanspruch zu.[5]

4

So weit ein zur Auskunft Verpflichteter bereits selbst geklärt hat, ob eine Organentnahme zulässig ist, beschränkt sich der Auskunftsanspruch auf die Mitteilung der Ergebnisse der Erklärung (vgl. das den datenschutzrechtlichen Erforderlichkeitsgrundsatz konkretisierende Wort „so weit").[6]

5

Gegenstand des Auskunftsanspruchs sind Informationen, so weit sie zur Feststellung, ob die Organentnahme nach den §§ 3 oder 4 rechtlich zulässig ist und ob ihr medizinische Gründe entgegenstehen, erforderlich sind, oder so weit sie erfor-

6

---

[1] BT-Drs. 13/8017, S. 41: „Die Regelung ist notwendig, um den datenschutzrechtlichen Anforderungen an das Auskunftsverlangen des Arztes Rechnung zu tragen."
[2] Vgl. dazu *Rixen*, Datenschutz im Transplantationsgesetz, Datenschutz und Datensicherheit (DuD) 1998, 75 (75, 80).
[3] *Bundesbeauftragter für den Datenschutz*, 17. Tätigkeitsbericht 1997 – 1998 (BT-Drs. 14/850), Nr. 25.4; auch abrufbar unter http://www.bfd.bund.de/informationen/berichte.html.
[4] BT-Drs. 13/8017, S. 41
[5] BT-Drs. 13/8017, S. 41.
[6] BT-Drs. 13/8017, S. 41.

derlich sind, um die nächsten Angehörigen des Organspenders über die beabsichtigte Organentnahme zu unterrichten (vgl. § 3 Abs. 3 S. 1 TPG). Der Auskunftsanspruch gilt unabhängig von der Mitteilungspflicht der Krankenhäuser nach § 11 Abs. 4 S. 2 für alle Organe, die dem Geltungsbereich des TPG unterfallen.[7]

7   Die Auskunft wird nur auf Verlangen der Auskunftsberechtigten erteilt (§ 7 Abs. 1 S. 1). Die Auskunft soll, d.h., ist im Regelfall, für alle Organe, deren Entnahme beabsichtigt ist, zusammen einzuholen. Die Auskunft darf erst erteilt werden, nachdem der Tod des möglichen Organspenders gem. § 3 Abs. 1 Nr. 2 TPG festgestellt ist.

8   Gemäß § 7 Abs. 2 sind zur Auskunft verpflichtet (abschließende Enumeration)

- Ärzte, die den möglichen Organspender wegen einer dem Tode vorausgegangenen Erkrankung behandelt hatten; damit sind alle Ärzte gemeint, die den möglichen Organspender wegen einer (möglicherweise von vielen) Erkrankung(en) behandelt haben, die dem Tod vorausgegangen ist. Des Weiteren sind zur Auskunft verpflichtet

- Ärzte, die über den möglichen Organspender eine Auskunft aus dem Organspenderegister nach § 2 Abs. 4 erhalten haben; diese Variante zählt zu dem „toten Recht", das mit § 2 Abs. 4 TPG geschaffen wurde, denn das dort vorgesehene Organspenderegister ist bislang nicht eingerichtet worden, und dazu wird es aller Voraussicht nach auch nicht kommen (vgl. § 2 Rdnr. 46).

- Zur Auskunft verpflichtet ist auch der Arzt, der bei dem möglichen Organspender die Leichenschau vorgenommen hat; die Leichenschau ist in den bestattungsrechtlichen Vorschriften der Länder geregelt, die für die Regelung des Leichenschauwesens die Gesetzgebungskompetenz haben. Die Leichenschau dient der Feststellung des Todes, des Todeszeitpunkts, der Todesart und der Todesursache; sie wird von einem Arzt vorgenommen.[8]

- Auskunftsverpflichtet ist auch die Behörde, in deren Gewahrsam sich der Leichnam des möglichen Organspenders befindet; das ist insbesondere die Staatsanwaltschaft, so weit sie einen Leichnam beschlagnahmt hat[9], denn sie hat im Rechtssinne Gewahrsam an der Leiche.

- Auskunftsverpflichtet ist auch die von der Koordinierungsstelle beauftragte Person, so weit sie nach Abs. 1 Auskunft erhalten hat. Eine solche von der Koordinierungsstelle beauftragte Person kann der Transplantationskoordinator sein, in dem die Organtransplantation stattfinden soll; Transplantationskoordinatoren sind deshalb erfasst, weil sie häufig das Gespräch mit den nächsten Angehörigen wegen einer möglichen Zustimmung zur Organspende führen.[10]

---

[7] BT-Drs. 13/8017, S. 41.
[8] S. beispielhaft die Definition der ärztlichen Leichenschau in § 12 Abs. 1 des Sächsischen Bestattungsgesetzes vom 8. Juli 1994, GVBl. S. 1321.
[9] Vgl. den Hinweis in dem Bericht des Gesundheitsausschusses, BT-Drs. 13/8017, S. 41.
[10] BT-Drs. 13/8017, S. 41.

DRITTER ABSCHNITT
Organentnahme bei lebenden Organspendern

§ 8
Zulässigkeit der Organentnahme

(1) ¹Die Entnahme von Organen einer lebenden Person ist nur zulässig, wenn
1. die Person
    a) volljährig und einwilligungsfähig ist,
    b) nach Absatz 2 Satz 1 aufgeklärt worden ist und in die Entnahme eingewilligt hat,
    c) nach ärztlicher Beurteilung als Spender geeignet ist und voraussichtlich nicht über das Operationsrisiko hinaus gefährdet oder über die unmittelbaren Folgen der Entnahme hinaus gesundheitlich schwer beeinträchtigt wird,
2. die Übertragung des Organs auf den vorgesehenen Empfänger nach ärztlicher Beurteilung geeignet ist, das Leben dieses Menschen zu erhalten oder bei ihm eine schwer wiegende Krankheit zu heilen, ihre Verschlimmerung zu verhüten oder ihre Beschwerden zu lindern,
3. ein geeignetes Organ eines Spenders nach § 3 oder § 4 im Zeitpunkt der Organentnahme nicht zur Verfügung steht und
4. der Eingriff durch einen Arzt vorgenommen wird.

²Die Entnahme von Organen, die sich nicht wieder bilden können, ist darüber hinaus nur zulässig zum Zwecke der Übertragung auf Verwandte ersten oder zweiten Grades, Ehegatten, Lebenspartner, Verlobte oder andere Personen, die dem Spender in besonderer persönlicher Verbundenheit offenkundig nahestehen.

(2) ¹Der Organspender ist über die Art des Eingriffs, den Umfang und mögliche, auch mittelbare Folgen und Spätfolgen der beabsichtigten Organentnahme für seine Gesundheit sowie über die zu erwartende Erfolgsaussicht der Organübertragung und sonstige Umstände, denen er erkennbar eine Bedeutung für die Organspende beimißt, durch einen Arzt aufzuklären. ²Die Aufklärung hat in Anwesenheit eines weiteren Arztes, für den § 5 Abs. 2 Satz 1 und 2 entsprechend gilt, und, soweit erforderlich, anderer sachverständiger Personen zu erfolgen. ³Der Inhalt der Aufklärung und die Einwilligungserklärung des Organspenders sind in einer Niederschrift aufzuzeichnen, die von den aufklärenden Personen, dem weiteren Arzt und dem Spender zu unterschreiben ist. ⁴Die Niederschrift muß auch eine Angabe über die versicherungsrechtliche Absicherung der gesundheitlichen Risiken nach Satz 1 enthalten. ⁵Die Einwilligung kann schriftlich oder mündlich widerrufen werden.

(3) ¹Die Entnahme von Organen bei einem Lebenden darf erst durchgeführt werden, nachdem sich der Organspender und der Organempfänger zur Teil-

nahme an einer ärztlich empfohlenen Nachbetreuung bereit erklärt haben. ²Weitere Voraussetzung ist, daß die nach Landesrecht zuständige Kommission gutachtlich dazu Stellung genommen hat, ob begründete tatsächliche Anhaltspunkte dafür vorliegen, daß die Einwilligung in die Organspende nicht freiwillig erfolgt oder das Organ Gegenstand verbotenen Handeltreibens nach § 17 ist. ³Der Kommission muß ein Arzt, der weder an der Entnahme noch an der Übertragung von Organen beteiligt ist noch Weisungen eines Arztes untersteht, der an solchen Maßnahmen beteiligt ist, eine Person mit der Befähigung zum Richteramt und eine in psychologischen Fragen erfahrene Person angehören. ⁴Das Nähere, insbesondere zur Zusammensetzung der Kommission, zum Verfahren und zur Finanzierung, wird durch Landesrecht bestimmt.

Gliederung

	Rdnr.
I. Grundsätzliche Bedeutung und Regelungsgegenstand	1
II. Die Erläuterungen im Einzelnen	4
1. Systematik des § 8 TPG	4
2. Die Zulässigkeitsvoraussetzungen gem. § 8 Abs. 1 Satz 1 TPG	10
a) Zu Satz 1 Nr. 1a)	10
aa) Einwilligungsfähigkeit	11
bb) Volljährigkeit	15
cc) Zulässigkeit stellvertretend erteilter Einwilligungen bei Minderjährigen oder nichteinwilligungsfähigen Personen	20
b) Zu Satz 1 Nr. 1b)	28
aa) Aufklärungserfordernis	29
bb) Einwilligungserklärung	30
cc) Die freiwillig getroffene Spendeentscheidung als Akt der Grundrechtsausübung	36
c) Zu Satz 1 Nr. 1c) (Geeignetheit der Spendeperson)	39
d) Zu Satz 1 Nr. 2 (Geeignetheit des Organs)	46
e) Zu Satz 1 Nr. 3 (Subsidiarität)	51
f) Zu Satz 1 Nr. 4 (Eingriff durch einen Arzt)	61
3. Besondere Zulässigkeitsvoraussetzungen bei der Explantation nicht regenerierungsfähiger Organe gem. § 8 Abs. 1 Satz 2 TPG	63
a) Zur Auslegung der einzelnen Tatbestandsmerkmale	64
aa) Organe, die sich nicht wiederbilden können	64
bb) Zulässiger Empfängerkreis	66
(1) Verwandte ersten oder zweiten Grades	67
(2) Ehegatten	70
(3) Lebenspartner	71
(4) Verlobte	72
(5) Andere Personen, die dem Spender in besonderer persönlichen Verbundenheit offenkundig nahe stehen	73

           (a) Nahestehen in besonderer persönlicher Verbundenheit   75
           (b) Offenkundigkeit..................................   80
           (c) Vorliegen der Tatbestandsvoraussetzungen bei praxis-
               relevanten Sonderkonstellationen   81
       b) Insbesondere: Die sog. Cross-Spende (Überkreuz-Lebendspende)   84
       c) Zur Frage der Verfassungsgemäßheit der Norm (§ 8 Abs. 1 Satz 2 TPG)   87
   4. Das Aufklärungserfordernis gem. § 8 Abs. 2 TPG   92
       a) Inhaltliche Anforderungen und beteiligte Personen   93
       b) Zur Dokumentationspflicht gem. § 8 Abs. 2 Satz 3 und 4 TPG 100
       c) Ärztliche Aufklärungspflicht im Hinblick auf die Empfängerseite 105
   5. Widerruflichkeit der Einwilligungserklärung gem. § 8 Abs. 2 Satz 5 TPG 107
   6. Weitere Zulässigkeitsvoraussetzungen gem. § 8 Abs. 3 TPG 109
       a) Bereiterklärung zur Nachbetreuung gem. § 8 Abs. 3 Satz 1 TPG 109
       b) Beteiligung der Gutachterkommission gem. § 8 Abs. 3 Satz 2–4 TPG . 111
           aa) Ziel und Aufbau der Regelung des § 8 Abs. 3 Satz 2–4 TPG 111
           bb) Freiwilligkeit des Spendenentschlusses und grundsätzliche
               Bedeutung der Kommissionsbeteiligung 112
           cc) Zusammensetzung der Kommission gem. § 8 Abs. 3 Satz 3 TPG.. 115
           dd) Übertragung der näheren Verfahrens- und Finanzierungs-
               ausgestaltung auf den Landesgesetzgeber gem. § 8 Abs. 3 Satz 4
               TPG und landesrechtliche Umsetzungen...................... 119

I. Grundsätzliche Bedeutung und Regelungsgegenstand

§ 8 des Transplantationsgesetzes (TPG) befasst sich mit der Organtransplantation   1
zwischen *lebenden* Menschen. Der sog. Lebendspende wurde in der Vergangenheit im Gegensatz zur Explantation vom toten Spender keine große Aufmerksamkeit geschenkt. Auch in der Diskussion um das Transplantationsgesetz führte die Lebendspende eher ein stiefmütterliches Dasein.[1] Die Reserviertheit gegenüber dieser Spendeform beruhte dabei maßgeblich auf dem Umstand, dass in Deutschland in der Vergangenheit oftmals lediglich einseitig die mit einer Spende ex vivo verbundenen Problemkreise besonders nachhaltig betont wurden. Neben der Nennung des für den Lebendspender bestehenden Risikopotentials und der Gefahr etwaiger unfreiwilliger Spendeentscheidungen wurde insbesondere wiederholt auf mögliche Missbräuche im Rahmen dieser Spendeform und einen daraus resultierenden Organhandel hingewiesen. Hatte die Lebendspende von Organen in Deutschland somit bislang einen recht geringen Stellenwert, sah dies in anderen Staaten teilweise ganz anders aus. So wurde etwa in Norwegen bereits im Jahre 1990 fast die Hälfte aller Nierentransplantationen mit Spendeorganen von Leben-

---

[1] Zum Weg der Gesetzgebung angefangen von dem Entwurf eines Transplantationsgesetzes der damaligen Bundesregierung im Jahre 1988 bis zu der nunmehr Gesetz gewordenen Fassung vgl.: *Deutsch*, Das Transplantationsgesetz vom 5.11.1997, NJW 1998, S. 777.

den durchgeführt. In Griechenland betrug die Rate im Jahre 1980 sogar über drei Viertel und auch in den USA oder in Kanada machte die Lebendspende immerhin noch über ein Viertel aller Nierentransplantationen aus. Zur Bedeutung der Lebendspende in *Europa* wird im einzelnen auf die nachfolgende tabellarische Aufstellung verwiesen, die sich insoweit auf die *Nieren*spende als der im Rahmen der Lebendspende bedeutendsten und damit auch aussagekräftigsten Spendeart[2] bezieht.[3]

	1980	1990	1995
Belgien	7,7 %	3,4 %	5,4 %
Bundesrepublik Deutschland	2,4 %	1,7 %	3,9 %
Dänemark	1,4 %	24,7 %	30,0 %
Finnland	8,3 %	8,0 %	1,2 %
Frankreich	3,0 %	2,7 %	4,2 %
Griechenland	78,7 %	40,0 %	67,0 %
Großbritannien	11,8 %	5,0 %	6,8 %
Italien	8,1 %	—	9,3 %
Niederlande	2,2 %	8,2 %	18,6 %
Norwegen	38,4 %	49,0 %	40,0 %
Österreich	2,2 %	3,3 %	3,6 %
Portugal	—	0,0 %	0,5 %
Schweden	27,7 %	23,5 %	28,0 %
Schweiz	1,2 %	5,5 %	20,6 %
Spanien	9,9 %	1,3 %	1,9 %
Ungarn	7,1 %	—	1,1 %

2   In jüngster Zeit rückt die Lebendspende aber auch in *Deutschland* verstärkt in die Diskussion und erfreut sich weitaus größeren Interesses. So ist seit 1996 ein stetiger Zuwachs der Lebendspende zu verzeichnen, der in den Jahren 1996 (6,4 %) und 1997 (12,4 %) sogar in eine Verdoppelung des prozentualen Anteils von Lebendnierenspenden in Bezug zur Gesamtzahl durchgeführter Nierentransplantationen im Vergleich zum jeweiligen Vorjahr mündete. Auch nach Erlass des Transplantationsgesetzes war entgegen dem allgemeinen Trend ein weiterer Zuwachs auf dem Felde der Lebendorganspende zu verzeichnen. Diese Zahlen deuten dabei auf einen sich anbahnenden ähnlichen Entwicklungsverlauf hin, wie er

---

[2]   Neben Nieren werden im Rahmen der Lebendspende hauptsächlich Lebersegmente, Knochenmark, Bauchspeicheldrüsensegmente, Lungenlappen, Knorpel und Haut transplantiert. Denkbar sind auch Übertragungen von Blut, embryonalen und fetalen Organen oder Geweben, die aber nicht typischerweise Gegenstand des herkömmlichen Verständnisses der Lebendspende sind und gem. § 1 II TPG nicht vom Anwendungsbereich des Transplantationsgesetzes umfasst sind.
[3]   Zur weiteren Erläuterung der tabellarischen Aufstellung und der dort aufgeführten Prozentzahlen wird verwiesen auf: Esser, Verfassungsrechtliche Aspekte der Lebendspende von Organen zu Transplantationszwecken, Dissertation 2000, S. 8 ff.

in den Niederlanden oder der Schweiz zu beobachten ist, wo die Lebendspende ebenfalls erst jüngst an Relevanz gewonnen hat. Motiviert ist dieser Einstellungswandel in Deutschland dabei zunächst durch die anhaltende eklatante Mangelsituation an zur Verfügung stehenden Organen, an der sich insbesondere auch nach Inkrafttreten des Deutschen Transplantationsgesetzes nichts geändert hat.[4] Des weiteren ist in diesem Zusammenhang der Umstand zu nennen, dass die Lebendspende im Vergleich zur postmortalen Organspende unter medizinischen Gesichtspunkten in einem wesentlich höheren Maße von Vorteilen bestimmt ist. Zu den Vorzügen einer Lebendspende aus *medizinischer* Sicht sind etwa bessere Kurzzeit- und Langzeitergebnisse im Hinblick auf die Transplantatüberlebensraten, die optimale Organqualität ohne mögliche Vorschädigungen (ischämische Schädigungen) und die dadurch bedingte initiale Funktionsaufnahme (Sofortfunktion), die Abschätzung immunologischer Risiken (Gewebetypisierung), die Vermeidung langer Wartezeiten bis zur Transplantation zum Vorteil von Dialysepatienten sowie der Umstand, dass es sich um einen planbaren Elektiveingriff innerhalb der normalen Dienstzeiten der Transplantationszentren handelt, zu nennen.[5]

Angesichts der beschriebenen Vorteile und der auch statistisch belegten Hoffnung, mit der Lebendspende eine alternative Chance zur Verminderung des Organmangels erkannt zu haben, dürfte es unzweifelhaft sein, dass der Lebendspende zukünftig auch in Deutschland eine immer größer werdende Bedeutung zukommen wird. 3

II. Die Erläuterungen im einzelnen

1. Systematik des § 8 TPG

§ 8 TPG lässt die Organspende unter Lebenden nur in engen Grenzen – d.h. unter einer Vielzahl einschränkender Vorraussetzungen – zu. 4

§ 8 Abs. 1 *Satz 1* TPG nennt zunächst einige allgemeine Zulässigkeitsvoraussetzungen der Lebendspende. Insoweit befasst sich § 8 Abs. 1 Satz 1 *Nr. 1* TPG mit spenderpersonenbezogenen Anforderungen, während in § 8 Abs. 1 Satz 1 *Nr. 2–4* TPG weitere sachliche Zulässigkeitsvoraussetzungen statuiert werden. 5

§ 8 Abs. 1 *Satz 2* TPG beinhaltet eine spezielle Anforderungsvoraussetzung für die Durchführung einer Lebendspende, die nur Anwendung findet, soweit *nicht regenerierungsfähige* Organe transplantiert werden sollen. Für diesen Fall bestehen weitergehende Einschränkungen im Hinblick auf den zulässigen Spender-Empfänger-Kreis. 6

---

[4] Ärzte Zeitung vom 1.12.1998, S. 11: „Transplantationsgesetz hat nicht zu mehr Organspenden geführt."
[5] Zu weiteren Vorteilen der Lebendspende aus medizinischer Sicht vgl. *Land*, Medizinische Aspekte der Lebendspende: Nutzen/Risiko – Abwägung, Zeitschrift für Transplantationsmedizin 1993, S. 52–56.

7 § 8 Abs. 2 TPG befasst sich mit der Aufklärung und Einwilligung im Rahmen der Lebendspende und stellt insoweit eine Konkretisierung der in § 8 Abs. 1 Satz 1 Nr. 1 b) TPG genannten Zulässigkeitsvoraussetzung dar, wie der hierin enthaltene Verweis auf § 8 Abs. 2 TPG verdeutlicht.

8 In § 8 Abs. 3 Satz 1 und 2 TPG werden noch zwei weitere Voraussetzungen genannt, die stets erfüllt sein müssen, damit die Durchführung einer Lebendspende als zulässig erachtet werden kann. In systematischer Hinsicht stellen sich diese Voraussetzungen demnach als Ergänzung der bereits in § 8 Satz 1 Nr. 1–4 TPG ausgeführten Zulässigkeitsvoraussetzungen dar. § 8 Abs. 3 Satz 1 und 2 TPG kann daher auch ohne weiteres als § 8 Abs. 1 Satz 1 Nr. 5 und 6 gelesen werden. Eine derartige gesetzliche Ausgestaltung wäre unter systematischen Gesichtspunkten durchaus wünschenswert gewesen.

9 § 8 Abs. 3 *Satz 3 und 4* TPG konkretisieren schließlich die zuvor in § 8 Abs. 3 Satz 2 TPG statuierte Zulässigkeitsvoraussetzung „Beteiligung einer Gutachterkommission vor Durchführung einer Lebendspende" im Hinblick auf ihre Zusammensetzung, wobei durch Satz 4 die nähere Ausgestaltung der Länderkompetenz zugewiesen wird.

2. Die Zulässigkeitsvoraussetzungen gem. § 8 Abs. 1 Satz 1 TPG

a) Zu Satz 1 Nr. 1 a)

10 Buchstabe a) erlaubt die Organentnahme nur bei volljährigen und einwilligungsfähigen Personen.

aa) Einwilligungsfähigkeit

11 Die geforderte *Einwilligungsfähigkeit* setzt dabei konkret für die Lebendspende ein Einsichts- und Urteilsvermögen voraus, das es dem potentiellen Spender ermöglicht, die Bedeutung der Explantation und alle damit verbundenen, möglicherweise lebenslangen Beeinträchtigungen und Gefahren richtig zu überblicken und abzuschätzen.[6] Ausweislich der Gesetzesbegründung[7] sollten mit dem Erfordernis der Einwilligungsfähigkeit insbesondere geistig oder seelisch Behinderte und psychisch kranke Personen von der Möglichkeit zur Lebendspende (zu ihrem eigenen Schutz) ausgeschlossen werden.

12 Indes ist das für die Einwilligungsfähigkeit erforderliche Einsichtsvermögen auch bei psychisch oder geistig Kranken nicht von vornherein abzulehnen, da es maßgeblich auf den Grad der Erkrankung im Einzelfall ankommt.[8] Weist ein Behinderter oder psychisch Kranker demnach die individuelle Fähigkeit auf, die Be-

---

[6] Ebenso: *Carstens*, Das Recht der Organtransplantation, S. 31; vgl. auch *Kallmann*, Rechtsprobleme bei der Organtransplantation, FamRZ 1969, S. 572 (573); zu den Anforderungen an die Einwilligungsfähigkeit generell bei ärztlichen Eingriffen vgl. BGHSt 23, 1 (4).
[7] BT-Drs. 13/4355, S. 20.
[8] Ebenso: *Kern*, NJW 1994, S. 753 (756); *Voll*, Die Einwilligung im Arztrecht, S. 88.

deutung der Organspende und ihre Folgen in Gänze zu übersehen, so besteht kein Grund, ihn nicht als geeigneten Spender zu erachten, da auch seine Entscheidung zur Transplantathingabe in diesem Fall Ausfluss eines selbstbestimmten Abwägungsvorgangs ist, weil die geforderte Einwilligungsfähigkeit bei ihm vorliegt und somit eine autonome Entscheidungsfindung gewährleistet ist. Ein genereller Ausschluss betreuter Personen von der Möglichkeit zur Lebendspende wegen Verneinung der notwendigen Einwilligungsfähigkeit bei dieser Personengruppe ohne Differenzierung nach der Art und dem Ausmaß des jeweiligen Krankheitszustandes kommt daher in Konflikt mit dem auch diesen Personen selbstverständlich zustehenden und grundrechtlich abgesicherten Selbstbestimmungsrecht aus Art. 2 I GG.[9]

Der transplantierende Arzt hat daher bei geistig oder seelisch Behinderten und psychisch kranken Personen einzelfallabhängig das Vorliegen der erforderlichen Einwilligungsfähigkeit zu überprüfen. Sofern sich hierbei – was häufig der Fall sein dürfte – Zweifel ergeben sollten, ob ein Spendewilliger wegen einer psychischen Erkrankung oder einer anderen Behinderung einwilligungsfähig ist oder nicht, ist vor der Aufklärung nach § 8 Abs. 2 TPG zwingend ein Facharzt (etwa für Psychiatrie) hinzuzuziehen.[10] Angezeigt sein kann auch die Hinzuziehung weiterer sachverständiger Personen wie beispielsweise heilpädagogischer Experten. 13

Verbleiben auch hiernach noch Zweifel an der erforderlichen Einwilligungsfähigkeit, ist von der Einwilligungs*un*fähigkeit des potentiellen Spenders wegen der weitreichenden Folgen einer Lebendspende auszugehen. 14

bb) Volljährigkeit

Obwohl die geforderte Einwilligungsfähigkeit richtigerweise nicht zwingend an das Erreichen der Volljährigkeitsgrenze geknüpft ist, sondern das geforderte Urteilsvermögen gemessen an dem individuellen Grad der jeweiligen Verstandesreife auch bei minderjährigen Personen vorliegen kann[11], hat sich der Gesetzgeber für die Statuierung einer festen Altersgrenze in Form der *Volljährigkeitsgrenze* neben der notwendigen Einwilligungsfähigkeit als weiterer Zulässigkeitsvoraussetzung für die Lebendspende – ebenso wie die meisten europäischen Länder –[12] entschieden. 15

---

[9] Zur Herleitung des Selbstbestimmungsrecht über die körperliche Integrität unten Rdnr. 36 ff.
[10] So ausdrücklich die Gesetzesbegründung (BT-Drs. 13/ 4355, S. 20), was im Übrigen darauf schließen lässt, dass auch dem Gesetzgeber ein genereller Ausschluss betreuter Personen wegen eines hierbei stetigen Nichtvorliegens der erforderlichen Einwilligungsfähigkeit nicht vorschwebte, sondern vielmehr auch nach dem gesetzgeberischen Willen nach dem Grad der jeweils in Rede stehenden Krankheit differenziert werden sollte.
[11] Zum diesbezüglichen Meinungsstand vgl. *Esser* (Fn. 3), S. 102 ff.
[12] So z.B.: Belgien, Dänemark, Finnland, Frankreich, Griechenland, Norwegen, Spanien und Polen (Eidgenössisches Departement des Inneren, Verfassungsbestimmungen über

16   Der potentielle Lebendspender muss daher zwingend das 18. Lebensjahr vollendet haben (§ 2 BGB), bevor die Organexplantation bei ihm aufgrund seines eigenen Entschlusses zulässig ist.

17   Das Erfordernis des Erreichens der Volljährigkeitsgrenze und der damit einhergehende Ausschluss minderjähriger Personen von der Möglichkeit zur Lebendspende aufgrund ihrer *eigenen* Zustimmungserklärung war dabei unter verfassungsrechtlichen Aspekten nicht zwingend *geboten*. Vielmehr wäre eine gesetzliche Regelung, die die Lebendspende auch bei Minderjährigen zugelassen hätte, die die erforderliche Verstandesreife bzw. Einwilligungsfähigkeit besitzen, mit dem Ziel einer weitest gehenden Berücksichtigung des Selbstbestimmungsrechts auch minderjähriger Personen zu begrüßen gewesen.

18   Auf der anderen Seite sieht sich die nunmehr Gesetz gewordene Regelungen aber keineswegs dem Vorwurf der Verfassungswidrigkeit ausgesetzt, da durchaus auch beachtliche Gründe *für* die generelle Ausklammerung Minderjähriger von der Möglichkeit zur Lebendspende streiten. So darf nicht verkannt werden, dass die Feststellung der individuellen Verstandesreife wegen etwa bestehender familiärer Drucksituationen oder wegen Überschätzung der eigenen intellektuellen Fähigkeiten bei minderjährigen Personen erhebliche Schwierigkeiten bereiten kann.[13] Gerade für den transplantierenden Arzt schafft die Statuierung der Volljährigkeitsgrenze somit Rechtssicherheit, da ihm zum einen von vornherein klar ist, dass die von einem Minderjährigen geäußerte Spendebereitschaft rechtlich irrelevant ist und er davon entlastet wird, den oftmals schwierig festzustellenden Reifegrad eines Minderjährigen abschließend zu beurteilen.[14]

19   Unter Berücksichtigung dieser Aspekte hält sich die gesetzliche Regelung zweifelsohne im verfassungsrechtlich tolerablen Gestaltungsspielraum des Gesetzgebers, der diesem bei der Ausgestaltung verfahrensrechtlicher Regelungen zukommt.

---

die Transplantationsmedizin, Erläuternder Bericht und Entwurf zum Art. 24 decies BV, August 1996, S. 33 f.). Zum erst im Jahre 1995 verabschiedeten polnischen Transplantationsgesetz siehe überdies: *Weigand/Zielinska*, Das neue polnische Transplantationsgesetz, MedR 1996, S. 445 (447).
Zu den Regelungen in den übrigen Ländern Europas vgl. zusammenfassend: *Esser* (Fn. 3), S. 101. Zur Gesetzeslage unter Einschluß nicht-europäischer Staaten vgl.: *Gutman/Gerok*, International Legislation in living organ donation, S. 318–320 m.N., in: Collins/Dubernard/Land, Persijn (Hrsgb.) Procurement, Preservation and Allocation of Vascularized Organs, 1997.

[13] Zutreffend: *Voll* (Fn. 8), S. 236 f.
[14] Der Aspekt zu gewährender Rechtssicherheit wird dabei regelmäßig als Rechtfertigung für die Statuierung fester Altersgrenzen angeführt. Vgl. etwa Isensee/Kirchhof-*Rüfner*, Die Subjekte der Freiheitsrechte, HStR V, § 116, S. 497, Rdnr. 24; *Bleckmann*, Staatsrecht II – Die Grundrechte, S. 513 f., Rdnr. 15.

cc) Zulässigkeit stellvertretend erteilter Einwilligungen bei Minderjährigen oder nichteinwilligungsfähigen Personen

Für den Fall, dass die von § 8 Abs. 1 Satz 1 Nr. 1a) TPG geforderte Einwilligungsfähigkeit oder Volljährigkeit nicht vorliegt, stellt sich automatisch die Frage nach der Zulässigkeit stellvertretend (durch den Betreuer oder die Sorgeberechtigten) erteilter Zustimmungserklärungen zur Lebendspende.

Im Gegensatz zu einigen anderen Ländern Europas, die insbesondere Regelungen über die Möglichkeit stellvertretender Entscheidungen bei *Minderjährigen* treffen[15], trifft das deutsche Transplantationsgesetz zu dieser Problematik keinerlei Aussage. Auch der Gesetzesbegründung lässt sich kein Hinweis für die Zulässigkeit stellvertretend erteilter Zustimmungen bei Minderjährigen oder betreuten Personen entnehmen.

In der Literatur fällt die Antwort auf die aufgeworfene Fragestellung, ob eine vertretungsweise erteilte Zustimmung zu einem Eingriff in die körperliche Integrität bei Urteilsunfähigen zum Zwecke der Organentnahme zulässig ist, tendenziell *negativ* aus.[16] Zur Begründung wird dabei auf die fehlende Heiltendenz einer Organexplantation für den Spender und die mangelnde therapeutische Notwendigkeit des Eingriffs verwiesen. Eine stellvertretend erteilte Einwilligung stelle sich insoweit als Missbrauch des den gesetzlichen Vertretern zustehenden Personensorgerechts dar, das sie dazu verpflichte, ihr Vertretungsrecht alleine zur Interessenwahrung der ihnen anvertrauten Personen auszuüben.[17] Allerdings wird das vorbeschriebene Ergebnis der Unzulässigkeit von Explantationen aufgrund vertre-

20

21

22

---

[15] In diesem Zusammenhang sind etwa die Regelungen in Griechenland, Frankreich, Polen, Belgien oder Schweden zu nennen, wobei zwischen den einzelnen Regelungen durchaus Nuancierungen bestehen. So darf etwa in *Griechenland* aufgrund einer stellvertretend erteilten Zustimmung bei Minderjährigen lediglich regenerierbares Gewebe entnommen werden, während in Frankreich eine derartige Organentnahme lediglich im Falle der Übertragung vom Knochenmark zulässig ist und wenn es sich bei dem Empfänger um ein Geschwisterteil des minderjährigen Spenders handelt. Eine ähnliche Regelung wie in Frankreich findet sich in *Polen*. In *Belgien* darf eine Lebendspende Minderjähriger aufgrund ersatzweise abgegebener Zustimmung durch die jeweiligen Vertreter hingegen nur unter Geschwistern und der weiteren Voraussetzung durchgeführt werden, dass beim Spender keine schwerwiegenden nachteiligen Konsequenzen zu erwarten sind und es sich um regenerierbare Organe/Gewebe handelt. In *Schweden* wird dem gesetzlichen Vertreter lediglich die Gelegenheit zur Stellungnahme eingeräumt, während die ersatzweise erteilte Einwilligung von einer staatlichen Instanz – dem National Board of Health and Welfare – erteilt wird. Zum Ganzen: Esser (Fn. 3), S. 101 f. m.w.N.
[16] Vgl. etwa: *Kern*, NJW 1994, S. 753 (756); *von Bubnoff*, GA 1968, S. 65 (68); *Brenner* und *Recht*, S. 88 B II 14.1.2.; *Kramer*, Rechtsfragen der Organtransplantation, S. 175 f.; *Lauf*, Arztrecht, 5. Aufl., S. 143 Rdnr. 276; *Voll* (Fn. 8), S. 238 ff., S. 243 ff.; *Cartens*, Das Recht der Organtransplantation, S. 36 ff.
[17] Vgl. etwa: *von Bubnoff* (Fn. 16), S. 68; *Peter*, Transplantation im rechtsfreiem Raum, in: Greinert/Wuttke (Hrsg.) Organspende, S. 123. Dieses Ergebnis wird dabei einfachgesetzlich an den Vorschriften des § 1626 BGB und des § 1901 BGB festgemacht, während bei minderjährigen Spendern zusätzlich insbesondere noch auf das von Art. 6 Abs. 2 GG gewährleistete Elternrecht verwiesen wird, das per definitionem nur *zum Wohle des Kindes* ausgeübt werden darf.

tungsweise erteilter Zustimmung bei einwilligungsunfähigen und nicht volljährigen Personen von einer Vielzahl von Literaten alleine auf die Transplantationen nicht regenerierbarer Organe und Gewebe erstreckt, während die Lebendspende von regenerierungsfähigen Organen und Geweben bei entsprechender Zustimmung der gesetzlichen Vertreter (zum Teil unter Beschränkung auf Knochenmarkübertragungen) zulässig sein soll.[18] Hintergrund einer derartigen Differenzierung zwischen regenerierungsfähigen und nicht regenerierungsfähigen Organen und Geweben ist dabei das Bemühen, gewissen Fallkonstellationen und hierbei auftretenden Härten gerecht werden zu können. Zu nennen sind in diesem Kontext insbesondere eine aus Empfängersicht medizinisch indizierte lebensrettende Knochenmarkspende unter minderjährigen Geschwistern oder die dem Betreuungsrecht zuzuordnende Situation, in der das Leben eines Kindes des Betreuten nur durch dessen (eigene) Organspende gerettet werden kann. In derartigen Fällen wird die Zulässigkeit einer dem (den) gesetzlichen Vertreter(n) zustehenden Einwilligungsbefugnis zum einen mit dem Argument befürwortet, dass die Verneinung einer Vertretungsmöglichkeit hierbei letzten Endes zur Gefährdung des psychischen bzw. seelischen Wohlbefindens urteilsunfähiger Menschen führen könne. Konkretisiert wird dieses Bedenken dahingehend, dass beispielsweise ein Minderjähriger das Leiden seines erkrankten Geschwisterteils seelisch nicht verarbeiten könne, wenn eine an sich mögliche und erfolgversprechende Knochenmarkentnahme von ihm unterbleiben müsste.[19] Zum anderen wird ausgeführt, dass bei der Explantation regenerierungsfähiger Organe oder Gewebe gerade keine bleibenden Auswirkungen und Gefahren in Rede stünden und der medizinische Eingriff daher weitest gehend ungefährlich sei.[20]

23 Im Ergebnis dürfte sich eine derartige Argumentation indes nicht als durchschlagskräftig erweisen. Soweit eine *elterliche* Vertretung eines Minderjährigen in Rede steht, muss maßgeblicher Orientierungspunkt nämlich letzten Endes das in Art. 6 Abs. 2 GG normierte „Wohl des Kindes" sein, das gleichermaßen Ermächtigung und Begrenzung einer Fremdbestimmung des Kindes durch seine Eltern ist.[21] Dem Kindeswohl sind insoweit aber letzten Endes ausschließlich gesundheitliche Belange zu Grunde zu legen. Zwar spricht nichts gegen den Ansatz, auch das psychische oder seelische Wohlbefinden des Kindes unter den Terminus „Kindeswohl" zu subsumieren. Eine solche Interpretation hält sich vielmehr gerade angesichts dieses generalklauselartigen Rechtsbegriffes unzweifelhaft im Rahmen einer zulässigen Auslegung. Auch gilt es, dem den Eltern gegenüber dem Staat zukommenden Vorrang bei der Kindeswohlbestimmung (dem sog. Interpretationsprimat der Eltern) Rechnung zu tragen.[22] Gleichwohl dürfte die Zustimmung der Eltern

---

[18] So etwa: *Ugowski*, Rechtsfragen der Lebendspende von Organen, S. 81 ff.; *Voll* (Fn. 8) S. 239; vgl. auch die hiesige Kommentierung zu § 1 TPG.
[19] So etwa; *Jung*, MedR 1996, S. 355 (359).
[20] *Ugowski* (Fn. 18), S. 82.
[21] Bonner-Kommentar/*Jestaedt*, Art. 6 Abs. 2, Abs. 3 Rdnr. 37.
[22] Seit BVerfGE 4, 52 (56) ständige Rechtsprechung; vgl. etwa BVerfGE 98, 218 (244): „Die Eltern haben (…) das Recht und die Pflicht, die Pflege und Erziehung ihrer Kinder nach ihren eigenen Vorstellungen frei (…) zu gestalten (…)."

zur Organexplantation bei ihrem minderjährigen Kind die Grenze zulässiger und vertretbarer Kindeswohlinterpretation auch unter dem Gesichtspunkt, das in psychischer oder seelischer Hinsicht vermeintlich Beste zu wollen, überschreiten.

Es darf nämlich nicht verkannt werden, dass eine derartige Einschätzung der Eltern auf bloßen Mutmaßungen basiert. Die Folgerung, dass ein Kind die Nichtdurchführung etwa einer Knochenmarkübertragung oder Gewebeübertragung zu Gunsten eines Geschwisterteils *später* seelisch nicht verarbeiten kann, ist keinesfalls zwingend. Vielmehr wird dies von dem konkreten, zum Zeitpunkt der Explantation regelmäßig auch nicht hinreichend voraussehbarem Verhältnis des Kindes zu seinem Geschwisterteil abhängen. Auch ist zu beachten, dass sich die Einstellung des Minderjährigen durchaus ins Gegenteil verkehren kann, wenn er etwa nach der Organentnahme – wider Erwarten – starke Beschwerden hat oder die Transplantation trotz zunächst prognostizierter hoher Erfolgsaussichten gleichwohl erfolglos bleibt. Aus diesen Gründen handelt es sich bei der Begründung, die Einwilligung zur Organexplantation durch die Eltern erfolge im Interesse des psychischen oder seelischen Wohlbefindens des Kindes, zunächst nur um eine subjektive Interesseneinschätzung. Derartige Mutmaßungen dürften aber nicht mehr mit dem objektiv zu bestimmenden Kindeswohl im Sinne des Art. 6 Abs. 2 GG in Einklang zu bringen sein. 24

Dies gilt selbst bei weitester Anerkennung der Selbstverantwortlichkeit der Eltern bei der Ausübung ihrer erzieherischen und pflegerischen Befugnisse, da mit der Organexplantation in jedem Falle eine das Kindeswohl objektiv (gesundheits-)gefährdende Handlung einhergeht. Diese ist dabei insbesondere auch bei der Transplantation regenerierungsfähiger Organe oder Gewebe nicht gänzlich auszuräumen, da zumindest das „normale Operationsrisiko" (Narkoserisiko, Sterberisiko etc.) verbleibt. Sofern einem Kind aber auch nur ein Schaden droht, ist die Grenze vertretbarer treuhänderischer Grundrechtswahrnehmung der Eltern für ihr Kind überschritten.[23] Diese an gesundheitlichen Belangen ausgerichtete Scheidelinie darf nicht mit Hilfe vager Einschätzungen über die positiven Folgen einer Lebendspende für den psychischen Zustand des Spenderkindes oder durch die Verharmlosung des auch bei der Transplantation regenerierungsfähiger Organe oder Gewebe stets bestehenden „normalen Eingriffsrisikos" angetastet werden. Vielmehr bleibt für die Verneinung der Zulässigkeit einer Lebendspende aufgrund elterlicher Zustimmung der Umstand maßgeblich, dass die Organexplantation dem Minderjährigen ein ausschließlich zu seinen Lasten gehendes Gesundheitsopfer, zumindest (bei regenerierungsfähigen Organen oder Geweben) aber das Eingehen einer Gesundheitsgefahr abverlangt und die Lebendgabe schon unter diesem Aspekt dem wohlverstandenen Kindeswohl im Sinne des Art. 6 Abs. 2 GG zuwiderlaufen dürfte.[24] 25

Nichts anderes ergibt sich dann aber auch für die Organspende eines *Betreuten* zu Gunsten seines eigenen Kindes, die gleichsam seinem seelischem Wohl dienen soll. Auch in diesem Fall werden die einer Lebendtransplantation stets inhärenten 26

---

[23] Bonner-Kommentar/*Jestaedt* (Fn. 21) Rdnr. 44, 187 ff.
[24] Vgl. auch: *Voll* (Fn. 8), S. 240–242.

Gesundheitsrisiken bzw. Operationsrisiken nicht ausgeräumt. Vielmehr obliegt es dem Staat aufgrund des ihm obliegenden Schutzpflichtenauftrages, den Betreuten vor einer ihn treffenden nachteiligen treuhänderischen Ausübung seiner Grundrechtsgarantien durch den jeweiligen Betreuer zu schützen.[25]

27 Bilanzierend bleibt daher festzuhalten, dass nach diesseitiger Auffassung eine auf Grund stellvertretend erteilter Zustimmung bei Minderjährigen oder nicht einwilligungsfähigen Betreuten durchgeführte Lebendorgantransplantation *schlechterdings* – d.h. ohne eine Differenzierung nach regenerierungsfähigen oder nicht regenerierungsfähigen Organen oder Geweben – *unzulässig* ist. Für diese Sichtweise spricht im Übrigen auch, dass die Zulässigkeit stellvertretender Spendeentscheidungen angesichts des dem Rechtsstaatsprinzip entspringenden Gesetzesvorbehaltes zwingend eine entsprechende ausdrückliche gesetzliche Regelung erfordert hätte.

b) Zu Satz 1 Nr. 1b)

28 Weitere Zulässigkeitsvoraussetzung für die Durchführung der Lebendspende ist gem. § 8 Abs. 1 Satz 1 Nr. 1b) TPG, dass der potentielle Spender nach § 8 Abs. 2 Satz 1 TPG aufgeklärt worden ist und in die Entnahme *eingewilligt* hat.

aa) Aufklärungserfordernis

29 Im Hinblick auf das *Aufklärungserfordernis* macht der unter Buchstabe b) enthaltene Verweis auf § 8 Abs. 2 TPG deutlich, dass die Aufklärung des Organspenders zwingend die dort normierten strengen Anforderungen erfüllen muss[26]. Die konkreten verfahrensrechtlichen Vorgaben, die an die jeweilige Aufklärung des Organspenders notwendigerweise zu stellen sind, werden im Rahmen der Kommentierung des § 8 Abs. 2 Satz 1 TPG abgehandelt, auf die an dieser Stelle verwiesen wird (unten Rdnr. 92 ff.).

bb) Einwilligungserklärung

30 Neben dem Erfordernis einer umfassenden, vor der Lebendspende durchzuführenden ärztlichen Aufklärung stellt Buchstabe b) klar, dass die Spende ex vivo zulässigerweise nur dann in Betracht kommt, wenn eine spendebereite Person zuvor in die Explantation *eingewilligt* hat.

31 Hieraus ergibt sich zunächst lediglich die Notwendigkeit der Abgabe einer *Einwilligungserklärung*. Angesichts der Reichweite einer Entscheidung zur Lebendgabe und der fehlenden medizinischen Notwendigkeit des ärztlichen Eingriffs hat die Einwilligungserklärung dabei *ausdrücklich* zu erfolgen. Schlüssiges Verhalten reicht insoweit nicht.[27]

---

[25] Zur Einschlägigkeit des Schutzpflichtenauftrages in diesem Zusammenhang vgl.: *Esser* (Fn. 3), S. 113.
[26] So ausdrücklich die Gesetzesbegründung: BT-Drs. 13/4355, S. 20.
[27] Ebenso: *Gramer*, Das Recht der Organtransplantation, S. 30; *Laufs*, Arztrecht, S. 143, Rdnr. 276.

Die Erklärung ist zudem zwingend gegenüber dem transplantierenden Arzt abzugeben. Des weiteren ist in diesem Kontext die Vorschrift des § 8 Abs. 2 Satz 5 TPG zu beachten, wonach der Spender seine Einwilligungserklärung jederzeit formlos widerrufen kann[28]. 32

Darüberhinaus folgt aber aus § 8 Abs. 3 Satz 2 TPG, dass die erforderliche und nach außen kundgetane Einwilligungserklärung zur Transplantathingabe auf einen *freiwilligen* Entschluss des Spenders zurückzuführen sein muss. 33

Die Notwendigkeit eines innerlich freiwillig getroffenen Entschlusses zur Lebendspende ergibt sich letztlich wiederum aus der Besonderheit, dass die Organexplantation beim Spender für diesen keinerlei Verbesserung seines gesundheitlichen Befindens nach sich zieht, sondern im Gegenteil höchstens die Gefahr einer Verschlechterung des Gesundheitszustandes zu bewirken vermag. Im strafrechtlichen Sinne liegt insoweit tatbestandlich eine Körperverletzung vor, die erst durch die freiwillig getroffene Einwilligung des Spenders in die Organexplantation gerechtfertigt wird[29]. Hingegen lassen sich *zwangsweise* durchgeführte Organexplantationen – ebenso wie wissenschaftlich medizinische Zwangsexperimente – nicht damit rechtfertigen, dass sie in der grundsätzlich anerkennenswerten Absicht erfolgen, kranken Menschen helfen zu wollen. 34

Auch *verfassungsrechtlich* betrachtet steht die Unzulässigkeit zwangsweise durchgeführter Lebendspenden im Ergebnis außer Zweifel. Eine gesetzliche Regelung, die eine Explantation vom Lebenden ohne Rücksicht auf seinen Willen als zulässig erachten wollte, käme bereits mit der Menschenwürdegarantie aus Art. 1 Abs. 1 GG in einen unauflösbaren Widerstreit, weil hiermit eine Instrumentalisierung des Menschen als Organteillager zu Allgemeinwohlzwecken (Steigerung des Transplantatangebots) und damit seine Verobjektivierung bzw. Entpersonalisierung einherginge.[30] Im Hinblick auf die einzelnen Problematiken, die im Zusammenhang mit der geforderten Freiwilligkeit – insbesondere mit ihrer Feststellung – bestehen, wird auf die Kommentierung zu § 8 Abs. 3 Satz 2 TPG verwiesen (Rdnr. 111f.). 35

cc) Die freiwillig getroffene Spendeentscheidung als Akt der Grundrechtsausübung

Die freiwillig getroffene Spendeentscheidung, die in die nach außen kundgetane Einwilligungserklärung mündet, stellt sich im übrigen als ein Akt der Grund- 36

---

[28] Vgl. hierzu die Einzelkommentierungen von § 8 Abs. 2 Satz 5 TPG (unten Rdnr. 107f.).
[29] Da der Eingriff für den Spender (anders als für den Empfänger des Organs) bei der Lebendgabe keinerlei Heilungstendenz aufweist und nicht therapeutisch indiziert ist, kommt es auf die im strafrechtlichen Bereich bestehende Kontroverse, ob eine Einwilligung in ärztliche *Heil*eingriffe rechtfertigende Wirkung entfaltet oder aber bereits die Tatbestandsmäßigkeit einer Körperverletzung zu verneinen ist (zum Streitstand vgl. etwa: *Tröndle/Fischer*, Strafgesetzbuch § 223, Rdnr. 9ff.) hierbei nicht an.
[30] Ebenso: *Schmidt/Didczuhn*, ZRP 1991, S. 264 (265); *Laufs*, Rechtsfragen der Organtransplantation, in: Hiersche/Hirsch/Graf-Baumann (Hrsg.), Rechtliche Fragen der Organtransplantation, S. 57 (64).

rechtsausübung dar.³¹ Das hierbei in Rede stehende Recht, eigenverantwortlich über die körperliche Unversehrtheit zu bestimmen und somit Beeinträchtigungen in die körperliche Integrität zustimmen zu können, unterfällt in rechtsdogmatischer Hinsicht letztlich dem Schutzbereich der von Art. 2 Abs. 1 GG gewährleisteten allgemeinen Handlungsfreiheit.³² Dieses Ergebnis folgt aus einer Auslegung der in diesem Zusammenhang als einschlägig in Betracht zu ziehenden Grundrechtsnormen.

37   Gegen die Einschlägigkeit des Rechts auf körperliche Unversehrtheit aus Art. 2 Abs. 2 Satz 1 Alt. 2 GG spricht insoweit insbesondere die historische Interpretation, aus der sich ergibt, dass bei der Einführung der Grundrechtsnorm des Art. 2 Abs. 2 GG eindeutig eine abwehrrechtliche Komponente – nicht aber eine Verfügungsbefugnis – in Rede stand. Auch der Wortlaut spricht durch die gewählte Formulierung eines Rechts *auf* körperliche Unversehrtheit (und nicht eines Rechts, *über* die körperliche Unversehrtheit zu verfügen) eher gegen, zumindest aber nicht für die Herleitung des Autonomierechts aus dieser Grundrechtsnorm.³³

38   Gegen den Ansatz, das Selbstbestimmungsrecht zugleich als Bestandteil des ebenfalls von Art. 2 Abs. 1 GG (i.V.m. Art. 1 Abs. 1 GG) gewährleisteten allgemeinen Persönlichkeitsrechts zu erachten, spricht der Umstand, dass es bei der freiwillig getroffenen Entscheidung zur Lebendgabe zuvorderst um die (allgemeine) Persönlichkeitsentfaltung, nicht aber um den Schutz der ausschließlich vom allgemeinen Persönlichkeitsrecht umfassten Persönlichkeitssphäre geht³⁴, so dass im Ergebnis auf die subsidiäre allgemeine Handlungsfreiheit zurückzugreifen ist.

---

31   Obwohl der Spender den transplantierenden Arzt durch seine Zustimmung dazu ermächtigt, auf seine grundrechtlich geschützte körperliche Unversehrtheit einzuwirken und demnach auf den diesbezüglichen Gewährleistungsgehalt *verzichtet*, geht es nicht um die problematische Figur des sog. „Grundrechtsverzichts", da bei einer vorschnellen Zuordnung der Zustimmung des Lebendspenders zu diesem Problemkreis übersehen würde, dass der Verzicht seinerseits ein Akt grundrechtlicher Ausübungsfreiheit ist und es insoweit um die Frage geht, ob es eine Grundrechtsnorm gibt, die diesen Verzicht und die damit einhergehende Verfügungsbefugnis über die eigene körperliche Integrität gewährleistet. Es geht daher nicht um die Frage der Zulässigkeit eines Grundrechtsverzichts, sondern um das dogmatisch vorgelagerte Problem der Normbereichsbestimmung. Vgl. dazu: *Höfling*, Offene Grundrechtsinterpretation, 1987, S. 126 f.

32   Betrachtet man das Meinungsspektrum zu der Frage, von welcher Grundrechtsgewährleistung das Autonomierecht eines Patienten, über seine körperliche Integrität zu verfügen, mitumfasst wird, sind im wesentlichen drei verschiedene Lösungsansätze ersichtlich. Nach einer Ansicht wird das Recht, über die körperliche Unversehrtheit zu verfügen, als von dem Recht auf körperliche Unversehrtheit aus Art. 2 Abs. 2 Satz 1 Alt. 2 GG mitumfasst gesehen (vgl. etwa die neuere Entwicklung im 2. Senat des Bundesverfassungsgerichts, BVerfGE 89, S. 120 (130); *Kübler*, Verfassungsrechtliche Aspekte der Organentnahme zu Transplantationszwecken, S. 37 f.; *Hamann/Lenz*, Grundgesetzkommentar, Art. 2, Anm. B IX). Andere halten hingegen das allgemeine Persönlichkeitsrecht für einschlägig (so etwa: *Zuck*, NJW 1991, S. 2933), während schließlich eine letzte Ansicht auch den hier vertretenen Lösungsansatz befürwortet, nach dem das Autonomierecht über die körperliche Integrität Ausdruck der von Art. 2 Abs. 1 GG gewährleisteten allgemeinen Handlungsfreiheit sein soll (vgl. etwa: *Ostendorf*, Das Recht zum Hungerstreik 1983, S. 101 ff.).

33   Vgl. im einzelnen: *Esser* (Fn. 3), S. 69–72.
34   Wie Fußnote zuvor.

c) Zu Satz 1 Nr. 1 c) (Geeignetheit der Spendeperson)

Die Regelung des § 8 Abs. 1 Satz 1 Nr. 1 c) TPG stellt klar, dass die Lebendspende trotz bekundeter Spendebereitschaft eines volljährigen und einwilligungsfähigen Organgebers gleichwohl unzulässig ist, wenn die spendebereite Person nach ärztlicher Beurteilung nicht als Spender geeignet ist oder voraussichtlich über das Operationsrisiko hinaus gefährdet bzw. über die unmittelbaren Folgen der Entnahme hinaus gesundheitlich schwer beeinträchtigt würde. *39*

Hinsichtlich der im Gesetzestext angesprochenen Beurteilung steht dabei zweifelsfrei fest, dass hierbei – insbesondere auch im Hinblick auf eine etwaige Gefährdung des Spendewilligen[35] – auf eine *ex-ante Betrachtung* (vor dem Eingriff) abzustellen ist. *40*

Die Frage, wann die als Zulässigkeitsvoraussetzung für die Durchführung einer Lebendspende statuierte *Eignung* des Spenders vorliegt, beantwortet sich ausschließlich anhand medizinischer Kriterien. Insoweit besteht also die Notwendigkeit medizinischer Expertise, wie auch der Gesetzeswortlaut selbst, der eine *ärztliche* Beurteilung verlangt, zum Ausdruck bringt. *41*

Zu der weiteren Voraussetzung, dass der Spender voraussichtlich nicht über das Operationsrisiko hinaus gefährdet oder über die unmittelbaren Folgen der Entnahme hinaus gesundheitlich schwer beeinträchtigt wird, ist unter inhaltlichen Aspekten auszuführen, dass mit dem zunächst angesprochenen Operationsrisiko ausweislich der Gesetzesbegründung[36] das „allgemeine" Operationsrisiko – also die Gefahren, die etwa mit einer Narkotisierung einhergehen oder aber auch das bestehende Sterberisiko – gemeint ist. Demzufolge muss einem Spendewilligen mit einem erhöhten Operationsrisiko (über das allgemeine Risiko hinaus) die Möglichkeit der Lebendspende von vornherein verwehrt werden. *42*

In welchen Fällen im Übrigen eine über die unmittelbaren Folgen der Entnahme hinaus bestehende gesundheitliche Beeinträchtigung zu befürchten ist, ist neuerlich eine alleine vom jeweiligen transplantierenden Arzt zu beurteilende Frage, der insoweit insbesondere auch – anhand von Erfahrungswerten – festzulegen hat, wann von einer „schweren" Gesundheitsbeeinträchtigung gesprochen werden kann. *43*

Das Verbot der konsentierten Lebendspende in Situationen, in denen der Spender über das Operationsrisiko hinaus gefährdet oder sich mit der Lebendspende ernsthaften bzw. schweren gesundheitlichen Beeinträchtigungen aussetzt, begegnet dabei keinen durchgreifenden verfassungsrechtlichen Bedenken. Zwar wird durch das gesetzlich statuierte Verbot der Lebendspende trotz erteilter Zustimmung des Spendewilligen in sein von Art. 2 Abs. 1 GG umfasstes Autonomierecht, über die körperliche Integrität zu verfügen, eingegriffen, da dieses Recht gerade auch die Befugnis umfasst, sich selbst zu gefährden und risikoreiche Hand- *44*

---

[35] Vgl. insoweit bereits den Gesetzeswortlaut „voraussichtlich"; vgl. zudem: BT-Drs. 13/4355, S. 20; *Gutmann*, MedR 1997, S. 147 (152).
[36] BT-Drs. 13/4355, S. 20.

lungen vorzunehmen oder über sich ergehen zu lassen[37]. Auch kann der Eingriff für den Spendewilligen in sein Autonomierecht nicht mit dem Argument gerechtfertigt werden, dass die gesetzliche Untersagung letztlich allein zum Schutz des Grundrechtsträgers geschehe. Die Akzeptanz eines derartigen Argumentationsansatzes liefe nämlich auf die grundsätzliche Anerkennung eines staatlichen Paternalismus unter Berufung auf einen sog. „Grundrechtschutz gegen oder vor sich selbst" hinaus[38]. Die Rechtfertigung von Eingriffen in grundrechtliche Gewährleistungen unter Berufung auf einen Grundrechtschutz gegen oder vor sich selbst lässt sich indes nicht mit den dem Grundgesetz zugrundeliegenden Leitideen, die von einem mündigen und eigenverantwortlich handelnden Grundrechtsträger ausgehen, in Einklang bringen.[39]

45 Im Ergebnis lässt sich das in § 8 Abs. 1 Satz 1 Nr. 1 c) TPG statuierte Verbot der Lebendspende in den dort beschriebenen Situationen aber insbesondere unter Berücksichtigung des besonderen Umstandes rechtfertigen, dass die selbstschädigende bzw. -gefährdende Handlung im Rahmen der Organexplantation nicht vom Grundrechtsträger selbst, sondern von einem *Dritten* (Arzt) vorgenommen wird. Dieser auf der Ebene des Verfassungsrechts elementare Unterschied zwischen freier Verfügung über die Grundrechtsgüter Leben und Gesundheit einerseits und Zulassung der Beeinträchtigung seitens eines Dritten andererseits begründet insoweit sowohl das öffentliche Interesse an einer entsprechenden gesetzlichen Restriktion und rechtfertigt letztlich auch den hiermit verbundenen Eingriff in das Autonomierecht des Spendewilligen insgesamt, da es – sofern ein Dritter handelt – nicht darum geht, was der mündige Mensch sich selbst antun darf, sondern um die ganz andere Frage, was Dritte mit ihm anstellen dürfen[40]. Letztlich geht es daher um die gesellschaftlich relevante und daher im Allgemeininteresse liegende Frage nach den Grenzen einer Drittbeeinträchtigungsbefugnis grundrechtlich geschützter Güter. So käme die für einen Dritten (Arzt) nicht verbotene Explantation vom lebenden Spender, die seinen sicheren Tod zur Folge hätte, etwa in Konflikt mit dem in § 216 StGB vorgesehenen Verbot einer Tötung auf Verlangen. Die eine schwere Gesundheitsbeeinträchtigung nach sich ziehende Transplantation stieße an die Grenze des § 228 StGB. Da die Begrenzung von Drittbeeinträchtigungsbefugnissen somit – wie sich aus den vorstehenden einfachgesetzlichen Vorschriften ergibt – letztlich die Grundlage für ein geordnetes gesellschaftliches Zusammenle-

---

[37] So ausdrücklich: BVerfG (1. Kammer des Ersten Senats), Beschl. vom 11.8.1999, NJW 1999, S. 3399 (3401): *„Auch selbstgefährdendes Verhalten ist Ausübung grundrechtlicher Freiheit."*; ebenso: *Dietlein*, Die Lehre von den grundrechtlichen Schutzpflichten, S. 223–226.
[38] Zur Problematik eines Grundrechtsschutzes gegen oder vor sich selbst vgl. etwa: *Schwabe*, Der Schutz des Menschen vor sich selbst, JZ 1998, S. 66 ff.; *Hillgruber*, Der Schutz des Menschen vor sich selbst; *Littwin*, Grundrechtsschutz gegen sich selbst; *Höfling*, Menschenwürde und gute Sitten, NJW 1983, S. 1582 ff.; Isensee/Kirchhof-*Isensee*, Das Grundrecht als Abwehrrecht und staatliche Schutzpflicht, HStR V, S. 203 f., Rdnr. 113 f.
[39] Zu weiteren Argumenten gegen die Akzeptanz der Figur des „Grundrechtsschutzes gegen sich selbst" vgl. *Esser* (Fn. 3), S. 88 ff.; Isensee/Kirchhof-*Isensee* (wie Fußnote zuvor), S. 203, Rdnr. 113.
[40] Vgl. *Hirsch*, ZStW 83 (1971), S. 140 (167).

ben darstellt, ist der Gesetzgeber zur Untersagung von Einwirkungshandlungen Dritter auf grundrechtliche Gewährleistungsgehalte mit weitreichenden Folgen und somit zur Statuierung eines Verbotes der vom Arzt durchgeführten Lebendspende bei zu erwartenden schweren Gesundheitsgefahren bzw. Beeinträchtigungen für den Spender legitimiert. Der hiermit einhergehende Eingriff in das Autonomierecht des trotz der Gefahren zur Organhingabe bereiten Spenders ist verfassungsrechtlich gerechtfertigt. Dies umsomehr, als das Grundgesetz selbst zwar vom eigenverantwortlich handelnden Bürger ausgeht, ihn aber gleichwohl als gemeinschaftsgebundenes Individuum einstuft, dem seine freie Entfaltung nur innerhalb der sozialen Gesellschaft gewährt wird und der sich demnach das gefallen lassen muss, was der Gesetzgeber zur Pflege und Förderung des sozialen Zusammenlebens für notwendig erachtet.[41]

d) Zu Satz 1 Nr. 2 (Geeignetheit des Organs)

Mit Satz 1 Nr. 2 wird zum Ausdruck gebracht, dass die Lebendspende lediglich dann in Betracht kommen kann, wenn das zu transplantierende Organ gesund (insbesondere unbeschädigt) und damit geeignet ist, das Leben des Organempfängers zu erhalten oder bei ihm eine schwerwiegende Krankheit zu heilen, ihre Verschlimmerung zu verhüten oder – zumindest – ihre Beschwerden zu lindern. 46

Auch diese Zulässigkeitsvoraussetzung ist vor dem Hintergrund zu sehen, dass die Spende ex-vivo dem Spender keinerlei medizinische Vorteile bringt und die Explantation daher eigentlich gegen das ärztliche Gebot verstößt, niemandem zu schädigen. Das Abweichen von diesem Grundsatz wird insoweit nur dadurch als gerechtfertigt erachtet, dass die Spende dem *Organempfänger* erhebliche gesundheitliche Vorteile bringt. Vor diesem Hintergrund war dann aber die hierzu erforderliche medizinische Eignung des Organs/Gewebes zwingend als Zulässigkeitsvoraussetzung festzuschreiben. 47

Eine Ungeeignetheit eines Organs kommt dabei insbesondere dann in Betracht, wenn der Gesundheitszustand des Spenders eine Organübertragung – z.B. wegen der Gefahr einer Übertragung von spenderseitigen Krankheiten, die den Empfänger gefährden können – nicht erlaubt, da die Lebendorgantransplantation nach dem Gesetzestext *zumindest* zu einer Verbesserung des Gesundheitszustandes (keinesfalls aber zu einer Verschlechterung) beim Organempfänger führen muss. Auch ist eine Lebendspende gemessen an den Anforderungen des § 8 Abs. 1 Satz 1 Nr. 2 TPG dann unzulässig, wenn das zu entnehmende Organ für den vorgesehenen Empfänger – z.B. wegen mangelnder Gewebeverträglichkeit – ungeeignet ist. 48

Im Übrigen ist die geforderte Geeignetheit eines Organs – ebenso wie bei der Regelung des § 8 Abs. 1 Satz 1 Nr. 1 c) TPG – alleine anhand medizinischer Kriterien zu bemessen und obliegt demnach ausweislich des Gesetzestextes zutreffender Weise der Prognose des transplantierenden Arztes. Insoweit handelt es sich 49

---

[41] Vgl. BVerfGE 4, 7 (15 f.); 32, 38 (107); Isensee/Kirchhof-*Isensee* (Fn. 38), S. 203, Rdnr. 113. Zur Herleitung des vorgenannten Ergebnisses vgl. im einzelnen: *Esser* (Fn. 3), S. 91–97.

um eine Prognose im tatsächlichen Sinne, da es auch bei der Beurteilung der Geeignetheit auf die ärztliche Beurteilung *vor* dem operativen Eingriff ankommt. Eine erst nachträglich festgestellte Ungeeignetheit des Organs führt hingegen nicht zur Rechtswidrigkeit der durchgeführten Organentnahme.[42]

50 Allerdings hat die ärztliche Beurteilung die nach dem Stand der medizinischen Wissenschaft (zum Zeitpunkt der Prognoseentscheidung) gebotene Sorgfalt zu beachten, damit sich die Organtransplantation nicht dem Vorwurf der Rechtswidrigkeit aussetzt.[43] Aus der Gesetzesbegründung lässt sich herleiten, dass der transplantierende Arzt zur Wahrung der nach dem Stand der medizinischen Wissenschaft gebotenen Sorgfalt verschiedene Untersuchungen zur Feststellung der grundsätzlichen Geeignetheit eines Organs im Sinne des § 8 Abs. 1 Satz 1 Nr. 2 TPG durchzuführen hat.[44] Die Anforderungen an die erforderlichen Untersuchungen legt die Bundesärztekammer dabei gem. § 16 Abs. 1 S. 1 Nr. 4 TPG entsprechend dem Stand der medizinischen Wissenschaft näher fest. Auf die Kommentierung zu § 16 Abs. 1 S. 1 Nr. 4 TPG wird an dieser Stelle verwiesen (§ 16 Rdnr. 36).

e) Zu Satz 1 Nr. 3 (Subsidiarität)

51 § 8 Abs. 1 Satz 1 Nr. 3 TPG schreibt vor, dass die Entnahme eines Organs vom lebenden Spender nur dann zulässig ist, wenn ein postmortal entnommenes Organ im Zeitpunkt der Organentnahme nicht zur Verfügung steht.

52 Das Tatbestandmerkmal „nicht zur Verfügung steht" ist dabei nicht nur dann erfüllt, wenn ein postmortal gespendetes Organ überhaupt nicht bereit steht. Vielmehr ist es für die Zulässigkeit der Lebenspende ausreichend, dass etwa im Hinblick auf eine besondere Dringlichkeit einer Organübertragung (aufgrund des Gesundheitszustandes des Organempfängers) ein postmortal gespendetes Organ nicht *rechtzeitig* zur Verfügung steht.[45]

53 Im Übrigen wurde die Aufnahme dieser sog. Subsidiaritätsklausel in den Gesetzestext mit dem Argument begründet, dass die Zulassung der Lebendspende nicht dazu führen dürfte, das Bemühen um die Gewinnung von mehr postmortal gespendeten Organen zu vernachlässigen.[46]

54 Obwohl dieses Ansinnen unzweifelhaft grundsätzliche Zustimmung verdient, ist die Ausgestaltung der Lebendgabe als „ultima ratio" in mehrerer Hinsicht problematisch.

55 So ist unter *medizinischen* Aspekten zunächst darauf hinzuweisen, dass neuere Untersuchungen und Studien zeigen, dass bei der Explantation vom lebenden Spender – jedenfalls im Bereich der Nierentransplantation – im Hinblick auf die

---

[42] So die Gesetzesbegründung: BT-Drs. 13/4355, S. 20.
[43] Wie vor.
[44] BT-Drs. 13/4355, S. 20.
[45] So die Gesetzesmaterialien: BT-Drs. 13/4355, S. 20.
[46] BT-Drs. 13/4355, S. 20; *Schreiber/Wolfslast*, MedR 1992, S. 189 (193).

Transplantatüberlebensrate weitaus bessere Ergebnisse erzielt werden, als dies bei postmortal gespendeten Organen der Fall ist. Aus diesem Grunde wird aber zu Recht darauf hingewiesen, dass die in § 8 Abs. 1 Satz 1 Nr. 3 TPG niedergelegte Subsidiaritätsklausel den wohl einzigartigen Fall darstellt, dass einem Patienten per Gesetz eine medizinisch eindeutig schlechtere Therapie aufgezwungen wird.[47]

Wegen dieser Eigentümlichkeit ergeben sich aber auch *verfassungsrechtliche* Bedenken an der gefundenen Regelung unter dem Gesichtspunkt des dem Staat – im Hinblick auf die Empfängerseite – obliegenden umfassenden Schutzpflichtauftrages für das grundrechtlich abgesicherte Rechtsgut der körperlichen Integrität und Gesundheit[48]. Dabei muss jedoch betont werden, dass das an den staatlichen Schutzpflichtenauftrag anlehnende Bedenken nur dann durchgreift, wenn man die Anwendbarkeit des grundrechtlichen Schutzpflichtengedankens auch auf den Gesundheitssektor bejaht. Da gesundheitliche Probleme aber oftmals auch das Ergebnis von gefährdenden Verhaltensweisen des Grundrechtsträgers *selbst* oder von anlagebedingter, einer *Verantwortungszurechnung schlicht entzogener* gesundheitlicher Angreifbarkeit des menschlichen Körpers sind und sich in diesen Fällen das für die Schutzpflichtenlehre charakteristische „dreipolige" Rechtsverhältnis zwischen Opfer, Störer und Staat – wegen des Nichtvorhandenseins eines Störers – auf ein zweiseitiges Rechtsverhältnis reduziert, bedarf die Anwendbarkeit der Schutzpflichtenlehre jedenfalls einer eingehenden Begründung.[49] 56

Unabhängig von der sich im Hinblick auf die Empfängerseite ergebenden Schutzpflichtproblematik und dem weiteren Umstand, dass ein potentieller Organempfänger oftmals aus psychischen, ethischen oder religiösen Gründen einer postmortalen Spende ablehnend gegenüberstehen wird[50], ergeben sich Bedenken verfassungsrechtlicher Natur an der Subsidiaritätsklausel aber insbesondere auch mit Blick auf die Grundrechte des Spendenwilligen, obwohl die gefundene Regelung gerade seinen Interessen dienen soll.[51] 57

Eine Organentnahme vom Lebenden ist nämlich – angesichts der weiteren Zulässigkeitsvoraussetzungen gem. § 8 Abs. 1 Nr. 1 TPG – nur dann als Alternative zur Organverpflanzung eines von einem toten Menschen gewonnenen Organs in Betracht zu ziehen, wenn sich der einwilligungsfähige potentielle Spender nach umfassender Aufklärung freiwillig mit der Explantation einverstanden erklärt hat. 58

---

[47] *Gutmann*, MedR 1997, S. 147 (152).
[48] Zum staatlichen Schutzpflichtenauftrag vgl. etwa: BVerfGE 39, 1; 46, 160; 49, 89; 53, 30; 56, 54.
[49] Zur Gesamtproblematik vgl. *Esser*, S. 33 ff.
[50] Vgl. hierzu etwa *Gutmann* (MedR 1997, S. 147 [152]), der zu Recht darauf hinweist, dass sich die ablehnende Haltung eines Organempfängers gegenüber der postmortalen Spende insbesondere daraus ergeben kann, dass für ihn der Gedanke unerträglich erscheint, mit einem Organ (weiter-)leben zu müssen, das einem frisch Verstorbenen explantiert wurde. In diese Richtung auch *Edelmann*, VersR 1999, S. 1065 (1068).
[51] Ausweislich der Gesetzesbegründung (BT-Drs. 13/4355, S. 20) soll die Subsidiaritätsklausel *im Interesse des Lebendspenders* verdeutlichen, dass die Lebendspende nur die letzte Möglichkeit sein darf.

Dann aber stellt ein positiver Entschluss zur Lebendgabe seinerseits wiederum einen von Art. 2 Abs. 1 GG grundrechtlich geschützten Akt selbstbestimmter Entscheidungsfindung dar. In diesem Falle aber besteht die in der Gesetzesbegründung unterstellte Schutzbedürftigkeit nicht. Im Gegenteil stellt das durch den subsidiären Charakter begründete Verbot der Lebendspende hierbei einen Eingriff in das Selbstbestimmungsrecht des Organgebers dar und läuft letztlich auf einen nicht zu billigenden Grundrechtsschutz vor sich selbst hinaus. Die in § 8 Abs. 1 S. 1 Nr. 3 TPG festgelegte *generelle* Subsidiarität der Lebendspende und der hierin zum Ausdruck kommende gesetzliche Paternalismus sind daher verfassungsrechtlich mehr als problematisch.[52]

59 Unabhängig davon spricht gegen das Subsidiaritätsprinzip schließlich auch noch, dass es weder mit den moralischen, noch mit den ethischen Wertvorstellungen einer Gesellschaft vereinbar sein dürfte, einem Menschen eine für ihn schlechtere Behandlungsmethode aufzuzwingen, wenn er die Möglichkeit besitzt, sich im Rahmen des sonst Zulässigen einer medizinisch erfolgversprechenderen Behandlungsmethode zu unterziehen.[53]

60 Wegen der erheblichen Bedenken gegen die (verfassungsrechtliche) Zulässigkeit der in § 8 Abs. 1 S. 1 Nr. 3 TPG statuierten Subsidiaritätsklausel ist es fast schon als „glücklicher Umstand" zu werten, dass dieser Klausel in der Praxis nahezu keinerlei Bedeutung zukommen dürfte, da sich für den Organbedürftigen mangels Vorhandenseins ausreichender postmortal gespendeter Organe die Alternative der Einsetzung eines Totenorgans überhaupt nicht stellt. Anderenfalls wäre die Abstandnahme vom gesetzlich festgeschriebenen Subsidiaritätsprinzip durchaus angezeigt.

f) Zu Satz 1 Nr. 4 (Eingriff durch einen Arzt)

61 Durch § 8 Abs. 1 S. 1 Nr. 4 TPG wird vorgeschrieben, dass der Eingriff, also die Explantation vom lebenden Spender, zwingend durch einen *Arzt* vorgenommen werden muss. Die Regelung dient dabei zuvorderst dem Schutz des Organspenders; im Hinblick auf die sachgerechte (Schädigung vermeidende) Entnahme des Organs aber auch dem Schutz des Organempfängers.[54]

---

[52] Verfassungsrechtlich zulässig wäre mit Hinblick auf die Spenderseite die Statuierung eines subsidiären Charakters der Lebendspende ausschließlich bzw. lediglich für Fälle gewesen, in denen für den Spender infolge der Explantation schwere gesundheitliche Beeinträchtigungen oder sogar der Todeseintritt zu erwarten stehen. In diesen Konstellationen ließe sich die Subsidiarität – ebenso wie das in § 8 Abs. 1 S. 1 Nr. 1 c) TPG normierte Verbot einer Lebendspende bei zu erwartenden schweren Gesundheitsschäden für den Spender – damit rechtfertigen, dass die Explantation durch einen Dritten (Arzt) vorgenommen wird und demnach auch die gesellschaftlich relevante Frage nach den Grenzen einer Drittbeeinträchtigungsbefugnis grundrechtlich geschützter Güter in Rede steht. Vgl. im einzelnen: *Esser*, S. 193 ff.; *Gutmann/Schroth*, Organlebendspende in Europa, 2002, S. 25 ff.
[53] *Edelmann*, S. 1065 (1068).
[54] BT-Drs. 13/4355, S. 20.

Arzt im Sinne des § 8 Abs. 1 S. 1 Nr. 4 TPG sind Personen, die nach Maßgabe 62
der Bundesärzteordnung die staatliche Zulassung zur Ausübung des ärztlichen
Heilberufs erhalten haben. Nicht zulässig ist demnach Organentnahme etwa
durch einen sog. „Arzt im Praktikum" (AiP) oder einen sog. Famulus (Praktikanten). Ausweislich des Wortlautes von § 8 Abs. 1 Satz 1 Nr. 4 TPG ist keine besondere fachärztliche Qualifikation des Arztes erforderlich; ebenso wenig müssen
von Rechts wegen bestimmte Erfahrungen auf dem Transplantationssektor nachgewiesen werden.

3. Besondere Zulässigkeitsvoraussetzung bei der Explantation nicht regenerierungsfähiger Organe gem. § 8 Abs. 1 Satz 2 TPG

§ 8 Abs. 1 S. 2 TPG unterwirft die Lebendspende von Organen, die sich nicht wiederbilden können, einer zusätzlichen[55] Einschränkung hinsichtlich des zulässigen 63
Spender-/Empfängerkreises. Die Explantation ist insoweit nur zulässig zum Zwecke der Übertragung auf die in § 8 Abs. 1 S. 2 TPG aufgeführten Personengruppen. Die gesetzliche Statuierung dieser Restriktion wurde dabei für notwendig erachtet, „um die Freiwilligkeit der Organspende zu sichern und der Gefahr des
Organhandels zu begegnen".[56]

a) Zur Auslegung der einzelnen Tatbestandsmerkmale

aa) Organe, die sich nicht wiederbilden können

Die Vorschrift des § 8 Abs. 1 S. 2 TPG erfasst von ihrem Anwendungsbereich her 64
nur Spenden *nicht regenerierungsfähiger* Organe und Organteile. Beispielhaft sind
in diesem Zusammenhang etwa Transplantationen von Nieren, Lungenlappen
oder Teilen der Bauchspeicheldrüse zu nennen.

Zu den von der Regelung *nicht* umfassten Lebendübertragungen (regenerie- 65
rungsfähiger Organe) sind hingegen z.B. die Explantation von Knorpel und Lebersegmenten zu nennen. Auch die Übertragung von Knochenmark ist der Kategorie regenerierungsfähiger Organe zuzuordnen, wobei die Regelung des § 8 Abs.
1 S. 2 TPG aber bereits deshalb keine Anwendung findet, weil das Transplantationsgesetz gem. § 1 Abs. 2 TPG ohnehin u.a. für Knochenmark insgesamt nicht
gilt.

bb) Zulässiger Empfängerkreis

Den zulässigen Empfängerkreis bei der Entnahme nicht regenerierungsfähiger Or- 66
gane beschränkt § 8 Abs. 1 S. 2 TPG auf „Verwandte ersten oder zweiten Grades,
Ehegatten, Lebenspartner, Verlobte oder andere Personen, die dem Spender in besonderer persönlicher Verbundenheit offenkundig nahe stehen".

---

[55] Vgl. den Gesetzeswortlaut: „darüber hinaus"
[56] BT-Drs. 13/4355, S. 20.

(1) Verwandte ersten oder zweiten Grades

67 Für den verlangten Verwandtschaftsgrad ist auf die Vorschrift des § 1589 BGB zurückzugreifen, wonach sich der Grad der Verwandtschaft nach der Zahl der sie vermittelnden Geburten richtet (§ 1589 S. 3 BGB). Unerheblich ist nach der Regelung des Transplantationsgesetzes, ob es sich um eine Verwandtschaft in gerader oder in Seitenlinie handelt.

68 In Anlehnung an die Vorschrift des § 1589 BGB sind Verwandte *ersten* Grades die Eltern und Kinder des Spenders.

69 Verwandte *zweiten* Grades sind die Großeltern, die ehelichen und nichtehelichen Geschwister sowie die Enkel des Spenders.

(2) Ehegatten

70 Zur Bestimmung, wer „Ehegatte" (Status als Folge einer Eheschließung) ist, ist zunächst das in den §§ 1303 ff. i.d.F. des EheschlRG geregelte Eheschließungsrecht maßgebend. Zu beachten ist jedoch, dass sich die Frage, wer „Ehegatte" ist, nicht nur nach deutschem Recht, sondern laut deutschem IPR (Art. 13 Abs. 1 EGBGB) nach dem Recht des Staates richtet, dem die Verlobten angehören. Im Übrigen gilt, dass Ehegatte im Sinne des § 8 Abs. 1 S. 2 TPG – anders als etwa bei den Vorschriften des § 383 Abs. 1 Nr. 2 ZPO und § 52 Abs. 1 Nr. 2 StPO – lediglich der „aktuelle" Ehegatte, nicht aber ein ehemaliger, geschiedener Ehegatte ist.

(3) Lebenspartner

71 Aus der Legaldefinition des Begriffs „Lebenspartner" in § 4 Abs. 2 S. 1 Nr. 1 TPG ergibt sich, dass es um den eingetragenen Lebenspartner im Sinne des Lebenspartnerschaftsgesetzes (LPartG) geht. § 8 Abs. 2 S. 1 TPG in der geltenden Fassung geht zurück auf Art. 3 § 7 Nr. 2 des Gesetzes zur Beendigung der Diskriminierung gleichgeschlechtlicher Gemeinschaften: Lebenspartnerschaften vom 16.2.2001.[57]

(4) Verlobte

72 Für die Begriffsbestimmung des Verlobten ist auf die entsprechenden bürgerlich-rechtlichen Vorschriften des § 1297 ff. zurückzugreifen, so dass auf die einschlägige Kommentarliteratur zum Begriff des Verlöbnisses und seiner streitigen Rechtsnatur verwiesen werden kann.

(5) Andere Personen, die dem Spender in besonderer persönlicher Verbundenheit offenkundig nahe stehen

73 Soweit keine verwandtschaftliche Beziehung, ein Eheverhältnis (i.w.S.) oder ein Verlöbnis besteht, ist die Lebendspende nach § 8 Abs. 1 S. 2 TPG schließlich noch zulässig, wenn sich Organspender und *Organempfänger „in besonderer persönlicher Verbundenheit offenkundig nahe stehen"*.

---

[57] BGBl. I 266. In Kraft getreten am 1.8.2001.

Die juristische Auslegung⁵⁸ der einzelnen Merkmale dieser gesetzgeberischen Auffangformulierung ist dabei gerade wegen der in § 19 Abs. 2 TPG für den transplantierenden Arzt statuierten Strafsanktion (dazu § 19 Rdnr. 34 ff.) und demnach unter dem Aspekt zu gewährender Rechtssicherheit von immenser Bedeutung. Eindeutig dürfte dabei zunächst sein, dass die für die notwendige Nähebeziehung gesetzlich geforderten Voraussetzungen jeweils im *Einzelfall* konkret geprüft werden müssen und sich eine generalisierende Betrachtungsweise ohne Rücksichtnahme auf die besonderen Umstände des Einzelfalles verbietet.⁵⁹ 74

(a) Nahestehen in besonderer persönlicher Verbundenheit
Der Gesetzgeber fordert zunächst ein Näheverhältnis zwischen Spender und Empfänger, auf das sich eine zwischen ihnen bestehende besondere persönliche Verbundenheit gründet. 75

Für die besondere persönliche Verbundenheit soll dabei nach der Gesetzesbegründung⁶⁰ eine „gemeinsame Lebensplanung *mit innerer Bedeutung*" charakteristisch sein, woraus sich zugleich ergibt, dass der Gesetzgeber mit der gewählten Formulierung insbesondere die nichteheliche Lebensgemeinschaft im Blick hatte. Von dieser Formulierung ausgehend – insbesondere wegen der geforderten inneren Bindung – wird man verlangen müssen, dass zwischen Spender und Empfänger *Zusammengehörigkeitsgefühle* bestehen, um von einer persönlichen Verbundenheit sprechen zu können.⁶¹ 76

Zugleich lässt sich sowohl aus dem Gesetzeswortlaut durch die Forderung nach einer besonderen – also engen – persönlichen und damit gefühlsmäßigen Verbundenheit, als auch aus der gesetzgeberischen Begründung eine negatorische Aussage dergestalt treffen, dass bloß ökonomisch motivierte bzw. rein zweckrationale Beziehungen ebenso ausgeschieden werden wie nur zufällige oder von vornherein auf einen bestimmten Zeitraum befristete Verbindungen.⁶² Auf der anderen Seite ist es aber für die Annahme einer besonderen persönlichen Verbundenheit nicht zwingend erforderlich, dass Spender und Empfänger zusammenleben bzw. zusammenwohnen. Vielmehr ist eine räumliche Trennung unschädlich, wenn sich anhand anderer Umstände – die Gesetzesbegründung nennt hier beispielhaft ein enges freundschaftliches Verhältnis mit häufigen Kontakten über einen längeren Zeitraum hinweg – eine enge persönliche Verbundenheit dokumentieren lässt.⁶³ 77

---

⁵⁸ Zur ethischen Interpretation vgl. *Bickeböller/Gosmann/Kramer/Scheuermann*, Zeitschrift für Medizinische Ethik 44 (1998), S. 325 ff.
⁵⁹ Zutreffend *Schroth*, MedR 1999, S. 67 (68).
⁶⁰ BT-Drs. 13/4355, S. 20 f.
⁶¹ Zutreffend *Schroth*, MedR 1999, S. 67.
⁶² So ausdrücklich die Gesetzesbegründung, die als Beispiel für eine lediglich ökonomisch motivierte Beziehung etwa eine alleine durch die gemeinsame Anmietung einer Wohnung begründete Zweckwohngemeinschaft nennt. Vgl. BT-Drs. 13/4355, S. 20 f.
⁶³ BT-Drs. 13/4355, S. 21.

78 Fraglich erscheint hingegen, ob das Tatbestandsmerkmal der besonderen persönlichen Verbundenheit erfordert, dass die Beziehung zwischen Spender und Empfänger bereits über einen *längeren Zeitraum* besteht und bejahendenfalls, wie lange dieser Zeitraum sein muss, um nicht mehr von einer bloß vorübergehenden, eher zufälligen Beziehung zu sprechen. Obwohl der Gesetzeswortlaut zunächst keinen Hinweis auf eine für die geforderte Beziehung Bedeutung erlangende Zeitkomponente enthält, spricht jedenfalls der der Gesetzesbegründung zu entnehmende gesetzgeberische Wille zweifelsohne dafür, dass die Nähebeziehung eine gewisse Dauer erreicht haben muss, da dort eine innere Bindung bzw. eine Bindung, die über einen längeren Zeitraum gewachsen ist, verlangt wird.[64]

79 Da der Gesetzgeber somit auf eine „biografisch gewachsene persönliche Verbundenheit"[65] abstellt, wird man von der geforderten Bindung über einen längeren Zeitraum hinweg im Regelfall frühestens bei einer mindestens ein halbes Jahr andauernden Beziehung sprechen können. Dabei ist jedoch zu betonen, dass es sich bei dieser Zeitspanne nicht um eine starre Mindestdauer handelt, sondern vielmehr auf die jeweiligen Umstände des Einzelfalles abzustellen ist. Bei besonderen Gegebenheiten kann es insoweit möglicherweise gerechtfertigt sein, die gesetzlich geforderte besondere persönliche Verbundenheit auch schon früher als vor Ablauf eines halben Jahres anzunehmen.[66]

(b) Offenkundigkeit

80 Das Tatbestandsmerkmal der Offenkundigkeit der Nähebeziehung zwischen Spender und Empfänger verlangt, dass die Nähebeziehung in irgendeiner Form nach außen sichtbar hervorgetreten sein muss und damit entweder für jeden ersichtlich oder jedenfalls erkennbar ist.[67] Auch die Offenkundigkeit muss dabei im jeweiligen Einzelfall – etwa durch Befragen anderer Personen – vonseiten des Arztes festgestellt werden.[68]

(c) Vorliegen der Tatbestandsvoraussetzungen bei praxisrelevanten Sonderkonstellationen

81 Wie bereits ausgeführt, hatte der Gesetzgeber bei der Statuierung des Merkmals des „in besonderer persönlicher Verbundenheit offenkundig Nahestehens" vornehmlich die Erfassung nichtehelicher Lebensgemeinschaften im Auge. Aus diesem Grunde werden von der in § 8 Abs. 1 S. 2 TPG niedergelegten Auffangformel auch *homosexuelle Lebensgemeinschaften* erfasst, sofern die vom Gesetzgeber verlangte gemeinsame Lebensplanung mit innerer Bindung nach den oben genannten

---

[64] BT-Drs. 13/4355, S. 21.
[65] *Schroth*, MedR 1999, S. 67.
[66] Vgl. auch *Schroth*, MedR 1999, S. 67, *Edelmann*, S. 1065 (1066); a.A. wohl *Seidenath*, MedR 1998, S. 253 (254).
[67] *Seidenath*, MedR 1998, S. 253; *Schroth*, MedR 1999, S. 67.
[68] Zur Kritik am Tatbestandsmerkmal der Offenkundigkeit vgl. *Gutmann*, MedR 1997, S. 147 (149); *ders./Schroth*, Organlebendspende in Europa, 2002, S. 16 f.

Kriterien zu bejahen ist. Gleichgeschlechtliche Gemeinschaften sind unter diesen Voraussetzungen also auch dann erfasst, wenn die Beteiligten ihre Partnerschaft nicht nach dem Lebenspartnerschaftsgesetz haben eintragen lassen.

Die Voraussetzungen der Auffangklausel des § 8 Abs. 1 S. 2 TPG liegen allerdings *nicht* vor, wenn die enge persönliche Verbundenheit nicht zum Organempfänger selbst, sondern (lediglich) zu einer dem Empfänger nahe stehenden Person besteht und die Transplantation letztlich bezwecken soll, die dem Spender besonders nahe stehende Person von ihrem Leiden zu erlösen, das durch die Krankheit des allein ihr nahestehenden Empfängers hervorgerufen wird.[69] Der Gesetzeswortlaut fordert insoweit nämlich unmissverständlich eine *unmittelbare* Beziehung gerade zwischen dem Organspender und dem Organempfänger.[70] Ein anderes Ergebnis lässt sich dabei auch nicht im Wege einer verfassungskonformen Auslegung des § 8 Abs. 1 S. 2 TPG erzielen, da diese Auslegungsmethodik nicht in Betracht kommt, wenn sie mit dem Wortlaut und dem eindeutig erkennbaren gesetzgeberischen Willen *unvereinbar* ist.[71]

82

In Konstellationen schließlich, in denen sich ein Arbeitnehmer zu einer *Lebendspende zugunsten seines Arbeitgebers* bereiterklärt, wird es hingegen maßgeblich auf die Umstände des jeweiligen Einzelfalles ankommen. Die Durchführung der Lebendspende ist dabei jedenfalls dann unzulässig, wenn die Spendebereitschaft des Arbeitnehmers allein darin motiviert liegt, beruflich weiterzukommen. Auf der anderen Seite bedeutet die Arbeitgebereigenschaft des Empfängers nicht zwingend, dass die Explantation in Anbetracht der Regelung des § 8 Abs. 1 Satz 2 TPG unzulässig ist, da durchaus Fälle denkbar sind, in denen zwischen Arbeitgeber und Arbeitnehmer eine enge persönliche Verbundenheit in dem gesetzlich geforderten Sinne besteht. Dies bedarf indes in jedem Falle einer eingehenden kritischen Überprüfung, da bei „Arbeitnehmerlebendspenden" zweifelsohne die Gefahr des Bestehens rein zweckrationaler Beziehungen nahe liegt.

83

b) Insbesondere: Die sog. Cross-Spende (Überkreuz-Lebendspende)

Eine besondere Konstellation, die zunehmend kontrovers diskutiert wird, betrifft die sog. Cross-(Over-)Spende oder „Überkreuz-Lebendspende": Dabei fungiert bei zwei (meist: Ehe-)Paaren jeweils ein Partner als Spender und als Empfänger

84

---

[69] Insoweit wurde bereits eine Lebendspende durchgeführt, bei der eine Frau, die in einem schwesterähnlichen Verhältnis zur Mutter des Sohnes und Organempfängers stand, alleine aufgrund der sehr engen persönlichen Verbundenheit zur Mutter, deren Sohn eine Niere spenden wollte, um diesem seinen Beruf, der infolge seiner Krankheit verloren hatte, wiederzugeben. Vgl. hierzu: *Edelmann*, S. 1065 (1066); *Schroth*, S. 67; *Seidenath*, S. 253 (254).

[70] Ebenso: *Edelmann*, S. 1065 (1067); *Schroth*, S. 67 (68); anderer Ansicht: *Seidenath*, S. 253 (254 f.).

[71] Zutreffend *Schroth*, S. 67 (68) unter Verweis auf BVerfGE 71, 81 (105); 18, 97 (111); 67, 382 (390); 86, 288 (320).

eines Organs (einer Niere).[72] Wenn und soweit dabei die in § 8 Abs. 1 Satz 2 TPG normierte Voraussetzung erfüllt ist, dass jeweils der Empfänger „dem Spender in besonderer persönlicher Verbundenheit offenkundig nahe (steht)", begegnet die Überkreuz-Spende keinen rechtlichen Bedenken.[73] Dies wird jedoch auf Ausnahmesituationen beschränkt bleiben.

85 Umstritten ist allerdings, ob und inwieweit bei der geschilderten Konstellation die genannten Tatbestandsmerkmale gleichsam „großzügig" ausgelegt werden können bzw. sollten, um auch solche Fälle erfassen zu können, in denen sich die Beteiligten erst im Zuge der Bemühungen um einen „Ringtausch" in schicksalhafter Verbundenheit nähergekommen sind. Zum Teil wird dabei argumentiert, die so begründete Beziehung sei der besonderen persönlichen Verbundenheit zum eigenen Partner in rechtlicher Hinsicht gleichzustellen.[74] Demgegenüber ist aber – mögen rechts*politische* Gründe unter Umständen auch für eine Erweiterung der Möglichkeiten zur Lebendspende sprechen – hervorzuheben, dass § 8 Abs. 1 TPG[75] insgesamt auf eine eher restriktive Praxis angelegt ist. Die diese Teleologie deutlich zum Ausdruck bringende Tatbestandsformulierung („die dem Spender in besonderer persönlicher Verbundenheit offenkundig nahestehend") lässt sich deshalb *nicht* auf den Regelfall der Überkreuz-Lebendspende erstrecken.

86 In diesem Sinne hat jüngst auch das Landessozialgericht Nordrhein-Westfalen in dem Urteil vom 31. 1. 2001 entschieden[76] und damit ein gleich lautendes Urteil des Sozialgerichts Aachen vom 25. 5. 2000[77] bestätigt. Die Entscheidung betraf einen Rechtsstreit gegen eine Ersatzkasse auf Übernahme der Kosten einer zugunsten des Klägers 1999 in der Schweiz vorgenommenen Überkreuz-Nierentransplantation in Höhe von ca. 80.000 Schweizer Franken. Die Ehefrau des Klägers hatte eine ihrer Nieren einer schweizerischen Staatsangehörigen, deren Ehemann wiederum dem Kläger eine Niere gespendet. Für die Prüfung, ob zwischen dem Kläger und „seinem" Spender das von § 8 Abs. 1 Satz 2 TPG geforderte „besondere Näheverhältnis" vorliegt, stellt das LSG unter Berufung auf den Wortlaut der Vorschrift auf den Zeitpunkt der Operation ab. Unschädlich sei, wenn das Näheverhältnis erst infolge der beabsichtigten Operation entstanden sei, es müsse aber

---

[72] Zur Problematik siehe etwa *U. Eibach*, Zeitschrift für medizinische Ethik 45 (1999), 217 ff.; *Seidenath*, MedR 1998, 253 ff.; *Dufkova*, MedR 2000, 408 ff.; *Kirste*, in: Deutsche Gesellschaft für Chirurgie, Kongreßband 2000, S. 284 ff; *Gutmann/Schroth*, Organlebendspende in Europa, 2002, S. 6 ff.

[73] Siehe auch die Antwort der Bundesregierung auf eine Kleine Anfrage, BT-Drs. 14/868, S. 21 (22).

[74] Im Ergebnis die rechtliche Zulässigkeit der Überkreuz-Spende bejahend: *Kühn*, MedR 1998, 455 (458); *Seidenath*, MedR 1998, 253 (255 f.); *Dufkova*, MedR 2000, 408 (412). – Ablehnend für den Regelfall dagegen etwa *Nickel/Schmidt-Preisigke/Sengler*, § 8 Rdnr. 20 ff.; *Schroth*, MedR 1999, 67 f.; *Eibach*, Zeitschrift für medizinische Ethik 45 (1999), 217 (229 ff.).

[75] Was entstehungsgeschichtlich dokumentiert ist.

[76] LSG Essen, Urt. v. 31. 1. 2001 – L 10 VS 28/00 –, NWVBl. 2001, S. 401 ff. (Leitsatz und Entscheidungsgründe); im Volltext abrufbar im Internet unter http://www.lsg.nrw.de/urteile. Das Verfahren ist derzeit vor dem Bundessozialgericht anhängig.

[77] Az: S 3 VS 182/99 – unveröffentlicht.

"im Zeitpunkt der Operation vorhanden und auf Dauer angelegt sein". Die Aufzählung der in Betracht kommenden Beziehungen in § 8 Abs. 1 TPG, bei denen sich typischerweise die Vermutung aufstellen lasse, dass der Entschluss zur Organspende aufgrund sittlicher Verbundenheit, also ohne äußeren Zwang und frei von finanziellen Erwägungen getroffen worden sei, deute darauf hin, dass die Beziehung „Näheverhältnis" eine ähnliche Qualität haben müsse. Diese besondere persönliche Verbundenheit sei durch innere wie regelmäßig äußere Merkmale gekennzeichnet. „Eine derartige Verbundenheit kann zwischen Partnern einer auf Dauer angelegten, d.h. nicht nur befristeten oder zufälligen häuslichen Lebensgemeinschaft, entstehen, deren Grundlage in der Regel eine gemeinsame Lebensplanung mit einer Bindung ist. Ein vergleichbares enges persönliches Verhältnis mit gemeinsamer Lebensplanung und innerer Bindung kann auch zwischen in räumlicher Trennung lebenden Personen bestehen, wenn die Bindung über einen längeren Zeitraum gewachsen ist, z.B. ein enges Freundschaftsverhältnis mit häufigen persönlichen Kontakten über einen längeren Zeitraum.[78] Persönliche Verbundenheit setzt ein Zusammengehörigkeitsgefühl voraus; Schicksalsgemeinschaft oder sonstiges Näheverhältnis reicht hiernach nicht. ... Die besondere persönliche Verbundenheit muss zudem offenkundig, d.h. für jeden ersichtlich oder erkennbar sein. ... Offenkundigkeit schließt aus, dass die Feststellung, ob eine solche Verbundenheit vorliegt, erst nach entsprechenden Erkundigungen und Ermittlungen getroffen werden kann. Eine derart enge Beziehung wird im Falle einer Überkreuz-Lebendspende in der Regel nicht in Betracht kommen".[79]

c) Zur Frage der Verfassungsgemäßheit der Norm (§ 8 Abs. 1 S. 2 TPG)

Mit der in § 8 Abs. 1 S. 2 TPG geforderten Regelung hat sich der Gesetzgeber durch die Forderung eines besonderen Verhältnisses zwischen Spender und Empfänger explizit gegen die allgemeine Freigabe der Lebendspende entschieden. Damit steht zugleich auch die Unzulässigkeit sog. „anonymer Lebendspenden" fest, bei denen ein potentieller Spender für eine ihm unbekannte Person spenden will. Wie bereits erwähnt, wurde diese Restriktion der Lebendgabe im Hinblick auf den zulässigen Spender-Empfänger-Kreis für nötig erachtet, um die Freiwilligkeit der Organspende abzusichern und der Gefahr des Organhandels zu begegnen, wobei eine verwandtschaftliche oder vergleichbar enge persönliche Beziehung vermeintlich die beste Gewähr zur Erreichung der genannten Ziele bieten sollten.[80]

87

Auch die *1. Kammer des Ersten Senats des Bundesverfassungsgerichts* hat in ihrem Beschluss vom 11.8.1999[81] die Regelung des § 8 Abs. 1 S. 2 TPG zur Erreichung der genannten gesetzgeberischen Ziele als geeignet, erforderlich und verhältnismäßig i.e.S. erachtet, wobei zu betonen ist, dass mit diesem Beschluss nicht zugleich die Verfassungsmäßigkeit der Regelung festgestellt wurde, da es sich um

88

---

[78] Unter Bezugnahme auf BT-Drs. 13/4355, S. 20f.
[79] LSG Nordrhein-Westfalen, Urteil vom 31.1.2001, a.a.O., UA, S. 28.
[80] BT-Drs. 13/4355, S. 20.
[81] NJW 1999, S. 3399ff.

einen (bloßen) Nichtannahmebeschluss handelt, der keine Bindungswirkung gem. § 31 Abs. 1 BVerfGG entfaltet.[82]

89 Trotz der vom Bundesverfassungsgericht getätigten Aussagen erscheint es fraglich, ob die durch § 8 Abs. 1 S. 2 TPG statuierte Restriktion des zulässigen Spender-Empfänger-Kreises das aus Art. 2 Abs. 1 GG resultierende Selbstbestimmungsrecht des Spendewilligen nicht in unverhältnismäßiger und daher verfassungswidriger Weise einschränkt.[83] Das mit der Regelung des § 8 Abs. 1 S. 2 TPG einhergehende Verbot der Lebendspende zwischen nichtverwandten oder nicht in einer besonderen persönlichen Beziehung zueinander stehenden Personen kann insoweit nämlich zur Erreichung des gesetzgeberischen Ziels, unfreiwillige Spenden zu vermeiden und Personen von einer tatsächlich nicht gewollten Eingehung gesundheitlicher Risiken zu bewahren, schlechterdings nichts beitragen. Das von § 8 Abs. 1 S. 2 TPG vorgeschriebene Beziehungsgeflecht zwischen den an der Lebendspende Beteiligten steht mit der Frage vorhandener Freiwilligkeit in keinerlei Zusammenhang. Auch außerhalb gefestigter zwischenmenschlicher Kontakte sind freiwillig getroffene Spendeentscheidung ohne weiteres denkbar, während dies beispielsweise bei verwandtschaftlichen Beziehungen im gesetzlich zugelassenen Sinne aufgrund etwaig bestehender familiärer Drucksituationen gerade zweifelhaft sein kann. Bei anonymen Lebendspenden streitet sogar eine Vermutung für das Vorhandensein eines freiwilligen Spendeentschlusses. Ist die Beurteilung der Freiwilligkeit einer Lebendspende danach unabhängig von zwischen Spender und Empfänger bestehenden verwandtschaftlichen oder persönlichen Bindungen, scheidet ein derartiger Begründungsansatz zur Rechtfertigung der gesetzlich normierten Beschränkung des Spenderkreises aus.[84]

90 Die Restriktion lässt sich aber auch nicht mit dem Argument rechtfertigen, dass durch die Ausgrenzung von Fremdspenden einem Organhandel am effektivsten entgegengewirkt werde. Trotz dieses intuitiv überzeugenden Rechtfertigungsversuches ergeben sich bereits Zweifel an der Geeignetheit der Begrenzung des zulässigen Spenderkreises zur Bannung des Organhandels, da nicht übersehen werden darf, dass ein kommerzieller Organhandel letztlich gerade von einem mangelnden Organangebot lebt und erst die Mangelsituation an zur Verfügung stehenden Transplantaten eine entsprechende Nachfrage begründet und dem Handeltreiben mit Organen seinen (finanziellen) Reiz verleiht.[85] Letztlich entscheidend ist je-

---

[82] *Rixen*, NJW 1999, S. 3389 (3391) m.w.N.
[83] Neben dem Selbstbestimmungsrecht können insbesondere auch noch in bestimmten Situationen die von Art. 4 Abs. 1 und Abs. 2 GG gewährleistete Glaubens- und Gewissensfreiheit des Spendewilligen sowie sein aus Art. 6 Abs. 2 GG fließendes Elternrecht beeinträchtigt sein. Zudem steht die Verletzung des Gleichbehandlungsgrundsatzes aus Art. 3 Abs. 1 GG in Rede. Vgl. zusammenfassend: *Esser*, S. 145 ff.
[84] *Gutmann*, ZRP 1994, S. 111 ff.; *ders.*, MedR 1997, S. 147 ff.; insoweit auch *Schöne-Seifert*, in: Köchler (Hrsg.), Transplantation und personale Identität, 2001, S. 73 (86); *Sasse*, in: Barta/Weber (Hrsg.), Rechtsfragen der Transplantationsmedizin in Europa, 2001, S. 105 (118); ausführlich *Esser*, a.a.O., S. 162–166.
[85] Auf der anderen Seite ist aber nicht zu leugnen, dass die durch § 8 Abs. 1 Satz 2 TPG bewirkte Begrenzung der Lebendspende zu einer besseren Überschaubarkeit des Spen-

doch, dass zur Erreichung der Vermeidung eines Organhandels bereits das in § 18 TPG strafrechtlich sanktionierte Verbot des Organhandels und das in § 8 Abs. 3 Satz 2–4 TPG vorgeschriebene Verfahren unter Einsetzung einer Gutachterkommission zum Zwecke der Eruierung, ob Anhaltspunkte dafür bestehen, dass das Organ Gegenstand verbotenen Handeltreibens ist, als ausreichend zu erachten sein dürften. Dass gerade der in § 18 TPG niedergelegte Straftatbestand als effektives Mittel zur Bannung des Organhandels anzusehen ist, folgt dabei aus der Überlegung, dass der Erlass strafrechtlicher Vorschriften einhellig als das schärfste Mittel des Gesetzgebers anerkannt wird, dessen er sich zur Erfüllung des ihm (im Hinblick auf den Spender) obliegenden Schutzpflichtenauftrages bedienen kann. Insoweit steht also insbesondere mit der Möglichkeit der Kriminalisierung des Organhandels, von der der Gesetzgeber in § 18 TPG Gebrauch gemacht hat, ein gegenüber der in § 8 Abs. 1 Satz 2 TPG zusätzlich festgeschriebenen Restriktion des zulässigen Spender-Empfänger-Kreises milderes Mittel zur Verfügung, dass für sich alleine bereits ausreichend ist, um das gesetzgeberische Ziel – Vermeidung eines Organhandels – in gleichwirksamer Weise zu erreichen.[86]

Aus den vorgenannten Gründen bestehen daher erhebliche Bedenken an der durch § 8 Abs. 1 Satz 2 TPG festgeschriebenen Einschränkung des Spenderkreises. Die Verfassungsgemäßheit dieser Norm dürfte sich allenfalls noch damit begründen lassen, dass der Gesetzgeber bei der verhältnismäßigen Zuordnung der Rechtsgüter, die bei der Organtransplantation infrage stehen, einen weiten Beurteilungs- und Gestaltungsspielraum hat.[87] Allerdings wäre von Verfassung wegen nach diesseitiger Auffassung trotz des dem Gesetzesgeber zustehenden Ermessensspielraum eine allgemeine Freigabe des Spenderkreises für den Bereich der Lebendspende – insbesondere auch die Anerkennung der anonymen Fremdspende – geboten gewesen.[88]

91

4. Das Aufklärungserfordernis gem. § 8 Abs. 2 TPG

§ 8 Abs. 2 TPG enthält verfahrensrechtliche Vorgaben insbesondere zur ärztlichen Aufklärungspflicht, die gem. § 8 Abs. 1 S. 1 Nr. 1 b) TPG u. a. Zulässigkeitsvoraussetzung der Lebendspende ist. Diese gesetzlichen Anforderungen sind für den Bereich der Lebendspende dabei äußerst streng, was in dem bereits wiederholt angeführten Umstand begründet liegt, dass die Organexplantation beim Spender für

92

---

derkreises führt, was zur Bekämpfung eines Organhandels sicherlich förderlich ist. Im Ergebnis ist daher letztlich entscheidend auf das im Text nachfolgend beleuchtete Erforderlichkeitskriterium abzustellen. Vgl. hierzu im einzelnen: *Esser*, S. 166 f.

[86] Zur näheren Begründung der Nichttragfähigkeit der Regelung des § 8 Abs. 1 S. 2 TPG zur Vermeidung eines Organhandels unter Berücksichtigung des Nichtannahmebeschlusses der 1. Kammer des Ersten Senates des BVerfG v. 11.8.1999 vgl. *Esser*, S. 183–194 sowie S. 167–174.

[87] Nichtannahmebeschluss der 1. Kammer des Ersten Senates des BVerfG v. 1.8.1999, NJW 1999, S. 3399 (3401).

[88] Vgl. auch *Gutmann*, NJW 1999, S. 3387 ff.; *ders.*, MedR 1997, S. 147 (148 ff.); *Schroth*, JZ 1997, S. 1148 ff.; *ders.*, JZ 1998, S. 507; *Gutmann/Schroth*, Organlebendspende in Europa, 2002, S. 6 ff., insbes. S. 16 und 24.

diesen keinerlei Verbesserung seines gesundheitlichen Befindens nach sich zieht, sondern im Gegenteil höchstens die Gefahr einer Verschlechterung des Gesundheitszustandes zu begründen vermag.

a) Inhaltliche Anforderungen und beteiligte Personen

93 Ausweislich des Gesetzeswortlauts umfasst die gesteigerte ärztliche Aufklärungspflicht zwingend die Aufklärung des Spenders über „die Art des Eingriffs, den Umfang und mögliche, auch mittelbare Folgen und Spätfolgen der beabsichtigten Organentnahme für seine Gesundheit sowie über die zu erwartende Erfolgsaussicht der Organübertragung und sonstige Umstände, denen er erkennbar eine Bedeutung für die Organspende beimißt".

94 In Ausfüllung dieses gesetzlichen Aufklärungserfordernisses muss der transplantierende Arzt zwingend zumindest über die nachfolgend aufgeführten Aspekte aufklären; wobei er generell dafür Sorge tragen sollte, dass der Spender so umfassend wie nur möglich aufgeklärt wird:

95 – Vermittlung des medizinischen Hintergrundwissens, um den Spender überhaupt erst zu einer selbstbestimmten Entscheidungsfindung zu befähigen (Aufklärung über die Funktionsweisen transplantierter Organe, über die durchschnittlichen Erfolgswerte und die sich hieraus ableitende Nichtexistenz einer Erfolgsgarantie der Lebendspende);

– Aufklärung über die Wahrscheinlichkeit des Gelingens der Organverpflanzung gerade im konkreten Fall;

– im Falle der Nierenübertragung Aufklärung, dass alternativ zur Transplantation eine Dialysebehandlung als adäquate Behandlungsform zur Verfügung steht;

– Aufklärung hinsichtlich notwendigerweise durchzuführender Voruntersuchungen (Kompatibilitätsuntersuchungen) und deren Risikopotenziale;

– Aufklärung über die Transplantation im eigentlichen (engeren) Sinne (Aufklärung über den Umfang des ärztlichen Eingriffs und das allgemeine Operationsrisiko wie Gefahren der Narkotisierung, Sterberisiko);

– Aufklärung über die Gefahr etwaiger chirurgischer Komplikationen wie bei der Nierenspende etwa Nachblutungen im Bereich der Nebenniere oder Verletzung der Milz;

– Aufklärung über mögliche (ggfs. mittelbare) Folgen und Spätfolgen der Organentnahme (Aufklärung über mögliche „postoperative Störungen" wie z.B. Wundinfektionen, Thrombosen, Lungenentzündungen, Bildung von Nierensteinen oder nachteilige Auswirkungen der Ein-Nierigkeit auf eine mögliche Schwangerschaft);

– Aufklärung über die sich ggfs. aus dem Verlust der Paarigkeit der jeweiligen Organe ergebenden Risiken wie z.B. die Möglichkeit einer Nierenruptur infolge eines Unfalles;

- Gefahr der Erblindung im Bereich einer Hornhautspende für den Fall des Ausfalls der Funktionsfähigkeit des Auges etc.;
- Aufklärung über etwaige psychische Komplikationen im prä- bzw. postoperativen Verlauf des interpersonellen Austauschs von Organen;
- ggfs. Aufklärung über Umstände, denen der Spender erkennbar eine Bedeutung für die Organspende beimisst, was sich naturgemäß am jeweiligen Einzelfall zu orientieren hat.

Die Aufklärung hat dabei in jedem Falle durch einen *Arzt* zu erfolgen. Eine Übertragung dieser Pflichtenbindung etwa auf das Personal des jeweiligen Transplantationszentrums ist unzulässig. 96

Darüber hinaus schreibt § 8 Abs. 2 S. 2 TPG (i.V.m. § 5 Abs. 2 S. 1 und 2 TPG) vor, dass – um eine objektive Aufklärung sicherzustellen – der Aufklärung *zwingend* noch ein weiterer nicht weisungsgebundener und weder an der Explantation noch an der Implantation der Organe beteiligter Arzt beizuwohnen hat. 97

Da der „weitere" (hinzuzuziehende) Arzt ausweislich der Gesetzesbegründung von den entnehmenden und transplantierenden Ärzten *unabhängig* sein muss, lässt sich zunächst festhalten, dass dieser keinesfalls selbst zum Transplantationsteam gehören darf. Dies alleine dürfte indes – meint man es mit der vom Transplantationsgesetz bezweckten organisatorischen und personellen Entflechtung ernst – nicht ausreichend sein. Vielmehr ist zu fordern, dass der zweite Arzt nicht Beschäftigter derselben Institution „Krankenhaus" ist, bei welcher der operierende Arzt beschäftigt ist, da nur dann eine völlige finanzielle und strukturelle Unabhängigkeit des hinzuzuziehenden zweiten Arztes und damit eine nach dem gesetzgeberischen Willen offensichtlich gewollte *weitest gehende* Objektivität und Neutralität gewährleistet ist.[89] 98

Bei den darüber hinaus gem. § 8 Abs. 2 S. 2 TPG erforderlichenfalls hinzuzuziehenden und an der Aufklärung zu beteiligenden sachverständigen Personen ist vornehmlich an die Beteiligung von (sachverständigen) Psychologen gedacht. An die nach dem Gesetzestext für die Hinzuziehung von Sachverständigen maßgebende Erforderlichkeit sollten dabei keine allzu hohen Anforderungen gestellt werden. Vielmehr dürfte es sich *regelmäßig* empfehlen, psychologische Fachkräfte zu den ärztlichen Aufklärungsgesprächen beizuziehen, da eine sachgerechte psychologische Vorabklärung des Entschlusses zur Spende unweigerlich an eine entsprechende Aufklärung geknüpft ist, die aber den Vertretern dieser Spezialdisziplin vorbehalten sein muss.[90] Aus diesem Grunde sollte die Sollvorschrift des § 8 Abs. 2 S. 2 TPG in der Tat von jedem transplantierenden Arzt als „Mussvorschrift" gelesen werden, um sich dem denkbaren Vorwurf zu widersetzen, der 99

---

[89] *Edelmann*, S. 1065 (1069).
[90] Vgl. auch *Gutmann*, MedR 1997, S. 151 f.

Spender hätte im Falle einer ordnungsgemäßen (von Spezialisten auf diesem Gebiet durchgeführten) psychologischen Beratung und Aufklärung seine Einwilligung nicht erteilt.[91]

b) Zur Dokumentationspflicht gem. § 8 Abs. 2 S. 3 und 4 TPG

100 § 8 Abs. 2 S. 3 und 4 TPG statuiert eine Dokumentationspflicht in Gestalt einer zu fertigenden Niederschrift über den Inhalt der Aufklärung und die vom Spender abgegebene Einwilligungserklärung. Die Dokumentation dient dabei der Verfahrenssicherung[92] und stellt insoweit insbesondere Beweisinteressen in den Vordergrund.

101 Zu diesem Zwecke ist es unter inhaltlichen Aspekten zunächst unerlässlich, dass die Niederschrift den gesamten Inhalt des jeweiligen Aufklärungsgesprächs wiedergibt. Insoweit dürfte die Hinzuziehung eines „Protokollführers" ratsam sein. Zu warnen ist hingegen vor der Verwendung von Vordrucken, da diese kaum geeignet sein dürften, die gesetzlich geforderte einzelfallabhängige Aufklärung bezogen auf den konkreten Spender wiederzugeben. Aus dem selben Grunde sollte auch keine vorformulierte Einwilligungserklärung ausgehändigt bzw. verwendet werden, da der Spender andernfalls später behaupten könnte, dass ihm diese als bedeutungslose Förmelei untergeschoben worden sei.[93] Des weiteren erfordert die mit der Erstellung der Niederschrift intendierte Beweissicherung, dass die Niederschrift von den aufklärenden Personen, dem weiteren an der Aufklärung beteiligten Arzt und dem Spender unterschrieben wird. Bei der Hinzuziehung weiterer Sachverständiger muss die Niederschrift darüber hinaus auch die Unterschrift dieser Personen tragen, da sie dann zu den gesetzlich benannten „aufklärenden Personen" zu zählen sind. Ist das gesetzlich statuierte Unterschriftenerfordernis hingegen nicht (vollständig) erfüllt, kommt der Niederschrift keinerlei Beweiskraft zu, so dass nicht überprüft werden kann, ob die Aufklärung ordnungsgemäß erfolgt ist, was gem. § 19 Abs. 2 i.V.m. § 8 Abs. 1 S. 1 Nr. 1 Buchst. b TPG für den transplantierenden Arzt die Gefahr einer Bestrafung nach sich zieht, wenn die ordnungsgemäße Aufklärung nicht – wovon allerdings im Regelfall auszugehen sein dürfte – auf andere Weise (insbesondere durch die Zeugnisse der an der Aufklärung beteiligten Personen) nachweisbar ist.

102 Die Niederschrift muss gem. § 8 Abs. 2 S. 4 TPG auch eine *ausführliche* Angabe über die versicherungsrechtliche Absicherung der gesundheitlichen Risiken nach § 8 Abs. 2 S. 1 TPG enthalten. Durch diese Bezugnahme wird zunächst klargestellt, dass sich die aufzunehmende versicherungsrechtliche Absicherung ausschließlich auf die für den Organspender bestehenden Risiken bezieht. Dies erklärt sich daraus, dass die Krankenkassen i.d.R. alle finanziellen Aufwendungen, die beim *Organempfänger* durch die Einpflanzung eines neuen Organs entstehen,

---

[91] So *Edelmann*, S. 1065 (1068).
[92] BT-Drs. 13/4355, S. 21.
[93] *Edelmann*, S. 1065 (1068).

in Ansehung der Vorschrift des § 27 SGB V übernehmen[94], während die Krankenkasse eines *Organspenders* für eine Übernahme der bei der Organexplantation entstehenden (unmittelbaren und mittelbaren) Kosten generell nicht zur Verfügung steht, da der Spender die für ihn entstehenden nachteiligen gesundheitlichen Folgen vorsätzlich herbeiführt (vgl. § 52 SGB V).[95]

Mit Blick auf die Spenderseite verhält es sich vielmehr bzgl. der bei der Organexplantation entstehenden Kosten so, dass diese grundsätzlich – jedenfalls wenn die Organentnahme komplikationslos verläuft – ebenfalls von der Krankasse des *Organempfängers* getragen werden, da die Organtransplantation letztlich ausschließlich im Interesse des Empfängers vorgenommen wird und der Wiederherstellung bzw. Verbesserung seiner Gesundheit dient und damit Teil der Krankenhilfe für den Organempfänger ist.[96] Zu den von der Krankenkasse des Empfängers zu erstattenden Aufwendungen gehören dabei ebenso die Kosten für die ambulante oder stationäre Behandlung des Organspenders wie auch ein etwaig entstehender Verdienstausfall.[97] Bei einer infolge der Explantation eintretenden späteren Erkrankung, Erwerbsminderung oder sogar einer Arbeitsunfähigkeit des Spenders kommt dem Spender darüber hinaus auch der Schutz der gesetzlichen Unfallversicherung zugute, da die genannten Folgen „Arbeitsunfällen" gleichgestellt werden.[98] Über die beschriebenen Grundsätze der Kostentragungspflicht der Versicherung muss der Spender ebenfalls aufgeklärt werden, was ausdrücklich in die zu fertigende Niederschrift aufzunehmen ist.

103

Die durch die Regelung des § 8 Abs. 2 S. 4 TPG verlangte Angabe über die versicherungsrechtliche Absicherung der in § 8 Abs. 2 S. 1 TPG aufgezählten gesundheitlichen Risiken ist dabei trotz der aufgezeigten Grundsätze keinesfalls überflüssig, da durchaus auch problematische Konstellationen auftreten können, bei denen sich der Organspender nicht nach den dargestellten Grundsätzen ohne weiteres beim Empfänger schadlos halten kann. Dies gilt etwa für den Fall, in dem der Organempfänger nicht gesetzlich versichert ist. In diesem Falle sind zwingend vertragliche Vereinbarungen mit dem Empfänger über die Kostentragungspflicht vonnöten, da eine versicherungsrechtliche Absicherung der bei der Explantation bestehenden gesundheitlichen (Folge-)Risiken nicht besteht.[99] Auch ist es denkbar,

104

---

[94] Ausgenommen sind insoweit allerdings die Aufwendungen, die dem Organempfänger durch die „Selbstbeschaffung" eines zu transplantierenden Organs entstehen, was selbst dann gilt, wenn die Transplantation erst aufgrund der „Selbstbeschaffung" möglich wurde, wie etwa eines als Gegenleistung für eine Spende gezahlten Geldbetrags, vgl. BSGE 79, 53. Zur ebenfalls problematischen Kostenübernahme der Krankenkasse bei im *Ausland* durchgeführten Transplantationen auch im Hinblick auf die vom Empfänger aufgewandten Kosten vgl.: BSG, NJW 1973, S. 3114 f.
[95] Zur versicherungsrechtlichen Situation bei einer Lebendorgantransplantation vgl. *Ugowski*, Rechtsfragen der Lebendspende von Organen, S. 125 ff.; *Edelmann*, S. 1065 (1068 f.).
[96] BSGE 79, 53, 35, 102; *Edelmann*, S. 1065 (1068).
[97] *Ugowski*, S. 127
[98] Ausführlich hierzu *Ugowski*, S. 135 ff.
[99] *Ugowski*, S. 129.

dass der Organempfänger, etwa um das Risiko einer Individualität des Lebendspenders oder sogar seines Versterbens abzudecken, eine gesonderte Versicherung zugunsten des Spenders abschließt. Derartige Maßnahmen sind insoweit ebenfalls in die von § 8 Abs. 2 S. 4 TPG geforderte Niederschrift aufzunehmen. Gleiches gilt für eine denkbare vertragliche Abmachung, durch die sich der Empfänger verpflichtet, dem Spender den Schaden zu ersetzen, der ihm dadurch entsteht, dass er bei seiner eigenen privaten Kranken- oder Lebensversicherung höhere Prämien zahlen muss, weil durch die Spende das Risiko des Eintritts des Versicherungsfalles steigt.

c) Ärztliche Aufklärungspflicht im Hinblick auf die Empfängerseite

105 Obwohl § 8 Abs. 2 TPG lediglich eine ärztliche Aufklärungspflicht im Hinblick auf die Spenderseite statuiert, ist selbstverständlich auch der Organempfänger aufzuklären. Wegen der für ihn bestehenden Heiltendenz der Implantation ergeben sich insoweit aber keinerlei nennenswerte Abweichungen von den üblichen ärztlichen Informationspflichten bei Heileingriffen.

106 Demnach ist der Empfänger zunächst ebenfalls sorgfältig über die operativen Eingriffen stets immanenten Risiken (Sterberisiko, Risiken im Zusammenhang mit der Narkotisierung etc.) aufzuklären. Zusätzlich sind ihm auch die Folgen einer Organimplantation für seine Person nahe zu bringen. Dem Transplantatempfänger ist die medikamentöse Abhängigkeit zur Vermeidung einer Organabstoßung ebenso zu vergegenwärtigen wie die potenzielle Gefahr einer Verschlechterung etwa bei ihm bereits bestehender Vorerkrankungen wie beispielsweise eine Herz- oder Zuckerkrankheit. Zudem muss er über das mit der Transplantation verbundene Risiko einer Übertragung von Infektionskrankheiten, an denen der Spender ggfs. leidet, aufgeklärt werden. Letztendlich ist auf die stets gegebene Eventualität einer Abstoßungsreaktion und die hieraus resultierende Notwendigkeit einer Wiederentfernung des implantierten Organs hinzuweisen.[100]

5. Widerruflichkeit der Einwilligungserklärung gem. § 8 Abs. 2 S. 5 TPG

107 Durch die Regelung des § 8 Abs. 2 S. 5 TPG wird ausdrücklich festgestellt, dass die Einwilligung des Spenders in die Organentnahme jederzeit von ihm widerrufen werden kann. Der Widerruf unterfällt dabei – wie die Möglichkeit zum mündlichen Widerruf suggeriert – keinem Formerfordernis. Eine Begründung, warum der Widerruf erfolgt, ist nicht vonnöten.[101]

108 Der Widerruf hat dabei lediglich eine in die Zukunft gerichtete (sog. ex-nunc) Wirkung und ist insoweit verfassungsrechtlich durch den Umstand abgesichert, dass der jeweils *aktuelle* Wille des Grundrechtsträgers bei seiner Grundrechtsaus-

---

[100] Zusammenfassend vgl.: *Wilhelm/Werner/Manske/Sperschneider/Schubert*, Aufklärung medizinischer Fragen im Umfeld der Lebendspende – Nierentransplantation, Transplantationsmedizin 1997, S. 208 (210).
[101] Vgl. BT-Drs. 13/4355, S. 21.

übung – hier in Gestalt der Verwirklichung des Selbstbestimmungsrechts des Transplantatgebers – zu berücksichtigen ist.[102] Die durch § 8 Abs. 2 S. 5 TPG ermöglichte Annullierungsmöglichkeit hat dabei auch (mittelbare) Auswirkungen auf den Zeitraum der vorzunehmenden ärztlichen Aufklärung und den Zeitpunkt, der zwischen der Zustimmungserklärung des Spenders und der hieraufhin durchzuführenden Organentnahme liegen bzw. vergangen sein muss. So sollte für den Bereich der Spende ex vivo mit Blick auf die Tragweite des Entschlusses und die Vielfältigkeit des Aufklärungsgehalts zunächst eine sehr frühzeitige Aufklärung durchgeführt werden, die dem Spender auch in zeitlicher Hinsicht eine Annullierung der von ihm vielleicht vorschnell signalisierten Bereitschaft zur Transplantation ermöglicht. Auch sollte zwischen der abgegebenen Einwilligungserklärung des Spenders und der Durchführung der Explantation mindestens eine Woche liegen. Allein in Fällen, in denen die Explantation aus medizinischen Gründen (wegen des Gesundheitszustandes des Empfängers) sofort durchgeführt werden muss und ein Zuwarten insoweit nicht in Betracht kommt, ist ein kürzerer Zeitraum zwischen Einwilligung und Explantation im Hinblick auf das statuierte Widerrufsrecht des Spenders – ausnahmsweise – gerechtfertigt.[103]

6. Weitere Zulässigkeitsvoraussetzungen gem. § 8 Abs. 3 TPG

a) Bereiterklärung zur Nachbetreuung gem. § 8 Abs. 3 S. 1 TPG

Nach § 8 Abs. 3 Satz 1 TPG darf die Explantation erst durchgeführt werden, nachdem sich der Organspender und der Organempfänger zur Teilnahme an einer ärztlich empfohlenen Nachbetreuung bereit erklärt haben. Das Ziel dieser Anforderung ist dabei darin zu sehen, eine optimale ärztliche und psychische Betreuung der Betroffenen zu schaffen, um den Erfolg der Transplantation auf Dauer zu sichern.[104] Dem Wortlaut des Gesetzestextes lässt sich entnehmen, dass die vom Spender und Empfänger geforderte Bereiterklärung echte Zulässigkeitsvoraussetzung für die Durchführung einer Lebendspende ist, wenn ein Arzt eine entsprechende Nachbetreuung empfiehlt, wobei jedoch zu betonen ist, dass die Nichtberücksichtigung dieser Zulässigkeitsvoraussetzung für den Arzt – wie sich der Vorschrift des § 19 TPG entnehmen lässt – keine strafrechtlichen Konsequenzen hat.

109

Die Nachbetreuung wird im Übrigen *so gut wie immer* zu empfehlen sein, da insbesondere psychologische Unterstützung sowohl für den Organspender als auch für den Organempfänger bei der Lebendspende in der postoperativen Phase notwendig ist.[105]

110

---

[102] *Stern*, Das Staatsrecht der Bundesrepublik Deutschland, Bd. III/2, S. 916.
[103] Vgl. auch BT-Drs. 13/4355, S. 21.
[104] So die Gesetzesbegründung BT-Drs. 13/4355, S. 21
[105] Zur Ausgestaltung der psychologischen Unterstützung etwa bei der Lebendnierentransplantation in der postoperativen Phase vgl. *Schneewind*, Zeitschrift für Transplantationsmedizin 1993, S. 89 (96).

b) Beteiligung der Gutachterkommission gem. § 8 Abs. 3 S. 2–4 TPG

aa) Ziel und Aufbau der Regelung des § 8 Abs. 3 S. 2–4 TPG

111 Durch die Regelung des § 8 Abs. 3 S. 2 TPG bringt der Gesetzgeber zunächst zum Ausdruck, dass die Durchführung einer Lebendspende nicht nur eine nach außen kundgetane Einwilligungserklärung erfordert, sondern die in § 8 Abs. 1 S. 1 Nr. 1 Buchst. b TPG geforderte Zustimmung zur Explantation zwingend das Ergebnis eines innerlich *freiwillig* getroffenen Entschlusses zur Lebendgabe sein muss. Zugleich verfolgt sie das Ziel, die Freiwilligkeit der Entscheidung zur Organspende und den Ausschluss verbotenen Handeltreibens nach § 17 TPG zu gewährleisten. Zur Realisierung dieser gesetzgeberischen Intention fordert § 8 Abs. 3 S. 2 TPG eine in jedem Einzelfall vor der Organentnahme einzuholende gutachterliche Stellungnahme einer nach dem jeweiligen Landesrecht zuständigen Kommission zu der Frage, ob „begründete tatsächliche Anhaltspunkte dafür vorliegen, dass die Einwilligung in die Organspende nicht freiwillig erfolgt oder das Organ Gegenstand verbotenen Handeltreibens" ist. § 8 Abs. 3 S. 3 TPG regelt dann die Zusammensetzung dieser Kommission. Ihr muss insoweit ein Arzt angehören, der weder an der Entnahme noch an der Übertragung vom Organ beteiligt ist, noch Weisungen eines Arztes untersteht, der an solchen Maßnahmen beteiligt ist, ferner eine Person mit der Befähigung zum Richteramt und eine in psychologischen Fragen erfahrene Person. § 8 Abs. 3 S. 4 TPG delegiert schließlich insbesondere die nähere Verfahrensausgestaltung und die Frage der Finanzierung der Gutachterkommission an die jeweiligen Landesgesetzgeber.

bb) Freiwilligkeit des Spendeentschlusses und grundsätzliche Bedeutung der Kommissionsbeteiligung

112 Angesichts der Problematik im Zusammenhang mit der zu fordernden Freiwilligkeit des Spendeentschlusses (siehe dazu die Kommentierung von *Feuerstein* aus sozialwissenschaftlicher Perspektive im Anhang zu § 8) hat sich der Gesetzgeber dazu entschieden, dass vor der Durchführung der Lebendspende ein bestimmtes Verfahren durchlaufen werden muss, das als Kontrollmechanismus zur Feststellung der tatsächlichen Beweggründe des Spenders hinsichtlich seines Entschlusses zur Lebendgabe dienen soll. § 8 Abs. 3 S. 2 bis 4 TPG stellt insoweit eine reine Verfahrensregelung dar, wobei sich sowohl dem Gesetzeswortlaut als auch der Gesetzesbegründung eindeutig entnehmen lässt, dass die Spendermotive (was ohnehin so gut wie unmöglich wäre) nicht positiv festzustellen sind, sondern allein zu prüfen ist, ob „tatsächliche Anhaltspunkte dafür vorliegen, dass die Einwilligung in die Organspende *nicht* freiwillig erfolgt oder das Organ Gegenstand verbotenen Handeltreibens nach § 17 TPG ist". Vorgeschrieben ist somit eine „negatorische", auf den Ausschluss von Spenden ausgerichtete Prüfung, bei denen nur eine unfreiwillige, unter Druck oder durch Vorteilsgewährung entstandene Bereitschaft zur Lebendspende besteht.[106] Diese Prüfung hat dabei *einzelfallbezogen* zu

---

[106] Vgl. auch BT-Drs. 13/4355, S. 21.

erfolgen, was unabhängig davon gilt, ob eine Spende regenerierungsfähiger Organteile oder nicht regenerierungsfähiger Organe in Rede steht.[107]

Die Gesetzesbegründung stellt des weiteren klar, dass die Einzelüberprüfung der Spendeentscheidung trotz des gesetzlich vorgesehenen Kommissionsverfahrens den transplantierenden Arzt keinesfalls entlastet, sondern er „sich über das Vorliegen der rechtswirksamen Einwilligung des Organspenders *selbst* vergewissern" muss und die Stellungnahme der Kommission für ihn „lediglich eine *zusätzliche* verfahrensrechtliche Sicherheit" bietet.[108] Die Stellungnahme hat daher letztlich lediglich empfehlenden Charakter, ein Veto-Recht kommt ihr hingegen nicht zu.[109] Aus diesem Grunde besteht auch keine Delegationsmöglichkeit für den verantwortlichen Arzt. Vielmehr bleibt die Entscheidung, ob die Zustimmung des potentiellen Spenders tatsächlich freiwillig erfolgt oder aber kommerziell motiviert ist bzw. ob diesbezüglich Anhaltspunkte vorliegen, alleine dem transplantierenden Arzt selbst vorbehalten.[110]

113

Ausweislich des Gesetzeswortlauts ist das Kommissionsverfahren *zwingend* durchzuführen. Ausnahmetatbestände, in denen auf die Stellungnahme der Gutachterkommission verzichtet werden kann, sieht das Gesetz nicht vor, obwohl durchaus Fälle denkbar sind, in denen auch im Bereich der Lebendspende zur Rettung des Empfängers ein sofortiges Vorgehen – beispielsweise bei der Transplantation von Lebersegmenten auf ein Kind – angezeigt und erforderlich sein kann.[111] Wegen dieser verunglückten, gleichwohl aber existenten Gesetzesfassung kann dem verantwortlichen Arzt selbst in derartigen Dringlichkeitsfällen nur angeraten werden, sich über das Transplantationszentrum umgehend an die zuständige Kommission zu wenden und wegen der Dringlichkeit des gebotenen Eingriffs die Befreiung von der Durchführung des nach § 8 Abs. 3 S. 2 TPG vorgeschriebenen Verfahrens zu beantragen. Im Übrigen sind in diesem Zusammenhang auch die jeweiligen Ausführungsgesetze der Länder, denen gem. § 8 Abs. 3 S. 4 TPG die nähere Verfahrensgestaltung übertragen ist, zu beachten, in denen der vorbeschriebenen Problematik (zum Teil) Rechnung getragen wird und entsprechende Vorgehensweisen und Lösungswege vorgegeben werden.[112]

114

---

107 Wie Fußnote zuvor.
108 BT-Drs. 13/4355, S. 21 (Hervorhebungen durch Verfasser).
109 Zutreffend *Gutmann*, MedR 1997, S. 147 (151).
110 Wie vor.
111 *Gutmann*, MedR 1997, S. 147 (151).
112 Vgl. etwa § 15j Abs. 4 des *Hamburgischen* Ausführungsgesetzes, wo geregelt ist, dass die Kommission sicherzustellen hat, dass sie für unaufschiebbare Fälle jederzeit erreichbar und sofort entscheidungsfähig sein muss. Vgl. des weiteren die Regelung in § 3 Abs. 6 des Ausführungsgesetzes des Landes *Rheinland-Pfalz*, in der niedergelegt ist, dass in dringenden Fällen das vorsitzende Mitglied im Einvernehmen mit den übrigen Mitgliedern eine fernmündliche Verhandlung der Kommission durchzuführen und aufgrund des Ergebnisses dieser Verhandlung die gutachtliche Stellungnahme zu erstatten ist. Vgl. des weiteren § 2 Abs. 2 Ausführungsgesetz *Mecklenburg-Vorpommern*, wonach

cc) Zusammensetzung der Kommission gem. § 8 Abs. 3 S. 3 TPG

115 Zu der vom Gesetzgeber in § 8 Abs. 3 S. 3 TPG skizzierten Zusammensetzung der Kommission ist anzumerken, dass diese durch ihre Unabhängigkeit vor allem dazu beitragen kann, dass das Interesse des Empfängers nicht den Entscheidungsprozess der Organspende dominiert, dass also eine Situation der Überredung vermieden wird.

116 Der der Kommission angehörende *Arzt* muss dabei vollkommen unabhängig sein. Sein Tätigkeitsfeld darf sich weder auf den Bereich von Transplantatübertragungen erstrecken, noch darf er einem Arzt unterstellt sein, der auf diesem Gebiet praktiziert. Diese fachbereichsspezifische Einschränkung ergibt sich dabei aus einem Vergleich der Vorschrift des § 8 Abs. 3 S. 2 TPG mit der Vorschrift des § 5 Abs. 2 S. 1 und 2 TPG, da alleine bei der zuletzt genannten Norm nur auf die *konkret* in Rede stehende Organübertragung zwischen Spender und Empfänger abgestellt wird („Übertragung der Organe des Organspenders"), während die Vorschrift des § 8 Abs. 3 S. 2 TPG *allgemein* auf die Beteiligung eines Arztes an Transplantatübertragungen abstellt („an der Übertragung von Organen"). Sinnvollerweise wird man auch in diesem Kontext – ebenso wie bei der in § 8 Abs. 2 S. 2 TPG geforderten Hinzuziehung eines weiteren Arztes – zu fordern haben, dass der der Kommission angehörende Arzt nicht der Institution „Krankenhaus" angehört, die die Transplantation vornimmt.[113]

117 Des weiteren muss der Kommission *eine Person mit der Befähigung zum Richteramt* angehören, was nach § 5 des deutschen Richtergesetzes den Abschluss eines rechtswissenschaftlichen Studiums an einer Universität mit der Ersten Staatsprüfung und den Abschluss eines anschließenden Vorbereitungsdienstes mit der Zweiten Staatsprüfung voraussetzt.

118 Schließlich wird die Beteiligung einer *„in psychologischen Fragen erfahrenen Person"* von Gesetzes wegen gefordert. Obwohl es sich bei der Disziplin „Psychologie" um ein weitgefächertes Feld mit sehr unterschiedlichen Kompetenzen handelt, ist weder dem Gesetzeswortlaut noch der Gesetzesbegründung zu entnehmen, welche professionelle Kompetenz hinsichtlich des gesetzlichen Anforderungsprofils die angemessene ist. Feststehen dürfte aber auch trotz der vom Gesetzgeber gewählten offenen Formulierung, dass keinesfalls eine bloße Laienkompetenz auf dem Gebiet der Psychologie als ausreichend zu erachten ist. Gleichwohl ist angesichts des Umstandes, dass es gerade hinsichtlich der als notwendig erachteten psychologischen Qualifikation eines der Kommissionsmitglieder an eindeutigen Maßstäben fehlt, mehr als fraglich, ob die Kommissionsmitglieder tatsächlich fachlich im Stande sind, subtile Zwänge oder andere Einflüsse in der Familien- oder Spender/Empfänger-Konstellation zu erkennen, die den erklärten

---

der Vorsitzende Ort, Zeit und Gegenstand der Sitzungen nach Bedarf *unter Berücksichtigung der medizinischen Dringlichkeit* festlegt. Vgl. schließlich § 2 Abs. 10 *Hessisches Ausführungsgesetz*, wonach die Kommission bei besonderer Eilbedürftigkeit nach Aktenlage entscheiden kann.

[113] Vgl. insoweit bereits die Kommentierung zu § 8 Abs. 2 S. 2 TPG (Rdnr. 97 ff.).

Spenderwillen in seiner Freiwilligkeit oder moralischen Angemessenheit entschlüsseln. Allerdings ist in diesem Zusammenhang auf die Regelung des § 8 Abs. 3 S. 4 TPG zu verweisen, wonach u.a. die Zusammensetzung der Kommission im einzelnen der jeweiligen landesrechtlichen Ausgestaltung vorbehalten ist. Insoweit enthalten aber auch die landesrechtlichen Ausführungsgesetze keine Definition, was unter einer „in psychologischen Fragen erfahrenen Person" zu verstehen ist. Alleine das Ausführungsgesetz des Landes *Mecklenburg-Vorpommern* enthält eine weitergehende Konkretisierung, in dem es „eine Person mit ausgewiesener Qualifikation als Dipl. Psychologe oder als Facharzt für Psychiatrie und Psychotherapie oder für Neurologie und Psychiatrie oder als Psychologischer Psychotherapeut" mit hinreichend beruflicher Erfahrung fordert (§ 1 Abs. 2 Nr. 3). Eine Auslegungshilfe bieten schließlich auch noch die Gesetzesbegründungen zu den Ausführungsgesetzen der Länder *Baden-Württemberg* und *Bayern*. So stellt die Begründung zum Baden-Württembergischen Ausführungsgesetz klar, dass bei der Auslegung des Begriffes einer „in psychologischen Fragen erfahrenen Person" zu berücksichtigen sei, dass die Tätigkeit der Kommissionen ausweislich der Gesetzesbegründung zu § 8 Abs. 3 S. 2–4 TPG dazu dient, durch den Einsatz insbesondere psychodiagnostischer Mittel und medizinisch-psychologischer Beratungsverfahren zu ermitteln, ob der Organspender freiwillig handelt, sodass nur eine Person als in psychologischen Fragen als erfahren angesehen werden könne, bei der *nachgewiesen* sei, dass sie über die entsprechenden Erkenntnisse verfüge.[114] Der Bayerischen Gesetzesbegründung lässt sich entnehmen, dass die gesetzlich geforderte Qualifikation – in Anlehnung an das Bayerische Psychotherapeutengesetz – eine im Inland an einer Universität oder gleichstehenden Hochschule bestandene Abschlussprüfung im Studiengang Psychologie, die das Fach Klinische Psychologie einschließe, erfordere und zudem eine bereits mehrjährige Tätigkeit auf diesem Gebiet wünschenswert sei.[115]

dd) Übertragung der näheren Verfahrens- und Finanzierungsausgestaltung auf den Landesgesetzgeber gem. § 8 Abs. 3 Satz 4 TPG und landesrechtliche Umsetzungen

Zum Verfahren, das die Kommissionsmitglieder in ihrer Evaluation im einzelnen zu praktizieren haben, enthält das Transplantationsgesetz selbst keine Aussage. Vielmehr bestimmt § 8 Abs. 3 *Satz 4* TPG lediglich, dass das Nähere, insbesondere zur Zusammensetzung der Kommission, zum *Verfahren* und zur *Finanzierung*, durch Landesrecht bestimmt werde. Fast alle Länder haben zwischenzeitlich[116] von der ihnen übertragenen Ausführungskompetenz Gebrauch gemacht und die nachfolgenden Regelungen erlassen:

119

---

[114] Landtag von Baden-Württemberg, Drs. 12/4278, S. 16 zu § 5a Abs. 2 des Kammergesetzes (Ausführungsgesetz).
[115] Bayerischer Landtag, Drs. 14/1450, S. 8 zu Art. 3.
[116] In diesem Zusammenhang ist die Regelung des § 26 Abs. 1 Satz 2 TPG zu beachten, nach der die Vorschriften des § 8 Abs. 3 S. 2 und 3 TPG erst am 1.12.1999 in Kraft getreten sind.

120	Baden-Württemberg	Gesetz zur Änderung des Heilberufes-Kammergesetzes vom 25.11.1999 (Neueinfügung des § 5 a) – GBl. BW v. 30.11.1999, S. 453
Bayern	Gesetz zur Ausführung des Transplantationsgesetzes und des Transfusionsgesetzes (AGTTG) vom 24.11.1999 – bayerisches Gesetzes- und Verordnungsblatt Nr. 25/1999, S. 464 ff.
Berlin/Brandenburg	– 8. Gesetz zur Änderung des Berliner Kammergesetzes vom 5.10.1999 (GVBl. S. 537) – Verordnung zur Ausführung des Transplantationsgesetzes (TPGAV) vom 9.12.1999 – Gesetz und Verordnungsblatt für das Land Brandenburg Teil II – Nr. 2 vom 28.1.2000 – Vereinbarung über die Bildung einer Gemeinsamen Lebendspendekommission der Ärztekammer Berlin und der Landesärztekammer Brandenburg vom 26.11.1999 auf der Grundlage der Satzung der Lebendspendekommission der Ärztekammer Berlin vom 13.10.1999 (ABl. Nr. 62 26.11.99)
Bremen	Art. 1 Nr. 11 des 5. Gesetzes zur Änderung des Heilberufsgesetzes vom 26.10.1999 (Neueinfügung des § 11 b) – BremGBl. S. 263
Hamburg	5. Gesetz zur Änderung des Hamburgischen Ärztegesetzes vom 21.12.1999 (Art. 1, §§ 15 h bis 15 n, Art. 2) – hamburgisches Gesetz- und Verordnungsblatt 1999, Nr. 39
Hessen	Hessisches Gesetz zur Ausführung des Transplantationsgesetzes (HAGTPG) vom 29.11.2000, Nr. 27 Gesetz- und Verordnungsblatt für das Land Hessen, Teil I – 6.12.2000, S. 514 f.
Mecklenburg-Vorpommern	Gesetz zur Ausführung des Transplantationsgesetzes (TPG AG M-V) vom 24.11.2000 – Gesetz und Verordnungsblatt M-V 2000 Nr. 19, S. 541 f.
Niedersachsen	Gesetz zur Änderung des Kammergesetzes für die Heilberufe und zur Errichtung einer Psychotherapeutenkammer vom 16.12.1999 (Neueinfügung des § 14 a) – Nds-GVBl. Nr. 25/1999
Nordrhein-Westfalen	Gesetz zur Ausführung des Transplantationsgesetzes (AG-TPG) vom 9.11.1999 – Gesetz- und Verordnungsblatt für das Land NRW – Nr. 45 vom 19.11.1999, S. 599

Rheinland-Pfalz	Landesgesetz zur Ausführung des Transplantationsgesetzes (AGTPG) vom 30.11.1999 – Gesetz- und Verordnungsblatt für das Land Rheinland-Pfalz vom 10.12.1999, Nr. 23, S. 424 f.
Saarland	Saarländisches Ausführungsgesetz zum Transplantationsgesetz (AGTPG) vom 26.1.2000 (§ 2) – Amtsblatt des Saarlandes vom 2.6.2000, S. 886
Sachsen	Verordnung des Sächsischen Staatsministeriums für Soziales, Gesundheit, Jugend und Familie zur Errichtung einer Kommission bei einer Lebendspende (KommTPGVO) vom 14.12.1999 – Sächsisches Gesetz- und Verordnungsblatt Nr. 1 vom 21.1.2000 Geschäftsordnung für die bei der Sächsischen Landesärztekammer eingerichtete Kommission Lebendspende gem. § 8 Abs. 3 TPG vom 1.3.2000
Sachsen-Anhalt	– Gesetz zur Änderung des Gesundheitsdienstgesetzes vom 14.6.2000 (Neueinfügung des § 27 b), Gesetz- und Verordnungsblatt Sachsen-Anhalt 2000, S. 424.
Schleswig-Holstein	– Landesverordnung zur Bestimmung der Zuständigkeit nach dem Transplantationsgesetz vom 2.12.1999 (Übertragung der Aufgabe nach § 8 Abs. 3 TPG auf die Ärztekammer Schleswig-Holstein), Gesetz- und Verordnungsblatt für Schleswig-Holst. 2000, S. 4 – Beschluss des Vorstandes der Ärztekammer Schleswig-Holstein über Zusammensetzung und Verfahren der Gutachterkommission nach § 8 Abs. 3 TPG vom 5.11.1999
Thüringen	– 3. Gesetz zur Änderung des Heilberufegesetzes vom 21.11.2001 (Neueinfügung der §§ 17 h–j), Gesetz- und Verordnungsblatt für den Freistaat Thüringen 2001, S. 309

Betrachtet man die landesgesetzlichen Regelungen – soweit solche getroffen wurden –, so lassen sich eine Vielzahl von Gemeinsamkeiten, aber auch recht unterschiedliche Handhabungen bei der Umsetzung der Anforderungen des § 8 Abs. 3 S. 4 TPG feststellen.   *121*

Was die in § 8 Abs. 3 S. 4 TPG angesprochene *Zusammensetzung der Kommission* betrifft, haben zunächst sämtliche Länder die in § 8 Abs. 3 Satz 3 TPG genannten Personen als Mitglieder der Kommission aufgenommen. Zu der (problematischen) Frage, was unter einer „in psychologischen Fragen erfahrenen Person" zu verstehen ist, äußern sich die meisten Landesgesetze hingegen nicht, sondern wiederholen vielmehr lediglich die bundesrechtlichen Vorgaben aus § 8 Abs. 3 S. 3 TPG. Lediglich das Ausführungsgesetz des Landes Mecklenburg-Vorpommern und die Gesetzesbegründungen zum Baden-Württembergischen und Bayerischen Ausführungsgesetz enthalten definitorische Festlegungen bzw. Auslegungshilfen,   *122* was im Einzelnen bereits bei der Kommentierung des § 8 Abs. 3 S. 3 TPG (oben Rdnr. 118) abgehandelt wurde. Auf die dortigen Ausführungen wird an dieser Stelle verwiesen.

123 Über die in § 8 Abs. 3 S. 3 TPG benannten Kommissionsmitglieder hinaus gehört nach dem Bremischen Ausführungsgesetz (§ 11 b Abs. 2 Nr. 4 Heilberufsgesetz) der Kommission noch ein sog. „Patientenvertreter" an. Die Regelung des Landes Nordrhein-Westfalen weist zudem die Besonderheit auf, dass hierbei festgeschrieben wurde, dass mindestens ein Kommissionsmitglied eine Frau sein muss (§ 1 Abs. 2 S. 2 AG-TPG NW).

124 Die Kommissionsmitglieder (und deren Stellvertreter) werden regelmäßig (im Einvernehmen mit der zuständigen Behörde) durch die Ärztekammer bzw. durch deren Vorstand berufen.[117] Die *Dauer* der Kommissionsmitgliedschaft wurde dabei in den meisten Ländern auf 5 Jahre[118], in einigen Ländern auf 4 Jahre[119] und in Hessen auf 3 Jahre (§ 2 Abs. 3 Ausführungsgesetz) festgelegt, wobei zumeist sowohl die Möglichkeit einer Wiederernennung, als auch die Möglichkeit eines Widerrufs der Berufung in die Kommission ausdrücklich statuiert wurde. Die erhebliche Zeitspanne der Mitgliedschaft soll insoweit ausweislich der jeweiligen Gesetzesbegründungen dazu dienen, eine gewisse Kontinuität in der Aufgabenwahrnehmung der Kommission sicherzustellen.[120]

125 Zur Stellung der Kommissionsmitglieder selbst enthalten die Ländergesetze üblicherweise die Aussage, dass die Mitglieder keinerlei Weisungen, sondern lediglich ihrem Gewissen unterliegen, ehrenamtlich tätig werden und auch nach Beendigung ihrer Tätigkeit über die ihnen bekannt gewordenen Angelegenheiten Verschwiegenheit zu bewahren haben.[121] Erwähnung verdient in diesem Zusammenhang schließlich noch der Umstand, dass die Ausführungsgesetze der Länder Bayern (Art. 3 Abs. 1 Satz 2 AGTTG) und Baden-Württemberg (§ 5 a Abs. 3 Nr. 2 Kammergesetz) die gemäß § 8 Abs. 3 Satz 3 TPG lediglich für den Arzt vorgeschriebene Weisungsunabhängigkeit dergestalt erweitert haben, dass sie diese In-

---

[117] So etwa: § 5a Abs. 4 Satz 1 Baden-Württembergisches Kammergesetz; § 15 k Abs. 2 S. 1 Hamburgisches Ärztegesetz; § 2 Satz 3 der Vereinbarung über die Bildung einer Gemeinsamen Lebendspende-Kommission der Ärztekammer Berlin und der Landesärztekammer Brandenburg vom 26.11.1999.

[118] Vgl. etwa: § 5 a Abs. 4 Baden-Württembergisches Heilberufe-Kammergesetz; § 11b Abs. 3 Bremerisches Heilberufsgesetz; § 2 Abs. 3 S. 1 Ausführungsgesetz Rheinland-Pfalz; § 1 Abs. 4 S. 1 Ausführungsgesetz NRW; § 2 Abs. 2 Saarländisches Ausführungsgesetz; § 4 d Abs. 1 Brandenburgische Verordnung zur Ausführung des Transplantationsgesetzes; § 4d Abs. 4 Berliner Kammergesetz.

[119] Vgl. etwa: Art. 3 Abs. 2 S. 1 Bayerisches Ausführungsgesetz; § 15 k Abs. 2 Satz 2 Hamburgisches Ärztegesetz; § 14 a Abs. 1 Satz 1 Niedersächsisches Kammergesetz für Heilberufe; § 1 Abs. 3 Ausführungsgesetz Mecklenburg-Vorpommern.

[120] So etwa die Gesetzesbegründung zu § 14 Abs. 1 Niedersächsisches Heilberufegesetz; ebenso die Begründung zu Art. 3 Abs. 2 des Bayerischen Ausführungsgesetzes (Bayerischer Landtag, Drs. 14/1450, S. 8).

[121] Vgl. z.B.: § 2 Abs. 6 Saarländisches Ausführungsgesetz; § 2 Abs. 4 Ausführungsgesetz Rheinland-Pfalz; § 15 m Abs. 1 Hamburgisches Ärztegesetz; § 1 Abs. 5 Ausführungsgesetz Nordrhein-Westfalen; § 14 a Abs. 2 Niedersächsisches Kammergesetz.

kompatibilitätsregelung auf sämtliche Kommissionsmitglieder ausgedehnt haben, und zwar mit der Begründung, dass auch bei der in psychologischen Fragen erfahrenen Person und der Person mit der Befähigung zum Richteramt Weisungsverhältnisse denkbar seien.

Was den *Vorsitz* betrifft, sind unterschiedliche Regelungen anzutreffen. Nach dem Baden-Württembergischen Kammergesetz (§ 5 a Abs. 11) wird der Vorsitzende durch den Vorstand der Landesärztekammer bestimmt, während ausweislich der Regelung des § 3 der Vereinbarung über die Bildung einer Gemeinsamen Lebendspende-Kommission der Ärztekammer Berlin und der Landesärztekammer Brandenburg der Vorsitzende in diesen Ländern von den Mitgliedern der Kommission selbst bestimmt wird. In Nordrhein-Westfalen (§ 1 Abs. 3 AG-TPG NW) und in Mecklenburg-Vorpommern (§ 1 Abs. 5 TPG AG M-V) führt den Vorsitz hingegen automatisch und stets das Mitglied mit der Befähigung zum Richteramt. 126

Für ihre Tätigkeit erhalten die Mitglieder der Kommission dabei jeweils eine Aufwandsentschädigung, die sich zumeist an die Regelung des Gesetzes über die Entschädigung von Zeugen und Sachverständigen anlehnt.[122] Teilweise ist diesbezüglich auch der Erlass von Satzungen vorgesehen[123], zum Teil werden auch Pauschalen als zulässig erachtet.[124] 127

Im Hinblick auf die konkrete *Verfahrensausgestaltung* statuieren sämtliche Ausführungsgesetze der Länder zunächst einheitlich die Geltung des *Antragsgrundsatzes*, d.h. die Kommission wird stets nur auf Antrag des jeweiligen Transplantationszentrums tätig, in dem das Organ entnommen werden soll. Teilweise wird die Wirksamkeit des Antrags daran geknüpft, dass dieser vor seinem Eingang bei der Kommission von dem potentiellen Organspender unterschrieben worden ist.[125] Dieses Zusatzerfordernis soll dabei insbesondere verhindern, dass dem Transplantationszentrum vorgetäuscht wird, ein nicht antragstellender Dritter sei mit der Organspende einverstanden, um diesen sodann durch die Einleitung des Verfahrens vor der Kommission (erst) zur Organspende zu drängen und auf ihn Druck auszuüben.[126] 128

Den einzelnen Ausführungsgesetzen ist weiterhin gemein, dass die Sitzungen der Kommission stets unter *Ausschluss der Öffentlichkeit* stattfinden. Die Gründe hierfür liegen auf der Hand, da im Rahmen der Befragungen durch die Kommissionsmitglieder insbesondere auch persönliche Daten und Angelegenheiten offenbart werden, die für die Öffentlichkeit nicht bestimmt sind. Darüber hinaus soll 129

---

[122] Vgl. etwa: § 1 Abs. 6 Ausführungsgesetz Nordrhein-Westfalen; § 11 b Abs. 8 Bremisches Heilberufe-Gesetz.
[123] So etwa § 15 l Nr. 4 Hamburgisches Ärztegesetz.
[124] So etwa: § 6 der Vereinbarung über die Bildung einer Gemeinsamen Lebendspende-Kommission der Ärztekammer Berlin und der Landesärztekammer Brandenburg v. 26.11.1999.
[125] § 5 a Abs. 6 des Baden-Württembergischen Kammergesetzes; vgl. auch § 6 der Brandenburgischen Verordnung zur Ausführung des Transplantationsgesetzes vom 9.12.1999.
[126] Vgl. Gesetzesbegründung zu § 5 a Abs. 6 Baden-Württembergisches Kammergesetz, Landtag von Baden-Württemberg, Drs. 12/4278, S. 17.

es auch einem (rhetorisch) ungewandten Organspender ermöglicht werden, sich frei zu äußern.[127]

130 Eine weitere Gemeinsamkeit der von den einzelnen Ländern statuierten Verfahren ist darin zu erblicken, dass stets die persönliche Anhörung des *Spenders* in den Kommissionssitzungen vorgesehen ist. Hingegen ist die zusätzliche Anhörung auch des Organ*empfängers* in den Ländern verschiedentlich ausgestaltet. Einige Länder schreiben insoweit vor, dass die Kommission im Regelfall auch den Organempfänger immer persönlich anhören soll, während andere Länder eine solche Anhörung nur ergänzungsweise vorsehen und demnach (im Unterschied zur Anhörung des Spenders) keine Soll-Vorschrift[128], sondern eine Kann-Regelung festgeschrieben haben, d.h. die Anhörung des Empfängers ist in das Ermessen der Kommission gestellt.[129] Die zuletzt genannte Abstufung wird dabei damit begründet, dass der Organspender in der Regel ein gesunder Mensch sei, der problemlos vor die Kommission treten könne, während der Empfänger des Organs gesundheitlich beeinträchtigt sei und sich daraus Probleme hinsichtlich einer Anhörung ergeben können.[130]

131 Übereinstimmung besteht dann aber wieder insoweit, als jedenfalls die Anhörung weiterer Personen (Zeugen oder Sachverständige) in das Ermessen der Kommission gestellt wird.

132 Was die von der Kommission zu fällende Entscheidung betrifft, bestimmen fast alle Länder, dass die Kommission mit *Stimmenmehrheit* entscheidet.[131] Lediglich der im Land Schleswig-Holstein derzeit maßgebliche Beschluss des Vorstandes der Ärztekammer über die Zusammensetzung und das Verfahren der Gutachterkommission sowie die für die Länder Berlin und Brandenburg nach der getroffenen Vereinbarung über die Bildung einer gemeinsamen Lebendspendekommission geltende Satzung der Ärztekammer Berlin vom 13.10.1999 (§ 8 Abs. 2) sehen vor, dass das Votum der Kommission einstimmig erfolgen muss. Die meisten Länder halten eine einstimmige Entscheidung hingegen nicht für notwendig, da es zu beachten gelte, dass das von der Kommission zu erstellende Gutachten nicht verbindlich sei, sondern die Letztentscheidung ohnehin stets dem transplantierenden Arzt überlassen bleibe. Dies entspricht der Regelungsabsicht des TPG-Gesetzge-

---

[127] Vgl. etwa die Begründung zum Baden-Württembergischen Ausführungsgesetz zu § 5a Abs. 7 Kammergesetz: Landtag von Baden-Württemberg, Drs. 12/4278, S. 17.
[128] So etwa die Regelungen in Rheinland-Pfalz (§ 3 Abs. 4 des Ausführungsgesetzes) und Bremen (§ 11b Abs. 5 Heilberufsgesetz).
[129] Vgl. etwa die Regelung in § 2 Abs. 4 Satz 2 Saarländisches Ausführungsgesetz: „Sie (die Kommission) *soll* die Person, der das Organ entnommen werden soll, und *kann* die Person, auf die das Organ übertragen werden soll, persönlich anhören."; ähnlich § 2 Abs. 2 Ausführungsgesetz Nordrhein-Westfalen.
[130] Begründung zu § 2 Abs. 4 Saarländisches Ausführungsgesetz, Landtag des Saarlandes, Drs. 12/30, S. 6.
[131] Vgl. z.B.: § 5a Abs. 10 Baden-Württembergisches Kammergesetz; § 14a Abs. 4 Niedersächsisches Kammergesetz; § 2 Abs. 3 Satz 1 Ausführungsgesetz NRW; § 11b Abs. 6 Bremisches Heilberufsgesetz; vgl. auch: § 2 Abs. 5 Ausführungsgesetz Mecklenburg-Vorpommern; § 2 Abs. 12 Ausführungsgesetz Hessen.

bers, der in der amtlichen Begründung ausführt, die gutachtliche Stellungnahme der Kommission biete „für den verantwortlichen Arzt lediglich eine zusätzliche verfahrensrechtliche Sicherheit".[132]

Aus eben diesem Grunde bestimmen einige Länder darüber hinaus, dass Rechtsbehelfe gegen die Entscheidung der Kommission nicht gegeben sind.[133] Die Nichtgewährung von Rechtsbehelfen erscheint aber im Hinblick auf die Garantie effektiven Rechtsschutzes jedenfalls dann als problematisch, wenn sich in der Praxis – was zu erwarten steht – herauskristallisiert, dass sich der transplantierende Arzt in aller Regel dem Votum der Lebendspendekommission anschließen wird, so dass dem Votum – entgegen der gesetzgeberischen Intention – eine de facto präjudizierende Wirkung zukäme.

133

In *formaler Hinsicht* bestimmen die meisten Länder, dass über die Sitzung eine entsprechende Niederschrift zu fertigen ist, um den Verfahrensgang vor der Kommission zu dokumentieren.[134]

134

Im Hinblick auf die entstehenden *Kosten* normieren sämtliche Länder schließlich, dass diese von den antragstellenden Transplantationszentren getragen werden.[135]

135

Insgesamt lässt sich konstatieren, dass die von den Ländern festgeschriebenen Verfahren zwar in vielen Punkten übereinstimmen, es gleichwohl aber nicht nur unerhebliche Nuancen gibt. Obwohl die gefundenen Regelungen dem von Verfassung wegen lediglich geforderten verfahrensrechtlichen Minimalstandard genügen[136], wären einheitliche Verfahrensregelungen wünschenswert, da sich auf diese Weise ein qualitätsgesichertes Verfahren wesentlich einfacher erreichen lassen dürfte.

136

---

[132] BT-Drs. 13/4355, S. 21.
[133] Etwa § 11 b Abs. 6 Bremisches Heilberufsgesetz; § 5 a Abs. 10 Satz 4 Baden-Württembergisches Kammergesetz.
[134] Vgl. etwa: § 5 a Abs. 9 Baden-Württembergisches Kammergesetz; § 11 b Abs. 5 Satz 2 Bremisches Heilberufsgesetz; § 15 j Abs. 2 Satz 4 Hamburgisches Ärztegesetz; § 14 a Abs. 5 Niedersächsisches Kammergesetz; § 2 Abs. 3 Ausführungsgesetz NRW.
[135] Vgl. etwa: § 11b Abs. 9 Bremisches Ausführungsgesetz; Art. 5 Abs. 2 Bayerisches Ausführungsgesetz; § 2 Abs. 7 Saarländisches Ausführungsgesetz; § 3 Ausführungsgesetz Nordrhein-Westfahlen; § 3 Abs. 2 Ausführungsgesetz Mecklenburg-Vorpommern.
[136] Zu den verfassungsrechtlichen Maßstäben für die Ausgestaltung von Verfahrens- und Organisationsregelungen vgl. zusammenfassend: *Denninger*, Staatliche Hilfe zur Grundrechtsausübung, in: Isensee/Kirchhof, Handbuch des Staatsrechts V, Allgemeine Grundrechtslehren, § 113, Rdnr. 21 ff.

Anhang 1 zu § 8:
Probleme der Lebendspende

Gliederung

		Rdnr.
I.	Gesetzliche Grundlagen	1– 4
II.	Probleme	5–30
III.	Fazit	31–35

I. Gesetzliche Grundlagen

1 Die ständig ansteigenden Patientenzahlen auf der Warteliste für eine Nierentransplantation führen immer wieder zu der Diskussion, ob nicht ein größerer Anteil der wartenden Patienten durch Übertragung einer Niere von einem lebenden Spender zu versorgen wäre.

2 Das im Dezember 1997 verabschiedete deutsche Transplantationsgesetz gibt hierzu die Rahmenbedingungen vor, wobei das Gesetz die Übertragung eines Organs von einem lebenden Spender auf Personen begrenzt, zwischen denen eine genetische oder emotionale Verbindung besteht. Diese im Prinzip positiv zu bewertende restriktive Haltung begründet sich aus einer Reihe von Problemen, die mit einer Lebendspende verbunden sein können und die nachfolgend anhand der einzelnen Punkte des § 8 Transplantationsgesetz (Organentnahme bei lebenden Organspendern) dargestellt werden sollen.

3 Die Grundprinzipien des § 8 Transplantationsgesetz (TPG) beinhalten, dass
- der Spender volljährig und einwilligungsfähig ist,
- keine besondere Gefährdung bei der Spende zusätzlich zum Operationsrisiko besteht,
- die Spende der Heilung oder Linderung des Leidens bei einem anderen dient,
- kein geeignetes Organ eines Verstorbenen zur Verfügung steht und
- eine genetische oder emotionale Verbindung zwischen Spender und Empfänger besteht.

4 Ferner ist der Spender umfangreich aufzuklären, eine regelmäßige Nachkontrolle von Spender und Empfänger durchzuführen und die Freiwilligkeit der Spende durch eine Kommission zu überprüfen.

II. Probleme

5 Die Voraussetzung, dass der Spender voll einwilligungsfähig sein muss, ist hier nicht weiter zu diskutieren[1], jedoch ergeben sich bereits bei dem zweiten der ge-

---

[1] Vgl. dazu § 8 Rdnr. 10 ff.

listeten Punkte erste Probleme, da der Passus zwar medizinische/operationsbedingte Komplikationen direkt berücksichtigt, jedoch mögliche psychologische Probleme sowie mögliche rechtliche und wirtschaftliche Konsequenzen nicht direkt benennt.[2]

Entsprechend der Definition der „Gesundheit" der Weltgesundheitsorganisation WHO beinhaltet aber der Begriff „Gesundheit" sowohl körperliche als auch psychische und soziale Faktoren. Hieraus folgt, dass der Gesetzestext, „dass der Spender voraussichtlich nicht über das Operationsrisiko hinaus gefährdet oder über die unmittelbaren Folgen der Entnahme hinaus gesundheitlich schwer beeinträchtigt wird" (§ 8 Abs. 1 S. 1 Nr. 1 c TPG), auch in Hinblick auf die psychische und soziale Situation zu betrachten ist.

6

Das Auftreten psychologischer Probleme wurde von *Küchler* et al. an 32 Nierenlebendspenden retrospektiv untersucht, wobei dieser Untersuchung eine mittlere Nachbeobachtungszeit von ca. 5 Jahren zu Grunde liegt. Die Ergebnisse der psychologischen Evaluation ergaben in 2 Fällen eine uneingeschränkt positive Einstellung zur Spende, in 14 Fällen fanden sich keine Probleme, d.h. keine Veränderungen in der Familienstruktur; in 9 Fällen wurden leichte Probleme bei den Spendern berichtet, wie z.B. vorübergehend depressive Verstimmungen, Motivationsprobleme oder Anpassungsstörungen an die Familiendynamik.

7

Bemerkenswert ist aber, dass in 6 Fällen schwere Probleme mit massiven psychischen oder psychosomatischen Symptomen bzw. erhebliche persistierende Konflikte bis hin zu innerfamiliären gerichtlichen Auseinandersetzungen über Kompensations- oder Regressansprüche auftraten. Als katastrophal sind der singuläre Fall des Suizides der spendenden Mutter nach Transplantatversagen und in der Folge die massiven, von Schuldgefühlen bestimmten Depressionen des bis zu seinem Tode 4 Jahre später dialysepflichtigen Empfängers zu bezeichnen.[3]

8

Diese kleine Studie kann sicher bezüglich der Ergebnisse nicht als repräsentativ oder übertragbar für alle Lebendspenden gelten, sie kann aber die nicht vorhersehbaren Probleme aufzeigen, die sich bei der Durchführung von Lebendspenden ergeben können.

9

In Hinblick auf die mögliche Gefährdung des Spenders bezüglich seiner sozialen Situation ist auf den juristischen Kommentar der Rechtsanwältin *E. Rampfl-Platte*[4] zu verweisen. Hierbei werden u.a. folgende Aspekte erwähnt:

10

1. Auch wenn Transplantationsmediziner äußern, dass es zu keiner Minderung der Leistungsfähigkeit der Spender kommt, so wird im Sozialversicherungsrecht bei Verlust einer Niere eine Erwerbsminderung von 10–30 % bejaht. Arbeitsrecht-

11

---

[2] Vgl. zum folgenden *D. Henne-Bruns*, Probleme der Lebendspende, in: H. Kreß/H.J. Kaatsch (Hrsg.), Menschenwürde, Medizin und Bioethik, LIT 2000, S. 138 ff.
[3] Vgl. *T. Küchler/D. Henne-Bruns/H. Krämer-Hansen/B. Kremer*, Ethische Aspekte der Organtransplantation auf der Basis der Lebendspende, Z. Gastroenterol 29 (1991), S. 254.
[4] Vgl. *E. Rampfl-Platte*, Das Transplantationsgesetz. Neue ärztliche Aufgaben mit Haftungsrisiko?, Chirurg BDC 38 (1999), S. 278 ff.

lich könnte dies zur Folge haben, dass mit dem Argument der Leistungsminderung bzw. bei Auftreten einer Leistungsminderung der Spender eine darauf begründbare personenbedingte Kündigung seines Arbeitsplatzes erhält.

12   2. Für den Zeitpunkt seiner durch die Organspende eintretenden Arbeitsunfähigkeit besteht kein Anspruch auf Entgeltfortzahlung, da sie nicht krankheitsbedingt ist.

13   3. Versicherungsrechtlich ist zu bedenken, dass das durch den Verlust eines Organs bedingte rein rechnerische Versicherungsrisiko erhöht ist. Dies kann dazu führen, dass es zum Verlust von Versicherungsschutz z.B. bei privaten Kranken-, Berufunfähigkeits- oder Lebensversicherungen kommt.

14   Ein weiterer Aspekt, der von *Rampfl-Platte* erwähnt wird, ist die versicherungs-rechtliche Lücke beim Auftreten von Spätfolgen der Organspende. Dies würde bedeuten, dass die Sozialversicherung in einem solchen Fall für den Spender grundsätzlich nur einen prozentualen Anteil seines vorher erwirtschafteten Netto-Einkommens übernimmt. Der Differenzbetrag würde sich aber konsequent auch als Schadensdifferenz auf seine späteren Rentenanwartschaften auswirken. Dieser letzte Punkt kann allerdings noch nicht als definitiv geklärt betrachtet werden, da es hierzu noch keine Rechtsprechung gibt.

15   Zusammenfassend ist festzuhalten, dass es nach einer Lebendnierenspende neben dem Operationsrisiko, welches mit einer Mortalität von ca. 0,03 % entsprechend 1:3000 zu beziffern ist, zu einer Reihe von Folgeproblemen für den Spender kommen kann. Diese möglichen Folgeprobleme sind auch bei bester medizinischer Aufklärung für den Spender weder ersichtlich noch abschätzbar.

16   Das Transplantationsgesetz schreibt vor, dass eine Lebendspende nur dann durchzuführen ist, wenn kein geeignetes Organ aus Verstorbenenspenden zur Verfügung steht, doch was heißt dies?

17   Bezieht man diese Aussage z.B. auf die Wartezeit, so ist klar, dass jemand, der von vornherein als Empfänger einer Lebendspende vorgesehen war und deshalb nicht bei Eurotransplant in Leiden (für die Organverteilung zuständige Zentrale zur Meldung aller Spender und potenzieller Empfänger in der BRD, Österreich und den Benelux-Ländern) rechtzeitig gemeldet wurde, auch kein Organ erhalten kann, da die durchschnittliche Wartezeit auf eine Nierenspende derzeit ca. 3–5 Jahre betragen wird.

18   Erscheint eine Transplantation als dringlich, um z.B. das Leben eines Patienten zu retten, so steht hierfür die „high-urgent"- („hoch dringlich"-) Klassifikation bei Eurotransplant zur Meldung des Empfängers zur Verfügung, die mit klaren Indikationskriterien verbunden ist. Sind diese erfüllt, so ist mit einer beschleunigten Zuteilung eines Organs zu rechnen. Hieraus folgt, dass in einer notfallmäßigen Transplantationssituation eine Lebendspende nicht als Alternative in Betracht gezogen werden muss, zumal bei einer notfallmäßigen Planung der Lebendspende die gesetzlichen Bedingungen wie umfangreiche Aufklärung und Stellungnahme einer Kommission zur Überprüfung der Freiwilligkeit nicht zu erfüllen sind.

Als Fazit ist somit festzuhalten, dass eine Freiwilligkeit zur Entscheidung nur 19
dann angenommen werden kann, wenn der Empfänger prinzipiell mit der Feststellung der Transplantationsindikation bei Eurotransplant gemeldet wird und eine zusätzliche Aufklärung über die Möglichkeit der Lebendspende durchgeführt wurde, die dem Spender einen entsprechenden Zeitraum zur Abwägung des Pro und Contra einräumt. Dies schließt Lebendspenden in Notfallsituationen aus.

Betrachtet man die geforderte umfangreiche Aufklärung eines potenziellen Lebendspenders, so ist grundsätzlich Folgendes zu bedenken: Das subjektive Empfinden des Arztes geht immer mit in die Aufklärung ein, d. h. die Aufklärung, auch wenn sie durch zwei Ärzte meist eines Teams durchgeführt wird, wird entsprechend der eigenen Einstellung immer die Vor- oder Nachteile der Spende mehr oder weniger in den Vordergrund stellen. Bei den Faktoren, die die Meinung der Ärzte beeinflussen können, müssen zwei Gruppen unterschieden werden: 20

Bei der primären Motivation handelt es sich um die persönliche Meinung, welche sich nach sachlicher Pro und Contra-Abwägung ergibt. Während es für harte Fakten, z.B. für bestimmte Vorerkrankungen des Spenders, klare Ausschlusskriterien gibt, ist die Beurteilung der eingangs genannten psychischen und/oder sozialen Risiken immer einer subjektiven Wertung unterworfen, d.h.: Aufgrund der unterschiedlichen Wertung des potenziellen Risikos für den Spender resultiert eine unterschiedliche Einstellung und damit Indikationsstellung. 21

Wirklich problematisch wird aber die Beurteilung des Bereichs der bewusst 22
oder unbewusst die Entscheidung beeinflussenden sekundären Motivation. Eine sekundäre Motivation bei dem aufklärenden Arzt kann z.B. bedingt sein durch:

– die Rahmenbedingungen des Transplantationszentrums (z.B. Fallzahl nicht erreicht, Personalstellen oder Budget von Kürzungen bedroht) bzw.
– rein persönliche Faktoren wie Ansehen, Einkommen oder Einfluss, die in Abhängigkeit von der Größe des Transplantationszentrums (gleichgesetzt mit der Anzahl der Transplantationen) gesehen werden.

De facto ist es aber nicht möglich festzustellen, inwieweit eine primäre oder sekundäre Motivation bei der Aufklärung eine Rolle spielt, da das Argument „als Arzt will ich nur das Beste für den Patienten" nicht widerlegbar bzw. nicht bezüglich der Hintergrundmotivation analysierbar ist. 23

Das Transplantationsgesetz fordert weiterhin, dass eine genetische oder emotionale Verbindung zwischen Spender und Empfänger besteht, und bezieht emotional verwandte Personen in den potenziellen Spenderkreis mit ein. Aus medizinischen Gründen muss kein verwandtschaftliches Verhältnis bestehen, d.h. das Ausmaß der Gewebeübereinstimmung hat bei Lebendspenden einen derart geringen Einfluss, dass es selbst bei fehlender Übereinstimmung im HLA-System kein Ausschlusskriterium darstellt. 24

Problematisch bleibt dieser Passus trotzdem, da die Frage der Abklärung der 25
emotionalen Verwandtschaft subjektiven Faktoren unterworfen ist – man denke

nur z.B. an die „Spendebereitschaft des Freundes aus Thailand". Mit anderen Worten geht es um eine potenziell mögliche verdeckte Kommerzialisierung, die Möglichkeiten ihres Ausschlusses bzw. ihrer potenziellen Strafverfolgung. Ohne dies weiter vertiefen zu wollen, sei hier nur angemerkt, dass aus ethischer Sicht sich das ärztliche Grundprinzip „nil nocere" (keinen Schaden zufügen) natürlich auf alle Nationalitäten bezieht ebenso wie auf alle sozialen Situationen.

26 Auch unter Ausklammerung eines derartigen Extrembeispiels ist der Begriff der „offenkundigen besonderen persönlichen Verbundenheit" als unklare Definition zu betrachten, da z.B. auch Sektenmitglieder dieses Kriterium einfordern könnten.

27 Das TPG fordert eine Überprüfung der Freiwilligkeit der Spende, jedoch wäre zu klären, was Freiwilligkeit in diesem Zusammenhang bedeutet.

28 Gäbe es keine Mangelsituation an Organspenden und damit keine durch die Wartezeit auf ein Organ bedingte Belastungssituation, so würde kein Spender und kein Arzt an die Möglichkeit der Lebendspende denken. Mit anderen Worten: Nur unter dem Druck einer begrenzten Transplantatverfügbarkeit wird diese Möglichkeit überhaupt diskutiert bzw. fühlt sich ein Spender verpflichtet, sich ein gesundes Organ entfernen zu lassen. Druck oder Zwang kann durch viele Faktoren bedingt sein, ohne dass diese von dem Betroffenen geäußert würden, z.B. durch

- die berufliche Situation und Vereinbarkeit mit der Dialyse,
- die partnerschaftliche Situation und Beeinträchtigung der Lebensführung,
- Elternliebe,
- gesellschaftliche Forderungen, z.B. „eine Mutter kann doch ihr Kind nicht sterben lassen",
- Wiedergutmachungs- und Schuldgefühle einem Menschen gegenüber,
- emotionale Abhängigkeit des Spenders vom Empfänger etc.

29 In manchen Ländern (z.B. in Indien) muss noch die Verfügbarkeit (Bezahlbarkeit, Erreichbarkeit) der Dialyse betrachtet werden, die derart eingeschränkt ist, dass der Bereich Lebendspende in diesem sozialen Umfeld einen ganz anderen Stellenwert bekommt. Derartige Faktoren sollen hier jedoch nicht diskutiert werden, da sie für unser Gesundheitssystem keine Relevanz besitzen.

30 Jedoch muss man sich darüber im Klaren sein, dass auch die im Gesetz geforderte Kommission zur Überprüfung der Freiwilligkeit der Spende nie ein 100 % objektives Urteil fällen kann, da auch sie in Abhängigkeit von dem fachlichen Wissen, der persönlichen Meinungsbildung bzw. möglichen primären und sekundären Motivationen urteilen wird.

III. Fazit

31 Betrachtet man die dargestellten Probleme noch einmal zusammenfassend, so ist augenscheinlich, dass die Anwendung des primären ärztlichen Prinzips „primum nil nocere" bei der Diskussion um die Lebendspende in eine Konfliktsituation

führt. Dieser Konflikt besteht darin, dass der Arzt nicht einem singulären Patienten gegenüber verantwortlich ist, sondern in der Bemühung, diesem zu helfen, einem anderen Menschen einen Schaden zufügen muss, eine Tat, die dem ärztlichen Heilauftrag prinzipiell entgegensteht.

Eine Rechtfertigung für ein derartiges Tun kann der Arzt nur durch Abwägung *32* des Schadens bei unterlassener Transplantation in Relation zu dem potenziellen Risiko für den Spender finden, wobei offensichtlich ist, dass der Grundkonflikt, nämlich die Verantwortung gegenüber zwei Personen mit bezüglich der eigenen Gesundheit diametral entgegengesetzten Interessen, nicht zu lösen ist.

Verschärft wird der Konflikt weiterhin dadurch, dass der Arzt zusätzlich eine *33* Verantwortung gegenüber der Gesellschaft insofern hat, dass er sowohl die teuere Leistungserbringung als auch das potenzielle Einstehen der Gesellschaft für die Folgen mit verantworten muss.

Der Philosoph Hans Jonas[5] formulierte hierzu in Bezug auf die Hochleistungs- *34* medizin: „unser anfängliches Bild vom Singularverhältnis zwischen Arzt und Patient, so als ob sie allein auf der Welt wären, ist eine Fiktion, die nur die therapeutisch primäre, nicht aber die ganze Pflichtbeziehung des Arztes ausdrückt. Immer ist der Plural dabei. Denn immer ist der Arzt auch Beauftragter der Gesellschaft und Diener der öffentlichen Gesundheit". Mit anderen Worten: das Prinzip „primum nil nocere" bezieht sich auch auf das Verhältnis gegenüber der Gesellschaft. Die Frage bleibt nur: Wie wollen wir, auch als Gesellschaft, dieses Prinzip umsetzen? *Günter Grass* sagte einmal: „Ich bin überzeugt, dass die Menschen von den Ergebnissen ihrer Leistungsfähigkeit überfordert werden".

Die ethische Diskussion um das verantwortlich Machbare muss noch nicht als *35* eine Überforderung betrachtet werden, aber auf jeden Fall als Herausforderung.

---

[5] *H. Jonas*, Technik, Medizin und Ethik. Praxis des Prinzips Verantwortung, 1987.

Anhang 2 zu § 8:
Erläuterungen zur Lebendspende aus sozialwissenschaftlicher Perspektive

1 Der in § 8 Abs. 3 S. 2–4 TPG beschriebene Aufwand zur Erkundung der Motive einer Lebendorganspende ist nicht nur durch die rein medizinischen Risiken und Komplikationen gerechtfertigt, denen sich der Spender aussetzt, sondern auch durch die psychische und soziale Konfliktdynamik, die sich im Gefolge einer Organspende zum Nachteil des Spenders und des Empfängers entfalten kann. Darüber hinaus muss die Transplantationsmedizin daran interessiert sein, weitestgehend dem Grundsatz der non-maleficence zu folgen, d.h. durch ihr Handeln keinen Schaden zu verursachen. Gerade in der Lebendorganspende stellt sich dieser Anspruch verschärft. Denn im Unterschied zu anderen therapeutischen Interventionen handelt es sich hier nicht um einen Eingriff, dessen Risiko durch den erwarteten Nutzen für dieselbe Person aufgewogen wird, die sich diesem Eingriff unterzieht. Vielmehr steht hier das Risiko, das der Organspender eingeht, dem erwarteten Nutzen für eine andere Person – dem Organempfänger – gegenüber. Für die Medizin bedeutet diese interpersonelle Nutzen/Risiko-Bilanzierung einen ethischen Paradigmenwechsel. Dies vor allem auch durch den Umstand, dass der organgewinnende Eingriff nicht an einem kranken, sondern an einem gesunden Menschen durchgeführt wird, an einem Menschen also, der selbst keine medizinische Indikation für einen derartigen Eingriff aufweist.

2 Dies berücksichtigend betrifft eine der zentralen Problemstellungen bei der Lebendspende von Organen die notwendige *Freiwilligkeit* der Spende. In der internationalen Diskussion zur Transplantationsethik wird dafür oft auch der Begriff der altruistischen Spende benutzt. Dies unterstellt die Selbstlosigkeit des Spenders und damit die völlige Abwesenheit von moralischen oder finanziellen Zwängen, aber auch die Negation von irgendwelchen Vorteilen, die der Spender in materieller oder immaterieller Hinsicht mit einer Spende evtl. verfolgt. Dieser Anspruch ist nicht nur höher als die gesetzgeberische Forderung nach Freiwilligkeit der Spende und dem Verbot des Handeltreibens, sondern noch weniger realistisch und noch weniger evaluierbar, denn auch die Grenzen zwischen Altruismus und Eigennützigkeit sind nicht so trennscharf zu ziehen wie dies zunächst erscheinen mag. Altruismus kann durchaus als Mittel genutzt werden, andere unter Druck zu setzen, die eigene moralische Überlegenheit zu demonstrieren und dadurch nicht nur persönliche Anerkennung zu gewinnen, sondern auch eine bestimmte Form von Macht zu entfalten. Die Forderung nach Freiwilligkeit der Organspende lässt diese Motivlagen durchaus zu. Im Kern bedeutet Freiwilligkeit lediglich die Abwesenheit von Zwängen, und zwar vor allem, wenn diese Zwänge durch Dritte ausgeübt werden. Zahlreiche empirische Analysen zur Situation der Lebendorganspende weisen jedoch darauf hin, dass es i.d.R. nicht äußere Zwänge sind, die jemanden zur Spende drängen. Besonders bei enger genetischer oder emotionaler Verwandtschaft zwischen potenziellem Spender und dem Empfänger handelt es sich eher um innere, sehr subtil wirkende Zwänge, die als Verpflichtungsgefühl charakterisiert werden können. Keine Mutter und kein Vater, die vor die Wahl gestellt sind, ihr Kind durch die Spende eines Lebersegments vor dem sicheren Tode retten zu können, oder aber sterben zu lassen, stehen in einer Entscheidungssituation, die durch wirkliche Freiwilligkeit gekennzeichnet ist. Hier sind nicht nur deutliche familiäre Erwartungshaltungen und gesellschaftliche Normen wirksam, sondern auch psychische Mechanismen, die vielleicht am besten mit dem Begriff des anticipated decision reget umschrieben werden können. Letzteres bedeutet, dass man sich für etwas entscheidet, nicht weil man es tatsächlich will, sondern weil man befürchtet, mit der Ablehnung einen unkorrigierbaren und verhängnisvollen Fehler zu begehen, der von einer lebenslangen Belastung mit Vorwürfen, Versagensängsten und Schuldgefühlen begleitet wird.

Ebenso wie die Freiwilligkeit durch subtile Bringschuldzwänge und psychische Vermeidungsimperative begrenzt sein kann, ist umgekehrt auch eine Konstellation denkbar, durch die sich der Spender unspezifische oder gar konkrete Vorteile verspricht. Hierzu gehört beispielsweise die sog. black-sheep-donation, also die Organspende durch ein Familienmitglied, das unter seiner marginalisierten Familienposition leidet und sich durch die Organspende eine deutliche Aufwertung seines Ansehens und seiner Beziehungen innerhalb der Familie verspricht. Dazu gehört aber auch, dass der Spender vom Motiv getrieben sein kann, gegenüber dem Empfänger eine Dankesschuld aufzubauen und sich auf diese Weise materielle Vorteile verspricht. Angefangen von erwarteten oder vereinbarten Hilfen beim beruflichen Fortkommen, der Übertragung von Wohneigentum bis hin zu veränderten Regelungen der Erbfolge ist der bisherigen Praxis innerfamiliärer Spender/Empfänger-Beziehungen nichts fremd geblieben. Gerade wegen der oftmaligen Unausgesprochenheit von Erwartungen von Dankensbezeugungen dürfte eine effektive Evaluation instrumenteller Spendermotive relativ schwierig sein. Die vom Gesetzgeber verlangte Erkundung begründeter tatsächlicher Anhaltspunkte für die mangelnde Freiwilligkeit oder das Bestehen kommerzieller Motive wird daher letzten Endes immer ein Grenzgang bleiben, der insbesondere von zufälligen Informationen oder dem ungeschickten Gesprächsverhalten der Beteiligten abhängt, zumal eine Willensentscheidung (Einwilligungserklärung zur Spende) immer nur begrenzt für Dritte feststellbar ist. Hinzu kommt, dass das in § 17 TPG enthaltene Verbot des Organhandels kommerzielle Motive in der innerfamiliären Organspende nicht explizit ausschließt, obwohl die Beträge, um die es hierbei beispielsweise im Kontext von Erbschaften gehen kann, durchaus mit den Preisen konkurrenzfähig sein können, die in der illegalen Organvermittlung gezahlt werden. Gerade vor diesem Hintergrund kann auch nicht ausgeschlossen werden, dass es innerhalb von Familien eine Ausnutzung materieller Notlagen geben kann. 3

VIERTER ABSCHNITT
Entnahme, Vermittlung und Übertragung bestimmter Organe

Vorbemerkung

Gliederung

		Rdnr.
I.	Organisationsrecht	1
II.	Daten(schutz)recht	5

I. Organisationsrecht

Die §§ 9–12 TPG bilden das organisationsrechtliche Herzstück des durch das TPG verfassten Transplantationswesens. Die Regelungen geben der transplantationsmedizinischen Praxis normative Strukturen und so eine verbindliche Form. Zugleich ermöglichen sie – in Anlehnung an die Normierungsmechanismen, die aus dem Sozialversicherungsrecht, namentlich dem Recht der Gesetzlichen Krankenversicherung (SGB V) bekannt sind – eine Feinprogrammierung des Organisationsbereichs.

Die Institutionen, die für die Entnahme, die Vermittlung und die Übertragung vermittlungspflichtiger Organe (Herz, Niere, Leber, Lunge, Bauchspeicheldrüse, Darm, vgl. § 9 S. 1 und S. 2 TPG) maßgeblich zuständig sind, werden in den §§ 10 ff. TPG aufgeführt: In Krankenhäusern werden für Explantationen taugliche Patienten ermittelt (vgl. § 11 Abs. 4 TPG), die Koordinierungsstelle (§ 11 TPG) sorgt – vereinfacht ausgedrückt – dafür, dass entnommene Organe zu den geeigneten Patienten kommen, dabei setzt sie die Vermittlungsentscheidung der Vermittlungsstelle (§ 12 TPG) um und stützt sich auf die Vorarbeit der Transplantationszentren (§ 10 TPG) bzw. ermöglicht deren Weiterarbeit, die darin besteht, ein entnommenes und zugeteiltes Organ einem konkreten Patienten zu übertragen, also einzupflanzen. Die genannten Stellen wirken dabei umfänglich zusammen (vgl. den Hinweis auf die Zusammenarbeitspflicht in § 11 Abs. 4 S. 1 TPG).

Man versteht die gesetzliche Regelung nur, wenn man sich vor Augen führt, dass der Gesetzgeber das vor In-Kraft-Treten des TPG bewährte Organisationssystem des Transplantationswesens in abstrakt-genereller Form legitimieren wollte. Nur so wird etwa verständlich, warum der Gesetzgeber in § 12 Abs. 2 TPG die Möglichkeit der Errichtung einer Vermittlungsstelle im Ausland umschreibt: er meint die – schon vor In-Kraft-Treten des TPG bestehende – in der Form einer privaten gemeinnützigen Stiftung niederländischen Rechts verfasste Einrichtung „Eurotransplant" in Leiden/NL.[1]

Auch die Koordinierungsstelle lehnt sich an das Vorbild der von der privaten gemeinnützigen „Deutschen Stiftung Organtransplantation" (DSO) seit 1984 be-

---

[1] BT-Drs. 13/4355, S. 11, S. 25; nähere Auskünfte unter http://www.eurotransplant.nl.

triebenen Einrichtung an², gleiches gilt für die von der DSO unterstützten Transplantationszentren, die an bzw. in Krankenhäusern gleichsam die „kleinen" Koordinierungsstellen für beabsichtigte Organtransplantationen sind³ und in denen – vom TPG allerdings nicht ausdrücklich genannte, aber in manchen Ausführungsgesetzen der Länder erwähnte⁴ – so genannte Transplantationskoordinatoren für das organisatorische Funktionieren des Transplantationssystems vor Ort sorgen. Auch dies lehnt sich an das vor In-Kraft-Treten des TPG praktizierte Modell an, das nunmehr in seinen Grundzügen durch das TPG bestätigt wird.

II. Daten(schutz)recht

5   Die §§ 13 ff. zusammen etwa mit § 7 und § 11 Abs. 4 S. 4 und 5 betreffen das TPG-spezifische Datenschutzrecht (s. dazu auch die Kommentierung zu § 7 TPG). Richtigerweise geht es weniger – oder zumindest nicht nur – um Datenschutzrecht im Sinne einer Begrenzung der Datenakkumulation, sondern auch – oder besser: vor allem – um die Gewährleistung von Datenflüssen, auf deren Funktionieren das Transplantationswesen im Sinne des TPG angewiesen sind (vgl. § 7 Rdnr. 2). Die gesetzliche Umhegung dieser Datenflüsse soll Friktionen mit den datenschutzrechtlichen Vorgaben des sog. Volkszählungsurteils⁵ von vornherein vermeiden. Die Vorschriften (s. insbesondere § 7, § 10 Abs. 4 S. 4 und S. 5, § 13 TPG) stellen sicher, dass die Gewinnung von rechtlichen oder medizinischen Daten, die für das Gelingen der Transplantation notwendig sind, nicht am etwaigen Fehlen eine rechtlichen Ermächtigung zur Datenerhebung und -übermittlung scheitern.⁶ Der Zugang zu allen potenziell nützlichen Informationen wird gesetzlich ermöglicht.

6   Der Informationsvernetzung gelten zahlreiche Bestimmungen des Gesetzes: Vorschriften, die die Datenerhebungs- und -verarbeitungsgrenzen markieren, die Offenbarungsverbote schaffen, die Aufbewahrungs- und Löschungsregelungen normieren, die Datenschutzpflichten bußgeld- und strafrechtlich bewehren (vgl. § 19 Abs. 3 TPG). Namentlich die §§ 14 und 15 enthalten Datenschutzrecht im eher „klassischen" Sinne, denn es geht um Datenschutzkontrolle, Offenbarungsverbote, Aufbewahrungs- und Löschungsfristen, also Materien, die Kommunikation nicht ermöglichen, sondern begrenzen bzw. ausschließen sollen.

7   Die Datenschutzgesetze gelten – unter Beachtung einschlägiger Vorrangregeln – ergänzend zu den Bestimmungen des TPG.⁷ U.a. finden die allgemeinen datenschutzrechtlichen Legaldefinitionen Anwendung.⁸

---

2   BT-Drs. 13/4355, S. 10.
3   *Rixen*, Datenschutz im Transplantationsgesetz, DuD 1998, 75 (76).
4   S. etwa Art. 8 bayAGTTG; vgl. § 2 Rdnr. 3 Anm. 2.
5   BVerfGE 65, 1.
6   *Rixen*, Datenschutz im Transplantationsgesetz, DuD 1998, 75 (80).
7   Vgl. etwa §§ 1 ff. GesundheitsdatenschutzG NRW; §§ 43 ff. KrankenhausG BadWürtt, § 27 KrankenhausG Thüringen und die Landesdatenschutzgesetze; beachte die Vorrangregel z.B. des § 2 Abs.4 S. 2 LDSG BDWürtt, § 1 Abs. 3 DSG NRW, s. auch § 1 Abs. 4 S. 1 BDSG.
8   Vgl. § 3 BDSG.

§ 9
Zulässigkeit der Organübertragung

¹Die Übertragung von Herz, Niere, Leber, Lunge, Bauchspeicheldrüse und Darm darf nur in dafür zugelassenen Transplantationszentren (§ 10) vorgenommen werden. ²Sind diese Organe Spendern nach § 3 oder § 4 entnommen worden (vermittlungspflichtige Organe), ist ihre Übertragung nur zulässig, wenn sie durch die Vermittlungsstelle unter Beachtung der Regelungen nach § 12 vermittelt worden sind. ³Sind vermittlungspflichtige Organe im Geltungsbereich dieses Gesetzes entnommen worden, ist ihre Übertragung darüber hinaus nur zulässig, wenn die Entnahme unter Beachtung der Regelungen nach § 11 durchgeführt wurde.

Gliederung

	Rdnr.
I. Grundsätzliche Bedeutung und Regelungsgegenstand	1
II. Die Erläuterungen im Einzelnen	3
1. Adressat der Pflichten aus § 9 TPG	3
2. Übertragung vermittlungspflichtiger Organe	4
3. Beachtung der Regelungen nach §§ 11, 12 TPG	6

I. Grundsätzliche Bedeutung und Regelungsgegenstand

§ 9 TPG ist die Einstiegsvorschrift in das spezifische Organisationsrecht des Transplantationswesens, so weit es vom Anwendungsbereich des TPG erfasst wird. Außerdem enthält die Bestimmung eine Legaldefinition der sog. vermittlungspflichtigen Organe, die für das gesamte Transplantationsrecht, so wie es im TPG ausgestaltet wurde, von grundlegender Bedeutung ist. 1

Mittels der Pflichten, die § 9 TPG aufstellt, soll sichergestellt werden, dass das – der medizinischen Qualitätssicherung und der Organverteilungsgerechtigkeit dienende – organisatorische System der Organentnahme und -übertragung, das in den §§ 9, 11 und 12 TPG ausgestaltet wurde, eingehalten wird.[1] 2

II. Die Erläuterungen im einzelnen
1. Adressat der Pflichten aus § 9 TPG

§ 9 nennt den bzw. die Adressaten der Pflichten nicht. Aus dem Gesamtzusammenhang der Regelung, die sich auf Organentnahme und Organübertragung bezieht, ergibt sich indes, dass der Arzt, der die Entnahme und Übertragung durchführt bzw. durchführen muss (vgl. insbesondere § 3 Abs. 1 Nr. 3 und § 8 Abs. 1 3

---
[1] Vgl. BT-Drs. 13/4355, S. 21 a.E.

S. 1 Nr. 4 TPG), Verpflichteter ist. An den Pflichtverstößen des Arztes können andere Personen mitwirken (dazu § 20 Rdnr. 8 ff.).

2. Übertragung vermittlungspflichtiger Organe

4   Gemäß § 9 S. 1 TPG ist der Arzt verpflichtet, eine Übertragung von Herz, Niere, Leber, Lunge, Bauchspeicheldrüse und Darm (vermittlungspflichtige Organe) nur in einem dafür zugelassenen Transplantationszentrum durchzuführen. Was ein Transplantationszentrum ist, folgt aus § 10 Abs. 1 TPG. Man könnte meinen, dass nur die Übertragung der genannten Organe in ihrer Gesamtheit von § 9 S. 1 erfasst wäre, denn nach dem Wortlaut sind Teile des Herzens, der Leber etc. nicht erfasst. Dies widerspräche aber der Legaldefinition des § 1 Abs. 1 S. 1 TPG, wonach zu den Organen im Sinne des TPG auch Organteile zählen; in Lichte dieser Definition sind deshalb auch die in § 9 S. 1 aufgezählten Organe zu verstehen. Die Gesetzesbegründung führt indes aus, § 9 TPG erfasse Teile von Organen nur dann, „wenn sie zu dem gleichen Zweck wie das vollständige Organe übertragen" würden; dies treffe z.B. auf die Übertragung von Lebersegmenten und Lungenlappen sowie von Inseln der Bauchspeicheldrüse zu, nicht aber auf die Übertragung von Herzklappen.[2] Dem ist nicht zu folgen, denn diese Einschränkung ist mit der Legaldefinition des § 1 Abs. 1 S. 1 TPG nicht vereinbar. Danach ist Organ im Sinne des TPG jeder Organteil unabhängig davon, ob der Organteil gewissermaßen „im kleinen" die Funktion des gesamten Organs repräsentiert (vgl. § 1 Rdnr. 13 ff.). Diese Einschränkung nimmt § 1 Abs. 1 S. 1 TPG gerade nicht vor. Herzklappen als Teil des Herzens[3] sind demnach Organteile im Sinne des § 1 Abs. 1 S. 1 TPG und dürfen folglich nur in Transplantationszentren übertragen werden (§ 1 Rdnr. 14).

5   Gemäß § 9 S. 2 ist der Arzt verpflichtet, vermittlungspflichtige Organe, die gemäß §§ 3 oder 4 entnommen wurden, nur zu übertragen, wenn sie unter Beachtung der Regelungen nach § 12 vermittelt wurden. Gemäß § 9 S. 3 TPG ist der Arzt verpflichtet, vermittlungspflichtige Organe, die im Geltungsbereich des TPG explantiert wurden, nur zu übertragen, wenn die Entnahme unter Beachtung der Regelungen nach § 11 durchgeführt wurde.

3. Beachtung der Regelungen nach §§ 11, 12 TPG

6   Unter Beachtung der Regelungen nach § 11 und nach § 12 TPG (vgl. den Wortlaut des § 9 S. 2 und S. 3 TPG) bedeutet, dass die Regelungen, die in den §§ 11 und 12 TPG erfolgen, beachtet werden nicht die Regelungen, die *aufgrund* der §§ 11 und 12 TPG erfolgen. Diese Auslegung entspricht der im juristischen Sprachgebrauch üblichen Redeweise, die, wenn es um die Bezeichnung einer Regelung geht, die von einer gesetzlichen Bestimmung getroffen wird, meist nicht von der Regelung in dieser Vorschrift, sondern von der Regelung *dieser* oder der Regelung *nach* dieser Vorschrift spricht.

---

[2] BT-Drs. 13/4355, S. 21 a.E.
[3] *Pschyrembel*, Klinisches Wörterbuch, 258. Aufl. 1998, S. 654 (Stichwort „Herz").

Unklar ist allerdings, welche Regelungen damit im Einzelnen gemeint sollen. Nach dem Wortlaut des § 9 S. 2 und S. 3 muss es sich um Regelungen „nach" (= in) den §§ 11 und 12 handeln, die die Vermittlungsentscheidung (§ 12 TPG) bzw. die Entnahme (§ 11) unmittelbar betreffen. Das heißt insbesondere, dass ein Pflichtverstoß (§ 9 S. 2 i.V.m. § 12 Abs. 1 S. 4 TPG) vorliegt, wenn ein Organ übertragen wurde, dessen Entnahme nach dem am Ort der Entnahme geltenden Vorschriften entnommen wurde, diese aber zu einem Ergebnis führen, das mit wesentlichen Grundsätzen des deutschen Rechts, insbesondere mit den Grundrechten, offensichtlich unvereinbar ist (ordre-public-Vorbehalt); das gilt namentlich für Organe, die Hingerichteten entnommen wurden (vgl. § 1 Rdnr. 99).[4] Die Vermittlungsentscheidung muss überdies nach den in § 12 Abs. 3 TPG aufgeführten Kriterien erfolgen, also nach Regeln, die dem Stand der Erkenntnisse der medizinischen Wissenschaft entsprechen, insbesondere nach Erfolgsaussicht und Dringlichkeit für geeignete Patienten (s. zu diesem – auch in § 10 Abs. 2 Nr. 2 und § 16 Abs. 1 S. 1 Nr. 2 und Nr. 5 TPG aufgeführten – Kriterien die Kommentierung zu § 16 Abs. 1 S. 1 Nr. 2 und Nr. 5 TPG); andernfalls liegt ein Verstoß gegen § 9 S. 2 i.V.m. § 12 Abs. 3 TPG vor. Auch die Umgehung bzw. Nichteinschaltung der Vermittlungsstelle ist ein Verstoß gegen § 9 S. 2 i.V.m. § 12 Abs. 3 TPG. Ebenso ist die Übertragung eines vermittlungspflichtigen Organs bei Nichteinschaltung der Koordinierungsstelle ein Pflichtverstoß gem. § 9 S. 3 i.V.m. § 11 Abs. 4 S. 1 TPG. Ordnungswidrig handelt auch, wer ein Organ im Sinne des § 9 S. 1, S. 2 TPG außerhalb eines zugelassenen Transplantationszentrums überträgt (zur Zulassung vgl. § 10 Abs. 1 TPG).

7

Allerdings bezieht sich § 9 S. 2 und S. 3 nicht auf jede Bestimmung, die in den §§ 11 und 12 aufgeführt ist, so dass – die Pflichten des § 9 sind bußgeldbewehrt, § 20 Abs. 1 Nr. 2 TPG (§ 20 Rdnr. 8 ff.)[5] – auch nicht jede Nichtbeachtung einer in den §§ 11 und 12 TPG aufgeführten Bestimmung bußgeldpflichtig ist. Beispielsweise ist die Regelung des § 11 Abs. 4 S. 2, wonach die Krankenhäuser verpflichtet sind, transplantationsgeeignete Patienten im Hirntod-Zustand zu melden, nicht bußgeldbewehrt. Darauf weist die amtliche Begründung ausdrücklich hin.[6] Verstöße gegen die Ermächtigungs- und Aufsichtsnormen, die in den §§ 11 und 12 mit Blick auf die vertragliche Errichtung der Vermittlungs- und der Koordinierungsstelle enthalten sind, sind keine auf Entnahme und Vermittlung unmittelbar bezogene Regelungen nach §§ 11 und 12 TPG, die § 9 S. 2 und S. 3 im Sinn hat.

8

De lege ferenda sollte § 9 S. 2 und S. 3 durch präzise Verweise auf die Regelungen nach §§ 11 und 12 TPG, die konkret gemeint sind, ersetzt werden. Unter dem Aspekt des strafrechtlichen Bestimmtheitsgebotes, das auch für das Bußgeldrecht gilt, ist die Vagheit der Verweisung in § 9 S. 2 und S. 3 bedenklich (§ 20 Rdnr. 8 ff., insbes. Rdnr. 11).

9

---

[4] So auch der Bericht des Gesundheitsausschusses, BT-Drs. 13/8017, S. 43.
[5] S. den Hinweis in BT-Drs. 31/4355, S. 22.
[6] BT-Drs. 13/4355, S. 25.

§ 10
Transplantationszentren

(1) ¹Transplantationszentren sind Krankenhäuser oder Einrichtungen an Krankenhäusern, die nach § 108 des Fünften Buches Sozialgesetzbuch oder nach anderen gesetzlichen Bestimmungen für die Übertragung von in § 9 Satz 1 genannten Organen zugelassen sind. ²Bei der Zulassung nach § 108 des Fünften Buches Sozialgesetzbuch sind Schwerpunkte für die Übertragung dieser Organe zu bilden, um eine bedarfsgerechte, leistungsfähige und wirtschaftliche Versorgung zu gewährleisten und die erforderliche Qualität der Organübertragung zu sichern.

(2) Die Transplantationszentren sind verpflichtet,

1. Wartelisten der zur Transplantation angenommenen Patienten mit den für die Organvermittlung nach § 12 erforderlichen Angaben zu führen sowie unverzüglich über die Annahme eines Patienten zur Organübertragung und seine Aufnahme in die Warteliste zu entscheiden und den behandelnden Arzt darüber zu unterrichten, ebenso über die Herausnahme eines Patienten aus der Warteliste,

2. über die Aufnahme in die Warteliste nach Regeln zu entscheiden, die dem Stand der Erkenntnisse der medizinischen Wissenschaft entsprechen, insbesondere nach Notwendigkeit und Erfolgsaussicht einer Organübertragung,

3. die auf Grund der §§ 11 und 12 getroffenen Regelungen zur Organentnahme und Organvermittlung einzuhalten,

4. jede Organübertragung so zu dokumentieren, daß eine lückenlose Rückverfolgung der Organe vom Empfänger zum Spender ermöglicht wird; bei der Übertragung von vermittlungspflichtigen Organen ist die Kenn-Nummer (§ 13 Abs. 1 Satz 1) anzugeben, um eine Rückverfolgung durch die Koordinierungsstelle zu ermöglichen,

5. vor und nach einer Organübertragung Maßnahmen für eine erforderliche psychische Betreuung der Patienten im Krankenhaus sicherzustellen und

6. nach Maßgabe der Vorschriften des Fünften Buches Sozialgesetzbuch Maßnahmen zur Qualitätssicherung, die auch einen Vergleich mit anderen Transplantationszentren ermöglichen, im Rahmen ihrer Tätigkeit nach diesem Gesetz durchzuführen; dies gilt für die Nachbetreuung von Organspendern nach § 8 Abs. 3 Satz 1 entsprechend.

(3) Absatz 2 Nr. 4 und 6 gilt für die Übertragung von Augenhornhäuten entsprechend.

Gliederung

		Rdnr.
I.	Inhaltliche Bedeutung und Regelungsgegenstand	1
II.	Die Erläuterungen im Einzelnen	4
	1. Die Zulassung als Transplantationszentrum	5
	a) Weitere gesetzliche Anforderungen an die Zulassung	14
	b) Zulassung nach anderen gesetzlichen Vorschriften	15
	2. Gesetzlich zugewiesene Aufgabenkomplexe	19
	a) Wartelisten	20
	aa) Führen der Wartelisten	20
	bb) Entscheidung über die Annahme als Transplantationspatient und die Aufnahme in die Warteliste	24
	cc) Entscheidungskriterien	28
	dd) Unterrichtungspflichten	60
	b) Pflicht zur Einhaltung der Regeln über die Organentnahme und -vermittlung	64
	c) Dokumentationspflichten	65
	d) Betreuungspflichten	67
	e) Qualitätssicherungspflichten	68
	3. Pflichten bei Augenhornhauttransplantationen	69
	4. Rechtsschutz des potentiellen Organempfängers	70
	a) Problemkontext	70
	b) Überblick über die Rechtsbeziehungen	74
	aa) Rechtsbeziehungen zwischen Patient und Transplantationszentrum	76
	(1) Privatpatienten	77
	(a) Bei öffentlich-rechtlicher Trägerschaft des Transplantationszentrums	80
	(b) Bei privater Trägerschaft	85
	(2) Bei sozialversicherten Patienten	87
	bb) Rechtsbeziehungen zwischen Patient/Koordinierungsstelle	92
	cc) Rechtsbeziehungen zwischen Patient/Vermittlungsstelle	93
	c) Zur eingeschränkten Justiziabilität transplantationsrechtlicher Entscheidungen	94
	aa) Entscheidung über die Aufnahme auf die Warteliste	99
	(1) Bei öffentlich-rechtlicher Ausgestaltung	103
	(2) Bei privatrechtlicher Einstufung	112
	bb) Entscheidung über die Annahme eines Patienten zur Organübertragung	114
	cc) Entscheidung über die Herausnahme eines Patienten aus der Warteliste	119
	dd) Auskunftsklagen	122
	ee) Klage gegen die Listenplatzierung	124
	ff) Klagen gegen die Vermittlungsstelle	128
	gg) Kontrolldichte	131
	d) Verfassungsrechtliche Bewertung	136

I. Inhaltliche Bedeutung und Regelungsgegenstand

1 § 10 Abs. 1 definiert, was unter einem Transplantationszentrum zu verstehen ist. § 10 Abs. 2 enthält einen gesetzlich umschriebenen Aufgabenkatalog und stellt Pflichten auf, die die Transplantationszentren treffen. Daneben kommt der Vorschrift hinsichtlich des Rechtsschutzes potentieller Organempfänger zentrale Bedeutung zu.[1]

2 § 10 erhielt seine nunmehrige Fassung erst im Verlaufe des Gesetzgebungsverfahrens. Der Regelungsgehalt des § 10 war ursprünglich weitgehend in § 9 des Entwurfs enthalten. Außer der veränderten Reihenfolge blieb die Vorschrift während des Gesetzgebungsverfahrens im Wesentlichen unverändert. Allerdings wurde § 10 Abs. 2 Nr. 2, ebenso wie Absatz 3, erst nachträglich auf Grund der Beschlussempfehlung und des Berichts des Gesundheitsausschusses eingeführt.[2]

3 Im Jahr 1999 gab es in Deutschland 42 Transplantationszentren und 2252 Krankenhäuser, von denen etwa 1400 eine aufgabengerechte Intensivstation aufwiesen.[3] Die Transplantationszentren in Deutschland sind seit 1968 in die internationale Organvermittlung durch die private gemeinnützige Stiftung *„Eurotransplant"* in Leiden/Niederlande einbezogen.

II. Die Erläuterungen im einzelnen

4 § 10 Abs. 1 stellt zunächst klar, dass eine Transplantation nur in einem Krankenhaus erfolgen kann. Der Begriff des Krankenhauses wird in mehreren einschlägigen Gesetzen verwandt oder definiert.[4] Krankenhäuser sind danach Einrichtungen, in denen durch ärztliche und pflegerische Hilfsleistungen Krankheiten, Leiden oder Körperschäden festgestellt, geheilt oder gelindert werden sollen, Geburtshilfe geleistet wird, oder weitere medizinische Leistungen für Personen, die der stationären Behandlung bedürfen, erbracht werden und in denen die zu versorgenden Person untergebracht und verpflegt werden.[5] Krankenhäuser stehen unter fachlich-medizinischer Leitung und verfügen über eine bestimmte personelle, organisatorische und sächliche Ausstattung.[6]

---

[1] Dazu unten unter II.4. Rdnr. 70 ff. sowie *Lang*, Knappheitsentscheidungen im Sozialrecht – Zum Rechtsschutzdefizit gegenüber transplantationsrechtlichen Verteilungsentscheidungen, VSSR 1/2002, S. 21 ff.; s.a. *Höfling*, Primär- und Sekundärrechtsschutz im Öffentlichen Recht, VVDStRL 61 (2002), 260 (291).

[2] Vgl. BT-Drs. 13/8017, S. 13.

[3] Zu deren Zusammenarbeit im Bereich der Organtransplantation vgl. auch die Kommentierung von § 11 bei Rdnr. 34 ff.

[4] Vgl. § 107 Abs. 1 SGB V und in der Sache übereinstimmend § 2 Nr. 1 KHG. S.a. § 3 Landeskrankenhausgesetz (LKG) Berlin i.d.F. vom 1.9.1986, GVBl. S. 1533.

[5] § 3 Landeskrankenhausgesetz (LKG) Berlin i.d.F. vom 1.9.1986, GVBl. S. 1533. (spätere Gesetzesänderungen hier irrelevant). So auch § 107 Abs. 1 SGB V; vgl. aus dem Schrifttum etwa *Hänlein*, in: LPK-SGB V, § 107 Rdnr. 2.

[6] *Hess*, in: KassKomm, § 107 SGB V Rdnr. 2.

1. Die Zulassung als Transplantationszentrum

Das Gesetz bezeichnet als Transplantationszentren solche Krankenhäuser oder Einrichtungen an Krankenhäusern, die für die Übertragung der in § 9 Satz 1 genannten Organe, also Herz-, Nieren, Lungen, Leber, Bauspeicheldrüsen und Darmtransplantationen zugelassen sind.[7]

§ 10 Abs. 1 normiert keine eigenen Zulassungsvoraussetzungen. Die Vorschrift stellt vielmehr klar, dass sich die Zulassung als Transplantationszentrum nach den grundsätzlichen für die Zulassung von Krankenhäusern geltenden Vorschriften richtet. Die hierfür erforderlichen personellen, apparativen und sonstigen strukturellen Anforderungen sind im jeweiligen Zulassungsverfahren zu prüfen.[8] Hintergrund dieser Regelung ist die grundgesetzliche Kompetenzverteilung, die das Krankenhausplanungsrecht dem Kompetenzbereich der Länder zuordnet.[9]

Die Bestimmungen über die Zulassungspflichtigkeit von Transplantationszentren stellen sich – jedenfalls derzeit – als nach Art. 12 Abs. 1 Satz 2 GG zulässige Berufsausübungsregelungen dar. Das Bundesverwaltungsgericht hat dies aus der Überlegung abgeleitet, dass die Organtransplantation kein eigenständiges Berufsbild darstelle, sondern als Teil einer umfassenden ärztlichen Tätigkeit zu qualifiziere sei. Der gesetzliche Zweck der Zulassungspflichtigkeit der Sicherstellung einer sachgerechten Behandlung der Patienten rechtfertige eine Konzentration auf wenige Standorte.[10]

Im Bereich der in erster Linie in die Versorgung der gesetzlich Krankenversicherten eingeschalteten Krankenhäuser lassen sich die (bisher)[11] besonders geförderten Hochschulkliniken und Plankrankenhäuser sowie die nicht geförderten Krankenhäuser unterscheiden. Daneben spricht § 10 Abs. 1 die nach anderen gesetzlichen Vorschriften – namentlich der Gewerbeordnung (GewO) – zugelassenen Krankenhäuser an. Die jeweiligen Zulassungstatbestände sind aber nicht auf die Aufnahme von Privatpatienten oder Versicherte der gesetzlichen Krankenversicherung (GKV) bezogen. Daher kann ein nach § 108 SGB V zugelassenes Krankenhaus auch Privatpatienten aufnehmen. Ein nach § 30 GewO zugelassenes Krankenhaus kann freilich keine Leistungen zu Lasten der GKV erbringen (§ 108 SGB V).

Im Recht der GKV wird zur einheitlichen Kennzeichnung der zur Krankenhausbehandlung berechtigten Krankenhäuser der Begriff des „zugelassenen Krankenhauses" in § 108 SGB V legaldefiniert.[12] Danach sind Krankenhäuser die Hochschulkliniken im Sinne des Hochschulbauförderungsgesetzes, solche Krankenhäuser, die in den Krankenhausplan eines Landes aufgenommen sind und

---
[7] Vgl. BT-Drs. 13/4355, S. 22.
[8] Vgl. BVerwG, U. v. 13.9.2001, 3 C 41.00, UA, S. 10; BT-Drs. 13/4355, S. 22.
[9] BVerfGE 83, 363 (380); *Pieroth*, in: Jarass/Pieroth, GG, Art. 74 Rdnr. 47.
[10] BVerwG U. v. 13.9.2001, 3 C 41.00, UA, S. 13 f.
[11] Bekanntlich zielt der Gesetzgeber auf eine Ablösung der dualistischen Struktur der Krankenhausfinanzierung und auf eine Konzentration bei den Krankenkassen.
[12] Vgl. zu diesem Normzweck des § 108 SGB V *Hess*, in: KassKomm, § 108 SGB V Rdnr. 1.

schließlich Krankenhäuser, die einen Versorgungsvertrag mit den Landesverbänden der Krankenkassen und den Verbänden der Ersatzkassen abgeschlossen haben. Die eigentlichen Zulassungsvoraussetzungen ergeben sich auf Grund des bereits genannten kompetenziellen Hintergrundes dabei nicht aus § 108 SGB V, sondern für die Hochschulkliniken aus § 4 Hochschulbau-Förderungsgesetz und für die Plankliniken aus § 8 Abs. 1 Satz 3 Krankenhausfinanzierungsgesetz (KHG).

10   Entgegen der anders lautenden Reihenfolge in § 108 SGB V bilden die nach dem KHG zugelassenen sog. Plankrankenhäuser das Kernstück der stationären Versorgung der Versicherten.[13] Zweck des KHG ist die wirtschaftliche Sicherung der Krankenhäuser und die bedarfsgerechte Versorgung der Bevölkerung mit leistungsfähigen, eigenverantwortlich wirtschaftenden Krankenhäusern (§ 1 Abs. 1 KHG). Zur Verwirklichung dieses Gesetzeszwecks obliegt den Ländern gemäß § 6 Abs. 1 KHG die Aufstellung sog. Krankenhauspläne.[14] Der Krankenhausplan legt für das einzelne Krankenhaus fest, mit welcher Bettenzahl es welche Versorgungsaufgaben wahrzunehmen hat. Bei den Plankrankenhäusern gilt die Aufnahme in den Krankenhausplan nach § 8 Abs. 1 Satz 2 KHG als Abschluss des Versorgungsvertrages (§ 109 Abs. 1 Satz 2 SGB V). Insoweit kann auch an eine konkludente oder stillschweigende Zulassung gedacht werden. Das Bundesverwaltungsgericht hat hierzu in einer jüngst ergangenen Entscheidung aber zu Recht klargestellt, dass der Regelungszusammenhang der §§ 9 und 10 TPG unmissverständlich zeige, dass die Zulassung als Transplantationszentrum insoweit erhöhten Anforderungen unterliegt. Bei ihr muss es sich um eine bewusste, eindeutige und ausdrückliche Entscheidung der zuständigen Stelle handeln, dass in einem bestimmten Krankenhaus die Übertragung genau bezeichneter Organe durchgeführt werden darf.[15] Der Intention des Gesetzes, die Transplantation in dafür besonders qualifizierten Krankenhäusern zu konzentrieren und das grundsätzliche Verbot von Organtransplantationen in dafür nicht zugelassenen Krankenhäusern schließe es aus, in einem Bescheid über die Feststellung der Aufnahme in einen Krankenhausplan, in dem das Wort Organtransplantation nicht vorkomme, einen Zulassungsbescheid nach § 10 TPG zu erblicken.[16] Insoweit dürfte für eine konkludent oder stillschweigend erklärte Zulassung kaum Raum bleiben.

11   Bei den Hochschulkliniken gilt die Aufnahme in das Hochschulverzeichnis nach § 4 Hochschulbauförderungsgesetz – wie sich ebenfalls aus § 109 Abs. 1 Satz 2 SGB V ergibt – zugleich als Abschluss eines Versorgungsvertrages. Demgegenüber hängt die Zulassung der in § 108 Nr. 3 SGB V genannten Krankenhäuser mit Versorgungsauftrag davon ab, dass der Krankenhausträger mit der Krankenkasse einen Versorgungsvertrag abschließt. Anders als bei den beiden anderen Zulassungsformen ist für diese Krankenhäuser der Abschluss des Versorgungsvertrages hinsichtlich der Zulassung also statusbegründend.[17]

---

[13] *Jung*, in: v. Maydell, SGB V, § 108 Rdnr. 4.
[14] Der Krankenhausplan wird im Ministerialblatt alle 2 Jahre veröffentlicht.
[15] BVerwG U. v. 13.9.2001, 3 C 41.00, UA, S. 10.
[16] BVerwG U. v. 13.9.2001, 3 C 41.00, UA, S. 11.
[17] *Jung*, in: v. Maydell, SGB V, § 108 Rdnr. 6.

Die §§ 11 Abs. 1 Nr. 4, 27 Abs. 1 Satz 2 Nr. 5, 39 Abs. 1 Satz 2 SGB V begründen einen Anspruch des Versicherten auf Behandlung in einem zugelassenen Krankenhaus.[18] Mit der Zulassung eines Krankenhauses ist damit zugleich die grundsätzliche[19] Verpflichtung verbunden, im Rahmen des jeweiligen Versorgungsauftrages Versicherte zu behandeln.[20] Zu den in § 39 SGB V erwähnten Leistungen zählt auch die Organtransplantation.[21] Dies schließt es aus, daß ein Transplantationszentrum einem Patienten trotz Vorliegens entsprechender Indikationen die Aufnahme in das Krankenhaus verweigert.[22]

12

Die Zulassung eines Krankenhauses erfolgt für die *Übertragung*, also die Implantation entnommener Organe.[23] Dadurch soll sichergestellt werden, daß durch eine entsprechende Spezialisierung auf die Übertragung bestimmter Organe die ein Organ empfangenden Patienten bestmöglich medizinisch und psychologisch versorgt und betreut werden.[24] Krankenhäuser, in denen Explantationen erfolgen, bedürfen angesichts dieses Schutzzwecks insoweit keiner Zulassung. Ungeachtet der terminologischen Abschichtung zwischen solchen Transplantationszentren, die Organe explantieren und solchen, die sie implantieren[25], wurde eine organisatorischen Trennung beider Bereiche weder normiert noch in den Gesetzesberatungen für erforderlich gehalten.[26]

13

a) Weitere gesetzliche Anforderungen an die Zulassung

§ 10 Abs. 1 Satz 2 bestimmt ferner, dass bei der Zulassung nach § 108 SGB V Schwerpunkte für die Übertragung bestimmter Organe durch ausgewählte Trans-

14

---

[18] Vgl. *Muckel*, Rechtsbeziehungen zwischen Vertragsärzten und sonstigen Leistungserbringern, in: Schnapp/Wigge, Handbuch des Vertragsarztrechts, 2002, § 14 Rdnr. 2.
[19] Ausnahmen können sich etwa bei Kapazitätserschöpfungen, in Ausnahmefällen auch aus einem entsprechenden Vorverhalten des Patienten und daraus resultierender Unzumutbarkeit ergeben.
[20] *Knieps*, in: v. Maydell/Ruland, SRH, Abschn. 14 Rdnr. 177; ebenso *Heinze*, in: Schulin (Hrsg.), Handbuch der Sozialversicherung, Bd. 1, Krankenversicherungsrecht, § 38 Rdnr. 39 a.E. Die Zulassung ist damit in ihrer Wirkung der Zulassung eines Vertragsarzt vergleichbar, vgl. *Hess*, in: KassKomm, § 109 SGB V Rdnr. 7; RegE-GRG, S. 198 zu § 117 Abs. 4.
[21] Vgl. BVerfG, 1 BvR 2198/98 vom 11.8.1999, Absatz-Nr. 63, http://www.bverfg.de, Organtransplantation als nach dem Stand der medizinischen Forschung prinzipiell zugängliche Therapie; aus der fachgerichtlichen Rechtsprechung bereits BSG NJW 1971, 1432 (1433), Organtransplantation ist Heilbehandlung für den Organempfänger; aus neuerer Zeit etwa LSG Essen, Urteil v. 31. Januar 2001, Az L 10 VS 28/00, (download unter http://www.lsg.nrw.de/urteile/dat/NRW/LSG/Entschaedigungsrecht/L_10_VS_28.00.htm) zur (abgelehnten) Kostenübernahme einer im Ausland durchgeführten Überkreuz-Nierentransplantation, vgl. dazu auch die Kommentierung in § 23 Rdnr. 6; zur sog. Cross-Spende vertiefend die Kommentierung zu § 8 Rdnr. 84 ff.
[22] Zu damit zusammenhängenden Rechtsschutzfragen siehe unter Rdnr. 114 ff.
[23] Die Organimplantation gem. § 9 TPG kann aber jedenfalls nicht in Arztpraxen erfolgen.
[24] BT-Drs. 13/2926, S. 16.
[25] Vgl. dazu z.B. *Holznagel/Holznagel*, DÄBl. 1998, 1718 (1720), die von den Transplantationszentren I und II sprechen.
[26] Prot. der 67. Sitzung des Bundestagsausschusses Gesundheit am 9.10.1996, S. 20–22; *Nickel/Schmidt-Preisigke/Sengler*, TPG, § 10 Rdnr. 1.

plantationszentren zu bilden sind, um auf diese Weise nicht nur eine bedarfsgerechte, leistungsfähige und wirtschaftliche Versorgung, sondern auch die erforderliche Verfahrens- und Ergebnisqualität dieses kostenintensiven Teils der Hochleistungsmedizin zu sichern.[27]

b) Zulassung nach anderen gesetzlichen Vorschriften

15 § 10 Abs. 1 Satz 1 läßt daneben auch eine Zulassung als Transplantationszentrum nach anderen gesetzlichen Bestimmungen zu. Ausweislich des Gesetzesentwurfs werden dadurch solche Krankenhäuser in Bezug genommen, deren Zulassung sich aus Vorschriften der Gewerbeordnung ableitet.[28]

16 § 30 GewO regelt die Zulassung der sog. Privatkrankenanstalten, die in typischer gewerberechtlicher Terminologie Konzession genannt wird. Diese Konzession ist eine personenbezogene Gewerbeerlaubnis, die einem selbständigen Gewerbetreibenden[29] (vgl. § 1 GewO) für den Betrieb einer bestimmten Klinik in einer festgelegten Betriebsform (etwa als Kranken-, Entbindungs- oder Nervenklinik) erteilt wird.[30]

17 Der Begriff der Privatkrankenanstalt wird in Rechtsprechung und Literatur weit ausgelegt, er umfasst ganz allgemein jedes privat betriebene Krankenhaus[31]. Für den Krankenhausbegriff des § 30 GewO sollen die einschlägigen Gesetze des SGB V, KHG etc. nicht maßgeblich, sondern nur hinsichtlich der Tatbestandsauslegung leitend sein.[32] Daraus resultierende Streitfragen dürften sich angesichts des in der Rechtsprechung entwickelten und später kodifizierten weiten Krankenhausbegriffs in Grenzen halten. Wie generell im Gewerberecht, das ja in erster Linie Gefahrenabwehrrecht und kein Gesundheitsrecht darstellt, besteht ein Rechtsanspruch auf Erteilung der Konzession, wenn keine Versagungsgründe i.S.v. § 30 Abs. 1 Satz 2 GewO vorliegen.[33]

18 Für Krankenhäuser, die nur Privatpatienten behandeln und damit nicht der Krankenhausplanung der Länder und den Vorschriften des SGB V unterliegen, sieht der Gesetzentwurf keine über § 30 Gewerbeordnung hinausgehenden Anforderungen für die Zulassung als Transplantationszentrum vor. Die Vorschriften des TPG, insbesondere die §§ 9, 10 und 15 sowie deren Bußgeldbewährung nach § 20 reichen nach Ansicht der amtlichen Begründung aus, um bei Verstößen gegen die-

---

[27] BT-Drs. 13/4355, S. 22; *Deutsch*, MedizinR, Rdnr. 509.
[28] Vgl. BT-Drs. 13/4355, S. 22.
[29] Dabei muss es sich nicht um einen Arzt handeln, auch kommt eine juristische Person in Betracht.
[30] *Tettinger*, in: Tettinger/Wank, GewO, § 30 Rdnr. 25.
[31] Vgl. BVerwG NJW 1985, 1414; *Tettinger*, in: Tettinger/Wank, GewO, § 30 Rdnr. 5; *Neft*, BayVBl. 1996, 40 (41).
[32] *Tettinger*, in Tettinger/Wank, GewO, § 30 Rdnr. 6.
[33] Zu den Versagungsgründen wegen Unzuverlässigkeit im Rahmen der Konzessionierung nach § 30 GewO vgl. *Tettinger*, in: Tettinger/Wank, § 30 Rdnr. 35 ff.; allgemein zur Unzuverlässigkeit von Gewerbetreibenden etwa *Lang*, Unzuverlässigkeit des Gewerbetreibenden, in: Stober (Hrsg.), Lexikon des Gewerberechts.

se Vorschriften nicht nur Bußgelder zu verhängen, sondern auch mit gewerbeaufsichtlichen Maßnahmen bis zum Entzug der Konzession mit anschließender Schließungsverfügung wegen Unzuverlässigkeit des Unternehmers mögliche Missbräuche der Transplantationsmedizin in diesen Krankenhäusern zu verhindern.[34] Neue, d.h. nach Inkrafttreten des gemäß § 12 geschlossenen Vermittlungsvertrages[35] zugelassene Transplantationszentren melden unter Vorlage des Zulassungsbescheides ihre Zulassung der Vermittlungsstelle.[36]

2. Gesetzlich zugewiesene Aufgabenkomplexe

§ 10 Abs. 2 bestimmt die grundlegenden Aufgaben des Transplantationszentrums zur Erfüllung der Zwecke des TPG; es handelt sich um Pflichten, die das Transplantationszentrum betreffen.

19

a) Wartelisten

aa) Führen der Wartelisten

Die in § 10 Abs. 2 Nr. 1 genannte Führung der Patientenwarteliste dient der rechtzeitigen Erfassung der Patienten, bei denen eine Organübertragung vorgesehen ist, damit die für die Organvermittlung nach § 12 erforderlichen Daten erhoben und der Vermittlungsstelle mitgeteilt werden, um so die Vermittlung geeigneter Spenderorgane zu ermöglichen. Sie werden gebildet, weil die Zuteilung der knappen Ressourcen zwar nicht aktuell, wohl aber prinzipiell und zu einem späteren Zeitpunkt möglich ist.[37]

20

Die Wartelisten sollten – so die Gesetzesbegründung – nach einheitlichen medizinischen Kriterien geführt werden. Sie sind entsprechend der Entwicklung des Gesundheitszustandes der einzelnen Patienten in regelmäßigen Abständen zu aktualisieren.[38]

21

Die Führung der Warteliste ist Aufgabe des jeweils betreuenden Transplantationszentrums. Es sorgt gemäß § 10 für den Austausch der für die Organvermitt-

22

---

[34] BT-Drs. 13/4355, S. 22.
[35] Vertragspartner sind der AOK Bundesverband, der Bundesverband der Betriebskrankenkassen, der IKK-Bundesverband, der Bundesverband der landwirtschaftlichen Krankenkassen, der Verband der Angestellten-Krankenkassen e.V., der AEV-Arbeiter-Ersatzkassen-Verband e.V., die Bundesknappschaft, die Seekrankenkasse gemeinsam mit der Bundesärztekammer sowie der Deutschen Krankenhausgesellschaft als Auftraggeber und der Stichting Eurotransplant International Foundation (ET) als Auftragnehmerin. Der Vertrag ist im Bundesanzeigen vom 27.6.2000 abgedruckt.
[36] Vgl. § 2 Abs. 5 des Vertrages, Bundesanzeiger v. 27.6.2000, S. 13.
[37] Vgl. *Conrads*, Rechtliche Grundsätze der Organallokation, 2000, S. 41; s.a. *Feuerstein*, Das Transplantationssystem, 1995, S. 171 f., mit dem Hinweis, dass etwa die Wartelisten für Nieren die Lücke zwischen Transplantationsangebot und medizinischem Bedarf nicht in ihrem tatsächlichen Ausmaß abbildeten, weil aufgrund der Filterfunktion der Aufnahmeentscheidung nur ein Teil der Patienten, die nach medizinischen Kriterien als potentielle Empfänger infrage kämen, überhaupt auf die Wartelisten aufgenommen würden.
[38] BT-Drs. 13/4355, S. 22.

lung notwendigen Daten. Die Transplantationszentren können dabei von Drittorganisationen, d.h. namentlich der Koordinierungsstelle i.S.v. § 11 unterstützt werden. Mit den Aufgaben der Koordinierungsstelle wurde die Deutsche Stiftung Organtransplantation (DSO) betraut.[39] Grundsätzlich sind die Transplantationszentren jedoch selbst für Aktualisierungen und ggf. Dringlichkeitsänderungen oder Abmeldungen von Patienten zuständig. Die Transplantationszentren wirken darauf hin, daß bei allen Patienten auf der Warteliste regelmäßige ambulante Kontrolluntersuchungen stattfinden. Während der Wartezeit ist die Entscheidung in angemessenen Zeitabständen zu überprüfen und zu dokumentieren.[40]

23   Indirekt über die Aufgabenbeschreibung der DSO werden die Transplantationszentren weiterhin damit betraut, die Entnahme von vermittlungspflichtigen Organen als gemeinschaftliche Aufgabe mit der DSO und den anderen Krankenhäusern in regionaler Zusammenarbeit zu organisieren.[41] Gemeinsam mit der DSO klärt das Transplantationszentrum weiterhin, ob die Voraussetzungen für eine Organentnahme vorliegen.[42]

bb) Entscheidung über die Annahme als Transplantationspatient und die Aufnahme in die Warteliste

24   Die Entscheidung über die Annahme zur Organübertragung und die Aufnahme in die Warteliste ist unverzüglich nach Vorliegen aller für die Entscheidung notwendigen Informationen zu treffen. Unverzüglich ist im Sinne von § 121 BGB zu verstehen. Sowohl die Mitteilung darüber, ob der Patient vom Transplantationszentrum „zur Organübertragung" angenommen wird, als auch die Entscheidung über die Aufnahme auf die Warteliste müssen daher ohne schuldhaftes Zögern erfolgen. Verstöße gegen diese Pflichten können Schadensersatzansprüche des Patienten nach sich ziehen.[43]

25   Die Annahme zur Organübertragung und die Aufnahme in die Warteliste sind nach Auffassung des Gesetzgebers „Voraussetzung und Bestandteil eines Vertrages über die Krankenhausbehandlung zum Zwecke der Organtransplantation".[44]

---

[39] Zu Einzelheiten von Struktur und Aufgaben der Koordinierungsstelle vgl. die Kommentierung zu § 11.
[40] So die Vorbemerkungen der jeweiligen Richtlinie, vgl. Richtlinien für die Warteliste zur Nieren- und zur (Nieren-)Pankreas-Transplantation (DÄBl. 97, Heft 7/2000, S. A-397), Richtlinien für die Warteliste zur Lebertransplantation (DÄBl. 97, Heft 7/2000, S. A-398), Richtlinien für die Warteliste zur Herz-, Herz-Lungen- und Lungentransplantation (thorakale Organtransplantationen) (DÄBl. 97, Heft 7/2000, S. A-400).
[41] Vgl. § 2 Abs. 3 Nr. 1 des Vertrages nach § 11; Einzelheiten zu diesem Vertrag im Rahmen der Kommentierung des § 11.
[42] Vgl. § 2 Abs. 3 Nr. 3 des Vertrages nach § 11.
[43] Vgl. OLG Stuttgart MedR 1992, 221 ff., das einen Schadensersatzanspruch gegen den im Vorfeld der Aufnahme in das Krankenhaus behandelnden Arzt bejahte, weil dieser eine Benachrichtigung des Transplantationszentrums über den Gesundheitszustand des Patienten unterlassen hatte und dieser daraufhin nicht der an sich gebotenen Dringlichkeitsstufe zugeordnet werden konnte. Diese Grundsätze beanspruchen auch Geltung, wenn nicht der ambulant tätig gewordene Arzt die Heilbehandlung des Patienten schuldhaft verzögert, sondern das jeweilige Transplantationszentrum. Zu den mit dem Primärrechtsschutz zusammenhängenden Fragestellungen vgl. unten Rdnr. 70 ff.
[44] BT-Drs. 13/4355, S. 22.

Die exakte Qualifizierung der hierdurch entstehenden rechtlichen Beziehungen bleibt aufgrund der kryptischen Formulierung der Gesetzesmaterialien im Dunkeln. Dort wird lapidar festgehalten, dass „für den Abschluss eines solchen Vertrages die allgemeinen gesetzlichen Bestimmungen und Rechtsgrundsätze unter Berücksichtigung des Versichertenstatus des Patienten und des Versorgungsauftrags des Transplantationszentrums im Rahmen seiner Zulassung" gelten.[45] In dieser Formulierung spiegelt sich die grundsätzliche Streitfrage, ob bei der Aufnahme in das Krankenhaus ein zivilrechtlicher Vertrag zu Stande kommt oder ob insoweit eine öffentlich-rechtliche Rechtsbeziehung zwischen Krankenhausträger und Patienten entsteht.[46] Diese Frage hat namentlich Bedeutung hinsichtlich der adäquaten Ausgestaltung des Primärrechtsschutzes im Kontext transplantationsmedizinischer Entscheidungen[47], während hinsichtlich des sekundären Haftungsrechts Streitfragen im Blick auf § 76 Abs. 4 SGB V wenig praktische Bedeutung zukommt.[48]

Für die Aufnahme in die Warteliste ist der Wunsch des Patienten und seine Einwilligung in eine Transplantation Voraussetzung. Auch diese Einwilligung muß in einem informed consent erteilt werden[49], auch wenn hier der Patient zumeist eine Behandlung erstreben und sich in der Regel höheren Risiken aussetzen wird. Deshalb ist der Patient vor der Aufnahme auf die Warteliste für eine Transplantation über die Risiken, Erfolgsaussichten und längerfristigen medizinischen, sozialen und psychischen Auswirkungen einer Transplantation aufzuklären. Hierzu gehört auch die Aufklärung über die notwendige Immunsupression mit den potenziellen Nebenwirkungen und Risiken und die Notwendigkeit von regelmäßigen Kontrolluntersuchungen.[50] 26

Der Patient muss nach § 13 Abs. 3 Satz 1 seine Zustimmung für die Aufnahme seiner personenbezogenen Daten in die Warteliste geben. Das Transplantations- 27

---

[45] BT-Drs. 13/4355, S. 22.
[46] Zu den im System der GKV allgemein bestehenden Rechtsbeziehungen vgl. *Lang*, Die Vergütung der Vertragsärzte und Psychotherapeuten im Recht der gesetzlichen Krankenversicherung, 2001, S. 17 ff.
[47] *Lang*, Knappheitsentscheidungen im Sozialrecht – Zum Rechtsschutzdefizit gegenüber transplantationsrechtlichen Verteilungsentscheidungen, VSSR 1/2002, S. 21 (31 ff.).
[48] Zur Bedeutung des § 76 Abs. 4 SGB V vgl. auch unten Rdnr. 90.
[49] Informed consent meint eine Selbstbestimmungsaufklärung, bei der der Arzt den Patienten über die Art der Krankheit (Diagnose), Behandlungsmethoden (Verlauf des Eingriffs) und -alternativen sowie die Behandlungsrisiken aufklärt, vgl. dazu *Höfling/Lang*, Das Selbstbestimmungsrecht. Normativer Bezugspunkt im Arzt-Patienten-Verhältnis, in: Feuerstein/Kuhlmann (Hrsg.), Neopaternalistische Medizin, 1999, 17 (21); Überblick über die aus dem common law abgeleiteten Anforderungen an den „informed consent" in anderen europäischen Staaten (einschließlich des Europarats) bei *Gutmann/Schroth*, Organlebendspende in Europa, 2002, S. 48; zumeist wird eine ausdrückliche, bisweilen auch eine schriftliche und freiwillige Erklärung des Empfängers verlangt, dass er der Organübertragung zustimmt.
[50] Vgl. Vorbemerkung in den Richtlinien der BÄK, i.e. Richtlinien für die Warteliste zur Nieren- und zur (Nieren-)Pankreas-Transplantation (DÄBl. 97, Heft 7/2000, S. A-397), Richtlinien für die Warteliste zur Lebertransplantation (DÄBl. 97, Heft 7/2000, S. A-398), Richtlinien für die Warteliste zur Herz-, Herz-Lungen- und Lungentransplantation (thorakale Organtransplantationen) (DÄBl. 97, Heft 7/2000, S. A-400).

zentrum meldet gem. § 13 Abs. 3 Satz 3 die Patienten seiner Warteliste an die Vermittlungsstelle nach § 12, die alle Patienten in einer Liste erfasst (§ 12 Abs. 4 Satz 2 Nr. 1) und die ihr gemeldeten Organe nach den Vorschriften des § 12 Abs. 3 zur Übertragung auf bestimmte Patienten vermittelt (§ 12 Abs. 4 Satz 2 Nr. 3). Das Vorstehende bezieht sich auch auf § 10 Abs. 2 Nr. 2.

cc) Entscheidungskriterien

28 Nach § 10 Abs. 2 Nr. 1 haben die Transplantationszentren unverzüglich über die Annahme eines Patienten zur Organübertragung und seine Aufnahme auf die Warteliste zu entscheiden. Ihnen obliegt nach der genannten Vorschrift auch die Entscheidung über die Herausnahme eines Patienten aus der Warteliste. Der ursprüngliche Gesetzentwurf verschwieg sich zu den Kriterien, die die genannten Entscheidungen inhaltlich steuern. Die gesetzliche Konzeption und die auch aufgabenbezogene Ausdifferenzierung hinsichtlich der am Transplantationsgeschehen beteiligten Einrichtungen (Transplantationszentrum, Koordinierungsstelle und Vermittlungsstelle) verfolgen das Ziel der Sicherstellung von Verteilungsgerechtigkeit. Negativ abgrenzend lässt sich deshalb zunächst festhalten, dass dem evident zuwiderlaufende Entscheidungen – etwa eine sich jenseits der medizinischen Kriterien des § 10 Abs. 2 vollziehende eigeninteressierte Zuteilung von Organen an Entscheidungsträger oder ihnen nahestehende Personen – keine rechtliche Wirksamkeit zukommen kann.[51] Gleiches gilt, soweit bei solchen Entscheidungen die verbotenen Differenzierungskriterien des Art. 3 Abs. 3 GG zur Geltung gebracht werden. Im Verlauf der Gesetzesberatungen erschien dem Ausschuss für Gesundheit allerdings die Einfügung des § 10 Abs. 2 Nr. 2 erforderlich. Die Vorschrift stelle im Hinblick auf die Bedeutung der Aufnahme in die Warteliste für die Behandlungschance einer unter Umständen lebensrettenden Organübertragung klar, dass die Entscheidung über die Aufnahme nach medizinischen begründeten Regeln vorzunehmen sei, die unter medizinischen Gesichtspunkten für die Notwendigkeit der jeweiligen Arten von Organübertragungen und ihren Erfolg von Bedeutung seien. Die Regelung diene angesichts der Knappheit an Spenderorganen der Chancengleichheit nach Maßgabe medizinischer Kriterien. Sie schließe es aus, die Aufnahme in die Warteliste von nichtmedizinischen, z.B. finanziellen oder sozialen Erwägungen abhängig zu machen. Die Bundesärztekammer (BÄK) könne nach § 16 den Stand der Erkenntnisse der medizinischen Wissenschaft für die Regeln zur Aufnahme in die Warteliste für die jeweiligen Arten von Organübertragungen näher feststellen.[52]

29 Im Schrifttum wird dieser Ratio der gesetzlichen Regelung zu Recht zugestimmt.[53] Allzu gesetzespositivistisch mutet es allerdings an, wenn zugleich ausgeführt wird, mit der Festlegung des Standes der Erkenntnisse der medizinischen Wissenschaft durch die BÄK sei zugleich sichergestellt, dass Allokationsentschei-

---

[51] Wobei hier dahingestellt sein kann, ob ein derartiges Ergebnis konstruktiv über die §§ 20, 21 VwVfG oder die Rechtsgedanken der §§ 134 bzw. 181 BGB herzuleiten ist.
[52] BT-Drs. 13/8017, S. 42 zu § 9 Abs. 2 Nr. 1a.
[53] *Nickel/Schmidt-Preisigke/Sengler*, TPG, § 10 Rdnr. 9; *Miserok/Sasse/Hall/Seidenrath*, Komm. zum Transplantationsrecht, Einführung Erl. 2.1.2.1.

dungen, zu denen angesichts ihres präjudiziellen Charakters auch die Entscheidungen über die Aufnahme und Platzierung auf der Warteliste gehören[54], nach „allein medizinischen Kriterien" erfolgten. Ermessensspielräume, die eine Berücksichtigung sozialer oder gar finanzieller Kriterien bei den Allokationsentscheidungen ermöglichen, seien durch das geltende Recht ausgeschlossen.[55]

Diese Aussagen halten einer näheren Überprüfung nicht stand. Wie die folgenden Ausführungen zeigen, finden sich in den Richtlinien eine Fülle deutungsoffener Kriterien. Dabei geht es nicht darum, den in der Transplantationsmedizin tätigen Entscheidungsträgern unlautere Motive zu unterstellen, sondern darum, darzulegen, dass das Gesetz wertende Begrifflichkeiten nicht lediglich medizinischer Natur verwendet und dass die Verwendung derart unbestimmter und deutungsoffener Begriffe nicht ohne Bedeutung – u.a. für die Frage adäquaten Rechtsschutzes – sein kann. 30

Zunächst ist festzuhalten, dass nach der gesetzlichen Formulierung Kriterien allein im Kontext der Entscheidung über die Aufnahme auf die Warteliste genannt sind. Sowohl die Entscheidung über die Annahme als Transplantationspatient als auch die Entscheidung über die Streichung aus der Warteliste sind demgegenüber nicht an die in § 10 Abs. 2 Nr. 2 normierten Gründe gebunden.[56] 31

Die Entscheidung über die Aufnahme in die Warteliste ist nach der Grundentscheidung des § 10 Abs. 2 Nr. 2 nach Regeln zu fällen, die dem Stand der Erkenntnisse der medizinischen Wissenschaft entsprechen. Dabei dürfen ausweislich des Gesetzeswortlauts insbesondere die Notwendigkeit und Erfolgsaussicht einer Organübertragung gewürdigt werden.[57] Beiden Kriterien kommt damit eine in der Praxis wohl entscheidende, gesetzestechnisch aber nur indizielle Wirkung im Blick auf die Aufnahme auf die Warteliste zu. Entscheidend für die Aufnahme auf die 32

---

54 Klargestellt bei *Seiter/Hauss/Schubert*, Allokation von Spenderorganen – Medizinische Voraussetzungen und verwaltungsmäßige Handhabung im Mitteldeutschen Transplantationsverbund, in: Diercks/Neuhauss/Wienke (Hrsg.), Die Allokation von Spenderorganen, 1999, 13 (18), Allokation beginnt mit der Aufnahme in die Warteliste, ähnlich *Conrads*, Rechtliche Grundsätze der Organallokation, 2000, S. 41; s.a. *Lang*, Knappheitsentscheidungen im Sozialrecht – Zum Rechtsschutzdefizit gegenüber transplantationsrechtlichen Verteilungsentscheidungen, VSSR 1/2002, S. 21 (31).
55 *Nickel/Schmidt-Preisigke/Sengler*, TPG, § 10 Rdnr. 9; *Miserok/Sasse/Hall/Seidenrath*, Komm. zum Transplantationsrecht, Einführung Erl. 2.1.2.1.
56 Zum Rechtsschutz gegenüber Entscheidungen speziell im Kontext der Wartelisten vgl. noch Rdnr. 99 f.
57 Zu alternativen Verteilungskriterien und den dadurch aufgeworfenen Problemen der Transplantationsgerechtigkeit vgl. vertiefend *Feuerstein*, Das Transplantationssystem, 1995, S. 233 ff., der u.a. zwischen sozialen (etwa Alter, soziale Verantwortung, Gruppenzugehörigkeit etc.), personenbezogenen (Selbstverschulden, Therapiebereitschaft, Zahlungsfähigkeit, „Windhundprinzip") medizinischen und systempolitisch motivierten Kriterien unterscheidet sowie *Bickeböller*, Grundzüge einer Ethik der Nierentransplantation, 2000, S. 485 ff.; Überblick bei *Weibl*, „Dein ist mein ganzes Herz!"? – Gerechtigkeitsfragen in der Transplantationsmedizin, in: Köchler (Hrsg.), Transplantationsmedizin und personale Identität, 2001, 39 (47 ff.).

Warteliste ist nach § 10 Abs. 2 Nr. 2, dass diese nach dem Stand der Erkenntnisse der medizinischen Wissenschaft geboten ist.

33 Das Gesetz verzichtet auf eine Definition dieser beiden die Aufnahmeentscheidung zentral steuernden Begriffe. Nach § 16 Abs. 1 Nr. 2 obliegt es der BÄK den Stand der Erkenntnisse der medizinischen Wissenschaft in Richtlinien hinsichtlich der Regeln zur Aufnahme auf die Warteliste festzustellen. Im Schrifttum ist zu Recht Kritik an der Übertragung weitgehender – jedenfalls faktischer – Gesetzgebungsbefugnisse auf die BÄK geübt worden.[58] Gegen diese Technik der „Rechtsetzung durch Private" erheben sich in der Tat ganz erhebliche verfassungsrechtliche Bedenken[59], die sich durch die Ausgestaltung der Richtlinien verstärken.

34 Den Auftrag des § 16 Abs. 1 Nr. 2, den Stand der Erkenntnisse der medizinischen Wissenschaft in Richtlinien für die Regeln zur Aufnahme in die Warteliste einschließlich der Dokumentation der Gründe für die Aufnahme oder Ablehnung der Aufnahme in Richtlinien festzustellen, hat die BÄK in insgesamt drei Richtlinien umgesetzt: Den „Richtlinien für die Warteliste zur Nieren- und zur (Nieren-)Pankreas-Transplantation", den „Richtlinien für die Warteliste zur Lebertransplantation" und schließlich den „Richtlinien für die Warteliste zur Herz-, Herz-Lungen- und Lungentransplantation".[60] Diese Richtlinien sind so aufgebaut, dass zunächst jeweils gleich lautende Vorbemerkungen vorangestellt und sodann Indikationen für die Notwendigkeit der Aufnahme in die Liste und Kontraindikationen aufgeführt werden. Den jeweiligen Abschluss bildet ein Vorbehalt, nach dem in bestimmten Fällen von den Richtlinien abgewichen werden dürfe.[61]

35 In den Vorbemerkungen findet sich neben grundsätzlichen Ausführungen zu den Aufgaben der Transplantationszentren auch eine Bemerkung zu dem Entscheidungsrahmen einer Entscheidung über die Aufnahme in die Warteliste. Dort heißt es:

Die Entscheidung über die Aufnahme eines Patienten auf die Warteliste trifft das Transplantationszentrum unter Berücksichtigung der individuellen Situation des Patienten (Patientenprofil) und im Rahmen des angebotenen Behandlungsspektrums des Transplantationszentrums (Zentrumsprofil). Gegebenenfalls

---

[58] Vgl. *Deutsch*, NJW 1998, 777 (780); dens., MedizinR, Rdnr. 513 und die Kommentierung zu § 16 sowie jüngst *Schmidt-Aßmann*, Grundrechtspositionen und Legitimationsfragen im öffentlichen Gesundheitswesen, 2001, der auf S. 103 im Blick auf die derzeitigen Regelungen in § 16 TPG von einem „äußerst zweifelhaften hinreichende(m) Legitimationsniveaus" spricht. Zur Bewertung der zu § 10 Abs. 2 Nr. 2 in Kraft gesetzten Richtlinien vgl. die Antwort der Bundesregierung auf eine kleine Anfrage, BT-Drs. 14/4655, S. 10: „Die Bundesregierung stellt fest, dass die Bundesärztekammer, der ihr in § 16 TPG übertragenen Aufgabe nachgekommen ist ...".

[59] Vgl. dazu die Kommentierung bei § 16 sowie *Höfling*, Primär- und Sekundärrechtsschutz im Öffentlichen Recht, VVDStRL 62 (2002), 260 (291). „widerspricht dem Grundsatz der Verantwortungsklarheit"; *Schmidt-Aßmann*, Grundrechtspositionen und Legitimationsfragen im öffentlichen Gesundheitswesen, 2001, S. 95.

[60] Vgl. DÄBl. 97, Heft 7/2000, S. A-396; abgedruckt im Anhang dieses Kommentars.

[61] Dazu noch unten Rdnr. 57.

ist der Patient über die Möglichkeiten der Aufnahme in die Warteliste in einem anderen Transplantationszentrum aufzuklären."[62]

Sodann werden die das sog. Patientenprofil determinierenden Kriterien für die je in Frage stehende Transplantation – also differenziert nach Organen – dargelegt. Die Richtlinien weisen dabei wohl zu Recht keine für alle Organtransplantationen geltende Definition des Begriffs der „Notwendigkeit" aus. In jeder Richtlinie finden sich aber unter der Überschrift „Gründe für die Aufnahme auf die Warteliste" medizinische Kriterien, die eine Aufnahme auf die Warteliste und damit die Notwendigkeit einer Organübertragung indizieren.

36

Danach gilt Folgendes:
– Indikation zur Nierentransplantation ist das nicht rückbildungsfähige, terminale Nierenversagen, das zur Erhaltung des Lebens eine Dialysebehandlung erforderlich macht oder in Kürze erforderlich machen wird.[63]
– Indikation zur Pankreastransplantation ist der auch nach Stimulation C-Peptid negative Diabetes bei dialysepflichtigen Patienten.[64]
– Eine Lebertransplantation kann angezeigt sein bei nicht rückbildungsfähiger, fortschreitender, das Leben des Patienten gefährdender Lebererkrankung, wenn keine akzeptable Behandlungsalternativen bestehen und keine Kontraindikationen für eine Transplantation vorliegen. Daneben kommen als Indikation für eine Lebertransplantation auch solche genetischen Erkrankungen infrage, bei denen der genetische Defekt wesentlich in der Leber lokalisiert ist und diese durch eine Transplantation korrigiert werden kann.[65]
– Indikation zur Herztransplantation ist das terminale Herzversagen, das zur Erhaltung des Lebens eine medikamentöse oder apparative Herzinsuffizienzbehandlung erforderlich macht.[66]
– Indikation zur Herz-Lungen-Transplantation ist schließlich dass nicht rückbildungsfähige, endgültige Herzversagen bei irreversiblen Lungenerkrankungen, das zur Erhaltung des Lebens eine medikamentöse Herzinsuffizienzbehandlung sowie eine kontinuierliche Sauerstofftherapie erforderlich macht.[67]

37

Soweit die Richtlinien – vor allem hinsichtlich des Begriffs der „Notwendigkeit" medizinische Kriterien benennen, halten sie sich innerhalb des gesetzlichen

38

---

[62] Vgl. Richtlinien zur Organtransplantation gemäß § 16 TPG, DÄBl. 97, Heft 7/2000, S. 20.
[63] Vgl. Richtlinien für die Warteliste zur (Nieren-)Pankreas-Transplantation, DÄBl. 97, Heft 7/2000, S. A-397.
[64] Vgl. Richtlinien für die Warteliste zur (Nieren-)Pankreas-Transplantation, DÄBl. 97, Heft 7/2000, S. A-397.
[65] Vgl. Richtlinien für die Warteliste zur Lebertransplantation, DÄBl. 97, Heft 7/2000, S. A-398.
[66] Vgl. Richtlinien für die Warteliste zur Herz-, Herz-Lungen- und Lungentransplantation, DÄBl. 97, Heft 7/2000, S. A-400.
[67] Vgl. Richtlinien für die Warteliste zur Herz-, Herz-Lungen- und Lungentransplantation, DÄBl. 97, Heft 7/2000, S. A-401. Soweit sich das juristische Schrifttum hierzu äußert, werden den Kriterien der Richtlinien vergleichbare Indikatoren vorgetragen, vgl. *Borowy*, Die postmortale Organentnahme und ihre zivilrechtlichen Folgen, 2000, S. 34 bis 38 zu den einzelnen Organen jeweils m.w.N.

Regelungsauftrags. Aufgabe des § 10 Abs. 2 Nr. 2 und damit auch der hierzu ergangenen Richtlinien sollte die Sicherung der Verteilungsgerechtigkeit und die Schaffung von Transparenz sein.[68] Durchforstet man die Richtlinien jenseits der angeführten Definitionen auf die Einhaltung dieser Ziele, bietet sich das Bild diffuser, subjektiv ausdeutbarer Kriterien, die zudem in ihrer Aussagekraft durch zahlreiche salvatorische Klauseln relativiert werden.

39   Es fragt sich insbesondere, wie es sich auswirkt, dass bei der Festlegung sogenannter Kontraindikationen – aber auch an zahlreichen anderen Stellen – nichtmedizinische Kriterien in Bezug genommen werden.

40   Dies gilt vor allem für das auch in der Öffentlichkeit kontrovers diskutierte Kriterium zur Feststellung einer Kontraindikation der compliance. Als compliance ist die Bereitschaft der Empfänger definiert, nach der Transplantation an der Genesung mitzuwirken.[69] Unter non-compliance wird in der Transplantationsmedizin üblicherweise der „sorglose Umgang" mit immunsuppressiven Medikamenten, die Überschreitung von Lebensstil- und Ernährungsvorschriften sowie das Nichteinhalten von Untersuchungsterminen verstanden.[70]

41   Sie ist in den jeweiligen Richtlinien teils als terminus technicus direkt, teils indirekt angesprochen. Expressis verbis führen die Richtlinien der Warteliste zur Herz-, Herz-Lungen- und Lungentransplantation unter der Überschrift „Psychosoziales" unzureichende compliance als Kontraindikation an. Daneben findet sich weitere Möglichkeiten, psychosoziale Faktoren im Rahmen sonstiger durch die Richtlinien eröffneter Abwägungsspielräume zu berücksichtigen.

42   Stellvertretend kann insoweit auf die Richtlinien für die Warteliste zur Nieren und zur (Nieren-)Pankreas-Transplantation verwiesen werden. Dort heißt es:

„Bei der Beurteilung der vorstehend aufgeführten eventuellen Kontraindikationen für eine Transplantation soll stets der körperliche und seelische Gesamtzustand des Patienten gewürdigt und eingeschätzt werden".[71]

---

[68] *Miserok/Sasse/Hall/Seidenrath*, Komm. zum Transplantationsrecht, Einführung Erl. 2.1.2.1.

[69] *Conrads*, Rechtliche Grundsätze der Organallokation, 2000, S. 32; ähnlich und zum Teil weitergehend die auf Grund von § 16 Abs. 1 Nr. 2 ergangenen Richtlinien für die Wartelisten zur Nieren- und zur (Nieren-)Pankreas-Transplantation, zur Herz-, Herz-Lungen- und Lungentransplantation, sowie zur Lebertransplantation. Dort wird jeweils gleichlautend compliance wie folgt definiert: „Compliance eines potentiellen Organempfängers bedeutet über die Zustimmung zur Transplantation hinaus seine Bereitschaft und Fähigkeit, an der vor und nach einer Transplantation erforderlichen Behandlungen und Untersuchungen mitzuwirken". Die von der BÄK bisher geschaffenen Richtlinien gemäß § 16 sind im DÄBl. 97, Heft 7/2000, S. A-396 ff. abgedruckt. Die Fortschreibungen der Richtlinien des Jahres 2001 können unter http://www.bundesaerztekammer.de eingesehen werden.

[70] Vgl. *K. Schmidt*, Ethische Problemfelder der Organtransplantation, in: Engels/Badura-Lotter/Schicktanz (Hrsg.), Neue Perspektiven der Transplantationsmedizin im interdisziplinären Dialog, 2000, S. 35 (44).

Dass mit der Berücksichtigung der genannten Kriterien – vor allem soweit sie 43
mit einem als (selbst)schädigend apostrophierten Vorverhalten kombiniert werden[72] – subjektiven Wertungen Tür und Tor geöffnet wird, zeigen die erläuternden Ausführungen, die der Vorsitzende der Ständigen Kommission Organtransplantation der BÄK gemeinsam mit einem Kommissionsmitglied im Deutschen Ärzteblatt zu diesen Kontraindikationen gegeben haben. Danach sollte mit der Aufnahme von „Nikotin-, Alkohol- oder sonstiger Drogen-Abusus" als derzeitige Kontraindikationen die Verantwortung des potenziellen Organempfängers für einen möglichst langfristigen Transplantationserfolg verdeutlicht werden. Und wörtlich heißt es dann: „Diese vermeidbaren gesundheitlichen Risiken sollten daher vor Aufnahme auf die Warteliste abgestellt sein. Die Verantwortung gilt selbstverständlich auch für die Zuverlässigkeit bei der Einhaltung von Behandlungsrichtlinien, Arztbesuchen und Medikamenteneinnahme (compliance)".[73] Davon abgesehen, dass die Abgrenzung zwischen Konsum und Abusus in den einzelnen Wissenschaftszweigen nach unterschiedlichen Kriterien und auch im Ergebnis unterschiedlich vorgenommen wird, erscheint es sachgerechter, anstatt von „vermeidbaren Verantwortlichkeiten" zu sprechen, sich den Krankheitswert der benannten Verhaltensweisen zu verdeutlichen[74] und der Frage zu stellen, ob und warum bei den Allokationsentscheidungen diese Krankheiten diskriminierend in Ansatz gebracht werden dürfen.

Dass die Anwendung des compliance-Kriteriums zu außerhalb des Schutz- 44
zwecks des § 10 Abs. 2 Nr. 2 liegenden und verfassungsrechtlich höchst problematischen Differenzierungen führen kann, zeigt der – auch in der Öffentlichkeit kontrovers diskutierte – Fall, bei dem eine zuvor erteilte Transplantationszusage mit der Begründung zurückgenommen wurde, die Patientin sei nicht hinreichend der deutschen Sprache mächtig. Insoweit ist in Erinnerung zu rufen, dass die Sprache in den Kanon der nach Art. 3 Abs. 3 GG untersagten Differenzierungen aufgenommen wurde.[75]

---

[71] Vgl. Richtlinien für die Warteliste zur Nieren- und zur (Nieren-)Pankreas-Transplantation, DÄBl. 97, Heft 7/2000, S. A-397. Vergleichbares bestimmen die Richtlinien für die Warteliste zur Lebertransplantation, DÄBl. 97, Heft 7/2000, S. A-399 und die Richtlinien für die Warteliste zur Herz-, Herz-Lungen- und Lungentransplantation, DÄBl. 97, Heft 7/2000, S. A-400.
[72] Zutreffend gegen die Berücksichtigung des Kriteriums „selbstverschuldete Erkrankung" auch *K. Schmidt*, Ethische Problemfelder der Organtransplantation, in: Engels/Badura-Lotter/Schicktanz (Hrsg.), Neue Perspektiven der Transplantationsmedizin im interdisziplinären Dialog, 2000, S. 35 (46 f.).
[73] Vgl. *Schreiber/Haverich*, Richtlinien für die Warteliste und für die Organvermittlung, DÄBl. 97, Heft 7/2000, S. A-386.
[74] Richtig deshalb die Richtlinien selbst, die „Nikotin-, Alkohol und sonstigen Drogenabusus" unter der Überschrift „Begleiterkrankungen" den Kontraindikationen zuordnen.
[75] Es ist zwar umstritten, ob mangelnde Sprachkenntnisse vom Diskriminierungsverbot grundsätzlich erfasst sind (dafür etwa *Starck*, in: v. Mangoldt/Klein/Starck, GG. Bd. 1, Art. 3 Rdnr. 266, 274; dagegen *Sachs*, HStR V, § 126 Rdnr. 45). Es dürfte aber kaum zweifelhaft sein, dass im Rahmen lebenserhaltender oder -verlängernde Maßnahmen Sprachkenntnisse kein hinreichendes Unterscheidungsmerkmal sein dürfen.

45 Die BÄK hat auf die zwischenzeitliche Kritik reagiert und versucht, durch entsprechende Fortschreibungen der Richtlinien das Merkmal der compliance der Kritik zu entziehen. Nunmehr heißt es in den Richtlinien für die jeweiligen Wartelisten: „Compliance ist kein unveränderliches Persönlichkeitsmerkmal, sie kann aus verschiedenen Gründen im Lauf der Zeit schwanken, gehört aber zu den Grundvoraussetzungen für den Erfolg jeder Transplantation, wie jeder ärztlichen Behandlung. Nach dem Transplantationsgesetz ist die Erfolgsaussicht ein entscheidendes Kriterium der Organzuteilung (§ 12 Abs. 3 TPG). Daher muss die Compliance trotz der Schwierigkeit ihrer Beurteilung bei der Entscheidung über die Aufnahme in die Warteliste berücksichtigt werden. Sprachliche Verständigungsschwierigkeiten können die Compliance beeinflussen, stehen aber allein einer Organtransplantation nicht entgegen. Anhaltende fehlende Compliance schließt die Transplantation aus. Bevor deswegen die Aufnahme in die Warteliste endgültig abgelehnt wird, ist der Rat einer psychologisch erfahrenen Person einzuholen. Die behandelnden Ärzte müssen sowohl bei der Aufnahme auf die Warteliste als auch nach der Transplantation auf die Compliance achten und auf sie hinwirken".[76]

46 Die Neufassung ist ebenfalls nicht unproblematisch. Zuzustimmen ist zunächst allerdings dem nunmehr normierten Erfordernis, vor endgültigen Entscheidungen den „Rat einer psychologisch erfahrenen Person einzuholen", wenngleich unklar bleibt, welche Qualifikation eine in diesem Sinne psychologisch erfahrene Person aufweisen muss. Fragen bestehen zudem nach wie vor hinsichtlich der an die Sprachkompetenz gekoppelten Beurteilung der compliance. Die Klarstellung, dass fehlende Sprachkenntnis allein eine Nichtberücksichtigung nicht rechtfertigen kann, ist zu begrüßen. Allerdings folgt nicht, wie die Richtlinien insinuieren, aus der gesetzlichen Regelung in § 12 Abs. 3 die Notwendigkeit einer Berücksichtigung von Sprachkompetenzen bei transplantationsmedizinischen Zuteilungsentscheidungen. Dies könnte nur der Fall sein, wenn gerade die fehlenden Sprachkenntnisse als Kontraindikation wirken würden. Insoweit sind die Richtlinien auch nicht frei von Widersprüchen, da sie ja andererseits gerade diese Fallkonstellation ausschließen wollen. Hier lassen die Richtlinien zudem offen, ob eine Ablehnung aufgrund fehlender Sprachkenntnisse nur zulässig ist, wenn zuvor alle anderen Möglichkeiten (Dolmetscher etc.) ausgeschöpft wurden.

47 Eine zweite zu begrüßende Veränderung durch die Fortschreibungen betrifft die Aufnahme in die Warteliste bei einer HIV-Infektion. Nunmehr ist klargestellt, dass auch bei Patienten mit HIV die Entscheidung über die Aufnahme in die Warteliste nach Prüfung aller Einzelumstände erfolgen muss.[77] Keinesfalls darf es zu schematischen Ablehnungen und unreflektiertem Konnex von HIV-Infektion und Kontraindikation kommen.

---

[76] Die von der BÄK bisher geschaffenen Richtlinien gemäß § 16 sind im DÄBl. 97, Heft 7/2000, S. A-396 ff. abgedruckt. Die Fortschreibungen der Richtlinien des Jahres 2001 mit den hier diskutierten Änderungen können unter http://www.bundesaerztekammer.de eingesehen werden.
[77] Vgl. auch dazu die Fortschreibungen der Richtlinien des Jahres 2001 zu den Wartelisten unter http://www.bundesaerztekammer.de.

Neben den auf die Feststellung der Notwendigkeit einer Organtransplantation 48
bezogenen Kriterien finden sich in den Richtlinien auch Ausführungen zur Beurteilung der Erfolgsaussicht. So heißt es noch jenseits der später angeführten Kontraindikationen in den Vorbemerkungen zu den Richtlinien: „Bei der Entscheidung über die Aufnahme auf die Warteliste für eine Organtransplantation ist abzuwägen, ob die individuelle medizinische Gesamtsituation des Patienten einen *längerfristigen* Transplantations*erfolg* erwarten läßt. Die Entscheidungsgründe sind zu dokumentieren. Hierbei sind auch eventuell zu erwartende schwerwiegende operativ-technische Probleme zu berücksichtigen".

Im Ergebnis kann über die Berücksichtigung solcher Kriterien eine Gewichtung der (Über)Lebenszeit bei der Zuteilung der Organe stattfinden. Auch insoweit stellt das TPG ein Novum dar, weil es das Gesetz – jedenfalls in der Interpretation der Richtlinien – erstmals rechtlich erlaubt, die Zuteilung einer lebenserhaltenden oder -verlängernden Behandlung von der Überlebenszeit abhängig zu machen. Träfe diese Auslegung[78] zu, fände mithin eine qualitative und quantitative Bewertung der Lebenszeit statt. 49

Man kann eine solche Sichtweise als mit § 10 Abs. 2 Nr. 1 vereinbar ansehen, 50
so weit dort die Erfolgsaussicht bei der Entscheidung über die Aufnahme auf die Warteliste genannt ist. Auf dieser Linie ist im Gesetzgebungsverfahren der Standpunkt eingenommen worden, „unproblematisch" seien alle diejenigen Allokationskriterien, die sich auf die Dringlichkeit oder die Erfolgsaussicht der Transplantation zurückführen ließen. So könne etwa das Alter des Patienten die Erfolgsaussichten des Eingriffs beeinflussen.[79] Es läßt sich nicht bestreiten, dass das Alter eines Patienten die Erfolgsaussichten seiner Behandlung beeinflussen kann, doch ist damit nicht zugleich ausgesagt, dass dieser – auf die Erfolgsaussichten der je eigenen Operation bezogene – Gedanke gleichsam im Verhältnis nach außen als Differenzierungskriterium gegenüber den jeweiligen Erfolgsaussichten anderer Patienten in Ansatz gebracht werden kann. Nach der hier vertretenen Auffassung müsste deshalb zunächst gefragt werden, ob es ethisch[80] und verfassungsrechtlich zulässig ist, bei der Zuteilung von lebenserhaltenden oder -verlängernden Behandlungen, deren Selbstbeschaffung auf Grund der gesetzlichen Re-

---

[78] Lapidar: *Herrig,* Die Gewebetransplantation nach dem Transplantationsgesetz, 2001, S. 173: „Dem Kriterium Erfolgsaussicht liegt das Prinzip der Nutzenkalkulation und -optimierung zugrunde, was ein ethisches und kein medizinisches Kriterium ist"; nach *Conrads,* Rechtliche Grundsätze der Organallokation, 2000, S. 33, „wurden – zumindest vor Jahren – an deutschen Transplantationszentren Menschen über 55 Jahren nicht mehr angenommen." Erstaunlicherweise wird dann lediglich verlangt, dass das biologische, nicht das kalendarische Alter ausschlaggebend sein solle, nicht aber die verfassungsrechtliche Zulässigkeit einer solchen Differenzierung diskutiert.
[79] So die Sachverständige Stellungnahme *Holznagel,* Ausschuss-Drs. 601/13, S. 8; ähnlich *Conrads,* Rechtliche Aspekte der Richtlinienfeststellung nach § 16 Abs. 1 Satz 1 Nr. 2 und 5 TPG, in: Diercks/Neuhauss/Wienke (Hrsg.), Die Allokation von Spenderorganen, 1999, S. 35 (50).
[80] Ethische Bedenken auch bei *Bickeböller,* Grundzüge einer Ethik der Nierentransplantation, 2000, S. 488 ff.

gelung dem Patienten untersagt wird, und sei es auch nur mittelbar nach dem Alter der Patienten zu differenzieren. Würde dies als rechtlich zulässig erachtet, stellte sich die weitere Frage, ob über damit zusammenhängende Fragen,

- etwa ab welchem Alter soll eine Organübertragung ausgeschlossen sein,
- ab welcher Überlebensprognose – ein halbes Jahr, 1 Jahr, 5 Jahre – wird ein Patient transplantiert,
- soll es starre Altersgrenzen geben etc.,

nicht der parlamentarische Gesetzgeber entscheiden müsste. Ein derart deutungsoffener Begriff wie derjenige der „Erfolgsaussicht", dessen exakte Festlegung zudem der BÄK überantwortet wird, kann hierfür nicht ausreichen.

51 Im Blick auf das Verfassungsrecht sind Differenzierungen nach (Über)Lebensdauer freilich nicht unproblematisch. Zwar ist die Differenzierung nach Alter nicht durch Art. 3 Abs. 3 GG untersagt[81] und auch sonst enthält das Grundgesetz im Unterschied zu zahlreichen ausländischen Verfassungstexten[82] und deutlichem Kontrast etwa zum Jugendschutz keine eigene textliche Erfassung des Alters und seines Schutzes, doch hat das Bundesverfassungsgericht in der Rechtsprechung zur Strafbarkeit der Abtreibung betont, dass ein Absenken des Lebensschutzes aufgrund zeitlicher Erwägungen nicht mit Art. 2 Abs. 2 GG vereinbar ist.[83] Überzeugender ist es deshalb, wenn die Richtlinie an anderer Stelle bestimmt, dass Patienten auf die Warteliste zur Lebertransplantation aufgenommen werden können, wenn die Überlebenswahrscheinlichkeit mit Transplantation größer ist als ohne. Wenn im Transplantationsrecht demgegenüber die Erfolgsaussicht nicht individuell, sondern im Vergleich mit anderen potentiellen Organempfängern beurteilt wird, ist dies verfassungsrechtlich problematisch. Dies löst – wie ohne weiteres zu konzedieren ist – freilich auf den ersten Blick nicht die Probleme der Zuteilung von Organen vor dem Hintergrund der in der Transplantationsmedizin herrschenden Mangelsituation. Das Versagen lebenserhaltender Maßnahmen aufgrund einer komparativen Bestimmung der Überlebenszeit bedürfte aber angesichts der damit verbundenen grundsätzlichen Abkehr von den bisherigen ethischen Maximen

---

[81] Der Katalog des Art. 3 Abs. 3 GG wird als abschließend verstanden, so dass eine analoge Anwendung ausscheidet, vgl. BAGE 61, 151 (161); *Jarass*, in: Jarass/Pieroth, GG, Art. 3 Rdnr. 69.

[82] Dazu *Häberle*, Altern und Alter des Menschen als Verfassungsproblem, in: Badura/Scholz (Hrsg.), Wege und Verfahren des Verfassungslebens, FS für Peter Lerche zum 65. Geburtstag, 1993, 190 (191 ff.).

[83] BVerfGE 88, 203 (254): „Das danach verfassungsrechtlich gebotene Maß des Schutzes ist unabhängig vom Alter der Schwangerschaft. Das Grundgesetz enthält für das ungeborene Leben keine vom Ablauf bestimmter Fristen abhängige, dem Entwicklungsprozess der Schwangerschaft folgende Abstufungen des Lebensrechts und seines Schutzes". Bedenken gegen einen am Alter orientierten Verteilungsmaßstab auch bei *Sachs*, Wie sind die konkurrierenden Gesetzentwürfe eines Transplantationsgesetzes zu beurteilen?, in: Firnkorn (Hrsg.), Hirntod als Todeskriterium, 2000, 62 (67): „Ergänzend zum allgemeinen Diskriminierungsverbot sollte der Rückgriff auf ... Alter ... ausgeschlossen werden; dem entsprechen durchaus auch ausländische Problemlösungsansätze, vgl. für Amerika etwa *Sachs*, Grenzen des Diskriminierungsverbots, 1987, S. 165 f.

ärztlicher Heilbehandlung einer in einen gesellschaftlichen Diskurs eingebetteten direkten und transparenten, verfassungsrechtliche Vorgaben berücksichtigenden, Entscheidung des parlamentarischen Gesetzgebers und darf nicht auf die BÄK delegiert werden. Im Übrigen vermitteln Gesetz und Richtlinien hier ohnehin nur eine „Scheinberuhigung", insinuieren sie in grundsätzlicher Umkehrung ethischer Perspektiven doch, dass moralische Probleme wie mathematische gelöst werden könnten.[84]

Es lässt sich allerdings nicht von der Hand weisen, dass es das TPG zulässt, dass die Allokationsentscheidungen auch aufgrund subjektiver Einschätzungen getroffen werden. Die Richtlinien greifen dies auf, in dem sie verlangen, dass die Entscheidung über die Aufnahme auf die Warteliste insbesondere die individuelle Gesamtsituation des Patienten und die längerfristigen Erfolgsaussichten zu berücksichtigen hat. Dem mag man mit den genannten Einschränkungen zustimmen können, weil die Entscheidung über die Aufnahme in die Warteliste keine rein nach medizinischen Kriterien zu treffende Entscheidung darstellt, sondern auf eine Gesamtwürdigung des Patienten und seiner Situation bezogen ist. Eine ganz andere Frage ist es aber, was dieser Befund für die Zusammensetzung des Entscheidungsgremiums sowie der rechtlichen und letztlich gerichtlichen Kontrolle solcher Allokationsentscheidungen bedeutet. 52

Jedenfalls eröffnen die angeführten Formeln Spielräume für subjektiv gefärbte Wertungen der Entscheidungsträger und zeigen damit im Blick auf den von der Entscheidung nachteiligen betroffenen Patienten erneut das Bedürfnis nach einem adäquaten Rechtsschutz.[85] 53

Abzulehnen ist deshalb die im Schrifttum[86] – und auch die Gesetzesbegründung stieß in dieses Horn[87] – gelegentlich ventilierte These, die Entscheidung über die Aufnahme auf die Warteliste orientiere sich an rein medizinischen Kriterien. Paradigmatisch hierfür kann auf eine Stellungnahme während der Gesetzesberatungen verwiesen werden. Dort wird in Abwehr der Kritik, dass die Richtlinien die Berücksichtigung einer Reihe im strengen Sinne nicht medizinischer Kriterien ermöglichten bzw. erzwängen, ausgeführt, dass sich die medizinische Wissenschaft nicht allein auf die klinischen Disziplinen und die Fächer der genetischen Grundlagenforschung bezöge. Sie umfasse die Medizinsoziologie ebenso wie Fragen der Gesundheitsökonomie, der Datenverarbeitung in der Medizin, der Psychologie und vieles andere mehr. Die Richtlinien würden daher den verfassungsrechtlichen Anforderungen (Art. 2 Abs. 2, Art. 3 Abs. 3, Absatz 1 GG) „im Grundsatz"(?) gerecht.[88] 54

---

[84] Vgl. dazu *Bickeböller,* Grundzüge einer Ethik der Nierentransplantation, 2000, S. 491.
[85] Dazu unten Rdnr. 70 ff.
[86] *Nickel/Schmidt-Preisigke/Sengler,* TPG, § 10 Rdnr. 9.
[87] BT-Drs. 13/8017, S. 42.
[88] So die Sachverständige Stellungnahme des Sachverständigen *Holznagel,* Ausschuss-Drs. 601/13, S. 6 f. – Fragezeichen hinzugefügt.

55 Eine solche Argumentation ist nicht geeignet, die verfassungsrechtlichen Bedenken, die gegenüber der Einführung und vor allem verfahrensrechtlichen Sicherung der genannten subjektiven Auswahlkriterien geltend gemacht werden, zu zerstreuen. Ebenso gut ließe sich dartun, im Anwendungsbereich des TPG gebe es an sich nur noch juristische Begrifflichkeiten, kenne die juristische Ausbildung doch die Fächer des Arznei-, Arzt- und Medizinrechts.

56 Sachgerechter erscheint es, sich zu einer auch subjektiv konnotierten Auswahlentscheidung zu bekennen und zur Abwehr damit verbundener Gefahren die Auswahlentscheidungen verfahrensrechtlich abzusichern.[89] Zu dieser Sicherung muss dann zusätzlich die Einräumung von Rechtsschutzmöglichkeiten treten. Indem das Gesetz auf den Stand der Erkenntnisse der medizinischen Wissenschaft rekurriert, wird demgegenüber eine Objektivität insinuiert, die das Erfordernis nach einer (Rechts)Kontrolle überflüssig erscheinen läßt. Eine solche Sichtweise verfehlt indes verfassungsrechtliche Vorgaben.[90]

57 Verfassungsrechtliche Bedenken bestehen noch in einem weiteren Punkt. Nach sämtlichen Richtlinien kann im „Rahmen eines Heilversuches von den Richtlinien abgewichen werden". Und weiter heißt es: „Studien, die im Sinne der Weiterentwicklung der Transplantationsmedizin durchgeführt werden, sind der zuständigen lokalen Ethikkommission vorzulegen und der Ständigen Kommission Organtransplantation der Bundesärztekammer anzuzeigen". Insoweit gilt es sich zunächst in Erinnerung zu rufen, dass den Richtlinien nach § 10 Abs. 2 Nr. 2 die Aufgabe zukommt, die Verteilungsgerechtigkeit in der Transplantationsmedizin zu gewährleisten. Dass die Richtlinien im Rahmen von Heilversuchen von der Beachtung der Verteilungsgerechtigkeit und damit dem allgemeinen Gleichheitssatz entsprechender Kriterien suspendieren, dürfte außerhalb des Regelungsauftrages des Gesetzes liegen. Will man solche Abweichungen vom Maßstab der Verteilungsgerechtigkeit im Interesse der Fortentwicklung der Transplantationsmedizin oder im Sinne der Forschungsfreiheit legitimieren, hat hierüber der demokratisch legitimierte Gesetzgeber im Rahmen der verfassungsrechtlichen Vorgaben zu befinden.

58 Nach der gesetzlichen Konzeption unterliegt die Herausnahme aus der Warteliste keiner Bindung an die Kriterien des § 10 Abs. 2 Nr. 2 bzw. derjenigen der Richtlinie, weil § 10 Abs. 2 Nr. 2 nur von der Entscheidung über die Aufnahme auf die Warteliste spricht und § 16 Abs. 1 Nr. 2 zwar weitergehend die Richtlinienkompetenz auch auf Regeln über die Ablehnung der Aufnahme auf die Warteliste bezieht; zu den Gründen, die bei der Entscheidung über die Herausnahme aus der Liste zu berücksichtigen sind, schweigt das Gesetz aber. Es liegt nahe, angesichts der späteren Einfügung des § 10 Abs. 2 Nr. 2 insoweit lediglich von einem

---

[89] Seit dem Mülheim-Kärlich Beschluss gehört es zum gesicherten Bestand grundrechtlicher Dogmatik, dass der Schutz der Rechtsgüter von Leib und Leben gerade auch prozedural zu verwirklichen ist, vgl. BVerfGE v53, 30 (62 ff.); aus dem Schrifttum *Sachs*, in: ders. (Hrsg.), GG, Vor Art. 1 Rdnr. 34.
[90] Dazu unten Rdnr. 136 ff.

gesetzgeberischen Versehen auszugehen. Jedenfalls teilt die Entscheidung über die Herausnahme aus der Warteliste als actus contrarius der Aufnahmeentscheidung deren Rechtsnatur. Es bietet sich daher an, die Herausnahme aus der Warteliste nur dann als rechtmäßig anzusehen, wenn Gründe vorliegen, die eine abschlägige Entscheidung hinsichtlich der Aufnahme auf die Warteliste gerechtfertigt hätten.

Vergleichbare Fragen stellen sich hinsichtlich der Entscheidung über die Annahme als Transplantationspatient. Jedenfalls bei öffentlich-rechtlicher Trägerschaft wird man hierbei in erster Linie anhand im Sinne des TPG konkretisierter medizinischer Kriterien verfahren dürfen. Daneben können allerdings auch weitere Kriterien – wie etwa die Tatsache, dass das jeweilige Krankenhaus belegt ist oder die Ausrichtung des Transplantationszentrums im Blick auf die konkret anstehende Organübertragung – zur Anwendung gebracht werden. Die schlichte Berufung auf die Vertragsfreiheit des Transplantationszentrums[91] verfehlt daher jedenfalls bei öffentlich-rechtlicher Trägerschaft die verfassungsrechtlichen Vorgaben.[92] Bei privater Trägerschaft könnten öffentlich-rechtliche Überlagerungen aus der Tatsache, dass Transplantationszentren in der Regel nach § 108 SGB V zugelassen werden, hergeleitet werden. 59

dd) Unterrichtungspflichten

Das der Herstellung von Transparenz im Transplantationswesen verpflichtete TPG ordnet im Interesse dieser Transparenz in § 10 Abs. 2 Nr. 2 verschiedene Unterrichtungspflichten an. Nach der gesetzlichen Konzeption in § 10 Abs. 2 Nr. 1 besteht eine Unterrichtungspflicht des Transplantationszentrums zunächst allerdings nur gegenüber dem behandelnden Arzt. Damit ist der den Patienten außerhalb des Transplantationszentrums behandelnde Arzt angesprochen. Ihn muss das Transplantationszentrum – wie das Gesetz formuliert – „darüber" unterrichten, der Informationsanspruch *des Arztes* bezieht sich mithin auf die Entscheidungen über die Annahme des Patienten als Transplantationspatient sowie die Aufnahme und die Herausnahme aus der Warteliste. 60

Das Gesetz verschweigt sich zu der Frage, ob auch dem Patienten ein Anspruch auf Kenntnis über seine Aufnahme in rsp. seine Streichung aus der Warteliste und – was für die Frage etwaigen Rechtsschutzes bedeutsamer sein dürfte – über seine Position auf der Warteliste des Transplantationszentrums zusteht. Ein solcher Anspruch ist zu bejahen. Er ergibt sich unabhängig davon, ob das Rechtsverhältnis im Rahmen des transplantationsmedizinischen Krankenhausaufenthaltes zivil- 61

---

[91] So etwa *Nickel/Schmidt-Preisigke/Sengler*, TPG, § 10 Rdnr. 10: „... darauf hinzuweisen, dass Arzt oder Krankenhaus, abgesehen z.B. von medizinischen Notfällen, grundsätzlich nicht verpflichtet sind, mit einem bestimmten Patienten einen Behandlungsvertrag über bestimmte medizinische Leistungen abzuschließen." Nicht in Einklang steht diese Auffassung im übrigen mit den §§ 95 Abs. 3 Satz 1, 109 Abs. 4 Satz 2 SGB V, die im Rahmen der GKV von einer dem sozialversicherten Patienten gegenüber bestehenden Behandlungspflicht ausgehen, dazu *Lang*, Die Vergütung der Vertragsärzte und Psychotherapeuten im Recht der gesetzlichen Krankenversicherung, 2001, S. 16.
[92] Dazu noch unten Rdnr. 117 f.

oder öffentlich-rechtlich konstruiert wird aus den Regeln über die vertraglichen Sorgfaltspflichten (§ 76 SGBV). Die zu § 16 ergangenen Richtlinien der BÄK greifen dies in ihren jeweiligen Vorworten ausdrücklich auf. Danach ist der Patient über seinen Status auf der Warteliste von einem Arzt des Transplantationszentrums im Kontext der regelmäßig geforderten Kontrolluntersuchungen zu informieren.[93] § 10 Abs. 2 Nr. 2 will Transparenz eben nicht nur für den behandelnden Arzt herstellen, eine solche Durchschaubarkeit medizinischer Entscheidungen ist im sensiblen Bereich der Verteilung knapper Überlebenschancen vielmehr gerade für den von ihr – eventuell nachteilig – betroffenen Patienten von besonderem Interesse.[94]

62 Unterrichtungs- und Aktualisierungspflichten des Transplantationszentrums bestehen auch nach § 3 Abs. 5 des nach § 12 geschlossenen Vertrages. Danach sind die Transplantationszentren gegenüber der Vermittlungsstelle[95] verpflichtet, unverzüglich jede Änderung hinsichtlich der übermittelten Daten sowie jede Änderung auf ihrer Warteliste der Vermittlungsstelle unter Angabe von Gründen zu übermitteln.[96] § 3 Abs. 6 des genannten Vertrages verpflichtet die Transplantationszentren weiterhin, nach erfolgter Transplantation den Patienten aus der bei ihm geführten Warteliste herauszunehmen und dies der Vermittlungsstelle mitzuteilen. Diese nimmt sodann ihrerseits den Empfänger aus der einheitlichen Warteliste heraus.

63 Nach § 5 Abs. 3 des Vertrages sind von der Vermittlungsstelle alle Patienten auf der Warteliste gleich zu behandeln, das ergibt sich für die deutschen Transplantationszentren bereits aus Art. 3 Abs. 1 GG.

b) Pflicht zur Einhaltung der Regeln über die Organentnahme und -vermittlung

64 Durch § 10 Abs. 2 Nr. 3 werden die Transplantationszentren verpflichtet, die aufgrund der §§ 11 und 12 des Gesetzes getroffenen Regelungen betreffend die Organentnahme und -vermittlung einzuhalten. Die Vorschrift ergänzt mithin § 9 Satz 2 und 3.[97] Ebenso wie jene Vorschriften dient sie der Gewährleistung der Chancengleichheit der auf die jeweiligen Wartelisten der Transplantationszentren für die gleiche Organübertragung aufgenommenen Patienten sowie der Sicherstellung der Verteilungsgerechtigkeit bei der Organallokation.

---

[93] Dies bestimmen sämtliche Vorbemerkungen der Wartelistenrichtlinien, vgl. DÄBl. 97, Heft 7/2000, S. A-397, A-398 und A-400.
[94] Unzutreffend daher *Nickel/Schmidt-Preisigke/Sengler*, TPG, § 10 Rdnr. 9, die eine über den behandelnden Arzt vermittelte indirekte Unterrichtungspflicht des Patienten als ausreichend ansehen.
[95] Derzeit ist mit den Aufgaben der Vermittlungsstelle die gemeinnützige, nach niederländischem Recht errichtete Stiftung *Eurotransplant* (ET) im niederländischen Leiden beauftragt.
[96] Vgl. § 3 Abs. 5 des Vertrages nach § 12, veröffentlicht in BAnZ Nr. 131a vom 15. 7. 2000, S. 13.
[97] Vgl. BT-Drs. 13/4355, S. 22.

c) Dokumentationspflichten

Die Regelung in § 10 Abs. 2 Nr. 4 über die sog. Dokumentationspflichten steht ebenfalls im Kontext der mit dem TPG erstrebten Transparenz. Namentlich die lückenlose Rückverfolgung der Organe vom Empfänger bis zum Spender soll nach den Vorstellungen des Gesetzgebers der Transparenz der Organvermittlung und ihrer Vorbereitung durch die beteiligten Stellen dienen.[98] Mit den Dokumentationspflichten soll aber auch ermöglicht werden, im Falle einer gesundheitlichen Gefährdung des Empfängers durch das transplantierte Organ, rasch geeignete Maßnahmen zum Schutz der Empfänger von Organen desselben Spenders zu ergreifen.[99] Auf Grund dieser Ratio beansprucht die Vorschrift auch bei Lebendspenden Geltung. 65

Die Zulässigkeit der Zusammenführung von Angaben aus der Dokumentation mit personenbezogenen Daten postmortaler Organspender richtet sich nach § 12 Abs. 2.[100] Die Aufzeichnungspflichten nach ärztlichem Berufsrecht bleiben unberührt.[101] 66

d) Betreuungspflichten

§ 10 Abs. 1 Nr. 5 stellt klar, dass eine im Zusammenhang mit einer Organübertragung erforderliche psychische Betreuung des Organempfängers sowie im Falle des § 8 des Lebendspenders vom Transplantationszentrum im Krankenhaus sicherzustellen ist. Die psychische Betreuung gehört zur Krankenhausbehandlung i.S.d. § 39 Abs. 1 SGB V. Sie ist daher, für die medizinische Versorgung bei einer Organübertragung notwendig und auch im Rahmen einer teilstationären, einer vor- und nachstationären sowie einer ambulanten Behandlung im Krankenhaus sicherzustellen.[102] 67

e) Qualitätssicherungspflichten

§ 10 Abs. 2 Nr. 6 knüpft an die Vorschriften des § 137 SGB V über Maßnahmen zur Qualitätssicherung in der stationären medizinischen Versorgung an und überlässt „wegen des sich fortentwickelnden Standes des medizinischen Wissens ... (die) angemessene Qualitätssicherung der Selbstverwaltung" im Gesundheitswesen.[103] Diese können sich auch auf die Indikation zur Transplantation und damit auf medizinische Kriterien für die Annahme zur Organübertragung, die Aufnahme in die Warteliste und die Führung der Warteliste nach § 10 Abs. 2 Nr. 1 erstrecken. Die Regelung stellt entsprechend § 137 SGB V klar, dass die Qualitäts- 68

---

[98] BT-Drs. 13/4355, 22.
[99] BT-Drs. 13/4355, 22.
[100] BT-Drs. 13/4355, 22.
[101] Vgl. dazu § 15 der MBO für die deutschen Ärzte, DÄBl. 97, 1996, S. B 327-333.
[102] BT-Drs. 13/4355, S. 22.
[103] So die Formulierung der Bundesregierung im Rahmen der Beantwortung einer kleinen Anfrage, BT-Drs. 14/4655, S. 14. Der Bundesregierung sind – wie es an gleicher Stelle heißt – im Übrigen keine speziellen Untersuchungen oder Maßnahmen der Transplantationszentren auf der Grundlage des § 10 Abs. 2 Nr. 6 bekannt.

sicherungsmaßnahmen auch Vergleiche der Transplantationszentren untereinander ermöglichen müssen.[104] § 10 Abs. 2 Nr. 6 ordnet zudem im Hinblick auf die gesundheitlichen Risiken einer Lebendspende (s. § 8 Abs. 2 S. 1) an, dass die Nachbetreuung von Lebendspendern in die Maßnahmen zur Qualitätssicherung einzubeziehen sind.[105]

3. Pflichten bei Augenhornhauttransplantationen

69 Durch § 10 Abs. 3 wird eine entsprechende Beachtung der in § 10 Abs. 2 Nr. 4–6 normierten Dokumentationspflichten, der Pflichten zur Nachbetreuung sowie der Qualitätssicherungspflichten bei Augenhornhautübertragungen angeordnet. Die Vorschrift dient dem Schutz des Empfängers einer Augenhornhaut.[106] Nach Auffassung des Gesetzgebers sind die anderen in § 10 Abs. 2 genannten Vorschriften für Transplantationszentrum im Rahmen von Augenhornhautübertragungen nicht bindend. Eine Erstreckung der dort genannten Verpflichtungen auf die Augenhornhauttransplantationen widerspreche dem Verhältnismäßigkeitsgrundsatz.[107] Pflichten der behandelnden Ärzte bzw. der Transplantationszentren ergeben sich dann nur aus den allgemeinen gesetzlichen Bestimmungen und Rechtsgrundsätzen.[108]

4. Rechtsschutz des potentiellen Organempfängers[109]

a) Problemkontext

70 Das TPG stellt insoweit ein Novum dar, als durch seine Regelungen erstmals Menschen von einer lebensverlängernden oder gar lebenserhaltenden Behandlung rechtlich ausgeschlossen werden. Die im Gesetz normierten Verteilungsregelungen sind jedenfalls gegenwärtig notwendig, weil die Nachfrage nach Organen die Organspenden deutlich übersteigt. 1999 wurden über *Eurotransplant* vermittelt in Deutschland, Belgien, Luxemburg, Österreich und den Niederlanden insgesamt 708 Herzverpflanzungen durchgeführt, doch verblieben zum 31. Dezember 1999 noch 608 Personen auf der Warteliste.[110] Vergleichbar und zum Teil dringlicher stellt sich die Situation bei den anderen vermittlungspflichtigen Organen dar. So standen bei Lebern 1136 Transplantationen 589 Personen auf der Warteliste ge-

---

[104] BT-Drs. 13/4355, S. 22 f.
[105] BT-Drs. 13/8017, S. 42.
[106] BT-Drs. 13/8017, S. 42.
[107] Vgl. BT-Drs. 13/8017 zu § 20 Nr. 1, insoweit genügten die Regelungen der Zusammenarbeit zwischen den Hornhautdatenbanken; vertiefend zu den mit der Augenhornhauttransplantation zusammenhängenden Fragen *Herrig*, Die Gewebetransplantation nach dem Transplantationsgesetz, 2002, S. 179 ff.
[108] Dazu *Nickel/Schmidt-Preisigke/Sengler*, TPG, § 10 Rdnr. 15.
[109] Vgl. dazu *Lang*, Knappheitsentscheidungen im Sozialrecht – Zum Rechtsschutzdefizit gegenüber transplantationsrechtlichen Entscheidungen –, VSSR 1/2002, S. 21 (31 ff.); *Schmidt-Aßmann*, Grundrechtspositionen und Legitimationsfragen im öffentlichen Gesundheitswesen, 2001, S. 108 ff.; *ders.*, Rechtsschutzfragen des Transplantationsgesetzes, NVwZ Beilage zu Heft 12/2001, S. 59 ff.
[110] Für Deutschland betrug das Verhältnis 480/495.

genüber.¹¹¹ Das Verhältnis von Transplantationen zu wartenden Patienten auf der Warteliste betrug bei Nieren (3075/12393)¹¹², bei Bauchspeicheldrüsen (288/193)¹¹³, bei Lungen (236/345)¹¹⁴ und bei Herz-Lungen (28/46)¹¹⁵. Insgesamt wurden damit im Jahr 1999 zwar 5471 Transplantationen durchgeführt, doch belief sich die Zahl der auf den Wartelisten stehenden Personen zum Ende des Jahres auf 15174.¹¹⁶

Diesem Bedarf steht nach wie vor eine nur geringe Spendebereitschaft der Bevölkerung gegenüber. Im Jahre 1998 machten etwa 3 % der Bevölkerung von der Möglichkeit eines Organspendeausweises Gebrauch.¹¹⁷ 1999 meldeten die Krankenhäuser in Deutschland 2352 mögliche Organspender¹¹⁸, wobei in 671 Fällen die Organentnahme an der fehlenden Zustimmung scheiterte.¹¹⁹ Trotz dieser geringen Spendebereitschaft halten ungefähr 72 % alle Bundesbürger eine Organspende für sinnvoll. 71

Diesen Zahlen über den Bedarf und die Akzeptanz der Transplantationsmedizin steht indes ein erhebliches Misstrauen der Bevölkerung hinsichtlich des Verfahrens der Organtransplantation gegenüber. So glaubten im Jahre 1996 nur 18,2 % der bei einer repräsentativen Erhebung in Nordrhein-Westfalen Befragten, dass bei einer Organverpflanzung in Deutschland „alles mit rechten Dingen zugeht". 81,2 % dagegen äußerten Zweifel hieran, wobei als wichtigste Aspekte „Be- 72

---

111 Für Deutschland betrug das Verhältnis 719/425.
112 In Deutschland 1905/9513.
113 In Deutschland 209/147.
114 In Deutschland 125/242.
115 In Deutschland 20/38.
116 Vgl. zu diesen Zahlen die Statistiken von *Eurotransplant*, download unter http://www.eurotransplant.nl. Für Deutschland ergaben sich folgende Relationen: Herztransplantationen (1000/500), Lungentransplantationen (200/146), Lebertransplantationen (1000/757), Pankreas (600/218) und bei Nierentransplantationen standen einem Bedarf von 4000 Übertragungen 2275 realisierte Nierentransplantationen gegenüber (Vgl. zu diesen Zahlen die Übersicht des Arbeitskreises Organspende, download unter http://www.akos.de). Das Zahlenmaterial weicht leicht von den bei ET ab, was zum Teil durch die unterschiedliche Zählgrundlage – Akos bezieht die Lebendspenden ein – erklärt werden kann, jedenfalls aber hinsichtlich der Angaben bei Lungentransplantationen verwunderlich erscheint.
117 DÄBl. 95, Heft 24/1998, S. A-1503. Nach einer von der Bundeszentrale für gesundheitliche Aufklärung in Auftrag gegebenen forsa-Studie hatten im Jahre 1999 11 % der Befragten einen Organspendeausweis ausgefüllt (vgl. die Antwort der Bundesregierung im Rahmen einer kleinen Anfrage, BT-Drs. 14/4655, S. 2). Freilich dürfte für diese Entwicklung kaum das TPG in Anspruch genommen werden können. Vielmehr wird aus transplantationsmedizinischer Sicht dem Gesetz eine negative Wirkung auf das Spendeverhalten attestiert. Charakteristisch hierfür *Leinmüller*, Nierentransplantation: Immer mehr Lebendspenden, DÄBl. 97, Heft 45/2000, S. A-2969, anstelle einer erhöhten Akzeptanz habe das Gesetz in der Bevölkerung eine verstärkte Ablehnung der Organspende bewirkt.
118 In einer konstatierten mangelnden Bereitschaft der Krankenhäuser wird ein weiterer Grund der Organknappheit gesehen, vgl. *Loosen*, Organentnahme: Überzeugungsarbeit an der Nahtstelle zwischen Leben und Tod, DÄBl. 96, Heft 31-32/1999, S. A-2014.
119 *Klinkhammer*, DÄBl. 97, Heft 23/2000, S. A-1553.

stechlichkeit der Ärzte" (66 %), „Organbeschaffung aus der dritten Welt" (66 %) sowie eine generelle „Bevorzugung Reicher" (63,3 %) angegeben wurden.[120]

73   Vor diesem Hintergrund kann es nur verwundern, dass sich der Gesetzgeber zu Rechtsschutzfragen transplantationsmedizinischer Verteilungsentscheidungen vollständig verschwiegen hat. Diesem Umstand käme verfassungsrechtlich weniger Brisanz zu, wenn die Einräumung von Rechtsschutzmöglichkeiten gegenüber transplantationsmedizinischen Allokationsentscheidungen entweder aufgrund der Besonderheiten des Transplantationswesens nicht möglich bzw. verfassungsrechtlich nicht geboten wäre oder sich adäquater Rechtsschutz nach den allgemeinen Regeln ergeben würde. Dass dies nur sehr eingeschränkt der Fall ist, soll im Folgenden skizziert werden. Zuvor erfolgt ein Überblick über die bei einer Organübertragung entstehenden Rechtsbeziehungen, weil davon die Rechtsschutzfrage zentral abhängt.

b) Überblick über die Rechtsbeziehungen

74   Die Schwierigkeit der Einordnung der Rechtsbeziehungen, die infolge der Behandlung in einem Transplantationszentrum entstehen, resultieren daraus, daß es eine einheitlich ausgeformte Rechtsmaterie „Krankenhausrecht" nicht gibt, vielmehr privates Vertragsrecht (§§ 611 BGB), öffentlich-rechtliches Krankenhausfinanzierungsrecht (nach dem KHG bzw. der BPflV) und das Recht der gesetzlichen Krankenversicherung des SGB V als Teilgebiet des Sozialrechts nebeneinander stehen. Prozessual übersetzt bedeutet dies, dass Rechtsstreitigkeiten vor den Zivilgerichten, den Verwaltungsgerichten und den Sozialgerichten ausgetragen werden können.[121]

75   Es war schon darauf hingewiesen worden, dass es der Gesetzgeber im Zuge der Schaffung des TPG unterlassen hat, sowohl hinsichtlich des Rechtsschutzes im Allgemeinen als auch hinsichtlich des zu beschreitenden Rechtsweges Klarheit zu schaffen. Fehlt eine ausdrückliche gesetzliche Zuweisung des Rechtswegs, bestimmt sich die Art der Streitigkeit nach der Natur des Rechtsverhältnisses, aus dem der Klageanspruch hergeleitet wird.[122] Ist dieses dem Privatrecht zuzuordnen, sind die ordentlichen Gerichte zur Streitentscheidung berufen. Gehört das Rechtsverhältnis dem öffentlichen Recht an, ist weiter zwischen der Zuständigkeit der Verwaltungsgerichte und der Sozialgerichte zu differenzieren. Vor diesem Hintergrund lassen sich anlässlich einer Organübertragung die folgenden Rechtsverhältnisse unterscheiden.

---

[120] Vgl. dazu DÄBl. 93, Heft 17/1996, S. A-1105.
[121] Wie noch zu zeigen sein wird, ist es deshalb nicht übertrieben, Rechtswegstreitigkeiten als „Erbübel des deutschen Prozessrechts" zu bezeichnen, so *Kissel*, NJW 1991, 945 (947).
[122] BSGE 53, 62 (63).

aa) Rechtsbeziehungen zwischen Patient und Transplantationszentrum

Die infolge der Aufnahme in das Krankenhaus entstehenden rechtlichen Beziehungen lassen sich zunächst danach unterscheiden, ob der jeweilige Patient sozialversicherungspflichtig ist oder nicht.[123]

(1) Privatpatienten

Welche Rechtsbeziehungen zwischen einen Transplantationszentrum und einem selbstzahlenden Patienten – zumeist mit privatrechtlicher Versicherung – entstehen, ist nicht eindeutig. Denkbar sind zum einen ein privatrechtlicher Krankenhausbehandlungsvertrag und zum anderen eine öffentlich-rechtliche Ausgestaltung.

Eine gesetzliche Festlegung des Benutzungsverhältnisses besteht im Sachbereich des Krankenhausrechts nicht. Weder finden sich in den Landeskrankenhausgesetzen solche Vorschriften noch hat das TPG selbst Klarheit geschaffen. Kryptisch formulieren die Gesetzesmaterialien:

> *„Die Annahme zur Organübertragung und die Aufnahme in die Warteliste sind Voraussetzung und Bestandteil eines Vertrages über die Krankenhausbehandlung zum Zwecke der Organtransplantation. Im Übrigen gelten für den Abschluss eines solchen Vertrages die allgemeinen gesetzlichen Bestimmungen und Rechtsgrundsätze unter Berücksichtigung des Versichertenstatus des Patienten und des Versorgungsauftrags des Transplantationszentrums im Rahmen seiner Zulassung".*[124]

Da diesen Ausführungen nur entnommen werden kann, dass der Gesetzgeber eine vertragliche Gestaltung präferiert, nicht aber welchem Rechtsgebiet eine solche Bindung zuzuordnen ist, folgt die Abgrenzung den allgemeinen Regeln. Insoweit kann zunächst zwischen in privater Trägerschaft und den praktisch weitaus bedeutsameren Transplantationszentren in öffentlich-rechtlicher Trägerschaft unterschieden werden.

(a) Bei öffentlich-rechtlicher Trägerschaft des Transplantationszentrums

In der Regel sind die deutschen Transplantationszentren bei den Universitätskliniken angesiedelt[125] und stehen damit in öffentlich-rechtlicher Trägerschaft.[126] Ju-

---

[123] Klarstellend ist darauf hinzuweisen, dass das Gesetz zwar vom Transplantationszentrum spricht, dass aber die rechtlichen Beziehungen anlässlich einer Krankenhausbehandlung zu dem jeweiligen Krankenhausträger bestehen.
[124] BT-Drs. 13/4355, S. 22.
[125] Dies betrifft gegenwärtig die Transplantationszentren der Universitäten Leipzig, Halle, die Zentren von Freier Universität und Humboldt-Universität in Berlin, die Transplantationszentren der Universitäten Rostock, Marburg, Hamburg, Lübeck, Kiel, Hannover, das Herz- und Diabeteszentrum der Ruhr-Universität in Bochum, die Transplantationszentren der Universitäten Marburg, Gießen, Göttingen, Magdeburg, Düsseldorf, Bochum, Essen, Münster, Köln, Aachen, Bonn, Mainz, Frankfurt, Bad Homburg, Heidelberg, Tübingen, Freiburg, die Transplantationszentren von Technischer und Ludwig-Maximilians-Universität in München sowie die Zentren in Ulm, Nürnberg-Erlangen, Dresden und Würzburg und damit insgesamt 36 der deutschen Zentren.
[126] Bei Universitätskliniken fungieren die einzelnen Bundesländer als Träger, vgl. *Depenheuer*, Staatliche Finanzierung und Planung im Krankenhauswesen, 1986, S. 83.

ristische Personen des Privatrechts sind ebenfalls Träger öffentlicher Gewalt, wenn sie sich in der Hand eines öffentlich-rechtlichen Verwaltungsträgers befinden (Beherrschung) und direkt der Erfüllung öffentlicher Aufgaben dienen.[127] Dies betrifft einige Transplantationszentren, die in Trägerschaft einer von einem Hoheitsträger beherrschten juristischen Person des Privatrechts stehen.[128] Allein aus dem Umstand, dass ein Hoheitsträger handelt, folgt allerdings nicht, dass die Rechtsbeziehungen dem öffentlichen Recht zugeordnet werden müssten. Ausdruck öffentlicher Gewalt sind nämlich nur diejenigen Handlungen der Hoheitsträger, die in den Formen des öffentlichen Rechts ergehen.[129]

81 Bei öffentlich-rechtlicher Trägerschaft der Transplantationszentren besteht deshalb grundsätzlich ein Wahlrecht[130], ob das Benutzungsverhältnis zu den Patienten öffentlich-rechtlich oder privatrechtlich ausgestaltet wird. Diese Wahlfreiheit wird aber insoweit begrenzt als die Organisationsform des Leistungsträgers die Ausgestaltung des Benutzungsverhältnisses bestimmen kann.

82 Ist die Organisationsform privatrechtlich, so ist es in der Regel auch das Benutzungsverhältnis.[131] So weit daher Transplantationszentren als GmbH oder anderen zivilrechtlichen Organisationsformen betrieben werden, ist im Grundsatz von einer privatrechtlichen Ausgestaltung des Benutzungsverhältnisses auszugehen. Dieser Grundsatz erfährt aber zunächst dadurch Ausnahmen, dass in der Rechtsprechung insoweit auch die Möglichkeit zweistufiger Rechtsverhältnisse in Betracht gezogen wird. Danach wäre die Zulassung zu Benutzung (das „Ob"), also etwa die Annahme als Transplantationspatient, dem öffentlichen Recht zuzuordnen, während die Benutzung als solche (das „Wie") privatrechtlich geregelt wäre.[132] An eine öffentlich-rechtliche Überlagerung der Rechtsbeziehung trotz privatrechtlicher Trägerschaft könnte zudem auch gedacht werden, weil die Transplantationszentren als Transplantationszentren in einem die Organvermittlung und -übertragung monopolisierenden Verfahren zugelassen werden.

83 Ist die Organisationsform öffentlich-rechtlich, kann das Rechtsverhältnis zu den Patienten öffentlich-rechtlich oder privatrechtlich sein.[133] Da in diesen Fällen

---

[127] *Schmidt-Aßmann*, in: Maunz/Dürig, GG, Art. 19 Abs. IV Rdnr. 58.
[128] Dies betrifft das Transplantationszentrum Friedrichshain in Berlin, das als GmbH mit dem Land Berlin als Gesellschafter geführt wird. Auch die Städte Bremen, Köln, Mannheim, Stuttgart führen Transplantationszentren als Eigenbetriebe. Das „Transplantationszentrum Westpfalz" wird als GmbH von der Stadt Kaiserslautern (1/3) und dem Landkreis Kusel (2/3) geführt.
[129] *Schmidt-Aßmann*, in: Maunz/Dürig, GG, Art. 19 Abs. IV Rdnr. 59.
[130] Vgl. BVerwG NJW 1986, 2387; NJW 1980, 660; BVerwGE 13, 47 (54); OVG NW NJW 1991, 61 (62); Hess VGH NJW 1979, 886 (887); BGHZ 37, 1 (27); 91, 84 (86); aus dem Schrifttum *Maurer*, VerwR, § 3 Rdnr. 26 m.w.N.; *Schnapp*, DÖV 1990, 826. Der Grundsatz der Wahlfreiheit erfasst dabei sowohl die Organisations- als auch die Handlungsform, vgl. *Erbguth/Stollmann*, DÖV 1993, 798 (799).
[131] BVerwG DVBl. 1990, 712 (712 f.); *Maurer*, VerwR, § 3 Rdnr. 26.
[132] Vgl. zu diesem Ansatz im Krankenhausrecht BVerwG NJW 1986, 2387; OVG Hamburg NJW 1984, 683.
[133] *Maurer*, VerwR, § 3 Rdnr. 9 u. 26.

weder eine gesetzliche Regelung noch eine Folgerung aus der Organisationsform möglich ist, muss eine Zuordnung der Rechtsbeziehungen zum privaten oder dem öffentlichen Recht nach Indizien erfolgen, wobei für deren Beurteilung auf die Sicht des Bürgers abzustellen ist. Indizien bilden dabei die Art der Benutungsordnung (Satzung oder allgemeine Geschäftsbedingungen), die jeweils verwendeten Rechtsformen (Verwaltungsakt oder Auflösung) sowie etwa das Entgelt (Gebühr oder Nutzungsentgelt).[134] In diesem Kontext ist es berechtigt, im Vorliegen eines Vertrages ein Präjudiz für eine privatrechtliche Rechtsbeziehung zu erblicken[135], doch ist auch dies wegen §§ 54 ff. VwVfG nicht zwingend.[136]

Die vorstehenden Überlegungen lassen sich in dem Ergebnis zusammenfassen, dass eine abstrakte Zuordnung der Rechtsbeziehungen, die infolge einer Organübertragung zwischen Patienten und Krankenhausträger entstehen, nicht erfolgen kann. 84

(b) Bei privater Trägerschaft
Transplantationszentren in „rein" privater Trägerschaft sind selten.[137] Sind solche Krankenhäuser nach § 108 SGB V zugelassen, können in ihnen nicht nur Selbstzahler, sondern auch Versicherte der gesetzlichen Krankenversicherung zulasten der GKV behandelt werden. Die durch § 10 TPG ebenfalls zugelassene Möglichkeit der Konzessionierung eines Transplantationszentrums nach § 30 GewO ist – soweit ersichtlich – bisher nicht praktisch geworden. 85

In privater Trägerschaft geführte Krankenhäuser gestalten die Rechtsbeziehungen zu ihren Patienten privatrechtlich aus. Die Patienten schließen mit dem jeweiligen Krankenhausträger einen zivilrechtlichen Krankenhausvertrag, der als Mischvertrag Elemente eines Dienst-, Beherbergungs-, Miet-, Kauf- und Werkvertrages enthält.[138] Etwas anderes könnte allenfalls aus der Besonderheit des Transplantationsrechts hergeleitet werden. Dabei läßt sich eine Zuordnung der Rechtsbeziehungen zum öffentlichen Recht allerdings nicht auf das Argument stützen, dass die Transplantationsmedizin eine öffentliche Aufgabe darstelle. Vom Vorliegen einer öffentlichen Aufgabe darf nämlich nicht auf den öffentlich-rechtlichen Charakter ihrer Erfüllung geschlossen werden.[139] Denn öffentliche, also der Allgemeinheit zugute kommende, Aufgaben können mit oder ohne Mitwirkung 86

---

134 *Maurer*, VerwR, § 3 Rdnr. 26.
135 So wohl *Nickel/Schmidt-Preisigke/Sengler*, TPG, § 10 Rdnr. 10.
136 Demgegenüber kommt den Kriterien des Sachzusammenhang zu anderem Verwaltungshandeln sowie der Vermutungsregel, wie das Rechtsverhältnis üblicherweise ausgestaltet ist, keine Bedeutung zu, weil diese Zuordnung ja gerade streitig ist und die Rechtsbeziehungen im Transplantationszentrum aufgrund des Umstandes, dass das TPG ein junges Rechtsgebiet darstellt, nicht in einer Vermutungsregel erfasst werden können.
137 Soweit ersichtlich betrifft dies gegenwärtig allein das „Nephrologische Zentrum Niedersachsen" in Hannover. Träger ist der Bezirksverband der Arbeiter Wohlfahrt Hannover. Dessen Zulassung als Transplantationszentrum erfolgte durch die Aufnahme in den niedersächsischen Krankenhausplan.
138 *Genzel*, in: Laufs/Uhlenbruck, Handbuch, § 93 Rdnr. 3.
139 BVerwG DVBl. 1990, 712 (713).

staatlicher Stellen privat- oder öffentlich-rechtlich durchgeführt werden.[140] Anders wäre nur zu entscheiden, wenn eine solche öffentliche Aufgabe zugleich als „staatliche" Aufgabe, d.h. als eine solche, bei der der Aufgabenträger nur der Staat (Bund, Länder, Gemeinden oder sog. Beliehene) sein kann, anzusehen wäre.[141] In diesem Fall käme auch eine Beleihung in Betracht.[142] Doch dürfte eine Qualifizierung in privater Trägerschaft stehender Transplantationszentren als Beliehene trotz deren durch § 10 eingeräumten Entscheidungsbefugnisse im Ergebnis nicht in Betracht kommen.

(2) Bei sozialversicherten Patienten

87 Die Dinge komplizieren sich im praktisch ungleich bedeutsameren Bereich der GKV.[143] Auch bei sozialversicherten Patienten muss zunächst nach der jeweiligen Trägerschaft des Transplantationszentrums unterschieden werden. Nach § 30 GewO konzessionierte Krankenhäuser können freilich keine Leistungen zulasten der GKV erbringen und bleiben daher außer Betracht.

88 In privater Trägerschaft, aber nach dem SGB V zugelassene Transplantationszentren gestalten die Rechtsbeziehungen zu ihren Patienten nach dem o. a. privatrechtlich. Ob diese Grundsätze auch gelten, wenn Träger eines Transplantationszentrums ein Hoheitsträger ist, ist nicht leicht zu beantworten. Hier wird die dargestellte Problematik der Einordnung der Rechtsbeziehungen zwischen Krankenhaus und Patient durch den seit langem bestehenden Streit um die Zuordnung der Rechtsbeziehungen zwischen Kassenpatient und Krankenhausträger mit der Folge überlagert, dass zu den bereits dargestellten Abgrenzungsschwierigkeiten zwischen Privatrecht und öffentlichem Recht noch diejenige zwischen der Zuständigkeit der Verwaltungs- und der Sozialgerichte tritt.

89 Welchem Rechtsgebiet die Rechtsbeziehungen, die infolge der Krankenhausbehandlung eines sozialversicherten Patienten entstehen, ist nach wie vor umstritten. In Betracht kommt, dass der Versicherte mit dem Krankenhausträger einen privatrechtlichen Vertrag abschließt, für dessen Zustandekommen die allgemeinen Regeln der §§ 145 ff. BGB gelten.[144] Nach anderer Ansicht kollidiert die zivilrechtliche Konstruktion mit dem Sachleistungsprinzip.[145] Das zugelassene Krankenhaus schuldet nach dieser sog. Versorgungskonzeption die ärztliche Behandlung

---

[140] BVerwG DVBl. 1970, 735.
[141] OVG NW NJW 1991, 61 (62).
[142] Vgl. BVerwG DVBl. 1990, 712 (713), wo insoweit u.a. darauf abgestellt wird, ob der Private durch Gesetz oder aufgrund eines Gesetzes mit öffentlich-rechtlichen Handlungs- und Entscheidungsbefugnissen ausgestattet wird.
[143] In der GKV sind gegenwärtig fast 90 % der Bevölkerung krankenversichert, vgl. *Lang*, Die Vergütung der Vertragsärzte und Psychotherapeuten im Recht der gesetzlichen Krankenversicherung, 2001, S. 16.
[144] Zu dieser Sichtweise neigt vor allem die zivilgerichtliche Rechtsprechung, vgl. bereits RGZ 165, 91; s. a. BGHZ 63, 306 (309); 76, 259 (261) 97, 273; aus dem Schrifttum etwa *Deutsch*, MedizinR, 3. Aufl. 1997, Rdnr. 52; *Jörg*, Das neue KassenarztR, Rdnr. 21.
[145] BSGE 59, 172 (177); *Brackmann*, S. 458 f.; *Schnapp/Düring*, NJW 1989, 2913 (291 f.); *Wigge*, in: Schnapp/Wigge, Handbuch des Vertragsarztrechts, 2002, § 2 Rdnr. 55.

nicht kraft privatvertraglicher Bindung dem Patienten, sondern kraft der öffentlich-rechtlicher Verpflichtung in § 109 Abs. 4 Satz 2 SGB V.[146]

Die aufgeworfene Streitfrage ist keinesfalls rein akademischer Natur, weil von ihr etwa die Zuordnung der aus dem Verhältnis entstehenden Rechtsfragen zum öffentlichen Recht[147], dem Privatrecht[148], die Bestimmung des Rechtswegs[149] und was im vorliegenden Fall von besonderer Bedeutung sein kann, Inhalt und Reichweite grundrechtlicher Schutzgewährleistungen, bestimmt werden. Das SGB V verschweigt sich zu der aufgeworfenen Frage weitgehend. Allerdings ordnet § 76 Abs. 4 SGB V an, dass die Übernahme der Behandlung den Vertragsarzt gegenüber dem Versicherten zur Sorgfalt nach den Vorschriften des bürgerlichen Vertragsrechts verpflichtet. Diese Vorschrift hat den Streit um die dogmatische Einordnung der in Rede stehenden Rechtsbeziehung zwischen Vertragsarzt und Versichertem indes nicht beendet. Vielmehr stehen sich ungeachtet aller Differenzierungen in Detailfragen mit der Vertrags- und der Versorgungskonzeption nach wie vor zwei im Wesentlichen gegenläufige Standpunkte gegenüber.[150]

90

Die folgende Darstellung zur Rechtsschutz berücksichtigt beide Fallkonstellationen.[151]

91

bb) Rechtsbeziehungen zwischen Patient/Koordinierungsstelle

Nach § 11 ist die sog. Koordinierungsstelle in die Organisation der Organtransplantation eingeschaltet. Der Aufgabenbereich der Koordinierungsstelle ist in dem gemäß § 11 Abs. 1 Satz 2 geschlossenen Vertrag beschrieben. Nach § 2 Abs. 3 Nr. 11 gehört es dabei auch zu den Aufgaben der Koordinierungsstelle, die Transplantationszentren bei der Führung zu unterstützen und den Austausch der für die Organvermittlung erforderlichen Spenderdaten zu gewährleisten.[152] Mit den Aufgaben der Koordinierungsstelle ist gegenwärtig die Deutsche Stiftung Organtrans-

92

---

146 *Tiemann/Tiemann*, Kassenarztrecht im Wandel, 1983, S. 33 ff.
147 Dafür etwa *Krauskopf*, in: Laufs/Uhlenbruck, S. 158.
148 *Deutsch*, MedizinR, Rdnr. 22 m.w.N.
149 Zum Fragenkreis *Schmitt*, in: Schulin, HS-KV, § 29 Rdnr. 13 ff. mit dem leicht resignativen Fazit, „… dass die Qualifizierung der Rechtsbeziehungen zwischen den Versicherten und dem Vertragsarzt noch weitgehend ungeklärt ist".
150 Vertiefend zum Fragenkreis *Lang*, Die Vergütung der Vertragsärzte und Psychotherapeuten im Recht der gesetzlichen Krankenversicherung, 2001, S. 18 ff.; *Wigge*, in: Schnapp/Wigge, Handbuch des Vertragsarztrechts, 2002, § 2 Rdnr. 55; *Natter*, Der Arztvertrag mit dem sozialversicherten Patienten, 1986, S. 173 f.; *Buddee*, Der Arztvertrag nach dem SGB V, 1997, S. 180.
151 Gleichgültig, welcher der beiden Theorien man folgt, unstreitig ist, dass sich über der Rechtsbeziehung zwischen Patient und Krankenhausträger als der „Keimzelle" der Krankenhausbehandlung ein öffentlich-rechtliches Gewölbe erhebt, in dem sowohl die Beziehungen zwischen sozialversichertem Patienten und seiner Krankenkasse, die Beziehung zwischen behandelndem Arzt und kassenärztlicher Vereinigung, als auch die Beziehung Krankenkassen zu Kassenärztlicher Vereinigung einheitlich dem öffentlichen Recht zuzuordnen sind, vgl. dazu *Lang*, Die Vergütung der Vertragsärzte und Psychotherapeuten im Recht der gesetzlichen Krankenversicherung, 2001, S. 15 ff.
152 Vgl. dazu die Kommentierung bei § 11 Rdnr. 34.

plantation (DSO) betraut. Bei ihr handelt es sich um eine auf privatrechtlicher Grundlage errichtete Stiftung.[153] Deshalb lassen sich ihre Handlungen – etwa nach § 11 Abs. 2 Satz 2 Nr. 1 oder Abs. 4 Satz 3 – nicht als Verwaltungsakte qualifizieren.[154]

cc) Rechtsbeziehungen zwischen Patient/Vermittlungsstelle

93 Eindeutig nicht dem öffentlichen Recht zugeordnet werden können derzeit auch die Beziehungen zur Vermittlungsstelle. Diese stellt die nach niederländischem Recht errichtete private gemeinnützige Stiftung *Eurotransplant* im niederländischen Leiden dar. Ihre Vermittlungsentscheidungen können daher nicht nach deutschem öffentlichem Recht beurteilt werden[155]. Allenfalls sind privatrechtliche Rechtsbeziehungen denkbar, doch unterhält *Eurotransplant* im Wesentlichen vertragliche Beziehungen mit den Partnern der Verträge nach § 12 und eventuell mit den Transplantationszentren. Der einzelne Patient hingegen tritt nicht in vertragliche Beziehungen zu *Eurotransplant*.

c) Zur eingeschränkten Justiziabilität transplantationsrechtlicher Entscheidungen

94 Wie im Folgenden zu zeigen sein wird, besteht derzeit eine nur eingeschränkte Justiziabilität transplantationsrechtlicher Entscheidungen, die nicht durch die Besonderheit der Organübertragung geboten ist und zudem in ihrer Intransparenz im Blick auf die Rechtsweggarantie des Art. 19 Abs. 4 GG bzw. den allgemeinen Justizgewährleistungsanspruch (Art. 2 Abs. 1 GG) erheblichen verfassungsrechtlichen Bedenken begegnet.

95 Rechtsschutzfragen im Kontext transplantationsmedizinischer Entscheidungen können auf verschiedenen Ebenen relevant werden: Eine erste Differenzierung ergibt sich aus der Unterscheidung von Primär- und Sekundärrechtsschutz, wobei in zeitlicher Hinsicht zwischen vorbeugendem, vorläufigem, aktuellen und nachträglichem Rechtsschutz unterschieden werden kann.

96 Eine zweite Rechtsschutzebene läßt sich hinsichtlich der beteiligten „Institutionen" ausmachen, als Rechtsfragen, die aus den Verhältnissen des Patienten zu den Transplantationszentren bzw. den jeweiligen Versicherungsträgern, der Koordinierungsstelle und schließlich der Vermittlungsstelle ergeben.

---

[153] Die DSO wurde bereits 1984 vom Kuratorium für Dialyse und Nierentransplantation e.V. (KfH) gegründet. Das KfH seinerseits wurde am 7. Oktober 1969 in Frankfurt am Main als gemeinnütziger Verein unter dem Namen „Kuratorium für Heimdialyse" gegründet. Seine Mitglieder sind weit überwiegend Ärzte, vorwiegend aus dem Bereich Nephrologie. Aufsichtsorgan ist das ehrenamtlich tätige Präsidium. Es bestellt und überwacht den Vorstand des KfH, vgl. dazu die Kommentierung des § 11.
[154] So aber *Baltzer*, SGb 1998, 437 (439).
[155] Zur Frage, ob auf *Eurotransplant* Hoheitsgewalt nach Art. 24 GG übertragen wurde, vgl. *Schmidt-Aßmann*, Grundrechtspositionen und Legitimationsfragen im öffentlichen Gesundheitswesen, 2001, S. 106 ff.; *dens.*, Rechtsschutzfragen des Transplantationsgesetzes, NVwZ Beilage zu Heft 12/2001, 59 (61).

Eine dritte Ebene verläuft parallel zu der Zeitebene und unterscheidet die verschiedenen Stadien der Behandlung, d.h. Vorsorge, Wartezeit, Behandlung und Nachsorge.

97

Schließlich kann auf einer weiteren Rechtsschutzebene nach den jeweiligen Klagezielen differenziert werden, d. h. neben anderen solchen Rechtsstreitigkeiten, die um die Annahme als Patient, die Aufnahme auf die Warteliste, die Platzierung auf der Warteliste, um Auskunftsansprüche, um adäquate Behandlung, psychologische Betreuung und schließlich um die konkrete Verteilungsentscheidung geführt werden. Diese Stadien brauchen freilich nicht trennscharf unterschieden zu werden, sie dienen hier lediglich dazu, die Fülle der Probleme aufzuzeigen, deren umfassende Behandlung den Rahmen der vorliegenden Kommentierung sprengen würde. Insoweit kann die vorliegende Kommentierung nur einige prägnante Fallkonstellationen aufzeigen und einen Beitrag zu der sicher nicht abgeschlossenen Rechtsschutzdiskussion im Transplantationsrecht leisten.[156]

98

aa) Entscheidung über die Aufnahme auf die Warteliste

Im Zentrum der zahlreichen Entscheidungsbefugnisse, die § 10 den Transplantationszentren einräumt, steht die Entscheidung über die Aufnahme auf die Warteliste. Ihr kommt für die weitere Teilnahme am Organverteilungsverfahren im Wortsinne existentielle Bedeutung zu. Ohne Aufnahme auf die Warteliste ist keine Organzuteilung nach dem TPG möglich.

99

Nach § 10 Abs. 2 Nr. 1 sind die Transplantationszentren verpflichtet, unverzüglich über die Aufnahme eines Patienten auf die Warteliste zu entscheiden. § 10 Abs. 2 Nr. 2 gibt sodann inhaltliche Kriterien vor, nach denen über diese Aufnahme – also nicht die Platzierung – zu entscheiden ist. Über die Aufnahme in die Warteliste in nach dem Stand der Erkenntnisse der medizinischen Wissenschaft, insbesondere unter Berücksichtigung der Notwendigkeit und Erfolgsaussicht der Organübertragung, zu entscheiden. Diese Entscheidung wird als ein „nach dem Transplantationsgesetz ... formeller Akt und notwendige Bedingung für die Vermittlung eines Organs" bezeichnet.[157] Und obwohl in der Literatur darauf hingewiesen wird, dass die im Kontext von Organtransplantationen entstehenden Entscheidungsdilemmata (mindestens) zwei Fragenkreise betreffen, nämlich die

100

---

[156] Dazu jetzt auch *Schmidt-Aßmann*, Grundrechtspositionen und Legitimationsfragen im öffentlichen Gesundheitswesen, 2001, S. 108 ff. sowie *dens.*, Rechtsschutzfragen des Transplantationsgesetzes, NVwZ Beilage zu Heft 12/2001, 59 ff.; *Höfling*, Primär- und Sekundärrechtsschutz im Öffentlichen Recht, VVDStRL 61 (2002), 260 (291).

[157] *Schreiber/Haverich*, Richtlinien für die Warteliste und für die Organvermittlung, DÄBl. 97, Heft 7/2000, S. A-385; Pointiert stellen *Seiter/Hauss/Schubert*, Allokation von Spenderorganen – Medizinische Voraussetzungen und verwaltungsmäßige Handhabung im Mitteldeutschen Transplantationsverbund, in: Diercks/Neuhaus/Wienke (Hrsg.), Die Allokation von Spenderorganen, 1999, 13 (18), klar, „... dass mit der Aufnahme auf die Warteliste die Allokation beginnt"; *Conrads*, Rechtliche Grundsätze der Organallokation, 2000, S. 41, weist zu Recht darauf hin, dass „... bei der Patientenannahme und -listung durch Zentrumsärzte eine wesentliche Patientenauswahl schon vor der eigentlichen Organverteilung statt(findet)".

Auswahl von Patienten zur Aufnahme auf die Warteliste und die Verteilung von Organen auf bereits wartende, gelistete Patienten auf den Listen[158], wird dies in der rechtlichen Betrachtung weitgehend ignoriert und mit pejorativen Wendungen ein Ausschluss des Rechtsschutzes befürwortet.[159]

101 Oben wurde dargelegt, dass in die Beurteilung der Kriterien Notwendigkeit und Erfolgsaussicht auf Grund der geforderten Gesamtbetrachtung eine Fülle subjektiver Bewertungen einfließen, die zwar durchaus im Sinne der gesetzlichen Konzeption sein mögen, die aber die Frage nach Rechtsschutz in Missbrauchsfällen geradezu heraufbeschwören. Plastisch wird diese Problematik an jenem, auch in der breiten Öffentlichkeit für Aufsehen sorgenden, Fall belegt, in dem die Zusage zur Aufnahme einer ausländischen Patientin auf die Warteliste wegen „der sozialen Lage und der nicht vorhandenen Sprachkenntnisse" zurückgenommen wurde.[160] In der Forderung nach effektivem Rechtsschutz drückt sich mithin kein generelles Misstrauen gegen die im Transplantationswesen tätigen Entscheidungsträger aus. Denn die rechtliche Überprüfbarkeit (staatlicher) Entscheidungen – zumal solcher über Leben und Tod – stellt eine unabdingbare Voraussetzung von Rechtsstaatlichkeit dar und sollte nicht als „Brunnenvergifterei" desavouiert werden.[161] Zu Recht wird im Schrifttum die Forderung nach Transparenz des Verfahrens und der Entscheidung über die Aufnahme auf die Warteliste erhoben.[162] Eine solche Transparenz muss aber auch über die Gerichte erzwingbar sein.

102 Bei den über die Aufnahme in die Warteliste entstehenden Rechtsstreitigkeiten ist entsprechend dem o. a. zwischen privatrechtlich strukturierten und dem öffentlichen Recht zugeordneten Rechtsverhältnissen zu unterscheiden.

(1) Bei öffentlich-rechtlicher Ausgestaltung

103 Werden die Rechtsbeziehungen zwischen dem Patienten und dem Transplantationszentrum dem öffentlichen Recht zugeordnet, kommen für forensische Auseinandersetzungen sowohl der Rechtsweg zum VG als auch derjenige zum SG in Betracht. Die Abgrenzung richtet sich aufgrund des Zusammenspiels von § 40 Abs. 1 Satz 1 VwGO und § 51 SGG danach, ob eine Zuständigkeit der Sozialgerichte durch § 51 SGG begründet werden kann. Die dort genannten Fallgruppen sind indes nicht einschlägig.[163] Im Schrifttum wird vorgeschlagen, die Entscheidungen der Krankenhausträger angesichts der geringen Mitwirkungsmöglichkeiten des Patienten „gehaltlich den Entscheidungen eines Krankenversicherungsträgers über die Gewährung krankenversicherungsrechtlicher Leistungen gleichzu-

---

[158] So ausdrücklich *Nagel*, Ethik in der Medizin, 2000, 227 (230).
[159] Prägnant: *Holznagel/Holznagel*, DÄBl. 95, Heft 27/1998, S. A-1720, „Alptraum von Ärzten wie Juristen"; ähnlich *Holznagel*, DVBL. 1997, 393 (396 f.).
[160] Vgl. dazu DÄBl. 97, Heft 36/2000, S. A-2265 sowie DÄBl. 97, Heft 42/2000, S. A-2744.
[161] Deshalb zerstört die rechtsstaatliche Kontrolle nicht – wie *Holznagel*, DVBl. 1997, 393 (396 f.), meint – nicht einen allseits bestehenden Konsens im Transplantationswesen, sondern leistet gerade umgekehrt zu seiner Herstellung einen wichtigen Beitrag.
[162] *Nagel*, Ethik Med (200), 227 (232).
[163] Vgl. *Meyer-Ladewig*, SGG, § 51 Rdnr. 32.

setzen". Aufgrund des über die Zulassung nach § 108 SGB V hergestellten Funktionszusammenhangs zwischen Organübertragung und dem Recht der GKV könne in einer Analogie zu § 51 Abs. 1 oder 2 SGG eine Zuständigkeit der Sozialgerichte bejaht werden.[164] Dem läßt sich freilich entgegenhalten, daß die ohnehin unklare Rechtswegfrage im Transplantationsrecht durch solche Analogien nicht eben transparenter gestaltet wird. Zuzustimmen ist aber der Aufforderung an den Gesetzgeber, den Rechtsweg durch eine spezielle Zuweisung zu verdeutlichen.[165]

Als statthafte Klageart käme angesichts des klägerischen Begehrens auf Aufnahme auf die Warteliste eine Verpflichtungsklage nach § 42 Abs. 1 VwGO in Betracht. Die Entscheidung über die Aufnahme auf die Warteliste ist als Verwaltungsakt zu qualifizieren. Zentrales Merkmal des Verwaltungsakts ist dasjenige der Regelung. Sie liegt vor, wenn das staatliche Handeln final auf die Setzung einer Rechtsfolge gerichtet ist[166]. Das ist bei der Entscheidung über die Aufnahme auf die Warteliste der Fall. Die Nichtaufnahme bedeutet angesichts der Monopolisierung der Organübertragung bei den zugelassenen Transplantationszentren und des gesetzlich statuierten Verbots der Selbstbeschaffung für den Patienten, daß er aus Rechtsgründen von einer medizinischen Behandlung ausgeschlossen wird.

104

Die Klagebefugnis hängt nach § 42 Abs. 2 VwGO davon ab, ob die Möglichkeit besteht, daß dem Patienten ein Anspruch auf Aufnahme auf die Warteliste zusteht. Ein solcher Anspruch ergibt sich aus § 10 Abs. 2 Nr. 2. Die Vorschrift verpflichtet ihrem Wortlaut nach zwar nur das Transplantationszentrum, ohne ein dementsprechendes Recht des Patienten zu normieren. Es entspricht aber der verwaltungsrechtlichen Dogmatik aus Normen des objektiven Rechts unter Maßgabe der Schutznormtheorie Ansprüche des Bürgers abzuleiten.

105

Danach kommt es für eine Anerkennung subjektiv-rechtlicher Rechtspositionen auf das Vorliegen solcher Rechtssätze an, die nicht nur im öffentlichen Interesse erlassen wurden, sondern – zumindest auch – dem Schutz der Interessen einzelner Bürger zu dienen bestimmt sind.[167] Maßgeblich ist der gesetzlich bezweckte Interessenschutz, der durch Auslegung zu ermitteln ist.[168] Nachrangig ist im Rahmen der Ermittlung des Schutznormcharakters die sog. historische bzw. genetische Auslegung.[169] Es kann daher dahinstehen, ob der Gesetzgeber – etwa durch die gesetzlich eingeräumte Möglichkeit der Verlagerung der Vermittlungsstelle ins Ausland, tatsächlich den Rechtsschutz ausschließen wollte[170], weil ein solches Motiv – abgesehen von sonstigen verfassungsrechtlichen Bedenken – im Rahmen der

106

---

[164] Vgl. *Baltzer*, SGb 1998, 437 (441), wonach diese Grundsätze auch dann gelten sollen, wenn der Patient nicht in der GKV zwangsversichert ist, vgl. *Baltzer* a.a.O., S. 439.
[165] *Baltzer*, SGb 1998, 437 (441).
[166] S. etwa *Sodan*, in: Sodan/Ziekow, VwGO, § 42 Rdnr. 99 u. 103.
[167] BVerwGE 92, 313 (317); *Happ*, in: Eyermann, VwGO, § 42 Rdnr. 86.
[168] *Sodan*, in: Sodan/Ziekow, VwGO, § 42 Rdnr. 382.
[169] *Sodan*, in: Sodan/Ziekow, VwGO, § 42 Rdnr. 382.
[170] So *Holznagel*, DVBl. 1997, 393 (396 f.).

Ermittlung des Schutznormcharakters einer Vorschrift im Rahmen des Art. 19 Abs. 4 Satz 1 GG unbeachtlich ist.

107 Primär richtet sich die gebotene Auslegung des Schutznormcharakters am Normprogramm aus, das seinerseits insbesondere unter Beachtung grundrechtlicher Direktiven ermittelt werden muss.[171] Damit entscheiden über die Zuerkennung subjektiver öffentlicher Rechte primär jene grundrechtlichen Schutzgüter, die durch die Norm begrenzt, ausgestaltet und zugeordnet werden.[172] Je stärker dabei die durch die Norm ausgelöste oder bewirkte Grundrechtsbeeinträchtigung wirkt, umso eher ist die Zuerkennung eines subjektiven öffentlichen Rechts zur gerichtlichen Kontrolle solcher Eingriffe in Betracht zu ziehen. Dieser Aspekt hat gerade im vorliegenden Bereich des Transplantationsrechts besondere Bedeutung, geht es doch in nicht wenigen Fällen um das Grundrecht auf Leben als einem besonders schützenswerten Rechtsguts.[173]

108 Unter Anwendung dieses Maßstabes läßt sich der Schutznormcharakter des § 10 Abs. 2 Nr. 2 nicht bestreiten[174]. Ratio des § 10 Abs. 2 Nr. 2 ist, wie sich der Gesetzesbegründung entnehmen läßt, u.a. die Wahrung der Chancengleichheit und der Verteilungsgerechtigkeit.[175] Damit gibt bereits die Gesetzesbegründung zu erkennen, dass die Vorschrift dem Schutz der Rechte der Patienten zu dienen bestimmt ist. Dies ergibt sich im Übrigen auch aus der bereits dargelegten ganz erheblichen Grundrechtsrelevanz der Entscheidungen über die Warteliste.

109 Diese Wertung wird nicht dadurch infrage gestellt, dass auch der „Wartelistenplatz- oder Organkonkurrent" sich auf Grundrechte berufen kann. Art. 19 Abs. 4 GG gilt in multipolaren Rechtsverhältnissen ebenso wie in bipolaren.[176] Dass es sich im Rahmen der Entscheidung solcher multipolarer Rechtsverhältnisse zu

---

171 Vgl. *Huber*, in: v. Mangoldt/Klein/Starck, GG I, Art. 19 Abs. 4 Rdnr. 400; *Sodan*, in: Sodan/Ziekow, VwGO, § 42 Rdnr. 382 ff.
172 BVerfG DVBl. 1996, 729 (733); *Huber*, in: v. Mangoldt/Klein/Starck, GG I, Art. 19 Abs. 4 Rdnr. 404.
173 Das BVerfG spricht vom Grundrecht auf Leben aus Art. 2 Abs. 2 Satz 1 GG als „Höchstwert" und vitaler Basis der Menschenwürde (BVerfGE 39, 1 [42]); das Leben ist zudem Voraussetzung aller anderen Grundrechte, s. *Höfling*, in: Friauf/Höfling, Berliner Kommentar, Art. 2 Rdnr. 4.
174 Dem zustimmend *Schmidt-Aßmann*, Grundrechtspositionen und Legitimationsfragen im öffentlichen Gesundheitswesen, 2001, S. 110; *ders.*, Rechtsschutzfragen des Transplantationsgesetzes, NVwZ Beilage zu Heft 12/2001, 59 (60).
175 Dieser Verweis ist in der Begründung des Gesetzes allerdings etwas verschachtelt ausgestaltet, so wird in der Begründung zu § 9 Abs. 2 Nr. 2 der Entwurfsfassung (= § 10 Abs. 2 Nr. 2) ausgeführt, die Vorschrift diene der Einhaltung der Vorschriften des § 8 Satz 2 und 3 (gemeint ist wieder die Entwurfsfassung, die § 9 Satz 2 und 3 entspricht) und der damit verfolgten Ziele (vgl. Gesetzentwurf der Fraktionen der CDU/CSU, SPD und F.D.P., BT-Drs. 13/4355, S. 22). § 8 diene der Chancengleichheit und Verteilungsgerechtigkeit, vgl. BT-Drs. 13/4355, S. 21. § 8 Satz 2 Entwurfsfassung verwies auf die Beachtung der Regelungen zur Vermittlung nach § 11 der Entwurfsfassung (= § 12). Dort schließlich ist in der Begründung zu § 11 Abs. 3 Entwurfsfassung (= § 12 Abs. 3) ebenfalls ausgeführt, dass die Vorschrift der Chancengleichheit dient, vgl. BT-Drs. 13/4355, S. 26.
176 *Huber*, in: v. Mangoldt/Klein/Starck, GG I, Art. 19 Abs. 4 Rdnr. 403.

Grundrechtskonflikten kommt, ist keine transplantationsrechtliche Besonderheit, sondern der mit der Formel praktischer Konkordanz beschriebene und lösbare Standardfall multipolarer Streitentscheidungen. Konfligierende Grundrechte sind deshalb auch kein Ausschlusstatbestand, sondern gerade ein Anwendungsfall der (Dritt-)Schutznormtheorie.

Im Übrigen ergibt sich bei Vorliegen der jeweiligen Indikationen ein Anspruch auf Aufnahme in die Warteliste auch aus Art. 2 Abs. 2 GG, weil diese Aufnahme notwendige Voraussetzung für eine Organübertragung ist und die Verweigerung der Durchführung dieser medizinisch notwendigen Behandlung nach Auffassung des Bundesverfassungsgerichts einen Eingriff in Art. 2 Abs. 2 GG darstellt.[177] *110*

Die Klage wäre gegen den jeweiligen Krankenhausträger zu richten. *111*

(2) Bei privatrechtlicher Einstufung
Ist das gesamte Behandlungsverhältnis zivilrechtlich ausgestaltet, kommt es wiederum darauf an, ob das Transplantationszentrum in öffentlich-rechtlicher Trägerschaft steht. Ist dies der Fall ergeben sich zu den obigen Ausführungen allein Unterschiede in Bezug auf den dann zu beschreitenden zivilrechtlichen Rechtsweg. Die materiell rechtlichen Bindungen des öffentlich-rechtlichen Krankenhausträgers – namentlich so weit sie sich aus der Beachtung von Grundrechten ergeben – bleiben demgegenüber unverändert.[178] *112*

Bei privater Trägerschaft stellt eine die Kriterien des § 10 Abs. 2 Nr. 2 verfehlende Aufnahmeentscheidung zugleich eine Verletzung der vertraglichen Verpflichtungen des Transplantationszentrums dar, deren Beachtung vor den Zivilgerichten einzufordern ist. *113*

bb) Entscheidung über die Annahme eines Patienten zur Organübertragung
Der Entscheidung über die Aufnahme auf die Warteliste zeitlich vorausliegend ist die Entscheidung des Transplantationszentrums über die Annahme des Patienten zur Organübertragung. Hier gilt vergleichbares wie bei der Aufnahme auf die Warteliste.[179] Angesichts der Filterfunktion der Annahmeentscheidung kann kein Zweifel bestehen, dass die Organallokation bereits mit der Entscheidung über die Annahme als Patient beginnt. *114*

Nach § 10 Abs. 1 Nr. 1 sind die Transplantationszentren verpflichtet, hierüber unverzüglich zu entscheiden. Forensische Auseinandersetzungen können entsprechend der o. a. Differenzierung sowohl auf privatrechtlichem als auch auf öffentlich-rechtlichem Gebiet geführt werden.[180] *115*

---
[177] BVerfG, 1 BvR 2181/98 vom 11.8.1999, Absatz-Nr. 66, http://www.bverfg.de.
[178] Keine Flucht ins Privatrecht, vgl. *Maurer*, VerwR, § 3 Rdnr. 9.
[179] Vgl. oben Rdnr. 99 ff.
[180] Hinsichtlich des zu beschreitenden Rechtswegs kann auf die Rdnr. 103 ff. verwiesen werden.

116 Klagebefugt i.S.v. § 42 Abs. 2 VwGO kann ein potenzieller Transplantationspatient nur sein, wenn ihm ein Anspruch auf Annahme als Organtransplantationspatient zustehen kann. Ein solcher Anspruch folgt sich zum einen aus § 10 Abs. 1 Nr. 1. Der Schutznormcharakter dieser Vorschrift ergibt sich angesichts der Bedeutung, die einer Annahme als Transplantationspatient für den weiteren Gang des Verfahrens zukommt – eine Organübertragung außerhalb zugelassener Transplantationszentren ist wie bereits erwähnt nicht möglich – aus den gleichen existentiellen Erwägungen wie bei der Entscheidung über die Aufnahme auf die Warteliste.

117 Ein Anspruch auf Aufnahme in das Krankenhaus resultiert daneben bei den nach § 108 SGB V als Transplantationszentren zugelassenen Krankenhäusern auch noch aus §§ 39, 109 Abs. 4 Satz 2 SGB V.

118 Allenfalls bei einem privatrechtlich betriebenen Transplantationskrankenhaus wäre hinsichtlich eines selbstzahlenden Patienten mithin die im Schrifttum den Transplantationszentren generell attestierte Berufung auf die Vertragsfreiheit bei der Annahmeentscheidung denkbar.[181]

cc) Entscheidung über die Herausnahme eines Patienten aus der Warteliste

119 Rechtsstreitigkeiten sind weiterhin denkbar, wenn ein Patient aus der Warteliste herausgenommen wird, etwa wegen fehlender compliance. Dass dies keine akademische Streitfrage darstellt, mag der bereits erwähnte Fall beleuchten, in dem die einer Patientin erteilte Zusage wegen fehlender Sprachkenntnisse zurückgenommen wurde.

120 Auch hier kommt wiederum eine Zweigleisigkeit des Rechtsschutzes in Betracht. Unterfällt die konkrete Krankenhausbehandlung dem öffentlichen Recht, kommt als statthafte Klageart eine Gestaltungsklage in Betracht, weil die Herausnahme aus der Liste nach den gleichen Kriterien beurteilt werden muss wie die Aufnahme (Actus contrarius). Wird die Entscheidung nicht als Verwaltungsakt gesehen, bleibt es bei einer allgemeinen Leistungsklage.

121 Unterfallen die Rechtsbeziehungen des Privatrecht, stellt die unberechtigte Herausnahme aus der Warteliste eine Pflichtverletzung im Rahmen des durch die Anforderungen des § 10 Abs. 2 Nr. 1 und 2 konkretisierten Behandlungsvertrages dar.

dd) Auskunftsklagen

122 Nach § 10 Abs. 2 Nr. 1 hat das Transplantationszentrum den behandelnden Arzt unverzüglich über seine Entscheidungen bezüglich der Annahme des Patienten

---

[181] Dies stellt freilich eine nicht sehr praxisnahe Konstellation dar. Selbst in solchen Fällen könnte überdies eine die Vertragsfreiheit überlagernde Bindung wegen der Monopolisierung der transplantationsmedizinischen Behandlung in den Transplantationszentren in Erwägung gezogen werden.

und seine Aufnahme auf die Warteliste zu unterrichten. Wie oben dargestellt wurde, besteht ein entsprechender Auskunftsanspruch auch seitens des Patienten. Der Schutznormcharakter des § 10 Abs. 2 Nr. 1 ergibt sich daraus, dass die Rechteverfolgung im Blick auf die Annahme als Patient und die Aufnahme auf die Warteliste sowie der Erfolg der weiteren transplantationsmedizinischen Behandlung von einer Auskunfterteilung abhängt.

Bei einer zivilrechtlichen Ausgestaltung des Behandlungsverhältnisses besteht zumindest aus § 242 BGB ein entsprechender Auskunftsanspruch. 123

ee) Klage gegen die Listenplatzierung

Als gänzlich ungeklärt darf die Rechtslage im Kontext von Klagen der Listenplatzierung angesehen werden. Die Entscheidung über die Listenplatzierung hat für Patienten entscheidende Bedeutung. Angesichts der bereits konstatierten Organknappheit betrug die Wartezeit etwa für eine Nierentransplantation im Jahre 1999 sechs Jahre.[182] Dass dabei die Entscheidung über den Listenplatz nicht nur eine unter Umständen leidensverkürzende, sondern existenzielle Bedeutung hat, zeigt sich daran, dass in den Jahren 1994–1999 insgesamt 2122 Patienten auf der Warteliste verstarben.[183] Angesichts dessen ist es nicht nur menschlich verständlich und ethisch bedenkenfrei, dass Bewerber eine bessere Listenplatzierung erstreiten wollen, die Einräumung einer solchen Möglichkeit ist aus rechtsstaatlicher Sicht zwingend geboten. 124

Nach § 10 Abs. 2 Nr. 2 entscheidet das Transplantationszentrum über die Aufnahme des Patienten auf die Warteliste nach dem Stand der Erkenntnisse der medizinischen Wissenschaft, insbesondere nach Notwendigkeit und Erfolgsaussicht der Organübertragung. Mit diesen Kriterien wird aber allein über die Aufnahme auf die Liste entschieden, während die Listenplatzierung nach den Kriterien der Dringlichkeit und Erfolgsaussicht (vgl. § 12 Abs. 3) der Organübertragung zu entscheiden ist. Über diesen sprachlichen Unterschied wird im Schrifttum meist hinweggegangen. So wird etwa ausgeführt, die Aufnahmeentscheidung „richt(e) sich, wie die spätere Vermittlung eines Organs, nach Regeln, die dem Stand der Erkenntnisse der medizinischen Wissenschaft entsprechen, insbesondere ... nach Notwendigkeit und Erfolgsaussicht der Transplantation"[184], obwohl doch § 10 Abs. 2 Nr. 2 von Notwendigkeit und der für die Organvermittlung relevante § 12 Abs. 3 von Dringlichkeit spricht. 125

Unklar ist, ob die die Platzierung auf der Warteliste betreffende Klage als Listenkonkurrentenklagen den Grundsätzen über die beamtenrechtlichen Konkur- 126

---

[182] Vgl. die Antwort der Bundesregierung im Rahmen einer kleinen Anfrage, BT-Drs. 14/4655, S. 6.
[183] Vgl. die Antwort der Bundesregierung im Rahmen einer kleinen Anfrage, BT-Drs. 14/4655, S. 7.
[184] *Schreiber/Haverich*, Richtlinien für die Warteliste und für die Organvermittlung, DÄBl. 97, Heft 7/2000, S. A-385.

rentenklagen folgt, ob also insbesondere der Listenplatz eines Konkurrenten angefochten werden kann/muss.

127 Ein Anspruch auf Listenberichtigung kann sich ergeben aus § 10 Abs. 2 i.V.m. § 12 Abs. 3, weil der Schutznormcharakter dieser Vorschriften aus den bereits angeführten Gründen kaum in Zweifel gezogen werden kann. Einem generellen Ausschluss solcher Klagen wird man schon wegen der fehlenden Duldungspflicht willkürlicher Entscheidungen im Rechtsstaat nicht das Wort reden können. In aller Regel wird ein Patient hier freilich allenfalls ein Bescheidungsurteil erreichen können.

ff) Klagen gegen die Vermittlungsstelle

128 Rechtsschutzdefizite bestehen auch hinsichtlich der Entscheidungen der Vermittlungsstelle. Deren rechtliche Kontrolle ist nicht etwa dadurch ausgeschlossen, dass Eurotransplant die Überprüfung von Patientenannahme und -listung nicht als seine Aufgabe ansieht[185] und das Auffinden des geeigneten Spenders computergesteuert abläuft. Denn auch die Verwendung eines bestimmten computergesteuerten Algorithmus stellt eine wertende Entscheidung dar. Zudem hat die BÄK nunmehr in den Fortschreibungen der Richtlinien über die Organvermittlung (§ 16 Abs. 1 Nr. 5) verfügt, dass „(b)ei drohendem Verlust der Transplantabilität eines Organs nach Beurteilung durch *Eurotransplant* (...) die Vermittlungsstelle von den geltenden Vermittlungsregeln der Bundesärztekammer – unter möglichster Aufrechterhaltung der Patientenorientierung – notfalls abweichen" darf.[186] Damit lässt sich nicht mehr bestreiten, dass der Vermittlungsstelle medizinisch-praktische Vollzugsentscheidungen mit eigenen Bewertungsspielräumen zukommen.[187]

129 Auch durch diese Regelung verschärft sich die Rechtsschutzproblematik beträchtlich.

130 Für sämtliche Klagen gegen die Vermittlungsstelle scheiden derzeit verwaltungsgerichtliche bzw. sozialgerichtliche Klagen aus (s. o.). In Betracht käme allenfalls eine Klage vor einem deutschen Zivilgericht.[188] Insoweit könnte zwar noch

---

[185] Vgl. die Allokationspolitiken von *Eurotransplant*, hier zitiert nach *Conrads*, Rechtliche Grundsätze der Organallokation, 2000, S. 41.
[186] Die Fortschreibungen der Richtlinien zur Organvermittlung zur Pankreastransplantation, zur Vermittlung thorakaler Spenderorgane, zur Nierentransplantation sowie zur Lebertransplantation sind unter http://www.bundsärztekammer.de einsehbar. Diese weitreichende – in ihrer verfassungsrechtlichen Problematik auch durch die salvatorische Formulierung „unter möglichster Aufrechterhaltung der Patientenorientierung" nicht bedenkenfreie – Suspendierung von den Anforderungen der Richtlinien zeigt jedenfalls, dass die These *Eurotransplant* sehe die Überprüfung der Patientenannahme nicht als seine Aufgabe an, die Problematik nicht hinreichend erfasst.
[187] So schon vor der erwähnten Fortschreibung der Richtlinien durch die BÄK *Schmidt-Aßmann*, Grundrechtspositionen und Legitimationsfragen im öffentlichen Gesundheitswesen, 2001, 106.
[188] Vgl. die Gerichtsstandsvereinbarung im Vertrag; der einzelne Patient ist allerdings kein Vertragspartner.

an eine Klage gegen deutsche Vertragspartner auf Einwirkung gedacht werden, wobei insoweit bestünden freilich allenfalls Ansprüche gegen die jeweilige Krankenkasse bestehen können. Doch genügt ein derart „abgebogener" Rechtsschutz kaum den aus Art. 19 Abs. 4, Art. 2 Abs. 1 GG abzuleitenden Gebot effektiven Rechtsschutzes.[189] Zudem bestehen erhebliche Probleme hinsichtlich der Vollstreckbarkeit etwaiger Entscheidungen.

gg) Kontrolldichte

Transplantationsrechtliche Entscheidungen unterliegen in vollem Umfang der gerichtlichen Kontrolle. Zwar kann die durch Art. 19 Abs. 4 GG grundsätzlich gebotene uneingeschränkte gerichtliche Überprüfung[190], durch Beurteilungsspielräume des Rechtsanwenders eingeschränkt sein.[191]   *131*

Doch ist die Einräumung solcher Beurteilungsspielräume verfassungsrechtlich nicht in das Belieben des Gesetzgebers oder gar der Verwaltung gestellt, sondern ist ihrerseits besonders rechtfertigungsbedürftig. Als Beispiele begrenzter richterlicher Kontrolldichte werden im Schrifttum etwa solche Fallkonstellationen angeführt, in denen nur begrenzte rechtliche Kontrollmaßstäbe oder unvermeidbare Sachzwänge bestehen oder sich der Sach- und Entscheidungsbereich einer umfassenden Regelung entzieht.[192]   *132*

Solche Einschränkungen könnten sich im Transplantationsrecht allenfalls im Blick auf die kurzen Aufbewahrungszeiten entnommener Organe hinsichtlich der konkreten Vermittlungsentscheidungen ergeben. Doch ist auch insoweit zu bedenken, dass der Umfang der gerichtlichen Kontrolle auch durch das zu schützende subjektive Recht mitbestimmt wird[193] und es hier um das Lebensgrundrecht geht.   *133*

Eine Absage muss deshalb dem Versuch erteilt werden, den Rechtsschutz im Transplantationsrecht über die (stillschweigende) Konstruktion von Beurteilungsspielräumen zurückzudrängen. Dies geschieht dadurch, dass zunächst dargetan wird, die Entscheidungen über die Aufnahme auf die Warteliste etc. erfolgten nach rein medizinischen Kriterien. Da aber nach § 10 Abs. 2 allein der Stand der medizinischen Wissenschaft über die Aufnahme auf die Wissenschaft entscheide und dieser Stand der Erkenntnisse der medizinischen Wissenschaft durch die Richtlinien der BÄK abgebildet werde, würde praktisch jede Allokationsentscheidung,   *134*

---

[189] Dazu *Lang*, Knappheitsentscheidungen im Sozialrecht – Zum Rechtsschutzdefizit gegenüber transplantationsrechtlichen Entscheidungen, VSSR 1/2002, S. 21 (41 f.). Auf dieser Linie auch *Schmidt-Aßmann*, Grundrechtspositionen und Legitimationsfragen im öffentlichen Gesundheitswesen, 2001, S. 113: „Viel spricht dafür, daß die ‚verkappte' Übertragung von Hoheitsrechten auch aus diesem Grund verfassungswidrig ist."
[190] *Schulze-Fielitz*, in: Dreier (Hrsg.), GG I, Art. 19 IV Rdnr. 87.
[191] *Schulze-Fielitz*, in: Dreier (Hrsg.), GG I, Art. 19 IV Rdnr. 88; grundsätzlich anerkannt durch BVerfGE 61, 82 (111).
[192] *Schulze-Fielitz*, in: Dreier (Hrsg.), GG I, Art. 19 IV Rdnr. 88 ff.; *Schmidt-Aßmann*, in: Maunz/Dürig, GG, Art. 19 Abs. IV, Rdnr. 188 ff. „Administrative Letztentscheidungen".
[193] *Schmidt-Aßmann*, in: Maunz/Dürig, GG, Art. 19 Abs. IV, Rdnr. 116.

die irgendwie im Bereich der Richtlinie läge, zugleich gerichtlicher Kontrolle weitgehend entzogen. Bei dieser Sachlage hilft es auch nicht viel, dass das Gesetz in § 16 Abs. 2 der jeweiligen Richtlinie den Anschein einer bloßen Beweißregel gibt („wird vermutet"), weil kaum ersichtlich ist, wie der Beweis der Einhaltung des Standes der medizinischen Wissenschaft gegen die Richtlinie, die diesen nach § 16 Abs. 1 doch gerade feststellt, geführt werden sollte. Im Übrigen bestehen gegen diese Form der Definitionskompetenz der BÄK ohnehin gewichtige verfassungsrechtliche Zweifel.[194]

135 Der These, die Entscheidungen nach dem TPG erfolgten nach rein medizinischen Kriterien ist deshalb nachhaltig zu widersprechen. Die Entscheidung über die Aufnahme auf die Warteliste und die konkreten Allokationsentscheidungen sind keine nach rein medizinischen Kriterien gefällten Entscheidungen, sondern (Be)Wertungen einer Gesamtsituation. Das aber kann in der Konsequenz nur bedeuten, dass für die Annahme gerichtlicher Kontrolle völlig entzogener Beurteilungsspielräume kein Raum ist.

d) Verfassungsrechtliche Bewertung

136 Obwohl sich das Grundgesetz – anders als etwa die Schweizerische Bundesverfassung in Art. 119 a[195] – zum Recht der Transplantationsmedizin verschweigt, ist die verfassungsrechtliche Ausgangslage eindeutig. Das Grundgesetz ist auf Grund von Art. 20 Abs. 3, 28 Abs. 1 GG als rechtsstaatliche Verfassung konzipiert. Grundrechtlich wird dies durch die Rechtsschutzgarantie des Art. 19 Abs. 4 Satz 1 GG umgesetzt, sofern subjektive Rechte des Bürgers durch hoheitliche Tätigkeit beeinträchtigt werden. Gegenüber privaten Beeinträchtigungen versagt die Rechtsschutzgarantie des Art. 19 Abs. 4 Satz 1 GG zwar, doch gewährt stattdessen – so weit eine die staatliche Schutzpflicht auslösende Grundrechtsgefährdungslage auftritt – der allgemeine Justizgewährleistungsanspruch (Art. 2 Abs. 1 GG) einen im Wesentlichen vergleichbaren Schutz.[196]

137 Bereits in den Anhörungen während des Gesetzgebungsverfahrens und in der Gesetzesbegründung ist die Auffassung vertreten worden, dass die Organvermitt-

---

[194] Vgl. dazu die Kommentierung bei § 16 sowie *Schmidt-Aßmann*, Grundrechtspositionen und Legitimationsfragen im öffentlichen Gesundheitswesen, 2001, S. 99 ff.

[195] Die Vorschrift lautet: „(1) der Bund erlässt Vorschriften auf dem Gebiet der Transplantation von Organen, Geweben und Zellen. Er sorgt dabei für den Schutz der Menschenwürde, der Persönlichkeit und der Gesundheit. (2) Er legt insbesondere Kriterien für eine gerechte Zuteilung von Organen fest. (3) Die Spende von menschlichen Organen, Geweben und Zellen ist unentgeltlich. Der Handel mit menschlichen Organen ist verboten". Die Vorschrift wurde in der Volksabstimmung vom 7.2.1999 angenommen. Angenommen in der Volksabstimmung vom 7. Febr. 1999 (Erwahrungsbeschluss des BR vom 23. März 1999 – AS 1999 1341 – und BB vom 26. Juni 1998 – BBl 1997 III 653, 1998 3473, 1999 2912 8768). Zur Bedeutung der Einordnung der Vorschrift bei den Kompetenzverteilungsnormen („glücklicher Mittelweg in einer polarisierten Diskussion) sowie dem dogmatischen Bezug zu Schutzpflichten vgl. *Häberle*, in: FS für Maurer, 2001, 935 (940 f.).

[196] Zur dogmatischen Herleitung siehe unten Rdnr. 142 ff.

lung keine zwingende Staatsaufgabe darstelle. Der Gesetzgeber könne sich entsprechend dem Subsidiaritätsgedanken auch privatrechtlicher Mittel bedienen, sich also insbesondere vertraglicher Regelungen durch die Verbände der Betroffenen bedienen.[197] Im Schrifttum wird dieser Standpunkt überwiegend geteilt.[198] Dem kann zugestimmt werden, wenn – zumal in grundrechtssensiblen Bereichen – das „outsourcing" staatlicher Kompetenzen auf Private kompensiert wird. Insoweit werden die Notwendigkeit gesetzlicher Regelung und verfahrensrechtlicher Sicherung genannt[199], irritierender Weise aber gerade der Rechtsschutzaspekt entweder verschwiegen oder in bemerkenswerter Distanz zu verfassungsrechtlichen Vorgaben ausgeführt, die Verlagerung der Vermittlungsentscheidung ins Ausland habe neben der Abschöpfung gewachsener Erfahrungen „den weiteren Vorteil, verwaltungsgerichtliche Konkurrentenklagen von potentiellen Organempfängern a limine auszuschließen"; gerade dieser Ausschluss werde „allseits als wichtige Voraussetzung für eine sachgerechte Arbeitsorganisation im Transplantationswesen angesehen".[200] Das erscheint jedenfalls in dieser Pauschalität nicht haltbar. Zum einen wird nicht begründet, weswegen Art. 19 Abs. 4 bzw. Art. 2 Abs. 1 GG hier keine Maßstäblichkeit entfalten bzw. zurückzutreten hätten. Es stellt – wie nicht zuletzt Art. 19 Abs. 4 GG als „Schlussstein im Gewölbe des Rechtsstaats" eindrucksvoll belegt – ein rechtsstaatliches Grunderfordernis dar, dass dort, wo Rechte bestehen, auch über sie gestritten werden kann. Zum anderen würde eine solche Sichtweise dem Konnex von Verantwortungsteilung und Rechtswegklarheit im Bereich des Transplantationsrechtes nicht gerecht. Die im Transplantationsrecht vorzufindende „verkappte Übertragung von Hoheitsrechten auf eine im Ausland ansässige Vermittlungsstelle (widerspricht) in Kombination mit dem hochkomplexen und intransparenten Entscheidungsprozess (...) dem Grundsatz der Verantwortungsklarheit...".[201] Die dadurch bewirkte Verletzung der Rechtswegklarheit kann im Blick auf die transplantationsmedizinischen Entscheidungen allenfalls im Kontext der Warteliste durch die Einlösung entsprechender Kompensationsverpflichtungen, die namentlich auf die Einräumung von Rechtsschutzmöglichkeiten zielen, abgewendet werden.[202]

Schließlich wird mit der genannten These eines a-limine Ausschlusses jeglichen Rechtsschutzes nicht hinreichend differenziert zwischen den zahlreichen Entscheidungen im Verlauf des Transplantationsprozesses und deren rechtlich und faktischer Vorentscheidungswirkung. Infolgedessen bleibt auch unerörtert, wes-

138

---

[197] Vgl. Gesetzentwurf der Fraktionen CDU/CSU, SPD und F.D.P. zum TPG, BT-Drs. 13/4355, S. 14 f.
[198] *Nickel/Schmidt-Preisigke/Sengler*, TPG, § 12 Rdnr. 1; *Holznagel*, Sachverständige Stellungnahme, Ausschuss-Drs. 601/13, S. 3 unter Berufung auf das „moderne Steuerungskonzept der regulierten Selbstregulierung"; ebenso *ders.*, DVBl. 1997, 393 (398 f.); *Herrig*, Die Gewebetransplantation nach dem Transplantationsgesetz, 2002, S. 153.
[199] Etwa *Holznagel*, DVBl. 1997, 393 (397 f.), „Kontroll- und Überwachungsmechanismus"
[200] So *Holznagel*, DVBl. 1997, 393 (397 f.).
[201] Eingehend dazu *Höfling*, Primär- und Sekundärrechtsschutz im Öffentlichen Recht, VVDStRL 62, 260 (288 ff.).
[202] *Lang*, Knappheitsentscheidungen im Sozialrecht – Zum Rechtsschutzdefizit gegenüber transplantationsrechtlichen Verteilungsentscheidungen –, VSSR 1/2002, S. 21 (42).

wegen etwa die gerichtliche Überprüfung der Entscheidung über die Annahme als Patient oder die Aufnahme auf die Warteliste die Arbeitsorganisation im Transplantationswesen infrage stelle. Dass transplantationsrechtliche Allokationsentscheidungen grundrechtsrelevant sind, läßt sich füglich nicht bestreiten und ist demgemäss allgemein anerkannt.[203] Sie unterliegen infolgedessen der rechtlichen Kontrolle. Nach der hier vertretenen Auffassung stellt es ein zwingendes Erfordernis des Art. 19 Abs. 4 Satz 1 GG bzw. des aus Art. 2 Abs. 1 GG abgeleiteten allgemeinen Justizgewährleistungsanspruchs dar, die Justiziabilität transplantationsrechtlicher Entscheidungen sicherzustellen. Ein Absenken des Rechtsschutzniveaus ist verfassungsrechtlich allenfalls für die konkrete Vermittlungsentscheidung zu rechtfertigen. Hier können tatsächliche Probleme Modifikationen erzwingen.[204]

139 Im Schrifttum von Befürwortern der Transplantationsmedizin unter Hinweis auf eine angebliche Gefährdung der Spendebereitschaft erhobene ethische Bedenken gegen eine Rechtsschutzgewährung kehren sich gegen die Transplantationsmedizin selbst. Rechtsschutz stellt nur das Desiderat der durch die Transplantationsmedizin ausgelösten materiellen Verteilungsentscheidungen dar.[205]

140 Bestimmt durch die oben nachgezeichnete materiell-rechtliche Differenzierung ergeben sich auch hinsichtlich der zu beobachtenden verfassungsrechtlichen Vorgaben Unterschiede, je nachdem ob die in Rede stehende Rechtsbeziehung dem öffentlichen oder dem privaten Recht zuzuordnen sind.

141 Werden die Rechtsbeziehungen bei einer Organübertragung dem öffentlichen Recht zugeordnet, sind Einräumung, Inhalt und Reichweite des Rechtsschutzes im Transplantationsrecht verfassungsrechtlich am Maßstab des Art. 19 Abs. 4 Satz 1 GG zu messen.

142 Werden die bei einer transplantationsmedizinischen Behandlung entstehenden Rechtsbeziehungen dem privaten Recht zugeordnet, ergibt sich der Anspruch auf die Justiziabilität darin getroffener Entscheidungen aus dem allgemeinen Justizgewährleistungsanspruch. Der allgemeine Justizgewährleistungsanspruch bezieht sich auf Rechtsstreitigkeiten, in denen es nicht um Akte öffentlicher Gewalt im Sinne des Art. 19 Abs. 4 GG geht, also vor allem auf Streitigkeiten des bürgerlichen Rechts.[206] Seine verfassungsrechtliche Grundlage findet er zunächst im Rechtsstaatsprinzip, das auch eine Justizgewährleistungspflicht beinhaltet. Als normative Basis einer subjektiv-rechtlichen Anspruchsgrundlage auf gerichtlichen

---

[203] Vgl. nur BVerfG, 1 BvR 2181/98 vom 11.8.1999, Absatz-Nr. 66 ff., http://www.bverfg.de.

[204] Etwa das Erfordernis der Verkürzung der Ischämiezeiten sowie die Notwendigkeit, die Zuteilungsentscheidungen innerhalb weniger Stunden treffen zu müssen.

[205] Vor dem Hintergrund der Rechtsschutzgarantie des Art. 19 Abs. 4 GG bzw. des allgemeinen Justizgewährleistungsanspruchs verbietet sich jedenfalls eine Differenzierung zwischen einer ethisch wertvollen Organverteilung und einer ethisch bemakelten gerichtlichen Kontrolle eben jener Verteilungsentscheidung.

[206] *Schmidt-Aßmann*, in: Schoch/Schmidt-Aßmann/Pietzner, VwGO, Einleitung Rdnr. 51.

Rechtsschutz fungiert Art. 2 Abs. 1 GG.[207] Sowohl die Justizgewährleistungspflicht als auch der korrespondierende Justizgewährleistungsanspruch stellen eine Konsequenz der Friedenspflicht des Bürgers, des Selbsthilfeverbots und des staatlichen Gewaltmonopols dar[208], die zu den Grundbedingungen der Rechtsstaatlichkeit zählen.

Angesichts der zunächst objektiv-rechtlichen Verortung werden die Voraussetzungen, unter denen der allgemeine Justizgewährleistungsanspruch einen subjektiv-rechtlichen Gerichtsschutzanspruch gewährt, unterschiedlich beantwortet. So weit dabei ein Anspruch aus Art. 2 Abs. 1 GG auf wirkungsvollen Rechtsschutz gegenüber privaten Beeinträchtigungen vom Vorliegen einer staatlichen Schutzpflicht abhängig gemacht wird, führt dies gegenüber transplantationsmedizinischen Entscheidungen zu keiner Relativierung der Rechtsschutzintensität. Allerdings könnte gegen die Annahme einer „klassischen" Schutzpflichtkonstellation der Heilbehandlungscharakter transplantationsmedizinischer Maßnahmen eingewendet werden. Insoweit ließe sich einwenden, dass die Krankheit eines Menschen grundsätzlich keine staatliche Schutzpflicht auslösen könne.[209] Eine solche Sichtweise ließe aber außer Betracht, dass das TPG die Organverschaffung und Allokation in dem durch das Gesetz vorgeschriebenen Verfahren monopolisiert hat. Eine Organübertragung ist nur unter Einhaltung des im Gesetz vorgeschriebenen Vermittlungsverfahrens und nur in einem nach dem TPG zugelassenen Transplantationszentrum möglich. Der Gesetzgeber hat damit die private Selbsthilfe ausgeschaltet und sogar weitergehend unter Strafe gestellt. Insbesondere bedroht das Gesetz in § 18 Abs. 1 auch den potentiellen Empfänger eines verbotswidrig gehandelten Organs mit Strafe. Bei dieser Sachlage entstehen Kompensationsverpflichtungen, die namentlich auf die Einräumung von Rechtsschutzmöglichkeiten zielen, weil andernfalls die strafrechtlichen Vorschriften und die Ausgestaltung des TPG ihrerseits verfassungswidrig wären. Wollte man demgegenüber einen Anspruch auf gerichtliche Kontrolle der im Einzugsbereich des TPG getroffenen „privaten" Entscheidungen verneinen, verlöre die dem Bürger auferlegte Friedenspflicht und das Verbot der Selbsthilfe, die ihrerseits gerade als Basis des Justizgewährleistungsanspruchs anzusehen sind[210], ihre verfassungsrechtliche Legitimation.

143

Sofern daher die Rechtsbeziehungen im Rahmen transplantationsmedizinischer Maßnahmen dem Zivilrecht zugeordnet werden, steht für den potentiellen Organempfänger ein Anspruch auf gerichtliche Kontrolle derartiger Entscheidungen aus Art. 2 Abs. 1 GG zur Verfügung. Inhaltlich besteht gegenüber den Anforderungen, die Art. 19 Abs. 4 an die Gewährung von Rechtsschutz stellt, keine Abweichungen[211], so dass sich die folgenden Ausführungen zu Art. 19 Abs. GG verhalten.

144

---

207 BVerfGE 54, 277 (291); 85, 337 (345); 88, 118 (123).
208 *Schmidt-Aßmann*, in: Schoch/Schmidt-Aßmann/Pietzner, VwGO, Einleitung Rdnr. 51.
209 Vgl. dazu *Kluth/Sander*, DVBl. 1996, 1285 (1289), im Kontext der Einführung einer Organspendepflicht; a.A. *Conrads*, Rechtliche Grundsätze der Organallokation, 2000, S. 103, der aber direkt auf die Allokationsentscheidung abstellt.
210 Vgl. oben Rdnr. 142.
211 Zu dieser Parallelisierung s. *Schmidt-Aßmann*, in: Maunz/Dürig, GG, Art. 19 IV, Rdnr. 17.

145 Art. 19 Abs. 4 GG gebietet eine umfassende Nachprüfung des Verfahrensgegenstandes in tatsächlicher und rechtlicher Hinsicht und eine dem Rechtsschutzbegehren angemessene Entscheidungsart und Entscheidungswirkung.[212] Die Vorschrift ist der Idee nach – und dies gilt namentlich im grundrechtsrelevanten Bereich – auf Lückenlosigkeit der Rechtsschutzgarantie angelegt.[213] Deshalb wird die Vorschrift verletzt, wenn die geschuldete Leistung in Form effektiven Rechtsschutzes durch staatliche Gerichte nicht erbracht wird.[214]

146 Im Ausgangspunkt ist festzuhalten, dass die konkrete Ausgestaltung des Rechtsschutzes zunächst dem Gesetzgeber obliegt. Art. 19 Abs. 4 GG gewährleistet aber nicht nur das formelle Recht und die theoretische Möglichkeit, die Gerichte anzurufen, sondern auch die Effektivität des Rechtsschutzes.[215] Deshalb steht dem Bürger auch ein Anspruch auf eine tatsächlich wirksame gerichtliche Kontrolle zu.[216] Die dem Gesetzgeber obliegende Ausgestaltung hat sich infolgedessen am Gebot wirkungsvollen Rechtsschutzes zu orientieren und muss dafür sorgen tragen, dass der Zugang zu den Gerichten nicht in unsachgemäßer und unzumutbarer Weise verhindert, erschwert oder verkürzt wird.[217] Der konkrete Inhalt der Effektivitätsanforderungen, die Art. 19 Abs. 4 GG der gesetzlichen Ausgestaltungsbefugnis dirigierend voran und begrenzend gegenüberstellt, hängt auch von der Bedeutung und dem sachlichen Gehalt des als verletzt behaupteten Rechts ab.[218] Dabei können die diese grundsätzlichen Effektivitätsanforderungen hier in zwei Richtungen weiter entfaltet werden:

147 1. Zum einen erfordert Art. 19 Abs. 4 GG, dass die je in Rede stehende gerichtliche Verfahrensordnung normativ so ausgestaltet wird, dass eine umfassende Nachprüfung des Verfahrensgegenstandes in tatsächlicher und rechtlicher Hinsicht und eine dem Rechtsschutzbegehren angemessene Entscheidungsart und Entscheidungswirkung durch die deutsche Gerichtsbarkeit gewährleistet wird.[219]

148 2. Zum anderen gehört zur Effizienz des Rechtsschutzes auch das Gebot der Rechtswegklarheit. Im Blick auf die durch das einfache Recht bewirkte im Einzelfall besonders schwierige Bestimmung des zutreffenden Rechtswegs hat das Bundesverfassungsgericht entschieden, es könne der durch Art. 19 Abs. 4 GG gebotenen Effektivität des Rechtswegs zuwiderlaufen, solche Schwierigkeiten auf dem Rücken des Rechtsuchenden auszutragen. Art. 19 Abs. 4 GG könne

---

[212] BVerfGE 60, 253 (297).
[213] *Schulze-Fielitz*, in: Dreier (Hrsg.), GG I, Art. 19 IV Rdnr. 11.
[214] *Schulze-Fielitz*, in: Dreier (Hrsg.), GG I, Art. 19 IV Rdnr. 65, Abwehr- und Leistungsanspruch sind bei Art. 19 identisch; *SteRdnr*, StaatsR III/2, S. 68.
[215] BSGE 75, 97 (137).
[216] BVerfGE 41, 23 (26).
[217] BVerfGE 50, 217 (231); 69, 253 (268 f.); 77, 275 (284); *Schulze-Fielitz*, in: Dreier (Hrsg.), GG I, Art. 1 IV Rdnr. 205; *Huber*, in: v. Mangoldt/Klein/Starck, GG I, Art. 19 Abs. 4 Rdnr. 462.
[218] BSGE 75, 97 (137).
[219] BVerfGE 60, 263 (296 f.); BSGE 75, 97 (137).

auch gegenüber der durch unklare Rechtswegvorschriften bewirkten Gefahr aktiviert werden, dass der Rechtssuchende durch Ablauf materiellrechtlicher oder prozessualer Fristen sein behauptetes Recht nicht mehr rechtzeitig wahrnehmen kann. Zu Recht hat das Bundesverfassungsgericht dabei auch betont, dass die Klarheit und Bestimmtheit von Rechtswegvorschriften im Rahmen dessen, was generell-abstrakter Regelung zugänglich ist, eine unabdingbare Anforderung an eine rechtsstaatliche Ordnung darstellt, die dem Bürger die eigenmächtig gewaltsame Durchsetzung behaupteter Rechtspositionen grundsätzlich verwehrt und ihn insoweit auf den Rechtsweg verweist.[220]

Auf Grund dieser Vorgaben ergeben sich im Blick auf zwei Aspekte erhebliche verfassungsrechtliche Bedenken. *149*

Zum einen dürfte die oben nachgezeichneten Schwierigkeiten, die sich hinsichtlich der Bestimmung des richtigen Rechtswegs gegenüber transplantationsmedizinischen Entscheidungen ergeben, kaum mit dem aus dem Gebot effektiven Rechtsschutzes abgeleiteten Grundsatz der Rechtswegklarheit in Einklang stehen. *150*

Das Bundessozialgericht hat hierzu allerdings den Standpunkt eingenommen, allein aus der Spaltung der Rechtswege resultierten im Blick auf Art. 19 Abs. 4 GG keine durchgreifenden verfassungsrechtlichen Bedenken. Denn Art. 19 Abs. 4 GG gewähre nicht die Überprüfung durch ein bestimmtes Gericht. Ob der Rechtsschutz durch ein Gericht, einen Instanzenzug oder durch verschiedene Gerichte gewährleistet werde, sei weitgehend eine rechtspolitische Entscheidung des Gesetzgebers; entscheidend sei allein, daß überhaupt ein Rechtsschutz eröffnet sei.[221] Eine Stütze findet diese Überlegung in der in Art. 19 Abs. 4 Satz 2 GG angeordneten subsidiären Zuständigkeit der ordentlichen Gerichtsbarkeit.[222] Auch das Bundesverfassungsgericht hat davor zurückgeschreckt, die Konsequenzen aus der Anwendung der zuvor entwickelten Maßstäbe zu ziehen und sich – wie *Eberhard Schmidt-Aßmann* treffend ausgeführt hat – trotz des richtigen Ansatzes ... nicht dazu durchringen können, stark unübersichtliche Rechtswegzuweisungen als verfassungswidrig zu behandeln".[223] Das Bundesverfassungsgericht hat für die Errichtung des Maßstabes der Rechtswegklarheit zu Recht Zustimmung gefunden, ebenso berechtigt ist aber der dem Gericht gegenüber erhobene Vorwurf der Inkonsequenz. Wenn das Gebot der Rechtswegklarheit aus Art. 19 Abs. 4 GG abgeleitet und damit in Verfassungsrang erhoben wird, stellt es eine Kehrtwendung dar, es sofort im Geltungsrang zu minimieren, in dem auf die Auffangklausel nach Art. 19 Abs. 4 Satz 2 GG verwiesen wird. Nach dieser Vorschrift ist, soweit eine andere Zuständigkeit nicht begründet ist, der ordentliche Rechtsweg gegeben. Das *151*

---

[220] BVerfGE 57, 9 (22).
[221] BSGE 75, 97 (137 f.) unter Berufung auf BVerfGE 31, 364 (368); 60, 253 (294 ff.).
[222] Vgl. BVerfGE 31, 364 (368). Das Bundesverfassungsgericht hat die zur Entscheidung gestellte Rechtswegproblematik mit der Bemerkung als verfassungskonform erklärt, es sei in allen Verfahrensordnungen möglich, hilfsweise die Verweisung an den anderen Rechtsweg zu beantragen (vgl. BVerfGE 54, 277 [292 f.]; 57, 9 [22]). Dies geschieht heute ohnehin nach § 17 a GVG von Amts wegen.
[223] *Schmidt-Aßmann*, in: Maunz/Dürig, GG, Art. 19 Abs. IV Rdnr. 231.

Gebot der Rechtswegklarheit enthält aber das an den Gesetzgeber gerichtete Gebot, hinsichtlich der bestehenden Rechtswege klarzustellen, wann welcher Rechtsweg zu beschreiten ist. Art. 19 Abs. 4 Satz 2 GG erfasst insbesondere nicht den Fall, dass ein einheitlicher Lebenssachverhalt unterschiedlichen Rechtswegen zugewiesen wird. Wie das Bundesverfassungsgericht zu Recht entschieden hat, können die das einem Beschwerdeführer zur Verfügung stehende Rechtsmittel verdunkelnden Unklarheiten zu einer Verletzung von Art. 2 Abs. 1 GG i.V.m. dem Rechtsstaatsprinzip (Art. 20 Abs. 3 GG) führen.[224] Das rechtsstaatliche Erfordernis der Rechtsmittelklarheit umschließe auch das Gebot, dem Rechtsschutzsuchenden *in klarer Abgrenzung* einen Weg zur Überprüfung gerichtlicher Entscheidungen zu weisen.[225] Wenn aber schon das Rechtsmittel hinreichend klar erkennbar sein muss, kann hinsichtlich des zu beschreibenden Rechtswegs erst recht nicht anderes gelten.

152 Daran vermag auch der Hinweis auf § 17a GVG nichts zu ändern. Diese Vorschrift dient – ebenso wie die §§ 17–17b GVG – der Verfahrensbeschleunigung, nicht der Rechtswegklarheit.[226] Zwar wird nach § 17a GVG eine bei einem unzuständigen Gericht eingereichte Klage vom Gericht an das seiner Auffassung nach zuständige Gericht verwiesen, wobei dieser Beschluss für das zugewiesene Gericht bindend ist. Ein „juristischer Kreisverkehr" ist dadurch ausgeschlossen. Doch ist zum einen bereits fraglich, ob diese Vorschrift auch im Verfahren des einstweiligen Rechtsschutzes Anwendung findet[227], zum anderen kann die beschriebene Bindungswirkung allenfalls gegenüber einem deutschen Gericht eintreten.

153 Schließlich besteht gerade im Bereich transplantationsrechtlicher Entscheidungen in der Regel Zeitknappheit. Deshalb kann im Bereich der Transplantationsmedizin auch nicht auf eine prozessuale und materiale Klärung strittiger Fragen im Verlauf einer sich ausbildenden Rechtsprechung gesetzt werden. Hier muss der Staat aus Verfassungsgründen für adäquaten Rechtsschutz sorgen. Diese Unsicherheit darf nicht auf dem Rücken der Rechtsschutzsuchenden ausgetragen werden, für die mit einer ablehnenden Entscheidung möglicherweise zugleich die letzte Chance auf eine lebensverlängernde oder -erhaltende Behandlung vertan wurde.

154 Ein weiteres gewichtiges Bedenken besteht hinsichtlich der Verfassungsmäßigkeit des Ausschlusses des Rechtsschutzes gegenüber den Entscheidungen der Vermittlungsstelle. Die Kombination von Monopolisierung der Organübertragung in einem staatlich geregelten Verfahren und der Übertragung wesentlicher Entscheidungsbefugnisse auf Private sowie die Verlagerung der die Entscheidung über „Leben und Tod" letztlich treffenden Stelle ins Ausland bei gleichzeitigem Verbot der Selbstbeschaffung dürfte kaum den verfassungsrechtlichen Vorgaben an die Rechtsschutzgewährleistung entsprechen.[228]

---

[224] BVerfGE 87, 48 (59).
[225] BVerfGE 87, 48 (65) – Hervorhebung hinzugefügt; s.a. BVerfGE 49, 148 (164).
[226] *Ehlers*, in: Schoch/Schmidt-Aßmann/Pietzcker, Vorb. § 41, § 17 GVG Rdnr. 4.
[227] Vgl. dazu *Ehlers*, in: Schoch/Schmidt-Aßmann/Pietzcker, Vorb. § 41, § 17 GVG Rdnr. 47.

Die Garantie des Art. 19 Abs. 4 GG kann ebenso wie diejenige des Art. 2 Abs. 1 GG nämlich nur durch staatliche Gerichte der Bundesrepublik Deutschland eingelöst werden, also durch solche, die den Anforderungen der Art. 92 und 97 GG genügen.[229] Infolgedessen liegt eine Verletzung des Art. 19 Abs. 4 Satz 1 GG vor, so weit gegen Entscheidungen der Vermittlungsstelle um Rechtsschutz nachgesucht werden kann[230], wenn die Vermittlungsstelle im Ausland belegen und damit deren Entscheidungen im Grundsatz nicht deutscher Gerichtsbarkeit unterworfen sind.[231] Darüber hilft auch nicht hinweg, dass § 18 Abs. 3 des mit der Vermittlungsstelle nach § 12 geschlossenen Vertrages den Vertrag deutschem Recht unterwirft. Denn die einzelnen Patienten sind nicht Vertragspartner des Vertrages nach § 12. Im Übrigen dürften die gegen eine privatrechtlich verfasste ausländische Stiftung bestehenden Vollstreckungsprobleme kaum geeignet sein, den Maßgaben des Art. 19 Abs. 4 GG zu genügen. Insoweit sind auch die den staatlichen Stellen der Bundesrepublik Deutschland zur Verfügung stehenden Mittel[232] viel zu gering.

155

Diesen verfassungsrechtlichen Bedenken könnten allenfalls mit dem Einwand begegnet werden, dass ein Rechtsschutz gegenüber der konkreten Vermittlungsentscheidung bereits faktisch nicht zu realisieren sei. In diesem Kontext wird im Schrifttum die Auffassung vertreten, dass hinsichtlich der konkreten Vermittlungsentscheidung durch die Vermittlungsstelle in Leiden kein Rechtsschutz erfolgen könne. Dies gelte wegen der Gefahr, dass während der Entscheidungszeit das Organ zerstört wird sowohl für den einstweiligen Rechtsschutz als auch für das Klageverfahren.[233]

156

Letztlich ließe sich eine solche Relativierung der Anforderungen des Art. 19 Abs. 4 GG allenfalls für die konkrete Zuteilungsentscheidung der Vermittlungsstelle, die im unmittelbaren Anschluss an die Ermittlung eines geeigneten Spendeorgans erfolgt, annehmen. Denn in der Tat sollten etwa Herzverpflanzungen vier bis sechs Stunden nach dem „Hirntod" des Spenders abgeschlossen sein.[234]

157

---

[228] Ebenso *Schmidt-Aßmann*, Grundrechtspositionen und Legitimationsfragen im öffentlichen Gesundheitswesen, 2001, S. 112 f.
[229] BVerfGE 4, 74 (94 f.); 11, 232 (233); *Huber*, in: v. Mangoldt/Klein/Starck, GG I, Art. 19 Abs. 4 Rdnr. 499 m.w.N.
[230] Zur Frage, in welchem Umfang die dortigen Entscheidungen gerichtlicher Kontrolle unterliegen vgl. oben Rdnr. 128 ff.
[231] Ebenso *Schmidt-Aßmann*, Grundrechtspositionen und Legitimationsfragen im öffentlichen Gesundheitswesen, 2001, S. 95 sowie *Höfling*, Primär- und Sekundärrechtsschutz im Öffentlichen Recht, VVDStRL 62, 260 (291), „… verfehlt die Mindestbedingungen, die das Bundesverfassungsgericht mit dem aus Art. 19 Abs. 4 GG folgenden Gebot der Rechtswegklarheit verknüpft deutlich".
[232] Etwa ein Hinwirken auf eine Kündigung des Vertrages.
[233] *Nickel/Schmidt-Preisigke/Sengler*, TPG, § 12 Rdnr. 1; *Baltzer*, SGb 1998, 437 (438).
[234] Für Lebern liegt der Wert bei etwa 20, für Nieren bei etwa 50 Stunden. Hornhautübertragungen sind hingegen auch noch nach mehreren Wochen möglich, vgl. *Loosen*, DÄBl. 96, Heft 31-32/1999, S. A-2014.

158 Aber auch hier sind differenzierende Lösungen angezeigt. Kurze Konservierungszeiten – wie etwa beim Herzen (4 Std.) – können in der Tat dazu führen, dass das verfassungsrechtliche Gebot des Rechtsschutzes zurücktreten muss. Denn zum einen verschlechtert jede weitere Stunde die Qualität des Organs und damit auch die Erfolgsaussicht einer Transplantation. Zum anderen würde ein Zeitaufschub bis zum Ende einer gerichtlichen Entscheidung nur dazu führen, dass das Organ zerstört würde und nun niemand das Organ enthielte. Eine solche gewissermaßen ins Gegenteil verkehrte salomonische Entscheidung kann nicht durch Art. 19 Abs. 4 GG geboten sein. Freilich belegt die Schwierigkeit effektiver Rechtsschutzgewährleistung am Ende der Kette transplantationsmedizinischer Entscheidungen in besonderem Maße den verfassungsrechtlichen Zwang zu einer gerichtlichen Kontrolle der vorher stattfindenden – die Vermittlungsentscheidung präjudizierenden – Entscheidungen, wie etwa diejenigen im Kontext der Wartelistenführung und -erstellung.

159 Der Rechtsschutzausschluss bezieht sich im Übrigen auch nicht auf die nachträglichen Rechtsschutzmöglichkeiten.[235]

160 Zudem stehen die genannten Relativierungen des Rechtsschutzanspruchs unter dem Vorbehalt einer Nachbesserungspflicht. Sollten sich also die medizinischen Möglichkeiten zur Konservierung verbessern, wäre die Sache unter Umständen auch rechtlich anders zu beurteilen. Unbehagen bereitet auch, dass durch das auf den Zeitdruck bezogene Ausschlussargument die Fallkonstellation evident willkürlicher Entscheidungen nicht hinreichend erfasst wird.

161 Gänzlich versagen aus der Besonderheit der Transplantationsmedizin hergeleitete Rechtsschutzverkürzungen aber gegenüber den o.a. den Behandlungsverlauf und -erfolg vorbestimmenden Entscheidungen der Transplantationszentren, wie etwa die Annahme als Patient, die Aufnahme auf die Warteliste oder die Platzierung.[236]

---

[235] Etwa Fortsetzungsfeststellungsklagen oder zivilrechtliche Schadensersatzklagen.
[236] Siehe oben Rdnr. 99 ff.

§ 11
Zusammenarbeit bei der Organentnahme, Koordinierungsstelle

(1) ¹Die Entnahme von vermittlungspflichtigen Organen einschließlich der Vorbereitung von Entnahme, Vermittlung und Übertragung ist gemeinschaftliche Aufgabe der Transplantationszentren und der anderen Krankenhäuser in regionaler Zusammenarbeit. ²Zur Organisation dieser Aufgabe errichten oder beauftragen die Spitzenverbände der Krankenkassen gemeinsam, die Bundesärztekammer und die Deutsche Krankenhausgesellschaft oder die Bundesverbände der Krankenhausträger gemeinsam eine geeignete Einrichtung (Koordinierungsstelle). ³Sie muss aufgrund einer finanziell und organisatorisch eigenständigen Trägerschaft, der Zahl und Qualifikation ihrer Mitarbeiter, ihrer betrieblichen Organisation sowie ihrer sachlichen Ausstattung die Gewähr dafür bieten, dass die Maßnahmen nach Satz 1 in Zusammenarbeit mit den Transplantationszentren und den anderen Krankenhäusern nach den Vorschriften dieses Gesetzes durchgeführt werden. ⁴Die Transplantationszentren müssen in der Koordinierungsstelle angemessen vertreten sein.

(2) ¹Die Spitzenverbände der Krankenkassen gemeinsam, die Bundesärztekammer, die Deutsche Krankenhausgesellschaft oder die Bundesverbände der Krankenhausträger gemeinsam und die Koordinierungsstelle regeln durch Vertrag die Aufgaben der Koordinierungsstelle mit Wirkung für die Transplantationszentren und die anderen Krankenhäuser. ²Der Vertrag regelt insbesondere

1. die Anforderungen an die im Zusammenhang mit einer Organentnahme zum Schutz der Organempfänger erforderlichen Maßnahmen sowie die Rahmenregelungen für die Zusammenarbeit der Beteiligten,

2. die Zusammenarbeit und den Erfahrungsaustausch mit der Vermittlungsstelle,

3. die Unterstützung der Transplantationszentren bei Maßnahmen zur Qualitätssicherung,

4. den Ersatz angemessener Aufwendungen der Koordinierungsstelle für die Erfüllung ihrer Aufgaben nach diesem Gesetz einschließlich der Abgeltung von Leistungen, die Transplantationszentren und andere Krankenhäuser im Rahmen der Organentnahme erbringen.

(3) ¹Der Vertrag nach den Absätzen 1 und 2 sowie seine Änderung bedarf der Genehmigung durch das Bundesministerium für Gesundheit und ist im Bundesanzeiger bekannt zu machen. ²Die Genehmigung ist zu erteilen, wenn der Vertrag oder seine Änderung den Vorschriften dieses Gesetzes und sonstigem Recht entspricht. ³Die Spitzenverbände der Krankenkassen gemeinsam, die Bundesärztekammer und die Deutsche Krankenhausgesellschaft oder die Bundesverbände der Krankenhausträger gemeinsam überwachen die Einhaltung der Vertragsbestimmungen.

(4) ¹Die Transplantationszentren und die anderen Krankenhäuser sind verpflichtet, untereinander und mit der Koordinierungsstelle zusammenzuarbeiten. ²Die Krankenhäuser sind verpflichtet, den endgültigen, nicht behebbaren Ausfall der Gesamtfunktion des Großhirns, des Kleinhirns und des Hirnstamms von Patienten, die nach ärztlicher Beurteilung als Spender vermittlungspflichtiger Organe in Betracht kommen, dem zuständigen Transplantationszentrum mitzuteilen, das die Koordinierungsstelle unterrichtet. ³Das zuständige Transplantationszentrum klärt in Zusammenarbeit mit der Koordinierungsstelle, ob die Voraussetzungen für eine Organentnahme vorliegen. ⁴Hierzu erhebt das zuständige Transplantationszentrum die Personalien dieser Patienten und weitere für die Durchführung der Organentnahme und -vermittlung erforderliche personenbezogene Daten. ⁵Die Krankenhäuser sind verpflichtet, dem zuständigen Transplantationszentrum diese Daten zu übermitteln; dieses übermittelt die Daten an die Koordinierungsstelle.

(5) ¹Die Koordinierungsstelle veröffentlicht jährlich einen Bericht, der die Tätigkeit jedes Transplantationszentrums im vergangenen Kalenderjahr nach einheitlichen Vorgaben darstellt und insbesondere folgende, nicht personenbezogene Angaben enthält:

1. Zahl und Art der durchgeführten Organübertragungen nach § 9 und ihre Ergebnisse, getrennt nach Organen von Spendern nach den §§ 3 und 4 sowie nach § 8,

2. die Entwicklung der Warteliste, insbesondere aufgenommene, transplantierte, aus anderen Gründen ausgeschiedene sowie verstorbene Patienten,

3. die Gründe für die Aufnahme oder Nichtaufnahme in die Warteliste,

4. Altersgruppe, Geschlecht, Familienstand und Versichertenstatus der zu Nummer 1 bis 3 betroffenen Patienten,

5. die Nachbetreuung der Spender nach § 8 Abs. 3 Satz 1 und die Dokumentation ihrer durch die Organspende bedingten gesundheitlichen Risiken,

6. die durchgeführten Maßnahmen zur Qualitätssicherung nach § 10 Abs. 2 Nr. 6.

²In dem Vertrag nach Absatz 2 können einheitliche Vorgaben für den Tätigkeitsbericht und die ihm zugrunde liegenden Angaben der Transplantationszentren vereinbart werden.

(6) Kommt ein Vertrag nach den Absätzen 1 und 2 nicht innerhalb von zwei Jahren nach In-Kraft-Treten dieses Gesetzes zu Stande, bestimmt das Bundesministerium für Gesundheit durch Rechtsverordnung mit Zustimmung des Bundesrates die Koordinierungsstelle und ihre Aufgaben.

Gliederung

	Rdnr.
I. Inhaltliche Bedeutung und Regelungsgegenstand)	1
II. Die Erläuterung im Einzelnen	3
1. Schaffung der Koordinierungsstelle (§ 11 Abs. 1)	3
a) Zu Satz 1	3
b) Zu Satz 2	4
c) Zu Satz 3	7
d) Zu Satz 4	9
2. Vertrag über die Aufgaben der Koordinierungsstelle (§ 11 Abs. 2)	12
a) Zu Satz 1	12
b) Zu Satz 2 Nr. 1	18
c) Zu Satz 2 Nr. 2	21
d) Zu Satz 2 Nr. 3	23
e) Zu Satz 2 Nr. 4	24
3. Genehmigung (§ 11 Abs. 3)	28
a) Zu Satz 1	28
b) Zu Satz 2	29
c) Zu Satz 3	32
4. Zusammenarbeit (§ 11 Abs. 4)	34
5. Berichtspflichten (§ 11 Abs. 5)	44
6. Rechtsverordnungsermächtigung (§ 11 Abs. 6)	46

I. Inhaltliche Bedeutung und Regelungsgegenstand

Die Vorschrift gehört nicht lediglich zu den eher technisch beschreibenden Regelungen des Gesetzes. Denn mit ihr wird dem Anliegen des TPG Rechnung getragen, in die Organtransplantation eine weder bei den Transplantationszentren noch der Vermittlungsstelle angesiedelte Koordinierungsstelle einzuschalten sowie deren Schaffung und Aufgabenbereich festzulegen. Eingeschaltet ist die Koordinierungsstelle zum einen bei der Klärung der Voraussetzungen für eine Organentnahme, zum anderen bei der von ihr vorzunehmenden Meldung der Organe an die Vermittlungsstelle. Ob das gesetzliche Ziel, Transparenz im Bereich der Organtransplantation herzustellen und Vertrauen in die Ordnungsgemäßheit transplantationsmedizinischer Entscheidungen zu schaffen und zu erhalten[1], angesichts der durch die angesprochene Dreiteilung bewirkten Kompliziertheit der Rechtsbeziehungen[2] erreicht werden kann, bleibt abzuwarten.[3] Eine gewisse Relativierung des

1

---

[1] Vgl. § 2 des Gesetzes.
[2] Vgl. dazu auch den Überblick über die Rechtsbeziehungen im Rahmen der Kommentierung des § 10.
[3] Ähnlich – wenn auch aus einer medizinischen Perspektive – das Mitglied der Ständigen Kommission Organtransplantation der BÄK, *Kirste*, DÄBl. 98 Heft 6/2001, S. A-286, mit dem Bemerken, es sei „derzeit nicht abzusehen, ob das komplizierte Regelwerk der Organverteilung erfolgreich sein wird und ob es nicht durch die Komplexität zu Organ-

Transparenzgedankens besteht zudem darin, dass das Gesetz keine Trennung der Verantwortlichkeiten für die Organentnahme und die Organübertragung, die also durchaus in ein- und demselben Transplantationszentrum durchgeführt werden können, vorsieht, sondern nur eine Trennung dieser Verantwortlichkeiten von der für die Organvermittlung.

2   So weit das Gesetz Regelungsaufträge enthält, sind sie im Wesentlichen durch den gemäß § 11 geschlossenen Vertrag erfüllt worden.[4]

II. Die Erläuterungen im einzelnen

1. Schaffung der Koordinierungsstelle (§ 11 Absatz 1)

a) Zu Satz 1

3   Nach dem Willen des Gesetzgebers soll § 11 Abs. 1 Satz 1 klarstellen, dass die Organentnahme keine zentrumsbezogene Aufgabe der einzelnen Transplantationszentren ist, sondern eine Gemeinschaftsaufgabe aller Transplantationszentren und anderer Krankenhäuser *zu Gunsten aller Patienten* auf den Wartelisten der Transplantationszentren.[5] Insoweit ist es dann in der Tat berechtigt, § 11 auch Bedeutung hinsichtlich der Schaffung und Wahrnehmung größtmöglicher Chancen und Chancengleichheit zu bescheinigen.[6] Diesem Ziel dient die gesetzlich erzwungene regionale Zusammenarbeit der Einrichtungen, die über die erforderliche Fachkompetenz verfügen. Aus der Verpflichtung der an der Organübertragung beteiligten Institutionen zu Gunsten aller Patienten auf der Warteliste zusammenzuarbeiten, folgt zugleich, dass dem einzelnen Transplantationszentrum die Verfügung über vermittlungspflichtige Organe so lange nicht zusteht, so lange die Vermittlungsentscheidung nicht in dem durch das TPG strukturierten Verfahren getroffen ist.[7]

b) Zu Satz 2

4   Satz 2 überträgt die Organisation der in Satz 1 genannten gemeinschaftlichen Aufgabe einschließlich der Durchführung der im Zusammenhang mit der Organentnahme erforderlichen zentrumsübergreifenden Maßnahmen auf eine von den Spitzenorganisationen der Krankenkassen, der Krankenhäuser und der Ärzteschaft zu errichtende oder zu beauftragende Einrichtung. Das Gesetz lässt mit der Beauftra-

---

verlusten und einem schlechten Ergebnis der Transplantation kommt"; a.A. *Sasse,* Das deutsche Transplantationsgesetz, in: Barta/Weber (Hrsg.), Rechtsfragen der Transplantationsmedizin in Europa, 2001, 105 (113), der die organisatorische Trennung der Bereiche Organentnahme, Organvermittlung und Organübertragung gerade als Beitrag zur Verwirklichung der vom TPG geforderten Transparenz sieht.

[4]   Zu den Einzelheiten vgl. unten Rdnr. 12 ff.
[5]   BT-Drs. 13/4355, S. 23.
[6]   So *Nickel/Schmidt-Preisigke/Sengler,* TPG, § 11 Rdnr. 1; zu damit zusammenhängenden Rechtsschutzfragen vgl. die Erläuterungen zu § 10 des vorliegenden Kommentars, Rdnr. 70 ff.
[7]   BT-Drs. 13/4355, S. 23.

gung und der Errichtung zwei Methoden der Schaffung der Koordinierungsstelle zu. Durch den zwischen dem AOK Bundesverband, dem Bundesverband der Betriebskrankenkassen, dem IKK-Bundesverband, dem Bundesverband der landwirtschaftlichen Krankenkassen, dem Verband der Angestellten-Krankenkassen e.V., dem AEV-Arbeiter-Ersatzkassen-Verband e.V., der Bundesknappschaft, der See-Krankenkasse, der Bundesärztekammer sowie der Deutschen Krankenhausgesellschaft als Auftraggeber und der DSO als Auftragnehmerin geschlossenen und am 27. Juni 2000 genehmigten Vertrag wurde die Beauftragungsvariante gewählt und mit den Aufgaben der Koordinierungsstelle die Deutsche Stiftung Organtransplantation (DSO) betraut.

Der Vertrag trat gemäß § 12 des Vertrages am Tage nach seiner Bekanntmachung im Bundesanzeiger, die am 15. Juli 2000 erfolgte, am 16. Juli 2000 in Kraft. Das TPG datiert vom 1.12.1997. Die vertragliche Beauftragung der DSO erfolgte mithin nicht innerhalb der 2-Jahres-Frist des § 11 Abs. 6. Im Schrifttum wird dies als unschädlich angesehen, da es sich bei der 2-Jahres-Frist des § 11 Abs. 6 um keine Ausschlussfrist handele.[8] Dem dürfte zuzustimmen sein. § 11 Abs. 6 kann auch so verstanden werden, dass die Vorschrift nach Ablauf der Frist eine Kompetenz des Bundesministers für Gesundheit eröffnet, die Koordinierungsstelle zu bestimmen. Dies spricht dafür, die Frist des § 11 Abs. 6 nicht als Ausschlussfrist anzusehen. Wollte man anders entscheiden, würde über die dann folgende Unwirksamkeit des Vertrages und der Nichtigkeit der Beauftragung der DSO als Koordinierungsstelle ein dem Gesetz noch ferner Zustand erzeugt, weil dann – zumindest vorübergehend – keine Koordinierungsstelle bestehen würde, die aber nach der gesetzlichen Konzeption zwingend in die Organübertragung eingebunden sein soll.

5

Mit der Einschaltung der DSO sollten – und auch dieser Aspekt lässt sich zu Gunsten der Wirksamkeit des Vertrages nach § 11 in Ansatz bringen – die insoweit bereits vorhandenen Erfahrungen auf dem Gebiet der Transplantationsmedizin genutzt werden.[9] Denn die DSO wurde bereits 1984 vom KfH[10] gegründet ist. Sie soll dafür sorgen, dass eine Organspende flächendeckend und zu jeder Zeit möglich ist. Dabei arbeitet sie mit nahezu 1.500 Krankenhäusern[11], den über 40 deutschen Transplantationszentren und der Vermittlungsstelle Eurotransplant in Lei-

6

---

8 *Nickel/Schmidt-Preisigke/Sengler*, TPG, § 11 Rdnr. 23.
9 Vgl. *Lilie*, Wartelistenbetreuung nach dem Transplantationsgesetz, in: FS für Deutsch, S. 643 (644).
10 Das Kuratorium für Dialyse und Nierentransplantation e.V. (KfH) wurde am 7. Oktober 1969 in Frankfurt am Main als gemeinnütziger Verein unter dem Namen „Kuratorium für Heimdialyse" gegründet. Seine Mitglieder sind weit überwiegend Ärzte, vorwiegend aus dem Bereich Nephrologie. Aufsichtsorgan ist das ehrenamtlich tätige Präsidium. Es bestellt und überwacht den Vorstand des KfH. Dieser vertritt den Verein nach außen und innen und ist dessen ausführendes Organ. Der Arbeitskreis Organspende (akos) beruht ebenfalls auf einer Gründung seitens des KfH, vgl. zum vorstehenden http://www.kfh.de.
11 Gemeint sind diejenigen Krankenhäuser, die über intensivmedizinische Einrichtungen verfügen. Davon gab es im Jahre 1999 in Deutschland 1459 Krankenhäuser, vgl. Antwort der Bundesregierung im Rahmen einer kleinen Anfrage, BT-Drs. 14/4655, S. 9.

den, Niederlande zusammen und hat in den Transplantationszentren Organisationszentralen eingerichtet.[12] Einzelheiten der Organisationsstruktur der Koordinierungsstelle sind in § 5 des Vertrages sowie in einer Anlage dazu[13] geregelt.[14]

c) Zu Satz 3

7 Die aufgrund der Empfehlung des Bundestagsausschusses für Gesundheit im Verlauf des Gesetzgebungsverfahrens eingefügte Regelung in § 11 Abs. 1 Satz 3 dient der Klarstellung, dass der Träger der Koordinierungsstelle von medizinisch-therapeutischen Leistungen, die nicht der Organübertragung dienen, unabhängig sein muss.[15] Diese finanzielle und organisatorische Selbstständigkeit der Koordinierungsstelle wird als vertrauensbildende Maßnahme angesehen, durch die u.a. die Entscheidungen im Transplantationsbereich transparent gehalten werden sollen.[16]

8 Die DSO als beauftragte Koordinierungsstelle erfüllt nach den Feststellungen der weiteren Vertragspartner die Voraussetzungen des § 11 Abs. 1 Satz 3 (vgl. § 1 Abs. 3 des nach § 11 geschlossenen Vertrages). Die sich insoweit ergebenden Pflichten werden in § 1 Abs. 4 und 5 des Vertrages konkretisiert. Nach § 1 Abs. 4 des Vertrages verpflichtet sich die DSO bei der Erfüllung ihrer Aufgaben die Regelungen des TPG und des Vertrages nach § 11 einzuhalten sowie jede wesentliche Änderung unverzüglich den Auftraggebern mitzuteilen.[17] § 1 Abs. 5 des Vertrages enthält Regelungen zur Sicherung der finanziellen Eigenständigkeit der Koordinierungsstelle. Im Wesentlichen geht es hier um die Existenz eines von dem je gewährten Aufwendungsersatz unabhängigen Stiftungskapitals.

d) Zu Satz 4

9 Auf Grund der gesetzlichen Aufgabenzuweisung in § 11 Abs. 1 Satz 1 und der notwendigen engen Zusammenarbeit der Transplantationszentren mit der Koordinierungsstelle ordnet § 11 Abs. 1 Satz 4 an, dass die Transplantationszentren in der Koordinierungsstelle angemessen vertreten sein müssen. Diese Vertretung wird im Wesentlichen durch sog. Fachbeiräte gewährleistet, die die Koordinierungsstelle bzw. deren Untergliederungen bei der Erfüllung ihrer Aufgaben beraten und un-

---

[12] Eine wesentliche Aufgabe der Mitarbeiter der DSO in den Organisationszentralen besteht also darin, die etwa 1.300 Krankenhäuser in Deutschland, die eine Intensivstation haben, in die Gemeinschaftsaufgabe Organspende einzubeziehen und mögliche Organspender an die Zentralen zu melden.
[13] Vgl. *Nickel/Schmidt-Preisigke/Sengler*, TPG, § 11 Rdnr. 4.
[14] Vgl. die Bekanntmachung der Verträge nach § 11 und § 12 des Transplantationsgesetzes und deren Genehmigung vom 27. Juni 2000, BAnz Nr. 131a vom 15. Juli 2000.
[15] Vgl. BT-Drs. 13/8017, S. 42.
[16] *Miserok/Sasse/Hall/Seidenrath*, Komm. zum Transplantationsrecht, Einführung, Anm. 2.1.4.
[17] Gedacht ist dabei etwa an Veränderungen der Organisationsstruktur der DSO oder des Stiftungskapitals, vgl. § 1 Abs. 4 des Vertrages.

terstützen.[18] Die Vorschrift des § 11 Abs. 1 Satz 4 setzt nicht voraus, dass die Vertretung in den Organisationseinheiten der Koordinierungsstelle hauptberuflich erfolgt.[19]

Die nähere Ausgestaltung dieser Zusammenarbeit ist nach der gesetzlichen Konzeption in dem nach § 11 geschlossenen Vertrag zu regeln. § 5 des Vertrages greift dies auf und bestimmt im Einzelnen die Existenz und Ausgestaltung einer von den Transplantationszentren unabhängig bestehenden Organisationsstruktur der DSO. Darüber hinaus enthält die Vorschrift Regelungen zur Sicherung der notwendigen regionalen Zusammenarbeit. Nachdem in anderen europäischen und nordamerikanischen Ländern mit regionalisierten Konzepten gute Erfahrungen gemacht wurden[20], geht die Vorschrift davon aus, dass die Koordinierungsstelle eine der Zusammenarbeit nach Satz 1 entsprechende regionale Untergliederung erhält.[21]

10

Aus der gesetzlich zugelassenen Konstruktion einer Beauftragung der Koordinierungsstelle und einer (bloßen) Verpflichtung zur Zusammenarbeit mit den anderen im Bereich der Transplantationsmedizin tätigen Institutionen folgt, dass der DSO weder gegenüber den Transplantationszentren, noch gegenüber sonstigen Krankenhäusern oder der Vermittlungsstelle Weisungsbefugnisse zustehen.

11

2. Vertrag über die Aufgaben der Koordinierungsstelle (§ 11 Abs. 2)
a) Zu Satz 1
Die Vorschrift gibt den Verbänden der Beteiligten auf Bundesebene und der Koordinierungsstelle den Auftrag, die Aufgaben der Koordinierungsstelle gemeinsam durch Vertrag zu regeln.[22] Dieser Vertrag soll nach dem Willen des Gesetzgebers auf privatrechtlicher Grundlage errichtet sein.[23]

12

Die Aufgaben der Koordinierungsstelle werden in § 2 des gemäß § 11 geschlossenen Vertrages beschrieben. Dabei ist die Vorschrift so aufgebaut, dass zunächst in Absatz 1 eine allgemeine Aufgabenbeschreibung erfolgt, die dann in Absatz 2 für einzelne Aufgabengebiete entfaltet wird.

13

Nach Absatz 1 Satz 1 hat die Koordinierungsstelle die Zusammenarbeit zur Organentnahme und Durchführung aller weiteren bis zur Transplantation erforderlichen Maßnahmen – außer der Organvermittlung – unter Beachtung der gemäß § 16 von der Bundesärztekammer (BÄK) geschaffenen Richtlinien effektiv

14

---

18 Vgl. § 5 Abs. 2 des Vertrages. Zur Zusammensetzung der Fachbeiräte vgl. § 5 Abs. 3 des Vertrages.
19 BT-Drs. 13/4355, S. 23.
20 Z.B. konnte dort durch die Benennung von und die Betreuung durch lokale „Transplantationsbeauftragter" deutlich mehr Organspenden erreicht werden, vgl. *Lauchart*, Organmangel und Allokationsprobleme vaskularisierter Organe aus der praxisnahen Perspektive, in: Engels et al. (Hrsg.), Neue Perspektiven der Transplantationsmedizin im interdisziplinären Dialog, 2000, S. 17 (23).
21 BT-Drs. 13/4355, S. 23.
22 BT-Drs. 13/4355, S. 23.
23 BT-Drs. 13/4355, S. 23; *Nickel/Schmidt-Preisigke/Sengler*, TPG, § 11 Rdnr. 7.

und effizient zu organisieren, um die vorhandenen Möglichkeiten der Organspende wahrzunehmen und durch Entnahme und Bereitstellung geeigneter Spenderorgane für Transplantationen die gesundheitlichen Risiken der Organempfänger so gering wie möglich zu halten. Satz 2 stellt dann klar, dass die Verantwortung für vermittlungspflichtige Organe mit Ausnahme der Vermittlungsentscheidung bis zur Übergabe an das Transplantationszentrum bei der Koordinierungsstelle verbleibt. Die Einschaltung Dritter im Aufgabenbereich der Koordinierungsstelle ist in § 2 Abs. 2 des Vertrages geregelt. Insoweit verbleibt es in jedem Fall bei einer Gesamtverantwortung der Koordinierungsstelle.

15 § 11 Abs. 2 Satz 1 schließt nach dem Willen des Gesetzgebers Regelungen über eine vertragliche Kündigungsmöglichkeit bei Vertragsverletzungen der Koordinierungsstelle ein.[24] Daher finden sich im Vertrag sowohl Regelungen über die Laufzeit als auch in Bezug auf die Kündigung des Vertrages. Nach § 11 Abs. 1 des Vertrages kann der Vertrag frühestens zum 31. Dezember 2003 unter Einhaltung einer Frist von 12 Monaten gekündigt werden. Nach Ablauf dieser Frist kann der Vertrag jährlich zum 31. Dezember eines Jahres unter Einhaltung einer zwölfmonatigen Kündigungsfrist gekündigt werden (§ 11 Abs. 2 des Vertrages).[25] Hiervon unberührt bleibt die Kündigung aus wichtigem Grund, die gemäß § 11 Abs. 4 des Vertrages ohne Einhaltung einer Frist jederzeit möglich ist. Im Interesse der Vertragsstabilität sieht § 11 Abs. 5 Satz 1 des Vertrages vor, dass eine Kündigung nur erfolgen kann, nachdem zuvor ein Schlichtungsverfahren unter Leitung des Bundesministeriums für Gesundheit durchgeführt worden. Diejenige Vertragspartei, die eine Kündigung beabsichtigt, hat das Bundesministerium für Gesundheit unverzüglich über die Kündigungsabsicht unter Angabe der Gründe zu unterrichten. Aus der gesetzlichen Formulierung ist nicht eindeutig ersichtlich, ob das Schlichtungsverfahren auch im Falle einer außerordentlichen Kündigung durchzuführen ist. Dafür lässt sich die systematische Stellung anführen. Die Regelung über das Schlichtungsverfahren in § 11 Abs. 5 steht nach der Regelung über die außerordentliche Kündigung und könnte sich mithin auch darauf beziehen. Dagegen spricht indes, dass eine Kündigung aus außerordentlichen Grund nur bei Vorliegen schwer wiegender Vertragsverletzungen möglich sein wird und es in diesem Fall den vertragstreuen Parteien nicht zuzumuten sein dürfte, bis zum Ende des Schlichtungsverfahrens den Vertrag fortzuführen.[26] Jedenfalls stünde insoweit der Einwand widersprüchlichen Verhaltens im Raum.

16 Nach § 11 Abs. 3 des Vertrages können die Auftraggeber je getrennte eine Kündigung aussprechen, die Spitzenverbände der Krankenkassen jedoch nur gemeinsam.

---

[24] BT-Drs. 13/4355, S. 23.
[25] Diese Kündigungsfristen gelten auch für die Anlagen zu diesem Vertrag, soweit nicht abweichendes in den Anlagen vereinbart wird.
[26] Ähnlich *Nickel/Schmidt-Preisigke/Sengler*, TPG, § 11 Rdnr. 8, wonach ein wichtiger Grund insbesondere anzunehmen ist, wenn Tatsachen vorliegen, aufgrund derer dem Kündigenden unter Berücksichtigung aller Umstände des Einzelfalles und unter Abwägung der Interessen des Kündigenden und der anderen Vertragspartner die Fortsetzung des Vertrages bis zum Ablauf der Kündigungsfrist nicht zugemutet werden kann.

In Satz 2 werden wichtige – freilich ausweislich des Gesetzeswortlauts ("insbesondere") nicht enumerativ zu verstehende – Regelungsgegenstände des Vertrages aufgezählt.

17

b) Zu Satz 2 Nr. 1
Nach § 11 Abs. 2 Satz 2 Nr. 1 regelt der Vertrag insbesondere die Anforderungen an die im Zusammenhang mit einer Organentnahme zum Schutz der Organempfänger erforderlichen Maßnahmen sowie die Rahmenregelungen für die Zusammenarbeit der Beteiligten. Denn bei den im Zusammenhang mit einer Organentnahme und ihrer Vorbereitung erforderlichen Maßnahmen ist eine Vielzahl medizinischer Untersuchungen und anderer Tätigkeiten notwendig, um die Eignung der Verstorbenen für eine Organentnahme und die Transplantierbarkeit entnommener Spenderorgane festzustellen und bis zur Transplantation zu erhalten. Neben den Angaben zur Blutgruppe und Gewebeverträglichkeit geht es dabei vor allem um die Verhinderung der Übertragung von Krankheiten oder Krankheitserregern auf den Organempfänger. Deshalb ordnet das Gesetz an, dass die Anforderungen an diese Maßnahmen sowie ihre Durchführung in dem Vertrag verbindlich zu vereinbaren sind.[27]

18

Zur Gewährleistung dieses Aufgabenkomplexes wurden in § 2 Abs. 3 Satz 1 des Vertrages in den Nummern 2, 3 und 4 entsprechende Regelungen aufgenommen. Danach hat die Koordinierungsstelle die Krankenhäuser bei der Wahrnehmung ihrer Aufgaben nach dem TPG, den Tod des möglichen Organspenders festzustellen, zu unterstützen (§ 2 Abs. 3 Satz 1 Nr. 2 des Vertrages). Gem. § 2 Abs. 3 Satz 1 Nr. 3 hat die Koordinierungsstelle unter Beachtung der Richtlinien nach § 16 Abs. 1 Satz 1 Nr. 3 und 4 die notwendigen Untersuchungen, insbesondere hinsichtlich Organfunktion, Immunologie, Virologie, Bakteriologie, Blutgruppenbestimmun und Pathologie sicherzustellen und in Zusammenarbeit mit den Transplantationszentren zu klären, ob die Voraussetzungen der Organentnahme vorliegen. Schließlich hat die Koordinierungsstelle die Entnahme und Konservierung von Organen durch Ärzte der Transplantationszentren und der andern Krankenhäuser zu organisieren.[28] Damit ist die DSO also zuständig für die Erstattung der Personal- und Sachkosten die durch eine Organspende entstehen, die immunologischen Untersuchungen bei einer Organspende und den Transport der Spenderorgane zu den Empfängerzentren.

19

Nach § 16 Abs. 1 Satz 1 Nr. 3 obliegt es der BÄK in Richtlinien den Stand der medizinischen Wissenschaft für die ärztliche Beurteilung feststellen, ob verstorbene Patienten als Spender vermittlungspflichtiger Organe in Betracht kommen sowie für die Anforderungen an die im Zusammenhang mit einer Organentnahme zum Schutz der Organem-pfänger erforderlichen Maßnahmen[29]. Knapp 4 Jahre nach In-Kraft-Treten des TPG liegen die diesbezüglichen Richtlinien nicht vor.

20

---

[27] BT-Drs. 13/4355, S. 23.
[28] § 2 Abs. 3 Satz 1 Nr. 4 des Vertrages.
[29] Einschließlich deren Dokumentation.

c) Zu Satz 2 Nr. 2

21 Die Regelungsbefugnis umfasst alle Fragen, die für die Erfüllung der Aufgaben der Beteiligten nach diesem Gesetz erheblich sind, insbesondere auch die Durchführung der der Koordinierungsstelle nach den §§ 12 bis 14 obliegenden Aufgaben.[30] Nach der Entnahme hat die Koordinierungsstelle nach § 13 Abs. 1 für jedes Organ eine durch sie zurückzuverfolgende Kenn-Nummer zu bilden und die medizinischen Daten nebst Kenn-Nummer der Vermittlungsstelle mitzuteilen.[31] Die medizinischen Daten sind zusätzlich in Begleitpapieren zu erfassen, die nach der Entscheidung der Vermittlungsstelle mit dem Organ dem entsprechenden Transplantationszentrum zu übersenden sind.[32]

22 Die Einhaltung der datenschutzrechtlichen Bestimmungen des § 14 sowie der Aufbewahrung- und Löschungsfristen des § 15 werden in § 2 Abs. 3 Satz 1 Nr. 9 des Vertrages bekräftigt.[33] Ferner ist dort die Verpflichtung der Koordinierungsstelle normiert, zur Erfüllung ihrer gesetzlichen und vertraglichen Aufgaben ein geeignetes Datenverarbeitungssystem vorzuhalten. So sichert etwa das Transplantations-Datenzentrum der DSO in Heidelberg den Transfer der Empfängerdaten zwischen den Transplantationszentren und Eurotransplant.

d) Zu Satz 2 Nr. 3

23 Hinter dieser Regelung stehen die Überlegungen, dass Maßnahmen der medizinischen Qualitätssicherung in allen Tätigkeitsbereichen nach § 1 Abs. 1 unverzichtbar sind, um die erforderliche Verfahrens- und Ergebnisqualität der Übertragung lebenswichtiger Organe zu sichern. Zur Durchführung von Qualitätssicherungsmaßnahmen in diesem kostenintensiven Teil der Hochleistungsmedizin sind die Transplantationszentren auf klinische, immunologische und andere Daten der Organspender, der übertragenen Organe und der Organempfänger angewiesen. Diese Daten und die Erfahrung der Koordinierungsstelle sind in Zusammenarbeit mit der Vermittlungsstelle, den Transplantationszentren und den anderen Krankenhäusern für die Qualitätssicherung nutzbar zu machen. Die Vorschriften des Fünften Buches Sozialgesetzbuch (insbesondere die §§ 135 bis 137) über Maßnahmen zur Qualitätssicherung in der medizinischen Versorgung bleiben unberührt.[34]

e) Zu Satz 2 Nr. 4

24 Die Beförderung dieser Organe ist eine wesentliche und kostenintensive Aufgabe der Koordinierungsstelle. Sie muss z.B. auch dafür sorgen, dass außerhalb

---

[30] BT-Drs. 13/4355, S. 24.
[31] *Rixen*, DuD 22 (1998), 75.
[32] *Lilie*, Wartelistenbetreuung nach dem Transplantationsgesetz, in: FS für Deutsch, S. 643 (648).
[33] Auch dies wird im Schrifttum als notwendige vertrauensbildende Maßnahme angesprochen, *Miserok/Sasse/Hall/Seidenrath*, Komm. zum Transplantationsrecht, Einführung, Anm. 2.1.4.
[34] BT-Drs. 13/4355, S. 24.

Deutschlands entnommene Organe, die auf Grund der Vermittlungsentscheidung Patienten auf den Wartelisten deutscher Transplantationszentren übertragen werden sollen, dorthin befördert werden.

Die Finanzierung der genannten Aufgaben und Leistungen muss vertraglich sichergestellt werden. Dabei ist auch zu regeln, welche Gesamtaufwandsentschädigung die transplantierenden Krankenhäuser der Koordinierungsstelle für die Bereitstellung der vermittelten Organe zu zahlen haben. Denn die Kosten der Organbereitstellung sind pflegesatzfähig (§ 7 Abs. 1 Satz 2 Nr. 2 der BPflV) und in den für die Übertragung der Organe berechneten Pflegesätzen berücksichtigt. Ebenso ist zu regeln, welche Abgeltung die Koordinierungsstelle den Transplantationszentren und anderen Krankenhäusern für Leistungen zu zahlen hat, die von diesen im Zusammenhang mit der Organentnahme auf Grund der Zusammenarbeit nach § 10 erbracht werden.[35]

25

Durch die genannten Finanzierungen wird der Schutzzweck des TPG, kommerziellen Organhandel zu unterbinden, nicht berührt. Daher steht die Finanzierung im Einklang mit § 17 Abs. 1 Satz 2 Nr. 1. Sie kann auch in pauschalierter Form erfolgen.[36] Ihre Einzelheiten sind in § 8 des Vertrages geregelt.

26

Die Vertragsparteien werden darüber hinaus gesetzlich verpflichtet, Regelungen zu schaffen, wie die Koordinierungsstelle den Transplantationszentren und anderen Krankenhäusern diejenigen Leistungen[37] abzugelten hat, die von diesen im Zusammenhang mit der Organentnahme auf Grund der durch § 11 erzwungenen Zusammenarbeit erbracht werden.[38] § 8 Abs. 2 Satz 1 des Vertrages greift dies zunächst auf und bestimmt in Satz 2, dass die Abgeltung dieser Leistungen aus den Mitteln der Organisationspauschale, deren Höhe in einer Vereinbarung nach § 8 Abs. 1 Satz 3 festgelegt wird, erfolgt.

27

3. Genehmigung (§ 11 Abs. 3)

a) Zu Satz 1

Der in Satz 1 enthaltene Genehmigungsvorbehalt, der im Verlauf des Gesetzgebungsverfahrens klarstellend so gefasst wurde, dass auch Änderungen des Vertrages dem Genehmigungserfordernis unterliegen[39], ist Ausfluss der Staatsaufsicht über die Spitzenverbände der Krankenkassen. Der Vertrag ist vom Bundesministerium für Gesundheit zu genehmigen, wenn er den gesetzlichen Anforderungen entspricht. Satz 2 normiert die gesetzliche Verpflichtung der genannten Vertragspartner, die Einhaltung der Vertragsbestimmungen zu überwachen. Die Spitzenverbände der Krankenkassen (§ 213 Abs. 1 SGB V) unterliegen dabei der staatlichen Aufsicht des Bundesministeriums für Gesundheit bzw. des diesem insoweit

28

---

[35] BT-Drs. 13/4355, S. 24.
[36] BT-Drs. 13/4355, S. 24.
[37] Dazu gehören zum Beispiel die Feststellung des Todes des möglichen Organspenders, wie Organentnahme sowie etwa die Gewebetypisierung.
[38] BT-Drs. 13/4355, S. 24.
[39] BT-Drs. 13/8017, S. 42.

unterstehenden Bundesversicherungsamtes (§§ 214, 208 Abs. 2 SGB V, §§ 87 bis 90 Abs. 1 SGB IV). Sie haben daher der Aufsichtsbehörde auf deren Verlangen, jederzeit über die Einhaltung der Vertragsbestimmungen Bericht zu erstatten.[40]

b) Zu Satz 2

29 Wie die Formulierungen in § 1 Abs. 3 Satz 2 („ist zu erteilen") zeigt, ist das Genehmigungserfordernis als präventives Verbot mit Erlaubnisvorbehalt ausgestaltet. Deshalb besteht bei Vorliegen der gesetzlichen Voraussetzungen ein Anspruch auf Erteilung der Genehmigung. Für die Annahme kondominialer Mitspracherecht der Staatsaufsicht ist mithin kein Raum.[41] Die zu beachtenden gesetzlichen Voraussetzungen ergeben sich zum einen aus dem TPG, zum anderen aber auch aus sonstigem höherrangigem Recht.

30 Da das TPG keine hierauf bezogenen speziellen Normierungen vorsieht, gelten für die Rechtsnatur der Genehmigung und darauf bezogener Klagen die allgemeinen Regeln. Die Genehmigung ergeht in Form eines Verwaltungsaktes im Sinne von § 35 Satz 1 VwVfG. Entsprechendes gilt für die Änderungen des Vertrages. Hierauf bezogene Rechtsstreitigkeiten gehörten trotz des nach dem Willen des Gesetzgebers privatrechtlichen Charakters des Vertrages dem öffentlichen Recht an. Die Hauptfrage der Klage, ob ein Anspruch auf Genehmigung des Vertrages besteht, beurteilt sich nach § 11 und damit nach einer Vorschrift, deren verpflichtetes Zuordnungssubjekt ausschließlich ein Träger öffentlicher Gewalt darstellt.

31 Auch die Klagemöglichkeiten Drittbetroffener folgen den allgemeinen Regeln.[42]

c) Zu Satz 3

32 Die in § 11 Abs. 3 Satz 3 angesprochene Verpflichtung der Vertragsparteien, die Einhaltung der Vertragsbestimmungen zu überwachen wird in § 10 des Vertrages aufgegriffen. Nach § 10 Abs. 1 bilden die Auftraggeber zum Zwecke der Erfüllung ihrer gesetzlichen Überwachungspflicht eine Kommission. Nach § 13 Abs. 2 des Vertrages ist die Koordinierungsstelle verpflichtet, dieser Kommission die erforderlichen Unterlagen zur Verfügung zu stellen sowie die erforderlichen Auskünfte zu erteilen. Zudem legt § 10 Abs. 3 der Kommission eine gegenüber den Auftrag-

---

[40] BT-Drs. 13/4355, S. 24.
[41] Zum Ausschluss kondominialer Mitspracherechte bei Genehmigungsvorbehalten im Bereich der Selbstverwaltung, vgl. *Lang*, DVBl. 1995, 657 ff.
[42] Unklar *Nickel/Schmidt-Preisigke/Sengler*, TPG, § 11 Rdnr. 15, die den Begriff des „Dritten" unterschiedlich verwenden, ohne dass deutlich würde, worin eine Unterschiedlichkeit bestehen sollte (so heißt es einerseits in Rdnr. 15 „Dritte – gemeint sind hier die potentiellen Organempfänger – haben folglich keinen Anspruch gegenüber der Aufsichtsbehörde auf Einschreiten"; andererseits wird ebenfalls in Rdnr. 15 ausgeführt: „Die Genehmigung hat auch Wirkung für Dritte" – gemeint sind dann hier die Transplantationszentren und die anderen Krankenhäuser).

gebern bestehende regelmäßige Berichterstattungspflicht über die Einhaltung der Vertragsbestimmungen auf.

Das Bundesministerium für Gesundheit kann außerdem im Wege der Ersatzvornahme nach Abs. 6 durch Bestimmung der Koordinierungsstelle und ihrer Aufgaben mit einer Rechtsverordnung gesetzeskonforme Regelungen zur Organisation der Organentnahme sicherstellen. Abgesehen von dem Erfordernis der Bekanntmachung des Vertrages zur Organisation der Organentnahme im Bundesanzeiger enthält das TPG keine weiteren speziellen Vorgaben zum Genehmigungsverfahren, sodass ergänzend allgemeines Verwaltungsverfahrensrecht Anwendung findet.[43]

33

4. Zusammenarbeit (§ 11 Abs. 4)

Die Vorschrift verdeutlicht die Organentnahme als gemeinschaftliche Aufgabe der Transplantationszentren und der anderen Krankenhäuser nach Absatz 1 Satz 1.[44] Koordinierungsstelle und Transplantationszentrum haben insbesondere gemeinsam zu klären, ob die Voraussetzungen für eine Organentnahme vorliegen. Neben der Spendebereitschaft der Bevölkerung wird die – wie im Schrifttum nicht zu Unrecht vermerkt wird, an „eher versteckter Stelle" normierte[45] – Verpflichtung der Transplantationszentren und anderen Krankenhäuser zur Zusammenarbeit mit der Koordinierungsstelle und zur Mitteilung möglicher Spender von vermittlungspflichtigen Organen als eine entscheidende Voraussetzung dafür angesehen, dass die vorhandenen Möglichkeiten zur Organspende künftig besser wahrgenommen werden können.[46] Das ist bei der Knappheit an Spenderorganen aus transplantationsmedizinischer Sicht dringend geboten. So verstarben allein im Jahre 1999 863 Patienten, die auf einer der jeweiligen Wartelisten aufgenommen waren.[47] In der Praxis bestehen in Bezug auf die Spendebereitschaft in regionaler und internationaler Perspektive nicht unerhebliche Unterschiede. So wies der Bericht der Koordinierungsstelle „Organspende und Transplantation in Deutschland 1999" etwa eine überdurchschnittliche Zahl postmortaler Organspenden je Million Einwohner in den Stadtstaaten aus. Nach Auffassung der Bundesregierung ist dies aus der Tatsache zu erklären, dass in den dortigen Krankenhäusern schwer erkrankte oder

34

---

[43] Vgl. *Nickel/Schmidt-Preisigke/Sengler*, TPG, § 11 Rdnr. 15.
[44] BT-Drs. 13/4355, S. 24 sowie die Antwort der Bundesregierung im Rahmen einer kleinen Anfrage BT-Drs 14/4655, S. 8.
[45] Vgl. *Deutsch*, NJW 1998, 777 (779).
[46] *Engels/Badura-Lotter/Schicktanz*, Neue Perspektiven der Transplantationsmedizin im interdisziplinären Dialog – Zur Einführung in Schwerpunkte der Diskussion, in: dies. (Hrsg.), Neue Perspektiven der Transplantationsmedizin im interdisziplinären Dialog, 2000, 38 f.); *Holznagel*, DVBl. 1997, 393; *Sasse*, Das deutsche Transplantationsgesetz, in: Barta/Weber (Hrsg.), Rechtsfragen der Transplantationsmedizin in Europa, 2001, 105 (114).
[47] Davon befanden sich auf der Warteliste für Nierentransplantationen 397 Personen, auf der Warteliste für Herzübertragungen 212 Patienten, auf der Warteliste für Lebertransplantationen 151 Personen und auf den Wartelisten für Lungen- bzw. Pankreasübertragungen 82 bzw. 21 Patienten, vgl. dazu BT-Drs. 14/4655, S. 7.

schwer verletzte Personen aus den angrenzenden Bundesländern versorgt würden.[48] Eingeräumt wird aber auch, dass die regionale Zusammenarbeit mit den Transplantationszentren und den Krankenhäusern in den vergangenen Jahren regional sehr unterschiedlich entwickelt war, was nicht zuletzt mit der späten Beauftragung der DSO zu begründen sein dürfte.[49]

35 Die Beurteilung der Gründe für die erheblichen internationalen Unterschiede der Spendebereitschaft im Einzugsbereich der Vermittlungsstelle fällt freilich schwieriger aus. Nach Auffassung der Bundesregierung sollen für solche Unterschiede weniger die konkreten Ausgestaltungen der Gesetze im Sinne der Widerspruchs- oder der Zustimmungslösung entscheidend sein als vielmehr die Organisation der Zusammenarbeit der an einer Organübertragung beteiligten Institutionen.[50] Auffällig ist freilich, dass in den der Organtransplantation die sog. Widerspruchsregelung zugrundelegenden Ländern Belgien und Österreich der Anteil von Organspenden pro Million Einwohner erheblich höher liegt als in Deutschland und den Niederlanden, die die Organentnahme von einer – allerdings auch durch Angehörige erklärbaren – Zustimmung abhängig machen.[51] Daneben spielen freilich auch andere Faktoren – Häufigkeit schwerer Verkehrsunfälle etc. – eine nicht zu unterschätzende Rolle.[52]

36 Die Verpflichtung zur Mitteilung von möglichen Organspendern wird von den Krankenhäusern in aller Regel nur dann erfüllt werden können, wenn entsprechende Vereinbarungen zwischen den Krankenhausträgern und den Mitarbeitern getroffen werden. Dabei wird allerdings auch die persönliche Einstellung der Mitarbeiter zur Organspende zu berücksichtigen sein. Große Bedeutung kommt hier dem Gespräch des behandelnden Arztes und/oder des Transplantationskoordinators mit den Angehörigen zu. Hier spielt z.B. Gesprächsführung, das räumliche Umfeld des Gesprächs, die Fähigkeit zum einfühlsamen Umgang mit den Angehörigen, der Zeitpunkt der Frage nach einer möglichen Organspende, eine sachliche und differenzierte, an die im Organspendeausweis aufgezeigten Möglichkeiten orientierte Aufklärung über Art und Umfang einer möglichen Organspende eine große Rolle.[53]

37 Gleichsam nach der anderen Seite hin wird die Mitteilungspflicht der Krankenhäuser durch § 13 Abs. 3 ergänzt, wonach der behandelnde Arzt verpflichtet ist,

---

[48] BT-Drs. 14/4655, S. 5 f.
[49] So auch BT-Drs. 14/4655, S. 6.
[50] BT-Drs. 14/4655, S. 8.
[51] Österreich und Belgien wiesen 1999 24,9 bzw. 23,8 postmortale Organspenden pro eine Million Einwohner auf, in Deutschland lag der Vergleichswert bei 12,8, vgl. *Richter*, Gleiche Chancen für alle, DÄBl. 98, Heft 6/2001, S. S. A-286. In Deutschland wurden in 1999 von den Krankenhäusern insgesamt 2352 mögliche Organspender genannt, wobei in 671 Fällen (etwa 28 %) keine Zustimmung zur Organübertragung erreicht werden konnte, vgl. *Klinkhammer*, Organspende: Informationsbedarf, DÄBl. 97, Heft 23/2000, S. A-1553.
[52] BT-Drs. 14/4655, S. 8.
[53] So die im Rahmen einer kleinen Anfrage geäußerte Ansicht der Bundesregierung, BT-Drs. 14/4655, S. 3.

Patienten, bei denen eine Übertragung vermittlungspflichtiger Organe medizinisch angezeigt ist, mit deren Einwilligung oder bei Gefahr des Todes auch ohne deren vorherige Einwilligung an das Transplantationszentrum zu melden, in dem die Organübertragung vorgenommen werden soll. Diese Pflichten werden zwar weder strafrechtlich noch über die Bußgeldvorschriften sanktioniert[54], doch kann eine verzögerte Meldung zivilrechtliche Schadensersatzansprüche nach sich ziehen.[55]

All dies erfordert auch Rahmenregelungen, die auch im Hinblick auf die Abgrenzung der regionalen Zuständigkeit der einzelnen Transplantationszentren und die Pflichten nach Absatz 4 einen Ordnungsrahmen schaffen und die Zusammenarbeit der Beteiligten auf eine verlässliche Grundlage stellen. Dabei kann z.B. auch die Bestellung von Transplantationskoordinatoren für die Transplantationszentren und von Transplantationsbeauftragten für die anderen Krankenhäuser geregelt werden.[56] 38

Der Vertrag mit der DSO greift in § 3 Abs. 1 die Zusammenarbeits- und Mitteilungspflicht nach § 11 Abs. 4 Satz 1 und 2 auf. § 3 Abs. 2 des Vertrages verpflichtet deshalb die Krankenhäuser, die notwendigen organisatorischen Vorkehrungen zu treffen, um ihre Verpflichtungen nach § 11 Abs. 4 zu erfüllen. Dazu kann z.B. die Bestellung von Transplantations- oder Organspendebeauftragten gehören, sofern diese nicht bereits durch landesrechtliche Vorschriften bestimmt werden.[57] Nach § 2 Abs. 3 Satz 1 Nr. 14 hat die Koordinierungsstelle bei den Krankenhäusern darauf hinzuwirken, dass die Krankenhäuser ihrer Meldepflicht gemäß § 11 Abs. 4 Satz 2 nachkommen. Es ist ebenfalls Aufgabe der Koordinierungsstelle, hierfür einen geeignetes Meldeverfahren zur Verfügung zu stellen. 39

Die Mitteilung eines möglichen Spenders vermittlungspflichtiger Organe kommt in Betracht, wenn trotz intensivmedizinischer Maßnahmen wegen des endgültigen, nicht behebbaren Ausfalls der gesamten Hirnfunktion eine Weiterbehandlung nicht mehr angezeigt ist.[58] Zusätzlich muss der Patient nach erster ärztlicher Beurteilung für eine solche Organspende medizinisch geeignet erscheinen, und es muss möglich sein, seine Organe durch medizinische Maßnahmen für eine gewisse Zeit in transplantierfähigem Zustand zu erhalten, um während dieser Zeit die Zulässigkeit einer vorgesehenen Organentnahme zu klären. Ferner darf dem 40

---

54 *Deutsch*, NJW 1998, 777 (779), spricht deshalb von einer lex imperfecta.
55 OLG Stuttgart MedR 1992, 221 ff.
56 BT-Drs. 13/4355, S. 24. Neben den Erfahrungen in anderen europäischen und nordamerikanischen Ländern mit der Einschaltung sog. Transplantationsbeauftragten (vgl. *Lauchart*, Organmangel und Allokationsprobleme vaskularisierter Organe aus der praxisnahen Perspektive, in: Engels et al. (Hrsg.), Neue Perspektiven der Transplantationsmedizin im interdisziplinären Dialog, 2000, S. 17 [23]) verweist die Bundesregierung auf die Entwicklung in Mecklenburg-Vorpommern (BT-Drs. 14/4655, S. 8).
57 *Nickel/Schmidt-Preisigke/Sengler*, TPG, § 11 Rdnr. 16.
58 Zur Feststellung des Hirntods vgl. die Richtlinien der BÄK sowie die Kommentierung zu § 16. Zu Recht wird im Schrifttum festgehalten, dass die „Festschreibung des Hirntodkonzepts im Begriffskostüm der Ganzheitsmedizin in Wirklichkeit eine partikularistische, eindimensionale Zerebralideologie" propagiert, vgl. *Höfling*, JZ 1995, 26 (32)

Krankenhaus kein Widerspruch des Patienten gegen eine Organentnahme bekannt sein. Die Bundesärztekammer hat in Richtlinien nach § 16 Abs. 1 Satz 1 Nr. 3 den Stand der medizinischen Wissenschaft für die ärztliche Beurteilung nach Satz 2 näher festzustellen.[59] Dieser gesetzliche Auftrag ist bisher nicht erfüllt. Einstweilen ist insoweit auf die „Empfehlungen für die Zusammenarbeit zwischen Krankenhäusern und Transplantationszentren bei der postmortalen Organentnahme" zurückzugreifen.[60]

41 Die Transplantationszentren und anderen Krankenhäuser informieren das nach Absatz 1 in Verbindung mit den vertraglichen Regelungen nach Absatz 2 Satz 2 Nr. 1 regional zuständige Transplantationszentrum darüber, dass bei einem Patienten der endgültige, nicht behebbare Ausfall der gesamten Hirnfunktion nachgewiesen worden ist, und teilen ihm die zur Klärung der Voraussetzungen für eine Organentnahme sowie zur Durchführung der Organentnahme und -vermittlung erforderlichen personenbezogenen Daten dieses Patienten mit. Das Transplantationszentrum informiert darüber unverzüglich die Koordinierungsstelle und klärt nach Maßgabe der vertraglichen Regelungen nach Absatz 2 Satz 2 Nr. 1 in Zusammenarbeit mit der Koordinierungsstelle, ob eine Organentnahme zulässig ist.[61]

42 Verstöße gegen die Mitteilungspflicht nach Satz 2 werden weder unter Strafe gestellt noch als Ordnungswidrigkeit geahndet (vgl. §§ 18 und 19).

43 Es ist Aufgabe der Länder, im Rahmen ihrer Gesetzgebungskompetenz zur Krankenhausplanung und -finanzierung[62] die strukturellen Grundlagen für die Zusammenarbeit nach Absatz 4 zu sichern. Dabei kann z.B. bestimmt werden, dass die Mitteilung nach Satz 2 zum Versorgungsauftrag der Transplantationszentren und anderen Krankenhäuser gehört. Ebenso können die strukturellen Voraussetzungen für die Bestellung von Transplantationskoordinatoren in den Transplantationszentren und von Transplantationsbeauftragten in anderen Krankenhäusern festgelegt werden.

5. Berichtspflichten (§ 11 Abs. 5)

44 § 11 Abs. 5 ist erst im Verlauf des Gesetzgebungsverfahrens in das TPG aufgenommen worden. Nach den Vorstellungen des Gesetzgebers dient die Berichtspflicht dem Ziel, in der Öffentlichkeit mehr Transparenz über das Transplantationsgeschehen bei lebenswichtigen Organen herzustellen. Diese Transparenz sei eine wesentliche Grundlage für die gesellschaftliche Akzeptanz der Transplantationsmedizin sowie für gesundheitspolitische Entscheidungen auf diesem Gebiet der Hochleistungsmedizin.[63] Dabei muss der genannte Tätigkeitsbericht auch Ver-

---

[59] BT-Drs. 13/4355, S. 25.
[60] Vgl. DÄBl. 96, Heft 31-32//1999, S. A-2044.
[61] BT-Drs. 13/4355, S. 25.
[62] Vgl. dazu die Kommentierung bei § 10 Rdnr. 5 ff.
[63] BT-Drs. 13/8017, S. 42; als vertrauensbildende Maßnahme qualifizieren auch *Miserok/Sasse/Hall/Seidenrath*, Komm. zum Transplantationsrecht, Einführung, Anm. 2.1.4, das in § 11 Abs. 5 normierte Berichtserfordernis.

gleiche der jeweiligen Transplantationszentren untereinander sowie unterschiedlicher Organentnahmeregionen ermöglichen. Andernfalls bleibt das mit der Regelung ebenfalls erstrebte Ziel der Wahrung größtmöglicher Chancengleichheit eine leere Forderung.[64]

Einzelheiten zu dem in Verfolgung dieses gesetzlichen Zwecks zu erstellenden Tätigkeitsbericht der Koordinierungsstelle sind primär in § 11 Abs. 5 und ergänzend in § 6 des Vertrages geregelt. Über die gesetzlichen Vorgaben – die ihrerseits nicht abschließend zu verstehen sind – hinausgehend, enthält § 6 Abs. 1 Nr. 7 die Verpflichtung zur Vorlage eines Ergebnisberichts über die Entwicklung der Organspende und Transplantation in der Bundesrepublik Deutschland.[65] 45

6. Rechtsverordnungsermächtigung (§ 11 Abs. 6)
Nach § 11 Abs. 6 bestimmt für den Fall, dass ein Vertrag nach den Absätzen 1 und 2 nicht innerhalb von 2 Jahren zustande kommt, das Bundesministerium für Gesundheit durch Rechtsverordnung die Koordinierungsstelle. Die Regelung dient der Rechtssicherheit.[66] Nachdem nunmehr ein wirksamer Vertrag über die Beauftragung der DSO als Vermittlungsstelle vorliegt[67], fungiert Absatz 6 gegenwärtig als Reservevorschrift falls der Vertrag – oder Teile davon – gekündigt würden.[68] 46

---

[64] Vgl. dazu auch die Kommentierung bei § 23 Rdnr. 29.
[65] Vgl. dazu BT-Drs. 14/4655, S. 5 f.
[66] BT-Drs. 13/4355, S. 25.
[67] Zur Wirksamkeit des Vertrages trotz Ablauf der 2 Jahresfrist vgl. oben Rdnr. 5.
[68] Zu den Kündigungsmöglichkeiten des Vertrages vgl. oben Rdnr. 15 ff.

§ 12
Organvermittlung, Vermittlungsstelle

(1) ¹Zur Vermittlung der vermittlungspflichtigen Organe errichten oder beauftragen die Spitzenverbände der Krankenkassen gemeinsam, die Bundesärztekammer und die Deutsche Krankenhausgesellschaft oder die Bundesverbände der Krankenhausträger gemeinsam eine geeignete Einrichtung (Vermittlungsstelle). ²Sie muss aufgrund einer finanziell und organisatorisch eigenständigen Trägerschaft, der Zahl und Qualifikation ihrer Mitarbeiter, ihrer betrieblichen Organisation sowie ihrer sachlichen Ausstattung die Gewähr dafür bieten, dass die Organvermittlung nach den Vorschriften dieses Gesetzes erfolgt. ³Soweit sie Organe vermittelt, die außerhalb des Geltungsbereichs dieses Gesetzes entnommen werden, muss sie auch gewährleisten, dass die zum Schutz der Organempfänger erforderlichen Maßnahmen nach dem Stand der Erkenntnisse der medizinischen Wissenschaft durchgeführt werden. ⁴Es dürfen nur Organe vermittelt werden, die im Einklang mit den am Ort der Entnahme geltenden Rechtsvorschriften entnommen worden sind, soweit deren Anwendung nicht zu einem Ergebnis führt, das mit wesentlichen Grundsätzen des deutschen Rechts, insbesondere mit den Grundrechten, offensichtlich unvereinbar ist.

(2) ¹Als Vermittlungsstelle kann auch eine geeignete Einrichtung beauftragt werden, die ihren Sitz außerhalb des Geltungsbereichs dieses Gesetzes hat und die Organe im Rahmen eines internationalen Organaustausches unter Anwendung der Vorschriften dieses Gesetzes für die Organvermittlung vermittelt. ²Dabei ist sicherzustellen, dass die Vorschriften der §§ 14 und 15 sinngemäß Anwendung finden; eine angemessene Datenschutzaufsicht muss gewährleistet sein.

(3) ¹Die vermittlungspflichtigen Organe sind von der Vermittlungsstelle nach Regeln, die dem Stand der Erkenntnisse der medizinischen Wissenschaft entsprechen, insbesondere nach Erfolgsaussicht und Dringlichkeit für geeignete Patienten zu vermitteln. ²Die Wartelisten der Transplantationszentren sind dabei als eine einheitliche Warteliste zu behandeln. ³Die Vermittlungsentscheidung ist für jedes Organ unter Angabe der Gründe zu dokumentieren und unter Verwendung der Kenn-Nummer dem Transplantationszentrum und der Koordinierungsstelle zu übermitteln.

(4) ¹Die Spitzenverbände der Krankenkassen gemeinsam, die Bundesärztekammer, die Deutsche Krankenhausgesellschaft oder die Bundesverbände der Krankenhausträger gemeinsam und die Vermittlungsstelle regeln durch Vertrag die Aufgaben der Vermittlungsstelle mit Wirkung für die Transplantationszentren. ²Der Vertrag regelt insbesondere

1. die Art der von den Transplantationszentren nach § 13 Abs. 3 Satz 3 zu meldenden Angaben über die Patienten sowie die Verarbeitung und Nutzung dieser Angaben durch die Vermittlungsstelle in einheitlichen Wartelisten für die jeweiligen Arten der durchzuführenden Organübertragungen,

2. die Erfassung der von der Koordinierungsstelle nach § 13 Abs. 1 Satz 4 gemeldeten Organe,

3. die Vermittlung der Organe nach den Vorschriften des Absatzes 3 sowie Verfahren zur Einhaltung der Vorschriften des Absatzes 1 Satz 3 und 4,

4. die Überprüfung von Vermittlungsentscheidungen in regelmäßigen Abständen durch eine von den Vertragspartnern bestimmte Prüfungskommission,

5. die Zusammenarbeit und den Erfahrungsaustausch mit der Koordinierungsstelle und den Transplantationszentren,

6. eine regelmäßige Berichterstattung der Vermittlungsstelle an die anderen Vertragspartner,

7. den Ersatz angemessener Aufwendungen der Vermittlungsstelle für die Erfüllung ihrer Aufgaben nach diesem Gesetz,

8. eine vertragliche Kündigungsmöglichkeit bei Vertragsverletzungen der Vermittlungsstelle.

(5) ¹Der Vertrag nach den Absätzen 1 und 4 sowie seine Änderung bedarf der Genehmigung durch das Bundesministerium für Gesundheit und ist im Bundesanzeiger bekannt zu machen. ²Die Genehmigung ist zu erteilen, wenn der Vertrag oder seine Änderung den Vorschriften dieses Gesetzes und sonstigem Recht entspricht. ³Die Spitzenverbände der Krankenkassen gemeinsam, die Bundesärztekammer und die Deutsche Krankenhausgesellschaft oder die Bundesverbände der Krankenhausträger gemeinsam überwachen die Einhaltung der Vertragsbestimmungen.

(6) Kommt ein Vertrag nach den Absätzen 1 und 4 nicht innerhalb von zwei Jahren nach In-Kraft-Treten dieses Gesetzes zu Stande, bestimmt das Bundesministerium für Gesundheit durch Rechtsverordnung mit Zustimmung des Bundesrates die Vermittlungsstelle und ihre Aufgaben.

Gliederung

		Rdnr.
I.	Grundsätzliche Bedeutung und Regelungsgegenstand	1
II.	Die Erläuterungen im Einzelnen	5
	1. Beauftragung einer (internationalen) Vermittlungsstelle (Absätze 1 und 2)	5
	a) Überblick	5
	b) Die Vertragspartner	10
	aa) Die Auftraggeber	10
	bb) Die beauftragte Vermittlungsstelle	12
	c) Insbesondere: Eurotransplant – Status und Legitimationsfragen	13
	d) Allgemeine Anforderungen an die Vermittlungsstelle (Abs. 1 Satz 2)	16

e) Auslandsbezüge der Organvermittlung 17
      aa) Im Ausland entnommene Organe und ordre-public-Vorbehalt
          (Abs. 1 Satz 3 und 4) 18
      bb) Datenschutz (Abs. 2 Satz 2) 21
   2. Zur Regelung des § 12 Abs. 3 24
      a) Organallokation nach „Erfolgsaussicht und Dringlichkeit" 24
      b) Einheitliche Warteliste (§ 12 Abs. 3 Satz 2) 31
      c) Zur Dokumentationspflicht gemäß § 12 Abs. 3 Satz 3 32
   3. Zur Regelung des § 12 Abs. 4 33
      a) Allgemeines 33
      b) Die gesetzlich vorgesehenen Regelungsgegenstände des ET-Vertrages
         im Überblick 35
   4. Das Kontrollregime nach Abs. 5 40
      a) Präventive staatliche Genehmigung (Abs. 5 Satz 1 und 2) 43
      b) Nachgehende Überwachungspflichten (Abs. 5 Satz 3) 45
      c) (Verfassungs-)Rechtliche Bewertung 46
   5. Die Rechtsverordnungsermächtigung gem. Abs. 6 48
      a) Normzweck 49
      b) Die Zwei-Jahres-Frist 50
      c) Normative Wirkungen 52
   6. Insbesondere: Rechtsschutzfragen 55

I. Grundsätzliche Bedeutung und Regelungsgegenstand

1 § 12 TPG steht im vorwiegend organisationsrechtlichen vierten Abschnitt des TPG über die „Entnahme, Vermittlung und Übertragung bestimmter Organe" (§§ 9–12 TPG) und regelt entsprechend seiner Überschrift die „Organvermittlung" und hier insbesondere die Einrichtung und Aufgaben einer „Vermittlungsstelle", die vermittlungspflichtige Organe i.S.d. § 9 TPG vermittelt.

2 Entgegen dem ersten Eindruck beschränkt sich § 12 TPG indes nicht allein auf technisch-prozedurale Regelungen. Die konkrete Organisation der Verteilung von vermittlungspflichtigen Spenderorganen (Herz, Leber, Niere, Lunge, Bauchspeicheldrüse und Darm) erfolgt vor dem rechtstatsächlichen Hintergrund, dass die Nachfrage schwer kranker Menschen nach vermittlungspflichtigen Spenderorganen schon seit längerem bei weitem das vorhandene Angebot übersteigt.[1] Die Entscheidung über die Vermittlung der vermittlungspflichtigen Organe (vgl. § 12 Abs. 3 TPG) ist für zahlreiche auf ein Organ wartende Patienten eine Entscheidung über „Leben und Tod". Die Frage der Organverteilungsgerechtigkeit betrifft damit einen besonders prekären Ausschnitt aus der allgemeinen Problematik der Allokation knapper medizinischer Ressourcen. Als „Zuteilung von Lebenschan-

---

[1] Siehe nur BT-Drs. 13/4355, S. 1.

cen"[2] betreffen derartige Maßnahmen wesentliche Grundrechtsfragen. Insofern mutet es erstaunlich an, dass die Frage nach den Regeln der Organzuteilung im Gesetzgebungsverfahren eher am Rande behandelt wurde.[3] In diesem schwierigen, nicht nur medizinisch-ethisch problematischen, sondern auch höchst grundrechtsrelevanten Bereich[4] statuiert § 12 TPG für die Allokation der knappen Ressource „Spenderorgan" zentrale Regeln.[5] Namentlich in Absatz 3 werden mit den – indes gegenläufigen und präzisierungsbedürftigen[6] – Kriterien „Erfolgsaussicht und Dringlichkeit" die Eckdaten für die Organallokation festgelegt. Allerdings schweigt sich das deutsche Transplantationsgesetz über die materiellen Verteilungskriterien aus und erweckt den Eindruck, es handele sich um einen allein nach medizinischen Aspekten zu beurteilenden Entscheidungsprozess („Regeln, dem Stand der Erkenntnisse der medizinischen Wissenschaft entsprechend ..."). Dies ist zu Recht kritisiert und als positives Kontrastbeispiel die schweizerische Regelung hervorgehoben worden, die die Organallokation als ein zentrales Gerechtigkeitsproblem thematisiert (siehe Art. 119 a Abs. 2 Bundesverfassung).[7]

Angesichts der erwähnten rechtstatsächlichen (Vor-)Gegebenheiten musste dem Gesetzgeber vor Augen stehen, dass auch die scheinbar rein organisationsrechtlichen Regelungen der Absätze 1, 2 und 4–6 zwangsläufig eine besondere verfassungsrechtliche Relevanz erlangen. Insoweit ist nach seiner Ansicht die „Organvermittlung ... keine zwingende Staatsaufgabe"[8]. Was auch immer das im Einzelnen für die rechtliche Einordnung und Bewertung der Regelungen des § 12 TPG bedeutet: Der Gesetzgeber wollte erklärtermaßen allein „durch Rechtsvorschriften die Gewähr für eine sachgerechte Verteilung der knappen Spenderorgane ... schaffen" und sich im Übrigen „entsprechend dem Subsidiaritätsgrundsatz privatrechtlicher Mittel, insbesondere vertraglicher Regelungen, durch die Verbände der Betroffenen bedienen"[9]. Der Gesetzgeber hat dementsprechend die auf Grund des generalklauselartigen Charakters des § 12 Abs. 3 TPG gebotene nähere Konkretisierung der Allokationsregeln in § 12 Abs. 4 Satz 2 Nr. 3 TPG den Vertragspartnern des Vertrages über die Vermittlungsstelle und die Vermittlung von Organen[10] nach § 12 Abs. 1 und 4 TPG übertragen, zum anderen in weit reichendem Maße in § 16 Abs. 1 Satz 1 Nr. 5 TPG an die Bundesärztekammer delegiert.[11]

3

Darüber hinaus ist neben der subsidiären Rechtsverordnungsermächtigung in Absatz 6 ein weiterer Aspekt des gesetzgeberischen Konzeptes der sog. „regulier-

4

---

[2] *Höfling*, Schriftliche Stellungnahmen für den Gesundheitsausschuss des Deutschen Bundestages zu den Anhörungen vom 25. 9. und 9. 10. 1996, Ausschuss-Drs. 599/13, S. 7.
[3] Zur Entstehungsgeschichte näher bei den Erläuterungen im einzelnen.
[4] Vgl. *Conrads*, Rechtliche Aspekte der Organtransplantation, S. 100 ff.; *Höfling/Rixen*, Verfassungsfragen der Transplantationsmedizin, S. 76 ff. (insbes. S. 112).
[5] Vgl. auch BT-Drs. 13/4355, S. 26.
[6] Dazu näher Rdnr. 24 ff.
[7] Dazu siehe nur *Kurt Seelmann*, Rechtsphilosophie, 2. Aufl. 2001, S. 115; zu Art. 119 a der schweizerischen Bundesverfassung s. schon oben § 10 Rdnr. 136 (*Lang*).
[8] BT-Drs. 13/4355, S. 14.
[9] BT-Drs. 13/4355, S. 14 f.
[10] BAnz. Nr. 131 a vom 15. Juli 2000, abgedruckt im Anhang dieses Kommentars.
[11] Siehe dazu näher die Kommentierung zu § 16.

ten Selbstregulierung"[12] hervorzuheben, der für das Verständnis des aktuellen Systems der Organverteilung[13] unerlässlich ist: Namentlich in den Absätzen 1 und 2 hat die Intention des Gesetzgebers ihren Ausdruck gefunden, den Strukturen gesellschaftlicher Selbstregulierung, wie sie vor Erlass des Transplantationsgesetzes bestanden haben, normative Stützen einzuziehen.[14] Die Regelungen sind namentlich auf die (nunmehr vertraglich als Vermittlungsstelle beauftragte) niederländische Stiftung „Eurotransplant" in Leiden geradewegs zugeschnitten.[15]

II. Die Erläuterungen im einzelnen

1. Beauftragung einer (internationalen) Vermittlungsstelle (Absätze 1 und 2)

a) Überblick

5   Nach § 12 Abs. 1 TPG wird die Errichtung oder Beauftragung der „Vermittlungsstelle" nicht durch den Gesetzgeber selbst vorgenommen, aber auch nicht dem Bundesministerium für Gesundheit übertragen.

6   Vielmehr wird die entsprechende Errichtungs- bzw. Beauftragungskompetenz den Spitzenverbänden der Krankenkassen gemeinsam, der Bundesärztekammer und der Deutschen Krankenhausgesellschaft bzw. den Bundesverbänden der Krankenhausträger gemeinsam zugewiesen (§ 12 Abs. 1 Satz 1).

7   Die Vermittlungsstelle kann eine nationale oder internationale Einrichtung sein (vgl. § 12 Abs. 2 TPG). Dabei hatte der Gesetzgeber die bereits vor Erlass des Transplantationsgesetzes vertraglich mit der Organvermittlung betraute Stichting Eurotransplant International Foundation (ET) in Leiden/NL im Auge.[16] Diese Stiftung, gemeinhin als „Eurotransplant" bezeichnet, hat denn auch mit Vertrag vom 10. April 2000 den Status der Vermittlungsstelle i.S.d. § 12 Abs. 1 Satz 1 TPG erhalten. Ausweislich der Gesetzesbegründung handelt es sich bei dem Vertrag mit der Vermittlungsstelle ausdrücklich um einen privatrechtlichen Vertrag[17], der näherhin gemäß seinem § 18 Abs. 3 deutschem Recht unterliegt.

8   In systematischer Hinsicht formuliert § 12 Abs. 1 Satz 2 TPG das allgemeine Anforderungsprofil, dem die Vermittlungsstelle genügen muss, während in § 12 Abs. 1 Satz 3 und 4 sowie in Abs. 2 TPG besondere Anforderungen im Hinblick auf den (erwarteten) Auslandsbezug der Organvermittlung aufgestellt werden.

---

12 S. *Holznagel*, DVBl. 1997, 393 (400).
13 Zu anderen Systemen der Organallokation („Clubmodell" etc.), die allerdings nicht mehr Gegenstand des Gesetzgebungsverfahrens waren, ausführlich *Conrads*, Rechtliche Grundsätze der Organallokation, S. 73 ff. und 130 ff.
14 Siehe auch *E. Schmidt-Aßmann*, Grundrechtspositionen und Legitimationsfragen im Gesundheitswesen, 2001, S. 96 f.
15 Vgl. BT-Drs. 13/4355, S. 14; zur gleichgelagerten Regelung bzgl. der Koordinierungsstelle vgl. die Kommentierung zu § 11, sowie allgemein die Kommentierung vor § 9.
16 Vgl. BT-Drs. 13/4355, S. 25.
17 Vgl. BT-Drs. 13/4355, S. 14 f., 25 f.

§ 12 *Organvermittlung, Vermittlungsstelle*

Entstehungsgeschichtlich blieb Absatz 2 im Gesetzgebungsverfahren unverändert, während Absatz 1 einige Änderungen erfuhr.[18] Satz 1 wurde redaktionell der Terminologie des SGB V angepasst (vgl. etwa § 112 Abs. 5 SGB V).[19] In Satz 2 wurden die Anforderungen an die Vermittlungsstelle in finanzieller und organisatorischer Hinsicht präzisiert.[20] Schließlich wurde in Satz 4 ein sog. ordre-public-Vorbehalt eingeführt.[21]

9

b) Die Vertragspartner

aa) Die Auftraggeber

§ 12 Abs. 1 Satz 1 TPG überträgt die Errichtung bzw. Beauftragung der Vermittlungsstelle der Bundesärztekammer, der Deutschen Krankenhausgesellschaft (oder den Bundesverbänden der Krankenhausträger gemeinsam) und den Spitzenverbänden der Krankenkassen gemeinsam. Der interfraktionelle Gesetzesentwurf - sowohl in seiner ursprünglichen Fassung[22] als auch in der Fassung der Beschlüsse des Gesundheitsausschusses[23] – lässt allerdings jegliche Begründung dafür vermissen, warum gerade die vorgenannten und keine anderen Organisationen (z.B. Patientenvertreter) mit der Auswahl der Vermittlungsstelle beauftragt worden sind.[24]

10

Nach der Definitionsnorm[25] des § 213 Abs. 1 SGB V gehören zu den Spitzenverbänden der Krankenkassen die Bundesknappschaft, die Verbände der Ersatzkassen, die See-Krankenkasse, sowie die Bundesverbände der Krankenkassen (vgl. § 212 SGB V). Danach stehen beim Vermittlungsvertrag auf Seite der Auftraggeber (vgl. den Vermittlungsvertrag gem. § 12 TPG):

11

- Für die Ärzteschaft die Bundesärztekammer[26], eine Verbandskörperschaft der Landesärztekammern, welche die Rechtsform eines nicht eingetragenen Vereins des Privatrechts (§ 54 BGB) hat. Der staatlichen Aufsicht unterliegt sie nur indirekt durch die (allgemeine) Aufsicht der Länder über die jeweilige Landesärztekammer (vgl. z.B. § 28 HeilBerG NRW).

- Für die Krankenhausträger die Deutsche Krankenhausgesellschaft (DKG).[27] Sie ist ein eingetragener Verein des Privatrechts. Mitglieder dieser Personalkörperschaft sind die Landeskrankenhausgesellschaften und 12 weitere Spitzenverbän-

---

[18] Vgl. die Synopse in BT-Drs. 13/8017, S. 15.
[19] Vgl. die entsprechende Begründung zu § 10 Abs. 1 Satz 2 TPG-E in BT-Drs. 13/8017, S. 42.
[20] Dazu Rdnr. 16.
[21] Dazu Rdnr. 18 ff.
[22] BT-Drs. 13/4355.
[23] BT-Drs. 13/8017.
[24] Vgl. *Conrads*, Rechtliche Grundsätze der Organallokation, S. 198.
[25] Vgl. *Schnapp*, in: Schulin (Hrsg.), Handbuch des Sozialversicherungsrechts, Band 1: Krankenversicherungsrecht, § 49 RdNr. 197.
[26] Näher zu ihr *Laufs*, in: Laufs/Uhlenbruck (Hrsg.), Handbuch des Arztrechts, § 13 Rdnr. 13; siehe ferner unten die Kommentierung zu § 16.
[27] Vgl. zur DKG im einzelnen http://www.dkgev.de/1_info.htm (Stand: 30.9.2002).

de (z. B. der Deutsche Städte- und Gemeindebund, der Deutsche Caritasverband e.V., etc.). Die DKG untersteht keiner (un-)mittelbaren staatlichen Aufsicht.

- Für die Träger der gesetzlichen Krankenversicherung, „dabei der staatlichen Aufsicht des Bundesministeriums für Gesundheit bzw. des diesem insoweit unterstehenden Bundesversicherungsamtes (vgl. §§ 214, 208 Abs. 2 SGB V, §§ 87 bis 90 Abs. 1 SGB IV) [unterliegend]"[28],

  – der AOK-Bundesverband,
  – der BKK-Bundesverband,
  – der IKK-Bundesverband,
  – der Bundesverband der landwirtschaftlichen Krankenkassen und
  – die Bundesknappschaft

  als Körperschaften des öffentlichen Rechts (vgl. § 212 Abs. 4 SGB V)[29],

  – der Verband der Angestellten-Krankenkassen (VdAK) und
  – der Verband der Arbeiterersatzkassen (AEV)

  (historisch bedingt) als eingetragene Vereine des Privatrechts (§ 21 BGB)[30] sowie

  – die See-Krankenkasse[31]

  als besondere Abteilung des Rentenversicherungsträgers Seekasse (vgl. § 165 SGB V), einer Körperschaft des öffentlichen Rechts (vgl. § 29 IV SGB IV).

bb) Die beauftragte Vermittlungsstelle

12 Durch Vertrag vom 20. April 2000 ist die Stichting Eurotransplant International Foundation (ET) – kurz: Eurotransplant – als Vermittlungsstelle gem. § 12 Abs. 1 TPG beauftragt worden. Es handelt sich hierbei um eine private gemeinnützige Stiftung niederländischen Rechts, die ihren Sitz in Leiden in den Niederlanden hat. Sie wurde Ende der Sechzigerjahre gegründet, ursprünglich als reine Nierenvermittlungszentrale[32], und ist seitdem mit der Organvermittlung für die Transplantationszentren in Belgien, Deutschland, den Niederlanden, Luxemburg, Österreich und (seit 1.1.2000) Slowenien betraut.[33]

---

[28] Vgl. BT-Drs. 13/4355, S. 27 i.V.m. S. 24.
[29] Vgl. *Schnapp*, in: Schulin (Hrsg.), Handbuch des Sozialversicherungsrechts, Band 1: Krankenversicherungsrecht, § 49 RdNr. 188, 196.
[30] Vgl. *Schnapp*, in: Schulin (Hrsg.), Handbuch des Sozialversicherungsrechts, Band 1: Krankenversicherungsrecht, § 49 RdNr. 193.
[31] Zu ihr *Schnapp*, in: Schulin (Hrsg.), Handbuch des Sozialversicherungsrechts, Band 1: Krankenversicherungsrecht, § 49 RdNr. 151 m.w.N.: „Sie ist keine selbständige Körperschaft und besitzt weder eigene Rechtspersönlichkeit noch eigene Organe."
[32] Vgl. *Conrads*, Rechtliche Grundsätze der Organallokation, S. 23 (mit Fn. 37), dort (S. 42 ff.) auch ausführlich zur Stiftungsverfassung und Allokationspolitik von Eurotransplant.
[33] Dies war zuletzt geregelt durch Vertrag vom 19. Juni 1989 zwischen Eurotransplant, der Deutschen Stiftung Organtransplantation (DSO), dem Kuratorium für Dialyse und Nierentransplantation (KfH) und den Spitzenverbänden der Krankenkassen.

c) *Insbesondere: Eurotransplant – Status und Legitimationsfragen*

Die Redeweise von der „regulierten Selbstregulierung", mit der die komplizierte Verantwortungsteilung bzw. Verantwortungsfragmentierung[34] zwischen staatlichen, öffentlichen und privaten Akteuren im Bereich der Transplantationsmedizin strukturiert worden ist, wirft zahlreiche Rechtsfragen auf. Ihre Beantwortung wird nicht dadurch erleichtert, dass nach der Selbsteinschätzung des Gesetzgebers im Rahmen des Aufgabenfeldes[35] der sachgerechten Verteilung der knappen Ressource „Spenderorgan" allein die Aufstellung von „Rechtsvorschriften"[36] als Staatsaufgabe qualifiziert wird und dem Staat im Übrigen nur subsidiäre Funktionen zuweist.[37] In ersten Stellungnahmen in der Literatur wurden zur Erklärung vereinzelt die (verwaltungs-)rechtlichen Figuren und Instrumente „Beleihung"[38] und „Verwaltungsakt"[39] herangezogen. Die zutreffende rechtsdogmatische Einordnung ist indes präjudiziell für die Antworten auf etliche Fragen, wie diejenigen nach dem Erfordernis demokratischer Legitimation, den rechtsstaatlichen Bindungen und dem Rechtsweg.

13

Eine besonders prekäre Konstellation ergibt sich aus der Beauftragung von Eurotransplant. Als privatrechtliche Stiftung niederländischen Rechts ist sie nicht unmittelbar dem deutschen Öffentlichen Recht unterworfen; andererseits aber unterliegt sie den vertraglich vereinbarten Steuerungs- und Kontrollrechten deutscher Stellen.[40] Dieses „ungewöhnliche Modell"[41] wäre unbedenklich, wenn die Vermittlungsentscheidungen, die Eurotransplant trifft, als bloße medizinisch-praktische Vollzugsentscheidungen qualifiziert werden könnten.[42] Davon kann indes nicht die Rede sein. Zwar erstellt Eurotransplant nach Maßgabe der organspezifischen Anwendungsregeln eine Liste der vorrangig geeigneten Patienten nach einem algorithmischen Berechnungsverfahren.[43] Dennoch verbleibt der Stiftung ein erheblicher Spielraum.[44] Darüber hinaus ermöglicht § 5 Abs. 7 ET-Vertrag es Eurotransplant, von den Richtlinien der Bundesärztekammer mit deren Einverständnis zeitlich befristet abzuweichen. Vor diesem Hintergrund muss in der Tat davon

14

---

34 Dazu *Wolfram Höfling*, Primärer und sekundärer Rechtsschutz im öffentlichen Recht, VVDStRL 61 (2002), 260 (288 ff.).
35 Vgl. zum Verhältnis von „Aufgabenfeld" und einzelner „(Staats-)Aufgabe" *Burgi*, Funktionale Privatisierung, S. 62 f.
36 Siehe in diesem Zusammenhang zur rechtsdogmatischen Einordnung der Richtlinienkompetenz der Bundesärztekammer ausführlich die Kommentierung zu § 16.
37 BT-Drs. 13/4355, S. 14.
38 Vgl. *Deutsch*, NJW 1998, S. 777 (780), allerdings ausdrücklich nur auf die „Aufstellung von Regeln" bezogen; *Baltzer*, SGb 1998, S. 437 (441), allerdings mit Einschränkungen für den Fall der Einschaltung einer ausländischen Vermittlungsstelle.
39 Vgl. *Baltzer*, SGb 1998, S. 437 (441), allerdings mit Einschränkungen für den Fall der Einschaltung einer ausländischen Vermittlungsstelle.
40 Vgl. § 1 Abs. 4, § 10 ET-Vertrag.
41 So *Schmidt-Aßmann*, Grundrechtspositionen, a.a.O., S. 106; die folgenden Überlegungen beziehen sich auf diese Studie.
42 In diese Richtung: *Lilie*, in: Festschrift für Deutsch, S. 643 (662).
43 Dazu *G. Gubernatis/H. Kliemt*, Solidarität und Rationierung in der Organtransplantation, Transplantationsmedizin 1999, 4 (6).
44 Vgl. § 5 Abs. 2 ET-Vertrag.

ausgegangen werden, „dass die Vermittlungsstelle wegen des ihr gesetzlich zuerkannten Vermittlungsmonopols in das Transplantationswesen in einer Weise eingebunden ist (§ 9 TPG), die – wäre sie eine Stelle deutschen Rechts – als Ausübung öffentlicher Gewalt einzustufen wäre".[45]

15 Nun aber ist Eurotransplant – wie ausgeführt – eine Stiftung niederländischen Rechts. Deshalb könnte man daran denken, Eurotransplant als eine zwischenstaatliche Einrichtung zu qualifizieren, der gemäß Art. 24 Abs. 1 GG durch Gesetz Hoheitsrechte übertragen worden sind. Doch auch diese Möglichkeit scheidet im Ergebnis aus. Zwar besitzt die Vermittlungstätigkeit von Eurotransplant durchaus Durchgriffscharakter auf die Grundrechtsberechtigung in Deutschland, liegt doch in der Auswahl des Organempfängers zugleich ein Nachrang anderer Patienten auf der Warteliste.[46] Doch handelt es sich bei Eurotransplant nicht um eine zwischenstaatliche Einrichtung im Sinne der Verfassungsvorschrift. Art. 24 Abs. 1 ermächtigt nämlich nicht zur Übertragung von Hoheitsrechten auf Körperschaften, die einem anderen Staat eingegliedert sind bzw. von Privaten geschaffene Organisationen.[47] Obwohl Eurotransplant, wie auch § 12 Abs. 4 TPG zeigt, normativ in das Transplantationsvermittlungssystem eingebunden ist, erfolgt diese Eingliederung nicht durch einen dem völkerrechtlichen Verkehr zwischen Staaten entstammenden Vorgang. Damit besitzt die Vermittlungsstelle und damit das gesamte Vermittlungssystem des Transplantationsgesetzes derzeit keine hinreichende verfassungsrechtliche Basis. Gerade dies aber ist angesichts der existenziellen Entscheidungsrelevanz von Eurotransplant unabdingbar.[48]

d) Allgemeine Anforderungen an die Vermittlungsstelle (Abs. 1 Satz 2)

16 Absatz 1 Satz 2 statuiert allgemeine Anforderungen an die Vermittlungsstelle in finanzieller, organisatorischer, personeller und rechtlicher Sicht. Die im Gesetzgebungsverfahren erfolgte Präzisierung der Vorschrift in finanzieller und organisatorischer Hinsicht erfolgte zur Klarstellung, dass der Träger der Vermittlungsstelle von medizinisch-therapeutischen Leistungen, die nicht der Organübertragung dienen, unabhängig sein muss.[49] Nach § 1 Abs. 3 des Vertrages mit Eurotransplant haben sich die Auftraggeber davon überzeugt, dass Eurotransplant die genannten Anforderungen erfüllt und diese in § 1 Abs. 2 Satz 2 des Vertrages zur ausdrücklichen vertraglichen Verpflichtung für Eurotransplant gemacht.[50]

---

[45] So zu Recht *Schmidt-Aßmann*, Grundrechtspositionen, S. 106.
[46] Dazu siehe *Schmidt-Aßmann*, a.a.O., S. 107; zum Begriff der Hoheitsrechte im Sinne von Art. 24 Abs. 1 GG *Hobe*, in: Friauf/Höfling (Hrsg.), Berliner Kommentar zum Grundgesetz, Art. 24 Rdnr. 9 ff. (Stand: Dezember 2001).
[47] Dazu *Hobe*, a.a.O., Art. 24 Rdnr. 20 f.
[48] So auch *Schmidt-Aßmann*, a.a.O., S. 108: „An einer klaren völkerrechtlichen Regelung führt folglich kein Weg vorbei".
[49] Vgl. BT-Drs. 13/8017, S. 42 zu § 11 Abs. 1 Satz 2 TPG-E.
[50] Vgl. zu näheren Einzelheiten insoweit § 1 des Vertrages, sowie Abs. 1 dessen Anlage 1; zur Stiftungsverfassung von Eurotransplant ausführlich *Conrads*, Rechtliche Grundsätze der Organallokation, S. 44 ff.

e) Auslandsbezüge der Organvermittlung

Mit Blick auf die (intendierte) Einschaltung Eurotransplants als Vermittlungsstelle i.S.d. § 12 Abs. 1 Satz 1 TPG hat der Gesetzgeber bzgl. der Organvermittlung in § 1 Abs. 1 Satz 3 und 4 TPG und § 1 Abs. 2 TPG spezifische Regelungen mit Auslandsbezug getroffen. 17

aa) Im Ausland entnommene Organe und ordre-public-Vorbehalt (Abs. 1 Satz 3 und 4)

Absatz 1 Satz 3 stellt klar, dass die Vermittlung im Ausland entnommener Organe nicht dazu führen darf, dass die im Interesse des Organempfängers notwendigen medizinischen Standards der Entnahme unterschritten werden. Die hierfür nach Absatz 4 Satz 2 Nr. 3 erforderlichen Verfahrensregelungen sind in § 6 Abs. 1 des Vertrages mit Eurotransplant getroffen worden. 18

In Absatz 1 Satz 4 am Ende wurde ein sog. ordre-public-Vorbehalt (vgl. Art. 6 EGBGB; § 328 Abs. 1 Nr. 4 ZPO) aufgenommen, wonach nur solche Organe vermittelt werden dürfen, die nach ausländischen Vorschriften korrekt entnommen wurden, „sofern deren Anwendung nicht zu einem Ergebnis führt, das mit wesentlichen Grundsätzen des deutschen Rechts, insbesondere mit Grundrechten, offensichtlich unvereinbar ist". Klassisches Beispiel für Fälle, die hierdurch ausgeschlossen werden sollen, wäre die Vermittlung von Organen, die einem Hingerichteten entnommen worden sind.[51] Hierhin gehören aber auch die Fälle einer Organentnahme nach Herzstillstand, ohne dass zuvor der Gesamthirntod oder ein anderes sicheres Todeszeichen diagnostiziert worden ist (sog. „Non heart-beating donor").[52] Ist der Tod nicht zweifelsfrei nachgewiesen, so verstößt die Organentnahme gegen wesentliche Grundsätze des deutschen Rechts (Art. 1, Art 2 Abs. 2 Satz 1 GG).[53] Die Praxisrelevanz der Vorschrift hängt wesentlich davon ab, wie der Organimport geregelt ist bzw. welche Länder an ihm beteiligt sind. § 6 II ET-Vertrag (abgedruckt im Anhang dieses Kommentars) regelt entsprechend dem ordre-public-Vorbehalt nunmehr: 19

„ET wird ein angebotenes Organ, wenn von ihm bekannt ist, dass es entweder nicht entsprechend den Vorschriften des jeweiligen Landes entnommen wurde, oder dass es zwar entsprechend den jeweiligen Vorschriften entnommen wurde, die Entnahmevorschriften jedoch mit wesentlichen Grundsätzen des deutschen Rechts (ordre public), insbesondere der Menschenwürde, dem Recht auf Leben und körperliche Unversehrtheit und der Abschaffung der Todesstrafe nicht ver-

---

[51] Vgl. *Schreiber*, in: Hoff/in der Schmitten (Hrsg.), Wann ist der Mensch tot?, S. 424 (433).
[52] So sah sich die Bundesärztekammer Ende 1998 veranlasst, in einer besonderen Mitteilung öffentlich darauf hinzuweisen, dass ein „Herz- und Kreislaufstillstand von 10 Min. bei normaler Körpertemperatur ... nicht als sicheres „Äquivalent zum Hirntod" nachgewiesen (ist) und ... deshalb nicht die Todesfeststellung durch Nachweis von sicheren Todeszeichen ersetzten (kann)", nachdem im Eurotransplant Newsletter 148, September 1998 mit diesem „Äquivalent zum Hirntod" die Nierenentnahme bei den „Non heart-beating donors" begründet worden war, vgl. Bundesärztekammer, DÄBl. 1998, S. A-3235; siehe auch *Nickel/Schmidt-Preisigke/Sengler*, § 12 Rdnr. 6.
[53] Zum Todesbegriff s. näher die Kommentierung zu § 3.

einbar sind, nicht an Empfänger innerhalb des Geltungsbereichs des TPG vermitteln."

20 In diesem Kontext sei abschließend darauf hingewiesen, dass zwischen einigen deutschen und ausländischen (nicht zum Vermittlungsbereich von Eurotransplant gehörenden) Transplantationszentren Partnerschaftsverträge – so genannte Twinningverträge – bestehen, die unter anderem auch einen möglichen Organaustausch regeln. Diesbezüglich hat die Bundesärztekammer inzwischen „Richtlinien für die Transplantation außerhalb des ET-Bereichs postmortal entnommener Organe in Deutschland"[54] verabschiedet. Sie bestimmen, dass auch die Vermittlung von im Ausland postmortal entnommener Organe nach § 12 Abs. 1 TPG und unter Einhaltung der Richtlinien der Bundesärztekammer zu erfolgen habe. Ferner sei jede Vereinbarung zwischen einer ausländischen Transplantationseinrichtung und einem deutschen Transplantationszentrum der obersten nationalen Gesundheitsbehörde des betreffenden Landes, der Bundesärztekammer, der Vermittlungsstelle und der Koordinierungsstelle vorzulegen. Freilich fehlt dieser Richtlinie – anders als den nach § 16 Abs. 1 TPG erlassenen Richtlinien[55] – die parlamentsgesetzliche Legitimationsgrundlage und Anerkennung.

bb) Datenschutz (Abs. 2 Satz 2)

21 Absatz 2 Satz 2 verlangt im Falle der Beauftragung einer ausländischen Vermittlungsstelle zum einen, dass die „sinngemäße Anwendung" der Datenschutzbestimmungen der §§ 14, 15 TPG garantiert sein muss, ferner auch eine „angemessene Datenschutzaufsicht".

22 Die datenschutzrechtliche Ausgangslage stellt sich durch die Einschaltung Eurotransplants im Einzelnen wie folgt dar: Die Übermittlung, Verarbeitung und Nutzung insbesondere personenbezogener Daten an Eurotransplant als ausländische, nicht öffentliche Stelle unterliegt unmittelbar weder dem Schutzbereich des Bundesdatenschutzgesetzes (BDSG), noch speziell den §§ 14, 15 TPG. Dies machte die ausdrückliche Regelung des Absatz 2 Satz 2 als lex specialis erforderlich; subsidiär ist allein § 17 BDSG anwendbar. In § 12 des Vertrages mit Eurotransplant ist Eurotransplant zur Einhaltung der Vorschriften der §§ 14 und 15 verpflichtet worden. Nach niederländischem Datenschutzrecht (§ 8 Art. 37 Abs. 2 des niederländischen Personenregistrierungsgesetzes) unterliegen auch nicht öffentliche Institutionen, somit auch Eurotransplant, der Aufsicht durch die sog. „Registratiekamer", welcher nach § 8 Art. 45 dieses Gesetzes als staatlicher Behörde vergleichbare Kompetenzen zustehen wie dem Bundesbeauftragten für Datenschutz (vgl. §§ 22 ff. BDSG).[56] Ferner ist am 25.10.1998 die EG-Datenschutzrichtlinie 95/46/EG[57] in Kraft getreten, die indes der Umsetzung in den einzelnen Mitgliedsstaaten harrt.

---

[54] Veröffentlicht in DÄBl. 2000, S. A-3290 – abgedruckt im Anhang dieses Kommentars.
[55] Siehe die Kommentierung zu § 16.
[56] Vgl. BT-Drs. 13/4355, S. 25.
[57] Abl. EG Nr. L 281/31 vom 23.11.1995; zu ihren einzelnen Bestimmungen im Hinblick auf das Transplantationsgesetz ausführlich *Rixen*, DuD 1998, S. 75 (79 f.).

Die rechtsstaatliche Problematik, die sich auch in datenschutzrechtlicher Hinsicht aus der Einschaltung Eurotransplants ergibt, wird schon daran deutlich, dass der Betroffene im Regelfall nicht über seine im Ausland garantierten Datenschutzrechte, auf die Absatz 2 Satz 2 implizit verweist, informiert sein wird.[58] Unabhängig von diesem Aspekt sind vor allem die Anforderungen bzgl. der Erhebung, Weitergabe, Verarbeitung und Nutzung insbesondere personenbezogener Daten hervorzuheben, die das Bundesverfassungsgericht im sog. Volkszählungsurteil[59] im Hinblick auf das in Art. 2 Abs. 1 GG verankerte allgemeine Persönlichkeitsrecht aufgestellt hat (Normenklarheit, konkrete Zweckbindung, bereichsspezifischer Datenschutz, etc.). Das Datenschutzniveau nach Umsetzung der o.g. Richtlinie in den Niederlanden wird mithin nur dann „angemessen" i.S.v. Absatz 2 Satz 2 sein, wenn ein mit den vom Bundesverfassungsgericht formulierten Anforderungen „im Wesentlichen vergleichbare(r) Grundrechtsschutz" (vgl. Art. 23 Abs. 1 Satz 1 GG) gewährleistet ist.[60]

23

2. Zur Regelung des § 12 Abs. 3
a) Organallokation nach „Erfolgsaussicht und Dringlichkeit"

§ 12 Abs. 3 TPG benennt in seinem Satz 1 die beiden zentralen Kriterien, nach denen die Vermittlungsstelle die vermittlungspflichtigen Organe – also: Spendern nach § 3 oder § 4 entnommene Herzen, Nieren, Lebern, Lungen, Bauchspeicheldrüsen und Därme (§ 9 Abs. 1 Satz 1 TPG) – zu vermitteln hat. Der Gesetzestext spricht insoweit von „Regeln, die dem Stand der Erkenntnis der medizinischen Wissenschaft entsprechen", wobei insbesondere hervorgehoben werden die Aspekte der Erfolgsaussicht und Dringlichkeit. Die vom Gesetz gewählte Formulierung wählt damit Selektionskriterien, die auf den ersten Blick in hohem Maße wertneutral, objektiv und rational zu sein scheinen.

24

Dieser Eindruck indes trügt. Soll die Formulierung des § 12 Abs. 3 Satz 1 den Vorgang der Organallokation umschreiben, so ist die Formulierung – wie zwei der Transplantationsmedizin durchaus verbundene Kenner der Materie zutreffend ausgeführt haben – „schlicht falsch". Es gibt nämlich keinen moralisch neutralen Stand der Wissenschaft, mit dessen Hilfe man es vermeiden könnte, im Prozess der Patientenauswahl oder bei der Festlegung von Verteilungsregeln ethische Urteile zu treffen. Die Frage, wie knappe medizinische Ressourcen zu verteilen sind[61] bedeutet, darüber zu entscheiden, welche individuellen Interessen an Gesundheit zurückgestellt werden sollen, welches Leiden nicht gemindert, welche Krankheit nicht geheilt werden soll. Derartige Fragen aber sind mit medizinischen Argumenten (allein) nicht zu beantworten. Medizinische Gründe, eine Heilung oder eine

25

---
58 Vgl. *Rixen*, DuD 1998, S. 75 (79).
59 BVerfGE 65, 1 ff.
60 Vgl. *Rixen*, DuD 1998, S. 75 (80).
61 Dazu aus verfassungsrechtlicher Sicht *Wolfram Höfling*, Rationierung von Gesundheitsleistungen im grundrechtsgeprägten Sozialstaat. Eine Problemskizze, in: Feuerstein/Kuhlmann (Hrsg.), Rationierung im Gesundheitswesen, 1998, S. 143 mit weit. Nachw.

Verlängerung des Lebens, die möglich ist, nicht zu versuchen, gibt es nämlich nicht.[62]

26 Nun mag man etwa im Blick auf das Verteilungskriterium der Erfolgsaussicht die Gewebeverträglichkeit, also den HLA-Status, als ein rein medizinisches Auswahlmerkmal qualifizieren.[63] Doch auch dies erweist sich als unterkomplexe Rezeption des Problems. Eine Patientenauswahl nach Gewebeverträglichkeit „bestraft" nämlich diejenigen Patienten, die über seltene Gewebetypen verfügen. Bei ihnen ist die Erfolgswahrscheinlichkeit der Transplantation geringer. Typische Folge einer solchen Praxis ist die Bevorzugung eines Patienten mit Erfolg versprechender Histokompatibilität. Das allgemeine als „wertneutral" wahrgenommene Kriterium der Gewebeverträglichkeit kann somit zur Benachteiligung von Patienten mit selteneren Gewebetypen führen.[64] Ob aber ein Patient trotz einer infolge „schlechterer" Gewebeverträglichkeit geringeren Erfolgswahrscheinlichkeit behandelt werden *soll*, dies lässt sich nicht medizinisch-technisch beantworten. Erforderlich ist hier vielmehr eine Wertentscheidung, die festlegt, warum der eine Patient eine Chance bekommen soll, der andere hingegen nicht.[65]

27 Mit anderen Worten: Die Organallokation bezeichnet ein materielles Gerechtigkeitsproblem.[66] Völlig zu Recht legt deshalb Art. 119a der neuen Schweizerischen Bundesverfassung dem Bund die Verpflichtung auf, „insbesondere Kriterien für eine gerechte Zuteilung von Organen" festzulegen.[67] Dies wird im Übrigen auch in den organspezifischen Richtlinien der Bundesärztekammer zur Verteilung der unterschiedlichen Organe[68] als Allokationskriterien anerkannt.[69] In den allgemeinen Vorbemerkungen zu den organspezifischen Verteilungsrichtlinien der Bundesärztekammer wird im Übrigen auch ausdrücklich neben den Grundsätzen der Erfolgsaussicht und der Dringlichkeit als drittes Allokationskriterium die

---

[62] So zu Recht *Gutmann/Land*, Ethische und rechtliche Fragen der Organverteilung: Der Stand der Debatte, in: Schmidt/Albert (Hrsg.), Praxis der Nierentransplantation (IV), 1997, S. 92 (95 ff., 101 ff., 121); siehe auch schon *Niklas Luhmann*, Medizin und Gesellschaftstheorie, in: Medizin, Mensch, Gesellschaft 8 (1983), 168 ff.
[63] Siehe etwa *Nickel/Schmidt-Preisigke/Sengler*, Transplantationsgesetz, § 12 Rdnr. 9.
[64] Siehe auch schon *Günther Feuerstein*, Das Transplantationssystem, 1995, S. 257.
[65] Siehe auch schon *Stephan Rixen*, Schriftliche Stellungnahmen für den Gesundheitsausschuss des Deutschen Bundestages zu den Anhörungen vom 25. 9. und 9. 10. 1996, Ausschuss-Drs. 603/13, S. 8.
[66] Siehe hierzu – außer den in den vorangegangenen Fußnoten, die Beiträge in: Nagel/Fuchs (Hrsg.), Soziale Gerechtigkeit im Gesundheitswesen, 1993, S. 209 ff., 249 ff., 285 ff., 315 ff.; *Volker H. Schmidt*, Politik der Organverteilung, 1996; dens., Verteilungsgerechtigkeit in der Transplantationsmedizin: Was kann die Soziologie beitragen?, EthikMed 1998, 5 ff.; *W. Land*, Das Dilemma der Allokation von Spenderorganen, Dialyse-Journal 1994, 31 ff.
[67] Vor diesem schweizerischen Hintergrund deshalb auch die kritische Sicht auf die deutsche Regelung bei *Seelmann*, Rechtsphilosophie, 2. Aufl. 2001, S. 115.
[68] Siehe dazu die Erläuterungen zu § 16.
[69] Auch die Bundesregierung umschreibt das zentrale Ziel der Organverteilungsrichtlinien der Bundesärztekammer als „größtmögliche Chancengleichheit", siehe Antwort der Bundesregierung auf eine Kleine Anfrage zur Umsetzung des Transplantationsgesetzes, BT-Drs. 14/4655, S. 10 zu Ziff. 15.

Chancengleichheit genannt. Der Erfolg einer Transplantation wird dabei als Überleben des Empfängers, die längerfristig gesicherte Transplantatfunktion sowie die verbesserte Lebensqualität definiert. Die Richtlinien weisen darauf hin, dass die Erfolgsaussichten für die Organe, aber auch innerhalb definierter Patientengruppen, grundsätzlich verschieden seien. Neben den empfängerbezogenen Kriterien hänge der Erfolg der Transplantation auch von der Qualität des jeweiligen Spenderorgans und der Qualität der medizinischen Betreuung ab.[70]

Da die Allokationskriterien der Erfolgsaussicht und der Dringlichkeit im Einzelfall gegenläufig zueinander stehen können, verwenden die Richtlinien indizielle Kriterien in Prozentsätzen, um ein ausgewogenes Verhältnis an Transplantationen bei weniger dringlichem Zustand von Patienten mit größerer Erfolgsaussicht einerseits und bei besonders dringenden Indikationen für eine Transplantation mit häufig jedoch schlechter Prognose andererseits sicherzustellen.[71] 28

Mit Ausnahme der Richtlinien für die Organvermittlung zur Pankreastransplantation enthalten die Richtlinien Vorgaben zur Gewichtung der Konservierungszeit des Spenderorgans. Nach den Richtlinien wird angenommen, dass durch die Nutzung der Informations- und Organisationsstrukturen in den gebildeten Organentnahmeregionen[72] die Ischämiezeiten verkürzt und auf diese Weise die Erfolgsaussichten für die Patienten verbessert werden können. Allerdings ist dies nach den Richtlinien zu dokumentieren und innerhalb von zwei Jahren im Rahmen der Qualitätssicherung zu überprüfen.[73] Nimmt man den Aspekt der Chancengleichheit ernst, so muss der Tätigkeitsbericht der Koordinierungsstellen nach § 11 Abs. 5 in der Tat Aufschluss darüber geben, ob es signifikant unterschiedliche Chancen von Patienten auf den Wartelisten der unterschiedlichen Transplantationszentren im Vergleich der Organentnahmeregionen gibt.[74] 29

Indes: Der Gesetzgeber hätte sich nicht mit der Formulierung zweier durchaus gegenläufiger Allokationskriterien begnügen dürfen. Eine konsequente Anwendung des Kriteriums der maximalen Erfolgswahrscheinlichkeit müsste dazu führen, dass die knappen Ressourcen gerade jenen Patienten zugute kommen, die sie am wenigsten dringend brauchen. Abgesehen davon birgt der Aspekt der Erfolgsaussicht die Gefahr, zum Einfallstor für unzulässige Selektionsmechanismen zu werden (Stichworte: „age-rationing"; „supportive environment"). Deshalb wäre der Gesetzgeber gut beraten gewesen, einerseits diskriminierende Kriterien zu be- 30

---

[70] Insoweit wird auf die im Anhang des Kommentars abgedruckten Richtlinien verwiesen.
[71] Siehe hierzu *Schreiber/Haverich*, Richtlinien für die Warteliste und für die Organvermittlung, Deutsches Ärzteblatt 2000, S. A-385 (386).
[72] Siehe § 5 Abs. 1 des Vertrages mit der DSO in Verbindung mit der Anlage hierzu nach Maßgabe des § 11 TPG.
[73] Vgl. die im Internet unter http://www.dso.de abrufbaren DSO-Tätigkeitsberichte für die Jahre 2000 und 2001. Die intendierte nähere Überprüfung im Rahmen der Qualitätssicherung ist bislang noch nicht erfolgt – nicht zuletzt aufgrund der späten vertraglichen Beauftragung der DSO. Derzeit ist eine prospektive Studie in Planung, die ab September 2002 laufen soll.
[74] Siehe auch *Nickel/Schmidt-Preisigke/Sengler*, § 12 Rdnr. 14.

nennen, die als Allokationskriterien ausgeschlossen sind.[75] Andererseits hätte auch der Gerechtigkeitsaspekt durch beispielhaft genannte Subkriterien konkretisiert werden können. Dazu könnte auch der Gesichtspunkt regionaler Chancengleichheit gehören. Er wird unausgesprochen – und durchaus von zusätzlichen Motivationen getragen – in den Richtlinien der Bundesärztekammer dort praktiziert, wo als sog. weiterer medizinischer Faktor die Minimierung der Konservierungszeit des Organs fungiert (s. Rdnr. 29), die etwa bei der Nierenallokation eine 20 %ige Gewichtung erhält[76]. Hierdurch wird aber nicht nur die Funktionsbeeinträchtigung des Organs reduziert, sondern offenkundig auch ein Interessenausgleich zwischen verschiedenen Transplantationszentren geschaffen, zusätzlich aber möglicherweise auch der regionalen Chancengleichheit Aufmerksamkeit gewidmet.[77] Und inwieweit eine solche Praxis mit der Patientenzentrierung des Systems einer einheitlichen Warteliste (§ 12 Abs. 3 Satz 2) kompatibel ist, wenn der Gesetzgeber selbst insoweit keinerlei Maßstäbe und Vorgaben erkennen lässt, erscheint zweifelhaft.[78]

b) Einheitliche Warteliste (§ 12 Abs. 3 Satz 2)

31 Eine erhebliche Bedeutung für die Organisation des Transplantationssystems in Deutschland hat die Regelung des § 12 Abs. 3 Satz 2 TPG. Danach sind die Wartelisten der Transplantationszentren als einheitliche Warteliste zu behandeln. Damit wird die Führung einer einheitlichen deutschen Warteliste für die Vermittlungsstelle zur Pflicht.[79] Das TPG entscheidet sich damit gegen eine zentrumsbezogene Verteilung der Organe und für eine Patientenzentrierung der Organallokation. Damit kann es auch keinen sog. Selbstbehalt der Spenderzentren geben und keine zentrumsbezogene Verteilung vermittlungspflichtiger Organe.[80] Allerdings ist über die Gewichtung der Konservierungszeit des jeweiligen Spenderorgans (im Sinne der sog. kalten Ischämie) durchaus ein regionaler Aspekt in das System der Organverteilung einbezogen.[81] Ohne eine entsprechende gesetzliche Vorgabe in diese Richtung, etwa durch die explizite Benennung von Gerechtigkeitskriterien (wozu auch regionale Chancengleichheit gehört), ist dies nicht unbedenklich.

---

75 So etwa im Blick auf das Alter oder die weltanschauliche Überzeugung Art. 23 Abs. 1 des Entwurfs eines schweizerischen Transplantationsgesetzes.
76 Siehe unter Punkt 1.5. der „Richtlinien für die Organvermittlung zur Nierentransplantation", abgedruckt im Anhang dieses Kommentars.
77 Siehe hierzu auch schon *Wolfram Höfling*, Transplantationsmedizin – Rechtslage und offene Fragen. Stellungnahme anlässlich der Expertenanhörung in der Euquete-Kommission „Recht und Ethik der modernen Medizin" des Deutschen Bundestages, 6. November 2000, Manuskript, S. 8; siehe auch *Nickel/Schmidt-Preisigke/Sengler*, Kommentar zum TPG, § 12 Rdnr. 11.
78 Siehe auch noch unten Rdnr. 31; zur Frage der Organallokation im übrigen sei hier verwiesen auf die Erläuterungen aus sozialwissenschaftlicher Perspektive durch *G. Feuerstein* im Anhang zu § 16.
79 Siehe auch *Nickel/Schmidt-Preisigke/Sengler*, § 12 Rdnr. 11.
80 So zu Recht ebda.
81 Siehe dazu bereits vorstehend Rdnr. 30.

c) Zur Dokumentationspflicht gemäß § 12 Abs. 3 Satz 3

Satz 3 der Regelung des § 12 Abs. 3 TPG schreibt vor, dass die Vermittlungsentscheidung für jedes Organ unter Angabe der Gründe zu dokumentieren und unter Verwendung der Kenn-Nummer dem Transplantationszentrum und der Koordinierungsstelle zu übermitteln ist.[82] Die Dokumentationspflicht ermöglicht eine Kontrolle der Vermittlungstätigkeit von Eurotransplant und dient darüber hinaus ganz allgemein der Transparenz im Bereich der Transplantationsmedizin. 32

3. Zur Regelung des § 12 Abs. 4
a) Allgemeines

§ 12 Abs. 4 Satz 1 statuiert die ausdrückliche Verpflichtung der dort genannten Institutionen[83], die Aufgaben der Vermittlungsstelle durch Vertrag festzulegen. Die Notwendigkeit gerade einer vertraglichen Bindung der Vermittlungsstelle resultiert aus der bereits erwähnten Intention des Gesetzgebers, die vortransplantationsgesetzlich vorgefundenen Organisationsstrukturen nunmehr normativ zu umhegen. Da die beauftragte niederländische Eurotransplant, auf die die Regelungen des § 12 zugeschnitten sind, als ausländische Vermittlungsstelle nicht der deutschen Hoheitsgewalt unterliegt[84], konnte allein auf diesem Weg ihre erforderliche rechtliche Bindung an die Vorgaben des Transplantationsgesetzes erreicht werden. 33

Die endgültige Umsetzung des § 12 Abs. 4 TPG erfolgte erst knapp drei Jahre nach Verabschiedung des Transplantationsgesetzes durch den am 27. Juni 2000 bekannt gemachten und ministeriell genehmigten sowie am 16. Juli 2000 in Kraft getretenen „Vertrag nach § 12 des Transplantationsgesetzes"[85]. 34

b) Die gesetzlich vorgesehenen Regelungsgegenstände des ET-Vertrages im Überblick

In § 12 Abs. 4 Satz 2 TPG werden die aus der Sicht des Gesetzgebers gewichtigsten Regelungsgegenstände – sich dabei teilweise überschneidend – aufgezählt, welche der Vermittlungsvertrag zwingend enthalten muss, wobei diese Aufzählung freilich nicht abschließend ist („insbesondere"). Der ET-Vertrag ist in seinem vollständigen Wortlaut im Anhang dieses Kommentars wiedergegeben, auf den hiermit verwiesen sei. Daher mag an dieser Stelle lediglich ein kursorischer Überblick über die gesetzlich vorgesehenen Regelungsgegenstände des ET-Vertrages genügen: 35

Nach Satz 2 Nr. 1 und 2 TPG sind im Vermittlungsvertrag Regelungen betreffend das Führen einer (einheitlichen) Warteliste der gemeldeten Patienten sowie Regelungen zur Erfassung der von der Koordinierungsstelle gemeldeten Organe zu treffen. Dies ist maßgeblich in den §§ 3 und 4 des ET-Vertrags erfolgt. Wenn 36

---

[82] Vgl. hierzu auch § 12 Abs. 4 und § 8 Abs. 1 des ET-Vertrages.
[83] S. zu den Vertragspartnern bereits oben Rdnr. 10 ff.
[84] S. zum rechtlichen Status von Eurotransplant bereits oben Rdnr. 13 ff.
[85] Veröffentlicht in BAnz. Nr. 131a vom 15. Juli 2000, abgedruckt im Anhang dieses Kommentars.

in diesen Vorschriften wiederholt von „Zusicherung der Empfangsbereitschaft rund um die Uhr", „unverzüglicher Datenerfassung, -überprüfung, -verarbeitung und -übermittlung", etc. die Rede ist, so werden nicht zuletzt hieran spezifische Sachgesetzlichkeiten des Normbereichs „Organtransplantationswesen" in besonderem Maße anschaulich.

37 Satz 2 Nr. 3 TPG statuiert – bereits mit Blick auf „Eurotransplant"[86] – als zentrale Verpflichtung der Auftraggeber, über den rechtstechnischen Weg des Vermittlungsvertrags die rechtlich Bindung der künftigen Vermittlungsstelle an die Vorschriften zur Organvermittlung nach § 12 Abs. 3 TPG (Allokationskriterien, System der einheitlichen Warteliste) sowie an die Einhaltung der Vorschriften nach § 12 Abs. 1 Satz 3 und 4 TPG herzustellen. Die Umsetzung erfolgte primär in den §§ 5 bis 7 des ET-Vertrags. Nach § 5 Abs. 1 Satz 2 des ET-Vertrags muss Eurotransplant auf der Grundlage des ET-Vertrages und der BÄK-Richtlinien *eigene Anwendungsregeln* für die Organvermittlung erstellen. Auf Grund dieser Anwendungsregeln ermittelt Eurotransplant im Falle der Meldung eines Organs in einem algorithmischen Erkenntnisverfahren den für dieses Organ am besten geeigneten Patienten. Demjenigen Transplantationszentrum, bei dem dieser Patient gemeldet ist, wird sodann das Organ von Eurotransplant angeboten.[87] Die endgültige Entscheidung über die Verwendung des angebotenen Organs für den betreffenden Empfänger verbleibt bei dem für ihn zuständigen Arzt des Transplantationszentrums. Besonderer Erwähnung bedarf in diesem Zusammenhang die Regelung in § 5 Abs. 7 Satz 1 des ET-Vertrags, wonach ET „auf der Grundlage wissenschaftlicher Erkenntnis von den Richtlinien der Bundesärztekammer mit deren Einverständnis zeitlich befristet abweichen [kann]". Für eine solche „Entwicklungsklausel"[88] (?!) mögen sich durchaus sachliche Gründe anführen lassen.[89] Im Transplantationsgesetz immerhin ist eine Ermächtigung zu einem solchen Dispens schlechterdings nirgends zu entdecken.

38 Gemäß Satz 2 Nr. 4 bis 6 und Nr. 8 TPG sind im Vermittlungsvertrag weitere Sicherungsmechanismen zu installieren, welche die Effektivität und vor allem Gesetzmäßigkeit des Vermittlungsverfahren (mit-)gewährleisten sollen. Die entsprechende vertragliche Umsetzung erfolgte zum einen durch die §§ 8 und 9 des ET-Vertrags, in denen Dokumentations-, Berichts- und Informationspflichten für ET festgeschrieben worden sind, sowie in § 16 des ET-Vertrags, der insbesondere in seinem Absatz 4 bei Vertragsverletzungen durch ET eine jederzeitige Kündigung aus wichtigem Grund vorsieht. Das Vorliegen eines wichtigen Kündigungsgrundes muss unter Berücksichtigung des objektiv-teleologischen Gesetzeszweckes von § 12 Abs. 4 Satz 2 Nr. 8 TPG bestimmt werden[90], sodass nachhaltige Verstöße der

---

[86] Vgl. BT-Drs. 13/4355, S. 14, 26.
[87] Nach *Schmidt-Aßmann*, Rechtsschutzfragen des Transplantationsgesetzes, S. 59 (60), liegt hierin die eigentliche Vermittlungsentscheidung.
[88] *Nickel/Schmidt-Preisigke/Sengler*, Transplantationsgesetz, § 12 Rdnr. 27.
[89] Vgl. *Nickel/Schmidt-Preisigke/Sengler*, a.a.O.
[90] Vgl. auch die Gesetzesbegründung BT-Drs. 13/4355, S. 26: „... nicht mehr geeignet, die vertraglichen Regelungen oder die zugrunde liegenden gesetzlichen Bestimmungen zu erfüllen ...".

Vermittlungsstelle gegen die ihr vertraglich auferlegten Anforderungen des Transplantationsgesetzes erforderlich und ausreichend sind. Ob die Fortsetzung des Vertragsverhältnisses bis zum Ablauf ordentlicher Kündigungsfristen für die kündigenden Vertragspartner unzumutbar ist[91], ist daher irrelevant. Ferner regelt § 10 des ET-Vertrags ein – beabsichtigtes – regelmäßiges Überprüfungsverfahren hinsichtlich der Vermittlungsentscheidungen von ET durch eine von den Auftraggebern zu bestimmende Prüfungskommission. Indes darf die Effektivität dieser Sicherungsmechanismen bezweifelt werden, zumal die genannten Instrumente letztlich auf eine Selbstkontrolle der ins Transplantationssystem normativ einbezogenen Akteure hinauslaufen.[92]

Nach Satz 2 Nr. 7 TPG schließlich ist in dem Vermittlungsvertrag der Ersatz angemessener Aufwendungen der Vermittlungsstelle für die Erfüllung ihrer Aufgaben nach dem Transplantationsgesetz zu regeln. Die Finanzierung soll nach § 11 des ET-Vertrags im Grundsatz über so genannte Registrierungspauschalen erfolgen. Die stets sensible Materie „Kosten" spiegelt sich in gesonderten Durchführungsbestimmungen im Anhang des ET-Vertrag wider, in denen sich die Vertragspartner zudem zu weiteren diesbezüglichen Verhandlungen verpflichten. 39

4. Das Kontrollregime nach Abs. 5

Angesichts der weit reichenden Verantwortungsteilung im System der „Zuteilung von Lebenschancen"[93] kommt dem Aspekt der Verantwortungsklarheit und der Effektivität der Kontrolle besondere Bedeutung zu. Die sich im Gesetzgebungsverfahren abzeichnende Regelung ist während der Anhörungen auch bei denjenigen, die einer „regulierten Selbstregulierung" grundsätzlich positiv gegenüber stehen, auf Kritik gestoßen.[94] 40

Entstehungsgeschichtlich erfuhr Absatz 5 neben einer redaktionellen Anpassung des Satz 3 an die Terminologie des SGB V[95] folgende Änderungen: Durch eine Ergänzung des Satz 1 wurde klargestellt, dass auch Änderungen des Vertrags mit der Vermittlungsstelle der ministeriellen Genehmigung bedürfen.[96] Satz 2 beschränkt nunmehr die Kontrolle durch die Genehmigung des Vertrages ausdrücklich auf eine Rechtskontrolle, beinhaltet mithin keine fachliche Ermessensprüfung.[97] Der Gesetzesentwurf der Abgeordneten *Knoche*, *Häfner* und der Fraktion BÜNDNIS 90/DIE GRÜNEN hatte in dem entsprechenden § 22 in Abs. 4 Satz 2 a.E. noch eine jährliche Berichtspflicht der Vertragspartner an das Bundesministe- 41

---

[91] Darauf wollen aber *Nickel/Schmidt-Preisigke/Sengler*, Transplantationsgesetz, § 12 Rdnr. 32 abstellen.
[92] S. dazu ausführlich Rdnr. 40 ff.
[93] *Höfling*, Schriftliche Stellungnahmen für den Gesundheitsausschuss des Deutschen Bundestages zu den Anhörungen vom 25.9. und 9.10.1996, Ausschuss-Drs. 599/13, S. 7.
[94] Dazu unten Rdnr. 46 f.
[95] Vgl. BT-Drs. 13/8017, S. 43 i.V.m. S. 42.
[96] Vgl. BT-Drs. 13/8017, S. 43.
[97] Vgl. BT-Drs. 13/8017, S. 43.

rium für Gesundheit über die Einhaltung der Vertragsbestimmungen vorgesehen[98], welche nicht Gesetz geworden ist.

42   In systematischer Hinsicht ist Absatz 5 im Kontext mit Absatz 4 Satz 2 Nr. 4 und 6 zu lesen. Während in Absatz 5 Satz 1 und 2 eine präventive staatliche Kontrolle vorgesehen ist, wird in Satz 3 die nachgehende Kontrolle den beteiligten Vertragspartnern selbst überlassen.

a) Präventive staatliche Genehmigung (Abs. 5 Satz 1 und 2)

43   Absatz 5 Satz 1 und 2 statuiert ein präventives Genehmigungserfordernis für den Vertrag einschließlich seiner Änderungen. Dieser Genehmigungsvorbehalt ist nur teilweise „Ausfluss der Staatsaufsicht über die Spitzenverbände der Krankenkassen"[99] (vgl. §§ 213, 214, 208 Abs. 2 SGB V, §§ 87 bis 90 Abs. 1 SGB IV). Hinsichtlich der Deutschen Krankenhausgesellschaft, der Bundesärztekammer und Eurotransplant stellt sie indes keine Staatsaufsicht innerhalb der Verwaltungsorganisation dar, sondern ist Aufsicht als Überwachung privater Tätigkeiten.[100] Es handelt sich nach dem Wortlaut („ist zu erteilen") um eine gebundene Genehmigung, die auf eine reine Rechtskontrolle („den Vorschriften dieses Gesetzes und sonstigem Recht") beschränkt ist. Fragen der Zweckmäßigkeit des Handelns der Vertragspartner sind daher nicht Gegenstand der Kontrolle.

44   Die erforderliche Genehmigung nach § 12 Art. 5 TPG ist am 27. Juni 2000 im Zuge der Bekanntmachung des Vertrages in der Form des Verwaltungsaktes erteilt worden.[101] Zu Drittwirkungen der Genehmigung vgl. insbesondere § 12 Abs. 4 Satz 1 i.V.m. § 10 Abs. 2 Nr. 3 TPG.

b) Nachgehende Überwachungspflichten (Abs. 5 Satz 3)

45   Die nachgehende Kontrolle der Organverteilung ist nach Absatz 5 Satz 3 ganz in die Hände der Auftraggeber des Vertrages mit Eurotransplant gelegt und auf die Überwachung der Einhaltung der Vertragsbestimmungen beschränkt. Dies haben die Vertragspartner in § 14 des Vertrages geregelt. Nach dessen § 4 Abs. 1 bilden die Auftraggeber „zum Zwecke der Erfüllung ihrer gesetzlichen Überwachungspflicht gemäß § 12 Abs. 5 Satz 3 TPG" eine Kommission. In Abs. 2 werden Berichts- und Auskunftspflichten für Eurotransplant festgeschrieben. Gem. Abs. 3 berichtet die Kommission den Auftraggebern regelmäßig über die Einhaltung der Vertragsbestimmungen, die Auftraggeber sodann Eurotransplant wiederum über das Ergebnis ihrer Überprüfung. Weitere detaillierte Informationspflichten von Eurotransplant gegenüber den Auftraggebern sind vor allem in den §§ 1 Abs. 4, 5 Abs. 1, 8 Abs. 2 und § 13 des Vertrages festgehalten. Die gem. § 14 des Vertrages

---

[98] Vgl. BT-Drs. 13/2926, S. 7.
[99] BT-Drs. 13/4355, S. 26.
[100] Zur Aufsicht umfassend *Wolfgang Kahl*, Die Staatsaufsicht. Entstehung, Wandel und Neubestimmung unter besonderer Berücksichtigung der Aufsicht über die Gemeinden, 2000.
[101] Vgl. BAnz. Nr. 131a vom 15. Juli 2000, S. 3

gebildete Kommission nach § 12 Abs. 5 TPG dürfte de facto mit der gem. § 10 gebildeten Prüfungskommission nach § 12 Abs. 4 Nr. 4 TPG identisch sein. Mit dieser Kommission wird also aus praktischen Gründen (gemeinsame Wahrnehmung) ein weiteres Gremium geschaffen und dem (ohnehin rudimentären) Kontrollstrang „zwischengeschaltet". Ergänzend ist anzumerken, dass in § 5 Abs. 1 Satz 2 des Vertrages Eurotransplant verpflichtet wurde, auch dem Bundesministerium für Gesundheit ihre nach den Richtlinien des Bundesärztekammer und dem Vertrag zu erstellenden „Anwendungsregeln für die Organvermittlung" mitzuteilen.

c) (Verfassungs-)Rechtliche Bewertung

Bei der verfassungsrechtlichen Beurteilung des nach § 12 Abs. 5 TPG installierten Kontrollinstrumentariums ist zu berücksichtigen, dass die Präzisierung der außerordentlich konkretisierungsbedürftigen Allokationskriterien des § 12 Abs. 3 TPG maßgeblich durch die Richtlinien der Bundesärztekammer (§ 12 Abs. 3 Satz 1 i.V.m. § 16 Abs. 1 Satz 1 Nr. 5 TPG und durch den Vertrag mit Eurotransplant (§ 12 Abs. 4 Satz 2 Nr. 3 TPG) erfolgt. Hierbei ist darauf hinzuweisen, dass die Bundesärztekammer bei der Erstellung der Richtlinien nach § 16 TPG keiner gesetzlich verankerten unmittelbaren staatlichen Kontrolle untersteht, geschweige denn einer die Prüfung der Zweckmäßigkeit einschließenden Genehmigung.[102] Die einzige staatliche Kontrolle der Zuteilung von Lebenschancen stellt die Genehmigung des Vertrages und die allgemeine Rechtsaufsicht über die Träger der gesetzlichen Krankenversicherung, also nur eines Teils der Vertragspartner, dar. Bei einer Gesamtbewertung der staatlichen Kontrollmöglichkeiten ist ferner die das ganze Transplantationsgesetz durchziehende Problematik unklarer und beschränkter Rechtsschutzmöglichkeiten zu bedenken.[103] Vor diesem Hintergrund ist während der Gesetzesberatungen zu Recht kritisiert worden, die Möglichkeiten staatlicher Aufsicht durch das Bundesministerium für Gesundheit seien „bestenfalls rudimentär vorhanden"[104]. Nur bei Einschaltung einer inländischen Vermittlungsstelle bestünden keine durchgreifenden Bedenken, wobei selbst dann auf staatliche Kontrolle nicht völlig verzichtet werden könne.[105] Für den Fall der Einschaltung von Eurotransplant seien die staatlichen Aufsichtsbefugnisse mangels Hoheitsgewalt über Eurotransplant nicht ausreichend.[106]

46

Die auf Grund dieser Kritik erfolgte Unterwerfung auch von Änderungen des ET-Vertrages unter das ministerielle Genehmigungserfordernis ist zu begrüßen, war in der Tat aber als rechtsstaatliches Minimum geboten. Bedenkt man indes,

47

---

[102] Vgl. näher die Kommentierung zu § 16.
[103] Siehe im einzelnen unten Rdnr. 55 ff. sowie insbesondere die Kommentierungen zu §§ 10 und 16.
[104] *Holznagel*, Schriftliche Stellungnahmen für den Gesundheitsausschuss des Deutschen Bundestages zu den Anhörungen vom 25.9. und 9.10.1996, Ausschuss-Drs. 601/13, S. 12.
[105] Vgl. *Holznagel*, a.a.O., S. 12.
[106] Vgl. *Holznagel*, a.a.O., S. 13 noch zu § 11 TPG-E nach BT-Drs. 13/4355.

dass die zwischengeschaltete Kommission der Auftraggeber durch die zu Kontrollierenden selbst bestimmt wird, dass die Auftraggeber de facto „kontrolliert kontrollieren" lassen können[107], ihre Interessen dabei vielfach eher inkongruent sind, erweist sich die (staatliche) Aufsicht auch weiterhin eher als eine „präventive Grundsatzkontrolle", denn als ein „hinreichendes Aufsichtsmittel".[108] Nach der einschlägigen Rechtsprechung des Bundesverfassungsgerichts[109] wird der staatlichen Schutzverpflichtung in grundrechtsrelevanten Bereichen nicht schon dadurch genügt, dass Schutzvorkehrungen irgendwelcher Art getroffen werden. Auch wenn der Legislative insoweit ein Gestaltungsspielraum zusteht, ist die Reichweite der Schutzvorkehrungen maßgeblich im Blick auf die Bedeutung und Schutzbedürftigkeit der betroffenen Rechtsgüter – hier Art. 2 Abs. 2 Satz 1 GG – zu beurteilen und durch das Untermaßverbot limitiert. Das in § 12 Abs. 5 TPG installierte Kontrollinstrumentarium kann auf Grund der aufgezeigten Schwächen diesen Maßstäben jedenfalls nicht genügen. Den Gesetzgeber trifft daher eine verfassungsrechtlich gebotene „Nachbesserungspflicht"[110] gerade dann, wenn der Staat – wie hier – durch eine Genehmigung eine eigene Mitverantwortung für etwaige Grundrechtsbeeinträchtigungen übernommen hat.

5. Die Rechtsverordnungsermächtigung gem. Absatz 6

48 In Absatz 6 wird das Bundesministerium für Gesundheit ermächtigt, durch Rechtsverordnung mit Zustimmung des Bundesrates die Vermittlungsstelle und ihre Aufgaben zu bestimmen, wenn (und soweit[111]) ein Vertrag nach den Absätzen 1 und 4 dieser Vorschrift nicht innerhalb von zwei Jahren nach In-Kraft-Treten des Transplantationsgesetzes zu Stande gekommen ist.

a) Normzweck

49 Absatz 6 wurde ausweislich der gesetzgeberischen Begründung „aus Gründen der Rechtssicherheit" eingefügt.[112] Nach seinem Normzweck soll auf diese Weise vorrangig sichergestellt werden, dass die Vorgaben der Absätze 1 und 4 in jedem Falle umgesetzt werden. Diesem übergeordneten Ziel dient insbesondere die subsidiäre Verpflichtung („bestimmt") des Bundesministeriums für Gesundheit zum Erlass einer diesbezüglichen Rechtsverordnung, zum anderen auch, dass durch die „drohende" Regelung mittels Rechtsverordnung nach Ablauf der Zwei-Jahres-Frist wohl faktisch Druck auf einen zügigen Vertragsabschluss hin ausgeübt werden sollte. Zugleich stellt Absatz 6 die gem. Art. 80 GG erforderliche – und seinen Anforderungen genügende – Ermächtigung dar.

---

[107] Vgl. *Conrads*, Rechtliche Grundsätze der Organallokation, S. 205.
[108] Vgl. *Holznagel*, a.a.O., S. 13 noch zu § 11 TPG-E nach BT-Drs. 13/4355.
[109] Vgl. BVerfGE 88, 203 (254); ferner *Holznagel*, DVBl. 1997, S. 393 (395 f. und 397 f. m.w.N.).
[110] Vgl. dazu BVerfGE 56, 54 (79).
[111] Siehe unten Rdnr. 52 ff.
[112] Vgl. BT-Drs. 13/4355, S. 27 (noch zu § 11 Abs. 6 TPG-E).

b) Die Zwei-Jahres-Frist

Trotz allem ist der Vertrag über die Vermittlungsstelle erst nach Ablauf der Zwei-Jahres-Frist des § 12 Abs. 6 TPG – das war am 30. November 1999 (vgl. § 25 Abs. 1 Satz 1 TPG) – „zu Stande gekommen". Er wurde erst am 10. April 2000 von den Vertragspartnern geschlossen[113], am 27. Juni 2000 vom Bundesministerium für Gesundheit genehmigt[114], am 15. Juli 2000 im Bundesanzeiger bekannt gemacht[115] und trat am 16. Juli 2000 in Kraft.[116]

50

Dieser Verstoß gegen § 12 Abs. 6 TPG (näher unten, § 25 Rdnr. 7 ff.) lässt indes die Wirksamkeit des Vertrages unberührt. Dem Wortlaut nach trifft Absatz 6 keine Regelung über die Wirksamkeit eines nach Ablauf der Frist zu Stande gekommenen Vertrages. Aus den Gesetzesmaterialien ergibt sich nichts anderes. Für dieses Auslegungsergebnis sprechen nicht zuletzt teleologische Überlegungen. Der oben erläuterte maßgebliche Normzweck, sicherzustellen, dass die Vorgaben der Absätze 1 und 4 in jedem Falle umgesetzt werden, ist auch so erreicht. Die Annahme einer Unwirksamkeit des Vertrages wäre schlicht widersinnig und hätte im Übrigen ausdrücklich geregelt werden müssen.

51

c) Normative Wirkungen

Absatz 6 hatte nach dem Gesagten zunächst normativ indirekt die Wirkung, dass es vor Ablauf der Zwei-Jahres-Frist an der gem. Art. 80 GG erforderlichen Ermächtigungsgrundlage für den Erlass einer Rechtsverordnung in jedem Fall gefehlt hätte.

52

Gleichwohl ist die Rechtsverordnungsermächtigung des Absatz 6 nunmehr nicht gegenstandslos geworden. Ist der Vertrag aus irgendwelchen Gründen (teil-)nichtig[117], regelt er einzelne Vorgaben nach den Absätzen 1 und 4 gar nicht oder nur unvollständig, oder wird er von einer der Vertragsparteien gekündigt[118], so ermächtigt und verpflichtet Absatz 6 das Bundesministerium für Gesundheit insoweit weiterhin zu einer entsprechenden Regelung durch Rechtsverordnung. Ob sich hierbei aus dem Verhältnismäßigkeitsgrundsatz eine rechtliche Pflicht des Bundesministeriums für Gesundheit ergibt, zunächst den Vertragsparteien erneut Gelegenheit zu geben, die Regelungen zu ergänzen[119], ist fraglich, dürfte aber dem vom Gesetzgeber gewollten Vorrang privatrechtlicher Regelungen[120] entsprechen (vgl. insoweit für den Fall der Aufkündigung das in § 16 Abs. 5 des Vertrages statuierte Schlichtungsverfahren).

53

---

[113] BAnz Nr. 131 a, S. 17.
[114] BAnz Nr. 131 a, S. 3.
[115] BAnz Nr. 131 a, S. 1 ff.
[116] § 17 Satz 2 des Vertrages.
[117] Vgl. die salvatorische Klausel in § 19 des Vertrages.
[118] Siehe § 12 Abs. 4 Satz 2 Nr. 8 TPG und § 16 des Vertrages.
[119] So hinsichtlich der Erstgenehmigung des Vertrages *Nickel/Schmidt-Preisigke/Sengler*, Transplantationsgesetz, § 12 RdNr. 35.
[120] Vgl. BT-Drs. 13/4355, S. 14 f.

54 Zur Rechtslage vor In-Kraft-Treten des Vertrages siehe dessen § 5 Abs. 8 und 9, sowie die Kommentierung zu § 25 Abs. 2 TPG.

6. Insbesondere: Rechtsschutzfragen

55 Rechtsschutzfragen im Kontext der Transplantationsmedizin[121] können sich in unterschiedlichen Fallgestaltungen ergeben. Diese werden im Rahmen der vorliegenden Kommentierung je problemspezifisch erörtert.[122] An dieser Stelle ist nur auf folgende Gesichtspunkte hinzuweisen, wobei namentlich das verfassungswidrige Rechtsschutzdefizit, das sich im Blick auf die Vermittlungsentscheidungen Eurotransplants ergibt, zu thematisieren ist.

56 Zunächst: Streitigkeiten zwischen den Vertragspartnern aus dem Vermittlungsvertrag unterliegen aufgrund der Vereinbarung in § 18 Abs. 3 des Vertrages der deutschen Gerichtsbarkeit, aufgrund seiner privatrechtlichen Rechtsnatur näherhin der ordentlichen Gerichtsbarkeit (§ 13 GVG), was allerdings kaum praxisrelevant werden dürfte (vgl. für die Kündigung auch das in § 16 Abs. 5 des Vertrages vorgesehene Schlichtungsverfahren).

57 Sodann: Die Vertragsgenehmigung nach § 12 Abs. 5 Satz 1 TPG ist (schon ihrer Form nach) ein Verwaltungsakt i.S.d. § 35 VwVfG, so dass gegen ihre Erteilung der Verwaltungsrechtsweg nach § 40 VwGO einschlägig ist. Da die Genehmigung ausschließlich im öffentlichen Interesse ergeht, fehlt es in Betracht kommenden Klägern allerdings an einem gem. § 42 VwGO erforderlichen subjektiven Recht, insbesondere haben sie gegenüber dem Bundesministerium für Gesundheit keinen Anspruch auf ein Einschreiten.[123]

58 Weitaus größere Relevanz indes kommt der eingangs aufgeworfenen Frage nach möglichem Rechtsschutz von Patienten gegen die Vermittlungsentscheidungen von Eurotransplant zu. Bezeichnenderweise werden jedoch gerade an dieser Stelle verfassungsrechtlich inakzeptable Rechtsschutzlücken offenbar. Insoweit ist bereits zu bedenken, dass angesichts des Zeitdrucks im Rahmen der Organvermittlung regelmäßig nur ein Vorgehen im Wege präventiven bzw. nachgehenden Rechtsschutzes in Betracht kommen wird.

59 Die dadurch gleichsam sachgesetzlich eingeschränkte[124] Möglichkeit effektiven Rechtsschutzes wird zudem durch die vom Gesetzgeber bewusst in Kauf genommene Beauftragung der ausländischen Eurotransplant zusätzlich erschwert. Damit dürfte den Patienten zum einen der Rechtsweg zu deutschen Gerichten gegen Entscheidungen der Organvermittlungsstelle in Gänze abgeschnitten sein, zumal ver-

---

[121] Hierzu – einschließlich der „Rechtsschutztauglichkeit" der Materie – ausführlich *Lang*, VSSR 2002, S. 21 ff.; siehe auch die Kommentierung zu § 10; ferner *Höfling*, VVDStRL 61 (2001), S. 260 (290 ff.); *Schmidt-Aßmann*, Grundrechtspositionen, S. 108 ff.; vgl. ferner *Baltzer*, SGb 1998, S. 437 ff.
[122] Vgl. insbesondere die Kommentierung zu § 10 Rdnr. 70 ff.
[123] Ebenso *Nickel/Schmidt-Preisigke/Sengler*, Transplantationsgesetz, § 12 RdNr. 33 f.
[124] Indes keineswegs a priori ausgeschlossene! – vgl. zutreffend *Lang*, VSSR 2002, S. 21 (42).

tragliche Beziehung allein zwischen Eurotransplant und ihren Vermittlungsvertragspartnern bestehen.

Zum anderen schließen die Regelungen des Transplantationsgesetzes zwar nicht den Rechtsschutz vor niederländischen Gerichten aus. Jedoch nimmt die transplantationsgesetzliche Regelung erhebliche Unsicherheiten über das Wo, den Gegenstand („ET-Anwendungsregeln"? „ET-Organ-Angebot"?[125]) und die Modalitäten potentiellen Rechtsschutzes und damit weitere erhebliche faktische Erschwerungen bewusst in Kauf. Bedenkt man zudem die sich an etwaige Entscheidungen ausländischer Gerichte anschließenden Probleme hinsichtlich ihrer Vollstreckbarkeit, so zeigt sich in alledem, dass die „'verkappte' Übertragung von Hoheitsrechten"[126] auf eine im Ausland ansässige Vermittlungsstelle wie Eurotransplant in Kombination mit dem hochkomplexen und intransparenten Entscheidungsprozeß der Organallokation nicht hinnehmbaren Rechtsschutzdefizite bedingt und Mindestbedingungen, die das Bundesverfassungsgericht mit dem aus Art. 19 Abs. 4 GG folgenden Gebot der Rechtswegklarheit verknüpft[127], verfehlt.[128]

60

---

[125] Siehe oben Rdnr. 35 ff.
[126] *Schmidt-Aßmann*, Grundrechtspositionen, S. 113.
[127] BVerfGE 87, 48 (65). Zur den deutschen Gesetzgeber treffenden Justizgewährleistungspflicht, wenn nicht-deutschen Stellen die Möglichkeit zur Rechtsbeeinträchtigung eröffnet wird: BVerfGE 58, 1 (40 f.); 59, 63 (81 ff.), vor allem aber 89, 155 (174 ff.).
[128] Vgl. *Höfling*, VVDStRL 61 (2001), S. 260 (291); eingehend und zutreffend *Lang*, VSSR 2002, S. 21 (31 ff., insbes. S. 39 ff.); ebenso *Schmidt-Aßmann*, Grundrechtspositionen, S. 112 f. und *ders.*, Rechtsschutzfragen des Transplantationsgesetzes, S. 59 (61).

FÜNFTER ABSCHNITT
Meldungen, Datenschutz, Fristen, Richtlinien
zum Stand der Erkenntnisse der medizinischen Wissenschaft

§ 13
Meldungen, Begleitpapiere

(1) ¹Die Koordinierungsstelle verschlüsselt in einem mit den Transplantationszentren abgestimmten Verfahren die personenbezogenen Daten des Organspenders und bildet eine Kenn-Nummer, die ausschließlich der Koordinierungsstelle einen Rückschluss auf die Person des Organspenders ermöglicht. ²Die Kenn-Nummer ist in die Begleitpapiere für das entnommene Organ aufzunehmen. ³Die Begleitpapiere enthalten daneben alle für die Organübertragung erforderlichen medizinischen Angaben. ⁴Die Koordinierungsstelle meldet das Organ, die Kenn-Nummer und die für die Organvermittlung erforderlichen medizinischen Angaben an die Vermittlungsstelle und übermittelt nach Entscheidung der Vermittlungsstelle die Begleitpapiere an das Transplantationszentrum, in dem das Organ auf den Empfänger übertragen werden soll. ⁵Das Nähere wird im Vertrag nach § 11 Abs. 2 geregelt.

(2) Die Koordinierungsstelle darf Angaben aus den Begleitpapieren mit den personenbezogenen Daten des Organspenders zur weiteren Information über diesen nur gemeinsam verarbeiten und nutzen, insbesondere zusammenführen und an die Transplantationszentren weitergeben, in denen Organe des Spenders übertragen worden sind, soweit dies zur Abwehr einer zu befürchtenden gesundheitlichen Gefährdung der Organempfänger erforderlich ist.

(3) ¹Der behandelnde Arzt hat Patienten, bei denen die Übertragung vermittlungspflichtiger Organe medizinisch angezeigt ist, mit deren schriftlicher Einwilligung unverzüglich an das Transplantationszentrum zu melden, in dem die Organübertragung vorgenommen werden soll. ²Die Meldung hat auch dann zu erfolgen, wenn eine Ersatztherapie durchgeführt wird. ³Die Transplantationszentren melden die für die Organvermittlung erforderlichen Angaben über die in die Wartelisten aufgenommenen Patienten nach deren schriftlicher Einwilligung an die Vermittlungsstelle. ⁴Der Patient ist vor der Einwilligung darüber zu unterrichten, an welche Stellen seine personenbezogenen Daten übermittelt werden. ⁵Duldet die Meldung nach Satz 1 oder 3 wegen der Gefahr des Todes oder einer schweren Gesundheitsschädigung des Patienten keinen Aufschub, kann sie auch ohne seine vorherige Einwilligung erfolgen; die Einwilligung ist unverzüglich nachträglich einzuholen.

Gliederung

		Rdnr.
I.	Grundsätzliche Bedeutung und Regelungsgegenstand	1
II.	Die Erläuterungen im Einzelnen	2
	1. § 13 Abs. 1: Schutz der Daten des Organspenders	2
	2. § 13 Abs. 2: Gefahrbeseitigende Datenverarbeitung durch die Koordinierungsstelle	3
	3. § 13 Abs. 3: Meldung nach Einwilligung des Organempfängers	5

I. Grundsätzliche Bedeutung und Regelungsgegenstand

1 § 13 ist Teil der bereichsspezifischen Datenschutzregelungen des TPG. Es geht auch hier um Daten, die den reibungslosen informationellen Ablauf des Transplantationsgeschehens ermöglichen sollen. Die Vorschrift verlangt aus Datenschutzgründen die Verschlüsselung der personenbezogenen Daten des Organspenders durch Bildung einer Kenn-Nummer für jedes Spenderorgan. § 13 Abs. 2 und Abs. 3 sorgen für die datenschutzrechtlich korrekte Gewinnung bzw. Verarbeitung von Daten bei Organspender und Organempfänger

II. Die Erläuterungen im einzelnen

1. § 13 Abs. 1: Schutz der Daten des Organspenders

2 Die Koordinierungsstelle ist verpflichtet, in einem mit den Transplantationszentren abgestimmten Verfahren die personenbezogenen Daten des Organspenders zu verschlüsseln, eine Kenn-Nummer zu bilden, die ausschließlich der Koordinierungsstelle einen Rückschluss auf die Person des Organspenders ermöglicht, die Kenn-Nummer in die Begleitpapiere für das entnommene Organ aufzunehmen, außerdem, in die Begleitpapiere alle für die Organübertragung erforderlichen medizinischen Angaben aufzunehmen, sodann, das Organ, die Kenn-Nummer und die für die Organvermittlung erforderlichen medizinischen Angaben an die Vermittlungsstelle zu melden, nach deren Entscheidung, die Begleitpapiere an das Transplantationszentrum, in dem das Organ auf den Empfänger übertragen werden soll, zu übermitteln. Das Nähere wird gem. § 13 Abs. 1 S. 4 in dem Vertrag über die Koordinierungsstelle (§ 11 Abs. 2) geregelt.[1]

2. § 13 Abs. 2: Gefahrbeseitigende Datenverarbeitung durch die Koordinierungsstelle

3 § 13 Abs. 2 regelt die Zulässigkeit der Zusammenführung verschlüsselter Daten. Die Zusammenführung wird in der Regel durch die Koordinierungsstelle in Zusammenarbeit mit den Transplantationszentren erfolgen, in denen Organe des be-

---

[1] Vgl. §§ 3 und 4 des Vertrages über die Koordinierungsstelle.

troffenen Spenders übertragen worden sind. Verstöße gegen diese Vorschrift sind unter Strafe gestellt (§ 19 Rdnr. 61 f.).[2]

Nach § 13 Abs. 2 ist die Koordinierungsstelle berechtigt, Angaben aus den Begleitpapieren mit den personenbezogenen Daten des Organspenders zur weiteren Information über diesen nur gemeinsam zu verarbeiten und zu nutzen, insbesondere zusammenzuführen und an die Transplantationszentren weiterzugeben, in denen Organe des Spenders übertragen worden sind, soweit dies zur Abwehr einer zu befürchtenden gesundheitlichen Gefährdung der Organempfänger erforderlich ist. Das bedeutet, dass die Koordinierungsstelle auf der Grundlage der ihr vorliegenden Informationen aus ärztlicher Beurteilung zu dem Schluss kommen muss, dass eine gesundheitliche Gefährdung der Organempfänger zu befürchten ist und zu ihrer Abwehr die Zusammenführung und Weitergabe der genannten Angaben notwendig ist.   4

3. § 13 Abs. 3: Meldung nach Einwilligung des potentiellen Organempfänger

§ 13 Abs. 3 TPG bezieht sich systematisch nicht auf die Koordinierungsstelle, sondern wechselt die Perspektive: hier geht es um die Meldung des Patienten an das Transplantationszentrum bzw. an die Vermittlungsstelle. Danach muss der behandelnde Arzt den Patienten, bei dem die Übertragung vermittlungspflichtiger Organe medizinisch angezeigt ist, an das Transplantationszentrum melden, in dem die Organübertragung vorgenommen werden soll, und zwar mit schriftlicher Einwilligung[3] des Patienten und unverzüglich (§ 121 Abs. 1 S. 1 BGB). Alle für die Beurteilung der Indikation erforderlichen Daten müssen dazu zur Verfügung stehen. Das heißt: die Meldung zum Transplantationszentrum hängt von einer ärztlichen Beurteilung ab („medizinisch angezeigt"), ebenso hängt es von einer ärztlichen Beurteilung ab, welches Transplantationszentrum unter Beachtung der biographischen Situation des Patienten, aber auch mit Blick auf freie Kapazitäten, die Organübertragung vornehmen soll. Das Erfordernis der schriftlichen Einwilligung trägt dem Ernst der in Aussicht genommenen Operation Rechnung (Warnfunktion der Schriftform). Die Meldung hat auch dann zu erfolgen, wenn eine Ersatztherapie durchgeführt wird. Das bringt zum Ausdruck, dass die Meldung zur Organtransplantation nicht gewissermaßen erst in letzter Minute erfolgen darf. Angesichts der typischerweise langen Vorlaufzeiten für eine Organtransplantation muss die Meldung frühzeitig erfolgen und nicht erst dann, wenn eine Ersatztherapie an das Ende ihrer Tauglichkeit gelangt ist. Die Transplantationszentren melden die für die Organvermittlung erforderlichen Angaben über die in die Wartelisten aufgenommenen Patienten (vgl. § 10 Abs. 2 Nr. 1 TPG) nach deren schriftlicher Einwilligung an die Vermittlungsstelle. Der Patient ist vor der Einwilligung darüber zu unterrichten, an welche Stellen seine personenbezogenen Daten übermittelt werden (§ 13 Abs. 3 S. 4 TPG). Der Patient kann beide Einwilligungen (die bzgl. der Übermittlung an das Transplantationszentrum sowie die bzgl. der Über-   5

---

[2] BT-Drs. 13/4355, S. 27; s. auch BT-Drs. 13/8017, S. 43.
[3] Einwilligungsgrundsatz des Datenschutzrechts, § 4 Abs. 1 BDSG.

mittlung an die Vermittlungsstelle) wegen des engen Sachzusammenhangs in einer Erklärung abgeben.⁴

6   Die Meldung des behandelnden Arztes löst nicht etwa automatisch die Aufnahme in die Warteliste aus, sondern führt nur zu einer eigenen Prüfung des Transplantationszentrums, ob der gemeldete Patient auf die Warteliste aufgenommen werden soll (vgl. § 10 Abs. 2 Nr. 1 TPG). Entscheidet sich das Transplantationszentrum, den gemeldeten Patienten in die Warteliste aufzunehmen, dann muss es den Patienten an die Vermittlungsstelle mit den erforderlichen Daten melden, sofern dieser (Warnfunktion der Schriftform) dem schriftlich zustimmt. Der Patient ist vor der Einwilligung darüber zu unterrichten an welche Stellen seine personenbezogenen Daten übermittelt werden. Bei schwerer Gesundheits- bzw. Lebensgefahr kann die Meldung des behandelnden Arztes bzw. die Meldung des Transplantationszentrums ohne vorherige Einwilligung des Patienten erfolgen; allerdings ist die Einwilligung unverzüglich nachzuholen.

7   Das Transplantationszentrum kann die Koordinierungsstelle mit der Weiterleitung der Daten nach § 13 Abs. 3 S. 3 TPG beauftragen (§ 3 Abs. 5 des Vertrages über die Koordinierungsstelle). Im Verhältnis zu ihren Patienten bleiben die Transplantationszentren für die Meldung der Daten an die Vermittlungsstelle verantwortlich.⁵

---

⁴   Vgl. BT-Drs. 13/4355, S. 27.
⁵   *Nickel/Schmidt-Preisigke/Sengler*, § 13 Rn. 5 a.E.

§ 14
Datenschutz

(1) ¹Ist die Koordinierungsstelle oder die Vermittlungsstelle eine nicht-öffentliche Stelle im Geltungsbereich dieses Gesetzes, gilt § 38 des Bundesdatenschutzgesetzes mit der Maßgabe, dass die Aufsichtsbehörde die Einhaltung der Vorschriften über den Datenschutz überwacht, auch wenn ihr hinreichende Anhaltspunkte für eine Verletzung dieser Vorschriften nicht vorliegen oder die Daten nicht in Dateien verarbeitet werden. ²Dies gilt auch für die Verarbeitung und Nutzung personenbezogener Daten durch Personen mit Ausnahme des Erklärenden, an die nach § 2 Abs. 4 Auskunft aus dem Organspenderegister erteilt oder an die die Auskunft weitergegeben worden ist.

(2) ¹Die an der Erteilung oder Weitergabe der Auskunft nach § 2 Abs. 4 beteiligten Personen mit Ausnahme des Erklärenden, die an der Stellungnahme nach § 8 Abs. 3 Satz 2, die an der Mitteilung, Unterrichtung oder Übermittlung nach § 11 Abs. 4 sowie die an der Organentnahme, -vermittlung oder -übertragung beteiligten Personen dürfen personenbezogene Daten der Organspender und der Organempfänger nicht offenbaren. ²Dies gilt auch für personenbezogene Daten von Personen, die nach § 3 Abs. 3 Satz 1 über die beabsichtigte oder nach § 4 über eine in Frage kommende Organentnahme unterrichtet worden sind. ³Die im Rahmen dieses Gesetzes erhobenen personenbezogenen Daten dürfen für andere als in diesem Gesetz genannte Zwecke nicht verarbeitet oder genutzt werden. ⁴Sie dürfen für gerichtliche Verfahren verarbeitet und genutzt werden, deren Gegenstand die Verletzung des Offenbarungsverbots nach Satz 1 oder 2 ist.

Gliederung

		Rdnr.
I.	Grundsätzliche Bedeutung und Regelungsgegenstand	1
II.	Die Erläuterungen im Einzelnen	3
	1. Die Regelung des § 14 Abs. 1	3
	2. Die Regelung des § 14 Abs. 2	4
	a) Lückenloser Datenschutz	4
	b) Kreis der Verpflichteten	6
	c) Zweckbindungsgebot	7

I. Grundsätzliche Bedeutung und Regelungsgegenstand

Wie die amtliche Überschrift deutlich macht, gehört auch § 14 TPG zu den spezifischen Datenschutzbestimmungen des TPG. Im Unterschied zu den meisten anderen bereichsspezifischen Datenschutzregeln des TPG geht es § 14 weniger um einen möglichst reibungslosen Datenaustausch zur Sicherung der informationellen 1

Möglichkeitsbedingungen einer Transplantation (§ 7 Rdnr. 2, vor § 9 Rdnr. 5), sondern um Datenschutz im „klassischen" Sinne: die bewusste Begrenzung (und Kontrolle) des Umgangs mit personenbezogenen Daten.

2 § 14 TPG betrifft zwei Regelungsgegenstände: zum einen geht es um die Kontrolle der datenschutzkonformen Verhaltens von Koordinierungs- und Vermittlungsstelle (§ 14 Abs. 1), zum anderen statuiert § 14 Abs. 2 besondere Geheimhaltungspflichten, die den allgemeinen Geheimnisschutz (vgl. insbesondere das von § 203 StGB sanktionierte Geheimhaltungsgebot) flankieren.

II. Die Erläuterungen im einzelnen

1. Die Regelung des § 14 Abs. 1

3 So weit die an der Spende, Entnahme und Übertragung von Organen beteiligten Einrichtungen (Krankenhäuser, Vermittlungsstelle, Koordinierungsstelle, Transplantationszentrum) öffentliche Stellen sind, liegt die Datenschutzaufsicht bei den jeweils zuständigen Landesdatenschutzbeauftragten (vgl. etwa § 25 Abs. 1 Datenschutzgesetz Nordrhein-Westfalen). Für Krankenhäuser, die in die Verwaltungskompetenz des Bundes fallen (Bundeswehrkrankenhäuser) ist der Bundesbeauftragte für Datenschutz zuständig. So weit es sich bei diesen Stellen um nichtöffentliche Stellen handelt, die nach § 38 Abs. 1 BDSG der Kontrolle der Aufsichtsbehörden unterliegen, modifiziert § 14 Abs. 1 TPG die Anwendung des § 38 Abs. 1 BDSG in dreifacher Hinsicht: Anstelle der in § 38 Abs. 1 BDSG vorgesehenen Anlassaufsicht wird im Hinblick auf die EG-Datenschutzrichtlinie[1] eine Initiativkontrolle vorgesehen. Der Kontrollgegenstand wird auf nicht in Dateien verarbeitete Daten ausgeweitet, auch die Erteilung von Auskünften aus dem Organspenderegister, das bekanntlich (noch) nicht eingerichtet wurde, kann kontrolliert werden. Vom TPG unberührt bleiben die Regelungen des internen Datenschutzes wie die Bestellung eines betrieblichen Beauftragten für den Datenschutz in nicht-öffentlichen Stellen nach §§ 36, 37 BDSG bzw. die Bestellung eines besonderen Krankenhaus-Datenschutzbeauftragten.[2]

2. Die Regelung des § 14 Abs. 2

a) Lückenloser Datenschutz

4 Personen, die an der organisatorischen oder medizinischen Realisierung der Transplantation mitwirken und in diesem Zusammenhang Daten des (potenziellen) Spenders, des (wartendenden) Organempfängers oder bestimmter Angehöriger des (potenziellen) Spenders erhoben oder verarbeitet haben, dürfen diese Informationen nicht offenbaren (vgl. § 14 Abs. 2 S. 1 und S. 2). Es geht um eine „lückenlose Datenschutzkontrolle".[3] Im Einzelnen dürfen die an der Erteilung oder Wei-

---

[1] Vgl. Art. 28 Abs. 3, Art. 32 der EG-Datenschutzrichtlinie (Richtlinie 95/46/EG), EG-Amtsblatt 1995, Nr. L 281.
[2] Vgl. beispielhaft § 51 Krankenhausgesetz Baden-Württemberg.
[3] So der Ausschussbericht zum TPG, BT-Drs. 13/8017, S. 43.

tergabe der Auskunft nach § 2 Abs. 4 (Auskunft aus dem – freilich bislang nicht existierenden, § 2 Rdnr. 46 – Organspenderegister) beteiligten Personen mit Ausnahme des Erklärenden, die an der Stellungnahme nach § 8 Abs. 3 S. 2 (Kommission zur Kontrolle der Freiwilligkeit der Lebendspende), die an der Mitteilung, Unterrichtung oder Übermittlung nach § 11 Abs. 4 (Meldung transplantationsgeeigneter Patienten) sowie die an der Organentnahme, Organvermittlung oder Organübertragung beteiligten Personen personenbezogene Daten der Organspender und Organempfänger nicht offenbaren. Dies gilt auch für personenbezogene Daten von Personen, die nach § 3 Abs. 1 über die beabsichtigte oder nach § 4 über eine infrage kommende Organentnahme unterrichtet worden sind. D.h.: Der gesamte Bereich der Organtransplantation soll gewissermaßen als Geheimsphäre vor unberechtigten Zugriffen Dritter geschützt werden; die Vertraulichkeit, auf die auch Angehörige einen Anspruch haben, soll erhalten bleiben.

Gemäß § 14 Abs. 2 S. 1 sind die an der Organentnahme, Organvermittlung oder Organübertragung „beteiligten" Personen verpflichtet, keine personenbezogenen Daten des Organspenders oder -empfängers zu offenbaren. Auch die Angehörigen eines Organspenders dürfen den Namen des Organempfängers nicht erfahren, ebenso der Organempfänger nicht den Namen des Organspenders.[4] Die Pflicht zur Geheimhaltung besteht bei der Entnahme von Organen lebender Personen nach § 8 nicht, so weit die personenbezogenen Daten des Organspenders und des Organempfängers diesen beiden bekannt sind.[5]

5

b) Zum Kreis der Verpflichteten

Wer an den genannten Vorgängen beteiligt ist, richtet sich in Anlehnung an die Frage, wer Berufshelfer im Sinne des § 203 Abs. 3 StGB ist (§ 19 Rdnr. 50, 56) danach, wie stark die konkrete Person in das Behandlungsgeschehen eingebunden ist. Neben Arzt und Assistenzpersonal gehören dazu bspw. auch die Sekretärin des Arztes, die entsprechende Dokumentationen erstellt, oder Kollegen im Krankenhaus, mit denen der behandelnde Arzt die Operation vorbesprochen hat. Nicht zu den an der Organentnahme beteiligten Personen gehört allerdings das Verwaltungspersonal eines Krankenhauses oder eines Transplantationszentrums, das mit dem Behandlungsgeschehen nicht in Berührung steht. An der Organübertragung sind die gleichen Personen beteiligt wie die Personen, die soeben für die Organentnahme genannt wurden. An der Organvermittlung sind alle Personen beteiligt, die an den Kommunikationsflüssen, die zwischen Transplantationszentrum, Krankenhaus, Koordinierungsstelle und Vermittlungsstelle teilhaben. D. h., es handelt sich um einen weit gezogenen Kreis von Menschen, die in irgendeiner Funktion daran beteiligt sind, dass Informationen, die für die Organvermittlung von Bedeutung sein können, in den Kommunikationskreislauf zwischen den genannten Stellen eingespeist und abgerufen werden können.

6

---

[4] BT-Drs. 13/4355, S. 27.
[5] BT-Drs. 13/4355, S. 27.

c) *Zweckbindungsgebot*

7 § 14 Abs. 2 S. 3 legt noch einmal fest, dass die im Rahmen des TPG erhobenen personenbezogenen Daten für andere als in diesem Gesetz genannte Zwecke nicht verarbeitet oder genutzt werden dürfen. Das so genannte Zweckbindungsgebot, wonach Daten nicht für andere als die gesetzlich festgelegten Zwecke verwendet werden dürfen, wird hier seiner Bedeutung wegen ausdrücklich nochmals erwähnt. Allerdings stellt das TPG in § 14 Abs. 2 S. 4 klar, dass die Daten für gerichtliche Verfahren verarbeitet und genutzt werden dürfen, deren Gegenstand die Verletzung des Offenbarungsverbotes nach S. 1 oder S. 2 ist. Gerichtliche Verfahren sind alle Verfahren, an denen Gerichte beteiligt sind. Dazu zählt auch das Verfahren nach § 153 a StPO (Einstellung gegen [Geld-]Auflagen), das im medizinstrafrechtlichen Kontext besonders häufig zur Anwendung kommt.[6]

---

[6] *Ulsenheimer*, Arztstrafrecht, Rn. 475.

§ 15
Aufbewahrungs- und Löschungsfristen

¹Die Aufzeichnungen über die Beteiligung nach § 4 Abs. 4, zur Feststellung der Untersuchungsergebnisse nach § 5 Abs. 2 Satz 3, zur Aufklärung nach § 8 Abs. 2 Satz 3 und zur gutachtlichen Stellungnahme nach § 8 Abs. 3 Satz 2 sowie die Dokumentationen der Organentnahme, -vermittlung und -übertragung sind mindestens zehn Jahre aufzubewahren. ²Die in Aufzeichnungen und Dokumentationen nach den Sätzen 1 und 2 enthaltenen personenbezogenen Daten sind spätestens bis zum Ablauf eines weiteren Jahres zu vernichten; so weit darin enthaltene personenbezogene Daten in Dateien gespeichert sind, sind diese innerhalb dieser Frist zu löschen.

Gliederung

	Rdnr.
I. Grundsätzliche Bedeutung und Regelungsgegenstand	1
II. Die Erläuterungen im Einzelnen	2
1. Zweck der Aufbewahrungspflicht	2
2. Aufzubewahrende Aufzeichnungen bzw. Dokumentationen	3
3. Ende der Aufbewahrung – Zeitpunkt der Löschung	4

I. Grundsätzliche Bedeutung und Regelungsgegenstand

§ 15 zählt zu den Datenschutzbestimmungen des TPG. Mit den Aufbewahrungs- und Löschungsfristen regelt die Vorschrift „klassische" Aspekte des Datenschutzes, die vor dem Hintergrund des Lebensbereichs, um den es geht – das Transplantationswesen – eine (bereichs-)spezifische Ausformung erfahren. Mit der Regelung des § 15 S. 1 wird der Sache nach eine besondere Dokumentationspflicht für den durch das TPG geregelten Bereich des Arztrechts geschaffen. Aufzeichnungen und Dokumentationen, die nach Maßgabe des TPG zu erfolgen haben (dazu näher sogleich), sind aufzubewahren, also gegen den Zugriff Ungefugter gesichert verfügbar zu halten und nach einer bestimmten Frist zu vernichten. Das gilt auch für Mehrausfertigungen, Ablichtungen und Abschriften der Aufzeichnungen und Dokumentationen.[1]

1

---

[1] BT-Drs. 13/4355, S. 28.

II. Die Erläuterungen im einzelnen

1. Zweck der Aufbewahrungspflicht

2 Die Regelung soll vor allem der Ermittlung der Ursache möglicher Krankheitsübertragungen unter Berücksichtigung auch langer Inkubationszeiten (wie z.B. bei AIDS) ermöglichen.[2] Außerdem dient die Vorschrift der Beweissicherung, so weit es um (sanktionierbare) Verstöße gegen Pflichten geht, deren Beachtung gerade durch die Aufbewahrungs- bzw. Dokumentationspflichten gesichert werden soll, etwa hinsichtlich der Beteiligung der nächsten Angehörigen oder im Hinblick auf die Korrektheit der Todesfeststellung.[3] Diesen Aspekt verbirgt die amtliche Begründung hinter der wenig konkreten Wendung, die Vorschrift diene (auch) „der Rechtssicherheit und Transparenz"[4].

2. Aufzubewahrende Aufzeichnungen bzw. Dokumentationen

3 Aufzubewahren sind: Aufzeichnungen

- über die Beteiligung nach § 4 Abs. 4 (Mitwirkung entscheidungsbefugter Angehöriger),
- über die Feststellung der Untersuchungsergebnisse nach § 5 Abs. 2 Satz 3 (Todesfeststellung),
- über die Aufklärung nach § 8 Abs. 2 Satz 3 (Aufklärung des Lebendspenders),
- zur gutachtlichen Stellungnahme nach § 8 Abs. 3 Satz 2 (Kommission zur Kontrolle der Freiwilligkeit der Lebendspende) sowie
- die Dokumentationen der Organentnahme, Organvermittlung und Organübertragung.

3. Ende der Aufbewahrung – Zeitpunkt der Löschung

4 Die Pflicht zur Aufbewahrung besteht „mindestens" zehn Jahre lang, gerechnet vom Tag der Entstehung der Aufzeichnung bzw. Dokumentation. Die Aufzeichnungen und Dokumentationen nach Satz 1 – das in Satz 2 auch Satz 2 genannt ist, ist ein Redaktionsfehler[5] – sind jedoch „spätestens" bis zum Ablauf eines weiteren Jahres physisch zu vernichten oder (wenn sie in Dateien gespeichert sind) zu löschen (§ 15 Satz 2), also unkenntlich zu machen (vgl. § 3 Abs. 5 Satz 2 Nr. 5 BDSG). Die Löschung muss also „spätestens" nach elf Jahren erfolgen (vgl. den Wortlaut von § 15 S. 2), nicht frühestens.[6] Die 10-Jahres-Frist knüpft an die allge-

---

[2] BT-Drs. 13/4355, S. 27.
[3] Die in § 15 S. 1 genannte Pflichten sind sanktionsbewehrt, vgl. die Sanktionsbestimmung des § 19 Abs. 1 i.V.m. § 4 Abs. 1 Satz 2 und § 15 Satz 1 Variante 1 i.V.m. § 4 Abs. 4 und Abs. 1 Satz 2 sowie die Sanktionsbestimmung des § 20 Abs. 1 Nr. 1 i.V.m. § 5 Abs. 2 Satz 3 und § 15 Satz 1 Variante 2 i.V.m. § 5 Abs. 2 Satz 3 TPG.
[4] BT-Drs. 13/4355, S. 27.
[5] Vgl. *Rixen*, Datenschutz im Transplantationsgesetz, DuD 1998, 75 (78 Anm. 29).
[6] Insoweit missverständlich *Rixen*, DuD 1998, 78.

meine Aufbewahrungsfrist des ärztlichen Berufsrechts an, wonach ärztliche Aufzeichnungen zehn Jahre nach Abschluss der Behandlung aufzubewahren sind, so weit nicht gesetzlich eine längere Aufbewahrungspflicht angeordnet ist (vgl. § 10 Abs. 3 Muster-Berufsordnung für die deutschen Ärztinnen und Ärzte).[7] Die allgemeinen Regeln zur Aufbewahrung[8] gelten für sonstige, in § 15 TPG nicht genannte Aufzeichnungen (etwa zur Anamnese, zu den Beschwerden des Patienten, zur Diagnose und zur Behandlung).[9]

---

[7] Zit. bei *Laufs/Uhlenbruck*, Anh. zu Kapitel 1, S. 36 (39). Zu anderen Aufbewahrungsfristen *Uhlenbruck*, in: Laufs/Uhlenbruck, § 60 Rn. 17 m.w.N.
[8] Neben dem Berufsrecht s. insbesondere § 57 Abs. 2 Bundesmantelvertrag – Ärzte (BMV – Ä), abrufbar unter http://daris.kbv.de/daris/daris.asp (Rechtsquellensammlung der Kassenärztlichen Bundesvereinigung), oder § 304 Abs. 1 S. 1 SGB V i.V.m. § 84 Abs. 2 SGB X.
[9] *Nickel/Schmidt-Preisigke/Sengler*, § 15 Rn. 4.

§ 16
Richtlinien zum Stand der Erkenntnisse der medizinischen Wissenschaft

(1) ¹Die Bundesärztekammer stellt den Stand der Erkenntnisse der medizinischen Wissenschaft in Richtlinien fest für

1. die Regeln zur Feststellung des Todes nach § 3 Abs. 1 Nr. 2 und die Verfahrensregeln zur Feststellung des endgültigen, nicht behebbaren Ausfalls der Gesamtfunktion des Großhirns, des Kleinhirns und des Hirnstamms nach § 3 Abs. 2 Nr. 2 einschließlich der dazu jeweils erforderlichen ärztlichen Qualifikation,

2. die Regeln zur Aufnahme in die Warteliste nach § 10 Abs. 2 Nr. 2 einschließlich der Dokumentation der Gründe für die Aufnahme oder die Ablehnung der Aufnahme,

3. die ärztliche Beurteilung nach § 11 Abs. 4 Satz 2,

4. die Anforderungen an die im Zusammenhang mit einer Organentnahme zum Schutz der Organempfänger erforderlichen Maßnahmen einschließlich ihrer Dokumentation, insbesondere an

   a) die Untersuchung des Organspenders, der entnommenen Organe und der Organempfänger, um die gesundheitlichen Risiken für die Organempfänger, insbesondere das Risiko der Übertragung von Krankheiten, so gering wie möglich zu halten,

   b) die Konservierung, Aufbereitung, Aufbewahrung und Beförderung der Organe, um diese in einer zur Übertragung oder zur weiteren Aufbereitung und Aufbewahrung vor einer Übertragung geeigneten Beschaffenheit zu erhalten,

5. die Regeln zur Organvermittlung nach § 12 Abs. 3 Satz 1 und

6. die Anforderungen an die im Zusammenhang mit einer Organentnahme und -übertragung erforderlichen Maßnahmen zur Qualitätssicherung.

²Die Einhaltung des Standes der Erkenntnisse der medizinischen Wissenschaft wird vermutet, wenn die Richtlinien der Bundesärztekammer beachtet worden sind.

(2) Bei der Erarbeitung der Richtlinien nach Absatz 1 Satz 1 Nr. 1 und 5 sollen Ärzte, die weder an der Entnahme noch an der Übertragung von Organen beteiligt sind noch Weisungen eines Arztes unterstehen, der an solchen Maßnahmen beteiligt ist, bei der Erarbeitung der Richtlinien nach Absatz 1 Satz 1 Nr. 2 und 5 Personen mit der Befähigung zum Richteramt und Personen aus dem Kreis der Patienten, bei der Erarbeitung von Richtlinien nach Absatz 1 Satz 1 Nr. 5 ferner Personen aus dem Kreis der Angehörigen von Organspendern nach § 3 oder § 4 angemessen vertreten sein.

Gliederung

	Rdnr.
I. Grundsätzliche Bedeutung der Vorschrift.	1
II. Die Erläuterungen im Einzelnen	4
1. Die Bundesärztekammer als verpflichteter Ermächtigungsadressat für transplantationsmedizinische Richtlinien	4
2. Die Richtlinienkompetenz der Bundesärztekammer gemäß § 16 Abs. 1 TPG – rechtsdogmatische Einordnung und verfassungsrechtliche Bewertung	7
a) Die traditionelle Rechtsfigur der Beleihung.	9
b) Die Richtlinientätigkeit nach § 16 Abs. 1 TPG als Ausübung öffentlicher Gewalt	13
c) Durchgreifende verfassungsrechtliche Bedenken gegen die Normsetzung durch die Bundesärztekammer	16
aa) Richtlinientätigkeit und demokratische Legitimation	17
bb) Grundrechtlicher Wesentlichkeitsvorbehalt zu Gunsten des Gesetzgebers	22
d) Die Praxis der Inanspruchnahme der Richtlinienkompetenz	25
e) Die Vermutungsregel des § 16 Abs. 1 Satz 2 TPG	28
3. Die Richtlinien nach § 16 Abs. 1 Satz 1 Nrn. 1–6 TPG	31
a) Allgemeines	31
b) Die Richtlinien im Einzelnen.	33
aa) Die Richtlinien nach § 16 Abs. 1 Satz 1 Nr. 1	33
bb) Die Richtlinien zur Aufnahme in die Warteliste nach § 16 Abs. 1 Satz 1 Nr. 2.	34
cc) Die Richtlinien gemäß § 16 Abs. 1 Satz 1 Nr. 3.	35
dd) Die Richtlinien gemäß § 16 Abs. 1 Satz 1 Nr. 4.	36
ee) Die Richtlinien über die Regeln zur Organvermittlung gemäß § 16 Abs. 1 Satz 1 Nr. 5	37
ff) Die Richtlinien nach § 16 Abs. 1 Satz 1 Nr. 6	40

I. Grundsätzliche Bedeutung und Regelungsgegenstand

Die Vorschrift des § 16, deren Überschrift „Richtlinien zum Stand der Erkenntnisse der medizinischen Wissenschaft" lautet, scheint auf den ersten Blick zu den eher technisch-prozeduralen Bestimmungen minderer Bedeutung des TPG zu gehören. Doch dieser Eindruck täuscht: Sie zählt in ihrer rechtstechnischen Ausgestaltung, in ihrer verfassungsrechtlichen Problemdimension und in ihrer grundsätzlich verfehlten inhaltlichen Ausrichtung zu den fragwürdigsten des ganzen Regelwerks.[1] In der – wie zu zeigen sein wird: allzu – weit reichenden Aufgaben- 1

---
[1] Dazu im einzelnen noch unten Rdnr. 7 ff.

und Befugniszuweisung an die Bundesärztekammer erweist sich § 16 TPG gleichsam als ein „Pilotprojekt" einer „regulierten Selbstregulierung"[2] des Gesundheitssystems. Die §§ 5 Abs. 1, 12 und 16 des Transfusionsgesetzes haben diesen Ansatz aufgegriffen, und auch die §§ 136 a, 137 c – e SGB V verdeutlichen, dass die Bundesärztekammer seit einigen Jahren verstärkt in das – öffentlich-rechtliche – Gesundheitssystem der Bundesrepublik Deutschland einbezogen wird.

2   Dabei hätte dem Gesetzgeber eigentlich deutlich werden müssen, dass die Kompetenz zur Feststellung von Richtlinien über die Feststellung des Todes (§ 16 Abs. 1 Nr. 1), die Aufnahme in Wartelisten (Nr. 2) und über Regeln zur Organvermittlung (Nr. 3) in ihrer im wahrsten Sinne des Wortes existenziellen Bedeutung für die Betroffenen nicht einfach auf eine privatrechtliche Organisation wie die Bundesärztekammer[3] hätte delegiert werden dürfen. Auch wenn § 16 Abs. 1 Satz 2 TPG – unwesentlich relativierend – ausführt, die Einhaltung des Standes der Erkenntnis der medizinischen Wissenschaft werde (lediglich) „vermutet", wenn die Richtlinien der Bundesärztekammer beachtet worden sind, bedeutet die Richtlinienkompetenz der Bundesärztekammer eine die Rechtswirklichkeit prägende Konkretisierungsdominanz dieser privatrechtlichen Organisation. Selbst die apologetische Erläuterung der Vorschrift des § 16 TPG durch an den Gesetzesformulierungen mitwirkende Ministerialbeamten konzediert: „Die Vermutungswirkung dürfte in der Praxis sehr stark sein, da ein Abweichen vom Stand der Erkenntnisse der medizinischen Wissenschaft bei Einhaltung der Richtlinien, sofern diese ständig fortgeschrieben und dem jeweils aktuellen Stand der medizinischen Wissenschaft angepasst werden, kaum in Betracht kommen wird". Als Beispiel für eine Widerlegung der Vermutung wird sodann auf Fälle „offensichtlichen Irrtums, etwa bei sinnentstellendem ‚Druckfehler'" hingewiesen.[4]

3   Vor diesem Hintergrund drängen sich verfassungsrechtliche Bedenken gegen die Konzeption des TPG geradezu auf.[5] Dies ist im Folgenden näher darzulegen. Doch abgesehen hiervon ist ganz grundsätzlich hervorzuheben, dass die legislatorische Enthaltsamkeit und die Überantwortung der Entscheidungskompetenz über existenzielle Konflikte auf die Bundesärztekammer nichts weniger ist als (ärztliche) Selbstverwaltung. Völlig zu Recht hat (der Heidelberger Verfassungsrechtler) *Görg Haverkate* im Blick auf § 16 Abs. 1 TPG kritisiert: „Solche Art von ‚Selbstverwaltung', wie sie hier der Gesetzgeber installiert hat, ist gerade eben nicht eine eigenständige Regelung eigener Angelegenheit durch die von der Rege-

---

[2] So etwa *Nickel/Schmidt-Preisgke/Sengler*, Transplantationsgesetz, § 16 Rdnr. 21 unter Bezugnahme auf *Holznagel*, DVBl. 1997, 393 (400); ferner siehe bspw. *Ch. Conrads*, Rechtliche Aspekte der Richtlinienfeststellung nach § 16 Abs. 1 Satz 1 Nr. 2 und 5 TPG, in: Dierks/Neuhaus/Wienke (Hrsg.), Die Allokation von Spenderorganen. Rechtliche Aspekte, 1999, S. 35 (41).
[3] Dazu sogleich Rdnr. 7 ff., insbes. Rdnr. 16 ff.
[4] So *Nickel/Schmidt-Preisgke/Sengler*, Transplantationsgesetz, § 16 Rdnr. 20 unter Bezugnahme auf *Deutsch*, NJW 1998, 777 (780).
[5] Siehe dazu schon die im Gesetzgebungsverfahren geäußerte Kritik bei *Höfling*, Stellungnahme für den Gesundheitsausschuss des Deutschen Bundestages, 9.10.1996, Ausschuss-Drs. 599/13, S. 4 ff.

lung Betroffenen; sie ist in Wahrheit keine Selbstverwaltung, sondern Fremdverwaltung".[6]

II. Die Erläuterungen im einzelnen

1. Die Bundesärztekammer als verpflichteter Ermächtigungsadressat für transplantationsmedizinische Richtlinien

Nach § 16 Abs. 1 stellt die Bundesärztekammer den Stand der Erkenntnisse der medizinischen Wissenschaft in Richtlinien fest: Für die Regeln zur Feststellung des Todes (Nr. 1), für die Regeln zur Aufnahme in die Warteliste (Nr. 2), für die ärztliche Beurteilung hinsichtlich der möglichen Spenderqualität (Nr. 3), für die Anforderungen an Maßnahmen zum Schutze der Organempfänger (Nr. 4 a und b), für die Regeln zur Organvermittlung (Nr. 5) und für die Anforderungen an Maßnahmen zur Qualitätssicherung (Nr. 6). Damit ist der Bundesärztekammer eine weit reichende Entscheidungsmacht in zentralen Fragen der transplantationsmedizinischen Praxis eingeräumt.

Die Bundesärztekammer ist eine Dachorganisation auf Bundesebene, deren Mitglieder die ihrerseits als öffentlich-rechtliche Körperschaften organisierten Landesärztekammern sind. 1947 wurde sie als „Arbeitsgemeinschaft der westdeutschen Ärztekammer" gegründet, wobei im Wesentlichen kompetenzrechtliche Gründe ihre Errichtung als öffentlich-rechtliche Körperschaft auf Bundesebene verhinderten. Bei der Bundesärztekammer handelt es sich um einen nicht-eingetragenen Verein des Privatrechts.[7]

Nach ihrer Satzung dient sie dem ständigen Erfahrungsaustausch unter den Ärztekammern und wirkt auf eine möglichst einheitliche Regelung der ärztlichen Berufspflichten hin.[8] Zu den Instrumenten zur Umsetzung und Realisierung der satzungsrechtlichen Aufgaben gehören auch die Richtlinien, die durch Transformation im Recht der Landesärztekammern, welche diese wiederum auf der Grundlage der Landesheilberufsgesetze erlassen, unmittelbar berufsrechtliche Verbindlichkeit erlangen. Neben Richtlinien existieren darüber hinaus weitere Handlungsformen wie Leitlinien oder Empfehlungen.[9] Allgemeine Charakterisierungen von Richtlinien der Bundesärztekammer sagen indes noch nichts aus über die zutreffende rechtsdogmatische Einordnung der auf bundesgesetzlicher Anordnung - nämlich: § 16 Abs. 1 TPG - erlassenen Regelwerke der Bundesärztekammer.

---

[6] So *Görg Haverkate*, Verantwortung für Gesundheit als Verfassungsproblem, in: Häfner (Hrsg.), Gesundheit – unser höchstes Gut?, 1999, S. 119 (126).
[7] Siehe nur *Laufs*, in: Laufs/Uhlenbruck (Hrsg.), Handbuch des Arztrechts, 2. Aufl. 1999, § 13 Rdnr. 13 (S. 125); *Kluth*, Funktionale Selbstverwaltung, 1997, S. 484 ff.
[8] Siehe auch dazu *Laufs*, a.a.O., § 13 Rdnr. 14 (S. 125).
[9] Dazu näher *Hart*, MedR 1998, 8 ff.

2. Die Richtlinienkompetenz der Bundesärztekammer gemäß § 16 Abs. 1 TPG – rechtsdogmatische Einordnung und verfassungsrechtliche Bewertung

7   Nach § 16 Abs. 1 Satz 1 stellt die Bundesärztekammer für die in den Nummern 1–6 genannten Materien den Stand der Erkenntnisse der medizinischen Wissenschaft in Richtlinien fest. Diese Gesetzesformulierung ist erst auf Grund eines Änderungsantrages[10] aufgenommen worden. Der interfraktionelle Gesetzentwurf hatte zunächst noch formuliert, die Bundesärztekammer „kann in Richtlinien den Stand der medizinischen Wissenschaft ... feststellen".[11] Diese indikative Fassung des Gesetzestextes bringt deutlich zum Ausdruck, dass die Bundesärztekammer mit dem Erlass der genannten Richtlinien einen Pflichtauftrag erfüllt.[12]

8   Diese Formulierung wirft die Frage auf, wie die Inpflichtnahme der Bundesärztekammer und die „Produkte" der Befolgung des Auftrages, das heißt die Richtlinien, einzuordnen sind in die Organisationsstrukturen und Handlungsinstrumente der (Verwaltungs-)Rechtsordnung. In der (ministeriellen) Kommentarliteratur wird ohne tragfähige Begründung hierzu angenommen, die durch Satz 1 erfolgte gesetzliche Inpflichtnahme sei nicht als Beleihung anzusehen, sondern der Privatrechtssphäre zuzurechnen.[13] Diese Auffassung ist indes rechtsirrig.

a) Die traditionelle Rechtsfigur der Beleihung

9   Nach weithin konsentierter Auffassung ist ein Beliehener eine privatrechtliche Person, die mit der Wahrnehmung bestimmter Verwaltungsaufgaben im eigenen Namen betraut ist. Beliehene bleiben statusmäßig Privatrechtssubjekte, können aber funktionell in begrenztem Umfang hoheitlich handeln. Sie sind insoweit Teil der mittelbaren Staatsverwaltung. Da sie selbständig tätig werden und im eigenen Namen handeln, sind sie zugleich Verwaltungsträger, so weit ihr hoheitlicher Kompetenzbereich reicht.[14] Voraussetzung ist indes, dass sie durch ein Gesetz in den Vollzug einer Verwaltungsaufgabe eingebunden sind. Solche Beleihungen finden sich im Gesundheitsrecht, namentlich im Recht der gesetzlichen Krankenversicherung an etlichen Stellen. Nicht nur die privatrechtlich organisierten Vereinigungen von Sozialversicherungsträgern, etwa die Ersatzkassenverbände, der Verband Deutscher Rentenversicherungsträger und die Verbände der Unfallversiche-

---

[10] Siehe BT-Drs. 13/8027, S. 5 (§ 15).
[11] Siehe BT-Drs. 13/4355, S. 7 (zu § 15).
[12] Siehe auch *Nickel/Schmidt-Preisigke/Sengler*, Transplantationsgesetz, § 16 Rdnr. 3; ähnlich *Baumann*, Erläuterungen zum Gesetz über die Spende, Entnahme und Übertragung von Organen, in: Das Deutsche Bundesrecht IK 76, zu § 16 (S. 29), wo von einer „gesetzlichen ‚Anordnung' an die Bundesärztekammer" die Rede ist.
[13] In diesem Sinne *Nickel/Schmidt-Preisigke/Sengler*, Transplantationsgesetz, § 16 Rdnr. 4. – An anderer Stelle der Kommentierung heißt es aber, durch § 3 I Nr. 2 TPG, auf den § 16 Abs. 1 Nr. 1 TPG ja auch verweist, „delegiert (!) der Gesetzgeber bei der Feststellung des Todes nicht nur die Ausgestaltung des diagnostischen Verfahrens, sondern auch die Bestimmung der Todeskriterien an die Berufsgruppe der Ärzte"; so § 5 Rdnr. 4.
[14] Siehe nur *Hartmut Maurer*, Allgemeines Verwaltungsrecht, 13. Aufl. 2000, § 23 Rdnr. 56 (S. 598); grundlegend *Otto Mayer*, Deutsches Verwaltungsrecht, 2. Bd., 3. Aufl. 1924, S. 85 ff. und S. 243 ff.

rungsträger, sondern auch privatrechtlich organisierte Zusammenschlüsse der Leistungserbringer wie die Deutsche Krankenhausgesellschaft oder die Bundesärztekammer, sind zur Verwaltung im institutionellen Sinne zu rechnen, wenn und so weit sie durch Gesetz in die Erledigung einer Verwaltungsaufgabe einbezogen sind.[15] Zu Recht ist beispielsweise im Blick auf die in § 137a SGB V genannten Empfehlungen zur Qualitätssicherung darauf hingewiesen worden, auch die daran beteiligte Bundesärztekammer sei einbezogen in die Erfüllung der öffentlichen Aufgaben der Krankenversicherung, „sodass sie insoweit als Beliehene" zu qualifizieren sei.[16]

Beliehene werden, wie vorstehend gezeigt, partiell inkorporiert in die mittelbare Staatsverwaltung, weil sich der Gesetzgeber hiervon eine sinnvolle bzw. effektivere Umsetzung von Gemeinwohlbelangen verspricht. § 16 Abs. 1 weist der Bundesärztekammer nun die Kompetenz zu, für zentrale Bereiche der transplantationsmedizinischen Praxis Richtlinien über den einzuhaltenden Stand der medizinischen Wissenschaft zu erlassen. Neben der Sache liegt der gelegentlich formulierte Einwand, die Annahme einer Beleihung scheide aus, weil die Richtlinien der Bundesärztekammer wegen der Vermutungsregel des § 16 Abs. 1 Nr. 2 TPG keine rechtsverbindliche Wirkung hätten, „so dass (!) es an einer für die Beleihung erforderlichen hoheitlichen Tätigkeit" fehle.[17] 10

Der Beliehene steht gleichsam an der Schnittstelle zwischen funktioneller Privatisierung und Organisationsprivatisierung. Einerseits bedient sich der Staat einer privaten Organisationseinheit und lässt damit eine staatliche Aufgabe durch ein Privatrechtssubjekt erfüllen. Insoweit stellt die Beleihung einen Unterfall der Organisationsprivatisierung bzw. formellen Privatisierung dar.[18] Die staatliche Aufgabe – im vorliegenden Fall: die Gesundheitsvorsorge einschließlich der Allokation knapper Ressourcen in der Transplantationsmedizin – wird hier nicht partiell privatisiert, sondern gleichsam der private Sektor verstaatlicht durch Einweisung eines gesellschaftlichen Akteurs in die Funktion einer Behörde. Auf der anderen Seite aber geht dieser Vorgang über eine bloße Organisationsprivatisierung hinaus. Dem Staat geht es nämlich darum, durch die Einbeziehung eines Privatrechtssubjekts mit einer staatlichen Aufgabe besonderen Sachverstand für eigene Zwecke fruchtbar zu machen. Dies entspricht durchaus dem Gedanken der funktionellen Privatisierung.[19] 11

Ohne im vorliegenden Kontext ausführlicher auf die unterschiedlichen Theorien zur Beleihung eingehen zu müssen[20], wird im Blick auf die Funktion und Kom- 12

---

[15] Dazu aus jüngerer Zeit mit weiteren Nachweisen *Peter Axer*, Normsetzung der Exekutive in der Sozialversicherung, 1999, S. 32 ff, 34 f.
[16] *Axer*, a.a.O., S. 114.
[17] In diesem Sinne *Nickel/Schmidt-Preisigke/Sengler*, Transplantationsgesetz, § 16 Rdnr. 4.
[18] Siehe dazu auch *Martin Burgi*, Funktionale Privatisierung und Verwaltungshilfe, 1999, S. 79.
[19] *Achim Seidel*, Privater Sachverstand und staatliche Garantenstellung im Verwaltungsrecht, 2000, S. 25 mit weiteren Nachweisen.
[20] Zur sog. Aufgabentheorie, Rechts- oder Befugnistheorie und der wohl herrschenden Variante der Rechtsstellungstheorie siehe zusammenfassend aus jüngster Zeit etwa *Seidel*, a.a.O., S. 27 ff.

petenz der Bundesärztekammer im Rahmen der Aufgabenzuweisung des § 16 Abs. 1 TPG deutlich, dass diese keinesfalls den der verwaltungsrechtsdogmatischen Kategorie des Beliehenen gegenübergestellten Rechtsfiguren – z.B. Verwaltungssubstitution; Verwaltungshelfer u.Ä. – zugeordnet werden kann. Nach der Konzeption des TPG geht es nämlich nicht nur darum, privates Verhalten im öffentlichen Interesse durch Statuierung bestimmter Verhaltenspflichten gemeinwohlkonform zu lenken. Auch wird hier der private Beitrag zur Erfüllung der Verwaltungsaufgabe nicht lediglich auf eine Informations- oder Aufklärungsfunktion beschränkt, wobei der private Beitrag der vollumfänglichen Würdigungspflicht der letztlich entscheidungszuständigen Behörde nach den Vorgaben des Amtsermittlungsgrundsatzes unterstellt wird. Schließlich beschränkt sich der Beitrag der Bundesärztekammer auch nicht auf verfahrensmitgestaltende und gleichsam entwurfsausarbeitende Mitwirkung.[21] Im Umfang der gesetzlich statuierten Vermutungsregel des § 16 Abs. 1 Satz 2 TPG entscheidet die Bundesärztekammer vielmehr über die grundlegenden Eckdaten des gesamten durch das TPG verfassten Transplantationssystems: Von der Todesfeststellung als zentraler Voraussetzung für die Organentnahme gemäß § 3 TPG, über die Aufnahme möglicher Organempfänger in die Warteliste bis hin zu konkreten Vorgaben für die Zuteilung eines der knappen Organe einschließlich der insoweit bestehenden ärztlichen Verhaltenspflichten.

b) Die Richtlinientätigkeit nach § 16 Abs. 1 TPG als Ausübung öffentlicher Gewalt

13   Die rechtstechnische Form, in der diese private Erfüllung der Verwaltungsaufgabe geschieht, ist die *Richtlinie*. Dabei handelt es sich, wie zu zeigen sein wird, um eine *Form exekutiver Rechtssetzung*. Diese Feststellung steht der zuvor getroffenen Einordnung der Bundesärztekammer als Beliehene nicht entgegen. Zwar wird zum Teil vertreten, die Übertragung von Normsetzungskompetenzen komme für das Institut der Beleihung nicht infrage.[22] Doch ist dies keine Frage der Kategorienbildung, sondern lediglich eine der (verfassungs)rechtlichen Legitimität. Diese ist strikt von der kategoralen terminologischen Frage zu trennen. Sie besitzt für die organisationsrechtliche Qualifizierung keine Relevanz; denn die verfassungsrechtliche Zulässigkeit bestimmt nicht die Zuordnung, sodass die Übertragung von Normsetzungsbefugnissen auf Grund gesetzlicher Ermächtigung durchaus als Beleihung anzusehen ist. Überträgt der Gesetzgeber die Erledigung einer Verwaltungsaufgabe einem Privatrechtssubjekt in der Weise, dass dieses zur Normsetzung ermächtigt wird, so erhalten die durch das Privatrechtssubjekt auf Grund der gesetzlichen Ermächtigung erlassenen Normen Bindungswirkung kraft staatlichen Geltungsbefehls. Ihre Geltung gründet dann nicht im privatautonomen Handeln, sondern auf gesetzlicher Ermächtigung, sodass es sich insoweit um exekutive Normen handelt.[23] Ob und inwieweit eine solche exekutive Normsetzung durch die

---

[21] Siehe zu diesen Varianten privater Einbeziehung in die staatliche Aufgabenerfüllung unterhalb der Kategorie der Beleihung *Seidel*, a.a.O., S. 29 ff.
[22] Siehe etwa *Udo Steiner*, Öffentliche Verwaltung, S. 2.
[23] Dazu näher Axer, Normsetzung der Exekutive in der Sozialversicherung, S. 33 ff.

Bundesärztekammer nach Maßgabe des § 16 Abs. 1 TPG verfassungsrechtlichen Vorgaben entspricht, ist damit noch nicht beantwortet.[24]

Die von § 16 TPG in Bezug genommenen Richtlinien dürfen nicht unreflektiert gleichgesetzt werden mit den „normalen" Richtlinien als „standesrechtlich verbindliche(n) Regeln der ärztlichen Kunst", die in der Trias Richtlinien-Leitlinien-Empfehlungen als weitere Formen institutionell gesetzter ärztlicher Handlungsregeln die Skala der Verbindlichkeitsgrade anführen.[25] Eine derartige Perspektive, in der die Richtlinien gemäß § 16 TPG über einen Kamm geschoren werden, beispielsweise mit „Richtlinien für die publizistische Tätigkeit von Ärzten"[26], führt in die Irre und verschleiert die eigentliche Problematik. Selbst eine Parallelisierung zu in der Sache ungleich bedeutsameren Richtlinien wie denen zur assistierten Reproduktion verbietet sich. Diese bewegen sich zwar im Rahmen bzw. im Umfeld einer gesetzlich – nämlich: durch das Embryonenschutzgesetz – geregelten Materie, gewinnen aber keine besondere normative Relevanz durch eine legislative Ermächtigung.

14

Genau hier liegt indes der entscheidende Unterschied zu den Richtlinien des § 16 TPG. Ihre legislative Inkorporation weist ihnen eine völlig andersartige Qualität zu. Und wenn jene Kommentatoren, deren verharmlosende Deutung der Richtlinien hier kritisiert wird, an anderer Stelle davon sprechen, durch § 3 Abs. 1 Nr. 2 TPG i.V.m. § 16 Abs. 1 Nr. 1 TPG „delegier(e) der Gesetzgeber ... nicht nur die Ausgestaltung des diagnostischen Verfahrens, sondern auch die Bestimmung der Todeskriterien an die Berufsgruppe der Ärzte"[27], dann dementieren sie ihre Auffassung - zu Recht! - selbst. Die Schlüsselfunktion der Richtlinientätigkeit der Bundesärztekammer wird schließlich daran deutlich, dass Eurotransplant verbindliche Verteilungsvorgaben zur weiteren Konkretisierung der Allokationskriterien an die Hand gegeben werden. Nach § 5 ET-Vertrag erstellt Eurotransplant die Anwendungsregeln „auf der Grundlage" der Richtlinien der Bundesärztekammer (Abs. 1) und ist zu Abweichungen nur unter genau definierten Voraussetzungen ermächtigt (Abs. 3).[28]

15

c) Durchgreifende verfassungsrechtliche Bedenken gegen die Normsetzung durch die Bundesärztekammer

Die Richtlinientätigkeit der Bundesärztekammer nach § 16 TPG erweist sich nach allem als Ausübung öffentlicher Gewalt.[29] In der Art und Weise ihrer gesetzlichen Fundierung aber begegnet sie durchgreifenden verfassungsrechtlichen Bedenken. Diese speisen sich zum einen aus den Anforderungen des Demokratieprinzips,

16

---

24 Dazu sogleich Rdnr. 16 ff.
25 So aber etwa *Nickel/Schmidt-Preisigke/Sengler*, § 16 Rdnr. 4
26 Siehe DÄBl. 1979, 112.
27 So *Nickel/Schmidt-Preisigke/Sengler*, § 5 Rdnr. 4.
28 Hierauf abstellend: *Eberhard Schmidt-Aßmann*, Grundrechtspositionen und Legitimationsfragen im öffentlichen Gesundheitswesen, 2001, S. 102 f.
29 So auch *Schmidt-Aßmann*, Grundrechtspositionen, S. 102 f.

zum anderen aus dem namentlich grundrechtlich fundierten Wesentlichkeitsvorbehalt zu Gunsten des parlamentarischen Gesetzgebers.

aa) Richtlinientätigkeit und demokratische Legitimation

17 Jede Ausübung öffentlicher Gewalt bedarf der demokratischen Legitimation im Sinne des Art. 20 Abs. 2 GG. Mit den sich hieraus ergebenden Anforderungen sind die derzeitigen Regelungen des Transplantationsgesetzes nicht vereinbar; sie stellen kein hinreichendes Legitimationsniveau sicher.

18 Erhebliche Lücken ergeben sich zunächst im Blick auf die sachlich-inhaltliche Legitimation.[30] Die irreführende Formulierung[31] in § 16 Abs. 1 TPG, wonach die Bundesärztekammer in ihren Richtlinien lediglich bestimmte „Feststellungen" trifft, verdeckt den verfassungsrechtlich relevanten Umstand, dass die Richtlinientätigkeit der Bundesärztekammer substanziell eigene Wertungen von existenzieller Bedeutung enthält. Der insoweit bestehende Bewertungsspielraum wird dabei nicht durch aussagekräftige parlamentsgesetzliche Vorgaben gesteuert. Das in § 12 Abs. 3 TPG genannte Doppelkriterium der „Erfolgsaussicht und Dringlichkeit" verweist vielmehr auf jedenfalls partiell durchaus gegenläufige Allokationsmaßstäbe.[32] Die organspezifischen Richtlinien der Bundesärztekammer zeigen nicht nur in ihren Compliance-Regelungen, wie wenig die Normsetzung der Bundesärztekammer durch den Gesetzgeber vorgeprägt ist.[33]

19 Die Richtlinien mögen dabei durchaus vertretbare Allokationskriterien benennen[34], und es mag auch konzediert werden, dass eine parlamentsgesetzliche Regelung keine abschließenden und präzisen Direktiven zu formulieren vermag. Dass aber die Organverteilung im Kern ein Gerechtigkeitsproblem ist[35], hätte im parlamentsgesetzlichen Normtext jedenfalls als Vorgabe für die Tätigkeit der Bundesärztekammer normiert werden müssen.[36] Festgehalten werden kann jedenfalls, dass die „sachlich-inhaltliche Legitimation der Richtliniengebung ... für sich genommen zu schwach" ist, und schon durch ganz besondere organisatorisch-personelle Elemente nachhaltig ausgeglichen werden müsste, um insgesamt ein den verfassungsrechtlichen Anforderungen gerecht werdendes Legitimationsniveau zu gewährleisten.[37]

---

30 Hierzu und zum folgenden *Schmidt-Aßmann*, Grundrechtspositionen, S. 103 f.
31 So ausdrücklich *Schmidt-Aßmann*, S. 103.
32 Siehe dazu Erläuterungen zu § 12 Rdnr. 24 ff.
33 Siehe hierzu auch *Gutmann/Land*, Ethische und rechtliche Fragen der Organverteilung, in: Schmidt/Albert (Hrsg.), Praxis der Nierentransplantation, 1997, S. 92 (120 ff.).
34 Siehe aber auch die Erläuterungen aus sozialwissenschaftlicher Perspektive im Anhang zu § 16 durch *Feuerstein*.
35 Dazu etwa Elmar *Waibl*, „Dein ist mein ganzes Herz!"? – Gerechtigkeitsfragen in der Transplantationsmedizin, in: Köchler (Hrsg.), Transplantationsmedizin und personale Identität, 2001, S. 39 ff.; *Seelmann*, Rechtsphilosophie, 2. Aufl. 2001, S. 115, der explizit dies in der deutschen Regelung kritisiert.
36 Siehe auch bereits die Kritik im Gesetzgebungsverfahren von *Höfling*, Schriftliche Stellungnahmen für den Gesundheitsausschuss des Deutschen Bundestages zu den Anhörungen vom 25. 9. und 9. 10. 1996, Ausschuss-Drs. 599/13, S. 7 ff.
37 In diesem Sinne vor allem *Schmidt-Aßmann*, Grundrechtspositionen, S. 104.

Bedenklich erscheint insoweit bereits der privatrechtlich verfasste Status der Bundesärztekammer.[38] Doch selbst wenn man diese Bedenken im Blick auf die parlamentsgesetzliche Ermächtigung der Bundesärztekammer zurückstellt[39], verbleiben weitere verfassungsrechtliche Defizite. Diese betreffen das Verfahren der Richtliniengebung. Die Ausarbeitung der Richtlinien liegt zwar bei einer Kommission Sachverständiger, der „Ständigen Kommission Organtransplantation". § 16 Abs. 2 TPG nennt auch Kriterien für die Mitgliedschaft. Doch schweigt sich das Gesetz über den Rekrutierungsprozess der Mitglieder und das Verfahren innerhalb der Kommission aus. Dies aber genügt nicht den Anforderungen, die das Bundesverfassungsgericht für vergleichbare Gremien aufgestellt hat.[40] Darüber hinaus erfolgt die *Verabschiedung* der Richtlinie durch den Vorstand der Bundesärztekammer, dessen Mitglieder Repräsentanten funktionaler Selbstverwaltung sind, nicht aber über eine spezifische Expertenkompetenz im Transplantationswesen verfügen. Doch die Organallokation ist nichts weniger als eine Selbstverwaltungsaufgabe der Ärzteschaft.[41] Insgesamt sind damit zwei unterschiedliche Legitimationskriterien, nämlich Sachverstand und Selbstverwaltung in einer dysfunktionalen Weise miteinander verbunden.[42] Eine Kompensation der bereits festgestellten sachlich-inhaltlichen Legitimationsdefizite ist somit „de lege lata nicht zu erreichen".[43]   20

Aus diesem Befund resultiert eine gesetzgeberische Nachbesserungspflicht. Sollte dabei an der problematischen Einbeziehung der Bundesärztekammer festgehalten werden, so bedarf es jedenfalls näherer Regelungen über Rekrutierung, Verfahrensstruktur und Entscheidungsweise eines sachspezifisch legitimierten Gremiums zur Richtlinienbildung.[44] Darüber hinaus aber ist eine Mitwirkung staatlicher Instanzen vorzusehen.[45] Denkbar wäre es, den Erlass der Richtlinien an das Einvernehmen der zuständigen Bundesoberbehörde zu binden, wie das etwa in § 12 Abs. 1, 18 Abs. 1 des Transfusionsgesetzes zu Recht vorgesehen ist.[46]   21

---

[38] Kritisch insoweit auch *Deutsch*, NJW 1998, 777 (782).
[39] Darauf hebt wesentlich *Schmidt-Aßmann*, Grundrechtspositionen, S. 104 ab.
[40] Vgl. BVerfGE 83, 130 (150 ff.).
[41] Siehe deshalb auch zu Recht kritisch *Haverkate*, Verantwortung für Gesundheit als Verfassungsproblem, in: Häfner (Hrsg.), Gesundheit – unser höchstes Gut?, 1999, 119 (126).
[42] Siehe auch *Deutsch*, NJW 1998, 777 (780); *Kühn*, MedR 1998, 455 (459).
[43] So ausdrücklich *Schmidt-Aßmann*, Grundrechtspositionen, S. 105, dort auch zum Vorstehenden.
[44] Dazu bereits vorstehend Rdnr. 20. – Sehr kritisch gegenüber der vergleichbaren Richtlinienkompetenz der Bundesärztekammer gem. § 12 Transfusionsgesetz (TFG): *Lippert/Flegel*, in: H.-D.Lippert/W.A. Flegel, Kommentar zum Transfusionsgesetz (TFG) und den Hämotherapierichtlinien, 2002, § 12 Rdnr. 2 ff.
[45] Siehe bereits den Hinweis bei *Höfling*, Schriftliche Stellungnahmen für den Gesundheitsausschuss des Deutschen Bundestages zu den Anhörungen vom 25.9. und 9.10.1996, Ausschuss-Drs. 599/13, S. 9 f.
[46] In diesem Sinne auch *Schmidt-Aßmann*, S. 105 f., der angesichts der konstatierten Mängel resümierend feststellt, dass „der Gesetzgeber angesichts der weitreichenden Bedeutung der Richtlinie ... den verfassungsrechtlichen Rahmen überschritten" habe.

bb) Grundrechtlicher Wesentlichkeitsvorbehalt zugunsten des Gesetzgebers

22 Die Richtlinienkompetenz der Bundesärztekammer begegnet darüber hinaus jedenfalls für existenzielle Teilbereiche – dies betrifft namentlich die Richtlinien gem. § 16 Abs. 1 Nr. 1, Nr. 2 und Nr. 5 TPG – auch weiteren verfassungsrechtlichen Bedenken im Blick auf die sog. Wesentlichkeitsrechtsprechung des Bundesverfassungsgerichts.[47] Dies sei im Blick auf die Richtlinien zur Organallokation kurz dargelegt.

23 Die Frage der Organallokation betrifft einen besonders prekären Ausschnitt aus der allgemeinen Problematik der Verteilung knapper medizinischer Ressourcen. Als Zuteilung von Lebenschancen im eigentlichen Wortsinne betreffen derartige Maßnahmen wesentliche Grundrechtsfragen. Nach Maßgabe der sog. Wesentlichkeitsjudikatur des Bundesverfassungsgerichts muss der Gesetzgeber deshalb zumindest die Grundstrukturen des Verfahrens sowie die zentralen Vermittlungskriterien selbst regeln. Für die weit weniger dramatische Selektionsentscheidung bei der Vergabe von Studienplätzen in numerus-clausus-Fächern hat das Bundesverfassungsgericht dazu ausgeführt: „Formellrechtlich ist es wegen der einschneidenden Bedeutung der Auswahlregelung Sache des verantwortlichen Gesetzgebers, auch im Falle einer Delegation seiner Regelungsbefugnis zumindest die Art der anzuwendenden Auswahlkriterien und deren Rangverhältnis (!) untereinander selbst festzulegen.[48] Die grundgesetzliche Ordnung erlaubt es zwar dem Gesetzgeber, seine Normgebungsbefugnis durch ausdrückliche gesetzliche Ermächtigung auf andere zu delegieren. Wenn aber die Regelung ... sich ... als Zuteilung von Lebenschancen auswirken kann, dann kann in einer rechtsstaatlich-parlamentarischen Demokratie der Vorbehalt, dass in den Grundrechtsbereich lediglich durch ein Gesetz oder auf Grund eines Gesetzes eingegriffen werden darf, nur den Sinn haben, dass der Gesetzgeber die grundlegenden Entscheidungen selbst beantworten soll".[49]

24 Vor diesem Hintergrund begegnet es durchgreifenden verfassungsrechtlichen Bedenken, dass der Gesetzgeber sich auf die Direktive beschränkt hat, die Organe seien „nach Regeln, die dem Stand der medizinischen Wissenschaft entsprechen, insbesondere nach Erfolgsaussicht und Dringlichkeit für geeignete Patienten" zu vermitteln (§ 12 Abs. 3 Satz 1 TPG) und das weitere an die Bundesärztekammer delegiert hat. Die hier formulierte Kritik wird auch in der Literatur von maßgeblichen Stimmen geteilt. So hält etwa Erwin Deutsch den „Weg des Outsourcing" für „verfassungsrechtlich mindestens bedenklich".[50] Darüber hinaus haben *Land* und *Gutmann* gegenüber der getroffenen Regelung unter Verweis auf die Wesentlichkeitsrechtsprechung des Bundesverfassungsgerichts massiv Bedenken angemeldet.[51]

---

[47] Dazu allgemein etwa BVerfGE 34, 165 (192 f.); 41, 251 (260); 45, 400 (417 f.); 49, 89 (126 ff.); 77, 170 (233 f.); 83, 130 (152) u.a.
[48] Hervorhebung hinzugefügt.
[49] Siehe BVerfGE 33, 303 (345 f.).
[50] Siehe *Deutsch*, Medizinrecht, 3. Aufl. 1998, Rdnr. 518.
[51] Siehe *T. Gutmann/W. Land*, Ethische und rechtliche Fragen der Organverteilung: Der Stand der Debatte, in: U. Schmidt/F.W. Albert (Hrsg.), Praxis der Nierentransplantation

d) Die Praxis der Inanspruchnahme der Richtlinienkompetenz
Selbst wenn man der vorstehenden Qualifikation der transplantationsmedizinischen Richtlinien der Bundesärztekammer als *verfassungsrechtlich illegitime exekutive Normsetzung* nicht folgen will, kann die Art und Weise, wie die Bundesärztekammer die Ermächtigung des TPG in Anspruch nimmt, jedenfalls in wichtigen Punkten vor der Rechtsordnung keinen Bestand haben. Die Bundesärztekammer beschränkt sich nämlich keineswegs – wie es der Normtext des § 16 Abs. 1 Satz 1 TPG vorschreibt – darauf, den „Stand der Erkenntnis der medizinischen Wissenschaft" zu bestimmten Fragen in Richtlinien festzustellen, sondern statuiert die Entscheidungsregeln selbst. 25

Dies wird ganz besonders deutlich bei den Allokationsregeln: Nach der Konzeption des TPG sind es eigentlich die Vertragspartner des § 12 Abs. 4 TPG[52], die unter anderem „die Vermittlung der Organe" nach den Vorschriften des § 12 Abs. 3 zu regeln haben (siehe § 12 Abs. 4 Nr. 3 TPG). Mit anderen Worten: Der – genehmigungspflichtige (§ 12 Abs. 5 Satz 1 TPG) – Allokationsvertrag soll also nach Maßgabe der gesetzlichen Grobvorgaben („Erfolgsaussicht und Dringlichkeit") die Regelung der Organvermittlung übernehmen. Tatsächlich aber bestimmen die – genehmigungsfreien – Bundesärztekammer-Richtlinien zur Organvermittlung in ihren jeweiligen Vorbemerkungen, dass sie „für die Vermittlungsstelle verbindlich" sind. Dementsprechend bestimmt § 5 Abs. 1 Satz 2 des Vertrages mit Eurotransplant[53], dass Eurotransplant Anwendungsregelungen für die Organvermittlung „auf der Grundlage der jeweils geltenden Richtlinien der Bundesärztekammer" erstellt. Es ist somit die Bundesärztekammer, welche – nicht Richtlinien zum Stand der Erkenntnisse der medizinischen Wissenschaft, sondern – die Allokationsregeln selbst verbindlich statuiert. 26

Im Blick hierauf ist in der Literatur zu Recht von einer nahe liegenden „Kompetenzüberschreitung" gesprochen worden. „Gemessen mit den verfassungsrechtlichen Maßstäben der staatlichen Schutzverpflichtung, der involvierten Grundrechte betroffener Patienten und der Wesentlichkeitsrechtsprechung des Bundesverfassungsgerichts wäre … sehr fraglich, ob die so verstandene und praktizierte Art der ‚regulierten Selbstregulierung' kritischer verfassungsrechtlicher Überprüfung würde standhalten können".[54] 27

(IV), 1997, S. 92 (120); zur Kritik siehe auch *Höfling*, Schriftliche Stellungnahme für den Gesundheitsausschuss des Deutschen Bundestages zu den Anhörungen vom 25.9. und 9.10.1996, Ausschuss-Drs. 599/13, S. 4 ff.; *Höfling*, Stellungnahme anlässlich der Expertenanhörung der Enquete-Kommission „Recht und Ethik der modernen Medizin" des Deutschen Bundestages zu „Transplantationsmedizin – Rechtslage und offene Fragen" am 6.11.2000, Manuskript, S. 6 f.
52 Zu denen wiederum die Bundesärztekammer gehört (vgl. im einzelnen § 12 Rdnr. 11).
53 Abgedruckt im Anhang dieses Kommentars.
54 In diesem Sinne *Conrads*, in: Dierks/Neuhaus/Wienke (Hrsg.), Die Allokation von Spenderorganen, S. 35 (41).

e) Die Vermutungsregel des § 16 Abs. 1 Satz 2 TPG

28 Auch die Vermutungsregel des § 16 Abs. 1 Satz 2 TPG, wonach die Einhaltung des Standes der Erkenntnisse der medizinischen Wissenschaft vermutet wird, wenn die Richtlinien der Bundesärztekammer beachtet worden sind, führt zu keiner wesentlichen Relativierung der vorstehenden Überlegungen und Thesen. Zunächst ist schlicht festzuhalten, dass jedenfalls bis zur Widerlegung der Vermutung – und von wem sollten denn wohl andere Standards etwa zur Todesfeststellung und zur Hirntoddiagnose mit der realistischen Chance der Befolgung in den Prozess der Rechtskonkretisierung im transplantationsmedizinischen Alltag angebracht werden? – die Richtlinien der Bundesärztekammer in Ausführung der gesetzlichen Ermächtigung als untergesetzliches Regelwerk normative Verbindlichkeit beanspruchen und Geltungskraft entwickeln.

29 Darüber hinaus gestehen selbst jene, die unter Verweis auf § 16 Abs. 1 Satz 2 TPG die normative Verbindlichkeit der Richtlinien bestreiten, ein, dass ein Abweichen von den Richtlinien der Bundesärztekammer „kaum in Betracht kommen wird". Wenn in diesem Zusammenhang als Beispiel auf Fälle „offensichtlichen Irrtums, etwa bei sinnentstellendem ‚Druckfehler'" hingewiesen wird[55], so unterstreicht dies nur die Bedeutung der Richtlinien und die praktische Irrelevanz der Vermutungsregel.

30 Schließlich haben die vorstehend skizzierten Ausführungen zu den Richtlinien der Bundesärztekammer zur Organallokation folgendes deutlich gemacht: Wenn die Richtlinien sich in ihren Vorbemerkungen als verbindlich für den Allokationsvertrag mit Eurotransplant bezeichnen, dieser Vertrag sein Regelwerk als „auf der Grundlage" der BÄK-Richtlinien beruhend charakterisiert und schließlich diese Konstruktion mit der ministeriellen Genehmigung „abgesegnet" wird, wird schlussendlich deutlich, dass die fragmentarische gesetzliche Regelung des TPG zur Organallokation in allen wesentlichen Punkten durch die Richtlinien der Bundesärztekammer rechtsverbindlich ergänzt wird. Damit aber wird die Vermutungsregel des § 16 Abs. 1 Satz 2 gleichsam zur Fiktion.

3. Die Richtlinien nach § 16 Abs. 1 Satz 1 Nrn. 1–6 TPG

a) Allgemeines

31 Nach § 16 Abs. 1 Satz 1 stellt die Bundesärztekammer den Stand der Erkenntnisse der medizinischen Wissenschaft in Richtlinien für die zentralen Eckdaten des transplantationsmedizinischen Systems fest. Diesem Auftrag entsprechend hat die Bundesärztekammer inzwischen folgende – zum Teil bereits mehrfach überarbeitete – Richtlinien erlassen:[56]

- Richtlinien zur Feststellung des Hirntodes. Dritte Fortschreibung 1997 mit Ergänzungen gemäß Transplantationsgesetz (TPG)

---

[55] So *Nickel/Schmidt-Preisigke/Sengler*, § 16 Rdnr. 20.
[56] Sämtliche Richtlinien sind in ihren jeweiligen Fassungen im Anhang dieses Kommentars abgedruckt.

- Richtlinien für die Warteliste zur Nieren- und zur (Nieren-)Pankreas-Transplantation
- Richtlinien für die Warteliste zur Lebertransplantation
- Richtlinien für die Warteliste zur Herz-, Herz-Lungen- und Lungentransplantation (thorakale Organtransplantationen)
- Richtlinien für die Organvermittlung zur Nierentransplantation
- Richtlinien für die Organvermittlung zur Nierentransplantation: Sonderregelung für Spender und Empfänger, die älter als 65 Jahre sind
- Richtlinien für die Organvermittlung zur Lebertransplantation
- Richtlinien für die Organvermittlung thorakaler Spenderorgane (Herz)
- Richtlinien für die Organvermittlung thorakaler Spenderorgane (Herz-Lungen und Lungen)
- Richtlinien für die Organvermittlung zur Pankreastransplantation
- Richtlinie zur Organtransplantation gemäß § 16 Transplantationsgesetz: „Anforderungen an die im Zusammenhang mit einer Organentnahme und -übertragung erforderlichen Maßnahmen zur Qualitätssicherung"

Bereits mit Blick auf das rechtsstaatliche Transparenzgebot begegnet die Praxis der Richtlinienerstellung und –publikation erheblichen Bedenken: 32

- Die Richtlinien über die Regeln zur Feststellung des Todes nach § 3 Abs. 1 Nr. 2 bzw. zur Feststellung des endgültigen und irreversiblen Ausfalls der Hirnfunktion nach § 3 Abs. 2 Nr. 2 sind nicht explizit auf der Grundlage der parlamentsgesetzlichen Ermächtigungsnorm des § 16 Abs. 1 Satz 1 Nr. 1 TPG ergangen. Vielmehr hat sich die Bundesärztekammer damit begnügt, die schon vorhandenen Entscheidungshilfen lediglich fortzuschreiben – ein nicht unproblematischer Vorgang.
- Äußerst unübersichtlich stellt sich gegenwärtig insbesondere die Publikationspraxis hinsichtlich der Richtlinien zur Aufnahme in die Warteliste nach § 16 Abs. 1 Satz 1 Nr. 2 und der Richtlinien über die Regeln zur Organvermittlung nach § 16 Abs. 1 Satz 1 Nr. 5 dar. Erfolgte ursprünglich sowohl die vollständige Veröffentlichung dieser Richtlinien als auch die Bekanntmachung des Datums ihres In-Kraft-Tretens im Deutschen Ärzteblatt (DÄBl.)[57], dem zentralen Publikationsorgan der Bundesärztekammer, so werden die neuesten Überarbeitungen

---

[57] S. DÄBl. 2000, S. A-396 ff. (Veröffentlichung); DÄBl. 2000, S. A-2057 (Zeitpunkt des Inkrafttretens) – wobei anzumerken ist, dass selbst diese „Mitteilung über das In-Kraft-Treten der Richtlinien zur Organtransplantation gemäß § 16 des Transplantationsgesetz (TPG)" so genannte Übergangsregelungen enthielt, die sich zwischenzeitlich selbst überholten und teilweise auch nichts anderes darstellten als eine gleichsam unverbindliche Selbstverpflichtung der BÄK, zentrale Aspekte der betreffenden Richtlinien bis zu einer bestimmten Frist erlassen zu wollen.

gegenwärtig ausschließlich im Internet auf der Homepage der Bundesärztekammer mit Angabe „Stand der Richtlinie" veröffentlicht.[58] Hier bleibt vor allem der – für die Praxis maßgebliche – Zeitpunkt des In-Kraft-Tretens der Überarbeitungen im Nebulösen.[59] Zudem werden derzeit die überarbeiteten Fassungen der Richtlinien nicht vollständig ins Internet eingestellt, sondern lediglich die überarbeiteten Abschnitte der jeweiligen Richtlinie als so genannte „Ergänzung".

- Schließlich veröffentlicht die Bundesärztekammer parallel weitere Richtlinien und Empfehlungen zur Organtransplantation.[60] Deren Publikation erfolgt jedoch ohne Hinweis darauf, dass sie gerade nicht auf Grund der gesetzlichen Ermächtigungsnorm des § 16 Abs. 1 TPG ergangen sind. Dadurch kann der irreführende Eindruck erweckt werden, auch diese Regelwerke würden normative Verbindlichkeit beanspruchen und Geltungskraft entwickeln.

b) Die Richtlinien im einzelnen

aa) Die Richtlinien nach § 16 Abs. 1 Satz 1 Nr. 1

33 Die Richtlinien zur Feststellung des Todes nach § 3 Abs. 1 Nr. 2 bzw. zur Feststellung des sog. Hirntodes[61] liegen – wie bereits vorstehend angemerkt – als Drit-

---

[58] S. www.bundesaerztekammer.de/30/Richtlinien/Richtidx/Organ/10Organtrans/index.html. Eine vollständige Drucklegung scheint aber beabsichtigt zu sein (s. die Ankündigung der BÄK in DÄBl. 2002, S. A-387).

[59] Besagter „Stand der Richtlinie" bezieht sich – soweit ersichtlich – in der Regel auf das Datum ihrer Verabschiedung durch den BÄK-Vorstand. Der für das Inkrafttreten der Überarbeitungen weiterhin erforderliche Publikationsakt kann schon mangels Datumsangabe nicht in der Veröffentlichung im Internet gesehen werden. Mithin sind veröffentlichte Richtlinien, deren „Stand" in der Vergangenheit liegt, noch nicht in Kraft getreten. Die ganze Problematik der gegenwärtigen Publikationspraxis mag exemplarisch an den „Richtlinien für die Warteliste zur Nieren- und zur (Nieren-)Pankreas-Transplantation" deutlich werden. Deren *erste Fassung* wurde ebenso im Deutschen Ärzteblatt veröffentlicht (DÄBl. 2000, S. A-397 f.) wie der Zeitpunkt ihres Inkrafttretens (DÄBl. 2000, S. A-2057). Die *erste Fortschreibung* ist auf der BÄK-Homepage (www.bundes aerztekammer.de) zum einen als pdf-Dokument als „Fortschreibung April 2001" veröffentlicht. Zugleich ist sie auf der BÄK-Homepage als html-Dokument veröffentlicht, und zwar unter der Bezeichnung „Erste Fortschreibung 2001" mit „Stand: 10.9.2001" und einem Hinweis, es handele sich hierbei um die erste Fortschreibung, die vom BÄK-Vorstand im März 2001 verabschiedet worden ist. Im Deutschen Ärzteblatt wurden – soweit ersichtlich – nur „Ergänzungen" der Organ*vermittlungs*richtlinien bekannt gemacht (DÄBl. 2002, S. A-387). Inzwischen sind die Änderungen der *zweiten Fortschreibung* auf der BÄK-Homepage veröffentlicht, und zwar unter der Bezeichnung „Neufassung 2002" mit der Angabe „Stand: 26.3.2002". – Vergleichbare Kritik für den Bereich der Transfusionsmedizin bei *Lippert/Flegel*, in: H.-D. Lippert/W.A. Flegel, Kommentar zum Transfusionsgesetz (TFG) und den Hämotherapierichtlinien, 2002, § 12 Rdnr. 17 ff.

[60] Vgl. die „Richtlinien für die Transplantation außerhalb des ET-Bereichs postmortal entnommener Organe in Deutschland" (DÄBl. 2000, S. A-3290), die „Empfehlungen für die Zusammenarbeit zwischen Krankenhäusern und Transplantationszentren bei der postmortalen Organentnahme" (DÄBl. 1999, S. A-2044 ff.) sowie die „Empfehlungen zur Lebendorganspende", (DÄBl. 2000, S. A-3287 f.).

[61] Zur Hirntodkonzeption, ihrer Entwicklung, Begründung und Kritik hier bereits die Erläuterungen zu § 3.

te Fortschreibung 1997 mit Ergänzungen gemäß Transplantationsgesetz der Richtlinien zur Feststellung des Hirntodes vor. Deren Inhalt und die Entwicklung in der Diagnostik ist näher dargestellt aus neurologischer Perspektive durch *W. F. Haupt* als Anhang zur Kommentierung des § 16; hierauf sei verwiesen.[62]

bb) Die Richtlinien zur Aufnahme in die Warteliste gemäß § 16 Abs. 1 Satz 1 Nr. 2

Von (vor-)entscheidender Bedeutung für alle potenziellen Organempfänger ist die Aufnahme auf eine entsprechende Warteliste.[63] Vor diesem Hintergrund ist es ein prinzipieller Fortschritt, dass nunmehr auf der Grundlage von § 16 Abs. 1 Satz 1 Nr. 2 TPG Richtlinien für „die Regeln zur Aufnahme in die Warteliste nach § 10 Abs. 2 Nr. 2 einschließlich der Dokumentation der Gründe für die Aufnahme oder die Ablehnung der Aufnahme" erlassen und damit einer zum Teil willkürlich gesetzten Kriterien[64] folgenden Praxis normativ Strukturen eingezogen worden sind. Gleichwohl geben auch die geltenden Richtlinien einen Anlass zu kritischer Betrachtung. Hierzu sei verwiesen auf die Erläuterungen aus sozialwissenschaftlicher Perspektive durch *G. Feuerstein* im Anhang zu dieser Kommentierung des § 16 TPG.

34

cc) Die Richtlinien gemäß § 16 Abs. 1 Satz 1 Nr. 3

Nach § 11 Abs. 4 S. 2 TPG sind die Krankenhäuser verpflichtet, den endgültigen, nicht behebbaren Ausfall der Gesamtfunktion des Großhirns, des Kleinhirns und des Hirnstamms von Patienten, die *nach ärztlicher Beurteilung* als Spender vermittlungspflichtiger Organe in Betracht kommen, dem zuständigen Transplantationszentrum mitzuteilen, das die Koordinierungsstelle unterrichtet.[65] Die Bundesärztekammer hat diesbezüglich nach § 16 Abs. 1 S. 1 Nr. 3 TPG in Richtlinien den Stand der medizinischen Wissenschaft für diese ärztliche Beurteilung nach § 11 Abs. 4 S. 2 TPG festzustellen. Diesen gesetzlichen Auftrag hat die Bundesärztekammer indes bislang nicht erfüllt.

35

dd) Die Richtlinien gemäß § 16 Abs. 1 Satz 1 Nr. 4

Nach § 16 Abs. 1 S. 1 Nr. 4 TPG hat die Bundesärztekammer in Richtlinien den Stand der Erkenntnisse der medizinischen Wissenschaft für die Anforderungen an die im Zusammenhang mit einer Organentnahme zum Schutz der Organempfänger erforderlichen Maßnahmen einschließlich ihrer Dokumentation festzustellen. Auch diesem gesetzlichen Auftrag ist die Bundesärztekammer bislang nicht nachgekommen.

36

---

[62] Vgl. auch *Haupt/Höfling*, Fortschritte der Neurologie und Psychiatrie, 2002 (im Erscheinen).
[63] Siehe dazu auch *Lang*, Knappheitsentscheidungen im Sozialrecht, VSSR 2002, 21 (31 ff.).
[64] Z.B.: Bewirkt Alkoholmissbrauch die – gleichsam „selbstverschuldete" (?) – Nichtaufnahme auf eine Warteliste zur Lebertransplantation?
[65] Dazu näher die Kommentierung von *Lang* zu § 11 Rdnr. 34 ff., insbes. Rdnr. 40

ee) Die Richtlinien über die Regeln zur Organvermittlung gemäß § 16 Abs. 1 Satz 1 Nr. 5

37 Gemeinsam mit den Richtlinien nach § 16 Abs. 1 Satz 1 Nrn. 1 und 2 markieren die Richtlinien über die „Regeln zur Organvermittlung nach § 12 Abs. 3 Satz 1" gemäß § 16 Abs. 1 Satz 1 Nr. 5 TPG das normative Zentrum des Transplantationssystems. Die Allokationsentscheidungen in der Transplantationsmedizin werden inzwischen durch folgende Richtlinien der Bundesärztekammer organspezifisch gesteuert:

- Richtlinien für die Organvermittlung zur Nierentransplantation
- Richtlinien für die Organvermittlung zur Nierentransplantation: Sonderregelung für Spender und Empfänger, die älter als 65 Jahre sind
- Richtlinien für die Organvermittlung zur Lebertransplantation
- Richtlinien für die Organvermittlung thorakaler Spenderorgane (Herz)
- Richtlinien für die Organvermittlung thorakaler Spenderorgane (Herz-Lungen und Lungen)
- Richtlinien für die Organvermittlung zur Pankreastransplantation

38 Die herausragende Bedeutung der Organverteilungsrichtlinien wird auch daran ersichtlich, dass auf ihrer Grundlage Eurotransplant seine eigenen Vermittlungsentscheidungen zu erstellen hat, wie § 5 Abs. 1 ET-Vertrag dies statuiert.

39 § 16 Abs. 1 Satz 1 Nr. 5 TPG erweckt indes ebenso wie § 12 Abs. 3 Satz 1 TPG mit der Formulierung vom „Stand der medizinischen Wissenschaft" einen irreführenden Eindruck. Die Neutralitätssymbolik eines scheinbar medizinisch-technischen Selektionsprozesses[66] verdeckt, dass es im Kern um ein materielles Gerechtigkeitsproblem geht.[67] Jedenfalls zum Teil wird dies in den organspezifischen Verteilungsregeln, welche die Bundesärztekammer inzwischen erlassen hat, auch deutlich. Zu den in diesem Zusammenhang aufgeworfenen Zentralfragen vgl. die Erläuterungen im Anhang zu § 16 TPG aus sozialwissenschaftlicher Perspektive durch *G. Feuerstein* einerseits sowie die Kommentierung zu § 12 (Rdnr. 24 ff.) andererseits.

ff) Die Richtlinien nach § 16 Abs. 1 Satz 1 Nr. 6

40 Nach § 16 Abs. 1 S. 1 Nr. 6 TPG hat die Bundesärztekammer in Richtlinien den der Stand der Erkenntnisse der medizinischen Wissenschaft für die allgemeinen Anforderungen an Qualitätssicherungsmaßnahmen im Bereich der Tätigkeiten

---

[66] Kritisch dazu und zu Recht *Günter Feuerstein*, Symbolische Gerechtigkeit, in: Feuerstein/Kuhlmann (Hrsg.), Rationierung im Gesundheitswesen, 1998, S. 194 (207 f.).
[67] Art. 119 a Abs. 2 der Schweizerischen Bundesverfassung stellt dies völlig zu Recht klar: „(Abs. 1: Der Bund erlässt Vorschriften auf dem Gebiet der Transplantation von Organen ... Abs. 2:) *Er legt insbesondere Kriterien für eine gerechte Zuteilung von Organen fest.*" (Hervorhebung hinzugefügt).

nach § 1 Abs. 1 S. 1 TPG feststellen. Dies schließt auch die Bestimmung medizinischer Anforderungen an die Maßnahmen ein.[68] Die Vorschriften des Fünften Buches Sozialgesetzbuch (insbes. §§ 135 ff. SGB V) über Maßnahmen zur Qualitätssicherung in der medizinischen Versorgung bleiben hiervon grundsätzlich unberührt.[69]

41 Die Bundesärztekammer hat in Erfüllung ihres gesetzlichen Auftrags die – umfangreiche – „Richtlinie zur Organtransplantation gemäß § 16 Transplantationsgesetz: ,Anforderungen an die im Zusammenhang mit einer Organentnahme und -übertragung erforderlichen Maßnahmen zur Qualitätssicherung'" erlassen.[70] Die dort getroffenen Qualitätssicherungsanforderungen erstrecken sich derzeit auf die Organe Niere, Leber (jeweils einschließlich Lebendspende), Pankreas, Lunge und Herz. Ferner werden die Transplantationszentren entsprechend § 10 Abs. 2 Nr. 6 TPG verpflichtet, nach Maßgabe der Vorschriften des SGB V an Qualitätssicherungsmaßnahmen teilzunehmen, die auch einen Vergleich mit anderen Transplantationszentren ermöglichen. Die organisatorische Realisierung der in der Richtlinie festgelegten und hier insbesondere der externen Qualitätssicherungsmaßnahmen erfolgt im Rahmen der nach § 137 SGB V geschaffenen Strukturen auf Bundesebene betreffend die Qualitätssicherung in der stationären Versorgung.

42 Die Richtlinie gliedert sich in folgende Abschnitte:

- Internes Qualitätsmanagement und extern vergleichende Qualitätssicherung der Ergebnisqualität
- Anforderungen an Qualitätsindikatoren: Ergebnisqualität – organbezogen
- Anforderungen an Qualitätsindikatoren: Ergebnisqualität – Lebendorganspende
- Anforderungen an die vergleichende Qualitätssicherung im Umfeld der Transplantation: Prozessqualität der Spenderallokation, Wartelistenpflege, Organentnahme und Organverteilung
- Anforderungen an Erhebungsparameter
- Code: European Liver Transplant Registry Code
- Als Anhang: Anforderungen an die organisatorische und methodische Umsetzung der Qualitätssicherung in der Transplantationsmedizin

43 In ihrem vollständigen Wortlaut ist die Richtlinie im Anhang dieses Kommentars abgedruckt, worauf hiermit verwiesen sei.

---

[68] Vgl. BT-Drs. 13/4355, S. 29 (noch zu § 15 TPG-E).
[69] Vgl. BT-Drs. 13/4355, S. 29 (noch zu § 15 TPG-E); s. aber sogleich Rdnr. 41.
[70] Als Sonderdruck bei der Bundesärztekammer erhältlich bzw. im Internet abrufbar unter http://www.bundesaerztekammer.de/30/Richtlinien/Richtidx/Organ/15QualiTrans/index.html. Im DÄBl. erfolgte bislang keine Veröffentlichung des Wortlauts der Richtlinie (vgl. DÄBl. 2001, S. A-2207).

Anhang 1 zu § 16:
Hirntodkonzeption und Hirntoddiagnostik aus neurologischer Perspektive
– zugleich zu den Richtlinien gem. § 16 Abs. 1 S. 1 Nr. 1 TPG –

Gliederung

	Rdnr.
I. Der Tod des Organspenders	1
II. Die Feststellung des Todes nach Regeln, die dem Stand der medizinischen Wissenschaft entsprechen	12
1. Voraussetzungen zum Eintritt in die Diagnostik des Hirntodes	15
2. Klinische Diagnose der erloschenen Hirntodfunktion	16
3. Ergänzende apparative Untersuchungen zur Bestätigung der klinischen Zeichen des Hirntodes	19
4. Hirntodrichtlinien: Entwicklung und internationaler Vergleich	27
a) Entwicklung der Hirntodrichtlinien der BÄK	27
b) Internationaler Vergleich	32

I. Der Tod des Organspenders

1   Aus medizinischer Sicht ist das Subjekt des Todes das menschliche Individuum als körperlich-seelische Ganzheit, die mit der Fähigkeit zu Bewusstsein und Selbstbewusstsein ausgestattet ist. Mit dem Tod erlöschen sowohl das Bewusstsein als Fähigkeit, die Umwelt wahrzunehmen und mit ihr zu interagieren als auch die vom Gehirn gesteuerten Körperfunktionen wie Herz-Kreislaufregulation, Atmungsfunktion, Steuerung der Funktion innerer Organe, Temperaturregulation und andere. Ein Mensch ist nicht erst dann tot, wenn alle Organe oder Einzelkomponenten seines Organismus zu funktionieren aufgehört haben, denn nach dem Tod eines Menschen sind verschiedene Geweben, wie zum Beispiel Haare und Fingernägel, aber auch Zellen der Fortpflanzungsorgane noch über Wochen biologisch aktiv ohne dass dadurch Zweifel am Tod des Menschen aufkommen. Die Grenze von Leben und Tod wird vielmehr dadurch markiert, dass die einzelnen Organe und Organsysteme nicht mehr zentral gesteuert und nicht mehr zum Ganzen integriert werden können.[1]

2   Die traditionelle Todesart (kurz „Herztod" genannt) ist durch den endgütigen Stillstand der Herz- und Kreislauffunktion begründet, der alsbald von den klassischen Todeszeichen (Pulslosigkeit, Blässe, Kälte, Totenstarre und Totenflecken) gefolgt wird. Über Jahrhunderte stellten diese äußeren Zeichen des Todes eine hin-

---

[1] *D. Birnbacher, H. Angstwurm, F.W. Eigler, H.B. Wuermeling,* Der vollständige und endgültige Ausfall der Hirntätigkeit als Todeszeichen des Menschen – anthropologischer Hintergrund, DÄBl. 1993, S. B-2170 ff.; *H. Angstwurm, J. Kugler,* Ärztliche Aspekte des Hirntodes und Feststellung des Todeszeitpunktes, Fortschr. Neurol. Psychiat. 46 (1978), S. 297 ff.

reichende Bedingung zur Feststellung des Todes dar. Die Dokumentation dieser Zeichen durch einen Arzt stellte die allgemein anerkannte Feststellung des Todes dar. Mit der Ausstellung eines Totenscheines, auf dem die sichere Feststellung der äußeren Todeszeichen ist der Tod aus medizinischer Sicht hinreichend gesichert.

Der Todeseintritt durch Herz- und Kreislaufstillstand zieht zwangsläufig innerhalb weniger Minuten den vollständigen und irreversiblen (nicht behebbaren) Ausfall aller Hirnfunktionen aber auch den Ausfall aller anderen Organfunktionen nach sich. Das Wesen des Todes besteht nicht im Herz-Kreislaufversagen, sondern in dem normalerweise untrennbar damit verbundenen vollständigen und endgültigen Ausfall aller Organfunktionen, der das Ende des Individuums begründet. Da unter den üblichen Bedingungen des Lebens (d.h. außerhalb der besonderen Bedingungen einer Intensivstation) die beiden Vorgänge („Herztod" und „Hirntod") aufs Engste zeitlich miteinander verknüpft sind und unter normalen Bedingungen praktisch gleichzeitig auftreten, war früher eine getrennte Betrachtung der beiden Vorgänge nicht erforderlich.[2] *3*

Im Jahre 1959 beschrieben Mollaret und Goulon erstmals einen Zustand, bei dem Patienten unter intensivmedizinischer Behandlung mit künstlicher (maschineller) Beatmung und künstlich (medikamentös) aufrechterhaltener Kreislauffunktion keinerlei klinisch feststellbare Hirnfunktion, keine mit der Elektroencephalographie (EEG) feststellbare bioelektische Funktion des Gehirns und keine Eigenatmung aufwiesen. Der Blutkreislauf des Gehirns war vollständig unterbrochen, was durch eine Gefäßdarstellung (Angiographie, s.u.) belegt werden konnte, und bei der Sektion der später verstorbenen Patienten wurde eine vollständige Nekrose des Gehirns festgestellt. Dieser Zustand wurde als coma dépassé bezeichnet. Erstmals in der Geschichte der Medizin war damit belegt, dass ein Patient ohne jede Hirnfunktion mit künstlich aufrechterhaltener Atem- und Kreislauffunktion unter den Bedingungen einer Intensivstation in einem stabilen Zustand gehalten werden konnte. Es war damit die Situation des „dissoziierten" Hirntodes belegt. Für die weitere Diskussion ist es wichtig festzuhalten, dass dieser Zustand zu einem Zeitpunkt beschrieben wurde, wo Organtransplantationen in der Medizin noch überhaupt keine Rolle spielten.[3] *4*

Die Schwierigkeit dieses Konzeptes des Todes des Menschen durch vollständigen und endgültigen Verlust der Hirnfunktion („Hirntod") liegt in der Unanschaulichkeit des klinischen Bildes, bei dem der unbefangene Betrachter den Eindruck gewinnen kann, der Betroffene sei lediglich nur in einem „tiefen Schlaf". Der Körper ist warm und gut durchblutet, der Puls normal, die Atmung (in Wirklichkeit die künstliche Beatmung) ist ruhig und tief, es finden sich keinerlei äußere Todeszeichen wie oben beschrieben und dennoch ist die Gehirnfunktion endgültig erloschen mit der oben beschriebenen Folge der erloschenen Fähigkeit des Individuums zur Integration der Organfunktionen. Dieses Erscheinungsbild führt zu Missverständnissen und zuweilen zur Ablehnung der Konzeption des Todes durch *5*

---

[2] *D. Birnbacher, H. Angstwurm, F.W. Eigler, H.B. Wuermeling*, a.a.O.
[3] *P. Mollaret, M. Goulon*, Le coma dépassé, Rev. Neurol. 101 (1959), S. 3 ff.

irreversiblen Ausfalls aller Hirnfunktionen. In Wirklichkeit ist durch den Ausfall aller Hirnfunktionen der Tod der Person genauso eingetreten, wie wenn der Herz-Kreislaufstillstand eingetreten wäre. Unmittelbar nach Beendigung der Therapie mit künstlich aufrechterhaltenen Atmungs- und Kreislauffunktion treten dann auch die traditionell anerkannten Zeichen des Todes ein.

6 Die erste Darstellung des „Hirntod"-Konzeptes findet sich in dem Bericht der „Ad hoc Committee of the Harvard Medical School to Examine the Definiton of Brain Death", die von H.K. Beecher geleitet wurde.[4] In der Präambel wurde bereits vermerkt, dass es den Autoren bei der Definition des Hirntodes um zwei gleichwertige Ziele ging: zum einen um die Voraussetzung zum Therapieabbruch bei Patienten, die wegen des vollständigen und nicht behebbaren Verlustes aller Hirnfunktionen keine Aussicht auf Erholung hatten und zum anderen um die Möglichkeit, von diesen Verstorbenen Organe entnehmen zu können. Ein Organ, gleichgültig ob Gehirn oder ein anderes Organ, das keine Funktion habe und auch keine Möglichkeit habe, jemals wieder zu funktionieren, sei für alle praktischen Belange tot.

7 Ihre Definition des „irreversiblen Komas", welches sie mit dem Hirntod gleichsetzten, fußte auf den drei Feststellungen (1.) vollständige Reaktionslosigkeit des Patienten auf Außenreize im Sinne eines Komas, (2.) Verlust der Bewegungsfähigkeit und der Atmung sowie (3.) dem Verlust aller von Hirnnerven vermittelten Reflexe. Zusätzlich sei das isoelektrische (d.h. keine bioelektrische Aktivität des Gehirns anzeigende) Elektroencephalogramm (EEG) ein wichtiges technisches Verfahren zur Bestätigung der klinischen Zeichen der erloschenen Hirnfunktion. Dieses Konzept basierte auf der Annahme, dass der Tod nur dann angenommen werden kann, wenn alle Funktionen des Großhirns, des Kleinhirns und des Hirnstammes vollständig und irreversibel erloschen sind. Das Konzept kann auch als „Ganzhirntod" bezeichnet werden.

8 Die „Conference of Royal Colleges and Faculties of the United Kingdom" publizierte im Jahre 1976[5] eine von den oben aufgeführten Konzepten abweichende Ansicht: Der Hirntod könne dann festgestellt werden, wenn der Patient (1.) tief komatös sei ohne irgendwelche Reaktionen auf Außenreize, (2.) alle von Hirnnerven vermittelte Reflexe erloschen seien und keine Spontanatmung bestehe, (3.) der Zustand durch unzweifelhafte und irreversible strukturelle Schädigung des Gehirns zu Stande gekommen sei. Ausdrücklich wurde festgestellt, dass eine EEG-Untersuchung oder andere technische Verfahren zur Bestätigung der klinischen Zeichen der erloschenen Hirnfunktion nicht erforderlich seien. Aus vielen wissenschaftlichen Publikationen ist aber bekannt, dass in Fällen einer primären Schädigung des Hirnstammes die bioelektrische Aktivität der Hirnrinde, welche mittels EEG- Untersuchung erfasst werden kann, um mehrere Tage das endgültige Erlö-

[4] *H.K. Beecher*, A definition of irreversible coma, J. Amer. Med. Ass. (JAMA) 205 (1968), S. 337 ff.
[5] *Conference of royal colleges and faculties of the United Kingdom*, Diagnosis of brain death, Lancet 1976, S. 1069 f.

schen aller Hirnstammfunktionen überdauern kann.⁶ Die im Vereinigten Königreich vertretene Definition des Hirntodes umfasst also nur eine Erfassung des Ausfalls aller Funktionen des Hirnstammes, stellt also in letzter Konsequenz nur die Feststellung des „Hirnstammtodes" dar. Zwar wird der vollständige Ausfall aller Funktionen des Hirnstammes nicht überlebt, dennoch wird nach dieser Definition in seltenen Fällen einer primären Erkrankung des Hirnstammes der Tod zu einem Zeitpunkt festgestellt, zu dem noch Restaktivität der Hirnrinde bestehen kann. In der BRD und in den meisten anderen Ländern wurde diese Definition des Hirntodes im Sinne des „Hirnstammtodes" zu keiner Zeit akzeptiert.

Die Medizin als praktische Heilkunde hat sich in der Frage des Todes vornehmlich mit Todeskriterien beschäftigt, die hinreichende Bedingungen für die sichere Annahme des bereits eingetretenen Todes darstellen. 9

Über viele Jahre wurde das Vorgehen der Ärzteschaft bei der Feststellung des Hirntodes und dem nachfolgenden Therapieabbruchs bei Patienten, die den Hirntod erlitten hatten, in der Öffentlichkeit kaum wahrgenommen und auch nicht infrage gestellt. Die Entnahme von Organen von Patienten zu Tranplantationszwecken, bei denen zuvor der Hirntod festgestellt wurde, fand in einem juristisch nicht ausreichend definierten Raum statt und wurde im Wesentlichen der ärztlichen Entscheidung überlassen. Es war üblich, die Angehörigen nach ihrer Einwilligung in die Entnahme von Organen zum Zweck der Transplantation zu befragen. Diese Praxis war aber nicht juristisch abgesichert, da die Angehörigen keine Vormundfunktion für den Verstorbenen besaßen. Erst mit der aufkommenden Erörterung um eine rechtliche Regelung des Transplantationswesens kam eine breite öffentliche Diskussion über die Definition des Todes und die Zulässigkeit der Entnahme von Organen von Kranken, bei denen der Hirntod zuvor festgestellt worden war. 10

Die Diskussion über die Definition des Todes wird außerhalb der Medizin noch immer kontrovers geführt. Hier spielen religiöse, philosophische und anthropologische Argumente eine große Rolle. In machen Verlautbarungen heißt es etwa, der Tod trete erst ein, wenn die Seele den Körper verlassen habe. Die Anhänger dieser Ansicht bleiben aber die Antwort schuldig, was die Seele sei und wie der Zeitpunkt bestimmt werden könne, zu dem sie den Körper verlässt. Diese und andere theologisch-anthropologisch begründeten Diskussionen können mit den Mitteln der medizinischen Wissenschaft nicht entschieden werden. Erst im Vorfeld der Diskussion um ein Transplantationsgesetz wurde die medizinische Wissenschaft mit den unterschiedlichen Standpunkten verschiedener gesellschaftlicher Gruppen zur Frage der Definition des Todes, der Zulässigkeit der Beendigung der Therapie nach Eintritt des Hirntodes und der Entnahme von Organen aus dem Körper von Verstorbenen konfrontiert und musste zum Teil nachträglich philosophische und anthropologische Begründungen für ihr bis dahin innerhalb der Medizin kaum umstritteneres Konzept des Todes und des Hirntodes nachliefern.⁷ 11

---
⁶ *R.A. Frowein, H. Gänshirt, E. Hamel, W.F. Haupt, R. Firsching,* Hirntod-Diagnostik bei primärer infra-tentorieller Hirnschädigung, Nervenarzt 58 (1987), S. 165 ff.
⁷ *D. Birnbacher, H. Angstwurm, W.F. Eigler, H.B. Wuermeling,* a.a.O.

II. Die Feststellung des Todes nach Regeln, die dem Stand der medizinischen Wissenschaft entsprechen

12   Unter den Bedingungen des täglichen Lebens erfolgt die Feststellung des Todes durch die Dokumentation der äußerlich sichtbaren Zeichen des Todes (äußere Todeszeichen). Die Feststellung des Todes durch vollständigen und nicht behebbaren Ausfall der Gehirnfunktionen kann nur unter den besonderen Bedingungen der Intensivmedizin bei künstlich aufrechterhalter Herz-Kreislauffunktion festgestellt werden. Die Feststellung des Hirntodes ist eine ärztliche Aufgabe, die mit hoher Verantwortung verbunden ist und die nach sehr genau festgelegten Schritten vorgenommen werden muss. Die einzelnen Schritte sind nach langjähriger Erfahrung und wissenschaftlichen Untersuchungen im Einzelnen festgelegt.

13   Die Bundesärztekammer als Arbeitsgemeinschaft der Landesärztekammern der BRD wurde aufgefordert, Empfehlungen für das Vorgehen bei der Feststellung des Hirntodes zu erarbeiten. Eine Expertenkommission wurde gegründet und hat seit 1982[8] jeweils nach dem neuesten Kenntnisstand der medizinischen Wissenschaft Empfehlungen veröffentlicht und fortgeschrieben.[9] Wie jede wissenschaftliche Erkenntnis sind die Kriterien des Todes nicht als einmalige endgültige Setzung sondern als nach dem jeweiligen Kenntnisstand der Wissenschaft zu modifizierende Aussage zu betrachten. Die über viele Jahre nach und nach eingebrachten Modifikationen betreffen nicht das Grundkonzept des Todes und seiner Zeichen sondern die speziellen Nachweismethoden und Vorgehensweisen bei der Dokumentation. Die Empfehlungen zur Feststellung des Todes durch vollständigen und irreversiblen Ausfall der Hirnfunktion bei noch aufrechterhalter Herz-Kreislauffunktion („Hirntod") werden jeweils im Deutschen Ärzteblatt als Bekanntmachung der Bundesärztekammer der BRD veröffentlicht.

14   Der Hirntod kann nur dann festgestellt werden, wenn alle Funktionen des gesamten Gehirns vollständig und nicht behebbar ausgefallen sind. Es müssen also die Funktionen des Großhirns, des Kleinhirns und des Hirnstammes untersucht werden. Die Untersuchungen erfolgen nach einem genau festgelegten Ablauf, der im Folgenden geschildert wird.

1. Voraussetzungen zum Eintritt in die Diagnostik des Hirntodes

15   Zunächst müssen bestimmte Voraussetzungen zum Eintritt in die Diagnose des Hirntodes erfüllt sein. Es muss die primäre Erkrankung, die zum Ausfall der Hirnfunktion geführt hat, zweifelsfrei festgestellt werden. Dazu müssen die Vorgeschichte (Anamnese), der klinische Befund, Laborbefunde sowie die Ergebnisse

---

[8]   *Wissenschaftlicher Beirat der Bundesärztekammer*, Kriterien des Hirntodes, DÄBl. 1982, S. 45 ff.
[9]   *Wissenschaftlicher Beirat der Bundesärztekammer*, Kriterien des Hirntodes, DÄBl. 1996, S. 2940 ff.; *Wissenschaftlicher Beirat der Bundesärztekammer*, Kriterien des Hirntodes, DÄBl. 1991, S. 4396 ff.; *Wissenschaftlicher Beirat der Bundesärztekammer*, Kriterien des Hirntodes, DÄBl. 1997, S. A-1296 ff.; *Wissenschaftlicher Beirat der Bundesärztekammer*, Richtlinien zur Feststellung des Hirntodes, DÄBl. 1998, S. A-1861 ff.

von bildgebenden Verfahren des Gehirns (meist Computertomographie oder Kernspintomographie) herangezogen werden. Aus diesen Befunden lässt sich in aller Regel die Erkrankung ermitteln, die zu dem klinischen Bild der erloschenen Hirnfunktion geführt hat. Sodann müssen bestimmte Erkrankungen ausgeschlossen werden, die zu einem potenziell rückbildungsfähigen, dem Hirntod ähnlichen Zustand führen können. Dazu zählen unter anderem extreme Unterkühlung, bestimmte Komazustände wie Medikamentenvergiftungen und bestimmte neurologische Erkrankungen, die zu völliger Bewegungsunfähigkeit führen. Diese Diagnostik erfordert eingehende medizinische Kenntnisse, besondere Qualifikation im Bereich der Intensivmedizin und apparative Untersuchungen. Wenn irgendwelche Zweifel an der diagnostischen Zuordnung des zugrunde liegenden Krankheitsprozesses bestehen oder wenn eine der genannten Voraussetzungen für den Eintritt in die Hirntoddiagnostik nicht vorliegt, darf die Hirntoddiagnostik nicht begonnen werden.

2. Klinische Diagnose der erloschenen Hirnfunktion

In einem zweiten Schritt muss das klinische Hirntodsyndrom festgestellt werden. Dazu müssen drei Feststellungen getroffen werden: (1.) Es muss Bewusstlosigkeit (Koma) vorliegen. Im Koma erfolgt auf Anruf und schmerzhafte Hautreize keine Reaktion des Patienten. (2.) Es muss der Ausfall aller vom Hirnstamm vermittelten Reflexe im Bereich der Hirnnerven festgestellt werden. Für diese Prüfung werden mehrere Reflexbahnen geprüft, die aus einer zuführenden Nervenbahn (Afferenz), einer synaptischen Umschaltung im Hirnstamm und einer abführenden Nervenbahn (Efferenz) bestehen. Es wird der Pupillenreflex geprüft, bei dem die durch Lichtreiz die Afferenz von der Netzhaut über den N. opticus aktiviert wird und bei dem die Efferenz über den N. oculomotorius verläuft. Weiter wird der Cornalreflex untersucht, bei dem die Afferenz über die Fasern des N. trigeminus verläuft und die Efferenz durch den N. facialis vermittelt wird. Danach untersucht man den Trigeminus-Schmerzreflex, dessen Afferenz durch schmerzhafte Reize an der Nasenschleimhaut aktiviert wird und dessen Efferenz durch den N. facialis verläuft. Der okulozephale Reflex wird durch passive Kopfbewegung ausgelöst, die Augenstellung bleibt bei Ausfall dieses Reflexes immer geradeaus, es fehlen reflektorisch ausgelöste Augenbewegungen. Der Würgereflex wird durch taktile Reizung der Rachenhinterwand ausgelöst, die Afferenz verläuft durch den N. glossopharyngeus, die Efferenz über den N. vagus. Neben diesen können auch weitere Hirnnervenreflexe untersucht werden, wie der kalorische Nystagmus, bei dem Augenbewegungen durch Reizung des Gleichgewichtsorganes mittels kalter oder warmer Flüssigkeit im äußeren Gehörgang ausgelöst werden können. Alle Untersuchungen dienen dem Nachweis der unterbrochenen Hirnstammbahnen, die als Zeichen der erloschenen Funktion des Hirnstammes gewertet werden können. Es bestehen international keine gemeinsamen Vorschriften darüber, wie viele und welche Hirnstammreflexe im Einzelnen untersucht werden müssen, die oben aufgeführten Untersuchungen sind aber allgemein üblich. Nach der Prüfung der Hirnstammreflexe muss schließlich (3.) die fehlende Atmungsfunktion (Apnoe) festgestellt werden. Dazu muss unter bestimmten technischen Vorkehrungen der

Patient von der Beatmungsmaschine getrennt werden, und es wird anhand der Messung der Blutgase sowie der Beobachtung des Patienten über mehrere Minuten das Fehlen einer Eigenatmung dokumentiert.

17   Nach erstmaliger Feststellung der klinischen Zeichen der erloschenen Hirnfunktion ist es notwendig, die Irreversibilität dieser Befunde zu dokumentieren. Hierzu muss eine Wartezeit von 12 Stunden (bei bestimmten besonderen Situationen auch länger) eingehalten werden. Wenn nach 12 Stunden erneut die klinischen Zeichen der erloschenen Hirnfunktion in der gleichen Weise festgestellt werden, kann der Zustand als endgültig und irreversibel angesehen werden. Der Hirntod kann dann endgültig diagnostiziert werden.

18   Alle Feststellungen müssen von zwei Ärzten durchgeführt werden, die eine über mehrjährige Erfahrung in der intensivmedizinischen Behandlung von Patienten mit schweren Gehirnerkrankungen verfügen und in einem vorgeschriebenen Protokoll niedergelegt werden. In der Praxis sind dies in der Regel Fachärzte für Neurologie oder Neurochirurgie. Die untersuchenden Ärzte, die schließlich den Hirntod feststellen, dürfen nicht Angehörige der Klinik oder Funktionseinheit sein, die später nach Feststellung des Hirntodes Organe explantieren. Sie dürfen ebenfalls nicht der Weisung eines Arztes unterliegen, der später an der Organexplantation beteiligt ist. Durch diese Vorschrift soll ein Interessenkonflikt zwischen den Ärzten, welche die Hirntoddiagnose stellen und denjenigen, die Organe explantieren, ausgeschlossen werden. Bei Erwachsenen und Kindern über zwei Jahren muss die klinische Untersuchung der Zeichen des Hirntodes nach 12 Stunden wiederholt und dokumentiert werden. Für Kinder unter 2 Jahren und Patienten mit primären Erkrankungen des Hirnstammes gelten besondere Vorschriften.[10]

3. Ergänzende apparative Untersuchungen zur Bestätigung der klinischen Zeichen des Hirntodes

19   Zur Verkürzung der Wartezeit von 12 Stunden können fakultativ bestimmte apparative Untersuchungen, die ihrerseits nach genauen Vorschriften durchgeführt werden müssen, zur Bestätigung der klinischen Zeichen des Hirntodes eingesetzt werden. Dazu zählen die Elektroencephalographie (EEG, Hirnstromkurve), evozierte zerebrale Potenziale (Reaktionspotenziale des Gehirns auf elektrische oder akustische Reize), Dopplersonographie (Ultraschalluntersuchung der Hirndurchblutung), Angiographie (Gefäßdarstellung der hirnversorgenden Schlagadern) oder Szintigraphie (Isotopenuntersuchung des Gehirns). Bei entsprechendem Ausfall der Untersuchungsergebnisse kann dann der Hirntod ohne Wartezeit von 12 Stunden festgestellt werden.[11]

---

[10] *Wissenschaftlicher Beirat der Bundesärztekammer*, Kriterien des Hirntodes, DÄBl. 1982, S. 45 ff.; *Wissenschaftlicher Beirat der Bundesärztekammer*, Kriterien des Hirntodes, DÄBl. 1986, S. 2940 ff.

[11] W.F. Haupt, O. Schober, H. Angstwurm, K. Kunze, Die Feststellung des Todes durch irreversiblen Ausfall des gesamten Gehirns („Hirntod"), DÄBl. 1993, S. A-3004 ff.

Seit etwa 1930 ist als Untersuchungsmethode die *Elektroencephalographie* 20
(EEG) in der Medizin eingeführt, und es liegen daher sehr ausführliche wissenschaftliche Erfahrungen mit dieser Methode vor, die sich auch auf die Feststellung der erloschenen bioelektrischen Aktivität des Gehirns beziehen. Bei Vorliegen der klinischen Zeichen des Hirntodes zeigt das EEG keine bioelektrische Aktivität des Gehirns („Isoelektrisches EEG" oder „Nulllinien-EEG") Unter Beachtung von bestimmten technischen Voraussetzungen, die von der entsprechenden wissenschaftlichen Fachgesellschaft publiziert worden sind, ist diese Untersuchung bei Vorliegen der klinischen Zeichen des Hirntodes eine sichere technische Untersuchung zur Bestätigung der klinischen Diagnostik.[12]

Die *somatosensibel evozierten Potenziale* (SEP) stellen Reaktionspotenziale des 21
Gehirns auf die elektrische Reizung von zuführenden sensiblen Bahnen der Armnerven dar. Wenn bei einer Voruntersuchung belegt ist, dass die Leitungsbahnen vor Eintritt des klinischen Hirntodsyndroms intakt waren, kann das Fehlen von Reizantworten im Gehirn die Unterbrechung von zuführenden sensiblen Nervenfasern zum Gehirn belegen. Die frühen akustisch evozierten Hirnstammpotenziale (FAEP) stellen Reizantworten der akustischen Bahnen im Bereich des Hirnstammes dar. Auch hier muss eine Voruntersuchung belegen, dass vor Eintritt der klinischen Zeichen des Hirntodes die Leitungsbahnen intakt waren. Dann kann das Fehlen dieser Reizantworten die Unterbrechung der akustischen Bahnen des Hirnstammes belegen. Beide Methoden sind in ausführlichen wissenschaftlichen Untersuchungen an großen Patientengruppen als zuverlässige Bestätigungsmethoden für die klinischen Zeichen des Hirntodes bestätigt worden.[13] Die entsprechende wissenschaftliche Fachgesellschaft hat technische Richtlinien für die Durchführung der Untersuchungen erlassen.[14]

Die *Ultraschall-Dopplersonographie* stellt ein Verfahren zur Bestimmung der 22
Durchblutung der hirnversorgenden Schlagadern dar. Wenn bei einer Voruntersuchung gesichert ist, dass die hirnversorgenden Gefäße vor Eintritt der klinischen Zeichen des Hirntodes durchblutet waren, kann das Fehlen der Ultraschallsignale als Zeichen des unterbrochenen Blutzuflusses zum Gehirn gewertet werden. Auch

---

[12] Empfehlungen der Deutschen Gesellschaft für Klinische Neurophysiologie (Deutsche EEG-Gesellschaft) zur Bestimmung des Hirntodes, Z. EEG-EMG 25 (1994), S. 163 ff.; Empfehlungen der Deutschen Gesellschaft für Klinische Neurophysiologie (Deutsche EEG-Gesellschaft) zur Bestimmung des Hirntodes, Klin. Neurophysiol. 32 (2001), S. 39 ff.
[13] *W.D. Goldie, K.H. Chiappa, R.R. Young, E.B. Brooks*, Brainstem auditory and short-latency somatosensory evoked responses in brain death, Neurology 31 (1981), S. 248 ff.; *W.F. Haupt*, Multimodale evozierte Potentiale und Hirntod, Nervenarzt 58 (1987), S. 653 ff.
[14] Empfehlungen der Deutschen Gesellschaft für Klinische Neurophysiologie (Deutsche EEG-Gesellschaft) zur Bestimmung des Hirntodes, Z. EEG-EMG 25 (1994), S. 163 ff.; Empfehlungen der Deutschen Gesellschaft für Klinische Neurophysiologie (Deutsche EEG-Gesellschaft) zur Bestimmung des Hirntodes, Klin. Neurophysiol. 32 (2001), S. 39 ff.

für diese Methode liegen umfangreiche wissenschaftliche Untersuchungen vor.[15] Die wissenschaftliche Fachgesellschaft hat entsprechende Richtlinien für die Durchführung der Untersuchungen erlassen.[16]

23 Die vollständige Unterbrechung der Gehirndurchblutung über mehr als 12 Minuten führt zum vollständigen Absterben des Organs Gehirn. Bereits in der ersten Veröffentlichung der Kriterien des Hirntodes wurde die Gefäßdarstellung aller hirnversorgenden Arterien als Bestätigungsmethode für die klinischen Zeichen des Hirntodes aufgeführt.[17] Bei der *zerebralen Panangiographie* wird ein Katheter über die Leistenschlagader eingeführt und ein Röntgenkontrastmittel in beide Halsschlagadern (A. carotis) sowie in beide Wirbelschlagadern (A. vertebralis) gespritzt. Mit einer Röntgeneinrichtung wird dann die Füllung der Gefäße dargestellt. Beim Hirntod erkennt man keinerlei Füllung der Gefäße innerhalb der Schädelkapsel. Wird nach 20 Minuten die Kontrastmittelgabe wiederholt und erneut keine Füllung der intrakraniellen Gefäße beobachtet, ist der vollständige Zirkulationsstillstand des Gehirns bewiesen.

24 Gegen diese Untersuchung wurden schon immer Bedenken geäußert, da sie einen Transport des zu untersuchenden Kranken von der Intensivstation zu einer radiologischen Einheit erfordert und es bekannt war, dass derartige Transporte sowie die notwendige Lagerung des Patienten über einen Zeitraum von mindestens 30 Minuten zu einer Kreislaufdekompensation führen kann und daher vor der Feststellung der unterbrochenen Durchblutung des Gehirns eine zusätzliche Schädigung des Gehirns eintreten kann.

25 Ferner ist die *zerebrale Perfusions-Szintigraphie* zu erwähnen. Nach Injektion eines schwach radioaktiven Stoffes in eine Vene reichert sich dieser im Körper an. Bei fehlender Hirndurchblutung kommt es zu keiner Anreicherung im Gehirn. Daher ist diese Methode geeignet, die fehlende Hirndurchblutung nachzuweisen. Dieses indirekte Verfahren zur Feststellung der fehlenden Hirndurchblutung hat gegenüber der oben erwähnten Gefäßdarstellung (zerebrale Panangiographie) den Vorteil, dass die Untersuchung am Krankenbett durchgeführt werden kann und daher der potenziell gefährdende Transport entfällt.

26 Die endgültige Feststellung des Hirntodes nach Durchführung der klinischen und gegebenenfalls apparativen Untersuchungen erfolgt durch zwei Ärzte mit entsprechender Qualifikation in der Intensivmedizin. Die Dokumentation erfolgt auf einem vorgeschriebenen Protokoll. Der Todeszeitpunkt ist mit dem Abschluss des

---

[15] *G. M. von Reutern*, Zerebraler Zirkulationsstillstand: Diagnostik mit der Dopplersonographie, DÄBl. 1991, S. A-4379 ff.
[16] Empfehlungen der Deutschen Gesellschaft für Klinische Neurophysiologie (Deutsche EEG-Gesellschaft) zur Bestimmung des Hirntodes, Klin. Neurophysiol. 32 (2001), S. 39 ff.; Empfehlungen der Deutschen Gesellschaft für Klinische Neurophysiologie (Deutsche EEG-Gesellschaft) zur Bestimmung des Hirntodes, Z. EEG-EMG 25 (1994), S. 163 ff.
[17] *Wissenschaftlicher Beirat der Bundesärztekammer*, Kriterien des Hirntodes, DÄBl. 1982, S. 45 ff.

Hirntodprotokolls definiert. Das Vorgehen bei der Feststellung des Hirntodes ist durch Richtlinien der Bundesärztekammer geregelt, die laufend fortgeschrieben und im Deutschen Ärzteblatt veröffentlicht werden.[18]

4. Hirntodrichtlinien: Entwicklung und internationaler Vergleich

a) Entwicklung der Hirntodrichtlinien der BÄK

In der ersten Publikation von Richtlinien zur Feststellung des Hirntodes durch die BÄK im Jahre 1982[19] wurden zunächst die Voraussetzungen und die klinischen Untersuchungen zur Sicherung der Diagnose des vollständigen und nicht-behebbaren Ausfalls aller Funktionen des Gehirns niedergelegt. In der ersten Fassung wurden als technische Zusatzmethode das Elektroencephalogramm (EEG) und die zerebrale Panangiographie erwähnt. 27

In der ersten Fortschreibung der Empfehlungen der BÄK 1986[20] wurde die Methode der evozierten zerebralen Potenziale (somatosensibel evozierte Potenziale und akustisch evozierte Hirnstammpotenziale) als zusätzliches technische Verfahren zur Bestätigung der klinischen Zeichen des Hirntodes eingeführt. In der Zwischenzeit war mit diesen Methoden genügend wissenschaftliche und klinische Erfahrung gesammelt worden, um diese Verfahren in Verlaufsuntersuchungen zur Bestätigung der klinischen Feststellungen einzusetzen. 28

In der zweiten Fortschreibung der Empfehlungen im Jahre 1991[21] wurden zusätzlich die Methoden der Ultraschall-Dopplersonographie und der zerebralen Perfusions-Szintigraphie zur Bestätigung der klinischen Zeichen des Hirntodes eingeführt. 29

In der dritten Fortschreibung der Hirntodempfehlungen im Jahre 1997[22] wurden die Besonderheiten bei der Hirntoddiagnostik von Kindern unter 2 Jahren genauer gefasst und auf häufig auftretende Fragen in der Praxis der Diagnostik eingegangen. 30

Schließlich wurde im Jahre 1998 nach In-Kraft-Treten des TPG eine weitere formale Modifikation der Hirntodrichtlinien publiziert, die den Anforderungen 31

---

[18] *Wissenschaftlicher Beirat der Bundesärztekammer*, Kriterien des Hirntodes, DÄBl. 1982, S. 45 ff.; *Wissenschaftlicher Beirat der Bundesärztekammer*, Kriterien des Hirntodes, DÄBl. 1986, S. 2940 ff.; *Wissenschaftlicher Beirat der Bundesärztekammer*, Kriterien des Hirntodes, DÄBl. 1991, S. 4396 ff.; *Wissenschaftlicher Beirat der Bundesärztekammer*, Kriterien des Hirntodes. DÄBl. 1997, S. A-1296 ff.; *Wissenschaftlicher Beirat der Bundesärztekammer*, Richtlinien zur Feststellung des Hirntodes, DÄBl. 1998, S. A-1861 ff.
[19] *Wissenschaftlicher Beirat der Bundesärztekammer*, Kriterien des Hirntodes, DÄBl. 1982, S. 45 ff.
[20] *Wissenschaftlicher Beirat der Bundesärztekammer*, Kriterien des Hirntodes, DÄBl. 1986, S. 2940 ff.
[21] *Wissenschaftlicher Beirat der Bundesärztekammer*, Kriterien des Hirntodes, DÄBl. 1991, S. 4396 ff.
[22] *Wissenschaftlicher Beirat der Bundesärztekammer*, Kriterien des Hirntodes, DÄBl. 1997, S. A-1296 ff.

des TPG Rechnung trug.[23] Durch § 16 Abs. 1 S. 1 Nr. 1 TPG ist der Bundesärztekammer nunmehr nämlich die Aufgabe zugewiesen, in Richtlinien den Stand der Erkenntnisse der medizinischen Wissenschaft festzustellen für die Regeln zur Feststellung des Todes nach § 3 Abs. 1 Nr. 2 TPG und die Verfahrensregeln zur Feststellung des endgültigen, nicht behebbaren Ausfalls der Gesamtfunktion des Großhirns, des Kleinhirns und des Hirnstamms nach § 3 Abs. 2 Nr. 2 TPG einschließlich der dazu jeweils erforderlichen ärztlichen Qualifikation. Die Richtlinien der Bundesärztekammer zur Diagnose des Hirntodes erhalten so den Charakter einer gesetzlichen Vorschrift. Dies steht in einem gewissen Gegensatz zu der ursprünglichen Absicht der Richtlinien der Bundesärztekammer. Es wurde immer großer Wert darauf gelegt, dass die vorgelegten Handlungsanweisungen zur Diagnose des Hirntodes nur als Richtlinien aufzufassen sind. Es wurde jedem Arzt freigestellt, sich an diese Richtlinien zu halten oder davon abzuweichen. Die Verantwortung für die Feststellung des Hirntodes sollte stets unteilbar beim Arzt verbleiben.[24] Durch die Übernahme der Richtlinien der Bundesärztekammer als einzige Handlungsanweisung in den Gesetzestext wird die Handlungsfreiheit des verantwortlichen Arztes eingeschränkt, er ist jetzt nach dem TPG verpflichtet, die Richtlinien der Bundesärztekammer zu befolgen.

b) *Internationaler Vergleich von Hirntodrichtlinien*

32 Die in Deutschland gültigen Vorschriften zur Feststellung des Hirntodes sind nahezu identisch mit den Vorschriften der übrigen europäischen Länder (Übersicht bei Haupt und Rudolf[25]) sowie der USA (Wijdicks[26]). In den meisten Ländern hat der Gesetzgeber darauf verzichtet, gesetzlich verankerte Hirntodrichtlinien zu erlassen, sondern haben dies den jeweiligen medizinischen Organisationen überlassen, die in eigener Verantwortung die Kriterien nach dem jeweiligen Stand der wissenschaftlichen Erkenntnis festlegen und gegebenenfalls modifizieren sollen. Durch diese Maßnahme kann die Notwendigkeit einer Gesetzesänderung vermieden werden, wenn neue medizinische Erkenntnisse eine Änderung der Hirntodrichtlinien erforderlich machen. Durch den Verweis auf die Richtlinienkompetenz der Bundesärztekammer bei der Festlegung der Kriterien des Hirntodes und ihre Feststellung geht der deutsche Gesetzgeber einen ähnlichen Weg.

33 Die einzige nennenswerte Abweichung im internationalen Vergleich von Hirntodrichtlinien findet sich in Großbritannien. Hier ist der Nachweis der vollständig und irreversibel ausgefallenen Funktion des Hirnstamms, nicht also aller Gehirn-

---

[23] *Wissenschaftlicher Beirat der Bundesärztekammer*, Richtlinien zur Feststellung des Hirntodes, DÄBl. 1998, S. A-1861 ff.
[24] *Wissenschaftlicher Beirat der Bundesärztekammer*, Kriterien des Hirntodes, DÄBl. 1997, S. A-1296 ff.; *Wissenschaftlicher Beirat der Bundesärztekammer*, Kriterien des Hirntodes, DÄBl. 1991, S. 4396 ff.; *Wissenschaftlicher Beirat der Bundesärztekammer*, Kriterien des Hirntodes, DÄBl. 1986, S. 2940 ff.; *Wissenschaftlicher Beirat der Bundesärztekammer*, Kriterien des Hirntodes, DÄBl. 1982, S. 45 ff.
[25] *W. F. Haupt, J. Rudolf*, European brain death codes: a comparison of national guidelines, J. Neurol. 246 (1999), S. 432 ff.
[26] *E. F. M. Wijdicks*, Determining brain death in adults, Neurology 45 (1995), S. 1003 ff.

anteile, für die Diagnose des Todes ausreichend. Es braucht also nicht der vollständige Ausfall aller Funktionen des Großhirns belegt zu werden. Dieser Sonderweg ist durch einige organisatorische Besonderheiten des Medizinsystems in Großbritannien erklärbar: die neurologische Versorgung wird überwiegend durch nicht an Krankenhäuser gebundene Consultants gewährleistet, die Zahl der neurologischen Abteilungen an den Krankenhäusern ist sehr klein. Daher sind apparative Untersuchungsmethoden, insbesondere die Elektroencephalographie (EEG) im Intensivbereich nur bedingt verfügbar. Es wird die Ansicht vertreten, dass der endgültige Ausfall des Hirnstammes als lebensnotwendige Steuerungs- und Integrationszentrale des Gehirns hinreichend den Funktionsausfall des Gehirns als Ganzes dokumentiert.[27]

---

[27] *Conference of royal colleges and faculties of the United Kingdom*, Diagnosis of brain death, Lancet (1976), S. 1069 f.

Anhang 2 zu § 16:
Anmerkungen zur Wartelistenproblematik und zu den Allokationsregelungen aus sozialwissenschaftlicher Perspektive

Gliederung

		Rdnr.
I.	§ 10 Abs. 2 Nr. 2 TPG	1
II.	§ 12 Abs. 3 TPG	4
III.	§ 16 Abs. 1 Satz 1 Nr. 2 TPG	14

I. § 10 Abs. 2 Nr. 2 TPG

1 § 10 Abs. 2 Nr. 2 TPG verpflichtet die Transplantationszentren, über die Aufnahme von Patienten in die Warteliste nach Regeln zu entscheiden, die dem Stand der Erkenntnisse der medizinischen Wissenschaft entsprechen, insbesondere nach Notwendigkeit und Erfolgsaussicht einer Organübertragung. Diese Regeln wurden nach § 16 Abs. 2 von der Bundesärztekammer erarbeitet und bereits vorgelegt. Mit der strikten Umsetzung dieser Regeln würden die Transplantationszentren in ihrer Handlungsfreiheit begrenzt, die Dimensionierung und Patientenstruktur der Wartelisten nach Opportunitätsgesichtspunkten zu gestalten. Für die Annahme, dass Transplantationszentren zumindest in den vergangenen Jahren eine gezielte Wartelisten-Politik betrieben haben, gibt es eine Reihe von Hinweisen und plausiblen Überlegungen. So argumentierte beispielsweise *Neuhaus*: „Wenn wir von jährlich etwa sechs- bis achttausend leberkranken Patienten ausgehen, die von einer Lebertransplantation profitieren können und dabei wissen, dass pro Jahr nur etwa 700 Lebertransplantationen in Deutschland durchgeführt werden können, dann muss man sich fragen, ob wir 1.000 oder 5.000 Patienten pro Jahr auf die Warteliste nehmen wollen in dem Wissen, dass entweder 300 oder 4.300 auf der Warteliste sterben werden"[1].

2 Die Wartelisten der Transplantationszentren waren in der Regel so dimensioniert, dass zwar ein Spannungsverhältnis zwischen knappen Organressourcen und der Zahl der Wartelistenpatienten bestand, die Schere zwischen Angebot und Nachfrage allerdings nicht so weit auseinander klaffte, dass sich die Patienten als Teilnehmer eines Glücksspiels fühlen mussten, bei dem kaum Hoffnung auf Erfolg bestand. Sicherlich wäre diese Situation für die Betroffenen nicht nur demotivierend, sondern auch eine Belastung, die sich negativ auf die Ergebnisse von Transplantationen auswirken könnte. Auf der anderen Seite sterben durch restriktive Wartelisten-Politik nicht weniger Patienten, die von einer Transplantation profitieren könnten. Der Großteil stirbt vielmehr, ohne dass er von der Statistik als

---

[1] P. *Neuhaus*, Allokation von abdominalen Spenderorganen – medizinische Voraussetzungen und verwaltungsmäßige Handhabung, in: Ch. Dierks/P. Neuhaus/A. Wienke (Hrsg.), Die Allokation von Spenderorganen, 1999, S. 7 ff.

Wartelistenpatient für Transplantationen registriert wurde. Dies bedeutet zugleich, dass diese Patienten der Chance beraubt waren, überhaupt um ein knappes Organ konkurrieren zu können. Insofern hat eine verbindliche Regelung zur Aufnahme in die Warteliste zentrale Bedeutung für die Herstellung von Chancengleichheit und Transplantationsgerechtigkeit.

Dies gilt auch mit Blick auf die in der Vergangenheit oft sehr heterogene Praxis der Aufnahme bzw. Ablehnung von Patienten. Hierbei kamen nicht nur unterschiedliche Werthaltungen in der Beurteilung der Persönlichkeit, des Verhaltens und der sozialen Lage des Patienten zum Tragen, sondern auch zentrumsbezogene Motive der Auswahl. So können beispielsweise Forschungsinteressen eine spezifisch merkmalsorientierte Patientenauswahl begünstigen, aber auch das Bedürfnis eines Zentrums, möglichst gute Statistiken zum Transplantationserfolg vorweisen zu können. Ein weiterer, weniger gern diskutierter Grund für eine zentrumsstrategisch motivierte Vorselektion der Wartelistenpatienten ist ökonomischer Natur. Denn dringliche Patienten, so *Kirste*, „werden hohe Behandlungskosten verursachen"[2].

II. § 12 Abs. 3 TPG

§ 12 Abs. 3 TPG regelt die Allokation vermittlungspflichtiger Organe. Nach Satz 1 sind die vermittlungspflichtigen Organe von der Vermittlungsstelle nach Regeln, die dem Stand der Erkenntnisse der medizinischen Wissenschaft entsprechen, insbesondere nach Erfolgsaussicht und Dringlichkeit für geeignete Patienten zu vermitteln. Die Frage der Verteilungsgerechtigkeit wird hier nicht explizit formuliert. Dass der Gesetzgeber jedoch implizit eine moralischen Verbindung zwischen dem Solidarkontext der Organspende und der Gerechtigkeit der Organverteilung unterstellt, ergibt sich aus der Regelungsdichte des gesamten Verteilungsverfahrens in § 12. Die Frage der gerechten Organverteilung wird dadurch zuvorderst als Frage der Verfahrensgerechtigkeit behandelt. Allerdings geben die beiden Kriterien der Erfolgsaussicht und der Dringlichkeit einen Hinweis auf die substanziellen Gerechtigkeitsvorstellungen, die dem Gesetzestext unterlegt sind. In der international sehr breit geführten wissenschaftlichen Diskussion zur Organallokation werden die Kriterien der Erfolgsaussicht und der Dringlichkeit weitgehend als produktivitätsorientierte Kriterien klassifiziert. Damit stehen sie in enger Verbindung zu den inzwischen sehr zahlreichen utilitaristischen Konzepten eines effektiven, rationalen Einsatzes knapper medizinischer Ressourcen. Darüber hinaus ist im TPG aber auch eine Verbindung zu Gerechtigkeitsvorstellungen erkennbar, die in der Idee der Chancengleichheit wurzeln. Denn die Kriterien der medizinischen Erfolgsaussicht und Dringlichkeit gelten als relativ wertneutrale Kriterien und scheinen damit eine Organvermittlung zu gewährleisten, die frei von ärztlichen Willkürentscheidungen und Einflüssen sozialer Diskriminierung er-

---

[2] G. *Kirste*, Allokation von Spenderorganen – ökonomische Aspekte, in: Ch. Dierks/P. Neuhaus/A. Wienke (Hrsg.), Die Allokation von Spenderorganen, 1999, S. 61 ff.

folgt. Dennoch ist die Vorgabe des Gesetzgebers in prinzipieller und praktischer Hinsicht mit zahlreichen Problemen belastet.

5   Wie im Verlauf der fachwissenschaftlichen Diskussion des Gesetzestextes zunehmend deutlich wurde, sind die vom Gesetzgeber in den Vordergrund gerückten Kriterien der Erfolgsaussicht und Dringlichkeit nicht nur wenig präzise, sondern darüber hinaus auch noch höchst widersprüchlich. Die mangelnde Präzision des Kriteriums der Erfolgsaussicht ergibt sich aus dem fehlenden Maßstab, an dem der Transplantationserfolg zu messen ist. In der Fachliteratur werden dafür sehr unterschiedliche Kriterien gewählt. Die Transplantationsmedizin wählte bisher als Erfolgsmaßstab vor allem die prognostizierte Dauer des erzielten medizinischen Effekts, gemessen in Transplantat- und/oder Patientenüberlebensjahren. Neben diesem lenght-of-benefit-Kriterium werden medizinische Erfolgsaussichten aber auch an Maßstäben der Qualität des Behandlungserfolges, bis hin zur Beurteilung der erzielbaren Lebensqualitätsverbesserung gemessen, also nach quality-of-benefit-Kriterien bewertet. Und schließlich gibt es noch Konzepte, die, wie das zunehmend an Bedeutung gewinnende QALY-Konzept, mit sog. qualitätsbereinigten Lebensjahren (QALY- quality-adjusted life years) und insofern mit time-quality trade-offs operieren. Hierbei handelt es sich also um Mischformen der Bewertung der prognostizierten Behandlungseffekte nach Dauer und Qualität. Neben dieser konzeptionellen Unschärfe der gesetzgeberischen Vorgabe des Allokationskriteriums der Erfolgsaussicht, bestehen enorme Umsetzungsprobleme in der Praxis, die auch von der medizinische Wissenschaft nur bedingt überwunden werden können. Auf der praktischen Ebene gehört dazu die relative Unsicherheit medizinischer Erfolgsprognosen für den individuellen Patienten.

6   Vergleichbare Probleme wirft auch das vom Gesetzgeber genannte Kriterium der Dringlichkeit auf. Denn es ist nicht nur auf der praktischen Ebene von Prognoseunsicherheiten belastet, sondern lässt in Verbindung mit der in § 12 Abs. 3, Satz 1 direkt anschließenden Formulierung „für geeignete Patienten" eine nicht näher erläuterte Relativierung zu, deren Inhalt und Ausmaß sich unter dem Begriff der Kontraindikation konkretisieren wird. Auf der Ebene der Erkrankungsart und des Krankheitsbildes gibt es in den einzelnen Organbereichen relativ harte, rein medizinische Gründe, die eine Transplantation bei hoher Dringlichkeit sinnlos erscheinen lassen. Darüber hinaus gibt es aber auch eine Reihe quasi-medizinischer Kriterien der Kontraindikation. Gemeint sind damit all jene als medizinisch relevant betrachteten Bedingungen, die auf psychischen Eigenschaften (wie z.B. psychischer Stabilität), persönlichen Verhaltensweisen (wie z.B. Alkoholkonsum, Rauchen) oder den sozialen Kontexten des Patienten (wie z.B. Obdachlosigkeit) beruhen. Das heißt, dass die Ausweitung der medizinischen Gründe einer Kontraindikation, aber auch ein weit gefasstes Verständnis der Voraussetzungen medizinischer Erfolgsaussicht in die Grauzone sozialer und persönlicher Diskriminierung führen kann. Indem die medizinische Wissenschaft Erkenntnisse über den Einfluss persönlicher Eigenschaften und sozialer Faktoren auf den Transplantationserfolg nicht nur erfasst, sondern auch in Regeln und Kriterien der Allokation einfließen lässt, setzt sich die Transplantationsmedizin dem in der internationalen

Diskussion bereits geäußerten Verdacht einer medizinischen Maskierung sozialen Selektionsmechanismen aus. Der Gesetzgeber hat hier keine Grenze gezogen, welche individuellen Eigenschaften, Verhaltensweisen und sozialen Faktoren legitimer Weise in medizinische Überlegungen zur Organallokation einbezogen werden können bzw. dürfen. Die Formulierung des Gesetzgebers, dass die Organvermittlung „insbesondere" nach Erfolgsaussicht und Dringlichkeit erfolgen soll, lässt eine Ausweitung auf all jene nicht-medizinischen Faktoren zu, die mit einer gewissen Wahrscheinlichkeit mehr oder weniger intensiv das Behandlungsresultat beeinflussen können. Dazu gehören beispielsweise Faktoren wie: psychische Stabilität, Compliance, Wartezeit, kalendarisches Alter, Selbstverschulden.

Eine besondere Problematik enthält die Vorgabe des Gesetzgebers vor allem aber dadurch, dass die explizit genannten Kriterien der Erfolgsaussicht und Dringlichkeit ein völlig konträres Spektrum von Allokationsentscheidungen markieren. Denn eine Rezipientenauswahl nach Erfolgsaussicht führt zur systematischen Bevorzugung von Patienten, die auf Grund ihrer Erkrankungsmerkmale ein Transplantat zwar nicht dringend brauchen, von einer Transplantation voraussichtlich aber am meisten profitieren würden. Umgekehrt bevorzugt eine Rezipientenauswahl nach dem Kriterium der Dringlichkeit in der Regel Patienten, die die geringsten Erfolgsaussichten besitzen. Im ersten Fall wird die Produktivität der Transplantationstherapie an der Dauer und Qualität des Erfolges gemessen, im zweiten Fall an der Rettung unmittelbar bedrohten Lebens. Beide Kriterien legitimieren sich ungeachtet ihrer unterschiedlichen Bezugssysteme mit dem Anspruch, eine optimale Verwendung knapper medizinischer Ressourcen herbeizuführen. Und zugleich wird gegen beide der Vorwurf erhoben, knappe Ressourcen ineffektiv einzusetzen. So sei eine Auswahl nach Erfolgsaussicht insofern Ressourcenverschwendung, als gerade den besonders Bedürftigen die lebensrettende Hilfe verweigert würde. Leben sei ein Wert an sich, unabhängig von seiner prognostizierten Dauer und Qualität, und die differenzielle Betrachtung des Lebens ein Verstoß gegen den Gleichheitsgrundsatz und die Menschenwürde. Umgekehrt wird eine Auswahl nach Dringlichkeit insofern als Ressourcenverschwendung gesehen, als der Ertrag des medizinischen Ressourceneinsatzes weit hinter den bestehenden Möglichkeiten bleibe. Zudem könnte eine Festlegung auf dieses Kriterium dazu führen, dass die Transplantationstherapie letztlich nur noch an Patienten durchgeführt würde, die kaum noch davon profitieren könnten. Der Einsatz der knappen Ressourcen würden dadurch systematisch auf einen suboptimalen Zeitpunkt gelenkt.

Erfolgsaussicht und Dringlichkeit sind konträre Allokationskriterien. Streng genommen schließen sie sich gegenseitig aus. Dies gilt insbesondere dann, wenn sie innerhalb eines Systems kombiniert werden, in dem Patientendaten mit Prozentpunkten versehen werden. Denn die zu erlangenden Punktwerte für Erfolgsaussicht gehen in der Regel zulasten der erreichbaren Punktzahl für Dringlichkeit – und umgekehrt. Die vom Gesetzgeber als prioritär vorgegebenen Kriterien heben sich in ihrem Einfluss auf die Patientenauswahl gegenseitig auf. Selbst Patienten, die sich zwischen den beiden Polen der Erfolgsaussicht und Dringlichkeit bewegen, kämen noch auf vergleichbare Punktwerte wie die jeweils extrem positionierten Kandidaten. In dem Maße, wie der Selektionseffekt beider Kriterien verwässert wird, öffnet sich der Allokationsprozess nicht nur für das gesamte Spektrum der Wartelistenpatienten, sondern auch für Kriterien und Regeln, die zusätzlich und flankierend eingebracht werden. So genannte Hilfskriterien (wie z. B. Compliance) gewinnen dadurch an Bedeutung, im ungünstigsten Fall werden sie sogar zum dominanten Faktor der Allokation.

9   Eine Alternative hierzu ist die Belassung der inneren Widersprüchlichkeit der vom Gesetzgeber präferierten Kriterien durch eine strikte Quotierung des Anteils an Organen, die nach Erfolgsaussicht bzw. nach Dringlichkeit vergeben werden. Die Quotierung hätte erstens den Vorzug, beide Kriterien in ihrer konträren Zielsetzung und ihrer de facto entgegengesetzten Wirkung zur Geltung zu bringen. Zweitens würde der gesetzgeberische Wille nicht dadurch verwässert, dass die Kriterien sich in einem System der Punktbewertung gegenseitig relativieren und auf diese Weise einer Beliebigkeit Vorschub leisten, die dann letztlich durch zentrums- , forschungs- oder patientenorientierte Opportunitätsüberlegungen bestimmt und mit quasi-medizinischen Kriterien argumentativ legitimiert wird. In der strikten Polarisierung der Auswahlkriterien liegt sogar die Chance zu ihrer Kombination, ohne eine wechselseitige Abschwächung ihres Selektionscharakters eintritt. Denn in der Regel darf davon ausgegangen werden, dass es in einem weiträumig vernetzten Allokationssystem weder den einen Patienten gibt, der allein die höchste Erfolgsaussicht bzw. allein die höchste Dringlichkeit besitzt. Vielmehr ist davon auszugehen, dass innerhalb dieser beiden Gruppen meist eine Reihe ähnlich qualifizierter Patienten als Organempfänger infrage kommen. Der gesetzgeberische Wille würde im Rahmen einer Quotierung dann am besten erfüllt, wenn die beiden Kriterien jeweils additiv, aber in eindeutiger Rangfolge zum Zuge kämen. Zwischen den Patienten, die nach dem Kriterium der Erfolgsaussicht gleich qualifiziert sind, würde zuvorderst unter dem Aspekt der Dringlichkeit entschieden, und zwischen den Patienten, die nach dem Kriterium der Dringlichkeit gleich qualifiziert sind, würde zuvorderst nach dem Kriterium der Erfolgsaussicht entschieden. Das jeweils andere Kriterium fungiert hier also als nachgeordnetes Hilfskriterium. Die Anwendung weiterer medizinischer Hilfskriterien wäre bei dieser Quotierungslösung nicht ausgeschlossen. Es wäre aber garantiert, dass sie sich eindeutig und trennscharf auf das jeweilige Hauptkriterium zu beziehen hätten.

10 Dennoch bleibt auch hier die Frage offen, inwieweit soziale und persönlichkeitsbezogene Faktoren, aber auch zentrumsorientierte Opportunitätsüberlegungen im Gewand medizinischer Argumente zu einem bedeutenden Einflussfaktor der Organallokation werden sollen. Auch die von der Bundesärztekammer herausgegebenen Richtlinien für die Organvermittlung enthalten neben der Orientierung an Erfolgsaussicht und Dringlichkeit eine Reihe von Zusatzkriterien. So ist beispielsweise in den Richtlinien zur Nierentransplantation den beiden vom Gesetzgeber explizit präferierten Grundsätzen zusätzlich noch der der Chancengleichheit gleichrangig beigefügt. So wird zwischen unterschiedlichen Gruppen von Wartelistenpatienten ein Ausgleichsverfahren installiert, das Vermittlungsnachteile, die in bestimmten medizinischen Merkmalen des Patienten liegen, kompensieren soll. Sonderkonditionen erhalten „wegen ihrer sonst sehr viel schlechte-

ren Chancen", beispielsweise die „hochimmunisierten" Patienten. Sie werden im Rahmen eines speziellen Programms bevorzugt berücksichtigt, wobei als medizinisches Auswahlkriterium die Blutgruppenkompatibilität zwischen Spender und Empfänger „genügt". Für die übrigen Patientengruppen ist dies zwar ebenfalls eine grundlegende Voraussetzung. Mit Blick auf den langfristigen Transplantationserfolg wird darüber hinaus jedoch eine möglichst weitgehende Übereinstimmung der HLA-Merkmale angestrebt und innerhalb eines Punktesystems mit einer 40 %igen Gewichtung versehen. Allerdings werden die geringeren Zuteilungschancen von Patienten mit ungünstig gelagerten HLA-Merkmalen (höhere Mismatch-Wahrscheinlichkeit) durch einen Bonus (10 % Gewichtung) kompensiert. Ebenfalls wird die Wartezeit, die vom ersten Tag der Nierenersatztherapie gerechnet wird, als „Dringlichkeitsfaktor" gewertet und mit einer 30 % Gewichtung versehen. Als weiterer medizinischer Faktor fungiert die Minimierung der Konservierungszeit des Organs, die eine 20 % Gewichtung erhielt. Hierdurch werden nicht nur Funktionsbeeinträchtigungen des Organs, die in Abhängigkeit von der Dauer der Konservierung auftreten können, reduziert, sondern auch eine Art Interessenausgleich zwischen den Transplantationszentren geschaffen. Eine weitere Sondergruppe bilden Patienten, bei denen „eine lebensbedrohliche Situation vorliegt bzw. absehbar ist". Hier sei im besonders zu begründenden Einzelfall wegen „hoher Dringlichkeit" eine „vorrangige Organzuteilung" gerechtfertigt. Eine weitere Ausnahmeregelung, die besondere Berücksichtigung von Kindern, wird mit „zu befürchtender Störung der körperlichen und seelischen Entwicklung" als Folge einer längeren Wartezeit begründet.

Ähnlich unklare Abwägungsentscheidungen und Opportunitätsüberlegungen bestimmen auch die Richtlinien für die Organvermittlung zur Lebertransplantation. Im Zentrum stehen dabei vier Dringlichkeitsstufen, eine Art Rangfolge, deren Einfluss auf die Organzuteilung allerdings durch zusätzliche, konkurrierende Kriterien wieder relativiert wird. Allein Dringlichkeitsstufe I (high urgency) garantiert akut vom Tode bedrohten Patienten eine vor allen anderen Patienten vorrangige Behandlung. Dringlichkeitsstufe II (chronische Lebererkrankung mit akuter Dekompensation) wird mit einer erhöhten Priorität versehen. Allerdings werden die Chancen hier insofern reduziert, als in Abwägung von Dringlichkeit und Erfolgsaussicht zwei Drittel der verfügbaren Organe für Patienten mit Dringlichkeitsstufe III (chronische Lebererkrankung mit Komplikationen) und Dringlichkeitsstufe IV (chronische Lebererkrankung ohne Komplikationen) zur Verfügung stehen sollen. Als weitere intervenierende Zusatzkriterien fungieren die Wartezeit mit einer 40 % Gewichtung und die Konservierungszeit mit einer 20 % Gewichtung. Beides wirkt sich auf die individuellen Zuteilungschancen von Patienten aus, wird aber mit patientenunspezifischen Argumenten begründet: im ersten Fall mit dem statistischen Zusammenhang zwischen Wartezeit und Dringlichkeit, im zweiten Fall mit dem Einfluss der Konservierungsdauer auf die Organqualität. Im Hintergrund dürften hier allerdings auch Gerechtigkeitsvorstellungen (first-come, first served) und zentrumsbezogene Interessen (Haustransplantation) eine Rolle spielen. Insgesamt führt dieser Kriterienmix in einen nahezu undurchdringlichen

Dschungel der wechselseitigen Relativierung von Dringlichkeits- und Erfolgsfaktoren.

12 Etwas konsequenter sind die Richtlinien für die Organvermittlung thorakaler Organe formuliert. In der Herztransplantation werden als hoch dringlich (high urgency – HU) klassifizierte Patienten, sofern nicht eine medizinisch begründete Kontraindikation vorliegt, vorrangig vor allen anderen Patienten transplantiert. Innerhalb der HU-Patienten wird zunächst die Ischämiezeit (Distanzfaktor) und dann die Wartezeit berücksichtigt. Für nicht HU-klassifizierte Patienten fungiert die Wartezeit mit 80 % Gewichtung und die Konservierungszeit mit 20 % Gewichtung als Selektionskriterium, wobei die Wartezeit als Dringlichkeitsfaktor, die Konservierungszeit als Erfolgsfaktor betrachtet wird.

13 Sämtlichen Richtlinien ist jedoch der Kompromisscharakter deutlich anzumerken. Sie signalisieren eine Balance zwischen den Interessen der Zentren untereinander und zwischen den Patienten auf der Warteliste. Für die wechselseitige Relativierung der Kriterien der Dringlichkeit und Erfolgsaussicht und der Einführung entsprechender Hilfskriterien gibt es zwar jeweils nachvollziehbare medizinische Begründungen, nicht aber für die Auswahl, systemische Komposition und die relative Gewichtung dieser Kriterien. Hier scheinen Aushandlungsprozesse wirksam geworden zu sein, die eher dazu angetan sind, den Transplantationszentren Spielräume zu erhalten und die Grundzüge der bisherigen Praxis der Organverteilung mit den gesetzlichen Vorgaben argumentativ zu synchronisieren.

III. § 16 Abs. 1 Satz 1 Nr. 2 TPG

14 § 16 Abs. 1 Satz 1 TPG sieht vor, dass die Bundesärztekammer den Stand der Erkenntnisse der medizinischen Wissenschaft in Richtlinien festlegt. Abs. 1 Nr. 2 bezieht sich dabei auf die Regeln zur Aufnahme in die Warteliste nach § 10 Abs. 2 Nr. 2 einschließlich der Dokumentation der Gründe für die Aufnahme oder Ablehnung. Unter dem Gesichtspunkt der Transplantationsgerechtigkeit kommt den Bedingungen der Aufnahme in die Warteliste für Transplantationen eine entscheidende Bedeutung zu. Eine Mindestvoraussetzung für Transplantationsgerechtigkeit ist die Etablierung eines transparenten Verfahrens, das regelgeleitet zu eindeutigen Entscheidungen führt und damit weitgehend von persönlicher Willkür befreit ist. Eine weitere Voraussetzung dafür ist die Gewährleistung einer Organverteilung, die nach Kriterien und Regeln erfolgt, die im Resultat zu keiner sozialen Diskriminierung führen. De facto verläuft der Zugang zu Organen über ein mehrstufiges Verfahren. Die Verteilung der Organe unter den Kandidaten der Warteliste bildet die letzte Stufe. Das Auswahlverfahren, das auf dieser letzten Stufe unter den Wartelistenpatienten praktiziert wird, ist aber letztlich nur so gut wie die Verfahren, die gewissermaßen als Vorselektion fungieren.

15 Nur wer den Sprung auf die Warteliste schafft, hat überhaupt Chancen, in Konkurrenz zu anderen Patienten an der Verteilung der knappen Organressourcen zu partizipieren. Im Auseinanderklaffen zwischen der Zahl verfügbarer Organe und der Zahl der auf den Wartelisten verschiedener Transplantationsarten registrierten

Patienten zeigt sich das Problem der medizinisch sinnvollen, gerechten und fairen Organverteilung daher nur in abgemilderter Form. Denn in den verschiedenen Organbereichen ist die Zahl der Wartelistenpatienten zum Teil erheblich geringer als die Zahl der Patienten, die tatsächlich einen medizinischen Bedarf an der Transplantationstherapie aufweisen und von ihr profitieren könnten. Das bedeutet, dass ein hoher Prozentsatz potenzieller Kandidaten (in der Nierentransplantation reichen die Schätzungen bis zu 75 %, in der Lebertransplantation sogar bis zu 90 %) bereits in der Vorauswahl an den Hürden zur Transplantationsmedizin gescheitert ist oder den Weg dorthin nicht gewiesen bekam. Die Gründe einer nicht erfolgten oder zu späten Überweisung an ein Transplantationszentrum sind ganz unterschiedlich gelagert. In der Nierentransplantation werden eher kommerzielle Motive seitens der Anbieter von Dialysebehandlungen vermutet, in der Herz- und Lebertransplantation eher mangelnde Kenntnisse oder Selbstüberschätzung der behandelnden Ärzte. Aber auch die Gründe, die bisher über die Aufnahme eines Patienten in die Warteliste oder aber seine Ablehnung entschieden, waren vielschichtig, heterogen und in hohem Maße zentrumsabhängig. Vor allem jedoch, und dies dürfte das zentrale Problem des Zugangs zu Wartelisten und der Herstellung von Transplantationsgerechtigkeit sein, lagen viele dieser Aufnahme- oder Ablehnungsgründe auf der Ebene sozialer, moralischer, persönlichkeits- und verhaltensbezogener Faktoren. Das bedeutet: in der Auswahl der Wartelistenkandidaten wurden in breiterem Umfang Kriterien wirksam, die wegen ihrer de facto sozial diskriminierenden Effekte keine hinreichende gesellschaftliche oder ethische Akzeptanz gefunden hätten. Zu diesen im engeren Sinne nicht-medizinischen Ausschlussgründen gehörten insbesondere das Selbstverschulden (wie. z.B. Alkoholismus, Medikamentenmissbrauch), das numerische Alter, der soziale Wert einer Person (z.B. Gesetzesbrecher, Prostituierte) und die Nationalität, aber auch ein ganzes Set an quasi-medizinischen Faktoren, die an Persönlichkeitseigenschaften (psychischer Instabilität) oder an Verhaltensmerkmalen (mangelnder Fähigkeit oder Bereitschaft zur Compliance) der Kandidaten festgemacht wurden. Diese Kriterien spielten und spielen im eigentlichen Verfahren der Organverteilung, also der Auswahl unter den Wartelistenpatienten, keine zentrale Rolle mehr. Weil aber in der Regel nur diese letzte Stufe der Patientenauswahl in der öffentlichen Diskussion war, konnten sich die weit problematischeren Praktiken der Steuerung des Wartelistenzugangs einer kritischen Wahrnehmung und Auseinandersetzung entziehen.

Der Gesetzgeber versucht nun in § 16 Abs. 2 Nr. 2 die Aufnahme in die Warteliste für Transplantationen auf eine wissenschaftliche Basis zu stellen und insofern auch von offensichtlich sozial diskriminierenden Einflüssen zu befreien. Analog zu den Richtlinien für die Organvermittlung wurden von der Bundesärztekammer auch Richtlinien für den Zugang zur Warteliste erarbeitet und vorgelegt. Neben im engeren Sinne medizinischen Indikationen und Kontraindikationen finden sich hier eine Reihe von weichen Kriterien, die entweder eine eventuelle Kontraindikation relativieren oder einen in der Person des Patienten liegenden Ablehnungsgrund liefern. So wird in den Richtlinien für die Warteliste zur Nierentransplantation nahe gelegt, bei den dort aufgeführten Kontraindikationen (nicht kurativ behandelte bösartige Erkrankung, klinisch manifeste Infektionserkrankung, HIV-Infektion, schwer wiegende zusätzliche Erkrankungen) stets den körperlichen und seelischen Gesamtzustand des Patienten zu würdigen und einzuschätzen. In den Richtlinien für die Warteliste zur Lebertransplantation finden sich erschwerende Bedingungen für ehemalige Alkoholiker. Ihre Aufnahme in die Warteliste erfolgt erst, wenn der Patient mindestens sechs Monate völlige Alkoholabstinenz eingehalten hat oder eine erfolgreiche Entzugsbehandlung nachweisen kann. Erhöhte Persönlichkeitsanforderungen werden an alle Patienten gestellt. Hierfür steht die durchaus interpretationsbedürftige Formulierung, dass Krankheitseinsicht und Kooperationsfähigkeit sowie eine ausreichende Compliance einen längerfristigen Transplantationserfolg auch in schwierigen Situationen ermöglichen. Da die eindeutige Feststellung und prognostische Relevanz dieser Faktoren kaum möglich sein dürfte, wird auf die Angabe orientierender Normen und zu praktizierender Feststellungsverfahren verzichtet. Auch in den Richtlinien für die Warteliste zur Herztransplantation fungieren „psycho-soziale Faktoren", die entweder ein vitales Risiko bei der Transplantation darstellen oder den längerfristigen Transplantationserfolg mindern, als Kontraindikation. Im Kern handelt es sich auch hier um die vage Umschreibung einer mutmaßlich mangelnden Compliance des Patienten. Eine Präzisierung dieser psycho-sozialen Ausschlusskriterien wäre mit Blick auf die Manipulationsanfälligkeit und das Risiko, dass sich hier unbewusst ein Mittelschichtbias (in den USA spricht man von „people-like-us" Entscheidungen) und damit eine schleichende Diskriminierung nicht-konformer Lebensstile und Verhaltensweisen etabliert, unbedingt notwendig.

SECHSTER ABSCHNITT
Verbotsvorschriften

§ 17
Verbot des Organhandels

(1) ¹Es ist verboten, mit Organen, die einer Heilbehandlung zu dienen bestimmt sind, Handel zu treiben. ²Satz 1 gilt nicht für

1. die Gewährung oder Annahme eines angemessenen Entgelts für die zur Erreichung des Ziels der Heilbehandlung gebotenen Maßnahmen, insbesondere für die Entnahme, die Konservierung, die weitere Aufbereitung einschließlich der Maßnahmen zum Infektionsschutz, die Aufbewahrung und die Beförderung der Organe, sowie

2. Arzneimittel, die aus oder unter Verwendung von Organen hergestellt sind und den Vorschriften des Arzneimittelgesetzes über die Zulassung oder Registrierung unterliegen oder durch Rechtsverordnung von der Zulassung oder Registrierung freigestellt sind.

(2) Ebenso ist verboten, Organe, die nach Absatz 1 Satz 1 Gegenstand verbotenen Handeltreibens sind, zu entnehmen, auf einen anderen Menschen zu übertragen oder sich übertragen zu lassen.

Gliederung

	Rdnr.
I. Grundsätzliche Bedeutung und Regelungsgegenstand	1
II. Die Erläuterungen im einzelnen	4
1. § 17 Abs. 1: Verbot des Organhandels	4
a) Organe, die einer Heilbehandlung zu dienen bestimmt sind	4
b) Handeltreiben	8
aa) Übernahme des betäubungsmittelrechtlichen Begriffs des Handeltreibens	8
(1) Hinweise in der Gesetzesbegründung	8
(2) Rechtspolitische Fragwürdigkeit des Verweises auf das Betäubungsmittelrechts	9
(3) Unklarheit des Schutzgutes	11
(4) Der mittelbare Verweis auf das Betäubungsmittelrecht als geltendes Recht	15
bb) Auslegung des Tatbestandsmerkmals „Handeltreiben"	17
(1) Auf Umsatz von Organen gerichtet	19
(2) eigennützig	22
cc) Ausnahmen vom Handeltreiben (§ 17 Abs. 1 S. 2 TPG)	25
(1) § 17 Abs. 1 S. 2 Nr. 1 TPG	26
(2) § 17 Abs. 1 S. 2 Nr. 2 TPG	34

    2. Verbot des § 17 Abs. 2 TPG 35
    3. Auswirkungen auf das Ordnungsrecht, das Recht der Krankenhaus-
       aufsicht und das Zivilrecht 40
       a) Zivilrecht 40
       b) Ordnungs-/Polizeirecht – Krankenhausaufsicht 45
          aa) Ordnungsrecht 45
          bb) Krankenhausaufsicht 49

I. Grundsätzliche Bedeutung und Regelungsgegenstand

1   § 17 regelt, wie sich aus der Eingangsvorschrift des § 1 Abs. 1 S. 2 TPG ergibt (§ 1 Rdnr. 56 f.), einen zentralen Aspekt des gesamten TPG: das Verbot des Organhandels. Es enthält die Verbotsnorm, die in der Sanktionsnorm des § 18 strafbewehrt wird. Beide Vorschriften sind zusammen zu sehen.

2   Trotz der Überschrift „Verbot des Organhandels" untersagt § 17 – in Abs. 1 – nicht nur den Organhandel, sondern darüber hinaus – in Abs. 2 – auch die Entnahme, das Übertragen und das Sich-Übertragen-Lassen von Organen, die Gegenstand verbotenen Organhandels sind. Es geht bei den in Abs. 1 genannten Handlungen um solche Taten, die das Unrecht des Organhandels vertiefen bzw. perpetuieren.

3   Die in § 17 aufgestellten Verbote sind zum einen Anknüpfungspunkt für die Strafdrohung des § 18 Abs. 1 TPG (s. die dortige Kommentierung), zum anderen können sie im Recht der Gefahrenabwehr (= Polizei-, Ordnungs- oder Sicherheitsrechts) bzw. der Krankenhausaufsicht, eine Materie des besonderen Ordnungsrechts, eine Rolle spielen, überdies auch im Zivilrecht.

II. Die Erläuterungen im einzelnen

1. § 17 Abs. 1: Verbot des Organhandels

a) Organe, die einer Heilbehandlung zu dienen bestimmt sind

4   Was „Organe" sind, folgt aus § 1 Abs. 1 S. 1 TPG (§ 1 Rdnr. 13 ff.). Da Blut und Knochenmark nicht dazu gehören (§ 1 Abs. 2 TPG), ist das Handeltreiben mit Blut und Knochenmark nach dem TPG nicht verboten oder gar strafbar.[1]

5   Die Organe müssen „einer Heilbehandlung zu dienen bestimmt" sein (§ 17 Abs. 1 S. 1 TPG). Organe, die zu therapeutischen Zwecken eingepflanzt werden sollen, sind Organe im Sinne dieser Definition.[2] Die Verpflanzung von Organen, die nicht einer anerkannten Heilbehandlung zu dienen bestimmt sind, sondern die nur im Rahmen eines Heilversuchs oder eines Humanexperiment verpflanzt wer-

---

[1] *König*, Strafbarer Organhandel, 1999, S. 19, s. auch S. 32.
[2] So auch die Gesetzesbegründung, BT-Drs. 13/4355, S. 29.

den bzw. verpflanzt werden könnten, kommen nicht in Betracht.³ Ob die Verpflanzung einer Heilbehandlung dienen kann oder nicht, ist mit Blick auf den Stand der medizinischen Wissenschaft im Zeitpunkt der Tat, gegebenenfalls sachverständig beraten, festzustellen.

Erfasst ist grundsätzlich auch die Abgabe von Organen, namentlich an pharmazeutische Unternehmer, zum Zwecke der Herstellung von Arzneimitteln.⁴ Arzneimittel sind Stoffe – wozu auch menschliche Körperteile gehören (§ 3 Nr. 3 AMG) – oder Zubereitungen aus Stoffen, die namentlich dazu bestimmt sind, durch Anwendung am oder im menschlichen Körper Krankheiten und Leiden zu heilen, zu lindern, zu verhüten oder zu erkennen (vgl. § 2 Abs. 1 Nr. 1 AMG). Organe, die Stoffe in diesem Sinne sind und nicht zur Übertragung auf andere Menschen bestimmt sind (vgl. zu dieser Voraussetzung § 2 Abs. 3 Nr. 7 und § 80 Nr. 4 AMG; s. auch die Kommentierung zu § 21 TPG), dienen als Arzneimittel der Heilbehandlung und sind folglich auch der Heilbehandlung dienende Organe im Sinne des § 17 Abs. 1 S. 1 TPG. S. aber die Ausführungen zu § 17 Abs. 1 S. 2 Nr. 2 TPG, unten Rdnr. 34.

6

Die Gesetzesbegründung weist klarstellend darauf hin, dass die Abgabe von Körpersubstanzen zu anderen Zwecken, z.B. zur Feststellung der Todesursache oder zu Ausbildungs- und Forschungszwecken, nicht erfasst sei.⁵ Das ist folgerichtig, denn diese Organ- oder Gewebeentnahmen dienen nicht der Heilbehandlung, sondern anderen Zwecken. Die Gesetzesbegründung verweist hinsichtlich der genannten anders ausgerichteten Abgaben von Körpersubstanzen auf das Landesrecht: eine Verbotsregelung müsse dem Landesrecht vorbehalten bleiben.⁶ Das trifft nur zu, so weit es um Bereiche geht, die der Landesgesetzgebungskompetenz unterliegen (öffentliches Gesundheitsrecht, Leichen- und Bestattungswesen). So weit es um Materien geht, die der Gesetzgebungskompetenz des Bundes unterliegen, kommt Bundesrecht in Betracht (man denke an die Entnahme von Gewebe im Zuge bundesrechtlich angeordneter Obduktionen, z.B. gemäß § 87 Abs. 2 StPO oder § 32 Abs. 3 BSeuchG a.F., nunmehr § 26 Abs. 3 S. 2 Infektionsschutzgesetz – IfSG).⁷

7

---

³ Vgl. *Laufs*, Heilversuch und klinisches Experiment, in: Laufs/Uhlenbruck, Handbuch des Arztrechts, 2. Aufl. 1999, § 130 Rn. 1ff. m.w.N.
⁴ BT-Drs. 13/4355, S. 29.
⁵ BT-Drs. 13/4355, S. 29.
⁶ BT-Drs. 13/4355, S. 29.
⁷ S. dazu auch § 1 Rdnr. 71ff. Im Unfallversicherungsrecht ist der Unfallversicherungsträger berechtigt, die Entnahme einer Blutprobe von der Leiche anzuordnen, um Tatsachen festzustellen, die für die Entschädigungspflicht von Bedeutung sind (§ 63 Abs. 3 SGB VII). Es ist beispielsweise denkbar, dass der Gesetzgeber aufgrund seiner Kompetenz zur Regelung der Sozialversicherung (Art. 74 Abs. 1 Nr. 12 GG) eine Obduktion bzw. die obduktionsbedingte Entnahme von Gewebeproben ermöglicht.

b) Handeltreiben

aa) Übernahme des betäubungsmittelrechtlichen Begriffs des Handeltreibens

(1) Hinweise in der Gesetzesbegründung

8   Was unter Handeltreiben zu verstehen ist, erläutert das Gesetz nicht. In der Gesetzesbegründung heißt es jedoch, bei der Interpretation des Begriffs könne auf die umfangreiche Rechtsprechung des Reichsgerichts und des Bundesgerichtshofs zurückgegriffen werden, die der Gesetzgeber im Betäubungsmittelgesetz (BtMG) aufgegriffen habe und die seither von der Judikatur weiter differenziert worden sei.[8] Das bedeutet im Ergebnis, dass der Begriff des Handeltreibens, so wie er vornehmlich aus dem BtM-Recht bekannt ist, durch das TPG rezipiert wird. Dementsprechend wird im Folgenden vor allem die zum BtM-rechtlichen Begriff des Handeltreibens ergangene Rechtsprechung und Literatur berücksichtigt.

(2) Rechtspolitische Fragwürdigkeit des Verweises auf das Betäubungsmittelrechts

9   Rechts- bzw. kriminalpolitisch ist die Ankopplung an die Begrifflichkeit des BtM-Rechts im hohen Maße zweifelhaft. Aus Gründen der Vereinfachung, die vordergründig darin liegt, das ein in der Rechtsordnung etablierter Begriff in ein neues Gesetz übernommen wird (um sozusagen das dogmatische Reservoir des Begriffs für das neue Gesetz nutzbar zu machen), hat es der Gesetzgeber in Kauf genommen, dass die dogmatischen Probleme, die der betäubungsmittelrechtliche Begriff des Handeltreibens in der für die Praxis maßgeblichen Lesart der Rechtsprechung hat, zu Problemen auch des TPG werden. Man darf, wie das in der Rechtsprechung bereits geschehen ist, bezweifeln, ob sich der Gesetzgeber der damit einhergehenden Konsequenzen vollauf bewusst war.[9]

10 Der Gesetzgeber nimmt es nämlich hin, dass der ausufernde, die objektive Unterscheidung von Täter und Teilnehmer einebnende[10] und zu kaum berechenbaren Subjektivierungen führende Begriff des Handeltreibens, wie er in der Rechtsprechung aller fünf Strafsenate des BGH zum BtMG[11] trotz z.T. harscher Kritik der Lehre geradezu versteinert gilt[12], nunmehr auch im TPG zur Anwendung kommt.

---

[8] BT-Drs. 13/4355, S. 29f.
[9] LSG Nordrhein-Westfalen, Urt. v. 31.31.2001 – L 10 VS 28/00 –, NWVBl. 2001, 401 (408 f.); auch abrufbar unter http://www.lsg.nrw.de. (sub II.4.a.): Die Annahme liege nahe, „dass der Gesetzgeber zwar auf den betäubungsmittelrechtlichen Begriff des ‚Handeltreibens' zurückgreifen wollte, dessen weiten Inhalt jedoch nicht vollends erkannt hat."
[10] *Weider*, Vom Dealen mit Drogen und Gerechtigkeit. Strafverfahrenswissenschaftliche Analyse und Kritik der Verteidigung in Betäubungsmittelsachen, 2000, S. 19, spricht von einer „rechtsstaatlich unhaltbare(n) Aufhebung von Teilen des Allgemeinen Teils des StGB".
[11] *Ebert*, Das Handeltreiben mit Betäubungsmitteln im Sinne von § 29 I 1 Nr. 1 BtMG, 1997, S. 159 m. N.
[12] *Roxin*, Anmerkung zu: BGH, Urt. v. 15.1.1992 – 2 StR 267/91, StV 1992, 517, in: StV 1992, 517 ff.; außerdem *Nestler*, in: Kreuzer (Hrsg.), Handbuch des Betäubungsmittelstrafrechts, 1998, § 11 Rn. 313 ff., Rn. 357 ff., Rn. 364 ff. mit umfangreichen Nachweisen.

Stillschweigend überträgt der Gesetzgeber damit auch die der uferlosen Auslegung des Begriffs „Handeltreiben" zugrunde liegende totale Präventionslogik des BtM-Rechts, wonach jedes den kommerziellen Austausch von Drogen, also jedes einen Drogenmarkt ermöglichende, mithin „potenziell marktrelevante"[13] Verhalten lückenlos verhindert und ausnahmslos sanktioniert werden muss. Dementsprechend soll auch jede Verhaltensweise, die einen kommerziellen Austausch transplantabler Organe, also einen Organmarkt, ermöglicht, von § 17 TPG verboten sein und nach § 18 Abs. 1 TPG bestraft werden können.

(3) Unklarheit des Schutzgutes

Die Besinnung auf den Schutzzweck hat im Rahmen der Auslegung des § 17 TPG keine den Zugriff des Staates begrenzende, sondern nur eine den Zugriff verstärkende Bedeutung. Das Schutzgut gleicht einem Puzzle aneinander gelegter Gesichtspunkte[14], die nur zum Teil und nur mit Mühe in eine konsistente Beziehung zueinander gebracht werden können.[15] So heißt es in der Gesetzesbegründung, das Verbot des Organhandels solle der „Versuchung, aus eigensüchtigen wirtschaftlichen Motiven die gesundheitliche Notlage lebensgefährlich Erkrankter in besonders verwerflicher Weise auszunutzen"[16], entgegenwirken. „Gleichzeitig sollen (...) finanzielle Anreize an potenzielle Lebendspender, ihre Gesundheit um wirtschaftlicher Vorteile willen zu beeinträchtigen, unterbunden werden."[17] Der Gesundheitsausschuss konkretisiert dies, wenn er in seinem Bericht ausführt, die „gewinnorientierte Ausnutzung existenzieller Notlagen von Menschen"[18] solle unterbunden werden, denn es handele sich um „verwerflich(e)"[19] Beiträge zur „Kommerzialisierung menschlicher Körpersubstanzen"[20]. Überdies werde durch die (auch) an den potenziellen Organempfänger gerichtete Strafandrohung der „Schutz der in wirtschaftlicher Notlage befindlichen Spender besser gewährleistet."[21] Die Gesetzesbegründung spricht des weiteren auch von so genannten „Schutzob-

11

---

13 So – in krit. Absicht – *Nestler*, § 11 Rn. 357 (S. 841).
14 *König*, 1999, S. 25, spricht von „vielgestaltige(n) Überlegungen"; s. außerdem S. 109 ff.
15 Krit. schon *Rixen*, Transplantationsgesetz und Organhandel: Regelungsfragen im Umfeld der sog. „Hirntod"-Kontroverse (Gesetzentwürfe BT-Drs. 13/4355, 13/2926, 13/587) – Stellungnahme zur Öffentlichen Anhörung des Gesundheitsausschusses im Deutschen Bundestag am 9.10.1996, Deutscher Bundestag, Ausschuss für Gesundheit, Ausschuss-Drs. 603/13 v. 8.10.1996, S. 2 (14).
16 BT-Drs. 13/4355, S. 29; so schon der frühere Entwurf eines Strafrechtsänderungsgesetzes – Organhandel, BT-Drs. 13/587, S. 4, der von dem späteren Entwurf BT-Drs. 13/4355 zeitlich überholt und deshalb nicht weiter beraten wurde.
17 BT-Drs. 13/4355, S. 29.
18 BT-Drs. 13/8017, S. 44.
19 BT-Drs. 13/8017, S. 44.
20 BT-Drs. 13/8017, S. 43 a.E.; ähnl. BT-Drs. 13/4355, S. 31: „Kommerzialisierung der Organtransplantation"; die Gesetzesbegründung spricht von der „ratio legis, wonach das Verbot gerade auch dem Schutz des Organempfängers vor wucherischer Ausbeutung seiner gesundheitlichen Notlage durch andere dient", BT-Drs. 13/4355, S. 30.
21 BT-Drs. 13/8017, S. 44.

jekt(en)"[22]. Gemeint sind (offenbar) Rechts- bzw. Schutzgüter.[23] „Schutzobjekt ist neben der körperlichen Integrität des Lebenden auch die durch Artikel 1 Abs. 1 GG garantierte Menschenwürde, die über den Tod hinaus Schutzwirkung entfaltet, und das Pietätsgefühl der Allgemeinheit. Die Garantie der Menschenwürde wird verletzt, wenn der Mensch bzw. seine sterblichen Reste zum Objekt finanzieller Interessen werden. Sowohl der Verkauf von Organen als auch Organspenden gegen Entgelt sind daher mit der Schutzgarantie des Artikels 1 Abs. 1 GG nicht vereinbar."[24]

12 Vergleichsweise klar erkennbar wird in den Materialien immerhin die Absicht, eine bestimmte Form der Kommerzialisierung des menschlichen Körpers zu unterbinden. Außerdem will das Gesetz der in verschiedener Hinsicht bestehenden „Versuchung"[25] zum Betreiben von Organhandel entgegenwirken. All dies hängt auf eine vom Gesetzgeber nicht erläuterte Weise namentlich mit der Menschenwürde oder dem allgemeinen Pietätsempfinden zusammen. Der Verweis auf die körperliche Integrität soll offenbar auf die potenziellen Spender anspielen, die das Gesetz vor sich selbst schützen will. Wie sich dazu der Umstand verhält, dass zu diesem Zweck auch potenzielle Organspender – also die Schutzadressaten selbst – mit Strafe bedroht werden (arg. § 18 Abs. 4 TPG: „Organspender"), erläutert die Gesetzesbegründung nicht.

13 Die Gesetzesbegründung zieht sich auf vage Großbegriffe zurück, die es an keiner Stelle in eine konkrete Beziehung zum verbotenen Handeln setzt; sie verlässt sich insoweit auf ein Evidenzerlebnis, das sich freilich nicht erzwingen lässt. Ob Organhandel per se ein Verstoß gegen die Menschenwürde ist, ist zumindest fraglich; jedenfalls sollte man Argumente vorbringen und sich nicht wie der Gesetzgeber mit der bloßen Behauptung eines Verstoßes gegen Art. 1 Abs. 1 GG begnügen. Man kann sich kaum des Eindrucks erwehren, als wolle der Gesetzgeber irgendwie – egal wie – darlegen, dass der Organhandel „ethisch verwerflich" sei, wie es in der Begründung eines – nicht Gesetz gewordenen – Antrags der Länder Bremen und Hessen heißt, der eine dem § 18 TPG ähnliche Vorschrift vorgeschlagen hatte.[26] Dem Gesetzgeber fehlen dazu – leider – die argumentativen Mittel, was die Aufzählung verschiedenster unklar miteinander verbundener Aspekte zur Folge hat.

---

[22] BT-Drs. 13/4355, S. 29.
[23] Bezeichnenderweise wird auf die im traditionellen Strafrecht übliche Unterscheidung zwischen dem ideellen Schutzgut (Rechtsgut, Schutzzweck) des Gesetzes und dem realen Schutzobjekt (Tatobjekt), an dem in der Wirklichkeit eine Missachtung des Schutzgutes erkennbar wird (vgl. *Jescheck/Weigend*, Lehrbuch des Strafrechts – AT, 5. Aufl.1996, S. 256 ff. [§ 26 I]; *Wessels/Beulke*, Strafrecht AT, 28. Aufl. 1998, Rn. 15), verzichtet. Die fehlende terminologische Sorgfalt ist ein Indiz für die zunehmende Distanz des Strafgesetzgebers (de facto: der gesetzesvorbereitenden Ministerialbürokratie) zum traditionell-rechtsstaatlichen Strafrecht.
[24] BT-Drs. 13/4355, S. 29.
[25] BT-Drs. 13/4355, S. 15, S. 29.
[26] BR-Drs. 682/94, S. 37; auf eine nicht näher erläuterte Verwerflichkeit weist die amtl. Begr. des TPG bzw. der Bericht des Gesundheitsausschusses verschiedentlich hin, vgl. BT-Drs. 13/4355, S. 15, S. 29; BT-Drs. 13/8017, S. 44.

Die Spannbreite der aufgezählten Aspekte spiegelt sich in der Weite – man kann 14
auch sagen: in der „Schwammigkeit"[27] – des Begriffs „Handeltreiben" authentisch
wieder. Offenbar soll nur zum Ausdruck gebracht werden, dass das Ziel – unmittelbar: Verhinderung eines die Kommerzialisierung des Körpers und die Schutzlosstellung des potenziellen Spenders befördernden Organmarktes; mittelbar:
Schutz der Bedeutung von Menschenwürde, Pietät und körperlicher Unversehrtheit – nur mit einer flächendeckenden „Rundum-Kriminalisierung"[28] der Verstöße
gegen die ihrerseits entgrenzte Verbotsnorm (§ 18 Abs. 1 i.V.m. § 17 Abs. 1 S. 1
TPG) erreicht werden kann. Es gibt folglich ein umfassendes Regelungsziel mit
unterschiedlichen Fassetten, das um jeden Preis erreicht werden muss: die optimale Prävention des Organhandels, um die in verschiedenen Schutzaspekten zum
Ausdruck gelangende „Integrität der Transplantationsmedizin"[29] sicherzustellen.
Dies ist das Schutzgut des § 17 Abs. 1 und 2 TPG i.V.m. § 18 Abs. 1 TPG. Es hat
auslegungsmethodisch, was bedenklich ist, ein Gebot der den Bereich des Strafbaren möglichst (aus)weiten(den) Auslegung zur Folge.[30]

(4) Der mittelbare Verweis auf das Betäubungsmittelrecht als geltendes Recht
Aller kriminalpolitischen Bedenken zum Trotz ist das Verbot des § 17 TPG – auch 15
die an es anknüpfende Sanktionsnorm des § 18 Abs. 1 TPG – geltendes Recht.
Verfassungsrechtlich ist die den §§ 17 und 18 Abs. 1 TPG zugrunde liegende
(Un-)Art expansiver Verbots- und Strafgesetzgebung hinzunehmen, denn das
Grundgesetz, so wie es das Bundesverfassungsgericht versteht, lässt dies zu.[31] Es
ist auslegungsmethodisch nicht möglich, den Wortlaut des TPG, der ersichtlich an
das „Handeltreiben" des BtMG (vgl. § 29 Abs. 1 Nr. 1 BtMG) anknüpft, und die
unmissverständliche Absicht des Gesetzgebers, wie sie wortreich in den Materialien zum Ausdruck gelangt, zu ignorieren. Der Versuch, die Weite des Begriffs
durch vermeintliche teleologische Reduktionen einzuschränken[32], ist zwar verständlich, auslegungsmethodisch aber mehr als zweifelhaft. Er führt im Ergebnis
zu einer nachholenden rechtspolitischen Korrektur des Gesetzes, die den Gerichten und der ihnen zu arbeitenden Rechtslehre verwehrt ist. De lege lata kommt
man an der Einsicht nicht vorbei, dass der betäubungsmittelrechtliche Begriff des
Handeltreibens im Wesentlichen auch der des TPG ist.

Obwohl sich die dadurch vorgezeichnete Weite des (BtM-rechtlichen) Begriffs 16
des „Handeltreibens" interpretatorisch vorerst nicht korrigieren lässt[33], kann man

---
[27] *Wächtler*, Verteidigung in Betäubungsmittelstrafsachen, in: Bockemühl (Hrsg.), Handbuch des Fachanwalts Strafrecht, 2000, S. 551 (569) = Teil E/Kapitel 3/Rn. 46.
[28] *Haffke*, Drogenstrafrecht, ZStW 107 (1995), 761 (784).
[29] *König*, 1999, S. 26, S. 126, S. 201.
[30] Der Begriff des Handeltreibens wird „weit ausgelegt", so z.B. BGHSt 34, 124 (125).
[31] *Appel*, Verfassung und Strafe, 1998, S. 182 mit Nachw. zur BVerfG-Rspr.
[32] So das LSG Nordrhein-Westfalen, Urt. v. 31.31.2001 – L 10 VS 28/00, NWVBl. 2001, 401 (408 f.); auch abrufbar unter http://www.lsg.nrw.de. (sub II.4.a.).
[33] A.A. – allerdings ohne Begründung – *Laufs*, Nicht der Arzt allein muss bereit sein, das Notwendige zu tun, NJW 2000, 1757 (1765): „Der Begriff des Handeltreibens im Trans-

gleichwohl darauf achten, dass die einzelnen Voraussetzungen, mit denen die Rechtsprechung den Begriff des „Handeltreibens" feinprogrammiert hat, auch tatsächlich bekannt sind und angewandt werden. Im Übrigen bleibt nur der Appell an das Berufsethos der Strafverfolgungsbehörden und der Gerichte, an die Feststellungen des „Handeltreibens" äußerst strenge Anforderungen zu stellen, und auch dem Nachweis der inneren Tatseite (Vorsatz) besondere Sorgfalt angedeihen zu lassen. Zu weiteren strafrechtlichen Aspekten (Täterschaft und Teilnahme, Versuchsstrafbarkeit, Feststellung des Vorsatzes) vgl. § 18 Rdnr. 3 ff.

bb) Auslegung des Tatbestandsmerkmals „Handeltreiben"

17 Unter Handeltreiben i.S. des § 17 Abs. 1 S. 1 TPG ist jede eigennützige, auf den Umsatz von Organen gerichtete Tätigkeit zu verstehen; diese Tätigkeit muss den Umsatz ermöglichen oder fördern (zur Abgrenzung von Täterschaft und Teilnahme § 18 Rdnr. 3 ff.).

18 Die Eigennützigkeit bezieht sich auf den Umsatz.[34] Umsatz ist der Oberbegriff für Veräußerung, Weiterveräußerung, Erwerb und Besitz als Folge des Erwerbs[35]; Umsatz umschreibt eine Tätigkeit, die die – einverständliche[36] – Übertragung des Organs von einer auf eine andere Person zum Ziel hat[37], wozu auch die Vermittlung zielführender Kontakte zählt.[38] Das Merkmal „auf Umsatz gerichtet" verleiht dem Handeltreiben eine subjektive Tendenz; der Tatbestand wird vollendet, sobald die tendenzbezogene Handlung vorgenommen wird.[39] Es ist folglich für das Handeltreiben nicht erforderlich, dass die Tätigkeit nach außen erkennbar auf die Veräußerung von Organen gerichtet ist; es kommt auch nicht auf eine tatsächlich nachweisbare Förderung des erstrebten Umsatzes an.[40] Somit ist es nicht notwendig, dass die Tätigkeit von Erfolg begleitet ist, also dass sie das Ziel, Organe, Organteile oder Gewebe umzusetzen, erreicht, und dass durch sie wirklich Körpersubstanzen in die Hand eines anderen gebracht werden.[41] Ein eigenes Umsatzgeschäft ist ebenso wenig erforderlich wie ein selbst betriebener Absatz.[42] Erfasst

---

plantationsgesetz wird nicht im weiten Sinne zu verstehen sein." Die Kritik von *Paul*, Zur Auslegung des Begriffes „Handeltreiben" nach dem Transplantationsgesetz, MedR 1999, 214 ff., setzt sich nicht mit der unmissverständlichen Regelungsabsicht des Gesetzgebers auseinander, sondern argumentiert losgelöst von den Materialien mit rechtsguttheoretischen Überlegungen, ohne den unklaren Gehalt des Begriffs „Rechtsgut" und die von kriminalpolitischen Glaubenssätzen abhängige Reichweite rechtsgutsbezogener Aussagen zu reflektieren.

[34] BGH, StV 1985, 235.
[35] *Pelchen*, in: Erbs/Kohlhaas, Strafrechtliche Nebengesetze, 135. Lfg., Stand Nov. 1999, § 29 BtMG Rn. 5.
[36] BGHR § 29 Abs. 1 Nr. 1 Handeltreiben 18 und 38; *Ebert*, S. 35, S. 149 m.w.N.
[37] *Ebert*, S. 16, S. 115 m.w.N.
[38] So RGSt 51, 379 (380) in einer Entscheidung zum Begriff des Handeltreibens in der VO vom 24.6.1916 über Handel mit Lebens- und Futtermitteln – KettenhVO – RGBl. S. 581; die amtl. Begr. verweist auf diese Entscheidung, vgl. BT-Drs. 13/4355, S. 29 a.E.
[39] *Ebert*, S. 98.
[40] BT-Drs. 13/4355, S. 30.
[41] BT-Drs. 13/4355, S. 30.
[42] BGHSt 29, 239 (240); BGHSt 34, 124 (125).

wird jede Art des Handeltreibens, nicht etwa nur das gewerbsmäßige Handeltreiben.[43] Es reicht aus, wenn es sich nur um eine gelegentliche, einmalige oder vermittelnde Tätigkeit handelt.[44] – Im Einzelnen:

(1) Auf Umsatz von Organen gerichtet
Auf Umsatz von Organen gerichtet ist jede Bemühung, die den Umsatz von Organen fördert oder ermöglicht. Das ist „exzessiv"[45] zu verstehen, was zu einer gegen Unendlich gehenden „Vielzahl (…) [von] Möglichkeiten zur Verwirklichung des Tatbestandes"[46] führt. Ungeachtet der Frage, ob vorsätzlich gehandelt wurde (vgl. die Kommentierung zu § 18 Abs. 1 TPG), werden namentlich folgende Verhaltensweisen erfasst (zur Abgrenzung zwischen Vollendung und Versuch die Kommentierung zu § 18 Abs. 3 TPG), *sofern sie eigennützig* (dazu sogleich Rdnr. 22 ff.) *vollzogen werden:*[47]

19

- Ernsthafte Verkaufsverhandlungen, also Kauf- und Verkaufsbemühungen, die über bloße Voranfragen und allgemein gehaltene Anpreisungen hinausgehen, sind Handeltreiben.[48] Fragen wie „Wollen Sie ein Organ?" o. Ä. reichen noch nicht, wenn sich aus dem Kontext nicht ergibt, das es um ein konkretes Organ für einen konkreten Patienten geht; auch eine allgemein gehaltene, unverbindliche Unterhaltung über den Organhandel genügt – schon allein im Lichte von Art. 5 Abs. 1 GG (Meinungs- und Informationsfreiheit) – noch nicht. Erfasst sind aber insbesondere das Zukommenlassen ernsthafter, verbindlicher (einseitiger) Verkaufsangebote[49] oder das Durchführen von Verkaufsverhandlungen, auch wenn die Kaufverhandlungen polizeilich überwacht werden oder ein V-Mann der Polizei sich als (Ver-)Käufer nur zum Schein beteiligt.

20

- Ernsthafte, wenngleich misslungene Ankaufbemühungen in Weiterveräußerungsabsicht sind Handeltreiben.

- Gezielte Nachfragen nach Personen, die nachweislich Kontakte in den Organmarkt haben, sind Handeltreiben.

- Verkaufsvermittlungen („Organmakler") sind Handeltreiben, wobei schon das gegen Honorar erfolgende Bemühen, Kaufinteressenten zu finden, genügt.

- Der Vertragsschluss über die Leistung eines Organs; auch der Kauf zum Weiterverkauf genügt[50] für das Handeltreiben.

---

[43] Vgl. die Entscheidung RGSt 51, 379 (380), die in BT-Drs. 13/4355, S. 29 a. E. zitiert wird.
[44] BT-Drs. 13/4355, S. 30; BGHSt 6, 246 (247); BGHSt 29, 239 (240); so auch die Entscheidung RGSt 53, 310 (313), die in BT-Drs. 13/4355, S. 29 a. E. zitiert wird.
[45] So – kritisch – *Vogler*, Leipziger Kommentar z. StGB, 10. Aufl. 1985, § 22 Rn. 125.
[46] BGHSt 34, 124 (125).
[47] BT-Drs. 13/4355, S. 30; BGH, NStZ 2000, 207 (208) und StV 2000, 80 – jew. m. w. N.; *Körner*, BtMG, 4. Aufl. 1994, § 29 Rn. 161 ff., Rn. 184 ff. mit umfangreichen Nachweisen.
[48] Nachweise bei *Ebert*, S. 143 f.
[49] Telefax-Angebote an (ausländische) Krankenhäuser, deren Zugang nicht nachweisbar ist, qualifiziert LG München I, NJW 2002, 2655, zutr. als Versuch, vgl. § 18 Rdnr. 9.
[50] BT-Drs. 13/4355, S. 30.

- Die Vermittlung von Organkurieren, von Personen, die die Organentnahme oder -implantation durchführen, oder von Personen, die die Lagerung der Organe durchführen, ist Handeltreiben.
- Das Bestellen eines Organs ist Handeltreiben.
- Das Werben für den Organhandel ist Handeltreiben.
- Der Transport, die Übergabe, die Entgegennahme (Übereignung) des Organs ist Handeltreiben.
- Auch feste Transportzusagen sind Handeltreiben.[51]
- Die Inbesitznahme eines Organs, sofern der Täter eine umsatzfördernde Handlung beabsichtigt, ist Handeltreiben. Danach kann auch das Entwenden eines explantierten Organs (sog. „Organdiebstahl") als solches Handeltreiben sein, wenn es in der Absicht geschieht, das Gut später zu verwerten.[52] Kein Fall des Handeltreibens ist folglich die Entwendung eines Organs, die nicht in der Absicht geschieht, das Organ später zu verwerten.
- Das Vorhalten eines „Organlagers" ist Handeltreiben.
- Zahlung, Weiterleitung bzw. Übermittlung, Eintreibung des Kaufpreises/Erlöses sowie sonstige „unterstützende Finanztransaktionen"[53], die zur Erfüllung der Verpflichtung des Organkäufers beitragen, sind Handeltreiben.[54]
- Die Finanzierung fremden Organhandeltreibens durch Darlehensgewährung ist Handeltreiben.

21 So weit der Spender, der Empfänger oder ein anderer diese Tätigkeiten verwirklicht *und dabei eigennützig handelt* (dazu sogleich Rdnr. 22 ff.), treibt er Handel (zur Unterscheidung zwischen Täterschaft und Teilnahme § 18 Rdnr. 3 ff.).

(2) eigennützig

22 Das auf Umsatz von Organen gerichtete Bemühen muss eigennützig sein. Eigennützig – für den BGH ist das Wort „eigensüchtig" synonym zu verwenden[55] – handelt jeder Täter, dem es auf seinen persönlichen Vorteil, insbesondere die Erzielung von Gewinn ankommt, wobei kein ganz ungewöhnliches, übersteigertes Gewinnstreben erforderlich ist.[56] Es reicht jeder materielle oder immaterielle (= nicht-wirtschaftliche) Vorteil.[57] Allerdings kommt ein Vorteil immaterieller Art

---

[51] BGHR § 29 Abs. 1 Nr. 1 BtMG Handeltreiben 18, 38.
[52] BGHSt 30, 359 (361). Dieser Ansicht des 2. Strafsenats ist der – zunächst dissentierende (BGHSt 30, 277, 278) – 3. Strafsenat (für BtM) inzwischen gefolgt, BGH, NStZ 1993, 44.
[53] BGHSt 43, 158 (162). Zu der Frage, ob ein „Organdiebstahl" § 242 StGB unterfällt, vgl. § 19 Rdnr. 32.
[54] BGHR § 29 Abs. 1 Nr. 1 Handeltreiben 52 m.w.N.
[55] BGH, NJW 1979, 1260; BGHR § 29 Abs. 1 Nr. 1 BtMG Handeltreiben 33.
[56] BGHSt 28, 308 (309 f.); BGHSt 35, 57 (58).
[57] *Pelchen*, in: Erbs/Kohlhaas, Strafrechtliche Nebengesetze, 135. Lfg., Stand Nov. 1999, § 29 BtMG Rn. 7 m.w.N.

nur in Betracht, wenn er einen objektiv messbaren Inhalt hat und den Empfänger in irgendeiner Weise tatsächlich besser stellt.[58] Immaterielle Vorteile können – in Anlehnung an den Begriff des Vorteils bei den Bestechungsdelikten (§§ 331 ff. StGB)[59] – insbesondere Ehrungen, Ehrenämter und – in der Rechtswirklichkeit zu den Bestechungsdelikten am relevantesten – sexuelle Zuwendungen sein.[60] Die Wiederherstellung der Gesundheit ist keine immaterielle Besserstellung, sondern – bei typisierender Betrachtung – die Herstellung eines Normalzustands. *Kein* Vorteil immaterieller Art ist auch die bloße Aufrechterhaltung einer Liebesbeziehung: „Ob eine solche Beziehung für einen der beteiligten Partner einen ‚Vorteil' darstellt, entzieht sich einer objektiven Bewertung (…)."[61] Auch „ausschließlich (…) altruistische Motive"[62], etwa eine reine Schenkung, stehen dem Eigennutz entgegen.

Nicht eigennützig ist vor diesem Hintergrund z.B. der Erwerb zum Eigenbedarf, also ohne Weiterveräußerungsabsicht.[63] In der amtlichen Begründung zum TPG heißt es dazu (ohne dass das Merkmal „eigennützig" vom Merkmal „auf Umsatz gerichtet" unterschieden würde), es fehle schon am Ziel der Umsatzförderung, wenn ein Kranker ein Organ lediglich zur Übertragung auf sich selbst erwerbe.[64] Versteht man Umsatz im oben beschriebenen Sinne als eine Tätigkeit, die die einverständliche Übertragung des Organs von einer auf eine andere Person zum Ziel hat, dann wird man geneigt sein, dem zuzustimmen, denn der Patient will das Organ ja nicht im illegalen Gütertransfer „weiterbewegen", sondern im wahrsten Wortsinn bei sich behalten. Andererseits muss der potenzielle Organempfänger nicht Umsatz betreiben, sondern den Umsatz bloß ermöglichen oder fördern, auch dann betreibt er – wie dargelegt – Handel. Seine Bemühungen, ein für sich selbst gedachtes Organ zu erlangen, sind aber darauf gerichtet sind, dass dieses Organ umgesetzt, d.h. veräußert und erworben wird – und zwar an bzw. durch ihn sowie durch Mittelsleute; deren Tätigwerden, und damit den von ihnen ausgehenden Umsatz fördert er durchaus, insoweit nimmt auch er eine auf Umsatz gerichtete Tätigkeit vor. Mithin fehlt es bei dem Kranken, der sich ein Organ zum Eigenbedarf beschafft, *nicht* an der Ausrichtung am Umsatz, *sondern* am Eigennutz, und allein *deshalb* fehlt es bei ihm am Handeltreiben i.S. des § 17 Abs. 1 S. 1 TPG.

Im Ergebnis führt diese Auslegung (tatbestandsloses Verhalten des potenziellen Organempfängers) dazu, dass der „notstandsähnlichen Lage des Empfängers, für

23

24

---

[58] BGH, NStZ 1992, 594; zur „objektiven Messbarkeit oder Darstellbarkeit eines Vorteils" BGH, NJW 2002, S. 2801 (2804).
[59] *König*, Strafbarer Organhandel, 1999, S. 155, insb. S. 166 ff.
[60] Vgl. *Tröndle/Fischer*, StGB, 50. Aufl. 2001, § 331 Rn. 11; *Jescheck*, in: Leipziger Komm. z. StGB, 11. Aufl. 1997, § 331 Rn. 9; *Cramer*, in: Schönke/Schröder, StGB, 26. Aufl. 2001, § 331 Rn. 19.
[61] BGH, NStZ 1992, 594; weiter heißt es dort: „dies wird insbesondere im vorliegenden Falle eines problembeladenen Verhältnisses zu einem verheirateten Mann deutlich (…)."
[62] So BGH, NStZ 1992, 594; s. auch BGH, GA 1981, 572.
[63] BGH, StV 1984, 248; BGH, StV 1985, 235; BGH, NStZ 1986, 127.
[64] BT-Drs. 13/4355, S. 30.

den die Transplantation häufig die einzige Möglichkeit zur Lebensrettung darstellt", angemessen Rechnung getragen wird.[65] Laut Gesetzesbegründung entspricht die Straflosigkeit des (potenziellen, wartenden) Organempfängers auch der „ratio legis, wonach das Verbot gerade auch dem Schutz des Organempfängers vor wucherischer Ausbeutung seiner gesundheitlichen Notlage durch andere dient".[66] Der ersichtlich auch für den Empfänger gedachte (Strafrechts-)Schutz würde andernfalls in sein Gegenteil verkehrt.

cc) Ausnahmen vom Handeltreiben (§ 17 Abs. 1 S. 2 TPG)

25 Das Gesetz nimmt ausdrücklich zwei Verhaltensweisen, die zumindest prima facie als Handeltreiben gedeutet werden könnten, vom „Handeltreiben" i.S. des TPG aus.

(1) § 17 Abs. 1 S. 2 Nr. 1 TPG

26 Nach dieser Bestimmung ist die Gewährung oder Annahme eines „angemessenen Entgelts" für die zur Erreichung des Ziels der Heilbehandlung gebotenen Maßnahmen, insbesondere für die Entnahme, die Konservierung, die weitere Aufbereitung einschließlich der Maßnahmen zum Infektionsschutz, die Aufbewahrung und die Beförderung der Organe *kein* Fall des verbotenen Handeltreibens. Das Gesetz will sicherstellen, dass die Personen, die in der genannten Weise mit der für die organisatorisch-technische Durchführung der Organentnahme einschließlich der vorbereitenden Akte befasst sind, sich nicht strafbar machen. Angesichts des weiten Verständnisses des Begriffs „Handeltreiben" ist diese Klarstellung sinnvoll.

27 Gemeint sind namentlich Entgeltzahlungen für

- die Klärung der Voraussetzungen für eine Entnahme nach den §§ 3 und 4 sowie § 8 TPG,
- den Nachweis des endgültigen, nicht behebbaren Ausfalls der gesamten Hirnfunktion oder des endgültigen, nicht behebbaren Stillstands von Herz und Kreislauf nach § 5,
- die Durchführung der in § 16 genannten Maßnahmen,
- die Vermittlung nach § 12,
- ärztliche, pflegerische und sonstige Leistungen im Zusammenhang mit der Organentnahme und Organübertragung einschließlich deren Vorbereitung.[67]

28 Entgelt ist jeder vermögenswerte Vorteil.[68] In der Praxis geht es vorwiegend um (Buch-)Geldzahlungen. Entgelte, die als Gegenleistung für die Spende (und nicht

---

[65] BT-Drs. 13/4355, S. 30.
[66] BT-Drs. 13/4355, S. 30.
[67] BT-Drs. 13/4355, S. 30.

nur als Ausgleich ihrer materiellen Begleiterscheinungen und Folgen) gedacht sind, werden von § 17 Abs. 1 S. 2 Nr. 1 TPG nicht erfaßt.[69]

Angemessen sind die in Deutschland marktüblichen Entgelte.[70] Dabei ist hauptsächlich auf die im deutschen bzw. europäischen (man denke an „Eurotransplant") Gesundheits- bzw. Transplantationswesen üblichen Vergütungen, wie sie z.B. in den Vereinbarungen mit den Leistungsträgern des Sozialversicherungsrechts oder durch Gesetz oder Rechtsverordnung oder auf Grund von Vereinbarungen festgesetzt sind oder praktiziert werden, abzustellen. Eine Pauschalierung dieser Vergütungen ist zulässig.[71] Der angemessene Preis ist durch Einholung entsprechender (sachverständiger) Auskünfte zu bestimmen (beachte auch die Hinweise in § 1 Rdnr. 93). 29

Bei der Frage, welche Maßnahmen „geboten", also notwendig sind, ist ebenfalls die Sicht des transplantationsmedizinisch Gebotenen einzunehmen, wobei ein ärztlicher Beurteilungsspielraum hinsichtlich des Gebotenen anzuerkennen ist, weil nicht jede nützliche Maßnahme strikt indiziert sein muss.[72] Regelmäßig sollte auch hier sachverständiger Rat eingeholt werden. 30

Zu beachten sind auch folgende Fälle: 31

Der Ersatz der unmittelbar mit der Organentnahme bei einem Lebenden verbundenen Aufwendungen des Lebendspenders ist kein Handeltreiben. Die Gesetzesbegründung geht ohne genaue Erläuterung davon aus, dass dies „bereits begrifflich"[73] nicht sein könne. Dem ist zu folgen. Es fehlt am Eigennutz, weil der Ausgleich der Vermögenseinbußen, die mit der Zurverfügungstellung zur Spende einhergehen, etwa Verdienstausfall, Fahrt- oder Unterbringungskosten, kein wirtschaftlicher Vorteil ist, der den Spender besser stellt. Allerdings ist zuzugeben, dass die Feststellung eines nicht-besserstellenden Vorteils – und damit der begriffliche Ausschluss des Handeltreibens – mitunter zu sehr feinen Abgrenzungen nötigen könnte. Deshalb ist es aus Gründen der Rechtssicherheit vorzugswürdig, diese Kosten bei Problemen mit der Vorteilsberechnung jedenfalls als von § 17 Abs. 1 S. 2 Nr. 1 TPG gedeckt anzusehen. Sie dienen letztlich auch der „Erreichung des Ziels der Heilbehandlung" (vgl. den Wortlaut des § 17 Abs. 1 S. 2 Nr. 1 TPG). 32

Die gleiche (Doppel-)Argumentation – schon begrifflich kein Handeltreiben, jedenfalls von § 17 Abs. 1 S. 2 Nr. 2 TPG ausgeschlossen – gilt auch für die von 33

---

68 BT-Drs. 13/4355, S. 30; vgl. – heuristisch – auch die Legaldefinition des § 11 Abs. 1 Nr. 9 StGB: „Entgelt: jede in einem Vermögensvorteil bestehende Gegenleistung".
69 Zu entsprechenden rechtspol. Überlegungen DÄBl. 2002, A-1727 und Die Zeit, Nr. 25 v. 13.6.2002, S. 29.
70 Vertiefend dazu *König*, 1999, S. 184 ff.
71 BT-Drs. 13/4355, S. 30.
72 Zu diesem Problem *König*, 1999, S. 191, der angesichts der Unbestimmtheit des Begriffs „geboten" rät, bei der Zubilligung eines unvermeidbaren Verbotsirrtums großzügig zu verfahren.
73 BT-Drs. 13/4355, S. 30.

der Gesetzesbegründung genannte im Einzelfall mögliche „angemessene" Absicherung einer durch die Organentnahme bedingten Erhöhung des Risikos des Spenders, berufsunfähig zu werden. Ob sich wirklich sagen lässt, dass diese Absicherung keine Besserstellung, also „keinerlei wirtschaftlichen Vorteil"[74] darstellen – das setzt nämlich voraus, dass man das Risiko als kompensierbare Größe genau kommerzialisiert –, erscheint zumindest zweifelhaft. Auch die „Angemessenheit" der Absicherung kann zu Unklarheiten in der Frage des erlangten Vorteils führen. Letztlich dient ein dafür gezahltes Entgelt – als eine (Rand-)Bedingung – jedenfalls der „Erreichung des Ziels der Heilbehandlung" (§ 17 Abs. 1 S. 2 Nr. 1 TPG).

(2) § 17 Abs. 1 S. 2 Nr. 2 TPG

34 Für Arzneimittel, die aus oder unter Verwendung von Organen hergestellt sind und den Vorschriften des Arzneimittelgesetzes über die Zulassung oder Registrierung unterliegen oder durch Rechtsverordnung von der Zulassung oder Registrierung freigestellt sind (vgl. §§ 21 ff., § 36, §§ 38 f. AMG i.V.m. mit verschiedenen Verordnungen)[75], gilt das Organhandelsverbot nicht. Darunter fallen u.a. Präparate aus harter Hirnhaut (dura mater) ebenso wie Augenhornhaut-, Oberflächenhaut-, Faszien-[76] und Knochenpräparate.[77] Grund für die Herausnahme dieser speziellen Arzneimittel ist der Umstand, dass bestimmte menschliche Gewebe, wie z.B. die aus harter Hirnhaut bestehenden Präparate, als zugelassene Arzneimittel nach den Vorschriften des AMG in den Verkehr gebracht und entgeltlich abgegeben werden dürfen.[78]

2. Verbot des § 17 Abs. 2 TPG

35 Mit dem Verbot, Organe, die Gegenstand verbotenen Handeltreibens sind, zu entnehmen, zu übertragen oder sie sich übertragen zu lassen – was mit der Entnahme oder der Übertragung von Organen gemeint ist, dazu die Kommentierung zu § 1 Abs. 1 TPG –, soll, so die Gesetzesbegründung, „die mittelbare Förderung des Organhandels unterbunden werden: Auch der Arzt, der ohne Eigennutz, aber in Kenntnis eines involvierten Organhandels Organe entnimmt oder auf einen anderen überträgt, leistet einen wesentlichen Beitrag zur Kommerzialisierung der Organe Verstorbener oder Lebender; denn ohne Entnahme oder Übertragung könnte der kommerzielle Organhandel letztlich nicht verwirklicht werden."[79]

---

[74] So BT-Drs. 13/4355, S. 30.
[75] Vgl. die VO über homöopathische Arzneimittel v. 15.3.1978 (BGBl. I S. 401) – abgedr. bei *Kloesel/Cyran*, Arzneimittelrecht, Anhang A. 2.0.3. –, die VO über Standardregistrierungen von Arzneimitteln v. 3.12.1982 (BGBl. I S. 1602), seitdem mehrfach geändert – abgedr. bei *Kloesel/Cyran*, A. 2.0.18 –, die VO über Standardzulassungen v. 3.12.1982, seitdem mehrfach geändert – abgedr. bei *Kloesel/Cyran*, A 2.0.17.
[76] Faszien sind die wenig dehnbare, aus gekreuzt verlaufenden kollagenen Fasern und elastischen Netzen aufgebaute Hülle einzelner Organe, Muskeln oder Muskelgruppen, vgl. *Pschyrembel*, Klinisches Wörterbuch, 258. Aufl. 1998, S. 487.
[77] BT-Drs. 13/4355, S. 30.
[78] BT-Drs. 13/4355, S. 30; vertiefend zu § 17 Abs. 1 S. 2 Nr. 2 TPG *König*, 1999, S. 142 ff.
[79] BT-Drs. 13/4355, S. 30 a.E.

Folgendes ist daran bemerkenswert: Zum einen kommt hier wieder der Regelungsaspekt „Kampf gegen die Kommerzialisierung des menschlichen Körpers" zum Vorschein, der bereits oben (Rdnr. 11 ff.) erläutert wurde. Zum anderen ist es fraglich, ob es vor dem Hintergrund des weiten Begriffs des Handeltreibens überhaupt denkbar ist, dass ein Arzt, der ein Organ entnimmt oder verpflanzt, nicht im Sinne des Gesetzes „eigennützig" handelt, weil er sich doch in der Regel davon einen (finanziellen) Vorteil erhofft und erhoffen darf. Wenn danach aber Eigennutz vorliegt, dann ist das Verbot des Abs. 2 nur ein Spezialfall des in Abs. 1 geregelten Verbotes. Am Eigennutz fehlt es, wenn der Arzt, was selten der Fall sein dürfte, ohne Entgelt bzw. ohne einen ihn berechenbar besser stellenden immateriellen Vorteil agiert. Dann verstößt er nicht auch noch gegen das generellere Verbot des Abs. 1, sondern „nur" gegen Abs. 2. 36

Zu den sog. Konkurrenzen im Strafrecht § 18 Rdnr. 18 ff. 37

Erst in den Beratungen des Gesundheitsausschusses wurde die Tatvariante in den Abs. 2 eingefügt, wonach auch der Adressat der Organimplantation, der (potenzielle) Organempfänger, Adressat des Verbotes ist: Er darf sich das Organ nicht übertragen lassen. Auch der Empfänger verhalte sich „verwerflich", eine Strafbewehrung „könnte den Empfänger (…) davon abhalten, mit Organhändlern zusammenzuwirken und auch die für Organhändler sonst bestehende Möglichkeit, den Zugriff für die Strafverfolgungsorgane zu erschweren, zumindest einschränken."[80] Ob diese Einschätzung für einen ausgeprägten Realitätssinn des Gesetzgebers spricht, sei dahingestellt; vielleicht wird ein zahlungskräftiger kranker Mensch einen Verbotsverstoß und eine – bei Ersttätern ohnedies eher milde (§ 18 Rdnr. 15 f.) – Bestrafung gerne in Kauf nehmen, wenn nur seine Lebensqualität gesteigert oder gar sein Überleben gesichert ist. 38

Was der Ausschussbericht mit dem soeben zitierten Satz „auch die für Organhändler sonst bestehende Möglichkeit, den Zugriff für die Strafverfolgungsorgane zu erschweren, zumindest einschränken" im Sinn hat, wird nicht ganz klar. Offenbar bezieht sich dies auf den Kontakt zwischen organsuchendem (potenziellem) Empfänger (bzw. seinen Helfern) und Organhändler (bzw. dessen Mittelsleute), der normalerweise von beiden Seiten diskret und konspirativ betrieben wird. Anhaltspunkte dafür, dass sich der Zugriff der Strafverfolgungsorgane erleichtern wird, nur weil das Bestrafungsrisiko des (potenziellen) Empfängers diesen zur Zurückhaltung bei der Suche nach Organen, Organhändler hingegen zu forscherem Auftreten verleiten könnte, sind nicht ersichtlich. Denn das „Strafrisiko"[81], wie der Gesundheitsausschuss es nennt – gemeint ist offenbar das Strafbarkeitsrisiko –, hängt nicht von einem im Bundesgesetzblatt abgedruckten Normtext, sondern vom tatsächlichen Verfolgungs- und Entdeckungsrisiko ab.[82] 39

---

[80] BT-Drs. 13/8017, S. 44.
[81] BT-Drs. 13/8017, S. 44.
[82] Skeptisch bereits Rixen, Transplantationsgesetz und Organhandel: Regelungsfragen im Umfeld der sog. „Hirntod"-Kontroverse (Gesetzentwürfe BT-Drs. 13/4355, 13/2926, 13/587) – Stellungnahme zur Öffentlichen Anhörung des Gesundheitsausschusses im Deutschen Bundestag am 9.10.1996, Deutscher Bundestag, Ausschuß für Gesundheit, Ausschuss-Drs. 603/13 v. 8.10.1996, S. 2 (14).

3. Auswirkungen auf das Ordnungsrecht, das Recht der Krankenhausaufsicht und das Zivilrecht

a) Zivilrecht

40 Bei § 17 Abs. 1 S. 1 und § 17 Abs. 2 TPG handelt es sich um Verbotsgesetze im Sinne des § 134 BGB. § 134 BGB lautet: „Ein Rechtsgeschäft, das gegen ein gesetzliches Verbot verstößt, ist nichtig, wenn sich nicht aus dem Gesetz ein anderes ergibt."

41 Verbotsgesetze in diesem Sinne sind Vorschriften, die eine nach deutschem Recht grundsätzlich mögliche rechtsgeschäftliche Regelung wegen ihres Inhalts oder wegen der Umstände des Zustandekommens untersagen. Richtet sich das Verbot gegen beide Teile, kann in der Regel angenommen werden, dass das Rechtsgeschäft nichtig sein soll. Ist das Rechtsgeschäft nur für einen Teil verboten, dann ist das Rechtsgeschäft nur nichtig, wenn sich dies aus dem Zweck des Gesetzes ergibt.[83] Bei strafbewehrten Verboten greift § 134 BGB, wenn beide Parteien den Straftatbestand objektiv und subjektiv verwirklichen. Verstößt nur eine Partei gegen ein gesetzliches Verbot, bleibt das Geschäft in der Regel gültig. In Ausnahmefällen kann sich die Unwirksamkeit auch aus einer einseitigen Gesetzesübertretung ergeben, falls der Zweck des Verbotsgesetzes es gebietet, die Vereinbarung nicht hinzunehmen.[84]

42 Das bedeutet: (Kauf-)Verträge, die durch Verhaltensweisen realisiert werden müssen, die Handeltreiben im Sinne des § 17 Abs. 1 TPG sind, sind nichtig, weil alle, die auf der einen (Käufer) oder anderen (Verkäufer) Seite daran beteiligt sind, sich in verbotener Weise verhalten. Selbst wenn es direkt zu einem Vertrag zwischen Organhändler und (potenziellem) Empfänger kommen sollte mit der Folge, dass der (potenzielle) Empfänger sich nicht verbotswidrig verhält (er handelt – wie erläutert – wegen der Beschaffung nur zum Eigenbedarf nicht eigennützig), dann gebietet der umfassend angelegte Schutzziel des § 17 TPG, das darauf gerichtet ist, den Organmarkt zu unterdrücken, die Nichtigkeit auch dieses Geschäfts. Auf die Strafbewehrung des § 18 Abs. 1 TPG kommt es danach nicht (mehr) an.

43 In Anlehnung an die Rechtsprechung des Bundesgerichtshofs zum Betäubungsmittelrecht könnte man erwägen, ob auch der dingliche Rechtsvorgang der Übereignung des Geldes nichtig ist.[85] Das ist im Ergebnis zu bejahen. Für eine umfassende Wirkung des § 134 BGB spricht die weite, flächendeckende Zielsetzung, die § 17 TPG verfolgt; der vom Gesetzgeber beabsichtigte lückenlos greifende Kampf gegen den Organhandel würde löchrig, wenn man die Entrichtung des Kaufpreises rechtlich akzeptieren würde. In diesem Sinne hatte der Bundesgerichtshof ausgeführt, die Entrichtung des Kaufpreises ermögliche ja erst den verbotenen BtM-Umsatz.[86] Nichts anderes gilt für den verbotenen Organhandel.

---

[83] Palandt-*Heinrichs*, BGB, 61. Aufl. 2002, § 134 BGB Rn. 1 ff., Rn. 7 ff. m.w.N.
[84] BGHZ 132, 313 (318) m.w.N.
[85] BGHSt 31, 145 (147 f.).
[86] BGHSt 31, 145 (148).

Für die Rückforderung des Geldes ist § 817 S. 1 und S. 2 BGB zu berücksichtigen. Hat der Geldleistende (auch) gegen ein gesetzliches Verbot verstoßen, ist die Rückforderung ausgeschlossen.[87]

b) Ordnungs-/Polizeirecht – Krankenhausaufsicht

aa) Ordnungsrecht

Organhandel im Sinne des § 17 Abs. 1 TPG ist ein Verstoß gegen das mit dieser Bestimmung ausgesprochene Verbot. Darin liegt eine Gefahr für die öffentliche Sicherheit. Zu ihr gehört auch die Unversehrtheit der objektiven Rechtsordnung; Verbotsnormen zählen zu ihr. Auch die Verwirklichung bereits des objektiven Tatbestandes der Strafnorm des § 18 Abs. 1 TPG, die Verbotsverstößen nach § 17 Abs. 1 TPG entgegenwirken soll, stellt eine Gefahr für die öffentliche Sicherheit im Sinne des Ordnungsrechtes dar, denn auch ein Strafgesetz – genauer: schon sein objektiver Tatbestand – zählt zur objektiven Rechtsordnung, deren Unversehrtheit so genanntes polizeiliches bzw. ordnungsrechtliches Schutzgut ist.

Aktivitäten, die als Organhandel zu bewerten sind, dürfen unter Rückgriff auf das allgemeine ordnungsrechtliche Instrumentarium unterbunden werden. Gewerbe, die auf das Betreiben von Organhandel ausgerichtet sind, können bereits begrifflich nicht im Rechtssinne betrieben werden, denn es handelt sich um eine nicht erlaubte Tätigkeit. Es fehlt also bereits an einer Voraussetzung für das Vorliegen eines Gewerbes: der *erlaubten* Tätigkeit.

Auch Handlungen, die gemäß § 17 Abs. 2 TPG verboten sind, können durch ordnungsbehördliche bzw. polizeiliche Maßnahmen unterbunden werden. So kann etwa gegen einen Kranken, von dem bekannt geworden ist, dass er sich ein bemakeltes Organ einpflanzen lassen will, ein Aufenthaltsverbot ausgesprochen werden, wie es etwa in § 29 Abs. 2 des Allgemeinen Gesetzes zum Schutz der öffentlichen Sicherheit und Ordnung in Berlin (Allgemeines Sicherheits- und Ordnungsgesetz – ASOG Bln)[88] geregelt ist. Danach kann die Polizei zur Verhütung von Straftaten einer Person für eine bestimmte Zeit untersagen, ein örtlich bestimmtes Gebiet zu betreten oder sich dort aufzuhalten, wenn Tatsachen die Annahme rechtfertigen, dass diese Person dort eine Straftat begehen wird (Aufenthaltsverbot).[89]

Für Ärzte, die bemakelte Organe entnehmen oder übertragen, können sich neben strafrechtlichen Konsequenzen insbesondere auch berufszulassungs- (Approbation) sowie berufsrechtliche (standesrechtliche) Folgen ergeben.

bb) Krankenhausaufsicht

Die für die allgemeine Rechtsaufsicht in den Krankenhäusern zuständigen Landesbehörden (Krankenhausaufsicht) müssen u.a. darauf achten, dass die Vorschriften

---

[87] Palandt-*Thomas*, BGB, 61. Aufl. 2002, § 817 Rn. 6 ff., Rn. 13 ff.
[88] Vom 14.4.1992 (GVBl. S. 119), danach mehrfach geänd., § 29 Abs. 2 wurde eingeführt durch Gesetz v. 11.5.1999 (GVBl. S. 164).
[89] § 29 Abs. 2 S. 3 ASOG Bln: „Es [das Verbot] darf räumlich nicht den berechtigten Zugang zur Wohnung der betroffenen Person umfassen."

des Transplantationsgesetzes eingehalten werden. Ausdrücklich und exemplarisch kommt dies etwa in einer Regelung des nordrhein-westfälischen Krankenhausrechts zum Ausdruck.[90]

50 Welche Befugnisse die Krankenhausaufsicht hat, ist im einzelnen dem jeweiligen Landesrecht zu entnehmen. In NRW hat die allgemeine Krankenhausaufsicht[91] beispielsweise Auskunfts- und Zutrittsrechte (§ 12 Abs. 2 S. 1 KHG NRW). Die Vorschriften über die allgemeine Aufsicht über die Gemeinden und Gemeindeverbände, die medizinischen Einrichtungen der Hochschulen des Landes und über die Krankenhäuser im Straf- und Maßregelvollzug bleiben unberührt (§ 12 Abs. 2 S. 2 KHG NRW), konkurrieren also mit der allgemeinen Krankenhausaufsicht, die das KHG NRW vorsieht.[92]

51 Soweit es um die Möglichkeit geht, ordnungsrechtliche Maßnahmen zu ergreifen, sind die einschlägigen Gesetze (etwa Ordnungsbehörden- bzw. Polizeigesetze oder die Gesetze über den öffentlichen Gesundheitsdienst) maßgeblich, außerdem die Fachgesetze der Behörden, die neben der nach Landesrecht vorgesehenen allgemeinen Krankenhausaufsicht eine eigene Aufsichtsaufgabe erfüllen (etwa – wie bereits erwähnt – die Kommunalbehörden, für die die Gemeindeordnungen maßgeblich ist).

52 Nach dem verwaltungsverfahrensrechtlichen Amtsermittlungsprinzip (vgl. beispielhaft § 24 VwVfG-Bund) zuverlässig ermittelte und mit Gewissheit gegebene tatsächliche Anhaltspunkte für verbotenen Organhandel können auch zur Nichtgewährung oder zum Entzug einer Konzession zum Führen eines privaten Krankenhauses führen (vgl. § 30 GewO, insb. § 30 Abs. 1 S. 1 Nr. 1 und Nr. 1a GewO).[93] Sie können auch Einfluss auf die Gewährung oder Versagung bzw. den Widerruf krankenhausspezifischer ordnungsbehördlicher Genehmigungen haben.[94]

---

[90] § 12 Abs. 2 Krankenhausgesetz NRW v. 16.12.1998 (GVBl. NW S. 696): „Die Aufsicht erstreckt sich auf die Beachtung der für Krankenhäuser geltenden Vorschriften, insbesondere (...) des Transplantationsgesetzes."
[91] Gem. § 12 Abs. 3 KHG NW v. 16.12.1998 (GVBl. NW S. 696) sind untere Aufsichtsbehörde die kreisfreie Stadt und der Kreis, obere Aufsichtsbehörde sind die Bezirksregierungen, oberste Aufsichtsbehörde ist das zuständige (Gesundheits-)Ministerium.
[92] Dazu die amtl. Begr. zum KHG NRW, Landtag NRW, Drucks. 12/3073, S. 60: „Eine enge Zusammenarbeit der Aufsichtsbehörden unter Beibehaltung der einschlägigen Zuständigkeitsregelungen ist unabdingbar."
[93] Hinweis auf die Möglichkeit des Entzugs der Konzession bei Unzuverlässigkeit in BT-Drs. 13/4355, S. 22.
[94] Vgl. etwa § 19 LKG Berlin i.d.F. v. 1.9.1986 (GVBl. S. 1533) – seitdem mehrfach geändert –, dem gemäß die ordnungsbehördliche Genehmigung zu erteilen ist, wenn „insbesondere" bestimmte bauliche, hygienische, personelle und technische Aspekte in Ordnung sind (§ 19 Abs. 2 S. 1 LKG Berlin). Da die ordnungsbehördliche Genehmigung – wie alle ordnungsrechtlichen Maßnahmen im Krankenhausbereich – der „Abwehr von Gefahren für Patienten, Besucher, und Beschäftigte" dient (vgl. § 1 Abs. 3 S. 1 Berliner Krankenhausaufsichts-Verordnung v. 2.1.1985, GVBl. S. 55), müssen auch Verstöße gegen Rechtsvorschriften berücksichtigt werden, denn auch sie sind – ordnungsrechtlich betrachtet – eine „Gefahr". Der Widerruf ist in § 19 Abs. 7 LKG Berlin geregelt.

SIEBTER ABSCHNITT
Straf- und Bußgeldvorschriften

Vorbemerkung

Gliederung
		Rdnr.
I.	Grundlegende Aspekte des Nebenstraf- und -bußgeldrechts	1
II.	Einzelne Aspekte	7

I. Grundlegende Aspekte des Nebenstraf- und -bußgeldrechts

Die §§ 18–20 TPG enthalten die Sanktionsnormen des Transplantationsgesetzes. Es handelt sich um straf- bzw. bußgeldrechtliche Bestimmungen, die ausgewählten Verhaltensnormen des TPG gelten, die in den §§ 1ff. TPG geregelt sind. Es ist also nicht so, dass die Sanktionsnormen Verstöße gegen die Ge- und Verbotsnormen des TPG umfassend, also ausnahmslos, abdecken würden.[1] **1**

Das Straf- und Bußgeldrecht des TPG ist ein Teil des sog. Nebenstraf- bzw. Nebenbußgeldrechts. So bezeichnet man alle außerhalb des Strafgesetzbuches (bzw. des Ordnungswidrigkeitengesetzes) normierten Straf- und Bußgeldsanktionen. Es ist zu einer Gesetzgebungsgewohnheit geworden, am Ende eines Gesetzes, das der Regulierung eines bestimmten Lebensbereiches dient, straf- und bußgeldrechtliche Vorschriften anzufügen, die die Wichtigkeit bestimmter Verhaltensnormen, die in dem jeweiligen Gesetz vorher aufgestellt wurden, zum Ausdruck bringen. Es gibt kaum noch Gesetze, an deren Ende der Gesetzgeber nicht noch Straf- und Bußgeldnormen plaziert – so auch beim Transplantationsgesetz. Der Gesetzgeber schafft so, wie zu dieser Entwicklung kritisch angemerkt wurde, Straf- und Bußgeldgesetze „auf Halde"[2]. Die „explosionsartige"[3] Ausbreitung von Straf- und Bußgeldbestimmungen muss mit dem Eindruck entschiedenen Gestaltungswillens zusammenhängen, der sich in der (Medien-)Öffentlichkeit durch den Erlass von Sanktionsgesetzen dieser Art wirkungsvoll demonstrieren lässt („symbolisches Strafrecht"). Da Straf- und Bußgeldgesetze nicht zu unmittelbaren Ausgaben der öffentlichen Hand führen, macht dies den Erlass von Straf- und Bußgeldgesetzen noch einmal mehr attraktiv. **2**

---

[1] So aber – irrig – *Kühn*, Das neue deutsche Transplantationsgesetz, MedR 1998, 455 (457).
[2] *Naucke*, Stellungnahme zur Frage: Täter-Opfer-Ausgleich im Strafverfahren – Alternative zum herkömmlichen repressiven Strafrecht oder unlösbares Dilemma?, in: Neue Kriminalpolitik, Heft 2/Mai 1990, 14.
[3] *R. Weber*, Die Entwicklung des Nebenstrafrechts 1871–1914, 1999, S. 241 – zur Entwicklung im bundesdeutschen Strafrecht.

3   Das Bußgeld ist keine (Kriminal-)Strafe. Bußgelddrohungen sind zwar repressive Maßnahmen, die Unrecht ahnden sollen. Indes fehlt dem Bußgeld das der Kriminalstrafe eigene sog. sozialethische Unwerturteil, das zur Stabilisierung der Normgeltung den sozialen Achtungs- und Geltungsanspruch des Sanktionierten gezielt mindert, indem es die in der Gesellschaft gegebener Gestalt zumindest latent vorhandene Bereitschaft stimuliert, Menschen, denen das Etikett des verurteilten Straftäters anhaftet, mit geringerer Wertschätzung zu begegnen; in der verbindlichen Vorhaltung der defizitären Einstellung zur strafgesetzlich geschützten Norm liegt der spezifische strafrechtliche Eingriffsmehrwert, der dem Bußgeldrecht fehlt.[4] Ein vergleichbar stigmatisierende Wirkung hat das Bußgeldrecht, das einer breiteren Öffentlichkeit vor allem aus dem Straßenverkehrrecht bekannt ist, nicht. Das Bußgeld sorgt für einen spürbaren Pflichtappell, es handelt sich um eine – in erster Linie der Durchsetzung einer als zweckmäßig erscheinenden Ordnung dienende – Mahnung, die keine ins Gewicht fallende Beeinträchtigung der sozialen Anerkennung des Betroffenen zur Folge hat bzw. bezweckt.[5]

4   Man darf allerdings nicht dem Missverständnis erliegen, Nebenstrafrecht sei seinem Anspruch nach nur von nebensächlicher Bedeutung. Wenn man sich beispielsweise die Vorschrift des § 19 Abs. 1 TPG anschaut, der wesentliche Regelungen der zentralen Bestimmungen der §§ 3 und 4 TPG schützt, dann wird schnell klar, dass hier „Hauptsächliches", nämlich die Entscheidungsautonomie, also die Selbstbestimmungsfreiheit, der Beteiligten geschützt wird. Ob allerdings dem Anspruch, Wichtiges zu regeln, eine ebenso hohe rechtstatsächliche Bedeutung der Regelung zukommt, ist fraglich.

5   Bislang liegen, weil das TPG noch nicht lange in Kraft ist, keine hinreichend aussagekräftigen Erfahrungen vor. Man wird aber die Prognose wagen dürfen, dass sich die Straf- und Bußgeldnormen vor allem in einem bewusstseinsbildend-appellativen Effekt erschöpfen werden. Sie rufen jenen, die im Transplantationswesen Verantwortung tragen oder an ihm in anderer Weise dauerhaft oder auch nur zeitweilig teilhaben, die Bedeutung der Normen, deren Missachtung mit einer Straf- oder Bußgeldsanktion geahndet werden kann, in Erinnerung.

6   Ob Verstöße bekannt werden, hängt davon ab, inwieweit die fragliche Verhaltensweise in der *black box* des medizinischen Betriebs angesiedelt ist. *Black box* meint: Je mehr sich eine Verhaltensweise im Verborgenen einer von Spezialisten dominierten geschlossenen Gesellschaft – hier: des transplantationsmedizinischen Betriebs – abspielt, desto eher bleibt sie den Strafverfolgungsorganen bzw. den Bußgeldbehörden unbekannt (es sei denn, Menschen aus dem Betrieb geben den Behörden gezielt Hinweise). Je mehr es indes um Verhaltensweisen geht, an denen nicht im Bereich des Transplantationswesens Tätige beteiligt sind (etwa Angehörige), desto eher kann ein Straftat- oder Ordnungswidrigkeitenverdacht generiert werden, und Verfolgung und Ahndung sind eher möglich. Die auf Grund der

---

[4] Vgl. *Appel*, Verfassung und Strafe, 1998, S. 494 ff.; krit. zur Rede vom „sozialethischen Unwerturteil" ebda., S. 220 ff., S. 482 ff.
[5] *Göhler*, OWiG, 12. Aufl. 1998, vor § 1 Rn. 9.

strukturellen Gegebenheiten eher niedrige Entdeckungs- und Sanktionswahrscheinlichkeit dürfte gleichwohl nicht zu straf- oder bußgeldrechtlich folgenreichen Schludrigkeit animieren. Denn schon die schwache Gefahr, Adressat eines Straf- oder Bußgeldverfahrens zu werden, wird die aus eigener (ethischer) Motivation stammende Bereitschaft vor allem der Ärzte – das TPG enthält de facto, nicht de jure ein „Sonderstrafrecht für Ärzte"[6] –, sich normkonform zu halten, verstärken, weil die Konsequenzen, die ein Strafverfahren arbeits- bzw. dienst-, berufszulassungs-, berufs- (= standes-) und vertragsarztrechtlich (Zulassung als Vertragsarzt – früher: Kassenarzt – nach dem SGB V) haben kann, existenzbedrohend sein können.[7]

II. Einzelne Aspekte

Der sog. Allgemeine Teil des Strafgesetzbuches (StGB), also die allgemeinen Zurechnungsregeln (Täterschaft und Teilnahme: wer ist Täter, Gehilfe oder Anstifter?, Rechtfertigungs-, Schuldausschließungs-, Entschuldigungs-, Strafausschließungs- und Strafaufhebungsgründe) und die Rechtsfolgen, gelten – sofern es sich um Erwachsene oder ihnen gleichstehende Heranwachsende (vgl. § 105 Jugendgerichtsgesetz – JGG) handelt, auch für das sog. Nebenstraf- bzw. -bußgeldrecht des TPG (vgl. Art. 1 Abs. 1 Einführungsgesetz zum StGB – EGStGB). 7

Wenn im Folgenden vom Vorsatz die Rede ist, dann geht es – auf eine Kurzformel gebracht – um das Wissen und Wollen der Tatbestandsverwirklichung. Dazu zählt auch der sog. bedingte Vorsatz (Eventualvorsatz): danach handelt auch vorsätzlich, wer den Erfolg (= die Folge) seines Handelns ernstlich für möglich hält und ihn gleichwohl billigend in Kauf nimmt. 8

Wenn im Folgenden von Fahrlässigkeit die Rede ist, dann gilt: Fahrlässigkeit ist gegeben, wenn der Handelnde einen Tatbestand rechtswidrig und vorwerfbar verwirklicht, ohne die Verwirklichung zu erkennen oder zu wollen. Unbewusst fahrlässig handelt, wer die Sorgfalt, zu der er nach den Umständen und nach seinen persönlichen Fähigkeiten und Kenntnissen verpflichtet und im Stande ist, außer acht lässt und infolgedessen die Tatbestandsverwirklichung nicht voraussieht. Bei der bewussten Fahrlässigkeit erkennt der Täter die Möglichkeit der Tatbestandsverwirklichung, ist zwar nicht mit ihr einverstanden, handelt aber entgegen seiner Einsicht pflichtwidrig. 9

Rechtfertigungsgründe, die dazu dienen, die Zulässigkeitsvoraussetzungen der Organentnahme zu überspielen, gibt es nicht. Insoweit ist die Regelung der §§ 3, 4 und 8 abschließend (§ 1 Rdnr. 9). Allerdings können namentlich Rechtfertigungsgründe einer Straf- oder Ahndbarkeit entgegenstehen (vgl. § 18 Rdnr. 6, 11 f., 16). 10

---

[6] *König*, Das strafbewehrte Verbot des Organhandels, in: Roxin/Schroth (Hrsg.), Medizinstrafrecht, 2000, S. 265 (283).
[7] Dazu *Rixen*, Lebensschutz am Lebensende, 1999, S. 35 f. m.w.N.

11 Wegen weiterer Einzelheiten zum so genannten Allgemeinen Teil des Strafrechts sind die Standardwerke des Strafrechts zu konsultieren.[8] Bei Jugendlichen und bei Heranwachsenden, die Jugendlichen gleichstehen, gilt überdies der besondere Rechtsfolgen-Katalog des Jugendgerichtsgesetzes (JGG). Für die Strafzumessung sind die allgemeinen Regeln der Strafzumessung zu beachten (insb. § 46 und § 46a StGB).

12 Personen, die gegen das Nebenstraf- und -bußgeldrecht des TPG verstoßen, werden häufig sog. Ersttäter sein, also erstmals überhaupt und/oder erstmals jedenfalls mit Blick auf das TPG auffällig geworden sind. Dementsprechend milde werden die Strafen grundsätzlich auszufallen haben.

13 Bei erstmaligen Verstößen und/oder von geringer Schuld – das gilt vor allen Dingen bei Fahrlässigkeitstaten – ist bei gegebenem Tatverdacht (sonst Einstellung gem. § 170 Abs. 2 S. 1 StPO) an die Einstellung gegen Geldauflage gemäß § 153 a StPO zu denken[9], die *nicht* zu einer (im Bundeszentralregister erfassten) Vorstrafe führt. Eine Einstellung nach § 153 a StPO ist – wie das Bundesverfassungsgericht klargestellt hat – kein Schuldeingeständnis; die Unschuldsvermutung wird durch die Zustimmung des Beschuldigten zu dieser Form der Verfahrenserledigung nicht widerlegt.[10] Im Rechtssinne ist der Beschuldigte weiterhin unschuldig. Auch in anderen – etwa verwaltungsrechtlichen bzw. berufsrechtlichen Verfahren – darf eine Einstellung nach den §§ 153 oder 153 a StPO nicht nachteilig verwertet werden.[11] Die Einstellung nach § 153 a StPO ist auch dann in Erwägung zu ziehen, wenn das Vorliegen schon eines Tatverdachts zweifelhaft ist, denn in der Praxis kann ein zu starkes Insistieren auf einer Einstellung nach § 170 Abs. 2 S. 1 StPO oft zur Folge haben, dass es nach dem Motto „Soll doch das Gericht entscheiden" zur Anklage kommt, was schon wegen der im Grundsatz öffentlichen Hauptverhandlung meist nicht im Interesse des Mandanten sein wird (s. auch § 18 Rdnr. 15 a.E.).[12] Hier ist vieles vom Verhandlungsgeschick des Verteidigers abhängig.[13]

14 Auch für Ordnungswidrigkeiten gilt, dass zunächst die milderen Sanktionen zu wählen sind; bei sog. Ersttätern wird man u.U. zunächst an eine Einstellung gem. § 47 OWiG bzw. eine Verwarnung gem. § 56 OWiG zu denken haben. § 153 a StPO ist im Bußgeldverfahren nicht anwendbar (§ 20 Rdnr. 25).

---

[8] Für die Praxis grundlegend: *Tröndle/Fischer*, StGB, 50. Aufl. 2001; außerdem wichtig: *Ulsenheimer*, Arztstrafrecht, 2. Aufl. 1998 – jeweils mit Hinweisen zu weiterführender Literatur.
[9] Vgl. *Ulsenheimer*, Rn. 477 ff. m.w.N.
[10] BVerfG (2. Kammer des Ersten Senats), NJW 1991, 1530 f. = MDR 1991, 891 f.; OLG Frankfurt/M., NJW 1996, 3353 f.
[11] Vgl. *Alexander Ignor/Stephan Rixen*, Abberufung eines Vorstandsmitglieds wegen Unzuverlässigkeit nach Einstellung eines Banken-Strafverfahrens gem. § 153 a StPO?, Strafverteidiger-Forum (StraFo) 2000, 157 ff.
[12] Vgl. hierzu die – verallgemeinerbaren – Ausführungen bei *Alexander Ignor*, Vorenthalten von Sozialversicherungsbeiträgen durch den Arbeitgeber – Hinweise zur Verteidigung, in: Schnellbrief für Personalwirtschaft und Arbeitsrecht (SPA) Nr. 16/2000, S. 1 (2).
[13] Dazu *Hamm*, Verfahrensabschluss ohne Urteil, in: ders./Lohberger (Hrsg.), Beck'sches Formularbuch für den Strafverteidiger, 3. Aufl. 1998, S. 137 (137 f.).

Unter dem Aspekt der Gesetzeskonkurrenz stellt sich die Frage, ob bzw. in- 15
wieweit Strafbestimmungen, die nicht im TPG aufgeführt sind, ergänzend zu den
§§ 18 und 19 TPG anwendbar sind oder diese Vorschrift aber verdrängen. Das
TPG verhält sich dazu nicht. Dieses Problem ist bei der Kommentierung der jeweiligen Sanktionsvorschrift zu berücksichtigen.

§ 18
Organhandel

(1) Wer entgegen § 17 Abs. 1 Satz 1 mit einem Organ Handel treibt oder entgegen § 17 Abs. 2 ein Organ entnimmt, überträgt oder sich übertragen lässt, wird mit Freiheitsstrafe bis zu fünf Jahren oder mit Geldstrafe bestraft.

(2) Handelt der Täter in den Fällen des Absatzes 1 gewerbsmäßig, ist die Strafe Freiheitsstrafe von einem Jahr bis zu fünf Jahren.

(3) Der Versuch ist strafbar.

(4) Das Gericht kann bei Organspendern, deren Organe Gegenstand verbotenen Handeltreibens waren, und bei Organempfängern von einer Bestrafung nach Absatz 1 absehen oder die Strafe nach seinem Ermessen mildern (§ 49 Abs. 2 des Strafgesetzbuchs).

Gliederung

		Rdnr.
I.	Grundsätzliche Bedeutung und Regelungsgegenstand	1
II.	Die Erläuterungen im Einzelnen	3
	1. Tathandlung – Täterschaft, Teilnahme, notwendige Teilnahme	3
	2. Strafbarkeit des Versuchs	8
	3. Strafbarkeit nur des vorsätzlichen Handelns	10
	4. Rechtfertigung – Entschuldigung	11
	5. Strafrahmen – Strafzumessung	13
	6. Konkurrenzen	18
	7. Zum rechtstatsächlichen Hintergrund	21

I. Grundsätzliche Bedeutung und Regelungsgegenstand

1 Wie die amtliche Überschrift der Bestimmung zeigt, geht es um den Organhandel. § 18 TPG muss zusammen mit § 17 TPG gelesen werden. Während dort das Verbot des Organhandels statuiert wird, wird hier das Verbot mit einer strafgesetzlichen Sanktionsvorschrift bewehrt.

2 § 18 TPG bewehrt das in § 17 Abs. 1 und Abs. 2 geschaffene Verbot des Organhandels mit einer Strafandrohung (§ 18 Abs. 1). § 18 Abs. 2 schafft eine strafschärfende Qualifikation des § 18 Abs. 1 durch die gewerbsmäßiger Organhandel unter eine (höhere) Strafe gestellt wird. § 18 Abs. 3 stellt den Versuch des Organhandels im Sinne des § 18 Abs. 1 unter Strafe. § 18 Abs. 4 schafft einen fakultativen Strafaufhebungs- bzw. Strafmilderungsgrund für die Fälle, das Organspender bzw. Organempfänger an der Tat des § 18 Abs. 1 beteiligt sind.

II. Die Erläuterungen im einzelnen
1. Tathandlung – Täterschaft, Teilnahme, notwendige Teilnahme

Tathandlung nach § 18 Abs. 1 ist das Handeltreiben im Sinne des § 17 Abs. 1 S. 1 oder das Entnehmen, das Übertragen oder das Sich-Übertragen-Lassen im Sinne des § 17 Abs. 2 (siehe dazu die Kommentierung zu § 17 TPG). Auch wenn die Tat im Ausland begangen wird, ist deutsches Strafrecht anwendbar (§ 24 Rdnr. 4ff.).

Ob jemand den Tatbestand des § 18 Abs. 1 als Täter oder als Teilnehmer (Gehilfe oder Anstifter) erfüllt, ist anhand allgemeiner Abgrenzungskriterien zu prüfen; entscheidend ist, ob der Tatbeitrag als bloße Förderung fremden Tuns oder als eigene, vom Täterwillen getragene Tathandlung erscheint. Diese Frage ist nach den gesamten Umständen, die von der Vorstellung des Angeklagten umfasst werden, in wertender Betrachtung zu beurteilen. Wesentliche Anhaltspunkte können hierbei der Grad des eigenen Interesses am Erfolg (Gefälligkeit, Trinkgeld, Honorar, Gewinnbeteiligung), der Umfang der Tatbeteiligung, die Tatherrschaft oder doch zumindest der Wille zur Tatherrschaft sein.[1] Bei der Abgrenzung von Täterschaft und Beihilfe reicht es nicht aus, wenn das Gericht auf die finanziellen Vorteile, die dem Angeklagten durch das Organhandelsgeschäft hätten erwachsen können, abstellt. Vielmehr ist hier eine wertende Gesamtbetrachtung unbedingt erforderlich.[2] Beihilfe liegt danach nur vor, wenn ein Beteiligter mit seinem Tatbeitrag nur fremdes Tun fördern wollte oder wenn sein Beitrag Teil einer gemeinschaftlichen Tätigkeit sein sollte, die eigenen Handlungen also ein Teil der Tätigkeit des anderen waren und umgekehrt dessen Tun als Ergänzung des eigenen Tatbeitrags gewollt war. Ob der Beteiligte dieses enge Verhältnis zur Tat hatte, hat das Gericht nach den gesamten Umständen, die von der Vorstellung der Beteiligten erfasst werden, in wertender Betrachtung zu beurteilen. Beim Fehlen der Eigennützigkeit kann regelmäßig nicht von Mittäterschaft, sondern nur von Beihilfe die Rede sein. Eine Honorarzusage bzw. Honorarerwartung ist ein Indiz für ein Eigeninteresse und somit für Mittäterschaft, während Trinkgelder und Gefälligkeiten auf eine Beihilfehandlung hinweisen. Bei untergeordneten Hilfstätigkeiten ist regelmäßig Beihilfe zu prüfen.[3] Grundsätzlich gilt, da der Unternehmenstatbestand „Handeltreiben" mit seinen Absatzbemühungen typische Beihilfehandlungen als täterschaftliches Handeln umfasst, dass für Beihilfehandlungen nur wenig Raum bleibt.[4]

Als Beihilfehandlungen kommen z.B. in Betracht: Überprüfung von Telefonnummern von Interessenten für einen Organkauf, ohne am Geschäft im Übrigen beteiligt zu sein; Vermittlung eines Organs nicht aus Eigennutz, sondern aus freundschaftlicher Verbundenheit für einen Kranken; kurzfristiges Aufbewahren des Organs ohne eigenes Interesse an dem Organgeschäft; Übersetzerdienste bei Organkaufsverhandlungen ohne eigenes Geschäftsinteresse; unentgeltliches Zur-

---

[1] BGH, NStZ 2000, 482 – zur Abgrenzung zwischen Täter- und Gehilfenschaft bei Tätigkeit als Drogenkurier.
[2] Zum Vorstehenden siehe *Körner*, BtMG, § 29 Rn. 242 m.w.N.
[3] Zum Vorstehenden *Körner*, § 29 Rn. 248.
[4] *Körner*, § 29 Rn. 249.

verfügungstellen eines Transportmittels oder von Geldmitteln; Leisten von Chauffeurdiensten bei Fernhalten vom Kernbereich des Geschäftes.[5] Das pure tatenlose Dabeistehen bei der Abwicklung eines Organhandelsgeschäftes kann psychische Beihilfe sein, wenn die Anwesenheit den Haupttäter in seinem Tatentschluss bestärkt oder ihm ein erhöhtes Gefühl der Sicherheit gibt; für die Annahme dieser psychischen Beihilfe bedarf es aber dann besonderer Feststellungen.[6] Allerdings ist wegen der Nähe dieses Verhaltens zu bloßer Passivität bei der Annahme psychischer Beihilfe in diesen Fällen größte Zurückhaltung geboten.

6   Der Kranke, der Organe (§ 1 Rdnr. 13 ff.) lediglich zur Übertragung auf sich selbst erwirbt, treibt keinen Handel im Sinne des § 17 Abs. 1 (§ 17 Rdnr. 23).[7] Eine denkbare Teilnahme des Transplantatempfängers oder auch des Spenders am Handeltreiben eines anderen kann über die Rechtsfigur der sog. notwendigen Teilnahme ausgeschlossen sein, so weit sie nur das tun, was zur Verwirklichung des Delikts des Handeltreibens durch andere begrifflich notwendig ist. Was mit „notwendiger Teilnahme" im Allgemeinen gemeint ist[8] und wie sie unter den Bedingungen des TPG verstanden werden muss[9], ist jedoch unklar. Das bloße Entgegennehmen bzw. Sich-Einpflanzen-Lassen des Organs, ohne dass diejenigen, die das Organ beschafft oder eingepflanzt haben, in ihrem Tun ausdrücklich bestärkt werden, ist beispielsweise ein Fall der notwendigen Teilnahme; allerdings ist ein Dank für die erbrachte Hilfe noch kein Fall der Beihilfe, weil er die Tat nicht mehr fördern kann. Leistet der Transplantatempfänger einen darüber hinausgehenden Tatbeitrag, etwa weil er andere nachhaltig bestimmt hat, endlich Organe zu beschaffen o.Ä., kommt eine Bestrafung wegen Anstiftung oder Beihilfe in Betracht. Nicht mehr bloß notwendige Teilnahme liegt etwa vor, wenn der (spätere) Empfänger den Spender aggressiv zur Spende drängt.[10] Im Zweifel ist die notwendige Teilnahme zu verneinen, denn aus § 18 Abs. 4 TPG folgt, dass sowohl Empfänger wie Spender prinzipiell als Täter bzw. Teilnehmer in Betracht kommen. Auf den anderen Stufen der sog. Verbrechenssystems (Unrecht, Schuld, auch Strafzumessung) kann nach angemessenen Lösungen gesucht werden, die der besonderen Lage von Spender und Empfänger Rechnung tragen. So kann die strafbare Teilnahme bei strenger Würdigung des Einzelfalls durchaus gemäß § 34 StGB gerechtfertigt oder nach § 35 StGB entschuldigt sein, wenn eine *dringende* Lebensgefahr vorliegt, die mit dem entgegen § 17 TPG beschafften oder eingepflanzten Organ beseitigt werden kann (dazu noch Rdnr. 11 f.).[11]

7   Dieselbe Strafdrohung wie für den Händler ist für denjenigen vorgesehen, der zwar seinerseits ohne Eigennutz, jedoch in Kenntnis eines involvierten Organhan-

---

[5] Vgl. *Körner*, § 29 Rn. 249–253.
[6] *Körner*, § 29 Rn. 259 (S. 268).
[7] BT-Drs. 13/4355, S. 31.
[8] *Gragert*, Strafrechtliche Aspekte des Organhandels, 1997, S. 106.
[9] *König*, Strafbarer Organhandel, 1999, S. 178 ff.
[10] *König*, 1999, S. 179.
[11] Darauf weist auch *Schroth*, Die strafrechtlichen Tatbestände des Transplantationsgesetzes, JZ 1997, 1149 (1151), hin.

dels Organe explantiert oder auf einen anderen überträgt (§ 17 Abs. 2 TPG). Der Gesetzgeber sah es als gerechtfertigt an, als Täter und nicht nur als Teilnehmer auch den Arzt zu erfassen, der, ohne selbst Handel zu treiben, durch seinen unverzichtbaren Beitrag zur Transplantation die Kommerzialisierung der Organtransplantation unterstützt. Damit soll bereits die mittelbare Förderung des Organhandels unterbunden werden.

2. Strafbarkeit des Versuchs

§ 18 Abs. 2 stellt den Versuch unter Strafe. Da die Rechtsprechung den Begriff des Handeltreibens weit auslegt (§ 17 Rdnr. 14 a.E.), wird allerdings regelmäßig bereits ein vollendetes Delikt anzunehmen sein.[12] „Da allein schon die Zielvorstellung, umsatzfördernd tätig zu werden, für das vollendete Handeltreiben ausreicht, bleibt für Versuch und Vorbereitung kein Raum mehr."[13] Die Anordnung der Versuchsstrafbarkeit in § 18 Abs. 3 TPG wurde vor diesem Hintergrund als „völlig überflüssig"[14] bezeichnet.

8

Nach der Legaldefinition des Versuches in § 22 StGB überschreitet der Täter die Grenze von der bloßen strafbaren Vorbereitungshandlung zum Versuch in dem Augenblick, in dem er nach seiner Vorstellung von der Tat zur Verwirklichung des Tatbestandes unmittelbar ansetzt. Da der Begriff des Handeltreibens weder eine Vertragsanbahnung noch einen Erfolg der Verkaufsbemühungen noch das Vorhandensein von Ware voraussetzt (i.e. § 17 Rdnr. 17 ff.), bleiben, wie bereits erwähnt, nur wenige Verhaltensweisen denkbar, die über die Vorbereitung hinaus einen Versuch darstellen. Versuchshandlungen aber sind vorstellbar, wenn das mündliche oder schriftliche Verkaufsangebot dem Käufer nicht zugeht.[15] Hat beispielsweise jemand einen Kurierauftrag angenommen, aber nicht zur Kuriertätigkeit angesetzt, nachdem seine Bemühungen um ein Visum gescheitert waren, so hat er mit der Tatausführung des Handeltreibens nicht einmal begonnen, sondern die Reise nur vorbereitet. Eine Verurteilung wegen unerlaubten Handeltreibens ist nur dann möglich, wenn dem Angeklagten die Tatbestandsverwirklichung anderer als Mittäter zuzurechnen wäre, beispielsweise, wenn der Angeklagte durch seine Transportzusage die Tat seiner Auftraggeber als Gehilfe gefördert oder bei der Planung und Organisation des Schmuggeltransportes als Mittäter eingebunden und in der Gestaltung seiner Kurierreise frei war. Hat ein Angeklagter, der an einem bestimmten Ort Organe von einem Kurier übernehmen soll, ein Honorar eingesammelt, zum Übergabeort gebracht und in einer Wohnung vergeblich auf den fest-

9

---

[12] BT-Drs. 13/4355, S. 31.
[13] *Nestler*, Grundlagen und Kritik des Betäubungsmittelstrafrechts, in: Kreuzer (Hrsg.), Handbuch des Betäubungsmittelstrafrechts, 1998, § 11 Rn. 364; so i.Erg. auch *Pelchen*, in: Erbs/Kohlhaas, Strafrechtliche Nebengesetze, 135. Lfg., Stand Nov. 1999, § 29 BtMG Rn. 57.
[14] *Schroth*, Die strafrechtlichen Tatbestände des Transplantationsgesetzes, JZ 1997, 1149 (1151).
[15] So für Telefax-Angebote an (ausländische) Krankenhäuser, deren Zugang nicht nachweisbar ist, LG München I, NJW 2002, 2655.

genommenen Organkurier gewartet, so ist dennoch schon vollendetes Handeltreiben eingetreten. Versuchtes Handeltreiben liegt auch vor, wenn ein Organkurier oder ein Organbote zum Übergabeort des Organs anreist, aber vor der Übernahme des Behältnisses, in dem das Organ aufbewahrt wird, festgenommen wird und so eine Kuriertätigkeit noch nicht entfalten konnte.[16]

3. Strafbarkeit nur des vorsätzlichen Handelns

10 § 18 Abs. 1 kann nur vorsätzlich verwirklicht werden (vgl. § 15 StGB), denn Fahrlässigkeit wird im TPG nicht ausdrücklich unter Strafe gestellt. Vorsatz bedeutet Tatbestandverwirklichung mit Wissen und Wollen, wobei der Eventualvorsatz (auch bedingter Vorsatz genannt) hinreicht, es also genügt, dass der Handelnde die Verwirklichung des Tatbestandes des Handeltreibens ernstlich für möglich hält und sie billigend also ohne sich durch erkennbare Verhaltensanzeichen von dem Unrechtserfolg zu distanzieren, in Kauf nimmt.

4. Rechtfertigung – Entschuldigung

11 Wie oben (Rdnr. 6) bereits erwähnt, kann es Konstellationen geben, in denen auf Grund einer nicht anders abwendbaren gegenwärtigen Lebens- oder Gesundheitsgefahr den Verstoß gegen § 18 i.V.m. § 17 TPG gerechtfertigt (§ 34 StGB) oder zumindest entschuldigt (§ 35 StGB) sein kann.[17] Allerdings ist genau zu fragen, ob eine gegenwärtige (Dauer-)Gefahr im Sinne der §§ 34 und 35 StGB gegeben war, also der Tod bzw. die Gesundheitsschädigung ohne die Tat sicher oder doch höchstwahrscheinlich ist bzw. wenn der Zustand jederzeit in eine Schaden umschlagen kann.[18] Ob ein solcher Zustand vorliegt, ist unter Hinzuziehung medizinischer Sachverständiger zu prüfen.

12 Angesichts der Wertung des § 18 Abs. 4 TPG, aus dem sich ergibt, das Spender und Empfänger sich strafbar machen können und ihrer besondere Motivationslage auf der Strafzumessungsebene Rechnung getragen werden kann, folgt, dass die Anforderungen an das Vorliegen der §§ 34 und 35 StGB nicht zu großzügig ausfallen dürfen (oben Rdnr. 6): der Gesetzgeber geht davon aus, dass die Situation namentlich der (potenziellen) Organempfänger ein Zuwarten zulässt. Diese Wertung würde durch einen allzu großzügigen Rückgriff auf die allgemeinen Bestimmungen von Notstand und Nothilfe im Sinne der §§ 34 und 35 StGB unterlaufen. Solange Ersatztherapien erfolgreich angewendet werden bzw. angewendet werden können und finale Schädigungen zwar absehbar, aber nicht in einem engen zeitlichen Zusammenhang aktuell werden können, fehlt es an einer dringenden Gefahr für Leib und Leben. Einbußen in der Lebensqualität, wie sie zweifelsohne mit Ersatztherapien verbunden sein können (namentlich bei der sog. Dialyse), sind kein Fall der §§ 34, 35 StGB.

---

[16] Zum Vorstehenden vgl. *Körner*, BtMG, 4. Aufl. 1994, § 29 Rn. 200 ff. m.w.N.
[17] Vertiefend *König*, Strafbarer Organhandel, 1999, S. 203 ff.; *Schroth*, JZ 1997, 1149 (1151).
[18] Dazu allg. *Tröndle/Fischer*, StGB, 50. Aufl. 2001, § 34 Rn. 4.

5. Strafrahmen – Strafzumessung

Der Strafrahmen des § 18 Abs. 1 StGB entspricht dem Strafrahmen der Körperverletzung (§ 223 Abs. 1 StGB): Freiheitsstrafe bis zu fünf Jahren oder Geldstrafe. 13

Bei der Bestimmung der konkreten Strafe wird z.B. die an reinem Gewinninteresse orientierte Organvermittlung anders zu bewerten sein als eine eigennützige und damit ebenfalls tatbestandsmäßige Organspende oder die uneigennützige Entnahme oder Übertragung eines Organs, das Gegenstand verbotenen Handeltreibens ist. Auch derartige Handlungen entbehren, wie es in der Gesetzesbegründung heißt, „der ethischen Rechtfertigung, die der Organspende inne wohnt. Ihre generelle Privilegierung verbietet sich daher."[19] 14

Gleichwohl erscheint es im Einzelfall erforderlich, bei der Strafzumessung die typische Motivationslage dieses Täterkreises, der häufig eigene wirtschaftliche Not oder auch gesundheitliches Leid eines schwer kranken Menschen abwenden will, gleichermaßen zu berücksichtigen wie etwa gesundheitliche Beeinträchtigungen infolge der Entnahme bei einem Lebenden, der für die Explantation seines Organs eine über das angemessene Gehalt nach § 17 Abs. 1 S. 2 Nr. 1 TPG hinausgehende Vergütung erlangt oder erhält. In geeigneten Fällen kann ein Absehen von Strafe nach der Vorschrift des § 60 StGB angezeigt sein. Im Übrigen ermöglicht der Strafrahmen für diese Konstellationen ebenso hinreichende Flexibilität bei der Strafzumessung wie für den Fall der strafbaren Teilnahme am Organhandel durch den Transplantatempfänger. So weit bei besonderen Fallgestaltungen ein Strafbedürfnis nicht zu erkennen ist, bieten auch die erweiterten Einstellungsmöglichkeiten nach den §§ 153 ff. StPO die geeignete Handhabe (vor § 18 Rdnr. 13 a.E.).[20] 15

Sofern für Organspender bzw. Organempfänger, die in ein Organhandelsgeschehen eingebunden sind, deren Strafbarkeit nicht bereits deshalb ausscheidet, weil sie schon gar nicht tatbestandsmäßig, nicht rechtswidrig oder nicht schuldhaft gehandelt haben, kann deren Strafbarkeit ausscheiden auf Grund des § 18 Abs. 4 TPG, wonach das Gericht von einer Bestrafung ganz absehen kann. Auch diese Regelung sorgt dafür, dass die Sorge vor der einer zu weit gehenden Kriminalisierung von Spender und Empfänger praktisch kaum berechtigt sein dürfte.[21] Das Gericht kann bei Organspendern, deren Organe Gegenstand verbotenen Handeltreibens waren, und bei Organempfängern außerdem auch die Strafe nach seinem Ermessen mildern (§ 18 Abs. 4 TPG i.V.m. § 49 Abs. 2 StGB). Welche Kriterien dabei zu berücksichtigen sind, lässt das Gesetz offen.[22] In der Gesetzesbegründung heißt es: „Zwar ist zu berücksichtigen, dass der Empfänger aufgrund seiner Erkrankung unmittelbar betroffen ist und das begehrte Organ möglicherweise im Einzelfall zur Lebensrettung dringend benötigt. Dieser gesundheitlichen Notlage des Erwerbers wird unter anderem durch die Anwendung des neuen § 17 Abs. 3 16

---

[19] BT-Drs. 13/4355, S. 31 – auch zum folgenden.
[20] Vgl. BT-Drs. 13/4355, S. 31.
[21] Krit. zur Kriminalisierung *Deutsch*, Zum geplanten strafrechtlichen Verbot des Organhandels, ZRP 1994, 179 (180 f.).
[22] *Schroth*, JZ 1997, 1149 (1151).

[des Entwurfs = § 18 Abs. 4 TPG] Rechnung getragen. Die Privilegierung des § 17 Abs. 3 [des Entwurfs = § 18 Abs. 4 des TPG] gilt darüber hinaus auch für den eigennützig und damit auch tatbestandsmäßig handelnden Organspender, um die im Einzelfall gegebenen Motivationslagen dieses Täterkreises, der möglicherweise eigene wirtschaftliche Not oder auch gesundheitliches Leid eines schwer kranken Menschen abwenden will, gleichermaßen zu berücksichtigen."[23] Zu Recht wurde darauf hingewiesen, dass für diese Situationen u.a. ein rechtfertigender Notstand infrage komme.[24] Nur Fälle, die nicht unter §§ 34 oder 35 StGB oder andere – hier aber eher fern liegende Rechtfertigungs- oder Entschuldigungsgründe – zu subsumieren sind, sind Fälle des § 18 Abs. 4 TPG. Als grobe Richtschnur kann gelten, dass ein Absehen von Strafe umso näher liegt, je bedrängender die Schwächesituation aufseiten des Empfängers oder des Spenders ist, wobei in Bezug auf den Spender eine Rolle spielt, ob sein Handeln von Altruismus zu Gunsten des Empfängers oder anderer (Angehöriger) bestimmt ist und inwieweit er selbst durch die Entnahme des Organs geschädigt wird.[25]

17 § 18 Abs. 2 TPG schafft eine Strafverschärfung gegenüber dem Strafrahmen des Abs. 1; sie soll der Entstehung und Ausweitung eines illegalen Organhandelns entgegenwirken.[26] Zur Auslegung des Begriffs „gewerbsmäßig" kann auf die Rechtsprechung des Bundesgerichtshofes zum Begriff der Gewerbsmäßigkeit im Betäubungsmittelrecht zurückgegriffen werden.[27] Danach handelt gewerbsmäßig, wer sich durch wiederholte Tatbegehung eine fortlaufende Einnahmequelle von einiger Dauer und einigem Umfang verschaffen will.[28] Wer demnach aus uneigennützigen Motiven Organe abgibt (verschenkt) oder Organe zum üblichen (Selbst-)Kostenpreis weitergibt (veräußert), kann sich keine Einnahmequelle verschaffen und deshalb nicht gewerbsmäßig handeln.[29] Erfasst wird z.B. der Inhaber einer Gewebebank, der ständig zu viel abrechnet (= unangemessenes Entgelt im Sinne des § 17 Abs. 1 S. 2 Nr. 1 TPG, § 17 Rdnr. 26 ff.)[30]; die Angemessenheit (Marktüblichkeit) des Preises ist ggfs. sachverständig beraten festzustellen.

---

[23] BT-Drs. 13/8017, S. 62.
[24] *Schroth*, JZ 1997, 1149 (1151).
[25] *König*, Das strafbewehrte Verbot des Organhandels, in: Roxin/Schroth (Hrsg.), Medizinstrafrecht, 2000, 265 (278).
[26] BT-Drs. 13/8017, S. 62.
[27] So ausdrücklich die Gesetzesbegründung in BT-Drs. 13/8017, S. 62. S. nunmehr auch LG München I, NJW 2002, 2655 (2655 f.).
[28] Die Gesetzesbegründung BT-Drs. 13/8017, S. 62, verweist auf BGHSt 1, 383 und BGHSt 19, 63, 76; diese Entscheidungen beziehen sich aber gerade nicht auf die Gewerbsmäßigkeit im Betäubungsmittelrecht, sondern auf die gewerbsmäßige Hehlerei (so BGHSt 1, 383) und auf die Gewerbsmäßigkeit i.S.d. Unbrauchbarmachungsvorschriften der §§ 41 und 42 StGB a.F.
[29] *Körner*, § 30 Rn. 34.
[30] *König*, Das strafbewehrte Verbot des Organhandels, in: Roxin/Schroth (Hrsg.), Medizinstrafecht, 2000, S. 265 (285).

6. Konkurrenzen

Zwischen § 17 Abs. 2 und § 17 Abs. 1 – jeweils i.V.m. § 18 TPG – kann Idealkonkurrenz bestehen.[31] Liegt allerdings die (uneigennützige) Beteiligung des Arztes gerade in der Entnahme bzw. Übertragung, so ist die Teilnahmestrafbarkeit gegenüber den täterschaftlich verwirklichten § 17 Abs. 2 i.V.m. § 18 Abs. 1 TPG subsidiär. Das gleiche gilt, wenn der Arzt in Vorbereitung der konkreten Entnahme bzw. Übertragung Tatbeiträge leistet, die als Beihilfe zum Handeltreiben einzuordnen wären. Ähnliche Probleme können sich ergeben, wenn der Empfänger im Vorfeld einer dann durchgeführten Transplantation das Maß des zur Tatbestandserfüllung Notwendigen überschritten und deswegen Anstiftung oder Beihilfe begangen hat. Hier dürfte Tateinheit zwischen Teilnahme am Handeltreiben und täterschaftlich begangenem Verstoß gegen § 17 Abs. 2 i.V.m. § 18 Abs. 1 TPG anzunehmen sein, damit der gesteigerte Unrechtsgehalt eines solchen Verhaltens zum Ausdruck kommt.

18

Was das Verhältnis zu den Körperverletzungsdelikten angeht, gilt Folgendes:[32] § 17 Abs. 2 i.V.m. § 18 Abs. 1 ist als Spezialvorschrift anzusehen, die in ihrem Anwendungsbereich die vorsätzliche Körperverletzung und die §§ 224, 226, 227 StGB verdrängt.[33] Hingegen bleibt die Strafbarkeit wegen fahrlässiger Körperverletzung bzw. fahrlässiger Tötung etwa als Folge eines Kunstfehlers unberührt.[34] Das gilt auch für vorsätzliche Tötungshandlungen.

19

Zu den Konkurrenzen im Hinblick auf Eigentumsdelikte s. § 19 Rdnr. 32, 47.

20

7. Zum rechtstatsächlichen Hintergrund

Ob und inwieweit gerade in Deutschland oder von Deutschen Organhandel droht oder praktiziert wird, ist unklar.[35] So gesehen, ist die Strafrechtsnorm des § 18 TPG primär ein Appell an die Rechtsgemeinschaft. Er reagiert nicht auf ein in Deutschland aktuelles Kriminalitätsproblem, sondern setzt vornehmlich ein – wenn auch diffuses – bewusstseinsbildendes Signal („Werteappell")[36]. Die gegebene Gesellschaft versteht sich als Gemeinwesen, in dem die mit dem Organhandel verbundenen normativen Präferenzen nicht gelebt werden sollen. Die darin liegende normative Selbstvergewisserung des Gemeinwesens wird freilich nur so lange vorhalten, als der Rechtsgemeinschaft klar wird, dass es nicht nur um eine Rhetorik

21

---

[31] Z.F. *König*, 1999, S. 215.
[32] *König*, 1999, S. 227; *ders.*, 2000, S. 284. Fälle des sog. Organraubs (gewaltsame Organentnahme) sollen davon laut *König*, 1999, S. 227 Anm. 1100, nicht erfasst sein: § 17 Abs. 2 sei darauf „nicht zugeschnitten". Das überzeugt nicht, denn § 17 Abs. 2 differenziert nicht nach den Modalitäten der Entnahme. Macht man hier eine Ausnahme, dann spricht das eher für die Gegenmeinung – s. die nächste Fußn. –, die Idealkonkurrenz zwischen § 18 Abs. 1 i.V.m. § 17 Abs. 2 TPG und den Körperverletzungsdelikten annimmt.
[33] A.A. – offenbar: Idealkonkurrenz – *Schroth*, JZ 1997, 1149 (1152).
[34] *König*, 1999, S. 227; *ders.*, 2000, S. 284; a.A. *Schroth*, JZ 1997, 1149 (1152): § 227 (Körperverletzung mit Todesfolge).
[35] *König*, 1999, S. 27 ff., S. 37 ff. m.w.N.
[36] *König*, 1999, S. 134.

des guten, aber folgenlosen Gewissens geht. Dass Normabweichung ein „ill bargain"[37], ein schlechtes Geschäft ist, muss nicht nur gesagt, sondern auch – durch ernsthafte Verfolgungs- und Sanktionierungswahrscheinlichkeit – spürbar werden.[38] Ernsthafte kriminalistische Anstrengungen im Kampf gegen den Organhandel gibt es, soweit ersichtlich, bislang nicht. Das könnte damit zusammenhängen, dass illegaler Organhandel in Deutschland praktisch keine Rolle spielt.[39] Der Gesetzgeber hat auch nicht im Hinblick auf die Ausweitung der Strafbarkeit von Deutschen bei Auslandstaten (§ 24 Rdnr. 1 ff.) etwa völkerrechtliche Vereinbarungen getroffen, die die Zusammenarbeit mit Ländern, aus denen Organhandel berichtet wird (etwa Indien oder Brasilien)[40], koordinieren würden. Nicht zuletzt dies wird die Strafverfolgungsbehörden vor „unüberwindliche Ermittlungsschwierigkeiten"[41] stellen.

22 Wie auch immer es um die kriminalpolitische Legitimation und die kriminalistische Wirksamkeit namentlich des strafbewehrten Organhandelsverbotes steht: jedenfalls gehen von dem Gesetz insoweit Steuerungseffekte aus, als sie den potentiellen Handlungsspielraum namentlich von Ärzten einschränken. Gerade sie müssen daher über den Gehalt der strafrechtlichen Verbote informiert sein, nicht zuletzt auch deshalb, weil bereits der Verdacht einer Straftat oder einer Ordnungswidrigkeit Folgen für die berufliche Stellung des Arztes haben kann (Stichwort ‚Verdachtskündigung', aber auch berufszulassungs- und berufsrechtliche [standesrechtliche] Folgen).[42]

---

[37] *Locke*, Of Civil Government/Über die Staatsgewalt, zit. nach *Vormbaum*, Texte zur Strafrechtstheorie der Neuzeit, Bd. I, 1993, S. 81 (85): „each transgression may be punished to that degree, and with so much severity, as will suffice to make it an ill bargain to the offender".
[38] *Luhmann*, Soziologie des Risikos, 1991, S. 103: „Wo aber Kontrolle ist – Wächst das Risiko auch."
[39] *König*, Strafbarer Organhandel, 1999, spricht davon, der Tatbestand des § 18 TPG ziele im Inland „auf einen luftleeren Raum" (S. 212) bzw. ein „Vakuum" (S. 257).
[40] Betroffen sind auch andere Länder Mittel- und Südamerikas, vgl. *Pater/Raman*, Organhandel – Ersatzteile aus der Dritten Welt, 1991; *Venzky*, Basar der Organe – In den Slums indischer Städte verkaufen Menschen ihre Nieren und Augen zu Schleuderpreisen, in: Die Zeit, Nr. 30 v. 22.7.1994, S. 25. Zu Brasilien s. auch die Meldung in der Süddeutschen Zeitung (SZ), Nr. 222 v. 26.9.1994, S. 12; zu Indien die Meldungen in der SZ v. 3.7.1992, S. 64, und in der FAZ, Nr. 9 v. 12.1.1998, S. 12.
[41] *König*, 1999, S. 262.
[42] Bei dem Verdacht einer Straftat kann z.B. die Approbation vorläufig zum Ruhen gebracht werden (vgl. § 6 BÄO).

§ 19
Weitere Strafvorschriften

(1) Wer entgegen § 3 Abs. 1 oder 2 oder § 4 Abs. 1 Satz 2 ein Organ entnimmt, wird mit Freiheitsstrafe bis zu drei Jahren oder mit Geldstrafe bestraft.

(2) Wer entgegen § 8 Abs. 1 Satz 1 Nr. 1 Buchstabe a, b, Nr. 4 oder Satz 2 ein Organ entnimmt, wird mit Freiheitsstrafe bis zu fünf Jahren oder mit Geldstrafe bestraft.

(3) Wer entgegen § 2 Abs. 4 Satz 1 oder 3 eine Auskunft erteilt oder weitergibt oder entgegen § 13 Abs. 2 Angaben verarbeitet oder nutzt oder entgegen § 14 Abs. 2 Satz 1 bis 3 personenbezogene Daten offenbart, verarbeitet oder nutzt, wird, wenn die Tat nicht in § 203 des Strafgesetzbuchs mit Strafe bedroht ist, mit Freiheitsstrafe bis zu einem Jahr oder mit Geldstrafe bestraft.

(4) In den Fällen der Absätze 1 und 2 ist der Versuch strafbar.

(5) Handelt der Täter in den Fällen des Absatzes 1 fahrlässig, ist die Strafe Freiheitsstrafe bis zu einem Jahr oder Geldstrafe.

Gliederung

		Rdnr.
I.	Grundsätzliche Bedeutung und Regelungsgegenstand	1
II.	Die Erläuterungen im Einzelnen	2
	1. Strafbarkeit des Verstoßes gegen die Zulässigkeitsvoraussetzungen der Organentnahme vom toten Spender	2
	a) Tatbestand	2
	aa) § 19 Abs. 1 i.V.m. § 3 Abs. 1 Nr. 3	5
	bb) § 19 Abs. 1 i.V.m. § 3 Abs. 1 Nr. 1 oder § 3 Abs. 2 Nr. 1	8
	cc) § 19 Abs. 1 i.V.m. § 4 Abs. 1 S. 2	11
	dd) § 19 Abs. 1 i.V.m. § 3 Abs. 1 Nr. 2 oder § 3 Abs. 2 Nr. 2	15
	b) Rechtsfolgen	26
	c) Strafbarkeit des Versuchs	28
	d) Konkurrenzen	30
	2. Strafbarkeit des Verstoßes gegen die Zulässigkeitsvoraussetzungen der Organentnahme vom lebenden Spender	34
	a) Tatbestand	34
	aa) § 19 Abs. 2 i.V.m. § 8 Abs. 1 S. 1 Nr. 1 Buchstabe a TPG	35
	bb) § 19 Abs. 2 i.V.m. § 8 Abs. 1 S. 1 Nr. 1 Buchstabe b TPG	38
	cc) § 19 Abs. 2 i.V.m. § 8 Abs. 1 S. 1 Nr. 4 TPG	39
	dd) § 19 Abs. 2 i.V.m. § 8 Abs. 1 S. 2 TPG	40
	b) Rechtsfolgen	42
	c) Strafbarkeit des Versuchs	43
	d) Konkurrenzen	44

3. Strafbarkeit des Verstoßes gegen Geheimhaltungspflichten 48
   a) Tatbestand.. 50
      aa) Vorfrage: Strafbarkeit nach § 203 Abs. 1 i.V.m. Abs. 3 S. 2 StGB?. 50
         (1) Die Voraussetzungen im Einzelnen........................ 50
         (2) Eintritt der Wirkung der formellen Subsidiarität
             des § 19 Abs. 3 TPG.................................... 59
      bb) § 19 Abs. 3 i.V.m. § 2 Abs. 4 S. 1 oder S. 3 TPG 60
      cc) § 19 Abs. 3 i.V.m. § 13 Abs. 2 TPG........................ 61
      dd) § 19 Abs. 3 i.V.m. § 14 Abs. 2 S. 1 bis 3 TPG 63
   b) Rechtsfolgen... 64
   c) Konkurrenzen 65
   d) Sonstiges.. 66

I. Grundsätzliche Bedeutung und Regelungsgegenstand

1 Wie die amtliche Überschrift besagt, enthält § 19 weitere Strafvorschriften, die zu der Strafvorschrift des § 18 TPG, die Verstöße gegen das Verbot des Organhandels (§ 17) pönalisiert, hinzutreten. § 19 Abs. 1 TPG kriminalisiert Verstöße gegen die Zulässigkeitsvoraussetzungen der Organentnahme vom toten Spender, § 19 Abs. 2 kriminalisiert Verstöße gegen ausgewählte Zulässigkeitsvoraussetzungen der Lebendspende, § 19 Abs. 3 kriminalisiert Verstöße gegen bestimmte Geheimhaltungspflichten. § 19 Abs. 4 bezieht sich systematisch auf die Absätze 1 und 2, denn er stellt den Versuch dieser Taten unter Strafe. § 19 Abs. 5 bezieht sich systematisch auf Absatz 1, denn er erweitert die Strafbarkeit auf die fahrlässige Begehungsweise. Zu Rechtsfertigungs- und Entschuldigungsgründen vgl. § 1 Rdnr. 9, vor § 18 Rn. 10, § 18 Rdnr. 6, 11f., 16.

II. Die Erläuterungen im einzelnen

1. Strafbarkeit des Verstoßes gegen die Zulässigkeitsvoraussetzungen der Organentnahme vom toten Spender

a) Tatbestand

2 § 19 Abs. 1 stellt das Verhalten desjenigen unter Strafe, der Organe vom Toten entnimmt, ohne die Voraussetzungen des § 3 Abs. 1 und Abs. 2 und des § 4 Abs. 1 S. 2 zu beachten.[1] Das wird im Regelfall der Arzt sein, aber auch ein Nicht-Arzt kann gegen § 19 Abs. 1 TPG verstoßen; es handelt sich *nicht* um ein sog. Sonderdelikt, das nur Ärzte erfüllen könnten.[2]

---

[1] Die geltende Fassung geht auf den Änderungsantrag BT-Drs. 13/8027, S. 6 (Nr. 13) zurück.
[2] Arg. e § 19 Abs. 2 i.V.m. § 8 Abs. 1 Nr. 4 TPG, wo die Entnahme bei Fehlen der Arzteigenschaft kriminalisiert wird. Das zeigt, dass die Entnahme im Sinne des TPG auch durch Nicht-Ärzte vollzogen werden kann, freilich grundsätzlich nur in rechtswidriger und ggfs. strafbarer Weise.

Die Missachtung einer der in § 3 Abs. 1 und Abs. 2 sowie § 4 Abs. 1 S. 2 TPG 3
aufgeführten Zulässigkeitsvoraussetzungen führt folglich zur Strafbarkeit. Strafbar
macht sich, wer unter vorsätzlicher (also wissentlicher und/oder willentlicher)
oder fahrlässiger Außerachtlassung der in § 3 Abs. 1 und § 4 Abs. 1 S. 2 TPG aufgeführten Zulässigkeitsvoraussetzungen Organe (§ 1 Rdnr. 13 ff.) entnimmt (zum
Begriff der Entnahme und auch im Übrigen die Kommentierung zu § 1),

- ohne dass der Organspender in sie eingewilligt hat (§ 19 Abs. 1 i.V.m. § 3 Abs. 1 Nr. 1) *oder* obwohl er ihr widersprochen hat (§ 19 Abs. 1 i.V.m. § 3 Abs. 2 Nr. 1),
- ohne die mangels Einwilligung oder Widerspruch des Organspenders erforderliche Zustimmung der zuvor unterrichteten Angehörigen eingeholt zu haben (§ 19 Abs. 1 i.V.m. § 4 Abs. 1 S. 2),
- ohne dass der Tod des Organspenders nach Regeln, die dem Stand der Erkenntnisse der medizinischen Wissenschaft entsprechen, festgestellt ist (§ 19 Abs. 1 i.V.m. § 3 Abs. 1 Nr. 2) *oder* ohne dass vor der Entnahme bei dem Organspender der endgültige, nicht behebbare Ausfall der Gesamtfunktionen des Großhirns, des Kleinhirns und des Hirnstamms nach Verfahrensregeln, die dem Stand der Erkenntnisse der medizinischen Wissenschaft entsprechen, festgestellt wurde (§ 19 Abs. 1 i.V.m. § 3 Abs. 2 Nr. 2),
- ohne Arzt zu sein (§ 19 Abs. 1 i.V.m. § 3 Abs. 1 Nr. 3).

Im Einzelnen: 4

aa) § 19 Abs. 1 i.V.m. § 3 Abs. 1 Nr. 3

Objektiv ist der Tatbestand verwirklicht, wenn derjenige, der die Organentnahme 5
leitet bzw. das Organ entnimmt, kein im Sinne des deutschen Approbationsrechts
zugelassener Arzt ist (§ 4 Rdnr. 3 ff.).

Subjektiv ist der Tatbestand erfüllt, wenn derjenige, der entnimmt bzw. zur 6
Entnahme schreitet, dies weiß. Er handelt im Tatbestandsirrtum, wenn er Umstände annimmt, die ihn über die eigentlich fehlende Arzteigenschaft getäuscht haben,
etwa in dem – praktisch wenig wahrscheinlichen, aber immerhin denkbaren – Fall,
dass er eine Approbationsurkunde erhält, die eine Fälschung ist und/oder der zuständigen Behörde nicht zugerechnet werden kann. Subjektiv ist der Tatbestand
auch erfüllt, wenn derjenige, der das Organ entnimmt, hätte wissen können, also
bei Aufwendung der gebotenen Sorgfalt hätte bemerken müssen, dass er kein (approbierter) Arzt ist. Dieser Fall dürfte praktisch kaum vorkommen, etwa dann,
wenn eine als Approbationsurkunde zugehendes Schriftstück leicht als Fälschung
zu erkennen gewesen wäre. Im Übrigen dürfte bloß ein vermeidbarer Verbotsirrtum vorliegen, der am Vorsatz nichts ändert (vgl. § 17 StGB). So ist auch in dem
Fall, in dem der Handelnde glaubt, Arzt im Sinne des TPG sei beispielsweise auch
der „Arzt im Praktikum" (§ 34 ff. Approbationsordnung für Ärzte): er erliegt
dann einem sog. Verbotsirrtum, der bei einfachsten Erkundigungen vermeidbar
gewesen wäre, also nur die Schuld mildert, ohne am Vorsatz etwas zu ändern (vgl.
§ 17 StGB). Dies wird auch zu prüfen sein, wenn etwa ein Nicht-Deutscher, der

im Nicht-EG- oder Nicht-EWR-Ausland als Arzt zugelassen ist, meint, er sei auf Grund der ausländischen Zulassung auch in Deutschland auf Dauer berechtigt, als Arzt zu arbeiten. Dies widerspricht § 2 Bundesärzteordnung (BÄO), wonach jeder, der im Geltungsbereich dieses Gesetzes den ärztlichen Beruf nicht nur vorübergehend ausüben will, der Approbation bedarf (näher § 4 Rdnr. 3 f.). Auch er irrt über die im Lichte der BÄO zu bestimmende Bedeutung des Begriffs „Arzt" und befindet sich in einem Verbotsirrtum. Allerdings wird dieser Irrtum durch Erkundigungen in dem betreffenden Haus, in dem derjenige Heilkundige arbeitet, leicht zu vermeiden sein, sodass der Irrtum nur strafmildernd ins Gewicht fallen kann (vgl. § 17 StGB).

7   Soweit Ärzte, die keiner Approbation bedürfen, der Meinung sind, sich strafbar zu machen, handelt es sich um ein sog. Wahndelikt, das straflos ist.

bb) § 19 Abs. 1 i.V.m. § 3 Abs. 1 Nr. 1 oder § 3 Abs. 2 Nr. 1

8   Die Vorschrift soll das Selbstbestimmungsrecht des potenziellen Organspenders „besonders"[3] schützen. *Objektiv* ist der Tatbestand erfüllt, wenn ein Widerspruch des potenziellen Organspenders missachtet wird und es zu einer Entnahme von Organen – wozu auch Gewebe, etwa Hornhäute zählen (vgl. § 1 Abs. 1 S. 1 sowie § 10 Abs. 3 TPG) – zu Transplantationszwecken im Sinne des TPG kommt. In diesem Fall fehlt es zugleich auch an einer Einwilligung des explantierten Organspenders. Ob es einen Widerspruch bzw. eine Einwilligung gibt, kann sich entweder dadurch herausstellen, dass ein schriftlicher Widerspruch bzw. eine schriftliche Einwilligung zum Vorschein kommt, oder dadurch, dass ein Angehöriger dem zuständigen Arzt von einem mündlich bekundeten Widerspruch bzw. einer mündlich bekundeten Einwilligung berichtet (vgl. § 4 Abs. 1 S. 1).

9   In Bezug auf einen Verstoß gegen § 3 Abs. 1 Nr. 1 TPG (fehlende Einwilligung) ist Folgendes zu beachten: Erteilen die Angehörigen gemäß § 4 ihre Einwilligung, dann fehlt es nach dem Regelungsplan des Gesetzes an der Einwilligung des Organspenders, denn andernfalls wären die Angehörigen nicht legitimiert. Nimmt man § 19 Abs. 1 i.V.m. § 3 Abs. 1 Nr. 1 TPG beim Wort, dann käme man zu dem kuriosen Ergebnis, dass der Arzt, der Organe auf Grund einer Einwilligung der befugtermaßen handelnden nächsten Angehörigen entnimmt, tatbestandsmäßig handeln würde, denn an einer Einwilligung des Organspenders fehlt es ja gerade. Das ergibt aber keinen Sinn, denn das Verhalten des nächsten Angehörigen entspricht der Systematik der §§ 3 und 4, wonach bei Fehlen einer höchstpersönlichen Einwilligung die Angehörigen-Einwilligung legitimierende Wirkung haben kann. Im Lichte der gesetzessystematischen Bezüge ist § 19 Abs. 1 i.V.m. § 3 Abs. 1 Nr. 1 TPG daher so zu verstehen, dass ein Verstoß gegen § 3 Abs. 1 Nr. 1 ausscheidet, wenn die Voraussetzungen des § 4, insbesondere des § 4 Abs. 1 S. 2, eingehalten sind. Umgekehrt bedeutet das, dass für den Fall, dass es an einem Widerspruch im Sinne des § 3 Abs. 2 Nr. 1 fehlt, ein strafbarer Verstoß gegen § 3

---

3   BT-Drs. 13/4355, S. 31.

Abs. 1 Nr. 1 TPG (fehlende Einwilligung) nur möglich ist, wenn *gleichzeitig* die Vorschrift des § 4 Abs. 1 S. 2 TPG verletzt ist.

Subjektiv ist der Tatbestand des § 19 Abs. 1 i.V.m. § 3 Abs. 1 Nr. 1 oder § 3 Abs. 2 Nr. 1 erfüllt, wenn der entnehmende Arzt (bzw. jeder andere Handelnde, der Nicht-Arzt) weiß (Vorsatz) bzw. billigend in Kauf nimmt (sog. bedingter Vorsatz, Eventualvorsatz), dass es an einer Einwilligung fehlt bzw. ein Widerspruch vorliegt. Im eigenen Interesse sollte der Arzt die Pflicht, die Befragung der Angehörigen über eine möglicherweise mündliche bekundete Einwilligung bzw. einen mündlich bekundeten Widerspruch zu dokumentieren (§ 4 Abs. 4 S. 1) sehr ernst nehmen, denn die Dokumentation dürfte das tragende Beweismittel sein, mit dem sich der Tatverdacht ausräumen lässt, etwas von einem von den Angehörigen später bekundeten Widerspruch (oder einer – wie sich später herausstellt – doch nicht gegebenen Einwilligung) gewusst zu haben. Der Dokumentation wird man sinnvollerweise auch Hinweise entnehmen können, wonach die Angehörigen genau befragt wurden, dass dazu genügend Zeit blieb (also nicht gleichsam „zwischen Tür und Angel" gesprochen wurde); ein Fahrlässigkeitsvorwurf scheidet dann regelmäßig (schon auf objektiver Ebene) ebenfalls aus. 10

cc) § 19 Abs. 1 i.V.m. § 4 Abs. 1 S. 2

Mittels dieser Bestimmung soll das subsidiäre Bestimmungsrecht des gemäß § 4 TPG in Betracht kommenden Angehörigen und sonstigen Personen „besonders geschützt werden".[4] *Objektiv* ist der Tatbestand erfüllt, wenn der Arzt (oder ein Nicht-Arzt) eines der Merkmale, die § 4 Abs. 1 S. 2 zur Voraussetzung für die Zulässigkeit der Angehörigen-Einwilligung erhebt, missachtet. Das ist dann der Fall, 11

- wenn dem Handelnden, im Regelfall dem Arzt, eine „solche Erklärung" (schriftliche/r Widerspruch oder Einwilligung) bekannt ist – dies ergibt sich aus dem Wort „auch" –,
- wenn den Angehörigen eine Erklärung des Organspenders zur Organspende bekannt ist, *und/oder*
- wenn sie – von der beabsichtigten Organentnahme unterrichtet – dieser *nicht* zugestimmt haben.

Die Bestimmung des § 4 Abs. 1 S. 2 bezieht sich implizit auf den Begriff des nächsten Angehörigen im Sinne des § 4 Abs. 2 TPG (§ 4 Rdnr. 15 ff.).[5] § 4 Abs. 1 S. 2 bezieht sich des weiteren auf § 4 Abs. 1 S. 5, wonach die Zustimmung ihre Wirksamkeit verliert, wenn sie innerhalb einer bestimmten Frist widerrufen wird; kommt es dazu, dann fehlt es an einer Zustimmung (dazu, dass bei einem Verstoß gegen § 4 Abs. 1 S. 2 TPG, auch ein Verstoß gegen § 3 Abs. 1 Nr. 1 TPG vorliegt). 12

---

[4] BT-Drs. 13/4355, S. 31.
[5] § 4 Abs. 1 S. 2 spricht zwar nur von „dem Angehörigen", bezieht sich insoweit aber auf S. 1, der vom „nächste(n) Angehörigen" spricht. Wer „nächster Angehöriger" ist, wird in § 4 Abs. 2 TPG legaldefiniert.

13   Subjektiv ist der Tatbestand verwirklicht, wenn der Arzt weiß, dass er die nicht-zuständigen Angehörigen unterrichtet hat bzw. von nicht-zuständigen Angehörigen eine Einwilligung erhalten oder wenn er weiß, dass die Angehörigen einen tatsächlich doch bestehende Erklärung des potenziellen Organspenders unterdrücken (Vorsatz). *Fahrlässig* handelt der Arzt, wenn er bei gebotener Sorgfalt (z. B. durch konkretes Nachfragen, Eingehen auf Widersprüche, Berücksichtigung von Äußerungen oder schriftlichen Unterlagen des potenziellen Organspenders) hätte in Erfahrung bringen können,

- dass den Angehörigen eine Erklärung zur Organspende bekannt ist,

- dass die unterrichteten Angehörigen die nicht-zuständigen Angehörigen sind,

- dass diejenigen, die die Einwilligung erteilt haben, die nicht-zuständigen Angehörigen oder

- dass die angeblichen Angehörigen in Wahrheit gar keine Angehörigen sind.

14   Gerade bei Personen, die er aus einer vorgängigen Erkrankung des potenziellen Organspenders nicht kennt (etwa von Krankenbesuchen), wird er sich über die Personalien zuverlässig vergewissern müssen (etwa durch Vorlage eines Personalausweises) und durch Befragung zu klären haben, wo vorrangige Angehörige zu erreichen sein könnten. Wenn all dies dokumentiert ist (vgl. § 4 Abs. 4 TPG), wird sich ein Fahrlässigkeitsvorwurf beweismäßig kaum erfolgreich konstruieren lassen. Der Arzt muss bei der Vereinbarung einer Widerrufsmöglichkeit (§ 4 Abs. 1 S. 5) im Übrigen dafür sorgen, dass ein Widerruf ihn erreichen kann. Unterlässt er die hierzu gebotenen Anweisungen (Dokumentation) und erreicht ihn wegen eines von ihm zu verantwortenden Organisationsverschuldens der Widerruf nicht, dann liegt Fahrlässigkeit vor. Unter dem Gesichtspunkt des sog. Vertrauensgrundsatzes, wonach in arbeitsteilig organisierten Tätigkeitsfeldern jeder Beteiligte darauf grundsätzlich vertrauen darf, dass der andere seine Pflicht tun werde[6], darf er sich darauf verlassen, dass von ihm eingerichtete bzw. praktizierte Informationswege, die bislang noch keinen Anlass zu Zweifeln gaben, auch eingehalten werden.

dd) § 19 Abs. 1 i.V.m. § 3 Abs. 1 Nr. 2 oder § 3 Abs. 2 Nr. 2

15   Die Sanktionsnorm bezieht sich Entnahmen bei Spendern, deren Tod bzw. Gesamthirnausfall unter Verstoß gegen die vom TPG vorgesehenen Regeln der Todesfeststellung erfolgt ist.

16   *Objektiv* ist der Tatbestand verwirklicht, wenn das Organ entnommen wird, obwohl der Tod nicht nach den Regeln, die dem Stand der Erkenntnisse der medizinischen Erkenntnisse entsprechen, festgestellt worden ist.

17   Für die Fälle, in denen der Kreislauf des (Hirn-)Toten intensivmedizinisch stabil gehalten wird, bedeutet dies im Regelfall, dass – bei erfolgter Entnahme – die Missachtung der Richtlinien der Bundesärztekammer (vgl. § 16 Abs. 1 S. 1 Nr. 1

---

[6] *Ulsenheimer*, Arztstrafrecht, 2. Aufl. 1998, Rn. 144 m.w.N.

TPG) unter Strafe gestellt ist. Denn die Bundesärztekammer stellt die Regeln zur Feststellung des Todes, die dem Stand der medizinischen Erkenntnisse entsprechen, fest (§ 16 Abs. 1 S. 1 Nr. 1 TPG). Unter dem Aspekt des strafrechtlichen Bestimmtheitsgebots (Art. 103 Abs. 2 GG) ist die vom TPG-Gesetzgeber gewählte Verweisung auf die Richtlinien der Bundesärztekammer mehr als bedenklich, denn anhand der Lektüre des TPG lässt sich nicht einmal ansatzweise der Gebotsgehalt erkennen, dessen Missachtung zur Strafbarkeit nach § 19 Abs. 1 TPG führt. Zwar lässt das Bundesverfassungsgericht, das den Bestimmtheitsgrundsatz großzügig in ein Bestimmbarkeitsgebot umgedeutet hat, es zu, dass sich der Ver- bzw. Gebotsgehalt auch erst auf Grund von Verweisungen ergibt. Ob allerdings die Verweisung auf die nicht-gesetzlichen Richtlinien einer privatrechtlichen Vereinigung, deren Erlass keiner öffentlich-rechtlichen Kontrolle unterliegt, diesen Anforderungen genügt, ist mehr als zweifelhaft (s. dazu die Kommentierung zu § 16 TPG). Hinzu kommt, dass die Entscheidungshilfen der Bundesärztekammer und ihre Fortschreibungen – die sog. Dritte Fortschreibung 1997 wurde, um einige eher redaktionelle Änderungen ergänzt, inzwischen ausdrücklich als Richtlinie erlassen[7] – nicht rechtssatzförmig angeordnet sind, sondern eher an eine Mischung aus medizinischer Check-Liste und Dienstanweisung erinnern. Allerdings wird man im Lichte der vom Bundesverfassungsgericht propagierten *Bestimmbarkeit* annehmen können, dass die (Primär-)Adressaten des Gebots des § 3 Abs. 1 Nr. 2, Abs. 2 Nr. 2 TPG – die mit der (Hirn-)Todesfeststellung befassten Ärzte – auf Grund ihrer Ausbildung und Erfahrung die Richtlinien als Manifestation des Standes der Erkenntnisse der medizinischen Wissenschaft kennen, also den Norminhalt bestimmen können.

Die Verfahrensregeln, die den irreversiblen Gesamtfunktionsausfall des Hirns feststellbar machen sollen und die ebenfalls von der Bundesärztekammer aufzustellen sind (§ 16 Abs. 1 S. 1 Nr. 1 TPG), sind mit den (Hirn-)Todesfeststellungsregeln inhaltlich identisch: die Anforderungen, die in § 3 Abs. 1 Nr. 3 und Abs. 2 Nr. 2 aufgestellt sind, decken sich.[8] Diese Doppelung ist auf die kontroverse Diskussion um die Maßgeblichkeit des (Ganz-)Hirntod-Kriteriums zurückzuführen (§ 3 Rdnr. 11). 18

Für den Verstoß genügt es objektiv, dass die Richtlinien nur zum Teil missachtet werden. Der objektive Tatbestand ist allerdings nicht erfüllt, wenn die von den Richtlinien der Bundesärztekammer abweichende Todesfeststellung dem Stand der Erkenntnisse der medizinischen Wissenschaft entspricht. Die „medizinische Fachwelt"[9], die nach – bedenklicher – Ansicht des TPG-Gesetzgebers primär von der Bundesärztekammer repräsentiert wird (s. die Kommentierung zu § 16 TPG), kann – was auch der Gesetzgeber nicht ernsthaft ignorieren konnte – durchaus klüger sein als die von der Bundesärztekammer aufgestellten Richtlinien. Dass die Richtlinien der Bundesärztekammer dem Stand der Erkenntnisse der medizini- 19

---

[7] DÄBl. 1998, A-1861 ff.: „Richtlinien zur Feststellung des Hirntodes – Dritte Fortschreibung 1997 mit Ergänzungen gemäß Transplantationsgesetz (TPG)".
[8] *Rixen*, Lebensschutz am Lebensende, 1999, S. 382 ff.
[9] BT-Drs. 13/4355, S. 28.

schen Wissenschaft entsprechen, ergibt sich nur aus der Vermutungswirkung des § 16 Abs. 1 S. 2 TPG. Diese Vermutung kann „im Einzelfall widerlegbar"[10] sein. Bei einem Arzt, der sich damit verteidigt, dass er die gesetzlich geforderten Standards eingehalten habe – und die Richtlinien der Bundesärztekammer entsprächen ihnen nicht –, ist der gesetzlich gemeinte Standard sachverständig beraten zu bestimmen. Dabei ist zu bedenken, dass es geboten sein kann, auch ausländische Sachverständige zu hören, denn das Gesetz spricht von dem „Stand der Erkenntnisse der medizinischen Wissenschaft", nicht von dem *in Deutschland* maßgeblichen Stand der Wissenschaft. Diese Auslegung entspricht den internationalen Arbeitszusammenhängen der (Transplantations-)Medizin, um die der Gesetzgeber wusste.[11] Als Sachverständige wird man in solch einem Fall jedenfalls nicht ausschließlich auf Mediziner zurückgreifen dürfen, die an der Erstellung der Richtlinien der Bundesärztekammer mitgearbeitet haben; bei der Überprüfung ihres Gutachtens ist zumindest besondere Sorgfalt angezeigt.

20   Im Übrigen, nämlich bei Leichenspenden von Nicht-Hirntoten, sind die Techniken und Standards der Todesfeststellung zu beachten, wie sie namentlich aus dem Leichenschaurecht bekannt sind, wo die Erkenntnisse der Rechtsmedizin bzw. der rechtsmedizinischen Thanatologie beachtet werden müssen.[12] Welche dies im Einzelnen sind, ist gegebenenfalls von Staatsanwaltschaft oder Gericht sachverständig beraten festzustellen.

21   *Nicht* unter Strafe gestellt ist die Entnahme unter Verstoß gegen § 5 Abs. 1 TPG, der bestimmte prozedurale Anforderungen an die Todesfeststellung aufstellt. § 19 Abs. 1 nimmt § 5 Abs. 1 nicht in Bezug. Die § 3 Abs. 1 und 2 sowie § 4 Abs. 1 S. 2 TPG verweisen ebenfalls nicht auf § 5. Ein gegenteiliger Hinweis in der amtlichen Begründung[13] berücksichtigt nicht die – erst durch den späteren Änderungsantrag BT-Drs. 13/8027 maßgeblich gewordene – geltende normative Gestalt des § 3 TPG. Auch ein gesetzessystematischer Wortlaut-Vergleich zwischen § 3 Abs. 1 Nr. 1, Abs. 2 Nr. 2 und § 16 Abs. 1 S. 1 Nr. 1 einerseits und § 3 Abs. 1 Nr. 1, Abs. 2 Nr. 2 und § 5 Abs. 1 und 2 andererseits zeigt, dass die „Regeln" bzw. „Verfahrensregeln", von denen in § 3 Abs. 1 Nr. 1, Abs. 2 Nr. 2 die Rede ist, nur jene Regeln sind, die die Bundesärztekammer aufstellt, *nicht* aber Normen, die – wie § 5 – unmittelbar durch das TPG selbst geschaffen wurden.

22   In der Sache kann aber ein Verstoß gegen einzelne Normen, die in § 5 aufgestellt sind, gleichwohl strafbar sein: ein Teil der in § 5 aufgeführten Verbote –
- Untersuchung durch zwei qualifizierte Ärzte (§ 5 Abs. 1 S. 1),
- keine Teilnahme der Ärzte an der Entnahme oder an der Übertragung der Organe (§ 5 Abs. 2 S. 1),
- Dokumentationspflicht hinsichtlich der Untersuchungsbefunde (§ 5 Abs. 2 S. 3) –

---

[10] BT-Drs. 13/4355, S. 29.
[11] Vgl. die Hinweise auf (transplantationsmedizinische) Erfahrungen bzw. Überlegungen im Ausland, BT-Drs. 13/4355, S. 10, 11, 15.
[12] Dazu die Kommentierung zu § 5 TPG; außerdem: *Rixen*, 1999, S. 225 f., S. 347 f.
[13] Vgl. BT-Drs. 13/4355, S. 31.

hat Entsprechungen in den – bereits vor Erlass des TPG geschaffenen und durch die Bundesärztekammer der Sache nach für fortgeltend erklärten[14] – Richtlinien zur (Hirn-)Todfeststellung der Bundesärztekammer.

Geregelt in den Richtlinien ist die 23
- die besondere Qualifikation der Ärzte[15],
- die Unabhängigkeit der untersuchenden Ärzte von einem Transplantationsteam[16],
- die Dokumentation der Untersuchungsergebnisse durch beide Ärzte.[17]

So weit die (Hirn-)Todesfeststellungs-Richtlinien mit § 5 übereinstimmen, ist 24 ihre Nichtbeachtung strafbar, und zwar gemäß § 19 Abs. 1 i.V.m. § 3 Abs. 1 Nr. 2, Abs. 2 Nr. 2 TPG.

Subjektiv ist der Tatbestand des § 19 Abs. 1 i.V.m. § 3 Abs. 1 Nr. 2, Abs. 2 Nr. 2 25 TPG verwirklicht, wenn derjenige, der die Organentnahme leitet bzw. vollzieht, weiß, dass die Todesfeststellungs-Standards nicht eingehalten wurden (Vorsatz). Da bei Einhaltung der Richtlinien der Bundesärztekammer, die sich auf die Entnahme beim sog. Hirntoten beziehen, die Einhaltung der gesetzlich geforderten medizinischen Standards vermutet wird (§ 16 Abs. 1 S. 2), fehlt es bei nachweislicher Beachtung der Richtlinien grundsätzlich am Vorsatz. Fahrlässigkeit liegt vor, wenn bei sorgfältiger Überprüfung der Unterlagen, die die für die Todesfeststellung zuständigen Ärzte vorgelegt haben, ohne eingehende Prüfung zu erkennen gewesen wäre, dass die Todesfeststellungs-Richtlinien bzw. Standards nicht eingehalten worden sind, etwa weil das Protokoll, dass die Hirntod-Feststellung dokumentiert, nicht vollständig ausgefüllt ist oder von dem Muster, dass die Bundesärztekammer vorschlägt[18], auffällig abweicht. Grundsätzlich darf sich der entnehmende Arzt zwar auch die Angaben der für die Todesfeststellung zuständigen Ärzte verlassen (Vertrauensgrundsatz)[19], andererseits trifft ihn eine eigene Pflicht,

---

[14] DÄBl. 1998, A-1861ff.
[15] Fortschreibung 1997: DÄBl. 1997, C-957 (960 – Anmerkung 5): „Die beiden den Hirntod feststellenden und dokumentierenden Ärzte müssen gemäß den Anforderungen der ‚Richtlinien zum Inhalt der Weiterbildung' über eine mehrjährige Erfahrung in der Intensivbehandlung von Patienten mit schweren Hirnschädigungen verfügen." Die Regelung in den Entscheidungshilfen 1982 (DÄBl. 1982, A/B-46) – bestätigt in der Fortschreibung 1986 (DÄBl. 1986, B-2942) und der Fortschreibung 1991 (DÄBl. 1991, B-2857) –, wonach von den beiden Ärzten wenigstens einer über mehrjährige Erfahrung in der Intensivbehandlung von Patienten mit schwerer Hirnschädigung verfügen muß, ist damit hinfällig.
[16] Entscheidungshilfen 1982: DÄBl. 1982, A/B-45 (46 – Anmerkung 5); Fortschreibung 1986: DÄBl. 1986, B-2940 (2942 – Anmerkung 5); Fortschreibung 1991: DÄBl. 1991, B-2855 (2857 – Anmerkung 5).
[17] Entscheidungshilfen 1982: DÄBl. 1982, A/B-45 (46 – Nr. 4 a.E.; 52 – „Geltungsbereich und Protokollierung"): Fortschreibung 1986: DÄBl. 1986, B-2940 (2940 – A. a.E.; 2946 – „Geltungsbereich und Protokollierung"); Fortschreibung 1991: DÄBl. 1991, B-2855 (2857 – 4. a.E.; 2859 – „Geltungsbereich und Protokollierung"); Fortschreibung 1997: DÄBl. 1997, C-957 (963 – „Geltungsbereich und Protokollierung").
[18] Zuletzt DÄBl. 1997, C-957 (962).
[19] S. oben Rdnr. 14.

das Vorliegen der Voraussetzungen des § 3 Abs. 1 und 2 zu verifizieren.[20] Die Einhaltung der Hirntod-Richtlinien hat er somit selbst nachzuvollziehen und auf prima-facie-Korrektheit zu überprüfen; bei Unklarheiten in der Dokumentation hat er bei den Ärzten, die den Tod festgestellt haben, nachzufragen (das Ergebnis solcher Befragungen sollte er im eigenen Interesse dokumentieren). Im Unterlassen dieser Kontrolle liegt Sorgfaltslosigkeit und damit Fahrlässigkeit.

b) Rechtsfolgen

26 Als Strafe, die verwirkt werden kann, sind – bei vorsätzlicher Begehung – eine Freiheitsstrafe bis zu drei Jahren oder Geldstrafe vorgesehen (zur Höhe § 40 Abs. 1 und Abs. 2 StGB) – so § 19 Abs. 1 TPG. Dieser Strafrahmen entspricht dem Strafrahmen des § 168 Abs. 1 StGB (Störung der Totenruhe). Das ist folgerichtig, weil aus Sicht des TPG-Gesetzgebers Organspender im Hirntod-Zustand wie Leichen zu behandeln sind.[21]

27 Bei fahrlässiger Begehung ist die Strafe Freiheitsstrafe bis zu einem Jahr oder Geldstrafe (§ 19 Abs. 5 TPG).

c) Strafbarkeit des Versuchs

28 Der Versuch der Tat nach § 19 Abs. 1 ist strafbar. Eine Straftat versucht, wer nach seiner Vorstellung von der Tat zur Verwirklichung des Tatbestandes unmittelbar ansetzt (§ 22 StGB). Das ist der Fall, wenn – entweder – Teile der Tathandlung bereits begangen worden sind, ohne dass der Tatbestand schon vollständig erfüllt worden wäre – hier: die Entnahme hat begonnen (Öffnen etwa des Brustkorbs, um Lunge und Herz zu entnehmen), ist aber noch nicht beendet – oder wenn der Täter eine Handlung vornimmt, die nach seiner Vorstellung ohne weitere Zwischenakte in die Tathandlung übergeht[22] – hier etwa: der Arzt steht am OP-Tisch und lässt sich ein Skalpell reichen, mit dem er den Körper eröffnen will, und zwar in dem Bewusstsein, dabei gegen die von § 19 Abs. 1 TPG geschützten Normen zu verstoßen (Tatentschluss).

29 Dass § 19 Abs. 5 für die Fälle des § 19 Abs. 1 die fahrlässige Begehungsweise genügen lässt, hat kein Auswirkungen auf die in § 19 Abs. 5 u.a. auch für § 19 Abs. 1 angeordnete Versuchsstrafbarkeit: Der Versuch setzt Vorsatz (Tatentschluss) voraus; einen fahrlässigen Versuch gibt es nicht.[23]

---

[20] Der für die Organentnahme verantwortliche Arzt muss sich über das Vorliegen der Zulässigkeitsvoraussetzungen einer Organentnahme selbst vergewissern, vgl. BT-Drs. 13/4355, S. 21 – konkret zur sog. Lebendspende im Sinne des § 8, aber auf die Organentnahme vom toten Spender übertragbar.
[21] Krit. zu dieser Parallelisierung der Strafrahmen *Rixen*, Lebensschutz am Lebensende, S. 387 f.
[22] *Tröndle/Fischer*, StGB, 50. Aufl. 2001, § 22 Rn. 8 ff. m.w.N.
[23] *Tröndle/Fischer*, § 22 Rn. 2 m.w.N.

d) Konkurrenzen

Mehrere Verstöße gegen die dem § 19 Abs. 1 TPG vorgelagerten Verbotsnormen stehen im Verhältnis der Tateinheit zueinander (§ 52 StGB), denn die tatbestandlichen Ausführungshandlungen sind auf Grund des Umstands, dass jede Variante des § 19 Abs. 1 StGB die Entnahme voraussetzt, zumindest teilidentisch.[24]

30

Das nur vorsätzlich begehbare Delikt des § 168 Abs. 1 StGB (Störung der Totenruhe) – „Wer unbefugt aus dem Gewahrsam des Berechtigten den Körper oder Teile des Körpers eines Verstorbenen Menschen (…) wegnimmt (…), wird mit Freiheitsstrafe bis zu drei Jahren oder mit Geldstrafe bedroht."[25] – kann neben § 19 Abs. 1 StGB erfüllt sein.[26] Dabei ist zu bedenken, dass nach immer noch überwiegender Ansicht Berechtigter und Gewahrsamsinhaber bei der Entnahme von Leichenteilen in einem Krankenhaus das Krankenhaus selbst ist.[27] Entwendet jemand aus dem Gewahrsam des berechtigten Krankenhauses eine Leiche bzw. (entnommene) Leichenteile, dann macht er sich strafbar.

31

Ob an – vom Toten – entnommenen Organen ein Diebstahl (§ 242 StGB), eine Unterschlagung (§ 246) bzw. eine Sachbeschädigung (§ 303 StGB) möglich ist – sowohl Diebstahl, Unterschlagung[28] und Sachbeschädigung können nur vorsätzlich gegangen werden, beim Diebstahl ist zudem noch die Ansicht erforderlich, die Sache sich oder einem Dritten zuzueignen –, hängt davon ab, ob es sich bei dem Organ um eine „fremde Sache" im Sinne des StGB handelt.[29] Da der Körper des Verstorbenen zu dessen Lebzeiten keine Sache dargestellt hat, bestand daran nach auch niemals Eigentum des Verstorbenen, sodass ein derartiges Eigentum auch nicht im Wege der Universalsukzession (§ 1922 BGB) auf den Erben übergegangen sein kann. Der Leichnam bildet vielmehr – eigentumsrechtlich betrachtet – zunächst eine sog. herrenlose Sache, an dessen Bestandteilen allerdings ein Aneignungsrecht bestehen kann. Ein derartiges Aneignungsrecht kommt zu Stande, wenn entweder der Verstorbene (zu Lebzeiten) oder (nach dessen Ableben) sein nächster Angehöriger in die Organentnahme durch einen Arzt einwilligt (vgl. §§ 3 und 4 TPG). Zu einer fremden Sache werden die gespendeten Organe damit erst, wenn der Aneignungsberechtigte sie vom Leichnam abtrennt (§ 956 Abs. 1 BGB analog). Ab diesem Moment kann ein Diebstahl oder eine Sachbeschädigung begangen werden; eine Sachbeschädigung wäre es beispielsweise, wenn gezielt das Kühlsystem, in dem das Herz gelagert wird, zerstört wird. Der Diebstahl eines im Eigentum des Krankenhauses stehenden Organs kann mit dem Organhandel im Sinne des § 17 i.V.m. § 17 TPG in Tateinheit stehen; es geht um unterschiedliche

32

---

[24] Vgl. *Tröndle/Fischer*, vor § 52 Rn. 3 m.w.N.
[25] § 168 Abs. 3 StGB: „Der Versuch ist strafbar." § 168 Abs. 2 StGB kriminalisiert die Schändung von Beisetzungs- und ähnlichen Stätten.
[26] Vgl. *König*, Strafbarer Organhandel, 1999, S. 73, der meint, § 19 Abs. 1 TPG dürfte § 168 StGB in seinem Anwendungsbereich § 168 StGB verdrängen.
[27] Vgl. *Tröndle/Fischer*, § 168 Rn. 8 m.w.N.
[28] Dazu *König*, 1999, S. 69 f.
[29] Zum Folgenden *Hoyer*, in: Systematischer Komm. z. StGB, Bd. II, 6. Aufl. (Febr. 1999), § 242 Rn. 14. m.w.N.

Schutzgüter (Eigentum bei § 242 StGB; Bekämpfung des Organhandels bei §§ 18, 17 TPG), sodass ein Zurücktreten des § 242 StGB im Wege der Gesetzeskonkurrenz ausscheidet.[30] Das Gleiche gilt für § 303 StGB. Bei § 242 StGB ist ein Antrag gem. § 248a StGB nicht erforderlich, denn Organe sind – schon angesichts der Summen, die augenscheinlich im illegalen Organmarkt für Organe geboten und gezahlt werden und die jedenfalls über 25 Euro (z.Zt. noch überwiegend die Geringwertigkeitsgrenze)[31] bzw. 50 Euro liegen (neuere Geringwertigkeitsgrenze)[32] –, keine geringwertigen Sachen. Im Übrigen dürfte angesichts der nachgerade lebenswichtigen Bedeutung, die ein zur Transplantation gedachtes Organ hat, immer ein öffentliches Interesse an der Strafverfolgung (vgl. § 248a Halbsatz 2 StGB) bestehen. Das gilt für die Sachbeschädigung (§ 303 i.V.m. § 303c StGB) entsprechend. Mit Implantation des Organs geht das Eigentum unter (§ 947 Abs. 2 BGB analog.).[33]

33 Vor der Aneignung können bei einer Organentnahme durch Unbefugte lediglich die §§ 18f. StGB sowie § 168 StGB eingreifen.[34] Aneignungsberechtigt ist die Einrichtung, meist also das Krankenhaus, in dem das Organ entnommen wird; mit Vollzug der Entnahme durch den Arzt, dessen Verhalten dem Krankenhaus zugerechnet wird, entsteht das Eigentum des Krankenhauses, das verpflichtet ist (vgl. § 11 Abs. 1 S. 1 TPG), das entnommene Organ in den vom TPG vorgesehenen Organisationsablauf der Organzuteilung einzubringen.

2. Strafbarkeit des Verstoßes gegen die Zulässigkeitsvoraussetzungen der Organentnahme vom lebenden Spender

a) Tatbestand

34 § 19 Abs. 2, der wie § 19 Abs. 1 das Selbstbestimmungsrecht des potenziellen Spenders bzw. der nach § 4 legitimierten Personen, namentlich der Angehörigen, „besonders"[35] schützen soll, stellt Verstöße gegen ausgewählte Zulässigvoraussetzungen der Lebendspende im Sinne des § 8 Abs. 1 unter Strafe. Die Vorschrift besteht aus vier Varianten, die ihrerseits wieder Untervarianten enthalten. Im Einzelnen:

aa) § 19 Abs. 2 i.V.m. § 8 Abs. 1 S. 1 Nr. 1 Buchstabe a TPG

35 Nach dieser Bestimmung macht sich strafbar, wer einer lebenden Person Organe entnimmt, obwohl die Person nicht volljährig oder obwohl sie nicht einwilligungsfähig ist. Der *objektive Tatbestand* ist demnach erfüllt, wenn die Person, bei der Organe entnommen werden, das 18. Lebensjahr noch nicht vollendet hat (vgl. § 2 BGB) oder wenn es der 18-jährigen Person an der für das Verständnis dieses medizinischen Vorgangs notwendigen Einsichts- und Urteilsfähigkeit fehlt.

---

[30] Vgl. zur Gesetzeskonkurrenz *Tröndle/Fischer*, vor § 52 Rn. 17ff.
[31] *Tröndle/Fischer*, § 248a Rn. 3: 50 DM.
[32] PfzOLG Zweibrücken, NStZ 2000, 536: 100 DM.
[33] *Hoyer*, § 242 Rn. 16.
[34] *Hoyer*, § 242 Rn. 14 a.E.
[35] BT-Drs. 13/4355, S. 31.

Subjektiv ist der Tatbestand erfüllt, wenn derjenige, der die Organe entnimmt, um die fehlende Volljährigkeit weiß bzw. sie für möglich hält und sie billigend in Kauf nimmt (Vorsatz) oder wenn er das Fehlen der Volljährigkeit auf Grund unsorgfältiger Recherchen verkennt (Fahrlässigkeit); auch fahrlässiges Handeln ist strafbar (§ 19 Abs. 5 TPG). 36

Fahrlässig ist es z.B., sich bei jungen Menschen, die nach ihrem Anschein jünger als 18 Jahre sein könnten, nicht den Personalausweis vorlegen zu lassen, oder Patientenunterlagen genügen zu lassen, in der es an Altersangaben fehlt. Die Strafdrohung zwingt den Arzt im eigenen Interesse, die Schwierigkeiten, die mit der Feststellung der Einwilligungsfähigkeit verbunden sind (§ 1 Rdnr. 40 ff.), mit der gebotenen Anstrengung anzugehen. 37

bb) § 19 Abs. 2 i.V.m. § 8 Abs. 1 S. 1 Nr. 1 Buchstabe b TPG

Nach dieser Bestimmung macht sich strafbar, wer Organe entnimmt, obwohl es an einer Aufklärung oder obwohl es – trotz erfolgter Aufklärung – an einer Einwilligung fehlt. Fehlen Aufklärung und Einwilligung, dann ist der *objektive Tatbestand* erfüllt. Die *innere Tatseite* liegt vor, wenn derjenige, der das Organ entnimmt, um das Fehlen von Aufklärung und/oder Einwilligung weiß (Vorsatz) oder wenn er es mangels gebotener Sorgfalt nicht erkennt (Fahrlässigkeit; strafbar gemäß § 19 Abs. 5 TPG). Fahrlässig wäre es z.B., wenn der Arzt, der die Entnahme verantwortlich leitet, sich auf die Angaben, die ein Kollege erhoben hat, verlässt. Er ist verpflichtet, sich im Gespräch mit dem Spender selbst davon zu überzeugen, dass dieser aufgeklärt wurde und seine Einwilligung erteilt hat. 38

cc) § 19 Abs. 2 i.V.m. § 8 Abs. 1 S. 1 Nr. 4 TPG

Strafbar macht sich danach, wer ein Organ entnimmt, ohne Arzt zu sein. Siehe dazu oben Rdnr. 5 ff. 39

dd) § 19 Abs. 2 i.V.m. § 8 Abs. 1 S. 2 TPG

Nach dieser Bestimmung macht sich strafbar, wer ein Organ, die sich nicht wieder bilden können, entnimmt, auf Personen überträgt, die *nicht* Verwandte ersten oder zweiten Grades, Ehegatten, Lebenspartner, Verlobte oder andere Personen, die dem Spender in besonderer persönlicher Verbundenheit offensichtlich nahe stehen, sind (zu den damit gemeinten Personen vgl. die Kommentierung zu § 8 Abs. 1 S. 2 TPG). Der *objektive Tatbestand* ist also erfüllt, wenn die Organentnahme zum Zwecke der Übertragung auf andere Personen erfolgt. Der *subjektive Tatbestand* ist erfüllt, wenn derjenige, der das Organ entnimmt, weiß, dass es sich um eine Person handelt, die nicht unter § 8 Abs. 1 S. 2 fällt. 40

Irrtumsprobleme können insbesondere eine Rolle spielen bei der Bestimmung der Person, die dem Spender offenkundig nahe steht, entstehen. Eine besondere persönliche Verbundenheit von offenkundiger Qualität liegt vor, wenn zwischen Spender und Empfänger ein Assoziationsgrad in äußerer und innerer Hinsicht besteht, bei dem sich typischerweise die Vermutung aufstellen lässt, dass der Ent- 41 schluss zur Organspende ohne äußeren Zwang und frei von finanziellen Erwägungen getroffen wurde.[36] Die Bindung muss der Bindung zwischen Eheleuten oder nahen Verwandten entsprechen; Indizien können eine gemeinsame Wohnung oder häufige Kontakte sein[37], aber auch über bloß ökonomisch motivierte Wohn- oder Wirtschaftsgemeinschaften (Zweckgemeinschaften) hinausgehende, auf das Für-Einander-Einstehen nicht zuletzt in Schicksalslagen auf Dauer angelegte und auf gemeinsamer Lebensplanung beruhende Lebensgemeinschaften, etwa eheähnliche Lebensgemeinschaften (vgl. § 4 Rdnr. 24).[38] So weit derjenige, der das Organ entnehmen will, derartige Indizien nicht kennt, obwohl sie leicht zu ermitteln gewesen wären (etwa durch Nachfragen), dann handelt er im so genannten Tatbestandsirrtum (§ 16 Abs. 1 StGB), also nicht vorsätzlich. Ein Strafbarkeit wegen Fahrlässigkeit scheidet aus, weil fahrlässige Begehung nicht unter Strafe steht (argumentum e contrario § 19 Abs. 5 TPG).

b) Rechtsfolgen

42 Als Strafe kommen bei vorsätzlicher Begehung Freiheitsstrafe bis zu fünf Jahren oder Geldstrafe in Betracht (§ 19 Abs. 2 TPG). Der Strafrahmen entspricht dem Strafrahmen der vorsätzlichen Körperverletzung (§ 223 Abs. 1 StGB). Bei fahrlässiger Begehung kommen Freiheitsstrafe bis zu einem Jahr oder Geldstrafe infrage (§ 19 Abs. 5 TPG).

c) Strafbarkeit des Versuchs

43 Auch im Fall des § 19 Abs. 2 TPG ist der Versuch strafbar; dazu die Kommentierung zum Versuch des § 19 Abs. 1 (Rdnr. 28).

d) Konkurrenzen

44 Die einzelnen Varianten des § 19 Abs. 2 TPG stehen zueinander im Verhältnis der Tateinheit (vgl. dazu die Kommentierung zu den Konkurrenzen bei § 19 Abs. 1, Rdnr. 30 ff.).

45 Das Verhältnis zu den Körperverletzungsdelikten der §§ 223 ff. StGB lässt das TPG – gegen Vorschläge, die im Laufe des Gesetzgebungsverfahrens erhoben worden waren[39] – offen. Die Begründung zum Gesetzentwurf BT-Drs. 13/4355 war noch davon ausgegangen, dass neben dem § 19 Abs. 2 (= § 18 Abs. 2 des Ent-

---

[36] BVerfG (1. Kammer des Ersten Senats), NJW 1999, 3399 (3400).
[37] BVerfG (1. Kammer des Ersten Senats), NJW 1999, 3399 (3400).
[38] BT-Drs. 13/8027, S. 11, zu § 4 Abs. 2 S. 6 TPG, der wie § 8 Abs. 1 S. 2 TPG von Personen spricht, die dem Spender in besonderer persönlicher Verbundenheit offenkundig nahe stehen. S. auch BT-Drs. 13/4355, S. 20 f.
[39] Vgl. *Rixen*, Transplantationsgesetz und Organhandel: Regelungsfragen im Umfeld der sog. „Hirntod"-Kontroverse (Gesetzentwürfe BT-Drs. 13/4355, 13/2926, 13/587) – Stellungnahme zur Öffentlichen Anhörung des Gesundheitsausschusses im Deutschen Bundestag am 9.10.1996, Deutscher Bundestag, Ausschuss für Gesundheit, Ausschuss-Drs. 603/13 v. 8.10.1996, S. 2 (16),

wurfs) auch eine Strafbarkeit nach den Körperverletzungsdelikten bestehen könne.[40] Der Gesundheitsausschuss sah dies anders: Die Klärung des Konkurrenzverhältnisses von §§ 223 ff. StGB und § 19 Abs. 2 TPG (= § 18 Abs. 2 des Entwurfes) solle „Rechtsprechung und Wissenschaft überlassen bleiben".[41] Damit ergeben sich „komplizierte Konkurrenzfragen".[42] – Es gilt Folgendes:

(1) § 19 Abs. 2 TPG i.V.m. § 8 Abs. 1 S. 1 Nr. 1 Buchst. a und Buchst. b TPG geht, so weit vorsätzliche Taten inmitten sind, § 223 StGB vor, denn der Unrechtsgehalt wird durch diese Varianten des § 19 Abs. 2 TPG erschöpft. Der Schutz der Patientenautonomie, der in der Auslegung der Rechtsprechung durch den § 223 StGB gewährleistet wird, indem man Aufklärung und Einwilligung zur Rechtmäßigkeitsvoraussetzung eines körperlichen Eingriffs macht, wird durch § 19 Abs. 2 i.V.m. § 8 Abs. 1 S. 1 Nr. 1 Buchst. a und Buchst. b TPG abgedeckt, der sich ausdrücklich auf die Einwilligungsschutz bezieht. Ein Rückgriff auf § 223 StGB scheidet aus. Es handelt sich um einen Fall der sog. Gesetzeseinheit (unechte Konkurrenz) in der Variante der Spezialität: Ein Gesetz, das einen schon von einem anderen Gesetz allgemeiner erfassen Sachverhalt durch Hinzutreten weiterer Merkmale besonders regelt, geht dem allgemeinen Gesetz vor.[43]

46

(2) § 19 Abs. 2 i.V.m. § 8 Abs. 1 S. 1 Nr. 4 TPG realisiert den grundsätzlich von § 223 StGB ausgehenden (Patienten-)Gesundheitsschutz, indem er eine entscheidende Vorbedingung für die medizinische Korrektheit des Eingriffs – das Arztsein – zur Zulässigkeitsvoraussetzung des Eingriffs macht; § 223 StGB wird insoweit verdrängt (Spezialität). Ein Nichtarzt verwirklicht § 19 Abs. 2 i.V.m. § 8 Abs. 1 S. 1 Nr. 4 TPG und kann auch § 224 i.V.m. § 223 StGB verwirklichen, denn mit Blick auf § 224 StGB ist § 19 Abs. 1 i.V.m. § 8 Abs. 1 S. 1 Nr. 4 TPG nicht spezieller. Ein Rückgriff auf § 224 StGB (gefährliche Körperverletzung) scheidet, wenn ein Arzt kunstgerecht tätig wird, schon tatbestandsmäßig aus, denn der lege artis mithilfe von Skalpellen und ähnlichen Instrumenten vollzogene Eingriff in den Körper zur Organentnahme nicht Angriffs- oder Verteidigungszwecken dient. Dies ist aber Voraussetzung für eine gefährliche Körperverletzung.[44]

(3) Der Sache nach konkretisiert die Regelung des § 19 Abs. 2 i.V.m. § 8 Abs. 1 S. 2 TPG die allgemeine Einwilligungsschranke des § 228 StGB, wonach eine mit Einwilligung der verletzten Person vorgenommene Körperverletzung nur dann rechtswidrig ist, wenn die Tat trotz der Einwilligung gegen die guten Sitten verstößt. Denn für eine Lebendspende im Sinne des § 8 TPG reicht es nicht, dass der Spendende in die Entnahme einwilligt, vielmehr findet sein

---

[40] BT-Drs. 13/4355, S. 31 a.E.
[41] BT-Drs. 13/8017, S. 44.
[42] *Schroth*, Die strafrechtlichen Tatbestände des Transplantationsgesetzes, JZ 1997, 1149 (1153), ohne die komplizierten Konkurrenzfragen näher zu erläutern.
[43] *Tröndle/Fischer*, vor § 52 Rn. 18 m.w.N.
[44] *Ulsenheimer*, Arztstrafrecht, 2. Aufl. 1998, Rn. 240 m.w.N.

Selbstbestimmungsrecht eine Grenze in der Auswahl der Organempfänger. Zur Wahrung der „guten Sitten" (Kampf gegen eine Kommerzialisierung der Spende bzw. gegen den Organhandel)[45] soll eine unbegrenzte Lebendspende aus Sicht des Gesetzgebers nicht zulässig sein. § 19 Abs. 2 i.V.m. § 8 Abs. 1 S. 2 TPG verdrängt daher § 223 und § 228 StGB (Gesetzeskonkurrenz in der Form der Spezialität).

(4) § 225 StGB (Misshandlung von Schutzbefohlenen) ist neben § 19 Abs. 2 TPG anwendbar. Es geht um einen Regelungsgegenstand, der sich von den Regelungsabsichten des TPG wesentlich unterscheidet.

(5) § 226 StGB ist neben § 19 Abs. 2 i.V.m. § 8 TPG ausnahmslos nicht anwendbar. Man könnte daran zweifeln. Denkbar sind etwa Fälle, in denen sich Verwandte oder andere Personen im Sinne des § 8 Abs. 1 S. 2 TPG bereit erklären, andere Organe als z.B. Nieren, die § 8 TPG vor allem im Blick hat[46], zu spenden: eine Mutter ist beispielsweise bereit, ihrem Kind eine Augenhornhaut zu spenden. Es handelt sich um Gewebe, das sich nicht wieder bilden kann (vgl. § 8 Abs. 1 S. 2 TPG). Dem Wortlaut nach ist im Fall der Hornhaut-Spende § 226 Abs. 1 Nr. 1 StGB erfüllt, denn ein Spender, der auf beiden Augen sehen kann und nicht völlig erblinden will, büßt infolge der Hornhaut-Spende das Sehvermögen auf einem seiner Augen ein.[47] Die Zulässigkeitsvoraussetzungen für die Lebendspende im Sinne des TPG (also mit Ausnahme von Knochenmark und Blut, § 1 Abs. 2 TPG) sind indes abschließend im TPG geregelt. Diesem Regelungsplan würde es widersprechen, wenn man die Zulässigkeitsvoraussetzungen für die Entnahme von Organen, die Lebenden bislang eher selten oder gar nicht entnommen werden, nach Regeln außerhalb des TPG richten würde. Diese Regelungsentscheidung darf nicht dadurch unterlaufen werden, dass auf dem Umweg über eine außerhalb des TPG lozierte Sanktionsnorm neue Ge- und Verbotsnormen implizit zu Zulässigkeitsvoraussetzungen für die Lebendspende im Sinne des § 8 TPG gemacht werden. Vor diesem Hintergrund scheidet ein Rückgriff auf § 226 (ggfs. i.V.m. § 228 StGB) aus. Die Zulässigkeit der Entnahme von Hornhaut beim Lebenden richtet sich allein nach § 8 TPG.[48] Für Verstöße – auch des Nicht-Arztes – gilt abschließend § 19 Abs. 2 TPG.

(6) Führt die Entnahme beim Lebenden zu dessen Tod, dann finden die Tötungsdelikte des StGB (§§ 211 ff., 222 StGB) Anwendung. § 227 StGB (Körperverletzung mit Todesfolge) ist dagegen nicht anwendbar, wenn die Entnahme nach den Voraussetzungen des § 8 TPG gerechtfertigt war; es fehlt dann an einer Körperverletzung. Aber auch, wenn die Voraussetzungen des § 8 TPG nicht

---

[45] BT-Drs. 13/4355, S. 20.
[46] Vgl. BT-Drs. 13/4355, S. 14.
[47] Vgl. allg. *Tröndle/Fischer*, § 226 Rn. 2.
[48] Der Zulässigkeit wird häufig schon § 8 Abs. 1 S. 1 Nr. 3 TPG entgegenstehen, wonach eine Lebendspende nur zulässig ist, wenn ein geeignetes Organ eines toten Spenders nach §§ 3 und 4 im Zeitpunkt der Organentnahme nicht zur Verfügung steht.

eingehalten wurden, greift nur § 19 Abs. 2 i.V.m. § 8 Abs. 1 S. 1 Nr. 1 Buchst. a und b, Nr. 4 oder S. 2 TPG. Der Unrechtsgehalt hinsichtlich des Eingriffs in den Körper ist durch diese Bestimmung erschöpft. Ein fahrlässig herbeigeführter Tod kann dann nur gemäß § 222 StGB geahndet werden.

(7) Da § 19 Abs. 2 TPG nicht fahrlässig verwirklicht werden kann, ist § 229 StGB (fahrlässige Körperverletzung) neben § 19 Abs. 2 TPG anwendbar.

Auch das Verhältnis zu § 242 und § 303 StGB lässt das TPG unklar. Hier gilt: Auch an den Körperteilen eines lebenden Menschen, der unter den Voraussetzungen des § 8 TPG in eine Organentnahme eingewilligt hat, besteht nur ein fremdes Aneignungsrecht, jedoch noch kein fremdes Eigentum.[49] Der Aneignungsberechtigte – auch hier ist dies das Krankenhaus, in dem die Entnahme erfolgt (oben Rdnr. 33) – wird hier erst mit der Abtrennung gem. § 956 Abs. 1 BGB analog zum Eigentümer, während bei einer unbefugten Abtrennung gem. § 953 BGB analog das Opfer unmittelbar zum Eigentümer der entstandenen Sache wird. Fehlt es an einer wirksamen Einwilligung des Opfers in die Organentnahme, so kommen neben § 19 Abs. 2 TPG also auch Eigentumsdelikte hinsichtlich des entnommenen Organs in Betracht. Weil es um verschiedene Schutzgüter geht, treten die allgemeinen Vorschriften des BT-StGB nicht hinter § 19 Abs. 2 TPG zurück; dazu oben Rdnr. 32.

3. Strafbarkeit des Verstoßes gegen Geheimhaltungspflichten

§ 19 Abs. 3 TPG ist eine „subsidiäre Vorschrift"[50] zur strafrechtlichen Ahndung von Verstößen gegen bestimmte Geheimhaltungspflichten. Die Subsidiarität drückt sich in der in den Tatbestand eingefügten Subsidiaritätsklausel aus, wonach § 19 Abs. 3 TPG nur anwendbar ist, „wenn die Tat nicht in § 203 des Strafgesetzbuches mit Strafe bedroht ist" (Fall der sog. formellen Subsidiarität).[51] Gemäß § 203 Abs. 1 und Abs. 3 StGB machen sich Ärzte und ihre Berufshelfer strafbar, wenn sie unbefugt ein fremdes Geheimnis, namentlich ein zum persönlichen Lebensbereich gehörendes Geheimnis, offenbaren. Bei der Anwendung des § 19 Abs. 3 TPG ist also immer zu prüfen, ob der in Rede stehende Sachverhalt nicht von § 203 StGB erfasst wird. Aus Sicht des TPG-Gesetzgebers war die Vorschrift des § 19 Abs. 3 TPG erforderlich, weil § 203 StGB nicht alle schutzbedürftigen Situationen erfasste: „So ist insbesondere in Rechtsprechung und Literatur nicht geklärt, ob das Verwaltungspersonal in Krankenhäusern (…) als ärztliches Hilfspersonal im Sinne des § 203 Abs. 3 StGB zu qualifizieren ist. Das Gleiche gilt für Verwaltungspersonal, das mit Aufgaben der Organentnahme (…) oder der Organvermittlung befasst ist. Insoweit kann eine Strafbarkeitslücke nicht hingenommen werden."[52] Die formelle Subsidiarität – konkret: des § 19 Abs. 3 TPG – dient demnach auch hier dazu, Strafbarkeitslücken zu schließen.[53]

---

[49] Zum Folgenden *Hoyer*, § 242 Rn. 15.
[50] BT-Drs. 13/4355, S. 32.
[51] Vgl. allg. *Tröndle/Fischer*, vor § 52 Rn. 19.
[52] BT-Drs. 13/4355, S. 32.
[53] Vgl. *Rissing-van Saan*, in: Leipziger Kommentar z. StGB, 11. Aufl. 1999, vor § 52 Rn. 100.

49 Strafverfahren wegen eines Verdachts nach § 203 StGB sind im Justizalltag außerordentlich selten.[54] Zu recht wurde deshalb darauf hingewiesen, dass der mit § 203 StGB erfolgende „Appell (...) mehr psychologischer, generalpräventiver Natur" sei.[55] Diesen Effekt dürfte der Gesetzgeber auch bei Erlass von § 19 Abs. 3 TPG im Sinn gehabt haben. Die Vorschrift soll das Bewusstsein gerade der im organisatorischen Bereich der Organentnahme und Organvermittlung tätigen Mitarbeiter(innen) für die Sensibilität der Daten, mit denen sie umgehen, schärfen.

a) Tatbestand

aa) Vorfrage: Strafbarkeit nach § 203 Abs. 1 i.V.m. Abs. 3 S. 2 StGB?

(1) Die Voraussetzungen im Einzelnen

50 Tatbestandselement aller Varianten des § 19 Abs. 3 ist das Nicht-Eingreifen des § 203 StGB. Ist § 203 Abs. 1 Nr. 1 StGB (Arzt) oder § 203 Abs. 3 S. 2, Abs. 1 Nr. 1 StGB (Berufshelfer, insbesondere Krankenschwestern und Krankenpfleger) erfüllt, dann scheidet § 19 Abs. 3 schon tatbestandsmäßig aus.

51 Voraussetzung für eine Strafbarkeit nach § 203 Abs. 1 Nr. 1 StGB ist zunächst das Vorliegen eines „Geheimnisses" aus dem persönlichen Geheim-, insbesondere dem persönlichen Lebensbereich. Darunter versteht man eine Tatsache[56], deren Kenntnis nicht allgemein, sondern nur für einen bestimmten, begrenzten Personenkreis gegeben ist und an deren Geheimhaltung der Geheimnisinhaber, also der Patient, ein „verständliches", d.h. schutzwürdiges Interesse hat.[57] Folgende Tatsachen (= personenbezogene Informationen)[58] sind erfasst: Art der Krankheit, Anamnese, Diagnose, Therapiemaßnahmen, Prognose, psychische Auffälligkeiten, körperliche Mängel oder Besonderheiten, Patientenakten, Röntgenaufnahmen: Untersuchungsmaterial und Untersuchungsergebnisse gehören ebenso dazu wie sämtliche Angaben über persönliche, familiäre, berufliche, wirtschaftliche oder finanzielle Umstände; erfasst sind auch die Anbahnung des Beratungs- und Behandlungsverhältnisses, etwa die Frage, wer den Patienten ins Krankenhaus begleitet, sowie die Identität des Patienten und die Tatsache seiner Behandlung.[59] Das Geheimhaltungsinteresse ist nicht objektiv, also danach zu bestimmen, wie sich ein anderer in der Lage des Patienten verhalten hätte, sondern es gilt ein subjektiv-individueller Maßstab, d.h., die persönliche Sicht des Patienten entscheidet, wobei

---

[54] Im Jahre 1997 kam es bundesweit nur zu 13 Verurteilungen wegen § 203 StGB, wobei zu bedenken ist, dass § 203 StGB sich nicht nur auf Ärzte bezieht, vgl. *Statistisches Bundesamt* (Hrsg.), Strafverfolgung 1997 – Vollständiger Nachweis der einzelnen Straftaten, 1999, S. 24.
[55] *Ulsenheimer*, Rn. 360 (S. 270); dem entspricht es, wenn gewarnt wird, Datenschutzstrafrecht dürfe kein „zahnloser Tiger" bleiben, so *Thilo Weichert*, Datenschutzstrafrecht – ein zahnloser Tiger?, NStZ 1999, 490 (493).
[56] Die dem Arzt bekannt gewordene Tatsache, dass der Patient eine bestimmte Meinung (in politischen, zwischenmenschlichen o.a. Angelegenheiten) vertritt, ist demnach von § 203 StGB geschützt, *Lenckner*, in: Schönke/Schröder, StGB, 25. Aufl. 1997, § 203 Rn. 5.
[57] *Lenckner*, § 203 Rn. 6 f.; *Jung*, in: Nomos-Kommentar zum StGB, § 203 Rn. 4.
[58] *Tröndle/Fischer*, § 203 Rn. 3.
[59] *Ulsenheimer*, Rn. 362 m.N.

jedoch offensichtliche Willkür, Launen oder Schikanen rechtlich unbeachtlich sind.[60] Geheimniskrämerei mit Bagatellen deckt § 203 StGB nicht.[61]

Es muss sich um ein „fremdes" Geheimnis handeln, das vom Arzt aus gesehen eine andere Person betrifft.[62] Wer der Geheimnisträger ist – der Patient oder ein Dritter, der über das Geheimnis verfügt – ist unerheblich; geheim zu halten hat der Arzt (bzw. der Berufshelfer) auch Umstände, die ihm der Patient über andere berichtet.[63] 52

§ 203 schützt nur solche Informationen, die der Geheimnisinhaber durch einen Vertrauensakt oder im Rahmen eines typischerweise auf Vertrauen beruhenden Sonderverhältnisses erhalten hat.[64] Die Kenntnis muss also in innerem Zusammenhang gerade mit der ärztlichen Berufstätigkeit erlangt sein. Gleichgültig ist, wo und wie das Geheimnis „anvertraut" wurde bzw. „bekannt geworden" ist, ob mündlich, schriftlich oder durch andere Zeichen, ob in einer Sprechstunde, auf der Straße, bei einem Empfang, ob bei einer konkreten Krankenbehandlung oder im Rahmen einer allgemeinen Aussprache zwischen Arzt und Patient. Erforderlich ist folglich allein der berufsspezifische Konnex der Kenntnis: in seiner „Eigenschaft als Arzt"[65], nicht bloß als Privatmann muss er die Kenntnis erlangt haben.[66] 53

Die Verschwiegenheitspflicht gilt nicht im Verhältnis zum Patienten, da dieser grundsätzlich einen Informationsanspruch hat. Die Verschwiegenheitspflicht besteht allerdings auch gegenüber Familienangehörigen, z.B. Eltern, Ehegatten oder Kindern. Erscheinen z.B. beide Ehegatten gemeinsam beim Arzt oder ist ein Ehegatte bei den Gesprächen des Arztes mit dem anderen Ehegatten am Krankenbett immer anwesend, dann ist im Regelfall davon auszugehen, dass der Arzt die notwendigen Informationen beiden geben darf (kein „unbefugtes" Offenbaren). Allerdings muss der Arzt dies sorgfältig prüfen[67], am besten, in dem er das Einverständnis einholt und dieses dokumentiert. 54

Die Schweigepflicht gilt auch nach dem Tode des Patienten weiter (§ 203 Abs. 4 StGB). Z.B. berechtigen der Wunsch oder die Fragen der Erben bzw. der nächsten Angehörigen (oder anderer Personen) an den Arzt diesen nicht zur Preisgabe von Geheimnissen aus dem persönlichen Lebensbereich, da die Verfügungsbefugnis hierüber und damit die Möglichkeit zur Entbindung von der Schweigepflicht angesichts ihres höchstpersönlichen Charakters mit dem Tode des Patienten erlischt.[68] Weder die Erben noch die nächsten Angehörigen können den Arzt von seiner Schweigepflicht entbinden.[69] Die postmortale Schweigepflicht des Arztes 55

---

[60] *Ulsenheimer*, Rn. 363.
[61] *Tröndle/Fischer*, § 203 Rn. 5.
[62] *Lenckner*, § 203 Rn. 8.
[63] *Ulsenheimer*, Rn. 364.
[64] *Lenckner*, § 203 Rn. 13–15; vgl. BGHSt 33, 148 (150 f.).
[65] *Ulsenheimer*, Rn. 365–366 a.
[66] *Lenckner*, § 203 Rn. 18; *Tröndle/Fischer*, § 203 Rn. 8; *Jung*, § 203 Rn. 6.
[67] *Ulsenheimer*, Rn. 367.
[68] *Ulsenheimer*, Rn. 368.
[69] *Lenckner*, § 203 Rn. 25.

kann durch ausdrückliche oder konkludente Willensäußerungen des Verstorbenen zu Lebzeiten bzw. durch dessen mutmaßlichen Willen aufgehoben sein.[70] Auch Informationen, die erst postmortal erhoben und damit als Geheimnis bekannt werden, sind geschützt (etwa Daten, die der Pathologe oder der Leichenschauarzt erhebt).[71]

56 Unter „Offenbaren" ist die irgendwie erfolgende Weitergabe des Geheimnisses und seines Trägers an einen Dritten zu verstehen, dem diese Tatsachen noch unbekannt oder noch nicht sicher bekannt sind.[72] Die Tat kann bei bestehender Garantenpflicht auch durch Unterlassen begangen werden, so z. B. wenn der Arzt Patientenunterlagen unverschlossen liegen lässt und dadurch Dritten, die nicht zum Kreis der am Behandlungsgeschehen Beteiligten gehören, die Einsichtnahme ermöglicht. Für diesen Kreis der am Behandlungsgeschehen Beteiligten (Berufshelfer im Sinne des § 203 Abs. 3 S. 2 StGB, vgl. § 14 Rdnr. 6) gilt, dass sie noch unmittelbar an dem konkreten Vertrauensverhältnis zwischen Arzt und Patient teilnehmen.[73] Maßgeblich sind drei Kriterien: Dauerhaftigkeit der Tätigkeit, Intensität des Bezugs zum persönlichkeitsrelevanten Bereich und die Integration in die konkrete Funktionseinheit; je schwächer diese Merkmale ausgeprägt sind, desto eher wird man das Merkmal verneinen müssen.[74] Innerhalb dieses Kreises, zu dem die Pflegekräfte, Sekretär(inn)e(n) des behandelnden Arztes, seine – in die Behandlung einbezogenen bzw. potenziell einbeziehbaren – Kollegen (etwa Assistenzärzte bzw. Abteilungskollegen)[75] und etwaige Mitbehandler anderer Fachrichtungen gehören, stellt ein Informationsaustausch schon tatbestandsmäßig kein Offenbaren dar.[76] Die Schweigepflicht gilt allerdings gegenüber den Mitarbeitern der Krankenhausverwaltung, die keinen Bezug zum konkreten Behandlungsgeschehen haben.[77] Dass der Adressat des Offenbarens seinerseits schweigepflichtig ist, ist unerheblich.[78] Dies ist insbesondere bei der Weitergabe an andere Ärzte zu beachten: sind sie in die Behandlung nicht integriert, liegt ein tatbestandsmäßiges Offenbaren vor.

57 Der Bruch der Schweigepflicht kann ausnahmsweise gerechtfertigt sein, wenn es um höherrangige Interessen, etwa um die Abwehr schwerer Gesundheitsgefährdungen, geht; auch spezielle gesetzliche Offenbarungsrechte bzw. -pflichten können zur Zulässigkeit des Offenbarens führen, das damit kein „unbefugtes" Offenbaren ist.[79]

---

[70] *Ulsenheimer*, Rn. 368.
[71] *Jung*, § 203 Rn. 14; *Schlund*, Sonderformen ärztlicher Tätigkeit im Bereich der Verschwiegenheitsverpflichtung, in: Laufs u.a., Handbuch des Arztrechts, 2. Aufl. 1999, § 74 Rn. 58.
[72] *Lenckner*, § 203 Rn. 19; *Tröndle/Fischer*, § 203 Rn. 26; *Jung*, § 203 Rn. 19.
[73] *Lenckner*, § 203 Rn. 19 a. E.
[74] *Jung*, § 203 Rn. 9.
[75] *Jung*, § 203 Rn. 23.
[76] *Tröndle/Fischer*, § 203 Rn. 28.; *Lenckner*, § 203 Rn. 19 a. E.; vgl. auch *Ulsenheimer*, Rn. 370, der allerdings – insoweit irrig – die Weitergabe an Kollegen überhaupt als nicht tatbestandsmäßig ansieht; anders – wie hier – hingegen *Ulsenheimer*, Rn. 373 b.
[77] *Ulsenheimer*, Rn. 373 d.
[78] BayObLG, NJW 1995, 1623 = StV 1996, 484.
[79] Dazu i.e. *Ulsenheimer*, Rn. 372 ff.; *Tröndle/Fischer*, § 203 Rn. 27 ff.; *Lenckner*, § 203 Rn. 26 ff., s. dort auch Rn. 53 ff.

Die Tat nach § 203 StGB ist nur verfolgbar, wenn der Verletzte einen Strafantrag stellt (§ 205 Abs. 1 und Abs. 2 StGB). Es handelt sich um ein absolutes Antragsdelikt; die Staatsanwaltschaft kann das Delikt nicht aus eigenem Antrieb anklagen. 58

(2) Eintritt der Wirkung der formellen Subsidiarität des § 19 Abs. 3 TPG
Die formelle Subsidiarität des § 19 Abs. 3 TPG tritt ein – d. h.: § 19 Abs. 3 ist nicht mehr anwendbar –, wenn die Tat „nicht in § 203 des Strafgesetzbuches mit Strafe bedroht ist". Das bedeutet: Im konkreten Fall muss ein Verhalten vorliegen, das als tatbestandsmäßig, rechtswidrig und schuldhaft zu werten ist und deshalb zur Strafbarkeit nach § 203 StGB führt. Ob im konkreten Fall eine Strafe ausgesprochen wurde oder ein Strafverfahren anders als durch eine formelle Strafe beendet wurde (etwa durch Einstellung gegen Geldauflage, § 153 a StPO), ist unerheblich. 59

bb) § 19 Abs. 3 i.V.m. § 2 Abs. 4 S. 1 oder S. 3 TPG
Die Bestimmung § 19 Abs. 3 i.V.m. § 2 Abs. 4 S. 1 oder S. 3 TPG zählt systematisch zum „toten Recht", das mit § 2 Abs. 3 und 4 TPG (Organspenderegister) geschaffen wurde (vgl. § 2 Rdnr. 46). Da es bislang ein Organspenderegister nicht gibt und mit seiner Errichtung auch nicht zu rechnen ist, geht die Strafandrohung de facto ins Leere. Nach der Errichtung eines Organspenderegisters würde sich nach dieser Vorschrift strafbar machen, wer die Auskunft aus dem Register an eine Person weitergibt, die kein Erklärender (= Urheber einer Erklärung zur Organspende, vgl. § 2 Abs. 2 TPG) ist oder der kein vom Krankenhaus dem Register als auskunftsberechtigt benannter Arzt ist, bzw. kein Arzt ist, der an der Entnahme und an der Übertragung der Organe unbeteiligt ist und auch nicht Weisungen eines an den Transplantationsvorgängen beteiligten Arztes unterliegt (vgl. § 2 Abs. 4 S. 1 TPG). Ebenfalls würde sich strafbar machen, wer eine Auskunft an eine Person weitergibt, die nicht der Arzt ist, der die Organentnahme vornehmen soll, bzw. an eine Person, die nicht nach § 3 Abs. 3 S. 1 über die beabsichtigte oder nach § 4 über eine infrage kommende Organentnahme zu unterrichten ist (§ 2 Abs. 4 S. 3 TPG). 60

cc) § 19 Abs. 3 i.V.m. § 13 Abs. 2 TPG
Gem. § 13 Abs. 2 TPG ist „die Koordinierungsstelle" nur unter bestimmten engen Voraussetzungen befugt, spenderbezogene Daten zu verarbeiten; sie ist verpflichtet, diese engen Grenzen einzuhalten (zur Verbotsnorm s. die Kommentierung zu § 13). Strafbar ist es mithin, Daten zusammenzuführen, obwohl dies zur Abwehr einer Gefährdung des Organempfängers nicht erforderlich war. Da die Frage, was insoweit erforderlich ist, wesentlich von medizinischen Erwägungen abhängt, kommt eine Strafbarkeit nur in Betracht, wenn sich auf Grund sachverständiger Beratung ergibt, dass es medizinisch völlig unvertretbar war, einen solchen Fall anzunehmen. In der Praxis dürfte das selten nachzuweisen sein. 61

Da die Koordinierungsstelle als solche nicht strafrechtlich haften kann, gilt, dass die leitenden Verantwortlichen strafrechtlich haften (vgl. im Einzelnen § 14 StGB, s. auch § 130 OWiG). 62

Rixen   451

dd) § 19 Abs. 3 i.V.m. § 14 Abs. 2 S. 1 bis 3 TPG

63 Gem. § 14 S. 1 und S. 2 sind die dort gemeinten „beteiligten Personen" verpflichtet, die ihnen bekannten Daten nicht zu offenbaren (zur Verbotsnorm s. die Kommentierung zu § 14 TPG). Unter Strafe gestellt ist auch die Missachtung des Zweckbindungsgebotes (§ 14 Abs. 1 S. 3; vgl. § 14 Rdnr. 7). Dass die „in diesem Gesetz genannte(n) Zwecke" überschritten wurden, ist bei einer strafrechtlichen Entscheidung genau festzustellen.

b) *Rechtsfolgen*

64 Es gilt derselbe Strafrahmen wie bei § 203 Abs. 1 StGB: Freiheitsstrafe bis zu einem Jahr oder Geldstrafe. Eine dem § 203 Abs. 5 StGB vergleichbare Qualifikation fehlt in § 19 TPG.

c) *Konkurrenzen*

65 § 19 Abs. 3 TPG und § 203 StGB stehen, wie die formelle Subsidiarität des § 203 StGB anzeigt, im Verhältnis der Alternativität (Entweder-oder).[80] Durch § 203 StGB im Wege der Gesetzeseinheit verdrängte Vorschriften – streitig ist, ob dies z.B. für § 43 Abs. 1 Nr. 1 BDSG gilt[81] –, können je nach Lage des Falls wieder aufleben, wenn § 203 StGB als verdrängende Vorschrift im konkreten Fall nicht anwendbar ist.

d) *Sonstiges*

66 Der Versuch ist ebenso wenig strafbar wie die fahrlässige Begehung (argumenta e contrario § 19 Abs. 4 und Abs. 5 TPG).

67 Das Strafantragserfordernis, das der ursprüngliche Gesetzentwurf noch vorgesehen hatte[82], um die Ähnlichkeit zu § 203 StGB zu betonen (vgl. § 205 StGB)[83], wurde vom Gesundheitsausschuss beseitigt. Nach seiner Ansicht hätte das Erfordernis des Strafantrags zu einer Erschwerung der Strafverfolgung geführt: „Die Wahrung der Verschwiegenheit über die personenbezogenen Daten der Organspender und Organempfänger ist vorrangig im öffentlichen Interesse geboten. Hinzu kommt, dass in den Fällen des Absatzes 3 ein Antragsberechtigter unter Umständen überhaupt nicht vorhanden oder bekannt ist. Außerdem ist es den Betroffenen beziehungsweise Angehörigen angesichts der emotionalen Bedeutung einer Organspende und Organtransplantation oft nicht zuzumuten, innerhalb der

---

[80] *Schünemann*, in: Leipziger Kommentar zum StGB, 11. Aufl. 2001, § 203 Rn. 166.
[81] *Tröndle/Fischer*, § 203 Rn. 9 a a.E.; *Lenckner*, § 203 Rn. 76; *Jung*, § 203 Rn. 43 – in der datenschutzrechtlichen Literatur wird allerdings z.T. die Auffassung vertreten, § 203 StGB verdränge § 43 Abs. 1 Nr. 1 BDSG *nicht*.
[82] BT-Drs. 13/4355, S. 8 (§ 18 Abs. 6 des Entwurfs).
[83] BT-Drs. 13/4355, S. 32: „im Einklang mit der Rechtssystematik der §§ 203 ff. StGB".

Antragsfrist des § 77 b StGB[84] gegen die beteiligten Personen – zumeist Ärzte – wegen Verletzung der Schweigepflicht vorzugehen."[85]

Der Verweis auf das öffentliche Interesse des Datenschutzes paßt nicht zur Vergleichsnorm des § 203 StGB. Ihm steht das Strafantragserfordernis in § 205 StGB entgegen: angesichts des Umstands, dass es sich um ein absolutes Antragsdelikt handelt, der Verletzte also allein über die Strafverfolgung entscheidet, ist es schlüssig zu sagen, § 203 StGB zeichne sich allein durch eine individualrechtliche Schutzrichtung aus[86], das Interesse der Allgemeinheit sei bloß „eine Art generalpräventiver Reflex".[87] Vor diesem Hintergrund sind die Ausführungen im Ausschussbericht durchaus zutreffend. Per definitionem sind die personenbezogenen Kommunikationen bzw. Datenflüsse, die für die Funktionsfähigkeit des Transplantationswesens essentiell sind, in erster Linie von öffentlichem – über die Datenschutzinteressen des Einzelnen hinausgehenden – Interesse. Der Verzicht auf das Strafantragserfordernis in Abweichung von § 205 StGB ist deshalb folgerichtig.

68

---

[84] Hinweis (nicht im Ausschuss-Bericht enthalten): Die Frist beträgt drei Monate; sie beginnt mit Ablauf des Tages, an dem der Berechtigte von der Tat und der Person des Täters erfährt (§ 77 b Abs. 1 S. 1, Abs. 2 S. 1 StGB).
[85] BT-Drs. 13/8017, S. 44; in diesem Sinne auch *Weichert*, Deutscher Bundestag/Ausschuss für Gesundheit, Ausschuss-Drucksache 588/13 v. 11.9.1996, S. 37 (42).
[86] *Jung*, § 203 Rn. 3; *Jähnke*, in: Leipziger Kommentar z. StGB, 10. Aufl. 1989, § 203 Rn. 14 ff. – jew. m.w.N.
[87] *Jung*, § 203 Rn. 3 a.E.

§ 20
Bußgeldvorschriften

(1) Ordnungswidrig handelt, wer vorsätzlich oder fahrlässig

1. entgegen § 5 Abs. 2 Satz 3 die Feststellung der Untersuchungsergebnisse oder ihren Zeitpunkt nicht, nicht richtig, nicht vollständig oder nicht in der vorgeschriebenen Weise aufzeichnet oder nicht unterschreibt,

2. entgegen § 9 ein Organ überträgt,

3. entgegen § 10 Abs. 2 Nr. 4, auch in Verbindung mit Abs. 3, die Organübertragung nicht oder nicht in der vorgeschriebenen Weise dokumentiert oder

4. entgegen § 15 Satz 1 eine dort genannte Unterlage nicht oder nicht mindestens zehn Jahre aufbewahrt.

(2) Die Ordnungswidrigkeit kann in den Fällen des Absatzes 1 Nr. 1 bis 3 mit einer Geldbuße bis zu fünfundzwanzigtausend Euro, in den Fällen des Absatzes 1 Nr. 4 mit einer Geldbuße bis zu zweitausendfünfhundert Euro geahndet werden.

Gliederung

	Rdnr.
I. Grundsätzliche Bedeutung und Regelungsgegenstand	1
II. Die Erläuterungen im Einzelnen	3
1. Allgemeine Zurechnungsregeln des Bußgeldrechts	3
2. Tatbestände	5
a) § 20 Abs. 1 Nr. 1 i.V.m. § 5 Abs. 2 S. 3 TPG	5
b) § 20 Abs. 1 Nr. 2 i.V.m. § 9 TPG	8
aa) § 20 Abs. 1 Nr. 2 Var. 1 TPG	10
bb) § 20 Abs. 1 Nr. 2 Var. 2 TPG	11
cc) § 20 Abs. 1 Nr. 2 Var. 3 TPG	14
c) § 20 Abs. 1 Nr. 3 i.V.m. § 10 Abs. 2 Nr. 4, Abs. 3 TPG	16
d) § 20 Abs. 1 Nr. 4 i.V.m. § 15 S. 1 TPG	19
3. Rechtsfolgen	22
4. Sonstiges	26

I. Grundsätzliche Bedeutung und Regelungsgegenstand

1 Das TPG knüpft an Verstöße gegen einige, wenige Pflichten Bußgeldbewehrungen. Es handelt sich um Dokumentations- (§ 20 Abs. 1 Nr. 1, Nr. 3 TPG) und Aufbewahrungspflichten (§ 20 Abs. 1 Nr. 4 TPG) sowie die Pflicht, vermittlungspflichtige Organe nur in Transplantationszentren zu übertragen sowie nur solche

vermittlungspflichtigen Organe zu übertragen, deren Entnahme gemäß § 11 und deren Vermittlung gemäß § 12 TPG erfolgt ist (§ 20 Abs. 1 Nr. 2 TPG).

Die Gesetzesbegründung führt aus, eine Bußgeldbewehrung reiche in diesen Fällen aus, weil „diese Verstöße in der Regel zusätzlich eine Verletzung ärztlicher Berufspflichten darstellen, für die berufsgerichtliche Maßnahmen nach den Heilberufsgesetzen der Länder in Betracht kommen".[1] Aus diesem Grund – der regelmäßigen Sanktionsmöglichkeit nach dem Berufsrecht (Standesrecht) – erscheint eine strafrechtliche Sanktion entbehrlich. Diese Begründung überzeugt nicht wirklich, denn – selbstverständlich – sind auch Verstöße gegen die Pflichten, die in § 18 und § 19 strafbewehrt sind, Zuwiderhandlungen gegen das Berufsrecht und können berufsgerichtlich geahndet werden. Grund für die bloße Bußgeldbewehrung in § 20 ist die Einschätzung des Gesetzgebers, das die in Rede stehenden Pflichten nicht derart hochwertig sind, dass ihre Bedeutung durch Strafandrohungen zum Ausdruck gebracht werden müsste (s. auch vor § 18 Rdnr. 3)

2

II. Die Erläuterungen im einzelnen

1. Allgemeine Zurechnungsregeln des Bußgeldrechts

Die Bußgeldtatbestände des TPG können, wie § 20 TPG ausdrücklich feststellt[2], vorsätzlich oder fahrlässig verwirklicht werden (vgl. vor § 18 Rdnr. 8 f.). Vorsatz setzt Wissen und Wollen der Tatbestandsverwirklichung voraus, wobei für den sog. bedingten Vorsatz (Eventualvorsatz) genügt, dass der Handelnde die Tatbestandsverwirklichung ernstlich für möglich hält und sie billigend in Kauf nimmt. Angesichts des arbeitsteiligen Charakters des Systems der Organtransplantation wird man an den Nachweis des Vorsatzes, so weit es um organisatorische Rahmenbedingungen geht, die der Arzt selbst nicht steuert bzw. steuern kann, strenge Anforderungen stellen müssen. Hier darf auch eine Fahrlässigkeit, also das unbewusste oder ungewollte Zurückbleiben hinter der gebotenen Sorgfalt, nicht zu schnell bejaht werden. Diese Zurückhaltung hinsichtlich der Bejahung einer Fahrlässigkeit ist allerdings nicht angezeigt, wo es um Pflichten geht, die zum Kernbereich ärztlicher Berufspflichten zählt, etwa Dokumentationspflichten; namentlich bei Ärzten, die in der Transplantationsmedizin mit der Todesfeststellung befasst sind, darf vorausgesetzt werden, dass sie die Standards und Besonderheiten dieses Arbeitsbereichs kennen. Der objektive Verstoß gegen die Sorgaltsanforderungen (objektive Fahrlässigkeit) wird hier meist mit einem subjektiven Verstoß gegen die Sorgfaltsanforderungen (subjektive Fahrlässigkeit) zusammenfallen, denn der Arzt ist nach seiner Aus- und Vorbildung und seinen Erfahrungen mit den maßgeblichen Standards vertraut; dass einem Arzt das Befolgen der Pflichten einmal nicht zumutbar sein könnte (mit der Folge, dass es an der subjektiven Fahrlässigkeit fehlen würde), dürfte praktisch kaum vorkommen.[3]

3

---

[1] BT-Drs. 13/4355, S. 32.
[2] Ohne diese Feststellung wäre nur vorsätzliches Handeln bußgeldbedroht gewesen, vgl. § 10 OWiG.
[3] Vgl. zur (objektiven und subjektiven) Fahrlässigkeit *Göhler*, § 10 Rn. 6 ff.

4   An der Pflichtverletzung etwa des Arztes können andere Personen mitwirken; es gilt der sog. Einheitstäterbegriff des Ordnungswidrigkeitenrechts (§ 14 OWiG). D. h.: Jeder, der den Pflichtverstoß ermöglicht, fördert oder einen anderen dazu bestimmt, handelt selbst ordnungswidrig; die Unterscheidungen des Strafrechts (Täter, Anstifter und Gehilfe) gelten nicht.

2. Tatbestände
a) § 20 Abs. 1 Nr. 1 i.V.m. § 5 Abs. 2 S. 3 TPG

5   Gemäß § 5 Abs. 2 S. 3 TPG sind die den Tod feststellenden Ärzte verpflichtet, die Untersuchungsergebnisse und den Zeitpunkt unter Angabe der Untersuchungsbefunde jeweils in einer Niederschrift aufzuzeichnen und zu unterschreiben (es müssen im Ergebnis also zwei Niederschriften vorliegen). Bußgeldbewehrt ist es gemäß § 20 Abs. 1 Nr. 1, die Feststellung der Untersuchungsergebnisse oder des Zeitpunktes nicht, nicht richtig, nicht vollständig oder nicht in der vorgeschriebenen Weise aufzuzeichnen. Die letzte Variante – „nicht in der vorgeschriebenen Weise" – bezieht sich (auch) auf die in § 5 Abs. 2 S. 3 genannte Modalität „unter Angabe der zugrunde liegenden Untersuchungsbefunde". Die Variante „nicht in der vorgeschriebenen Weise" bezieht sich auch auf Aufzeichnungsmängel, die den Standards der Hirntod-Feststellung, so wie sie in den Entscheidungshilfen der Bundesärztekammer aufgeführt sind, widersprechen. Danach sind die zur Diagnose des Hirntodes führenden klinischen und apparativen ergänzenden Untersuchungsbefunde im Sinne der fortgeschriebenen Entscheidungshilfen (= Richtlinien) der Bundesärztekammer (§ 16 Rdnr. 32 ff.) sowie alle Umstände, die auf ihre Ausprägung Einfluss nehmen können, mit Datum und Uhrzeit sowie den Namen der untersuchenden Ärzte zu dokumentieren, und die Aufzeichnung der Befunde ist auf einem Protokollbogen nach dem Vorbild des von der Bundesärztekammer vorgelegten Musters vorzunehmen.[4] Eine Protokollierung „in anderer zweckentsprechender Form"[5], wie sie noch in der ursprünglichen Fassung der Entscheidungshilfen (1982), in der Ersten (1986) und in der Zweiten Fortschreibung (1991) vorgesehen war, ist nicht mehr zulässig. Die Aufzeichnung muss also auf einem Protokollbogen vorgenommen werde, der von den Vorgaben des in der Dritten Fortschreibung (1997) enthaltenen Musters nicht abweicht.

6   Einschlägig im Sinne des § 20 Abs. 1 Nr. 1 TPG ist demnach (jeweils bezogen auf jede der beiden Niederschriften)

- das Fehlen von Aufzeichnungen überhaupt,
- bei der Hirntod-Feststellung die Aufzeichnung auf einem Protokollbogen, der von den Vorgaben des Musters in der Dritten Fortschreibung (1997) der Entscheidungshilfen der Bundesärztekammer zur Hirntod-Feststellung abweicht,

---

[4] S. die sog. Dritte Fortschreibung (1997) der Entscheidungshilfen, DÄBl. 1997, C-957 (963) sowie die Dritte Fortschreibung mit Ergänzungen nach dem TPG, DÄBl. 1998, A-1861.

[5] DÄBl. 1982, A/B-45 (52); DÄBl. 1986, B-2940 (2946); DÄBl. 1991, B-2855 (2859).

- die fehlende Angabe der Untersuchungsbefunde, bei der Hirntod-Feststellung u.a. auch die fehlende Aufzeichnung der klinischen und ergänzenden Untersuchungsbefunde im Sinne der (fortgeschriebenen) Entscheidungshilfen,
- die fehlende, die nicht vollständige oder die unrichtige Aufzeichnung der (Feststellung der) Untersuchungsergebnisse,
- die fehlende, die nicht vollständige oder die unrichtige Aufzeichnung (der Feststellung) des Zeitpunktes (zu nennen sind Tag, Stunde, Minute),
- die fehlende Unterschrift (Vor- und Nachname; eine Paraphe oder ein Abkürzung genügt nicht).

Die nicht rechtzeitige Aufzeichnung führt nicht zu einem Pflichtverstoß, denn eine Pflicht, die für die Aufzeichnung eine Frist aufstellen würde, gibt es nicht. Allerdings dürfte im Regelfall eine Aufzeichnung, die von der Vornahme der Diagnostik zeitlich weiter entfernt ist, schon auf Grund der nachlassenden Erinnerung zu unvollständigen bzw. unrichtigen Angaben führen; indes dürfte ein Nachweis der Unvollständigkeit bzw. der Unrichtigkeit praktisch nur gelingen, wenn einer der beteiligten Ärzte seine Angaben – wie glaubhaft feststehen müsste – vollständig und richtig aufgezeichnet hat. 7

b) § 20 Abs. 1 Nr. 2 i.V.m. § 9 TPG

Hauptadressat der Pflichten ist der die Organübertragung vornehmende Arzt (vgl. die Kommentierung zu § 9 TPG). Gemäß § 9 TPG ist der Arzt verpflichtet, 8

- eine Übertragung von Herz, Niere, Leber, Lunge Bauchspeicheldrüse und Darm (vermittlungspflichtige Organe) nur in einem dafür zugelassenen Transplantationszentrum vorzunehmen (§ 20 Abs. 1 Nr. 2 Var. 1 TPG),
- vermittlungspflichtige Organe, die gemäß §§ 3 oder 4 entnommen wurden, nur zu übertragen, wenn sie unter Beachtung der Regelungen nach § 12 vermittelt wurden (§ 20 Abs. 1 Nr. 2 Var. 2 TPG),
- vermittlungspflichtige Organe, die im Geltungsbereich des TPG entnommen wurden, nur zu übertragen, wenn die Entnahme unter Beachtung der Regelungen nach § 11 durchgeführt wurde (§ 20 Abs. 1 Nr. 2 Var. 3 TPG).

Regelungen „nach" den §§ 11 und 12 TG sind die in den §§ 11 und 12 TPG getroffenen Regelungen, die sich unmittelbar auf die Vermittlungsentscheidung und die Entnahme beziehen; Regelungen, die auf Grund der §§ 11 und 12 in den Verträgen gem. § 11 Abs. 2 und § 1 Abs. 4 TPG getroffen wurden, sind nicht erfasst (§ 9 Rdnr. 6 ff.). 9

aa) § 20 Abs. 1 Nr. 2 Var. 1 TPG

Ob das Haus, in dem das Organ übertragen wird, ein Transplantationszentrum im Sinne des § 10 Abs. 1 TPG ist, dürfte sich – objektiv – im Regelfall leicht feststellen lassen. Ärzte, die in Zentren, die zugelassen waren, schon länger gearbeitet ha- 10 ben, wissen in der Regel aufgrund hausinterner oder medienöffentlich vermittelter Informationen, dass die Zulassung endet.

bb) § 20 Abs. 1 Nr. 2 Var. 2 TPG

11 Praktisch bezieht sich dieser Bußgeldtatbestand auf Verstöße gegen § 12 Abs. 3 (Vermittlungskriterien; Einschaltung der Vermittlungsstelle) und § 12 Abs. 1 S. 4 (ordre-public-Vorbehalt). Angesichts der unklaren Verweisung des § 9 S. 2 auf § 12 TPG (vgl. § 9 Rdnr. 8) lassen sich weitere Pflichten, die eventuell gemeint sein könnten, nicht erkennen. Unter dem Aspekt der vom straf- und bußgeldrechtlichen Bestimmtheitsgrundsatz (Art. 103 Abs. 2 GG) umfassten Gebotes der Gesetzeswahrnehmbarkeit[6] ist § 20 Abs. 1 Nr. 2 i.V.m. § 9 S. 2 TPG verfassungsrechtlich bedenklich; denn die Regelungen, die gemeint sind, lassen sich auf Grund der unpräzisen Globalverweisung auf die in sich sehr heterogenen Bestimmungen der §§ 11 und 1 TPG nicht zuverlässig bestimmen; jedenfalls ist hier – bezogen auf Pflichten, die im Wege „produktiver" Interpretation plötzlich § 9 S. 2 unterlegt werden – wegen eines unvermeidbaren Verbotsirrtums kein Platz für ein Bußgeld.[7]

Ob das übertragene Organ – objektiv – „unter Beachtung der Regelungen nach § 12 vermittelt worden ist" (also unter Einschaltung der Vermittlungsstelle, unter Beachtung der Vermittlungskriterien und des ordre-public-Vorbehalt) wird sich im Regelfall anhand der erhobenen bzw. dokumentierten Daten feststellen lassen, die von der Vermittlungsstelle, dem zuständigen Transplantationszentrum und der Koordinierungsstelle gewonnen wurden.

12 Angesichts des arbeitsteiligen Charakters der Zusammenarbeit bei Organtransplantationen wird der verantwortliche Arzt, der die Entnahme vornimmt, sich auf eine Evidenz-Kontrolle der beifügten Papiere beschränken dürfen, die eine entsprechende Information der Koordinierungsstelle über eine Vermittlungsentscheidung der Vermittlungsstelle enthalten müssen (vgl. § 13 Abs. 1 S. 3 TPG); fehlt sie und überträgt der Organ der Arzt gleichwohl, dann handelt er mindestens fahrlässig, es sei denn, andere Indizien, auf die vertrauen durfte (etwa Versicherungen des für die organisatorischen Fragen zuständigen Transplantationskoordinators, der als zuverlässig bekannt ist) sprachen dafür, das alles in Ordnung sei.

cc) § 20 Abs. 1 Nr. 2 Var. 3 TPG

13 Ob das übertragene Organ – objektiv – „unter Beachtung der Regelungen nach § 11" – also praktisch: unter Einschaltung der Koordinierungsstelle – durchgeführt wurde (vgl. § 9 Rdnr. 8), wird sich im Regelfall anhand der erhobenen bzw. dokumentierten Daten feststellen lassen, die von der Vermittlungsstelle, dem zuständigen Transplantationszentrum und der Koordinierungsstelle gewonnen wurden. Angesichts des arbeitsteiligen Charakters der Zusammenarbeit bei Organtransplantationen wird der verantwortliche Arzt, der die Entnahme vornimmt, sich auf

---

[6] Vgl. allg. BayObLG, wistra 2000, 117 (118 a.E.).
[7] Vgl. allg. BayObLG, wistra 2000, 117 (117 – unter 3.).

eine Evidenz-Kontrolle der beifügten Papiere beschränken dürfen, die auf eine Beteiligung der Koordinierungsstelle hinweisen müssen (vgl. § 13 Abs. 1 S. 3 TPG); fehlt sie und überträgt der Arzt das Organ gleichwohl, dann handelt er mindestens fahrlässig, es sei denn, andere Indizien, auf die vertrauen durfte (z.B.: Versicherungen des für die organisatorischen Fragen zuständigen Transplantationskoordinators, der als zuverlässig bekannt war, sprachen dafür, das alles in Ordnung sei).

Was für den unvermeidbaren Verbotsirrtum soeben mit Blick auf § 9 S. 2 TPG ausgeführt wurde (Rdnr. 11), gilt für den hier relevanten § 9 S. 3 TPG i.V.m. § 20 Abs. 1 Nr. 2 TPG ebenfalls. 14

c) § 20 Abs. 1 Nr. 3 i.V.m. § 10 Abs. 2 Nr. 4, Abs. 3 TPG

Gemäß § 10 Abs. 2 Nr. 4, Abs. 3 TPG sind „die Transplantationszentren" verpflichtet, jede Organübertragung – und zwar von vermittlungspflichtigen Organen als auch von Augenhornhäuten – so zu dokumentieren, dass eine lückenlose Rückverfolgung der Organe vom Empfänger zum Spender ermöglicht wird; bei der Organ- bzw. Gewebeübertragung ist die Kenn-Nummer im Sinne von § 13 Abs. 1 S. 1 anzugeben, um eine Rückverfolgung durch die Koordinierungsstelle zu ermöglichen. 15

Ein Verstoß gegen diese Pflicht liegt vor, 16
- wenn es an einer Dokumentation überhaupt fehlt,
- wenn es an einer Dokumentation fehlt, die eine lückenlose Rückverfolgung nicht ermöglicht,
- wenn die Kenn-Nummer im Sinne des § 13 Abs. 1 S. 1 fehlt.

Verpflichtet sind die Transplantationszentren. Im Sinne des Bußgeldrechts (vgl. § 9 OWiG: Handeln für einen anderen) wird die an die Institution „Transplantationszentrum" gerichtete Pflicht von dem in der Hierarchie des Krankenhauses für das Transplantationszentrum zuständigen Leiter bzw. von der Person ausgeführt, die ausdrücklich beauftragt ist, diese Dokumentationsaufgabe wahrzunehmen. Sollte es an einer solchen Person fehlen bzw. überhaupt an organisatorischen Vorkehrungen für die Realisierung der Dokumentationspflicht fehlen, dann haftet im Zweifel der Leiter des Zentrums bzw. die Leitung des Krankenhauses, in das das Transplantationszentrum eingegliedert ist (vgl. neben § 9 OWiG auch § 130 OWiG).[8] 17

d) § 20 Abs. 1 Nr. 4 i.V.m. § 15 S. 1 TPG

Gemäß § 15 Abs. 1 TPG sind folgende Aufzeichnungen bzw. Dokumentationen mindestens 10 Jahre aufzubewahren: 18

---

[8] Eingehend dazu *Ignor*, in: Ignor/Rixen (Hrsg.), Handbuch Arbeitsstrafrecht, 2002, Rdnr. 929 ff., 947 ff.

- *Aufzeichnungen über die Beteiligung nach § 4 Abs. 4.* Da § 4 Abs. 4 nur in seinem Satz 1 auf eine „Beteiligung" Bezug nimmt, meint die Verweisung in § 15 Abs. 1 nicht den gesamten Abs. 4, sondern nur dessen Satz 1; er lautet: „Der Arzt hat Ablauf, Inhalt und Ergebnis der Beteiligung der Angehörigen sowie der Personen nach Absatz 2 Satz 6 und Abs. 3 aufzuzeichnen."
- *Aufzeichnungen zur Feststellung der Untersuchungsergebnisse nach § 5 Abs. 2 S. 3* (Todesfeststellung)
- *Aufzeichnungen zur Aufklärung nach § 8 Abs. 2 S. 3* (Aufklärung des Lebendspenders)
- *Aufzeichnungen zur gutachtlichen Stellungnahme nach § 8 Abs. 3 S. 2* (Stellungnahme der Kommission zur Überprüfung der Freiwilligkeit der Lebendspende),
- *Dokumentationen der Organentnahme, -vermittlung und -übertragung* (bezieht sich auf die Dokumentationen, die in § 3 Abs. 3 S. 2, § 10–12 genannt sind).

19 Werden die Unterlagen nicht zehn Jahre (gerechnet vom Tag der Erstellung an; die Frist läuft um 24 Uhr des Tages ab, der dem Tag vorausgeht, der dem Tag der Erstellung entspricht.)[9] so aufbewahrt, dass sie überprüft werden können, liegt ein Verstoß gegen die Pflicht vor.

20 Für die Bestimmung des Verantwortlichen gilt das soeben (Rdnr. 18) Ausgeführte entsprechend (beachte § 9 OWiG und § 130 OWiG).

3. Rechtsfolgen

21 Bei Vorsätzlichkeit kann ein Verstoß in den Fällen des § 20 Abs. 1 Nr. 1 bis 3 kann mit einer Geldbuße bis zu 25.000 Euro (vor dem 1.1.2002: bis zu 50.000 DM), in den Fällen des § 20 Abs. 1 Nr. 4 TPG mit einer Geldbuße bis zu 2.500 Euro (vor dem 1.1.2002: bis zu 5.000 DM) geahndet werden.[10] Die Geldbuße beträgt mindestens 5 Euro (§ 17 Abs. 1 OWiG; vor dem 1.1.2002 mindestens 10 DM).

22 Bei Fahrlässigkeit kann die Ordnungswidrigkeit nur mit der Hälfte des angedrohten Höchstmaßes der Geldbuße geahndet werden (§ 20 Abs. 1 Nr. 1 bis 3: 12.500 Euro, vor dem 1.1.2002: 25.000 DM; § 20 Abs. 1 Nr. 4: 1.250 Euro, vor dem 1.1.2002: 2.500 DM).

23 Grundlage für die Zumessung der Geldbuße sind die Bedeutung der Ordnungswidrigkeit und der Vorwurf, der den Täter trifft. Auch die wirtschaftlichen Verhältnisse des Täters kommen in Betracht; bei geringfügigen Ordnungswidrigkeiten bleiben sie jedoch in der Regel unberücksichtigt (vgl. § 17 Abs. 3 S. 2 Halbs. 2 OWiG).

---

[9] Fristberechnung nach § 188 Abs. 2 Halbsatz 2 BGB i.V.m. § 31 Abs. 1 VwVfG-Bund.
[10] Die Anpassung des TPG an den Euro erfolgte durch Art. 23 des 8. Euro-Einführungsgesetzes v. 23.10.2001 (BGBl. I S. 2702, 2705). Das Gesetz ist wie alle Euro-Anpassungsgesetze am 1.1.2002 in Kraft getreten.

Bei Geringfügigkeit kann die Bußgeldbehörde (Ermessen; Opportunitätsprinzip im Bußgeldverfahren) von einer Verfolgung absehen (§ 47 Abs. 1 OWiG); für das Verfahren nach Einspruch (Verfahrensherrschaft beim Gericht) vgl. § 47 Abs. 2 OWiG. Die Zahlung eines Geldbetrags an eine gemeinnützige Einrichtung oder eine sonstige Stelle darf als Gegenleistung für die Einstellung nicht verlangt werden (§ 47 Abs. 3 OWiG). § 153a StPO (Einstellung gegen Geldauflage) ist über die allgemeine Verweisungsnorm des § 46 Abs. 1 OWiG auf die StPO im Bußgeldverfahren nicht anwendbar (vor § 18 Rdnr. 14).[11]

24

4. Sonstiges

Soweit es um den Begriff der „Handlung" geht, so gelten im wesentlichen die aus dem Strafrecht gekannten Unterscheidungen.[12] Zur Tateinheit und zur Tatmehrheit vgl. § 19 und § 20 OWiG. Zum Zusammentreffen zwischen Ordnungswidrigkeit und Straftat vgl. § 21 OWiG.

25

Die Zuständigkeit der Bußgeldbehörden ist in manchen Bundesländern (noch) nicht speziell geregelt; zuständig ist in diesem Fall die fachlich zuständige oberste Landesbehörde, also das Gesundheitsministerium bzw. die Senatsbehörde für Gesundheit (Auffangzuständigkeit gemäß § 36 Abs. 1 Nr. 2 Buchst. a OWiG).

26

Soweit ersichtlich, ist die Zuständigkeit z.B. (schon) speziell geregelt in Berlin (zuständig ist das Landesamt für Gesundheit und Soziales)[13], in Bremen (zuständig ist die Ortspolizeibehörde)[14], in Hessen in den Landkreisen der Kreisausschuss, in den kreisfreien Städten der Magistrat[15], in Niedersachsen (zuständig sind die Bezirksregierungen), in Nordrhein-Westfalen (zuständig sind die Bezirksregierungen)[16] und in Rheinland-Pfalz (zuständig ist das Landesamt für Soziales, Jugend und Versorgung).[17]

27

---

[11] *Göhler*, a.a.O., § 47 Rn. 34.
[12] Näher *Göhler*, a.a.O., vor § 19 Rn. 2ff.
[13] § 1 Nr. 8 Buchst. d der Verordnung über sachliche Zuständigkeiten von Ordnungswidrigkeiten (ZustVO-OWiG) v. 29. 2. 2000, GVBl. 2000, 249.
[14] § 1 der Verordnung über die Zuständigkeit für die Verfolgung und Ahndung von Ordnungswidrigkeiten nach dem Transplantationsgesetz v. 27. 10. 1998 (BremGBl S. 287).
[15] § 1 Abs. 2 Hessisches Gesetz zur Ausführung des Transplantationsgesetzes (HAGTPG) v. 29. 11. 2000 (GVBl. S. 514).
[16] § 1 der Verordnung zur Bestimmung der für die Verfolgung und Ahndung von Ordnungswidrigkeiten nach dem Transplantationsgesetz zuständigen Behörden v. 7. 8. 1998, GVBl. NW 1998, 477.
[17] § 6 Landesgesetz zur Ausführung des Transplantationsgesetzes (AGTPG) v. 30. 11. 1999, GVBl. 1999, 424.

ACHTER ABSCHNITT
Schlussvorschriften

§ 21
Änderung des Arzneimittelgesetzes

Das Arzneimittelgesetz in der Fassung der Bekanntmachung vom 19. Oktober 1994 (BGBl. I S. 3018), zuletzt geändert gemäß Artikel 3 der Verordnung vom 21. September 1997 (BGBl. I S. 2390), wird wie folgt geändert:

1. In § 2 Abs. 3 wird nach Nummer 7 der Punkt am Ende des Satzes durch ein Komma ersetzt und folgende Nummer 8 angefügt:

   „8. die in § 9 Satz 1 des Transplantationsgesetzes genannten Organe und Augenhornhäute, wenn sie zur Übertragung auf andere Menschen bestimmt sind."

2. § 80 wird wie folgt geändert:

   a) In Satz 1 wird nach Nummer 3 der Punkt am Ende des Satzes durch ein Komma ersetzt und folgende Nummer 4 angefügt:

      „4. menschliche Organe, Organteile und Gewebe, die unter der fachlichen Verantwortung eines Arztes zum Zwecke der Übertragung auf andere Menschen entnommen werden, wenn diese Menschen unter der fachlichen Verantwortung dieses Arztes behandelt werden."

   b) Nach Satz 2 wird folgender Satz angefügt:

      „Satz 1 Nr. 4 gilt nicht für Blutzubereitungen."

Gliederung

		Rdnr.
I.	Grundsätzliche Bedeutung und Regelungsgegenstand	1
II.	Die Erläuterungen im Einzelnen	2
	1. Zur Änderung des § 2 Abs. 3 Nr. 8 AMG	2
	2. Zur Änderung des § 80 AMG	6

I. Grundsätzliche Bedeutung und Regelungsgegenstand

1 § 21 ändert das Arzneimittelgesetz (AMG), und zwar in zweifacher Weise: Zunächst ergänzt es den § 2 AMG, der den Arzneimittelbegriff definiert, zum anderen ändert § 21 TPG den § 80 AMG, der Ausnahmen vom Anwendungsbereich des AMG benennt. Es handelt sich um klarstellende Regelungen[1], die die Anwendungsbereiche von TPG und AMG unmissverständlich gegeneinander abgrenzen sollen.

II. Die Erläuterungen im Einzelnen

1. Zur Änderung des § 2 Abs. 3 Nr. 8 AMG

2 Der durch § 21 TPG geschaffene § 2 Abs. 3 Nr. 8 lautet:

„Arzneimittel sind nicht (…) die in § 9 Satz 1 des Transplantationsgesetzes genannten Organe und Augenhornhäute, wenn sie zur Übertragung auf andere Menschen bestimmt sind."

3 Bei § 2 handelt es sich um die zentrale Vorschrift des AMG.

4 Durch die Ergänzung des § 2 Abs. 3 AMG werden die lebenswichtigen Organe Herz, Niere, Leber, Lunge, Bauchspeicheldrüse und Darm, die zur Übertragung auf andere Menschen bestimmt sind, aus dem Arzneimittelbegriff und damit aus dem Anwendungsbereich des Arzneimittelgesetzes herausgenommen.[2] Der Umgang mit diesen Organen von der Entnahme bis zu ihrer Übertragung auf andere Menschen wird der ärztlichen Leistung „Transplantation" zugerechnet und durch das Transplantationsgesetz abschließend geregelt.[3] Dies gilt auch für die von § 9 Satz 1 umfassten Teile dieser Organe; alle anderen Organe, Organteile und Gewebe unterliegen weiterhin dem Arzneimittelbegriff.[4] Eine von diesem Ergebnis abweichende Ansicht[5] ist weder mit dem insoweit eindeutigem Wortlaut des § 2 Abs. 3 Nr. 8 AMG noch mit der ebenfalls unmissverständlichen Intention des Gesetzgebers des Transplantationsgesetzes, so wie sie aus den Materialien ersichtlich ist, vereinbar.

5 In der Sache leuchtet die Herausnahme der genannten Organe aus dem Anwendungsbereich des AMG ein, denn die Augenhornhäute ebenso wie die vermittlungspflichtigen Organe werden nach der Entnahme nicht pharmazeutisch verändert oder konserviert, sondern sie werden bis zur Transplantation ausschließlich in ihrem ursprünglichen Zustand aufbewahrt, ohne dass ihre Transplantierbarkeit beeinträchtigt würde; insbesondere sind sie Verfahren zur Inaktivierung pathoge-

---

[1] So *Lippert*, in: Erwin Deutsch/Hans-Dieter Lippert (Hrsg.), Kommentar zum Arzneimittelgesetz (AMG), 2001, § 2 Rdnr. 14, § 80 Rdnr. 5.
[2] BT-Drs. 13/4355, S. 32, BT-Drs. 13/8017, S. 44.
[3] BT-Drs. 13/4355, S. 32; *Bender*, Organtransplantation und AMG, VersR 1999, 419 (420).
[4] BT-Drs. 13/4355, S. 32.
[5] *Bender*, VersR 1999, 419 (420); vor Inkrafttreten des TPG auch *Wolfslast/Rosenau*, NJW 1993, 2348 (2349).

ner Keime nicht zugänglich und können nicht mit dem Ziel einer genormten Qualität bearbeitet und zum Gegenstand etwa der Produkthaftung gemacht werden.[6] Den Anforderungen an die zum Schutz der Organempfänger erforderlichen Maßnahmen, die – so weit ersichtlich – wie noch zurzeit der Entstehung des Gesetzes auch weiterhin durch standardisierte, international abgestimmte Arbeitsrichtlinien der Arbeitsgemeinschaft Deutscher Hornhautbanken verwirklicht werden, kann ebenso wie bei den vermittlungspflichtigen Organen durch Richtlinien der Bundesärztekammer gemäß § 16 Abs. 2 Satz 1 Nr. 4 Rechnung getragen werden.[7] Danach ist die Bundesärztekammer befugt, Richtlinien zu schaffen, die die Anforderungen an die im Zusammenhang mit einer Organentnahme zum Schutz der Organempfänger erforderlichen Maßnahmen einschließlich ihrer Dokumentation festlegen, insbesondere im Blick auf Konservierung, Aufbereitung, Aufbewahrung und Beförderung der Organe, um diese in einer zur Übertragung oder zur weiteren Aufbereitung oder Aufbewahrung vor einer Übertragung geeigneten Beschaffenheit zu erhalten (§ 16 Abs. 1 Satz 1 Nr. 4 Buchst. b TPG). Nach Ansicht des Gesetzgebers war eine Unterstellung der Augenhornhäute unter die Vorschriften der §§ 10 bis 12 mit Ausnahme des § 10 Abs. 2 Nr. 4 u. 6 aus Gründen der Verhältnismäßigkeit nicht geboten; ihm schienen Regelungen der Zusammenarbeit zwischen den Hornhautbanken als ausreichend.[8]

2. Zur Änderung des § 80 AMG

§ 80 Nr. 4 AMG lautet: 6

„Dieses Gesetz findet keine Anwendung auf (...) menschliche Organe, Organteile und Gewebe, die unter der fachlichen Verantwortung eines Arztes zum Zwecke der Übertragung auf andere Menschen entnommen werden, wenn diese Menschen unter der fachlichen Verantwortung des Arztes behandelt werden."

Der neue § 80 Satz 3 lautet: 7

„Satz 1 Nr. 4 gilt nicht für Blutzubereitungen."

Die Vorschrift nimmt auch Organe, Organteile und Gewebe, die von Nr. 1 nicht erfasst werden und deshalb weiterhin unter den Arzneimittelbegriff fallen, jedoch ebenso zur Übertragung auf andere Menschen bestimmt sind, vom Anwendungsbereich des Arzneimittelgesetz aus. Der Umgang mit diesen Organen, Organteilen und Geweben von der Entnahme bis zur Übertragung wird aus Gründen der Gleichbehandlung ebenfalls der ärztlichen Leistung „Transplantation" zugerechnet, wenn die Entnahme und alle weiteren Maßnahmen zum Zwecke der Übertragung einschließlich der Übertragung selbst unter der fachlichen Verantwortung desselben Arztes erfolgen[9]; dies kann z.B. im Krankenhaus auch der leitende Arzt oder ärztliche Direktor einer Fachabteilung oder -klinik sein.[10] Es ist 8

---

[6] BT-Drs. 13/8017, S. 44; *Kloesel/Cyran*, AMG, § 2 Rdnr. 97.
[7] BT-Drs. 13/8017, S. 44.
[8] BT-Drs. 13/8017, S. 44.
[9] Vgl. *Rehmann*, AMG, § 80 Rdnr. 4.
[10] BT-Drs. 13/4355, S. 32.

damit denkbar, dass ein Ärzteteam die Entnahme und ein weiteres, nicht personenidentisches Team die Behandlung durchführt, wenn die fachliche Leitung beider Teams bei demselben Arzt liegt.[11] Liegen die Voraussetzungen nicht vor, gelten für die entnommenen Organe, Organteile oder Gewebe die arzneimittelrechtlichen Vorschriften, gleichgültig durch wen die weitere Herstellung als Arzneimittel, insbesondere ihre Aufbereitung, Abpackung und Aufbewahrung erfolgt.[12] Der neue § 80 Satz 3 AMG stellt im Hinblick auf den Ausschluss von Blut aus dem Geltungsbereich des Transplantationsgesetzes (§ 1 Abs. 2 TPG) klar, dass Blutzubereitungen weiterhin den arzneimittelrechtlichen Vorschriften unterliegen.[13] Durch das Transfusionsgesetz vom 1. Juli 1998[14] wurden in das AMG eine Reihe neuer Vorschriften eingefügt, die sich auf Blutzubereitungen beziehen (vgl. § 34 Transfusionsgesetz, § 10 Abs. 8 Satz 3, § 11 Abs. 1 Nr. 14 a, § 11 a Abs. 1 Satz 2 Nr. 17 a, § 14 Abs. 1 Nr. 5 b und 5 c, § 14 Abs. 2 Satz 3 und 4, § 15 Abs. 3 S. 2–4, § 47 Abs. 1 Nr. 2 a, § 133 und § 134 AMG).

---

[11] *Kloesel/Cyran*, AMG, § 2 Rdnr. 97; *Ratzel*, in: Deutsch/Lippert (Hrsg.); AMG, § 80 Rdnr. 5.
[12] BT-Drs. 13/4355, S. 32.
[13] BT-Drs. 13/4355, S. 32.
[14] BGBl. 1998 I S. 1752.

§ 22
Änderung des Fünften Buches Sozialgesetzbuch

§ 115 a Abs. 2 des Fünften Buches Sozialgesetzbuch – Gesetzliche Krankenversicherung – (Artikel 1 des Gesetzes vom 20. Dezember 1988, BGBl. I S. 2477), das zuletzt gemäß Artikel 39 der Verordnung vom 21. September 1997 (BGBl. I S. 2390) geändert worden ist, wird wie folgt gefasst:

„(2) ¹Die vorstationäre Behandlung ist auf längstens drei Behandlungstage innerhalb von fünf Tagen vor Beginn der stationären Behandlung begrenzt. ²Die nachstationäre Behandlung darf sieben Behandlungstage innerhalb von 14 Tagen, bei Organübertragungen nach § 9 des Transplantationsgesetzes drei Monate nach Beendigung der stationären Krankenhausbehandlung nicht überschreiten. ³Die Frist von 14 Tagen oder drei Monaten kann in medizinisch begründeten Einzelfällen im Einvernehmen mit dem einweisenden Arzt verlängert werden. ⁴Kontrolluntersuchungen bei Organübertragungen nach § 9 des Transplantationsgesetzes dürfen vom Krankenhaus auch nach Beendigung der nachstationären Behandlung fortgeführt werden, um die weitere Krankenbehandlung oder Maßnahmen der Qualitätssicherung wissenschaftlich zu begleiten oder zu unterstützen. ⁵Eine notwendige ärztliche Behandlung außerhalb des Krankenhauses während der vor- und nachstationären Behandlung wird im Rahmen des Sicherstellungsauftrags durch die an der vertragsärztlichen Versorgung teilnehmenden Ärzte gewährleistet. ⁶Das Krankenhaus hat den einweisenden Arzt über die vor- oder nachstationäre Behandlung sowie diesen und die an der weiteren Krankenbehandlung jeweils beteiligten Ärzte über die Kontrolluntersuchungen und deren Ergebnis unverzüglich zu unterrichten. ⁷Die Sätze 2 bis 6 gelten für die Nachbetreuung von Organspendern nach § 8 Abs. 3 Satz 1 des Transplantationsgesetzes entsprechend."

Erläuterungen

Durch die Änderungen soll den Transplantationszentren ein größerer zeitlicher Spielraum bei der nachstationären Behandlung von Patienten gegeben werden, denen ein Organ oder Organteil nach § 9 übertragen wurde.[1]

Vor allem in den ersten drei Monaten nach der Transplantation besteht die Gefahr plötzlich auftretender Komplikationen, insbesondere der Abstoßung des Transplantates und anderer schwer wiegender gesundheitlicher Störungen. Dies macht eine engmaschige Überwachung durch die Transplantierenden, dafür besonders qualifizierte Krankenhausärzte erforderlich, damit solche Gefahren rechtzeitig erkannt und durch geeignete Maßnahmen abgewendet werden können. Wegen der erforderlichen spezifischen weiteren Überwachung sind auch in der Zeit danach nach wissenschaftlichen Regeln durchgeführte Kontrolluntersuchungen durch diese

---

[1] BT-Drs. 13/4355, S. 32 – auch zum folgenden.

Ärzte zur Beurteilung und Sicherung des Behandlungserfolges und zur Qualitätssicherung in der Transplantationsmedizin notwendig.

3 § 115 a Abs. 2 Satz 7 SGB V schafft für die Nachbetreuung von Lebendspendern im Hinblick auf die gesundheitlichen Risiken einer Lebendspende den gleichen gesetzlichen Rahmen wie für die Nachbetreuung von Patienten, die Empfänger postmortal oder zu Lebzeiten gespendeter Organe nach § 9 Satz 1 sind.[2]

---

[2] BT-Drs. 13/8017, S. 44 f.

§ 23
Änderung des Siebten Buches Sozialgesetzbuch

§ 2 Abs. 1 Nr. 13 Buchstabe b des Siebten Buches Sozialgesetzbuch – Gesetzliche Unfallversicherung – (Artikel 1 des Gesetzes vom 7. August 1996, BGBl. I S. 1254), das zuletzt durch Artikel 3 des Gesetzes vom 29. April 1997 (BGBl. I S. 968) geändert worden ist, wird wie folgt gefasst:

„b) Blut oder körpereigene Organe, Organteile oder Gewebe spenden,".

Gliederung

	Rdnr.
I. Grundsätzliche Bedeutung und Regelungsgegenstand	1
II. Die Erläuterungen im Einzelnen	3

I. Grundsätzliche Bedeutung und Regelungsgegenstand

Der durch § 23 TPG neu gefasste § 2 Abs. 1 Nr. 13 Buchstabe b SGB VII lautet: 1

„Kraft Gesetzes sind versichert (...) Personen, die (...) Blut oder körpereigene Organe, Organteile oder Gewebe spenden (...)."

§ 2 Abs. 1 Nr. 13 SGB VII a.F. verwendete die Bezeichnung „Gewebe" als 2 Oberbegriff für Organe, Organteile und Gewebe. Demgegenüber verwendet § 1 Abs. 1 des TPG die Begriffe „Organe, Organteile und Gewebe (Organe)". Im Interesse der Rechtsklarheit, der durch die Verwendung einheitlicher Begriffe gedient wird, wird die Terminologie im SGB VII an die Terminologie im TPG angepasst. Eine materielle Änderung des Rechts der gesetzlichen Unfallversicherung ist damit nicht verbunden.[1]

II. Die Erläuterungen im einzelnen

Das bedeutet, dass Personen, die Blut oder körpereigenes Gewebe spenden, 3 kraft Gesetzes unfallversichert sind.[2] Erfasst sind also nur lebende Spender.

Aufgabe der gesetzlichen Unfallversicherung ist nach der gesetzlichen Grund- 4 aussage des § 1 SGB VII, Arbeitsunfälle und Berufskrankheiten sowie arbeitsbedingte Gesundheitsgefahren zu verhüten sowie nach Eintritt von Versicherungsfällen die Gesundheit und Leistungsfähigkeit der Versicherten mit allen geeigneten Mitteln wiederherzustellen und sie oder die Hinterbliebenen durch Geldleistungen zu entschädigen. Darunter fällt an sich weder die Blut- noch die Organspende.

---

[1] BT-Drs. 13/8017, S. 45; *Riebel*, in: Hauck (Hrsg.), SGB VII, Bd. 1, Stand: 1.4.2000, § 2 Rdnr. 188 a.E.
[2] BT-Drs. 13/8017, S. 45.

Es handelt sich deshalb bei § 2 Abs. 1 Nr. 13 SGB VII um einen Fall der sog. unechten Unfallversicherung, wonach für Tätigkeiten, die im Allgemeininteresse liegen, Versicherungsschutz nach dem SGB VII gewährt wird.[3] Der Gesetzgeber strebt mit der Einbeziehung dieser im Allgemeininteresse tätig werdenden Personengruppe eine soziale Entschädigung für die Opferbereitschaft dieser Personen an und wählt die gesetzliche Unfallversicherung nur als Anknüpfungspunkt für die Verwirklichung dieses Ziels.[4] In der Sache handelt es sich um einen Fall der sozialen Entschädigung bei Gesundheitsschäden (vgl. § 5 SGB I), der allerdings auf Grund der positiv-rechtlichen Ausgestaltung nicht nach versorgungsrechtlichen, sondern nach unfallversicherungsrechtlichen Grundsätzen erfolgt.[5]

5 Zuständiger Versicherungsträger ist der für die Einrichtung, in der es zur Organentnahme kam, zuständige Versicherungsträger (vgl. § 133 Abs. 1 SGB VII).[6]

6 Voraussetzung einer Einbeziehung in den Schutz der gesetzlichen Unfallversicherung ist zunächst das Vorliegen einer Spende i. S. v. § 23 i. V. m. § 2 Abs. 1 Nr. 13 SGB VII. Schwierigkeiten bereitet schon im Bereich der gesetzlichen Unfallversicherung die Definition der Spende, so weit es um die (Un)Entgeltlichkeit geht. Nach einer im Schrifttum vertretenen Auffassung liegt eine Spende nur vor, wenn das Material unentgeltlich oder gegen eine Prämie, die nur einen ideellen Ausgleich für die gezeigte Bereitschaft darstellt, zur Verfügung gestellt wird.[7] Demgegenüber hat das Bundessozialgericht die Unentgeltlichkeit nicht als Voraussetzung des Versicherungsschutzes angesehen und sogar gewerbliche Blutspenden dem Schutz der gesetzlichen Unfallversicherung unterstellt.[8] Auf Grund des in § 18 TPG zum Ausdruck kommenden zentralen Anliegens des TPG, kommerziellen Organhandel auszuschalten[9], verbietet es sich freilich, als Spende im Sinne von

---

[3] *Riebel*, in: Hauck (Hrsg.), SGB VII, Bd. 1, Stand: 1.4.2000, § 2 Rdnr. 3; *Eichenhofer*, Sozialrecht, 3. Aufl. 2000, Rdnr. 419.

[4] *Gitter*, SRH, C 15 Rdnr. 25; zur Kritik an der Einordnung solcher Fälle vgl. *Seewald*, BG 1996, 149 ff.; *Ricke*, in: KassKomm, Vor §§ 2–6 SGB VII Rdnr. 2. Da der Staat insoweit eine besondere Verantwortung übernimmt, erfolgt die Finanzierung dieses Bereichs aus Steuermitteln, vgl. *Schulin/Igl*, Sozialrecht, 6. Aufl. 1999, Rdnr. 414.

[5] *Schulin/Igl*, Sozialrecht, 6. Aufl. 1999, Rdnr. 402; *Waltermann*, Sozialrecht, 2000, Rdnr. 447; *Eichenhofer*, Sozialrecht, Rdnr. 419, Rdnr. 431 ff.

[6] *Riebel*, in: Hauck (Hrsg.), SGB VII, Bd. 1, Stand: 1.4.2000, § 2 Rdnr. 202; *Ricke*, in: KassKomm, § 2 SGB VII Rdnr. 72.

[7] *Gitter*, SRH C 15 Rdnr. 33.

[8] BSGE 57, 231 (233).

[9] BT-Drs. 13/4355, S. 20. Das BVerfG hat die gesetzliche Intention, „jede Form des Organhandels zu unterbinden" als verfassungsgemäß angesehen, vgl. BVerfG, BVerfG, 1 BvR 2181/98 vom 11.8.1999, Absatz-Nr. 71, download unter http://www.bverfg.de. Die fachgerichtliche Rechtsprechung spricht von „ethisch-sittlich zu missbilligenden Leistungen", vgl. LSG Essen, Urteil v. 31. Januar 2001, Az L 10 VS 28/00, (download unter http://www.lsg.nrw.de/urteile/dat/NRW/LSG/Entschaedigungsrecht/L_10_VS_28.00.htm) zur (abgelehnten) Kostenübernahme einer im Ausland durchgeführten Überkreuz-Nierentransplantation, die Entscheidung ist nicht rechtskräftig (Revision beim BSG anhängig [B 9 VS 1/01 R]); zum Erfordernis der Unentgeltlichkeit der Organspende auch *Deutsch*, Medizinrecht, Rdnr. 522; zur sog. Cross-Spende vgl. die Kommentierung zu § 8 Rdnr. 84 ff.

§ 23 i.V.m. § 2 Abs. 1 Nr. 13 SGB VII auch die entgeltliche Organüberlassung anzusehen.

Der Versicherungsschutz umfasst nicht die Entnahme selbst, d.h. den notwendig hierdurch verursachten Körperschaden (z.b. Einstichwunde) einschließlich der später möglichen Schäden (z.b. Erkrankung der anderen Niere bei einem Nierenspender), sondern nur den darüber hinausgehenden Schaden infolge von Komplikationen oder sonstige zusätzliche Schäden.[10] Denn der Versicherungsschutz des § 2 Abs. 1 Nr. 13 SGB VII greift nur ein, wenn es bei der Entnahme der Organe zu einer Gesundheitsbeeinträchtigung kommt und dies einen Unfall darstellt. Dabei kann die Organspende selbst kein Unfall sein, da sie zum Tatbestand des § 2 Abs. 1 Nr. 13 SGB VII gehört. 7

Erst die Komplikationen auf Grund der Organentnahme können als Unfall anzusehen sein.[11] Dabei ist der durch die gesetzliche Unfallversicherung vermittelte Versicherungsschutz nicht auf Unfälle während der Durchführung solcher Maßnahmen beschränkt, sondern umfasst auch solche, die mit der Maßnahme als solcher in einem weiteren, aber rechtlich noch wesentlichen inneren und ursächlichen Zusammenhang stehen. Die Abgrenzung stellt sich vorwiegend als ein Problem der Feststellung der haftungsbegründenden Kausalität dar, die nach der sozialrechtlichen Kausalitätslehre zu beurteilen ist.[12] Versicherte Tätigkeiten sind auch die die Organentnahme vorbereitenden und begleitenden Handlungen des Spenders selbst; zu nennen sind etwa Umkleiden, Waschen, Aufenthalt im Krankenhaus, Einnahme von Medikamenten, vorhergehende Eignungsuntersuchungen, Immunisierungen sowie nachgehende Untersuchungen.[13] Der Weg zu und von dem Ort der Spende ist gemäß § 8 Abs. 2 SGB VII versichert. 8

Der durch die Spende selbst bedingte körperliche Zustand mit seiner Behandlungsbedürftigkeit ist demgegenüber Gegenstand der Behandlungskosten für den Spendenempfänger.[14] Denn die Organspende wird – jedenfalls in versicherungsrechtlicher Perspektive – ausschließlich im Interesse des Organempfängers vorgenommen. Sie ist ein Teil der Maßnahme zur Wiederherstellung der Gesundheit des Organempfängers. Wie alle sonstigen Vor- und Nebenleistungen im Zusammenhang mit solchen Maßnahmen gehören daher auch die Aufwendungen für die ambulante und stationäre Behandlung des Organspenders zu der dem Empfänger zu gewährenden Krankenhilfe, deren Kosten damit dessen Krankenkasse bzw. -versicherung zu tragen hat.[15] 9

---

10 *Ricke*, in: KassKomm, § 2 SGB VII Rdnr. 71; *Riebel*, in: Hauck (Hrsg.), SGB VII, Bd. 1, Stand: 1.4.2000, § 2 Rdnr. 189.
11 Vgl. *Erlenkämper/Fichte*, Sozialrecht, 4. Aufl. 1999, S. 561; *Kreßel/Wollenschläger*, Leitfaden zum Sozialversicherungsrecht, 2. Aufl. 1996, S. 204 zur Blutentnahme.
12 Vgl. *Erlenkämper/Fichte*, Sozialrecht, 4. Aufl. 1999, S. 569 ff.
13 Vgl. *Ricke*, in: KassKomm, § 8 SGB VII Rdnr. 163.
14 *Riebel*, in: Hauck (Hrsg.), SGB VII, Bd. 1, Stand: 1.4.2000, Rdnr. 189. S. auch die Kommentierung zu § 1 a.E.
15 BSG NJW 1971, 1432 (1433).

§ 24
Änderung des Strafgesetzbuchs

§ 5 des Strafgesetzbuchs in der Fassung der Bekanntmachung vom 10. März 1987 (BGBl. I S. 945, 1160), das zuletzt durch Artikel 1 des Gesetzes vom 13. August 1997 (BGBl. I S. 2038) geändert worden ist, wird wie folgt geändert:

1. In Nummer 14 wird der Punkt durch ein Semikolon ersetzt.
2. Nach Nummer 14 wird folgende Nummer 15 angefügt:

„15. Organhandel (§ 18 des Transplantationsgesetzes), wenn der Täter zur Zeit der Tat Deutscher ist."

Gliederung

	Rdnr.
I. Grundsätzliche Bedeutung und Regelungsgegenstand	1
II. Die Erläuterungen im Einzelnen	2
1. Vorschriften des sog. Internationalen Strafrechts	2
2. Aktives Personalitätsprinzip	4
3. „Täter" – „Deutsche" – Auslandstaten	6

I. Grundsätzliche Bedeutung und Regelungsgegenstand

1 Die Vorschrift erstreckt die Geltung des deutschen Strafrechts auf Auslandstaten Deutscher.

II. Die Erläuterungen im einzelnen

1. Vorschrift des sog. Internationalen Strafrechts

2 § 24 ergänzt das Strafgesetzbuch (StGB). Der durch § 24 TPG geschaffene § 5 Nr. 15 StGB lautet:

„*Das deutsche Strafrecht gilt, unabhängig vom Recht des Tatorts, für folgende Taten, die im Ausland begangen werden: (...) Organhandel (§ 18 des Transplantationsgesetzes), wenn der Täter zur Zeit der Tat Deutscher ist.*"

3 Es handelt sich um eine Vorschrift des so genannten internationalen Strafrechts. Dabei handelt es sich nicht, wie man vermuten könnte, um eine Norm des internationalen, also des Völkerrechts, sondern um eine dem deutschen Recht zugehörige Bestimmung, die die Anwendbarkeit deutscher Strafgesetz auf Sachverhalte mit Auslandsbezug regelt. Mit dem in den letzten Jahren zunehmend entstehenden Völkerstrafrecht hat die Vorschrift nichts zu tun.

2. Aktives Personalitätsprinzip

4 Mit der durch § 24 TPG neu geschaffenen Regelung des § 5 Nr. 15 StGB wird das Territorialitätsprinzip um den sog. aktiven Personalitätsgrundsatz ergänzt. Er be-

sagt, dass das Strafrecht für die Tat eines Inländers gilt, einerlei, ob er sie im Inland oder Ausland begangen hat; dahinter steht die Überlegung, der Staat könne von seinen Staatsangehörigen bzw. den ihnen gleichstehenden Personen (Deutsche i.S. von Art. 116 GG) verlangen, dass sie die Ge- und Verbote der eigenen Rechtsordnung beachten, gleichgültig wo sie sich aufhalten.[1] Es ist im geltenden deutschen internationalen Strafrecht eine Ausnahme.[2] Zumeist wird der aktive Personalitätsgrundsatz mit anderen Prinzipien verbunden.[3] Bezogen auf § 5 Nr. 15 kommt zusätzlich das sog. Schutzprinzip in Betracht. Danach gilt, dass das inländische Strafrecht auch für solche Taten anwendbar ist, die inländische Rechtsgüter gefährden oder verletzen, gleichviel, wer sie begeht oder wo sie begangen werden.[4] Es geht mithin um Inlandsgüter, die dem nationalen Strafgesetzgeber so bedeutsam erscheinen, dass er sie auch Gefährdungen bzw. Verletzungen von dem Ausland her schützen will.

In der Gesetzesbegründung heißt es dazu, die bekannt gewordenen Fälle der Beteiligung Deutscher an verbotenem Organhandel bei Auslandstaten – welche das sein sollen, wird nicht erläutert – zeigten, dass angesichts der vielfältigen Möglichkeiten einer Auslandsberührung, vor allem im Bereich von Vermittlungstätigkeiten, eine Beschränkung des Verbots auf Inlandstaten keinen „effektiven Schutz vor entsprechenden Handlungen zu gewährleisten vermag".[5] Geschützt werden soll folglich die Korrektheit des deutschen Transplantationswesens, so weit es um den Zugriff auf transplantable Organe geht, durch die Inpflichtnahme auch von Deutschen im Ausland. Dass die Erstreckung des Strafrechtsschutzes auf Auslandstaten Deutscher zur Effektivität des Schutzes gegen „den illegalen internationalen Organhandel"[6] beiträgt, ist eine kriminalpolitische Glaubensfrage, die der Gesetzgeber im Rahmen seines von Verfassung wegen weiten Gestaltungs(spiel)raums[7] bejaht hat.[8] S. dazu auch § 18 Rdnr. 21 f.

3. „Täter" – „Deutsche" – Auslandstaten

Die Bestimmung erfasst die Beteiligung (Täterschaft, Anstiftung, Beihilfe, vgl. die Aufzählung in § 28 Abs. 1 und 2 StGB) von Deutschen an verbotenem Organhandel, der ausschließlich im Ausland begangen wird. Das Wort „Täter" ist in dieser Vorschrift des internationalen Strafrechts nicht so zu verstehen wie in den §§ 25 ff. StGB, wo in sachlich-rechtlichem Sinne zwischen Täterschaft und Teilnahme un-

---

1   *Gribbohm*, in: Leipziger Komm. z. StGB, 11. Aufl. 1997, vor § 3 Rn. 132.
2   *Tröndle*, in: ders./Fischer, StGB, 50. Aufl. 2001, vor § 3 Rn. 3; *Eser*, in: Schönke/Schröder, StGB, 26. Aufl. 2001, vor §§ 3 ff. Rn. 6. Andere Anwendungsfälle des aktiven Personalitätsgrundsatzes sind z.B. § 5 Nr. 8, 9, 13 StGB, die sich auf Taten gegen die sexuelle Selbstbestimmung, auf Taten nach § 218 StGB und auf Taten deutscher Amtsträger beziehen, die im Ausland begangen werden.
3   *Lemke*, in: Nomos-Komm. z. StGB, Bd. I, 1995, vor §§ 3–7 Rn. 10.
4   *Gribbohm*, in: Leipziger Komm. z. StGB, 11. Aufl. 1997, vor § 3 Rn. 128.
5   BT-Drs. 13/4355, S. 32.
6   BT-Drs. 13/4355, S. 10.
7   Dazu m.w.N. auch zur BVerfG-Rspr. *Appel*, Verfassung und Strafe, 1998, S. 182.
8   Krit. auch *König*, 1999, S. 217 ff.

terschieden wird; „Täter" meint in § 5 Nr. 15 StGB jeden in strafrechtlich erheblicher Weise Handelnden.[9] Dies entspricht auch der Ansicht der amtlichen Begründung, wo von der „Beteiligung Deutscher"[10] die Rede ist; „Beteiligung" erfasst aber Täterschaft und Teilnahme (Anstiftung und Beihilfe), vgl. § 28 Abs. 2 StGB.[11]

7   Deutsche sind nicht nur deutsche Staatsangehörige[12], sondern auch deutsche Volkszugehörige, also Deutsche im Sinne des Art. 116 Abs. 1 GG.[13] Erfasst sind auch, wie aus § 18 Abs. 4 TPG folgt, (potenzielle) Organspender und (potenzielle) Organempfänger, die Deutsche sind.[14] Nicht erfasst sind Ausländer, die sich im Ausland aufhalten; sie können nur auf deutschem Staatsgebiet gegen § 18 verstoßen.[15]

8   Folglich sind nach dem neuen § 5 Nr. 15 StGB Verstöße gegen das Organhandelsverbot (§ 18 Abs. 1 i.V.m. § 17 Abs. 1 S. 1, Abs. 2 TPG), die ein Deutscher ausschließlich vom Ausland aus vornimmt (zu den denkbaren Tatvarianten § 17 Rdnr. 17ff.), strafbar. Sofern die Tat von einem Deutschen nur zum Teil im Ausland begangen wurde, im Übrigen aber im Inland, findet das deutsche Strafrecht schon auf Grund des so genannten Territorialitätsprinzips Anwendung, wonach für Taten, die auf deutschen Staatsgebiet begangen werden, deutsches Strafrecht zu beachten ist (§ 3 StGB). „Begangen" ist die Tat dort (vgl. § 9 Abs. 1 und 2 StGB), wo die Tathandlung vollzogen wurde oder – wenn es sich um ein sog. Erfolgsdelikt handelt – der „Erfolg", der durch die Tathandlung bewirkt wurde, eingetreten ist. Beispiele: Das im Ausland unter Verstoß gegen § 17 beschaffte Organ wird in Deutschland eingepflanzt, oder das in Deutschland unter Verstoß gegen § 17 beschaffte Organ wird im Ausland eingepflanzt; es reicht also, dass der Täter auf deutschem Staatsgebiet eine auf die Verwirklichung des Tatbestands von § 18 gerichtete Tätigkeit entfaltet oder sie versucht (auch der Versuch ist strafbar, § 18 Abs. 3 TPG).[16]

---

[9] Vgl. *Gribbohm*, in: Leipziger Komm. z. StGB, 11. Aufl. 1997, § 5 Rn. 42ff., Rn. 53.; s. auch *König*, Strafbarer Organhandel, 1999, S. 224ff. mit Nachweisen zu der entgegengesetzten „wohl herrschende(n) Meinung" (S. 224), die freilich die amtliche Begründung zum TPG und auch die systematischen Erwägungen bei *Gribbohm* nicht zur Kenntnis nimmt.
[10] BT-Drs. 13/4355, S. 32.
[11] Vgl. *Nickels/Schmidt-Preisigke/Sengler*, § 24 Rn. 3.
[12] So aber BT-Drs. 13/4355, S. 32.
[13] Vgl. dazu BGHSt 11, 63 (63f.); BVerfGE 36, 1 (30), *Gribbohm*, in: Leipziger Komm. z. StGB, 11. Aufl. 1997, vor § 3 Rn. 330ff.
[14] *Lackner*, in: ders./Kühl, StGB, 24. Aufl. 2001, § 5 Rn. 3 a.E.
[15] So auch *Nickels/Schmidt-Preisigke/Sengler*, § 24 Rn. 3.
[16] Vgl. allg. zum Begriff des „Begehens" *Gribbohm*, in: Leipziger Komm. z. StGB, 11. Aufl. 1997, § 9 Rn. 7. Zum Versenden von Telefax-Angeboten über Organe von Deutschland ins Ausland vgl. LG München I, NJW 2002, 2655.

§ 25
Übergangsregelungen

(1) Bei Inkrafttreten dieses Gesetzes bestehende Verträge über Regelungsgegenstände nach § 11 gelten weiter, bis sie durch Vertrag nach § 11 Abs. 1 und 2 abgelöst oder durch Rechtsverordnung nach § 11 Abs. 6 ersetzt werden.

(2) Bei Inkrafttreten dieses Gesetzes bestehende Verträge über Regelungsgegenstände nach § 12 gelten weiter, bis sie durch Vertrag nach § 12 Abs. 1 und 4 abgelöst oder durch Rechtsverordnung nach § 12 Abs. 6 ersetzt werden.

Gliederung

	Rdnr.
I. Grundsätzliche Bedeutung und Regelungsgegenstand	1
II. Die Erläuterungen im Einzelnen	2
1. Bestandsgeschützte Verträge	2
2. Zeitpunkt des In-Kraft-Tretens der Verträge gem. §§ 11, 12 TPG	4
3. Umfang der Ablösung alten Vertragsrechts	6
4. Zustandekommen unter Verstoß gegen § 11 Abs. 6 und § 12 Abs. 6 TPG	7

I. Grundsätzliche Bedeutung und Regelungsgegenstand

Die Vorschrift wollte sicherstellen, dass bis zum Erlass der Verträge über die Koordinierungs- und die Vermittlungsstelle gemäß §§ 11 und 12 TPG bzw. der entsprechenden Rechtsverordnungen kein „rechtsloser" Zustand herrsche. Den zum Zeitpunkt des In-Kraft-Tretens des TPG bestehenden Verträgen über die Regelungsgegenstände nach §§ 11 und 12 wurde auf diese Weise qua Gesetz „Bestandsschutz"[1] verliehen, bzw. genauer: ihre Fortgeltung als Vertragsrecht wurde angeordnet. § 25 TPG muss allerdings zusammen mit § 11 Abs. 6 und § 12 Abs. 6 TPG gelesen werden, was die bisherige Praxis übersehen hat.   *1*

II. Die Erläuterungen im einzelnen

1. Bestandsgeschützte Verträge

Weder das Gesetz noch die Gesetzesbegründung erläutern, welche Verträge gemeint sind. Nur beispielhaft wird in der Gesetzesbegründung ein wichtiger Vertrag genannt.[2] Es handelt sich um den Vertrag über Zusammenarbeit und Finanzierung der Vermittlung von Herzen, Nieren, Lebern, Lungen und Bauchspeicheldrüsen vom 19.6.1989 zwischen der Deutschen Stiftung Organtransplantation   *2*

---

[1] *Nickels/Schmidt-Preisigke/Sengler*, § 25 Rn. 1.
[2] BT-Drs. 13/4355, S. 33: „insbesondere".

(DSO), dem Kuratorium für Dialyse und Nierentransplantation (KfH), den Spitzenverbänden der Krankenkassen und der Stichting Eurotransplant International Foundation (Eurotransplant) in seiner am 1.12.1997 (vgl. § 26 Abs. 1 TPG: Zeitpunkt des In-Kraft-Tretens des Gesetzes) geltenden Fassung. Gleiches gilt für die Verteilungsregeln, die am 1.12.1997 von Eurotransplant erlassen waren.[3]

3 Die Unbestimmtheit des § 25 TPG lässt im Dunkeln, welche Verträge existieren, wer die Vertragspartner sind, um welche Regelungsgegenstände es geht und wo die Verträge veröffentlicht bzw. zugänglich sind. Die Unbestimmtheit wird auch durch die Verträge nach §§ 11 und 12 TPG nicht aufgehoben, sondern vielmehr vertieft, wenn es dort heißt, das Außerkrafttreten des Vertrages vom 19.6. 1989 erstrecke sich auch auf Transplantationszentren, die dem Vertrag später beigetreten seien.[4] Welche Transplantationszentren das sind, bleibt offen. Unter dem Gesichtspunkt des rechtsstaatlichen Gebots der Normenklarheit wäre es angemessener gewesen, im TPG selbst die relevanten Verträge zu benennen. Dazu hätte § 25 TPG auf eine Anlage verweisen können, in der die Verträge hätten genannt und charakterisiert werden können. De lege ferenda sollte der Gesetzgeber hier für Remedur sorgen. „Hilfsweise" ist es empfehlenswert, dass die Vertragspartner die Öffentlichkeit über die Vertragslage informieren.

2. Zeitpunkt des Inkrafttretens der Verträge gem. §§ 11, 12 TPG

4 Die Praxis geht davon aus, dass die Verträge über Koordinierungs- und Vermittlungsstelle am 16. Juli 2000 in Kraft getreten sind. Die Verträge sehen nämlich vor, dass sie nach erfolgter Genehmigung am Tag nach der Bekanntmachung im Bundesanzeiger in Kraft treten.[5] Die Bekanntmachung erfolgte am 15. Juli 2000.[6]

5 Da die alten Verträge nicht rechtzeitig durch neue Verträge oder entsprechende Rechtsverordnungen ersetzt wurden, muss man angesichts des Wortlauts von § 25 TPG davon ausgehen, dass die alten Verträge bis zum 15.7.2000 fortgegolten haben.

3. Umfang der Ablösung alten Vertragsrechts

6 Das Außerkrafttreten erstreckt sich nur auf Regelungsgegenstände, die durch die neuen Verträge tatsächlich geregelt wurden. Sowohl der Vertrag über die Koordinierungsstelle als auch der Vertrag über die Vermittlungsstelle enthalten Klauseln, wonach die alten Verträge nur aufgehoben sind, „so weit"[7] die alten Verträge gegenständlich erledigt sind. Diese Regelungstechnik scheint vordergründig der gesetzlichen Vorgabe gerecht zu werden (vgl. den Wortlaut von § 25 Abs. 1 und

---

[3] *Nickels/Schmidt-Preisigke/Sengler*, § 25 Rn. 3 a.E.
[4] § 13 Abs. 1 S. 2 Vertrag über die Koordinierungsstelle, § 18 Abs. 1 S. 2 Vertrag über die Vermittlungsstelle.
[5] § 12 Vertrag über die Koordinierungsstelle; § 17 Vertrag über die Vermittlungsstelle.
[6] BAnz. Nr. 131a vom 15.7.2000.
[7] § 13 Abs. 1 S. 1 Vertrag über die Koordinierungsstelle, § 18 Abs. 2 S. 1 Vertrag über die Vermittlungsstelle.

Abs. 2: „bis sie durch Vertrag ... ersetzt werden", nicht: durch *einen* Vertrag ersetzt werden). Bei genauerem Hinsehen ist es jedoch so, dass das TPG in dieser Bestimmung von einer Ersetzung der „Verträge" „durch Vertrag" spricht, nicht von einer Ersetzung durch einzelne vertragliche Vereinbarungen. Dementsprechend heißt es in § 11 Abs. 2 S. 2 und Abs. 3 S. 1 und S. 2 sowie § 12 Abs. 4 S. 2 und Abs. 5 S. 1 und S. 2: *„der* Vertrag". Gemeint ist ein Vertragswerk, das zwar geändert[8], das aber nicht erst nach durch Aneinanderreihung vertraglicher Einzelvereinbarungen zu Stande kommen darf. Die Vertragspartner müssen daher darauf hinwirken, dass alle Regelungsgegenstände in einem Vertragswerk – „dem" Vertrag – abschließend abgehandelt werden. Unter diesem Aspekt sind auch die Verweisungen in den gegenwärtigen Verträgen nach §§ 11 und 12 TPG auf gesonderte vertragliche Vereinbarungen problematisch.[9]

4. Zustandekommen unter Verstoß gegen § 11 Abs. 6 und § 12 Abs. 6 TPG

Richtiger Ansicht nach verstößt das Zustandekommen der Verträge erst am 16.7.2000 gegen § 11 Abs. 6 bzw. § 12 Abs. 6 TPG. Dort heißt es, dass für den Fall, dass die Verträge nicht innerhalb von zwei Jahren nach In-Kraft-Treten des TPG (1.12.1997, § 26 Abs. 1 S. 1 TPG) zu Stande kommen, das Bundesgesundheitsministerium durch Rechtsverordnung mit Zustimmung des Bundesrates vertragssurrogierende Regelungen bestimmt. Das bedeutet: Am 30.11.1999 (= zwei Jahre nach In-Kraft-Treten des TPG) mussten die Verträge zu Stande gekommen sein, wobei „Zustandekommen" In-Kraft-Treten meint. Der Begriff des Zustandekommens ist im gesetzessystematischen Kontext des TPG als Synonym für „In-Kraft-Treten" zu verstehen, denn nur ein in Kraft getretener Vertrag kann wirksam etwas „regeln". Genau dies – eine Regelung im Sinne verbindlicher Normen, von denen ein Befolgungsanspruch ausgeht – erwarten aber die Ermächtigungsnormen des TPG von den Verträgen (vgl. den Wortlaut von § 11 Abs. 2 S. 2 sowie § 12 Abs. 4 S. 2 TPG: „Der Vertrag *regelt* ..."). Am 1.12.2000 mussten daher Rechtsverordnungen in Kraft treten, die an Stelle der Verträge Regelungen hätten treffen müssen. Dies ist nicht geschehen. 7

Ungeachtet der Frage, ob der Gesetzgeber zweckmäßig gehandelt hat, als er die §§ 11 Abs. 6 und 12 Abs. 6 TPG mit einer zeitlichen Begrenzung erließ, ist anzuerkennen, dass diese Vorschriften geltendes Recht waren und sind. D.h.: Die Vertragspartner und auch das aufsichtsführende Bundesgesundheitsministerium hätten die Frist beachten und für ein rechtzeitiges In-Kraft-Treten entweder der Verträge bzw. der Rechtsverordnungen sorgen müssen; jedenfalls hätten sie den Gesetzgeber drängen müssen, die Frist in § 11 Abs. 6 und § 12 Abs. 6 TPG zu verlängern, was ebenfalls nicht geschehen ist. 8

Mit dem Gesetz nicht in Einklang zu bringen ist die Argumentation des Bundesgesundheitsministeriums, mit der es die Nichtbeachtung von § 11 Abs. 6 und 9

---

[8] Vgl. § 11 Abs. 3 S. 2 und § 12 Abs. 5 S. 2 TPG.
[9] Vgl. § 3 Abs. 5, § 4 Vertrag über die Koordinierungsstelle oder Anlage 1 zum Vertrag über die Vermittlungsstelle (Durchführungsbestimmung zu § 11 Abs. 1 des Vertrages).

§ 12 Abs. 6 zu rechtfertigen sucht. Es führt aus, bei der Zweijahresfrist handele es sich „nicht um eine Ausschlussfrist (…), die abschließende Vertragsverhandlungen nach diesem Termin nicht mehr zuließe"; vielmehr habe es „im Rahmen des dem Bundesministerium für Gesundheit beim Vollzug des Transplantationsgesetzes insoweit gegebenen Ermessens" gelegen, „eine angemessene Nachfrist einzuräumen, wenn gegen Fristende absehbar ist, dass die Frist nicht mehr eingehalten werden kann, die Verhandlungspartner jedoch erkennbar einen Vertragsabschluss ernsthaft wollen, zu wesentlichen Regelungsgegenständen bereits eine Einigung erreicht haben und begründete Aussicht besteht, dass sie über die noch strittigen Punkte innerhalb der Nachfrist eine Einigung erzielen werden."[10]

10 Schon im Ansatz sind diese Ausführungen verfehlt. Dem Bundesministerium ist, wenn man den Wortlaut des § 11 Abs. 6 und des § 12 Abs. 6 TPG beachtet, kein Ermessen eingeräumt. § 11 Abs. 6 und § 12 Abs. 6 TPG sind eindeutig konditional nach dem Wenn/Dann-Schema formuliert, wonach bei Erfülltsein der tatbestandlichen Voraussetzungen zwingend die Rechtsfolge – hier: die Pflicht zum Erlass einer rechtzeitig in Kraft tretenden Rechtsverordnung – eintritt. Es heißt, dass Ministerium „bestimmt", nicht: es „kann" bestimmen. Ein absehbarer Vertragsabschluss oder die ernstliche Intention, zu einem solchen zu kommen, oder die vorvertraglich erzielte Einigkeit über den präsumtiven Vertragsinhalt führen nach allgemeinen Regeln nicht zum Zustandekommen eines Vertrags. Dass das Bundesministerium für Gesundheit dies offenbar anders sieht, ist verwunderlich. Man hat fast den Eindruck, als solle eine mehr als zweifelhafte Vorgehensweise notdürftig – aber letztlich erfolglos – legitimiert werden. Der bemerkenswert freihändige Umgang der aufsichtsführenden (!) Genehmigungsbehörde[11] mit dem Gesetz muss Unbehagen auslösen. Er bestätigt den Eindruck, dass die normative Kraft des Gesetzes im Bereich des Gesundheitswesens häufig von den beteiligten Stellen nicht ganz ernst genommen, das Gesetz vielmehr als Verfügungsmasse kooperativen Sich-Einigens missverstanden und großzügiger Geltungskontrolle nach Maßgabe der subjektiven Interessenlage unterworfen wird (vor § 1 Rdnr. 16). Der Normbefehl des Parlamentes wird missachtet. Vorliegend geschah dies dadurch, dass die Genehmigungsbehörde den mit der Fristsetzung intendierten zeitlichen Druck auf die Vertragspartner unterlaufen hat, weil sie meinte, die vom Gesetz gewollte Steuerungswirkung dürfte durch Einräumung gesetzlich nicht vorgesehener Nachfristen abgemildert werden. Das Prinzip der Gesetzmäßigkeit der Verwaltung (Art. 20 Abs. 3 GG) lässt dergleichen nicht zu.

---

[10] Schreiben des Bundesministeriums für Gesundheit v. 11.7.2000, Gz. 312 – 4090/10.
[11] Vgl. § 11 Abs. 3 und § 12 Abs. 5 TPG.

§ 26
Inkrafttreten, Außerkrafttreten

(1) ¹Dieses Gesetz tritt am 1. Dezember 1997 in Kraft, soweit in Satz 2 nichts Abweichendes bestimmt ist. ²§ 8 Abs. 3 Satz 2 und 3 tritt am 1. Dezember 1999 in Kraft.

(2) Am 1. Dezember 1997 treten außer Kraft:

1. die Verordnung über die Durchführung von Organtransplantationen vom 4. Juli 1975 (GBl. I Nr. 32 S. 597), geändert durch Verordnung vom 5. August 1987 (GBl. I Nr. 19 S. 199),
2. die Erste Durchführungsbestimmung zur Verordnung über die Durchführung von Organtransplantationen vom 29. März 1977 (GBl. I Nr. 13 S. 141).

Gliederung

		Rdnr.
I.	Grundsätzliche Bedeutung und Regelungsgegenstand	1
II.	Die Erläuterungen im Einzelnen	3
	1. Zeitlicher Anwendungsbereich des TPG	3
	a) Zeitpunkt des Inkrafttretens	3
	b) Datum der Ausfertigung und des Ingeltungsetzens	4
	c) Feststellung des maßgeblichen Zeitpunktes	6
	2. Außerkrafttreten des (möglicherweise) fortgeltenden DDR-Rechts (§ 26 Abs. 2 TPG)	10
	3. Rechtslage vor In-Kraft-Treten des TPG	11
	a) „Alte" Bundesrepublik einschl. West-Berlin	12
	b) Brandenburg, Mecklenburg-Vorpommern, Sachsen, Sachsen-Anhalt, Thüringen	14

I. Grundsätzliche Bedeutung und Regelungsgegenstand

§ 26 regelt den zeitlichen Anwendungsbereich des TPG. Die Vorschrift bestimmt, ab wann die Bestimmungen des TPG zu beachten sind. Zugleich regelt sie implizit, für welchen Zeitraum das TPG nicht gilt. Damit wird die Frage aufgeworfen, welche Normen früher – für die Zeit vor In-Kraft-Treten des TPG – zu beachten sind. 1

Der genaue Zeitpunkt des In-Kraft-Tretens des TPG ist insbesondere für das Straf- und Bußgeldrecht wichtig. Dort ist von Verfassung wegen zu beachten, dass eine Tat als Straftat oder Ordnungswidrigkeit nur geahndet werden darf, wenn das Gesetz, das die Strafbarkeit bzw. die Ahndbarkeit anordnet, bereits zu dem Zeit- 2 punkt in Kraft war, zu dem die straf- bzw. bußgeldbewehrte Handlung begangen wurde (Art. 103 Abs. 2 GG – Rückwirkungsverbot).

II. Die Erläuterungen im einzelnen
1. Zeitlicher Anwendungsbereich des TPG
a) Zeitpunkt des Inkrafttretens

3   Die Bestimmungen des TPG entfalten grundsätzlich seit dem 1. Dezember 1997, 0 Uhr, Regelungswirkung. Erst am 1. Dezember 1999 ist die Vorschrift des § 8 Abs. 3 S. 2 und 3 in Kraft getreten. Sie legt fest, welchen Anforderungen die von den Ländern einzurichtenden (vgl. § 8 Abs. 3 S. 4) Kommissionen erfüllen müssen, die die Freiwilligkeit einer Lebendspende bzw. das Fehlen von Anzeichen für einen Organhandelsverdacht zu überprüfen haben. Mit dem späteren In-Kraft-Treten dieser Vorschrift sollte den Ländern hinreichend Zeit für die Einrichtung der Kommissionen belassen werden.[1] Diese Frist haben die meisten Länder überschritten. Dass ist nicht etwa nur ein nicht weiter beachtlicher „Schönheitsfehler", sondern damit haben die betreffenden Bundesländer eine Gesetzgebungspflicht verletzt.

b) Datum der Ausfertigung und des Ingeltungsetzens

4   Das TPG ist *nicht* am 5. November 1997 in Kraft getreten, wie die im Bundesgesetzblatt erfolgte Datumsangabe direkt hinter der Gesetzesüberschrift vermuten lassen könnte.[2] Denn das Datum, das im Bundesgesetzblatt direkt hinter dem Titel eines Gesetzes genannt wird, benennt den Tag der Ausfertigung des Gesetzes, nicht den Tag des In-Kraft-Tretens.[3] Tag der Ausfertigung ist der Tag, an dem der Bundespräsident gemäß Art. 82 Abs. 1 GG beurkundet hat, dass der Gesetzestext mit dem vom Gesetzgeber beschlossenen Gesetzesinhalt übereinstimmt und das Gesetzgebungsverfahren ordnungsgemäß verlaufen ist. Dies war, was sich aus der Datumsangabe vor der Unterschrift des Bundespräsidenten am Ende des TPG ergibt,[4] der 5.11.1997.

5   In Geltung gesetzt wurde das TPG durch Verkündung in der am 11. November 1997 ausgegebenen Nummer 74 von Teil I des Bundesgesetzblattes. Verkündung meint die amtliche Bekanntgabe des Gesetzeswortlautes in dem dafür vorgeschriebenen amtlichen Blatt. Das ist bei förmlichen, d.h. vom Parlament beschlossenen, Gesetzen des Bundes das Bundesgesetzblatt. Das Ingeltungsetzen führt noch nicht

---

[1] Vgl. BT-Drs. 13/4355, S. 33.
[2] Das verkennt *Lilie*, Transplantationsgesetz – was nun?, in: Medizin – Recht – Ethik, Rechtsphilosophische Hefte Bd. VIII, hrsgg. v. Orsi u.a., 1998, 89 (94), der meint, das TPG sei am 5.11.1997 in Kraft getreten.
[3] Vgl. *Hans Schneider*, Gesetzgebung, 2. Aufl. 1991, Rn. 500, der darauf hinweist, anders sei dies im deutschen Sprachraum nur im Saarland, wo hinter dem Gesetzestitel der Tag des parlamentarischen Gesetzesbeschlusses genannt werde.
[4] BGBl. 1997 I S. 2639.

dazu, dass die Rechte und Pflichten, die das Gesetz anordnet, entstehen bzw. zu beachten sind. Das ist erst die Folge des In-Kraft-Tretens eines Gesetzes. Das Ingeltungsetzen bewirkt nur, das ein beschlossener und in verfassungsmäßig vorgesehener Form beurkundeter Gesetzentwurf zum Gesetz, d.h. zur Rechtsnorm wird. Der Zeitpunkt des Ingeltungsetzens ist im Regelfall – so auch im Fall des TPG – dem Zeitpunkt des In-Kraft-Tretens deutlich vorgelagert, damit sich die Instanzen der Rechtsdurchsetzung, namentlich die Gerichte, und die unmittelbar betroffenen Kreise (etwa die an der Planung und Durchführung von Organtransplantation beteiligten Krankenhäuser), aber auch die gesamte Rechtsgemeinschaft, deren Angehörige von dem Gesetz betroffen werden können, auf die Regelungen des Gesetzes einzustellen vermögen.

c) Feststellung des maßgeblichen Zeitpunktes

Handlungen, die vor dem 1.12.1997 begangen wurden, unterfallen nicht der Bewertung durch die Bestimmungen des TPG. 6

Für Fragen der Strafbarkeit bzw. der Ahnbarkeit als Ordnungswidrigkeit ergibt sich dies ergänzend aus § 8 StGB und § 6 OWiG. Diese Vorschriften bestimmen, das eine Tat bzw. eine Handlung zu der Zeit begangen ist, zu welcher der Täter (bzw. im Strafrecht auch der Teilnehmer, also der Anstifter oder Gehilfe, vgl. § 28 Abs. 1 StGB) gehandelt hat oder im Falle des Unterlassens hätte handeln müssen, wobei nicht maßgebend ist, wann der „Erfolg" eintritt. „Erfolg" im Sinne des Straf- und Bußgeldrechts ist ein von der (Tat-)Handlung unterscheidbares, durch sie herbeigeführtes Ereignis, etwa der Tod des Patienten infolge einer unzureichenden Behandlung. 7

Bei der Feststellung, welches Verhalten als Handlung im Rechtssinne gilt, sind die sog. allgemeinen Lehren, wie sie den Regelungen über die sog. Konkurrenzen im Straf- und Ordnungswidrigkeitenrecht zu Grunde liegen, zu beachten (vgl. §§ 52 ff. StGB und die §§ 19 f. OWiG). Handlung ist danach jedes vom Willen getragene sozial erhebliche Verhalten (aktives Tun oder pflichtwidriges Nichtbetätigen des Willens = Unterlassen).[5] Dabei ist zu bedenken, dass nicht notwendig jedes, bei „natürlicher", also bei unbefangener, von den normativen Muster des Straf- und Bußgeldrechts freier Betrachtung als Einzelakt wahrnehmbares Geschehen eine Handlung in diesem Sinne darstellt. So besteht etwa die Organentnahme, aber auch die Organübertragung (vgl. § 19 Abs. 1 und Abs. 2 sowie § 20 Abs. 1 Nr. 2) aus einer Summe aufeinander verwiesener bzw. aufeinander aufbauender Teilakte (im Fall der Herzentnahme Hautschnitt; Durchtrennung des knöchernen Brustbeins; Öffnung des Herzbeutels; Abklemmen der Aorta; Einleiten der Perfusion; Ausspülen des Blutes; durch die Perfusion bewirkter Herzstillstand; Einstellen der intensivmedizinischen Versorgung, insbesondere Stopp der künstlichen 8

---

[5] Zum Handlungsbegriff *Stree*, in: Schönke/Schröder, StGB, 26. Aufl. 2001, vor §§ 52 ff. Rn. 10 ff.; *Roxin*, Strafrecht AT, Bd. I, 3. Aufl. 1997, § 8 Rn. 1 ff., 10 ff., 27 ff., 44 ff.; *Lackner*, in: ders./Kühl, StGB, 23. Aufl. 1999, vor § 52 Rn. 3 ff.; *Göhler*, OWiG, 12. Aufl. 1998, vor § 1 Rn. 11 ff.

Beatmung; Durchtrennung der herznahen Blutgefäße und der großen zuführenden Venen; Entnahme des Herzens).[6] Das bei unbefangener Betrachtung in Einzelakte zerlegbare Geschehen wird durch wertende Betrachtung zu einem einheitlichen Komplex zusammengefasst. Rekurriert wird dabei letztlich auf die Intention des Akteurs (die Willensrichtung), die darauf gerichtet ist, das Herz – oder ein anderes vom TPG erfasstes Organ – aus dem Körper des Spenders zu schneiden. Die Akteursintention verleiht dem Geschehen einen Sinn, vermittels dessen die Einzelakte als unselbstständige Vorstufen der unmittelbaren Herzentnahme gedeutet werden. Als finaler Akt, auf dessen Vollzug alle vorhergehenden Akte abzielen, nimmt die unmittelbare Entnahme (= das Herausschneiden des Organs) gleichsam alle vorgängigen Einzelakte in sich auf, integriert sie zu einer „Handlung" im Rechtssinne und gibt dieser den Namen: Organentnahme (vgl. § 19 Abs. 1). Diese Art der „Handlung" wird als natürliche Handlungseinheit bzw. tatbestandliche Handlungseinheit im engeren Sinne bezeichnet.[7] Die Handlung „Organentnahme" ist danach vollzogen, wenn das Herz (oder ein anderes Organ) aus dem Körper des Spenders völlig herausgelöst ist.

9   In Anlehnung an diese Kriterien lässt sich beispielsweise auch bestimmen, wann im Zuge einer Organentnahme, die in der Nacht vom 30.11.1996 zum 1.12.1997 vollzogen wurde, im straf- oder bußgeldrechtlichen Sinne gehandelt wurde bzw. ob eine Handlung (unabhängig von einem durch sie bewirkten Erfolg) vor oder erst nach 0 Uhr abgeschlossen war (Organ völlig aus dem Körper herausgelöst vor oder nach Mitternacht?). Dieser Fall wird vermutlich nur theoretisch von Bedeutung sein, er verdeutlicht aber, welche Unterscheidungskraft der dargelegte Begriff der „Handlung" entfaltet.

2. Außerkrafttreten des (möglicherweise) fortgeltenden DDR-Rechts (§ 26 Abs. 2 TPG)

10 § 26 Abs. 2 TPG stellt klar, dass die DDR-Verordnung über die Durchführung von Organtransplantationen vom 4. Juli 1975, geändert durch Verordnung vom 5. August 1987, und die Erste Durchführungsbestimmung zur Verordnung über die Durchführung von Organtransplantationen vom 29. März 1977[8] in den „neuen" Ländern Brandenburg, Mecklenburg-Vorpommern, Sachsen, Sachsen-Anhalt und Thüringen, wo das DDR-Transplantationsrecht als Landesrecht fortgalt, seit 1.12.1997 keine Anwendung (mehr) finden. Im ehemaligen Ost-Berlin galt das

---

[6] Dazu *Rixen*, Lebensschutz am Lebensende, 1999, S. 356 f.
[7] *Rixen*, Lebensschutz am Lebensende, 1999, S. 361 m.w.N.; weder die Terminologie noch der dogmatische Figur sind allerdings unumstritten; immerhin operiert die Rechtsprechung mit der Figur der „natürlichen Handlungseinheit" – was für die Rechtspraxis entscheidend ist –; die Rechtslehre lehnt sie vielfach ab, vgl. statt aller *Stree*, in: Schönke/Schröder, StGB, vor §§ 52 ff. Rn. 22 ff. m.w.N.
[8] Zum Inhalt der genannten Vorschriften *Höfling/Rixen*, Verfassungsfragen der Transplantationsmedizin, 1996, S. 21 ff. Die Verordnung vom 5. August 1987 änderte § 11 der Verordnung vom 4. Juli 1975, der die „materielle Sicherstellung des Spenders" regelte; für die Zulässigkeitsvoraussetzungen der Entnahme und Übertragung ist diese Änderung ohne Belang.

DDR-Recht schon vorher nicht mehr[9]; dies verkennt die Gesetzesbegründung, die von der Fortgeltung auch im Ostteil Berlins ausgeht.[10] Ob das ehemalige DDR-Recht vorher in den neuen Ländern wirksam fortgegolten hat, war umstritten; es wurde jedenfalls in der Transplantationspraxis nicht mehr angewandt. Man orientierte sich an der (west-)deutschen Rechtslage.[11]

3. Rechtslage vor Inkrafttreten des TPG

Das Wissen um die frühere Rechtslage ist nicht nur von rechts(zeit)geschichtlichen Interesse, sondern maßgeblich für die Bewertung von Rechtsfragen, die im Zusammenhang mit Transplantationen vor dem 1.12.1997 oder aber vor der juristischen Wiederherstellung der Einheit Deutschlands (3.10.1990) grundgelegt wurden.

11

a) „Alte" Bundesrepublik einschl. Berlin (West)

In der „alten" Bundesrepublik einschließlich West-Berlins gab es kein Transplantationsgesetz. Anwendung fanden ungeschriebene allgemeine Grundsätze des Arzt(straf)rechts, das durch Auslegung strafrechtlicher Vorschriften und Heranziehung allgemeiner Prinzipien aus dem Recht des Arzt-Patienten-Beziehung entwickelt wurde. Maßgeblichen Anteil daran hatte die Rechtsprechung und vor allem die Rechtswissenschaft. Es galt eine so genannte erweiterte Zustimmungslösung, die dem nunmehr anwendbaren Recht, so wie es in den §§ 3 ff. TPG niedergelegt ist, sehr ähnlich war, ohne dass es den (freilich immer noch nicht optimalen) Präzisionsgrad der geltenden Regelung erreicht hätte. Die Entnahme war danach nur zulässig, wenn der Organspender sie zu Lebzeiten verfügt hatte, oder aber dann, wenn die Angehörigen ihr zustimmten, sofern der Betroffene sich nicht gegen die Entnahme ausgesprochen hatte, woran Angehörige und Ärzte gebunden waren.[12]

12

Bei sog. Lebendspenden galt ebenfalls eine Regelung, die dem nunmehr anwendbaren § 8 TPG ähnlich ist, auch wenn die verfahrensmäßigen Sicherungen zur Garantie einer freiwilligen Spendeentscheidung oder zur Verhinderung von Organhandel nicht gesetzlich normiert waren. D.h. insbesondere, dass ohne Zustimmung des Spenders eine Entnahme nicht zulässig war. Für die Implantation

13

---

[9] Vgl. § 2 i.V.m. Anlage 3 des Gesetzes über die Vereinheitlichung des Berliner Landesrechts v. 28.9.1990 (BerlGVBl. 1990, 2119, 2132); dazu *Kern*, Die rechtliche Grundlage für die Organtransplantation – Zur Gesetzeslage in den neuen Bundesländern, DtZ 1992, S. 348 (348 mit Fußn. 16); *Höfling/Rixen*, Verfassungsfragen der Transplantationsmedizin, 1996, S. 23; s. auch *Hirsch/Schmidt-Didczuhn*, Transplantation und Sektion, 1992, S. 37 ff.
[10] BT-Drs. 13/4355, S. 33; s. auch S. 1 a.E.
[11] *Höfling/Rixen*, Verfassungsfragen der Transplantationsmedizin, 1996, S. 23 f. m.N.; s. auch BT-Drs. 13/4355, S. 2.
[12] Im einzelnen dazu *Höfling/Rixen*, Verfassungsfragen der Transplantationsmedizin, 1996, S. 14 ff.

der Organe galten die allgemeinen arztrechtlichen Grundsätze über Aufklärung und Einwilligung.[13]

b) Brandenburg, Mecklenburg-Vorpommern, Sachsen, Sachsen-Anhalt, Thüringen

14 In der DDR galt für die Entnahme vom Toten eine so genannte Widerspruchslösung, d. h., die Organentnahme von Verstorbenen für Transplantationszwecke war zulässig, „falls der Verstorbene zu Lebzeiten keine anderweitigen Festlegungen getroffen" hatte (so § 4 Abs. 1 der Verordnung über die Durchführung von Organtransplantationen vom 4. Juli 1975).[14] Die Angehörigen waren nicht befugt, eine Entnahme zu verhindern. Der Todesbegriff (Gleichsetzung von Tod und Hirntod) glich dem in der „alten" Bundesrepublik.[15] Nach Wiederherstellung der Einheit Deutschlands, also ab 3. 10. 1990, galt das DDR-Transplantationsrecht – wie unter II.2. dargelegt – nicht mehr in Ost-Berlin; in den übrigen Ländern war die Fortgeltung – wie erwähnt – umstritten; praktiziert wurde das DDR-Transplantationsrecht auch dort nicht mehr.

15 Für die sog. Lebendspende war die höchstpersönliche Zustimmung des Spenders erforderlich (§ 7 Abs. 1 der Verordnung vom 4. Juli 1975): „Voraussetzung für die Zulässigkeit einer Organentnahme ist die aus freiem Entschluss ohne Beeinflussung durch Dritte erteilte Zustimmung des Spenders. Sie kann nicht ersetzt werden."[16] Der Spender musste volljährig sein (§ 7 Abs. 2), er konnte die Zustimmung „bis unmittelbar vor der Organentnahme jederzeit ohne Angabe von Gründen zurücknehmen" (§ 7 Abs. 3), er war umfänglich aufzuklären (§ 8 Abs. 1–3) und er konnte verlangen, dass das Organ nur einem bestimmten Empfänger zu transplantieren sei (§ 9 Abs. 1). Materielle Nachteile, die ihm durch wider Erwarten eintretende gesundheitliche Beeinträchtigungen in der Folge der Organentnahme entstanden, waren ihm zu ersetzen (vgl. § 11).

16 Für die Implantation entnommener Organe sah die Verordnung vom 4. Juli 1975 Regeln vor (§ 12 und § 13), die den ungeschriebenen arztrechtlichen Regeln über Aufklärung und Einwilligung entsprachen, wie sie in der „alten" Bundesrepublik galten und nunmehr im wiedervereinigten Deutschland immer noch gelten.

---

[13] Vgl. *Höfling/Rixen*, Verfassungsfragen der Transplantationsmedizin, 1996, S. 14 m. N.
[14] DDR-GBl. I Nr. 32 S. 597.
[15] Ausf. dazu *Rixen*, Lebensschutz am Lebensende, 1999, S. 124 ff.
[16] DDR-GBl. I Nr. 32 S. 597.

TEIL D
Anhang

Vertrag über die Koordinierungsstelle nach § 11 TPG

(Quelle: BAnz. vom 15. Juli 2000, Nummer 131a)

Vertrag
zwischen dem
AOK-Bundesverband, Kortrijker Straße 1, 53177 Bonn,
Bundesverband der Betriebskrankenkassen, Kronprinzenstraße 6, 45128 Essen
IKK-Bundesverband, Friedrich-Ebert-Straße, 51429 Bergisch Gladbach
Bundesverband der landwirtschaftlichen Krankenkassen, Weißensteinstraße 72, 34131 Kassel
Verband der Angestellten-Krankenkassen e.V., Frankfurter Straße 84, 53721 Siegburg
AEV-Arbeiter-Ersatzkassen-Verband e.V., Frankfurter Straße 84, 53721 Siegburg
der **Bundesknappschaft**, Königsallee 175, 44799 Bochum
und der **See-Krankenkasse**, Reimerstwiete 2, 20457 Hamburg
gemeinsam mit
der **Bundesärztekammer**, Herbert-Lewin-Straße 3, 50931 Köln,
der **Deutschen Krankenhausgesellschaft**, Tersteegenstraße 9, 40474 Düsseldorf
– Auftraggeber –
und der **Deutschen Stiftung Organtransplantation (DSO)**, Emil v. Behring-Passage, 63263 Neu-Isenburg
– Auftragnehmerin –

Präambel

Die Regelungen des Transplantationsgesetzes (TPG) vom 5.11.1997 (BGBl. I Nr. 74, S. 2631) sehen eine Trennung der Verantwortlichkeit in Bezug auf die Organentnahme einerseits sowie Organvermittlung andererseits vor. Sie dienen dem Ziel, die Bereitschaft zur Organspende in der Bevölkerung zu fördern, die Organe nach medizinischen Kriterien zu vermitteln und mit hoher Erfolgsaussicht zu transplantieren.

Im Interesse der bestmöglichen Effizienz der Organtransplantation, zur Wahrung der Chancengleichheit aller auf eine Organtransplantation wartenden Patienten sowie der Sicherstellung und Einhaltung der dem Stand der Erkenntnis der medizinischen Wissenschaft entsprechenden Regeln für die Organvermittlung und zur Erfüllung der gesetzlich zugewiesenen Aufgaben schließen die Vertragspartner folgende Vereinbarung:

§ 1
Beauftragung

(1) Die Entnahme von vermittlungspflichtigen Organen im Sinne des § 9 S. 2 Transplantationsgesetz (TPG) einschließlich der Vorbereitung von Entnahme, Vermittlung und Übertragung ist gemeinschaftliche Aufgabe der Transplantationszentren und der anderen Krankenhäuser zu Gunsten aller Patienten auf den Wartelisten aller Transplantationszentren in regionaler Zusammenarbeit.

Dieser Vertrag regelt abschließend die Aufgaben, die Organisation und die Finanzierung der Koordinierungsstelle auch mit Wirkung für die Transplantationszentren und die anderen Krankenhäuser.

(2) Mit der Organisation dieser Aufgabe beauftragen die Auftraggeber die Auftragnehmerin als Koordinierungsstelle nach § 11 TPG. Sie hat aufgrund ihrer finanziell und organisatorisch eigenständigen Trägerschaft, der Zahl und Qualifikation ihrer Mitarbeiter, ihrer betrieblichen Organisation sowie ihrer sachlichen Ausstattung zu gewährleisten, dass die Maßnahmen nach § 11 TPG in Zusammenarbeit mit den Transplantationszentren und den anderen Krankenhäusern nach den Vorschriften des TPG und dieses Vertrages ordnungsgemäß und sachgerecht durchgeführt werden.

(3) Die Auftraggeber haben sich vor Abschluss des Vertrages durch Einsicht in Unterlagen und persönliche Anschauung davon überzeugt, dass die Auftragnehmerin aufgrund ihrer finanziell und organisatorisch eigenständigen Trägerschaft, insbesondere unabhängig ist von medizinisch-therapeutischen Leistungen, die nicht der Organübertragung dienen und aufgrund der Zahl und Qualifikation ihrer Mitarbeiter, ihrer betrieblichen Organisation sowie ihrer sachlichen Ausstattung die Gewähr dafür bietet, dass die Aufgaben der Koordinierungsstelle nach den Vorschriften des TPG und dieses Vertrages erfüllt werden. Die Auftragnehmerin hat den Auftraggebern zum Beleg ihrer organisatorischen Eigenständigkeit einen Organisationsplan vorgelegt. Dieser wird auch künftig in seiner jeweils aktuellen Fassung den Auftraggebern bekannt gemacht.

(4) Die Koordinierungsstelle verpflichtet sich, bei der Erfüllung ihrer Aufgaben die Regelungen des TPG und dieses Vertrages einzuhalten. Jede wesentliche Änderung der in Abs. 2 genannten Voraussetzungen – insbesondere ihrer Organisationsstruktur oder ihres Stiftungskapitals – ist unverzüglich den Auftraggebern mitzuteilen.

(5) Grundlage der finanziellen Eigenständigkeit bildet das Stiftungskapital der Auftragnehmerin. Die finanzielle Eigenständigkeit darf nicht ausschließlich aus dem für die übernommenen Aufgaben erhaltenen Aufwendungsersatz erwachsen.

§ 2
Aufgaben der Koordinierungsstelle

(1) Die Koordinierungsstelle hat die Zusammenarbeit zur Organentnahme und Durchführung aller weiteren bis zur Transplantation erforderlichen Maßnahmen

– außer der Organvermittlung – unter Beachtung der Richtlinien nach § 16 TPG effektiv und effizient zu organisieren, um die vorhandenen Möglichkeiten der Organspende wahrzunehmen und durch Entnahme und Bereitstellung geeigneter Spenderorgane für Transplantationen die gesundheitlichen Risiken der Organempfänger so gering wie möglich zu halten. Die Verantwortung für vermittlungspflichtige Organe verbleibt mit Ausnahme der Vermittlungsentscheidung bis zur Übergabe an das Transplantationszentrum bei der Koordinierungsstelle.

(2) Die Koordinierungsstelle kann unbeschadet ihrer Gesamtverantwortung mit der Erfüllung einzelner Aufgaben Dritte beauftragen. Über den Inhalt solcher Verträge, die den Kern der Aufgaben der Koordinierungsstelle berühren, sind die Auftraggeber vor Vertragsabschluss zu unterrichten.

So weit die Belange der Vermittlungsstelle berührt werden, ist diese unverzüglich zu informieren.

(3) Zu diesem Zweck hat sie

1. die Entnahme von vermittlungspflichtigen Organen als gemeinschaftliche Aufgabe der Transplantationszentren und anderer Krankenhäusern in regionaler Zusammenarbeit zu organisieren,
2. die Krankenhäuser bei der Wahrnehmung ihrer Aufgaben nach dem TPG, den Tod des möglichen Organspenders festzustellen, zu unterstützen,
3. unter Beachtung der Richtlinien nach § 16 Abs. 1 S. 1 Nr. 3 und 4 TPG die notwendigen Untersuchungen, insbesondere hinsichtlich Organfunktion, Immunologie, Virologie, Bakteriologie, Blutgruppenbestimmung und Pathologie sicher zu stellen, und in Zusammenarbeit mit den Transplantationszentren zu klären, ob die Voraussetzungen der Organentnahme vorliegen,
4. die Entnahme und Konservierung von Organen durch Ärzte der Transplantationszentren und der anderen Krankenhäuser zu organisieren,
5. die notwendigen nationalen und internationalen Transporte der Entnahmeteams sowie der entnommenen Organe zu organisieren,
6. die Verschlüsselung gem. § 13 TPG in einem mit den Transplantationszentren abgestimmten Verfahren vorzunehmen,
7. das Organ, die Kenn-Nummer und die für die Organvermittlung erforderlichen Angaben an die Vermittlungsstelle nach § 12 Abs. 1 TPG zu melden,
8. nach der Entscheidung der Vermittlungsstelle die Begleitpapiere an das zuständige Transplantationszentrum, in dem das Organ auf den Empfänger übertragen werden soll, zu übermitteln,
9. die Einhaltung des Datenschutzes (§ 14 TPG) sowie der Aufbewahrungs- und Löschungspflichten (§ 15 TPG) zu gewährleisten; sie hat zur Erfüllung ihrer gesetzlichen und vertraglichen Aufgaben ein geeignetes Datenverarbeitungssystem vorzuhalten,
10. die Transplantationszentren bei Maßnahmen der Qualitätssicherung zu unterstützen,

11. die Transplantationszentren bei der Führung der Wartelisten zu unterstützen und den Austausch der für die Organvermittlung erforderlichen Spenderdaten zu gewährleisten,
12. die Verpflichtung zur Berichterstattung (§ 11 Abs. 5 TPG) einzuhalten,
13. eng mit den Transplantationszentren und der Vermittlungsstelle zusammenzuarbeiten; es findet ein regelmäßiger Erfahrungsaustausch statt,
14. bei den Krankenhäusern darauf hinzuwirken, dass die Krankenhäuser ihrer Meldepflicht gem. § 11 Abs. 4 S. 2 TPG nachkommen; hierfür stellt sie insbesondere ein geeignetes Meldeverfahren zur Verfügung.

Einzelheiten zur Durchführung der Aufgaben nach Abs. 3 können in Anlagen zu diesem Vertrag gesondert vereinbart werden.

(4) Ferner unterstützt die Koordinierungsstelle nach Abstimmung mit den Vertragspartnern die nach dem TPG zuständigen Stellen bei der Aufklärung der Bevölkerung über das Anliegen der Organspende, die Voraussetzungen der Organentnahme und die Bedeutung der Organübertragung.

(5) Die Koordinierungsstelle gewährleistet eine 24-Stunden-Bereitschaft i.d.R. durch ihre regionalen Gliederungen zur Erfüllung der gesetzlich und vertraglich übernommenen Aufgaben.

§ 3
Zusammenarbeit mit Transplantationszentren und den anderen Krankenhäusern

(1) Die Koordinierungsstelle, die Transplantationszentren und die anderen Krankenhäuser wirken zur Erfüllung der gesetzlichen Aufgaben der Transplantationsmedizin vertrauensvoll zusammen. Die Krankenhäuser teilen die als Spender nach § 11 Abs. 4 S. 2 TPG in Betracht kommenden Patienten dem zuständigen Transplantationszentrum mit; sie arbeiten bei der Organentnahme eng mit der regionalen Untergliederung der Koordinierungsstelle zusammen und übermitteln ihr die zur Erfüllung ihrer Aufgaben notwendigen Informationen.

(2) Die Krankenhäuser treffen die notwendigen organisatorischen Vorkehrungen, um ihre Verpflichtungen nach § 11 Abs. 4 TPG zu erfüllen.

(3) Die Krankenhäuser mit Intensivstationen oder Beatmungsbetten tragen dafür Sorge, dass die von der Koordinierungsstelle beauftragten Ärzte Auskunft nach § 7 Abs. 1 TPG durch die hierzu nach § 7 Abs. 2 TPG verpflichteten Ärzte dieser Krankenhäuser erhalten. Die Auskunft soll auch die Mitteilung der an einer primären oder sekundären Hirnschädigung verstorbenen Patienten und ggf. die Angabe der Gründe, die zum Ausschluss einer Spende vermittlungspflichtiger Organe geführt haben, sowie die Mitteilung dieser Angaben in nicht personenbezogener Form für den Tätigkeitsbericht nach § 6 bis zum 31. Januar jedes Jahres für das Vorjahr umfassen.

Regelungen der Länder zur Erfassung und Übermittlung der nicht personenbezogenen Angaben bleiben unberührt.

(4) Die Krankenhäuser werden insbesondere bei der Feststellung der Voraussetzung für die postmortalen Organspenden auf ihr Verlangen durch die regionale Untergliederung der Koordinierungsstelle unterstützt. Sie sind unter Beachtung datenschutzrechtlicher Bestimmungen über die erfolgten Transplantationen zu informieren.

(5) Die Koordinierungsstelle kann von den Transplantationszentren mit der Entgegennahme der Meldungen nach § 11 Abs. 4 S. 2 TPG, dem Führen der Warteliste und der Weiterleitung der für die Organvermittlung erforderlichen Daten nach § 13 Abs. 3 S. 3 TPG durch gesonderte Vereinbarung beauftragt werden. Die Aufgabenübertragung ist nur zulässig, wenn sichergestellt ist, dass eine Datenzusammenführung ausgeschlossen ist. Die Regelung zum Datenaustausch nach § 4 bleibt unberührt.

(6) Zur Erfüllung der vertraglich übernommenen Aufgaben kann die Koordinierungsstelle gesonderte Vereinbarungen mit den Transplantationszentren und den anderen Krankenhäusern schließen.

(7) Über den Inhalt der Vereinbarungen nach Abs. 5 und Abs. 6 sind die Auftraggeber zu unterrichten.

(8) Transplantationszentren (§ 10 TPG), die nach In-Kraft-Treten dieser Vereinbarung zugelassen werden, informieren unter Vorlage des Zulassungsbescheides die Koordinierungsstelle über ihre Zulassung.

§ 4
Datenaustausch zwischen Koordinierungsstelle und Vermittlungsstelle

Die Auftraggeber regeln mit der Koordinierungsstelle und der Vermittlungsstelle unverzüglich das Nähere zum Datenaustausch in einer gesonderten Vereinbarung.

§ 5
Organisationsstruktur der Koordinierungsstelle Regionalisierung

(1) Die Koordinierungsstelle hat von den Transplantationszentren organisatorisch unabhängige regionale Untergliederungen als unselbstständige Verwaltungsstellen zu bilden. Ihre Zahl und ihre regionale Struktur werden in einer Anlage zu diesem Vertrag festgelegt. Die Bildung der Regionen betrifft die Organentnahme. Die Koordinierungsstelle gewährleistet eine ständige Kooperation und einen kontinuierlichen Erfahrungsaustausch aller regionalen Untergliederungen.

(2) In der Koordinierungsstelle selbst wie auch in den regionalen Untergliederungen müssen die Transplantationszentren angemessen vertreten sein. Dies ist jeweils durch Bildung eines Fachbeirates zu gewährleisten.

Die Fachbeiräte beraten und unterstützen die Koordinierungsstelle bzw. ihre Untergliederungen bei der Erfüllung ihrer vertraglichen und gesetzlichen Aufgaben.

(3) Der Bundesfachbeirat der Koordinierungsstelle setzt sich wie folgt zusammen:

- je 2 Vertreter der regionalen Fachbeiräte,
- je 1 Vertreter der Deutschen Transplantationsgesellschaft und Eurotransplants,
- 2 von den Bundesländern zu benennende Vertreter,
- je 1 Vertreter der Gesetzlichen Krankenversicherung, der Bundesärztekammer und der Deutschen Krankenhausgesellschaft.

(4) Den Fachbeiräten der regionalen Untergliederungen gehören an

- je zwei ärztliche Vertreter der regionalen Transplantationszentren, die von jedem Transplantationszentrum benannt werden,
- je ein Vertreter der betroffenen Ärztekammern,
- je ein Vertreter der betroffenen Länder,
- je ein Vertreter der anderen Krankenhäuser, der von den jeweiligen Landeskrankenhausgesellschaften zu benennen ist,
- je 1 Vertreter der Gesetzlichen Krankenversicherung.

(5) Die Koordinierungsstelle beschließt im Benehmen mit dem Bundesfachbeirat eine einheitliche Geschäftsordnung für alle Fachbeiräte. Die Geschäftsordnung bedarf der Zustimmung der Auftraggeber.

§ 6
Tätigkeitsbericht

(1) Die Koordinierungsstelle veröffentlicht jährlich zum 30.4. einen Bericht, der die Tätigkeit jedes Transplantationszentrums im vergangenen Kalenderjahr darstellt und insbesondere folgende nicht personenbezogenen Angaben enthält:

1. Zahl und Art der durchgeführten Organübertragungen nach § 9 TPG und ihre Ergebnisse, getrennt nach Organen von Spendern nach § 3 und § 4 sowie nach § 8 TPG,
2. die Entwicklung der Warteliste, insbesondere aufgenommene, transplantierte, aus anderen Gründen ausgeschiedene sowie verstorbene Patienten,
3. die Gründe für die Aufnahme oder Nichtaufnahme in die Warteliste,
4. Altersgruppe, Geschlecht, Familienstand und Versichertenstatus, der zu 1. bis 3. betroffenen Patienten,
5. die Nachbetreuung der Lebendspender und die Dokumentation ihrer durch die Organspende bedingten gesundheitlichen Risiken,
6. die durchgeführten Maßnahmen zur Qualitätssicherung nach § 10 Abs. 2 Nr. 6 TPG,
7. Ergebnisbericht über die Entwicklung der Organspende und Transplantation in der Bundesrepublik Deutschland.

(2) Die für die Berichterstattung nach Abs. 1 erforderlichen Daten und Angaben haben die Transplantationszentren und die anderen Krankenhäuser der Koordinierungsstelle bis zum 31.1. jeden Jahres zur Verfügung zu stellen. Einheitliche Vorgaben für den Tätigkeitsbericht und die ihm zu Grunde liegenden Angaben der Transplantationszentren können in einer Anlage zu diesem Vertrag geregelt werden.

§ 7
Lebendspende

Die Koordinierungsstelle bietet den Transplantationszentren zur Vorbereitung und Durchführung der Lebendspende Unterstützung auf der Grundlage vertraglicher Vereinbarungen an.

§ 8
Finanzierung

(1) Die Koordinierungsstelle erhält unter Beachtung des § 7 für jedes transplantierte Organ eine Organisationspauschale. Die Höhe der Organisationspauschale ist insbesondere abhängig von der Art der Spende (Spende nach §§ 3, 4 oder § 8 TPG) und des Organs und ist der Entwicklung folgend anzupassen. Sie wird in einer gesonderten Vereinbarung als Anlage zu diesem Vertrag festgelegt.

Die Organisationspauschale ist zurzeit Bestandteil der Krankenhausentgelte nach der Bundespflegesatzverordnung und wird von den Transplantationszentren an die Koordinierungsstelle abgeführt.

Dazu stellt die Koordinierungsstelle dem Transplantationszentrum nach einer Transplantation eine Rechnung, die innerhalb eines Monates nach Rechnungserhalt fällig wird. Zum Zwecke der Abrechnung melden die Transplantationszentren unverzüglich eine erfolgte Transplantation unter Angabe der für die Abrechnung relevanten Daten an die Koordinierungsstelle.

Aus der Organisationspauschale deckt die Koordinierungsstelle die Personal-, Sach- und Investitionskosten, die bei der Erfüllung des Auftrags entstehen.

(2) Die Koordinierungsstelle zahlt den Transplantationszentren und anderen Krankenhäusern eine Abgeltung für Leistungen, die von diesen im Zusammenhang mit der Organentnahme und deren Vorbereitung erbracht werden. Die Abgeltung dieser Leistungen erfolgt aus den Mitteln der Organisationspauschale und wird in ihrer Höhe ebenfalls in der Vereinbarung nach Abs. 1 S. 3 festgelegt.

(3) Als Anlage zu diesem Vertrag wird das Verrechnungsverfahren und die Höhe der Erstattungspauschale für diejenigen Organe vereinbart, welche in Deutschland gewonnen und im Ausland transplantiert worden sind. In dieser Anlage wird ebenfalls das Verrechnungsverfahren und die Höhe der Erstattungspauschale geregelt, für jedes Organ, das im Ausland gewonnen worden ist und über die Vermittlungsstelle einem deutschen Transplantationszentrum zur Verfügung gestellt und dort transplantiert worden ist.

Diese Vereinbarung ist von den Vertragspartnern gemeinsam mit der Vermittlungsstelle zu schließen.

(4) Bis zum Abschluss der Vereinbarung nach Abs. 1 und Abs. 3 gelten die bestehenden Verträge fort.

§ 9
Pflichten der Koordinierungsstelle gegenüber den Auftraggebern
(1) Die Koordinierungsstelle berichtet den Auftraggebern jährlich bis zum 30. 9. über die Erfüllung der vertraglich übernommenen Aufgaben.

(2) Die Koordinierungsstelle legt den Auftraggebern jährlich bis zum 30. 9. die für die Ermittlung des Aufwendungsersatzes nach § 8 notwendigen Unterlagen vor. Diese umfassen einen von einem unabhängigen Wirtschaftsprüfer geprüften Jahresabschlussbericht für das vergangene Jahr, eine Hochrechnung für das laufende Jahr sowie eine Kalkulation für das Folgejahr.

(3) Die nähere Aufgliederung der Unterlagen nach Abs. 2 kann in einer Anlage zu diesem Vertrag geregelt werden. Anhand der Unterlagen muss auch die Eigenständigkeit i.S. des § 1 Abs. 2 und 3 beurteilt werden können.

(4) Sowohl die Haushaltslegung als auch die finanzielle Eigenständigkeit kann auf Veranlassung der Auftraggeber durch unabhängige Sachverständige geprüft werden.

§ 10
Rechte und Pflichten der Auftraggeber
(1) Zum Zweck der Erfüllung ihrer gesetzlichen Überwachungspflicht gem. § 11 Abs. 3 S. 3 TPG bilden die Auftraggeber eine Kommission.

(2) Die Koordinierungsstelle ist verpflichtet, der Kommission die erforderlichen Unterlagen zur Verfügung zu stellen sowie die erforderlichen Auskünfte zu erteilen.

(3) Die Kommission berichtet den Auftraggebern in regelmäßigen Abständen über die Einhaltung der Vertragsbestimmungen. Die Auftraggeber informieren die Auftragnehmerin über das Ergebnis.

§ 11
Laufzeit/Kündigung
(1) Dieser Vertrag kann ordentlich frühestens zum 31. 12. 2003 unter Einhaltung einer Frist von 12 Monaten gekündigt werden.

(2) Nach Ablauf dieser Frist kann der Vertrag jährlich zum 31. 12. eines Jahres unter Einhaltung einer 12-monatigen Kündigungsfrist gekündigt werden.

(3) Die Auftraggeber können je getrennt kündigen, die Spitzenverbände der Krankenkassen jedoch nur gemeinsam.

(4) Eine Kündigung aus wichtigem Grund ist ohne Einhaltung einer Frist jederzeit möglich.

(5) Eine Kündigung kann nur erfolgen, nachdem zuvor eine Schlichtungsverfahren unter Leitung des Bundesministeriums für Gesundheit durchgeführt wurde. Die Vertragspartei, die eine Kündigung beabsichtigt, hat das Bundesministerium

für Gesundheit unverzüglich über die Kündigungsabsicht unter Angabe der Gründe zu unterrichten.

(6) Diese Kündigungsfristen gelten auch für die Anlagen zu diesem Vertrag, so weit nichts Abweichendes in den Anlagen vereinbart wird.

§ 12
In-Kraft-Treten

Dieser Vertrag bedarf der Genehmigung durch das Bundesministerium für Gesundheit.

Er tritt am Tage nach seiner Bekanntmachung im Bundesanzeiger durch das Bundesministerium für Gesundheit in Kraft.

§ 13
Sonstiges

(1) Mit In-Kraft-Treten dieses Vertrages wird der Vertrag über Zusammenarbeit und Finanzierung der Vermittlung von Herzen, Nieren, Lebern, Lungen und Bauchspeicheldrüsen vom 19. 6. 1989, den die Deutsche Stiftung Organtransplantation (DSO), das Kuratorium für Dialyse und Nierentransplantation (KfH) und die Spitzenverbände der Krankenkassen mit der Stichting Eurotransplant International Foundation (ET) geschlossen hatten, aufgehoben, so weit er Regelungsgegenstände nach § 11 TPG enthält und im vorliegenden Vertrag nichts Abweichendes bestimmt ist. Diese Regelung gilt gem. § 11 Abs. 1 i.V.m. § 25 Abs. 1 TPG auch für Transplantationszentren, die Vertragspartner des Vertrages vom 19. 6. 1989 waren oder diesem Vertrag später beigetreten waren.

(2) So weit darüber hinausgehend Verträge bestehen, die die Aufgaben der Koordinierungsstelle berühren, sind diese aufzuheben oder den Vorgaben des TPG und dieses Vertrages anzupassen.

§ 14
Salvatorische Klausel

Sollte eine der Bestimmungen dieses Vertrages unwirksam sein oder werden, wird hiervon die Wirksamkeit der übrigen vertraglichen Bestimmungen nicht berührt.

Anlage
zu § 2 Abs. 3 letzter Satz

Durchführungsbestimmung zur Datenverarbeitung und Begleitpapiere

1. Verschlüsselung und Bildung der Kenn-Nummer
Die personenbezogenen Daten des Organspenders werden durch die Bildung einer Kenn-Nummer so verschlüsselt, dass lediglich der Koordinierungsstelle ein

Rückschluss auf die Person des Organspenders möglich ist (§ 13 Abs. 1 TPG). Die Entschlüsselung der Daten ist nur zur Abwehr einer zu befürchtenden gesundheitlichen Gefährdung des Organempfängers gestattet (§ 13 Abs. 2 TPG). Die Koordinierungsstelle ist verpflichtet, das Verfahren zur Verschlüsselung unverzüglich mit den Transplantationszentren abzustimmen und die Vertragspartner danach zu unterrichten. Um sicherzustellen, dass nur ein begrenzter Personenkreis die Identität eines Spenders anhand der Kenn-Nummer entschlüsseln kann, werden die personenbezogenen Daten zentral im Datenverarbeitungssystem nach § 2 Abs. 3 Ziffer 9 des Vertrages gespeichert. Ergänzend sind geeignete organisatorische Maßnahmen zu ergreifen, hierzu zählt insbesondere die Erstellung eines Berechtigungskonzeptes für den Zugriff auf die entsprechenden Datenbanken.

2. Vermittlungsdaten

Grundsätzlich werden Umfang und Art der Daten durch die hierfür vorgesehene Kommission der Bundesärztekammer festgelegt.

Die Koordinierungsstelle meldet neben der Kenn-Nummer für das Spenderorgan, dem Geburtsdatum, Geschlecht, Körpergewicht und -länge sowie der Kenn-Nummer des entnehmenden Zentrums die nachstehend aufgeführten Daten an die Vermittlungsstelle.

2.1 Für alle Spender zum Zeitpunkt der Erstmeldung des Spenders an die Vermittlungsstelle absolut erforderlich:

Datum und Uhrzeit der Feststellung des Hirntodes durch den ersten und zweiten Arzt

Datum und Uhrzeit der (geplanten) Organentnahme

Art der zur Vermittlung angebotenen Organe, ggf. Begründung für nicht angebotene Organe

Todesursache, Zeitpunkt der Krankenhauseinlieferung, Datum und Uhrzeit der Aufnahme auf der Intensivstation, Datum und Uhrzeit des Beginns der künstlichen Beatmung

Blutgruppe, Rhesusfaktor

HLA-Antigenmuster

HIV-AK, HBs-AG

2.2 Grundsätzlich müssen zur Vermittlungsentscheidung für alle Spender vorliegen, sobald verfügbar und sofern organbezogen notwendig:

Anamnestische Daten:

Angaben über Hypertonie, Diabetes mellitus u. a.

Angaben über Nikotin- und Alkoholabusus sowie Drogenmissbrauch

Angaben über die aktuelle Diurese sowie die Diurese innerhalb der letzten 24 Stunden, den aktuellen Blutdruck, den aktuellen zentral-venösen Druck, vorausgegangene hypotensive Perioden

ggf. Angaben über Kreislaufstillstand und durchgeführte Reanimationen

Datum der Anlage des Blasenkatheters

Infektiologische Befunde:
Diagnostik auf HCV, CMV, VDRL/TPHA, Toxoplasmose-Antikörper, HTLV I/II-Antikörper, Urinkultur, Sputumkultur, Blutkultur

Angaben über Medikation:
Dopamin mit Dosierung, Dobutamin mit Dosierung, andere vasopressorische Medikamente mit Dosierung

Bluttransfusionen seit Krankenhausaufnahme, Bluttransfusionen in den letzten 24 Stunden, Plasmaexpander in den letzten 24 Stunden

Andere Medikamente einschließlich Antibiotika, Diuretika und Antidiuretika

Laborbefunde einschließlich Zeitpunkt der Befunderhebung:
Bestimmung im Blut:

    Hb, Hkt, Leukozyten, Thrombozyten
    Na+, K+
    Glukose, CPK, CKMB, ASAT (SGOT), ALAT (SGPT), LDH, Gamma GT
    Quick, APTT
    Albumin, Harnstoff, Kreatinin,

Bestimmungen im Urin:

    Glukose, Protein, Urinsediment: Erythrozyten, Leukozyten, Zylinder, Bakterien

Arterielle Blutgase:

    bei FiO2 von 100 % und PEEP von +5 cm H2O: pH, p CO2, HCO3, Basen-Exzess, pO2

Zusätzliche Laborbefunde:

    Fibrinogen, Bilirubin,
    Gesamt: Bilirubin direkt, Gesamtprotein, alkalische Phosphatase, Amylase, Lipase

Weitere Diagnostik:
Röntgen Thorax aktuell

EKG aktuell

Echokardiographie

aktuelle Lungenmaße entsprechend einem Röntgenbild des Thorax in Endinspiration auf 1 m Distanz

Sonographie der Abdominalorgane aktuell

2.3 Zusätzliche Angaben für die Vermittlung der Nieren:

Konservierungsdaten:

Menge und Zeitpunkt der Heparingabe

Beginn und Art der kalten Nierenperfusion (cross-clamp-time)

Art und Menge der Perfusionslösung

Warmischämiezeit

Angaben zur Qualität der Perfusion

Zeitpunkt der Nephrektomie

Angaben zur Anatomie der explantierten Nieren (für jede Seite einzeln anzugeben)

Zahl der Arterien

Zahl der Venen

Angaben zur Länge des Ureters

Angaben zu morphologischen Besonderheiten

Angaben zur Qualität der entnommenen Nieren (für beide Seiten getrennt anzugeben)

ggf. Angaben, warum eine Niere nicht verwandt werden kann

2.4 Zusätzliche Angaben über die zu vermittelnde Leber und das Pankreas:

Konservierungsdaten

Menge und Zeitpunkt der Heparingabe

Beginn der Aortenperfusion (cross-clamp-time)

Beginn der Pfortaderperfusion

1. Warmischämiezeit

Art und Volumen der Perfusionslösung

Qualität des Perfusionsverhaltens

Zeitpunkt der Hepatektomie

ggf. Angaben hinsichtlich splitting (in-situ oder ex-situ)
Angaben zur Qualität der entnommenen Leber
ggf. Angaben, warum die Leber nicht verwandt werden kann

Angaben zum Pankreas:
Art der Entnahmetechnik: Gesamtpankreas/segmentale, Pankreatektomie mit/ohne Duodenum
Zeitpunkt der Pankreatektomie
Angaben zur Qualität des entnommenen Pankreas
Qualität der Perfusion
ggf. Angabe, warum das Pankreas nicht verwandt werden kann

2.5 Zusätzliche Angaben zu der Vermittlung der Thoraxorgane:
EKG, Echo, Beurteilung der Herzfunktion
Konservierungsdaten des Herzens:
Menge und Zeitpunkt der Heparingabe
Start der kalten Perfusion (cross-clamp-time)
1. Warmischämiezeit
Art der kardioplegischen Lösungen, Perfusatvolumen, Konservierungslösung
Qualität der Perfusion

Qualität des Herztransplantats:
Vorliegen einer Koronarsklerose mit Lokalisation
ggf. Angaben, warum das Herz nicht verwendbar ist
Angaben zur Lungenentnahme:
Bronchoskopische Befunde der Lunge: Sekretionsverhalten, Aspiration, Entzündung (nach Seiten getrennt)
Konservierungsdaten der Lunge(n)
Konservierungslösung, Zusätze, Volumen und Zeit
Art der Aufbewahrungslösung
Qualität des Perfusionsverhaltens (Angaben nach Seiten getrennt)
PGE1- und PGI2-Gabe mit Applikationsort, Dosis und Uhrzeit
Andere Medikamente

Angaben zur Qualität der Lungen:
Belüftung, Gewicht

en-bloc-Entnahme mit/ohne Herz

ggf. Gründe, warum ein Organ nicht verwandt werden kann

3. Begleitpapiere

Die o.g. Angaben stellen die zum Zeitpunkt des Abschlusses dieser Vereinbarung aktuellen von der Vermittlungsstelle angeforderten Daten dar. Dies entspricht derzeit dem Eurotransplant Donor Information Form mit dem Eurotransplant Kidney Report, dem Eurotransplant Liver/Pancreas-Report sowie dem Eurotransplant Thoracic Organ Report. Dieser Datensatz wird von der Koordinierungsstelle dem Organ als Begleitpapier mitgegeben (siehe Anhang). Das Eurotransplant Donor Information Form enthält derzeit noch ein Feld für den Spendernamen. Bis zu einer entsprechenden Änderung muss in dieses Feld die von der Koordinierungsstelle gebildeten Kenn-Nummer eingefügt werden.

4. Anhang

Anlage
zu § 5 Abs. 1

Durchführungsbestimmung zur Organisationsstruktur der Koordinierungsstelle

Die DSO erfüllt ihre Aufgabe als Koordinierungsstelle in regionaler Zusammenarbeit mit den Transplantationszentren und anderen Krankenhäusern.

Zu diesem Zweck haben die Deutsche Transplantationsgesellschaft und die DSO eine regionale Struktur der Organspende beschlossen. Diese Regionalisierung orientiert sich grundsätzlich an den Grenzen der Bundesländer. Da im Hinblick auf die Einwohnerzahlen nicht für jedes Bundesland eine eigene regionale Organspendestruktur erforderlich ist, werden teilweise mehrere Bundesländer zu einer Region zusammengefasst, um eine qualitativ hoch stehende wirtschaftliche Organisations- und Dienstleistungsstruktur der Koordinierungsstelle zu ermöglichen.

Ausgehend von diesen Grundsätzen bildet die DSO regionale Untergliederungen (Organisationszentralen) in folgenden Regionen:

- Nord (Bremen, Hamburg, Schleswig-Holstein, Niedersachsen)
- Nordost (Berlin, Brandenburg, Mecklenburg-Vorpommern)
- West (Nordrhein-Westfalen)
- Ost (Sachsen, Sachsen-Anhalt, Thüringen)
- Mitte (Hessen, Rheinland-Pfalz, Saarland)
- Südwest (Baden-Württemberg)
- Südost (Bayern)

Anlage
zu § 6

Durchführungsbestimmung zum Tätigkeitsbericht

Transplantationszentren (§ 10 TPG) sind verpflichtet, der Koordinierungsstelle bis zum 31. Januar jeden Jahres für das vergangene Jahr folgende nicht personen-bezogene Angaben zuzuleiten:

1. **Zahl und Kennzeichnung der Patienten mit Organübertragungen**

a. Zahl und Kennzeichnung der Patienten mit Übertragungen von
   - Niere
   - Herz
   - Leber
   - Lunge
   - Pankreas
   - Darm
   - mehreren Organen.

   Zur Kennzeichnung der Patienten sind anzugeben:

   Alter: 0. – 5. Lebensjahr,
   6. – 15. Lebensjahr,
   16. – 20. Lebensjahr
   und ab dem 20. Lebensjahr in Gruppen von jeweils 10 Jahren,
   Geschlecht, Familienstand, Versichertenstatus, Grunderkrankung.

b. Zahl und Kennzeichnung der unter a. aufgeführten Patienten, denen das Organ eines Lebendspenders übertragen worden ist.

   Die Kennzeichnung des Lebendspenders erfolgt nach den Merkmalen für Patienten, zusätzlich ist anzugeben: Verwandtschaftsgrad oder sonstige Verbindungen mit dem Patienten.

2. **Ergebnisse der Organübertragung zum Berichtszeitraum**

a. Organe Verstorbener
   - Zahl und Kennzeichnung der Patienten mit funktionierendem Organ, getrennt für die Organarten
   - Funktionsdauer des Organs
   - Zahl und Kennzeichnung der Patienten mit nicht mehr funktionierendem Organ, getrennt für die Organarten
   - Zahl und Kennzeichnung der verstorbenen Patienten, getrennt für die Organarten

– Angabe weiterer medizinischer Kriterien für die Bewertung des Behandlungsergebnisses und der Qualität der Behandlung nach Vorgabe der Bundesärztekammer (erfolgt zu einem späteren Zeitpunkt).

b. Organe von Lebendspendern

Angaben wie unter 1 a.

Kennzeichnung wie unter 1 a.

3. Warteliste

a. Zahl und Kennzeichnung der Patienten für die einzelnen Organarten zu den Zeitpunkten 01. Januar und 31. Dezember des vergangenen Jahres
b. Dauer der Wartezeit am 31. Dezember in Monaten für die einzelnen Organarten
c. Zahl und Kennzeichnung der Patienten, die nach ärztlicher Einschätzung dringend ein Organ benötigen, nach Organarten
d. Zahl und Kennzeichnung der verstorbenen Patienten nach Organarten
e. Zahl und Kennzeichnung der transplantierten Patienten nach Organarten
f. Zahl und Kennzeichnung der aus medizinischen Gründen ausgeschiedenen Patienten nach Organarten
g. Zahl und Kennzeichnung der aus anderen Gründen ausgeschiedenen Patienten nach Organarten
h. Zahl und Kennzeichnung der neu aufgenommenen Patienten nach Organarten
i. Medizinische Gründe für die Aufnahme oder Nichtaufnahme nach Vorgabe der Bundesärztekammer

Kennzeichnung wie unter 1 a.

4. Nachbetreuung

a. Zahl und Kennzeichnung der Patienten mit Verlängerung der 3-Monatsfrist für die ambulante Nachbehandlung nach Organarten (§ 22 TPG: § 115a Abs. 2 SGB V)
b. Zahl und Kennzeichnung der Patienten mit regelmäßigen Kontrolluntersuchungen (§ 22 TPG: § 115a Abs. 2 SGB V)
c. Medizinische Angaben zur Nachbetreuung bei Lebendspende (§ 8 Abs. 3 S. 1 TPG) nach Vorgabe der Bundesärztekammer.

Kennzeichnung wie unter 1 a.

5. Durchgeführte Maßnahmen zur Qualitätssicherung nach § 10 Abs. 2 Nr. 6 TPG

Anlage
zu § 8 Abs. 1

Durchführungsbestimmung zum Aufwendungsersatz § 8 Abs. 1 des Vertrages

1. Die Vertragspartner sind darüber einig, dass die DSO als Koordinierungsstelle nach § 11 TPG die ihr über das bisherige Maß hinaus übertragenen Aufgaben nur schrittweise übernehmen kann. Voraussetzung für die Übernahme ist ein angemessener Aufwendungsersatz mit dem entsprechende finanzielle Mittel bereitgestellt werden.

2. Die Kosten der Organbeschaffung sind im Jahr 2000 noch Bestandteil der Transplantationsentgelte.

   Für das Jahr 2000 wird für die DSO ein Budget von 64.037.600 DM vereinbart. Dies setzt sich aus folgenden Bestandteilen für die Organbeschaffung zusammen:

   – Transplantation je Niere
     2005 x 12.800 DM = 25.664.000 DM
   – Transplantation je sonst. Organ
     (incl. Flugkostenpauschale) 1626 x 23.600 DM = 38.373.600 DM

   Notwendige Flüge bei extrarenalen Organen werden mit In-Kraft-Treten des Vertrages ausschließlich von der Koordinierungsstelle organisiert und abgerechnet.

   Der bisher in der Fallpauschale enthaltene Anteil (10.000 Punkte) aus der Organisationspauschale wird unter Anwendung des jeweils geltenden Punktwertes von den Kliniken an die DSO abgeführt.

   Werden die Fallzahlen nicht erreicht oder überschritten, so findet ein Ausgleich von 60 % über das Budget des Folgejahres statt.

3. Die Vertragspartner sind einig, dass die Organisationspauschale bei Postmortalspenden ab dem Jahr 2001 nicht mehr Bestandteil der Krankenhausentgelte ist (Neue Organisationspauschale bei Postmortalspenden).

   Die neue Organisationspauschale bei Postmortalspenden unter Berücksichtigung der Schnittstelle zu den jeweiligen Transplantationsentgelten wird im Rahmen der vereinbarten Neukalkulation der Transplantationsentgelte durch die Vertragspartner separat definiert sowie kalkuliert und ab 2001 gesondert von den Krankenkassen an die DSO vergütet. Die mit der Weiterentwicklung der Entgeltkataloge beauftragten Beteiligten (GKV-Spitzenverbände, DKG) werden im Rahmen ihres auf der Basis des § 15 Bundespflegesatzverordnung vereinbarten Verfahrens die derzeit in den Fallpauschalen und Sonderentgelten enthaltenen Punktzahlen für die Fälle der postmortalen Organbeschaffung herausrechnen. DKG und GKV-Spitzenverbände sind sich darüber einig, dass diese Bestandteile ab 2001 nicht mehr zu den allgemeinen Krankenhausleistungen gehören und damit aus den Budgets der betroffenen Kliniken die entsprechenden Beträge (Punktzahl x gültiger Punktwert) herauszurechnen sind.

4. Im ersten Quartal 2000 finden auf der Basis des von den Spitzenverbänden in Auftrag gegebenen Prüfgutachtens und der Verhandlungsergebnisse zu § 4 des Vertrages (Datenaustausch zwischen Koordinierungs- und Vermittlungsstelle) Verhandlungen über die neue Organisationspauschale, abhängig von der Art der Spende und des Organs sowie über die Höhe der Abgeltung von Leistungen gem. § 8 Abs. 2 des Vertrages statt. Im Jahr 2000 gelten die übrigen bestehenden Vereinbarungen zur Abgeltung von Leistungen, die von den Transplantationszentren und anderen Krankenhäusern im Zusammenhang mit der Organentnahme und deren Vorbereitung erbracht werden, fort. Die Umsetzung der vertraglich übernommenen Aufgaben wird ab 2001 nach Maßgabe der zur Verfügung stehenden finanziellen Mittel erfolgen.

5. Kommt eine Einigung über eine neue Organisationspauschale und das ihr zu Grunde liegende Budget bis zum 30.10. eines Jahres ganz oder teilweise nicht zu Stande, können sich die DSO und die Spitzenverbände der Krankenkassen auf ein Schlichtungsverfahren verständigen.

Das Recht auf Kündigung gem. § 11 Abs. 4 des Vertrages bleibt unberührt.

6. Sofern die DSO bei der Lebendspende im Jahr 2000 über die gesetzlichen Aufgaben hinaus aufgrund vertraglicher Vereinbarungen mit den Kliniken tätig wird, erhält sie einen Vergütungssatz, der derzeit zwischen 36,9 % und 50 % der Organisationspauschale liegt. Die Organbeschaffung bei der Lebendspende bleibt Bestandteil der allgemeinen Krankenhausleistungen und wird im Zusammenhang mit der Neukalkulation der Transplantationsentgelte durch die Vertragspartner definiert und bewertet.

Anlage
zu § 8 Abs. 3

Verrechnungsverfahren Erstattungspauschale

1. Für jedes vermittlungspflichtige Organ, das in Deutschland gewonnen, über die Vermittlungsstelle ausgetauscht und im Ausland transplantiert worden ist, erstattet die Vermittlungsstelle an die Koordinierungsstelle eine einvernehmlich nach Abs. 3 festzulegende Verrechnungseinheit pro Organ.

2. Für jedes vermittlungspflichtige Organ, das im Ausland gewonnen, über die Vermittlungsstelle einem deutschen Transplantationszentrum zur Verfügung gestellt und dort transplantiert worden ist, erstattet die Koordinierungsstelle an die Vermittlungsstelle ebenfalls die Verrechnungseinheit nach Abs. 3.

3. Die Verrechnung nach Abs. 1 und 2 erfolgt einmal jährlich durch eine Pauschalerstattung (Erstattungspauschale) je Organ zwischen der Vermittlungs- und der Koordinierungsstelle.

Die Verrechnungseinheit wird jährlich zwischen der Koordinierungsstelle, der Vermittlungsstelle, den Spitzenverbänden der Krankenkassen und der Deutschen Krankenhausgesellschaft vereinbart, erstmalig zum 1. Januar 2000. Bis zum Abschluss einer Vereinbarung werden die bisherigen Erstattungen zu Grunde gelegt.

Vertrag über die Vermittlungsstelle nach § 12 TPG

(Quelle: BAnz. vom 15. Juli 2000, Nummer 131a)

Vertrag
zwischem dem
AOK-Bundesverband, Kortrijker Straße 1, 53177 Bonn,
Bundesverband der Betriebskrankenkassen, Kronprinzenstraße 6, 45128 Essen
IKK-Bundesverband, Friedrich-Ebert-Straße, 51429 Bergisch Gladbach
Bundesverband der landwirtschaftlichen Krankenkassen, Weißensteinstraße 72, 34131 Kassel
Verband der Angestellten-Krankenkassen e.V., Frankfurter Straße 84, 53721 Siegburg
AEV-Arbeiter-Ersatzkassen-Verband e.V., Frankfurter Straße 84, 53721 Siegburg
der **Bundesknappschaft**, Königsallee 175, 44799 Bochum
und der **See-Krankenkasse**, Reimerstwiete 2, 20457 Hamburg
gemeinsam mit
der **Bundesärztekammer**, Herbert-Lewin-Straße 3, 50931 Köln,
der **Deutschen Krankenhausgesellschaft**, Tersteegenstraße 9, 40474 Düsseldorf
– Auftraggeber –
und der
Stichting Eurotransplant International Foundation (ET), Plesmanlaan 100, 2304 Leiden CH, Niederlande (ET)
– Auftragnehmerin –

Präambel

Die Regelungen des Transplantationsgesetzes (TPG) vom 5.11.1997 (BGBl. I Nr. 74, S. 2631) sehen eine Trennung der Verantwortlichkeit in Bezug auf die Organentnahme einerseits sowie Organvermittlung andererseits vor. Sie dienen dem Ziel, die Bereitschaft zur Organspende in der Bevölkerung zu fördern, die Organe nach medizinischen Kriterien zu vermitteln und mit hoher Erfolgsaussicht zu transplantieren.

Im Interesse der bestmöglichen Effizienz der Organtransplantation zur Wahrung der Chancengleichheit aller auf eine Organtransplantation wartenden Patienten sowie der Sicherstellung und Einhaltung der dem Stand der Erkenntnisse der medizinischen Wissenschaft entsprechenden Regeln für die Organvermittlung und zur Erfüllung der gesetzlich zugewiesenen Aufgaben schließen die Vertragspartner folgende Vereinbarung:

§ 1
Beauftragung

(1) Dieser Vertrag regelt mit Wirkung für die Transplantationszentren die Vermittlung der vermittlungspflichtigen Organe gem. § 9 Satz 2 TPG nach Maßgabe der folgenden Bestimmungen.

(2) Mit der Vermittlung vermittlungspflichtiger Organe beauftragen die Auftraggeber die Stichting Eurotransplant International Foundation (ET) nach § 12 TPG. Sie hat auf Grund ihrer finanziell und organisatorisch eigenständigen Trägerschaft, der Zahl und Qualifikation ihrer Mitarbeiter, ihrer betrieblichen Organisation sowie ihrer sachlichen Ausstattung zu gewährleisten, dass die Maßnahmen nach § 12 TPG in Zusammenarbeit mit den Transplantationszentren und der Koordinierungsstelle nach den Vorschriften des TPG und dieses Vertrages ordnungsgemäß und sachgerecht durchgeführt werden.

(3) Die Auftraggeber haben sich vor Abschluss des Vertrages durch Einsicht in Unterlagen und persönliche Anschauung davon überzeugt, dass ET die in Abs. 2 genannten Voraussetzungen erfüllt. ET hat den Auftraggebern zum Beleg ihrer organisatorischen Eigenständigkeit einen Organisationsplan (ET-Manual) vorgelegt. Dieser wird auch künftig in seiner jeweils aktuellen Fassung den Auftraggebern bekannt gemacht. Grundlage der finanziellen Eigenständigkeit bildet das Stiftungskapital von ET. Die finanzielle Eigenständigkeit darf nicht ausschließlich aus dem für die übernommenen Aufgaben erhaltenen Aufwendungsersatz erwachsen.

(4) ET verpflichtet sich bei der Erfüllung ihrer Aufgaben die Regelungen des TPG und dieses Vertrages einzuhalten. Jede wesentliche Änderung der in Abs. 2 genannten Voraussetzungen - insbesondere ihrer Organisationsstruktur oder des Stiftungskapitals - ist unverzüglich den Auftraggebern mitzuteilen. ET teilt den Vertragspartnern ebenfalls mit, wenn weitere über die am 1.1.1999 bestehenden Kooperationen hinaus eingegangen werden.

§ 2
Aufgaben

(1) ET hat die Aufgabe, die von der Koordinierungsstelle nach § 13 Abs. 1 Satz 4 TPG gemeldeten Organe toter Organspender an – von den Transplantationszentren nach § 13 Abs. 3 Satz 3 TPG gemeldete – geeignete Patienten nach den Bestimmungen des § 5 dieses Vertrages zu vermitteln.

(2) Zur Vorbereitung der Vermittlungsentscheidung führt ET eine einheitliche Warteliste für die Bundesrepublik Deutschland für die jeweiligen Arten der durchzuführenden Organübertragungen gem. § 3 dieses Vertrages.

(3) ET führt ein internes Qualitätsmanagement durch und wird in die Qualitätssicherungsmaßnahmen nach dem TPG einbezogen. ET unterbreitet insbesondere Vorschläge, welche peri- und postoperativen Daten hierzu erforderlich sind.

(4) In Erfüllung der vertraglichen Pflichten arbeitet ET eng mit der Koordinierungsstelle und den Transplantationszentren zusammen. Es findet ein regelmäßi-

ger Erfahrungsaustausch statt. Die Vermittlungsstelle informiert die Koordinierungsstelle unverzüglich, wenn sie beabsichtigt, Entscheidungen zu treffen, die das Aufgabengebiet der Koordinierungsstelle berühren, insbesondere wenn Auswirkungen auf den Kostenbereich der Koordinierungsstelle zu erwarten sind.

(5) Transplantationszentren (§ 10 TPG), die nach dem In-Kraft-Treten dieses Vertrages zugelassen werden, melden unter Vorlage des Zulassungsbescheides ihre Zulassung der Vermittlungsstelle.

(6) ET hat zur Erfüllung der gesetzlichen und vertraglichen Verpflichtung ein geeignetes Datenverarbeitungssystem vorzuhalten.

Die Einhaltung des Datenschutzes (§ 14 TPG) sowie der Aufbewahrungs- und Löschungsfristen (§ 15 TPG) sind zu gewährleisten.

§ 3
Warteliste

(1) Die von den Transplantationszentren geführten Wartelisten werden von ET als einheitliche Warteliste je Organ behandelt.

(2) Die für die Vermittlungsentscheidung erforderlichen Angaben (Empfängerdaten) werden gem. § 13 Abs. 3 S. 3 TPG von den Transplantationszentren nach Vorliegen der erforderlichen schriftlichen Einwilligung des Patienten und nach der Aufnahme in die Warteliste des Transplantationszentrums (§ 10 Abs. 2 Nr. 1 TPG) an ET übermittelt (§ 13 Abs. 3 S. 3–5 TPG).

Die zu meldenden Angaben über die Patienten umfassen die persönlichen und medizinischen Daten, z.B. Daten für die Übereinstimmungsfeststellung. Das Nähere wird von ET und den Transplantationszentren gemeinsam festgelegt.

(3) Die Übermittlung der Empfängerdaten erfolgt i.d.R.:

– per Datenfernübertragung,
– in begründeten Ausnahmefällen per Telefax oder Telefon.

Zum Empfang der übermittelten Daten sichert ET eine Empfangsbereitschaft rund um die Uhr und unverzügliche Erfassung sowie Verarbeitung der übermittelten Daten durch kompetente Mitarbeiter zu.

(4) Die Daten werden von ET auf Vollständigkeit und Plausibilität überprüft und bei Bedarf nach Rücksprache mit dem Transplantationszentrum ergänzt oder geändert. Erst dann erfolgt die endgültige Erfassung von Daten.

(5) Die Transplantationszentren sind verpflichtet, unverzüglich jede Änderung hinsichtlich der übermittelten Daten sowie jede Änderung auf ihrer Warteliste ET unter Angabe von Gründen zu übermitteln. Für die Übermittlung gelten die Absätze 3 und 4 entsprechend. ET verpflichtet sich, auf Grund dieser Informationen, ihre einheitliche Warteliste unverzüglich zu überprüfen und ggf. zu ändern.

(6) Nach erfolgter Transplantation sind die Transplantationszentren verpflichtet, unverzüglich den Organempfänger aus ihrer Warteliste herauszunehmen und dieses ET mitzuteilen. ET nimmt sodann ihrerseits den Empfänger aus der einheitlichen Warteliste heraus.

§ 4
Spenderdaten

(1) ET verpflichtet sich, die von der Koordinierungsstelle übermittelte Organmeldung, die nach § 13 Abs. 1 S. 1 TPG gebildete Kenn-Nummer und die für die Organvermittlung erforderlichen medizinischen Angaben unverzüglich entgegenzunehmen.

(2) Zur Übermittlung der Daten besteht eine direkte Datenverbindung zwischen der Koordinierungsstelle und ET.

(3) Zum Empfang der übermittelten Daten sichert ET eine Empfangsbereitschaft rund um die Uhr und unverzügliche Erfassung sowie Verarbeitung der übermittelten Daten durch kompetente Mitarbeiter zu.

(4) Die Daten werden vor der endgültigen Speicherung auf Vollständigkeit und Plausibilität überprüft.

Bei Inplausibilitäten erfolgt eine Klärung über die Koordinierungsstelle.

(5) Die Auftraggeber regeln mit ET und der Koordinierungsstelle unverzüglich das Nähere zum Datenaustausch in einer gesonderten Vereinbarung.

§ 5
Vermittlungsentscheidung

(1) ET verpflichtet sich, die Vermittlungsentscheidung gemäß § 12 Abs. 3 S. 1 TPG nach Regeln, die dem Stand der Erkenntnisse der medizinischen Wissenschaft entsprechen, insbesondere nach Erfolgsaussicht und Dringlichkeit zu treffen. ET erstellt zu diesem Zweck Anwendungsregelungen für die Organvermittlung auf der Grundlage der jeweils geltenden Richtlinien der Bundesärztekammer (§ 16 Abs. 1 S. 1 Nr. 5 TPG) und der in diesem Vertrag enthaltenen Bestimmungen und leitet sie den Auftraggebern sowie dem Bundesministerium für Gesundheit in der jeweils geltenden Fassung zu.

(2) Die Anwendungsregelungen sind organspezifisch festzulegen und müssen insbesondere folgende Kriterien für die Organvermittlung berücksichtigen:

1. Herz
    1.1 Blutgruppenkompatibilität
    1.2 Dringlichkeit
    1.3 Wartezeit
    1.4 Konservierungszeit
    1.5 Beteiligung einer Auditgruppe

2. Herz-Lungen und Lungen
   2.1 Blutgruppenkompatibilität
   2.2 Dringlichkeit
   2.3 Wartezeit
   2.4 Konservierungszeit
   2.5 Kombinierte Organtransplantation
   2.6 Beteiligung einer Auditgruppe
3. Leber
   3.1 Blutgruppenkompatibilität
   3.2 Dringlichkeit
   3.3 Wartezeit
   3.4 Konservierungszeit
   3.5 Regelungen für Kinder
   3.6 Kombinierte Organtransplantation
   3.7 Beteiligung einer Auditgruppe
4. Niere
   4.1 Blutgruppenkompatibilität
   4.2 HLA-Übereinstimmung
   4.3 Mismatch-Wahrscheinlichkeit
   4.4 Wartezeit
   4.5 Konservierungszeit
   4.6 Hochimmunisierte Patienten
   4.7 Dringlichkeit
   4.8 Regelungen für Kinder
   4.9 Kombinierte Organtransplantation
5. Pankreas
   5.1 Blutgruppenkompatibilität
   5.2 Kombinierte Organtransplantation
   5.3 HLA-Übereinstimmung
   5.4 Wartezeit

(3) Alle Patienten auf den Wartelisten sind gleich zu behandeln.

(4) Sobald ET ein Spendeorgan zur Vermittlung gemeldet wird, erstellt ET für dieses konkrete Organ entsprechend den Regeln nach Abs. 1 eine Rangliste der geeigneten Patienten. Zunächst bietet ET demjenigen Transplantationszentrum, bei dem der auf dieser Liste für das betreffende Organ an erster Stelle stehende Patient gemeldet ist, das Organ verbindlich an (Vermittlungsentscheidung). Dieses Transplantationszentrum ist verpflichtet, binnen einer im Einzelfall von ET angegebenen Frist das Angebot anzunehmen oder unter Angabe von Gründen abzulehnen. Sofort nach diesem Angebot wird das Organ bereits dem Transplantationszentrum unverbindlich angeboten, bei dem der nächste auf der Rangliste stehende Patient gemeldet ist. Sofern innerhalb der in Satz 3 genannten Frist keine Reaktion des in Satz 2 genannten Transplantationszentrums erfolgt oder dieses Transplantationszentrum das Organ ablehnt, ist ET berechtigt und verpflichtet, das Organ verbindlich dem Transplantationszentrum anzubieten, bei dem der

nächste geeignete Patient gemeldet ist. Für dieses gelten die Sätze 3 und 5 entsprechend.

(5) Die endgültige Entscheidung über die Tauglichkeit und Verwendungsmöglichkeit des angebotenen Organs für den jeweiligen Empfänger liegt bei dem zuständigen Arzt des Transplantationszentrums.

(6) ET ist verpflichtet, nach Meldung der Transplantationszentren die Koordinierungsstelle über die erfolgte Transplantation zu informieren.

(7) ET kann auf der Grundlage wissenschaftlicher Erkenntnis von den Richtlinien der Bundesärztekammer mit deren Einverständnis zeitlich befristet abweichen. ET teilt beabsichtigte Abweichungen spätestens einen Monat vor ihrer vorgesehenen Inkraftsetzung den Auftraggebern mit. Die Bundesärztekammer überprüft innerhalb eines Monats die beabsichtigten Abweichungen. Sie passt ggf. die Richtlinien an.

(8) Die Anwendungsregelungen für die Vermittlung der Organe Niere und Pankreas sind bis zum Ablauf eines Monats nach In-Kraft-Treten dieses Vertrages festzulegen und spätestens ab diesem Zeitpunkt anzuwenden. Bis dahin gelten die bei In-Kraft-Treten dieses Vertrages bestehenden Verteilungsregeln für diese Organe einschließlich der seit 1. 12. 1997 (In-Kraft-Treten des TPG) erfolgten Änderungen weiter.

(9) Die Anwendungsregelungen für die Vermittlung der Organe Herz, Herz-Lunge, Lunge und Leber sind bis zum Ablauf von acht Monaten nach In-Kraft-Treten dieses Vertrages festzulegen und spätestens ab diesem Zeitpunkt anzuwenden. Bis dahin gelten die bei In-Kraft-Treten dieses Vertrages bestehenden Verteilungsregeln für diese Organe einschließlich der seit 1. 12. 1997 erfolgten Änderungen mit der Maßgabe weiter, dass eine patientenbezogene Vermittlung dieser Organe auf der Grundlage der weitestmöglichen Umsetzung der entsprechenden Richtlinien der Bundesärztekammer nach § 16 Abs. 1 S. 1 Nr. 5 TPG bis zum Ablauf von drei Monaten nach In-Kraft-Treten dieses Vertrages festzulegen und spätestens ab diesem Zeitpunkt anzuwenden ist (Übergangsregelungen). Die Übergangsregelungen bedürfen der vorherigen Zustimmung der Bundesärztekammer.

§ 6
Im Ausland entnommene Organe

(1) ET verpflichtet sich, die für die Vermittlung von Organen nach den Vorschriften des TPG erforderlichen Daten und Angaben auch für die Organspenden aus dem Ausland zu erheben sowie die nach dem TPG und nach diesem Vertrag geltenden Vorschriften auch auf diese Organe anzuwenden.

(2) ET wird ein angebotenes Organ, wenn von ihm bekannt ist, dass es entweder nicht entsprechend den Vorschriften des jeweiligen Landes entnommen wurde, oder dass es zwar entsprechend den jeweiligen Vorschriften entnommen wurde, die Entnahmevorschriften jedoch mit wesentlichen Grundsätzen des deutschen Rechts (ordre public), insbesondere der Menschenwürde, dem Recht auf Leben

und körperliche Unversehrtheit und der Abschaffung der Todesstrafe nicht vereinbar sind, nicht an Empfänger innerhalb des Geltungsbereiches des TPG vermitteln.

§ 7
In das Ausland vermittelte Organe

ET ist berechtigt, von der Koordinierungsstelle gemeldete Spenderorgane auch außerhalb des Geltungsbereiches des TPG anzubieten und dorthin zu vermitteln. § 5 Abs. 3 dieses Vertrages ist zu beachten.

§ 8
Dokumentation und Bericht

(1) ET ist verpflichtet, jede Änderung der Warteliste, jedes Angebot eines Organes sowie jede Vermittlungsentscheidung unter Angabe von Gründen zu dokumentieren.

(2) ET übersendet den Vertragspartnern bis spätestens zum 30.9. des Folgejahres einen schriftlichen Bericht über

1. Erfassung der von der Koordinierungsstelle gemeldeten Organe,
2. Warteliste, ggf. internationale Warteliste,
3. Anzahl der vermittelten Organe,
4. Gründe für die Ablehnung der Vermittlung eines Organes,
5. Anzahl und Art der erfolgten Transplantationen,
6. Anzahl, Art und Vermittlung international gewonnener Organe,
7. Gründe für die Nichtannahme durch ein Transplantationszentrum angebotener Organe,
8. Altersgruppe, Geschlecht, Familienstand und Versichertenstatus der von 2. und 5. betroffenen Patienten sowie
9. internes Qualitätsmanagement.

§ 9
Informationspflicht

(1) ET informiert die Transplantationszentren monatlich über den Stand der Wartelisten sowie die Zahl der durchgeführten Transplantationen.

(2) ET verpflichtet sich, der Koordinierungsstelle zur Erfüllung ihrer Berichtspflicht gemäß § 11 Abs. 5 TPG i.V.m. § 6 des Vertrages über die Koordinierungsstelle bis zum 31.1. eines jeden Jahres die Informationen gemäß § 8 Abs. 2 Nr. 1–8 dieses Vertrages getrennt nach Transplantationszentren zur Verfügung zu stellen.

§ 10
Prüfungskommission nach § 12 Abs. 4 Nr. 4 TPG

(1) Die Auftraggeber werden gemäß § 12 Abs. 4 Nr. 4 TPG eine Prüfungskommission bestimmen, welche in regelmäßigen Abständen Vermittlungsentscheidun-

gen ET's und Meldungen von ET über Verstöße gegen die Bestimmungen des § 5 überprüft.

(2) Die Kommission hat die Vermittlungsentscheidungen von ET daraufhin zu überprüfen, ob die Vermittlung im Einzelfall nach Maßgabe des § 5 dieses Vertrages und der zu Grunde liegenden gesetzlichen Bestimmungen des TPG erfolgt ist. ET ist berechtigt, an den Sitzungen der Kommission teilzunehmen.

(3) ET ist verpflichtet, sämtliche vermittlungsrelevanten Unterlagen der Prüfungskommission zur Verfügung zu stellen sowie Auskünfte zu erteilen.

(4) Die Kommission ist verpflichtet, die Ergebnisse ihrer Prüfungen schriftlich festzuhalten und den Vertragspartnern mitzuteilen.

§ 11
Aufwendungsersatz

(1) ET erhält einen angemessenen Ersatz für die bei der Erfüllung dieses Vertrages entstehenden Aufwendungen in Form einer Registrierungspauschale. Die Höhe der Registrierungspauschale wird in Anlage 1 zu diesem Vertrag geregelt.

(2) Der Anspruch auf Zahlung der Registrierungspauschale entsteht für jeden Patienten, der von ET erstmalig oder nach erfolgter Transplantation erneut in die Warteliste aufgenommen wird.

(3) ET stellt der Krankenkasse, bei der der Organempfänger versichert ist, die entstandene Pauschale innerhalb von 14 Tagen nach Entstehung in Rechnung. Sie ist innerhalb von 14 Tagen nach Rechnungserhalt fällig.

(4) In der Anlage 2 wird das Verrechnungsverfahren und die Höhe die Erstattungspauschale für diejenigen Organe festgelegt, welche in Deutschland gewonnen und im Ausland transplantiert worden sind. In dieser Anlage wird ebenfalls das Verrechnungsverfahren und die Höhe der Erstattungspauschale für jedes Organ geregelt, das im Ausland gewonnen worden ist und über die Vermittlungsstelle einem deutschen Transplantationszentrum zur Verfügung gestellt und dort transplantiert worden ist.

Diese Vereinbarung ist von den Auftraggebern gemeinsam mit der Koordinierungsstelle und der Vermittlungsstelle zu schließen.

(5) Bis zum Abschluss der Vereinbarung nach Abs. 1 und Abs. 4 gelten insoweit die bestehenden Verträge fort.

§ 12
Datenschutz

ET verpflichtet sich, die Vorschriften der §§ 14 und 15 TPG einzuhalten.

§ 13
Pflichten der Vermittlungsstelle gegenüber den Auftraggebern

(1) ET legt den Auftraggebern jährlich bis zum 30. 9. die für die Ermittlung des Aufwendungsersatzes nach § 11 notwendigen Unterlagen vor. Diese umfassen einen von einem unabhängigen Wirtschaftsprüfer geprüften Jahresabschlussbericht für das vergangene Jahr, eine Hochrechnung für das laufende Jahr sowie eine Kalkulation für das Folgejahr.

(2) Die nähere Aufgliederung der Unterlagen nach Abs. 1 kann in einer Anlage zu diesem Vertrag geregelt werden.

Anhand der Unterlagen muss auch die Eigenständigkeit i.S. des § 1 Abs. 2 beurteilt werden können.

(3) Sowohl die Haushaltslegung als auch die finanzielle Eigenständigkeit kann auf Veranlassung der Auftraggeber durch unabhängige Sachverständige geprüft werden.

§ 14
Kommission nach § 12 Abs. 5 TPG

(1) Zum Zweck der Erfüllung ihrer gesetzlichen Überwachungspflicht gemäß § 12 Abs. 5 S. 3 TPG bilden die Auftraggeber eine Kommission.

(2) ET ist verpflichtet, der Kommission die erforderlichen Unterlagen zur Verfügung zu stellen sowie die erforderlichen Auskünfte zu erteilen.

(3) Die Kommission berichtet den Auftraggebern in regelmäßigen Abständen über die Einhaltung der Vertragsbestimmungen. Die Auftraggeber informieren ET über das Ergebnis.

§ 15
Sanktionen

Bei einem Verstoß gegen die Regeln der Organvermittlung nach § 12 TPG sind die Voraussetzungen für die Zulässigkeit der Organübertragung nach § 9 TPG nicht gegeben, und es liegt nach § 20 Abs. 1 Nr. 2 Abs. 2 TPG ein Bußgeldtatbestand vor.

Wird der Vermittlungsstelle ein Verstoß bekannt oder hat sie hinreichende Verdachtsmomente für einen solchen, unterrichtet sie die Prüfungskommission der Vertragspartner nach § 10. Diese informiert ggf. die zuständige Bußgeldbehörde.

§ 16
Laufzeit/Kündigung

(1) Dieser Vertrag kann ordentlich frühestens zum 31. 12. 2003 unter Einhaltung einer 12-monatigen Frist gekündigt werden.

(2) Nach Ablauf dieser Frist kann der Vertrag jährlich zum 31.12. eines Jahres unter Einhaltung einer 12-monatigen Kündigungsfrist gekündigt werden.

(3) Die Auftraggeber können je getrennt kündigen, die Spitzenverbände der Krankenkassen jedoch nur gemeinsam.

(4) Eine Kündigung aus wichtigem Grund ist ohne Einhaltung einer Frist jederzeit möglich.

(5) Eine Kündigung kann nur erfolgen, nachdem zuvor ein Schlichtungsverfahren unter Leitung des Bundesministerium für Gesundheit durchgeführt wurde. Die Vertragspartei, die eine Kündigung beabsichtigt, hat das Bundesministerium für Gesundheit unverzüglich über die Kündigungsabsicht unter Angabe der Gründe zu unterrichten.

(6) Diese Kündigungsfristen gelten auch für die Anlagen zu diesem Vertrag, so weit nichts Abweichendes in den Anlagen vereinbart wird.

§ 17
In-Kraft-Treten

Dieser Vertrag bedarf der Genehmigung durch das Bundesministerium für Gesundheit.

Er tritt am Tage nach seiner Bekanntmachung im Bundesanzeiger durch das Bundesministerium für Gesundheit in Kraft.

§ 18
Sonstiges

(1) Mit In-Kraft-Treten dieses Vertrages wird der Vertrag über Zusammenarbeit und Finanzierung der Vermittlung von Herzen, Nieren, Lebern, Lungen und Bauchspeicheldrüsen vom 19.6.1989, den die Deutsche Stiftung Organtransplantation (DSO), das Kuratorium für Dialyse und Nierentransplantation (KfH) und die Spitzenverbände der Krankenkassen mit der Stichting Eurotransplant International Foundation (ET) geschlossen hatten, aufgehoben, so weit er Regelungsgegenstände nach § 12 TPG enthält und im vorliegenden Vertrag nichts Abweichendes bestimmt ist. Diese Regelung gilt gem. § 12 Abs. 1 i.V.m. § 25 Abs. 2 TPG auch für Transplantationszentren, die Vertragspartner des Vertrages vom 19.6.1989 waren oder diesem Vertrag später beigetreten waren.

(2) So weit darüber hinausgehende Verträge bestehen, die die Aufgaben von ET berühren, sind diese aufzuheben oder den Vorgaben des TPG und dieses Vertrages anzupassen.

(3) Der Vertrag unterliegt deutschem Recht.

§ 19
Salvatorische Klausel

Sollte eine der Bestimmungen dieses Vertrages unwirksam sein oder werden, wird hiervon die Wirksamkeit der übrigen vertraglichen Bestimmungen nicht berührt.

Anlage 1

Durchführungsbestimmung zu § 11 Abs. 1 des Vertrages

Die Vertragspartner sind sich darüber einig, dass die ET als Vermittlungsstelle nach § 12 TPG die ihr über das bisherige Maß übertragenen Aufgaben hinaus nur schrittweise übernehmen kann. Voraussetzung für die Übernahme ist der Ersatz angemessener Aufwendungen, der jedoch erst nach der Vorlage eines Budgetentwurfs der ET sowie nach erfolgter Begutachtung eines unabhängigen Institutes im Auftrag der Spitzenverbände der Krankenkassen vereinbart werden kann.

Für die zusätzlich durch den Vertrag auf der Grundlage des TPG der ET übertragenen Aufgaben wird eine Anpassung der Registrierungspauschale notwendig. Der Umfang wird zwischen den Spitzenverbänden der Krankenkassen und ET nach Vorliegen des Gutachtens und der Ergebnisse aus den EDV-Gesprächen nach § 4 des Vertrages ebenso wie die erst dann beginnende stufenweise Umsetzung festgelegt.

Diesbezügliche Verhandlungen finden im ersten Halbjahr 2000 zwischen ET und den Spitzenverbänden der Krankenkassen statt. Gegenstand dieser Verhandlungen werden auch die in Absprache mit den Vertragspartnern bereits in 2000 im Rahmen des Stufenkonzeptes wahrgenommenen Aufgaben, insbesondere die zeitnahe Umsetzung der Anwendungsregelungen für die Organvermittlung nach § 5 des Vertrages, sein.

Kommt eine Einigung über eine neue Registrierungspauschale und das ihr zu Grunde liegende Budget bis zum 30.09. eines Jahres ganz oder teilweise nicht zu Stande, können sich ET und Spitzenverbände der Krankenkassen auf ein Schlichtungsverfahren verständigen.

Das Recht auf Kündigung gem. § 16 Abs. 4 des Vertrages bleibt unberührt.

Für das Jahr 2000 wird für ET ein Budget von 4.470.000 NGL vereinbart.

Dies setzt sich zusammen aus einer Registrierungspauschale von 745 NGL und 6.000 unterstellten Registrierungsfällen im Jahr.

Werden die Fallzahlen nicht erreicht oder überschritten, so findet ein Ausgleich von 60 % über das Budget des Folgejahres statt.

Anlage 2

Verrechnungsverfahren Erstattungspauschale (§ 11 Abs. 4)

1. Für jedes vermittlungspflichtige Organ, das in Deutschland gewonnen, über die Vermittlungsstelle ausgetauscht und im Ausland transplantiert worden ist, erstattet die Vermittlungsstelle an die Koordinierungsstelle eine einvernehmlich nach Abs. 3 festzulegende Verrechnungseinheit pro Organ.

2. Für jedes vermittlungspflichtige Organ, das im Ausland gewonnen, über die Vermittlungsstelle einem deutschen Transplantationszentrum zur Verfügung gestellt und dort transplantiert worden ist, erstattet die Koordinierungsstelle an die Vermittlungsstelle ebenfalls die Verrechnungseinheit nach Abs. 3.

3. Die Verrechnung nach Abs. 1 und 2 erfolgt einmal jährlich durch eine Pauschalerstattung (Erstattungspauschale) je Organ zwischen der Vermittlungs- und der Koordinierungsstelle.

Die Verrechnungseinheit wird jährlich zwischen der Koordinierungsstelle, der Vermittlungsstelle, den Spitzenverbänden der Krankenkassen und der Deutschen Krankenhausgesellschaft vereinbart, erstmalig zum 1. Januar 2000. Bis zum Abschluss einer Vereinbarung werden die bisherigen Erstattungen zu Grunde gelegt.

Richtlinien zur Feststellung des Hirntodes

Dritte Fortschreibung 1997 mit Ergänzungen gemäß Transplantationsgesetz (TPG)

Wissenschaftlicher Beirat der Bundesärztekammer
(Quelle: Deutsches Ärzteblatt 95, Heft 30, 24. Juli 1998 (53)

Vorspann

Das am 1. Dezember 1997 in Kraft getretene Transplantationsgesetz weist der Bundesärztekammer eine Fülle neuer Aufgaben zu.

Nach § 16 Abs. 1 Nr. 1 „stellt die Bundesärztekammer den Stand der Erkenntnisse der medizinischen Wissenschaft in Richtlinien für die Regeln zur Feststellung des Todes nach § 3 Abs. 1 Nr. 2 und die Verfahrensregeln zur Feststellung des endgültigen nicht behebbaren Ausfalls der Gesamtfunktion des Großhirns, des Kleinhirns und des Hirnstamms nach § 3 Abs. 2 Nr. 2 [...] fest." § 5 Abs. 1 erfordert eine formale Ergänzung der 1997 vom Wissenschaftlichen Beirat der Bundesärztekammer veröffentlichten dritten Fortschreibung der „Kriterien des Hirntodes". Demgemäß wird der bisherige Text mit den rechtlich erforderlich gewordenen Ergänzungen veröffentlicht. Die Einfügungen sind in den jeweiligen Abschnitten durch Fettdruck kenntlich gemacht.

Einleitung

Die folgenden **Richtlinien** sind **verpflichtende Entscheidungsgrundlagen** für den Arzt, **der die** unteilbare Verantwortung für die Feststellung des Hirntodes **trägt.**

Mit dem Hirntod ist naturwissenschaftlich-medizinisch der Tod des Menschen festgestellt. **Wird vom Arzt ein äußeres sicheres Zeichen des Todes festgestellt, so ist damit auch der Hirntod nachgewiesen.**

Die Erfüllung der Voraussetzungen, die obligate Feststellung von Bewusstlosigkeit (Koma), Hirnstamm-Areflexie und Atemstillstand (Apnoe) sowie die vorgesehenen Beobachtungszeiten oder geeignete ergänzende Untersuchungen geben dem Arzt die Sicherheit, den Hirntod festzustellen und zu dokumentieren.

Der Hirntod kann in jeder Intensivstation auch ohne ergänzende apparative Diagnostik festgestellt werden. Die Besonderheiten im Kindesalter werden im Abschnitt 4, die Besonderheiten bei primären infratentoriellen Hirnschädigungen in Anmerkung 6 beschrieben.

Definition; Diagnose

Der Hirntod wird definiert als Zustand der irreversibel erloschenen Gesamtfunktion des Großhirns, des Kleinhirns und des Hirnstamms. Dabei wird durch kontrollierte Beatmung die Herz- und Kreislauffunktion noch künstlich aufrechterhalten.

Die Diagnose des Hirntodes erfordert

- die Erfüllung der Voraussetzungen,
- die Feststellung der klinischen Symptome Bewusstlosigkeit (Koma), Hirnstamm-Areflexie und Atemstillstand (Apnoe) sowie
- den Nachweis der Irreversibilität der klinischen Ausfallsymptome.

Das diagnostische Vorgehen wird nachfolgend beschrieben und ist in der Abbildung skizziert.

Praktische Entscheidungsgrundlagen
1. Voraussetzungen

1.1 Vorliegen einer akuten schweren primären oder sekundären Hirnschädigung.

Bei den primären Hirnschädigungen ist zwischen supratentoriellen und infratentoriellen Schädigungen zu unterscheiden (Anmerkung 1).

1.2 Ausschluss von Intoxikation, dämpfender Wirkung von Medikamenten, neuromuskulärer Blockade, primärer Unterkühlung, Kreislaufschock, Koma bei endokriner, metabolischer oder entzündlicher Erkrankung als möglicher Ursache oder Mitursache des Ausfalls der Hirnfunktion im Untersuchungszeitraum (Anmerkung 2).

2. Klinische Symptome des Ausfalls der Hirnfunktion
(Anmerkung 3a und 3b)

2.1 Bewusstlosigkeit (Koma);

2.2 Lichtstarre beider ohne Mydriatikum mittel- bis maximal weiten Pupillen;

2.3 Fehlen des okulo-zephalen Reflexes;

2.4 Fehlen des Kornealreflexes;

2.5 Fehlen von Reaktionen auf Schmerzreize im Trigeminusbereich;

2.6 Fehlen des Pharyngeal- und Trachealreflexes;

2.7 Ausfall der Spontanatmung *(Anmerkung 3b)*.

Die übrige neurologische und vegetative Symptomatik ist zu berücksichtigen *(Anmerkung 4)*.

Die Erfüllung der Voraussetzungen (siehe 1.) und alle geforderten klinischen Symptome (siehe 2.) müssen übereinstimmend und unabhängig von zwei qualifizierten Ärzten *(Anmerkung 5)* festgestellt und dokumentiert werden (siehe Protokollbogen).

3. Nachweis der Irreversibilität der klinischen Ausfallsymptome

Bei *primären supratentoriellen oder bei sekundären Hirnschädigungen* muss die Irreversibilität der klinischen Ausfallsymptome nachgewiesen werden entweder

- durch weitere klinische Beobachtungen während angemessener Zeit (siehe 3.1.) oder

- durch ergänzende Untersuchungen (siehe 3.2.).

Bei *primären infratentoriellen Hirnschädigungen* (siehe *Anmerkung 1*) kann der Hirntod erst beim Vorliegen eines Null-Linien-EEGs oder beim Nachweis des zerebralen Zirkulationsstillstandes festgestellt werden.

3.1 Zeitdauer der Beobachtung

Die Irreversibilität des Hirnfunktionsausfalls und damit der Hirntod ist erst dann nachgewiesen, wenn die klinischen Ausfallsymptome (siehe 2.)

- bei Erwachsenen und bei Kindern ab dem dritten Lebensjahr
    - mit primärer Hirnschädigung nach mindestens zwölf Stunden,
    - mit sekundärer Hirnschädigung nach mindestens drei Tagen erneut übereinstimmend nachgewiesen worden sind.

3.2 Ergänzende Untersuchungen

Sie können nicht allein den irreversiblen Hirnfunktionsausfall nachweisen. Die Irreversibilität der klinischen Ausfallsymptome (siehe 2.) kann – außer durch die Verlaufsbeobachtung – alternativ nachgewiesen werden durch:

- Null-Linien-EEG oder

- Erlöschen evozierter Potenziale oder

- zerebralen Zirkulationsstillstand.

3.2.1 EEG

Ergibt eine standardisierte EEG-Ableitung eine hirnelektrische Stille (Null-Linien-EEG) *(Anmerkung 6)*, so kann die Irreversibilität des Hirnfunktionsausfalls ohne weitere Beobachtungszeit festgestellt werden.

3.2.2 Evozierte Potenziale

Bei primären supratentoriellen und bei sekundären Hirnschädigungen kann unter bestimmten Bedingungen das Erlöschen der intrazerebralen Komponenten der frühen akustischen oder der zerebralen und der hochzervikalen Komponenten der somatosensibel evozierten Potenziale (FAEP, SEP) die Irreversibilität des Hirnfunktionsausfalls beweisen und eine weitere Beobachtungszeit ersetzen *(Anmerkung 7)*.

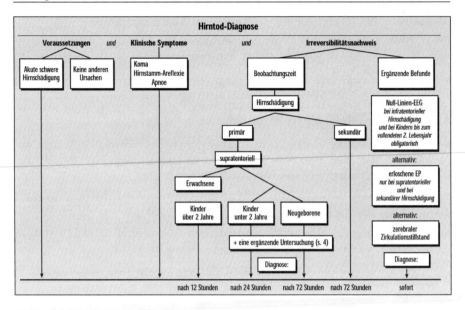

3.2.3 Zerebraler Zirkulationsstillstand

Dieser kann bei ausreichendem Systemblutdruck mittels Dopplersonographie oder durch zerebrale Perfusionsszintigraphie nachgewiesen werden *(Anmerkung 8)*. Bei zerebralem Zirkulationsstillstand kann die Irreversibilität des Hirnfunktionsausfalls ohne weitere Beobachtungszeit festgestellt werden.

Wurde bei einer zur Klärung der Art der Hirnschädigung oder zur Therapieentscheidung durchgeführten selektiven Angiographie *(Anmerkung 8)* ein zerebraler Zirkulationsstillstand nachgewiesen, so kann die Irreversibilität des Hirnfunktionsausfalls ohne weitere Beobachtungszeit festgestellt werden.

Trotz irreversibel erloschener Gesamtfunktion des Gehirns kann seine Zirkulation teilweise erhalten sein, wenn der intrakranielle Druck nicht stark genug angestiegen ist, z.B. bei großen offenen Schädel-Hirnverletzungen, aber auch bei sekundären Hirnschäden. Es muss dann die Irreversibilität des Hirnfunktionsausfalles durch Verlaufsbeobachtung oder durch neurophysiologische Befunde nachgewiesen werden.

4. Besonderheiten bei Kindern vor dem dritten Lebensjahr

Bei Frühgeborenen (unter 37 Wochen postmenstruell) ist das den Richtlinien zu Grunde liegende Konzept der Hirntodfeststellung bisher nicht anwendbar.

Bei reifen Neugeborenen (0–28 Tage), Säuglingen (29–365 Tage) und Kleinkindern bis zum vollendeten zweiten Lebensjahr (366–730 Tage) gelten die unter 1. genannten Voraussetzungen und die unter 2. beschriebenen klinischen Ausfallsymptome. Ihre Überprüfung erfordert jedoch wegen der reifungsbedingten patho-physiologischen Umstände besondere Kenntnisse und Erfahrungen.

Die Beobachtungszeit der klinischen Ausfallsymptome beträgt unabhängig von ihrer Ursache

- bei reifen Neugeborenen mindestens 72 Stunden,
- bei Säuglingen und Kleinkindern mindestens 24 Stunden.

Die Irreversibilität der klinischen Ausfallsymptome ist nur dann nachgewiesen, wenn bei den erforderlichen mindestens zwei Untersuchungen jeweils zusätzlich

- entweder ein Null-Linien-EEG *(Anmerkung 6)*
- oder das Fehlen der FAEP *(Anmerkung 7)*
- oder dopplersonographisch ein zerebraler Zirkulationstillstand *(Anmerkung 8)*

festgestellt worden ist.

Das Perfusionsszintigramm muss als ergänzende Untersuchung nur einmal, und zwar nach der zweiten klinischen Feststellung der Ausfallsymptome durchgeführt werden.

Anders als mit dem EEG befassen sich bisher nur wenige Literaturmitteilungen mit dem Nachweis der Irreversibilität der klinischen Ausfallsymptome im

- 1. Lebenshalbjahr mittels Untersuchung der FAEP oder Dopplersonographie,
- 1. Lebensmonat mittels Perfusionsszintigraphie.

Anmerkungen

Anmerkung 1:
Art der Hirnschädigung

Primäre Hirnschädigungen, insbesondere Hirnverletzungen, intrakranielle Blutungen, Hirninfarkte, Hirntumoren oder akuter Verschluss-Hydrozephalus, betreffen das Gehirn unmittelbar und strukturell.

Bei primären infratentoriellen Prozessen wird auf die Besonderheiten der Symptomfolge hingewiesen, die den Nachweis eines Null-Linien-EEGs *(Anmerkung 6)* oder des zerebralen Zirkulationsstillstandes *(Anmerkung 8)* zwingend erforderlich machen.

Sekundäre Hirnschädigungen betreffen das Gehirn mittelbar über den Stoffwechsel und können die Folge z.B. von Hypoxie, von kardial bedingtem Kreislaufstillstand oder langdauerndem Schock sein *(vergleiche Kommentar)*.

Anmerkung 2:
Einschränkende Voraussetzungen

Durch Vorgeschichte und Befund muss sichergestellt sein, dass keiner der unter 1.2. beschriebenen Faktoren die Ausfallsymptome zum Untersuchungszeitpunkt erklärt.

Die Bedeutung zentral dämpfender Medikamente für die Ausfallsymptome lässt sich beurteilen durch die

- Zuordnung von bisher verabreichten Medikamenten zu den vorher erhobenen Befunden,
- Wirkung von Antidots, 1medikamentös nicht unterdrückbaren neurophysiologischen Befunde,
- Untersuchung der Hirndurchblutung.

Bei den hier diskutierten Hirnschädigungen gibt es derzeit für die Beurteilung medikamentöser Einflüsse auf bestimmte Befunde keine gesicherten Konzentrations-Wirkungsbeziehungen der meisten zentral dämpfenden Medikamente.

Im Zweifelsfall muss innerhalb der Hirntoddiagnostik ein zerebraler Zirkulationsstillstand nachgewiesen werden.

Anmerkung 3a:
Untersuchung von Koma und Hirnstamm-Areflexie

Der hier zu fordernde Koma-Grad ist definiert als Bewusstlosigkeit ohne Augenöffnung und ohne andere zerebrale Reaktion auf wiederholten adäquaten Schmerzreiz *(Anmerkung 4)*.

Starker Druck auf die supraorbitalen Nervenaustrittspunkte oder Schmerzreize an der Nasenschleimhaut lösen keine motorische und keine vegetative Reaktion aus. (Cave: Gesichtsschädelverletzungen)

Bei dem okulo-zephalen Reflex fehlt bei plötzlicher, passiver Kopf-Seitwärtsdrehung (Cave: HWS-Instabilität) die normale Bulbus-Abweichung zur Gegenseite (Puppenkopfphänomen) und jede andere Augenbewegung. Alternativ kann eine beiderseitige kaltkalorische Vestibularisprüfung vorgenommen werden; auch dabei muss jede Augenbewegung fehlen. Wartezeit zwischen den Spülungen beider Seiten: 5 Minuten.

Prüfung des Pharyngealreflexes durch mehrfache Spatelberührung im Rachen, des Trachealreflexes durch Reiz mit einem in den Trachealtubus bis zur Carina eingeführten Katheter.

Anmerkung 3b:
Prüfung des Atemstillstandes

Der Apnoe-Test ist für die Feststellung des Hirntodes obligatorisch. Er kann wegen der physiologischen Wirkungen der Hyperkapnie erst als letzte klinische Untersuchung des Hirnfunktionsausfalls durchgeführt werden. Ein zentraler Atemstillstand liegt vor, wenn bei bisher gesunden Menschen bei einem $p_a\,CO_2 \geqq 60$ mmHg keine Eigenatmung einsetzt.

Die Hyperkapnie von mindestens 60 mmHg kann je nach einer O_2-Gaswechselstörung entweder durch Diskonnektion vom Respirator oder durch Hypoventilation herbeigeführt werden. Hinreichende Oxygenation ist durch intratracheale O_2-Insufflation oder Beatmung mit reinem O_2 zu gewährleisten.

Für Patienten, deren Eigenatmung auf Grund kardiopulmonaler Vorerkrankungen an einen CO_2-Partialdruck von mehr als 45 mmHg adaptiert ist, gibt es keine allgemein anerkannten Werte des $p_a\,CO_2$ für den Apnoe-Test. In diesen Fällen ist der Funktionsausfall des Hirnstamms zusätzlich durch apparative Untersuchungen zu belegen (siehe 3). Dies gilt auch, wenn ein Apnoe-Test wegen Thorax-Verletzungen oder ähnlicher Traumata nicht durchführbar ist.

Auch bei Anenzephalen muss innerhalb der Hirntod-Diagnostik der Atemstillstand nachgewiesen werden.

Anmerkung 4:
Übrige neurologische und vegetative Symptomatik

Beim Hirntoten können spinale Reflexe und Extremitäten-Bewegungen (beispielsweise: Lazarus-Zeichen) sowie die Leitfähigkeit des peripheren Abschnittes von Hirnnerven, die periphere Erregbarkeit und spontane Entladungen im Elektromyogramm der Gesichtsmuskeln vorübergehend noch erhalten bleiben oder wiederkehren, solange der Körper-Kreislauf und die Beatmung aufrechterhalten werden. Der über den Hirnstamm verlaufende Blinzelreflex erlischt klinisch mit der Hirnstamm-Areflexie.

Diagnostische Einschränkungen durch Blutdruckanstieg oder Fieber sind nicht bekannt geworden. Mit Eintritt des Hirntodes kann, je nach Temperatur von Umgebung und Beatmungsluft, die Körper-Kerntemperatur abfallen. Der Zeitpunkt des Auftretens eines Diabetes insipidus variiert; sein Fehlen schließt die Diagnose des Hirntodes nicht aus.

Das Fortbestehen einer Schwangerschaft widerspricht nicht dem eingetretenen Hirntod der Mutter. Eine Schwangerschaft wird endokrinologisch von der Plazenta und nicht vom Gehirn der Mutter aufrechterhalten.

Anmerkung 5:
Qualifikationsanforderungen an die zwei Untersucher

Die beiden den Hirntod feststellenden und dokumentierenden Ärzte müssen gemäß den Anforderungen der „Richtlinien zum Inhalt der Weiterbildung" über eine mehrjährige Erfahrung in der Intensivbehandlung von Patienten mit schweren Hirnschädigungen verfügen.

Nach dem endgültigen, nicht behebbaren Stillstand von Herz und Kreislauf kann der Hirntod von jedem approbierten Arzt durch äußere sichere Todeszeichen (zum Beispiel Totenflecke, Totenstarre) indirekt nachgewiesen werden.

Anmerkung 6:
EEG-Untersuchung

Das EEG soll in Anlehnung an die Richtlinien der Deutschen Gesellschaft für klinische Neurophysiologie abgeleitet werden und muss von einem darin erfahrenen Arzt kontrolliert und beurteilt werden:

1. Die Registrierung muss mindestens 30 Minuten kontinuierlich, einwandfrei auswertbar und artefaktarm erfolgen.

2. Abgeleitet werden kann mit Klebeoder mit Nadelelektroden. Stahlnadelelektroden können Polarisationseffekte zeigen. Daher muss für die gewählte Kombination aus Verstärker und Elektrode eine technisch stabile EEG-Ableitung über entsprechend lange Zeiten sichergestellt sein.

3. Die Elektroden sind nach dem 10:20-System zu setzen. Die Ableitprogramme sollen auch Abgriffe mit doppelten Elektroden-Abständen beinhalten, zum Beispiel: Fp1-C3, F3-P3 usw. Bei digitalen Systemen mit referentieller Registrierung sind für die Darstellungen Programme zu verwenden, die obige Empfehlungen berücksichtigen.

4. Die Elektrodenübergangswiderstände sollen zwischen 1 kΩ und 10 kΩ liegen und möglichst gleich niedrig sein. Die Messungen der Übergangswiderstände sollen die Referenzelektrode(n) und die Erdungselektrode(n) einschließen. Die Werte der Widerstände müssen zu Beginn und Ende der Aufzeichnung dokumentiert werden. Widerstände unter 1 kΩ können durch Flüssigkeits- oder Elektroden-Gel-Brücken verursacht werden.

5. Die Registrierung soll mit Standard-Filtereinstellungen erfolgen: untere Grenzfrequenz 0,53 Hz (Zeitkonstante 0,3 s), obere Grenzfrequenz 70 Hz, bei digitalen Systemen mit steilen Filterflanken entsprechend höher. Um auch sehr langsame Frequenzen zu erfassen, ist mindestens 10 Minuten mit einer unteren Grenzfrequenz von 0,16 Hz oder darunter (Zeitkonstante von 1 s oder länger) zu registrieren.

6. Die Ableitung soll mit der Verstärkereinstellung von 5 beziehungsweise 7 µV/mm begonnen werden. Die der Beurteilung zu Grunde liegenden mindestens 30-minütigen EEG-Abschnitte müssen mit höherer Verstärkung, teilweise mit einer Empfindlichkeit von wenigstens 2 µV/mm aufgezeichnet werden. Bei digitaler EEGTechnik muss die Auswertung mit einer Auflösung von 2 µV/mm möglich sein. Die Geräteeichung soll mit einem Signal erfolgen, dessen Höhe der Amplitude des zu erwartenden Signals entspricht, z.B. 20 µV bei einer Empfindlichkeit von 2 µV/mm. Die Eichsignale müssen am Beginn, bei jeder Änderung und am Ende der Ableitung aufgezeichnet werden.

Steht kein entsprechend kleines Eichsignal zur Verfügung, muss das Eichsignal mit der Standardeinstellung aufgezeichnet und jede Verstärkeränderung dokumentiert werden.

7. Der Rauschpegel des EEG-Gerätes muss so gering sein, dass eine sichere Abgrenzung von EEG-Potentialen um 2 µV möglich ist.
8. Die Ableitung muss mit mindestens 8 EEG-Kanälen erfolgen. Zusätzlich ist kontinuierlich das EKG aufzuzeichnen. Andere als EKG-Artefakte müssen sicher identifiziert und vom EEG abgegrenzt werden.
9. Zu Beginn der Ableitung soll die Funktionstüchtigkeit der einzelnen Verstärker durch das Auslösen von Artefakten (Berühren der Elektroden) überprüft werden.

Anmerkung 7:
Multimodal evozierte Potenziale
Die Untersuchungen sollen in Anlehnung an die Richtlinien der Deutschen Gesellschaft für klinische Neurophysiologie durchgeführt werden und müssen von einem in der Methode erfahrenen Arzt ausgeführt und einwandfrei dokumentiert werden.

Folgende *FAEP-Muster* weisen bei primären supratentoriellen und bei sekundären Hirnschädigungen die Irreversibilität der klinischen Ausfallsymptome gemäß den Voraussetzungen nach:

- Der progrediente, konsekutive Verlust der Wellen mit schließlich bilateralem Ausfall aller Komponenten,
- der progrediente, konsekutive Ausfall der Wellen III–V mit ein- oder beidseitig erhaltenen Wellen I oder I und II,
- isoliert erhaltene Wellen I oder I und II.

Stimulation: Geschirmte Kopfhörer mit überprüfter Reizpolarität und bekanntem, vom Hersteller belegten Frequenzgang (alternativ pneumatisch arbeitende Kopfhörer, wobei die Latenzen um die Laufzeit im Schlauch zu korrigieren sind).

- Klickreize 100 µsec Dauer, Reizfrequenz 10–15 Hz, ungerade Wiederholungsrate,
- Sog- und Druckreize müssen getrennt gemittelt und gespeichert werden; falls dies technisch nicht möglich ist, sollen nur Sogpulse verwendet werden,
- Schalldruck 95 dB HL; kontralaterales Ohr mit 30 dB unter Klick-Schalldruck verrauschen.

Analysezeit: 10 ms, zur Artefaktabgrenzung (50 Hz) 20 ms.

Filtereinstellung (bei 6 dB/Oktave Filter): untere Grenzfrequenz 100–150 Hz, obere Grenzfrequenz 3000 Hz.

Elektrodenposition: Vertex (Cz), Referenz am ipsilateralen Ohrläppchen oder Mastoid (Welle I bei Ableitung mit Nadelelektrode aus dem Gehörgang besser zu identifizieren).

Elektroden: Sowohl Nadel- als auch Klebeelektroden. Der Elektrodenwiderstand soll 5 kΩ nicht überschreiten.

Mittelungsschritte: 1000–2000. Jede Messung muss mindestens einmal wiederholt werden, um die Wellen reproduzierbar zu belegen. Auf eine wirksame Artefaktunterdrückung ist zu achten.

Die hochzervikalen *SEP* erlöschen entsprechend dem kranio-kaudal fortschreitenden Zirkulationsausfall nicht notwendigerweise gleichzeitig mit dem EEG und den FAEP. Wenn keine Halsmarkschädigung vorliegt, weisen folgende *SEP-Muster* bei primären supratentoriellen und bei sekundären Hirnschädigungen die Irreversibiltät der klinischen Ausfallsymptome gemäß den Voraussetzungen nach:

- Ausfall der Komponente N 13 (ableitbar über HWK 2) bei Fehlen des kortikalen Primärkomplexes bei Fz-Referenz,

- Abbruch der Kette der Farfield-Potentiale spätestens nach der Komponente N 11/P 11 bei extrakranieller Referenz und Ableitung über der sensiblen Rinde.

Stimulation: Rechteckimpulse, Dauer 0,1–0,2 ms, Frequenz 3–5 Hz, Reizstärke 2–3 mA über der motorischen Schwelle, Katode proximal.

Analysezeit: Bei Armnerven-Stimulation 40–50 ms, bei fehlender Reizantwort zu verdoppeln.

Filtereinstellung (bei 6 dB/Oktave Filter): untere Grenzfrequenz für kortikales SEP 5–10 Hz, für spinales SEP 20–50 Hz; obere Grenzfrequenz 1000–2000 Hz.

Elektrodenposition: Referenz Fz: Erb'scher Punkt, Dornfortsätze C7 und C2, kortikal C3', C4'; Referenz Hand: C3', C4'.

Elektrodenarten: Sowohl Nadel- als auch Klebeelektroden, Elektrodenwiderstand nicht über 5 kΩ.

Mittelungsschritte: 512–2048, mindestens einmal reproduziertes Potenzial. Auf eine wirksame Unterdrückung von Artefakten ist zu achten.

Anmerkung 8:
Zerebraler Zirkulationsstillstand

Der irreversible Hirnfunktionsausfall ist meistens Folge eines zerebralen Zirkulationsstillstandes. Bei großen offenen Schädel-Hirn-Verletzungen und vereinzelt bei sekundären Hirnschädigungen kommt es aber, wenn der intrakranielle Druck nicht stark genug ansteigt, nicht zu einem zerebralen Zirkulationsstillstand. In diesen Fällen ist die Irreversibilität des Hirnfunktionsausfalles entweder durch Verlaufsbeobachtung oder neurophysiologische Befunde nachzuweisen.

Dopplersonographie

Der zerebrale Zirkulationsstillstand kann mit der Dopplersonographie durch transkranielle Beschallung der Hirnbasisarterien und Untersuchung der extrakraniellen hirnversorgenden Arterien von einem in dieser Methode speziell erfahrenen Untersucher bewiesen werden, wenn bei mindestens zweimaliger Untersuchung im Abstand von wenigstens 30 Minuten einer der folgenden Befunde beidseitig dokumentiert wird:

1. Biphasische Strömung (oszillierende Strömung) mit gleich ausgeprägter antero- und retrograder Komponente oder kleine frühsystolische Spitzen, die kleiner als 50 cm/s sind, und sonst fehlende systolische und diastolische Strömung in den Aa. cerebri mediae, Aa. carotides internae intrakraniell, sowie in den übrigen beschallbaren intrakraniellen Arterien und in den extrakraniellen Aa. carotides internae und Aa. vertebrales.

2. Ein Fehlen der Strömungssignale bei transkranieller Beschallung der Hirnbasisarterien kann nur dann als sicheres Zeichen eines zerebralen Kreislaufstillstandes gewertet werden, wenn derselbe Untersucher einen Signalverlust bei zuvor eindeutig ableitbaren intrakraniellen Strömungssignalen dokumentiert hat und an den extrakraniellen hirnversorgenden Arterien ebenfalls ein zerebraler Kreislaufstillstand nachweisbar ist.

Perfusionsszintigraphie

Hierbei müssen Radiopharmaka verwendet werden, deren diagnostische Sicherheit validiert worden ist wie das Tc-99m-Hexamethylpropylenaminoxim (HMPAO).

Statische Szintigraphien erfassen die Gewebsdurchblutung durch den über viele Stunden in nahezu unveränderter Konzentration „getrappten" hydrophilen Tracer. Die fehlende Aufnahme des Radiopharmakons kann nicht medikamentös oder stoffwechselbedingt sein.

Szintigraphische Kriterien des Hirntodes sind die fehlende Darstellung der zerebralen Gefäße, der zerebralen Perfusion und der Anreicherung im Hirngewebe.

Die Szintigraphie muss in verschiedenen Ansichten und kann auch in tomographischer Technik erfolgen. Nach Bolusinjektion des Radiopharmakons erfolgt zunächst die Darstellung der großen kranialen Gefäße von ventral, anschließend erfolgen statische Szintigraphien zur Erfassung der Gewebsdurchblutung.

Eine Qualitätskontrolle soll in vitro durch die Bestimmung der Markierungsausbeute (möglichst größer als 90 Prozent) mittels Dünnschichtchromatographie erfolgen. Zusätzlich sollte durch Szintigraphien von Thorax und Abdomen die Prüfung der physiologischen Verteilung des Radiopharmakons als *in vivo* Qualitätskontrolle vorgenommen werden.

Angiographie

Die Indikationsstellung zur selektiven arteriellen Angiographie setzt Möglichkeiten therapeutischer Konsequenzen voraus.

Bei einer selektiven arteriellen Angiographie entsprechend 3.2.3. muss eine Darstellung beider Karotiden und des vertebrobasilären Kreislaufs erfolgen. Wenn dabei ein eindeutiger Stillstand des injizierten Kontrastmittels an der Hirnbasis oder im Anfangsteil der großen Hirnarterien erkennbar ist, so liegt ein zerebraler Zirkulationsstillstand vor. Dabei muss die Lage des Katheters dokumentiert sein und bei der Untersuchung von Erwachsenen ein ausreichender arterieller Blutmitteldruck > 80 mmHg, bei Kindern bis zur Pubertät > 60 mmHg bestanden haben.

Kommentar

Etwaige Zweifel an klinischen oder ergänzenden Untersuchungsbefunden erfordern in jedem Falle weitere Beobachtung und Behandlung.

Die auf wenige Minuten begrenzte Wiederbelebungszeit des Gehirns ist grundsätzlich kürzer als diejenige des Herzens. Zeitgrenzen für die Irreversibilität eines elektrokardiographisch als Kammerflimmern oder Asystolie dokumentierten Herzstillstandes können wegen der stark variablen Bedingungen nicht angegeben werden. In jedem Fall führt ein Herz-Kreislaufstillstand früher zum Hirntod als zur Irreversibilität des Herzstillstandes.

Todeszeitpunkt

Festgestellt wird nicht der Zeitpunkt des eintretenden, sondern der Zustand des bereits eingetretenen Todes. Als Todeszeit wird die Uhrzeit registriert, zu der die Diagnose und Dokumentation des Hirntodes abgeschlossen sind.

Geltungsbereich und Protokollierung

Die beschriebene Todesfeststellung durch Nachweis des Hirntodes ist unabhängig von einer danach medizinisch möglichen Organentnahme.

Die zur Diagnose des Hirntodes führenden klinischen und apparativen ergänzenden Untersuchungsbefunde sowie alle Umstände, die auf ihre Ausprägung Einfluss nehmen können, müssen mit Datum und Uhrzeit sowie den Namen der untersuchenden Ärzte dokumentiert werden. Die Aufzeichnung der Befunde ist auf dem Protokollbogen (siehe Muster) vorzunehmen; dieser ist im Krankenblatt zu archivieren.

Auch der indirekte Nachweis des Hirntodes durch äußere sichere Todeszeichen muss von zwei Ärzten bestätigt werden. Diese Bestätigung (s. „Hinweise zu Organ- und Gewebeentnahmen bei toten Spendern gemäß Transplantationsgesetz" ist zusammen mit der amtlichen Todesbescheinigung (Leichenschauschein) aufzubewahren.

Protokoll zur Feststellung des Hirntodes

Name_____ Vorname_____ geb.:_____ Alter:_____
Klinik:_____
Untersuchungsdatum:_____ Uhrzeit:_____ Protokollbogen-Nr.:_____

1. Voraussetzungen
1.1 Diagnose_____
    Primäre Hirnschädigung:_____ supratentoriell_____ infratentoriell_____
    Sekundäre Hirnschädigung:_____
    Zeitpunkt des Unfalls/Krankheitsbeginns:_____
1.2 Folgende Feststellungen und Befunde bitte beantworten mit ja oder nein
    Intoxikation   ausgeschlossen:_____
    Relaxation   ausgeschlossen:_____
    Primäre Hypothermie   ausgeschlossen:_____
    Metabolisches oder endokrines Koma   ausgeschlossen:_____
    Schock   ausgeschlossen:_____
    Systolischer Blutdruck   _____ mmHg

2. Klinische Symptome des Ausfalls der Hirnfunktion
2.1 Koma_____
2.2 Pupillen   weit / mittelweit
                  Lichtreflex beidseits   fehlt_____
2.3 Okulo-zephaler Reflex (Puppenkopf-Phänomen)
                  beidseits   fehlt_____
2.4 Korneal-Reflex beidseits   fehlt_____
2.5 Trigeminus-Schmerz-Reaktion beidseits   fehlt_____
2.6 Pharyngeal-/Tracheal-Reflex   fehlt_____
2.7 Apnoe-Test bei art. $p_a CO_2$ _____ mmHg   erfüllt_____

3. Irreversibilitätsnachweis durch 3.1 oder 3.2
3.1 Beobachtungszeit:
    Zum Zeitpunkt der hier protokollierten Untersuchungen bestehen die obengenannten Symptome seit _____ Std.
    Weitere Beobachtung ist erforderlich   ja_____   nein_____
    mindestens 12/24/72 Stunden
3.2. Ergänzende Untersuchungen:

3.2.1 Isoelektrisches (Null-Linien-) EEG, 30 Min. abgeleitet:	ja	nein	Datum	Uhrzeit	Arzt
3.2.2 Frühe akustisch evozierte Hirnstammpotentiale Welle III–V beidseits erloschen	ja	nein	Datum	Uhrzeit	Arzt
Medianus-SEP beidseits erloschen	ja	nein	Datum	Uhrzeit	Arzt

3.2.3 Zerebraler Zirkulationsstillstand beidseits festgestellt durch:
    Dopplersonographie:_____ Perfusionsszintigraphie:_____ Zerebrale Angiographie:_____

Datum_____ Uhrzeit_____ untersuchender Arzt_____

Abschließende Diagnose:
Aufgrund obiger Befunde, zusammen mit den Befunden der Protokollbögen Nr._____, wird
der Hirntod und somit der **Tod des Patienten** festgestellt am:_____ um_____ Uhr.

Untersuchender Arzt:_____   _____
                              Name   Unterschrift

Die Protokollierung über Ort, Zeit und Teilnehmer des zu führenden Gespräches mit den Angehörigen ist notwendig.

Literatur

Auf die Literatur in den voraufgehenden Veröffentlichungen der Bundesärztekammer wird verwiesen.

1. Ad Hoc Committee of the Harvard Medical School to examine the definition of brain death: a definition of irreversible coma. JAMA 1968; 205: 337–340.
2. Ammar A., Awada A., al-Luwami I.: Reversibility of severe brain stem dysfunction in children. Acta Neurochir Wien 1993; 124: 86–91.
3. Ashwal S., Schneider S.: Brain death in the newborn. Pediatrics 1989; 84: 429–437.
4. Ashwal S.: Brain death in early infancy. J. Heart Lung Transplant 1993; 12 (Suppl.): 176–178.
5. Berlit P., Wetzel E., Bethke U., Pohlmann-Eden P: Hirnblutflussszintigraphie mit 99mTc-HM-PAO zur Diagnose des Hirntodes. Wien med Wschr 1990; 140: 571–574.
6. Birnbacher D., Angstwurm H., Eigler F.W., Wuermeling H.B.: Der vollständige und endgültige Ausfall der Hirntätigkeit als Todeszeichen des Menschen – Anthropologischer Hintergrund. Dt Ärztebl 1993; 90: A1-2926–2929 [Heft 44].
7. Böckle F.: Ethische Probleme des Hirntodes. In: Gänshirt H., Berlit P., Haak G. eds.: Kardiovaskuläre Erkrankungen und Nervensystem, Probleme des Hirntodes. Berlin, Heidelberg, New York, Tokyo: Springer, 1985; 565–569.
8. Brilli R.J., Bigos D.: Altered apnoea threshold in a child with suspected brain death. J Child Neurol 1995; 10: 245–246.
9. Bundesärztekammer: Kriterien des Hirntodes. Dt Ärztebl 1991; 88: A-4396–4407 [Heft 49].
10. Bundesärztekammer/Wissenschaftlicher Beirat: Der endgültige Ausfall der gesamten Hirnfunktion („Hirntod") als sicheres Todeszeichen. Dt Ärztebl 1993; 90: A1-2933–2935 [Heft 44].
11. Carr B.C.: The maternal-fetal-placental unit. In: Becker K.L. ed.: Principles and practice of endocrinology and metabolism. 2nd Ed. JB Lippincott Company, 1995; Chapter 106: 987–1000.
12. Challis J.R.G.: Endocrinology of parturition. In: Becker KL ed.: Principles and practice of endocrinology and metabolism. 2nd Ed. JB Lippincott Company, 1995; Chapter 107: 1001–1005.
13. Chiu N.C., Shen E.Y., Lee B.S.: Reversal of diastolic cerebral blood flow in infants without brain death. Pediatr Neurol. 1994; 11: 337–340.
14. Conci F., Procaccio F., Arosio M.: Viscero-somatic and viscero-visceral reflexes in brain death. J Neurol Neurosurg Psychiat 1986; 49: 695–698.
15. Deutsche Gesellschaft für Chirurgie, Kommission für Reanimation und Organtransplantation: Todeszeichen und Todeszeitbestimmung. Chirurg 1968; 39: 196–197.
16. Downman C.B.B., Mc Swiney B.A.: Reflexes elicited by visceral stimulation in the acute spinal animal. J Physiol 1946; 105: 80–94.
17. Farrell M.M., Levin D.L.: Brain death in the pediatric patient: historical, sociological, medical, religious, cultural, legal, and ethical considerations. Crit Care Med 1993; 21: 951–965.
18. Feldges A., Mehdorn H.M.: Zum Einsatz der transkraniellen Dopplersonographie auf einer neurochirurgischen Intensivstation: Hirndruck, intrakranieller Zirkulationsstillstand. Wien med Wschr 1990; 140: 567–570.
19. Firsching R., Frowein R.A., Wilhelms S., Buchholz F.: Brain death. Practicability of evoked potenzials. Neurosurg Rev 1992; 15: 249–254.
20. Fishman M.A.: Validity of brain death criteria in infants. Pediatrics 1995; 96: 513–515.

21. Frowein R.A., Brock M., Klinger M. eds.: Head injuries: prognosis, evoked potenzials, microsurgery, brain death. In: Advances in Neurosurgery 17. Berlin, Heidelberg, New York, Tokyo: Springer, 1989.
22. Galaske R.G., Schober O., Heyer R.: Tc-99m-HM-PAO and I-123-amphetamine cerebral scintigraphy: a new non invasive method in determination of brain death in children. Eur J Nucl Med 1988; 14: 446–452.
23. Gramm H.J., Zimmermann J., Meinhold H. et al.: Hemodynamic responses to noxious stimuli in brain-dead organ donors. Int Care Med 1992; 18: 493–495.
24. Grattan-Smith P.J., Butt W.: Suppression of brainstream reflexes in barbiturate coma. Arch Dis Child 1993; 69: 151–152.
25. Haupt W.F., Schober O., Angstwurm H,, Kunze K.: Die Feststellung des Todes durch den irreversiblen Ausfall des gesamten Gehirns – („Hirntod"). Dt Ärztebl 1993; 90: A1-3004–3008 [Heft 45].
26. Heinbecker P., White H.L.: Hypothalamicohypophysial system and its relation to water balance in the dog. Am J Physiol 1941; 133: 582–593.
27. Hohenegger M., Vermes M., Mauritz W. et al.: Serum Vasopressin (AVP) levels in brain-dead organ donors. Europ Arch Psychiat Neurol Sci 1990; 239: 267–269.
28. Hollinshead W.H.: The interphase of diabetes insipidus. Mayo Clin Proc 1964; 39: 92–100.
29. Hummerich W.: Die Vasopressinregulation. Stuttgart: Thieme, 1985.
30. Jalili M., Crade M., Davis A.L.: Carotid blood-flow velocity changes detected by Doppler ultrasound in determination of brain death in children. A preliminary report. Clin Pediatr Phila 1994; 33: 669–674.
31. Jørgensen E.O.: Spinal man after brain death: the unilateral extension-pronationreflex of the upper limb as an indication of brain death. Acta Neurochir 1973; 28: 259–273.
32. Kuwagata Y., Sugimoto H., Yoshoka T., Sugimoto T.: Hemodynamic response with passive neck flexion in brain death. Neurosurg 1991; 29: 239–241.
33. Laszlo F.A., de Wied D.: Antidiuretic hormone content of the hypothalamo-neurohypophysial system and urinary excretion of antidiuretic hormone in rats during the development of diabetes insipidus after lesions in the pituitary stalk. J Endocrin 1966; 36: 125–137.
34. Lipsett M.B., Mac Lean J.P., West C.D. et al.: An analysis of the polyuria induced by hypophysectomy in man. J Clin Endocrin Metabol 1956; 16: 183–185.
35. Löfstedt S., v. Reis G.: Intracraniella laesioner med bilateral upphävd kontrastpassage i.A. carotis interna. Opuscula Medica 1956; 8: 199–202.
36. Lynch J., Eldadah M.K.: Brain-death criteria currently used by pediatric intensivists. Clin Pediatr Phila 1992; 31: 457–460.
37. Magoun H.W., Fisher C., Ranson S.W.: The neurohypophysis and water exchange in the monkey. Endocrin 1939; 25: 161–174.
38. Medlock M.D., Hanigan W.C., Cruse R.P.: Dissociation of cerebral blood flow, glucose metabolism, and electrical activity in pediatric brain death. Case report. J Neurosurg 1993; 79: 752–755.
39. Mollaret P., Goulon M.: Le coma dépassé. Rev Neurol 1959; 101: 5–15.
40. Mollaret P., Bertrand I., Mollaret H.: Coma dépassé et nécroses nerveuses centrales massives. Rev Neurol 1959; 101: 116–139.
41. Molitch M.E.: Endocrine disease in pregnancy. In: Becker K.L. ed.: Principles and practice of endocrinology and metabolism. 2nd Ed. JB Lippincott Company, 1995; Chapter 108: 1005–1019.
42. Mudd R.H., Dodge jr. H.W., Clark E.C., Randall R.L.: Experimental diabetes insipidus. A study of the normal interphase. Proc Staff Meet Mayo Clin 1957; 32: 99–108.

43. O'Connor W.J.: The normal interphase in the polyuria which follows section of the supraoptico-hypophysial tracts in the dog. Quart J Exper Physiol 1952; 37: 1–10.
44. Okamoto K., Sugimoto T.: Return of spontaneous respiration in an infant who fullfilled current criteria to determine brain death. Pediatrics 1995; 96: 518–520.
45. Petty G.W., Mohr J.P., Pedley T.A. et al.: The role of transcranial Doppler in confirming brain death: sensitivity, specificity and suggestions for performance and interpretation. Neurology 1990; 40: 300–303.
46. Pickford M., Ritchie A.E.: Experiments on the hypothalamic pituitary control of water excretion in dogs. J Physiol 1945; 104: 105–128.
47. Ragosta K.: Miller Fisher syndrome, a brainstem encephalitis, mimics brain death. Clin Pediatr Phila 1993; 32: 685–687.
48. Randall R.V., Clark E.C., Dodge jr. H.W., Love J.G.: Polyuria after operation for tumors in the region of the hypophysis and hypothalamus. J Clin Endocrin Metabol 1960; 20: 1614–1621.
49. Rasmussen A.T.: Effects of hypophysectomy and hypophysial stalk resection on the hypothalamic nuclei of animals and man. A Res Nerv Ment Dis 1940; 20: 245–269.
50. Report of the quality standards subcommittee of the American Academy of Neurology: practice parameters for determining brain death in adults. Neurology 1995; 45: 1012–1014.
51. Ropper A.H.: Unusual spontaneous movements in brain dead patient. Neurology 1984; 34: 1089–1092.
52. Sanker P., Roth B., Frowein R.A., Firsching R.: Cerebral reperfusion in brain death of a newborn. Case report. Neurosurg Rev 1992; 15: 315–317.
53. Schlake H.P., Böttger I.G., Grotemeyer K.H., Husstedt I.W., Brandau W., Schober O.: Determination of cerebral perfusion by means of planar brain scintigraphy and 99mTc-HMPAO in brain death, persistent vegetative state and severe coma. Intens Care Med 1992; 18: 76–81.
54. Schmitt B., Simma B., Burger R., Dumermuth G.: Rhesuscitation after severe hypoxia in a young child: temporary isoelectric EEG and loss of BAEP components. Intens Care Med 1993; 19: 420–422.
55. Schober O:, Galaske R:TG:, Heyer R:: Determination of brain death with 123IMP and 99mTc-HM-PAO. Neurosurg Rev 1987; 10: 19–22.
56. Schober O:, Galaske R:TG:, Heyer R:: Uptake of I-123-IMP and Tc-99m-HMPAO in brain death. Nuklearmedizin 1988; 27: 111–113.
57. Silver J:TR:: Vascular reflexes in spine shock. Paraplegia 1970; 8: 231–242.
58. Stöhr M:, Riffel B:, Pfadenhauer K:: Neurophysiologische Untersuchungsmethoden in der Intensivmedizin. Berlin, Heidelberg, New York, Tokyo: Springer, 1990.
59. Task force for the determination of brain death in children: guidelines for the determination of brain death in children. Neurology 1987; 37: 1077–1078.
60. Ulsenheimer K:: Organspende von nicht überlebensfähigen Neugeborenen – aus juristischer Sicht. Dt Ärztebl 1993; 90: A1-3156–3158 [Heft 47].
61. Weltärztebund: Deklaration von Sydney: Definition des Todes. Verabschiedet von der 22. Generalversammlung in Sydney, August 1968, überarbeitet von der 35. Generalversammlung in Venedig, Oktober 1983.
62. Wetzel R.C., Setzer N:, Stiff J.L., Rogers M.C.: Hemodynamic responses in brain dead organ donor patients. Anest Analg 1985; 64: 125–128.
63. Wijdicks E.F.M.: Determining brain death in adults. Neurology 1995; 45: 1003–1011.

Mitglieder des Arbeitskreises

Prof. Dr. med. Heinz Angstwurm, Leiter des Neurologischen Konsiliardienstes der Innenstadt-Kliniken der Ludwig-Maximilians-Universität München

Prof. Dr. med. Klaus-Ditmar Bachmann, Vorsitzender des Wissenschaftlichen Beirates der Bundesärztekammer, emer. Direktor der Kinderklinik der Westfälischen Wilhelms-Universität Münster

Prof. Dr. med. Roland Besser, Direktor der Neurologischen Klinik, Städtische Krankenanstalten Krefeld

Prof. Dr. phil. Dieter Birnbacher, Lehrstuhl Philosophie, Philosophisches Institut der Heinrich-Heine-Universität Düsseldorf

Prof. Dr. med. Wolfgang J. Bock (federführend), Direktor der Neurochirurgischen Klinik der Heinrich-Heine-Universität Düsseldorf

Prof. Dr. med. Friedrich-Wilhelm Eigler, Chirurgische Klinik und Poliklinik, Direktor der Abt. Allgemeine Chirurgie der Universität-GH Essen

Prof. Dr. med. Reinhold A. Frowein, emer. Direktor der Neurochirurgischen Klinik der Universität zu Köln

Prof. Dr. med. Gerhard Jorch, Oberarzt, Klinik und Poliklinik für Kinderheilkunde der Westfälischen Wilhelms-Universität Münster

Prof. Dr. theol. Johannes Reiter, Seminar für Moraltheologie und Sozialethik der Johannes-Gutenberg-Universität Mainz

Prof. Dr. med. Dr. rer. nat. Otmar Schober, Direktor der Klinik und Poliklinik für Nuklearmedizin der Westfälischen Wilhelms-Universität Münster

Prof. Dr. jur. Dr. h.c. Hans-Ludwig Schreiber, Präsident der Georg-August-Universität Göttingen

Prof. Dr. med. Jürgen Schüttler, Vorstand des Instituts für Anästhesiologie der Friedrich-Alexander-Universität Erlangen

Prof. Dr. med. Hans-B. Wuermeling, emer. Direktor des Instituts für Rechtsmedizin der Friedrich-Alexander-Universität Erlangen

Beratend mitgewirkt

Prof. Dr. med. Klaus van Ackern, Direktor des Instituts für Anästhesiologie und operative Intensivmedizin der Fakultät für Klinische Medizin Mannheim der Universität Heidelberg

Prof. Dr. med. Klaus Felgenhauer, 1. Vorsitzender der Deutschen Gesellschaft für Neurologie e.V., Direktor der Abteilung Neurologie der Georg-August-Universität Göttingen

Prof. Dr. med. Raimond Firsching, Direktor der Klinik für Neurochirurgie der Otto-von-Guericke-Universität Magdeburg

Prof. Dr. med. Walter Haupt, Oberarzt, Neurologische Klinik der Universität zu Köln

Prof. Dr. med. Walter Huk, Leiter der Abteilung für Neuroradiologie der Neurochirurgischen Klinik, Friedrich-Alexander-Universität Erlangen-Nürnberg

Prof. Dr. med. Wolfgang Kübler, Medizinische Univ.-Klinik und Poliklinik, Ärztlicher Direktor der Abteilung Innere Medizin III der Ruprecht-Karls-Universität Heidelberg

Prof. Dr. med. Hans-Gerd Lenard, Direktor der Klinik für allgemeine Pädiatrie der Heinrich-Heine-Universität Düsseldorf

Anhang

Prof. Dr. rer. nat. Manfred R. Möller, Institut für Rechtsmedizin der Universität des Saarlandes

Prof. Dr. med. Jürgen Schrader, Geschäftsf. Direktor des Instituts für Herz- und Kreislaufphysiologie der Heinrich-Heine-Universität Düsseldorf

Prof. Dr. med. Manfred Stöhr, Ärztlicher Leiter der Neurologischen Klinik des Zentralklinikums Augsburg

Prof. Dr. med. Jürgen Wawersik, Direktor der Klinik für Anästhesiologie und operative Intensivmedizin der Christian-Albrechts-Universität zu Kiel

RA Ulrike Wollersheim, Rechtsabteilung der Bundesärztekammer, Köln

Hinweise zu Organ- und Gewebeentnahmen bei toten Spendern gemäß Transplantationsgesetz

Das Transplantationsgesetz macht in § 3 Abs. 1 Nr. 2 die Todesfeststellung, in § 3 Abs. 2 Nr. 2 die Hirntodfeststellung zur unerlässlichen Voraussetzung jeder Organ- und Gewebeentnahme bei toten Spendern.

Die Todesfeststellung muss nach „Regeln", die Hirntodfeststellung nach „Verfahrensregeln" erfolgen, „die dem Stand der Erkenntnisse der medizinischen Wissenschaft entsprechen".

Die Forderung an die Todesfeststellung wird sowohl durch den Nachweis des Hirntodes, des inneren sicheren Todeszeichens, als auch durch den Nachweis äußerer sicherer Todeszeichen erfüllt, wobei die Hirntodfeststellung gemäß den „Richtlinien zur Feststellung des Hirntodes" des Wissenschaftlichen Beirates der Bundesärztekammer erfolgen muss (§ 16 Abs. 1 Nr. 1, Transplantationsgesetz).

Wenn der Tod durch den Nachweis des Hirntodes festgestellt wurde, erfüllt die vorgeschriebene Protokollierung die beiden Bestimmungen gemäß § 3 Abs. 1 Nr. 2 und § 3 Abs. 2 Nr. 2 des Transplantationsgesetzes. Unabhängig davon muss die amtliche Todesbescheinigung (Leichenschauschein) zusätzlich ausgestellt werden.

BESTÄTIGUNG

Bei Frau/Herrn ....geb. ....

habe ich am .... um ....Uhr als äußeres sicheres Todeszeichen

....

festgestellt.
Damit ist der Tod und auch der endgültige, nicht behebbare Ausfall der Gesamtfunktion des Gehirns nachgewiesen.

....	....
Ort	Datum

Untersuchender Arzt: ....

	Name	Unterschrift

Wenn der Tod durch äußere sichere Todeszeichen festgestellt wurde, ist damit auch der Hirntod nachgewiesen. Gleichwohl muss infolge von § 3 Abs. 2 Nr. 2 in Verbindung mit § 5 Abs. 1 des Transplantationsgesetzes auch der indirekt nachgewiesene Hirntod von 2 Ärzten bestätigt werden, wenn Organe und Gewebe zur Transplantation entnommen werden sollen. Die Bestätigung (s. Muster) ist entsprechend der allgemeinen Aufbewahrungspflicht nach § 10 (Muster-)Berufsordnung 1997 zu archivieren und ersetzt nicht die amtliche Todesbescheinigung.

Alle Vorschriften des Transplantationsgesetzes über die Entnahme von Organen und Geweben bei toten Spendern einschließlich der Vorschriften über die Information oder die Befragung der Angehörigen und einschließlich der Dokumentationspflichten gelten unabhängig von Ort und Zeit des ärztlichen Eingriffs nach der Todesfeststellung und damit beispielsweise auch für die Hornhautentnahme in Instituten der Rechtsmedizin, der Pathologie oder in anderen Einrichtungen.

Korrespondenzanschrift
Wissenschaftlicher Beirat der Bundesärztekammer
Herbert-Lewin-Straße 1, 50931 Köln

Bundesärztekammer, Richtlinien zur Organtransplantation gemäß § 16 Transplantationsgesetz

(Quelle: Deutsches Ärzteblatt 97, Heft 7, 18. Februar 2000)

Vorwort

Die Richtlinien für Warteliste und Vermittlung von Organen sind vom Vorstand der Bundesärztekammer am 13.11.1999 verabschiedet worden. Nach § 10 Absatz 2 Transplantationsgesetz (TPG) sind die Transplantationszentren verpflichtet, Wartelisten über die zur Transplantation angenommenen Patienten zu führen. Über die Aufnahme in diese Wartelisten haben die Transplantationszentren nach Regeln zu entscheiden, die dem Stand der Erkenntnisse der medizinischen Wissenschaft entsprechen, insbesondere nach Notwendigkeit und Erfolgsaussicht der Organübertragung.

Die Allokation der vermittlungspflichtigen Organe Niere, Leber, Herz, Lunge und Pankreas erfolgt durch eine Vermittlungsstelle auf der Grundlage von Regeln entsprechend den Erkenntnissen der medizinischen Wissenschaft, insbesondere nach Erfolgsaussicht und Dringlichkeit (§ 12 Absatz 3, TPG).

Die Bundesärztekammer legt hiermit gemäß § 16 Abs. 1, Nr. 2, 5 TPG ein Regelwerk von insgesamt acht jeweils organspezifischen Richtlinien für Wartelisten und Organvermittlung vor. Diese sind durch die nach § 16 Abs. 2 gebildete Ständige Kommission Organtransplantation der Bundesärztekammer vorbereitet worden.

Die Richtlinien treten mit dem Tag der Wirksamkeit der Verträge nach § 11 Abs. 2 TPG über die Koordinierungsstelle und nach § 12 Abs. 4 TPG über die Vermittlungsstelle in Kraft.[1]

Das Datum dieses Inkrafttretens wird von der Bundesärztekammer im Deutschen Ärzteblatt bekannt gemacht. Vorgesehen ist der 1. April 2000.

Die Richtlinien werden dann hinsichtlich der Wartelisten unmittelbar, für die Vermittlung schrittweise mit Erstellung der notwendigen Anwendungsregelungen gem. § 5 des Vermittlungsstellenvertrages wirksam werden. Der Zeitpunkt dieser Wirksamkeit wird durch Veröffentlichung im Deutschen Ärzteblatt jeweils bekannt gegeben. Bis zur jeweiligen Bekanntgabe gelten die bisherigen Verteilungsregeln weiter einschließlich der seit 1.12.1997 (Inkrafttreten des TPG) erfolgten Änderungen.

Prof. Dr. med. Jörg-Dietrich Hoppe
Präsident der Bundesärztekammer
und des Deutschen Ärztetages

Prof. Dr. jur. Dr. med. h.c. H.-L. Schreiber
Vorsitzender der Ständigen Kommission
Organtransplantation der Bundesärztekammer

---

[1] Die Verträge mit der Deutschen Stiftung Organtransplantation (Koordinierungsstelle nach § 11 TPG) und Eurotransplant (Vermittlungsstelle nach § 12 TPG) sind Ende Januar 2000 abgeschlossen worden und liegen derzeit dem Bundesministerium für Gesundheit zur erforderlichen Genehmigung vor.

Richtlinien für die Warteliste zur Nieren- und zur (Nieren-)Pankreas-Transplantation

§ 13 Abs. 3 TPG legt in Satz 1 und 2 Folgendes fest:

„Der behandelnde Arzt hat Patienten, bei denen die Übertragung vermittlungspflichtiger Organe medizinisch angezeigt ist, mit deren schriftlicher Einwilligung unverzüglich an das Transplantationszentrum zu melden, in dem die Organübertragung vorgenommen werden soll. Die Meldung hat auch dann zu erfolgen, wenn eine Ersatztherapie durchgeführt wird."

Vorbemerkungen

Bei der Entscheidung über die Aufnahme auf die Warteliste für eine Organtransplantation ist abzuwägen, ob die individuelle medizinische Gesamtsituation des Patienten einen längerfristigen Transplantationserfolg erwarten lässt. Die Entscheidungsgründe sind zu dokumentieren. Hierbei sind auch eventuell zu erwartende schwerwiegende operativ-technische Probleme zu berücksichtigen.

Vor Aufnahme in die Warteliste für eine Transplantation ist der Patient über die Risiken, Erfolgsaussichten und längerfristigen medizinischen, sozialen und psychischen Auswirkungen einer Transplantation aufzuklären. Hierzu gehört auch die Aufklärung über die notwendige Immunsuppression mit den potenziellen Nebenwirkungen und Risiken und die Notwendigkeit von regelmäßigen Kontrolluntersuchungen. Für die Aufnahme in die Warteliste ist der Wunsch des Patienten und seine Einwilligung in eine Transplantation die Voraussetzung.

Die Führung der Warteliste ist Aufgabe des jeweils betreuenden Transplantationszentrums. Es sorgt gemäß § 10 TPG für den Austausch der für die Organvermittlung notwendigen Daten. Die Transplantationszentren können dabei von Drittorganisationen unterstützt werden, grundsätzlich sind sie jedoch selbst für Aktualisierungen und ggf. Dringlichkeitsänderungen oder Abmeldungen von Patienten zuständig. Die Transplantationszentren wirken darauf hin, dass bei allen Patienten auf der Warteliste regelmäßige ambulante Kontrolluntersuchungen stattfinden. Während der Wartezeit ist die Entscheidung in angemessenen Zeitabständen zu überprüfen und zu dokumentieren. Der Patient ist jeweils über seinen Status auf der Warteliste von einem Arzt des Transplantationszentrums zu informieren.

Die Entscheidung über die Aufnahme eines Patienten auf die Warteliste trifft das Transplantationszentrum unter Berücksichtigung der individuellen Situation des Patienten (Patientenprofil) und im Rahmen des angebotenen Behandlungsspektrums des Transplantationszentrums (Zentrumsprofil). Gegebenenfalls ist der Patient über die Möglichkeiten der Aufnahme in die Warteliste in einem anderen Transplantationszentrum aufzuklären.

Nierentransplantation

1. Gründe für die Aufnahme in die Warteliste

Indikation zur Nierentransplantation ist das nicht rückbildungsfähige, terminale Nierenversagen, das zur Erhaltung des Lebens eine Dialysebehandlung erforderlich macht oder in Kürze erforderlich machen wird. Letzteres gilt vor allem bei Kindern, geplanter Lebendspende und chronischem Transplantatversagen nach bereits erfolgter Transplantation. Eine Dialysebehandlung ist in Kürze erforderlich, wenn bereits technische Vorbereitungen für eine Dialysebehandlung (zum Beispiel Anlegen eines Shunts) getroffen werden müssen.

2. Gründe für die Ablehnung einer Aufnahme in die Warteliste

Kontraindikationen gegen eine Nierentransplantation sind:

a) nicht kurativ behandelte bösartige Erkrankungen,
b) klinisch manifeste Infektionserkrankungen,
c) HIV-Infektion,
d) schwerwiegende zusätzliche Erkrankungen (zum Beispiel Herz- und Gefäßerkrankungen, Bronchial- und Lungenerkrankungen, Lebererkrankungen), die entweder ein vitales Risiko bei der Transplantation darstellen oder den längerfristigen Transplantationserfolg infrage stellen.

Bei der Beurteilung der vorstehend aufgeführten eventuellen Kontraindikationen für eine Transplantation soll stets der körperliche und seelische Gesamtzustand des Patienten gewürdigt und eingeschätzt werden.

Bei der Abwägung nach den genannten Kriterien sind die jeweiligen aktuellen Veröffentlichungen der Fachgesellschaften und die internationale Fachliteratur zu berücksichtigen. Zurzeit wird auf die Empfehlungen der American Society of Transplant Physicians verwiesen (BL Kasiske et al.: The evaluation of renal transplant candidates: Clinical practice guidelines. J Am Soc Nephrol 1995; 6: 1 34; Consensus Conference on standardized listing criteria for renal transplant candidates. Transplantation 1998; 66: 962 967).

(Nieren-) Pankreastransplantation

Die Pankreastransplantation erfolgt in der Regel in Kombination mit einer Nierentransplantation vom gleichen Spender. Die isolierte Pankreastransplantation in einer früheren Phase der Erkrankung ist nach heutigem Kenntnisstand ein in der Entwicklung befindliches Verfahren. Auch nach erfolgter Nierentransplantation kann eine Pankreastransplantation durchgeführt werden oder in seltenen Fällen vor Eintritt der terminalen Niereninsuffizienz.

1. Gründe für die Aufnahme in die Warteliste

Indikation zur Pankreastransplantation ist der auch nach Stimulation CPeptid negative Diabetes bei dialysepflichtigen Patienten. Bei in Kürze erforderlicher Dialysebehandlung gelten die gleichen Regeln wie für die Nierentransplantation.

2. Gründe für die Ablehnung einer Aufnahme in die Warteliste

Kontraindikationen gegen eine Pankreastransplantation sind die in a) – c) für die Nierentransplantation genannten; allerdings sind zusätzliche Erkrankungen und Risiken (d) sehr viel stärker und den Besonderheiten bei Diabeteskranken angepasst zu gewichten.

Bei der Entscheidung über die Aufnahme in die Warteliste für eine Pankreastransplantation sind insbesondere die Ausprägung der Diabetes-Spätfolgen an anderen Organen, die individuelle Gesamtsituation des Patienten und die längerfristigen Erfolgsaussichten zu berücksichtigen.

Im Rahmen eines Heilversuches kann von den hier gegebenen Richtlinien ausnahmsweise abgewichen werden. Studien, die im Sinne der Weiterentwicklung der Transplantationsmedizin durchgeführt werden, sind der zuständigen lokalen Ethikkommission vorzulegen und der Ständigen Kommission Organtransplantation der Bundesärztekammer anzuzeigen.

Richtlinien für die Warteliste zur Lebertransplantation

§ 13 Abs. 3 TPG legt in Satz 1 und 2 Folgendes fest:

„Der behandelnde Arzt hat Patienten, bei denen die Übertragung vermittlungspflichtiger Organe medizinisch angezeigt ist, mit deren schriftlicher Einwilligung unverzüglich an das Transplantationszentrum zu melden, in dem die Organübertragung vorgenommen werden soll. Die Meldung hat auch dann zu erfolgen, wenn eine Ersatztherapie durchgeführt wird."

Vorbemerkungen

Bei der Entscheidung über die Aufnahme auf die Warteliste für eine Organtransplantation ist abzuwägen, ob die individuelle medizinische Gesamtsituation des Patienten einen längerfristigen Transplantationserfolg erwarten lässt. Die Entscheidungsgründe sind zu dokumentieren. Hierbei sind auch eventuell zu erwartende schwerwiegende operativ-technische Probleme zu berücksichtigen.

Vor Aufnahme in die Warteliste für eine Transplantation ist der Patient über die Risiken, Erfolgsaussichten und längerfristigen medizinischen, sozialen und psychischen Auswirkungen einer Transplantation aufzuklären. Hierzu gehört auch die Aufklärung über die notwendige Immunsuppression mit den potenziellen Nebenwirkungen und Risiken und die Notwendigkeit von regelmäßigen Kontrolluntersuchungen. Für die Aufnahme in die Warteliste ist der Wunsch des Patienten und seine Einwilligung in eine Transplantation die Voraussetzung.

Die Führung der Warteliste ist Aufgabe des jeweils betreuenden Transplantationszentrums. Es sorgt gemäß § 10 TPG für den Austausch der für die Organvermittlung notwendigen Daten. Die Transplantationszentren können dabei von Drittorganisationen unterstützt werden, grundsätzlich sind sie jedoch selbst für Aktualisierungen und ggf. Dringlichkeitsänderungen oder Abmeldungen von Patienten zuständig. Die Transplantationszentren wirken darauf hin, dass bei allen Patienten auf der Warteliste regelmäßige ambulante Kontrolluntersuchungen stattfinden. Während der Wartezeit ist die Entscheidung in angemessenen Zeitabständen zu überprüfen und zu dokumentieren. Der Patient ist jeweils über seinen Status auf der Warteliste von einem Arzt des Transplantationszentrums zu informieren.

Die Entscheidung über die Aufnahme eines Patienten auf die Warteliste trifft das Transplantationszentrum unter Berücksichtigung der individuellen Situation des Patienten (Patientenprofil) und im Rahmen des angebotenen Behandlungsspektrums des Transplantationszentrums (Zentrumsprofil). Gegebenenfalls ist der Patient über die Möglichkeiten der Aufnahme in die Warteliste in einem anderen Transplantationszentrum aufzuklären.

Lebertransplantation
Gründe für die Aufnahme in die Warteliste
Eine Lebertransplantation kann angezeigt sein bei nicht rückbildungsfähiger, fortschreitender, das Leben des Patienten gefährdender Lebererkrankung, wenn keine akzeptable Behandlungsalternative besteht und keine Kontraindikationen für eine Transplantation vorliegen. Daneben kommen als Indikation für eine Lebertransplantation auch solche genetischen Erkrankungen in Frage, bei denen der genetische Defekt wesentlich in der Leber lokalisiert ist und dieser durch eine Transplantation korrigiert werden kann.

1. Mögliche Indikationen
Entsprechend dem heutigen Stand der Erkenntnisse der medizinischen Wissenschaft können folgende Erkrankungen unter Berücksichtigung von Notwendigkeit und Erfolgsaussicht durch eine Lebertransplantation behandelt werden:

1.1 Leberzirrhosen bei
Hepatitis B, C und D, Autoimmunhepatitis, alkoholtoxischer Leberschädigung und auch Leberzirrhosen unklarer Genese.

1.2 Cholestatische Lebererkrankungen wie
primär biliäre Zirrhose (PBC), primär sklerosierende Cholangitis (PSC), sekundär sklerosierende Cholangitis, familiäre Cholestasesyndrome, Medikamententoxizität.

1.3 Genetische und metabolische Erkrankungen
Alpha-1-Antitrypsinmangel, M. Wilson, Hämochromatose, Glykogenspeicherkrankheiten, Galaktosämie, Tyrosinämie, Beta-Thalassämie, Mukoviszidose, Zystenleber sowie alle Stoffwechselstörungen mit primär hepatischem Gendefekt oder ausschließlich hepatischer Schädigung.

1.4 Akutes Leberversagen bei

Virus-Hepatitis, M. Wilson, Budd-Chiari-Syndrom, schwangerschaftsassoziierter Leberkrankheit, Medikamententoxizität, Vergiftungen.

1.5 Bösartige Lebertumoren wie

hepatozelluläres Karzinom (HCC), Hepatoblastom, epitheloides Hämangioendotheliom, Lebermetastasen neuroendokriner Tumore.

1.6 Sonstige Erkrankungen, zum Beispiel

M. Niemann Pick, chronisches Budd-Chiari-Syndrom, Kurzdarmsyndrom (kombinierte Leber-Dünndarm-Transplantation).

Patienten können auf die Warteliste zur Lebertransplantation aufgenommen werden, wenn die Überlebenswahrscheinlichkeit mit Transplantation größer ist als ohne.

Die Wahrscheinlichkeit des Überlebens bei Patienten mit Zirrhose lässt sich anhand der Schweregrad-Klassifikation nach CHILD und PUGH einschätzen. Bei heute erreichbaren Erfolgsraten der Transplantation und den aktuellen Wartezeiten für eine Lebertransplantation soll die Aufnahme auf die Warteliste bei Patienten mit Leberzirrhose erst dann erfolgen, wenn eine Mindestpunktzahl von sieben nach dem CHILD-PUGH Score erreicht ist.

Einschränkung der Indikationen

Bei Hepatitis-B-induzierter Zirrhose soll die Aufnahme auf die Warteliste erst erfolgen, wenn der Patient keine aktive Virusvermehrung mehr aufweist, das heißt die HBV-DNA im Serum des Patienten nicht mehr mit quantitativen Tests nachweisbar ist. Eine Transplantation bei noch aktiver Virusvermehrung kann in Einzelfällen unter besonderen Vorsichtsmaßnahmen durchgeführt werden.

Bei Patienten mit alkoholinduzierter Zirrhose erfolgt die Aufnahme auf die Warteliste erst dann, wenn der Patient für mindestens sechs Monate völlige Alkoholabstinenz eingehalten hat. Eine frühzeitigere Anmeldung auf der Warteliste kann nur dann erfolgen, wenn der Patient eine erfolgreiche Entzugsbehandlung nachweist und ein entsprechendes fachärztliches Gutachten vorliegt. Krankheitseinsicht und Kooperationsfähigkeit des Patienten müssen einen längerfristigen Transplantationserfolg sowie eine ausreichende Compliance auch in schwierigen Situationen ermöglichen.

Bei allen Patienten mit bösartigen Erkrankungen muss vor der Aufnahme auf die Warteliste sowie durch regelmäßige Kontrollen während der Wartezeit extrahepatisches Tumorwachstum ausgeschlossen sein.

Bei hepatozellulären Karzinomen ist die Transplantation nur in frühen Stadien angezeigt.

Tabelle

Schweregrad-Klassifikation nach CHILD und PUGH

Befund	1 Punkt	2 Punkte	3 Punkte
1. Enzephalopathie	keine	Grad I-II	Grad III-IV
2. Aszites	nicht oder wenig	kontrolliert	refraktär
3. Bilirubin (µmol/l) Bilirubin (µmol/l) bei cholest. Erkrankungen	< 35 < 70	35 bis 50 70 bis 170	> 50 > 170
4. Albumin (g/l)	> 35	28 bis 35	< 28
5. Quick-Wert (%) oder Prothrombinzeit (Sek. verlängert) oder INR	> 60 < + 4 1,7	40 bis 60 + 4 bis + 6 1,7 bis 2,3	< 40 > + 6 > 2,3

Patienten mit fortgeschritteneren Stadien sollen nur im Rahmen von kontrollierten Studien (zum Beispiel zur Prüfung adjuvanter Therapiemaßnahmen) transplantiert werden.

Patienten mit metabolischen/genetischen Erkrankungen können auf die Warteliste aufgenommen werden, wenn die Folgen des Defekts unmittelbar zu irreversiblen Schäden zu führen beginnen oder wenn abzusehen ist, dass ein weiteres Abwarten solche Folgen für den Patienten in nächster Zukunft unabwendbar mit sich bringen würde.

Bei Patienten mit akutem Leberversagen soll die Transplantationsindikation gestellt werden, wenn die hierfür am Kings-College Hospital in London entwickelten Prognosekriterien die Notwendigkeit einer solchen Transplantation anzeigen.

Danach werden Patienten mit an Sicherheit grenzender Wahrscheinlichkeit eine Transplantation benötigen, wenn folgende Befunde erhoben werden:

Prothrombinzeit > 100 sec (= Quick < 7 % beziehungsweise INR > 6,7) oder mindestens drei der folgenden:

- ungünstige Ätiologie (kryptogene Hepatitis, Halothan-Hepatitis, Medikamententoxizität),
- Ikterus mehr als 7 Tage vor Enzephalopathie
- Alter < 10 Tage oder > 40 Jahre
- Prothrombinzeit > 50 sec (= Quick < 15 % beziehungsweise INR > 4)
- Serum Bilirubin > 300 µmol/l

Spezialkriterien für die Paracetamolintoxikation:

- Arterieller pH < 7,3

Oder alle drei folgenden:

- Prothrombinzeit > 100 sec (Quick < 7 %, INR > 6,7)
- Kreatinin > 300 µmol/l
- Enzephalopathie Grad 3 oder 4

2. Kontraindikationen für eine Lebertransplantation

Kontraindikationen für eine Lebertransplantation sind grundsätzlich alle Erkrankungen oder Befunde, welche einen Erfolg der Transplantation ernsthaft infrage stellen. Bei der Beurteilung der nachfolgend angegebenen eventuellen Kontraindikationen für eine Transplantation soll stets der körperliche und seelische Gesamtzustand des Patienten gewürdigt und eingeschätzt werden.

Als derzeitige Kontraindikationen sind anzusehen:

a) nicht kurativ behandelte extrahepatische bösartige Erkrankungen
b) klinisch manifeste extrahepatische Infektionserkrankungen
c) HIV-Infektion
d) schwer wiegende Erkrankungen

anderer Organe (zum Beispiel Herz- und Gefäßerkrankungen, Lungenerkrankungen etc.), welche ein vitales Risiko bei der Transplantationsoperation darstellen oder den längerfristigen Transplantationserfolg gefährden.

Ausnahmsweise kann im Rahmen eines Heilversuches von den hier gegebenen Richtlinien abgewichen werden. Studien, die im Sinne der Weiterentwicklung der Transplantationsmedizin durchgeführt werden, sind der zuständigen lokalen Ethikkommission vorzulegen und der Ständigen Kommission Organtransplantation der Bundesärztekammer anzuzeigen.

Richtlinien für die Warteliste zur Herz-, Herz-Lungen- und Lungentransplantation (thorakale Organtransplantationen)

§ 13 Abs. 3 TPG legt in Satz 1 und 2 Folgendes fest:

„Der behandelnde Arzt hat Patienten, bei denen die Übertragung vermittlungspflichtiger Organe medizinisch angezeigt ist, mit deren schriftlicher Einwilligung unverzüglich an das Transplantationszentrum zu melden, in dem die Organübertragung vorgenommen werden soll. Die Meldung hat auch dann zu erfolgen, wenn eine Ersatztherapie durchgeführt wird."

Vorbemerkungen

Bei der Entscheidung über die Aufnahme auf die Warteliste für eine Organtransplantation ist abzuwägen, ob die individuelle medizinische Gesamtsituation des

Patienten einen längerfristigen Transplantationserfolg erwarten lässt. Die Entscheidungsgründe sind zu dokumentieren. Hierbei sind auch eventuell zu erwartende schwerwiegende operativ-technische Probleme zu berücksichtigen.

Vor Aufnahme in die Warteliste für eine Transplantation ist der Patient über die Risiken, Erfolgsaussichten und längerfristigen medizinischen, sozialen und psychischen Auswirkungen einer Transplantation aufzuklären. Hierzu gehört auch die Aufklärung über die notwendige Immunsuppression mit den potenziellen Nebenwirkungen und Risiken und die Notwendigkeit von regelmäßigen Kontrolluntersuchungen. Für die Aufnahme in die Warteliste ist der Wunsch des Patienten und seine Einwilligung in eine Transplantation die Voraussetzung.

Die Führung der Warteliste ist Aufgabe des jeweils betreuenden Transplantationszentrums. Es sorgt gemäß § 10 TPG für den Austausch der für die Organvermittlung notwendigen Daten. Die Transplantationszentren können dabei von Drittorganisationen unterstützt werden, grundsätzlich sind sie jedoch selbst für Aktualisierungen und ggf. Dringlichkeitsänderungen oder Abmeldungen von Patienten zuständig. Die Transplantationszentren wirken darauf hin, dass bei allen Patienten auf der Warteliste regelmäßige ambulante Kontrolluntersuchungen stattfinden. Während der Wartezeit ist die Entscheidung in angemessenen Zeitabständen zu überprüfen und zu dokumentieren. Der Patient ist jeweils über seinen Status auf der Warteliste von einem Arzt des Transplantationszentrums zu informieren.

Die Entscheidung über die Aufnahme eines Patienten auf die Warteliste trifft das Transplantationszentrum unter Berücksichtigung der individuellen Situation des Patienten (Patientenprofil) und im Rahmen des angebotenen Behandlungsspektrums des Transplantationszentrums (Zentrumsprofil). Gegebenenfalls ist der Patient über die Möglichkeiten der Aufnahme in die Warteliste in einem anderen Transplantationszentrum aufzuklären.

Die Vorstellung zur Herz- oder Lungentransplantation erfolgt, wenn ein Schweregrad der Krankheit erreicht ist, bei dem eine konventionelle Behandlung nicht mehr Erfolg versprechend erscheint. Im Rahmen der Evaluation zur Transplantation wird durch geeignete standardisierte Untersuchungen der zu erwartende medizinische Nutzen bezüglich Lebensdauer und Lebensqualität für den Patienten ermittelt und begründet.

Herztransplantation

1. Gründe für die Aufnahme

Indikationen für eine Herztransplantation:

Indikation zur Herztransplantation ist das terminale Herzversagen (NYHA IV) *(Tabelle 1)*, das zur Erhaltung des Lebens eine medikamentöse oder apparative Herzinsuffizienzbehandlung erforderlich macht *(Tabelle 2)*.

Voraussetzung für die Aufnahme in die Warteliste ist insbesondere die Befundung der Organfunktionen, wie sie im Anmeldeformular der Organkommission

Tabelle 1

Stadieneinteilung der Herzinsuffizienz nach den klinischen Kriterien der New York Heart Association (NYHA) und den hämodynamischen Kriterien von Reindell und Roskamm. Die klinischen und hämodynamischen Stadien können im Einzelfall voneinander abweichen.

Klasse	Klinischer Befund	Hämodynamischer Befund
I	Keine Beschwerden bei normaler Belastung	Erhöhte Füllungsdrücke unter Belastung. Normales Herzzeitvolumen
II	Keine Beschwerden in Ruhe und bei leichter Belastung, aber bei normaler Belastung	Erhöhte Füllungsdrücke bereits in Ruhe. Normales Herzzeitvolumen
III	Keine Beschwerden in Ruhe, aber bei leichter Belastung	Normales Herzzeitvolumen, jedoch unzureichender Anstieg unter Belastung
IV	Beschwerden in Ruhe, Verstärkung bei leichter Belastung	Erniedrigtes Ruhe-Herzzeitvolumen

Herz und Lunge der Deutschen Transplantationsgesellschaft vorgesehen sind *(Tabelle 6)*. Derzeit gilt die für den jeweiligen Patienten maximale Sauerstoffaufnahme als entscheidendes Kriterium für die Notwendigkeit der Transplantation.

2. Gründe für die Ablehnung

Derzeitige Kontraindikationen für eine Herztransplantation sind in Tabelle 3 aufgeführt.

Es handelt sich im Wesentlichen um zusätzliche Erkrankungen oder psycho-soziale Faktoren, die entweder ein vitales Risiko bei der Transplantation darstellen oder den längerfristigen Transplantationserfolg mindern.

Bei der Beurteilung nachfolgend angegebener Kontraindikationen für eine Transplantation soll stets der körperliche und seelische Gesamtzustand des Patienten gewürdigt und eingeschätzt werden.

(Herz-)Lungentransplantation

Die Übertragung der Lunge kann als einseitige, als doppelseitige oder als kombinierte Herz-Lungen-Transplantation ausgeführt werden. Aufgrund der sehr divergenten Pathogenese (Eisenmenger-Syndrom vs. Mukoviszidose) sowie der entsprechend unterschiedlichen konservativen Therapie und Prognose haben die folgenden Richtlinien noch vorläufigen Charakter.

Tabelle 2
Derzeitige Indikationen zur Herztransplantation

Anamnese
Ruhedyspnoe, die bei geringer Anstrengung verstärkt wird (NYHA-Stadium IV)

Untersuchung
Linksherzdekompensation (Kaltschweißigkeit, schneller, flacher Puls, 3. Herzton, feuchte Rasselgeräusche)
Rechtsherzdekompensation (Jugularvenenprominenz, Lebervergrößerung, Ikterus, Aszites, Ödeme)

Labor
Serum-Natrium-Erniedrigung < 135 mmol/l
Serum-Noradrenalin (> 800 pg/ml)/Renin (> 15 ng/ml/h)/ANP (> 125 pg/ml)

EKG
Komplexe ventrikuläre Arrhythmien

Echokardiogramm
Linksventrikulärer enddiastolischer Durchmesser > 75 mm
Linksventrikulärer endsystolischer Durchmesser > 65 mm
Verkürzungsfraktion < 15%

Röntgen-Thorax
Herz-Thorax-Quotient > 0,55

Hämodynamik
Linksventrikuläre Ejektionsfraktion < 20%
Herzindex < 2 l/min/m^2
Linksventrikulärer enddiastolischer Druck > 20 mm Hg
Zentraler Venendruck > 15 mm Hg

Funktionsdiagnostik
Maximale O_2-Aufnahme < 10–14 ml/kg/min

1. Gründe für die Aufnahme

Indikationen für eine Herz-Lungen-Transplantation:

Indikation zur Herz-Lungen-Transplantation ist das nicht rückbildungsfähige, endgültige Herzversagen bei irreversiblen Lungenerkrankungen *(Tabelle 4)*, das zur Erhaltung des Lebens eine medikamentöse Herzinsuffizienzbehandlung sowie eine kontinuierliche Sauerstofftherapie erforderlich macht. Voraussetzung für die Aufnahme in die Warteliste ist insbesondere die Befundung der Organfunktionen, wie sie im Anmeldeformular der Organkommission Herz und Lunge der Deutschen Transplantationsgesellschaft vorgesehen sind *(Tabelle 6)*. Ein Patient zur

Tabelle 3
Derzeitige Kontraindikationen zur Herztransplantation

Grunderkrankung
Fixierte pulmonale Hypertonie, d. h. pulmonaler Gefäßwiderstand (PVR) > 240 dyn x s x cm^{-5} oder transpulmonaler Gradient (TPG) > 15 mm Hg (heterotope Herztransplantation möglich)

Begleiterkrankungen
Klinisch manifeste Infektionserkrankungen
HIV-Infektion
Akute Lungenembolie
Fortgeschrittene irreversible Niereninsuffizienz
Fortgeschrittene irreversible hepatische Insuffizienz
Nicht kurativ behandelte Tumorerkrankung
Bestimmte Systemerkrankungen wie Amyloidose
Fortgeschrittene chronische Lungenerkrankung
Fortgeschrittene zerebrale/periphere arterielle Gefäßerkrankungen
Bestehender schwerer Nikotin-, Alkohol-, sonstiger Drogen-Abusus

Psychosoziales
Unzureichende Compliance

Aufnahme in die Warteliste zur kombinierten Herz-Lungen-Transplantation muss auch die Kriterien für eine Herztransplantation erfüllen. Weiteres wichtiges Kriterium für die Aufnahme ist der individuelle Krankheitsverlauf der letzten zwölf Monate einschließlich notwendiger stationärer Behandlungen und der Verlauf der Lungenfunktionsparameter.

2. Gründe für die Ablehnung
Gründe für eine Ablehnung zur Herz-Lungen-Transplantation sind in *Tabelle 5* aufgeführt.

Lungentransplantation
Die Frage der optimalen Behandlung des Patienten mit einer einseitigen oder einer doppelseitigen Lungentransplantation ist bei den verschiedenen zu Grunde liegenden Erkrankungen derzeit noch umstritten. Die Art des Eingriffes sollte von dem behandelnden Ärzteteam individuell festgelegt werden.

1. Gründe für die Aufnahme
Indikationen für eine Lungentransplantation:

Indikation zur Lungentransplantation ist das nicht rückbildungsfähige, terminale Lungenversagen, das zur Erhaltung des Lebens eine medikamentöse oder apparative Atem-Insuffizienzbehandlung erforderlich macht.

Tabelle 4
Derzeitige Indikationen zur Herz-Lungen-Transplantation

Anamnese
– Ruhedyspnoe, die bei geringer Anstrengung verstärkt wird (NYHA-Stadium IV)

Untersuchung
– Rechtsherzdekompensation (Jugularvenenprominenz, Lebervergrößerung, Ikterus, Aszites, Ödeme)

Labor
– Serum-Natrium-Erniedrigung < 135 mmol/l
– Serum-Noradrenalin (> 800 pg/ml)/Renin (> 15 ng/ml/h)/ANP (> 125 pg/ml)

EKG
– Komplexe ventrikuläre Arrhythmien

Röntgen-Thorax
– Herz-Thorax-Quotient > 0,55

Hämodynamik
– Herzindex < 2 l/min/m^2
  Zentraler Venendruck > 15 mm Hg

Funktionsdiagnostik
– Maximale O$_2$-Aufnahme < 10–14 ml/kg/min

Tabelle 5
Derzeitige Kontraindikationen zur Herz-Lungen-Transplantation

Begleiterkrankungen
– Klinisch manifeste Infektionserkrankungen
– HIV-Infektion
– Fortgeschrittene irreversible Niereninsuffizienz
– Fortgeschrittene irreversible hepatische Insuffizienz
– Nicht kurativ behandelte Tumorerkrankung
– Bestimmte Systemerkrankungen wie Amyloidose
– Fortgeschrittene zerebrale/periphere arterielle Gefäßerkrankungen
– Bestehender schwerer Nikotin-, Alkohol-, sonstiger Drogen-Abusus

Psychosoziales
– Unzureichende Compliance

2. Gründe für die Ablehnung

Für die Ablehnung gelten entsprechend die Regeln wie bei der Herz-Lungen-Transplantation *(Tabelle 5)*.

Im Rahmen eines Heilversuches kann von den hier gegebenen Richtlinien ausnahmsweise abgewichen werden. Studien, die im Sinne der Weiterentwicklung der Transplantationsmedizin durchgeführt werden, sind der zuständigen lokalen Ethikkommission vorzulegen und der Ständigen Kommission Organtransplantation der Bundesärztekammer anzuzeigen.

Tabelle 6
Anmeldeformular

Patienten-Initialen
Geburtsdatum
Bundesland

Parameter	Parameter
Größe	Herzfrequenz
Gewicht	Blutdruck
Geschlecht	Linksventrikuläre Auswurffraktion
Blutgruppe	Herzindex
Human Leukocyte Antigen	Pulmonalkapillarverschlussdruck
Panel Reactive Antibodies	Pulmonararterienmitteldruck
	Pulmonalgefäßwiderstand
Anmeldedatum Warteliste	Systemgefäßwiderstand
Dringlichkeit	Zentralvenöser Druck
Derzeitige Behandlung	Linksventrikulär-enddiastolischer
ambulant	Durchmesser
stationär	Verkürzungsfraktion
intensiv	Noradrenalin pq/ml
Thorakale Voroperation	New York Heart Association-Stadium
Krankenhaus-Tage letzte 6 Monate	Maximale Sauerstoffaufnahme
	Arterieller Sauerstoffpartialdruck
Katecholamine, intravenös	
Intraaortale Ballonpumpe	Kreatininwert
Extrakorporale Membranoxygenation	Bilirubinwert
Ventrikuläres Unterstützungssystem	Natriumwert
Beatmung	
Hämofiltration/Dialyse	QRS >0,12 Sekunden
	Anhaltende ventrikuläre Tachykardien
	Implantierbarer automatischer Defibrillator
	> 10 Schocks pro Monat

Richtlinien für die Organvermittlung zur Nierentransplantation

Vorbemerkungen

Grundlage dieser Richtlinien ist das Transplantationsgesetz (TPG).

Die Transplantation von vermittlungspflichtigen Organen darf gemäß § 9 TPG nur in dafür zugelassenen Transplantationszentren (§ 10 TPG) vorgenommen werden. Alle vermittlungspflichtigen Organe dürfen nur nach §§ 3, 4 TPG entnommen werden. Ihre Übertragung ist nur zulässig, wenn sie durch die Vermittlungsstelle unter Beachtung der Regelungen nach § 12 TPG vermittelt worden sind. Die Organ-Allokation erfolgt durch die Vermittlungsstelle nach Regeln, die dem Stand der Erkenntnisse der medizinischen Wissenschaft entsprechen, insbesondere nach Erfolgsaussicht und Dringlichkeit für geeignete Patienten. Dabei sind die Wartelisten der Transplantationszentren als eine einheitliche Warteliste zu behandeln. Die Vermittlungsentscheidung ist für jedes Organ unter Angabe der Gründe zu dokumentieren (§ 12 Abs. 3 TPG).

Die Richtlinien für die Organvermittlung werden von der Bundesärztekammer gemäß § 16 Abs. 1 Satz 1 Nr. 5 TPG erarbeitet und dem jeweiligen Stand der Erkenntnisse der medizinischen Wissenschaft angepasst. Sie sind für die Vermittlungsstelle verbindlich.

Voraussetzung für die Organvermittlung ist, dass der in die Warteliste eines Transplantationszentrums aufgenommene Patient mit den für die Vermittlung notwendigen aktuellen medizinischen Daten bei der Vermittlungsstelle registriert ist.

Bestehen bei einem registrierten Patienten vorübergehend Kontraindikationen gegen eine Transplantation, wird der Patient als NT , vorübergehend nicht transplantabel , klassifiziert und bei der Empfängerauswahl nicht berücksichtigt. Der Patient ist jeweils über seinen Status auf der Warteliste von einem Arzt des Transplantationszentrums zu informieren. Die folgenden Richtlinien für die Organ-Allokation beruhen auf den Grundsätzen der Erfolgsaussicht, der Dringlichkeit und der Chancengleichheit. Das Prinzip der freien Arztwahl bleibt unberührt.

Der Erfolg einer Transplantation wird als Überleben des Empfängers, die längerfristig gesicherte Transplantatfunktion sowie die verbesserte Lebensqualität definiert. Die Erfolgsaussichten sind für die Organe, aber auch innerhalb definierter Patientengruppen grundsätzlich verschieden. Neben diesen empfängerbezogenen Kriterien hängt der Erfolg der Transplantation auch von der Qualität des jeweiligen Spenderorgans und der Qualität der medizinischen Betreuung ab.

1. Kriterien für die Allokation von Nieren

1.1 Blutgruppenkompatibilität (A-B-0-System)

Voraussetzung für die Organtransplantation ist die Blutgruppenkompatibilität zwischen Spender und Empfänger. Um aber eine gleichmäßige Verteilung zu gewährleisten, erfolgt die Auswahl zu transplantierender Empfänger nach den folgenden Regeln:

Spender Blutgruppe	Empfänger Blutgruppe
0	→ 0
A	→ A, AB
B	→ B, AB
AB	→ AB

Bei der Organzuteilung für „hochimmunisierte Empfänger" (HIT-Programm, AM-Programm) genügt A-B-0-Kompatibilität.

Anhang

1.2 Grad der Übereinstimmung der HLA-Merkmale (40 % Gewichtung)

Im Hinblick auf den langfristigen Transplantationserfolg ist eine möglichst weitgehende Übereinstimmung der HLA-Merkmale anzustreben.

Berücksichtigt und in einer Punktzahl ausgedrückt wird bei der Organverteilung die Summe der „Mismatches" (Nicht-Übereinstimmungen) der Antigene des HLA-A, HLA-B und HLADR Locus beziehungsweise die Anzahl der zwischen Spender und Empfänger übereinstimmenden HLA-Antigene.

1.3 Mismatch-Wahrscheinlichkeit (10 % Gewichtung)

Die Mismatch-Wahrscheinlichkeit (Probability) bezeichnet die errechnete Wahrscheinlichkeit, ein weitgehend in den HLA-Merkmalen übereinstimmendes Organ angeboten zu bekommen. Grundlage für die Berechnung ist die Verteilung der HLA-Merkmale in der Bevölkerung.

1.4 Wartezeit (30 % Gewichtung)

Die Wartezeit beginnt mit dem ersten Tag der Nierenersatztherapie. Sie ist ein Dringlichkeitsfaktor bei der Organ-Allokation. Die Wartezeit wird in Tagen berechnet, es werden derzeit bis zu sechs Jahren angerechnet.

1.5 Konservierungszeit (20 % Gewichtung)

Eine möglichst kurze Konservierungs- und Transportzeit ist anzustreben und bei der Organ-Allokation zu berücksichtigen.

Eine sofortige und adäquate Funktionsaufnahme des Transplantats ist ein entscheidender Vorteil für einen langfristigen Transplantationserfolg. Neben spenderseitigen Faktoren (zum Beispiel Alter des Spenders, Funktionszustand der Spendernieren zum Zeitpunkt der Organentnahme) und der warmen Ischämiezeit ist die spontane Funktionsaufnahme auch von der Dauer der Konservierungszeit („kalte Ischämiezeit") abhängig. Prinzipiell sollte deshalb die Konservierungszeit so kurz wie möglich gehalten werden. Das gilt insbesondere bei Nieren von älteren Organspendern und Organen mit eingeschränkter Funktion zum Zeitpunkt der Entnahme sowie bei längerer warmer Ischämiezeit. Neben HLA-Kompatibilität und Wartezeit ist die Ischämiezeit als weiterer Faktor für die Allokation zu berücksichtigen. Es ist anzunehmen, dass durch die Nutzung der Informations- und Organisationsstrukturen in den gebildeten Organentnahmeregionen die Ischämiezeiten verkürzt werden können. Die Transplantationszentren sollen verpflichtet sein, nach Erhalt der Organe die Transplantation unverzüglich durchzuführen. Es besteht die Erwartung, dass durch die Berücksichtigung der Ischämiezeit die Erfolgsaussichten für die Patienten verbessert werden. Das Ergebnis ist zu dokumentieren und innerhalb von zwei Jahren im Rahmen der Qualitätssicherung zu überprüfen.

1.6 Hochimmunisierte Patienten

Diese Patienten werden im Rahmen von Sonder-Allokations-Programmen (HIT-Programm, AM-Programm) wegen ihrer sonst sehr viel schlechteren Chancen für ein Transplantat bevorzugt berücksichtigt.

1.7 Hohe Dringlichkeit (high urgency HU)

In Einzelfällen, in denen eine lebensbedrohliche Situation vorliegt beziehungsweise absehbar ist, besteht eine besondere Dringlichkeit zur Transplantation, die eine vorrangige Organzuteilung rechtfertigt. Diese Einzelfälle müssen besonders begründet werden („high urgency"); sie werden so gewichtet, dass sie innerhalb von sechs Wochen transplantiert werden. Die Vermittlungsstelle berichtet regelmäßig über diese Fälle der Ständigen Kommission Organtransplantation der Bundesärztekammer.

1.8 Nierentransplantation bei Kindern

Bei Kindern im Wachstumsalter sollte die Wartezeit so kurz wie möglich gehalten werden; sie sind deshalb bei der Organvermittlung wegen zu befürchtender Störung der körperlichen und seelischen Entwicklung besonders zu berücksichtigen.

1.9 Kombinierte Organtransplantationen

Kombinierte Organtransplantationen nehmen eine Sonderstellung ein. Unter Berücksichtigung von Indikation und Erfolgsaussicht erfolgt eine vorrangige Allokation der Niere für kombinierte Organtransplantationen (zum Beispiel Niere Herz, Niere Leber und andere).

2. Verfahrensweise bei der Organvermittlung

Die Vermittlungsentscheidung ist verbindlich. Sie wird für jedes Organ transparent und nachvollziehbar begründet und dokumentiert.

Das Verfahren der Organvermittlung erfolgt unter Verwendung eines abgestimmten Allokations-Algorithmus nach den unter 1 beschriebenen Kriterien.

Die Entscheidung über die Annahme eines Spenderorgans trifft das Transplantationszentrum unter Berücksichtigung der vom Patienten bei seiner Aufklärung getroffenen individuellen Entscheidung und unter Berücksichtigung der Gesamtsituation des Spenderorgans sowie der individuellen Situation des Transplantatempfängers (Patientenprofil). Begründete Vorgaben für Spenderorgane können im Rahmen des angebotenen Behandlungsspektrums mit der Vermittlungsstelle vereinbart werden (Zentrumsprofil). Die Ablehnung eines angebotenen Spenderorgans ist unter Angabe der Gründe zu dokumentieren. Die Gewichtung der Allokationsfaktoren wird fortlaufend gemäß dem Stand der medizinischen Wissenschaft überprüft und angepasst.

Zur Überprüfung neuer Entwicklungen und Möglichkeiten der Organ-Allokation kann die Vermittlungsstelle im Rahmen wissenschaftlich definierter Sonderprogramme für einen begrenzten Zeitraum von diesen Richtlinien abweichen. Die Ständige Kommission Organtransplantation der Bundesärztekammer ist vor Beginn und nach Abschluss eines Programms zu unterrichten.

3. Sanktionen

Bei einem Verstoß gegen die Allokationsrichtlinien sind die Voraussetzungen für die Zulässigkeit der Organübertragung nach § 9 TPG nicht gegeben, und es liegt nach § 20 Absatz 1 Nr. 2 TPG ein Bußgeldtatbestand vor. Wird der Vermittlungsstelle ein Verstoß bekannt oder hat sie hinreichende Verdachtsmomente für einen solchen, unterrichtet sie die zuständige Bußgeldbehörde. Darüber hinaus meldet sie den Fall an die Prüfungskommission der Vertragspartner nach § 12 Absatz 4 Nr. 4 TPG.

Richtlinien für die Organvermittlung zur Lebertransplantation

Vorbemerkungen

Grundlage dieser Richtlinien ist das Transplantationsgesetz (TPG).

Die Transplantation von vermittlungspflichtigen Organen darf gemäß § 9 TPG nur in dafür zugelassenen Transplantationszentren (§ 10 TPG) vorgenommen werden. Alle vermittlungspflichtigen Organe dürfen nur nach §§ 3, 4 TPG entnommen werden. Ihre Übertragung ist nur zulässig, wenn sie durch die Vermittlungsstelle unter Beachtung der Regelungen nach § 12 TPG vermittelt worden sind. Die Organ-Allokation erfolgt durch die Vermittlungsstelle nach Regeln, die dem Stand der Erkenntnisse der medizinischen Wissenschaft entsprechen, insbesondere nach Erfolgsaussicht und Dringlichkeit für geeignete Patienten. Dabei sind die Wartelisten der Transplantationszentren als eine einheitliche Warteliste zu behandeln. Die Vermittlungsentscheidung ist für jedes Organ unter Angabe der Gründe zu dokumentieren (§ 12 Abs. 3 TPG).

Die Richtlinien für die Organvermittlung werden von der Bundesärztekammer gemäß § 16 Abs. 1 Satz 1 Nr. 5 TPG erarbeitet und dem jeweiligen Stand der Erkenntnisse der medizinischen Wissenschaft angepasst. Sie sind für die Vermittlungsstelle verbindlich.

Voraussetzung für die Organvermittlung ist, dass der in die Warteliste eines Transplantationszentrums aufgenommene Patient mit den für die Vermittlung notwendigen aktuellen medizinischen Daten bei der Vermittlungsstelle registriert ist.

Bestehen bei einem registrierten Patienten vorübergehend Kontraindikationen gegen eine Transplantation, wird der Patient als „NT", vorübergehend „nicht transplantabel", klassifiziert und bei der Empfängerauswahl nicht berücksichtigt. Überschreiten die NT-Zeiten insgesamt 30 Tage, so ruht die Wartezeit für diesen Zeitraum; darüber ist der Patient vom Arzt des Transplantationszentrums zu informieren.

Die folgenden Richtlinien für die Organ-Allokation beruhen auf den Grundsätzen der Erfolgsaussicht, der Dringlichkeit und der Chancengleichheit. Das Prinzip der freien Arztwahl bleibt unberührt.

Der Erfolg einer Transplantation wird als Überleben des Empfängers, die längerfristig gesicherte Transplantatfunktion sowie die verbesserte Lebensqualität definiert. Die Erfolgsaussichten sind für die Organe, aber auch innerhalb definierter Patientengruppen grundsätzlich verschieden. Neben diesen empfängerbezogenen Kriterien hängt der Erfolg der Transplantation auch von der Qualität des jeweiligen Spenderorgans und der Qualität der medizinischen Betreuung ab.

1. Kriterien für die Allokation von Lebern

1.1 Blutgruppenkompatibilität (A-B-0-System)

Voraussetzung für die Organtransplantation ist die Blutgruppenkompatibilität zwischen Spender und Empfänger. Um aber eine gleichmäßige Verteilung zu gewährleisten, erfolgt die Auswahl zu transplantierender Empfänger nach den folgenden Regeln:

Spender Blutgruppe	Empfänger Blutgruppe
0	→ 0
A	→ A, AB
B	→ B, AB
AB	→ AB

1.2 Dringlichkeitsstufen I-IV

1.2.1 Dringlichkeitsstufe I

High urgency (HU), akutes Leberversagen, akutes Transplantatversagen innerhalb von sieben Tagen nach Transplantation.

Bei Patienten in akut lebensbedrohlicher Situation (high urgency/Dringlichkeitsstufe I) droht ohne Transplantation der Tod in wenigen Tagen. Sie werden daher vorrangig vor allen anderen Patienten bei der Organzuteilung berücksichtigt. Innerhalb der HU-Patienten wird zunächst die Ischämiezeit und danach die Wartezeit berücksichtigt.

1.2.2 Weitere Dringlichkeitsstufen II-IV

II   Chronische Lebererkrankung mit akuter Dekompensation
III Chronische Lebererkrankung mit Komplikationen
IV   Chronische Lebererkrankung ohne Komplikationen

Bei Patienten der Dringlichkeitsstufe II mit akuter Dekompensation (zum Beispiel Dialysepflichtigkeit, Beatmung, Kreislaufversagen) soll durch eine erhöhte Priorität die Behandlungsund Überlebenschance verbessert werden. Deshalb erhalten diese Patienten den maximal für Dringlichkeit erreichbaren Wert.

Patienten der Dringlichkeitsstufe III erhalten die Hälfte, Patienten der Dringlichkeitsstufe IV erhalten ein Viertel des für Dringlichkeit erreichbaren Wertes.

1.2.3 Anmeldung für die Dringlichkeitsstufen

Die Anmeldung für die Dringlichkeitsstufe I gilt zeitlich begrenzt auf sieben Tage, bei Anmeldung der Dringlichkeitsstufe II auf vier Wochen; beide unterliegen einer Überprüfung im Auditverfahren.

In Abwägung von Dringlichkeit und Erfolgsaussichten sollen zwei Drittel der verfügbaren Organe für Patienten der Dringlichkeitsstufen III und IV zur Verfügung stehen.

Patienten mit chronischen Lebererkrankungen ohne Komplikationen (Dringlichkeitsstufe IV) müssen eine Chance haben, nach entsprechender Wartezeit bei der Organ-Allokation berücksichtigt zu werden.

1.3 Wartezeit (40 % Gewichtung)

Die Wartezeit ist ein bedeutsamer Faktor für die Prognose des chronisch Leberkranken. Auf Grund der Sterblichkeit und der fortschreitenden Verschlechterung des Gesamtzustandes, insbesondere während des ersten Jahres der Wartezeit, stellt diese somit einen besonderen Dringlichkeitsfaktor dar. Wird der Patient nach einer NTKlassifikation wieder transplantabel, ist die vor der NT-Listung bereits registrierte Wartezeit anzurechnen. Die insgesamt zu berücksichtigende Wartezeit ist derzeit auf zwölf Monate zu begrenzen. Die Wartezeit wird in Tagen berechnet.

1.4 Konservierungszeit (20 % Gewichtung)

Die sofortige und adäquate Funktionsaufnahme der transplantierten Leber ist für den Verlauf und den Erfolg nach Transplantation entscheidend. Neben spenderbedingten Faktoren (zum Beispiel Alter, Verfettung, Intensivverlauf) ist ganz besonders die Dauer der Konservierung (kalte Ischämiezeit) für die Frühfunktion von Bedeutung. Eine möglichst kurze kalte Ischämiezeit ist daher anzustreben und bei der Organ-Allokation zu berücksichtigen.

Die Konservierungsdauer ist abhängig von organisatorischen Faktoren und der Transportzeit zwischen Spenderkrankenhaus und Transplantationszentrum. Neben Dringlichkeit und Wartezeit ist daher die Ischämiezeit als dritter wichtiger Faktor für die Allokation zu berücksichtigen. Es ist anzunehmen, dass durch die Nutzung der Informations- und Organisationsstrukturen in den gebildeten Organentnahmeregionen die Ischämiezeiten verkürzt werden können. Die Transplantationszentren sollen verpflichtet sein, nach Erhalt der Organe die Transplantation unverzüglich durchzuführen. Es besteht die Erwartung, dass durch die Berücksichtigung der Ischämiezeit die Erfolgsaussichten für die Patienten verbessert werden. Das Ergebnis ist zu dokumentieren und innerhalb von zwei Jahren im Rahmen der Qualitätssicherung zu überprüfen.

1.5 Übereinstimmung der HLA-Merkmale

Anders als bei Nierentransplantationen spielt die HLA-Kompatibilität für das Ergebnis der Lebertransplantation derzeit keine Rolle. Sie findet daher keine Berücksichtigung bei der Organ-Allokation.

1.6 Lebertransplantation bei Kindern

Bei Kindern im Wachstumsalter muss die Wartezeit möglichst kurz gehalten werden. Wegen der problematischen Größenverhältnisse sollen zunächst alle Organspender unter 40 kg Körpergewicht primär für die Kinderlebertransplantation vermittelt werden. Auch die Möglichkeit einer Organteilung sollte bei einem geeigneten Spender genutzt werden.

1.7 Kombinierte Organtransplantation

Unter Berücksichtigung von Indikation und Erfolgsaussicht erfolgt eine vorrangige Allokation für Lebertransplantationen in Kombination mit anderen Organen, wenn diese Kombinationen nach Prüfung durch das Audit-Komitee als sinnvoll und dringlich angesehen werden. Das gilt nicht, wenn zusätzlich zur Leber lediglich eine Niere transplantiert werden soll.

2. Verfahrensweise bei der Organvermittlung

Die Regeln der Organ-Allokation der vermittlungspflichtigen Leber-Spenderorgane sind regelmäßig auf ihre Validität zu überprüfen. Auf der Grundlage der Qualitätssicherung ist jährlich zu klären, ob die Entwicklung der medizinischen Wissenschaft eine Änderung der Kriterien oder ihrer Gewichtung erforderlich macht. Die Vermittlungsentscheidung ist verbindlich. Sie wird für jedes Organ transparent und nachvollziehbar begründet und dokumentiert.

Das Verfahren der Organvermittlung erfolgt unter Verwendung eines abgestimmten Allokations-Algorithmus nach den unter 1. beschriebenen Kriterien.

Die Entscheidung über die Annahme eines Spenderorgans trifft das Transplantationszentrum auf der Grundlage der vom Patienten bei seiner Aufklärung vor Aufnahme getroffenen individuellen Entscheidung und unter Berücksichtigung der Gesamtsituation des Spenderorgans und der individuellen Situation des Transplantatempfängers (Patientenprofil). Begründete Vorgaben für Spenderorgane können im Rahmen des angebotenen Behandlungsspektrums mit der Vermittlungsstelle vereinbart werden (Zentrumsprofil). Die Ablehnung eines angebotenen Spenderorgans ist unter Angabe der Gründe zu dokumentieren.

Die Gewichtung der Allokationsfaktoren wird fortlaufend gemäß dem Stand der medizinischen Wissenschaft überprüft und angepasst.

3. Expertengruppe Lebertransplantation (Auditgruppe)

3.1 Aufgabenstellung der Auditgruppe

Die Aufnahme eines Patienten auf die Warteliste mit den Dringlichkeitsstufen I und II erfolgt nach den in den Richtlinien zur Aufnahme auf die Warteliste festgelegten Kriterien, deren Einhaltung von der Auditgruppe überprüft wird.

3.2 Zusammensetzung der Auditgruppe

Die Auditgruppe wird von der Vermittlungsstelle aus Vertretern der in der Lebertransplantation aktiven Zentren zusammengesetzt, die von den nationalen Transplantationsgesellschaften vorgeschlagen werden. Aus dieser Gruppe wird im Rotationsverfahren ein ständiger Bereitschaftsdienst gebildet. Die jeweils amtierende Auditgruppe setzt sich aus drei Mitgliedern zusammen, die in verschiedenen Transplantationszentren tätig sind, nicht jedoch in dem Zentrum, das von der Allokationsentscheidung betroffen ist. Die Auditgruppe wird organisatorisch an die Vermittlungsstelle angebunden.

3.3 Entscheidungen der Auditgruppe

Die Entscheidungen der Auditgruppe sind mehrheitlich zu treffen und zu dokumentieren.

4. Sanktionen

Bei einem Verstoß gegen die Allokationsrichtlinien sind die Voraussetzungen für die Zulässigkeit der Organübertragung nach § 9 TPG nicht gegeben, und es liegt nach § 20 Abs. 1 Nr. 2 TPG ein Bußgeldtatbestand vor. Wird der Vermittlungsstelle ein Verstoß bekannt oder hat sie hinreichende Verdachtsmomente für einen solchen, unterrichtet sie die zuständige Bußgeldbehörde. Darüber hinaus meldet sie den Fall an die Prüfungskommission der Vertragspartner nach § 12 Abs. 4 Nr. 4 TPG.

Richtlinien für die Organvermittlung thorakaler Spenderorgane (Herz)

Vorbemerkungen

Grundlage dieser Richtlinien ist das Transplantationsgesetz (TPG).

Die Transplantation von vermittlungspflichtigen Organen darf gemäß § 9 TPG nur in dafür zugelassenen Transplantationszentren (§ 10 TPG) vorgenommen werden. Alle vermittlungspflichtigen Organe dürfen nur nach §§ 3, 4 TPG entnommen werden. Ihre Übertragung ist nur zulässig, wenn sie durch die Vermittlungsstelle unter Beachtung der Regelungen nach § 12 TPG vermittelt worden sind. Die Organ-Allokation erfolgt durch die Vermittlungsstelle nach Regeln, die dem Stand der Erkenntnisse der medizinischen Wissenschaft entsprechen, insbesondere nach Erfolgsaussicht und Dringlichkeit für geeignete Patienten. Dabei sind die Wartelisten der Transplantationszentren als eine einheitliche Warteliste zu behandeln. Die Vermittlungsentscheidung ist für jedes Organ unter Angabe der Gründe zu dokumentieren (§ 12 Abs. 3 TPG).

Die Richtlinien für die Organvermittlung werden von der Bundesärztekammer gemäß § 16 Abs. 1 Satz 1 Nr. 5 TPG erarbeitet und dem jeweiligen Stand der Erkenntnisse der medizinischen Wissenschaft angepasst. Sie sind für die Vermittlungsstelle verbindlich.

Voraussetzung für die Organvermittlung ist, dass der in die Warteliste eines Transplantationszentrums aufgenommene Patient mit den für die Vermittlung notwendigen aktuellen medizinischen Daten bei der Vermittlungsstelle registriert ist.

Bestehen bei einem registrierten Patienten vorübergehend Kontraindikationen gegen eine Transplantation, wird der Patient als „NT", vorübergehend „nicht transplantabel", klassifiziert und bei der Empfängerauswahl nicht berücksichtigt. Überschreiten die NT-Zeiten insgesamt 30 Tage, so ruht die Wartezeit für diesen Zeitraum; darüber ist der Patient vom Arzt des Transplantationszentrums zu informieren.

Die folgenden Richtlinien für die Organ-Allokation beruhen auf den Grundsätzen der Erfolgsaussicht, der Dringlichkeit und der Chancengleichheit. Das Prinzip der freien Arztwahl bleibt unberührt.

Der Erfolg einer Transplantation wird als Überleben des Empfängers, die längerfristig gesicherte Transplantatfunktion sowie die verbesserte Lebensqualität definiert. Die Erfolgsaussichten sind für die Organe, aber auch innerhalb definierter Patientengruppen grundsätzlich verschieden. Neben diesen empfängerbezogenen Kriterien hängt der Erfolg der Transplantation auch von der Qualität des jeweiligen Spenderorgans und der Qualität der medizinischen Betreuung ab.

1. Kriterien für die Allokation von thorakalen Spenderorganen (Herz)

1.1 Blutgruppenkompatibilität (A-B-0-System)

Voraussetzung für die Organtransplantation ist die Blutgruppenkompatibilität zwischen Spender und Empfänger. Um aber eine gleichmäßige Verteilung zu gewährleisten, erfolgt die Auswahl zu transplantierender Empfänger nach den folgenden Regeln:

Spender Blutgruppe	Empfänger Blutgruppe
0	→ 0
A	→ A, AB
B	→ B, AB
AB	→ AB

Anhang

1.2 Hohe Dringlichkeit (high urgency HU)

Bei Patienten auf der Warteliste in akut lebensbedrohlicher Situation besteht eine besondere Dringlichkeit zur Transplantation. Sie werden daher vorrangig vor allen anderen Patienten transplantiert. Die Zuordnung eines Patienten in diese Dringlichkeitsstufe muss besonders begründet werden. Empfänger, die diese Kriterien erfüllen, sind in der Regel bereits auf der Warteliste geführte Patienten, deren Zustand sich verschlechtert. Es handelt sich um Patienten, die auf der Intensivstation trotz höher dosierter Therapie mit Katecholaminen und Phosphodiesterase-Hemmern nicht rekompensierbar sind oder bei denen refraktäre Arrhythmien dokumentiert werden. Es handelt sich jedoch nicht um Patienten, die zur Beobachtung oder mit Lowdose-Katecholaminen auf der Intensivstation liegen. Bei progredientem Multiorganversagen scheidet die HU-Listung aus. Bei Patienten, die noch nicht in die Warteliste aufgenommen sind, muss vor HU-Anmeldung eine detaillierte Evaluation erfolgen.

Patienten, bei denen ein ventrikuläres Unterstützungssystem (VAD) implantiert wird, werden grundsätzlich auf der einheitlichen Warteliste mit normaler Dringlichkeit geführt. Falls sich das Krankheitsbild initial verschlechtert, ist eine HU-Anmeldung nicht angezeigt. VAD-Patienten werden nur dann in die HU-Gruppe eingestuft, wenn sie sich zunächst erholen und erst später methodenbedingte Komplikationen erleiden. Nicht dazu zählen Komplikationen im Frühverlauf (1–2 Wochen) nach VAD-Implantation. Eine HU-Anmeldung kommt nicht in Betracht bei Patienten, bei denen eine notfallmäßige Entscheidung gefällt werden muss nach herzchirurgischen Eingriffen, nach großem Myokardinfarkt oder fulminanter Myokarditis. Sie weisen nach bisherigen Ergebnissen eine sehr geringe Erfolgsaussicht bei einer Transplantation auf. Dies gilt auch für die akute Retransplantation bei initialem Transplantatversagen. Hier ist gegebenenfalls die Implantation eines VAD angezeigt.

Die Allokation von Organen erfolgt auch für HU-Patienten nach den in der Tabelle (siehe 1.1) dargestellten Regeln.

Innerhalb der HU-Patienten wird zunächst die Ischämiezeit und danach die Wartezeit berücksichtigt. Der HU-Status gilt für die Dauer von sieben Tagen, er muss nach Ablauf dieser Frist erneut begründet werden.

1.3 Wartezeit (80 % Gewichtung)

Die Wartezeit ist ein bedeutsamer Faktor für die Prognose nach Aufnahme in die Warteliste zur thorakalen Organtransplantation. Aufgrund der Sterblichkeit, insbesondere während des ersten Jahres der Wartezeit, stellt sie somit einen Dringlichkeitsfaktor dar. Wird der Patient nach einer NT-Klassifikation wieder transplantabel, ist die vor der NT-Listung bereits registrierte Wartezeit anzurechnen. Die insgesamt zu berücksichtigende Wartezeit ist derzeit auf zwei Jahre zu begrenzen. Die Wartezeit wird in Tagen berechnet.

1.4 Konservierungszeit (20 % Gewichtung)

Eine sofortige und adäquate Funktionsaufnahme des Transplantates ist bei Herzübertragungen entscheidend für den kurz- und langfristigen Transplantationserfolg. Neben spenderseitigen Faktoren (zum Beispiel Alter des Spenders, Funktionszustand der Spenderorgane zum Zeitpunkt der Organentnahme) und der warmen Ischämiezeit (Implantationszeit) ist die Funktionsaufnahme insbesondere von der Dauer der Konservierungszeit („kalte Ischämiezeit") abhängig. Eine möglichst kurze Konservierungs- und Transportzeit ist daher anzustreben und bei der Organ-Allokation zu berücksichtigen. Dies bedeutet für die isolierte Herztransplantation eine prospektive Gesamtischämiezeit (kalt und warm) von unter drei Stunden.

Die Konservierungsdauer ist abhängig von organisatorischen Faktoren und der Transportzeit zwischen Spenderkrankenhaus und Transplantationszentrum. Neben Dringlichkeit und Wartezeit ist daher die Ischämiezeit als dritter wichtiger Faktor für die Allokation zu berücksichtigen. Es ist anzunehmen, dass durch die Nutzung der Informations- und Organisationsstrukturen in den gebildeten Organentnahmeregionen die Ischämiezeiten verkürzt werden können. Die Transplantationszentren sollen verpflichtet sein, nach Erhalt der Organe die Transplantation unverzüglich durchzuführen. Es besteht die Erwartung, dass durch die Berücksichtigung der Ischämiezeit die Erfolgsaussichten für die Patienten verbessert werden. Das Ergebnis ist zu dokumentieren und innerhalb von zwei Jahren im Rahmen der Qualitätssicherung zu überprüfen.

1.5 Übereinstimmung der HLA-Merkmale

Im Hinblick auf den langfristigen Transplantationserfolg ist auch für thorakale Organe eine möglichst weitgehende Übereinstimmung der HLAMerkmale zwischen Organspender und -empfänger anzustreben. Auf Grund der Logistik von Organentnahme und -transplantation mit obligat kurzen Ischämiezeiten kommt ein prospektives HLA-Matching bei der thorakalen Organtransplantation derzeit nicht in Betracht.

2. Verfahrensweise bei der Organvermittlung

Die Regeln der Organ-Allokation der vermittlungspflichtigen thorakalen Spenderorgane sind regelmäßig auf ihre Validität zu überprüfen. Auf der Grundlage der Qualitätssicherung ist jährlich zu klären, ob die Entwicklung der medizinischen Wissenschaft eine Änderung der Kriterien oder ihrer Gewichtung erforderlich macht. Hierzu zählen zum Beispiel die Anwendbarkeit der HLA-Kompatibilität als Vergabekriterium, die derzeit aus Zeitgründen nicht genutzt werden kann, oder die Abhängigkeit der tatsächlichen kalten Ischämie von der räumlichen Entfernung. Darüber hinaus wird die Wartezeit und deren Einfluss auf die Prognose aller Patienten auf der bundeseinheitlichen Warteliste prospektiv analysiert.

Die Vermittlungsentscheidung ist verbindlich. Sie wird für jedes Organ transparent und nachvollziehbar begründet und dokumentiert.

Das Verfahren der Organvermittlung erfolgt unter Verwendung eines abgestimmten Allokations-Algorithmus nach den unter 1 beschriebenen Kriterien.

Die Entscheidung über die Annahme eines Spenderorgans trifft das Transplantationszentrum unter Berücksichtigung der vom Patienten bei seiner Aufklärung vor Aufnahme in die Warteliste getroffenen individuellen Entscheidung und unter Berücksichtigung der Gesamtsituation des Spenderorgans sowie der individuellen Situation des Transplantatempfängers (Patientenprofil). Begründete Vorgaben für Spenderorgane können im Rahmen des angebotenen Behandlungsspektrums mit der Vermittlungsstelle vereinbart werden (Zentrumsprofil). Die Ablehnung eines angebotenen Spenderorgans ist unter Angabe der Gründe zu dokumentieren.

Die Gewichtung der Allokationsfaktoren wird fortlaufend gemäß dem Stand der medizinischen Wissenschaft überprüft und angepasst.

3. Expertengruppe Thorakale Transplantation (Auditgruppe)

3.1 Aufgabenstellung der Auditgruppe

Die Aufnahme eines Patienten auf die Warteliste mit hoher Dringlichkeit „HU" erfolgt nach den in den Richtlinien Warteliste festgelegten Kriterien durch eine Auditgruppe. Ihre Entscheidung muss unverzüglich erfolgen.

3.2 Zusammensetzung und Organisation der Auditgruppe

Aus jedem zur Transplantation thorakaler Organe zugelassenen Transplantationszentrum in Deutschland werden zwei in der thorakalen Organtransplantation erfahrene Ärzte für die Auditgruppe nominiert. Aus dieser Gruppe wird im Rotationsverfahren ein ständiger Bereitschaftsdienst gebildet. Die jeweils amtierende Auditgruppe setzt sich aus drei Mitgliedern zusammen, die in verschiedenen Transplantationszentren tätig sind, nicht jedoch in dem Zentrum, das von der Allokationsentscheidung betroffen ist; ihr müssen ein Internist und ein Chirurg angehören. Die Auditgruppe wird organisatorisch an die Vermittlungsstelle angebunden.

3.3 Entscheidungen der amtierenden Auditgruppe

Die Entscheidungen der Auditgruppe sind mehrheitlich zu treffen und zu dokumentieren.

4. Sanktionen

Bei einem Verstoß gegen die Allokationsrichtlinien sind die Voraussetzungen für die Zulässigkeit der Organübertragung nach §9 TPG nicht gegeben, und es liegt nach § 20 Abs. 1 Nr. 2 TPG ein Bußgeldtatbestand vor. Wird der Vermittlungsstelle ein Verstoß bekannt oder hat sie hinreichende Verdachtsmomente für einen solchen, unterrichtet sie die zuständige Bußgeldbehörde. Darüber hinaus meldet sie den Fall an die Prüfungskommission der Vertragspartner nach § 12 Abs. 4 Nr. 4 TPG.

Richtlinien für die Organvermittlung thorakaler Spenderorgane (Herz Lungen und Lungen)

Vorbemerkungen

Grundlage dieser Richtlinien ist das Transplantationsgesetz (TPG).

Die Transplantation von vermittlungspflichtigen Organen darf gemäß § 9 TPG nur in dafür zugelassenen Transplantationszentren (§ 10 TPG) vorgenommen werden. Alle vermittlungspflichtigen Organe dürfen nur nach §§ 3, 4 TPG entnommen werden. Ihre Übertragung ist nur zulässig, wenn sie durch die Vermittlungsstelle unter Beachtung der Regelungen nach § 12 TPG vermittelt worden sind. Die Organ-Allokation erfolgt durch die Vermittlungsstelle nach Regeln, die dem Stand der Erkenntnisse der medizinischen Wissenschaft entsprechen, insbesondere nach Erfolgsaussicht und Dringlichkeit für geeignete Patienten. Dabei sind die Wartelisten der Transplantationszentren als eine einheitliche Warteliste zu behandeln. Die Vermittlungsentscheidung ist für jedes Organ unter Angabe der Gründe zu dokumentieren (§ 12 Abs. 3 TPG).

Die Richtlinien für die Organvermittlung werden von der Bundesärztekammer gemäß § 16 Abs. 1 Satz 1 Nr. 5 TPG erarbeitet und dem jeweiligen Stand der Erkenntnisse der medizinischen Wissenschaft angepasst. Sie sind für die Vermittlungsstelle verbindlich.

Voraussetzung für die Organvermittlung ist, dass der in die Warteliste eines Transplantationszentrums aufgenommene Patient mit den für die Vermittlung notwendigen aktuellen medizinischen Daten bei der Vermittlungsstelle registriert ist.

Bestehen bei einem registrierten Patienten vorübergehend Kontraindikationen gegen eine Transplantation, wird der Patient als „NT", vorübergehend „nicht transplantabel", klassifiziert und bei der Empfängerauswahl nicht berücksichtigt. Überschreiten die NTZeiten insgesamt 30 Tage, so ruht die Wartezeit für diesen Zeitraum; darüber ist der Patient vom Arzt des Transplantationszentrums zu informieren.

Die folgenden Richtlinien für die Organ-Allokation beruhen auf den Grundsätzen der Erfolgsaussicht, der Dringlichkeit und der Chancengleichheit. Das Prinzip der freien Arztwahl bleibt unberührt.

Der Erfolg einer Transplantation wird als Überleben des Empfängers, die längerfristig gesicherte Transplantatfunktion sowie die verbesserte Lebensqualität definiert. Die Erfolgsaussichten sind für die Organe, aber auch innerhalb definierter Patientengruppen grundsätzlich verschieden. Neben diesen empfängerbezogenen Kriterien hängt der Erfolg der Transplantation auch von der Qualität des jeweiligen Spenderorgans und der Qualität der medizinischen Betreuung ab.

1. Kriterien für die Allokation von Herz Lungen und Lungen

1.1 Blutgruppenkompatibilität (A-B-0-System)

Voraussetzung für die Organtransplantation ist die Blutgruppenkompatibilität zwischen Spender und Empfänger. Um aber eine gleichmäßige Verteilung zu gewährleisten, erfolgt die Auswahl zu transplantierender Empfänger nach den folgenden Regeln:

Spender Blutgruppe	Empfänger Blutgruppe
0	→ 0
A	→ A, AB
B	→ B, AB
AB	→ AB

Falls ein Organ nach diesen Regeln nicht vermittelbar ist, gilt allein das Prinzip der Blutgruppenkompatibilität.

1.2 Hohe Dringlichkeit (high urgency HU)

Bei Patienten auf der Warteliste in akut lebensbedrohlicher Situation besteht eine besondere Dringlichkeit zur Transplantation. Sie werden daher vorrangig vor allen anderen Patienten transplantiert. Die Zuordnung eines Patienten in diese Dringlichkeitsstufe muss besonders begründet werden. Empfänger, die diese Kriterien erfüllen, sind in der Regel bereits auf der Warteliste geführt, und ihr Zustand verschlechtert sich. Sie werden unter intensivmedizinischen Bedingungen behandelt, die Atmung maschinell unterstützt oder ersetzt. Falls eine Aufnahme in die Warteliste noch nicht erfolgte, muss vor HU-Anmeldung eine detaillierte Evaluation erfolgen.

Die Allokation von Organen erfolgt auch für HU-Patienten nach den in der Tabelle (siehe 1.1) dargestellten Regeln.

Innerhalb der HU-Patienten wird bei der Allokation zunächst die Ischämiezeit und danach die Wartezeit berücksichtigt. Der HU-Status gilt für die Dauer von sieben Tagen, er muss nach Ablauf dieser Frist erneut begründet werden.

1.3 Wartezeit (80 % Gewichtung)

Die Wartezeit ist ein bedeutsamer Faktor für die Prognose nach Aufnahme in die Warteliste zur thorakalen Organtransplantation. Aufgrund der Sterblichkeit, insbesondere während des ersten Jahres der Wartezeit, stellt sie somit einen Dringlichkeitsfaktor dar. Wird der Patient nach einer NT-Klassifikation wieder transplantabel, ist die vor der NT-Listung bereits registrierte Wartezeit anzurechnen. Die insgesamt zu berücksichtigende Wartezeit ist derzeit auf zwei Jahre zu begrenzen. Die Wartezeit wird in Tagen berechnet.

1.4 Konservierungszeit (20 % Gewichtung)

Eine sofortige und adäquate Funktionsaufnahme der Transplantate ist bei Herz-Lungen- und Lungenübertragungen entscheidend für den kurz- und langfristigen Transplantationserfolg. Neben spenderseitigen Faktoren (zum Beispiel Alter des Spenders, Funktionszustand der Spenderorgane zum Zeitpunkt der Organentnahme) und der warmen Ischämiezeit (Implantationszeit) ist die Funktionsaufnahme insbesondere von der Dauer der Konservierungszeit („kalte Ischämiezeit") abhängig. Eine möglichst kurze Konservierungs- und Transportzeit ist daher anzustreben und bei der Organ-Allokation zu berücksichtigen. Dies bedeutet für die kombinierte Herz-Lungen-Transplantation eine prospektive Gesamtischämiezeit (kalt und warm) von unter 3 Stunden, für die alleinige Lungentransplantation von unter vier Stunden.

Die Konservierungsdauer ist abhängig von organisatorischen Faktoren und der Transportzeit zwischen Spenderkrankenhaus und Transplantationszentrum. Neben Dringlichkeit und Wartezeit ist daher die Ischämiezeit als dritter wichtiger Faktor für die Allokation zu berücksichtigen. Es ist anzunehmen, dass durch die Nutzung der Informations- und Organisationsstrukturen in den gebildeten Organentnahmeregionen die Ischämiezeiten verkürzt werden können. Die Transplantationszentren sollen verpflichtet sein, nach Erhalt der Organe die Transplantation unverzüglich durchzuführen. Es besteht die Erwartung, dass durch die Berücksichtigung der Ischämiezeit die Erfolgsaussichten für die Patienten verbessert werden. Das Ergebnis ist zu dokumentieren und innerhalb von zwei Jahren im Rahmen der Qualitätssicherung zu überprüfen.

1.5 Übereinstimmung der HLA-Merkmale

Im Hinblick auf den langfristigen Transplantationserfolg ist auch für thorakale Organe eine möglichst weitgehende Übereinstimmung der HLAMerkmale zwischen Organspender und -empfänger anzustreben. Auf Grund der Logistik von Organentnahme und -transplantation mit obligat kurzen Ischämiezeiten kommt ein prospektives HLA-Matching bei der thorakalen Organtransplantation derzeit nicht in Betracht.

1.6 Kombinierte Herz-Lungen-Transplantation

Patienten mit geplanter Herz-Lungen-Transplantation ist innerhalb jeder Dringlichkeitsstufe Vorrang vor Patienten mit isolierter Herz- und isolierter Lungentransplantation zu geben.

2. Verfahrensweise bei der Organvermittlung

Die Regeln der Organ-Allokation der vermittlungspflichtigen thorakalen Spenderorgane sind regelmäßig auf ihre Validität zu überprüfen. Auf der Grundlage der Qualitätssicherung ist jährlich zu klären, ob die Entwicklung der medizinischen Wissenschaft eine Änderung der Kriterien oder ihrer Gewichtung erforderlich macht. Hierzu zählen zum Beispiel die Anwendbarkeit der HLAKompatibilität als Vergabekriterium, die derzeit aus Zeitgründen nicht genutzt werden kann, oder die Abhängigkeit der tatsächlichen kalten Ischämie von der räumlichen Entfernung. Darüber hinaus wird die Wartezeit und deren Einfluss auf die Prognose aller Patienten auf der bundeseinheitlichen Warteliste prospektiv analysiert.

Die Vermittlungsentscheidung ist verbindlich. Sie wird für jedes Organ transparent und nachvollziehbar begründet und dokumentiert.

Das Verfahren der Organvermittlung erfolgt unter Verwendung eines abgestimmten Allokations-Algorithmus nach den unter 1 beschriebenen Kriterien.

Die Entscheidung über die Annahme eines Spenderorgans trifft das Transplantationszentrum unter Berücksichtigung der vom Patienten bei seiner Aufklärung vor Aufnahme getroffenen individuellen Entscheidung und unter Berücksichtigung der Gesamtsituation des Spenderorgans sowie der individuellen Situation des Transplantatempfängers (Patientenprofil). Begründete Vorgaben für Spenderorgane können im Rahmen des angebotenen Behandlungsspektrums mit der Vermittlungsstelle vereinbart werden (Zentrumsprofil). Die Ablehnung eines angebotenen Spenderorgans ist unter Angabe der Gründe zu dokumentieren.

Die Gewichtung der Allokationsfaktoren wird fortlaufend gemäß dem Stand der medizinischen Wissenschaft überprüft und angepasst.

3. Expertengruppe Thorakale Transplantation (Auditgruppe)

3.1 Aufgabenstellung der Auditgruppe

Die Aufnahme eines Patienten auf die Warteliste mit hoher Dringlichkeit HU erfolgt nach den in den Richtlinien „Warteliste" festgelegten Kriterien durch eine Auditgruppe. Ihre Entscheidung muss unverzüglich erfolgen.

3.2 Zusammensetzung und Organisation der Auditgruppe

Aus jedem zur thorakalen Transplantation zugelassenen Transplantationszentrum in Deutschland werden zwei in der thorakalen Organtransplantation erfahrene Ärzte für die Auditgruppe nominiert. Aus dieser Gruppe wird im Rotationsverfahren ein ständiger Bereitschaftsdienst gebildet. Die jeweils amtierende Auditgruppe setzt sich aus drei Mitgliedern zusammen, die in verschiedenen Transplantationszentren tätig sind, nicht jedoch in dem Zentrum, das von der Allokationsentscheidung betroffen ist; ihr müssen ein Internist und ein Chirurg angehören. Die Auditgruppe wird organisatorisch an die Vermittlungsstelle angebunden.

3.3 Entscheidungen der amtierenden Auditgruppe

Die Entscheidungen der Auditgruppe sind mehrheitlich zu treffen und zu dokumentieren.

4. Sanktionen

Bei einem Verstoß gegen die Allokationsrichtlinien sind die Voraussetzungen für die Zulässigkeit der Organübertragung nach § 9 TPG nicht gegeben, und es liegt nach § 20 Abs. 1 Nr. 2 TPG ein Bußgeldtatbestand vor. Wird der Vermittlungsstelle ein Verstoß bekannt oder hat sie hinreichende Verdachtsmomente für einen solchen, unterrichtet sie die zuständige Bußgeldbehörde. Darüber hinaus meldet sie den Fall an die Prüfungskommission der Vertragspartner nach § 12 Abs. 4 Nr. 4 TPG.

Richtlinien für die Organvermittlung zur Pankreastransplantation

Vorbemerkungen

Grundlage dieser Richtlinien ist das Transplantationsgesetz (TPG).

Die Transplantation von vermittlungspflichtigen Organen darf gemäß § 9 TPG nur in dafür zugelassenen Transplantationszentren (§ 10 TPG) vorgenommen werden. Alle vermittlungspflichtigen Organe dürfen nur nach §§ 3, 4 TPG entnommen werden. Ihre Übertragung ist nur zulässig, wenn sie durch die Vermittlungsstelle unter Beachtung der Regelungen nach § 12 TPG vermittelt worden sind. Die Organ-Allokation erfolgt durch die Vermittlungsstelle nach Regeln, die dem Stand der Erkenntnisse der medizinischen Wissenschaft entsprechen, insbesondere nach Erfolgsaussicht und Dringlichkeit für geeignete Patienten. Dabei sind die Wartelisten der Transplantationszentren als eine einheitliche Warteliste zu behandeln. Die Vermittlungsentscheidung ist für jedes Organ unter Angabe der Gründe zu dokumentieren (§ 12 Abs. 3 TPG).

Die Richtlinien für die Organvermittlung werden von der Bundesärztekammer gemäß § 16 Abs. 1 Satz 1 Nr. 5 TPG erarbeitet und dem jeweiligen Stand der Erkenntnisse der medizinischen Wissenschaft angepasst. Sie sind für die Vermittlungsstelle verbindlich.

Voraussetzung für die Organvermittlung ist, dass der in die Warteliste eines Transplantationszentrums aufgenommene Patient mit den für die Vermittlung notwendigen aktuellen medizinischen Daten bei der Vermittlungsstelle registriert ist.

Bestehen bei einem registrierten Patienten vorübergehend Kontraindikationen gegen eine Transplantation, wird der Patient als „NT", vorübergehend „nicht transplantabel", klassifiziert und bei der Empfängerauswahl nicht berücksichtigt. Überschreiten die NT-Zeiten insgesamt 30 Tage, so ruht die Wartezeit für diesen Zeitraum; darüber ist der Patient vom Arzt des Transplantationszentrums zu informieren.

Die folgenden Richtlinien für die Organ-Allokation beruhen auf den Grundsätzen der Erfolgsaussicht, der Dringlichkeit und der Chancengleichheit. Das Prinzip der freien Arztwahl bleibt unberührt.

Der Erfolg einer Transplantation wird als Überleben des Empfängers, die längerfristig gesicherte Transplantatfunktion sowie die verbesserte Lebensqualität definiert. Die Erfolgsaussichten sind für die Organe, aber auch innerhalb definierter Patientengruppen grundsätzlich verschieden. Neben diesen empfängerbezogenen Kriterien hängt der Erfolg der Transplantation auch von der Qualität des jeweiligen Spenderorgans und der Qualität der medizinischen Betreuung ab.

1. Kriterien für die Allokation von Pankreas

1.1 Blutgruppenkompatibilität (A-B-0-System)

Voraussetzung für die Organtransplantation ist die Blutgruppenkompatibilität zwischen Spender und Empfänger. Um aber eine gleichmäßige Verteilung zu gewährleisten, erfolgt die Auswahl zu transplantierender Empfänger nach den folgenden Regeln:

Spender Blutgruppe	Empfänger Blutgruppe
0	→ 0
A	→ A, AB
B	→ B, AB
AB	→ AB

1.2 Kombinierte Organtransplantation

Patienten mit geplanter kombinierter Nieren-Pankreas-Transplantation ist Vorrang vor den auf eine isolierte Nierentransplantation wartenden Patienten zu geben. Patienten für eine kombinierte Nieren-Pankreas-Transplantation haben Vorrang vor Patienten für eine isolierte Pankreas-Transplantation, letztere haben Vorrang vor den auf eine Pankreas-Inselzelltransplantation wartenden Patienten.

Die Erfolgsaussicht einer Pankreastransplantation ist in besonderem Maße von einer möglichst kurzen Konservierungszeit des Spenderorgans abhängig. Es ist anzunehmen, dass durch die Nutzung der Informations- und Organisationsstrukturen in den gebildeten Organentnahmeregionen die Ischämiezeiten verkürzt werden können. Die Transplantationszentren sollen verpflichtet sein, nach Erhalt der Organe die Transplantation unverzüglich durchzuführen. Es besteht die Erwartung, dass durch die Berücksichtigung der Ischämiezeit die Erfolgsaussichten für die Patienten verbessert werden. Das Ergebnis ist zu dokumentieren und innerhalb von 2 Jahren im Rahmen der Qualitätssicherung zu überprüfen.

1.3 HLA-Merkmale

Liegt beim Pankreasspender eine HLA-Typisierung rechtzeitig vor, erfolgt die Allokation entsprechend der HLA-Kompatibilität, sonst in Abhängigkeit von der Wartezeit.

2. Verfahrensweise bei der Organvermittlung

Die Vermittlungsentscheidung ist verbindlich. Sie wird für jedes Organ transparent und nachvollziehbar begründet und dokumentiert.

Das Verfahren der Organvermittlung erfolgt unter Verwendung eines abgestimmten Allokations-Algorithmus nach den unter 1 beschriebenen Kriterien.

Die Entscheidung über die Annahme eines Spenderorgans trifft das Transplantationszentrum unter Berücksichtigung der vom Patienten bei seiner Aufklärung getroffenen individuellen Entscheidung und unter Berücksichtigung der Gesamtsituation des Spenderorgans sowie der individuellen Situation des Transplatatempfängers (Patientenprofil). Begründete Vorgaben für Spenderorgane können im Rahmen des angebotenen Behandlungsspektrums mit der Vermittlungsstelle vereinbart werden (Zentrumsprofil). Die Ablehnung eines angebotenen Spenderorgans ist zu begründen und zu dokumentieren.

Die Gewichtung der Allokationsfaktoren wird fortlaufend gemäß dem Stand der medizinischen Wissenschaft überprüft und angepasst.

Mit der Entwicklung der Pankreastransplantation müssen die Allokationskriterien in den kommenden Jahren präzisiert werden.

Zur Überprüfung neuer Entwicklungen der Organ-Allokation kann die Vermittlungsstelle im Rahmen wissenschaftlich definierter Sonderprogramme für einen begrenzten Zeitraum von diesen Richtlinien abweichen. Die Ständige Kommission Organtransplantation der Bundesärztekammer ist vor Beginn und nach Abschluss des Programms zu unterrichten.

3. Sanktionen

Bei einem Verstoß gegen die Allokationsrichtlinien sind die Voraussetzungen für die Zulässigkeit der Organübertragung nach § 9 TPG nicht gegeben, und es liegt nach § 20 Abs. 1 Nr. 2 TPG ein Bußgeldtatbestand vor. Wird der Vermittlungsstelle ein Verstoß bekannt oder hat sie hinreichende Verdachtsmomente für einen solchen, unterrichtet sie die zuständige Bußgeldbehörde. Darüber hinaus meldet sie den Fall an die Prüfungskommission der Vertragspartner nach § 12 TPG Abs. 4 Nr. 4.

Mitglieder der Arbeitskreise „Organvermittlung" und „Warteliste"
Jutta Alders, Wuppertal
Prof. Dr. med. Christiane E. Angermann-Gerhardt, München
Priv.-Doz. Dr. med. Wolf Otto Bechstein, Berlin
Prof. Dr. med. Hubert E. Blum, Freiburg
Ulrich Boltz, Essen
Prof. Dr. med. Christoph E. Broelsch, Essen
Eugen Brüschwiler, Krailling
Prof. Dr. med. Martin Burdelski, Hamburg
Priv.-Doz. Dr. med. Mario C. Deng, Münster
Dr. med. Karl-Heinz Dietl, Münster

Prof. Dr. med. Kurt Dreikorn, Bremen
Knud Erben, München
Prof. Dr. med. Wolfgang E. Fleig, Halle
Prof. Dr. med. Ulrich Frei, Berlin
Prof. Dr. med. Siegfried Hagl, Heidelberg
Prof. Dr. med. Johann Hauss, Leipzig
Prof. Dr. med. Axel Haverich, Hannover
Prof. Dr. med. Roland Hetzer, Berlin
Dr. Heide Hollmer, Kiel
Prof. Dr. med. Ulrich Theodor Hopt, Rostock
Prof. Dr. med. Karl-Walter Jauch, Regensburg
Prof. Dr. med. Werner Lauchart, Tübingen
Prof. Dr. med. Michael P. Manns, Hannover
Priv.-Doz. Dr. med. Dr. phil. Eckhard Nagel, Hannover
Prof. Dr. med. Peter Neuhaus, Berlin
Priv.-Doz. Dr. med. Jost Niedermeyer, Hannover
Prof. Dr. med. Gerd Offermann, Berlin
Prof. Dr. med. Gisela Offner, Hannover
Christa Plambeck, Algermissen
Prof. Dr. med. Bruno Reichart, München
Prof. Dr. med. Jörg Schubert, Jena
Prof. Dr. med. Stephan Schüler, Dresden
Klaus Sievers, Lichtenau
Dr. med. Christoph Straub, Siegburg
Prof. Dr. med. Manfred Weber, Köln

Mitglieder der „Ständigen Kommission Organtransplantation"

Prof. Dr. med. Heinz Angstwurm, München
Prof. Dr. med. Eggert Beleites, Jena
Prof. Dr. phil. Dieter Birnbacher, Düsseldorf
Ulrich Boltz, Essen
Eugen Brüschwiler, Krailling
Prof. Dr. med. Kurt Dreikorn, Bremen
Prof. Dr. med. Friedrich-Wilhelm Eigler, Essen
Prof. Dr. med. Ulrich Frei, Berlin
Dr. rer. pol. Werner Gerdelmann, Siegburg
Prof. Dr. med. Johann Hauss, Leipzig
Prof. Dr. med. Axel Haverich, Hannover
Prof. Dr. jur. Hans-Ludwig Schreiber, Göttingen
Dr. Martin Walger, Düsseldorf
Gernot Werther, Mainz
RA Ulrike Wollersheim, Köln
Prof. Dr. med. Hans-B. Wuermeling, Erlangen

beratend:

Priv.-Doz. Dr. med. Dr. phil. Eckhard Nagel, Hannover
Dr. Guido G. Persijn, Leiden
Prof. Dr. med. Karl-Friedrich Sewing, Hannover
Prof. Dr. med. Karsten Vilmar, Bremen

Geschäftsführung:
Brigitte Heerklotz (bis Juni 1999)
Priv.-Doz. Dr. med. Stefan Winter
Dezernat Wissenschaft und Forschung
Bundesärztekammer
Herbert-Lewin-Straße 1
50931 Köln

Bundesärztekammer, Richtlinien für die Warteliste zur Nieren- und zur (Nieren-)Pankreas-Transplantation

Erste Fortschreibung 2001
(Die Änderungen gegenüber der ersten Ausgabe sind durch Fettdruck kenntlich gemacht; Quelle: www.bundesaerztekammer.de - Stand: 10.9.2001)

§ 13 Abs. 3 TPG legt in Satz 1 und 2 folgendes fest:
„Der behandelnde Arzt hat Patienten, bei denen die Übertragung vermittlungspflichtiger Organe medizinisch angezeigt ist, mit deren schriftlicher Einwilligung unverzüglich an das Transplantationszentrum zu melden, in dem die Organübertragung vorgenommen werden soll. Die Meldung hat auch dann zu erfolgen, wenn eine Ersatztherapie durchgeführt wird."

Vorbemerkungen

Bei der Entscheidung über die Aufnahme auf die Warteliste für eine Organtransplantation ist abzuwägen, ob die individuelle medizinische Gesamtsituation des Patienten einen längerfristigen Transplantationserfolg erwarten lässt. Die Entscheidungsgründe sind zu dokumentieren. Hierbei sind auch eventuell zu erwartende schwer wiegende operativ-technische Probleme zu berücksichtigen.

Vor Aufnahme in die Warteliste für eine Transplantation ist der Patient über die Risiken, Erfolgsaussichten und längerfristigen medizinischen, sozialen und psychischen Auswirkungen einer Transplantation aufzuklären. Hierzu gehört auch die Aufklärung über die notwendige Immunsuppression mit den potenziellen Nebenwirkungen und Risiken und die Notwendigkeit von regelmäßigen Kontrolluntersuchungen. Für die Aufnahme in die Warteliste ist der Wunsch des Patienten und seine Einwilligung in eine Transplantation die Voraussetzung.

Die Führung der Warteliste ist Aufgabe des jeweils betreuenden Transplantationszentrums. Es sorgt gemäß § 10 TPG für den Austausch der für die Organvermittlung notwendigen Daten. Die Transplantationszentren können dabei von Drittorganisationen unterstützt werden, grundsätzlich sind sie jedoch selbst für Aktualisierungen und ggf. Dringlichkeitsänderungen oder Abmeldungen von Patienten zuständig. Die Transplantationszentren wirken darauf hin, dass bei allen Patienten auf der Warteliste regelmäßige ambulante Kontrolluntersuchungen stattfinden. Während der Wartezeit ist die Entscheidung in angemessenen Zeitabständen zu überprüfen und zu dokumentieren. Der Patient ist jeweils über seinen Status auf der Warteliste von einem Arzt des Transplantationszentrums zu informieren.

Die Entscheidung über die Aufnahme eines Patienten auf die Warteliste trifft das Transplantationszentrum unter Berücksichtigung der individuellen Situation des Patienten (Patientenprofil) und im Rahmen des angebotenen Behandlungsspektrums des Transplantationszentrums (Zentrumsprofil). Gegebenenfalls ist der Patient über die Möglichkeiten der Aufnahme in die Warteliste in einem anderen Transplantationszentrum aufzuklären.

Nierentransplantation

1. Gründe für die Aufnahme in die Warteliste

Indikation zur Nierentransplantation ist das nicht rückbildungsfähige, terminale Nierenversagen, das zur Erhaltung des Lebens eine Dialysebehandlung erforderlich macht oder in Kürze erforderlich machen wird.

Letzteres gilt vor allem bei Kindern, geplanter Lebendspende und chronischem Transplantatversagen nach bereits erfolgter Transplantation. Eine Dialysebehandlung ist „in Kürze" erforderlich, wenn bereits technische Vorbereitungen für eine Dialysebehandlung (z.B. Anlegen eines Shunts) getroffen werden müssen.

2. Gründe für die Ablehnung einer Aufnahme in die Warteliste

Kontraindikationen gegen eine Nierentransplantation sind:

a) nicht kurativ behandelte bösartige Erkrankungen,

b) klinisch manifeste Infektionserkrankungen,

c) schwer wiegende zusätzliche Erkrankungen (z.B. Herz- und Gefäßerkrankungen, Bronchial- und Lungenerkrankungen, Lebererkrankungen), die entweder ein vitales Risiko bei der Transplantation darstellen oder den längerfristigen Transplantationserfolg infrage stellen.

Die Entscheidung über die Aufnahme in die Warteliste für eine Organtransplantation muss auch bei Patienten mit HIV nach Prüfung aller Einzelumstände erfolgen. Die „Deutsche AIDS-Hilfe" und die ausführenden Transplantationszentren sollen über die Organtransplantationen bei Menschen mit HIV jährlich einen Bericht vorlegen.

Bei der Beurteilung der vorstehend aufgeführten eventuellen Kontraindikationen für eine Transplantation soll stets der körperliche und seelische Gesamtzustand des Patienten gewürdigt und eingeschätzt werden.

Compliance eines potentiellen Organempfängers bedeutet über die Zustimmung zur Transplantation hinaus seine Bereitschaft und Fähigkeit, an den vor und nach einer Transplantation erforderlichen Behandlungen und Untersuchungen mitzuwirken.

Compliance ist kein unveränderliches Persönlichkeitsmerkmal, sie kann aus verschiedenen Gründen im Lauf der Zeit schwanken, gehört aber zu den Grundvoraussetzungen für den Erfolg jeder Transplantation, wie jeder anderen ärztlichen Behandlung. Nach dem Transplantationsgesetz ist die Erfolgsaussicht ein entscheidendes Kriterium der Organzuteilung (§ 12 Abs. 3 TPG). Daher muss die Compliance trotz der Schwierigkeiten ihrer Beurteilung bei der Entscheidung über die Aufnahme in die Warteliste berücksichtigt werden. Sprachliche Verständigungsschwierigkeiten können die Compliance beeinflussen, stehen aber allein einer Organtransplantation nicht entgegen. Anhaltend fehlende Compliance schließt die Transplantation aus. Bevor deswegen die Aufnahme in die Warteliste ärztlich endgültig abgelehnt wird, ist der Rat einer psychologisch erfahrenen Person einzuholen. Die behandelnden Ärzte müssen sowohl bei der Aufnahme auf die Warteliste als auch nach der Transplantation auf die Compliance achten und auf sie hinwirken.

Bei der Abwägung nach den genannten Kriterien sind die jeweiligen aktuellen Veröffentlichungen der Fachgesellschaften und die internationale Fachliteratur zu berücksichtigen. Zurzeit wird auf die Empfehlungen der American Society of Transplant Physicians **und der European Renal Association** verwiesen (BL Kasiske et al.: The evaluation of renal transplant candidates: Clinical practice guidelines. J Am Soc Nephrol 1995; 6: 1-34; Consensus Conference on standardized listing criteria for renal transplant candidates. Transplantation 1998; 66: 962-967; European Best Practice Guidelines for Renal Transplantation (Part 1). NDT 2000; 15; Supplement 7; 3-38).

(Nieren-) Pankreastransplantation

Die Pankreastransplantation erfolgt in der Regel in Kombination mit einer Nierentransplantation vom gleichen Spender. Die isolierte Pankreastransplantation in einer früheren Phase der Erkrankung ist nach heutigem Kenntnisstand ein in der Entwicklung befindliches Verfahren. Auch nach erfolgter Nierentransplantation kann eine Pankreastransplantation durchgeführt werden oder in seltenen Fällen vor Eintritt der terminalen Niereninsuffizienz.

1. Gründe für die Aufnahme in die Warteliste

Indikation zur Pankreastransplantation ist der auch nach Stimulation C-Peptid negative Diabetes bei dialysepflichtigen Patienten. Bei in Kürze erforderlicher Dialysebehandlung gelten die gleichen Regeln wie für die Nierentransplantation.

2. Gründe für die Ablehnung einer Aufnahme in die Warteliste

Kontraindikationen gegen eine Pankreastransplantation sind die unter Punkt 2. für die Nierentransplantation genannten; allerdings sind zusätzliche Erkrankungen und Risiken (c) sehr viel stärker – und den Besonderheiten bei Diabeteskranken angepasst – zu gewichten.

Bei der Entscheidung über die Aufnahme in die Warteliste für eine Pankreastransplantation sind insbesondere die Ausprägung der Diabetes-Spätfolgen an anderen Organen, die individuelle Gesamtsituation des Patienten und die längerfristigen Erfolgsaussichten zu berücksichtigen.

Im Rahmen eines Heilversuches kann von den hier gegebenen Richtlinien ausnahmsweise abgewichen werden. Studien, die im Sinne der Weiterentwicklung der Transplantationsmedizin durchgeführt werden, sind der zuständigen lokalen Ethikkommission vorzulegen und der Ständigen Kommission Organtransplantation der Bundesärztekammer anzuzeigen.

Bundesärztekammer, Richtlinien für die Warteliste zur Nieren- und zur (Nieren-)Pankreas-Transplantation

Zweite Fortschreibung 2002
(Quelle: www.bundesaerztekammer.de - Stand: 26.3.2002)

Die Pankreastransplantation erfolgt überwiegend kombiniert mit einer Nierentransplantation vom gleichen Spender. Bei fortgeschrittener Niereninsuffizienz kann eine kombinierte Pankreas-Nieren-Transplantation auch vor Einleitung der Dialysetherapie vorgenommen werden.

Eine Pankreastransplantation allein kann erfolgen nach vorausgegangener Nierentransplantation oder bei schweren sekundären Komplikationen des Diabetes mellitus.

1. Gründe für die Aufnahme auf die Warteliste

Gründe für die Aufnahme auf die Warteliste zur Pankreastransplantation sind Diabetes mellitus mit nachgewiesen Antikörpern gegen GAD, ICA, und IA-2 oder der nach Stimulation c-Peptid negative Diabetes bei dialysepflichtigen Patienten. Bei in Kürze erforderlicher Dialysebehandlung gelten die gleichen Regeln wie für die Nierentransplantation.

2. Gründe für die Ablehnung einer Aufnahme in die Warteliste

Kontraindikationen gegen eine Pankreastransplantation sind die in a) - c) für die Nierentransplantation genannten; allerdings sind zusätzliche Erkrankungen und Risiken (d) sehr viel stärker - und den Besonderheiten bei Diabeteskranken angepasst - zu gewichten.

Bei der Entscheidung über die Aufnahme in die Warteliste für eine Pankreastransplantation sind insbesondere die Ausprägung der Diabetes-Spätfolgen an anderen Organen, die individuelle Gesamtsituation des Patienten und die längerfristigen Erfolgsaussichten zu berücksichtigen.

Im Rahmen eines Heilversuches kann von den hier gegebenen Richtlinien ausnahmsweise abgewichen werden. Studien, die im Sinne der Weiterentwicklung der Transplantationsmedizin durchgeführt werden, sind der zuständigen lokalen Ethikkommission vorzulegen und der Ständigen Kommission Organtransplantation der Bundesärztekammer anzuzeigen.

Bundesärztekammer, Richtlinien für die Warteliste zur Lebertransplantation

Erste Fortschreibung 2001
(Die Änderungen gegenüber der ersten Ausgabe sind durch Fettdruck kenntlich gemacht. Quelle www.bundesärztekammer.de – Stand: 10. 9. 2001)

§ 13 Abs. 3 TPG legt in Satz 1 und 2 folgendes fest:
„Der behandelnde Arzt hat Patienten, bei denen die Übertragung vermittlungspflichtiger Organe medizinisch angezeigt ist, mit deren schriftlicher Einwilligung unverzüglich an das Transplantationszentrum zu melden, in dem die Organübertragung vorgenommen werden soll. Die Meldung hat auch dann zu erfolgen, wenn eine Ersatztherapie durchgeführt wird."

Vorbemerkungen
Bei der Entscheidung über die Aufnahme auf die Warteliste für eine Organtransplantation ist abzuwägen, ob die individuelle medizinische Gesamtsituation des Patienten einen längerfristigen Transplantationserfolg erwarten lässt. Die Entscheidungsgründe sind zu dokumentieren. Hierbei sind auch eventuell zu erwartende schwerwiegende operativ-technische Probleme zu berücksichtigen.

Vor Aufnahme in die Warteliste für eine Transplantation ist der Patient über die Risiken, Erfolgsaussichten und längerfristigen medizinischen, sozialen und psychischen Auswirkungen einer Transplantation aufzuklären. Hierzu gehört auch die Aufklärung über die notwendige Immunsuppression mit den potenziellen Nebenwirkungen und Risiken und die Notwendigkeit von regelmäßigen Kontrolluntersuchungen. Für die Aufnahme in die Warteliste ist der Wunsch des Patienten und seine Einwilligung in eine Transplantation die Voraussetzung.

Die Führung der Warteliste ist Aufgabe des jeweils betreuenden Transplantationszentrums. Es sorgt gemäß § 10 TPG für den Austausch der für die Organvermittlung notwendigen Daten. Die Transplantationszentren können dabei von Drittorganisationen unterstützt werden, grundsätzlich sind sie jedoch selbst für Aktualisierungen und ggf. Dringlichkeitsänderungen oder Abmeldungen von Patienten zuständig. Die Transplantationszentren wirken darauf hin, dass bei allen Patienten auf der Warteliste regelmäßige ambulante Kontrolluntersuchungen stattfinden. Während der Wartezeit ist die Entscheidung in angemessenen Zeitabständen zu überprüfen und zu dokumentieren. Der Patient ist jeweils über seinen Status auf der Warteliste von einem Arzt des Transplantationszentrums zu informieren.

Die Entscheidung über die Aufnahme eines Patienten auf die Warteliste trifft das Transplantationszentrum unter Berücksichtigung der individuellen Situation des Patienten (Patientenprofil) und im Rahmen des angebotenen Behandlungsspektrums des Transplantationszentrums (Zentrumsprofil). Gegebenenfalls ist der

Patient über die Möglichkeiten der Aufnahme in die Warteliste in einem anderen Transplantationszentrum aufzuklären.

Lebertransplantation

Gründe für die Aufnahme in die Warteliste

Eine Lebertransplantation kann angezeigt sein bei nicht rückbildungsfähiger, fortschreitender, das Leben des Patienten gefährdender Lebererkrankung, wenn keine akzeptable Behandlungsalternative besteht und keine Kontraindikationen für eine Transplantation vorliegen. Daneben kommen als Indikation für eine Lebertransplantation auch solche genetischen Erkrankungen infrage, bei denen der genetische Defekt wesentlich in der Leber lokalisiert ist und dieser durch eine Transplantation korrigiert werden kann.

1. Mögliche Indikationen

Entsprechend dem heutigen Stand der Erkenntnisse der medizinischen Wissenschaft können folgende Erkrankungen unter Berücksichtigung von Notwendigkeit und Erfolgsaussicht durch eine Lebertransplantation behandelt werden:

1.1 Leberzirrhosen bei

Hepatitis B, C und D, Autoimmunhepatitis, alkoholtoxischer Leberschädigung und auch Leberzirrhosen unklarer Genese.

1.2 Cholestatische Lebererkrankungen wie

primär biliäre Zirrhose (PBC), primär sklerosierende Cholangitis (PSC), sekundär sklerosierende Cholangitis, familiäre Cholestasesyndrome, Medikamententoxizität.

1.3 Genetische und metabolische Erkrankungen

Alpha-1-Antitrypsinmangel, M. Wilson, Hämochromatose, Glykogenspeicherkrankheiten, Galaktosämie, Tyrosinämie, Beta-Thalassämie, Mukoviszidose, Zystenleber sowie alle Stoffwechselstörungen mit primär hepatischem Gendefekt oder ausschließlich hepatischer Schädigung.

1.4 Akutes Leberversagen bei

Virus-Hepatitis, M. Wilson, Budd-Chiari Syndrom, schwangerschaftsassoziierter Leberkrankheit, Medikamententoxizität, Vergiftungen.

1.5 Bösartige Lebertumoren wie

hepatozelluläres Karzinom (HCC), Hepatoblastom, epitheloides Hämangio-Endotheliom, Lebermetastasen neuroendokriner Tumore.

1.6 Sonstige Erkrankungen, z.B.

M. Niemann Pick, chronisches Budd-Chiari Syndrom, Kurzdarmsyndrom (kombinierte Leber-Dünndarm-Transplantation).

Patienten können auf die Warteliste zur Lebertransplantation aufgenommen werden, wenn die Überlebenswahrscheinlichkeit mit Transplantation größer ist als ohne.

Die Wahrscheinlichkeit des Überlebens bei Patienten mit Zirrhose lässt sich anhand der Schweregrad-Klassifikation nach CHILD und PUGH einschätzen. Bei heute erreichbaren Erfolgsraten der Transplantation und den aktuellen Wartezeiten für eine Lebertransplantation soll die Aufnahme auf die Warteliste bei Patienten mit Leberzirrhose erst dann erfolgen, wenn eine Mindestpunktzahl von 7 nach dem CHILD-PUGH Score erreicht ist.

Einschränkung der Indikationen
Bei Hepatitis B-induzierter Zirrhose soll die Aufnahme auf die Warteliste erst erfolgen, wenn der Patient keine aktive Virusvermehrung mehr aufweist, d.h. die HBV-DNA im Serum des Patienten nicht mehr mit quantitativen Tests nachweisbar ist. Eine Transplantation bei noch aktiver Virusvermehrung kann in Einzelfällen unter besonderer Vorsichtsmaßnahmen durchgeführt werden.

Bei Patienten mit alkoholinduzierter Zirrhose erfolgt die Aufnahme auf die Warteliste erst dann, wenn der Patient für mindestens sechs Monate völlige Alkoholabstinenz eingehalten hat. Eine frühzeitigere Anmeldung auf der Warteliste kann nur dann erfolgen, wenn der Patient eine erfolgreiche Entzugsbehandlung nachweist und ein entsprechendes fachärztliches Gutachten vorliegt. Krankheitseinsicht und Kooperationsfähigkeit des Patienten müssen einen längerfristigen Transplantationserfolg sowie eine ausreichende Compliance auch in schwierigen Situationen ermöglichen.

Compliance eines potentiellen Organempfängers bedeutet über die Zustimmung zur Transplantation hinaus seine Bereitschaft und Fähigkeit, an den vor und nach einer Transplantation erforderlichen Behandlungen und Untersuchungen mitzuwirken.

Compliance ist kein unveränderliches Persönlichkeitsmerkmal, sie kann aus verschiedenen Gründen im Lauf der Zeit schwanken, gehört aber zu den Grundvoraussetzungen für den Erfolg jeder Transplantation, wie jeder anderen ärztlichen Behandlung. Nach dem Transplantationsgesetz ist die Erfolgsaussicht ein entscheidendes Kriterium der Organzuteilung (§ 12 Abs. 3 TPG). Daher muss die Compliance trotz der Schwierigkeiten ihrer Beurteilung bei der Entscheidung über die Aufnahme in die Warteliste berücksichtigt werden. Sprachliche Verständigungsschwierigkeiten können die Compliance beeinflussen, stehen aber allein einer Organtransplantation nicht entgegen. Anhaltend fehlende Compliance schließt die Transplantation aus. Bevor deswegen die Aufnahme in die Warteliste ärztlich endgültig abgelehnt wird, ist der Rat einer psychologisch erfahrenen Person einzuholen. Die behandelnden Ärzte müssen sowohl bei der Aufnahme auf die Warteliste als auch nach der Transplantation auf die Compliance achten und auf sie hinwirken.

Bei allen Patienten mit bösartigen Erkrankungen muss vor der Aufnahme auf die Warteliste, sowie durch regelmäßige Kontrollen während der Wartezeit extrahepatisches Tumorwachstum ausgeschlossen sein.

Bei hepatozellulären Karzinomen ist die Transplantation nur in frühen Stadien angezeigt.

Patienten mit fortgeschritteneren Stadien sollen nur im Rahmen von kontrollierten Studien (z.B. zur Prüfung adjuvanter Therapiemaßnahmen) transplantiert werden.

Schweregrad-Klassifikation nach CHILD und PUGH

	Befund	1 Pkt.	2 Pkt.	3 Pkt.
1.	Enzephalopathie	keine	Grad I-II	Grad III-IV
2.	Aszites	nicht oder wenig	kontrolliert	refraktär
3.	Bilirubin (µmol/l) Bilirubin (µmol/l) bei cholest. Erkrankungen	< 35 < 70	35 – 50 70 – 170	> 50 > 170
4.	Albumin (g/l)	> 35	28 – 35	< 28
5.	Quick-Wert (%) oder Prothombinzeit (Sek. verlängert) oder INR	> 60 < + 4 1,7	40 – 60 + 4 - + 6 1.7 – 2.3	< 40 > + 6 > 2.3

Patienten mit metabolischen/genetischen Erkrankungen können auf die Warteliste aufgenommen werden, wenn die Folgen des Defekts unmittelbar zu irreversiblen Schäden zu führen beginnen oder wenn abzusehen ist, dass ein weiteres Abwarten solche Folgen für den Patienten in nächster Zukunft unabwendbar mit sich bringen würde.

Bei Patienten mit akutem Leberversagen soll die Transplantationsindikation gestellt werden, wenn die hierfür am Kings-College Hospital in London entwickelten Prognosekriterien die Notwendigkeit einer solchen Transplantation anzeigen.

Danach werden Patienten mit an Sicherheit grenzender Wahrscheinlichkeit eine Transplantation benötigen, wenn folgende Befunde erhoben werden:

Prothrombinzeit > 100 sec (= Quick < 7 % bzw. INR > 6,7)

oder mindestens drei der folgenden:

- ungünstige Ätiologie
  - kryptogene Hepatitis,
  - Halothan-Hepatitis,
  - Medikamententoxizität
- Ikterus mehr als 7 Tage vor Enzephalopathie
- Alter < 10 **Jahre** oder > 40 Jahre
- Prothrombinzeit > 50 sec (= Quick < 15 % bzw. INR > 4)
- Serum Bilirubin > 300 mmol/l

Spezialkriterien für die Paracetamolintoxikation:

Arterieller pH < 7,3

Oder alle drei folgenden:

- Prothrombinzeit > 100 sec (Quick < 7 %, INR > 6,7)
- Kreatinin > 300 mmol/l
- Enzephalopathie Grad 3 oder 4

2. Kontraindikationen für eine Lebertransplantation

Kontraindikationen für eine Lebertransplantation sind grundsätzlich alle Erkrankungen oder Befunde, welche einen Erfolg der Transplantation ernsthaft infrage stellen. Bei der Beurteilung der nachfolgend angegebenen eventuellen Kontraindikationen für eine Transplantation soll stets der körperliche und seelische Gesamtzustand des Patienten gewürdigt und eingeschätzt werden.

Als derzeitige Kontraindikationen sind anzusehen:

a) nicht kurativ behandelte extrahepatische bösartige Erkrankungen
b) klinisch manifeste extrahepatische Infektionserkrankungen
c) schwerwiegende Erkrankungen anderer Organe (z.B. Herz- und Gefäßerkrankungen, Lungenerkrankungen etc.), welche ein vitales Risiko bei der Transplantationsoperation darstellen, oder den längerfristigen Transplantationserfolg gefährden.

Die Entscheidung über die Aufnahme in die Warteliste für eine Organtransplantation muss auch bei Patienten mit HIV nach Prüfung aller Einzelumstände erfolgen. Die „Deutsche AIDS-Hilfe" und die ausführenden Transplantationszentren sollen über die Organtransplantationen bei Menschen mit HIV jährlich einen Bericht vorlegen.

Ausnahmsweise kann im Rahmen eines Heilversuches von den hier gegebenen Richtlinien abgewichen werden. Studien, die im Sinne der Weiterentwicklung der Transplantationsmedizin durchgeführt werden, sind der zuständigen lokalen Ethikkommission vorzulegen und der Ständigen Kommission Organtransplantation der Bundesärztekammer anzuzeigen.

Bundesärztekammer, Richtlinien für die Warteliste zur Herz-, Herz-Lungen- und Lungentransplantation (thorakale Organtransplantationen)

Erste Fortschreibung 2001
(Die Änderungen gegenüber der ersten Ausgabe sind durch Fettdruck kenntlich gemacht; Quelle: www.bundesärztekammer.de – Stand: 10. 9. 2001)

§ 13 Abs. 3 TPG legt in Satz 1 und 2 folgendes fest:
„Der behandelnde Arzt hat Patienten, bei denen die Übertragung vermittlungspflichtiger Organe medizinisch angezeigt ist, mit deren schriftlicher Einwilligung unverzüglich an das Transplantationszentrum zu melden, in dem die Organübertragung vorgenommen werden soll. Die Meldung hat auch dann zu erfolgen, wenn eine Ersatztherapie durchgeführt wird."

Vorbemerkungen
Bei der Entscheidung über die Aufnahme auf die Warteliste für eine Organtransplantation ist abzuwägen, ob die individuelle medizinische Gesamtsituation des Patienten einen längerfristigen Transplantationserfolg erwarten lässt. Die Entscheidungsgründe sind zu dokumentieren. Hierbei sind auch eventuell zu erwartende schwerwiegende operativ-technische Probleme zu berücksichtigen.

Vor Aufnahme in die Warteliste für eine Transplantation ist der Patient über die Risiken, Erfolgsaussichten und längerfristigen medizinischen, sozialen und psychischen Auswirkungen einer Transplantation aufzuklären. Hierzu gehört auch die Aufklärung über die notwendige Immunsuppression mit den potenziellen Nebenwirkungen und Risiken und die Notwendigkeit von regelmäßigen Kontrolluntersuchungen. Für die Aufnahme in die Warteliste ist der Wunsch des Patienten und seine Einwilligung in eine Transplantation die Voraussetzung.

Die Führung der Warteliste ist Aufgabe des jeweils betreuenden Transplantationszentrums. Es sorgt gemäß § 10 TPG für den Austausch der für die Organvermittlung notwendigen Daten. Die Transplantationszentren können dabei von Drittorganisationen unterstützt werden, grundsätzlich sind sie jedoch selbst für Aktualisierungen und ggf. Dringlichkeitsänderungen oder Abmeldungen von Patienten zuständig. Die Transplantationszentren wirken darauf hin, dass bei allen Patienten auf der Warteliste regelmäßige ambulante Kontrolluntersuchungen stattfinden. Während der Wartezeit ist die Entscheidung in angemessenen Zeitabständen zu überprüfen und zu dokumentieren. Der Patient ist jeweils über seinen Status auf der Warteliste von einem Arzt des Transplantationszentrums zu informieren.

Die Entscheidung über die Aufnahme eines Patienten auf die Warteliste trifft das Transplantationszentrum unter Berücksichtigung der individuellen Situation des Patienten (Patientenprofil) und im Rahmen des angebotenen Behandlungsspektrums des Transplantationszentrums (Zentrumsprofil). Gegebenenfalls ist der Patient über die Möglichkeiten der Aufnahme in die Warteliste in einem anderen Transplantationszentrum aufzuklären.

Die Vorstellung zur Herz- oder Lungentransplantation erfolgt, wenn ein Schweregrad der Krankheit erreicht ist, bei dem eine konventionelle Behandlung nicht mehr erfolgversprechend erscheint. Im Rahmen der Evaluation zur Transplantation wird durch geeignete standardisierte Untersuchungen der zu erwartende medizinische Nutzen bezüglich Lebensdauer und Lebensqualität für den Patienten ermittelt und begründet.

Herztransplantation

1. Gründe für die Aufnahme

Indikationen für eine Herztransplantation:

Indikation zur Herztransplantation ist das terminale Herzversagen (NYHA IV) (Tab. 1), das zur Erhaltung des Lebens eine medikamentöse oder apparative Herzinsuffizienzbehandlung erforderlich macht (Tab. 2).

Voraussetzung für die Aufnahme in die Warteliste ist insbesondere die Befundung der Organfunktionen, wie sie im Anmeldeformular der Organkommission „Herz und Lunge" der Deutschen Transplantationsgesellschaft vorgesehen sind (Tab. 6). Derzeit gilt die für den jeweiligen Patienten maximale Sauerstoffaufnahme als entscheidendes Kriterium für die Notwendigkeit der Transplantation.

Tabelle 1
Stadieneinteilung der Herzinsuffizienz nach den klinischen Kriterien der New York Heart Association (NYHA) und den hämodynamischen Kriterien von Reindell und Roskamm. Die klinischen und hämodynamischen Stadien können im Einzelfall voneinander abweichen.

Klasse	Klinischer Befund	Hämodynamischer Befund
I	Keine Beschwerden bei normaler Belastung	Erhöhte Füllungsdrücke unter Belastung Normales Herzzeitvolumen
II	Keine Beschwerden in Ruhe und bei leichter Belastung, aber bei normaler Belastung	Erhöhte Füllungsdrücke bereits in Ruhe Normales Herzzeitvolumen
III	Keine Beschwerden in Ruhe, aber bei leichter Belastung	Normales Herzzeitvolumen, jedoch unzureichender Anstieg unter Belastung
IV	Beschwerden in Ruhe, Verstärkung bei leichter Belastung	Erniedrigtes Ruhe-Herzzeitvolumen

Tabelle 2
Derzeitige Indikationen zur Herztransplantation

Anamnese
• Ruhedyspnoe, die bei geringer Anstrengung verstärkt wird (NYHA-Stadium IV)
Untersuchung
• Linksherzdekompensation (Kaltschweißigkeit, schneller, flacher Puls, 3. Herzton, feuchte Rasselgeräusche)
• Rechtsherzdekompensation (Jugularvenenprominenz, Lebervergrößerung, Ikterus, Aszites, Ödeme)
Labor
• Serum-Natrium-Erniedrigung < 135 mmol/l
• Serum-Noradrenalin (> 800 pg/ml)/Renin (> 15 ng/ml/h)/ANP (> 125 pg/ml)
EKG
• Komplexe ventrikuläre Arrhythmien
Echokardiogramm
• Linksventrikulärer enddiastolischer Durchmesser > 75 mm
• Linksventrikulärer endsystolischer Durchmesser > 65 mm
• Verkürzungsfraktion < 15 %
Rö-Thorax
• Herz-Thorax-Quotient > 0,55
Hämodynamik
• Linksventrikuläre Ejektionsfraktion < 20 %
• Herzindex < 2 l/min/m²
• Linksventrikulärer enddiastolischer Druck > 20 mmHg
• Zentraler Venendruck > 15 mmHg
Funktionsdiagnostik
• Maximale O_2-Aufnahme < 10–14 ml/kg/min

2. Gründe für die Ablehnung

Derzeitige Kontraindikationen für eine Herztransplantation sind in Tabelle 3 aufgeführt.

Es handelt sich im Wesentlichen um zusätzliche Erkrankungen oder psychosoziale Faktoren, die entweder ein vitales Risiko bei der Transplantation darstellen oder den längerfristigen Transplantationserfolg mindern.

Bei der Beurteilung nachfolgend angegebener Kontraindikationen für eine Transplantation soll stets der körperliche und seelische Gesamtzustand des Patienten gewürdigt und eingeschätzt werden.

Tabelle 3
Derzeitige Kontraindikationen zur Herztransplantation

Grunderkrankung
• Fixierte pulmonale Hypertonie, d.h. pulmonaler Gefäßwiderstand (PVR) > 240 dyn × s × cm^{-5} oder transpulmonaler Gradient (TPG) > 15 mmHg (heterotope Htx möglich)
Begleiterkrankungen
• Klinisch manifeste Infektionserkrankungen • Akute Lungenembolie • Fortgeschrittene irreversible Niereninsuffizienz • Fortgeschrittene irreversible hepatische Insuffizienz • Nicht kurativ behandelte Tumorerkrankung • Bestimmte Systemerkrankungen wie Amyloidose • Fortgeschrittene chronische Lungenerkrankung • Fortgeschrittene zerebrale/periphere arterielle Gefäßerkrankungen • Bestehender schwerer Nikotin-, Alkohol-, sonstiger Drogen-Abusus
Psychosoziales
Unzureichende Compliance **Compliance eines potentiellen Organempfängers bedeutet über die Zustimmung zur Transplantation hinaus seine Bereitschaft und Fähigkeit, an den vor und nach einer Transplantation erforderlichen Behandlungen und Untersuchungen mitzuwirken.** Compliance ist kein unveränderliches Persönlichkeitsmerkmal, sie kann aus verschiedenen Gründen im Lauf der Zeit schwanken, gehört aber zu den Grundvoraussetzungen für den Erfolg jeder Transplantation, wie jeder anderen ärztlichen Behandlung. Nach dem Transplantationsgesetz ist die Erfolgsaussicht ein entscheidendes Kriterium der Organzuteilung (§ 12 Abs. 3 TPG). Daher muss die Compliance trotz der Schwierigkeiten ihrer Beurteilung bei der Entscheidung über die Aufnahme in die Warteliste berücksichtigt werden.

> Sprachliche Verständigungsschwierigkeiten können die Compliance beeinflussen, stehen aber allein einer Organtransplantation nicht entgegen. Anhaltend fehlende Compliance schließt die Transplantation aus. Bevor deswegen die Aufnahme in die Warteliste ärztlich endgültig abgelehnt wird, ist der Rat einer psychologisch erfahrenen Person einzuholen. Die behandelnden Ärzte müssen sowohl bei der Aufnahme auf die Warteliste als auch nach der Transplantation auf die Compliance achten und auf sie hinwirken.

Die Entscheidung über die Aufnahme in die Warteliste für eine Organtransplantation muss auch bei Patienten mit HIV nach Prüfung aller Einzelumstände erfolgen. Die „Deutsche AIDS-Hilfe" und die ausführenden Transplantationszentren sollen über die Organtransplantationen bei Menschen mit HIV jährlich einen Bericht vorlegen.

(Herz-)Lungentransplantation
Die Übertragung der Lunge kann als einseitige, als doppelseitige oder als kombinierte Herz-Lungen-Transplantation ausgeführt werden. Auf Grund der sehr divergenten Pathogenese (Eisenmenger-Syndrom vs. Mukoviszidose) sowie der entsprechend unterschiedlichen konservativen Therapie und Prognose haben die folgenden Richtlinien noch vorläufigen Charakter.

1. Gründe für die Aufnahme

Indikationen für eine Herz-Lungen-Transplantation:

Indikation zur Herz-Lungen-Transplantation ist das nicht rückbildungsfähige, endgültige Herzversagen bei irreversiblen Lungenerkrankungen (s. Tab. 4), das zur Erhaltung des Lebens eine medikamentöse Herzinsuffizienzbehandlung sowie eine kontinuierliche Sauerstofftherapie erforderlich macht. Voraussetzung für die Aufnahme in die Warteliste ist insbesondere die Befundung der Organfunktionen, wie sie im Anmeldeformular der Organkommission "Herz und Lunge" der Deutschen Transplantationsgesellschaft vorgesehen sind (Tab. 6). Ein Patient zur Aufnahme in die Warteliste zur kombinierten Herz-Lungen-Transplantation muss auch die Kriterien für eine Herztransplantation erfüllen. Weiteres wichtiges Kriterium für die Aufnahme ist der individuelle Krankheitsverlauf der letzten 12 Monate einschließlich notwendiger stationärer Behandlungen und der Verlauf der Lungenfunktionsparameter.

Tabelle 4
Derzeitige Indikationen zur Herz-Lungen-Transplantation

Anamnese
• Ruhedyspnoe, die bei geringer Anstrengung verstärkt wird (NYHA-Stadium IV)
Untersuchung
• Rechtsherzdekompensation (Jugularvenenprominenz, Lebervergrößerung, Ikterus, Aszites, Ödeme)
Labor
• Serum-Natrium-Erniedrigung < 135 mmol/l
• Serum-Noradrenalin (> 800 pg/ml)/Renin (> 15 ng/ml/h)/ ANP (> 125 pg/ml)
EKG
• Komplexe ventrikuläre Arrhythmien
Rö-Thorax
• Herz-Thorax-Quotient > 0,55
Hämodynamik
• Herzindex < 2 l/min/m^2
• Zentraler Venendruck > 15 mmHg
Funktionsdiagnostik
• Maximale O$_2$-Aufnahme < 10–14 ml/kg/min

2. Gründe für die Ablehnung

Gründe für eine Ablehnung zur Herz-Lungen-Transplantation sind in Tabelle 5 aufgeführt.

Tabelle 5
Derzeitige Kontraindikationen zur Herz-Lungen-Transplantation

Begleiterkrankungen
• klinisch manifeste Infektionserkrankungen
• Fortgeschrittene irreversible Niereninsuffizienz
• Fortgeschrittene irreversible hepatische Insuffizienz
• Nicht kurativ behandelte Tumorerkrankung

- Bestimmte Systemerkrankungen wie Amyloidose
- Fortgeschrittene zerebrale/periphere arterielle Gefäßerkrankungen
- Bestehender schwerer Nikotin-, Alkohol-, sonstiger Drogen-Abusus

Psychosoziales

Unzureichende Compliance
Compliance eines potenziellen Organempfängers bedeutet über die Zustimmung zur Transplantation hinaus seine Bereitschaft und Fähigkeit, an denvor undnach einer Transplantation erforderlichen Behandlungen und Untersuchungen mitzuwirken.

Compliance ist kein **unveränderliches** Persönlichkeitsmerkmal, sie kann aus verschiedenen Gründen im Lauf der Zeit schwanken, gehört aber zu den Grundvoraussetzungen für den Erfolg jeder Transplantation, wie jeder anderen ärztlichen Behandlung. Nach dem Transplantationsgesetz ist die Erfolgsaussicht ein entscheidendes Kriterium der Organzuteilung (§ 12 Abs. 3 TPG). Daher muss die Compliance trotz der Schwierigkeiten ihrer Beurteilung bei der Entscheidung über die Aufnahme in die Warteliste berücksichtigt werden. **Sprachliche Verständigungsschwierigkeiten können die Compliance beeinflussen**, stehen aber allein einer Organtransplantation nicht entgegen. Anhaltend fehlende Compliance schließt die Transplantation aus. Bevor deswegen die Aufnahme in die Warteliste ärztlich endgültig abgelehnt wird, ist der Rat einer psychologisch erfahrenen Person einzuholen. Die behandelnden Ärzte müssen sowohl bei der Aufnahme auf die Warteliste als auch nach der Transplantation auf die Compliance achten und auf sie hinwirken.

Die Entscheidung über die Aufnahme in die Warteliste für eine Organtransplantation muss auch bei Patienten mit HIV nach Prüfung aller Einzelumstände erfolgen. Die „Deutsche AIDS-Hilfe" und die ausführenden Transplantationszentren sollen über die Organtransplantationen bei Menschen mit HIV jährlich einen Bericht vorlegen.

Lungentransplantation

Die Frage der optimalen Behandlung des Patienten mit einer einseitigen oder einer doppelseitigen Lungentransplantation ist bei den verschiedenen zugrunde liegenden Erkrankungen derzeit noch umstritten. Die Art des Eingriffes sollte von dem behandelnden Ärzteteam individuell festgelegt werden.

1. Gründe für die Aufnahme

Indikationen für eine Lungentransplantation:
Indikation zur Lungentransplantation ist das nicht rückbildungsfähige, terminale Lungenversagen, das zur Erhaltung des Lebens eine medikamentöse oder apparative Atem-Insuffizienzbehandlung erforderlich macht.

2. Gründe für die Ablehnung

Für die Ablehnung gelten entsprechend die Regeln wie bei der Herz-Lungen-Transplantation (Tab. 5).

Im Rahmen eines Heilversuches kann von den hier gegebenen Richtlinien ausnahmsweise abgewichen werden. Studien, die im Sinne der Weiterentwicklung der Transplantationsmedizin durchgeführt werden, sind der zuständigen lokalen Ethikkommission vorzulegen und der Ständigen Kommission Organtransplantation der Bundesärztekammer anzuzeigen.

Tabelle 6
Anmeldeformular

Patienten-Initialen
Geburtsdatum
Bundesland

Parameter	Parameter
Größe	Herzfrequenz
Gewicht	Blutdruck
Geschlecht	linksventrikuläre Auswurffraktion
Blutgruppe	Herzindex
Human Leukocyte Antigen	Pulmonalkapillarverschlussdruck
Panel Reactive Antibodies	Pulmonalarterienmitteldruck
Anmeldedatum Warteliste	Pulmonalgefäßwiderstand
Dringlichkeit	Systemgefäßwiderstand
Derzeitige Behandlung	Zentralvenöser Druck
• ambulant	linksventrikulär-enddiastolischer Durchmesser
• stationär	Verkürzungsfraktion
• Intensiv	Noradrenalin pq/ml
Thorakale Voroperation	New York Heart Association-Stadium
Krankenhaus-Tage letzte 6 Monate	maximale Sauerstoffaufnahme
Katecholamine, intravenös	arterieller Sauerstoffpartialdruck
Intraaortale Ballonpumpe	Kreatininwert
Extrakorporale Membranoxygenation	Bilirubinwert
Ventrikuläres Unterstützungssystem	Natriumwert
Beatmung	QRS >0,12 Sekunden

Hämofiltration/Dialyse

anhaltende ventrikuläre Tachykardien

implantierbarer automatischer Defibrillator

>10 Schocks pro Monat

Bundesärztekammer, Richtlinien für die Organvermittlung zur Nierentransplantation

Erste Fortschreibung 2001
(Die Änderungen gegenüber der ersten Ausgabe sind durch Fettdruck kenntlich gemacht; Quelle: www.bundesaerztekammer.de – Stand: 10. 9. 2001)

Vorbemerkungen
Grundlage dieser Richtlinien ist das Transplantationsgesetz (TPG).

Die Transplantation von vermittlungspflichtigen Organen darf gemäß § 9 TPG nur in dafür zugelassenen Transplantationszentren (§ 10 TPG) vorgenommen werden. Alle vermittlungspflichtigen Organe dürfen nur nach §§ 3, 4 TPG entnommen werden. Ihre Übertragung ist nur zulässig, wenn sie durch die Vermittlungsstelle unter Beachtung der Regelungen nach § 12 TPG vermittelt worden sind. Die Organ-Allokation erfolgt durch die Vermittlungsstelle nach Regeln, die dem Stand der Erkenntnisse der medizinischen Wissenschaft entsprechen, insbesondere nach Erfolgsaussicht und Dringlichkeit für geeignete Patienten. Dabei sind die Wartelisten der Transplantationszentren als eine einheitliche Warteliste zu behandeln. Die Vermittlungsentscheidung ist für jedes Organ unter Angabe der Gründe zu dokumentieren (§ 12 Abs. 3 TPG).

Die Richtlinien für die Organvermittlung werden von der Bundesärztekammer gemäß § 16 Abs. 1 Satz 1 Nr. 5 TPG erarbeitet und dem jeweiligen Stand der Erkenntnisse der medizinischen Wissenschaft angepasst. Sie sind für die Vermittlungsstelle verbindlich.

Voraussetzung für die Organvermittlung ist, dass der in die Warteliste eines Transplantationszentrums aufgenommene Patient mit den für die Vermittlung notwendigen aktuellen medizinischen Daten bei der Vermittlungsstelle registriert ist.

Bestehen bei einem registrierten Patienten vorübergehend Kontraindikationen gegen eine Transplantation, wird der Patient als „NT", vorübergehend „nicht transplantabel", klassifiziert und bei der Empfängerauswahl nicht berücksichtigt. Der Patient ist jeweils über seinen Status auf der Warteliste von einem Arzt des Transplantationszentrums zu informieren.

Die folgenden Richtlinien für die Organ-Allokation beruhen auf den Grundsätzen der Erfolgsaussicht, der Dringlichkeit und der Chancengleichheit. Das Prinzip der freien Arztwahl bleibt unberührt.

Der Erfolg einer Transplantation wird als Überleben des Empfängers, die längerfristig gesicherte Transplantatfunktion sowie die verbesserte Lebensqualität definiert. Die Erfolgsaussichten sind für die Organe, aber auch innerhalb definierter Patientengruppen grundsätzlich verschieden. Neben diesen empfängerbezogenen Kriterien hängt der Erfolg der Transplantation auch von der Qualität des jeweiligen Spenderorgans und der Qualität der medizinischen Betreuung ab.

Anhang

1. Kriterien für die Allokation von Nieren

Spenderspezifische zytotoxische Antikörper sind durch eine Kreuzprobe ('Cross-Match') auszuschließen.

1.1 Blutgruppenkompatibilität (A-B-0-System)

Voraussetzung für die Organtransplantation ist die Blutgruppenkompatibilität zwischen Spender und Empfänger. Um aber eine gleichmäßige Verteilung zu gewährleisten, erfolgt die Auswahl zu transplantierender Empfänger nach den folgenden Regeln:

Spender Blutgruppe	Empfänger Blutgruppe
0	--> 0, B
A	--> A, AB
B	--> B, AB
AB	--> AB

Bei der Organzuteilung für „hochimmunisierte" Empfänger (HIT-Programm, AM-Programm) genügt A-B-0-Kompatibilität.

1.2 Grad der Übereinstimmung der HLA-Merkmale (40 % Gewichtung)

Im Hinblick auf den langfristigen Transplantationserfolg ist eine möglichst weitgehende Übereinstimmung der HLA-Merkmale anzustreben.

Berücksichtigt und in einer Punktzahl ausgedrückt wird bei der Organverteilung die Summe der „Mismatches" (Nicht-Übereinstimmungen) der Antigene des HLA-A, HLA-B und HLA-DR Locus bzw. die Anzahl der zwischen Spender und Empfänger übereinstimmenden HLA-Antigene.

1.3 Mismatch-Wahrscheinlichkeit (10 % Gewichtung)

Die Mismatch-Wahrscheinlichkeit (Probability) bezeichnet die errechnete Wahrscheinlichkeit, ein weitgehend in den HLA-Merkmalen übereinstimmendes Organ angeboten zu bekommen. Grundlage für die Berechnung ist die Verteilung der HLA-Merkmale in der Bevölkerung.

1.4 Wartezeit (30 % Gewichtung)

Die Wartezeit beginnt mit dem ersten Tag der Nierenersatztherapie. Sie ist ein Dringlichkeitsfaktor bei der Organ-Allokation. **Die Wartezeit wird in Tagen berechnet.**

1.5 Konservierungszeit (20 % Gewichtung)

Eine möglichst kurze Konservierungs- und Transportzeit ist anzustreben und bei der Organ-Allokation zu berücksichtigen.

Eine sofortige und adäquate Funktionsaufnahme des Transplantats ist ein entscheidender Vorteil für einen langfristigen Transplantationserfolg. Neben spenderseitigen Faktoren (z.B. Alter des Spenders, Funktionszustand der Spendernieren zum Zeitpunkt der Organentnahme) und der warmen Ischämiezeit ist die spontane Funktionsaufnahme auch von der Dauer der Konservierungszeit („kalte Ischämiezeit") abhängig. Prinzipiell sollte deshalb die Konservierungszeit so kurz wie möglich gehalten werden. Das gilt insbesondere bei Nieren von älteren Organspendern und Organen mit eingeschränkter Funktion zum Zeitpunkt der Entnahme sowie bei längerer warmer Ischämiezeit. NebenHLA-Kompatibilität und Wartezeit ist die Ischämiezeit als weiterer Faktor für die Allokation zu berücksichtigen. Es ist anzunehmen, dass durch die Nutzung der Informations- und Organisationsstrukturen in den gebildeten Organentnahmeregionen die Ischämiezeiten verkürzt werden können. Die Transplantationszentren sollen verpflichtet sein, nach Erhalt der Organe die Transplantation unverzüglich durchzuführen. Es besteht die Erwartung, dass durch die Berücksichtigung der Ischämiezeit die Erfolgsaussichten für die Patienten verbessert werden. Das Ergebnis ist zu dokumentieren und innerhalb von 2 Jahren im Rahmen der Qualitätssicherung zu überprüfen.

1.6 Hochimmunisierte Patienten>

Diese Patienten werden im Rahmen von Sonder-Allokations-Programmen (HIT-Programm, AM-Programm) wegen ihrer sonst sehr viel schlechteren Chancen für ein Transplantat bevorzugt berücksichtigt.

1.7 Hohe Dringlichkeit (high urgency – HU)

In Einzelfällen, in denen eine lebensbedrohliche Situation vorliegt bzw. absehbar ist, besteht eine besondere Dringlichkeit zur Transplantation, die eine vorrangige Organzuteilung rechtfertigt. Diese Einzelfälle müssen besonders begründet werden („high urgency"); sie werden so gewichtet, dass sie **nach Möglichkeit innerhalb** von sechs Wochen transplantiert werden.

Die Vermittlungsstelle berichtet regelmäßig über diese Fälle der Ständigen Kommission Organtransplantation der Bundesärztekammer.

1.8 Nierentransplantation bei Kindern

Bei Kindern im Wachstumsalter sollte die Wartezeit so kurz wie möglich gehalten werden; sie sind deshalb bei der Organvermittlung wegen zu befürchtender Störung der körperlichen und seelischen Entwicklung besonders zu berücksichtigen.

1.9 Kombinierte Organtransplantationen
Kombinierte Organtransplantationen nehmen eine Sonderstellung ein. Unter Berücksichtigung von Indikation und Erfolgsaussicht erfolgt eine vorrangige Allokation der Niere für kombinierte Organtransplantationen (z.B. Niere-Herz, Niere-Leber und andere).

2. Verfahrensweise bei der Organvermittlung

Die Vermittlungsentscheidung ist verbindlich. Sie wird für jedes Organ transparent und nachvollziehbar begründet und dokumentiert.

Das Verfahren der Organvermittlung erfolgt unter Verwendung eines abgestimmten Allokations-Algorithmus nach den unter 1 beschriebenen Kriterien.

Die Entscheidung über die Annahme eines Spenderorgans trifft das Transplantationszentrum unter Berücksichtigung der vom Patienten bei seiner Aufklärung getroffenen individuellen Entscheidung und unter Berücksichtigung der Gesamtsituation des Spenderorgans sowie der individuellen Situation des Transplantatempfängers (Patientenprofil). Begründete Vorgaben für Spenderorgane können im Rahmen des angebotenen Behandlungsspektrums mit der Vermittlungsstelle vereinbart werden (Zentrumsprofil). Die Ablehnung eines angebotenen Spenderorgans ist unter Angabe der Gründe zu dokumentieren. Die Gewichtung der Allokationsfaktoren wird fortlaufend gemäß dem Stand der medizinischen Wissenschaft überprüft und angepasst.

Bei drohendem Verlust der Transplantabilität eines Organs nach Beurteilung durch Eurotransplant darf die Vermittlungsstelle von den geltenden Vermittlungsregeln der Bundesärztekammer – unter möglichster Aufrechterhaltung der Patientenorientierung – notfalls abweichen.

Zur Überprüfung neuer Entwicklungen und Möglichkeiten der Organallokation kann die Vermittlungsstelle im Rahmen wissenschaftlich definierter Sonderprogramme für einen begrenzten Zeitraum von diesen Richtlinien abweichen. Die Ständige Kommission Organtransplantation der Bundesärztekammer ist vor Beginn und nach Abschluss eines Programms zu unterrichten.

3. Sanktionen

Bei einem Verstoß gegen die Allokationsrichtlinien sind die Voraussetzungen für die Zulässigkeit der Organübertragung nach § 9 TPG nicht gegeben, und es liegt nach § 20 Abs. 1, Nr. 2 TPG ein Bußgeldtatbestand vor. Wird der Vermittlungsstelle ein Verstoß bekannt oder hat sie hinreichende Verdachtsmomente für einen solchen, unterrichtet sie die zuständige Bußgeldbehörde. Darüber hinaus meldet sie den Fall an die Prüfungskommission der Vertragspartner nach § 2 Abs. 4 Nr. 4 TPG.

Bundesärztekammer, Richtlinien für die Organvermittlung zur Nierentransplantation: Sonderregelung für Spender und Empfänger, die älter als 65 Jahre sind (Eurotransplant Senior Programm (ESP)

(Quelle: www.bundeserztekammer.de – Stand: 26.10.2001)

Wegen der speziellen medizinischen Bedingungen bei älteren Spendern und Empfängern (>65 Jahre) wird eine Sonderallokationsregelung eingeführt.

Zur Erreichung des vorrangigen medizinischen Ziels dieser Regelung, den Ischämieschaden alter Nieren möglichst gering zu halten, sind besondere Maßnahmen zur Verkürzung der Ischämiezeit notwendig. Bei der Allokation von Nieren von Spendern über 65 Jahren an Empfänger über 65 Jahre aus der bundesweiten Gesamtwarteliste wird der regionale Ischämiefaktor mit einem Punktanteil von 70 % zur Verkürzung der Ischämiezeit sowie die Wartezeit mit 30 % Punkten bewertet. Die HLA-Kompatibilität wird in diesem Fall nicht berücksichtigt. Um die Erfolgsaussichten zu erhöhen und zur weiteren Verkürzung der Ischämiedauer ist es innerhalb der Regionen möglich, das Organ dem Patienten über 65 Jahren zuzuordnen, der am längsten auf der Warteliste des Transplantationszentrums steht, das den kürzesten Organisationsablauf von Entnahme bis zur Transplantation erwarten lässt. Die organisatorische Vorgehensweise zur weiteren Verkürzung der Ischämiezeit ist jeweils innerhalb einer Region vorab festzulegen.

Beschluss der Ständigen Kommission Organtransplantation der Bundesärztekammer vom 10.9.2001
Beschluss des Vorstands der Bundesärztekammer vom 26.10.2001

Bundesärztekammer, Richtlinien für die Organvermittlung zur Nierentransplantation

Zweite Fortschreibung 2002
(Änderung des Abschnitts „1.6. Hochimmunisierte Patienten";
Quelle: www.bundesaerztekammer.de - Stand: 27.9.2002)

In den Richtlinien für die Organvermittlung zur Nierentransplantation wird der Abschnitt „1.6 Hochimmunisierte Patienten" unter Aufhebung der bisher gültigen Fassung, veröffentlicht in Deutsches Ärzteblatt Jg. 97: A 396-411 [Heft 7] v. 18.02.2000, wie folgt gefasst:

„1.6 Hochimmunisierte Patienten
Diese Patienten werden im Rahmen von Sonder-Allokationsprogrammen (derzeit „acceptable mismatch"-Programm [AM-Programm]) wegen ihrer sonst sehr viel schlechteren Chancen für ein Transplantat bevorzugt berücksichtigt."

Bundesärztekammer, Richtlinien für die Organvermittlung zur Lebertransplantation

Erste Fortschreibung 2001

(Die Änderungen gegenüber der ersten Ausgabe sind durch Fettdruck kenntlich gemacht; Quelle: www.bundesaerztekammer.de – Stand: 10. 9. 2001)

Vorbemerkungen

Grundlage dieser Richtlinien ist das Transplantationsgesetz (TPG).

Die Transplantation von vermittlungspflichtigen Organen darf gemäß § 9 TPG nur in dafür zugelassenen Transplantationszentren (§ 10 TPG) vorgenommen werden. Alle vermittlungspflichtigen Organe dürfen nur nach §§ 3, 4 TPG entnommen werden. Ihre Übertragung ist nur zulässig, wenn sie durch die Vermittlungsstelle unter Beachtung der Regelungen nach § 12 TPG vermittelt worden sind. Die Organ-Allokation erfolgt durch die Vermittlungsstelle nach Regeln, die dem Stand der Erkenntnisse der medizinischen Wissenschaft entsprechen, insbesondere nach Erfolgsaussicht und Dringlichkeit für geeignete Patienten. Dabei sind die Wartelisten der Transplantationszentren als eine einheitliche Warteliste zu behandeln. Die Vermittlungsentscheidung ist für jedes Organ unter Angabe der Gründe zu dokumentieren (§ 12 Abs. 3 TPG).

Die Richtlinien für die Organvermittlung werden von der Bundesärztekammer gemäß § 16 Abs. 1 Satz 1 Nr. 5 TPG erarbeitet und dem jeweiligen Stand der Erkenntnisse der medizinischen Wissenschaft angepasst. Sie sind für die Vermittlungsstelle verbindlich.

Voraussetzung für die Organvermittlung ist, dass der in die Warteliste eines Transplantationszentrums aufgenommene Patient mit den für die Vermittlung notwendigen aktuellen medizinischen Daten bei der Vermittlungsstelle registriert ist.

Bestehen bei einem registrierten Patienten vorübergehend Kontraindikationen gegen eine Transplantation, wird der Patient als „NT", vorübergehend „nicht transplantabel", klassifiziert und bei der Empfängerauswahl nicht berücksichtigt. Überschreiten die NT-Zeiten insgesamt 30 Tage, so ruht die Wartezeit für diesen Zeitraum; darüber ist der Patient vom Arzt des Transplantationszentrums zu informieren.

Die folgenden Richtlinien für die Organ-Allokation beruhen auf den Grundsätzen der Erfolgsaussicht, der Dringlichkeit und der Chancengleichheit. Das Prinzip der freien Arztwahl bleibt unberührt.

Der Erfolg einer Transplantation wird als Überleben des Empfängers, die längerfristig gesicherte Transplantatfunktion sowie die verbesserte Lebensqualität definiert. Die Erfolgsaussichten sind für die Organe, aber auch innerhalb definierter Patientengruppen grundsätzlich verschieden. Neben diesen empfängerbezogenen

Kriterien hängt der Erfolg der Transplantation auch von der Qualität des jeweiligen Spenderorgans und der Qualität der medizinischen Betreuung ab.

1. Kriterien für die Allokation von Lebern

1.1 Blutgruppenkompatibilität (A-B-0-System)

Voraussetzung für die Organtransplantation ist die Blutgruppenkompatibilität zwischen Spender und Empfänger. Um aber eine gleichmäßige Verteilung zu gewährleisten, erfolgt die Auswahl zu transplantierender Empfänger nach den folgenden Regeln:

Spender Blutgruppe	Empfänger Blutgruppe
0	--> 0
A	--> A, AB
B	--> B, AB
AB	--> AB

1.2 Dringlichkeitsstufen I-IV

1.2.1 Dringlichkeitsstufe I

High urgency (HU), akutes Leberversagen, akutes Transplantatversagen innerhalb von 7 Tagen nach Transplantation.

Bei Patienten in akut lebensbedrohlicher Situation (High urgency/Dringlichkeitsstufe I) droht ohne Transplantation der Tod in wenigen Tagen. Sie werden daher vorrangig vor allen anderen Patienten bei der Organzuteilung berücksichtigt. Innerhalb der HU-Patienten wird zunächst die Ischämiezeit und danach die Wartezeit berücksichtigt.

1.2.2 Weitere Dringlichkeitsstufen II - IV

II Chronische Lebererkrankung mit akuter Dekompensation
III Chronische Lebererkrankung mit Komplikationen
IV Chronische Lebererkrankung ohne Komplikationen

Bei Patienten der Dringlichkeitsstufe II mit akuter Dekompensation (z.B. Dialysepflichtigkeit, Beatmung, Kreislaufversagen) soll durch eine erhöhte Priorität die Behandlungs- und Überlebenschance verbessert werden. Deshalb erhalten diese Patienten den maximal für Dringlichkeit erreichbaren Wert.

Patienten der Dringlichkeitsstufe III erhalten die Hälfte, Patienten der Dringlichkeitsstufe IV erhalten ein Viertel des für Dringlichkeit erreichbaren Wertes.

1.2.3 Anmeldung für die Dringlichkeitsstufen

Die Anmeldung für die Dringlichkeitsstufe I gilt zeitlich begrenzt auf 7 Tage, bei Anmeldung der Dringlichkeitsstufe ll auf 4 Wochen; beide unterliegen einer Überprüfung im Auditverfahren.

In Abwägung von Dringlichkeit und Erfolgsaussichten sollen zwei Drittel der verfügbaren Organe für Patienten der Dringlichkeitsstufen III und IV zur Verfügung stehen.

Patienten mit chronischen Lebererkrankungen ohne Komplikationen (Dringlichkeitsstufe IV) müssen eine Chance haben, nach entsprechender Wartezeit bei der Organallokation berücksichtigt zu werden.

1.3 Wartezeit (40 % Gewichtung)
Die Wartezeit ist ein bedeutsamer Faktor für die Prognose des chronisch Leberkranken. Aufgrund der Sterblichkeit und der fortschreitenden Verschlechterung des Gesamtzustandes, insbesondere während des ersten Jahres der Wartezeit, stellt diese somit einen besonderen Dringlichkeitsfaktor dar. Wird der Patient nach einer NT-Klassifikation wieder transplantabel, ist die vor der NT-Listung bereits registrierte Wartezeit anzurechnen. Die insgesamt zu berücksichtigende Wartezeit ist derzeit auf 12 Monate zu begrenzen. Die Wartezeit wird in Tagen berechnet.

1.4 Konservierungszeit (20 % Gewichtung)
Die sofortige und adäquate Funktionsaufnahme der transplantierten Leber ist für den Verlauf und den Erfolg nach Transplantation entscheidend. Neben spenderbedingten Faktoren (z.B. Alter, Verfettung, Intensivverlauf) ist ganz besonders die Dauer der Konservierung (kalte Ischämiezeit) für die Frühfunktion von Bedeutung. Eine möglichst kurze kalte Ischämiezeit ist daher anzustreben und bei der Organ-Allokation zu berücksichtigen.

Die Konservierungsdauer ist abhängig von organisatorischen Faktoren und der Transportzeit zwischen Spenderkrankenhaus und Transplantationszentrum.

Neben Dringlichkeit und Wartezeit ist daher die Ischämiezeit als dritter wichtiger Faktor für die Allokation zu berücksichtigen. Es ist anzunehmen, dass durch die Nutzung der Informations- und Organisationsstrukturen in den gebildeten Organentnahmeregionen die Ischämiezeiten verkürzt werden können. Die Transplantationszentren sollen verpflichtet sein, nach Erhalt der Organe die Transplantation unverzüglich durchzuführen. Es besteht die Erwartung, dass durch die Berücksichtigung der Ischämiezeit die Erfolgsaussichten für die Patienten verbessert werden. Das Ergebnis ist zu dokumentieren und innerhalb von 2 Jahren im Rahmen der Qualitätssicherung zu überprüfen.

1.5 Übereinstimmung der HLA-Merkmale
Anders als bei Nierentransplantationen spielt die HLA-Kompatibilität für das Ergebnis der Lebertransplantation derzeit keine Rolle. Sie findet daher keine Berücksichtigung bei der Organ-Allokation.

1.6 Lebertransplantation bei Kindern
Bei Kindern im Wachstumsalter muss die Wartezeit möglichst kurz gehalten werden. Wegen der problematischen Größenverhältnisse sollen zunächst alle Organ-

spender unter 40 kg Körpergewicht primär für die Kinderlebertransplantation vermittelt werden. Auch die Möglichkeit einer Organteilung sollte bei einem geeigneten Spender genutzt werden.

1.7 Kombinierte Organtransplantation

Unter Berücksichtigung von Indikation und Erfolgsaussicht erfolgt eine vorrangige Allokation für Lebertransplantationen in Kombination mit anderen Organen, wenn diese Kombinationen nach Prüfung durch das Audit-Komitee als sinnvoll und dringlich angesehen werden. Das gilt nicht, wenn zusätzlich zur Leber lediglich eine Niere transplantiert werden soll.

2. Verfahrensweise bei der Organvermittlung

Die Regeln der Organallokation der vermittlungspflichtigen Leber-Spenderorgane sind regelmäßig auf ihre Validität zu überprüfen. Auf der Grundlage der Qualitätssicherung ist jährlich zu klären, ob die Entwicklung der medizinischen Wissenschaft eine Änderung der Kriterien oder ihrer Gewichtung erforderlich macht. Die Vermittlungsentscheidung ist verbindlich. Sie wird für jedes Organ transparent und nachvollziehbar begründet und dokumentiert.

Das Verfahren der Organvermittlung erfolgt unter Verwendung eines abgestimmten Allokations-Algorithmus nach den unter 1. beschriebenen Kriterien.

Die Entscheidung über die Annahme eines Spenderorgans trifft das Transplantationszentrum auf der Grundlage der vom Patienten bei seiner Aufklärung vor Aufnahme getroffenen individuellen Entscheidung und unter Berücksichtigung der Gesamtsituation des Spenderorgans und der individuellen Situation des Transplantatempfängers (Patientenprofil). Begründete Vorgaben für Spenderorgane können im Rahmen des angebotenen Behandlungsspektrums mit der Vermittlungsstelle vereinbart werden (Zentrumsprofil). Die Ablehnung eines angebotenen Spenderorgans ist unter Angabe der Gründe zu dokumentieren.

Die Gewichtung der Allokationsfaktoren wird fortlaufend gemäß dem Stand der medizinischen Wissenschaft überprüft und angepasst.

Bei drohendem Verlust der Transplantabilität eines Organs nach Beurteilung durch Eurotransplant darf die Vermittlungsstelle von den geltenden Vermittlungsregeln der Bundesärztekammer – unter möglichster Aufrechterhaltung der Patientenorientierung – notfalls abweichen.

3. Expertengruppe Lebertransplantation (Auditgruppe)

3.1 Aufgabenstellung der Auditgruppe

Die Aufnahme eines Patienten auf die Warteliste mit den Dringlichkeitsstufen I und II erfolgt nach den in den Richtlinien zur Aufnahme auf die Warteliste festgelegten Kriterien, deren Einhaltung von der Auditgruppe überprüft wird.

3.2 Zusammensetzung der Auditgruppe
Die Auditgruppe wird von der Vermittlungsstelle aus Vertretern der in der Lebertransplantation aktiven Zentren zusammengesetzt, die von den nationalen Transplantationsgesellschaften vorgeschlagen werden. Aus dieser Gruppe wird im Rotationsverfahren ein ständiger Bereitschaftsdienst gebildet. Die jeweils amtierende Auditgruppe setzt sich aus drei Mitgliedern zusammen, die in verschiedenen Transplantationszentren tätig sind, nicht jedoch in dem Zentrum, das von der Allokationsentscheidung betroffen ist. Die Auditgruppe wird organisatorisch an die Vermittlungsstelle angebunden.

3.3 Entscheidungen der Auditgruppe
Die Entscheidungen der Auditgruppe sind mehrheitlich zu treffen und zu dokumentieren.

4. Sanktionen
Bei einem Verstoß gegen die Allokationsrichtlinien sind die Voraussetzungen für die Zulässigkeit der Organübertragung nach § 9 TPG nicht gegeben, und es liegt nach § 20 Abs. 1, Nr. 2 TPG ein Bußgeldtatbestand vor. Wird der Vermittlungsstelle ein Verstoß bekannt oder hat sie hinreichende Verdachtsmomente für einen solchen, unterrichtet sie die zuständige Bußgeldbehörde. Darüber hinaus meldet sie den Fall an die Prüfungskommission der Vertragspartner nach § 12 Abs. 4 Nr. 4 TPG.

Bundesärztekammer, Richtlinien für die Organvermittlung zur Lebertransplantation

Zweite Fortschreibung 2001
(Neufassung 3. Expertengruppe Lebertransplantation (Auditgruppe);
Quelle: www.bundesaerztekammer.de – Stand: 26.10.2001)

3. Expertengruppe Lebertransplantation (Auditgruppe)

3.1 Aufgabenstellung der Auditgruppe

Ein Patient, der zur dringlichen Transplantation (Dringlichkeitsstufen I und II) angemeldet wird, muss sich in dem anmeldenden Transplantationszentrum in stationärer Behandlung befinden. Über die Zuordnung zu Dringlichkeitsstufe I und II entscheidet in Zweifelsfällen eine Auditgruppe bei der Vermittlungsstelle.

3.2 Zusammensetzung der Auditgruppe

Die Auditgruppe besteht aus zwei in der Lebertransplantation erfahrenen Ärzten aus verschiedenen Zentren im Vermittlungsbereich von Eurotransplant, nicht jedoch aus dem anmeldenden Zentrum. Das anmeldende Zentrum hat in der Auditgruppe eine zusätzliche Stimme.

3.3 Entscheidungen der Auditgruppe

Die Entscheidung der Auditgruppe ist mehrheitlich zu treffen, das Votum des anmeldenden Zentrums gilt als positives Votum. Die Entscheidung der Auditgruppe erfolgt innerhalb von 6 Stunden. Jedes Votum wird begründet und zusammen mit der Vermittlungsentscheidung bei Eurotransplant dokumentiert. Das Auditverfahren ist nach Eingang der Voten der Audit-Mitglieder bei Eurotransplant abgeschlossen.

Die Einstufung in die Dringlichkeitsstufe I und II trifft der medizinische Dienst von Eurotransplant. In Zweifelsfällen entscheidet die Auditgruppe.

Die Reevaluation erfolgt auf Veranlassung des anmeldenden Zentrums für Dringlichkeitsstufe I nach 7 Tagen, für Dringlichkeitsstufe II nach 28 Tagen durch die dann zuständigen Gutachter.

Bundesärztekammer, Richtlinien für die Organvermittlung thorakaler Spenderorgane (Herz)

Erste Fortschreibung 2001
(Die Änderungen gegenüber der ersten Ausgabe sind durch Fettdruck kenntlich gemacht; Quelle: www.bundesaerztekammer.de – Stand: 10. 9. 2001)

Vorbemerkungen
Grundlage dieser Richtlinien ist das Transplantationsgesetz (TPG).

Die Transplantation von vermittlungspflichtigen Organen darf gemäß § 9 TPG nur in dafür zugelassenen Transplantationszentren (§ 10 TPG) vorgenommen werden. Alle vermittlungspflichtigen Organe dürfen nur nach §§ 3, 4 TPG entnommen werden. Ihre Übertragung ist nur zulässig, wenn sie durch die Vermittlungsstelle unter Beachtung der Regelungen nach § 12 TPG vermittelt worden sind. Die Organ-Allokation erfolgt durch die Vermittlungsstelle nach Regeln, die dem Stand der Erkenntnisse der medizinischen Wissenschaft entsprechen, insbesondere nach Erfolgsaussicht und Dringlichkeit für geeignete Patienten. Dabei sind die Wartelisten der Transplantationszentren als eine einheitliche Warteliste zu behandeln. Die Vermittlungsentscheidung ist für jedes Organ unter Angabe der Gründe zu dokumentieren (§ 12 Abs. 3 TPG).

Die Richtlinien für die Organvermittlung werden von der Bundesärztekammer gemäß § 16 Abs. 1 Satz 1 Nr. 5 TPG erarbeitet und dem jeweiligen Stand der Erkenntnisse der medizinischen Wissenschaft angepasst. Sie sind für die Vermittlungsstelle verbindlich.

Voraussetzung für die Organvermittlung ist, dass der in die Warteliste eines Transplantationszentrums aufgenommene Patient mit den für die Vermittlung notwendigen aktuellen medizinischen Daten bei der Vermittlungsstelle registriert ist.

Bestehen bei einem registrierten Patienten vorübergehend Kontraindikationen gegen eine Transplantation, wird der Patient als „NT", vorübergehend „nicht transplantabel", klassifiziert und bei der Empfängerauswahl nicht berücksichtigt. Überschreiten die NT-Zeiten insgesamt 30 Tage, so ruht die Wartezeit für diesen Zeitraum; darüber ist der Patient vom Arzt des Transplantationszentrums zu informieren.

Die folgenden Richtlinien für die Organ-Allokation beruhen auf den Grundsätzen der Erfolgsaussicht, der Dringlichkeit und der Chancengleichheit. Das Prinzip der freien Arztwahl bleibt unberührt.

Der Erfolg einer Transplantation wird als Überleben des Empfängers, die längerfristig gesicherte Transplantatfunktion sowie die verbesserte Lebensqualität definiert. Die Erfolgsaussichten sind für die Organe, aber auch innerhalb definierter Patientengruppen grundsätzlich verschieden. Neben diesen empfängerbezogenen Kriterien hängt der Erfolg der Transplantation auch von der Qualität des jeweiligen Spenderorgans und der Qualität der medizinischen Betreuung ab.

Anhang

1. Kriterien für die Allokation von thorakalen Spenderorganen (Herz)

1.1 Blutgruppenkompatibilität (A-B-0-System)

Voraussetzung für die Organtransplantation ist die Blutgruppenkompatibilität zwischen Spender und Empfänger. Um aber eine gleichmäßige Verteilung zu gewährleisten, erfolgt die Auswahl zu transplantierender Empfänger nach den folgenden Regeln:

Spender Blutgruppe	Empfänger Blutgruppe
0	--> 0
A	--> A, AB
B	--> B, AB
AB	--> AB

1.2 Hohe Dringlichkeit (high urgency – HU)

Bei Patienten auf der Warteliste in akut lebensbedrohlicher Situation besteht eine besondere Dringlichkeit zur Transplantation. Sie werden daher vorrangig vor allen anderen Patienten transplantiert. Die Zuordnung eines Patienten in diese Dringlichkeitsstufe muss besonders begründet werden. Empfänger, die diese Kriterien erfüllen, sind in der Regel bereits auf der Warteliste geführte Patienten, deren Zustand sich verschlechtert.Es handelt sich um Patienten, die auf der Intensivstation trotz höherdosierter Therapie mit Katecholaminen und Phosphodiesterase-Hemmern nicht rekompensierbar sind oder bei denen refraktäre Arrhythmien dokumentiert werden. Es handelt sich jedoch nicht um Patienten, die zur Beobachtung oder mit low-dose-Katecholaminen auf der Intensivstation liegen. Bei progredientem Multiorganversagen scheidet die HU-Listung aus. Bei Patienten, die noch nicht in die Warteliste aufgenommen sind, muss vor HU-Anmeldung eine detaillierte Evaluation erfolgen.

Patienten, bei denen ein ventrikuläres Unterstützungssystem (VAD) implantiert wird, werden grundsätzlich auf der einheitlichen Warteliste mit normaler Dringlichkeit geführt. Falls sich das Krankheitsbild initial verschlechtert, ist eine HU-Anmeldung nicht angezeigt. VAD-Patienten werden nur dann in die HU-Gruppe eingestuft, wenn sie sich zunächst erholen und erst später methodenbedingte Komplikationen erleiden. Nicht dazu zählen Komplikationen im Frühverlauf (1–2 Wochen) nach VAD-Implantation. Eine HU-Anmeldung kommt nicht in Betracht bei Patienten, bei denen eine notfallmäßige Entscheidung gefällt werden muss nach herzchirurgischen Eingriffen, nach großem Myokardinfarkt oder fulminanter Myokarditis. Sie weisen nach bisherigen Ergebnissen eine sehr geringe Erfolgsaussicht bei einer Transplantation auf. Dies gilt auch für die akute Retransplantation bei initialem Transplantatversagen. Hier ist gegebenenfalls die Implantation eines VAD angezeigt.

Die Allokation von Organen erfolgt auch für HU-Patienten nach den in der Tabelle (s. 1.1) dargestellten Regeln.

Innerhalb der HU-Patienten wird zunächst die Ischämiezeit und danach die Wartezeit berücksichtigt. Der HU-Status gilt für die Dauer von sieben Tagen, er muss nach Ablauf dieser Frist erneut begründet werden.

1.3 Wartezeit (80 % Gewichtung)
Die Wartezeit ist ein bedeutsamer Faktor für die Prognose nach Aufnahme in die Warteliste zur thorakalen Organtransplantation. Auf Grund der Sterblichkeit, insbesondere während des ersten Jahres der Wartezeit, stellt sie somit einen Dringlichkeitsfaktor dar. Wird der Patient nach einer NT-Klassifikation wieder transplantabel, ist die vor der NT-Listung bereits registrierte Wartezeit anzurechnen. Die insgesamt zu berücksichtigende Wartezeit ist derzeit auf zwei Jahre zu begrenzen. Die Wartezeit wird in Tagen berechnet.

1.4 Konservierungszeit (20 % Gewichtung)
Eine sofortige und adäquate Funktionsaufnahme des Transplantates ist bei Herzübertragungen entscheidend für den kurz- und langfristigen Transplantationserfolg. Neben spenderseitigen Faktoren (z.B. Alter des Spenders, Funktionszustand der Spenderorgane zum Zeitpunkt der Organentnahme) und der warmen Ischämiezeit (Implantationszeit) ist die Funktionsaufnahme insbesondere von der Dauer der Konservierungszeit („kalte Ischämiezeit") abhängig. Eine möglichst kurze Konservierungs- und Transportzeit ist daher anzustreben und bei der Organallokation zu berücksichtigen. Dies bedeutet für die isolierte Herztransplantation eine prospektive Gesamtischämiezeit (kalt und warm) von unter 3 Stunden. Die Konservierungsdauer ist abhängig von organisatorischen Faktoren und der Transportzeit zwischen Spenderkrankenhaus und Transplantationszentrum.

Neben Dringlichkeit und Wartezeit ist daher die Ischämiezeit als dritter wichtiger Faktor für die Allokation zu berücksichtigen. Es ist anzunehmen, dass durch die Nutzung der Informations- und Organisationsstrukturen in den gebildeten Organentnahmeregionen die Ischämiezeiten verkürzt werden können. Die Transplantationszentren sollen verpflichtet sein, nach Erhalt der Organe die Transplantation unverzüglich durchzuführen. Es besteht die Erwartung, dass durch die Berücksichtigung der Ischämiezeit die Erfolgsaussichten für die Patienten verbessert werden. Das Ergebnis ist zu dokumentieren und innerhalb von 2 Jahren im Rahmen der Qualitätssicherung zu überprüfen.

1.5 Übereinstimmung der HLA-Merkmale
Im Hinblick auf den langfristigen Transplantationserfolg ist auch für thorakale Organe eine möglichst weitgehende Übereinstimmung der HLA-Merkmale zwischen Organspender und -empfänger anzustreben. Auf Grund der Logistik von Organentnahme und -transplantation mit obligat kurzen Ischämiezeiten kommt ein prospektives HLA-Matching bei der thorakalen Organtransplantation derzeit nicht in Betracht.

2. Verfahrensweise bei der Organvermittlung
Die Regeln der Organallokation der vermittlungspflichtigen thorakalen Spenderorgane sind regelmäßig auf ihre Validität zu überprüfen. Auf der Grundlage der

Anhang

Qualitätssicherung ist jährlich zu klären, ob die Entwicklung der medizinischen Wissenschaft eine Änderung der Kriterien oder ihrer Gewichtung erforderlich macht. Hierzu zählen z.B. die Anwendbarkeit der HLA-Kompatibilität als Vergabekriterium, die derzeit aus Zeitgründen nicht genutzt werden kann, oder die Abhängigkeit der tatsächlichen kalten Ischämie von der räumlichen Entfernung. Darüber hinaus wird die Wartezeit und deren Einfluss auf die Prognose aller Patienten auf der bundeseinheitlichen Warteliste prospektiv analysiert.

Die Vermittlungsentscheidung ist verbindlich. Sie wird für jedes Organ transparent und nachvollziehbar begründet und dokumentiert.

Das Verfahren der Organvermittlung erfolgt unter Verwendung eines abgestimmten Allokations-Algorithmus nach den unter 1 beschriebenen Kriterien.

Die Entscheidung über die Annahme eines Spenderorgans trifft das Transplantationszentrum unter Berücksichtigung der vom Patienten bei seiner Aufklärung vor Aufnahme in die Warteliste getroffenen individuellen Entscheidung und unter Berücksichtigung der Gesamtsituation des Spenderorgans sowie der individuellen Situation des Transplantatempfängers (Patientenprofil). Begründete Vorgaben für Spenderorgane können im Rahmen des angebotenen Behandlungsspektrums mit der Vermittlungsstelle vereinbart werden (Zentrumsprofil). Die Ablehnung eines angebotenen Spenderorgans ist unter Angabe der Gründe zu dokumentieren.

Die Gewichtung der Allokationsfaktoren wird fortlaufend gemäß dem Stand der medizinischen Wissenschaft überprüft und angepasst.

Bei drohendem Verlust der Transplantabilität eines Organs nach Beurteilung durch Eurotransplant darf die Vermittlungsstelle von den geltenden Vermittlungsregeln der Bundesärztekammer – unter möglichster Aufrechterhaltung der Patientenorientierung – notfalls abweichen.

3. Expertengruppe Thorakale Transplantation (Auditgruppe)

3.1 Aufgabenstellung der Auditgruppe

Die Aufnahme eines Patienten auf die Warteliste mit hoher Dringlichkeit „HU" erfolgt nach den in den Richtlinien „Warteliste" festgelegten Kriterien durch eine Auditgruppe. Ihre Entscheidung muss unverzüglich erfolgen.

3.2 Zusammensetzung und Organisation der Auditgruppe

Aus jedem zur Transplantation thorakaler Organe zugelassenen Transplantationszentrum in Deutschland werden zwei in der thorakalen Organtransplantation erfahrene Ärzte für die Auditgruppe nominiert. Aus dieser Gruppe wird im Rotationsverfahren ein ständiger Bereitschaftsdienst gebildet. Die jeweils amtierende Auditgruppe setzt sich aus drei Mitgliedern zusammen, die in verschiedenen Transplantationszentren tätig sind, nicht jedoch in dem Zentrum, das von der Allokationsentscheidung betroffen ist; ihr müssen ein Internist und ein Chirurg angehören. Die Auditgruppe wird organisatorisch an die Vermittlungsstelle angebunden.

3.3 Entscheidungen der amtierenden Auditgruppe

Die Entscheidungen der Auditgruppe sind mehrheitlich zu treffen und zu dokumentieren.

4. Sanktionen

Bei einem Verstoß gegen die Allokationsrichtlinien sind die Voraussetzungen für die Zulässigkeit der Organübertragung nach § 9 TPG nicht gegeben, und es liegt nach § 20 Abs. 1, Nr. 2 TPG ein Bußgeldtatbestand vor. Wird der Vermittlungsstelle ein Verstoß bekannt oder hat sie hinreichende Verdachtsmomente für einen solchen, unterrichtet sie die zuständige Bußgeldbehörde. Darüber hinaus meldet sie den Fall an die Prüfungskommission der Vertragspartner nach § 12 Abs. 4 Nr. 4 TPG.

Bundesärztekammer, Richtlinien für die Organvermittlung thorakaler Spenderorgane (Herz)

Zweite Fortschreibung 2001
(Neufassung 3. Expertengruppe Thorakale Transplantation (Auditgruppe); Quelle: www.bundesaerztekammer.de – Stand 26. 10. 2001)

3. Expertengruppe Thorakale Transplantation (Auditgruppe)

3.1 Aufgabenstellung der Auditgruppe

Ein Patient, der zur dringlichen Transplantation (HU) angemeldet wird, muss sich in dem anmeldenden Transplantationszentrum in stationärer Behandlung befinden. Über die Dringlichkeit entscheidet eine Auditgruppe bei der Vermittlungsstelle.

3.2 Zusammensetzung der Auditgruppe

Die Auditgruppe besteht jeweils aus einem Chirurgen und einem Internisten (Kardiologe/ Pneumologe) aus verschiedenen Zentren im Vermittlungsbereich von Eurotransplant, nicht jedoch aus dem anmeldenden Zentrum. Das anmeldende Zentrum hat in der Auditgruppe eine zusätzliche Stimme.

3.3 Entscheidungen der Auditgruppe

Die Entscheidung der Auditgruppe ist mehrheitlich zu treffen, das Votum des anmeldenden Zentrums gilt als positives Votum. Die Entscheidung der Auditgruppe erfolgt innerhalb von 6 Stunden. Jedes Votum wird begründet und zusammen mit der Vermittlungsentscheidung bei Eurotransplant dokumentiert. Das Auditverfahren ist nach Eingang der Voten der Audit-Mitglieder bei Eurotransplant abgeschlossen.

Die Reevaluation erfolgt auf Veranlassung des anmeldenden Zentrums für das Herz nach 7 Tagen, für die Lunge nach 14 Tagen durch die dann zuständigen Gutachter.

Bundesärztekammer, Richtlinien für die Organvermittlung thorakaler Spenderorgane (Herz)

Dritte Fortschreibung 2002
(Neufassung 1.2. Hohe Dringlichkeit (high urgency - HU); Quelle: www.bundesaerztekammer.de – Stand 26.3.2002)

1.2 Hohe Dringlichkeit (high urgency – HU)
[1. Absatz keine Änderungen]

Patienten, bei denen ein ventrikuläres Unterstützungssystem (VAD) implantiert wird, werden grundsätzlich auf der einheitlichen Warteliste mit normaler Dringlichkeit geführt. Falls sich das Krankheitsbild initial verschlechtert, ist eine HU-Anmeldung nicht angezeigt. VAD-Patienten werden nur dann in die HU-Gruppe eingestuft, wenn sie sich zunächst erholen und erst später methodenbedingte Komplikationen erleiden. Nicht dazu zählen Komplikationen im Frühverlauf (1-2 Wochen) nach VAD-Implantation. Eine HU-Anmeldung kommt nicht in Betracht bei Patienten, bei denen eine notfallmäßige Entscheidung gefällt werden muss nach herzchirurgischen Eingriffen, nach großem Myokardinfarkt oder fulminanter Myokarditis. Sie weisen nach bisherigen Ergebnissen eine sehr geringe Erfolgsaussicht bei einer Transplantation auf. **Als Ausnahme gilt die akute Re-Transplantation bei Transplantatversagen innerhalb der ersten 7 Tage nach Organübertragung, wenn die Implantation eines VAD nicht oder nur mit geringer Erfolgsaussicht erfolgen kann.**

Die Allokation von Organen erfolgt auch für HU-Patienten nach den in der Tabelle (s. 1.1) dargestellten Regeln.

Innerhalb der HU-Patienten wird zunächst die Ischämiezeit und danach die Wartezeit berücksichtigt. Der HU-Status gilt für die Dauer von sieben Tagen, er muss nach Ablauf dieser Frist erneut begründet werden.

Bundesärztekammer, Richtlinien für die Organvermittlung thorakaler Spenderorgane (Herz)

Vierte Fortschreibung 2002
(2. Neufassung des Abschnitts: 3. Expertengruppe Thorakale Transplantation (Auditgruppe); Quelle: www.bundesaerztekammer.de - Stand 27.09.2002)

3. Expertengruppe Thorakale Transplantation (Auditgruppe)
3.1. Aufgabenstellung der Auditgruppe
Ein Patient, der zur dringlichen Transplantation (HU) angemeldet wird, muss sich in dem anmeldenden Transplantationszentrum in stationärer Behandlung befinden. Über die Dringlichkeit entscheidet eine Auditgruppe bei der Vermittlungsstelle.

3.2 Zusammensetzung der Auditgruppe
Aus jedem zur Transplantation thorakaler Organe zugelassenen Transplantationszentrum in Deutschland werden zwei in der thorakalen Organtransplantation erfahrene Ärzte für die Auditgruppe nominiert. Aus dieser Gruppe wird im Rotationsverfahren ein ständiger Bereitschaftsdienst gebildet. Die jeweils amtierende Auditgruppe setzt sich aus drei Mitgliedern zusammen, die in verschiedenen Transplantationszentren tätig sind, nicht jedoch in dem Zentrum, das von der Allokationsentscheidung betroffen ist; ihr müssen ein Internist und ein Chirurg angehören.

3.3 Entscheidungen der Auditgruppe
Die Entscheidung der Auditgruppe ist mehrheitlich und innerhalb von 6 Stunden zu treffen. Jedes Votum wird begründet und zusammen mit der Vermittlungsentscheidung bei Eurotransplant dokumentiert. Das Auditverfahren ist nach Eingang der Voten der Audit-Mitglieder bei Eurotransplant abgeschlossen.

Die Reevaluation erfolgt auf Veranlassung des anmeldenden Zentrums für das Herz nach 7 Tagen, für die Lunge nach 14 Tagen durch die dann zuständigen Gutachter.

Bundesärztekammer, Richtlinien für die Organvermittlung thorakaler Spenderorgane (Herz-Lungen und Lungen)

Erste Fortschreibung 2001
(Die Änderungen gegenüber der ersten Ausgabe sind durch Fettdruck kenntlich gemacht; Quelle: www.bundesaerztekammer.de – Stand: 10. 9. 2001)

Vorbemerkungen

Grundlage dieser Richtlinien ist das Transplantationsgesetz (TPG).

Die Transplantation von vermittlungspflichtigen Organen darf gemäß § 9 TPG nur in dafür zugelassenen Transplantationszentren (§ 10 TPG) vorgenommen werden. Alle vermittlungspflichtigen Organe dürfen nur nach §§ 3, 4 TPG entnommen werden. Ihre Übertragung ist nur zulässig, wenn sie durch die Vermittlungsstelle unter Beachtung der Regelungen nach § 12 TPG vermittelt worden sind. Die Organ-Allokation erfolgt durch die Vermittlungsstelle nach Regeln, die dem Stand der Erkenntnisse der medizinischen Wissenschaft entsprechen, insbesondere nach Erfolgsaussicht und Dringlichkeit für geeignete Patienten. Dabei sind die Wartelisten der Transplantationszentren als eine einheitliche Warteliste zu behandeln. Die Vermittlungsentscheidung ist für jedes Organ unter Angabe der Gründe zu dokumentieren (§ 12 Abs. 3 TPG).

Die Richtlinien für die Organvermittlung werden von der Bundesärztekammer gemäß § 16 Abs. 1 Satz 1 Nr. 5 TPG erarbeitet und dem jeweiligen Stand der Erkenntnisse der medizinischen Wissenschaft angepasst. Sie sind für die Vermittlungsstelle verbindlich.

Voraussetzung für die Organvermittlung ist, dass der in die Warteliste eines Transplantationszentrums aufgenommene Patient mit den für die Vermittlung notwendigen aktuellen medizinischen Daten bei der Vermittlungsstelle registriert ist.

Bestehen bei einem registrierten Patienten vorübergehend Kontraindikationen gegen eine Transplantation, wird der Patient als „NT", vorübergehend „nicht transplantabel", klassifiziert und bei der Empfängerauswahl nicht berücksichtigt. Überschreiten die NT-Zeiten insgesamt 30 Tage, so ruht die Wartezeit für diesen Zeitraum; darüber ist der Patient vom Arzt des Transplantationszentrums zu informieren.

Die folgenden Richtlinien für die Organ-Allokation beruhen auf den Grundsätzen der Erfolgsaussicht, der Dringlichkeit und der Chancengleichheit. Das Prinzip der freien Arztwahl bleibt unberührt.

Der Erfolg einer Transplantation wird als Überleben des Empfängers, die längerfristig gesicherte Transplantatfunktion sowie die verbesserte Lebensqualität definiert. Die Erfolgsaussichten sind für die Organe, aber auch innerhalb definierter Patientengruppen grundsätzlich verschieden. Neben diesen empfängerbezogenen Kriterien hängt der Erfolg der Transplantation auch von der Qualität des jeweiligen Spenderorgans und der Qualität der medizinischen Betreuung ab.

1. Kriterien für die Allokation von Herz-Lungen und Lungen

1.1 Blutgruppenkompatibilität (A-B-0-System)

Voraussetzung für die Organtransplantation ist die Blutgruppenkompatibilität zwischen Spender und Empfänger. Um aber eine gleichmäßige Verteilung zu gewährleisten, erfolgt die Auswahl zu transplantierender Empfänger nach den folgenden Regeln:

Spender Blutgruppe	Empfänger Blutgruppe
0	--> 0
A	--> A, AB
B	--> B, AB
AB	--> AB

Falls ein Organ nach diesen Regeln nicht vermittelbar ist, gilt allein das Prinzip der Blutgruppenkompatibilität.

1.2 Hohe Dringlichkeit (high urgency - HU)

Bei Patienten auf der Warteliste in akut lebensbedrohlicher Situation besteht eine besondere Dringlichkeit zur Transplantation. Sie werden daher vorrangig vor allen anderen Patienten transplantiert. Die Zuordnung eines Patienten in diese Dringlichkeitsstufe muss besonders begründet werden. Empfänger, die diese Kriterien erfüllen, sind in der Regel bereits auf der Warteliste geführt, und ihr Zustand verschlechtert sich. Sie werden unter intensivmedizinischen Bedingungen behandelt, die Atmung maschinell unterstützt oder ersetzt. Falls eine Aufnahme in die Warteliste noch nicht erfolgte, muss vor HU-Anmeldung eine detaillierte Evaluation erfolgen.

Die Allokation von Organen erfolgt auch für HU-Patienten nach den in der Tabelle (s. 1.1) dargestellten Regeln.

Innerhalb der HU-Patienten wird bei der Allokation zunächst die Ischämiezeit und danach die Wartezeit berücksichtigt. Der HU-Status gilt für die Dauer von sieben Tagen, er muss nach Ablauf dieser Frist erneut begründet werden.

1.3 Wartezeit (80 % Gewichtung)

Die Wartezeit ist ein bedeutsamer Faktor für die Prognose nach Aufnahme in die Warteliste zur thorakalen Organtransplantation. Aufgrund der Sterblichkeit, insbesondere während des ersten Jahres der Wartezeit, stellt sie somit einen Dringlichkeitsfaktor dar. Wird der Patient nach einer NT-Klassifikation wieder transplantabel, ist die vor der NT-Listung bereits registrierte Wartezeit anzurechnen. Die insgesamt zu berücksichtigende Wartezeit ist derzeit auf zwei Jahre zu begrenzen. Die Wartezeit wird in Tagen berechnet.

1.4 Konservierungszeit (20 % Gewichtung)

Eine sofortige und adäquate Funktionsaufnahme der Transplantate ist bei Herz-Lungen- und Lungenübertragungen entscheidend für den kurz- und langfristigen

Transplantationserfolg. Neben spenderseitigen Faktoren (z.B. Alter des Spenders, Funktionszustand der Spenderorgane zum Zeitpunkt der Organentnahme) und der warmen Ischämiezeit (Implantationszeit) ist die Funktionsaufnahme insbesondere von der Dauer der Konservierungszeit („kalte Ischämiezeit") abhängig. Eine möglichst kurze Konservierungs- und Transportzeit ist daher anzustreben und bei der Organallokation zu berücksichtigen. Dies bedeutet für die kombinierte Herz-Lungen-Transplantation eine prospektive Gesamtischämiezeit (kalt und warm) von unter 3 Stunden, für die alleinige Lungentransplantation von unter 4 Stunden. Die Konservierungsdauer ist abhängig von organisatorischen Faktoren und der Transportzeit zwischen Spenderkrankenhaus und Transplantationszentrum. Neben Dringlichkeit und Wartezeit ist daher die Ischämiezeit als dritter wichtiger Faktor für die Allokation zu berücksichtigen. Es ist anzunehmen, dass durch die Nutzung der Informations- und Organisationsstrukturen in den gebildeten Organentnahmeregionen die Ischämiezeiten verkürzt werden können. Die Transplantationszentren sollen verpflichtet sein, nach Erhalt der Organe die Transplantation unverzüglich durchzuführen. Es besteht die Erwartung, dass durch die Berücksichtigung der Ischämiezeit die Erfolgsaussichten für die Patienten verbessert werden. Das Ergebnis ist zu dokumentieren und innerhalb von 2 Jahren im Rahmen der Qualitätssicherung zu überprüfen.

1.5 Übereinstimmung der HLA-Merkmale
Im Hinblick auf den langfristigen Transplantationserfolg ist auch für thorakale Organe eine möglichst weitgehende Übereinstimmung der HLA-Merkmale zwischen Organspender und -empfänger anzustreben. Aufgrund der Logistik von Organentnahme und -transplantation mit obligat kurzen Ischämiezeiten kommt ein prospektives HLA-Matching bei der thorakalen Organtransplantation derzeit nicht in Betracht.

1.6 Kombinierte Herz-Lungen-Transplantation
Patienten mit geplanter Herz-Lungen-Transplantation ist innerhalb jeder Dringlichkeitsstufe Vorrang vor Patienten mit isolierter Herz- und isolierter Lungentransplantation zu geben.

2. Verfahrensweise bei der Organvermittlung
Die Regeln der Organallokation der vermittlungspflichtigen thorakalen Spenderorgane sind regelmäßig auf ihre Validität zu überprüfen. Auf der Grundlage der Qualitätssicherung ist jährlich zu klären, ob die Entwicklung der medizinischen Wissenschaft eine Änderung der Kriterien oder ihrer Gewichtung erforderlich macht. Hierzu zählen z.B. die Anwendbarkeit der HLA-Kompatibilität als Vergabekriterium, die derzeit aus Zeitgründen nicht genutzt werden kann, oder die Abhängigkeit der tatsächlichen kalten Ischämie von der räumlichen Entfernung. Darüber hinaus wird die Wartezeit und deren Einfluss auf die Prognose aller Patienten auf der bundeseinheitlichen Warteliste prospektiv analysiert.

Die Vermittlungsentscheidung ist verbindlich. Sie wird für jedes Organ transparent und nachvollziehbar begründet und dokumentiert.

Das Verfahren der Organvermittlung erfolgt unter Verwendung eines abgestimmten Allokations-Algorithmus nach den unter 1 beschriebenen Kriterien.

Die Entscheidung über die Annahme eines Spenderorgans trifft das Transplantationszentrum unter Berücksichtigung der vom Patienten bei seiner Aufklärung vor Aufnahme getroffenen individuellen Entscheidung und unter Berücksichtigung der Gesamtsituation des Spenderorgans sowie der individuellen Situation des Transplantatempfängers (Patientenprofil). Begründete Vorgaben für Spenderorgane können im Rahmen des angebotenen Behandlungsspektrums mit der Vermittlungsstelle vereinbart werden (Zentrumsprofil). Die Ablehnung eines angebotenen Spenderorgans ist unter Angabe der Gründe zu dokumentieren.

Die Gewichtung der Allokationsfaktoren wird fortlaufend gemäß dem Stand der medizinischen Wissenschaft überprüft und angepasst.

Bei drohendem Verlust der Transplantabilität eines Organs nach Beurteilung durch Eurotransplant darf die Vermittlungsstelle von den geltenden Vermittlungsregeln der Bundesärztekammer – unter möglichster Aufrechterhaltung der Patientenorientierung – notfalls abweichen.

3. Expertengruppe Thorakale Transplantation (Auditgruppe)

3.1 Aufgabenstellung der Auditgruppe

Die Aufnahme eines Patienten auf die Warteliste mit hoher Dringlichkeit „HU" erfolgt nach den in den Richtlinien „Warteliste" festgelegten Kriterien durch eine Auditgruppe. Ihre Entscheidung muss unverzüglich erfolgen.

3.2 Zusammensetzung und Organisation der Auditgruppe

Aus jedem zur thorakalen Transplantation zugelassenen Transplantationszentrum in Deutschland werden zwei in der thorakalen Organtransplantation erfahrene Ärzte für die Auditgruppe nominiert. Aus dieser Gruppe wird im Rotationsverfahren ein ständiger Bereitschaftsdienst gebildet. Die jeweils amtierende Auditgruppe setzt sich aus drei Mitgliedern zusammen, die in verschiedenen Transplantationszentren tätig sind, nicht jedoch in dem Zentrum, das von der Allokationsentscheidung betroffen ist; ihr müssen ein Internist und ein Chirurg angehören. Die Auditgruppe wird organisatorisch an die Vermittlungsstelle angebunden.

3.3 Entscheidungen der amtierenden Auditgruppe

Die Entscheidungen der Auditgruppe sind mehrheitlich zu treffen und zu dokumentieren.

4. Sanktionen

Bei einem Verstoß gegen die Allokationsrichtlinien sind die Voraussetzungen für die Zulässigkeit der Organübertragung nach §9 TPG nicht gegeben, und es liegt nach § 20 Abs. 1, Nr. 2 TPG ein Bußgeldtatbestand vor. Wird der Vermittlungsstelle ein Verstoß bekannt oder hat sie hinreichende Verdachtsmomente für einen solchen, unterrichtet sie die zuständige Bußgeldbehörde. Darüber hinaus meldet sie den Fall an die Prüfungskommission der Vertragspartner nach § 12 Abs. 4 Nr. 4 TPG.

Bundesärztekammer, Richtlinien für die Organvermittlung thorakaler Spenderorgane (Herz-Lungen und Lungen)

Zweite Fortschreibung 2001
(Neufassung 3. Expertengruppe Thorakale Transplantation (Auditgruppe); Quelle: www.bundesaerztekammer.de – Stand: 26. 10. 2001)

3. Expertengruppe Thorakale Transplantation (Auditgruppe)

3.1 Aufgabenstellung der Auditgruppe

Ein Patient, der zur dringlichen Transplantation (HU) angemeldet wird, muss sich in dem anmeldenden Transplantationszentrum in stationärer Behandlung befinden. Über die Dringlichkeit entscheidet eine Auditgruppe bei der Vermittlungsstelle.

3.2 Zusammensetzung der Auditgruppe

Die Auditgruppe besteht jeweils aus einem Chirurgen und einem Internisten (Kardiologe/ Pneumologe) aus verschiedenen Zentren im Vermittlungsbereich von Eurotransplant, nicht jedoch aus dem anmeldenden Zentrum. Das anmeldende Zentrum hat in der Auditgruppe eine zusätzliche Stimme.

3.3 Entscheidungen der Auditgruppe

Die Entscheidung der Auditgruppe ist mehrheitlich zu treffen, das Votum des anmeldenden Zentrums gilt als positives Votum. Die Entscheidung der Auditgruppe erfolgt innerhalb von 6 Stunden. Jedes Votum wird begründet und zusammen mit der Vermittlungsentscheidung bei Eurotransplant dokumentiert. Das Auditverfahren ist nach Eingang der Voten der Audit-Mitglieder bei Eurotransplant abgeschlossen.

Die Reevaluation erfolgt auf Veranlassung des anmeldenden Zentrums für das Herz nach 7 Tagen, für die Lunge nach 14 Tagen durch die dann zuständigen Gutachter.

Bundesärztekammer, Richtlinien für die Organvermittlung thorakaler Spenderorgane (Herz-Lungen und Lungen)

Dritte Fortschreibung 2002
(2. Neufassung des Abschnitts: 3. Expertengruppe Thorakale Transplantation (Auditgruppe); Quelle: www.bundesaerztekammer.de – Stand: 27. 09. 2002)

3. Expertengruppe Thorakale Transplantation (Auditgruppe)

3.1 Aufgabenstellung der Auditgruppe

Ein Patient, der zur dringlichen Transplantation (HU) angemeldet wird, muss sich in dem anmeldenden Transplantationszentrum in stationärer Behandlung befinden. Über die Dringlichkeit entscheidet eine Auditgruppe bei der Vermittlungsstelle.

3.2 Zusammensetzung der Auditgruppe

Aus jedem zur Transplantation thorakaler Organe zugelassenen Transplantationszentrum in Deutschland werden zwei in der thorakalen Organplantation erfahrene Ärzte für die Auditgruppe nominiert. Aus dieser Gruppe wird im Rotationsverfahren ein ständiger Bereitschaftsdienst gebildet. Die jeweils amtierende Auditgruppe setzt sich aus drei Mitgliedern zusammen, die in verschiedenen Transplantationszentren tätig sind, nicht jedoch in dem Zentrum, das von der Allokationsentscheidung betroffen ist; ihr müssen ein Internist und ein Chirurg angehören.

3.3 Entscheidungen der Auditgruppe

Die Entscheidung der Auditgruppe ist mehrheitlich und innerhalb von 6 Stunden zu treffen. Jedes Votum wird begründet und zusammen mit der Vermittlungsentscheidung bei ET dokumentiert. Das Auditverfahren ist nach Eingang der Voten der Audit-Mitglieder bei Eurotransplant abgeschlossen.

Die Reevaluation erfolgt auf Veranlassung des anmeldenden Zentrums für das Herz nach 7 Tagen, für die Lunge nach 14 Tagen durch die dann zuständigen Gutachter.

Bundesärztekammer, Richtlinien für die Organvermittlung zur Pankreastransplantation

Erste Fortschreibung 2001
(Die Änderungen gegenüber der ersten Ausgabe sind durch Fettdruck kenntlich gemacht; Quelle: www.bundesaerztekammer.de – Stand: 10. 9. 2001)

Vorbemerkungen
Grundlage dieser Richtlinien ist das Transplantationsgesetz (TPG).

Die Transplantation von vermittlungspflichtigen Organen darf gemäß § 9 TPG nur in dafür zugelassenen Transplantationszentren (§ 10 TPG) vorgenommen werden. Alle vermittlungspflichtigen Organe dürfen nur nach §§ 3, 4 TPG entnommen werden. Ihre Übertragung ist nur zulässig, wenn sie durch die Vermittlungsstelle unter Beachtung der Regelungen nach § 12 TPG vermittelt worden sind. Die Organ-Allokation erfolgt durch die Vermittlungsstelle nach Regeln, die dem Stand der Erkenntnisse der medizinischen Wissenschaft entsprechen, insbesondere nach Erfolgsaussicht und Dringlichkeit für geeignete Patienten. Dabei sind die Wartelisten der Transplantationszentren als eine einheitliche Warteliste zu behandeln. Die Vermittlungsentscheidung ist für jedes Organ unter Angabe der Gründe zu dokumentieren (§ 12 Abs. 3 TPG).

Die Richtlinien für die Organvermittlung werden von der Bundesärztekammer gemäß § 16 Abs. 1 Satz 1 Nr. 5 TPG erarbeitet und dem jeweiligen Stand der Erkenntnisse der medizinischen Wissenschaft angepasst. Sie sind für die Vermittlungsstelle verbindlich.

Voraussetzung für die Organvermittlung ist, dass der in die Warteliste eines Transplantationszentrums aufgenommene Patient mit den für die Vermittlung notwendigen aktuellen medizinischen Daten bei der Vermittlungsstelle registriert ist.

Bestehen bei einem registrierten Patienten vorübergehend Kontraindikationen gegen eine Transplantation, wird der Patient als „NT", vorübergehend „nicht transplantabel", klassifiziert und bei der Empfängerauswahl nicht berücksichtigt. Überschreiten die NT-Zeiten insgesamt 30 Tage, so ruht die Wartezeit für diesen Zeitraum; darüber ist der Patient vom Arzt des Transplantationszentrums zu informieren.

Die folgenden Richtlinien für die Organ-Allokation beruhen auf den Grundsätzen der Erfolgsaussicht, der Dringlichkeit und der Chancengleichheit. Das Prinzip der freien Arztwahl bleibt unberührt.

Der Erfolg einer Transplantation wird als Überleben des Empfängers, die längerfristig gesicherte Transplantatfunktion sowie die verbesserte Lebensqualität definiert. Die Erfolgsaussichten sind für die Organe, aber auch innerhalb definierter Patientengruppen grundsätzlich verschieden. Neben diesen empfängerbezogenen Kriterien hängt der Erfolg der Transplantation auch von der Qualität des jeweiligen Spenderorgans und der Qualität der medizinischen Betreuung ab.

Anhang

1. Kriterien für die Allokation von Pankreas

Spenderspezifische zytotoxische Antikörper sind durch eine Kreuzprobe ('Cross-Match') auszuschließen.

1.1 Blutgruppenkompatibilität (A-B-0-System)

Voraussetzung für die Organtransplantation ist die Blutgruppenkompatibilität zwischen Spender und Empfänger. Um aber eine gleichmäßige Verteilung zu gewährleisten, erfolgt die Auswahl zu transplantierender Empfänger nach den folgenden Regeln:

Spender Blutgruppe	Empfänger Blutgruppe
0	--> 0, B
A	--> A, AB
B	--> B, AB
AB	--> AB

1.2 Kombinierte Organtransplantation

Patienten mit geplanter kombinierter Nieren-Pankreas-Transplantation ist Vorrang vor den auf eine isolierte Nierentransplantation wartenden Patienten zu geben. Patienten für eine kombinierte Nieren-Pankreas-Transplantation haben Vorrang vor Patienten für eine isolierte Pankreas-Transplantation, letztere haben Vorrang vor den auf eine Pankreas-Inselzelltransplantation wartenden Patienten.

Die Erfolgsaussicht einer Pankreastransplantation ist in besonderem Maße von einer möglichst kurzen Konservierungszeit des Spenderorgans abhängig. Es ist anzunehmen, dass durch die Nutzung der Informations- und Organisationsstrukturen in den gebildeten Organentnahmeregionen die Ischämiezeiten verkürzt werden können. Die Transplantationszentren sollen verpflichtet sein, nach Erhalt der Organe die Transplantation unverzüglich durchzuführen. Es besteht die Erwartung, dass durch die Berücksichtigung der Ischämiezeit die Erfolgsaussichten für die Patienten verbessert werden. Das Ergebnis ist zu dokumentieren und innerhalb von 2 Jahren im Rahmen der Qualitätssicherung zu überprüfen.

1.3 HLA-Merkmale

Liegt beim Pankreasspender eine HLA-Typisierung rechtzeitig vor, erfolgt die Allokation entsprechend der HLA-Kompatibilität, sonst in Abhängigkeit von der Wartezeit.

2. Verfahrensweise bei der Organvermittlung

Die Vermittlungsentscheidung ist verbindlich. Sie wird für jedes Organ transparent und nachvollziehbar begründet und dokumentiert.

Das Verfahren der Organvermittlung erfolgt unter Verwendung eines abgestimmten Allokations-Algorithmus nach den unter 1 beschriebenen Kriterien.

Die Entscheidung über die Annahme eines Spenderorgans trifft das Transplantationszentrum unter Berücksichtigung der vom Patienten bei seiner Aufklärung getroffenen individuellen Entscheidung und unter Berücksichtigung der Gesamtsituation des Spenderorgans sowie der individuellen Situation des Transplantatempfängers (Patientenprofil). Begründete Vorgaben für Spenderorgane können im Rahmen des angebotenen Behandlungsspektrums mit der Vermittlungsstelle vereinbart werden (Zentrumsprofil). Die Ablehnung eines angebotenen Spenderorgans ist zu begründen und zu dokumentieren.

Die Gewichtung der Allokationsfaktoren wird fortlaufend gemäß dem Stand der medizinischen Wissenschaft überprüft und angepasst.

Bei drohendem Verlust der Transplantabilität eines Organs nach Beurteilung durch Eurotransplant darf die Vermittlungsstelle von den geltenden Vermittlungsregeln der Bundesärztekammer – unter möglichster Aufrechterhaltung der Patientenorientierung – notfalls abweichen.

Mit der Entwicklung der Pankreastransplantation müssen die Allokationskriterien in den kommenden Jahren präzisiert werden.

Zur Überprüfung neuer Entwicklungen der Organallokation kann die Vermittlungsstelle im Rahmen wissenschaftlich definierter Sonderprogramme für einen begrenzten Zeitraum von diesen Richtlinien abweichen. Die Ständige Kommission Organtransplantation der Bundesärztekammer ist vor Beginn und nach Abschluss des Programms zu unterrichten.

3. Sanktionen

Bei einem Verstoß gegen die Allokationsrichtlinien sind die Voraussetzungen für die Zulässigkeit der Organübertragung nach § 9 TPG nicht gegeben, und es liegt nach § 20 Abs. 1, Nr. 2 TPG ein Bußgeldtatbestand vor. Wird der Vermittlungsstelle ein Verstoß bekannt oder hat sie hinreichende Verdachtsmomente für einen solchen, unterrichtet sie die zuständige Bußgeldbehörde. Darüber hinaus meldet sie den Fall an die Prüfungskommission der Vertragspartner nach § 2 Abs. 4 Nr. 4 TPG.

Bundesärztekammer, Richtlinien für die Organvermittlung zur Pankreastransplantation

Zweite Fortschreibung 2002
(Neufassung 1. Kriterien für die Allokation von Pankreas; Quelle: www.bundesaerztekammer.de – Stand: 26. 3. 2002)

1. Kriterien für die Allokation von Pankreas

1.1 Blutgruppenkompatibilität A-B-0-System

Voraussetzungen für die Organtransplantation ist die Blutgruppenkompatibilität zwischen Spender und Empfänger. Um eine gleichmäßige Verteilung zu gewährleisten, erfolgt die Auswahl der Empfänger nach den folgenden Regeln:

Spender der Blutgruppe 0 auf 0
der Blutgruppe A auf A, AB
der Blutgruppe B auf B, AB
der Blutgruppe AB auf AB

1.2 Kombinierte Organtransplantation und alleinige Pankreastransplantation (Reihung bei der Allokation)

Patienten mit geplanter kombinierter Pankreas-Nierentransplantation ist Vorrang vor den auf eine alleinige Nierentransplantation wartenden Patienten einzuräumen. Patienten für eine kombinierte Pankreas-Nierentransplantation sind gleichrangig mit Patienten für eine alleinige Pankreastransplantation zu behandeln. Beide Gruppen haben Vorrang vor Patienten, die auf eine Pankreas-Inseltransplantation warten.

Kombinierte Organtransplantationen mit weiteren Organen nehmen eine Sonderstellung ein und vergleichbar den Kriterien für die Allokation zur Nierentransplantation, erfolgt eine vorrangige Allokation auch des Pankreas für kombinierte Organtransplantationen Leber-Pankreas (plus Niere) und Herz-Pankreas (plus Niere).

Bei Organspendern, die älter als 50 Jahre alt sind, bzw. bei Organspendern, die einen Körpermasseindex (BMI = Körpergewicht (kg) / Körpergröße (m)^2) > 30 haben findet die primäre Allokation für einen Pankreasinselempfänger statt. Der Grund dafür ist, dass die Transplantation des gesamten Pankreasorgans älterer Spender oder von adipösen Spendern für die Empfänger eine deutlich erhöhtes Risiko für einen Fehlschlag hat, jedoch haben solche Pankreasorgane eine ausreichende Ausbeute an verwendbaren Pankreasinseln.

1.3 Hohe Dringlichkeit (high urgency)
Eine besondere Dringlichkeit besteht:

- für eine frühe Retransplantation nach technischem Versagen des Pankreas innerhalb von 14 Tagen.
- für das Syndrom der unbemerkten Hypoglykämie.
  Diese Verlaufsform bei Typ I Diabetes ist in hohem Maße und akut lebensbedrohend. In einer Testperiode über einen Zeitraum von 2 Jahren sollen Patienten, die nachgewiesenermaßen an einem Syndrom der unbemerkten Hypoglykämie leiden, bevorzugt transplantiert werden. Voraussetzungen für die Diagnosestellung sind a) 2 oder mehr ärztlich behandlungsbedürftige hypoglykämische Episoden innerhalb eines Jahres, b) eine bestätigte unbemerkte Hypoglykämie, c) sowie eine fehlende oder unzureichende Hypoglykämiegegenreaktion im hypoglykämischen Klemm-Test.
- Die Aufnahme auf die Warteliste als Fall besonderer Dringlichkeit bedarf der Zustimmung durch das Pancreas Advisory Committee bei Eurotransplant nach o.g. Kriterien.

1.4 Wartezeit (60 % Gewichtung)

Die Wartezeit ist ein bedeutsamer Faktor für Diabetiker, die auf eine Organtransplantation warten, da alle Komplikationen des Diabetes mellitus in dieser Phase rasch fortschreiten und zu irreversiblen Schäden führen. Als Wartezeit zählt die Zeit seit der Anmeldung.

1.5 Konservierungszeit (40 % Gewichtung)

Das Pankreas zeigt eine geringere Ischämietoleranz als die Niere. Sowohl das gesamte Organ, wie auch Inseln, müssen in kürzestmöglicher Zeit transplantiert werden. Die relative Höhe des Faktors ergibt sich aus dem Fehlen des Kriteriums der HLA-Kompatibilität.

1.6 HLA-Merkmale

Liegt beim Pankreasspender rechtzeitig eine HLA-Typisierung vor, erfolgt die Allokation entsprechend dem Verfahren bei der Nierentransplantation. Ein negatives Cross-Match ist Voraussetzung für die Durchführung einer Pankreastransplantation.

Bundesärztekammer, Richtlinien für die Organvermittlung: „Sanktionen"

(Änderung der Abschnitte „Sanktionen" in den organbezogenen Einzelrichtlinien für die Organvermittlung; Quelle: www.bundesaerztekammer.de - Stand: 27. 9. 2002)

In den Richtlinien für die Organvermittlung

- zur Nierentransplantation
- zur Lebertransplantation
- thorakaler Spenderorgane (Herz)
- thorakaler Spenderorgane (Herz-Lungen und Lungen)
- zur Pankreastransplantation

wird der Abschnitt „Sanktionen" (jeweils Nr. 3 bzw. Nr. 4 der organbezogenen Einzelrichtlinien) unter Aufhebung der bisher gültigen Fassung, veröffentlicht in Deutsches Ärzteblatt Jg. 97: A 396-411 [Heft 7] vom 18. 02. 2000, wie folgt gefasst:

„3." bzw. „4. Sanktionen

Bei einem Verstoß gegen die Allokationsrichtlinien sind die Voraussetzungen für die Zulässigkeit der Organübertragung nach § 9 TPG nicht gegeben und es liegt nach § 20 Abs. 1 Nr. 2 TPG ein Bußgeldtatbestand vor. Wird der Vermittlungsstelle ein Verstoß bekannt oder hat sie hinreichende Verdachtsmomente für einen solchen, unterrichtet sie die nach § 12 Abs. 4 Satz 2 Nr. 4 TPG gebildete Prüfungskommission. Diese informiert ggf. die zuständige Bußgeldbehörde."

Bundesärztekammer, Richtlinien zur Organtransplantation gemäß § 16 TPG. Mitglieder der Arbeitskreise „Organvermittlung" und „Warteliste" und der „Ständigen Kommission Organtransplantation"

(Quelle: www.bundesaerztekammer.de – Stand: 10. 9. 2001)

Mitglieder der Arbeitskreise „Organvermittlung" und „Warteliste"

Jutta Alders, Wuppertal; Prof. Dr. med. Christiane E. Angermann-Gerhardt, München; Prof. Dr. med. Wolf Otto Bechstein, Bochum; Prof. Dr. med. Hubert E. Blum, Freiburg; Ulrich Boltz, Essen; Prof. Dr. med. Christoph E. Broelsch, Essen; Eugen Brüschwiler, Krailling; Prof. Dr. med. Martin Burdelski, Hamburg; Prof. Dr. med. Mario C. Deng, New York; Dr. med. Karl-Heinz Dietl, Münster; Prof. Dr. med. Kurt Dreikorn, Bremen; Knud Erben, München; Prof. Dr. med. Wolfgang E. Fleig, Halle; Prof. Dr. med. Ulrich Frei, Berlin; Prof. Dr. med. Siegfried Hagl, Heidelberg; Prof. Dr. med. Johann Hauss, Leipzig; Prof. Dr. med. Axel Haverich, Hannover; Prof. Dr. med. Roland Hetzer, Berlin; Dr. Heide Hollmer, Kiel; Prof. Dr. med. Ulrich Theodor Hopt, Freiburg; Prof. Dr. med. Karl-Walter Jauch, Regensburg; Prof. Dr. med. Werner Lauchart, Tübingen; Prof. Dr. med. Michael P. Manns, Hannover; Prof. Dr. med. Dr. phil. Eckhard Nagel, Bayreuth; Prof. Dr. med. Peter Neuhaus, Berlin; Dr. med. Jost Niedermeyer, Hannover; Prof. Dr. med. Gerd Offermann, Berlin; Prof. Dr. med. Gisela Offner, Hannover; Christa Plambeck, Algermissen; Prof. Dr. med. Bruno Reichart, München; Prof. Dr. med. Jörg Schubert, Jena; Prof. Dr. med. Stephan Schüler, Dresden; Klaus Sievers, Lichtenau; Dr. med. Christoph Straub, Siegburg; Prof. Dr. med. Manfred Weber, Köln.

Mitglieder der „Ständigen Kommission Organtransplantation"

Prof. Dr. med. Heinz Angstwurm, München; Prof. Dr. med. Eggert Beleites, Jena; Prof. Dr. phil. Dieter Birnbacher, Düsseldorf; Ulrich Boltz, Essen; Eugen Brüschwiler, Krailling; Prof. Dr. med. Kurt Dreikorn, Bremen; Prof. Dr. med. Friedrich-Wilhelm Eigler, Essen; Prof. Dr. med. Ulrich Frei, Berlin; Dr. rer. pol. Werner Gerdelmann, Siegburg; Prof. Dr. med. Johann Hauss, Leipzig; Prof. Dr. med. Axel Haverich, Hannover; Prof. Dr. med. Günter Kirste, Freiburg; Prof. Dr. jur. Hans-Ludwig Schreiber, Göttingen; Dr. Martin Walger, Düsseldorf; Gernot Werther, Mainz; RA Ulrike Wollersheim, Köln; Prof. Dr. med. Hans-B. Wuermeling, Erlangen.

beratend:

Prof. Dr. med. Dr. phil. Eckhard Nagel, Bayreuth; Dr. Guido G. Persijn, Leiden; Prof. Dr. med. Karl-Friedrich Sewing, Hannover; Prof. Dr. med. Karsten Vilmar, Bremen

Geschäftsführung:
Dezernat Wissenschaft und Forschung
Bundesärztekammer
Herbert-Lewin-Straße 1
50931 Köln

Richtlinie zur Organtransplantation gemäß §16 Transplantationsgesetz

„Anforderungen an die im Zusammenhang mit einer Organentnahme und -übertragung erforderlichen Maßnahmen zur Qualitätssicherung"

beschlossen vom Vorstand der Bundesärztekammer am 20. April 2001

Bekanntmachung der Bundesärztekammer

(Quelle: Deutsches Ärzteblatt, Sonderdruck für die Bundesärztekammer, 27. August 2001)

Qualitätssicherung in der Transplantationsmedizin[1]

Es soll Transparenz geschaffen und gleichzeitig den beteiligten Akteuren eine Verbesserung der eigenen Arbeit ermöglicht werden.

Die Bundesärztekammer (BÄK) veröffentlicht in diesem Heft „Anforderungen an die im Zusammenhang mit einer Organentnahme und -übertragung erforderlichen Maßnahmen zur Qualitätssicherung in der Transplantationsmedizin". Die BÄK entspricht damit einem gesetzlichen Auftrag. § 16 des „Gesetzes über die Spende, Entnahme und Übertragung von Organen (Transplantationsgesetz)" vom 5. November 1997 stellt klar, dass die Bundesärztekammer für bestimmte, maßgebliche Regeln, Beurteilungen und Anforderungen den Stand der medizinischen Wissenschaft in Richtlinien festhalten kann. Diese umfassen die allgemeinen Anforderungen an Qualitätssicherungsmaßnahmen im Bereich der Tätigkeiten nach § 1 Abs. 1 Satz 1, vor allem im Zusammenhang mit den Richtlinien nach den Nummern 1 und 3 der Bestimmung.

Transparenz und Effektivitätsverbesserung

Gleichzeitig werden die Transplantationszentren im § 10 TPG verpflichtet, nach Maßgabe der Vorschriften des Fünften Buches des Sozialgesetzbuches Maßnahmen zur Qualitätssicherung vorzunehmen, die auch einen Vergleich mit anderen Transplantationszentren ermöglichen. Die Vorschriften des Sozialgesetzbuches (insbesondere §§ 135 a bis 137 SGB V) über Maßnahmen zur Qualitätssicherung in der medizinischen Versorgung bleiben unberührt. Es galt somit, Richtlinien zur Qualitätssicherung zu erstellen, die im Rahmen des externen Qualitätssicherungsverfahrens im stationären Bereich gemäß § 137 SGB V in den Routinebetrieb überführt werden können.

---

[1] Verfasser: Anja von Buch, Franz F. Stobrawa, Friedrich-Wilhelm Kolkmann

Wie kann man nun aber die Qualität verschiedener Transplantationszentren vergleichen? Was ist Qualität und wie misst man sie? Qualitätssicherung soll Transparenz schaffen und gleichzeitig den beteiligten Akteuren eine Verbesserung der eigenen Arbeit (Effektivitätsverbesserung) ermöglichen, nicht aber primär die wirtschaftliche Effizienz verbessern.

Vergleichende Qualitätssicherung braucht valide Qualitätsindikatoren, anhand derer sich ein solcher Vergleich vornehmen lässt. Es müsste demgemäß ein Risikoprofil definiert werden, um bei Vergleichen zwischen den Zentren die unterschiedliche Zusammensetzung der Patientenkollektive berücksichtigen zu können. Gleichzeitig ist der Datensatz klein und überschaubar zu halten und hat sich auf die tatsächlich qualitätsrelevanten Zusammenhänge zu beschränken. Wissenschaftliche Fragestellungen können und sollen im Rahmen der Qualitätssicherung vorrangig nicht geklärt werden.

Aus Sicht der Bundesärztekammer und der von der Deutschen Transplantationsgesellschaft benannten Experten, die sich in Arbeitskreisen der Bundesärztekammer zur Nieren-, Leber-, Pankreas-, Herz- und Lungentransplantation dieser Problematik gewidmet und die Richtlinien erarbeitet haben, steht die Ergebnisqualität im Mittelpunkt der Beurteilung einer erfolgreich verlaufenden Transplantation. Eine aufwendige und gesellschaftlich sensible Maßnahme wie die Organtransplantation muss sich vorrangig daran messen lassen, dass der Empfänger eines Organs möglichst lange und mit wenigen Komplikationen leben kann. Das bedeutet, dass eine langfristige Nachbeobachtung der Patienten erforderlich ist, um die Qualität der Organfunktion und gegebenenfalls auftretende Komplikationen mittelbeziehungsweise langfristig vergleichen zu können ein Novum bei extern vergleichenden Qualitätssicherungsverfahren in Deutschland. International hat sich schon lange durchgesetzt, dass dieser Follow Up zur Beurteilung der Ergebnisqualität der Transplantation erforderlich ist. So veröffentlicht das United Network for Organ Sharing (UNOS) in den USA bereits seit 1987 zentrumsbezogene Ergebnisse für das Organ- und das Patientenüberleben nach Nieren-, Leber-, Herz-, Lungen-, Dünndarm- und Pankreastransplantationen. Im Internet kann sich jeder Interessierte die Ergebnisse der verschiedenen Organtransplantationen an den einzelnen Standorten im Vergleich zu nationalen Ergebnissen anschauen. Dabei ist eine Risikoadjustierung unabdingbar. Dies ist jetzt auch für Deutschland vorgesehen, um den unterschiedlichen Zusammensetzungen der Patientenkollektive systematisch Rechnung zu tragen.

Wissenschaftliche Begleitung

In Deutschland wie auch europaweit gibt es schon seit langem eine kontinuierliche wissenschaftliche Begleitung von Transplantationen. So beteiligen sich besonders an der 1982 bestehenden internationalen Collaborative Transplant Study unter Prof. Gerhard Opelz, Heidelberg, mehr als 300 Transplantationszentren in 45 Ländern. Mehr als 90 Prozent aller deutschen Nierentransplantationen wurden erfasst. Es werden regelmäßig wissenschaftliche Langzeitergebnisse der Transplantation veröffentlicht mit Schwerpunkten auf den Wirkungen und Nebenwirkungen der immunsuppressiven Therapie, dem Einfluss des HLA-Matchings auf die Organfunktion, der Krebsinzidenz bei Transplantierten und anderem mehr. Auf die Erfahrungen, Erkenntnisse und bewährten Erhebungsinstrumente aus dieser Studie kann nunmehr die vorgesehene extern vergleichende Qualitätssicherung der Transplantationszentren aufbauen.

Aber auch die Erfahrungen der Deutschen Stiftung Organtransplantation und Eurotransplant sowie mehrerer freiwilliger Register, die sich seit Jahren um eine kontinuierliche wissenschaftliche Begleitung sowie um Schaffung von Transparenz bei den Ergebnissen bemühen, werden auf diese Weise herangezogen und genutzt.

Mit den Organen verstorbener Patienten muss außerordentlich sorgfältig umgegangen werden. Die Zahl der Patienten auf der Warteliste übersteigt die der zur Transplantation freigegebenen Organe. So warteten 11.973 Patienten im Jahr 2000 in Deutschland auf eine Niere, 2.219 Nieren (postmortal) wurden transplantiert. In diesem Zusammenhang hielten es die bei der Bundesärztekammer damit befassten Experten für wesentlich, auch die Prozessqualität im Umfeld der Transplantation zu messen. Die Prozesse der Organspende die Spendermeldung, die Organvermittlung, die Organentnahme, der Organtransport (ein äußerst zeitkritischer Prozess) und die zügige Transplantation bei Ankunft im Transplantationszentrum müssen reibungslos und Zeit sparend ineinander greifen. Auf diese Weise kann ein Organverlust möglichst vermieden und ein optimaler Zustand der transplantierten Organe gewährleistet werden. Auch international hat sich die Messung der Prozessqualität durchgesetzt, so ermittelt beispielsweise UNOS die Gründe für eine Organablehnung durch die Zentren. In die Definition der erforderlichen Inhalte wurden hier auch Eurotransplant als Vermittlungsstelle und die Deutsche Stiftung Organtransplantation als Koordinierungsstelle der Organspende einbezogen. Zur Vermeidung zusätzlicher Dokumentationsarbeit wurden nur bei den beteiligten Organisationen vorhandene Daten in die Qualitätsmessung einbezogen.

Nachbetreuung der Lebendorganspender

In die Qualitätssicherung einzubeziehen – so schreibt es § 10 Abs. 6 Transplantationsgesetz vor – ist die Nachbetreuung der Lebendorganspender. Hiermit wird auch international Neuland betreten. Immer mehr Menschen sind bereit, einem Angehörigen eine Niere oder einen Teil der Leber zu spenden; im Jahr 2000 waren es bereits 436 in Deutschland. Dabei ist es nun eine wichtige Aufgabe, entstehende gesundheitliche Komplikationen, aber auch sozialrechtliche Folgen, wie zum Beispiel Probleme mit Lebensversicherungen genau zu dokumentieren und auszuwerten, um so den maximalen Schutz auch für diejenigen zu gewährleisten, die bereit sind, durch die Organspende ein persönliches Risiko einzugehen. Gleichzeitig gilt es, die Qualität der medizinischen Versorgung in denjenigen Zentren zu messen, welche die Lebendorganspende durchführen. Die Dokumentation soll einen Überblick über die Qualität der Betreuung der Lebendorganspender und der zugehörigen Empfänger sowie über die Ergebnisse der Organspende ergeben.

Enge Kommunikation mit den Beteiligten

Die Richtlinien zu den „Anforderungen an die im Zusammenhang mit einer Organentnahme und -übertragung erforderlichen Maßnahmen zur Qualitätssicherung" schreiben zu den genannten Themenbereichen Anforderungen an Qualitätsindikatoren vor, mit denen sich ein externer Vergleich aus Sicht der Experten realisieren lässt. Das gilt es nun auch umzusetzen und mit Leben zu erfüllen. In den Routinebetrieb werden die Richtlinien im Rahmen der nach dem Gesundheitsreformgesetz 2000 neu geschaffenen Strukturen zur Qualitätssicherung im stationären Bereich eingeführt: Durch das von der Bundesärztekammer, der Deutschen Krankenhausgesellschaft und den Spitzenverbänden der gesetzlichen Krankenkassen sowie dem Verband der Privaten Krankenversicherungen gegründete „Bundeskuratorium zur Qualitätssicherung in der stationären Versorgung" werden die Maßnahmen zur extern vergleichenden Qualitätssicherung im stationären Bereich umgesetzt. Dabei sollen bereits vorhandene Erkenntnisse und Erfahrungen genutzt werden. So sollen sowohl genaues Know-how wie die hohe Akzeptanz der Collaborative Transplant Study (CTS), Heidelberg, eingebunden werden, um zügig zu einem tragfähigen und allseits akzeptierten Verfahren zu kommen. Das ist umso wichtiger, als eine vergleichende Qualitätssicherung in der Medizin nur in enger Kommunikation mit den Beteiligten eine Verzahnung der internen und externen Qualitätssicherung und damit eine echte Qualitätsverbesserung erreichen kann. So sollen nicht nur regelmäßig Auswertungen an die Zentren geschickt werden, in denen sie ihre eigenen Ergebnisse im Vergleich zu anderen Zentren (diese jeweils anonym) einordnen können. Vielmehr soll auch eine Selbstauswertung der eigenen Daten im Vergleich zu einer bundesweiten Gesamtstatistik möglich sein, wie dies zurzeit bei der CTS-Studie schon realisiert ist.

Die Ergebnisse werden jedoch, so ist es auch für andere Qualitätssicherungsverfahren festgelegt, durch Fachgruppen beurteilt, die aus Ärzten der betroffenen Fächer bestehen. Es gilt dann, ein differenziertes Vorgehen für den Umgang mit abweichenden Ergebnissen zu entwickeln. Die Bundesärztekammer schlägt im Anhang der Richtlinien – in dem die methodischen und organisatorischen Anforderungen an eine solche Qualitätssicherungsmaßnahme beschrieben werden – ein mehrstufiges Konzept vor, das zunächst eine schriftliche Stellungnahme des betroffenen Zentrums vorsieht, dann eine Begehung nach dem Peer-Review-Prinzip und als dritte Stufe eine namentliche Nennung an die Beteiligten im Bundeskuratorium Qualitätssicherung.

Solide Finanzierung des Verfahrens

Das Verfahren zur Qualitätssicherung begleitet parallel den Entwicklungsprozess der Transplantationsmedizin. Es ist deshalb stetig den Veränderungen der medizinischen Wissenschaft, Methodik und auch organisatorischen Vorgaben, wie zum Beispiel dem Prozess der Organvermittlung anzupassen. Die Realisierung einer effektiven Qualitätssicherung braucht eine organisatorische Infrastruktur und zeitnahe Fortentwicklung sowie Anpassung des Verfahrens nach der Einführung in den Routinebetrieb.

Die für die Transplantation erforderliche langfristige Nachbeobachtung der Patienten bedarf einer soliden Finanzierung des Verfahrens, um zu gewährleisten, dass die Transplantationszentren in der Lage sind, auch Daten von auswärts nachgesorgten Patienten zu den erforderlichen Zeitpunkten zu liefern.

Die Verhandlungen zur Umsetzung des Verfahrens werden zurzeit geführt, geplant ist ein Verfahrensbeginn zum 1. Januar 2002.

Richtlinie zur Organtransplantation gemäß § 16 Transplantationsgesetz

„Anforderungen an die im Zusammenhang mit einer Organentnahme und -übertragung erforderlichen Maßnahmen zur Qualitätssicherung"

Stand 30. März 2001

Präambel

Gegenstand dieser Richtlinie sind die Anforderungen zur Qualitätssicherung in der Transplantationsmedizin. Sie erfüllt damit die Bestimmung des „Gesetzes über die Spende, Entnahme und Übertragung von Organen" (Transplantationsgesetz – TPG) vom 5. November 1997 (BGBl. I Nr. 74 S. 2631). Die Bundesärztekammer stellt gemäß dem Stand der Erkenntnisse der medizinischen Wissenschaft in dieser Richtlinie Anforderungen für die im Zusammenhang mit einer Organentnahme und -übertragung erforderlichen Maßnahmen zur Qualitätssicherung (§ 16 Abs. 1 Ziffer 6 TPG) fest.

Die Anforderungen zur Qualitätssicherung im Rahmen dieser Richtlinien erstrecken sich zurzeit auf folgende Organe:

- Niere einschließlich Lebendspende
- Leber einschließlich Lebendspende
- Pankreas
- Lunge
- Herz

Die Transplantationszentren werden gemäß § 10 Abs. 2 Nr. 6 TPG verpflichtet, nach Maßgabe der Vorschriften des Fünften Buches Sozialgesetzbuch an Maßnahmen zur Qualitätssicherung teilzunehmen, die auch einen Vergleich mit anderen Transplantationszentren ermöglichen. Die vorliegende Richtlinie stellt die inhaltlichen Anforderungen für diese vergleichende Qualitätssicherung fest.

Inhaltliche, medizinische und methodische Vorgaben für eine externe vergleichende Qualitätssicherung unterliegen, wie die Medizin, einem ständigen Wandel. Verfahren zur Qualitätssicherung begleiten den Entwicklungsprozess in der Transplantationsmedizin und sind deshalb stetig den Veränderungen der medizinischen Wissenschaft, Methodik und auch organisatorischen Vorgaben, wie z.B. unter anderem dem Prozess der Organvermittlung, anzugleichen.

Die Realisierung einer effektiven Qualitätssicherung bedingt eine organisatorische Infrastruktur und eine zeitnahe Fortentwicklung und Anpassung des Verfahrens nach der Einführung in den Routinebetrieb. Eine tragfähige Infrastruktur ist auch Voraussetzung für einen Interventionsmechanismus bei erkennbaren Leistungsdefiziten.

Die organisatorische Realisierung der in der vorliegenden Richtlinie festgelegten Inhalte zur Qualitätssicherung erfolgt im Rahmen der gem. § 137 SGB V geschaffenen organisatorischen Strukturen auf Bundesebene zur Qualitätssicherung im stationären Bereich durch das Bundeskuratorium Qualitätssicherung, das mit seiner Bundesgeschäftsstelle Qualitätssicherung (BQS) von der Deutschen Krankenhausgesellschaft (DKG), den Spitzenverbänden der gesetzlichen Krankenkassen sowie der Privaten Krankenversicherungen, dem Deutschem Pflegerat und der Bundesärztekammer getragen wird.

Ein Verfahren zur Qualitätssicherung in der Transplantationsmedizin soll Transparenz darüber herstellen, welche Auswirkungen einzelne Schritte im Prozess der Transplantation auf die Behandlungsergebnisse haben. Durch Vergleiche der Behandlungsergebnisse soll dargelegt werden, inwieweit diese Ergebnisse zwischen den Einrichtungen differieren. Transparenz nach innen gewährleistet, dass den Transplantationszentren eine kontinuierliche interne Qualitätsverbesserung der eigenen Arbeit ermöglicht wird. Nur durch eine hohe Motivation der an Qualitätssicherungsmaßnahmen Beteiligten können eine hohe Datenqualität erwartet wie auch valide Ergebnisse sichergestellt werden.

Die Zahl und die Qualität möglicher Transplantationen hängen im Besonderen von der Kooperation aller Beteiligten ab. Gemäß § 12 Abs. 4 Nr. 5 TPG wird die Zusammenarbeit und der Erfahrungsaustausch aller Beteiligten wie der Transplantationszentren, der Koordinierungsstelle und Vermittlungsstelle geregelt. Die Koordinierungsstelle – Deutsche Stiftung Organtransplantation – hat die Transplantationszentren bei der Durchführung der Qualitätssicherung zu unterstützen.

Die Besonderheit der Transplantationsmedizin verlangt auch besonderen methodischen und organisatorischen Aufwand bei der Qualitätssicherung. Neben dem reibungslosen Zusammenwirken aller Beteiligten müssen in besonderem Maße die transplantierten Patienten über längere Zeit hinweg nach erfolgter Transplantation (Follow up) begleitet werden, um die Qualität des Transplantats und der Transplantation beurteilen zu können. Dies gilt in gleicher Weise für die Nachbetreuung der Lebendorganspender.

Die Qualitätssicherung in der Transplantation trifft in Deutschland auf ein vorbereitetes Feld. Sie greift weiterhin auf internationale Vorerfahrungen zurück. Die Erfahrungen der Qualitätssicherung des United Network for Organ Sharing (UNOS) in den USA gehen bis in das Jahr 1987 zurück (UNOS 2000). Seit 1990 ist UNOS nach dem „Transplantation Amendment Act" verpflichtet, zentrumsspezifische Patienten- und Organüberlebenszeiten unter Beachtung von Risikoadjustierungen zu erstellen. In vielen Ländern existieren Transplantationsregister. Hier sind auch Verfahren der Qualitätssicherung entwickelt worden. Ferner werden zentrale Studien zur Qualitätssicherung durchgeführt (vgl. Canadian Organ Replacement Register [CORR Report, 1999], Australian and New Zealand Organ Donation Registry [Anzod Registry Report, 1999]). In Frankreich wurde 1999 eine Studie des Departement Médical et Scientifique (Conseil Médical et Scientifique, 1999) erstellt.

In Deutschland existiert eine kontinuierliche wissenschaftliche Begleitung von Transplantationen u.a. durch Arbeiten im Rahmen der internationalen Collaborative Transplant Study (CTS) mit hoher Beteiligung deutscher Zentren sowie bei der Deutschen Stiftung Organtransplantation (DSO) und bei Eurotransplant (für Deutschland, Österreich, Slowenien und die Beneluxländer). Auf Erfahrungen und bewährte Erhebungsinstrumente wurde bei der Formulierung der inhaltlichen Anforderungen dieser Richtlinie zurückgegriffen. Viele deutsche Zentren beteiligen sich jetzt schon an internationalen Registern (CTS, European Liver Transplantation Registry u.a.).

Die Qualitätssicherung in der Transplantationsmedizin schließt nach § 10 Abs. 3 TPG auch die Übertragung von Augenhornhäuten ein. Da diese nicht zu den vermittlungspflichtigen Organen gehören, gibt es zurzeit keine zentrale Erfassung der Hornhauttransplantationen. Ferner erfolgen Hornhaut-Übertragungen auch im ambulanten Bereich. Auf Grund dieser sehr spezifischen Situation wird die Qualitätssicherung der Hornhauttransplantation in einem gesonderten Beitrag zu einem späteren Zeitpunkt festgeschrieben werden.

1. Internes Qualitätsmanagement und extern vergleichende Qualitätssicherung der Ergebnisqualität

Für jede stationäre Einrichtung der Krankenversorgung besteht die Verpflichtung zum internen Qualitätsmanagement. Die vergleichende Qualitätssicherung nach § 137 SGB V ist eine Ergänzung des internen Qualitätsmanagements. Die Ergebnisse der externen Qualitätssicherung sind in das interne Qualitätsmanagement einzubeziehen. Es sind auf ihrer Grundlage Auffälligkeiten zu analysieren und ein entsprechender Prozess zur Verbesserung der Qualität anzustoßen (Qualitätszyklus).

Die extern vergleichende Qualitätssicherung umfasst sowohl die Ergebnisqualität als auch die Prozessqualität der Transplantation und ihres organisatorischen Umfeldes. Vorgaben zur Strukturqualität sind nicht Bestandteil dieser Richtlinien. Es ist allerdings unbestritten, dass die Strukturqualität Auswirkungen auf Prozess- und Ergebnisqualität hat. Erhebungen zur Strukturqualität können in Form von Qualitätsberichten veranlasst werden. Fragen der Strukturqualität sind auch im Rahmen des Interventionskonzeptes bei unbefriedigenden Ergebnissen jeweils mit dem betroffenen Zentrum zu klären. Selbstverständlich können und müssen die Ergebnisse der Qualitätssicherung auch Auswirkungen auf die Struktur haben, sofern Defizite in der Strukturqualität als Ursache mangelhafter Prozess- oder Ergebnisqualität identifiziert werden.

Ziel ist es, die Ergebnisqualität der Transplantationen zu erfassen. Hierfür ist eine langfristige Nachbeobachtung erforderlich, da die Transplantatlebensdauer mehrheitlich über zehn Jahre beträgt. Die Erhebung von Daten in der Anfangsphase dient deshalb vorrangig dazu, eine valide Grundlage zu schaffen, die es ermöglicht, aus den später gewonnenen Nachbeobachtungs-Daten Maßnahmen im Sinne einer umfassenden Qualitätssicherung abzuleiten.

Extern vergleichende Qualitätssicherung erfolgt mithilfe von Qualitätsindikatoren. Ein Qualitätsindikator ist definiert als ein Maß, dessen Ausprägung Hinweise auf gute oder schlechte Qualität für jeweils einen Teilaspekt der Versorgungsqualität geben kann. Quantitative Indikatoren der Ergebnisqualität eignen sich sowohl zur laufenden Überwachung der Qualität einer Einrichtung als auch zum externen Vergleich von Institutionen. Gleichzeitig müssen bei der Berechnung von Qualitätsindikatoren die unterschiedlichen Risikoprofile der Patienten in den einzelnen Kliniken berücksichtigt werden (Risikoprofil oder Case Mix). Hierzu sind geeignete statistische Verfahren einzusetzen. Die Indikatoren müssen sich auf Routineverfahren beziehen, nicht auf experimentelle Verfahren. Sie sind dem aktuellen Stand der medizinischen Wissenschaft anzupassen. Eine regelmäßige Evaluation ist zwingend erforderlich.

Primäre Indikatoren für alle Organtransplantationen sind das Organ- und das Patientenüberleben.

Sekundäre Indikatoren wie Komplikationsraten, Folgekrankheiten u.a. sind organspezifisch definiert.

Rote-Flagge-Indikatoren oder Sentinel Events sind solche, die einen direkten Handlungsbedarf seitens der Qualitätssicherungseinrichtungen nach sich ziehen (z.B. Tod eines Lebendspenders).

Zu den Qualitätsindikatoren für die Ergebnisqualität der Transplantation der einzelnen Organe ist auf Kapitel 2 zu verweisen und für die Lebendorganspender auf Kapitel 3. Das zugehörige Risikoprofil, das begleitend erhoben werden muss, ist dort mit aufgeführt.

Kapitel 4 befasst sich mit vergleichender Qualitätssicherung im Umfeld der Transplantation. Dies bezieht sich – für alle Organtransplantationen gemeinsam – auf den gesamten Ablauf der Prozesse der Organspende, der Organvermittlung, des Organtransportes und der Patientenbehandlung vom Erstkontakt mit dem Zentrum an. Dies ist erforderlich, da das organisatorische Umfeld der Transplantation einerseits Auswirkungen auf die Ergebnisse der Organtransplantation, andererseits auch Auswirkungen auf die Anzahl der durchführbaren Organtransplantationen haben kann.

Die Auswertung erfolgt unter Berücksichtigung des Risikoprofils für jedes Zentrum zu festgelegten Zeitpunkten. Ein mehrstufiges Interventionskonzept legt Schritte zum Umgang mit Defiziten fest.

Extern vergleichende Qualitätssicherung benötigt entsprechende organisatorische Strukturen. Diese werden mit den Vertragspartnern nach § 137 SGB V vereinbart. Grundlage für die extern vergleichende Qualitätssicherung in der Transplantationsmedizin ist diese Richtlinie auf der Basis des TPG. Im Anhang zu dieser Richtlinie sind die Anforderungen an die methodische und organisatorische Umsetzung dargestellt.

2. Anforderungen an Qualitätsindikatoren: Ergebnisqualität organbezogen

Die Codierungen erfolgen nach Möglichkeit nach ICD-10. Im Rahmen der Umstellung der Vergütungen auf DRGs sind etwaige Änderungen bei der Dokumentation zu berücksichtigen.

Tabelle 1

2.1. Nierentransplantation

Indikatorfokus	Indikatorstatement jeweils zentrumsbezogen und gesamt	Indikatortyp	Einflussfaktoren/Prädiktoren	
primäre Indikatoren				
Patientenüberleben nach Transplantation (Tod des Patienten Todesursache)	Anzahl Todesfälle nach 3 Monaten/1 Jahr/x Jahren/ alle nierentransplantierten Patienten	Ergebnisindikator Rate	PR-1 PR-2 PR-3 PR-4	Empfängerrisiken Spenderrisiken Organqualität Art der Immunsuppression
	Anzahl Tod mit Transplantatfunktion/ alle nierentransplantierten Patienten		PR-5 PR-6 PR-7	Immunologische Vorbedingungen Infektionsprophylaxe Kardiovaskuläre Prävention
	Schichtung nach Todesursachen: Malignom, Blutung, Pneumonie, Sepsis, Enzephalitis, Lungenembolie, Herztod, cerebraler Insult, Leberversagen, andere (ICD-10), nicht bekannt			
Verlust der Transplantatfunktion (Wiederaufnahme der chronischen Dialysebehandlung) Ursache des Funktionsverlustes	Anzahl Transplantatversagen nach 3 Monaten/1 Jahr/x Jahren/ alle Nierentransplantationen	Ergebnisindikator Rate	PR-1 PR-2 PR-3 PR-4 PR-5	Empfängerrisiken Spenderrisiken Organqualität Art der Immunsuppression Immunologische Vorbedingungen
	Schichtung nach Ursachen Rejektion (akzeleriert, akut, chronisch, histologisch gesichert) Gefäßverschluss Blutung Infektion im OP-Bereich Rekurrenz CSA-Tac-Vaskulopathie Primäre Nichtfunktion andere			
sekundäre Indikatoren				
Transplantatfunktionsaufnahme	Typ der Funktionsaufnahme sofort/verzögert/nie/ alle nierentransplantierten Patienten	Ergebnisindikator Rate	PR-1 PR-2 PR-3 PR-4	Empfängerrisiken Spenderrisiken Organqualität Art der Immunsuppression
	Dauer der Dialysepflichtigkeit nach Transplantation/ alle nierentransplantierten Patienten	Ergebnisindikator Rate		

Anhang

Indikatorfokus	Indikatorstatement jeweils zentrumsbezogen und gesamt	Indikatortyp	Einflussfaktoren/Prädiktoren	
Qualität der Transplantatfunktion	Qualität gut/befriedigend Kreatinin < 3,0 mg/dl (< 260 γmol/l)/ alle nierentransplantierten Patienten Qualität mäßig Kreatinin > 3,0–4,5 mg/dl (260–400 γmol/l)/ alle nierentransplantierten Patienten Qualität schlecht Kreatinin > 4,5 mg/dl (> 400 γmol/l)/ alle nierentransplantierten Patienten	Ergebnisindikator Rate	PR-1 PR-2 PR-3 PR-4 PR-5	Empfängerrisiken Spenderrisiken Organqualität Art der Immunsuppression Immunologische Vorbedingungen
operative Komplikationen	Anzahl operative Komplikationen gesamt/ alle Nierentransplantationen Schichtung nach Art der Komplikation: Urinleck, Sek. Wundheilung, Lymphocele, Platzbauch, Blutung, Narbenhernie, Revisionsoperationen (Zahl), schwere Infektionen (ICD-10)	Ergebnisindikator Rate	PR-1 PR-4 PR-6	Empfängerrisiken Art der Immunsuppression Infektionsprophylaxe
Rejektionsbehandlungen (Zahl und Ansprechen auf Behandlungen, histologischer Typ)	Anzahl behandelte akute Rejektionen pro Patient nach 1 Jahr/x Jahre nach Transplantation/alle nierentransplantierten Patienten Schichtung nach histologischem Typ (akut, chronisch, zellulär, vaskulär)	Ergebnisindikator Rate	PR-1 PR-2 PR-3 PR-4 PR-5	Empfängerrisiken Spenderrisiken Organqualität Art der Immunsuppression Immunologische Vorbedingungen
Komplikationen der Immunsuppression/ Folgekrankheiten	Anzahl Folgekrankheiten gesamt nach 3 Monaten/1 Jahr/x Jahren/ alle nierentransplantierten Patienten Schichtung nach Art der neu aufgetretenen Folgeerkrankung und Immunsuppressiva: Hypertonie (behandelt/nicht behandelt) KHK pAVK zerebraler Insult Posttransplantationsdiabetes Hepatopathie Thrombose Katarakt Hüftkopfnekrose Gicht Darmperforation Lymphocele Ureterstenose Harnstau Urinleck Transplantatarterienstenose Narbenhernie Schwere Infektion (gruppiert) Malignome (gruppiert) Hypercholesterinämie	Ergebnisindikator Rate	PR-1 PR-2 PR-3 PR-4 PR-5 PR-6 PR-7	Empfängerrisiken Spenderrisiken Organqualität Art der Immunsuppression Immunologische Vorbedingungen Infektionsprophylaxe Kardiovaskuläre Prävention

Risikoprofil

PR1 Empfängerrisikoprofil:

Alter, Geschlecht, Gewicht, Größe
Nierenkrankheit (ICD-10)
Dialysebeginn, Dialyseart
Diabetes (Typ)
Hochdruck (Anamnese)
Koronare Herzkrankheit (KHK)
Periphere Arterielle Verschlusskrankheit (pAVK)

Zerebraler Insult
Chronisch obstruktive Lungenerkrankung (COLD)
Hepatopathie
Blutdruck
Cholesterin
Rauchen
Zustand nach Tumorbehandlung
Virologische Befunde (Hepatitis B, C, CMV)
[PR-1]/[PR-5] Wievielte Transplantation?
Funktionsdauer?
Kombinierte Transplantation?
Befunde bei Entlassung/Nachbeobachtung:
[SI-1]/[PR-1]   Kreatinin
[SI-3]/[PR-1]   Cholesterin
[SI-3]/[PR-1]   Blutdruck
[SI-3]/[PR-1]   Gewicht
[SI-3]/[PR-1]   Diabetes
[SI-3]/[PR-1]   Gewicht
[PR-1]   Rauchen

PR2 Spenderprofil:

Alter, Geschlecht
Spendertyp (hirntot, lebend, Vater etc.)
Todesursache
Virologische Befunde (Hepatitis B, C, CMV)

PR3 Organqualität:

Spender:
Serumkreatinin
hypotensive Phasen/Herzstillstand
Transplantat:
Kalte Ischämiezeit
Qualität (global)

PR4 Art der Immunsuppression:

Immunsuppression (intention to treat)
stationärer Aufenthalt
Immunsuppression Verlauf

PR5 Immunologische Vorbedingungen:

Empfänger:
[PR-1]/[PR-5] Wievielte Transplantation?
Funktionsdauer vorangegangenes Transplantat? Immunologische Verlustursache?

ABO, Rh, HLA, HLA-Ak (%)
Spender:
ABO, Rh, HLA

PR6 Infektionsprophylaxe:
CMV-Prophylaxe

PR7 Kardiovaskuläre Prävention:
Therapie bei der Entlassung/Nachbeobachtung:
Antihypertensiva
Statine
ACE-Hemmer/-Rezeptorinhibitoren

Tabelle 2
2.2. Pankreastransplantation

Indikatorfokus	Indikatorstatement jeweils zentrumsbezogen und gesamt	Indikatortyp	Einflussfaktoren/Prädiktoren	
primäre Indikatoren				
Patientenüberleben nach Transplantation (Tod des Patienten Todesursache)	Anzahl Todesfälle nach 1 Jahr/x Jahren/ alle pankreastransplantierten Patienten Anzahl Tod mit Transplantatfunktion/ alle pankreastransplantierten Patienten Schichtung nach Todesursachen: Malignom Blutung, Pneumonie, Sepsis, Enzephalitis, Lungenembolie, Herztod, zerebraler Insult, Leberversagen, andere (ICD-10)	Ergebnisindikator Rate	PR-1 PR-2 PR-3 PR-4 PR-5 PR-6 PR-8	Empfängerrisiken Spenderrisiken Organqualität Art der Immunsuppression Immunologische Vorbedingungen Infektionsrisiko und -prophylaxe Transplantation/Operation
Verlust des Transplantates Pankreas/Nierenverlust	Anzahl Transplantatverlust (Pankreas/Pankreas-Niere) nach 3 Monaten/1 Jahr/x Jahren/ alle Pankreastransplantationen Anzahl primäre Nichtfunktion/ alle Pankreastransplantationen Schichtung nach Ursachen Gefäßverschluss Blutung Infektion im OP-Bereich Nahtinsuffizienz Thrombose Pankreatitis Rejektion ja/nein andere	Ergebnisindikator Rate	PR-1 PR-2 PR-3 PR-4 PR-5 PR-6 PR-8	Empfängerrisiken Spenderrisiken Organqualität Art der Immunsuppression Immunologische Vorbedingungen Infektionsrisiko und -prophylaxe Transplantation/Operation
sekundäre Indikatoren				
Organqualität in Abhängigkeit vom entnehmenden Team	Transplantatüberleben shipped/ Transplantatüberleben local	Ergebnisindikator* Rate	PR-1 PR-2 PR-3 PR-5 PR-8	Empfängerrisiken Spenderrisiken Organqualität Immunologische Vorbedingungen Transplantation/Operation
Transplantatfunktion: Insulinfreiheit	Anzahl insulinfreie Patienten nach 3 Monaten/1 Jahr/jährlich/ alle Pankreastransplantationen	Ergebnisindikator Rate	PR-1 PR-2 PR-3 PR-4 PR-5 PR-8	Empfängerrisiken Spenderrisiken Organqualität Art der Immunsuppression Immunologische Vorbedingungen Transplantation/Operation

* In dieser Form nicht extrem validiert

Indikatorfokus	Indikatorstatement jeweils zentrumsbezogen und gesamt	Indikatortyp	Einflussfaktoren/Prädiktoren	
Infektionsrate	Anzahl schwere Infektionen gesamt/ alle pankreastransplantierten Patienten <u>Schichtung nach Infektionen:</u> Harnwegsinfektion, Pneumonien, CMV/EBV	Ergebnisindikator Rate	PR-1 PR-4 PR-6 PR-8	Empfängerrisiken Art der Immunsuppression Infektionsrisiko und -prophylaxe Transplantation/Operation
Folgekrankheiten des Diabetes mellitus	neu aufgetretene Folgeerkrankungen gesamt/ alle pankreastransplantierten Patienten <u>Schichtung nach Art der neu aufgetretenen Folgeerkrankung des Diabetes mellitus:</u> Retinopathie, Neuropathie, Intervention bei KHK, Amputationen major/minor, zerebraler Insult		PR-1 PR-2 PR-3 PR-4 PR-5 PR-6 PR-8	Empfängerrisiken Spenderrisiken Organqualität Art der Immunsuppression Immunologische Vorbedingungen Infektionsrisiko und -prophylaxe Transplantation/Operation
Sonstige Folge- erkrankungen/ Komplikationen der Immunsuppression	Anzahl der sonstigen Folgeerkrankungen/ alle pankreastransplantierten Patienten <u>Schichtung nach Art der Folgeerkrankung und Immunsuppressiva[1]:</u> Hypercholesterinämie Hüftkopfnekrosen Katarakt Gicht Hepatopathie Thrombose Darmperforation Malignome	Ergebnisindikator Rate	PR-1 PR-4 PR-5	Empfängerrisiken Art der Immunsuppression Immunologische Vorbedingungen

[1] Die Folgekrankheiten der Nierentransplantation werden aus Symmetriegründen auch für die Pankreastransplantation zunächst übernommen. Dies ist im Verlauf zu überprüfen.

Risikoprofil

PR1 Empfängerrisikoprofil bei Transplantation:

Alter, Geschlecht
Gewicht, Größe
Diabetes I,II, Anzahl Jahre
Dialysebeginn, Dialyseart (CAPD/HD)
Hochdruck (Anzahl Hypertensiva)
Koronare Herzkrankheit mit/ohne Intervention
pAVK major/minor Amputation
Periphere Neuropathie (peripher/autonom)
Retinopathie (mit/ohne Amaurosis)
zerebraler Insult
Chronisch obstruktive Lungenerkrankung (COLD)
Hepatopathie
Zustand nach Tumorbehandlung
Blutdruck (aktuell)
Cholesterin
Rauchen (zz./früher)
Risikoprofil gut-mittel-schlecht
Befunde bei Entlassung/Nachbeobachtung:
Cholesterin
Blutdruck
Gewicht
Rauchen (Nachbeobachtung)

PR2 Spenderprofil:

Alter, Geschlecht
Größe, Gewicht
Spendertyp (hirntot, lebend, Vater etc.)
Todesursache
Kreislaufsituation
Dauer Intensivaufenthalt (ICU)

PR3 Organqualität Transplantat:

Kalte Ischämiezeit
Qualität (global)
Perfusionslösung
Shipped/local

PR4 Art der Immunsuppression:

Immunsuppression (intention to treat)
stationärer Aufenthalt
Immunsuppression Verlauf
Wechsel wegen: NW/fehlender Wirksamkeit/Protokoll

PR5 Immunologische Vorbedingungen:
Empfänger:

ABO, Rh, HLA, letzte HLA, HLA-AK (%) (=PRA)
Wievielte Transplantation? Funktionsdauer?

Spender:

ABO, Rh, HLA

PR6 Infektionsrisiko und -prophylaxe:
Empfänger:

Virologische Befunde (Hepatitis B, C, Cytomegalievirus [CMV])
CMV-Prophylaxe

Spender:

Virologische Befunde (Hepatitis B, C, CMV)

PR7 Kardiovaskuläre Prävention

PR8 Transplantation/Operation:

Vorausgehende Transplantation PA (nur Pankreas), KAP (Niere nach Pankreas), SPK (Pankreas und Niere simultan), PAK (Pankreas nach Niere), Insel

Jetzige Transplantation: PA, KAP, SPK, PAK
Exokrine Drainage (Blase/Darm)
Endokrine Drainage (portal/systemisch)
Relaparotomie (wegen Blutung/Infektion/Abstoßung/Nahtinsuffizienz/Thrombose/Pankreatitis)

Tabelle 3
2.3. Lebertransplantation

Indikatorfokus	Indikatorstatement jeweils zentrumsbezogen und gesamt	Indikatortyp	Einflussfaktoren/Prädiktoren
primäre Indikatoren			
Patientenüberleben	Letalität ≤ 30 Tage, nach 1 Jahr/x Jahren/ aller lebertransplantierten Patienten 1. Tod durch Leberversagen: (Schichtung nach Gruppen ELTR[2] Rejektion akut/chronisch, Thrombose (arteriell/venös), Primäre Nichtfunktion, Gallenwegskomplikationen, Rekurrens-Grundkrankheit, De-novo-Infektion, Hämorrhagische Nekrose, andere	Ergebnisindikator Rate	PR-1 Empfängerrisiken PR-2 Spenderrisiken PR-3 Organqualität PR-4 Art der Immunsuppression PR-5 Immunologische Vorbedingungen PR-6 Infektionsrisiko und -prophylaxe PR-8 Transplantation/Operation
Patientenüberleben	2. andere Todesursachen (Schichtung nach Gruppen ELTR[3]: Infektionen, Gastrointestinale Komplikationen, Kardiovaskuläre Erkrankungen, Tumor (Rekurrens/de novo), Nierenversagen, Pulmonale Komplikationen, Psychosoziale Komplikationen (Suizid, Trauma, Non Compliance der Immunsuppression), Knochenmarksdepression, andere		
Tod durch operative Komplikation	Tod am Tag oder Folgetag der Transplantation (Datum)/ alle lebertransplantierten Patienten Ursachen	Ergebnisindikator* Sentinel event Indikator	Einzelfallbeurteilung
Organüberleben	Anzahl Retransplantation nach 3 Monaten/1 Jahr/x Jahren/ alle lebertransplantierten Patienten Schichtung nach Gruppen ELTR[4] Rejektion akut/chronisch, Thrombose (arteriell/venös), Primäre Nichtfunktion, Gallenwegskomplikationen, Rekurrens-Grundkrankheit, De-novo-Infektion, Hämorrhagische Nekrose, Psychosoziale Komplikationen (Non Compliance der Immunsuppression), andere	Ergebnisindikator Rate	PR-1 Empfängerrisiken PR-2 Spenderrisiken PR-3 Organqualität PR-4 Art der Immunsuppression PR-5 Immunologische Vorbedingungen PR-6 Infektionsrisiko und -prophylaxe PR-8 Transplantation/Operation
sekundäre Indikatoren			
Organqualität in Abhängigkeit vom entnehmenden Team	Transplantatüberleben shipped/ Transplantatüberleben local	Ergebnisindikator* Rate	PR-1 Empfängerrisiken PR-2 Spenderrisiken PR-3 Organqualität PR-5 Immunologische Vorbedingungen PR-8 Transplantation/Operation
postoperative Komplikationen (Aufenthaltsdauer stationär)	Anzahl stationärer Aufenthalt > Grenzverweildauer[5]/ alle lebertransplantierten Patienten	Ergebnisindikator* Rate	PR-1 Empfängerrisiken PR-8 Transplantation/Operation
qualitative Organfunktion	Bilirubin > 2,2 mg/sl bzw. 34 μmol nach 3 Monaten/jährlich/ alle lebertransplantierten Patienten	Ergebnisindikator* Rate	PR-1 Empfängerrisiken PR-2 Spenderrisiken PR-3 Organqualität PR-4 Art der Immunsuppression PR-5 Immunologische Vorbedingungen

Indikatorfokus	Indikatorstatement jeweils zentrumsbezogen und gesamt	Indikatortyp	Einflussfaktoren/Prädiktoren	
Folgekrankheiten	Anzahl Folgekrankheiten gesamt nach 3 Monaten/1 Jahr/x Jahren/ alle lebertransplantierten Patienten Schichtung nach Art der neu aufgetretenen Folgeerkrankung: Malignome, Reinfektionen, Sonstige: (Schichtung nach Gruppen ELTR[6])	Ergebnisindikator Rate	PR-1 PR-2 PR-3 PR-4 PR-5 PR-6 PR-8	Empfängerrisiken Spenderrisiken Organqualität Art der Immunsuppression Immunologische Vorbedingungen Infektionsrisiko und -prophylaxe Transplantation/Operation
Allgemeinzustand Patient	Anzahl Karnofsky Index verbessert (postoperativ>präoperativ) nach 1 Jahr/ x Jahren/alle lebertransplantierten Patienten	Ergebnisindikator* Rate	PR-1	Empfängerrisiken

* In dieser Form nicht extern validiert
[2] European Liver Transplant Registry Code s. 6.
[3] European Liver Transplant Registry Code s. 6.

Risikoprofil

PR1 Empfängerrisikoprofil bei Transplantation:

Alter, Geschlecht
Größe, Gewicht
Indikation zur Transplantation (Acute Liver disease, chronic liver disease, Tumors, metabolic disease, andere *Detail:* Code ELTR, s. Anhang)

UNOS Status (entspricht Vermittlungsstatus):
Intensive care unit-bound, continously hospitalized, continous medical care, at home with normal function

PR2 Spenderprofil:

Alter, Geschlecht
Größe, Gewicht
Spendertyp (hirntot, lebend, Domino)
Todesursache
Dauer Intensivaufenthalt (ICU)

PR3 Organqualität Transplantat:

Datum
Kalte Ischämiezeit
Qualität (global)
Perfusionslösung
Shipped/local

PR4 Art der Immunsuppression:

Immunsuppression (intention to treat) stationärer Aufenthalt
Immunsuppression Verlauf

PR5 Immunologische Vorbedingungen:
Empfänger:
ABO, Rh

Spender:
ABO, Rh

PR6 Infektionsrisiko und -prophylaxe:
Empfänger:
Hepatitis B, C, Cytomegalievirus (CMV)

Spender:
Hepatitis B, C, CMV

PR8 Transplantation/Operation:
Spenderorgan (Full Size/Reduced/Split) Lebertransplantation (Orthotop/heterotop)
andere Organe TPL

Der Code der European Liver Transplant Registers wird übernommen *(siehe Kapitel 6).*

Tabelle 4
2.4. Herztransplantation

Indikatorfokus	Indikatorstatement jeweils zentrumsbezogen und gesamt	Indikatortyp	Einflussfaktoren/Prädiktoren	
primäre Indikatoren				
Patientenüberleben (30 Tage Letalität Überlebensrate im Verlauf)	Anzahl Todesfälle nach 30 Tagen/ alle herztransplantierten Patienten Schichtung nach Todesursachen 30-Tage-Letalität: Graft Failure, Infektion, Rejektion, Blutung, andere Anzahl Todesfälle nach 1 Jahr/x Jahren/ alle herztransplantierten Patienten Schichtung nach Todesursachen: Infektion, Rejektion, Transplantatvaskulopathie, Tumoren, andere	Ergebnisindikator Rate	PR-1 PR-2 PR-3 PR-4 PR-5 PR-6	Empfängerrisikoprofil Spenderrisikoprofil Organqualität Art der Immunsuppression Immunologische Vorbedingungen Infektionsrisiko
Organüberleben Dauer bis zur Retransplantation	Anzahl Retransplantationen (nach 3 Monaten/jährlich) aller herztransplantierten Patienten	Ergebnisindikator Rate	PR-1 PR-2 PR-3 PR-4 PR-5 PR-6	Empfängerrisikoprofil Spenderrisikoprofil Organqualität Art der Immunsuppression Immunologische Vorbedingungen Infektionsrisiko
sekundäre Indikatoren				
Behandelte akute Abstoßungsreaktionen	Anzahl behandelte akute Rejektionen pro Patient 1 Jahr/x Jahre nach Transplantation/ alle herztransplantierten Patienten		PR-1 PR-2 PR-3 PR-4 PR-5	Empfängerrisikoprofil Spenderrisikoprofil Organqualität Art der Immunsuppression Immunologische Vorbedingungen

Risikoprofil

PR1 Empfängerrisikoprofil:

Alter
Geschlecht
Größe
Gewicht
Grunderkrankung
High-Urgency-Listung/Elektive Listung
Thorakale Voroperationen
Mechanisches Kreislaufunterstützungssystem (Assist Device)
Beatmung ja/nein
Lungengefäßwiderstand (Transpulmonaler Gradient TPG)
Niereninsuffizienz
Diabetes mellitus
Katecholamintherapie

PR2 Spenderprofil:

Alter
Geschlecht
Todesursache
Katecholamintherapie
Hypotensive Phasen, Herzstillstand
Regionale Kontraktilitätsstörungen
ZVD vor Organentnahme
Enzyme: CK, Troponin
Anamnese: Nikotin, Hypertonie, Diabetes mellitus

PR3 Organqualität:

Organqualität (Einschätzung bei Entnahme)
Kalte Ischämiezeit

PR4 Art der Immunsuppression:

Immunsuppression Induktionstherapie
Immunsuppression Verlauf

PR5 Immunologische Vorbedingungen Empfänger:

Blutgruppe
HLA Typisierung
PRA (HLA Antikörper)

Spender:
Blutgruppe
HLA

PR6 Infektionsrisiko
Empfänger:
CMV Status, Toxoplasmose, Hepatitis B, C

Spender:
CMV Status, Toxoplasmose, Hepatitis B, C Risikoprofil

Tabelle 5
2.5. Lungentransplantation

Indikatorfokus	Indikatorstatement jeweils zentrumsbezogen und gesamt	Indikatortyp	Einflussfaktoren/Prädiktoren	
primäre Indikatoren				
Patientenüberleben 30-d-Letalität und Überlebensrate im Verlauf	Anzahl Todesfälle nach 30 d, alle lungen- und herzlungentransplantierten Patienten Schichtung nach Todesursachen 30-d-Letalität: unspezifisches Transplantatversagen (non specific Graft failure), Infektion, Blutung, Rejektion, andere Anzahl Todesfälle nach 1 Jahr/x Jahren/ alle lungen- und herzlungentransplantierten Patienten Schichtung nach Todesursachen: Bronchiolitis obliterans Syndrom (BOS)[7], Infektion, Rejektion, Tumoren, andere	Ergebnisindikator Rate	PR-1 PR-2 PR-3 PR-4 PR-5 PR-6 PR-7 PR-8	Transplantationsart Empfängerrisikoprofil Spenderrisikoprofil Organqualität Immunsuppression Immunologische Bedingungen Infektionsrisiko Risiko im Verlauf
sekundäre Indikatoren				
Organüberleben	Anzahl Retransplantationen[8] aller lungen- und herzlungentransplantierten Patienten	Ergebnisindikator Rate	PR-1 PR-2 PR-3 PR-4 PR-5 PR-6 PR-7 PR-8	Transplantationsart Empfängerrisikoprofil Spenderrisikoprofil Organqualität Immunsuppression Immunologische Bedingungen Infektionsrisiko Risiko im Verlauf
Qualität der Organfunktion				
1. Frühfunktion	– Anzahl Tage intubiert – pO_2/F_iO_2 Koeff. nach 6 Std. – Anzahl Patienten ECMO/ alle lungen- und herzlungentransplantierten Patienten	Ergebnisindikator Rate erwartet/ erreicht[9]	PR-1 PR-2 PR-3 PR-4 PR-5 PR-6 PR-7 PR-8	Transplantationsart Empfängerrisikoprofil Spenderrisikoprofil Organqualität Immunsuppression Immunologische Bedingungen Infektionsrisiko Risiko im Verlauf

[7] Definition BOS Grad 0–III s. International Society for Heart and Lung Transplantation: JD Cooper et al.: A Working formulation for the nomenclature and for clinical Staging of chronic dysfunction in lung allografts. J Heart Lung Transplant 1993; 12: 713–716.
[8] Retransplantation allein ist kein Qualitätsindikator, lediglich im Zusammenhang mit Todesfällen.
[9] Durchschnitt/zentrumsspezifischem Ergebnis.
[10] Definition BOS s. 7, die Definition des Bezugswertes ist der Literaturstelle zu entnehmen.

Anhang

Indikatorfokus	Indikatorstatement jeweils zentrumsbezogen und gesamt	Indikatortyp	Einflussfaktoren/Prädiktoren	
2. Spätfunktion	Anzahl Patienten mit BOS nach 1 Jahr/ x Jahren nach Transplantation/ alle lungen- und herzlungentransplantierten Patienten Schichtung nach BOS-Stadien Grad 0 FEV1 ≥ 80 % des Bezugswertes Grad I FEV1 77–80 % des Bezugswertes Grad II FEV1 51–65 % des Bezugswertes Grad III FEV1 ≤ 50 % des Bezugswertes a: ohne histologische Sicherung b: ohne histologische Sicherung[10]	Ergebnisindikator Rate	PR-1 PR-2 PR-3 PR-4 PR-5 PR-6 PR-7 PR-8	Transplantationsart Empfängerrisikoprofil Spenderrisikoprofil Organqualität Immunsuppression Immunologische Bedingungen Infektionsrisiko Risiko im Verlauf
	Anzahl Patienten pO$_2$ in Ruhe < 55 mm Hg/ alle lungen- und herzlungentransplantierten Patienten	Ergebnisindikator Rate	PR-1 PR-2 PR-3 PR-4 PR-5 PR-6 PR-7 PR-8	Transplantationsart Empfängerrisikoprofil Spenderrisikoprofil Organqualität Immunsuppression Immunologische Bedingungen Infektionsrisiko Risiko im Verlauf
Folgekrankheiten	Anzahl Patienten mit malignen Tumoren/ alle lungen- und herzlungentransplantierten Patienten Schichtung nach Lymphomen, Hauttumoren, soliden Tumoren Anzahl niereninsuffizienter Patienten/ alle lungen- und herzlungentransplantierten Patienten	Ergebnisindikator Rate	PR-1 PR-2 PR-3 PR-4 PR-5 PR-6 PR-7 PR-8	Transplantationsart Empfängerrisikoprofil Spenderrisikoprofil Organqualität Immunsuppression Immunologische Bedingungen Infektionsrisiko Risiko im Verlauf

Risikoprofil

PR 1 Transplantationsart:

Einzellunge (SLTx)
Doppellunge (DLTx)
Herz-Lunge (HLTx)
Lungenlappentransplantation

PR 2 Empfängerrisikoprofil:

Alter, Geschlecht
Größe, Gewicht
Grunderkrankung
High Urgency/Elektiv
Thorakale Voroperationen
Beatmung Präoperativ (Invasive Beatmung/nicht-invasive Beatmung, Extrakorporale Membranoxygenation [ECMO]) relevante Begleiterkrankungen (ICD-10)
Retransplantation
konkomitante Operationen

PR 3 Spenderprofil:

Spendertyp (hirntod/lebend)
Alter, Geschlecht
Größe
Gewicht

Beatmungsdauer (Tage)
Todesursache

PR 4 Organqualität:

Organqualität (Einschätzung bei Entnahme) gut/mittel/schlecht
pO2 (FiO2 1,0; Peep 5 mm Hg) Spender
Gesamtischämiezeit
Perfusionslösung

PR 5 Art der Immunsuppression:

Immunsuppressionsschema
Induktionstherapie
Immunsuppression Verlauf
Anzahl behandelter Abstoßungskrisen

PR 6 Immunologische Vorbedingungen:
Empfänger:

Blutgruppe
PRA

Spender:
Blutgruppe

PR 7 Infektionsrisiko:

CMV-Status Empfänger/Spender
Multiresistente Keime
Aspergillus Empfänger/Spender

PR 8 Risiko im Verlauf:

Tage intubiert
Extrakorporale Membranoxygenation (ECMO)

3. Anforderungen an Qualitätsindikatoren: Ergebnisqualität Lebendorganspende

Nach § 10 Abs. 2 Nr. 6 TPG hat die Qualitätssicherung auch die nach § 8 Abs. 3 Satz 1 TPG vorgeschriebene Nachbetreuung der Lebendorganspender mit einzubeziehen. Die Daten beziehen sich auf den Lebendorganspender und sein Risiko durch die Entnahme einer Niere oder eines Teils der Leber.

Als Lebendorganspender gilt ein Patient ab der stationären Aufnahme zur Vorbereitung der Spende selbst dann, wenn die Spende auf Grund von Komplikationen nicht zu Stande kommen sollte.

Anhang

Tabelle 6
3.1. Lebendorganspende Niere

Indikatorfokus	Indikatorstatement jeweils zentrumsbezogen und gesamt	Indikatortyp	Einflussfaktoren/Prädiktoren
primäre Indikatoren			
Spenderüberleben	Perioperative Mortalität Lebendspender	Sentinel event Indikator	Alter Geschlecht Größe, Gewicht OP-Verfahren
Spendernierenfunktion	Verlust der Nierenfunktion (Dialysepflichtigkeit) Schichtung nach Ursachen	Sentinel event Indikator	Alter Geschlecht Hypertonie präoperativ
Quantitative Nierenfunktion	Anzahl Kreatininerhöhung/ alle Lebendspender	Ergebnisindikator Rate	Alter Geschlecht Hypertonie präoperativ
Operative Komplikationen	Anzahl operative Komplikationen/ alle Lebendspender Schichtung nach Komplikationen: Blutung, Revisionsoperationen, Abszess, sekundäre Wundheilung, Ileus, Thrombose, Lungenembolie, Pneumonie, andere (ICD-10) Transfusionspflichtigkeit gesamt und Eigen-/Fremdblut getrennt	Ergebnisindikator Rate	OP-Verfahren re/li Niere Nierengefäße Alter Geschlecht Größe, Gewicht
sekundäre Indikatoren			
Proteinurie	Anzahl Lebendspender mit Proteinurie/ alle Lebendspender	Ergebnisindikator Rate	Alter Geschlecht Hochdruck präoperativ
Hochdruck	Anzahl Lebendspender mit postoperativ neu aufgetretener Hypertonie/ alle Lebendspender	Ergebnisindikator Rate	Alter Geschlecht Größe, Gewicht Hochdruck präoperativ
Einstellung zur Lebendspende	Anzahl Einstellung negativ (positiv)/ alle Lebendspender postoperativ und jährlich im Verlauf	Ergebnisindikator Rate	Alter Geschlecht Bezug zu Empfänger
Soziale Probleme	Anzahl Lebendspender neu im Ruhestand postoperativ nach 1 Jahr/x Jahren/ alle Lebendspender Anzahl Lebendspender neu erwerbslos postoperativ nach 1 Jahr/x Jahren/ alle Lebendspender	Ergebnisindikator Rate	Alter < 60 Jahre
Versicherungsprobleme	Anzahl Versicherungsprobleme global/ alle Lebendspender Schichtung nach Problemen mit KV-Spender/KV-Empfänger/ Rentenvers./Lebensvers./Berufsunfähigkeitsvers./sonst.	Ergebnisindikator Rate	Alter Geschlecht

Tabelle 7
3.2. Lebendorganspende Leber

Indikatorfokus	Indikatorstatement jeweils zentrumsbezogen und gesamt	Indikatortyp	Einflussfaktoren/Prädiktoren
primäre Indikatoren			
Organversagen	Tod durch Leberversagen Spender (Ursachen Code ELTR[11]) Lebertransplantation Spender (Ursachen Code ELTR)	Sentinel event Indikator	Alter, Geschlecht Größe, Gewicht Lebersegmente Volumen Restleber Gewicht entnommener Leber
Tod des Spenders durch Spende	Tod durch operative Komplikationen bzw. Folge der Spende Code ELTR[12]	Sentinel event Indikator	Alter, Geschlecht Größe, Gewicht Lebersegmente Volumen Restleber Gewicht entnommener Leber
sekundäre Indikatoren			
Organfunktion	Anzahl Spender mit gestörter Organfunktion (Bilirubin > 34 µmol bzw. 2,2 mg oder γGT > 36 U/ml oder CHE < 3500 U/ml)/ alle Spender	Ergebnisindikator Rate	Alter, Geschlecht
Operative Komplikationen	Anzahl Spender mit operativen Komplikationen/alle Lebendspender Schichtung nach: Fremdblutverbrauch, GFP (gefrorenes Frischplasma) Verbrauch, intraabdominelle Infektion, Gallenwegskomplikationen, Gefäßkomplikationen, Revisionsoperationen (Anzahl und ICPM), sek. Wundheilung, Ileus, Thrombose, Lungenembolie, Pneumonie, andere	Ergebnisindikator Rate	Alter, Geschlecht Größe, Gewicht Lebersegmente Volumen Restleber Gewicht entnommene Leber
Einstellung zur Lebendspende	Anzahl Einstellung negativ (positiv)/ alle Lebendspender postoperativ und jährlich im Verlauf	Ergebnisindikator Rate	Alter Geschlecht Bezug zu Empfänger
Soziale Probleme	Anzahl Lebendspender neu im Ruhestand postoperativ nach 1 Jahr/x Jahren/ alle Lebendspender Anzahl Lebendspender neu erwerbslos postoperativ nach 1 Jahr/x Jahren/ alle Lebendspender	Ergebnisindikator Rate	Alter < 60 Jahre
Versicherungsprobleme	Anzahl Versicherungsprobleme global/ alle Lebendspender Schichtung nach: Problemen mit KV Spender/ KV Empfänger/Rentenvers./Lebensvers./ Berufsunfähigkeitsvers./sonst.	Ergebnisindikator Rate	Alter Geschlecht

[11] European Liver Transplant Registry Code s. 6.
[12] European Liver Transplant Registry Code s. 6.

Anhang

4. Anforderungen an die vergleichende Qualitätssicherung im Umfeld der Transplantation: Prozessqualität der Spenderallokation, Wartelistenpflege, Organentnahme und Organverteilung

Indikatorfokus Prozessschritt	Indikatorstatement	Indikatortyp	Auswertungsebene	Einflussfaktoren/ Prädiktoren	Datenquelle
I. Wartelistenmanagement	1. Zeitdauer Erstkontakt potenzieller Empfänger mit TPZ bis Anmeldung ET nach Organen	Rate erwartet/ erreicht Prozess	zentrumsbezogen	Empfängerprofile Warteliste (Alter, Grundkrankheit) s. QS Organe	Zentren
	2. Anzahl vorgestellter/angemeldeter Patienten nach Organen	Rate Prozess	zentrumsbezogen	Gründe für Nichtaufnahme: (s. Jahresbericht DSO: medizinische [detailliert], schwerer Alkohol-/Nikotinabusus, Compliance)	Zentren
	3. Wartelistenbewegung nach Organen a) Anzahl Tod auf der Warteliste/ alle Wartelistenpatienten b) Anzahl nicht mehr transplantationsbedürftig/alle Wartelistenpatienten	Rate Ergebnis Rate Ergebnis	zentrumsbezogen zentrumsbezogen	Empfängerprofile Warteliste (Alter, Grundkrankheit) s. QS Organe	Zentren
II. Spenderidentifikation und Realisierung der Spende	1. Organspendeanfragen/Potenzielle Organspender pro Krankenhaus Versorgungsstufe[13]	Rate Prozess	DSO Region		Datengrundlage: Systematik der Organspende DSO, Datenquelle DSO Organspende Anfragen an die DSO (unsortiert) abzgl. offensichtl. Med. Kontraindikationen Spendermeldungen (Konsilanfrage), abzgl. diagnost. KI, nicht nachgew. Hirntod Potenzielle Organspender (Hirntoddiagnostik erfolgt), abzgl. med. KI, abzgl. Ablehnungen Realisierte Organspende abzgl. ungeeignete Organe Zur Vermittlung angebotene postmortal entnommene Organe abzgl. Austauschbilanzverlust, Organisationsverluste, von Transplantationschirurgen abgelehnte Organe Realisierte Transplantationen (Datenquelle Zentren)
	2. Potenzielle Organspender/Realisierte Transplantationen pro Krankenhaus Versorgungsstufe	Rate Prozess	DSO Region		
	3. Spendermeldungen/ reale postmortale Spender pro Krankenhaus Versorgungsstufe	Rate Prozess	DSO Region		
	4. Anzahl Organe/Organspender	Rate Prozess	DSO Region		
III. Organvermittlung und Transport	1. Zeit Spendermeldung bis Ende Organentnahme über 12 Std./ alle Organspenden	Rate Prozess	nach DSO Region Spender ET: Spender Ausland		DSO ET: Spender Ausland
	2. Transportzeit (Verladung Spenderkrankenhaus bis Entladung Zentrum) erwartet/realisiert Schichtung nach regional/national	Rate Prozess	nach DSO Region Spender, ET: Spender	Transportmittel (Daten DSO)	DSO ET: Spender Ausland

Indikatorfokus Prozessschritt	Indikatorstatement	Indikatortyp	Auswertungsebene	Einflussfaktoren/ Prädiktoren	Datenquelle
	3. Kalte Ischämiezeit erwartet/realisiert Schichtung nach Organen	Rate Prozess	nach DSO Regionen und zentrumsbezogen		DSO/ET/Zentren
	4. Zeit Spendermeldung bis Transplantation erwartet/realisiert 4.1. Meldung DSO an ET bis erstes Angebot an Zentrum 4.1.a Niere: Zeit Typisierung bis Vorliegen der Matchlisten 4.2. Zeit ET Angebot an Zentrum bis Antwort Zentrum an ET 4.3. Zeit Annahme Zentrum bis Ankunft Organ 4.4. Zeit Ankunft Zentrum bis Revaskularisierung Schichtung nach Organen	Rate Prozess	4.1. ET 4.2. Zentrum 4.3. DSO/ Zentrum 4.4. Zentrum		3.1. ET 3.2. ET 3.3. Zentrum 3.4. Zentrum
IV. Organakzeptanz der Zentren	Anzahl erwartete Ablehnung/ realisierte Ablehnung[14] Schichtung nach Organen und Gründen (s. rechts) Schichtung nach ON (organ offered and not accepted), OS (organ offered, accepted, shipped)	Rate Prozess	zentrumsbezogen		Datengrundlage ET: Erfassung der Gründe für Organablehnungen: Recipient reasons: Immunological/Non-Immunological (OS, ON) Poor Donor Quality (ON) Poor Organ Quality (OS, ON)/ Organizational Reasons: Inside TPZ (OS, ON) Organiszational reasons: Outside TPZ (OS, ON) Special projects (ON) incompatible donor virology (ON) Incompatible age/size match (ON) Center Offer (ON) Other reason (OS, ON) Unknown reason (ON organ offered and not accepted and OS Organ offered, accepted, shipped) Datenquelle ET

5. Anforderungen an Erhebungsparameter

Es folgt eine Auflistung der zu erbringenden Daten nach Zeitpunkten der Erfassung je Organ geordnet. Fragebögen werden in diesen Richtlinien nicht veröffentlicht, da ihre Erstellung abhängig von den konkreten Modalitäten der Umsetzung ist (z.B. EDV-System).

Anhang

Tabelle 8
5.1. Niere, Leber, Pankreas

Parameter	Niere	Pankreas	Leber
Empfänger	ID	ID	ID
Basisdaten	Alter, Geschlecht, Größe, Gewicht	Alter, Geschlecht, Größe, Gewicht	Alter, Geschlecht, Größe, Gewicht
Grunderkrankung	Nierenkrankheit (ICD-10)	Diabetes Typ I, Diabetes Typ II, seit ..... (Anzahl Jahre) Dialysebeginn Dialysetyp (CAPG/HD)	Indikation (Code ELTR s. 6.)
	Dialysebeginn Dialysetyp (CAPD/HD)		
Risikoprofil	Diabetes I, II, Hypertonie (in Anamnese) Koronare Herzkrankheit PAVK zerebraler Insult Chronisch obstruktive Lungenerkrankung Hepatopathie Z. n. Malignom RR (aktuell) Cholesterin Rauchen (zz./früher) Risikoprofil gut/mittel/schlecht	s. o. Hypertonie Anzahl Antihypertensiva Koronare Herzkrankheit mit Intervention (Stent, Bypass etc.)/ ohne Intervention PAVK: Major Amputation Minor Amputation PNP (peripher/autonom) Retinopathie: mit/ohne Amaurosis zerebraler Insult Chronisch obstruktive Lungenerkrankung Hepatopathie Z. n. Malignom RR (aktuell) Cholesterin Rauchen (zz./früher) Risikoprofil gut/mittel/schlecht	UNOS Status (Intensive care unit-bound, continuously hospitalized, continous medical care, at home with normal function)[15]
Immunologische Vorbedingungen	Blutgruppe, HLA, letzte HLA, HLA-Ak in % (= PRA)	Blutgruppe, HLA, letzte HLA HLA-AK in % (= PRA)	Blutgruppe
Viraler Status	Hep B, C, Cytomegalie	Hep B, C, Cytomegalie CMV Prophylaxe	Hep. B, C, CMV
	CMV Prophylaxe		
Rehabilitationsgrad			Karnofsky Index
Spender	Code	Code	Code
Basisdaten	Alter, Geschlecht, Typ (Lebend/postmortal)	Alter, Geschlecht, Größe, Gewicht Typ (Lebend/postmortal)	Alter, Geschlecht, Größe, Gewicht Typ (Lebend/postmortal/Domino)
Blut	Blutgruppe HLA-TYP (ABDR)	Blutgruppe HLA-TYP (ABDR)	Blutgruppe
Viraler Status	Hep B, C, CMV	Hep B, C, CMV	Hep B, C, CMV
Risikoprofil	Todesursache (Schädel-Hirntrauma/ Subarachnoidalblutung/Hirntumor/ sek. Hirntod/andere) Kreislaufsituation (hypotensive Phasen/ Herzstillstand) Nierenfunktion (Krea)	Todesursache (Schädel-Hirntrauma/ Subarachnoidalblutung/Hirntumor/ sek. Hirntod/andere) Kreislaufsituation (hypotensive Phasen/ Herzstillstand Dauer Intensivaufenthalt	Todesursache (Schädel-Hirntrauma/ Subarachnoidalblutung/Hirntumor/ sek. Hirntod/andere) Dauer Intensivaufenthalt
Transplantat	Organqualität (gut/mittel/schlecht) Perfusionslösung	Organqualität (gut/mittel/schlecht) Perfusionslösung (Auswahl) Shipped/local	Organqualität (gut/mittel/schlecht) Perfusionslösung Shipped/local

[15] Entspricht Dringlichkeitsstufen nach den Richtlinien der Bundesärztekammer zur Organvermittlung Leber

Parameter	Niere	Pankreas	Leber
	CIT	CIT	CIT
Transplantation	Wievielte Transplantationen (Funktionsdauer vorausgehendes Transplantat/ immunologische Verlustursache)? Re/li Niere kombinierte Transplantation	Vorausgehende Transplantation: PA/KAP/SPK/PAK/[16]Insel Jetzige Transplantation: PA/KAP/SPD/PAK Exokrine Drainage (Blase/Darm) Endokrine Drainage (portal/systemisch)	Spenderorgan (Full Size/Reduced/Split) Lebertransplantation (Orthotop/heterotop) andere Organe TPL
Operation			
Stat. Aufenthalt	Dauer	Dauer	Dauer
Funktion	Transplantatfunktion (sofort/verzögert/ Datum letzte Dialyse/nie) Transplantatfunktion bei Entlassung (Krea)	Insulinfrei ja seit ... nein	
Komplikationen	Operative Komplikationen: Urinleck, Sek. Wundheilung, Lymphocele, Platzbauch, Blutung, Revisionsoperationen (Zahl) Schwere Infektionen (ICD-10) Entlassungsbefunde Diabetes RR Cholesterin, Gewicht	Relaparotomie wegen: Blutung/ Infektion/Code ELTR (s. 6.) Abstoßung/Nahtinsuffizienz/ Thrombose/Pankreatitis Infektionen: Harnwege, Pneumonie, CMV/EBV, Wunde Entlassungsbefunde RR	
	Rejektionsbehandlungen (Zahl, Therapie, Konversion, Histologie)		
Immunsuppression	Immunsuppression	Immunsuppression (Induktion/Langzeit) Wechsel wegen NW/fehlende Wirksamkeit/Protokoll	Immunsuppression
Therapie	ACE-Hemmer Statine Antihypertensiva	Insulin ja/nein s. o.	
Follow Up			
Graft function	Kreatinin	Insulinfrei ja seit ... nein	Bilirubin
Rejektion	Rejektionsbehandlungen (Zahl, Therapie, Konversion, Histologie: [akut, chronisch, zellulär, vaskulär])		Rejektionen
Immunsuppression	Immunsuppression Wechsel wegen NW/fehlender Wirksamkeit/Protokoll	Immunsuppression Wechsel wegen NW/fehlender Wirksamkeit/Protokoll	Immunsuppression
Therapie	ACE-Hemmer Statine Antihypertensiva	Antihypertensiva s. o.	
Rehabilitationsgrad			Karnofsky Index

[16] PA = nur Pankreas, KAP = Niere nach Pankreas, SPK = simultan Pankreas, Niere, PAK = Pankreas nach Niere

Anhang

Parameter	Niere	Pankreas	Leber
Folgekrankheiten	Folgekrankheiten (neu jeweils seit letztem Bericht)	Folgekrankheiten (neu jeweils seit letztem Bericht) Hypertonie Anzahl Antihypertensiva	Folgekrankheiten (Schlüssel ELTR[17]) Inkl. Reinfektion Malignome (ICD-10)
	KHK	KHK mit Intervention (Stent, Bypass etc.)/ohne Intervention/Infarkt	
	PAVK Diabetes mellitus	PAVK: Major Amputation Minor Amputation PNP (peripher(autonom) Retinopathie: mit/ohne Amaurosis	
	zerebraler Insult Hepathopathie Thrombose Katarakt Hüftkopfnekrose Gicht Darmperforation Lymphocele Harnstau Harnleiterstenose Urinleck TRAS (Transplantatnierenarterienstenose) Narbenhernie Schwere Infektion (ICD-10) Malignome (ICD-10) Cholesterin, RR, Gewicht, Rauchen	zerebraler Insult Hepatopathie Thrombose Katarakt Hüftkopfnekrose Gicht Darmperforation Konversion der exokrinen Drainage Narbenhernie

Infektion: Harnwege, Pneumonie, CMV/EBV, Malignome (ICD-10) Cholesterin, RR, Gewicht, Rauchen | |
| Verlust der Transplantat- funktion | Datum 1. Dialyse

Ursache: Rejektion: akzeleriert, akut, chronische, histologisch gesichert Operation: Gefäßverschluss Blutung Infektion im OP-Bereich

Rekurrens CSA-Tac Vaskulopathie Primäre Nichtfunktion andere nicht bekannt | Kontinuierliche Insulinbedürftigkeit seit: ... Ursache: Rejektion ja/nein

Operation: Gefäßverschluss Blutung Infektion im OP-Bereich Nahtinsuffizienz Thrombose Pankreatitis Primäre Nichtfunktion Andere Nicht bekannt | Retransplantation Datum, Ursache Organversagen (Code ELTR) |
| Tod des Patienten | Datum Tod mit Transplantatfunktion Ursache: Malignom, Blutung, Pneumonie, Sepsis, Enzephalitis, Lungenembolie, Herztod, zerebraler Insult, Leberversagen andere (ICD-10) nicht bekannt | Datum Tod mit Transplantatfunktion Ursache: Malignom, Blutung, Pneumonie, Sepsis, Enzephalitis, Lungenembolie, Herztod, zerebraler Insult, Leberversagen andere (ICD-10) nicht bekannt | Tod (Datum), Ursache (Code ELTR[18]) |
| Verlust Beobachtung | Datum letztes Kreatinin | Datum | Datum |

[17] European Liver Transplant Registry Code s. 6.
[18] European Liver Transplant Registry Code s. 6.

Tabelle 9

5.2. Herz, Lunge

Parameter	Herz	Lunge
Empfänger	ID	ID
Basisdaten	Alter, Geschlecht, Größe, Gewicht	Alter, Geschlecht, Größe, Gewicht
Grunderkrankung	Grunderkrankung Dilatative Kardiomyopathie Ischämische Kardiomyopathie Restriktive Kardiomyopathie Herzklappenfehler Angeborene Vitien Andere (ICD-10)	Idiopathisch pulmonale Fibrose COPD (chronisch obstruktive Lungenerkrankung) $\alpha 1$ Antitrypsin Mangel Cystische Fibrose Primär pulmonale Hypertonie Eisenmenger Chronisch rezidivierende Lungenembolie Andere (ICD-10)
Risikoprofil	Thorakale Voroperationen High Urgency/elektive Listung Assist Device Beatmung Katecholamintherapie Lungengefäßwiderstand (TPG = Transpulmonaler Gradient) Diabetes mellitus Niereninsuffizienz (Serum-Kreatinin)	Thorakale Voroperationen High Urgency/elektive Listung Beatmung Präoperativ: Invasive Beatmung/nichtinvasive Beatmung/ECMO Retransplantation Relevante Begleiterkrankungen (ICD-10)
Immunologische Vorbedingungen	Blutgruppe HLA, HLA-Ak in % (= PRA)	Blutgruppe HLA-AK in % (= PRA)
Viraler Status	CMV Status, Hepatitis B, C, Toxoplasmose	CMV Status Multiresistente Keime (ja/nein spezifizieren) Aspergillus
Spender	Code	Code
Basisdaten	Alter, Geschlecht, Größe, Gewicht	Spendertyp (hirntot/lebend) Alter, Geschlecht, Größe, Gewicht
Blut	Blutgruppe, HLA	Blutgruppe
Viraler Status/Infektion	CMV, Hepatitis B, C, Toxoplasmose	CMV, Aspergillus
Risikoprofil	Todesursache (SHT, SAB, Hirntumor, sek. Hirntod, andere) Katecholamintherapie Hypotensive Phasen, Herzstillstand Regionale Kontraktilitätsstörungen (Echokardiographie) ZVD vor Organentnahme Enzyme: CK, Troponin Anamnese: Nikotin, Hypertonie, Diabetes mellitus	Todesursache (SHT, SAB, Hirntumor, sek. Hirntod, andere) ... Tage intubiert
Transplantat	Organqualität (gut/mittel/schlecht) Perfusionslösung Kalte Ischämiezeit	Organqualität (gut/mittel/schlecht) PO2 (FiO20; Peep 5) Perfusionslösung Kalte Ischämiezeit

Parameter	Herz	Lunge
Transplantation Operation	Orthotop: Biatriale Anastomosen Bicavale Anastomosen kombinierte Transplantation	Einzellunge (SLTx) Doppellunge (DLTx) Herz-Lunge (HLTx) Lappentransplantation konkomitante OPs
Stat. Aufenthalt	Dauer	Dauer
Funktion	CMV Prophylaxe	... Tage intubiert PO2 FiO2 Koeff. 6 Std. postop. bei Peep _ ECMO
Komplikationen	Todesursache (primäres Transplantatversagen, Infektion, Rejektion, Blutung, zerebrale Komplikationen, andere)	Todesursache (primäres unspezifisches Transplantatversagen [non specific Graft failure], Infektion, Rejektion, Blutung, andere)
Immunsuppression	Immunsuppression (inkl. Induktion)	Immunsuppression (Auswahl Medikamente, keine Dosierung) Induktionstherapie (ja/nein/Studie) Anzahl behandelte Abstoßungsreaktion _____ Behandlung: Steroide/Zytolytische Therapie/sonstige
Follow Up		
Graft function	LVEF (Echokardiographie)	PO2 in Ruhe BOS Stadium[19]
Rejektion	Behandelte akute Abstoßungsreaktionen	Behandelte akute Abstoßungsreaktionen Behandlung: Steroide/Zytolytische Therapie/sonstige
Immunsuppression	Immunsuppression	Immunsuppression (Auswahl Medikamente, keine Dosierung)
Therapie	Antihypertensiva	
Folgekrankheiten	Hypertonie Niereninsuffizienz/Dialyse Diabetes mellitus Malignome (spezifiziert) Transplantatvaskulopathie mit Intervention (Dilatation, Stent, Bypass) Osteoporose mit Frakturen Infektion mit stationärer Behandlung Tricuspidalinsuffizienz mit Klappen-Operation	Maligne Tumoren (Haut, solide Tumoren, Lymphome, ICD-10) Niereninsuffizienz/Dialyse
Verlust der Transplantatfunktion	Retransplantation Datum, Ursache Transplantatvaskulopathie chronisch Akute Abstoßungsreaktionen	Retransplantation Datum, Ursache
Tod des Patienten	Datum Todesursachen Akut: Graft Failure, Infektion, Rejektion, Blutung, andere im Verlauf: Infektion, Rejektion, Transplantatvaskulopathie, Tumoren, andere: ICD-10	Datum Todesursachen Akut: primäres unspezifisches Transplantatversagen (non-specific Graft Failure), Infektion, Rejektion, Blutung, andere im Verlauf: Infektion, Rejektion, BOS[20], Tumoren (Lymphome, solide TU, Haut: ICD-10), andere: ICD-10
Verlust Beobachtung	Datum	Datum

[19] Definition BOS Grad 0–III s. International Society for Heart and Lung Transplantation: JD Cooper et al.: A Working formulation for the nomenclature and for clinical Staging of chronic dysfunction in lung allografts. J Heart Lung Transplant 1993; 12: 713–716.

Tabelle 10

5.3. Lebendorganspende Niere, Leber

Parameter	Lebendspender Niere	Lebendspender Leber
Empfänger	ID	ID
Lebendspender	ID, Bezug zu Empfänger	ID, Bezug zu Empfänger
Basisdaten	Alter, Geschlecht, Größe, Gewicht	Alter, Geschlecht, Größe, Gewicht
Ausgangswerte Organfunktion	Kreatinin (mg/dl/µmol/l) Proteinurie (g/l, g/24h) RR, Antihypertensiva	Bilirubin γGT Cholinesterase
Sozialdaten	erwerbstätig, arbeitslos, Ausbildung, Hausmann/-frau, Rentner Versicherungsprobleme (KV Spender/KV Empfänger/ Rentenvers./Lebensvers./Berufsunfähigkeitsvers./ sonst. Freitext)	erwerbstätig, arbeitslos, Ausbildung, Hausmann/-frau, Rentner Versicherungsprobleme (KV Spender/KV Empfänger/ Rentenvers./Lebensvers./Berufsunfähigkeitsvers./ sonst. Freitext)
Einstellung	Einstellung zur Lebendspende (sehr positiv, positiv, neutral, negativ, sehr negativ, unbekannt)	Einstellung zur Lebendspende (sehr positiv, positiv, neutral, negativ, sehr negativ, unbekannt)
Evaluation		Komplikationen im Rahmen der Evaluation
Operation	Datum re/li Niere Laparoskopisch/transperitoneal/extraperitoneal Anzahl Nierenarterien/Nierenvenen/Polgefäße	Datum Lebersegmente (I–VIII) Gewicht nach Perfusion _____ mg Volumetrie Restleber _____ ml
Stat. Aufenthalt	Dauer	Dauer intensiv/Dauer ges. Tage
Funktion	Kreatinin 7. Postoperativer Tag, Urinkultur (am _ Tag) pos./neg./n.u.	Bilirubin maximal (mg/µmol)
Komplikationen	Blutung, Revisionsoperationen (Anzahl), sekundäre Wundheilung, Ileus, Thrombose, Lungenembolie, Pneumonie, andere Komplikationen (ICD-10) Transfusionspflicht Eigen-/Fremdblut	Gesamtverbrauch Fremdblut _____ ml Gesamtverbrauch GFP _____ ml Infektion intraabdominell Gallenwegskomplikationen Gefäßkomplikationen Anzahl Revisionsoperationen Indikation _____ (ICPM) Sek. Wundheilung, Ileus, Thrombose, Lungenembolie, Pneumonie, andere Komplikationen (ICD-10)
Entlassung	Kreatinin Proteinurie RR, Antihypertensiva Einstellung zur Lebendspende (sehr positiv, positiv, neutral, negativ, sehr negativ, unbekannt)	Bilirubin γGT Cholinesterase Einstellung zur Lebendspende (sehr positiv, positiv, neutral, negativ, sehr negativ, unbekannt)
Follow Up (3 Monate, jährlich)		
Funktion	Kreatinin Proteinurie RR, Antihypertensiva Wenn Fremdblut ja: nach 1 Jahr Hep B, C, HIV (pos./neg./abgelehnt)	Bilirubin γGT Cholinesterase Wenn Fremdblut ja: nach 1 Jahr Hep B, C, HIV (pos./neg./abgelehnt)

Parameter	Lebendspender Niere	Lebendspender Leber
Komplikationen	Narbenbruch, Narbenbeschwerden, Narbenkeloid Spätabszess, Neue Erkrankungen (ICD-10)	Narbenbruch, Narbenbeschwerden, Narbenkeloid Spätabszess, Neue Erkrankungen (ICD-10)
Sozialdaten	Erwerbstätig, Ausbildung, arbeitslos, Hausmann/-frau, Rentner Versicherungsprobleme (KV Spender/KV Empfänger/ Rentenvers./Lebensvers./Berufsunfähigkeitsvers./ sonst. Freitext)	Erwerbstätig, Ausbildung, arbeitslos, Hausmann/-frau, Rentner Versicherungsprobleme (KV Spender/KV Empfänger/ Rentenvers./Lebensvers./Berufsunfähigkeitsvers./ sonst. Freitext)
Einstellung	Einstellung zur Lebendspende (sehr positiv, positiv, neutral, negativ, sehr negativ, unbekannt)	Einstellung zur Lebendspende (sehr positiv, positiv, neutral, negativ, sehr negativ, unbekannt)
Verlust der Organfunktion	Datum 1. Dialyse Ursache: Nierenerkrankung, Nierentumor OP, Nierentrauma, Sonstiges (Freitext)	Lebertransplantation Datum Tod durch Leberversagen Datum Ursache: Code ELTR
Tod des Spenders	Tod mit normaler Nierenfunktion Tod mit eingeschränkter Nierenfunktion Todesursache: Malignom, Herztod, zerebraler Insult, Leberversagen, Unfall, Infektion, andere (Freitext bzw. ICD-10)	Code ELTR (s. Anhang 1)
Verlust der Beobachtung	Datum letztes Kreatinin, Proteinurie, RR	Letztes Bilirubin, γGT, Cholinesterase

6. Code: European Liver Transplant Registry Code

Hepato-Biliary, Paul Brousse Hospital, Villejuif, France. Telefon: 01 45 59 38 28, Fax: 01 45 59 38 57, E-Mail: vincent. karam@pbr.ap-hop-paris.fr

Indications of Liver Transplantation

A1. *Acute hepatic failure Fulminant or Subfulm hepatitis-Virus A*
A2. *Acute hepatic failure Fulminant or Subfulm hepatitis-Virus B*
A3. *Acute hepatic failure Fulminant or Subfulm hepatitis-Virus C*
A4. *Acute hepatic failure Fulminant or Subfulm hepatitis-Virus D*
A5. *Acute hepatic failure Fulminant or Subfulm hepatitis Other known*
A6. *Acute hepatic failure Fulminant or Subfulm hepatitis Other unknown*
A7. *Acute hepatic failure Fulminant or Subfulm hepatitis Paracetamol*
A8. *Acute hepatic failure Fulm or Subfulm hep Other drug related: specify*
A9. *Acute hepatic failure Fulminant or Subfulm hepatitis Toxic (non drug)*
A10. *Acute hepatic failure Post operative*
A11. *Acute hepatic failure Post traumatic*
A12. *Acute hepatic failure Others : specify*
A13. *Subacute hepatitis Virus A*
A14. *Subacute hepatitis Virus B*
A15. *Subacute hepatitis Virus C*
A16. *Subacute hepatitis Virus D*
A17. *Subacute hepatitis Other known*
A18. *Subacute hepatitis Other unknown*
A19. *Subacute hepatitis Paracetamol*
A20. *Subacute hepatitis Other drug related : specify*
A21. *Subacute hepatitis Toxic (non drug)*

B1. *Cholestatic disease Secondary biliary cirrhosis*
B2. *Cholestatic disease Primary biliary cirrhosis*
B3. *Cholestatic disease Primary sclerosing cholangitis*
B4. *Cholestatic disease Others : specify*
C1. *Congenital biliary disease Caroli disease*
C2. *Congenital biliary disease Extrahepatic biliary atresia*
C4. *Congenital biliary disease Congenital biliary fibrosis*
C5. *Congenital biliary disease Choledocal cyst*
C6. *Congenital biliary disease Alagille syndrome*
C7. *Congenital biliary disease Others: specify*
D1. *Cirrhosis Alcoholic cirrhosis*
D2. *Cirrhosis*
D3. *Cirrhosis Virus B related cirrhosis*
D4. *Cirrhosis Virus C related cirrhosis*
D5. *Cirrhosis Virus BD related cirrhosis*
D6. *Cirrhosis Virus BC related cirrhosis*
D7. *Cirrhosis Virus BCD related cirrhosis*
D8. *Cirrhosis-Virus related cirrhosis Other viruses (specify)*
D9. *Cirrhosis-Post hepatitic cirrhosis Drug related*
D10. *Cirrhosis Other cirrhosis : specify*
D11. *Cirrhosis Cryptogenic (unknown) cirrhosis*
E1. *Cancers Hepatocellular carcinoma and cirrhosis*
E2. *Cancers Hepatocellular carcinoma and non cirrhotic liver*
E3. *Cancers-Hepatocellular carcinoma Fibrolamellar*
E4. *Cancers-Biliary tract carcinoma (Klatskin)*
E5. *Cancers-Hepatic cholangiocellular carcinoma*
E6. *Cancers Hepatoblastoma*
E7. *Cancers Epithelioid hemangioendothelioma*
E8. *Cancers Angiosarcoma*
E9. *Cancers-Secondary liver tumors Carcinoid*
E10. *Cancers-Secondary liver tumors Other neuroendocrine*
E11. *Cancers-Secondary liver tumors Colorectal*
E12. *Cancers-Secondary liver tumors GI non colorectal*
E13. *Cancers-Secondary liver tumors Non gastrointestinal*
E14. *Cancers Other liver malignancies : specify*
F1. *Metabolic diseases Wilson disease*
F2. *Metabolic diseases Hemochromatosis*
F3. *Metabolic dis-Alpha-1 Antitrypsin deficiency*
F4. *Metabolic diseases Glycogen storage disease*
F5. *Metabolic dis Homozygous Hypercholesterolemia*
F6. *Metabolic diseases Tyrosinemia*
F7. *Metabolic diseases Familial amyloïdotic polyneuropathy*
F8. *Metabolic diseases Primary hyperoxaluria*
F9. *Metabolic diseases Protoporphyria*
F10. *Metabolic diseases Other porphyria*

F11. *Metabolic diseases Crigler-Najjar*
F12. *Metabolic diseases Cystic fibrosis*
F13. *Metabolic diseases Byler disease*
F14. *Metabolic diseases Others*
G. *Budd Chiari*
H1. *Benign liver tumors or Polycystic dis Hepatic adenoma*
H2. *Benign liver tumors or Polycystic dis Adenomatosis*
H3. *Benign liver tumors or Polycystic dis Hemangioma*
H4. *Benign liver tumors or Polycystic dis Focal nodular hyperplasia*
H5. *Benign liver tumors or Polycystic dis Polycystic disease*
H6. *Benign liver tumors or Polycystic dis Nodular regenerative hyperplasia*
H7. *Benign liver tumors or Polycystic dis Other benign tumors : specify*
I1. *Parasitic disease Schistosomia (Bilharzia)*
I2. *Parasitic disease Alveolar echinococcosis*
I3. *Parasitic disease Cystic hydatidosis*
I4. *Parasitic disease Others: specify*
J. *Other liver diseases*
K. *Not available*

Causes of Death or Graft Failure

A1. *Intraoperative death (death on table)*
B1. *Infection Bacterial infection*
B2. *Infection Viral infection*
B3. *Infection HIV*
B4. *Infection Fungal infection*
B5. *Infection Parasitic infection*
B6. *Infection Other known infect: specify*
C1. *Liver complications Acute rejection*
C2. *Liver complications Chronic rejection*
C3. *Liver complications Arterial thrombosis*
C4. *Liver complic Hepatic vein thrombosis*
C5. *Liver complic Primary N-function (Retx or death _ 7 d)*
C6. *Liv complic Primary dysfunction (Retx or death > 7d)*
C7. *Liver complic Anastomotic biliary complic*
C8. *Liver complic Non anastomotic biliary complic*
C9. *Liver complic Recurrence of original dis Virus B*
C10. *Liv complic Recurrence of original dis Virus C*
C11. *Liv complic Recurrence of original dis Virus D*
C12. *Liv complic Recurrence of original dis Alcoholic*
C13. *Liv complic Recurrence of original dis PBC*
C14. *Liv complic Recurrence of original dis PSC*
C15. *Liv complic Recurrence of original dis Autoimmune*
C16. *Liv complic Recurrence of original dis Budd Chiari*
C17. *Liv complic Recur of orig dis Other non tumoral: specify*
C18. *Liver complic De novo hepatitis B virus*

C19. Liver complications De novo hepatitis C virus
C20. Liver complications De novo hepatitis D virus
C21. Liver complic Massive hemorrhagic necrosis
C22. Liver complications Other viral hepatitis
C23. Liver complications Infection
C24. Liver complications Other: specify
D1. Gastrointestinal complications GI haemorrhage
D2. Gastrointestinal complications Pancreatitis
D3. Gastrointestinal complic Visceral perforation
D4. Gastrointestinal complications Other: specify
E1. Cardiovascular complications Myocardial infarction
E2. Cardiovascular complications Other cause: specify
F1. Cerebrovascular complications Intracranial haemorrhage
F2. Cerebrovascular complications Ischemic stroke
F3. Cerebrovascular complications Cerebral oedema
F4. Cerebrovascular complications Cerebral infection
G1. Tumor Recurrence of original tumor
G2. Tumor Recurrence of previously unrelated tumor
G3. Tumor De novo solid organ tumor
G4. Tumor Donor transmitted tumor
G5. Tumor Lympho proliferation disease
H1. Kidney failure
H2. Urinary tract infection
I1. Pulmonary complications Embolism
I2. Pulmonary complications Infection
J1. Social complic Non compliance immunosup therapy
J2. Social complications Suicide
J3. Social complications Trauma (Motor, Vehicle ...)
K1. Bone marrow depression
L1. Other cause: specify
M1. Not available

Anhang:
Anforderungen an die organisatorische und methodische Umsetzung der Qualitätssicherung in der Transplantationsmedizin

1. Datenerhebung

Alle Transplantationszentren sind zur Erfassung und Weitergabe der Daten für die externe Qualitätssicherung verpflichtet. Dies betrifft nach heutigem Stand die Transplantation von Niere, Leber, Herz, Lunge und Pankreas, die Nachbetreuung der Lebendorganspender sowie nach § 10 Abs. 3 TPG die Übertragung von Augenhornhäuten. Letztere werden in einem gesondert veröffentlichten Zusatz zu dieser Richtlinie geregelt. Unter Kapitel 5 der Richtlinie sind die für jedes Organ zu dokumentierenden Datensätze aufgeführt. Diese sind fallbezogen unmittelbar nach dem stationären Aufenthalt zur Transplantation selbst sowie drei Monate und ein Jahr nach Transplantation und weiter jährlich zu dokumentieren und an die zuständige Stelle zu liefern. Verlaufsdaten können entweder durch eigene Nachuntersuchungen oder durch Anfrage beim weiterbehandelnden Arzt erhoben werden.

Die Transplantationszentren müssen sicherstellen, dass sie über primäre Indikatorereignisse (Funktionsverlust des Transplantats, Tod des Patienten) und deren Ursachen unterrichtet werden.

Das oben genannte Vorgehen gilt entsprechend nach § 10 Abs. 2 Nr. 6 TPG auch für die Nachbetreuung der Lebendorganspender.

Die Deutsche Stiftung Organtransplantation (DSO) als Koordinierungsstelle ist nach § 11 Abs. 2 Nr. 3 TPG verpflichtet, die Transplantationszentren bei Maßnahmen zur Qualitätssicherung zu unterstützen. Dies umfasst insbesondere die Bereitstellung von Daten, die der Koordinierungsstelle zur Verfügung stehen.

Zur Dokumentation soll ein verbindliches EDV-Erfassungssystem erstellt werden. Bis zur Einrichtung eines mit den Anforderungen für die Qualitätssicherung vollständig kompatiblen EDV-Systems kann die Dokumentation von Qualitätssicherungsdaten auch auf dem Papierweg erfolgen. Die erhobenen Daten sind vom einzelnen Transplantationszentrum zeitnah an die zuständige Stelle zu übermitteln.

Für Rückfragen im Rahmen der Plausibilitäts- und Vollständigkeitsprüfungen haben die Transplantationszentren der zuständigen Stelle einen oder mehrere Ansprechpartner zu benennen.

Nach § 137 SGB V kann die Nichtteilnahme an der Qualitätssicherung Rechtsfolgen nach sich ziehen. Näheres wird in einer Vereinbarung zwischen den Vertragspartnern nach § 137 geregelt. Wiederholte unvollständige oder mangelhafte Datenlieferung kann eine Begehung, wie in Kapitel 3.5 beschrieben, zur Folge haben.

2. Internes Qualitätsmanagement

Zur Unterstützung des internen Qualitätsmanagements durch eigene Auswertungen sollen den Transplantationszentren nach Möglichkeit ein direkter Zugriff auf die eigenen für die externe Qualitätssicherung erhobenen Daten sowie auf eine bundesweite Vergleichsstatistik gewährt und intrahospitale Vergleiche (Ergebnisse eines Zentrums über die Zeit) zur Verfügung gestellt werden. Die organspezifischen Fachkommissionen sollen von den Zentren Berichte über deren internes Qualitätsmanagement anfordern können. Im Fall einer Begehung (s. Kapitel 3.5.) sind die Ergebnisse der internen Qualitätssicherung und die getroffenen Maßnahmen zur Verbesserung festgestellter Mängel offen zu legen.

3. Extern vergleichende Qualitätssicherung der Ergebnisqualität Methodik und Verfahren

3.1 Qualitätsindikatoren und Risikoprofil

Der Datensatz besteht aus den vorab definierten Qualitätsindikatoren und den zugehörigen Risikoprofilen. Ein Qualitätsindikator ist definiert als ein Maß, dessen Ausprägung Hinweise auf gute oder schlechte Qualität für jeweils einen Teilaspekt der Versorgungsqualität geben kann. Quantitative Indikatoren der Ergebnisqualität eignen sich sowohl zur laufenden Überwachung der Qualität einer Einrichtung als auch zum externen Vergleich von Institutionen.

Gleichzeitig müssen bei der Berechnung von Qualitätsindikatoren die unterschiedlichen Risikoprofile der Patienten in den einzelnen Kliniken berücksichtigt werden (Risikoprofil oder Case Mix). Hierzu sind geeignete statistische Verfahren einzusetzen. Die Indikatoren müssen sich auf Routineverfahren beziehen, nicht auf experimentelle Verfahren und stets an den aktuellen Stand der medizinischen Versorgung angepasst werden.

Zu jedem Indikator werden Referenzbereiche definiert. Hierunter versteht man den Bereich der Ausprägung des Indikators, der mit guter Qualität in Verbindung gebracht werden kann. Diese werden in der Regel auf der Basis der Verteilung der Abweichungen der tatsächlichen Ausprägung von der zu erwartenden Ausprägung der Indikatoren definiert. Alle nicht bereits validierten Indikatoren müssen zunächst in einer zweijährigen Probephase auf ihre tatsächliche Eignung zur Messung von Ergebnisqualität durch die Fachkommissionen überprüft werden (s. 6.3.).

3.2 Nachbeobachtung

Qualitätssicherung in der Transplantationsmedizin braucht eine langfristige Nachbeobachtung. Hier müssen spezielle Maßnahmen getroffen werden (Meldebogen und Regeln für Follow-Up-Verlust u.a.), um den Follow-Up-Verlust möglichst gering zu halten und so die Aussagekraft der Qualitätssicherungserhebungen zu maximieren. Hierfür müssen den Transplantationszentren ausreichende Ressourcen zur Verfügung stehen.

3.3 Fallzahlen

Methodische Probleme ergeben sich für die Qualitätssicherung aus den kleinen Fallzahlen im Bereich der Transplantation. Fallzahlen unter zehn Transplantationen im Jahr entziehen sich einer statistischen Betrachtung. Hier wird die Qualitätssicherung um Einzelfallberichte bei unerwünschten Ereignissen und Qualitätsberichte ergänzt werden müssen. Vergleichende Qualitätssicherung kann für die kleinen Zentren in Zwei-Jahres-Kohorten sinnvoll sein.

3.4 Auswertung der Daten für die Transplantationszentren

Die Auswertung erfolgt durch die Erstellung eines Klinikprofils. Dabei wird das unterschiedliche Risikoprofil der Patienten an den verschiedenen Kliniken berücksichtigt. Jedes Transplantationszentrum bekommt mindestens jährlich seine nach

Risikoprofil adjustierten Ergebnisse der organbezogenen Indikatoren in Form eines Klinikprofils im Vergleich mit den anonymisierten Ergebnissen aller anderen Zentren zum Zweck der Selbstprüfung. Dies ermöglicht jedem Zentrum einen Vergleich von Komplikations- und Überlebensraten mit denjenigen anderer Zentren unter Berücksichtigung der unterschiedlichen Patientenzusammensetzung.

Die anonymisierten Klinikprofile werden mindestens jährlich den Fachkommissionen zum Vergleich vorgelegt, die daraus entsprechende Vorgehensweisen ableiten (s. 3.5.). Eine weitere Präzisierung (z.B. Todesursachen bei hoher 30-Tage-Letalität) kann im Fall auffälliger Ergebnisse einzelner Zentren erfolgen. Es ist ferner ein Vergleich mit internationalen Daten erforderlich, um die nationalen Ergebnisse entsprechend einordnen zu können.

Zusätzlich sind intrahospitale Vergleiche (Vergleich der Ergebnisse eines Zentrums über die Zeit) als Grundlage für das interne Qualitätsmanagement der Zentren vorgesehen. Ergänzend soll den Zentren die Möglichkeit zur interaktiven Auswertung ihrer Daten im Vergleich zu einer bundesweiten Gesamtstatistik gegeben werden. Es müssen auch Indikatoren für die Datenqualität definiert werden, um die Qualitätsindikatoren in einen entsprechenden Kontext stellen zu können.

3.5 Interventionskonzept

3.5.1 Qualitätssichernde Maßnahmen

Organspezifische Fachkommissionen begutachten die Ergebnisse der extern vergleichenden Qualitätssicherung. Als Grundlage erhalten sie die nach Maßgabe von Kapitel 3.4. erstellten Klinikprofile. Hiermit wird für größere Fallzahlen eine statistische Betrachtung angestellt. Die Fachkommission kann zum Zweck der weitergehenden Problemanalyse detaillierte Daten zu bestimmten Fragestellungen abfragen (z.B. Todesursachen bei hoher 30-Tage-Letalität s.o.).

Kann wegen kleiner Fallzahlen (< 10 Transplantationen/Jahr) eine statistische Betrachtung nur in Zwei-Jahres-Kohorten erfolgen, kann die Fachkommission im jeweils anderen Jahr z.B. Berichte über das interne Qualitätsmanagement des Zentrums anfordern. Zusätzlich erfolgt die Bewertung der Ergebnisse durch Fallberichte bei auffälligen Indikatorereignissen (z.B. Kurzzeitletalität). Den Fachkommissionen stehen auch die intrahospitalen Vergleiche der Zentren zur Verfügung, an denen Qualitätsverbesserungen oder aber Einbrüche in der Qualität eines Zentrums beurteilt werden können. Die Fachkommissionen können zusätzlich zum Interventionskonzept mit den Zentren freiwillige Qualitätsaudits vereinbaren.

3.5.2 Stufenverfahren

Für die einzelnen Indikatoren werden Referenzbereiche (s.o. Kapitel 3.1.) erstellt. Diese werden auf der Basis der Verteilung der Abweichungen der tatsächlichen Ausprägungen von den zu erwartenden Ausprägungen der Indikatoren errechnet.

Folgende Konstellationen haben ein Interventionsverfahren zur Folge:

- signifikant negative Abweichung der Ergebnisse (jeweils auf ein Organ bezogen) eines Zentrums vom definierten Referenzbereich bei mindestens einem primären oder mindestens zwei sekundären Indikatoren

- kleine Zentren (< 10 Transplantationen/Jahr): bei auffälligen Indikatorereignissen, die sich einer statistischen Betrachtung auf Grund kleiner Fallzahlen entziehen, kann durch die Fachkommission ein Fallbericht (Stufe 1) angefordert werden.

- Verschlechterung der Ergebnisse eines Zentrums im intrahospitalen Vergleich

Das Interventionsverfahren soll wie nachfolgend angelegt werden:

1. Stufe
Die Fachkommission bittet das Transplantationszentrum um eine schriftliche Stellungnahme. Hierin muss die Klinik aus ihrer Sicht die Ursachen der negativen Abweichung für die betreffenden Indikatoren analysieren. Die Anonymität des Zentrums gegenüber der Fachkommission bleibt dabei gewahrt, indem die Kommunikation indirekt über die auswertende Stelle geführt wird.

Folgende Konstellationen führen zur zweiten Stufe des Interventionsverfahrens:

- eine nicht erfolgte Stellungnahme nach (Stufe 1) innerhalb einer Frist von drei Monaten und nach nochmaliger Mahnung

- ein nach Meinung der Mehrheit der Fachkommission unzureichende Erklärung des Sachverhaltes im Fallbericht (Stufe 1).

- ein persistierend auffälliger Trend desselben Indikators/derselben Indikatoren im Verlauf

2. Stufe
Es erfolgt eine Begehung durch Mitglieder der zuständigen Fachkommission sowie ein Mitglied der die Qualitätssicherung durchführenden Stelle. Die Begehung erfolgt angemeldet nach einem von jeder Fachkommission schriftlich fixierten, strukturierten Konzept, um reproduzierbar zu sein.

Die Begehung versteht sich als konstruktive Hilfestellung beim Umgang mit Problemen durch erfahrene Kollegen nach dem Prinzip des Peer-Reviews . Es erfolgen die Analyse bestehender Probleme und Defizite gemeinsam mit dem Transplantationszentrum sowie eine Validierung der Dokumentation.

Im Rahmen der Begehung müssen folgende Inhalte abgedeckt werden:

- Fallbeschreibungen von Patienten mit auffälligem Indikatorereignis (z.B. Todesfälle oder operative Komplikationen) werden durch die Klinik vorgestellt und diskutiert. Unter Beachtung der Grundsätze von Datenschutz und Schweigepflicht können Patientenakten hinzugezogen werden.

- Es wird eine Klinikbegehung durchgeführt, bei der das klinikinterne Qualitätsmanagement erläutert und Eckpunkte der Struktur- und Prozessqualität durch die Klinik dargestellt werden.

- Abschließend wird ein kollegialer Dialog über die Konsequenzen der externen Qualitätssicherung für das interne Qualitätsmanagement der Klinik sowie mögliche Lösungsansätze für Probleme der Struktur- und Prozessqualität geführt.

- Dokumentationsweg und -form in dem betroffenen Zentrum werden durch das begleitende Mitglied der Projektgeschäftsstelle überprüft.

- Von der Begehung wird ein Protokoll erstellt, das dem Zentrum zugeht. Die Fachkommission kann eine weitere Begehung nach einem bestimmten Zeitraum vereinbaren.

- Wiederholte unvollständige oder mangelhafte Datenlieferung kann ebenfalls eine Begehung zur Folge haben (s. Kapitel 1 Datenerhebung). Der Schwerpunkt liegt dann auf der Frage der Datenerhebung und Dokumentation.

Für die Begehung muss die Anonymität gegenüber der Fachkommission notwendigerweise aufgehoben werden.

Folgende Konstellationen führen zur dritten Stufe des Interventionsverfahrens:

- Verweigerung der Begehung

- ein persistierend auffälliger Trend desselben Indikators/derselben Indikatoren im Verlauf auch nach Begehung.

3. Stufe
Es erfolgt eine namentliche Nennung des betroffenen Transplantationszentrums an das Aufsicht führende Gremium (das Bundeskuratorium Qualitätssicherung nach § 137 SGB V s. Kapitel 6). Eine namentliche Nennung erfolgt auch bei Verweigerung der Teilnahme an der Qualitätssicherung.

Hier müssen auch Auswirkungen der Ergebnisse der Qualitätssicherung auf die Struktur diskutiert werden, sofern Defizite in der Strukturqualität als Ursache mangelhafter Prozess- oder Ergebnisqualität identifiziert werden.

3.5.2 Sentinel-Event-Indikatoren

So genannte „Rote Flagge"- oder „sentinel event"-Indikatoren im medizinischen oder auch organisatorischen Bereich (z.B. Tod eines Lebendspenders im Rahmen der Spende) haben die direkte, zeitnahe Nachfrage durch die Fachkommission bei der betroffenen Klinik zur Folge. Die Klinik ist verpflichtet, der Fachkommission eine detaillierte schriftliche Aufarbeitung des Falles zur Verfügung zu stellen. Sollte dies nicht oder nicht zufriedenstellend erfolgen, schließt sich eine Begehung an, bei der insbesondere der entsprechende Fall diskutiert wird und in einen Zusammenhang mit Problemen der Struktur- und Prozessqualität des betroffenen Zentrums gesetzt wird.

4. Evaluation der Maßnahmen

Die oben beschriebenen Verfahrensweisen müssen kontinuierlich evaluiert werden, insbesondere in Hinblick auf die Anzahl und den Nutzen der durchgeführten Maßnahmen und die Verhältnismäßigkeit des damit verbundenen personellen und finanziellen Aufwandes. Dabei wird die Akzeptanz der durchgeführten Verfahren bei allen beteiligten Institutionen regelmäßig überprüft und verbessert.

Die verwendeten Qualitätsindikatoren und Risikoprofile werden nach dem Stand der medizinischen und biometrischen Wissenschaft validiert. Eine Einführung der durchzuführenden Maßnahmen erfolgt stufenweise. Primäre Indikatoren sind prioritär einzuführen. Die ersten zwei Jahre sind als Probephase zur Validierung der zunächst definierten Indikatoren und Risikoprofile zu werten.

5. Vergleichende Qualitätssicherung im Umfeld der Transplantation: Prozessqualität der Spenderallokation, Wartelistenpflege, Organentnahme und -vermittlung

5.1 Bereiche

Vergleichende Qualitätssicherung im Umfeld der Transplantation bezieht sich auf den gesamten Ablauf der Prozesse der Organspende, der Organvermittlung, des Organtransportes und der Patientenbehandlung vom Erstkontakt mit dem Zentrum an. Hier sind alle am Prozess beteiligten Einrichtungen einzubeziehen:

- Krankenhäuser (Spendermeldung)
- Koordinierungsstelle (Deutsche Stiftung Organtransplantation)
- Vermittlungsstelle (Stichting Eurotransplant International Foundation)
- Transplantationszentren.

Ausgenommen ist die interne Qualitätssicherung der bei der Koordinierungs- und Vermittlungsstelle ablaufenden Prozesse.

Vergleichende Qualitätssicherung im Umfeld der Transplantation hat einerseits Auswirkungen auf die Ergebnisse der Organtransplantation, andererseits kann sie auch Auswirkungen auf die Anzahl der durchführbaren Organtransplantationen haben.

5.2 Vorgehen

Eine Kommission „Vergleichende Qualitätssicherung im Umfeld der Transplantation – Prozessqualität", bestehend aus Vertretern der einzelnen Fachkommissionen und Vertretern der Koordinierungs- sowie Vermittlungsstelle, hat Prozessindikatoren definiert, die in den Richtlinien, Kapitel 4 aufgeführt sind. Hier ist eine fortlaufende Anpassung an Problemfelder vorzunehmen. Da eine umfassende Qualitätssicherung aller definierten Indikatoren praktisch nicht durchführbar sein wird, erfolgt jeweils eine Priorisierung.

Zum jetzigen Zeitpunkt sind im Rahmen der Qualitätssicherung nur die Sachverhalte erfasst, für die definierte Prozessschritte vorliegen. Nicht einbezogen sind zurzeit die Prozesse des Wartelistenmanagements und der Transplantation selbst sowie der Nachsorge. Um diesen Bereich der Prozessqualität einzubeziehen, bedarf es zunächst eines entsprechenden Konsenses der beteiligten Fachgesellschaften über den Standard, welcher den Sollwert für die Prozessqualität darstellt (Leitlinie). Die Einbeziehung der Prozessqualität der Transplantation selbst in die externe Qualitätssicherung kann dann in einer zweiten Phase erfolgen.

5.3 Datenerhebung

Die erforderlichen Daten sind von der Koordinierungsstelle und der Vermittlungsstelle an die Projektgeschäftsstelle zu übermitteln sowie von dieser aus den organbezogenen Datensätzen zu entnehmen. Eine gesonderte Erhebung durch die Transplantationszentren ist nicht vorgesehen.

5.4 Qualitätsindikatoren „Vergleichende Qualitätssicherung im Umfeld der Transplantation"

Die in der Richtlinie unter Kapitel 4 (der Richtlinien) dargestellten Indikatoren werden schrittweise eingeführt, nicht bereits extern validierte Indikatoren müssen zunächst in einer zweijährigen Probezeit validiert werden.

5.5 Auswertung der Qualitätsindikatoren

Die Auswertungen erfolgen organbezogen, jeweils regional- oder zentrumsbezogen; die jeweilige Auswertungsebene ist in Kapitel 4 der Richtlinie mit angegeben. Die Ergebnisse werden den Transplantationszentren sowie der Koordinierungs- und Vermittlungsstelle zur Verfügung gestellt. Ein Vergleich mit internationalen Daten ist erforderlich, um die nationalen Ergebnisse entsprechend einordnen zu können.

5.6 Intervention

Die Ergebnisse der vergleichenden Qualitätssicherung im Umfeld der Transplantation werden anonymisiert der Ständigen Kommission Organtransplantation der Bundesärztekammer vorgelegt, die nach TPG für die Erstellung der Richtlinien zur Wartelistenführung und Organvermittlung zuständig ist. Die Ständige Kommission überprüft die von ihr erarbeiteten Richtlinien auf der Grundlage der Ergebnisse der Qualitätssicherung.

Die Ergebnisse der Qualitätssicherung im Umfeld der Transplantation werden ferner den Aufsicht führenden Gremien der Koordinierungs- und Vermittlungsstelle mitgeteilt. Für die Transplantationszentren gilt das Interventionsverfahren, wie unter 3.5. beschrieben.

5.7 Evaluation

Die verwendeten Qualitätsindikatoren müssen regelmäßig auf ihre Relevanz und Validität in Hinblick auf die tatsächlichen Defizite überprüft werden. Berichte über Defizite und Probleme der Prozesse der Organentnahme und -vermittlung, die durch die Transplantationszentren, die Koordinierungs- und Vermittlungsstelle sowie periphere Krankenhäuser (Meldung von hirntoten Spendern) gemeldet werden, müssen in die Arbeit der Fachkommission einbezogen werden.

6. Extern vergleichende Qualitätssicherung in der Transplantationsmedizin organisatorisches Konzept

6.1 Gesamtkonzept Qualitätssicherung

Extern vergleichende Qualitätssicherung benötigt eine entsprechende organisatorische Struktur. Für die Qualitätssicherung nach Transplantationsgesetz erfolgt eine Einbindung in die Strukturen nach § 137 SGB V. Aufsicht führendes Gremium ist das Bundeskuratorium Qualitätssicherung in der stationären Versorgung, getragen von der Deutschen Krankenhausgesellschaft, den Spitzenverbänden der Krankenkassen sowie der Privaten Krankenversicherungen, der Bundesärztekammer und dem Deutschen Pflegerat. Die Durchführung der Qualitätssicherung erfolgt durch die Bundesprojektgeschäftsstelle Qualitätssicherung in Zusammenarbeit mit einer Stelle mit entsprechender Erfahrung in der Transplantationsmedizin und Akzeptanz bei den Transplantationszentren. Die Definition der Inhalte erfolgt durch organspezifische Fachkommissionen. Abgestufte organisatorische Strukturen unter Einbeziehung der Landesebene sind angesichts der kleinen Fallzahlen nicht sinnvoll.

6.2 Aufgaben der Projektgeschäftsstelle

Die Projektgeschäftsstelle (PGS) ist eine Serviceeinrichtung zum Zweck der Unterstützung der Qualitätssicherung. Ihre Aufgabe liegt in der Organisation und Durchführung der Datenverarbeitung für die externe Qualitätssicherung sowie in der Unterstützung der beteiligten Institutionen bei deren Qualitätsmanagement. Die PGS betreut organisatorisch organspezifische Fachkommissionen als ständige Beratungsgremien, die über die medizinisch-inhaltlichen Fragen entscheiden und gleichzeitig die Funktion von Begehungskommissionen wahrnehmen, s.o. Die Fachkommissionen und ihre Aufgaben sind im Einzelnen unter Kapitel 6.3. beschrieben.

Die Projektgeschäftsstelle (PGS)

- übernimmt die administrative Betreuung der Fachgruppen
- erarbeitet die erforderlichen Erhebungsinstrumente
- ist zuständig für Datenentgegennahme, Datenaufbereitung, Datenprüfung
- erstellt und pflegt die für die externe Qualitätssicherung benötigte Datenbank
- überprüft die Daten auf Plausibilität und Vollständigkeit
- unterstützt die Fachkommissionen bei der Definition, der Validierung und Überarbeitung von Indikatoren und Risikoprofilen
- definiert Indikatoren für die Datenqualität
- führt auf Basis der von den jeweiligen Fachkommissionen erarbeiteten organbezogenen Indikatoren und Auswertungskonzepten die Datenanalysen für die ex-

terne Qualitätssicherung durch. Sie erstellt die risikoadjustierten Klinikprofile in übersichtlicher Darstellung mindestens jährlich nach Maßgabe von Kapitel 3.4. und stellt sie dem jeweiligen Zentrum sowie der zuständigen Fachkommission (anonymisiert) im Vergleich mit den bundesweiten Ergebnissen zu
- bringt den Fachkommissionen Sentinel-Event-Indikatoren zeitnah zur Kenntnis (z.B. Tod eines Lebendspenders im Zusammenhang mit der Spende)
- unterstützt die Transplantationszentren bei der Organisation der Datenerhebung, der Datenkommunikation zwischen Zentren und PGS und bei der Umsetzung zentrumsinterner qualitätssichernder Maßnahmen
- eröffnet den Transplantationszentren eine Zugriffsmöglichkeit auf die Datenbank der externen Qualitätssicherung bezüglich ihrer eigenen Daten sowie einer nationalen Referenzdatenbank
- stellt den Transplantationszentren ihre Kenntnisse in statistischen Fragen und Verfahren der Qualitätssicherung zur Verfügung
- führt bei Begehungen den auf die Dokumentation bezogenen Anteil durch
- bereitet die Evaluation des Nutzens und des Aufwandes der durchgeführten Maßnahmen durch das Aufsicht führende Gremium (Bundeskuratorium) vor
- unterstützt die Transplantationszentren bei der Entwicklung von Follow-Up-Konzepten und gegebenenfalls bei der Kommunikation mit den weiterbehandelnden Ärzten
- kooperiert mit Qualitätssicherungsmaßnahmen angrenzender Bereiche, z.B. Quasi Niere.

Die PGS hat als Servicestelle in ständiger Kommunikation insbesondere mit den beteiligten Transplantationszentren, aber auch mit der Koordinierungs- und Vermittlungsstelle zu stehen. Sie ist für Koordination und Organisation der notwendigen Gespräche und Vereinbarungen zuständig. Dabei muss die PGS eine Vertrauensfunktion für die Transplantationszentren wahrnehmen. Hierzu ist eine profunde Kenntnis der spezifischen Konstellationen und Probleme im Bereich der Transplantationsmedizin erforderlich.

6.3 Fachkommissionen

Organspezifische Fachkommissionen sind für die Inhalte der Qualitätssicherungsmaßnahme zuständig. Sie werden durch die PGS unterstützt.

Folgende Fachkommissionen sind vorgesehen:

- Nierentransplantation und Nierenlebendspende
- Pankreastransplantation (ggf. gemeinsam mit Niere)
- Lebertransplantation und Leberlebendspende
- Herztransplantation Lungentransplantation (ggf. gemeinsam mit Herz)
- Vergleichende Qualitätssicherung im Umfeld der Transplantation Prozessqualität (aus Mitgliedern der anderen Fachkommissionen sowie Vertretern der Koordinierungs- und Vermittlungsstelle).

Die Fachkommissionen haben folgende Aufgaben mit Unterstützung durch die Projektgeschäftsstelle zu erfüllen:

- Analyse des Handlungsbedarfes hinsichtlich der Qualität der medizinischen Versorgung sowie der Organisation der Organspende, d.h. systematisch Bereiche zu identifizieren, in denen Qualitätssicherungsdefizite bestehen, und Erarbeitung von Vorschlägen für die in die Qualitätssicherung einzubeziehenden Leistungen
- Erarbeitung der notwendigen Konzepte und Instrumente für die Durchführung und Auswertung der Qualitätssicherungsmaßnahmen. Dies bedeutet
  - die Definition von Qualitätsindikatoren und regelmäßige Überarbeitung derselben die Definition des Datensatzes, der für die Erhebung der Indikatoren und die Risikoadjustierung erforderlich ist
  - die Festlegung von Auswertungskonzepten
  - die Prüfung der Eignung von zu Beginn definierten Qualitätsindikatoren nach zwei Jahren, insbesondere solchen, die nicht bereits in anderen Qualitätssicherungsverfahren erprobt wurden. Für diese Aufgabe bedient sich die Fachgruppe statistisch-methodischen Sachverstandes der PGS oder, wenn nicht vorhanden, externer Experten.
- Bewertung der Ergebnisse der Datenauswertungen, der Fallberichte und Qualitätsberichte und Ableitung notwendiger Maßnahmen. Die Fachkommissionen bekommen die Klinikprofile mindestens jährlich in zunächst anonymisierter Form von der PGS vorgelegt. Dabei werden Abweichungen einzelner Zentren von den Referenzwerten bzw. von den Ergebnissen vergleichbarer Zentren in Bezug auf die verschiedenen Qualitätsindikatoren herausgearbeitet. Für diese Aufgabe bedient sich die Fachgruppe statistisch-methodischen Sachverstandes der PGS oder, wenn nicht vorhanden, externer Experten. Eine weitergehende Analyse, so weit möglich, wird auf Anfrage durch die PGS durchgeführt (z.B. Todesursachen). Es schließt sich dann das in Kapitel 3.5. skizzierte Verfahren zum Umgang mit abweichenden Ergebnissen an.
- Sentinel-Event-Indikatoren (z.B. Tod eines Lebendspenders) durch zeitnahe Kontaktaufnahme mit dem Zentrum zu klären (s. Kapitel 3.5.2).
- je ein Mitglied in die Kommission Vergleichende Qualitätssicherung im Umfeld der Transplantation zu entsenden (s. Kapitel 5), die sich mit den Prozessen der Organentnahme und -vermittlung befasst, welche für alle Transplantationen relevant sind
- dem Aufsicht führenden Gremium (Bundeskuratorium) über die Ergebnisse der Qualitätssicherung zu berichten. Dabei bleibt die Anonymität der Zentren gewahrt. Die Anonymität gegenüber dem Bundeskuratorium kann durch die Fachkommission lediglich als 3. Stufe des beschriebenen Interventionsverfahren aufgehoben werden bzw. bei Verweigerung der Teilnahme an der Qualitätssicherung (s. Kapitel 3.5).
- gemeinsame Erstellung des nach § 11 Abs. 5 TPG für den Jahresbericht der Koordinierungsstelle vorgeschriebenen Anteil zur Qualitätssicherung mit der PGS (s. Kapitel 6.5).

In den Sitzungen der Fachkommissionen ist ein Mitarbeiter der Projektgeschäftsstelle vertreten. Er besitzt eine Brückenfunktion zwischen den von medizinischer Seite formulierten Anforderungen und der Umsetzung auf informationstechnischer und statistischer Seite. Er ist dafür verantwortlich, dass die von der

Kommission erarbeiteten Indikatoren und Auswertungskonzepte auch in der Praxis angewandt werden können.

Die Fachkommissionen haben die Vertraulichkeit im Verfahren zu beachten. Dies gilt insbesondere für Ergebnisse der Auswertungen und Begehungen.

6.4 Datenschutz

Gesetzliche Grundlage für die Datenübermittlung ist der Auftrag zur externen Qualitätssicherung in § 10 Abs. 2 Nr. 6 TPG, der auch einen Vergleich mit anderen Transplantationszentren ermöglichen muss. Bei der Durchführung von Qualitätssicherungsmaßnahmen in zugelassenen Krankenhäusern sind die Bestimmungen zur ärztlichen Schweigepflicht und zum Datenschutz einzuhalten. Alle vom Umgang mit den Daten zur Qualitätssicherung betroffenen Stellen und Personen sind auf ihre Verpflichtung zur Verschwiegenheit und vertraulichen Behandlung der Daten hinzuweisen und entsprechend zu belehren. Einzelheiten werden im Rahmen der zu schließenden Verträge analog zum Kuratoriumsvertrag nach § 137 SGB V geregelt.

6.5 Berichtspflicht

Über die Ergebnisse der Qualitätssicherung wird nach § 11 Abs. 5 TPG im Jahresbericht der Koordinierungsstelle berichtet. Dieser Bericht wird von der Projektgeschäftsstelle erstellt und der Koordinierungsstelle zur Verfügung gestellt. Dies geschieht in allgemeiner Form und anhand von anonymen Beispielen. Es wird über die Ergebnisse der Qualitätssicherung in den einzelnen Sparten (organbezogene Ergebnis- und Prozessqualität) sowie über die vorgenommenen Interventionen berichtet. Eine Veröffentlichung zentrumsbezogener Daten ist primär nicht vorgesehen. Die Projektgeschäftsstelle ist nicht zur selbstständigen Veröffentlichung von Daten berechtigt. Berichtet wird ferner dem nach § 137 SGB V Aufsicht führenden Gremium. Hierbei wird die Anonymität der Zentren gewahrt. Ausnahme bildet die Nichtteilnahme an der Qualitätssicherung und die 3. Stufe des Interventionskonzeptes.

Fachgremien

Die im Folgenden genannten Experten haben in Arbeitsgruppen der Bundesärztekammer an der Erstellung dieser Richtlinien mitgewirkt. Ihre Mitglieder wurden von der deutschen Transplantationsgesellschaft (DTG) benannt und vom Vorstand der Bundesärztekammer berufen. An der Konstruktion des Gesamtkonzeptes sowie bei Fragen der Prozessqualität haben Vertreter der deutschen Stiftung Organtransplantation und Eurotransplant mitgearbeitet. Als Experte für Fragen der Methodik und der Biometrie wurde Professor Selbmann vom Institut für medizinische Informationsverarbeitung, Tübingen, herangezogen.

Arbeitskreis Qualitätssicherung in der Herztransplantation
Dr. Gummert, Leipzig
PD Dr. Hummel, Berlin

Dr. Meiser, München
Professor Dr. Opelz, Heidelberg
Professor Dr. Rödiger, Hamburg
Professor Dr. Schoendube, Aachen
Dr. Wagner, Dresden

Arbeitskreis Qualitätssicherung in der Lungentransplantation
Dr. Ewert, Berlin
Professor Dr. Fieguth, Frankfurt
Dr. Franke, Jena
Dr. Gummert, Leipzig
Dr. Hirt, Kiel
Dr. Meiser, München
Professor Dr. Niedermeyer, Hannover
Professor Dr. Opelz, Heidelberg
Professor Dr. Schoendube, Aachen
Dr. Wagner, Dresden

Arbeitskreis Qualitätssicherung in der Lebertransplantation
Professor Dr. Anthuber, Regensburg
Professor Dr. Bechstein, Bochum
PD Dr. Beckurts, Köln
Professor Dr. Opelz, Heidelberg
Professor Dr. Rogiers, Hamburg

Arbeitskreis Qualitätssicherung in der Nierentransplantation
Professor Dr. Dreikorn, Bremen
Professor Dr. Frei, Berlin
PD Dr. Hauser, Frankfurt
Professor Dr. Kunzendorf, Erlangen
Professor Dr. Offermann, Berlin
Professor Dr. Opelz, Heidelberg
Professor Dr. Sperschneider, Jena

Arbeitskreis Qualitätssicherung in der Pankreastransplantation
Professor Dr. Bechstein, Bochum
Professor Dr. Opelz, Heidelberg
Professor Dr. Schareck, Rostock
Dr. Stangel, München

Arbeitskreis Prozessqualität im Umfeld der Transplantation
Professor Dr. Bechstein, Bochum
Dr. Boesebeck, DSO, München
Professor Dr. Dreikorn, Bremen
Professor Dr. Kirste, DSO, Freiburg
Professor Dr. Opelz, Heidelberg
Dr. Persijn, Eurotransplant, Leiden
Professor Dr. Rödiger, Hamburg

Professor Dr. Schareck, Rostock
Dr. Wehrle, Eurotransplant, Leiden

Arbeitsgruppe Qualitätssicherung in der Transplantationsmedizin
In der Arbeitsgruppe Qualitätssicherung in der Transplantationsmedizin der Bundesärztekammer erfolgte vor allem eine Abstimmung mit Vertretern der mit der Umsetzung befassten Institutionen (z.B. Krankenhausträger, Spitzenverbände der Krankenkassen, Deutsche Stiftung Organtransplantation, Eurotransplant u.a.)
Professor Dr. Frei, Berlin
Professor Dr. Kirste, Freiburg
Professor Dr. Kolkmann, Stuttgart
Professor Dr. Molzahn, DSO, Neu-Isenburg
PD Dr. Nagel, Hannover
Professor Dr. Opelz, Heidelberg
Dr. Persijn, Eurotransplant, Leiden Riegel, VdAK, Siegburg
Professor Dr. Sundmacher, Düsseldorf
Dr. Walger, DKG, Düsseldorf

Bundesärztekammer, Richtlinien für die Transplantation außerhalb des ET-Bereichs postmortal entnommener Organe in Deutschland

(Quelle: Deutsches Ärzteblatt, Jg. 97, Heft 48, 1. Dezember 2000)

Vorwort

Zwischen einigen deutschen und ausländischen (nicht zum Vermittlungsbereich von Eurotransplant gehörenden) ransplantationszentren bestehen Partnerschaftsverträge so genannte winningverträge die sich unter anderem auf die Ausbildung von Ärzten in der ransplantationsmedizin sowohl im Bereich der Organentnahme als auch der Organtransplantation beziehen und einen möglichen Organaustausch regeln. Die vorliegende Richtlinie stellt die Voraussetzungen für solche Partnerschaftsverträge zusammen und nennt die Bedingungen, die erfüllt sein müssen, wenn ein im Ausland postmortal entnommenes Organ verwendet werden soll. Die Organvermittlung hat auch in diesen Fällen nach § 12 Abs. 1 ransplantationsgesetz über die Vermittlungsstelle Eurotransplant und unter Einhaltung der Richtlinien der Bundesärztekammer zur Organvermittlung zu erfolgen.

Prof. Dr. med. Jörg-Dietrich Hoppe
Präsident der Bundesärztekammer
und des Deutschen Ärztetages

Prof. Dr. jur. Dr. med. h.c. H.-L. Schreiber
Vorsitzender der Ständigen Kommission
Organtransplantation der Bundesärztekammer

Einige deutsche ransplantationszentren waren und sind beim Aufbau von ransplantationseinrichtungen in osteuropäischen Ländern behilflich durch Ausbildung von Ärzten und medizinischem Personal sowie durch medizinische, technische und organisatorische Unterstützung. Die daraus teilweise entstandenen Vereinbarungen (Twinning-Arrangements) auch über Organe, die in dem jeweiligen Land nicht transplantiert werden können, müssen dem ransplantationsgesetz angepasst werden.

Nach § 9 dürfen in Deutschland nur von der Vermittlungsstelle vermittelte Organe transplantiert werden. Nach § 12 Abs. 1 muss die Vermittlungsstelle bei der Vermittlung von Organe(n), die außerhalb des Geltungsbereichs dieses Gesetzes entnommen werden ... auch gewährleisten, dass die zum Schutz der Organempfänger erforderlichen Maßnahmen nach dem Stand der Erkenntnisse der medizinischen Wissenschaft durchgeführt werden. Es dürfen nur Organe vermittelt werden, die im Einklang mit den am Ort der Entnahme geltenden Rechtsvorschriften entnommen worden sind, soweit deren Anwendung nicht zu einem Ergebnis führt, das mit wesentlichen Grundsätzen des deutschen Rechts, insbesondere mit den Grundrechten offensichtlich unvereinbar ist.

Das heißt: Die odesfeststellung muss den Richtlinien der Bundesärztekammer entsprechen. Das jeweilige deutsche Zentrum ist in jedem einzelnen Fall dafür mitverantwortlich, dass die Richtlinien zur odesfeststellung und die Richtlinien zum Schutz der Organempfänger eingehalten worden sind. Es muss hierfür die Qualität und die Plausibilität der Daten des einzelnen Spenders und des einzelnen Organs überprüfen. Dies ist praktisch nur möglich, wenn ein in der Explantation bewährter Arzt die Organentnahme vornimmt oder überwacht.

Zur Vermittlung jedes einzelnen Organs in den ET-Bereich[1] muss eine Erklärung der nationalen Transplantations-Organisation vorliegen, dass es im Spenderland nicht transplantiert werden kann. Dann muss das Organ mit den üblichen Begleitpapieren bei Eurotransplant angemeldet werden und unterliegt den gleichen Verteilungs-Richtlinien wie jedes in Deutschland von einem ransplantationszentrum in einer Region postmortal entnommene Organ.

Jede Vereinbarung zwischen einer ausländischen ransplantationseinrichtung und einem deutschen ransplantationszentrum muss der obersten nationalen Gesundheitsbehörde des betreffenden Landes, der Bundesärztekammer, der Vermittlungsstelle und der Koordinierungsstelle vorgelegt werden.

Mitglieder der Ständigen Kommission Organtransplantation
Prof. Dr. med. Heinz Angstwurm, München; Prof. Dr. med. Eggert Beleites, Jena; Prof. Dr. phil. Dieter Birnbacher, Düsseldorf; Ulrich Boltz, Essen; Eugen Brüschwiler, Krailling; Prof. Dr. med. Kurt Dreikorn, Bremen; Prof. Dr. med. Friedrich-Wilhelm Eigler, Essen; Prof. Dr. med. Ulrich Frei, Berlin; Dr. rer. pol. Werner Gerdelmann, Siegburg; Prof. Dr. med. Johann Hauss, Leipzig; Prof. Dr. med. Axel Haverich, Hannover; Prof. Dr. med. Günter Kirste, Freiburg; Dr. Guido Persijn, Leiden; Prof. Dr. jur. Hans-Ludwig Schreiber, Göttingen; Dr. Martin Walger, Düsseldorf; Gernot Werther, Mainz; RA Ulrike Wollersheim, Köln; Prof. Dr. med. Hans-B. Wuermeling, Erlangen

---

[1] ET-Bereich: Benelux-Staaten, Österreich, Deutschland, Slowenien.

Stichwortverzeichnis

(§ ... / Randnummer)

A

aktiver Personalitätsgrundsatz § 24/4
allgemeiner Justizgewährleistungs-
anspruch § 10/94, 136 ff.
Allgemeines Persönlichkeitsrecht
§ 8/38
allogene Transplantation § 1/12, 32, 53
Allokation siehe Organallokation
Allokationsentscheidung § 10/29, 43, 52, 73, 134 f., 138
Allokationskriterien
– Dringlichkeit § 9/7; § 10/50, 125; § 12/2, 24, 27 f. ; § 16/18; Anh. 2 zu § 16/1, 4 ff.
– Erfolgsaussicht Einl./19; § 9/7; § 10/32, 45, 48, 50 ff., 100 f., 125, 158; § 12/2, 24 ff.; § 16/18; Anh. 2 zu § 16/1, 4 ff.
– Notwendigkeit Einl./19; § 10/32, 36, 38, 48, 100 f., 125
Altersgrenzen § 2/29 ff.
Angehörige Einl./1; § 1/9, 35, 58, 61 f., 64 f., 74 ff., 83; § 2/15, 28, 32, 39, 42; § 3/2, 6, 20 f.; Anh. zu § 3/21, 69; § 4/1 f., 5 ff., 13, 15 ff., 20 ff., 24 ff., 30; § 5/10; § 6/2, 11 f., 21 ff., 25 ff.; § 7/6, 8; § 11/35 f.; § 14/4 f.; § 15/2 f.; Anh. 1 zu § 16/10; Vor § 18/6; § 18/16; § 19/3, 8 ff., 32, 34, 54 f., 67; § 20/19; § 26/12, 14
– Nähebeziehung § 4/20 f.
Anlaufstelle § 2/44 f.
Annahme zur Organübertragung § 10/24 f., 28, 59 f., 68, 78, 98, 114 ff., 138, 161
Antragsgrundsatz § 8/128

Anwendungsbereich des AMG
§ 21/1 ff.
Anwendungsbereich des TPG
§ 1/1 ff., 12, 28, 32, 37, 53, 56, 62; § 6/17; § 9/1; § 26/1 ff.
Arbeitskreis Organspende § 2/8, 18
Arzneimittel § 17/6, 34; § 21/1 ff.
Arzt § 1/24, 42, 48 ff., 61, 66; § 2/28, 32, 37 ff., 44, 47; § 4/2 ff., 5 ff., 15, 19, 21 f., 25; § 5/2, 7 ff.; § 6/1, 11; § 7/1, 3, 8; § 8/62, 116; Anh. 1 zu § 8/20 ff., 31 ff.; § 9/3 ff.; § 10/60 f., 122; § 11/36 f.; § 14/6; § 17/35 f., 48; Vor § 18/6; § 18/7, 18, 22; § 19/2 ff., 28, 32 f., 37 ff., 46, 48 ff., 52 ff.; § 20/3 ff., 8 ff., 14, 19; § 21/8; § 26/12
Arzt-Patienten-Verhältnis Einl/10; § 2/11; § 26/12
Artzrecht Einl/10; § 1/30; § 15/1; § 26/12
Aufbewahrungspflicht § 15/1 ff.; § 20/1, 19 f.
Aufgabenkatalog § 10/1
Aufklärung Einl/10; § 1/3, 38 f., 43, 74; § 2/11; § 15/3; § 19/38, 46; § 20/19; § 26/13 ff.
Aufklärung = Information der Bevölkerung § 2/1 ff., 10 ff.
– Adressat § 2/13 f.
– Form § 2/17 ff.
– Gegenstand der Aufklärung § 2/15
– zuständige Stellen § 2/3 ff., 9, 17 f.
Aufzeichnungspflicht § 4/1; § 20/5 ff., 19
Augenhornhauttransplantation § 10/69; § 21/5
Auskunftsanspruch § 7/4 ff.; § 10/122 f.

693

Auskunftspflicht § 7/2 ff.
Auslandstat § 24/1, 5
Auslegung des TPG Einl/8, 11 ff., 17; § 1/16; § 2/10; § 9/6; § 17/14 f.; § 18/17
Autotransplantation § 1/30

B
Beförderung (Transport) § 1/4; § 17/26
Begleitpapiere § 13/2, 4
Behandlungsabbruch Anh. zu § 3/9 ff., 37, 74
Behandlungskosten § 23/9
Behandlungsversuch Anh zu § 3/10, 24 ff.
Beihilfe § 18/4 ff., 18
Beleihung § 10/86; § 16/9 ff.
Berichtspflicht § 11/44 f.
bestandsgeschützte Verträge § 25/1 ff., 4 ff.
Bestattung § 6/1 f., 7, 21, 25, 29
Betäubungsmittelrecht § 17/8 ff., 43; § 18/17
Betreuter § 1/40, 42, 45 ff.; § 8/26
Betreuungspflicht § 10/67, 69
Bioethik-Konvention § 1/85
Biomedizin-Konvention § 1/93
Blutspende § 1/39 ff., 89
Bundesärztekammer Einl/14 f.; § 2/8; § 3/3, 8 f., 17; § 5/5; § 10/28 ff., 45, 50, 128, 134; § 11/4, 14, 20, 40; § 12/3, 6, 10 f., 43, 46; § 16/1 ff., 7 ff., 31 ff.; Anh. 1 zu § 16/13, 31; Anh. 2 zu § 16/1, 14; § 19/17 ff.; § 20/5 f.; § 21/5
Bundesministerium für Gesundheit § 2/6, 43, 48
Bundesverbände der Krankenhausträger § 12/6, 10
Bundesverfassungsgericht Einl./6, 8; § 3/12, 16; § 19/17
Bundeszentrale für gesundheitliche Aufklärung § 2/6, 48

Bußgeld § 6/8 f., 13, 16 ff.; § 9/8 f.; Vor § 18/1 ff.; § 20/1 ff., 11, 18, 22 ff.; § 26/2, 8 f.

C
Chancengleichheit § 1/11; § 10/28, 64, 108; § 11/3, 44; § 12/27 ff.; Anh. 2 zu § 16/2, 4, 10
– regionale Chancengleichheit § 12/30 f.
Charakterisierung des TPG Einl./21
Coma dépassée Anh. zu § 3/13, 16; Anh. 1 zu § 16/4
Compliance § 10/40 ff., 119; Anh. 2 zu § 16/6, 8, 15 f.
cross-Spende § 8/84 ff.

D
Dauerkoma Anh. zu § 3/13
Datenschutz § 7/2; Vor § 9/5 ff.; § 12/21 ff.; § 13/1; § 14/1 ff.; § 15/1; § 19/68
dead donor rule Anh. zu § 3/8, 60 ff.
Deutsche Gesellschaft für Chirurgie Anh. zu § 3/1, 17
Deutsche Krankenhausgesellschaft § 11/4; § 12/6, 10 f., 43; § 16/9
Deutsche Stiftung Organtransplantation (DSO) § 2/8, 18; Vor § 9/4; § 10/22 f., 92; § 11/4 ff., 19, 22, 34, 39, 46; § 25/2
Dokumentationspflicht § 1/68; § 3/2, 20; § 4/12, 29 f.; § 8/100 ff.; § 10/65 f., 69; § 12/32, 38; § 15/1 f.; § 19/22; § 20/1, 3, 17 f.
Dringlichkeit § 9/7; § 10/50, 125; § 12/2, 24, 27 f.; § 16/18; Anh. 2 zu § 16/1, 4 ff.

E
Ehegatten § 8/70
Eigennützigkeit § 17/19 ff., 32, 35 f., 42; § 18/4 f., 14, 16 ff.
Einsichtnahmerecht § 3/2, 20 f.; § 4/1, 30 f.; § 5/10

Einstellung gem. §§ 153 ff. StPO Vor § 18/13; § 18/15; § 19/59; § 20/25
Einverständnis Anh. zu § 3/21, 27
Einwilligung Einl/10; § 1/3, 9, 38 f., 42, 47, 51, 64, 74 ff., 83, 86 ff.; § 2/11, 28 f., 32, 39, 42; § 3/4 f.; Anh. zu § 3/69 ff.; § 4/5 ff.; § 8/30 f.; § 10/26; § 11/37; § 13/5 f.; Anh. 1 zu § 16/10; § 19/3, 8 ff., 38, 46 f.; § 26/13, 16
Einwilligungsfähigkeit § 1/41 ff., 89, 94 f.; § 2/31; § 8/11; § 19/35, 37
Einwilligungslösung Einl./2
Elektroencephalogramm Anh. 1 zu § 16/4, 7, 19 f., 27, 33
embryonales Gewebe § 1/53
Entnahme siehe Organentnahme
Entstehungsgeschichte des TPG Einl./1 ff.
Entwicklungsklausel § 12/37
Erfolgsaussicht Einl./19; § 9/7; § 10/32, 45, 48, 50 ff., 100 f., 125, 158; § 12/2, 24 ff.; § 16/18; Anh. 2 zu § 16/1, 4 ff.
Erkenntnisstand (der medizinischen Wissenschaft) siehe Stand der Erkenntnis der medizinischen Wissenschaft
Erklärung zur Organspende § 2/15, 17, 21 f., 25 ff., 29 f., 32 ff., 43 ff.; § 3/5, 20; § 4/5 ff., 15; § 19/11, 13, 60
Ersatztherapie § 13/5; § 18/12
Ersttäter § 17/38; Vor § 18/12, 14
ET-Vertrag siehe Vermittlungsvertrag
Europarat § 1/85, 93
Eurotransplant Anh. 1 zu § 8/17; Vor § 9/3; § 10/3, 70, 93, 128; § 11/6, 22; § 12/4, 7, 12 ff., 32 f., 37, 43 ff.; § 16/15, 26; § 17/29; § 25/2
Euthanasie Anh. zu § 3/14 f.
Explantation § 1/25, 34 f., 100; § 2/26, 28; § 3/6; Anh. zu § 3/31 ff., 72 f.; § 6/2, 7; Vor § 9/2; § 10/13; § 18/15
- Zustimmungspflichtigkeit Anh. zu § 3/31 f.

F
Fahrlässigkeit Vor § 18/9; § 18/10; § 19/10, 13 f., 25, 27, 29, 36 ff., 42, 46, 66; § 20/3, 13, 23
Feststellung des (Hirn-)Todes siehe Todesfeststellung
fetales Gewebe § 1/53 f.
Finanzierung § 2/44 f.
Für-tot-Erklärung Anh. zu § 3/20 ff., 37, 74

G
Geeignetheit des Organs § 8/46 ff.
Geheimhaltungspflicht § 19/1, 48 ff.
Gehirn § 1/16 f.; § 3/9, 14 f., 19; Anh. zu § 3/41 ff., 48 ff.; Anh. 1 zu § 16/1, 4, 14 f., 19 ff.
Genehmigung nach § 11 Abs. 3 § 11/28 ff.
Genehmigung nach § 12 Abs. 5 § 12/41 ff., 57; § 16/30
genetische oder emotionale Verbindung Anh. 1 zu § 8/2 f., 24 f.
Gesetzgebungsbefugnis siehe Normsetzungsbefugnis
gesetzliche Krankenversicherung (GKV) Einl./10, 14; Vor § 9/1; § 10/8 f., 74, 85, 87, 103
Gewebe § 1/13 ff.
Gewebeverträglichkeit § 11/18; § 12/26
Gewinnerzielungsverbot § 1/90 f.
Gutachterkommission § 8/111, 122 ff.

H
Handeltreiben § 17/8 ff., 17 ff., 25 f., 32 f., 35 f., 42; § 18/3 ff., 8 ff., 16, 18
„high-urgent"-Klassifikation Anh. 1 zu § 8/18
Hirnschaden Anh. zu § 3/13
Hirntod Einl./2, 5, 18, 21; § 1/17; § 3/3, 8 ff., 13, 19; Anh. zu § 3/1 ff., 9 ff., 30 ff., 36 ff.; Anh. 1 zu § 16/3 ff., 12 ff.; § 26/14

- „Ganzhirntod"-Konzept Anh. zu § 3/36, 61 ff.; Anh. 1 zu § 16/7
- Gesamthirntod § 3/8; § 12/19
- Hirntoddiagnostik § 3/7 f., 11, 18; Anh. zu § 3/39; § 5/2 ff.; Anh. 1 zu § 16/15 ff., 27 ff.; § 20/5
- „Hirntod"-Kontroverse in den USA Anh. zu § 3/60 ff.
- „Hirntod"-Konzept § 3/3, 13 ff.; Anh. zu § 3/1 ff., 24 ff., 36 ff., 55 ff., 60 ff.; Anh. 1 zu § 16/6
- „Hirntod"-Kriterien Anh. zu § 3/7, 28 ff., 45 ff.; § 5/3; Anh. 1 zu § 16/23, 32; § 19/18
- Kritik am „Hirntod"-Konzept Anh. zu § 3/36 ff., 48 ff.
- „Teilhirntod"-Kriterium Anh. zu § 3/45 f., 61 ff.

HIV-Infektion § 10/47
homosexuelle Lebensgemeinschaften § 8/81

I

Implantation § 1/3, 29, 34, 53, 67, 101; § 10/13; § 26/13, 16
Indikation § 10/37, 68
Information der Bevölkerung siehe Aufklärung = Information der Bevölkerung
Information des Organspenders Anh. zu § 3/76
Inkrafttreten § 25/4, 7 f.; § 26/1 ff.
internationales Strafrecht § 24/3 f., 6
intrauterine Transplantation § 1/32 f.
irreversibles Hirnversagen § 3/3, 8; Anh. zu § 3/1 ff., 9 ff., 30 ff., 71; Anh. 1 zu § 16/3 ff.; § 19/18
irreversibles Koma Anh. zu § 3/11, 19; Anh. 1 zu § 16/7
Ischämie
- Ischämiezeit § 12/29; Anh. 2 zu § 16/12
- kalte Ischämie § 12/31
Isotransplantation § 1/31

J

Justizgewährleistungsanspruch siehe allgemeiner Justizgewährleistungsanspruch
Justiziabilität § 10/94, 138, 142

K

Kadaverspende § 3/1; Anh. zu § 3/38, 69
Kenn-Nummer § 11/21; § 13/1 f.; § 20/16 f.
Knochenmarkspende § 1/38 ff., 89
Konkurrenzen § 18/18 ff.; § 19/30 ff., 44 ff., 65; § 26/8
Konservierung § 1/4; § 17/26
Konservierungszeit § 10/158; § 12/29 ff.; Anh. 2 zu § 16/10 ff.
Kontraindikation § 10/34, 37 ff.; Anh. 2 zu § 16/6, 12, 16
Kontrolle § 10/56, 128, 138; § 12/40 ff.
- staatliche Kontrolle § 12/46 f.
- gerichtliche Kontrolle § 10/131 ff., 143 ff.
Kontrollrecht § 12/14
Konzession § 10/16 ff., 85; § 17/52
Koordinierungsstelle Einl./13 f., 16; § 7/4, 8; Vor § 9/2, 4; § 9/7 f.; § 10/22, 92, 96; § 11/1, 4 ff., 12 ff., 32 ff., 45 f.; § 12/20, 29, 32, 36; § 13/2 ff., 5, 7; § 14/2 f., 6; § 16/35; § 19/61 f.; § 20/12 ff., 16; § 25/1, 4, 6
- Aufgaben § 11/12 ff.
- Kündigung des Vertrages nach § 11 § 11/15 f.
- Vertrag nach § 11 § 11/2 ff., 12 ff., 32 f., 39, 46
Krankenhaus § 6/2, 10, 23, 29 f.; § 7/3; Vor § 9/2, 4, 8; § 10/3 ff., 25, 59, 67, 76, 85 ff., 117; § 11/3 f., 6, 11, 19, 23 ff., 34 ff.; § 14/3, 6; § 17/52; § 19/31 ff., 47 f., 51, 60; § 20/18; § 21/8; § 26/5
- Benutzungsverhältnis § 10/78 ff.
- Zulassung § 10/5 ff.

Krankenhausaufsicht § 17/3, 49 ff.
Krankenkasse § 2/7 f., 21, 23, 45
Krankenkassenverbände § 2/7 f.

L
landesrechtliche Transplantationsvorschriften § 1/58 ff.
Lebendspende Einl./1 ff.; § 1/8, 10, 36, 38, 46, 49, 85, 94 f., 100; § 2/25, 42; § 3/1; § 8/1 ff.; Anh. 1 zu § 8/1 ff.; § 10/65, 68; § 19/34, 46; § 26/13, 15
– anonyme Lebendspende § 8/87
– Arbeitnehmerlebendspende § 8/83
– Aufklärungserfordernis bei der Lebendspende § 8/29, 92 ff., 105 ff.
– Empfängerkreis § 8/66 ff.
– Freiwilligkeit § 8/33 f., 36 ff., 112; Anh. 1 zu § 8/4, 18 f., 27 ff.; Anh. 2 zu § 8/2 f.; § 14/4; § 15/3; § 20/19; § 26/3, 13
– Grundprinzipien der Lebendspende Anh. 1 zu § 8/3 f.
– in Notfallsituation Anh. 1 zu § 8/18 f.
– ländergesetzliche Verfahrensausgestaltung der Lebendspende § 8/119 ff.
– Nutzen/Risiko-Bilanzierung Anh. 2 zu § 8/1
– psychologische Probleme der Lebendspende Anh. 1 zu § 8/5 ff.
– soziale Probleme der Lebendspende Anh. 1 zu § 8/10 ff.
– Stellvertretung § 8/20 ff.
– Subsidiarität der Lebendspende § 8/51 ff.
Lebendspender § 1/89; § 17/11, 32; § 19/1; § 20/19
– Aufklärung des Lebendspenders Anh. 1 zu § 8/20 ff.
– Geeignetheit § 8/39 ff.
Lebenspartner § 8/71
lebensverlängernde Behandlung Anh. zu § 3/10 ff.; § 10/50, 70, 153

Lebenszeit § 10/49 ff.
Legaldefinition „Organ" § 1/13 ff.; § 9/4
Leiche § 1/71 ff., 83 f.; § 6/1 ff., 16 ff., 21 ff., 25 ff.; § 7/8; § 19/26, 31 f.
Leichenspende § 3/1; Anh. zu § 3/30; § 19/20
Löschungspflicht § 15/1, 4

M
medizinische Daten § 11/21 f.
Meldung des Patienten § 13/5 ff.; § 14/4
Minderjährigkeit § 1/40 f., 49 ff.; § 2/30; § 4/15; § 8/21
Mittäterschaft § 18/4

N
Nachbetreuung § 8/109; § 22/3
nahestehende Person § 1/61; § 8/73 ff.; § 19/40 f.
„non-heart-beating-donor" § 5/4; § 12/19
Normsetzungsbefugnis § 10/33; § 16/13, 23
notwendige Teilnahme § 18/6
Notwendigkeit Einl./19; § 10/32, 36, 38, 48, 100 f., 125

O
Offenbaren § 19/56 f., 63
Offenkundigkeit der Nähebeziehung § 8/80; Anh. 1 zu § 8/26
Operationsrisiko Anh. 1 zu § 8/3, 6, 15
Ordnungsrecht § 17/45 ff.
ordre-public-Vorbehalt § 9/7; § 12/9, 19; § 20/11 f.
Organallokation § 10/64, 114, 143; § 12/2 f., 24 ff.; § 16/20 ff.; Anh. 2 zu § 16/4, 6, 10
Organentnahme Einl./1 f., 10; § 1/3 f., 6 ff., 23 ff., 34 ff., 56, 58, 66, 68, 71, 86 ff.; § 2/1 f., 15, 25 f., 30, 37, 44, 47 f.; § 3/1 ff., 4, 7, 11, 20; Anh. zu

697

§ 3/30 ff., 71 f.; § 4/1 f., 5, 9, 13, 15, 24; § 5/2, 4, 8 f.; § 6/1 f., 26; § 7/1 ff.; § 9/2 f., 7; § 10/23, 64; § 11/1 ff., 14, 18 ff., 33 f., 40 f.; § 12/19; § 14/4 ff.; § 15/3; § 16/36; § 17/2, 26 f., 32 f., 35; § 18/14, 16, 18; § 19/5, 8, 11, 22, 25, 32 f., 47 ff., 60; § 20/2, 8, 19; § 21/5; § 23/5 ff.; § 26/8 f., 12 ff.
- Zulässigkeit § 1/4, 6, 8 f., 12, 35, 66; § 2/32, 37; § 3/2, 7; § 4/22 ff.; § 7/5 f.; Vor § 18/10; § 19/1 ff., 34, 46; § 26/15

Organentnahmeregion § 11/44; § 12/29

Organhandel § 1/1, 56 f., 63, 91; § 8/90; § 17/1 f., 11 ff., 20, 34 f., 38 f., 42 f., 45 f., 52; § 18/1 f., 7, 15, 17, 21 f.; § 19/1, 32, 46; § 23/6; § 24/2, 5 f., 8; § 26/3, 13

Organimport § 12/19

Organisationsrecht Vor § 9/1 ff.; § 9/1 f.

Organspende § 1/94 ff.; § 2/2, 15, 25, 28; § 17/11; § 18/14
- Spätfolgen Anh. 1 zu § 8/14

Organspendeausweis § 1/96; § 2/1, 17, 33 f., 37 f., 48; § 3/6; § 4/5; § 10/71; § 11/36

Organspender § 1/6 ff., 25
- lebender Organspender § 1/6 ff., 86, 101; siehe auch Lebendspender
- toter Organspender § 1/6 ff., 61; § 2/1, 25, 31 f.; § 3/1 ff.; § 4/1; § 6/1; § 7/1; § 19/1

Organspenderegister § 2/1, 43 ff.; § 7/8; § 14/3 f.; § 19/60

Organteil § 1/13 f.; § 9/4

Organübertragung § 1/3 f., 11 f., 21, 26 ff.; § 2/2, 15, 44, 47; § 5/8 f.; § 7/3; § 9/2 ff.; § 13/2, 5; § 14/4 ff.; § 15/3; § 17/2, 27, 35; § 18/14, 18, 22; § 19/60; § 20/8, 16, 19; § 26/8

Organvermittlung Einl./19; § 1/4, 11; § 10/3, 20 ff., 64 f., 82, 92, 137; § 11/1, 14, 41; § 12/1 ff., 12, 17 ff., 37; § 13/2, 5; § 14/4 ff.; § 15/3; § 16/26, 37; Anh. 2 zu § 16/4, 6, 10 ff.; § 18/14; § 19/48 f.; § 20/19
- Auslandsbezug § 12/17 ff.

Organverteilungsgerechtigkeit Einl./1, 5, 19; § 1/11; § 9/2; § 10/38, 57, 64, 108; § 12/2, 24 ff., 31; § 16/19, 39; Anh. 2 zu § 16/4, 14

Organzuteilung § 1/3, 11 f., 56; § 19/33

P

§ 203 StGB § 19/48 ff., 65 ff.

Partnerschaftsvertrag § 12/20

Patientenauswahl § 12/25 f.; Anh. 2 zu § 16/3, 8, 14 f.

Patientenautonomie Anh. zu § 3/75; § 19/46

Patientenprofil § 10/35 f.

Patientenvertreter § 8/123

Patientenwohl Anh. zu § 3/25 f.

Patientenzentrierung § 12/30 f.

persönliche Verbundenheit § 4/24 f.; § 8/76 f.; § 19/40 f.

Person des Vertrauens § 1/9, 61; § 2/25 f., 30, 40; § 3/20 f.; § 5/10

Person mit Befähigung zum Richteramt § 8/117

personenbezogene Daten § 2/44; § 10/27, 66; § 11/41; § 13/1 ff., 5 f.; § 14/1, 4 f., 7; § 19/51, 67 f.

Pittsburgh Protokoll Anh. zu § 3/64, 71, 73

postmortale Organspende Einl./6; § 2/44; § 4/9 ff.

Privatisierung § 16/11

Prüfungskommission § 12/38, 45

Psychologe/psychologische Betreuung § 8/118, 122

Q

Qualitätssicherung § 10/68 f.; § 11/23; § 12/29; § 16/40 ff.; § 22/2

Quotierung Anh. 2 zu § 16/9

R
Rangfolge der Angehörigen § 4/15, 22; § 6/26
Recht auf Selbstbestimmung siehe Selbstbestimmungsrecht
Rechtfertigung Vor § 18/10; § 18/11, 14, 16
Rechtsbeziehungen bei Organübertragung § 10/74 ff., 103, 140 ff.; § 11/1
Rechtsschutz § 10/30, 53, 61, 73 ff., 95 ff., 137 ff.
- Effektivität § 10/101, 145 ff.
Rechtsschutzdefizit § 10/128; § 12/55, 58 ff.
Rechtsschutzmöglichkeiten § 10/56, 73, 137, 143, 159; § 12/46, 56 ff.
Rechtsverordnungsermächtigung § 11/46; § 12/48 ff.
- Zwei-Jahres-Frist § 12/50 ff.
Rechtswegklarheit § 10/148 ff.
regenerierungs(-un-)fähige Organe § 8/64 f.
regulierte Selbstregulierung § 12/4, 13, 40; § 16/1, 27
Ressourcenkonflikt Anh. zu § 3/18, 23, 37; Anh. 2 zu § 16/2, 7
Richtlinien der Bundesärztekammer Einl./7, 14 f.; § 1/4, 38, 55; Anh. zu § 3/12; § 5/5; § 10/30, 33 ff., 61, 128, 134; § 11/14, 19 f., 40; § 12/14, 20, 27 ff., 37, 45 f.; § 16/1 ff., 7 ff., 31 ff.; Anh. 1 zu § 16/26, 31; Anh. 2 zu § 16/10 ff., 16; § 19/17 ff.; § 20/5; § 21/5
- Hirntodrichtlinie Anh. 1 zu § 16/27 ff.
- Richtlinien nach § 16 Abs. 1 Satz 1 Nrn. 1–6 TPG § 16/31 ff.
Richtlinienkompetenz der Bundesärztekammer § 10/58; § 16/2, 7 ff.; Anh. 1 zu § 16/32
- demokratische Legitimation § 16/16 ff.
- Wesentlichkeitsvorbehalt § 16/16, 22 ff.

Richtlinientätigkeit § 16/13 ff.
Rückverfolgung § 1/68; § 10/65; § 20/16 f.

S
Sanktionen § 6/8 ff., 15 f.; Vor § 18/1 ff., 14; § 18/1, 21; § 20/2
Schutzprinzip § 24/4
Schweigepflicht siehe Geheimhaltungspflicht
Sektion § 1/71 ff., 83
Selbstbestimmungsrecht Anh. zu § 3/10; § 8/36 ff.
Selbstkontrolle § 12/38
Selbstregulierung siehe regulierte Selbstregulierung
Selbstverwaltung § 10/68; § 16/3, 20
siamesische Zwillinge § 1/34 ff.
Sozialversicherungsrecht Einl./10, 14; § 2/7; Vor § 9/1; § 17/29
Spende § 1/25
Spendebereitschaft § 1/96 ff.; § 2/15, 22; § 4/27; § 10/71; § 11/34 f.
Spendeentscheidung § 8/36 ff.
Spender siehe Organspender
Spender-Empfänger-Kreis § 8/63 ff.
Spenderorgan § 12/2, 13, 29, 31
Spitzenverbände der Krankenkassen § 11/4, 16, 28; § 12/6, 10 f., 43; § 25/2
Sprachkenntnisse § 10/44 ff., 101, 119
Ständige Kommission Organtransplantation § 10/43, 57
Stand der Erkenntnisse der medizinischen Wissenschaft Einl./15, 19; § 3/4, 8 ff.; § 5/2, 5; § 9/7; § 10/28 f., 32 ff., 56, 100, 125, 134; § 11/20, 40; § 16/1 ff., 25, 28, 31, 36, 40; Anh. 1 zu § 16/31; Anh. 2 zu § 16/1, 4, 14; § 17/5; § 19/3, 16 ff.
Stellvertretung § 1/45 ff.
Strafe § 6/8 ff., 13; § 13/3; §17/3 f., 12, 38 f.; Vor § 18/1 ff.; § 18/2, 14 ff.; § 19/1 ff., 26 ff., 42, 59, 63 f.
Strafgefangener § 1/94 ff.; § 2/14

Subsidiarität § 19/48, 59, 65
syngene Transplantation § 1/31

T
Testament § 2/35
therapeutischer Zweck § 17/5 ff.
Tod des Organspenders § 3/4, 7; Anh. 1 zu § 16/1 ff.
Todesdefinition Einl/2, 5, 19; § 3/11, 17
Todesfeststellung Einl./2; § 1/4, 61 f., 66; § 2/45; § 3/3, 8 ff.; § 4/3, 21; § 5/5, 10; § 7/8; § 15/2 f.; Anh. 1 zu § 16/2, 8, 12 ff., 26, 31; § 19/3, 15 ff.; § 20/3 ff., 19
Todeskriterien § 3/8, 10, 17 f.; Anh. zu § 3/2 f., 19, 39, 47, 67; § 5/3 f.; Anh. 1 zu § 16/9, 13
Todesnachweis § 5/1 ff., 6
Transparenzgebot § 16/32
Transplantationsgerechtigkeit Anh. 2 zu § 16/2, 14 f.
Transplantationszentrum Einl./3, 13; § 1/4, 11, 68; § 2/8, 45; § 6/15; Vor § 9/2, 4; § 9/4, 7; § 10/1, 3, 5 ff., 19 ff., 24 ff., 28 ff., 60 ff., 64, 67 ff., 74 ff., 96, 99 ff., 143, 161; § 11/1 ff., 14, 19 ff., 34, 38 ff., 44; § 12/12, 20, 29 ff., 37; § 13/2 ff., 5 ff.; § 14/3, 6; § 16/35, 41; Anh. 2 zu § 16/1 f., 10, 13, 15; § 20/1, 8 ff., 12, 14, 16, 18; § 22/1; § 25/3
- Aufgaben § 10/19 ff.
- Benutzungsverhältnis § 10/78 ff.
- Trägerschaft § 10/79 ff., 112 f.
- Zulassung § 10/5 ff.
Twinningvertrag § 12/20

U
Überkreuz-Lebendspende § 8/84 ff.
Übertragung siehe Organübertragung
Umsatz § 17/18 ff.
Unfallversicherung § 1/102; § 23/2 ff.
Unterrichtungspflicht § 10/60, 62

V
verdeckte Kommerzialisierung Anh. 1 zu § 8/25
Verlobte § 8/73
Verlust des Intellekts Anh. zu § 3/19 f., 41 ff.
vermittlungspflichtiges Organ § 1/11, 99; § 3/1; Vor § 9/2; § 9/1, 4 ff.; § 10/23, 70; § 11/3, 14, 20, 34, 37, 40; § 12/2, 24, 31; § 13/5; § 16/35; Anh. 2 zu § 16/4; § 20/1, 8, 16; § 21/5
Vermittlungsstelle Einl./13 f., 16; § 1/4; Vor § 9/2 f.; § 9/7 f.; § 10/18, 20, 27, 62 f., 93, 96, 106, 128 ff., 137, 154 ff.; § 11/1, 6, 11, 21, 23, 35; § 12/5 ff., 12 ff., 31, 33, 37 ff.; § 13/2, 5 ff.; § 14/2 f., 6; Anh. 2 zu § 16/4; § 20/11 ff.; § 25/1, 4, 6
- allgemeine Anforderungen § 12/16
- Beauftragung § 12/5 f., 10, 14
- Errichtung § 12/5 f., 10
- vertragliche Bindung § 12/33
Vermittlungsvertrag § 10/18, 155; § 12/35 ff.
- Kündigung § 12/38
- Vertragspflichten § 12/38, 45
Vermutungsregel § 16/2, 10, 12, 28 ff.; § 19/19
versicherungsrechtliche Aspekte § 8/102 ff.
Versuch § 18/8 f.; § 19/1, 28 f., 43, 66
Verteilungsgerechtigkeit siehe Organverteilungsgerechtigkeit
Verteilungskriterien § 12/2, 25 ff., 31; § 16/15
Verwandte 1. bzw. 2. Grades § 8/67 ff.
Volljährigkeitsgrenze § 8/15 ff.
Vorsatz Vor § 18/8; § 18/10; § 19/6, 10, 13, 25 f., 29 ff., 36, 38, 41 f.; § 20/3, 22

W
Warteliste § 1/11; § 10/20 ff., 24 ff., 28 ff., 60 ff., 64, 68, 70, 119 ff., 137;

§ 11/3, 24, 34; § 12/30 f., 36;
§ 13/5 f.; § 16/34; Anh. 2 zu § 16/1 f.,
14 ff.
- Aufnahme in die Warteliste
  Einl./19; § 10/24 ff., 28 ff., 60 ff., 68,
  78, 98 ff., 161; § 13/6
- Aufnahmeentscheidung § 10/24 ff.,
  28 ff., 60 ff., 99 ff., 138
- einheitliche Warteliste § 10/62;
  § 12/31
- Entscheidungskriterien § 10/28 ff.
- Listenplatz § 10/124 ff., 161
Wartezeit Anh. 1 zu § 8/17; § 10/22,
124; Anh. 1 zu § 16/17, 19; Anh. 2
zu § 16/6, 10 ff.
Wesentlichkeitsvorbehalt § 16/16,
22 ff.
Widerruf der Einwilligungserklärung
§ 2/42; § 8/32, 107 f.

Widerspruch § 2/29, 32, 38 ff.;
§ 3/4 f.; § 4/5 ff.; § 19/3, 8 ff.
Widerspruchslösung § 1/61, 75; Anh.
zu § 3/35; § 11/35; § 26/14
Wiederbelebung Anh. zu § 3/13, 19
Würde des toten Organspenders
§ 6/1, 3 ff.

X

Xenotransplantation § 1/19

Z

Zusammenführung verschlüsselter
Daten § 13/3 f.; § 19/61
Zustimmungslösung § 11/35; § 26/12
zwanghafter Spendeentschluss
§ 8/34 f.